中国自由贸易试验区年鉴 2020

《中国自由贸易试验区年鉴》编辑委员会　编

中国商务出版社
CCTP
CHINA COMMERCE AND TRADE PRESS

图书在版编目（CIP）数据

中国自由贸易试验区年鉴．2020/ 中国自由贸易试验区年鉴编辑委员会编．-- 北京：中国商务出版社，2020.12
ISBN 978-7-5103-3607-2

Ⅰ．①中… Ⅱ．①国… ②各… Ⅲ．①自由贸易区－中国－2020－年鉴 Ⅳ．① F752-54

中国版本图书馆 CIP 数据核字（2020）第 217387 号

中国自由贸易试验区年鉴·2020

ZHONGGUO ZIYOU MAOYI SHIYANQU NIANJIAN·2020

《中国自由贸易试验区年鉴》编辑委员会 编

主　　办 / 商务部国际贸易经济合作研究院
编　　纂 / 《中国自由贸易试验区年鉴》编辑委员会
出　　版 / 中国商务出版社
责任编辑 / 汪　沁　许　娜　钱志清
校　　对 / 曾　璐
装帧设计 / 傅　磊　李墨涵
广告审校 / 李　旭
总 发 行 / 中国商务出版社发行部
发　　行 / 尹庆杰　张　舒
联系电话 / 010-64515074
通信地址 / 北京市安定门外大街东后巷 28 号
邮政编码 / 100710
印　　刷 / 北京印匠彩色印刷有限公司
开　　本 / 889 毫米 ×1194 毫米　大 16 开
印　　张 / 37.25　彩插 32P
字　　数 / 1000 千字
版　　别 / 2020 年 12 月第 1 版
版　　次 / 2020 年 12 月第 1 次印刷
定　　价 / 390.00 元

ISBN 978-7-5103-3607-2

9 787510 336072

ISBN 978-7-5103-3607-2

《中国自由贸易试验区年鉴》编辑委员会

陈华荣　湖北省商务厅党组成员、副厅长

张智奎　重庆市商务委员会党组书记、主任，中国（重庆）
　　　　自由贸易试验区工作领导小组办公室主任

刘　欣　四川省商务厅党组书记、厅长，中国（四川）自由贸易试验区工作办公室常务副主任

赵　璟　陕西省商务厅党组书记、厅长，中国（陕西）自由贸易试验区工作办公室主任

王　磊　海南省委副秘书长，省委全面深化改革委员会办公室、
　　　　省委自由贸易港工作委员会办公室常务副主任

张型成　山东省商务厅党组成员、副厅长，中国（山东）自由贸易试验区工作办公室副主任

倪海清　江苏省商务厅副厅长

蒋连生　广西壮族自治区商务厅党组书记、厅长，广西壮族自治区口岸办公室主任，
　　　　中国（广西）自由贸易试验区工作办公室主任

张　锋　河北省商务厅党组书记、厅长，中国（河北）自由贸易试验区推进工作领导小组办公室主任

赵瑞君　云南省商务厅党组书记、厅长，中国（云南）自由贸易试验区工作领导小组办公室主任

康翰卿　黑龙江省商务厅党组书记、厅长，中国（黑龙江）自由贸易试验区领导小组办公室主任

委　　员　叶　炜　公安部经济犯罪侦查局研究处处长

闵　佳　自然资源部自然资源开发利用司综合处处长

李华友　生态环境部综合司政策处处长

高海云　交通运输部水运局国际航运管理处处长

汪建根　文化和旅游部政策法规司改革指导处处长

唐晓雪　中国人民银行研究局金融法律处副处长

宏　业　海关总署自贸区和特殊区域发展司副处长

刘运毛　国家税务总局政策法规司世贸税收办公室主任

王　丹　国家市场监督管理总局登记注册局注册指导处处长

李　莉　国家移民管理局外国人管理司签证旅行管理处副处长

赵童童　中国民用航空局政策法规司政策处副处长

刘　旭　国家外汇管理局外汇研究中心研究二部处长

郑海鳌　中国（上海）自由贸易试验区管理委员会政策研究局副局长

尹二磊　广东省商务厅自贸区协调指导处四级调研员

朱长存　中国（天津）自由贸易试验区管理委员会办公室副主任

陈　羲　福建省商务厅自贸政策研究处处长

郭　猛　辽宁省商务厅自贸区综合指导处副处长

黄义盛　中国（浙江）自由贸易试验区管理委员会综合服务中心主任

李梅香　河南省商务厅（自贸办）协调指导处处长

石明辉　湖北省商务厅（自贸办）综合信息处处长

张　葵　重庆市商务委员会自贸试验区统筹指导处处长

杨　妮　四川省商务厅（自贸办）综合信息处处长

杨小宝　陕西省商务厅自贸综合信息处处长

叶占波　中共海南省委自由贸易港工作委员会办公室宣传处处长

岳宗敏　山东省商务厅制度创新处副处长

匡荣韬　广西壮族自治区商务厅自贸区制度创新处副处长

赵励超　河北省商务厅自贸协调指导处处长

李　佳　云南省商务厅综合信息处副处长

韩东安　黑龙江省商务厅自贸区协调指导处处长

郭周明　中国商务出版社社长

沈炳兴　商务部国际贸易经济合作研究院传媒中心副主任

谭　宁　商务部国际贸易经济合作研究院传媒中心项目策划部主任

（注：部委人员以所在单位的国务院组织机构序列排序，自贸试验区人员以商务部网站各试验区排列顺序排序）

《中国自由贸易试验区年鉴》特约撰稿人

刘　坤　公安部
纪成旺　自然资源部
郭　苑　生态环境部
王显锋　交通运输部
高　源　文化和旅游部
赵　亮　海关总署
刘羽林　国家税务总局
郭建广　国家市场监督管理总局
雷　昕　国家移民管理局
刘晶晶　中国民用航空局
尚昕昕　国家外汇管理局
史心莹　中国（上海）自由贸易试验区管理委员会
张艳妮　广东省商务厅
张伊凡　中国（天津）自由贸易试验区管理委员会
张　津　福建省商务厅
张天奇　辽宁省商务厅
黄　波　中国（浙江）自由贸易试验区管理委员会
尚利军　河南省商务厅
张亚飞　湖北省商务厅
叶　炜　重庆市商务委员会
李东林　四川省商务厅
骆晓玮　陕西省商务厅
肖　潇　中共海南省委自由贸易港工作委员会办公室
唐　辰　山东省商务厅
徐　琅　江苏省商务厅
李天齐　广西壮族自治区商务厅
迟毅洁　河北省商务厅
宋丰男　黑龙江省商务厅

编辑说明

一、《中国自由贸易试验区年鉴》由商务部国际贸易经济合作研究院主持编纂，国家有关部委、各自由贸易试验区相关领导担任编辑委员会成员。

二、本年鉴内容全面，资料翔实，是一部具有权威性、指导性和实用性的大型工具书，是海内外各界人士了解研究中国自由贸易试验区建设发展情况的史料性参考书。

三、本期《年鉴》全面系统地记述了2019年中国自由贸易试验区建设发展的基本情况。全书共设5个栏目，分别是"文献"、"专文"、"复制推广"、"自贸试验区"、"附录"。

四、本年鉴所涉及的单位名称、编委会成员和撰稿人职务均以截稿日期为准。

五、本年鉴承蒙国家机关各部门、各自贸试验区、各地商务厅（委、局）和广大作者的积极支持和帮助，在此谨表示衷心的感谢！希望各界继续给予关心和支持，对本年鉴的不足之处提出批评和改进意见，以使《中国自由贸易试验区年鉴》日臻完善。

通信地址：北京市安定门外东后巷28号 商务部国际贸易经济合作研究院
邮政编码：100710 联系电话：010—64515074 网址：www.caitec.org.cn

《中国自由贸易试验区年鉴》编写组

2020年11月于北京

中国 21 家自由贸易试验区概况简表

序号	自贸试验区	成立时间	实施范围及片区
1	中国（上海）自由贸易试验区	2013 年 9 月 29 日	上海自贸试验区实施范围 120.72 平方公里 ★ 保税区片区（28.78 平方公里，含外高桥保税区、外高桥保税物流园区、洋山保税港区、浦东机场综合保税区） ★ 陆家嘴金融片区（34.26 平方公里） ★ 世博片区（9.93 平方公里） ★ 金桥开发片区（20.48 平方公里） ★ 张江高科技片区（37.2 平方公里） 上海自贸试验区临港新片区实施范围 119.5 平方公里
2	中国（广东）自由贸易试验区	2015 年 4 月 21 日	实施范围 116.2 平方公里 ★ 广州南沙新区片区 60 平方公里（含广州南沙保税港区 7.06 平方公里） ★ 深圳前海蛇口片区 28.2 平方公里（含深圳前海湾保税港区 3.71 平方公里） ★ 珠海横琴新区片区 28 平方公里
3	中国（天津）自由贸易试验区	2015 年 4 月 21 日	实施范围 119.9 平方公里 ★ 天津港东疆片区 30 平方公里（含东疆保税港区 10 平方公里） ★ 天津机场片区 43.1 平方公里（含天津港保税区空港部分 1 平方公里和滨海新区综合保税区 1.96 平方公里） ★ 滨海新区中心商务片区 46.8 平方公里（含天津港保税区海港部分和保税物流园区 4 平方公里）
4	中国（福建）自由贸易试验区	2015 年 4 月 21 日	实施范围 118.04 平方公里 ★ 平潭片区 43 平方公里 ★ 厦门片区 43.78 平方公里（含象屿保税区 0.6 平方公里、象屿保税物流园区 0.7 平方公里、厦门海沧保税港区 9.51 平方公里） ★ 福州片区 31.26 平方公里（含福州保税区 0.6 平方公里、福州出口加工区 1.14 平方公里、福州保税港区 9.26 平方公里）
5	中国（辽宁）自由贸易试验区	2017 年 4 月 1 日	实施范围 119.89 平方公里 ★ 大连片区 59.96 平方公里（含大连保税区 1.25 平方公里、大连出口加工区 2.95 平方公里、大连大窑湾保税港区 6.88 平方公里） ★ 沈阳片区 29.97 平方公里（其中，浑南区 22.63 平方公里（包含桃仙机场 2.08 平方公里），苏家屯区 7.34 平方公里） ★ 营口片区 29.96 平方公里
6	中国（浙江）自由贸易试验区	2017 年 4 月 1 日	实施范围 119.95 平方公里 ★ 舟山离岛片区 78.98 平方公里（含舟山港综合保税区区块二 3.02 平方公里） ★ 舟山岛北部片区 15.62 平方公里（含舟山港综合保税区区块一 2.83 平方公里） ★ 舟山岛南部片区 25.35 平方公里 扩展区域实施范围 119.5 平方公里 ★ 宁波片区 46 平方公里（含宁波梅山综合保税区 5.69 平方公里、宁波北仑港综合保税区 2.99 平方公里、宁波保税区 2.3 平方公里） ★ 杭州片区 37.51 平方公里（含杭州综合保税区 2.01 平方公里） ★ 金义片区 35.99 平方公里（含义乌综合保税区 1.34 平方公里、金义综合保税区 1.26 平方公里）
7	中国（河南）自由贸易试验区	2017 年 4 月 1 日	实施范围 119.77 平方公里 ★ 郑州片区 73.17 平方公里 ★ 开封片区 19.94 平方公里 ★ 洛阳片区 26.66 平方公里
8	中国（湖北）自由贸易试验区	2017 年 4 月 1 日	实施范围 119.96 平方公里 ★ 武汉片区 70 平方公里（含武汉东湖综合保税区 5.41 平方公里） ★ 襄阳片区 21.99 平方公里（含襄阳保税物流中心〔B 型〕0.281 平方公里） ★ 宜昌片区 27.97 平方公里
9	中国（重庆）自由贸易试验区	2017 年 4 月 1 日	实施范围 119.98 平方公里 ★ 两江片区 66.29 平方公里（含重庆两路寸滩保税港区 8.37 平方公里） ★ 西永片区 22.81 平方公里（含重庆西永综合保税区 8.8 平方公里、重庆铁路保税物流中心〔B 型〕0.15 平方公里） ★ 果园港片区 30.88 平方公里

序号	自贸试验区	成立时间	实施范围及片区
10	中国（四川）自由贸易试验区	2017 年 4 月 1 日	实施范围 119.99 平方公里 ★ 成都天府新区片区 90.32 平方公里（含成都高新综合保税区区块四〔双流园区〕4 平方公里、成都空港保税物流中心〔B 型〕0.09 平方公里） ★ 成都青白江铁路港片区 9.68 平方公里（含成都铁路保税物流中心〔B 型〕0.18 平方公里） ★ 川南临港片区 19.99 平方公里（含泸州港保税物流中心〔B 型〕0.21 平方公里）
11	中国（陕西）自由贸易试验区	2017 年 4 月 1 日	实施范围 119.95 平方公里 ★ 中心片区 87.76 平方公里（含陕西西安出口加工区 A 区 0.75 平方公里、B 区 0.79 平方公里，西安高新综合保税区 3.64 平方公里，陕西西咸保税物流中心〔B 型〕0.36 平方公里） ★ 西安国际港务区片区 26.43 平方公里（含西安综合保税区 6.17 平方公里） ★ 杨凌示范区片区 5.76 平方公里
12	中国（海南）自由贸易试验区 海南自由贸易港	2018 年 10 月 16 日，2020 年 6 月	中国（海南）自由贸易试验区实施范围为海南岛全岛 海南自由贸易港的实施范围为海南岛全岛
13	中国（山东）自由贸易试验区	2019 年 8 月 30 日	实施范围 119.98 平方公里 ★ 济南片区 37.99 平方公里 ★ 青岛片区 52 平方公里（含青岛前湾保税港区 9.12 平方公里、青岛西海岸综合保税区 2.01 平方公里） ★ 烟台片区 29.99 平方公里（含烟台保税港区区块二 2.26 平方公里）
14	中国（江苏）自由贸易试验区	2019 年 9 月 1 日	实施范围 119.97 平方公里 ★ 南京片区 39.55 平方公里 ★ 苏州片区 60.15 平方公里（含苏州工业园综合保税区 5.28 平方公里） ★ 连云港片区 20.27 平方公里（含连云港综合保税区 2.44 平方公里）
15	中国（广西）自由贸易试验区	2019 年 8 月 30 日	实施范围 119.99 平方公里 ★ 南宁片区 46.8 平方公里（含南宁综合保税区 2.37 平方公里） ★ 钦州港片区 58.19 平方公里（含钦州保税港区 8.81 平方公里） ★ 崇左片区 15 平方公里（含凭祥综合保税区 1.01 平方公里）
16	中国（河北）自由贸易试验区	2019 年 8 月 30 日	实施范围 119.97 平方公里 ★ 雄安片区 33.23 平方公里 ★ 正定片区 33.29 平方公里（含石家庄综合保税区 2.86 平方公里） ★ 曹妃甸片区 33.48 平方公里（含曹妃甸综合保税区 4.59 平方公里） ★ 大兴机场片区 19.97 平方公里
17	中国（云南）自由贸易试验区	2019 年 8 月 30 日	实施范围 119.86 平方公里 ★ 昆明片区 76 平方公里（含昆明综合保税区 0.58 平方公里） ★ 红河片区 14.12 平方公里 ★ 德宏片区 29.74 平方公里
18	中国（黑龙江）自由贸易试验区	2019 年 8 月 30 日	实施范围 119.85 平方公里 ★ 哈尔滨片区 79.86 平方公里 ★ 黑河片区 20 平方公里 ★ 绥芬河片区 19.99 平方公里（含绥芬河综合保税区 1.8 平方公里）
19	中国（北京）自由贸易试验区	2019 年 9 月 24 日	实施范围 119.68 平方公里 ★ 科技创新片区 31.85 平方公里 ★ 国际商务服务片区 48.34 平方公里（含北京天竺综合保税区 5.466 平方公里） ★ 高端产业片区 39.49 平方公里
20	中国（湖南）自由贸易试验区	2019 年 9 月 24 日	实施范围 119.76 平方公里 ★ 长沙片区 79.98 平方公里（含长沙黄花综合保税区 1.99 平方公里） ★ 岳阳片区 19.94 平方公里（含岳阳城陵矶综合保税区 2.07 平方公里） ★ 郴州片区 19.84 平方公里（含郴州综合保税区 1.06 平方公里）
21	中国（安徽）自由贸易试验区	2019 年 9 月 24 日	实施范围 119.86 平方公里 ★ 合肥片区 64.95 平方公里（含合肥经济技术开发区综合保税区 1.4 平方公里） ★ 芜湖片区 35 平方公里（含芜湖综合保税区 2.17 平方公里） ★ 蚌埠片区 19.91 平方公里

HUAWEI

华为助力打造智慧自贸区

当前各行各业加快数字化转型，各产业园区加速智慧化，以“数字孪生”、“园区DNA”为代表、以数据为中心，应用新基建新技术，更加强调面向对象的服务，全新的产业模式正在重塑政府、企业、居民与环境的互动方式，打造以人为本、可感知、可互动的智慧商区运行体系。华为愿凭借在ICT领域的能力和多年经验，通过新技术新应用，服务政府打造更加高效的自贸区。

智慧自贸区

华为希望助力自贸区大发展，贡献自己的一份力量，促进产业转型，推进企业管理，聚合国际创新要素。以产兴城、以城聚产。

ICT产业的赋能中心

智慧化运营的孵化中心

创新中心

智慧化变革的促进中心

愉快体验的推广中心

定位四个中心

全力打造智慧自贸区

目标与愿景	实现本地人才规模增长	孵化智慧城市运营企业
	创新项目持续孵化落地	本地ICT产业规模增长

华为智慧自贸园区方案以”科技赋能园区，助力产业转型”为愿景目标，基于“平台+生态”的架构，借助5G、物联网、云计算、大数据和人工智能等新ICT技术，助力管理机构打造更佳营商环境、吸引高新技术企业和高端人才入驻，促进产业结构调整和转型升级。

目　录

CONTENTS

CONTENTS

复制推广

自贸试验区

CONTENTS

CONTENTS

附　录

文　献

DOCUMENTS

在深圳经济特区建立40周年庆祝大会上的讲话

习近平

女士们，先生们，同志们：

今天，我们在这里隆重集会，庆祝深圳等经济特区建立40周年，总结经济特区建设经验，在更高起点上推进改革开放，动员全党全国全社会为乘势而上开启全面建设社会主义现代化国家新征程、向第二个百年奋斗目标进军而团结奋进。

兴办经济特区，是党和国家为推进改革开放和社会主义现代化建设进行的伟大创举。1978年12月，党的十一届三中全会作出把党和国家工作中心转移到经济建设上来、实行改革开放的历史性决策，动员全党全国各族人民为社会主义现代化建设进行新的长征。1979年4月，广东省委负责人向中央领导同志提出兴办出口加工区、推进改革开放的建议。邓小平同志明确指出，还是叫特区好，中央可以给些政策，你们自己去搞，杀出一条血路来。同年7月，党中央、国务院批准广东、福建两省实行“特殊政策、灵活措施、先行一步”，并试办出口特区。1980年8月党和国家批准在深圳、珠海、汕头、厦门设置经济特区，1988年4月又批准建立海南经济特区，明确要求发挥经济特区对全国改革开放和社会主义现代化建设的重要窗口和示范带动作用。

长期以来，在党中央坚强领导和全国大力支持下，各经济特区解放思想、改革创新，勇担使命、砥砺奋进，在建设中国特色社会主义伟大进程中谱写了勇立潮头、开拓进取的壮丽篇章，为全国改革开放和社会主义现代化建设作出了重大贡献。

女士们、先生们、同志们！

广东是改革开放的排头兵、先行地、实验区，是建立经济特区时间最早、数量最多的省份。深圳是改革开放后党和人民一手缔造的崭新城市，是中国特色社会主义在一张白纸上的精彩演绎。深圳广大干部群众披荆斩棘、埋头苦干，用40年时间走过了国外一些国际化大都市上百年走完的历程。这是中国人民创造的世界发展史上的一个奇迹。

——40年来，深圳奋力解放和发展社会生产力，大力推进科技创新，地区生产总值从1980年的2.7亿元增至2019年的2.7万亿元，年均增长20.7%，经济总量位居亚洲城市第五位，财政收入从不足1亿元增加到9 424亿元，实现了由一座落后的边陲小镇到具有全球影响力的国际化大都市的历史性跨越。

——40年来，深圳坚持解放思想、与时俱进，率先进行市场取向的经济体制改革，首创1 000多项改革举措，奏响了实干兴邦的时代强音，实现了由经济体制改革到全面深化改革的历史性跨越。

——40年来，深圳坚持实行“引进来”和“走出去”，积极利用国际国内两个市场、两种资源，积极吸引全球投资，外贸进出口总额由1980年的0.18亿美元跃升至2019年的4 315亿美元，年均增长26.1%，实现了由进出口贸易为主到全方位高水平对外开放的历史性跨越。

——40年来，深圳坚持发展社会主义民主政治，尊重人民主体地位，加强社会主义精神文明建设，积极培育和践行社会主义核心价值观，实现了由经济开发到统筹社会主义物质文明、政治文明、精神文明、社会文明、生态文明发展的历史性跨越。

——40年来，深圳坚持以人民为中心，人民生活水平大幅提高，教育、医疗、住房等实现翻天覆地的变化，2019年居民人均可支配收入6.25万元，比1985年增长31.6倍；率先完成全面建成小康社会的目标，实现了由解决温饱到高质量全面小康的历史性跨越。

40年春风化雨，40年春华秋实。当年的蛇口开山炮声犹然在耳，如今的深圳经济特区生机勃勃，向世界展示了我国改革开放的磅礴伟力，展示了中国特色社会主义的光明前景。

看似寻常最奇崛，成如容易却艰辛。深圳等经济特区一路走来，每一步都不是轻而易举的，每一步都付出了艰辛努力。深圳等经济特区改革发展事业取得的成就，是党中央坚强领导的结果，是广大干部群众开拓进取的结果，是全国人民和四面八方广泛支持的结果。在这里，我代表党中央、国务院和中央军委，向经济特区广大建设者，向所有为经济特区建设作出贡献的同志们，致以诚挚的问候！向各位来宾，向关心和支持经济特区建设的国内外各界人士，表示衷心的感谢！

女士们、先生们、同志们！

深圳等经济特区的成功实践充分证明，党中央关于兴办经济特区的战略决策是完全正确的。经济特区不仅要继续办下去，而且要办得更好、办得水平更高。

深圳等经济特区40年改革开放实践，创造了伟大奇迹，积累了宝贵经验，深化了我们对中国特色社会主义经济特区建设规律的认识。一是必须坚持党对经济特区建设的领导，始终保持经济特区建设正确方向。二是必须坚持和完善中国特色社会主义制度，通过改革实践推动中国特色社会主义制度更加成熟更加定型。三是必须坚持发展是硬道理，坚持敢闯敢试、敢为人先，以思想破冰引领改革突围。四是必须坚持全方位对外开放，不断提高“引进来”的吸引力和“走出去”的竞争力。五是必须坚持创新是第一动力，在全球科技革命和产业变革中赢得主动权。六是必须坚持以人民为中心的发展思想，让改革发展成果更多更公平惠及人民群众。七是必须坚持科学立法、严格执法、公正司法、全民守法，使法治成为经济特区发展的重要保障。八是必须践行绿水青山就是金山银山的理念，实现经济社会和生态环境全面协调可持续发展。九是必须全面准确贯彻“一国两制”基本方针，促进内地与香港、澳门融合发展、相互促进。十是必须坚持在全国一盘棋中更好发挥经济特区辐射带动作用，为全国发展作出贡献。

以上十条，是经济特区40年改革开放、创新发展积累的宝贵经验，对新时代经济特区建设具有重要指导意义，必须倍加珍惜、长期坚持，在实践中不断丰富和发展。

女士们、先生们、同志们！

当今世界正经历百年未有之大变局，新冠肺炎疫情全球大流行使这个大变局加速演进，经济全球化遭遇逆流，保护主义、单边主义上升，世界经济低迷，国际贸易和投资大幅萎缩，国际经济、科技、文化、安全、政治等格局都在发生深刻调整，世界进入动荡变革期。

我国正处于实现中华民族伟大复兴的关键时期，经济已由高速增长阶段转向高质量发展阶段。我国社会主要矛盾发生变化，人民对美好生活的要求不断提高，经济长期向好，市场空间广阔，发展韧性强大，正在形成以国内大循环为主体、国内国际双循环相互促进的新发展格局。同时，我国经济正处在转变发展方式、优化经济结构、转换增长动力的攻关期，实现高质量发展还有许多短板弱项，经济特区发展也面临着一些困难和挑战。

新形势需要新担当、呼唤新作为。新时代经济特区建设要高举中国特色社会主义伟大旗帜，统筹推进“五位一体”总体布局，协调推进“四个全面”战略布局，从我国进入新发展阶段大局出发，落实新发展理念，紧扣推动高质量发展、构建新发展格局，以一往无前的奋斗姿态、风雨无阻的精神状态，改革不停顿，开放不止步，在更高起点上推进改革开放，推动经济特区工作开创新局面，为全面建设社会主义现代化国家、实现第二个百年奋斗目标作出新的更大的贡献。

党中央对深圳改革开放、创新发展寄予厚望。去年8月，党中央出台了支持深圳建设中国特色社会主义先行示范区的意见，全面部署了有关工作。深圳要建设好中国特色社会主义先行示范区，创建社会主义现代化强国的城市范例，提高贯彻落实新发展理念能力和水平，形成全面深化改革、全面扩大开放新格局，推进粤港澳大湾区建设，丰富“一国两制”事业发展新实践，率先实现社会主义现代化。这是新时代党中央赋予深圳的历史使命。

第一，坚定不移贯彻新发展理念。广东、深圳经济发展水平较高，面临的资源要素约束更紧，受到来自国际的技术、人才等领域竞争压力更大，落实新发展理念、推动高质量发展是根本出路。要坚持发展是第一要务、人才是第一资源、创新是第一动力，率先推动质量变革、效率变革、动力变革，努力实现更高质量、更有效率、更加公平、更可持续、更为安全的发展。

要坚持供给侧结构性改革这条主线，使生产、分配、流通、消费更多依托国内市场，提升供给体系对国内需求的适配性，以高质量供给满足日益升级的国内市场需求。要坚定不移实施创新驱动发展战略，培育新动能，提升新势能，建设具有全球影响力的科技和产业创新高地。要围绕产业链部署创新链、围绕创新链布局产业链，前瞻布局战略性新兴产业，培育发展未来产业，发展数字经济。要加大基础研究和应用基础研究投入力度，发挥深圳产学研深度融合优势，主动融入全球创新网络。要对标国际一流水平，大力发展金融、研发、设计、会计、法律、会展等现代服务业，提升服务业发展能级和竞争力。要实施更加开放的人才政策，引进培养一批具有国际水平的战略科技人才、科技领军人才、青年科技人才和高水平创新团队，聚天下英才而用之。

第二，与时俱进全面深化改革。改革永远在路上，改革之路无坦途。当前，改革又到了一个新的历史关头，很多都是前所未有的新问题，推进改革的复杂程度、敏感程度、艰巨程度不亚于40年前，必须以更大的政治勇气和智慧，坚持摸着石头过河和加强顶层设计相结合，不失时机、蹄疾步稳深化重要领域和关键环节改革，更加注重改革的系统性、整体性、协同性，提高改革综合效能。

党中央经过深入研究，决定以经济特区建立40周年为契机，支持深圳实施综合改革试点，以清单批量授权方式赋予深圳在重要领域和关键环节改革上更多自主权，一揽子推出27条改革举措和40条首批授权事项。深圳经济特区要扛起责任，牢牢把握正确方向，解放思想、守正创新，努力在重要领域推出一批重大改革措施，形成一批可复制可推广的重大制度创新成果。要着眼于解决高质量发展中遇到的实际问题，着眼于建设更高水平的社会主义市场经济体制需要，多策划战略战役性改革，多推动创造型、引领型改革，在完善要素市场化配置体制机制、创新链产业链融合发展体制机制、市场化法治化国际化营商环境、高水平开放型经济体制、民生服务供给体制、生态环境和城市空间治理体制等重点领域先行先试。要优化政府管理和服务，全面推行权力清单、责任清单、负面清单制度，加快构建亲清政商关系。要进一步激发和弘扬企业家精神，依法保护企业家合法权益，依法保护产权和知识产权，激励企业家干事创业。

第三，锐意开拓全面扩大开放。当前，世界经济面临诸多复杂挑战，我们决不能被逆风和回头浪所阻，要站在历史正确的一边，坚定不移全面扩大开放，推动建设开放型世界经济，推动构建人类命运共同体。

新发展格局不是封闭的国内循环，而是开放的国内国际双循环。要优化升级生产、分配、流通、消费体系，深化对内经济联系、增加经济纵深，增强畅通国内大循环和联通国内国际双循环的功能，加快推进规则标准等制度型开放，率先建设更高水平开放型经济新体制。要在内外贸、投融资、财政税务、金融创新、出入境等方面，探索更加灵活的政策体系、更加科学的管理体制，加强同“一带一路”沿线国家和地区开展多层次、多领域的务实合作。越是开放越要重视安全，统筹好发展和安全两件大事，增强自身竞争能力、开放监管能力、风险防控能力。

第四，创新思路推动城市治理体系和治理能力现代化。经过40年高速发展，深圳经济特区城市空间结构、生产方式、组织形态和运行机制发生深刻变革，面临城市治理承压明显、发展空间不足等诸多挑战。要树立全周期管理意识，加快推动城市治理体系和治理能力现代化，努力走出一条符合超大型城市特点和规律的治理新路子。要强化依法治理，善于运用法治思维和法治方式解决城市治理顽症难题，让法治成为社会共识和基本准则。要注重在科学化、精细化、智能化上下功夫，发挥深圳信息产业发展优势，推动城市管理手段、管理模式、管理理念创新，让城市运转更聪明、更智慧。

第五，真抓实干践行以人民为中心的发展思想。中国共产党根基在人民、血脉在人民。人民对美好生活的向往就是我们的奋斗目标。经济特区改革发展的出发点和落脚点都要聚焦到这个目标上来。

生活过得好不好，人民群众最有发言权。要从人民群众普遍关注、反映强烈、反复出现的问题出发，拿出更多改革创新举措，把就业、教育、医疗、社保、住房、养老、食品安全、生态环境、社会治安等问题一个一个解决好，努力让人民群众的获得感成色更足、幸福感更可持续、安全感更有保障。要尊重人民群众首创精神，不断从人民群众中汲取经济特区发展的创新创造活力。要把提高发展平衡性放在重要位置，不断推动公共资源向基层延伸，构建优质均衡的公共服务体系，建成全覆盖可持续的社会保障体系。要毫不放松抓好常态化疫情防控，认真总结经验教训，举一反三补齐公共卫生短板。

第六，积极作为深入推进粤港澳大湾区建设。粤港澳大湾区建设是国家重大发展战略，深圳是大湾区建设的重要引擎。要抓住粤港澳大湾区建设重大历史机遇，推动三地经济运行的规则衔接、机制对接，加快粤港澳大湾区城际铁路建设，促进人员、货物等各类要素高效便捷流动，提升市场一体化水平。要深化前海深港现代服务业合作区改革开放，规划建设好河套深港科技创新合作区，加快横琴粤澳深度合作区建设。要以大湾区综合性国家科学中心先行启动区建设为抓手，加强与港澳创新资源协同配合。要继续鼓励引导港澳台同胞和海外侨胞充分发挥投资兴业、双向开放的重要作用，在经济特区发展中作出新贡献。要充分运用粤港澳重大合作平台，吸引更多港澳青少年来内地学习、就业、生活，促进粤港澳青少年广泛交往、全面交流、深度交融，增强对祖国的向心力。

中央和国家有关部门要准确把握党中央战略意图，全力支持深圳等经济特区改革发展工作，按照统筹推进“五位一体”总体布局、协调推进“四个全面”战略布局的要求，支持经济特区深化改革开放、开展前瞻性科技创新、发展战略性新兴产业、发展高水平对外开放、加强民主法治建设、加强社会主义精神文明建设、加强民生保障和改善、改革创新社会治理、加强生态文明建设等工作，为新时代经济特区改革发展提供科学指导和有力支持。

女士们、先生们、同志们！

一花独放不是春，百花齐放春满园。我们坚定不移奉行互利共赢的开放战略，既从世界汲取发展动力，也让中国发展更好惠及世界。经济特区建设40年的实践离不开世界各国的共同参与，也为各国创造了广阔的发展空间、分享了发展利益。欢迎世界各国更多地参与中国经济特区的改革开放发展，构建共商共建共享共赢新格局。

女士们、先生们、同志们！

经济特区处于改革开放最前沿，加强党的全面领导和党的建设有着更高要求。要深入贯彻新时代党的建设总要求，以改革创新精神在加强党的全面领导和党的建设方面率先示范，扩大基层党的组织覆盖和工作覆盖。广大党员、干部要坚定理想信念、更新知识观念、掌握过硬本领，自觉站在党和国家大局上想问题、办事情。要建立健全激励机制，推动形成能者上、优者奖、庸者下、劣者汰的正确导向，为改革者负责、为担当者担当，激发党员、干部干事创业的热情和劲头。要持之以恒正风肃纪，坚定不移惩治腐败，坚决反对形式主义、官僚主义，营造风清气正的良好政治生态。

中国特色社会主义是物质文明和精神文明全面发展的社会主义。经济特区要坚持“两手抓、两手都要硬”，在物质文明建设和精神文明建设上都要交出优异答卷。要加强理想信念教育，培育和践行社会主义核心价值观，深化中国特色社会主义和中国梦宣传教育，教育引导广大干部群众特别是青少年坚定中国特色社会主义道路自信、理论自信、制度自信、文化自信。要弘扬以爱国主义为核心的民族精神和以改革创新为核心的时代精神，继续发扬敢闯敢试、敢为人先、埋头苦干的特区精神，激励干部群众勇当新时代的“拓荒牛”。要深入开展群众性精神文明创建活动，广泛开展社会公德、职业道德、家庭美德、个人品德教育，不断提升人民文明素养和社会文明程度。要加强公共文化设施建设，推动文化产业高质量发展，更好满足人民精神文化生活新期待。

女士们、先生们、同志们！

四十载波澜壮阔，新征程催人奋进。经济特区的沧桑巨变是一代又一代特区建设者拼搏奋斗干出来的。在新起点上，经济特区广大干部群众要坚定不移贯彻落实党中央决策部署，永葆“闯”的精神、“创”的劲头、“干”的作风，努力续写更多“春天的故事”，努力创造让世界刮目相看的新的更大奇迹！

（深圳，2020 年 10 月 14 日）

（据新华社深圳 2020 年 10 月 14 日电）

在第十三届夏季达沃斯论坛开幕式上的致辞

中华人民共和国国务院总理　李克强

尊敬的施瓦布主席先生，

尊敬的各位元首、政府首脑，

尊敬的各位贵宾，

女士们，先生们：

很高兴与大家再次相聚在美丽的大连。首先，我谨代表中国政府，对第十三届夏季达沃斯论坛的召开，表示热烈祝贺！对远道而来的各位嘉宾和媒体界朋友，表示诚挚欢迎！

在当前国际形势下，本次论坛深入研讨经济全球化问题，有很强的现实针对性。在上周举行的二十国集团领导人大阪峰会上，中国国家主席习近平发表重要讲话，进一步深刻阐述了中国关于经济全球化的立场和主张，再次表明愿与国际社会一道引导经济全球化朝正确方向发展。

一个时期以来，国际社会围绕经济全球化展开了广泛讨论。首先必须看到，经济全球化作为社会生产力发展的客观要求和科技进步的必然结果，使生产者有了更大市场、消费者有了更多选择、资源要素有了更高效率配置，促进了国际分工协作和各国比较优势的发挥，推动了世界经济长期持续增长，总体上各国都从中受益。在经济全球化条件下产生的新一轮产业革命，以其网络化、平台化、泛在化等特点，不仅使全球产业链、创新链、价值链的联接更加紧密，为世界经济发展注入了新动能，也由于降低了准入门槛，给各方带来前所未有的平等和便利参与机会，有力促进了包容性增长。当今世界，各国经济深度交融、互为市场、彼此依赖，没有哪个国家能够独自为生产者提供所有的资源和创新要素、为消费者提供所有的商品和服务，没有哪个国家能够独立于全球分工体系之外而实现长期持续发展。同时，我们也要看到，在参与经济全球化过程中，确实存在着各方机会和受益不均、传统产业和就业受到冲击等包容性不足问题。对此，要全面深入分析，找出症结所在，有针对性地加以解决。目前存在的一个误区是，简单地、片面地把所有问题都归咎于经济全球化本身，这不仅于事无补，还将动摇世界经济贸易发展的根基。应坚持经济全球化大方向，促进贸易和投资自由化便利化，同时健全权利公平、机会公平、规则公平的制度安排，更好适应和引导经济全球化，实现互利共赢、平衡普惠发展。各国应坚持包容性增长导向，改善收入分配体制，让民众从经济增长中普遍获益。国际社会应加强对不发达国家的帮助，支持更多发展中国家更深融入全球产业链、创新链、价值链，实现经济增长、就业增加、民生改善。

当前世界经济风险有所上升，国际贸易投资放缓，保护主义负面影响加大，不稳定不确定因素明显增多。各方都在积极应对，一些国家已采取降息等政策或发出明确宽松信号。人类社会是在不断总结历史经验教训的过程中前进的。前些年，各国加强政策协调，携手应对国际金融危机，取得明显成效，对此应认真总结和坚持；对所采取的量化宽松、超发货币等政策的中长期效应也要深入评估，从中找出利弊得失。面对当前世界经济下行压力，大家同在一条船上，要弘扬伙伴精神，平等协商、求同存异、管控分歧、扩大共识、形成合力。以规则为基础、以世贸组织为核心的多边贸易体制，是经济全球化和自由贸易的基石，也是促进世界经济稳定增长的重要保障，其权威性和有效性应当得到尊重和维护。中国支持对世贸组织进行必要改革，但自由贸易等基本原则必须坚持，开放市场、促进发展的宗旨不能动摇，有利于缩小发展鸿沟、南北差距的重要指向不能改变。中国提出共建“一带一路”倡议，旨在让更多国家和地区融入经济全球化、促进包容发展，为世界各国及工商企业提供了新的机遇。希望各方积极参与，在互利合作中实现联动发展、共赢发展。

女士们，先生们！

中国改革开放40多年来，我们坚持在开放中与各国分享机会和利益，积极融入全球分工体系和产业链、创新链、价值链。在这个过程中，我们也承受了很大压力、付出了很大代价、经历了很多阵痛，但我们认准经济全球化是不可逆转的大趋势、融入世界经济是不容改变的大方向，不管遇到多少困难都不动摇，结果不仅发展了自己，也惠及了世界。

回顾这些年，中国不断扩大对外开放，全面履行开放承诺。中国在2010年就已履行完入世降税承诺，关税总水平由加入世贸组织时的15.3%降至9.8%，近年来又多次自主降税，目前关税总水平已降至7.5%。据世贸组织统计，中国贸易加权平均税率只有5.2%，低于绝大多数发展中国家，与发达国家平均水平相差不到3个百分点。我们进一步开放市场，全面实行准入前国民待遇加负面清单管理制度。目前制造业已基本放开，现代服务业准入限制持续减少，金融业开放步伐明显加快、开放水平明显提升。我们不断健全知识产权保护法律体系，持续加大执法力度。2018年中国支付的外国专利许可费和技术使用费超过300亿美元，较10年前增长近4倍。去年在全球跨国直接投资下降的情况下，中国实际利用外资保持增长态势。

面向未来，不管国际风云如何变幻，中国将坚定不移推动全方位对外开放，致力于发展更高水平的开放型经济。我们将深化制造业开放，落实好汽车领域放宽外资股比限制等措施，鼓励外资参与制造业高质量发展，支持外资投向电子信息、装备制造、医药、新材料等先进制造领域和中西部地区，在自用设备进口、企业所得税、土地供应等方面给予优惠待遇。我们将深化金融等现代服务业开放举措，将原来规定的2021年取消证券、期货、寿险外资股比限制提前至2020年，在增值电信、交通运输等领域减少对外资准入限制，落实好征信、信用评级、支付等领域外资机构国民待遇，扩大债券市场双向开放。稳步推进汇率形成机制改革和资本项目可兑换，保持人民币汇率在合理均衡水平上的基本稳定，不搞竞争性贬值。我们将进一步自主降低关税总水平，努力消除非关税壁垒，积极扩大商品和服务进口，提升进口便利化水平。我们将继续完善对外开放法律法规体系，外商投资法配套法规、规章正在抓紧制定，今年年底前都会完成，明年1月1日与外商投资法同步实施。同时，加快清理与外商投资法不相符的法律法规和规范性文件，年底前将全面取消外资准入负面清单外的限制规定。我们将更大力度保护知识产权，实施侵权惩罚性赔偿制度，严厉打击各类侵权假冒行为。中国对外商投资的开放度、透明度、可预期性会越来越高，整体投资环境会越来越好。一个更加开放的中国，必将为促进世界经济发展作出更大贡献。

女士们、先生们！

今年上半年刚刚过去，大家都很关心当前中国经济形势。综合看，中国经济总体平稳、运行在合理区间，经济基本面继续保持稳中向好态势，主要经济指标符合预期。就业持续增加，5月份城镇调查失业率稳定在5%左右的较低水平。经济结构不断优化，服务业平稳增长，工业企业利润增速由负转正，高技术制造业、战略性新兴产业增速明显快于整体工业，夏粮丰收在望。居民消费价格保持温和上涨。外汇储备稳中有升。前5个月平均每天新设企业1.89万户，继续保持较快增长，这反映出社会创业创新有活力、市场主体有信心。

当然，中国经济也面临着新的下行压力。外部不确定不稳定因素增多，给部分企业生产经营、外贸出口特别是市场预期带来一定影响；国内有效投资增长缓慢，保持经济平稳运行的难度不小。对今年国内外复杂严峻形势，我们早有预判、作了充分准备，一直在采取措施积极加以应对，尤其是实施更大规模的减税降费，已初见成效。中国市场规模巨大、人力人才资源丰富、产业配套齐全、新动能快速成长，综合优势较为明显，经济发展有足够的韧性、潜力和回旋余地，长期向好的趋势不会改变。

下一步，我们将坚定不移抓好发展这个第一要务，坚持稳中求进工作总基调，加大改革开放力度，深化供给侧结构性改革，统筹推进稳增长、促改革、调结构、惠民生、防风险、保稳定，着力做好稳就业、稳金融、稳外贸、稳外资、稳投资、稳预期各项工作，保持经济运行在合理区间，推动经济高质量发展，确保实现全年发展主要目标任务。为此，我们要深入落实已出台的宏观政策措施，继续创新和完善宏观调控，注重预调微调，为经济保持平稳运行创造条件。但中国不会搞“大水漫灌”式强刺激，不会走铺摊子、粗放增长的老路。我们稳增长首要是为保就业，就业是经济运行合理区间的下限，不能有闪失。要深入落实就业优先政策，支持以创业带动就业，加强对灵活就业、新就业形态的支持，多管齐下稳定和扩大就业。

发展的根本动力在于改革。我们要不断深化改革，着力打造市场化、法治化、国际化的营商环境，进一步激发市场主体活力。优化营商环境就是解放和发展生产力、就是增强国际竞争力。要着力抓好实施更大规模减税降费和“放管服”改革两件大事，以减税降费为市场主体减负减压，以“放管服”改革给市场主体加油助力，两者相辅相成、并驾齐驱，形成激发市场主体活力、优化营商环境的强大合力。目前更大规模减税降费正按预期顺利推进，我们将及时解决落实中遇到的问题，确保不折不扣落实到位。持续深化“放管服”改革，进一步放宽市场准入，大力压减行政许可和整治各类管理措施中的变相审批，坚决打通企业开办经营和投资建设两大堵点，加强公正公平监管，优化政府服务，依法严格保护产权，为各类所有制企业、内外资企业打造一视同仁、公平竞争的市场环境。围绕缓解企业融资难融资贵问题，综合采取降准、降低实际利率水平、扩大直接融资、支持市场化创业投资加快发展等措施，推动融资状况明显改观、融资综合成本明显降低。中国有7 600多万个体工商户，带动约2亿人就业；有3 600多万户企业，其中90%是中小微企业。这些量大面广的个体工商户和中小微企业，在扩大就业、方便生活、拓展消费等方面发挥着重要支撑作用，必须予以大力支持。要加强普惠金融服务，采取定向降准、定向中期借贷便利、提高不良贷款率容忍度等措施，鼓励金融机构加大对小微企业的信贷投放。支持大企业与中小微企业融通发展、优势互补，打造更具竞争力的产业链。大力优化民营经济发展环境，落实好普惠性减税降费等财政支持政策，加强政策性融资担保，用好民营企业债券融资支持工具，坚决消除民营企业投资的各种隐形障碍。只要把营商环境搞好了，使亿万市场主体的活跃度保持住、提上去，中国经济平稳增长就有了坚实基础。

发展要靠创新引领。我们将深入实施创新驱动发展战略，培育壮大发展新动能。强化科技支撑能力，落实和完善研发费用加计扣除等举措，鼓励企业增加研发投入，加快创新成果转化应用。支持“互联网+”升级，拓展“智能+”，为传统产业改造升级持续赋能。坚持实施包容审慎监管，促进新兴产业持续健康发展。加快发展现代职业教育，培养各类高素质的技术技能人才。深入推进大众创业万众创新。进一步完善创新发展政策，加强全方位公共服务，打造开放共享平台，不断增强经济创新力和竞争力。

发展的目的是改善民生。人民对美好生活的向往，就是我们的奋斗目标。要促进经济发展与民生改善良性互动，持续释放内需潜力。中国有近14亿人，中等收入群体超过4亿，民生改善、消费升级无不蕴含着巨大的市场需求，在适应民生需求中促进形成强大国内市场、增强发展动力大有可为。我们要大力引导社会力量发展服务业，增加医疗、文化、旅游、体育等服务供给，特别是瞄准民生的痛点和堵点，加快发展社区养老、托幼服务，实施消费促进政策，激发消费潜力，提升人民生活水平。合理扩大有效投资，加强水电路和新一代信息基础设施等建设。改造城镇老旧小区，是群众所盼，还能拉动有效投资、促进消费。今年我们将加大试点力度，中央财政给予支持，运用市场化方式吸引社会力量参与。改善民生、发展民生没有终点，只有新的起点。中国政府将坚持以人民为中心的发展思想，持续推进民生工程建设和创新，提供更多优质产品和服务，使改革发展成果更好惠及人民群众。

女士们、先生们！

夏季达沃斯论坛在中国已经举办了 13 年。当初设立夏季达沃斯论坛时，新一轮产业革命正在兴起，全球化步伐在加快，新业态、新技术、新商业模式层出不穷。当时确定了“新领军者”这一主题，并且延续至今，仍然具有现实意义。当年诸多成长型企业已成长为“参天大树”。我们就是要让各类市场主体，让大企业和成长型企业同台竞技，公平竞争，共同发展。希望更多“百年老店”大企业继续追求卓越，更多中小企业勇立潮头，涌现出更多“新领军者”。

开放包容、合作共赢，是促进世界经济持久繁荣的必由之路。中国愿与各国携起手来，推动经济全球化朝着更加开放、包容、普惠、平衡、共赢的方向发展，共同开创人类美好的未来！祝论坛圆满成功！

（大连，2019 年 7 月 2 日）

（据新华社大连 2019 年 7 月 3 日电）

高层领导关于自贸试验区论述摘编

国家主席习近平2019年6月28日在日本大阪出席二十国集团领导人第十四次峰会并发表重要讲话，他指出："当前，中国经济稳中向好。我们将进一步推出若干重大举措，加快形成对外开放新局面，努力实现高质量发展。""第一，进一步开放市场。我们即将发布2019年版外资准入负面清单，进一步扩大农业、采矿业、制造业、服务业开放。新设6个自由贸易试验区，增设上海自由贸易试验区新片区，加快探索建设海南自由贸易港进程。第二，主动扩大进口。我们将进一步自主降低关税水平，努力消除非关税贸易壁垒，大幅削减进口环节制度性成本。办好第二届中国国际进口博览会。第三，持续改善营商环境。我们将于明年1月1日实施新的外商投资法律制度，引入侵权惩罚性赔偿制度，增强民事司法保护和刑事保护力度，提高知识产权保护水平。第四，全面实施平等待遇。我们将全面取消外资准入负面清单之外的限制。准入后阶段，对在中国境内注册的各类企业平等对待、一视同仁，建立健全外资企业投诉机制。第五，大力推动经贸谈判。我们将推动早日达成区域全面经济伙伴关系协定，加快中欧投资协定谈判，加快中日韩自由贸易协定谈判进程。"

国家主席习近平2019年4月26日在北京出席第二届"一带一路"国际合作高峰论坛开幕式并发表主旨演讲，宣布"中国将采取一系列重大改革开放举措，促进更高水平对外开放"。"我们将更广领域扩大外资市场准入，更大力度加强知识产权保护国际合作，更大规模增加商品和服务进口，更加有效实施国际宏观经济政策协调，更加重视对外开放政策贯彻落实。……我们将新布局一批自由贸易试验区，加快探索建设自由贸易港，我们将加快制定配套法规，确保严格实施《外商投资法》。"

国家主席习近平2018年11月5日在上海出席首届中国国际进口博览会开幕式并发表主旨演讲，宣布"中国将打造对外开放新高地"。"中国将支持自由贸易试验区深化改革创新，持续深化差别化探索，加大压力测试，发挥自由贸易试验区改革开放试验田作用。中国将抓紧研究提出海南分步骤、分阶段建设自由贸易港政策和制度体系，加快探索建设中国特色自由贸易港进程。这是中国扩大对外开放的重大举措，将带动形成更高层次改革开放新格局。""为了更好发挥上海等地区在对外开放中的重要作用，我们决定，将增设中国上海自由贸易试验区的新片区，鼓励和支持上海在推进投资和贸易自由化便利化方面大胆创新探索，为全国积累更多可复制可推广经验。"

据新华社上海2018年10月24日电，中共中央总书记、国家主席、中央军委主席习近平日前对自由贸易试验区建设作出重要指示指出，建设自由贸易试验区是党中央在新时代推进改革开放的一项战略举措，在我国改革开放进程中具有里程碑意义。5年来，各自由贸易试验区认真贯彻党中央决策部署，锐意进取，勇于突破，工作取得重大进展，一大批制度创新成果推广至全国，发挥了全面深化改革的试验田作用。习近平强调，面向未来，要在深入总结评估的基础上，继续解放思想、积极探索，加强统筹谋划和改革创新，不断提高自由贸易试验区发展水平，形成更多可复制可推广的制度创新成果，把自由贸易试验区建设成为新时代改革开放的新高地，为实现"两个一百年"奋斗目标、实现中华民族伟大复兴的中国梦贡献更大力量。

中共中央总书记、国家主席、中央军委主席、中央全面深化改革委员会主任习近平2018年9月20日下午主持召开中央全面深化改革委员会第四次会议时指出，支持自由贸易试验区深化改革创新是贯彻落实党的十九大提出赋予自由贸易试验区更大改革自主权要求的一项重要举措，要围绕自由贸易试验区建设发展需要，在营造优良投资环境，提升贸易便利化水平，推动金融创新服务实体经济，推进人力资源领域先行先试等方面，加大改革授权，加大开放力度，给予政策扶持，体现特色定位，推动自由贸易试验区更好发挥示范引领作用。

据新华网北京2018年4月13日电，13日下午，习近平在庆祝海南建省办经济特区30周年大会上郑重宣布，党中央决定支持海南全岛建设自由贸易试验区，支持海南逐步探索、稳步推进中国特色自由贸易港建设，分步骤、分阶段建立自由贸易港政策和制度体系。这是党中央着眼于国际国内发展大局，深入研究、统筹考虑、科学谋划作出的重大决策，是彰显我国扩大对外开放、积极推动经济全球化决心的重大举措。习近平要求，海南广大干部群众要抓住机遇、再接再厉，发挥自身优势，大胆探索创新，着力打造全面深化改革开放试验区、国家生态文明试验区、国际旅游消费中心、国家重大战略服务保障区，争创新时代中国特色社会主义生动范例，让海南成为展示中国风范、中国气派、中国形象的靓丽名片。

中共中央政治局常委、国务院总理李克强2019年7月22日至23日在上海考察时来到上海自贸试验区新片区，听取总体规划汇报。他说，“新片区是在过去五年自贸试验区实践基础上设立的，是开放的新扩大、改革的新进展，要坚持以习近平新时代中国特色社会主义思想为指导，贯彻党中央、国务院部署，抓住新机遇，对标国际先进水平，更大力度改革开放，完善空间规划实现集约开发，让这片寸土寸金之地飞出新的金凤凰，推动高质量发展。”

国务院总理李克强2019年3月28日在海南博鳌出席博鳌亚洲论坛2019年年会开幕式并发表主旨演讲时宣布，“我们将进一步放宽外资市场准入。全面实施准入前国民待遇加负面清单管理制度，今年6月底之前，我们将再次修订发布外商投资准入负面清单、自由贸易试验区外商投资准入负面清单、鼓励外商投资产业目录。”

国务院总理李克强2019年3月5日在《政府工作报告》中宣布，“赋予自贸试验区更大改革创新自主权，增设上海自贸试验区新片区，推进海南自贸试验区建设、探索建设中国特色自由贸易港。支持国家级经开区、高新区、新区开展自贸试验区相关改革试点，增强辐射带动作用，打造改革开放新高地。”

据新华社上海2018年10月24日电，中共中央政治局常委、国务院总理李克强就自贸试验区设立五周年作出批示指出，五年来，有关地方和部门密切配合，推动自贸试验区在改革开放的“深水区”积极探索创新，勇于攻坚克难，在多方面取得重大进展，成绩应予充分肯定。望以习近平新时代中国特色社会主义思想为指导，认真贯彻党中央、国务院决策部署，坚持新发展理念，更大力度推动自贸试验区改革开放创新。要着眼解决深层次矛盾和结构性问题，强化改革统筹谋划和系统集成，继续狠抓制度创新，加快形成发展和竞争新优势。积累更多可在更大范围乃至全国复制推广的经验，进一步发挥改革开放“排头兵”的示范引领作用。

据新华社上海2018年10月24日电，中共中央政治局常委、国务院副总理韩正24日出席自由贸易试验区建设五周年座谈会并讲话。韩正表示，建设自贸试验区是以习近平同志为核心的党中央在新形势下全面深化改革、扩大对外开放的一项战略举措。五年来，在党中央、国务院坚强领导下，有关地区和部门共同努力，自贸试验区建设取得重大进展。要以习近平新时代中国特色社会主义思想为指导，认真贯彻党中央、国务院决策部署，继续解放思想、提高认识，牢牢把握制度创新这个核心，进一步推动自贸试验区改革开放和高质量发展。

韩正强调，自贸试验区是国家的试验田，不是地方的自留地，要一切服从服务于国家战略进行探索和试验。自贸试验区是制度创新的高地，不是优惠政策的洼地，要紧紧依靠制度创新激发市场活力。自贸试验区是“种苗圃”，不是“栽盆景”，要加快形成更多可复制可推广的制度创新成果。自贸试验区是“首创性”的探索，不是简单优化程序，要坚持大胆试、大胆闯、自主改，彰显改革开放试验田标杆示范带动引领作用。

韩正要求，有关地区和部门要认真贯彻落实习近平总书记重要指示精神，突出重点领域和关键环节，做好自贸试验区各项工作。要加快转变政府职能，扎实推进“证照分离”改革，深化负面清单制度改革，推进贸易监管制度创新，加强改革系统集成。要紧密团结在以习近平同志为核心的党中央周围，增强“四个意识”，坚定“四个自信”，奋力开创自贸试验区建设新局面，为全面建成小康社会、实现中华民族伟大复兴的中国梦作出新的贡献。

据新华社广州2019年10月5日电，中共中央政治局委员、国务院副总理胡春华2019年2至5日在广东省调研自贸试验区建设工作。他强调，要深入贯彻习近平总书记重要指示精神，按照党中央、国务院决策部署，高标准、高质量推进广东自贸试验区建设，进一步深化改革扩大开放，加快打造成为粤港澳大湾区合作示范区。

胡春华指出，要充分认识广东自贸试验区在推进粤港澳大湾区建设中肩负的重要使命，加快建设高水平对外开放门户枢纽。要对标国际高标准经贸规则，坚持以制度创新为核心，不断提升贸易投资自由化、便利化水平。要主动对接香港、澳门自由贸易港，充分发挥粤港澳综合优势，推动区域经济协调协同发展。要紧紧围绕国家战略要求，坚持高水平规划引领，进一步发挥敢为天下先的创新精神。

中共中央政治局委员、国务院副总理胡春华2018年6月12日在北京主持召开国务院自贸试验区工作部际联席会议第五次全体会议并讲话。他强调，各有关地方和部门要以习近平新时代中国特色社会主义思想为指导，认真学习贯彻领会习近平总书记重要指示精神，坚持新发展理念，牢牢把握建设现代化经济体系、推动高质量发展的要求，真正把自贸试验区建设成为制度创新的标杆，为全面深化改革和扩大开放探索新途径、积累新经验。

胡春华指出，在党中央、国务院的统一领导下，各有关地方和部门共同努力，推动自贸试验区建设取得积极进展，试点区域不断扩大，试点内容不断拓展，外资管理体制实现重大变革，贸易监管体系基本与国际通行规则接轨，金融开放取得新的突破，政府治理水平显著提升，形成了153项改革试点经验，并在全国复制推广。自贸试验区服务改革开放大局的作用越来越突出。

胡春华强调，各有关地方和部门要准确把握自贸试验区肩负的历史使命，坚持问题导向，进一步做好自贸试验区建设工作。要着力将自贸试验区打造成为对外开放的新高地，在对外开放上始终走在全国前列。要突出以制度创新为核心，加大改革力度，以高水平开放倒逼深层次改革，营造良好的营商环境。要大力推动高质量发展，积极培育新产业、新业态、新模式，实现高质量发展和制度创新的相互促进、有机统一。要加强对自贸试验区建设的统筹指导，积极支持地方改革创新，做好风险防控，力争取得更多制度创新成果，进一步彰显自贸试验区的试验田作用。

据新华社天津2018年6月7日电，中共中央政治局委员、国务院副总理胡春华2018年6月7日在天津调研自贸试验区建设情况。他强调，要以习近平新时代中国特色社会主义思想为指导，认真贯彻落实习近平总书记重要指示批示精神，按照党中央、国务院决策部署，高标准高质量建设好自贸试验区，为全面深化改革和扩大开放探索新途径、积累新经验。

胡春华强调，今年是全面贯彻党的十九大精神的开局之年，也是改革开放40周年，在新的历史起点上，自贸试验区建设要牢牢把握制度创新这个核心，坚持问题导向，对标国际先进规则，大胆试、大胆闯、自主改。要适应改革开放形势的变化，加快转型发展步伐，推动形成更多高质量的改革试点经验，使自贸试验区在全面深化改革和高水平开放中继续发挥示范引领作用。

商务部部长钟山2019年3月9日在十三届全国人大二次会议新闻发布会上表示，去年4月，习近平总书记在庆祝海南建省办经济特区30周年大会上宣布，支持海南全岛建设自由贸易试验区，支持海南逐步探索、稳步推进中国特色自由贸易港建设，这是党中央确定的重大战略，是新时代改革开放的重大举措。

去年10月，党中央、国务院批准了海南自贸试验区的总体方案。这个方案有几个特点：

一是全岛整体开放。开放的面积达到3.54万平方公里，是全国最大的自贸试验区。建设这个自贸试验区，要以高水平的开放推进高质量的发展。

二是全省协同改革。自贸试验区与行政区划一起，将整合全省范围内的各种资源，改革将更加系统、更加协调。

三是全方位试点。一二三产业全覆盖，不同区域协调联动，陆海统筹推进，可以形成多元的试点经验。从现在看，这个总体方案实施是顺利的，像海南的种业、金融领域已对外开放，旅游入境免签去年就新增了33个国家，已经形成了首批8项制度创新成果。去年，海南外贸增长21%，外资增长113%，成效是好的。

今年，要认真贯彻落实习近平总书记的重要指示精神，坚持新发展理念，坚持高质量发展，我们要全力推动自由贸易试验区的建设，加快探索自贸港建设的政策和制度体系。

在自贸试验区方面，重点是全力推动总体方案的落实。一是进一步扩大国际航运、旅游、专业服务等领域的开放。二是支持医疗健康、国际会展等产业加快发展，吸引更多创新主体。三是在贸易投资便利化、政府监管等方面，赋予海南自贸试验区更大改革自主权。建设海南自贸试验区，我们要始终坚持新发展理念，决不能以牺牲环境为代价。

在探索建设中国特色自由贸易港方面，我们将按照习近平总书记分步骤、分阶段建设的要求，研究提出自由贸易港的政策和制度体系。自由贸易港是当今世界最高水平的开放形态，海南建设自由贸易港，要突出中国特色，符合中国国情，符合海南发展定位，同时也要学习借鉴国际自由贸易港的先进经营方式和管理方法。

国务院新闻办公室于2019年8月26日（星期一）下午3时举行国务院政策例行吹风会，商务部副部长兼国际贸易谈判副代表王受文出席并介绍了

《国务院关于印发6个新设自由贸易试验区总体方案的通知》〔2019〕16号）有关情况，并答记者问。

总体方案有何特点？

王受文介绍，近日，国务院正式批复设立山东、江苏、广西、河北、云南、黑龙江6个自贸试验区，并印发了总体方案。这6个整体方案有以下几方面的特点：

第一，突出以制度创新为核心。在充分借鉴现有自贸试验区成功的改革试点经验的基础上，围绕投资、贸易、金融、事中事后监管等方面，提出各具特色的具有系统性、集成性的改革试点任务。比如，云南自贸试验区创新沿边经济社会发展新模式；河北自贸试验区探索建立数字化贸易监管模式。

第二，突出扩大开放。立足各自区位优势，深化与周边国家和地区经贸合作，更好服务对外开放总体战略布局。比如，广西自贸试验区围绕构建国际陆海贸易新通道，深化沿边对外开放，推动跨境贸易、跨境物流、跨境劳务合作等发展；黑龙江自贸试验区进一步扩大对俄罗斯合作，积极推动人员出入境便利、企业“走出去”；河北自贸试验区支持生物医药和生命健康产业开放发展。

第三，突出引领高质量发展。充分发挥战略叠加优势，通过制度创新，破解发展难题，推动发展质量变革、效率变革、动力变革，聚集新产业、新业态、新模式。比如，山东自贸试验区围绕发展海洋经济，加快推动海洋科技创新，培育东北亚水产品加工和贸易中心，推进国家海洋药物中试基地建设，提升海洋国际合作水平；江苏自贸试验区推动科技与产业融合，促进集成电路、人工智能、生物医药、纳米技术应用等产业创新发展。

第四，突出服务和融入国家重大战略。进一步对标高标准国际经贸规则，充分利用各地资源禀赋优势与区位优势，形成各有侧重、各具特色的试点格局，积极服务“一带一路”建设、京津冀协同发展、长江经济带发展、东北振兴、长三角区域一体化发展、海洋强国等国家战略。

王受文强调，下一步，商务部将切实履行国务院自由贸易试验区工作部际联席会议办公室职责，会同有关地方和部门，抓紧制定总体方案的任务分工台账，推动总体方案试点任务落地见效。同时，及时总结提炼经验做法，在全国复制推广，充分发挥自贸试验区改革开放试验田作用。

为何3个设在东部沿海，3个设在沿边地区？

有媒体在会上问：这次新设的6个自贸试验区3个在东部沿海，另外3个在沿边地区，这样的布局有什么考虑？在自贸试验区总体方案中，如何体现这种考虑？

王受文表示，从2013年9月以来，已经陆续设立了上海、广东、海南等12个自贸试验区，增设了上海自贸试验区临港新片区，布局逐步完善。此次，中央决定在山东等6个省区设立新一批自贸试验区，目的是要通过在更大范围、更广领域、更多层次差别化探索，开展对比试验、互补试验，激发高质量发展的内生动力，更好服务于对外开放总体战略布局。

大家注意到，在山东、江苏、河北新设自贸试验区，将实现我国沿海省份自贸试验区的全覆盖，连点成线、连线成面，形成对外开放的前沿地带，全方位发挥沿海地区对腹地的辐射带动作用，更好地服务陆海内外联动、东西双向互济的对外开放总体布局。在广西、云南、黑龙江新设自贸试验区，是我国首次在沿边地区布局自贸试验区，这将有利于通过改革创新助推沿边开放，辐射带动沿边发展，为我国进一步密切同周边国家经贸合作、提升沿边地区开放开发水平，提供可复制、可借鉴的改革经验。这样的安排，不仅有利于进一步优化自贸试验区战略布局，也能够主动服务和融入“一带一路”建设、京津冀协同发展、长三角一体化发展、东北振兴、海洋强国、创新驱动发展等国家重大战略。

具体来说，6个自贸试验区总体方案充分考虑党中央、国务院对自贸试验区的定位和要求，积极进行差别化探索，更好服务国家战略。举例来说，山东主要是通过加快推进新旧动能接续转换、高质量推动海洋经济发展、深化中日韩区域经济合作，推动对外开放新高地建设。江苏将通过深化产业结构调整、深入实施创新驱动发展战略等，在打造开放型经济、创新发展实体经济和产业转型方面先行先试。广西将通过深化与东盟的开放合作、推动建设国际陆海贸易新通道、探索沿边地区开发开放等，形成21世纪海上丝绸之路和丝绸之路经济带有机衔接的重要门户。河北将主要围绕服务京津冀协同发展、高质量建设雄安新区、发展高端高新产业等，建设国际商贸物流重要枢纽、新型工业化基地、全球创新高地和开放发展先行区。云南将通过与越南、老挝、缅甸等周边国家合作发展，建设连接南亚东南亚大通道的重要节点，推动形成我国面向南亚东南亚辐射中心、开放前沿。黑龙江将通过推动东北全面振兴全方位振兴、着力深化产业结构调整、建设面向俄罗斯及东北亚的交通物流枢纽、提升沿边地区开放水平，打造对俄罗斯及东北亚区域合作的中心枢纽。

如何体现对自贸试验区赋予的更大改革自主权？

另有媒体问及：党的十九大报告提出要赋予自由贸易试验区更大的改革自主权，请问这次新设的6个自贸试验区是如何体现这一要求的？

王受文指出，今年7月3日，国务院召开了第55次常务会议，专门听取关于赋予自由贸易试验区更大改革创新自主权工作情况的汇报。商务部会同6省市以及相关部门，认真贯彻落实党中央、国务院部署，主要在五个方面对新设6个自贸试验区赋予更大改革自主权。

第一，聚焦贸易便利化。6个总体方案在贸易便利化方面提出一系列政策措施，比如，江苏方案提出优化口岸通关流程、推进货物平均放行和结关时间体系化建设；云南方案提出实施“一口岸多通道”监管创新；广西方案提出与东盟国家“单一窗口”进行互联互通。

第二，聚焦投资便利化。比如，将外资人才中介机构、无船承运、外资经营国际船舶管理业务的审批或备案管理权限赋予自贸试验区或有关地方。

第三，聚焦金融创新服务实体经济。如河北方案提出金融监管“沙盒机制”，在雄安股权交易所开展股权众筹试点；山东方案提出开展资本项目收入支付便利化改革试点。

第四，聚焦引进人才便利化。比如，广西方案提出将有关外籍及港澳台人才省级管理权限赋予自贸试验区；云南方案提出建立外籍务工人员管理长效机制；黑龙江方案提出开展海外人才离岸创新创业试点。

第五，聚焦体制机制创新。6个总体方案均提出支持各地构建精简高效、权责明晰的自贸试验区管理体制和用编用人制度，如山东方案、江苏方案都提出将能下放的省级经济社会管理权限全部下放给自贸试验区。

王受文表示，6个新设自贸试验区的总体方案，在贸易投资自由化便利化、金融服务实体经济、人才管理和体制机制创新等方面，都做了很好的设计。下一步，我们将根据相关改革试点任务的实施效果，会同有关地方和部门认真研究，赋予自贸试验区更大改革自主权。

专　文

SPECIAL ARTICLES

中国自贸试验区的改革创新与发展成就

商务部国际贸易经济合作研究院院长 顾学明

当今世界正经历百年未有之大变局，国内发展环境也经历着深刻变化。在我国经济发展环境面临的新背景下，建设自贸试验区在我国改革开放进程中具有里程碑意义。自贸试验区设立以来，党中央国务院高度关注，习近平总书记更是多次作出重要指示。商务部等相关部门切实履行国务院自贸试验区工作部际联席会议职责，按照统一部署，会同有关部门和地方，抓好各项改革试点任务落实；指导有关省市加强底线思维和风险意识，切实加强自贸试验区风险防控体系建设，牢牢守住不发生区域性系统性风险底线；及时总结经验做法，并在全国复制推广，充分发挥自贸试验区制度创新高地作用。在国家的大力推动和支持下，截至 2019 年底，全国共设立 18 个自贸试验区，形成了覆盖东西南北中的改革开放创新布局，在推动形成双循环新发展格局、全面深化改革、促进产业转型升级、加强区域协同发展、积极服务国家战略等方面发挥了重要作用。

一、形成双循环新发展格局的助推器

“逐步形成以国内大循环为主体、国内国际双循环相互促进的新发展格局”，这是党中央根据国内国际形势发展的新变化作出的重大战略部署。作为新时代改革开放的新高地，自贸试验区已经成为链接“双循环”新发展格局的重要平台和关键节点，也是促进“双循环”新发展格局形成的重要抓手和有力支撑。

（一）激发强大国内市场动力。

我国自贸试验区激发国内强大市场动力，主要体现在通过制度创新优化营商环境，促进各类市场主体发展上。例如，结合生物医药领域企业问题和需求，上海自贸试验区试点药品上市许可持有人制度，打破了我国传统上药品管理采用的“上市许可+生产许可”捆绑模式，研发单位或者科研人员可以通过委托生产将药品迅速产业化。此举极大激发了医药领域市场主体的创新活力，催生了一批用于治疗肿瘤等重大疑难疾病且具有自主知识产权、尚未在国内外上市的“全球新”I 类新药试点品种，对激发生物医药领域研发、生产、销售各个环节市场主体活力产生了极大的促进作用。

（二）拓展国际循环新空间。

自贸试验区搭建对外投资服务平台，支持企业海外投资拓展国际循环空间。服务内容包括企业海外投资指导性信息、风险防控信息、定制化服务信息等。例如，陕西自贸试验区搭建了“一带一路”能源类特色供应链合作平台，集聚“项目投资、运管资金、创新研发、生产设备、人力资源、生产互动”等六大共享服务功能，吸引了金融配套、油服处理、整机制造、配件制造、研发机构、衍生产品、智慧管理等多种类型企业入驻平台，解决了能源企业“走出去”过程中面临的融资、人才、设备、技术等问题，为能源类企业“走出去”开拓市场空间提供支撑。

二、推动全面深化改革的试验田

当前，党中央聚焦深层次体制机制改革，提出新时代的改革更侧重顶层设计，更加注重改革的系统性、整体性和协同性。自贸试验区在深化改革上突出系统性和集成性，形成了一系列全面深化改革的重大措施。

（一）全流程强化改革系统集成。

自贸试验区沿着企业开办、生产经营等进行全流程改革，将企业发展周期中的许可事项加以整合。例如，山东自贸试验区青岛片区在全国率先从

"再造"入手，在上海自贸试验区"一业一证"基础上，将营业执照升级为一个行业全流程许可事项整合的"一证（照）通"改革新模式，申办人只需提交一套材料，即可获得一张整合全部许可证信息的法人单位登记证或营业执照，做到市场主体一张证（照）"闯天下"。

（二）全产业强化改革系统集成。

自贸试验区围绕促进全产业链发展，沿着产业链上下游各个环节发展需求进行改革。例如，江苏自贸试验区南京片区促进芯片全产业链发展，积极探索集成电路全产业链发展改革创新，加强对集成电路全产业链发展支持。企业成长方面，支持参与国家重大专项、帮助企业融资；产业创新方面，鼓励设立研发机构、支持新产品开发、支持公共服务平台建设和强化知识产权保护；生态构建方面，对片区整机、终端企业购买片区集成电路设计企业自主开发的芯片给予补助，加快形成产业生态圈。截至 2019 年底，已有 400 多家国内外集成电路企业在南京片区及周边集聚，涵盖芯片设计、晶圆制造、封装测试、终端制造等产业链上下游全部环节。

（三）全功能强化改革系统集成。

自贸试验区积极强化跨部门改革，通过聚合更多功能提升改革系统性和集成性。例如，福建自贸试验区国际贸易"单一窗口"3.0 版，实现与 43 个部门信息互联互通，上线了货物、舱单、运输工具和许可证件申报，以及原产地证书申领、企业资质办理、出口退税、税费支付、物品通关、加贸保税、跨境电商、移动应用、口岸监测、查询统计等 14 大类 110 项基本政务服务功能，惠及生产、贸易、仓储、物流、电商、金融等各类企业，基本满足国际贸易"一站式"业务办理需求。

三、促进产业转型升级的示范区

我国经济已由高速增长阶段转向高质量发展阶段，正处在转变发展方式、优化经济结构、转换增长动力的攻关期。在此背景下，要促进我国产业迈向全球价值链中高端，培育若干世界级先进产业集群。我国自贸试验区在发展过程中，紧密对接新一轮科技革命和产业变革，加大产业对外开放力度，实现产业发展新旧动能转换，推动高质量发展。

（一）以制度变革促进产业转型升级。

自贸试验区牢牢把握住了促进产业发展的制度性因素，通过制度松绑和不断完善，促进了产业转型升级。例如，广西自贸试验区崇左片区探索越南车辆直通厂区模式，与越南的互市商品经海关查验后可直接由越南大货车拉至边境工业园区进行加工，改变了之前"越南进境大货车卸货-中国面包车或农用车分装-过驳中国大货车装货-边境工业园区企业卸货"模式。截至 2019 年，有超过 100 柜货物实行直通式模式，为加工制造业发展降本增效。天津自贸试验区优化进口租赁飞机海关跨关区联动监管制度，联合北京、广州、上海等地海关，共同打造进口租赁飞机海关跨关区联动监管新模式，在天津自贸试验区完成融资租赁的飞机，直接在航空公司运营地的海关就可以办理相关手续，随后投入运营。截至 2019 年，东疆片区累计完成近 1 600 架飞机租赁业务，成为继爱尔兰之后全球第二大飞机租赁聚集地。

（二）以扩大开放促进产业转型升级。

自贸试验区通过双向开放促进产业变革，使产业发展由封闭型模式转变为开放型模式。例如，上海自贸试验区把握新能源汽车扩大开放契机，吸引特斯拉首个美国之外的超级工厂在上海自贸试验区临港新片区正式开工建设。截至 2019 年底，特斯拉在中国大陆第 300 座超级充电站建成，超级充电站已经覆盖超过 140 个城市，超级充电桩数量已突破 2 300 个，推动我国新能源汽车产业从各方面迈上新台阶。四川自贸试验区深入推动"国别合作园区"建设，通过建设中韩创新创业园，大力引进韩国优质企业，提升四川自贸试验区在"双创"等领域的国际影响力。截至 2019 年，累计入驻对韩服务众创空间 4 家，韩资企业 47 家。

（三）以互补融合促进产业转型升级。

自贸试验区推动产业之间集聚互补合作，促进不同产业领域、不同产业环节之间实现融合发展，形成“1+1>2”的产业融合发展新模式。例如，重庆自贸试验区针对传统制造业信息孤岛、资源缺乏等行业痛点，建立工业互联网服务平台，整合与制造业发展相关的服务业，推动制造业转型升级所需要的人才、专利等服务资源共享。截至2019年底，工业互联网服务平台已经汇集了全球20多万家注册用户，7.6万余家企业服务商，发布订单近7万笔，平台订单金额超过16.3亿元。海南自贸试验区推动“旅游+医疗”，吸引了德国贝朗、美国强生、美国倍声、金域检测、爱丁堡糖尿病中心、法国康养机构等投资，创造了特许进口人工耳蜗手术等“18个全国第一”。2019年，乐城先行区接待医疗旅游人数约7.5万人次，同比增长134%；医疗机构营业收入约6.4亿元，同比增长75.3%。

（四）以要素支持促进产业转型升级。

自贸试验区依托开放优势集聚了各类产业发展需要的资源，为产业转型升级提供强有力支撑。例如，广东自贸试验区率先开展港澳建筑工程领域专业人士跨境执业资格互认，明确具备相关条件的港澳企业和专业人士，无需再转换资质，经自贸试验区内建设主管部门合法备案，即可在区内为市场主体和建设项目直接提供专业服务。截至2019年底，已吸纳港澳建筑及相关工程服务专业人士120余人，为建筑工程服务业发展提供高端人才要素。辽宁自贸试验区大连片区推出“东北亚联动跨境融资”业务，引入东北亚地区低成本资金，有效满足大连片区进出口企业融资需求。河南自贸试验区对规划条件编制测绘成果进行共享，实现规划条件编制测绘、交地测绘、不动产登记宗地测绘“多测合一”。同时，政府统一购买服务，承担相关测绘费用并纳入土地征收成本。据测算，可为建设单位节约10个工作日左右时间，每百亩建设用地可为建设单位节省约6万元左右，有效降低产业用地成本。

四、加强区域协同发展的辐射极

自贸试验区聚焦差异化试验任务，不断释放改革开放红利，积极服务和融入京津冀协同发展、长三角和长江经济带、东北振兴、中部崛起等区域协同发展战略。

（一）突出“同城发展”特色，促进京津冀协同发展。

天津自贸试验区推动与北京、河北共同制定了《京津冀协同发展人民银行三地协调机制》，建立了三地经济金融统计数据信息共享机制，推动京津冀在跨区域支付结算、异地存储、信用担保等同城化服务上取得成效。同时，促进科技服务同城化，建设京津冀“细胞谷”，与北京多家三甲医院开展了临床研究合作。截至2019年，“细胞谷”已经汇聚了中科院工业生物所、瑞普生物、宝石花医疗等200多家生物医药领域的高新技术企业，共同打造全国健康医疗研发核心区，推动京津冀细胞治疗技术水平全国领先。

（二）突出“交通一体”特色，推进长三角和长江经济带发展。

立足长三角和长江经济带港口物流交通资源，我国自贸试验区加强港口交通协作水平，进一步发挥辐射带动作用。例如，上海自贸试验区与浙江自贸试验区积极推进港口一体化建设，开展长三角口岸监管一体化试点，推进海关、海事、港航、边防等监管一体化，在长三角地区共同打造世界级港口集群。2019年，上海洋山港集装箱吞吐量1 980.8万标箱，同比增长7.6%；宁波舟山港累计完成货物吞吐量11.2亿吨，成为全球超级大港。湖北自贸试验区开辟了宜昌-广西钦州-马来西亚的巴西古当港的国际铁海联运线路，推动花山港外贸航线常态化运营，成为服务长江经济带的外贸集装箱江海联运港口。

（三）突出“动力转换”特色，推进东北振兴。

辽宁自贸试验区以提升东北老工业基地发展整

体竞争力为重点，将东北老工业基地发展动力转向依靠创新驱动的内涵型增长上来。沈阳片区制定促进科技创新发展的若干政策，涉及科技企业培育、重大科技项目引进、研发平台建设等方面，为推动自主创新、科技产业全产业链发展提供政策支持。此外，针对国企发展动力不足的问题，大连片区推进中粮集团大连北良企业集团有限公司国企改革，以整合重组为契机积极融入中粮集团一体化运营战略，不断适应市场需求拓展物流服务、金融服务等业务，一举扭转了连续多年亏损的不利形势，为东北振兴注入更多动力。

（四）突出“产业集群”特色，推进中部崛起。

自贸试验区通过发展更具竞争力的高端高新产业，加快形成产业集群，为中部崛起夯实产业基础。例如，河南自贸试验区研究制定产业招商专项政策，突出郑州片区的国际多式联运和交通物流，突出开封片区的国际文化贸易和人文旅游合作，突出洛阳片区的国际智能制造，沿着主导产业链条，纵向延伸、横向配套，引进一批国内外500强、行业龙头企业和独角兽企业，加快形成产业集聚。湖北自贸试验区武汉片区围绕“一芯驱动”产业布局，光电子信息、生物医药及医疗器械两大万亿级产业集群正加快形成，高端装备制造和服务外包等战略性新兴产业持续保持高速增长。

（五）突出“通道互联”特色，推进西部大开发。

自贸试验区通过加强与西部地区互联互通，有效带动西部地区跨越式发展。例如，重庆、四川、广西等自贸试验区积极推进西部陆海新通道建设，推动西部12个省区市、海南省、广东省湛江市共同签署了《合作共建西部陆海新通道框架协议》，形成共建机制。广西自贸试验区借助西部陆海新通道建设，推动海铁联运平台公司与铁路、船公司三方建立铁路集装箱与海运集装箱互认机制，海铁联运班列铁路集装箱装运外贸货物到达北部湾港后不用换箱直接上船出口，并在国外港口还箱，进一步打通广西南向开放通道，拓展了市场空间。

（六）突出“待遇同等”特色，推动与台港澳融合发展。

自贸试验区深入贯彻落实“一国两制”方针，积极服务粤港澳大湾区建设和两岸经济社会融合发展。例如，福建自贸试验区采认台湾地区建筑、医疗、教育、旅游等专业领域从业资格证书，台胞在参加社保、购房、购票、个人金融等方面享受大陆居民同等待遇，促进台胞进一步融入当地生活，有效推动两岸社会融合发展。广东自贸试验区推进与港澳制度规则衔接，试点港澳及境外高端人才个税补贴、跨境快速通关等政策，为港澳人员往来从业提供政策支持。

五、积极服务国家战略的引领地

自贸试验区着眼长远、把握大势，将自身发展和国家战略建设相结合，立足自身特色服务“一带一路”建设、贸易强国、沿边开放、自由贸易区战略等，取得良好成效。

（一）聚焦打造“五通”，融入“一带一路”建设。

我国自贸试验区在推动“一带一路”“五通”方面结出丰硕成果。河南自贸试验区搭建“一带一路”物流综合服务平台，依托中欧班列（郑州）开行形成的多式联运物流体系和辐射国内及东亚、中亚、欧洲等的集疏网络，推动设施联通。上海自贸试验区积极推动与“一带一路”沿线国家和地区的政策合作机制，通过建立亚太示范电子口岸网络运营中心，有效推动与“一带一路”沿线国家和地区的通关机制合作，推动政策沟通。河北自贸试验区在开展国际大宗商品贸易等方面进行探索，逐步形成国际贸易竞争新优势，加强与“一带一路”沿线国家贸易合作，推动贸易畅通。天津自贸试验区积极整合“一带一路”沿线国家金融资源，以外汇储备资金、产业基金、对外援助资金为杠杆，撬动全球资金参与“一带一路”建设，推进资金融通。陕西自贸试验区推动发起并成立了“丝绸之路大学联盟”，与“一带一路”沿线国家积极开展国际教育合作，在考古及文化遗产保护、多种文明交往与融合、区域经济社会协调发展等方面取得了长足进展，推动民心相通。

（二）聚焦贸易创新，推动贸易强国建设。

自贸试验区积极利用产业和开放优势，挖掘新型贸易方式潜力，多策并举支持离岸贸易发展。例如，上海、福建、江苏自贸试验区率先推动优化贸易结算服务、加大财税支持、提供公共服务。上海自贸试验区鼓励企业申请认定为技术先进型服务企业并予以税收优惠，申请认定为各类总部、营运中心并予奖励，设立“离岸转手买卖产业服务中心”，营造离岸贸易企业健康规范的发展环境。

（三）聚焦沿边开放，形成全面开放新格局。

沿边地区的自贸试验区抓住边境贸易创新发展机遇，实现沿边开发开放的新发展。例如，广西自贸试验区崇左片区以“边民合作社+落地加工”为核心，实行互市进口商品分类管理，提供精准化通关服务。黑龙江自贸试验区通过数字化手段，在边民组织管理、外汇管理、税务办理、市场流通监管、落地加工生产等方面出台了全产业的制度体系。云南自贸试验区创新边民互市全流程电子化跨境结算模式，通过多系统数据交互、全流程电子化结算，将边民互市相关的各类产业联系起来，推行边贸数字化，打造服务边民互市业务的金融生态圈。

（四）聚焦对标国际，服务自由贸易区战略。

自贸试验区主动对标国际经贸新规则，在货物通关、海关合作、投资管理、知识产权等领域的规则和程序方面率先开展探索。例如，上海自贸试验区加强新兴领域知识产权保护规则制定，积极探索互联网、电子商务、大数据等领域的知识产权保护规则，为健全知识产权保护和运用作出新探索。山东自贸试验区在强化海关信息交换与合作方面先行先试，积极推进区域合作交流便利化，推动中日、中韩海关间“经认证的经营者（AEO）”互认合作，构建信息互换、监管互认、执法互助以及检验检疫、标准计量等方面高效顺畅的合作机制。重庆自贸试验区探索多样化的纠纷解决方式，满足不同主体解决纠纷需求，从机制上保障当事人自主选择纠纷解决方式，实现诉调、诉仲、仲调程序有序对接，建立起与国际接轨的国际投资争端解决机制。

2019年中国自贸试验区建设发展情况综述

商务部国际贸易经济合作研究院产业国际化战略研究所
（自贸区港建设研究中心）

2013—2019年，我国自贸试验区经历了由点到线再扩展到面的发展历程，逐步形成由南到北、由东至西的“1+3+7+1+6”的自贸试验区发展格局，形成了覆盖东西南北中的改革开放创新格局，切实发挥了全面深化改革和扩大开放试验田的作用。2019年，为了贯彻落实党的十九大关于“赋予自由贸易试验区更大改革自主权”要求，在更大范围进行改革创新的实践和探索，通过更深层次的改革激发高质量发展的内生动力，通过更高水平的开放彰显我国支持建设开放型世界经济的坚定决心，我国新设一批自贸试验区，发展布局进一步完善，各项试验任务扎实推进落实，创造出一批高水平制度创新成果，推动我国对外开放步伐不断加快，改革红利持续释放，为我国全面深化改革和扩大开放作出了重大贡献。

一、2019年自贸试验区整体发展布局加快完善

（一）选点布局进一步完善。

2019年，按照党中央、国务院统一部署，在原有12个自贸试验区的基础上，新设山东、江苏、广西、河北、云南、黑龙江等6个自贸试验区，增设上海自贸试验区临港新片区。截至2019年底，全国共设立18个自贸试验区，试点设立数量已超过全国省区市半数，范围涵盖所有沿海省份，并首次实现自贸试验区在沿边地区布局，形成了覆盖东西南北中的改革开放创新格局。

（二）试验任务进一步深化。

2019年，国务院在先后印发《中国（上海）自由贸易试验区总体方案》《进一步深化中国（上海）自由贸易试验区改革方案》《全面深化中国（上海）自由贸易试验区改革开放方案》的基础上，批复设立中国（上海）自由贸易试验区临港新片区，提出构建更高水平的贸易投资便利化、产业发展、要素流动等开放型政策体系，打造更具国际市场影响力和竞争力的特殊经济功能区，引领全国自贸试验区的试验任务进一步深化发展。

（三）试验内容进一步丰富。

2019年，新设的自贸试验区继续将制度创新作为核心任务，在更大范围、更宽领域、更深层次开展改革探索。在充分借鉴前期自贸试验区改革试点成功经验的基础上，赋予新设自贸试验区各具特色、具有系统性集成性的改革试点任务，不断加强对制度型开放的引领作用。例如，山东自贸试验区聚焦海洋经济发展，江苏自贸试验区创新发展实体经济和推动产业转型，河北自贸试验区探索建立数字化贸易监管模式，广西自贸试验区创新沿边开放模式、构建面向东盟的国际陆海贸易新通道，云南自贸试验区创新沿边经济社会发展新模式，黑龙江自贸试验区探索推动面向俄罗斯及东北亚的国际贸易通道建设。

（四）工作机制进一步优化。

2019年，我国进一步完善自贸试验区建设工作机制，更加高效统筹推进自贸试验区建设。在国家层面，国务院自由贸易试验区工作部际联席会议办公室领导和协调作用进一步凸显，商务部新增“自贸区港建设协调司”，主要承担协调推进自贸试验区和自由贸易港建设有关工作等，将更加高效统筹推进自贸试验区建设。在地方层面，各地也在此前的基础上不断完善工作推进机制。例如，上海市明确临港新片区管委会作为上海市人民政府派出机构，由市属区管提升为市属市管；山东自贸试验区青岛

片区除在市级层面设立工作领导小组，还在片区层面设立“重点工作攻坚年”工作推进指挥部等。

二、2019年自贸试验区各项试验任务加紧落实

（一）共性试验任务稳步推进。

截至2019年底，我国各个自贸试验区扎实推进方案设定的任务目标。前四批12个自贸试验区总体方案和深化方案部署的试点任务已基本实施或正在实施。2019年新设的山东等6个自贸试验区和上海自贸试验区临港新片区总体方案试点任务实施率已超过86%。

（二）差异化试验任务亮点频出。

2019年，自贸试验区在深化互联互通、区域协调发展、沿边开放发展等差异化试点任务方面开展了更多有益探索和先行先试。例如，在深化互联互通方面，通过推进多式联运、实施海铁联运“全程提单”模式、建设人文交流合作平台等举措，实现与更多“一带一路”沿线国家和地区互联互通；在区域协调发展方面，湖北自贸试验区逐步完成“芯屏端网”新一代信息技术全产业链布局，成为中国光通信领域最大的技术研发和生产基地；在沿边开放发展方面，广西自贸试验区建立中越跨境劳务合作“四证两险一中心”管理模式，打造跨境劳务合作联审平台，实现跨境劳工证件“网上申报”“一窗发放”，开发务工人员人脸识别管理系统，已累计办证30多万人次，惠及300多家企业。

三、2019年自贸试验区制度创新成果不断涌现

（一）多项成果在全国复制推广。

2019年，国家层面共形成了66项制度创新成果。其中，总结提炼了第五批18项改革试点经验，形成了第三批31个“最佳实践案例”，国务院各部门在其职能范围内自行复制推广了17项制度创新成果，供全国各地学习借鉴。新一批创新成果涵盖领域广，系统集成性强，差异化特色凸显，既具有对标国际经贸规则的高标准性，又能够与国家战略、地方发展战略、企业预期诉求对接联动，全方位推动全国深化改革和扩大开放。

（二）制度创新活力持续增强。

2019年，除面向全国复制推广的66项制度创新成果以外，各自贸试验区还进行了很多创新探索。例如，辽宁自贸试验区营口片区围绕构建国际海铁联运大通道重要枢纽，制定《国际固体散装货物规则》绿泥石运输标准，获得国际海事组织认可，实现了参与制定国际标准“零突破”；海南自贸试验区加快高水平改革创新探索，截至2019年底，分五批对外发布56项制度创新案例；山东自贸试验区创建人力资本评价赋能体系；广西、云南、黑龙江自贸试验区立足促进边境贸易，分别探索互市贸易“集中申报、整车通关”落地加工新模式，开展边民互市全流程电子化跨境结算创新，建立数字边民互市贸易管理体系等。

（三）地方主动对接趋势加强。

2019年，各省区市自主复制推广改革试点经验的机制和效果进一步提升。在复制推广的方式方面，多地探索了协同改革先行区、联动创新区、跨省市协同创新平台等多样化特色化的载体。例如，浙江在杭州、宁波、温州、嘉兴、金华、台州等6市正式设立联动创新区，广东自贸试验区深圳前海蛇口片区倡议发起全国自贸片区创新联盟，安徽选择条件相对成熟的国家级经开区分批分期建设改革试点经验复制推广示范区等。在复制推广的效果方面，除直接复制推广全国改革试点经验外，多地立足实际，拓展延伸改革试点内容，完善专业人才、法律法规等保障机制。例如，山西集成优化税收征管的改革试点经验，将电子税务局“全程网上办”事项大幅拓展到6大类117项等。

四、2019年自贸试验区对外开放步伐持续加快

（一）贸易投资开放度持续提高。

2019年，自贸试验区稳外贸稳外资作用进一步

强化，以不到全国千分之四的国土面积，实现了全国 14.6%的进出口和 15.2%的外商投资。在外贸方面，18 个自贸试验区实现进出口总额 4.6 万亿元。其中，上海自贸试验区完成进出口 1.48 万亿元，占上海全市比重高达 43.6%。在利用外资方面，18 个自贸试验区实际利用外资 1 435.5 亿元。其中，上海和广东自贸试验区吸引外资水平尤为突出，实际利用外资额分别达到 464.5 亿元和 500.2 亿元，均接近全部自贸试验区实际利用外资总额的三分之一。

（二）行业准入开放度持续提高。

在外资行业准入开放方面，自贸试验区试行以准入前国民待遇加负面清单为核心的管理模式，形成了与国际通行规则一致的外资准入方式。2019 年，我国继续修订并发布第六版自贸试验区外商投资准入负面清单，与 2013 版相比，缩减比例达 80.5%，将特别管理措施压减至 37 条，在水产品捕捞、出版物印刷等领域进一步加大开放压力测试力度。

（三）对外合作开放度持续提高。

2019 年，自贸试验区企业“走出去”桥梁和纽带作用更加凸显。在扩大国际经济合作空间方面，通过推动经贸合作网络机制化、完善国际经济合作平台、疏通国际通道等方式，助力我国持续扩大国际经济合作空间。例如，上海自贸试验区探索构建“一带一路”互联互通支付网络等。在拓展国际经济合作领域方面，结合产业基础和贸易优势，推动国际经济合作向更广泛的领域拓展。例如，陕西自贸试验区杨凌片区通过农业标准推广和技术示范，推动农业标准、技术、装备和种子“走出去”。在创新国际经济合作路径方面，通过实施更为开放的政策，积极深入参与国际经济合作。例如，天津自贸试验区全面推行“鼓励发展+负面清单”对外投资监管模式，截至 2019 年底，实现协议中方投资额累计 226.4 亿美元，占天津全市比重达到 50%。

（四）金融领域开放度持续提高。

2019 年，自贸试验区金融开放和改革创新呈现新亮点。在金融开放方面，进一步降低外资准入门槛，提升金融市场开放水平。例如，广东自贸试验区推动全国首家港资控股证券和基金管理公司落户，实现澳资银行首次进驻内地。在金融改革创新方面，鼓励创新金融产品更好地满足企业融资诉求，提升金融服务水平。例如，山东自贸试验区支持有条件的银行业金融机构设立海洋经济金融服务事业部、金融服务中心或特色专营机构，推动设立全国首家涉海金融机构，提升海洋金融专业化服务水平。在金融国际合作方面，不断深化与其他国家和地区金融合作水平。例如，广东自贸试验区通过持续扩大粤港澳跨境人民币结算业务规模，推进粤港澳跨境人民币贷款业务，深化粤港澳大湾区金融合作。

五、2019 年自贸试验区深化改革红利持续释放

（一）积极推进贸易投资便利化。

2019 年，自贸试验区继续将贸易投资便利化改革作为重要创新内容，企业的受益感、获得感大大提升。在贸易便利化方面，大幅提高口岸通关效率，优化贸易监管模式。例如，天津自贸试验区实施京津冀 144 小时过境免签政策，搭配提前审核等多项举措，使天津入境时间压缩至 3—4 分钟；辽宁自贸试验区推出“以审代查”“非侵入式稽查”等稽查制度，以及口岸危险货物“谎报匿报四步稽查法”等贸易监管模式。在投资便利化方面，推进投资和商事领域创新改革、集成优化。例如，福建自贸试验区实施不动产登记查询证明、不动产登记、房屋交易、申报纳税“四合一”工作模式，实行“外网提交、内网审核、现场核验”不见面审核工作模式，实现现场“最多跑一次”；广东自贸试验区探索供电服务新模式，全面延伸业扩报装投资界面，缩减业扩报装环节，适度超前配网建设，减少用户用电投资，提升用户办电效率。

（二）积极对接国际经贸新规则。

2019 年，自贸试验区主动对标国际经贸新规

则，在货物通关、海关合作、投资管理、知识产权等领域的规则和程序方面率先开展探索。在货物贸易方面，通关便利化和海关间合作进一步加强。例如，山东自贸试验区积极推进区域合作交流便利化，推动中日、中韩海关间“经认证的经营者”（AEO）互认合作，与日本、韩国合作确定鲜活农副产品目录清单，加快开通快速通关绿色通道。在投资管理方面，全面实施“准入前国民待遇加负面清单”管理模式和探索完善国际投资争端解决机制。在国际规则制定方面，在货物贸易、跨境服务贸易、投资、知识产权、电子商务等领域先行先试，为我国在相关领域对标引领国际规则探索经验。

（三）积极培育新业态新模式。

2019年，自贸试验区发挥引领作用，通过创新业务模式、监管模式、保税功能等，着力培育新模式新业态。例如，天津自贸试验区积极探索境外飞机保税维修形式创新申报、境外飞机退租检、境外飞机航程内保税维修绿色通道等创新举措，完成空客A330飞机总装线并交付使用，发展成为欧洲之外最大的空中客车生产基地；福建自贸试验区厦门片区探索将航空维修领域海关特殊监管区保税制度向区外延伸，支持在自贸试验区内、海关特殊监管区外的航空维修企业开展保税维修业务；上海自贸试验区鼓励企业申请认定为技术先进型服务企业并予以税收优惠，申请认定为各类总部、营运中心并予奖励，设立“离岸转手买卖产业服务中心”，营造离岸贸易企业健康规范发展环境。

（四）积极服务国家重大战略。

2019年，自贸试验区紧紧围绕自身战略定位，继续服务国家重大战略建设，通过强化互联互通通道、推进区域协调发展、贯彻落实“一国两制”方针，进一步服务国家发展战略。在强化互联互通方面，加快推进多式联运建设，丰富贸易合作方式，加强文化交流联系，推进“一带一路”建设走深走实。例如，山东自贸试验区通过海铁联运“全程提单”方式将港口功能扩展到内陆，形成“一单到底+一票结算+一次委托+一口报价”的“一单制”模式，将海运提单的物权属性和金融功能延伸至多式联运的全过程；陕西自贸试验区联合38个国家（地区）151所大学组成“丝绸之路大学联盟”，成立“丝绸之路职教联盟”。在区域协调发展方面，聚焦差异化试验任务，积极服务和融入京津冀协同发展、长江经济带发展、长三角一体化发展、东北振兴、中部崛起、西部大开发等区域发展战略。例如，天津自贸试验区积极推进京津冀金融同城化，打造央企创新型金融板块承载地，吸引70多家央企在中心商务片区设立投资类、供应链金融、贸易、持股平台等企业超过400家。在贯彻落实“一国两制”方针方面，积极服务粤港澳大湾区建设和两岸经济社会融合发展。例如，福建自贸试验区平潭片区建设台胞台企登陆的第一家园；广东自贸试验区横琴新区片区开通国际互联网数据专用通道，推动粤港澳大湾区数据信息互联互通。

2019年发展改革委支持自贸试验区建设主要情况

经党中央、国务院同意，国家发展改革委、商务部于2019年6月30日发布第26号令，发布了《自由贸易试验区外商投资准入特别管理措施（负面清单）（2019年版）》，自2019年7月30日起施行。《自由贸易试验区外商投资准入特别管理措施（负面清单）（2018年版）》同时废止。

发布实施2019年版外资准入负面清单，是贯彻落实党中央、国务院部署，在新形势下进一步扩大对外开放的重要举措。本次修订负面清单深入实施新一轮高水平开放，在服务业、制造业、采矿业、农业推出了新的开放措施，在更多领域允许外资控股或独资经营，在自贸试验区继续进行开放试点，将构建更加开放、便利、公平的投资环境，推进更大范围的全球产业链合作。

通过本次修订进一步精简了负面清单，自贸试验区外资准入负面清单条目由45条减至37条。主要变化：

一是推进服务业扩大对外开放。交通运输领域，取消国内船舶代理须由中方控股的限制。基础设施领域，取消50万人口以上城市燃气、热力管网须由中方控股的限制。文化领域，取消电影院、演出经纪机构须由中方控股的限制。增值电信领域，取消国内多方通信、存储转发、呼叫中心3项业务对外资的限制。

二是放宽农业、采矿业、制造业准入。农业领域，取消禁止外商投资野生动植物资源开发的规定。采矿业领域，取消石油天然气勘探开发限于合资、合作的限制，取消禁止外商投资钼、锡、锑、萤石勘查开采的规定。制造业领域，取消禁止外商投资宣纸、墨锭生产的规定。

三是继续发挥自贸试验区开放“试验田”作用。2018年版自贸试验区外资准入负面清单试点的演出经纪机构、石油天然气勘探开发等开放措施推向全国。本次2019年版自贸试验区外资准入负面清单修订，在全国外商投资准入负面清单基础上，取消了水产品捕捞、出版物印刷等领域对外资的限制，继续进行扩大开放先行先试。

外资准入负面清单是我国实行准入前国民待遇加负面清单管理制度的基本依据。负面清单以外的外商投资，按照内外资一致原则管理，给予国民待遇。各地区、各部门不得在负面清单之外的领域单独针对外资设置准入限制。

2019 年公安部支持自贸试验区建设主要情况

公安部经济犯罪侦查局

2019 年，公安部按照党中央、国务院决策部署，对照有关要求，全面落实各项工作任务，全力服务自由贸易试验区建设，取得了一定成果。

一、严厉打击、密切防范自由贸易试验区各类经济犯罪活动

一方面，依法严厉打击涉自由贸易试验区经济犯罪活动。全国公安机关按照“加强反洗钱、反恐怖融资和反逃税审查”等有关要求，针对当前洗钱和地下钱庄犯罪、虚开骗税犯罪、侵害民营企业权益犯罪等经济犯罪案件多发，有关职业犯罪团伙全国流窜作案，全国性、跨区域重大案件高发等特点，组织实施了一系列专项打击行动：一是严厉打击洗钱犯罪。会同中国人民银行、国家外汇管理局等部门在全国组织开展预防、打击利用离岸公司和地下钱庄向境外转移赃款专项行动，全年破获了一批重大案件，深挖打掉了一批骗税、高利转贷、买卖银行卡等上游犯罪团伙，成效显著。二是严厉打击涉税犯罪。组织全国公安机关开展打击涉税犯罪“百城会战”，围绕高危重点地区和重点行业强力攻坚，全年共对全国性、跨区域重大涉税犯罪案件发起 23 起“会战战役”，有力维护了国家税收安全。三是严打侵害民营企业权益犯罪。组织多个省份的公安经侦部门对严重侵害民营企业合法权益的融资类系列合同诈骗犯罪开展集中打击，打掉了一批职业犯罪团伙，有效保障了相关企业的合法权益，净化了自由贸易试验区民营企业的营商环境。

另一方面，加强宣传防范，提升群众和各类市场主体识别防范经济犯罪意识能力。成功组织开展了第 10 个“5・15”全国公安机关打击和防范经济犯罪宣传日系列活动，召开 5 次公安部打击经济犯罪新闻发布会，推动中央和地方主要媒体开展深入、系统报道，并利用抖音、微博、腾讯新闻、视频、公众号等新媒体平台加大宣传力度，显著提升了自由贸易试验区群众识别防范经济犯罪的意识和能力。

二、加强自由贸易试验区社会治安管理

（一）全面推进“证照分离”改革试点。

按照《国务院关于在自由贸易试验区开展“证照分离”改革全覆盖试点的通知》（国发〔2019〕25 号）部署要求，指导上海、天津等 18 个省（区、市）自贸试验区公安机关主动加强与有关部门的沟通协调对接，全面推行典当业特种行业许可直接取消审批，保安培训许可、旅馆业和公章刻制业特种行业许可实行告知承诺，并对保安服务公司设立许可、爆破作业单位许可、营业性射击场的设立审批、民用枪支（弹药）制造许可、民用枪支（弹药）配售许可，以及弩的制造、销售、进口、运输、使用审批等事项，通过压缩审批时间、减免证明材料、实行网上审批等方式，进一步优化审批服务，切实做好自贸试验区实行“证照分离”改革试点工作。同时，协调部署各地通过“双随机、一公开”监管和信用监管等方式全面加强事中事后监管工作。在旅馆业、公章刻制业特种行业许可方面，指导各地结合工作实际，制定出台本地统一的特种行业许可告知承诺文本格式、工作流程、申请材料，并实行容缺办理。企业、群众承诺符合要求条件并提交有关材料即可当场获得审批，承诺在一定期限提交有关材料的也可当场获得审批。据统计，全国自贸区 2019 年旅馆业特种行业许可告知承诺审批 6 876 家，公章刻制业特种行业许可告知承诺审批 169 家，保安培训单位设立许可告知承诺审批 7 家。

（二）全力服务保障海南自贸区建设发展。

指导海南省公安机关认真落实各项安保工作措施，坚持打防并举、多管齐下、综合施策，严密环岛岸线治安，全力服务保障自由贸易实验区的建设发展。

1. 以强化岸线管控和船舶管理为重点，进一步筑牢沿海管防屏障。2019 年 3 月 22 日，下发《关于做好取消出海船舶户口簿核发等 4 项行政许可事项落实和衔接工作的通知》，取消 4 项行政许可，为涉海企业和群众提供了便利。指导海南省公安厅制定关于加强出海船舶治安管理工作的意见，积极推动船舶综合治理纳入全省综治（平安建设）考核和岸长制试点建设，主动对接自贸区条例、休闲渔业、反走私等工作制度创新研究。结合打击整治成品油走私、清理整治“三无”船舶、整治非法海上旅游等专项行动，加强进出港船舶查控和港湾集中清查，加强与涉海职能部门联勤协作，大力打击涉船违法犯罪。

2. 以落实防控打击措施和专项行动为抓手，有效净化沿海社会治安环境。以国庆 70 周年大庆安保工作为主线，全面落实沿海辖区社会治安管控措施，不间断滚动排查不稳定因素，坚持和发展新时代“枫桥经验”，积极配合党委政府抓好辖区矛盾纠纷疏导化解，确保沿海地区和谐稳定。集中开展沿海地区社会治安整治，始终保持对沿海地区各类违法犯罪的严打高压态势，共破获刑事案件 986 起，查处治安行政案件 3 230 起。

3. 以实现沿海防控闭环和智能化为目标，大力推进沿海立体化防控体系建设。依托社管平台、党政军警民“五位一体”合力强边固防等重大规划，着力提升船舶、岸线治安管理现代化水平，全力打造适应自贸区（港）发展需求的沿海治安立体化防控体系，切实筑牢沿海“三反一防”防线。

三、加强自由贸易试验区网络安全保护

（一）出台法规政策标准，为自由贸易区网络安全保护工作提供法律政策保障。

1. 加快推动《网络安全等级保护条例》《关键信息基础设施保护条例》出台。2017 年《网络安全法》发布实施后，中央网信办会同我部等相关部门启动了《关键信息基础设施保护条例》的立法工作，我部会同中央网信办、国家保密局、国家密码管理局联合起草了《网络安全等级保护条例》，目前两个条例草案已公开征求了各单位和社会意见，拟修改完善后再报请国务院审议。目前，公安部正积极协调相关单位，推动两条例尽快出台，为自由贸易实验区网络安全工作提供法律依据和法治保障。

2. 研究制定网络安全等级保护系列政策性文件。近期，我部制定出台了《贯彻落实网络安全等级保护制度和关键信息基础设施安全保护制度的指导意见》，印发中央国家机关各部委和中央企业，为各单位及自由贸易区开展网络安全等级保护和关键信息基础设施安全保护工作提供指导。同时，修订完善了《网络安全等级保护定级备案实施细则》《公安机关网络安全执法检查工作规范》等配套规范性文件，进一步规范信息系统备案、网络安全执法检查等工作。

3. 编制发布网络安全等级保护国家标准。发布《网络安全等级保护基本要求》《网络安全等级保护安全设计技术要求》《网络安全等级保护测评要求》《网络安全等级保护定级指南》等国家标准，聚焦新问题、新威胁和新技术，在总结吸收网络安全保护成功经验的基础上，借鉴国际先进安全保护技术，对新技术、新应用等安全保护对象全覆盖和保护领域全覆盖，进一步强化“一个中心、三重防护”的安全保护体系。指导自由贸易区按照网络安全新标准，整体提升网络安全保护能力。

（二）落实安全责任，推动自由贸易区等级保护定级、测评和安全建设工作。

1. 强化安全责任落实。依据《网络安全法》等法律法规和有关政策要求，督促指导自由贸易区各相关单位按照“谁主管谁负责、谁运营谁负责”的原则，厘清网络安全保护边界，明确安全保护工

作责任，建立网络安全等级保护工作责任制，落实责任追究制度，做到“守土有责、守土尽责”。督促指导网络运营者定期组织专门力量开展网络安全自查和检测评估，行业主管部门组织风险评估，及时发现网络安全隐患和薄弱环节并整改，不断提高网络安全保护能力和水平。

2. 深化网络定级备案工作。指导网络运营者全面梳理本单位各类网络，特别是云计算、物联网、新型互联网、大数据、智能制造等新技术应用的基本情况，并根据网络的功能、服务范围、服务对象和处理数据等情况，科学确定网络的安全保护等级，对第二级以上网络依法向公安机关备案，并向行业主管部门报备，指导其对新建网络在规划设计阶段确定安全保护等级。对网络运营者提交的备案材料和网络的安全保护等级进行审核，对定级结果合理、备案材料符合要求的，及时出具网络安全等级保护备案证明。

3. 定期开展网络安全等级测评。指导网络运营者依据有关标准规范，对已定级备案网络的安全性进行检测评估，查找可能存在的网络安全问题和隐患。督促第三级以上网络运营者委托符合国家有关规定的等级测评机构，每年开展一次网络安全等级测评，并及时将等级测评报告提交受理备案的公安机关和行业主管部门，对新建第三级以上网络在通过等级测评后投入运行。指导网络运营者在开展测评服务过程中与测评机构签署安全保密协议，对测评过程进行监督管理。部署各地公安机关加强对本地等级测评机构的监督管理，建立测评人员背景审查和人员审核制度，确保等级测评过程客观、公正、安全。

4. 科学开展安全建设整改。督促指导网络运营者在网络建设和运营过程中，同步规划、同步建设、同步使用有关网络安全保护措施。指导自由贸易区公安机关、行业主管部门、网络运营者落实网络安全保护“实战化、体系化、常态化”和“动态防御、主动防御、纵深防御、精准防护、整体防控、联防联控”的“三化六防”措施，进一步提升网络安全保护能力。指导通过网络迁移上云、网络安全服务外包等措施，充分利用云服务商和网络安全服务商提升网络安全保护能力。指导网络运营者建立完善人员管理、教育培训、系统安全建设和运维等管理制度，加强机房、设备和介质安全管理，强化重要数据和个人信息保护，制定操作规范和工作流程，加强日常监督和考核。

（三）深化“放管服”改革创新，助力自由贸易区企业发展。

1. 将计算机信息系统安全专用产品销售许可审批时限由 15 日缩短为 10 日。《计算机信息系统安全专用产品检测和销售许可证管理办法》（公安部第 32 号令）第十六条规定“公安部计算机管理监察部门自接到申请之日起，应当在十五日内对安全专用产品作出审核结果，特殊情况可延至三十日。”经过深入调研和反复论证，自 2018 年 1 月起，研发上线了“计算机信息系统安全专用产品销售许可服务平台”（http：//www. ispl. cn），简化优化了计算机信息系统安全专用产品销售许可证的申报、检测、审批流程，实现了销售许可审批工作全程网上办理，有效提高了工作效率。目前，审批时限由原来的十五日缩短为十日。

2. 将互联网上网服务营业场所（网吧）信息网络安全审核时限由 20 个工作日缩短为 15 个工作日。按照《互联网上网服务营业场所管理条例》《互联网安全保护技术措施规定》等法律法规的规定，公安机关进一步优化了对互联网上网服务营业场所（网吧）经营单位的信息网络安全审核流程，将审核工作下放至区县级公安机关网络安全保卫部门实施。目前，审核时限由原来的 20 个工作日缩短为 15 个工作日。

3. 取消计算机信息系统安全专用产品销售许可首次检测费用。按照《国务院办公厅关于清理规范国务院部门行政审批中介服务的通知》（国办发〔2015〕31 号）精神和国务院审改办意见，2015 年，我部决定将计算机信息系统安全专用产品销售许可检测由中介服务调整为技术性服务，费用由国家财政承担，企业不再承担。2020年起，已免除各企业安全专用产品销售许可首次检测费用。

四、加强自由贸易试验区交通运输管理

（一）出台《临时入境车辆人员出行便利措施》。

为切实服务自由贸易试验区发展，促进更高水平对外开放战略，进一步方便来华旅游、工作、生活、学习，2019年9月，制定了《临时入境车辆人员出行便利措施》，主要内容有：一是简化申领临时驾驶许可手续。对临时入境人员申请小型汽车、摩托车临时驾驶许可的，持入出境身份证件、境外机动车驾驶证即可申请，免予身体条件检查、提交身体条件证明。二是延长临时驾驶许可有效期。临时入境人员在中国境内短期停留的，临时驾驶许可有效期为3个月；停居留时间超过3个月的，临时驾驶许可有效期与准许入境期限一致，但有效期最长不超过1年；临时驾驶许可有效期内可多次入境使用，无须重新申请。三是简化办理临时入境机动车牌证手续。对悬挂境外机动车号牌注册登记6年以内的7座以下非营运小型微型载客汽车、摩托车，持境外主管部门核发的机动车登记证明、机动车入境凭证、不少于临时入境期限的中国机动车交通事故责任强制保险凭证，交验机动车后，即可申请临时入境机动车牌证，免予到检验机构进行安全技术检验。四是延伸办理临时入境牌证服务窗口。推进临时入境机动车牌证和临时机动车驾驶许可业务向县级下放，便利临时入境人员入境后就近申请。积极推行在入境机场、港口、车站及自由贸易试验区等地设立交通管理服务站点，提供交通事故责任强制保险投保、车辆查验、凭证审查、牌证核发、法律法规学习等“一站式”服务。2020年上半年，上海、浙江、海南等18个自由贸易试验区为上万名外国人办理临时入境车辆牌证和驾驶许可。

（二）指导福建、广东、海南等交警总队便捷办理临时入境牌证业务。

为支持福建、广东、海南自由贸易试验区建设，积极指导三地公安交管部门便捷办理临时入境牌证业务。对福建自贸区，积极支持推动闽台车辆互通，2019年9月，推出《临时入境车辆人员出行便利措施》，规定对台湾地区机动车进入平潭的，核发电子临时入境机动车牌证，不再发放纸质牌证。对广东自贸区，2019年9月，推出《临时入境车辆人员出行便利措施》，规定对香港和澳门机动车经港珠澳大桥通行、澳门机动车进入横琴的，核发电子临时入境机动车牌证，不再发放纸质牌证。电子临时入境机动车牌证有效期为1年，有效期内可多次入出内地（大陆）使用，无须重新申请。2020年上半年，共为2 000辆次港澳机动车经港珠澳大桥通行核发临时入境机动车牌证，为临时进入横琴的澳门地区400多辆次汽车办理了机动车临时通行牌证。同时，放宽港澳台居民换领大中型客货车驾驶证年龄，对持港澳台驾驶证申领内地大中型客货车驾驶证的港澳台居民，申请年龄由50周岁放宽至60周岁，便利港澳台大中型客货车驾驶人在内地（大陆）驾车，促进港澳台与内地（大陆）客货运输发展。对海南自贸区，2019年7月，在海南试点放宽临时驾驶许可申领条件、延长临时驾驶许可使用期限等3项便利境外人员入境驾车出行措施，满足境外人员在海南旅游、工作、生活驾车需求。指导海南总队制定办理临时驾驶许可具体规定和实施细则，及时调整窗口受理流程，做好申请资料、服务网点等公开公示，完善入境驾驶人交通安全教育内容，并在海口市、三亚市2个入境人员较集中的机场设立交管服务站，方便入境人员“一站式”办理临时驾驶许可。

（三）指导黑龙江、广西、云南等交警总队推进跨境运输便利化。

为支持黑龙江、广西、云南自由贸易试验区建设，指导三地公安交管部门积极推进跨境运输便利化。对黑龙江自贸区，指导黑龙江总队编辑、翻译《道路交通安全法》中俄文对照宣传手册，通过印发宣传单等方式，积极向跨境运输驾驶人、运输企

业等开展政策宣传。对广西自贸区，指导广西总队加强对入境越南车辆管理，细致规划、布置指定路线，引导越南货运车辆在我国有序行驶、驳货转运；开设交通安全“双语”培训班，对入境越南车辆驾驶人集中培训，并与边检、海关等部门合作，在入境关口发放“双语”宣传手册。对云南自贸区，指导云南总队进一步为跨境运输车辆入境通行提供便利，跨境运输试点企业在缅甸、老挝、泰国、越南等国已办理国际汽车运输许可证的，不再要求办理临时入境机动车牌证、驾驶许可，方便其从事国际跨境道路运输。

五、加强自由贸易试验区易制毒化学品的管制管理

结合“放管服”改革和“互联网+监管”要求，全面推进易制毒化学品管理工作，促进贸易便利化。一是压缩审批时限，对第一类易制毒化学品购买和运输许可审批时限从10个工作日缩减为5个工作日，第二类易制毒化学品运输许可审批时限从3个工作日缩减为2个工作日；二是推行“双随机、一公开”监管，区分易制毒化学品企业的不同风险等级，分类确定抽查比例、抽查范围、抽查频率，持续开展抽查监管活动，减少对合法守信企业的影响；三是推进“互联网+监管”，推行企业证件办理及主管部门证件审批和监管在网上进行的做法，实现让数据多跑路、企业少跑路，减轻企业负担。

六、加强自由贸易试验区公安信息化建设

（一）规划公安部“互联网+监管”系统建设。

为加快推进公安部“互联网+监管”系统建设，做好与国家“互联网+监管”系统对接工作，组织编制了《公安部“互联网+监管”系统建设和对接工作实施方案》，明确了我部“互联网+监管”系统建设对接工作的工作目标、重点任务、职责分工及工作步骤，拟依托公安部“互联网+政务服务”平台二期项目，开展公安部“互联网+监管”系统建设，目前正处于招标阶段。

（二）梳理并动态完善监管事项目录清单。

按照“谁审批、谁监管，谁主管、谁监管”的原则，梳理我部职责范围内的以下监管事项：一是根据《国务院部门行政许可事项清单》《中央指定地方实施行政许可事项清单》，由我部负责审批或指导实施的行政许可事项对应的监管事项；二是国务院2013年及以后取消下放的我部行政审批等事项对应的监管事项；三是我部行政审批之外的其他职能对应的监管事项。共梳理“双随机、一公开”监管、重点监管、非现场监管等监管事项主项40项，子项93项，编制形成《公安监管事项目录清单》，并按程序同步至国家“互联网+监管”系统。

（三）推进监管数据对接共享。

按照“边建设、边对接”的思路，积极推进与国家“互联网+监管”系统的数据对接工作。一是打通了与国家“互联网+监管”系统的数据传输链路，向国家“互联网+监管”系统推送监管对象、监管行为等监管数据。二是按照国办统一部署，与国家“互联网+监管”系统共享涉疫人员数据，累计推送同户（同一户籍）、同住（旅馆同房间住宿）密接人员数据6万余条，推送疫情期间入境人员数据625万余条。三是向国家“互联网+监管”系统申请确诊和疑似病例数据查询服务接口、可能密切接触者数据查询服务接口、核酸检测数据服务接口等6个新冠疫情相关接口，应用于疫情防控，为一线民警开展疫情排查工作提供了数据支撑。

2019年自然资源部支持自贸试验区建设主要情况

自然资源部自然资源开发利用司

2019年，自然资源部积极落实国务院已批复的18个自由贸易试验区部门分工，配合商务部，对自由贸易试验区用地用海情况进行审核，取得了一定成效。

一、成效综述

自然资源部主要开展了以下两方面工作：

一是开展新设自由贸易试验区区域范围划定。开展自由贸易试验区用地情况审核，做好区域范围划定。用地情况审核内容包括面积、界址坐标、规划、现状地类、节约集约用地等情况。每个自由贸易试验区面积原则上控制在120平方公里左右；按照相对集中、便于管理原则，每个自由贸易试验区原则上不超过3个片区，每个片区不得拆分；符合当地国土空间规划。截至2019年底，参与了五批、涉及18省（区、市）的自由贸易试验区区域范围划定工作。2019年，完成山东、江苏、广西、河北、云南、黑龙江等6个自由贸易试验区和上海临港新片区用地审核，面积分别为119.98平方公里、119.97平方公里、119.99平方公里、119.97平方公里、119.86平方公里、119.85平方公里和119.50平方公里，区域范围土地开发利用须遵守土地利用、生态环境保护、城乡规划法律法规，符合土地利用总体规划和城乡规划，不占用永久基本农田，并符合节约集约用地的有关要求；涉及海洋的，须符合海洋有关法律法规规定。

二是保障自由贸易试验区新增建设用地指标供应。在编制下达年度土地利用计划时，明确提出优先保障自由贸易试验区建设和重大外资项目用地需求。按照《国务院关于深化改革严格土地管理的决定》和《土地利用年度计划管理办法》有关规定，土地利用计划实行分级管理，国家预留国务院及有关部门批准的独立选址建设项目用地指标，其余用地指标全部下达到地方，由各省（区、市）统筹安排。各省份涉及自由贸易试验区的由国务院及其有关部门审批的独立选址建设项目用地，使用预留国家计划。其余建设项目用地，在国家下达各省（区、市）的计划指标中优先保障。

二、政策措施

2019年，自然资源部支持和促进自由贸易试验区建设的主要政策措施包括：按照《国务院关于支持自由贸易试验区深化改革创新若干措施的通知》（国发〔2018〕38号）要求，在编制下达全国土地利用计划时，考虑自由贸易试验区的实际情况，合理安排有关省（市）的用地计划；按照《国务院关于加强滨海湿地保护严格管理围填海的通知》（国发〔2018〕24号）要求，严控新增围填海造地，加快处理围填海历史遗留问题，加强海洋生态保护修复；支持江苏自由贸易试验区创新国有建设用地开发利用及监管模式；支持广西自由贸易试验区北部湾港重大港航及公共项目用海用地；鼓励黑龙江自由贸易试验区实行工业用地弹性出让和年租政策，允许采用协议方式续期；支持海南自由贸易试验区可续有序开发利用海洋资源，培育壮大特色海洋经济，建设南海服务保障基地；支持天津、福建自由贸易试验区海洋经济示范区建设；鼓励天津自由贸易试验区探索建立土地节约集约利用新模式，自由贸易试验区内土地可以按不同功能用途混合利用，允许同一地块或同一建筑兼容多种功能，产业用地实行弹性年期供应，根据产业政策和项目类别可采取先租后让、差异化年期出让等供地措施。

2019年生态环境部支持自贸试验区建设主要情况

生态环境部综合司

2019年，生态环境部配合商务部，积极支持推动自由贸易试验区建设。

一是配合相关部门，研究提出自由贸易试验区进一步扩大开放和创新发展的若干意见措施和举措，推动自贸区高质量发展和高水平保护。

二是积极对中国（上海）自由贸易试验区临港新片区总体方案、海南自由贸易港建设总体方案、自由贸易试验区新一批拟推广最佳实践案例等研提意见，明确有关环境保护要求，依法推动中国（上海）自由贸易试验区保税区域完成规划环评工作，引导自由贸易试验区高质量、绿色发展。

三是推进自贸试验区“证照分离”改革全覆盖试点工作。在《国务院关于在自由贸易试验区开展“证照分离”改革全覆盖试点的通知》印发后，按要求编制印发《生态环境部“证照分离”改革全覆盖试点工作实施方案》《生态环境部“证照分离”改革全覆盖试点事项改革举措和事中事后监管措施细化表》，报送国务院职能转变办备案，并在我部官网公开。为进一步方便自贸试验区企业群众办事，对改革涉及的9项部本级行政许可事项办事指南进行了修订，并在网站予以公开。

2019 年交通运输部支持自贸试验区建设主要情况

交通运输部水运局

2019 年，交通运输部认真贯彻落实党中央、国务院关于推进自贸区建设的决策部署，出台一系列政策措施积极支持自贸区建设，交通运输行业的改革创新在自贸区建设中得以深化，为全面深化改革、推动高水平对外开放积累了经验。

一、进一步扩大海运业对外开放

（一）实现国际海运领域全面对外开放。

贯彻落实《国务院关于修改部分行政法规的决定》（国务院令第 709 号），取消对外商投资国际海运业及其辅助业相关股比限制的规定，外商可在中国境内成立独资公司，从事国际船舶运输、国际船舶代理、国际船舶管理、国际海运货物装卸、国际海运货物仓储、国际海运集装箱站和堆场业务。同时，按照内资与外资一致原则，不再单独针对外商投资国际海运业及其辅助业实施审批，国际海运业及其辅助业实现全面对外开放。

（二）逐步放开自贸区国际登记船舶入级检验。

2019 年 6 月印发《中华人民共和国海事局关于放开自由贸易试验区国际登记船舶入级检验有关事项的公告》（中华人民共和国海事局公告 2019 年第 10 号），允许经中国海事局批准的外国验船公司在自贸区开展国际登记船舶入级检验业务。截至 2019 年底，共有 2 家外国验船公司获准开展上述业务。优化船舶进口勘验和检验发证流程，加快了船舶转籍手续办理速度。

二、深化交通运输领域“证照分离”改革

（一）实施自贸区“证照分离”改革全覆盖试点。

将 40 项交通运输涉企经营许可事项全部纳入自贸区“证照分离”改革全覆盖试点，印发了《关于实施自由贸易试验区交通运输“证照分离”改革全覆盖试点工作方案的通知》（交法规〔2019〕18 号），按照直接取消审批、审批改为备案、实行告知承诺、优化审批服务等四种方式分类推进“证照分离”改革。

（二）开展“证明事项告知承诺制”试点。

总结推广自贸区涉企经营许可“证照分离”改革试点经验，对道路旅客运输站经营许可全面实行告知承诺，对“水运工程监理企业乙级资质认定”“水运工程监理企业丙级资质认定”“水运工程监理企业机电专项资质认定”“港口（涉及客运和危险品货物港口作业的经营项目除外）经营许可”实行告知承诺制。

三、做好自贸区试点政策复制推广工作

（一）落实第五批自贸区改革试点经验复制推广工作。

一是推广自贸区国际船舶登记并联办理模式，实现“最多跑一次”，优化办理流程、缩短办结时限。二是推广实施船舶安全检查智能选船机制，提升船舶事中事后安全监管能力。三是推广船舶载运危险货物及污染危害性货物合并申报，简化申报程序。四是推广保税燃料油跨港区供受作业单位备案信息互认。五是推广国际航行船舶进出境通关全流程“一单多报”，实现通过“单一窗口”平台直接向各口岸检查机关远程电子传输船舶、人员和货物等进出港相关信息，有效解决了数据、单证重复提交和办理手续“多头跑”等问题。

（二）配合商务部做好第六批改革试点经验复制推广工作。

将“绿色船舶修理企业规范管理”“空铁联运一单制货物运输模式”“船员远程计算机终端考试”

3项试点政策纳入自贸区第六批改革试点经验复制推广清单。

四、大力支持上海自贸试验区扩区、海南自贸试验区（港）建设等工作，打造自贸区开放新高地

（一）支持上海自贸区临港新片区建设。

一是配合财政部开展境内制造并在“中国洋山港”登记从事国际运输船舶的出口退税政策制定工作。积极支持浦东国际机场建设世界级航空枢纽。二是结合《国家综合立体交通网规划纲要》编制，拟将上海浦东国际机场定位为最高层级的世界级航空枢纽，建设具有物流、分拣和监管集成功能的航空货站，打造区域性航空总部基地和航空快件国际枢纽中心。三是支持加快5G、IPv6、云计算、物联网、车联网等新一代信息基础设施建设，会同工业和信息化部认定了上海临港“智能网联汽车自动驾驶封闭场地测试基地”，并会同上海市推动开展洋山港及相关区域自动驾驶技术应用试点。

（二）支持海南自贸区、自由贸易港建设。

一是配合商务部、国家发展改革委研究制定海南自贸区总体方案、海南洋浦开放开发方案以及海南自由贸易港分阶段建设目标。二是支持出台国际航运领域优惠财税政策，将上海自贸区临港新片区航运创新政策复制推广到海南。三是将中资非中国籍国际航行船舶沿海捎带政策扩大至海南。

（三）推进邮轮海上游、琼港澳游艇自由行政策试点。

一是会商中央外办、外交部、海关总署等10部门，制定印发《交通运输部关于推进海南三亚等邮轮港口海上游航线试点的意见》（交水函〔2019〕212号）及配套文件，启动了中资方便旗邮轮无目的地航线试点。二是印发《交通运输部关于对境外游艇开展临时开放水域审批试点工作的复函》（交海函〔2019〕107号），将境外游艇临时进出海南非开放水域的审批权试点下放至海南省，进一步简化境外游艇出入境手续。三是联合海关总署、国家移民管理局印发《交通运输部 海关总署 国家移民管理局关于琼港澳游艇自由行实施方案的复函》（交海函〔2019〕169号），实现“定点停靠、就近联检”口岸管理模式，简化港澳游艇入境手续，实行琼港澳游艇证书互认。

（四）推动琼州海峡客滚运输一体化发展。

会同广东、广西、海南三省区制定《提升琼州海峡客滚运输服务能力三年行动计划（2019—2021年）》，建立“定码头”“定船舶”“定班期”的琼州海峡客滚运输班轮化运营模式，提升了琼州海峡客滚运输服务质量和效率。

2019 年文化和旅游部支持自贸试验区建设主要情况

文化和旅游部政策法规司

2019 年，文化和旅游部坚持以习近平新时代中国特色社会主义思想为指导，全面贯彻落实党的十九大和十九届二中、三中、四中全会精神，贯彻落实党中央、国务院关于自由贸易试验区建设的决策部署，有序推进文化和旅游领域各项改革任务在自由贸易试验区落地落实。

一是学习贯彻落实党中央、国务院关于自由贸易试验区的相关决策部署。2019 年，文化和旅游部深入学习习近平总书记关于自由贸易试验区建设的相关论述以及党中央、国务院关于自由贸易试验区建设的决策部署，将自由贸易试验区建设中文化和旅游领域的相关任务纳入重要议事日程统一部署、统一推进。根据国务院自由贸易试验区工作部际联席会议第 5 次全体会议印发的《自由贸易试验区建设 2019 年重点工作》要求，积极推进自由贸易试验区建设中涉及文化和旅游领域的相关工作。配合商务部等部门对自由贸易试验区改革措施进行评估，提炼总结可复制可推广的经验，形成自由贸易试验区第五批改革试点经验向全国推广。

二是积极参与自由贸易试验区建设的相关制度设计。全面梳理现有自由贸易试验区总体建设方案中涉及文化和旅游领域的相关改革举措，形成《自由贸易试验区文化和旅游领域政策汇总》作为工作参考。参与制定《关于支持自由贸易试验区深化改革创新的若干举措》，研究提出文化和旅游领域支持自由贸易试验区深化改革的创新举措。参与制定《关于推进自贸试验区“证照分离”改革全覆盖的实施方案》以及海南、上海临港新片区、山东、江苏、广西、河北、云南、黑龙江新设自由贸易试验区的总体方案，立足自身职能扎实推动自由贸易试验区建设。推动 2019 年新设自由贸易试验区总体方案中央事权改革试点任务落地落实。

三是提升自由贸易试验区文化和旅游领域改革开放水平。落实《文化和旅游部关于实施自由贸易试验区文化市场管理政策的通知》，推动文化和旅游领域扩大市场开放政策落地实施。进一步放宽外资准入，将自贸试验区外商独资演出经纪机构的服务范围由设有自贸试验区的省（市）扩大到全国，允许在自贸试验区设立中方控股的文艺表演团体。与海关总署联合发布《关于简化综合保税区艺术品审批及监管手续的公告》，进一步简化综合保税区艺术品进出口审批及监管手续，推进艺术品进出口通关便利化。与交通运输部等五部门联合印发《关于推广实施邮轮船票管理制度的通知》（交水规〔2019〕11 号），在全国范围内推广实施邮轮船票管理制度，提升邮轮运输旅游服务水平。配合交通运输部制定《关于推动海南三亚等邮轮港口海上游航线试点的意见》。支持有关自贸试验区开展对外文化贸易，支持上海对外文化贸易基地参加中国-中东欧国家文化创意产业论坛、中日韩文化产业论坛等相关活动，提升其国际交往水平。支持上海基地发挥服务平台作用，组织国内企业抱团出海以“中国展区”形式参加美国国际授权博览会、伦敦手工艺周等国际重点展会，为企业开拓国际市场搭建平台、疏通渠道。支持相关省市开展与海外中国文化中心、旅游办事处的对口合作，为自贸试验区建设提供对外交流合作的窗口。支持海南省人民政府于博鳌亚洲论坛 2019 年年会期间举办以“岛屿旅游：国际合作与可持续发展”为主题的 21 世纪海上丝绸之路岛屿经济分论坛；组织海南参加中新（西兰）旅游年开幕式、2019 年澳门国际旅游（产业）博览会、香港国际旅游展和“美丽中国”系列推广活动，进一步扩大了海南旅游的知名度，深化了海南旅游区域合作，有力宣传了海南自贸区建设成就，提升了其国际影响力。

四是扎实做好“证照分离”改革全覆盖试点有关工作。认真贯彻落实《国务院关于在自由贸易试验区开展“证照分离”改革全覆盖试点的通知》要求，将文化和旅游领域的21项行政审批事项纳入改革范围。其中，对旅行社设立许可实行告知承诺，对互联网上网服务营业场所经营单位（含港、澳投资）设立审批、演出经纪机构设立审批等20项许可事项实行优化审批服务，进一步激发市场主体的活力。配合国务院办公厅政府职能转变办、司法部等部门开展证明事项清理工作，进一步提升服务市场主体的能力和效率。持续推进行政审批标准化规范化建设，建立行政审批行为、程序、社会监督等全流程的示范性标准。推进“互联网+政务”，提高行政审批信息化水平。

五是完善文化和旅游领域事中事后监管制度体系。落实《文化和旅游部关于实施自由贸易试验区文化市场管理政策的通知》，明确在自由贸易试验区设立的涉外互联网上网服务营业场所、演出经纪机构、演出场所经营单位、娱乐场所开展跨区业务的管理方式。鼓励和支持自由贸易试验区在健全文化和旅游市场信用体系、探索建立信用分级分类监管制度方面先行先试。研究制定《文化市场综合行政执法事项指导目录》，指导自由贸易试验区所在地区文化和旅游行政部门建立文化市场综合执法自由裁量权基准制度，形成统一规范、分级执法的自由裁量基准体系，实现公正文明规范执法。贯彻落实国务院《关于在市场监管领域全面推行部门联合“双随机、一公开”监管的意见》要求，指导自由贸易试验区所在地区行政部门、文化市场综合执法机构加快推进“双随机、一公开”监管工作，持续开展文化市场“双随机、一公开”执法检查，加强对市场主体“宽进”以后的过程监督和后续管理。

六是加快推进修改相关法律法规，为自由贸易试验区建设提供法治保障。参与制定《授权国务院在自由贸易试验区暂时调整实施有关法律规定目录》《国务院决定在自由贸易试验区暂时调整实施有关行政法规、国务院决定规定目录》，积极推动修订《中华人民共和国旅游法》《营业性演出管理条例》《娱乐场所管理条例》《互联网上网服务营业场所管理条例》《旅行社条例》《中国公民出国旅游管理办法》《艺术品经营管理办法》《网络文化管理暂行规定》等法律法规，保障相关改革措施落地实施。

深化金融改革创新 推进自贸试验区高质量发展

中国人民银行金融研究所

中国人民银行高度重视自贸试验区建设，始终坚持以服务实体经济为出发点和落脚点，以制度创新为核心，不断提升自贸试验区金融服务水平和贸易投资便利化水平，持续推动创新自贸试验区人民币跨境业务和金融产品，积极对标国际规则，优化金融营商环境，强化风险防控，推进自贸试验区高质量发展。

一、成效综述

（一）创新跨境人民币业务，推动人民币跨境使用，开展更高水平贸易投资便利化试点。

1. 2019 年，人民银行坚持以促进贸易和投资便利化为出发点，稳步发展各项跨境人民币创新业务，进一步推动人民币跨境使用，降低汇兑成本，减少汇率风险。2019 年，自贸试验区所在省份办理跨境人民币业务收付金额约 16.5 万亿元，同比增长 24%。其中，货物贸易跨境人民币收付金额约 3.6 万亿元，同比增长 19%；服务贸易跨境人民币收付金额约 7 963 亿元，同比增长 26%；直接投资跨境人民币收付金额约 2.3 万亿元，同比增长 9%。2019 年，上海自贸试验区累计发生人民币境外借款 42.04 亿元；累计开展跨境人民币双向资金池业务收支总额 4 910.87 亿元；累计发生经常项下人民币集中收付业务收支总额 48.67 亿元。

2. 开展更高水平贸易投资便利化试点，提升贸易投资便利化水平。2019 年 9 月，人民银行发布《关于开展更高水平贸易投资便利化试点业务的通知》（银宏审〔2019〕10 号），明确自贸试验区银行可在“展业三原则”的基础上，凭优质企业提交的跨境人民币结算收付款说明或指令，直接为优质企业办理货物贸易、服务贸易人民币跨境结算业务（转口贸易、退款除外），以及资本项目人民币收入资金在境内的支付使用。2019 年 10 月，广东自贸试验区率先部署更高水平的贸易投资便利化试点，2019 年末已确定 336 家优质企业作为首批试点企业，大幅提升跨境人民币结算效率。

3. 推动境内贸易融资资产跨境转让业务试点。2019 年 2 月，人民银行在广东自贸试验区开展贸易资产跨境转让人民币结算业务试点，试点银行可向境外投资者转让其境内贸易融资资产，并以人民币进行跨境结算。截至 2019 年末，广东自贸试验区广州南沙、珠海横琴片区办理贸易融资资产跨境人民币结算 784.05 亿元、不良资产跨境人民币结算 0.12 亿元。上海自贸试验区积极推动贸易融资资产跨境转让服务平台建设，研究利用金融科技力量，依托上海票据交易所建立贸易融资资产跨境转让服务平台。

4. 复制自由贸易账户体系。2019 年，在海南、天津、广东自贸试验区复制自由贸易账户体系。2019 年 1 月，海南自贸试验区自由贸易账户正式上线运行；11 月，天津、广东自贸试验区自由贸易账户正式上线运行。目前，三地账户体系运行平稳。截至 2019 年 12 月末，海南自贸试验区已有 10 家银行类金融机构通过直接接入模式提供自由贸易账户金融服务，开户主体数量为 12 113 个，共开立自由贸易主账户 12 140 个，子账户 38 151 个，账户余额 10 307.72 万元；企业通过自由贸易账户累计办理各项本外币融资折合人民币 24.17 亿元，余额为 23.39 亿元。天津自贸试验区企业已办理自由贸易账户业务 34.16 亿元人民币。广东自贸试验区已开立账户 83 个，累计为南沙、横琴片区及境外企业办理资金划转、结售汇、对区内企业发放贷款、开立信用证和保函等业务 131 笔，金额折合人民币 157.3 亿元。

此外，截至2019年12月底，上海自贸试验区各类主体共开立13.1万个自由贸易账户，账户余额2 784.4亿元。自由贸易账户累计办理跨境结算折合人民币42.7万亿元；企业通过自由贸易账户获得的本外币融资总额折合人民币1.7万亿元。

5. 支持设立人民币海外投贷基金。2018年10月，人民银行回复深圳市政府（银函〔2018〕338号文），支持其在前海设立人民币国际投贷基金。2019年1月，深圳博约投贷资本管理有限公司注册成立。

（二）各自贸试验区因地制宜深化金融开放创新，推进区域协同发展。

1. 广东自贸试验区推进便民支付创新。广东自贸试验区积极推动移动支付无障碍示范区建设，打造港珠澳大桥、入境签证缴费、珠海横琴莲花大桥穿梭巴士、广深城际铁路等多个移动支付跨境应用特色项目，推动支付工具互通使用。港澳版银联云闪付、香港支付宝、微信电子钱包实现跨境应用，澳门通卡和澳门通手机应用软件作为澳门市民及游客不可缺少的支付工具，于2019年12月接入网联平台，可在中国银行内地商户线下扫码支付。

2. 开展港澳居民异地开户试点。组织中国银行、中国工商银行分别于2019年3月20日、12月20日在广州、深圳和珠海推出香港、澳门代理见证开立内地Ⅱ类、Ⅲ类个人银行账户试点，满足港澳居民远程开立内地银行账户、绑定内地移动支付的需要。截至2019年末，香港、澳门居民开立Ⅱ类、Ⅲ类个人银行结算账户8.69万户，累计交易168.24万笔、金额10.20亿元，绑定移动支付工具账户6.83万户。

3. 福建自贸试验区深化两岸金融合作。福建自贸试验区以平潭和福州片区为试点，开展台湾地区征信查询服务，助力台商台胞在大陆学习、创业、就业、生活。推动两岸金融机构深度合作，截至2019年末，已有23家台湾地区银行机构在厦门开立41个人民币代理清算账户，清算金额1 281.16亿元。

4. 天津自贸试验区推进京津冀协同发展。天津自贸试验区积极推动金融机构加大对与京津冀协同发展关联性强的重点项目的资金支持力度，为京津冀协同发展提供更优更好的金融服务。

5. 浙江自贸试验区油品贸易试点政策取得突破。油品贸易跨境人民币便利化试点获人总行批复，成为全国首个油品贸易试点地区。成功落地首单境外船供油跨境人民币业务，中石化浙江舟山石油有限公司办理境外船供油业务3 794万元；成功落地首单全国自贸试验区油品企业便利化支付业务，浙江海港国际能源有限公司便利化办理油品贸易跨境人民币支出2 764.65万元。

（三）落实国家重大战略部署，出台金融专项政策支持上海自贸试验区临港新片区、海南自贸试验区（港）建设。

1. 出台金融支持上海自贸试验区临港新片区建设的政策举措。2020年2月，人民银行会同银保监会、证监会、外汇局、上海市人民政府出台了《关于进一步推进上海国际金融中心建设和金融支持长三角一体化发展的意见》（银发〔2020〕46号文），积极推进上海自贸试验区临港新片区金融改革创新先行先试，在支持临港新片区发展具有国际竞争力的重点产业、促进投资贸易自由化便利化、建设与国际接轨的优质金融营商环境等方面提出支持上海自贸试验区临港新片区金融改革开放的多项政策举措。其中，本外币合一账户管理体系改革方面，人民银行、外汇局依托本外币一体化账户体系试点推动上海自贸试验区临港新片区跨国企业集团本外币合一跨境资金池业务。

2. 出台金融支持海南自贸试验区（港）建设的政策举措。一是在海南自贸试验区复制自由贸易账户体系。二是开展多项外汇创新业务，极大提升贸易便利化程度。2019年12月3日，外汇管理局批复同意在海南自贸试验区实施9项外汇创新政策，主要包括：银行按照“展业三原则”自主办理经常项目购付汇、收结汇及划转等手续；放宽货物贸易电子单证审核条件；允许在区内实施资本项目外汇收入支付便利化业务；允许区内企业可在所属分局辖内任一银行办理境内直接投资基本信息登记、变更与注销手续；允许区内已确定选择“投注差”模式借用外债的企业可调整为以跨境融资宏观审慎管理模式借用外债；降低跨国公司资金集中运营管理业务准入门槛等。三是完善海南金融基础设施建设。包括推进海南信用体系建设、建设资金流信息监测系统、推动移动支付便捷应用和建立支付交易实时风控系统等四项政策。

（四）优化营商环境建设，“证照分离”改革试点自贸试验区全覆盖。

人民银行持续深化“放管服”改革，不断优化自贸试验区营商环境，在自贸试验区开展以优化审批服务，加强事中事后监管为核心的“证照分离”改革全覆盖试点工作。人民银行共有10项行政许可纳入“证照分离”改革全覆盖范围，均采取优化审批服务的改革方式，具体举措涵盖全程网上办理、缩短办理时限、压减申请材料、延长许可有效期等。

（五）完善风险防控机制，牢牢守住不发生系统性金融风险的底线。

人民银行指导各自贸试验区所在地分支机构不断建立健全自贸试验区资金流动监测和风险防控体系，完善跨境资本流动宏观审慎管理体系，加强对重大风险的识别和系统性金融风险的防范。指导并推动各自贸试验区所在地人民银行分支机构完善自贸试验区反洗钱制度体系建设，加强反洗钱、反恐怖融资和反逃税审查，防范化解洗钱风险。

下一步，人民银行将继续贯彻落实党中央、国务院重大决策部署，以服务实体经济为根本、以更好促进贸易投资便利化为导向，不断优化自贸试验区金融创新开放政策及相关制度安排，更好地支持和促进自由贸易试验区建设发展。

二、2019年出台的政策措施

1.《关于开展更高水平贸易投资便利化试点业务的通知》（银宏审〔2019〕10号文）。

2.《中国人民银行办公厅关于促进海南自贸试验区（港）自由贸易账户业务发展指导意见的批复》（银办函〔2019〕31号文）。

3.《中国人民银行办公厅关于在中国（广东）自由贸易试验区复制上海自由贸易账户体系的批复》（银办函〔2019〕55号文）。

4.《中国人民银行办公厅关于在中国（广东）自由贸易试验区复制上海自由贸易账户体系的批复》（银办函〔2019〕57号文）。

5.《中国人民银行关于印发〈在自由贸易试验区开展“证照分离”改革全覆盖试点工作实施方案〉的通知》（银发〔2019〕310号文）。

6.《关于进一步加快推进上海国际金融中心建设和金融支持长三角一体化发展的意见》（银发〔2020〕46号文）。

2019年海关总署支持自贸试验区建设主要情况

海关总署自贸区和特殊区域发展司

建设自由贸易试验区是以习近平同志为核心的党中央在新时代推进改革开放的一项战略举措，主要目的是为全面深化改革和扩大开放探索新途径、积累新经验。从2013年自贸试验区工作启动以来，我国自贸试验区的建设布局逐步完善，形成了覆盖东西南北中的改革开放创新格局，在投资贸易自由化便利化、金融服务实体经济、政府职能转变等领域进行了大胆探索，取得了显著成效。为了在更大范围进行改革创新的实践和探索，通过更深层次的改革激发高质量发展的内生动力，通过更高水平的开放彰显中国支持建设开放型世界经济的坚定决心，2019年国务院正式批复设立山东、江苏、广西、河北、云南、黑龙江6个自贸试验区，并印发总体方案。

海关总署坚决贯彻落实习近平总书记重要指示精神，积极研究出台一系列海关支持措施。各自贸试验区海关在海关总署支持下，以可复制可推广为前提，大胆试、大胆闯、自主改，积极探索、勇于创新，海关整体支持自贸试验区建设工作取得突出成效。2019年，全国前4批12个自贸试验区进出口总额3.49万亿元，同比增长4.6%。同期，全国外贸进出口总额为31.54万亿元，同比增长3.4%，自贸试验区进出口额的占比为10.8%。

一、海关总署支持自贸试验区主要工作

（一）积极指导各自贸试验区开展海关监管制度创新。

海关总署认真贯彻落实习近平总书记关于自贸试验区建设的重要讲话和指示批示精神，始终围绕制度创新这个核心，以可复制可推广为基本要求，出台《自贸试验区海关监管制度创新工作规范》，强调重质不重量，支持18个自贸试验区涉及的24个海关单位大胆试、大胆闯、自主改，海关监管制度创新质量明显提升，形成国际航行船舶进出境通关全流程“一单多报”、保税燃料油跨港区供应等一批质量较高、效益较好、受到企业欢迎的创新成果。截至2019年底，国务院在全国范围部署复制推广的五批共101项改革试点经验中，海关监管制度创新占52项，超过全国总数的一半。

（二）积极支持上海自贸试验区临港新片区建设。

海关总署深入学习领会习近平总书记关于上海自贸试验区临港新片区建设的重要讲话指示精神，认真贯彻落实国务院总体方案要求，全力支持上海自贸试验区临港新片区发展。已制定出台《中华人民共和国海关对洋山特殊综合保税区监管办法》《海关总署关于洋山特殊综合保税区统计办法的公告》，落实国务院关于洋山特殊综合保税区“探索实施以安全监管为主、体现更高水平贸易自由化便利化”监管模式的要求，支持洋山特殊综合保税区在全面实施综合保税区政策的基础上，在一线取消不必要的贸易监管、许可和程序要求，实施以安全准入为主的监管模式；区内自由，海关不实施账册管理；创新洋山特殊综保区海关统计数据采集与审核模式，改变逐笔申报、实时统计的传统做法，将统计数据采集手段前伸至洋山特殊综保区管理机构建立的公共信息服务平台，最大限度减少企业统计信息报送负担。

（三）完善机制，搭建平台，协同创新促发展。

按照国务院自由贸易试验区工作部际联席会议相关任务分工，配合出台山东等6个新设自贸试验区总体方案并积极贯彻落实；研究明确自贸试验区统计方法，创新增加统计经济区划代码；修订印发《自贸试验区海关监管制度创新工作规范》，规范直属海关自贸试验区制度创新工作内容、程序及机

制，规范提升自贸试验区海关制度创新“含金量”；组织召开全国自贸试验区海关监管制度创新工作研讨会，搭建各自贸试验区海关交流、借鉴及协助创新平台，部署自贸试验区重点工作。

（四）全力支持海南自由贸易区港建设。

海关总署认真学习贯彻习近平总书记海南“4·13”重要讲话和中央12号文件精神，大力支持海南自贸试验区和自由贸易港建设。为支持海南建设，海关总署成立支持海南全面深化改革开放工作领导小组，由倪岳峰署长亲自挂帅，明确举全国海关之力支持海南全面深化改革开放，并围绕重点项目开展工作：一是积极配合开展海南自贸港总体方案的研究工作，就自由贸易港“一线”“二线”制度设计、分步骤推进早期收获项目等提出海关意见建议。二是支持海南洋浦开发开放，在洋浦保税港区试点“一线放开、二线高效管住”的货物进出境管理制度。三是结合海南特色积极开展海关监管制度创新，例如，在海南率先实施境外游艇入境关税保证保险制度，研究出台全球动植物种质资源引进中转基地海关监管方案等。

二、海关支持自贸试验区建设总体效果

海关总署积极指导各自贸试验区海关因地制宜开展海关监管制度创新。

（一）深化“放管服”改革，创新海关管理方式。

持续简化行政审批，建立健全以重点监管、信用监管为基础的事中事后监管模式，提升“互联网海关”政务服务水平，不断增强企业获得感、激发市场活力，加快形成发展和竞争新优势。

一是持续深化简政放权改革，推动业务办理减事项、减环节、减时限。上海海关推动进境食品检疫审批授权下放，平均办理时限降至3.3个工作日；压缩生物材料和进口药品入境审批环节，将评估流程从9个环节减少为5个，评估时间压缩1/4。成都海关开展“证照分离”改革，出口食品生产企业备案申请须提交备案材料由20项减少至1项，完成备案审核时间由改革前平均20天降到改革后平均1.5天，降幅达92.5%。郑州海关优化进境动植物检疫审批流程，在自贸试验区3个片区实现检疫审批全流程办理，在全省实现检疫审批全程无纸化办理。审批时限由10个工作日缩短为7个，自贸试验区内的缩短为5个。杭州海关研发应用保税燃油加注“一口受理”平台，解决多头申报、重复录入问题，实现保税燃油加注“最多跑一次”，保税燃油审批出库到受油船离泊缩短至1天内完成。海口海关实行全省原产地签证一体化，配合海南省实现企业注销“一网”服务，海关行政审批事项100%“一个窗口”和网上全流程办理，行政审批承诺办理时限提速32.9%。珠海拱北海关简化CEPA、ECFA项下货物原产地证明提交标准和直接运输认定，经澳门中转的ECFA货物原产地管理措施进一步简化，节省中转时间0.5—2天。

二是创新事中事后监管模式，探索海关顺势监管、精准监管。厦门海关试点减免税货物ERP联网监管作业模式，将减免税审批无纸化系统直接嵌入企业ERP系统，解决集成电路和新型显示器件企业同类型减税申请需逐批人工操作，操作频率较高而且操作繁琐的问题，全年已通过该新型作业模式出具1 942份免表。福州海关对列入国家及地方政府重点工程项目管理，并且以集装箱作为承载工具的进口大宗工业品，实施入境大宗工业品联动检验检疫新模式，采取“企业申请+口岸便捷检疫处理+目的地检验”模式，大幅提升口岸通关放行速度。大连海关将实验室前移到卸粮流水线上，实现进境粮食现场检测边卸边检，整合在线实验室运行、植物疫情无害化处理和“互联网+全程监管”工作模式，打造“进境食粮检疫全流程监管”模式。深圳海关开展“互联网+网上稽核查”作业模式改革。通过直接对接企业ERP、WMS系统，依托“互联网+网上稽核查”平台对企业系统日常监测，在互联网上完成稽核查作业，减少对企业生产经营活动的干预，实现非侵入式的隐形监管。目前已对接16家生产型企业ERP数据、35家仓储型企业WMS数

据，稽核查作业时间平均缩短8%以上，累计为企业节约成本、费用3 360万元人民币。成都海关创新冰鲜水产品两段准入监管模式，对进口冰鲜水产品实施准许入境+合格入市的“两段准入”监管，进口产品无须等待检测结果即可实施口岸附条件提离；叠加进口提前申报、双流国际机场口岸7×24小时通关等便利化措施，实现即查即放，有效减少货物滞港时间，大幅提升口岸通关效率。进口冰鲜水产品平均通关时间2.5小时，提离时间比原来缩短1—2天。

三是优化政务服务水平，推行线上网上办、马上办、一次办。郑州海关行政服务实现“一个窗口”受理，提交单证材料由132种减至40种。海关与市场监管部门年报合并申报，企业注册备案融入地方“一网通办”。杭州海关创新应用国际贸易“单一窗口”申报平台。实现船舶进出境和物料申报全程无纸化，申报项目减少66.7%，单船进出境手续办理平均耗时减少80%，形成船舶进出境的“舟山样板”经验。厦门海关创新推出“掌上通”手机应用程序保税仓库移动监管新模式，实现海关管理数据与保税货物仓储、物流等数据的实时分析比对，建立起保税货物海关移动监管平台，实现“嵌入式管理、触动式监管、泛在式服务”海关保税移动监管新模式。深圳海关探索免税进口科研设备流动监管。通过科研单位自行网上申报，实现免税进口科研设备、仪器自主移动、携带，解决了科研设备流动的痛点问题。探索以来，已有8家科研机构受惠此项改革红利，涉及免税科研设备货值4 391.24万元。广州海关拓展丰富“互联网+海关”平台功能，覆盖货物通关、邮快件通关、物品通关、检验检疫、政务服务等六个领域，实现海关政务服务一网通办。对接广东省“粤省事”移动政务服务平台，已筛选跨境电商商品通关查询、进出境邮快件通关查询两类共6项个人事项并完成对接，实现海关政务服务“24小时掌上移动”办理。厦门海关“海关公证电子送达系统”将“身份认证”“电子签名”引入电子送达，辅以第三方公证存证，通过手机微信、电子邮件网上送达办案法律文书，当事人无须多次往返执法机关签收法律文书，实现行政执法减负增效。自2019年1月2日运行近一年来，共电子送达132起案件的法律文书，平均送达时间约6小时，较原纸质送达方式缩短10天以上。

（二）优化口岸营商环境，提高通关管理服务效能。

一是关检制度融合再创新，充分释放关检深度融合改革红利。广州海关叠加运用“粤港澳‘CEPA’食品监管互认”“进口食品快速放行”“国际中转食品监管措施”等创新制度，深入实施“先入区、后报关”“货物按状态分类监管”等监管模式。福州海关创新进境空箱全流程智能化监管快放模式，依托物联网技术优化空箱到港前风险分析布控、口岸前置拦截区检疫、空箱直提卡口实时检测等主要环节，实现“一次申报、一次布控、一次查验、一次放行”，九成以上未布控进境空箱允许企业直接提离港区，作业时间可由原先的36小时压缩至0.5小时，每箱可降费200元。重庆海关创新实施“整车保税仓储‘三个一’监管模式”。创新实现进口汽车整车保税仓储业务全流程一次检测、一次运输、一体化作业，车辆抵达口岸到完成入区仓储节省50%的企业运输费用，业务时效提升一倍以上，直接促成“进口汽车整车保税仓储业务”在重庆顺利落地，而且业务发展态势良好。杭州海关为支持绿色石化基地建设，创新重大项目进口设备检验制度，采取“备忘签署、质量保证、抽批查验、后续监管”检验模式，将平均通关放行时间缩减至1.5天。沈阳海关与满洲里、二连浩特等中欧班列口岸海关建立起“双向全申报机制”，实现“互为口岸、互为一二线、互为把关”的检验检疫监管模式，对中欧班列运输货物全面实施预约工作制和“零等待”查验服务举措，保障班列定点、定时、定线运输。加快落实“东三省一区”中欧国际货运班列检验检疫区域一体化监管平台建设，逐步建立检验检疫电子化监管体系，实现检验检疫口岸局、货源地局、货物集结中心局多局执法联动、信息共享、创新检验检疫监管模式。

二是安全智能监管再升级，助力海关服务经贸加速发展。成都海关推动空港口岸“智慧旅检”改革，通过智能审图、智慧旅检通道建设，实现高风险行李自动识别、自动报警和自动标示，旅客平均通关时间缩短至2—3分钟。杭州海关研发应用“堆场管理可视化系统”，实现对铁矿砂远程动态监管，提高监管效能。创新“无人机+水尺计重”模式，平均每次为企业减少成本1 500元，节省作业时间1小时；武汉海关通过信息化系统实施智慧监管，实现运输工具一次停靠、内外贸货物同场装卸、分区堆存、分类监管，大幅降低企业作业成本，增强港口货运吸引力，码头作业效率提升180%。沈阳海关推动出入境人员综合服务“一站式”平台，通过大数据实现海关、市外办、外国专家局、教育局、移民管理局信息共享与信息交换，率先探索出入境人员政务服务“最多跑一次”的工作方式。

三是企业信用管理再深化，加速构建协同合作共管模式。重庆海关首创实施“一保多用”管理模式。创新构建以企业为单元的海关总担保信息化管理模式，在全国率先探索企业一份担保文本在关区不同业务领域、不同业务现场、不同担保事项间的通用，提升海关监管效能，有效节约企业担保成本。2019年，重庆关区外贸企业通过“一保多用”管理系统办理担保总额2.7亿元，循环使用1.2万次，实现5.64亿元税款货物的担保，平均每份担保循环使用330次，有效节约企业资金成本3 500万元。海口海关对优质农产品出口实施“动态验证+免证书免备案”，对地方农业行政主管部门认定并推荐的优质农产品出口免于出具检验检疫证书和备案考核。2019年共有615批次、货值453.6万美元的优质农产品按照免于出具检验检疫证书和备案的方式顺利出口。杭州海关按照合作共赢原则，建立“关企共享实验室”，在项目运行期间，强化技术指导，建立标准体系，实现资源、信息、人员共享，开展24小时全天候检测，确保项目设备快速通关投入生产。郑州海关推进信用管理体系建设所涉及的引入社会中介机构协助实施海关稽查、采信专业中介机构的稽查结果等措施已落实。积极引导重点企业成为AEO（经认证经营者）高级认证企业。“信用放行”和原产地证“信用签证”管理制度积极推进。对照国际先进自贸试验区标准的各项海关监管和技术性规范不断完善。拱北海关积极推动珠澳合作口岸查验机制创新，落实澳门莲花口岸迁至横琴并采取“合作查验、一次放行”便捷通关模式工作部署，全力配合做好新横琴口岸建设。深化口岸查验机制创新，明确在新横琴口岸整体复制港珠澳大桥“合作查验、一次放行”卫生检疫模式并形成合作备忘录。广州海关联合南沙区司法部门设立口岸知识产权纠纷调处中心，将司法调解力量引入纠纷产生初期，推进执法互助有效衔接，有效减少企业维权时间及经济成本。2019年，共立案办理侵权案件37宗，查发侵权货物15.7万件，货值385.8万元。成都海关率先开展中欧班列“一单到底、两段结算”运费机制改革试点，通过合理区分国际、国内段运费，实现国内段运费不计入完税价格，有效降低企业的税收成本，助力企业降本增效。

（三）精准对接服务国家战略，促进开放型经济发展。

积极服务“一带一路”倡议及京津冀协同发展、长江经济带发展、西部开发等国家战略，培育促进新型贸易业态持续发展，培育经济发展新动能，带动对外开放布局不断优化，向高质量转型发展。

一是围绕自贸试验区发展战略定位，突出制度创新差异化探索。深圳海关支持建设“离港空运服务中心”。落实和优化仓储货物按状态分类监管政策，支持航空货物在前海湾保税港区与香港、深圳、广州机场等航空枢纽的便捷流通。2019年累计进出口货物13 976.13吨，货值65.23亿元人民币。继续建设“海运国际中转分拨集拼中心”，为企业节约海运中转和出口的物流成本。2019年累计完成7 268个货柜的分拨集拼业务，货值47.12亿元人民币。福州海关突出对台定位，持续推动两岸“信息互换、监管互认、执法互助”，深化两岸检验检疫数据交换中心建设，首创“采信台湾省认证认可结果和检验检测结果”，率先组织实施采信台湾省认证结果和检验检测结果工作，该创新措施已被国台办、国家发改委 2019 年 11 月 4 日印发的对台“26 条措施”采纳吸收，并向全国推广。在全国率先启动两岸海关 AEO 互认试点。自试点实施至 2019 年底，共惠及 40 家企业，进出口总额达 131.24 亿元，受惠 AEO 互认政策的企业通关速度平均提高 50%。拱北海关深入推进珠澳海关监管结果参考互认，2019 年共便捷验放互认车辆 242 辆次，机检 480 辆次。推动澳门“单牌车”入出横琴平稳运行，车辆最快 5 秒通关，2019 年澳门“单牌车”入出横琴 17.53 万辆次。成都海关加强“一带一路”国际合作，成功推动成都加入“安智贸”试点，中欧班列（成都）–波兰罗兹铁路线路纳入“安智贸”航线，极大缩短中欧班列（成都）货物在欧洲境内的结关时间，实现境外抵运地快速验放。

二是精准对接地方产业需求，大力培育支持新型贸易业态持续发展。天津海关围绕特色产业开展制度创新，推动全国首个解决保税仓储货物质押融资业务的海关政策落地，开展租赁业制度创新，推动租赁业形成示范效应。目前东疆片区已形成集航空研发、制造、销售、租赁、维修、再制造、航材配送、飞行培训为一体的综合产业链，集聚各类租赁公司超过 3 600 家，租赁资产累计总额超过 1 万亿元，租赁飞机 1 463 架、发动机 110 台、国际航运船舶 158 艘、海上石油钻井平台 15 座，均占全国的 80%以上，被誉为继爱尔兰之后全球第二大飞机租赁聚集地。郑州海关推动河南跨境电商由高速增长向高质量发展转变，创新建立以电商企业为单元的跨境电商正面监管制度体系，总结“网购保税+实体新零售”监管、退货中心仓监管、多模式综合监管三个监管创新案例，跨境电商试点进口药品工作稳步推进。跨境电商质量安全风险监测体系已经成型，质量安全突发事件应急处置保障体系不断健全，质量安全追溯体系建设正在加快推进。杭州海关助推国际油品储运基地建设。上期所的原油期货和燃料油期货在浙江自贸试验区顺利实现保税储存、保税交割、仓单质押融资。上海海关推动重点产业保税监管模式发展，推进“综保区内融资租赁企业进出口大型设备异地委托监管”，拓展“期货保税交割监管”，建立“企业备案、代码识别、台账管理、全程跟踪”平行汽车进口监管模式，以及“船舶设备保税维修业务功能拓展”。沈阳海关推动沈阳桃仙国际机场保税航油“两仓”如期建成运营，实现东北地区保税航油业务“零”的突破，空港口岸保税航油业务全流程贯通。深圳海关开展内外贸集装箱同船运输试点，突破珠江水道驳船运载货物种类单一的限制，进一步释放往来粤港澳大湾区各内河码头的水路驳船运输效能，为在珠江水道上运营的船舶提高 20%以上的载运量。

三是支持自贸试验区开放平台建设，服务优化对外开放布局。上海海关积极推进新片区及洋山特殊综保区建设，配合总署形成新片区及洋山特殊综保区的海关监管框架思路，洋山特殊综保区海关监管办法等重要材料，并加快推进新片区及洋山特殊综保区基础和监管设施、信息系统、作业制度等海关监管体系建设完善工作。海口海关将习近平总书记“4·13”重要讲话和中央 12 号文件明确的任务作为重点项目积极推进，积极参与自贸港政策制度体系研究，在总署指导下开展海关监管方案研究，开展早期安排海关监管思路研究，全力推进全球动植物种质资源引进中转基地建设，大力支持博鳌乐城国际医疗旅游先行区发展，推动省内海关特殊监管区域高质量发展。成都海关推动成都国际铁路港、泸州、宜宾综合保税区正式获准设立；青白江进境粮食指定监管场地获批运营，双流机场、泸州进境肉类指定监管场所通过验收，四川自贸试验区内特殊商品进境指定口岸达 10 个。郑州海关推动郑州经开综合保税区完成整合升级验收，待正式批复。西安海关推动自贸试验区内指定监管场地建设，西安咸阳机场进口肉类指定监管场地正式获批，口岸功能进一步完善。

2019年上海海关支持中国（上海）自贸试验区建设主要情况

一、上海海关支持上海自贸试验区发展开展工作情况

2019年，在海关总署党组坚强领导下，上海海关认真贯彻落实党中央国务院重大决策部署，以制度创新为重要抓手，立足于可复制、可推广，大胆闯、大胆试、自主改，推进自贸试验区改革任务。2019年中国（上海）自由贸易试验区实现进出口总额1.48万亿元，同比增长4.4%，占同期上海市外贸进出口总值的43.6%；其中出口4 493.5亿元，同比增长3.8%；进口1.3万亿元，同比增长4.7%。截至2019年12月，上海自贸试验区累计海关注册企业28 073家。在2019年举办的第二届上海自贸试验区创新制度企业案例评选中，涉及海关制度创新的7个案例获评“制度创新十大经典样本企业”和“制度创新样本企业”，占案例总数的35%。

（一）深化“放管服”改革，提升贸易便利化水平。

坚持简政放权，推动进境食品检疫审批授权下放，平均办理时限降至3.3个工作日；压缩生物材料和进口药品入境审批环节，将评估流程从9个环节减少为5个，评估时间压缩1/4；优化生物医药试剂估价流程，事前提前审核备案，事中简化审价快速通关验放，事后待进口商品完成研发临床试验阶段正式获准上市后对已经备案的企业和商品进行集中估价审核；简化艺术品证件办理，对上海自贸试验区一线进出境艺术品免于3C认证，取消相关批文的签发、验核手续，并允许在二线进出区环节一证多批使用，企业从确定引进商品清单到完成通关进境的手续办理时间从超过20个工作日缩短至1周内；优化审核实效，开通线上办理功能，将减免税审批时限从1个法定工作日进一步压缩至3—5个工作日；积极推动“两步申报”和“证照分离”改革试点，进一步降低企业办事成本，提升企业获得感。

（二）聚焦重点功能拓展，巩固深挖扩大改革红利。

深化飞机融资租赁，借助综保区内融资租赁企业进出口大型设备异地委托监管政策，2019年4月完成首架退租飞机异地监管出境手续，10月完成首架经营性租赁飞机国内航空公司间的退租转租异地监管新模式；拓展期货保税交割监管，参与期货保税交割业务监管立法，助力20号天然橡胶2019年8月在上海国际能源交易中心挂牌上市，与上海期货交易所共同推动的“中国原油期货上市”项目获上海市政府“2018年度上海金融创新成果奖特等奖”，目前已开展电解铜、燃料油、橡胶等商品的期货保税交割业务，有力促进了我国期货保税交割的国际化进程；推动平行汽车进口，建立“企业备案、代码识别、台账管理、全程跟踪”监管模式，完善平行进口汽车审价机制，指导企业叠加运用先进区后报关、分送集报、预裁定、汇总征税等海关创新政策，提升通关便利；加快船舶设备保税维修业务功能拓展，支持区内企业为停靠在上海关区各个港口的国际航行船舶提供设备直达、服务直供的保税维修服务，实现跨港维修规模化运作。

（三）坚持产业布局导向，大力支持新型服务贸易发展。

促进文化贸易发展，简化美术品审批及监管手续，实现文化艺术品以全程保税形式进行仓储、展示、拍卖和流转，支持上海市文化创意产业发展。2019年9月25日，中国（上海）自贸试验区版权服务中心和上海国际艺术品保税服务中心在外高桥保税区建成启用；推进生物医药行业加工贸易“单

耗自核”监管模式，推进集成电路产业链全程保税监管改革试点，推进装备制造业保税加工监管模式改革试点，实施适合相关企业生产经营特点的“量体裁衣”式监管模式，有效缩减企业办事流程和成本，打造发挥产业集群和平台经济的作用；推进亚太分拨中心规模化发展，依托批次进出、集中申报、货物状态分类监管、归类预裁定、未再加工证明签发等制度实践，支持亚马逊、宝马、戴尔、佳能、飞利浦医疗器械等国际知名品牌开展更深层次国际分拨业务，助力上海打造新型服务贸易总部型中心。

（四）对标国际促进改革，全力推动自贸试验区建设。

深入学习领会习近平总书记重要讲话指示精神，坚持聚焦洋山特殊综合保税区的特殊性，围绕倪岳峰署长提出的“两个最大”指示要求，用足用好开放政策和制度，加快探索形成差别化创新成果。学习借鉴美国、欧盟、中国香港等国际上公认的竞争力最强的自由贸易区相关政策制度，对新片区建设进行全面系统谋划，提出以产业链来规划功能区，以产业发展和企业生产需求进行功能拓展和政策创新的建设思路，并进一步找准定位，提出小洋山岛片区、海关特殊监管区域、海关特殊监管区域外片区高质量发展的思路和优化路径。多次深入现场实地调研，先后召开10余场座谈会，听取企业意见建议，积极回应企业诉求。作为洋山特殊综合保税区政策制度的实际执行者，第一时间参与各项政策制度的研究制定工作，配合海关总署于2019年12月制定发布洋山特殊综保区海关监管办法、洋山特殊综保区统计办法等规范性文件，构建新片区海关监管改革制度体系，并紧锣密鼓加快推进新片区及洋山特殊综保区基础和监管设施、信息系统、作业制度等海关监管体系建设完善工作。

二、上海海关支持上海自贸试验区发展的措施

（一）先进区、后报关。

调整原来一线进境货物先报关、再入区的“串联式”流程，一线进境货物企业可凭舱单信息简单申报后直接提货入区，规定时限内再向海关正式申报备案。改革后，一线进境货物入区时间从平均2—3天缩至半天，物流成本平均降低10%。

（二）区内自行运输。

允许符合条件的区内企业使用自用车辆在区内不同区域间自主运输货物，无须使用海关监管车辆，无须施加关封、进行GPS定位，促进“区内自由”。企业拥有更多物流运输自主权后，每次运输平均节省车辆等候时间30分钟，每家企业平均一年可节约运输成本20万元。

（三）批次进出、集中申报。

借鉴国际海关采用的“周申报”“月报关”等制度，在货物二线进出口环节，改变传统逐票申报方式，改“一票一报”为“多票一报”，允许企业货物分批次进出，在规定期限内集中报关。

（四）自动审放、重点复核。

改变“人工、实时、逐票”审单模式，对报关单电子数据进行分类和筛选，对大多数报关单实施低风险自动审核放行，对高风险报关单再转为人工重点审单。目前自贸试验区报关单自动验放比率已超过70%。

（五）简化或取消报关单随附单证。

在申报通关环节，简化或取消对企业提交发票、合同、装箱单、提单等随附单证的要求，大幅简化企业报关手续，成倍提高通关作业自动化率和企业通关效率。

（六）统一进出境备案清单。

对区内不同海关特殊监管区域的进出境备案清单申报格式要素进行统一和简化，一线进境货物的企业申报要素统一规范为30项，减轻企业负担，实现规范简捷申报。

（七）智能化卡口验放管理

升级改造自贸试验区卡口设施，实现车辆过卡自动比对、自动判别、自动验放等智能化管理。车辆过卡时间从6分钟缩短至10秒左右。

（八）加工贸易工单式核销

联网监管后，海关通过企业系统每日自动发

送的工单数据对单耗进行实时监管、动态核销。使企业库存差异认定时间从一两个月减少为1—2天，大幅减少企业报关、核销业务量和时间，也提高了企业优化生产工艺的积极性，为保税维修、研发、检测等高端加工贸易产业提供了相适应的核销模式。

（九）仓储企业联网监管。

对使用仓储管理系统（WMS）的企业，实施“系统联网+库位管理+实时核注”的管理模式，方便企业对不同状态货物实施同库仓储经营，适应企业内外贸一体化运作的需求，为货物状态分类监管奠定基础。

（十）一次备案、多次使用。

通过信息联网和数据共享，企业在办理进出口报关业务时无须向海关重复备案，只需办理一次商品信息备案，即可开展保税加工、保税物流、保税服务贸易等多元化业务。

（十一）集中汇总纳税。

改革原来一票一征模式，在有效担保前提下，允许企业在规定的纳税周期内，对已放行货物向海关自主集中缴付税款，应税货物通关时间可节省70%。企业通过自主纳税，可以结合自身资金流运转情况，在纳税节点、纳税方式方面拥有更多自主权，可提高资金周转和统筹利用效率，节约纳税成本。

（十二）内销选择性征税。

改变过去企业只能按照货物出区实际状态纳税的做法，对设在自贸试验区内的企业生产、加工并经“二线”销往国内市场的货物，企业可根据其对应进口料件或实际报验状态，选择较低的税率缴纳进口关税，达到合理减少税负、降低企业成本的目的，有利于企业扩大内销。

（十三）自主报税、自助通关、自动审放、重点稽核。

企业登录关企共用平台，自主如实申报报关单数据及税款，海关系统对企业申报数据进行自动审放一体作业，企业可逐步实现24小时在线自助快速通关。海关依据风险管理成果，对高风险企业和高风险单证开展多种形式的重点稽核查。

（十四）企业注册登记改革。

一是取消自贸试验区内的报关企业行政许可，改为备案制，审批手续时间从40天缩短为3天。二是放开区内企业“双重”申报身份限制，允许区内企业同时注册为进出口货物收发货人和报关企业，有力促进区内跨国公司地区营运中心进一步整合物流、营销业务，助推总部经济发展。三是一地注册、全国申报。彻底改变20多年来报关企业只能在注册地申报的惯例，区内海关认证级以上的报关企业（即过去的A类以上报关企业）可在全国开展报关业务，助力第三方物流服务行业拓展全国业务、实现物流链一体化运作。四是将海关认证企业评定事权从上海海关下放至自贸试验区海关。五是企业准入“一站式”服务。联合工商、税务等部门，在同一平台上一口受理企业注册登记等准入环节业务。

（十五）AEO（经认证的经营者）互认。

区内高级认证企业在新加坡、韩国、香港等地都可享受该国和地区最高等级的通关便利措施，相当于拥有一张“全球通VIP卡”。

（十六）企业协调员。

打造“上海海关企业协调员信息化平台”，以往企业遇到通关疑难问题，需要找多个海关部门协调，改革后建立海关与企业联系平台，一点进入、多部门联动，限时解决企业通关问题。

（十七）企业信用信息公开。

采用主动公开和依申请公开两种途径对外公布经海关注册登记的企业信用信息，利用社会监督形成他律倒逼自律的氛围。上海海关在门户网站主动公开上海关区所有海关注册企业的130余万条信用信息（其中区内企业信息20余万条）。

（十八）企业自律管理。

企业通过自我管理发现问题并自主纠正、主动向海关报告，可酌情免予或减轻处罚，建立关企共管合作伙伴关系，引导企业守法自律。

（十九）引入中介机构辅助海关开展保税监管和企业稽查工作。

实现海关监管和社会治理的良性互动。

（二十）保税展示交易。

过去只允许企业在海关特殊监管区域范围内进行保税商品展示，不允许零售交易，限制了商品展示功能的发挥。改革后，允许符合条件的区内企业在有效担保下，在区内外开展保税展示交易，对展示期间实现销售的货物实行先销后税、集中申报，实现商品以保税方式在区内外便利流转，减少中间环节和运营成本，帮助企业更好地以自贸试验区为支点，优化境内外两种资源配置、打通国内外两个市场，全面提升市场竞争力。

（二十一）境内外维修。

过去海关仅允许区内企业开展区内生产的出口产品的返区维修业务。改革后，允许符合条件的区内企业开展高技术、高附加值、无污染的境内外维修业务，区内企业可以对来自境内或境外的待维修货物进行维修并复运出境（出区）。这项改革进一步拓展了区内维修业务范围，推动加工制造业向研发及检测、维修等生产链高价值的前后两端延伸，促进加工贸易转型升级。

（二十二）融资保税租赁。

海关对保税租赁货物按租金分期征收关税和增值税，并简化担保手续。这项新制度实现了贸易领域和金融领域的新结合，大幅减轻企业采购大型进口设备的资金压力，降低企业融资和交易成本。

（二十三）期货保税交割。

允许区内企业在自贸试验区内以保税监管状态的货物为标的物，开展期货实物交割。海关将交割商品拓展至期交所所有上市商品品种。这项新制度可进一步促进期货贸易的发展，促进形成我国大宗商品定价机制，助推上海国际金融中心建设。

（二十四）海关执法清单式管理制度。

通过明晰权力与职责，更好地履行“法定职责必须为”“法无授权不可为”。摸清自贸试验区海关权力底数，编制契合自贸试验区特点的海关行政权力清单和行政责任清单，率先予以公布。实现海关行政执法的制度化、透明化、规范化。“权力清单”设置权力类别、实施依据、运行流程图、行使主体等共 8 个栏目，绘制对应的 55 张流程图。“责任清单”分为自贸试验区各海关单位主要职责、事中事后监管制度、窗口受理事项以及公共服务事项四大模块。

（二十五）“一站式”申报查验作业制度。

推进关检执法的深度融合，实施高效便捷的“一站式”申报查验作业。一是申报环节，在上海国际贸易“单一窗口”平台上，实现进出口货物及船舶抵港、离港的关检“一次申报”。二是查验环节，在有条件的现场优先推动关检查验场所、查验队伍、查验比例的“三融合”改革，选定符合双方监管要求的查验场地挂牌“关检联合查验”；关检组建“联合查验组”负责实货查验；在完成各自查验要求前提下，按“就高原则”对无特殊要求的查验比例进行融合，避免机械叠加。

（二十六）“一区注册、四区经营”制度。

突破区内 4 个海关特殊监管区域注册企业仅能在其注册区域内办理海关业务的限制，允许在区内任何一个特殊区域注册的企业，都可使用同一个海关注册编码在其他三个区域开展海关业务，无须重新设立独立企业法人，满足跨区域经营企业的一体化运作需求。

（二十七）美术品便利通关制度。

通过简化区内四个海关特殊监管区域美术品审批及监管通关手续，提升通关效能，在有效防范风险的前提下促进文化贸易发展。一是免证进境。一线进出境环节海关不再验核美术品相关批准文件，改为在二线实际进出口或区内外展示展览时验核。二是一证多批。美术品相关批准文件由一证一批改为一证多批，文广部门核发的美术品批准文件在有效期内可多批次使用，但最多不超过六次。

（二十八）归类行政裁定全国适用制度。

经海关总署授权，对自贸试验区内海关注册进出口企业开展试点，全国海关进出口商品归类中心天津、大连、上海、广州分中心可就各自分管商品作出归类行政裁定。企业可在货物进口或出口3个月前向主管海关提出申请，海关作出归类行政裁定后，将报总署统一发布，实现“一次裁定，全国适用”，提高执法透明度和一致性。

（二十九）商品易归类服务制度。

通过统一的电子信息化平台，包括上海海关门户网站和“上海海关12360热线”“上海海关易归类”微信公众号，整合归类化验政务公开信息，增加税号税率查询、归类争议解决途径等功能，主动推送商品归类指引，提高贸易可预知性和稳定性。

（三十）离岸服务外包全程保税监管制度。

突破只有技术先进型服务企业可享受海关保税政策的限制，降低企业准入门槛，对区内企业从事离岸服务外包业务的进口货物实施保税监管；同时对设计研发、生产制造、封装测试等企业组成的产业链实施全程保税监管，促进服务外包产业链发展和加工贸易转型升级。推出这项制度可以更好对接上海自贸试验区扩区后的功能拓展和产业发展需求，助力上海科创中心建设，更好地促进以科技创新为核心的产业聚集。

（三十一）大宗商品现货市场保税交易制度。

探索建立与“平台经济”相适应的海关监管新制度，允许大宗商品现货以保税方式进行多次交易、实施交割，并实现第三方公示平台与海关联网，进而推进大宗商品的协同监管和抵押融资业务，支持自贸试验区建成具有国际竞争力的重点商品和产业交易中心。

（三十二）全球维修产业检验检疫监管。

自贸试验区内全球维修产业监管制度根据“合格假定、事中监管、事后追责、风险管理”等法检制度改革原则，以“风险可控、便利贸易”为监管思路，构建按照“企业资质评估+简易核准+监督检查”的监管模式。该制度从实质上改变了原有进口维修用旧机电产品的入境行政许可和检验监管模式，以产品风险分析和企业能力评估为基础，按照事中监管和事后追责完善对入境维修的旧机电产品和经营企业的监管。促进全球维修检测和再制造产业发展，创建全国首个“入境再利用产业检验检疫示范区”，完成物流和监管等信息交换共享工作，开发质量追溯功能，积极推进测试。按照事中监管和事后追责完善对全球维修/再制造的旧机电产品和经营企业的监管，减轻企业的负担，提高通关效率。对于进境维修的飞机实施“预约检疫”“随报随检，快速验放”的绿色通关模式，实现24小时全天候飞机落地随查入库，减少飞机滞留停机坪的时间。

（三十三）中转货物产地来源证管理。

一是进一步深化推进中转货物原产地签证制度。鼓励企业用足用好中转货物原产地签证政策，不断完善事前、事中、事后的流程监管和业务扶持机制，创新监管手段，并对重点行业、重点企业等自主品牌以及战略新兴企业实施重点帮扶，助力提升企业政策利用率。同时，面对转口证书领域不断涌现的新型业态，针对货物来源，根据其实际原产地，探索试行换证、分证、并证操作的管理制度。二是落实并开拓“信用签证”管理模式。进一步创新签证管理模式，规范和简化自贸试验区原产地申领手续，在上海自贸试验区范围内率先开展原产地证书电子签章自助打印试点，有效服务企业。原产地签证流程时长已从平均4小时压缩至2小时以内。

（三十四）检验检疫通关无纸化。

一是报检环节无纸化。（1）报检。在电子申报、电子报检的基础上，采用企业自行建档保存贸易单证，声明、承诺类材料电子传输，许可、审批类单证联网核销，国内外检验检疫证书联网核查等方式，进一步扩大无纸化申报的覆盖范围。对必须提交的纸质单证，在报检企业分类管理的基础上，对诚信企业采取定期集中后补等方式，减少企业往返检验检疫窗口。（2）计收费。积极开展检验检疫电子支付的试点和推广，充分利用和进一步完善现有的电子支付系统，鼓励和引导企业通过网上银行、第三方支付平台等完成检验检疫费用的缴费，提高支付工作效率，减少企业窗口排队缴费现象。

二是查验环节无纸化。在现场查验放行环节，大力运用移动通信、物联网等现代化信息技术手段，检验检疫人员手持移动终端，完成接单、查验、取证、登记、放行等一系列执法监管活动，实现现场查验结果记录、单证拟制、放行无纸化，将无纸化改革延伸至现场查验，实现检验检疫全程无纸化。

三是放行环节无纸化。在自贸试验区货物通关单“入境免签”的基础上，加强与海关通关单联网核查工作，完善联网数据核查和信息反馈，不断扩大通关单无纸化的覆盖面。利用地方电子口岸平台，实现检验检疫指令在港务部门、空运仓储单位及特殊区域管理部门的在线传递，从而实现远程的无纸化放行。

四是推进地方口岸公共信息平台建设。推进地方口岸公共信息平台建设，促进检验检疫机构与系统内机构、其他监管部门、国外官方机构等实现信息共享。通过在地方口岸公共信息平台的“单一窗口”建设，实现贸易和运输企业通过“单一窗口”一点接入、一次性递交满足检验检疫、海关、海事、边检等监管部门要求的格式化单证和电子信息，监管部门处理状态和结果通过单一平台反馈给申报人，实现监管部门口岸信息互联、互通、互换。

（三十五）第三方检验结果采信。

自贸试验区内第三方检验结果采信制度按照“管检分离、合格假定、事中监管、事后追责、风险管理”等法检制度改革原则，以“合格保证+符合性评估”为合格评定程序组合；以“第三方检验结果”作为追溯源，进一步完善进出口工业产品质量安全责任调查和追究机制；以第三方检验机构登记公示制度为手段，按照事中监管和事后追责完善第三方检验机构的监管与退出机制。通过第三方检验机构提供专业化服务，有利于提供高质量的检测服务产品，以公正独立的社会资源为执法监管提供合格评定依据，同时第三方检验机构的专业化队伍有利于提高管理效率，从而提高服务效率。有助于进一步厘清和理顺检验检疫部门与第三方检验市场、与行政执法相对人之间的关系，尤其是法定检验业务的开放将推动国内相关检测服务行业的整合重组，也有利于中国本土检验机构的长期发展。引入第三方检验对检验检疫部门是一场内生型的自我革命，其意义不亚于简政放权，不但可以节约财政资金、提高资金使用效率、降低行政成本、提高行政效率，而且引入竞争机制，提高政府透明度，将有效抑制腐败和寻租空间。自贸试验区内第三方检验结果采信制度是在充分参考国际通行做法和WTO国民待遇原则的基础上，结合我国第三方检验市场和检验检疫实际情况制定的。在保证操作性、规范性的前提下，实现制度设计、管理手段、评定程序与国际惯例的全面对接，具备很强的可复制性、可推广性。

（三十六）出入境生物材料制品风险管理。

对自贸试验区入出境特殊物品企业的入出境特殊物品实施便捷性检疫监管的工作制度。主要包括简化事前审批流程，将工作重心转为事中、事后监管；通过调整行政审批手续、放宽审批条件，从逐批审批原则调整为企业日常监管配合行政审批原则；同时建立“区内企业”考核监管、分批核销、指定地点查验等制度，以缩短审批流程、提高放行速度、降低企业成本，推动生物医药产业发展。对特殊物品卫生检疫监管从逐批审批调整为对企业诚信登记进行抽检并配合日常监管的审批模式，大量减少相关企业的人力和经济成本，行政效率大幅提高，行政成本不断下降，受到相关企业广泛欢迎，同时也促进了关联生物产业的发展，成效显著、特点鲜明。有效监管，减少重复审批。根据自贸试验区创新制度对出入境特殊物品实施产品风险分级、企业诚信分类等风险管理措施。强化企业主体责任。对自由贸易区内的入出境特殊物品单位实施考核机制，充分结合企业诚信情况，根据考核结果对“区内企业”按照一、二、三、四类信用等级水平进行登记及分类管理。全力推荐产品风险分级管理，对自由贸易区内的入出境特殊物品风险进行评估，根据评估结果将产品按照 A、B、C、D 级风险级别实施分级管理，有效防控传染病传入风险。全面改进特殊物品审批制度，简化审批流程、提高通关速度、降低企业成本。对通过考核的区内企业实施年度审核制度，允许其一次申报全年的入出境特殊物品情况，按产品风险级别，给予一次审批，分批核销。特殊物品卫生检疫审批单有效期最长可延长至 12 个月，检疫审批时间缩短至 3 个工作日。科学调整监管模式。根据企业信用分类和产品风险分级的情况，科学实施动态监管方式，将入出境特殊物品卫生检疫工作重心由事前审批转为事中、事后监管，加强对区内企业后续日常监管。如果发现特殊物品单位存在违规、欺瞒等情况，对该单位进行降级管理。

（三十七）进口货物预检验。

从境外输入自贸试验区后再出区进口到国内的货物，企业可在货物出区报检前向检验检疫机构申报办理货物的预检验工作（货物入区时或存放在区内时），由检验检疫机构实施集中检验，完成全项目或部分项目检验。经检验合格的，检验检疫机构登记预检验合格账册信息。预检验合格货物分批出区报检时，检验检疫机构核查货物信息，实施剩余项目检验，对于已完成全项目预检验的，实施快速验放。"预检验"是一次检验检疫、多次核销放行的检验检疫监管模式。货物在区仓储期间预先完成检验工作，实现货物出区时的"零等待"，可以在自贸试验区"二线"严密防范质量安全风险的同时，有效地将刚性的进口现场检验和实验室检测时间前置到货物的在区储存期间，从而在货物实际出区进口时，实现快速核放、快速签证。"预检验"的施行可大幅加快货物通关速度，减少货物查验抽样次数和抽样量，降低货物实验室检测次数和费用，缩短每批货物的通关放行时间，降低企业的运营成本。据试点企业反映，预检验及核销模式相对于传统的出区检验模式，可为企业节省 7—14 天的出区检验时间。

（三十八）分线监督管理制度。

一是境外与上海自贸试验区之间的进出境环节设为"一线"。入境应检物属于卫生检疫和动植物检疫范围的，区内检验检疫机构在"一线"实施检疫。应当实施检疫处理的，依法实施或监督实施检疫处理；入境应检物属于商品检验范围的，区内检验检疫机构免予实施检验；入境应检物在区内企业间流转销售，不涉及实际使用的，免于检验；区内仓储物流货物经"一线"出境的，区内检验检疫机构免于实施检验检疫。但输入国家或地区有特殊检验检疫要求的除外。区内企业生产加工的应检物经"一线"出境的，检验检疫机构按规定实施检验检疫。

二是上海自贸试验区与境内区外之间的进出口环节设为"二线"。应检物经"二线"输往上海自贸试验区的，应当经生产地或国家质检总局指定地检验检疫机构检验检疫合格；应检物经"二线"输往境内区外的，属于卫生检疫和动植物检疫范围的，区内检验检疫机构免予检疫；属于商品检验范围的，检验检疫机构按规定实施检验；对应当实施进口检验的货物，区内检验检疫机构根据企业申请，可以在区内实施集中预检验、分批核销出区。

在出入境"一线"，检验检疫实施无豁免检疫，仅对废物原料、放射性检测等重点敏感货物实施入境检验检测，对其他货物暂免检验监管，确保自贸试验区"一线"最大限度的放开。在进出口"二线"，严密开展检验监管工作；同时设计"预检验及核销""登记核销管理"等便利化制度，实现自贸试验区"二线"管得住、放得快。

（三十九）动植物及其产品检疫审批负面清单管理。

在风险分析的基础上，对自贸试验区进出境动植物及其产品实施风险分级、分类管理，根据风险水平确定相应监管模式，提高通关效率。在风险评估和采取安全保障措施的前提下，允许部分未经准入的动植物及其产品经自贸试验区过境、国际中转或在自贸试验区内存放、使用（国家明令禁止进境动植物及其产品除外）。实施检疫审批负面清单制度，授权上海办理负面清单以外、已获我国准入的进境（过境）动植物及其产品的检疫审批。

一是在自贸试验区推行动植物及其产品检疫审批负面清单制度，除活动物、水果、粮食等列入负面清单的高风险货物外，其他动植物产品及动植物源性食品全部授权上海检验检疫部门审批。审批时限由20个工作日缩短为7个工作日，许可证有效期由6个月延长至12个月，部分产品还可实施一次审批、分批核销，有效提高了相关产品的通关效率。五年来，已完成自贸试验区动植检审批共36 872项。二是制定发布免除部分低风险动植物检疫证书的清单。制定发布三版《免于核查输出国家或地区动植物检疫证书的清单》，18类低风险动植物及其产品免于核查输出国家或地区动植物检疫证书，极大地便利了相关生命科学研究的开展。三是制定非食用动物产品检验检疫监管便利化新政。实施包括授权审批在内的一系列非食用动物产品检验检疫监管便利化措施，直接惠及上海口岸每年1万批次、20多亿美元的进境非食用动物产品，涵盖羊毛、羽绒、皮张、工业动物油脂等多类产品，并将带动产业升级增效。

（四十）免除低风险动植物检疫证书清单制度。

2015年1月9日，召开《自贸试验区免于动植物检疫证书清单宣贯会》。2015年1月16日，正式对外发布《上海检验检疫局关于推广动植物检验检疫改革措施的公告》。目前，在上海相关口岸已经正式推行部分进境动植物及其产品免于核查输出国家或地区动植物检疫证书的清单制度。主要内容包括来源于动植物的深加工的文化艺术品、部分动植物源性生活用品、饲料样品、深加工过的木制品、植物胶质、含动植物源性成分的培养基、含动物源性成分的商品化试剂盒、经化学变性处理的动物组织（含器官）、来自细胞库的传代细胞系和SPF级或以上级别实验动物的组织（含器官）十大业务。

该项制度顺应了上海自贸试验区各类高技术、新产业、新业态的集聚发展，进一步创新模式，深化了自贸试验区进口动植物产品监管制度改革。

因为免除动植物检疫证书清单制度的出台，来源于动植物的深加工的文化艺术品、部分动植物源性生活用品、饲料样品、深加工过的木制品、植物胶质、含动植物源性成分的培养基、含动物源性成分的商品化试剂盒、经化学变性处理的动物组织（含器官）、来自细胞库的传代细胞系和SPF级或以上级别实验动物的组织（含器官）这十大业务将从中受益。以动物源性生物材料为例，该制度惠及1 200多家各类生物医药企业、研发机构和高校院所。切实有效的措施进一步减轻了企业负担，使得生物医药产业“轻装上阵”，有效助推上海科创中心建设。

（四十一）进口研发样品便利化监管制度。

研发类企业、单位的认定。有关部门应制定研发类企业、单位名录，可会同地方政府有关管理部门认定研发类企业、单位，确有入境样品需求的，纳入研发类企业、单位名录，实施便利化监管。优化审批程序，对入境样品实施风险分级管理。除按有关规定确需对试点企业和相关样品实施风险前置评估的，一般不实施前置考核。确需实施前置审批的，进一步简化审批程序。对低风险入境样品允许一次审批，多次核销。优化事中管理方式。进一步优化入境样品报检手续和查验程序，实行风险分级监管模式。对符合条件的产品、企业，可按企业意愿实施到货地查验。对B级以上诚信企业低风险入境样品，可通过远程视频方式监控，由企业按照检验检疫要求自助查验。加强事后监管。各地方检验检疫机构对研发类企业、单位开展定期监督检查，核查入境研发样品保管、存放、使用、流向等情况以及企业样品安全管理制度和档案等，确保研发样品用于原申请用途，确保研发样品的使用和处理符合相关法律法规要求，不产生公共危害。加强惩戒措施。各地方检验检疫机构日常监督抽查过程中，如果发现有擅自改变使用范围、用途或使用虚假信息或其他方式骗取放行的，一经核实，将按照相应的法律法规对其依法采取相应处罚措施，并将企业从《入境研发样品检验检疫便利化试点企业名录》中删除，同时报地方政府管理部门，记录企业不诚信记录，将其列入相关“黑名单”管理，实施严密监管。

对研发科创类型企业进口的研发用样品采取合格假定，信用放行的监管新模式，对产品实施风险分类监管，简化入出境办理手续，实施事中事后监管，提高通关效率，促进产业发展。如果对原本按照一般货物要求实施检验监管的进口科创研发食品化妆品样品实施分类监管，简化进口申报及检验程序，基本做到报检当天放行。

（四十二）低风险生物医药特殊物品行政许可审批改革。

出台特殊物品进一步便利化政策，取消一部分产品的申报材料，调低一部分产品的监管等级，降低信用优良单位的抽查比例。将D级生物医药特殊物品行政许可审批权限下放，实现特殊物品审批流程扁平化和办理高效化。

（四十三）海运进境集装箱空箱检验检疫便利化措施。

一是便捷化措施。上海国检局对主动提出申请的空箱经营人企业进行综合评定，依据评定的企业等级，作为对空箱经营人实施不同类别便利化措施的主要依据。

二是综合评定。上海国检局将根据空箱经营人提出的申请材料，对空箱经营人境外卫生状况控制能力、不合格检出情况、遵守检验检疫法律法规和协议场站管理能力等情况进行综合评定，必要时将对企业和场站实施现场评估，评定结果将统一对外公布。

三是动态调整。上海国检局对空箱经营人企业等级实行年度审核和动态调整。对发生严重违反法律法规、检出重大不合格情况或受到国家质检总局、上海国检局警示通报的，将动态调整企业等级和对应的便利化措施级别。

（四十四）进口食品“空检海放”便捷化监管措施。

进口食品“空检海放”模式是指在一批海运进口食品到港前，先行空运同批食品实施检验；对海运食品在进口商自我承诺的基础上参考空运食品检验结果实施合格评定，减少重复检验工作，以缩短海运食品通关时间的检验检疫模式。进口商申请按“空检海放”模式进口食品，报检时，随附海运食品具体进口口岸的情况说明。空检施检部门按照操作规程对空检食品实施检验检疫，并妥善保存检验用、留样和比对样三部分样品。空检完成后，将比对样和检验结果传递至进口企业确认的海运食品入境口岸施检部门。同批海运食品进口时，海运食品施检部门实施信息核对，确认无误，现场查验合格即可放行。

制定并发布入境食品化妆品存放、展示企业备案、报备须知，明确存储场所要求，对存储鲜冻肉类、水产品的存储企业实施考核备案程序，对其他食品化妆品存储企业实施企业自查评估和信息报备的简化程序。同时，加强对已经报备或备案存储企业的事中事后监督管理，在日常监管中发现不符合要求的，给予扣分、暂停贸易便利、取消备案资质等措施。进口奶粉实施“空检海放”后，在货物到港、企业提供详细货物清单后7天内完成检验检疫流程，较传统方式缩短时间75%以上。

（四十五）“即检即放”现场查验放行工作机制。

利用物联网、移动互联和云计算等现代化技术，全力打造“智慧检验检疫”，规范口岸执法行为、提升检验检疫监管效率、促进贸易便利化水平，助推区域联动和“三互”落实，为实现“互联网+智慧质检”做了一定的探索和实践；在进出境（集装箱）货物检验检疫监管项目上率先推出“即检即放”现场查验放行模式（原即查即放），旨在通过现代化技术规范检验检疫现场查验行为，完成现场查验过程数字化，进而实现跨区域、跨部门、跨行业的全程监管和数据追溯共享，解决信息孤岛的难题。在规范检验检疫执法行为的同时进一步加快现场查验放行速度，全面开创“快捷、规范、可控、溯源”的检验检疫监管新模式。

已将该模式推广运用于进境货物、集装箱重箱、木包装现场查验放行工作中，并实现五大功能：查验步骤规范可追溯、查验登记全程无纸化、查验现场即时放行、查验数据多系统同步、查验信息跨区域共享。

（四十六）进口食品分类监管制度。

一是实施自贸试验区进境食品化妆品存储企业分类监管制度，对少数有指定存放要求的食品仍沿用原有备案监督程序；对其他食品化妆品则改为公布要求、企业自我评估、合格主动报备、事中事后监督的模式。二是推进进口食品口岸分类监管制度的试点工作。基于风险评估结果对不同风险进口食品采用差别化的合格评定程序实施检验检疫，涵盖扣留检验检疫、强化检验、常态检验、便利检验四种口岸验放模式。总体检验检疫流程平均缩短50%以上。三是推进进口食品化妆品样品分类监管制度。对于企业用于检测、研发及目标人群测试、市场营销策划、企业内部使用等小批量非商业用途的进口食品化妆品样品，适当简化进口申报及检验程序，加快进口流程。四是推进进口食品化妆品提前报检及分单出证制度。试行提前报检制度，使企业在货物到港前即可完成报检，有利于企业在货物到港后可很快进行报关，节省企业申报等待时间。分单出证制度突破了以往进口食品检验检疫过程中，一个报检批中若有产品被抽中作实验室检测，同一报检批中未被抽中而且适用不同标准的其他产品也须等待实验室合格结果后才能获得合格证单的做法，较大幅度地缩短了未被抽检产品的通检流程。新措施实施后通检流程可缩短近10个工作日。

（四十七）进口食品化妆品存放展示企业监管制度。

特殊监管区域内入境食品化妆品存放、展示企业应向检验检疫机构申请备案并接受监管，原有模式是公布要求、申请、审核/考核、备案、监督，对少数有指定存放要求的食品仍沿用原有备案监督程序；对其他食品化妆品则改为公布要求、企业自我评估、合格主动报备、事中事后监督的模式，将原来2周左右备案程序压缩到3天。

制定并发布入境食品化妆品存放、展示企业备案、报备须知，明确存储场所要求，对存储鲜冻肉类、水产品的存储企业实施考核备案程序，对其他食品化妆品存储企业实施企业自查评估和信息报备的简化程序。同时，加强对已经报备或备案存储企业的事中事后监督管理，在日常监管中发现不符合要求的，采取扣分、暂停贸易便利、取消备案资质等措施。

（四十八）进口不合格工业品处置规范。

进口不合格工业品处置工作规范以国家质检总局关于法检制度改革工作的各项要求为基础，通过规范进口不合格工业产品的技术处理、销毁以及退运三类处置工作要求，完善对进口工业产品销毁处置单位管理，确保进口不合格工业产品的监管处置闭环管理，从而进一步规范上海自贸试验区内进口工业产品质量安全监管工作，有效降低进口不合格工业产品对人身财产安全、健康、环境保护等方面的监管风险。

制定发布《自贸试验区进口工业产品不合格处置工作规范》，通过规范进口不合格工业产品的技术处理、销毁以及退运三类处置工作要求，完善对进口工业产品销毁处置单位管理，确保进口不合格工业产品的监管处置闭环管理，有效降低进口不合格工业产品对人身财产安全、健康、环境保护等方面的监管风险。

（四十九）进出口商品检验鉴定机构审批制度。

进出口商品检验鉴定机构是指依法设立，依据国家有关法律、行政法规以及规章的规定，从事进出口商品检验鉴定活动的机构。进出口商品检验鉴定活动是指接受对外贸易关系人、出入境检验检疫机构、国内外检验机构及其他有关单位的委托，确定进出口商品是否符合相关技术规范、标准或合同要求的合格评定活动。

《中国（上海）自由贸易试验区进出口商品检验鉴定机构行政许可特殊程序（试行）》自2013

年9月1日起正式实施。《中国（上海）自由贸易试验区进出口商品检验鉴定机构管理办法》自2014年10月1日起正式实施。取消前置审批、放宽审批条件、简化审批内容、缩短审批流程、加强事中监管和事后追责。制度对外发布以来，社会反响强烈，新华网、东方网、网易、搜狐等国内外媒体转载达到191次，原国家质检总局提交的《质检专报》被国办《要情》采用。

（五十）进口工业产品风险分级评估制度。

根据进口工业产品的潜在（物理、化学、生物）危害、质量数据、使用人群、产品用途、使用习惯、使用环境和社会关注程度等风险信息，应用评估表格，评估出相关工业产品的风险等级，包括高风险、较高风险、一般风险。

应用进口工业产品风险分级评估制度，对自贸试验区内部分需法定检验进口消费品的风险等级进行梳理、分析和评价，包括童装、婴幼儿服装、童车、食品接触产品（家用电器类）、家用电热器具、洗衣/干衣机、内衣、玩具、尿裤及尿布、皮肤毛发护理器、食品接触产品（非电器类）、空调、影音设备、电扇、吸尘器、家用冰箱、通信产品、成人服装、卫生巾（护垫）及止血塞、纸巾和仿真饰品等产品。

（五十一）进出口工业产品质量安全约谈制度。

风险预警监管体系是指在进出口商品检验监管过程中，建立的一套以风险防控为目标，以进出口商品全过程质量安全风险监测、评估、调查、预警、处置和责任追溯追究为核心的风险管理模式，是由一系列工作机制共同组成的基于宏观质量管理原则下的质量安全风险管理体系，是风险管理理念和方法在进出口商品检验监管过程中的具体应用，主要包括：质量安全信息的收集、分析和研判，事故的调查、认定和处置，风险的预警、管控和评估以及各项的组合。

完成国家风险监测分中心筹建。按照“边筹建、边工作、边输出”的原则，建成系统内首家进出口商品质量安全风险监测国家分中心并正式运行。监测信息经风险评估后已被成功应用于风险监测专项抽查、消费警示以及进口缺陷产品监督召回等工作。

（五十二）进口消费品安全监管制度。

进口消费品全链条监管是指从已有的监管理念和监管制度出发，研究制度的整合和匹配，进一步优化和创新监管模式，建立一套涵盖消费品安全风险监测预评估制度、消费品风险评估制度和分类监管的口岸管控制度的质量安全监管制度，从而构建一个系统而完善的消费品质量安全体系，切实保障消费安全，有效实现质量提升。

构建符合检验监管工作实际的消费品安全风险监测制度。建立质量安全评价指标体系，构建商品质量安全评价模型。建立消费品质量安全风险评估制度，实施分类监管的口岸管控制度。夯实风险处置、后续处置责任约谈、创新追溯管理手段等制度建设。

（五十三）进境食品化妆品检疫审批制度。

一是在自贸试验区试点下放进境动植物源性食品检疫审批权，将“直属关初审、食品局终审”优化为“直属关初审和终审”。二是支持“备案制”非特化妆品进口。凡从上海浦东新区口岸进口，而且境内责任人注册地在上海浦东新区的首次进口非特殊用途化妆品，由审批管理调整成备案管理。涵盖上海口岸80%以上进境动植物源性食品贸易。平均办结流程为4.5天，即基本在3—4个工作日内完成审批事项。平均审批时限比原来缩短近七成。上海检验检疫部门4个工作日内即可完成对该类产品的检验和出证工作，为企业节约更多时间、成本的同时，国内消费者也可同步体验国际最新款的非特化妆品。

（五十四）CCC诚信示范企业贸易便利化举措。

CCC诚信示范企业制度是指检验检疫部门对符合条件的进口CCC产品企业采取“一次审批、多次放行，一次确认、三年有效，直通放行、诚信监管”等六项贸易便利化举措。列入CCC诚信示范企业名单的企业在进口CCC产品时凭相关证明文件直接向检验检疫部门申请报检，无须实施事前审批环节，检验检疫部门加强进口 CCC 产品诚信示范企业的事中事后监管，在激发企业自我管理和发展活力的同时，确保进口 CCC 产品的质量安全水平。

一是在上海自贸试验区探索实施 CCC 认证制度改革，区内进口涉及 CCC 目录产品的文化艺术品及展品，无须办理 CCC 认证。助推上海自贸试验区文化艺术品交易平台一期仓库艺术品进出库货值超过 100 亿元，交易额超过 30 亿元，占上海艺术品进出口通道服务市场的 20% 以上。二是每批进口 CCC 产品平均滞港时间从一周缩短到几分钟，每年可降低物流成本 1 500 万元以上，有力推动大型跨国公司、科研测试企业以及维修分拨中心等企业的发展。三是简化进口免于办理 CCC 认证证明，完善免办 CCC 系统建设，实现无纸化网上申报和审核，实施地区间免办 CCC 证明的联网核查，实现异地通用。

（五十五）外资认证机构审批制度。

外资认证机构审批制度改革是指进一步开放外商投资认证市场，降低外商投资认证机构准入门槛，促进贸易便利化。相关改革措施包括：取消外资认证机构对外商投资方的特别限制（负面清单），取消境外认证机构驻华代表机构的备案，取消外资认证机构设立非法人性质分支机构的审批和外资认证机构子公司扩大认证业务范围的审批，取消设立质量管理体系认证机构的地域政策性限制及外资认证机构申请扩大业务范围应当从业 1 年以上的限制，并简化上海自贸试验区外资认证机构审批材料要求，加快审批时效，方便认证机构为贴近市场需求提供快捷服务。检验检疫机构将在降低准入门槛的同时，积极研究和探索外资认证机构的事中、事后监管模式。

随着中国经济外向度日益提升，越来越多的国外认证机构进入国内市场，为中国产品出口提供认证服务。此项制度对于进一步开放外资认证市场、促进贸易便利化意义重大。仅“上海地区限制设立质量管理体系认证机构”的调控政策开禁后，国家认监委已新批准在上海设立 10 家管理体系认证机构，其中外资机构 5 家。可以预见，该制度在区外的推广复制将更大程度地为认证市场营造开放的良性竞争环境。

（五十六）进口旧机电产品准入特别管理措施（负面清单）。

调整中国（上海）自由贸易试验区进口旧机电产品检验监管工作，取消进口旧机电产品备案的行政许可。取消备案环节，进一步缩短工作流程，便利外部企业，整个工作流程由“备案+装运前检验+到货检验+后续监管”四个环节简化为“装运前检验+到货检验+后续监管”。采用负面清单管理。发布《进口旧机电产品准入特别管理措施（负面清单）（2014 年）》，针对不同产品设置不同的检验监管条件，从最严的禁止进口，到需要提供装运前检验证书才允许进口，再到未列入负面清单的产品只需提供相关声明即可进口。

备案环节取消后，试点企业反馈可为企业节约 8—10 天，同时也节省了大量人力和物力。试点以来，通过设立人工咨询电话和网上信息化咨询平台为进口企业解读负面清单，明确进口产品监管条件，同时通过优化进口旧机电产品检验监管流程、完善进口旧机电产品检验监管环节、加大监督管理和违法处罚力度等事中事后监管措施，继续保障进口旧机电产品的质量安全，促进产业结构调整、升级和优化，试点区域进口旧机电产品检验监管工作有序进行。原质检总局发布公告，全国范围内推行试点工作。

（五十七）“先进区后报检”制度。

“先进区后报检”模式是指对自贸试验区拟入境进区货物，允许区内企业向检验检疫机构电子申报后，按照指令至入境口岸提货后先进区，然后在规定时限内向驻区检验检疫机构办理入境货物报检、交单或查验的申报放行做法。

该制度在现有特殊监管区域检验检疫政策的基础上，结合自贸试验区的特点，以“职能不弱化、安全有保障”为前提，以“加快自贸试验区内企业入境货物的进区物流速度”为目标，确定“先进区后报检”的具体要求和工作重点。明确将企业申报数据作为协助检验检疫部门准确识别入区货物检疫风险及“先进区后报检”实现的重要前提，该制度通过主要业务系统的改造及业务流程再造，将企业申报数据及船公司、仓库、航空公司提供的舱单/SITA 信息进行整合及比对，从而确定货物的检疫风险，并结合货物风险管理、企业分类管理及货物后续监管，实现对一线进境货物的全面监控。同时，“先进区后报检”还与“国际贸易单一窗口”做深度融合，企业可通过单一窗口发送电子数据，可同时实现海运、空运入境货物的申报与放行，其中超过半数的数据字段均可利用单一窗口现有的数据源实现自动导入及共享，大幅减少企业工作量。目前该项制度已覆盖全部自贸试验区入境进区货物。

（五十八）进出境文化艺术品检验检疫管理制度。

进出境文化艺术品管理是指检验检疫机构对进出境文化艺术品开展风险评估，确定检验检疫分级管理要求，受理进出境文化艺术品的报检，并实施检验检疫及后续监督管理工作。

新政的实施为进出境文化艺术品开启了一扇大门，在新政的推进过程中，自贸试验区检验检疫机构先后办理了数批文化艺术品进出境手续，继 2014 年 4 月第一幅蝴蝶标本作品作为第一例“免于核查输出国家或地区的检疫证书”商品入境后；2014 年 10 月，30 余瓶珍稀红酒享受了针对性施检的工作方案，最终以逾 300 万元的价值成交；在企业建立并有效运行风险管控制度，履行进出境文化艺术品安全、卫生、环保主体责任的基础上，检验检疫机构对进出境的文化艺术品实施风险评估，根据企业的风险管控能力，并结合货物本身的风险属性，实施分级管理，对于经风险评估确定为低风险的文化艺术品给予通关便利，同时加强对文化艺术品仓储、展示、交易过程的监督管理，将原有的事前监管转变为事中事后监管，实现放管结合。

（五十九）跨境电子商务监管模式制度。

检验检疫跨境电子商务监管模式是指检验检疫机构针对跨境电子商务经营企业将境外/境内商品通过互联网向国内/国外消费者零售并通过跨境物流运递的经营活动的检验检疫监管工作，包括企业备案、商品备案、检验检疫、商品核查、风险监测和监督管理。

上线试行“特殊区域检验检疫监管核销系统”，通过信息化系统实现商品出入区的申报与监管。制定并印发《上海检验检疫局进口宠物食品跨境电子商务检验检疫实施细则（试行）》，创新性提出进境检疫审批的“保税网购跨境电商”贸易方式，区分一般贸易形式管理。在洋山保税港区设立全国首家针对自贸试验区，集跨境电商、展示、拍卖、国际中转等功能的进境水果指定口岸。水果通关时间从原来的 3—4 天缩短至 6 小时。

（六十）AA 级信用企业精准监管制度。

对 AA 级信用企业开展便利化精准监管试点，实施“审单放行”合格评定新模式，在动态调整查验比例的机制中，对于 AA 级信用企业优先按照最低比例实施现场查验及实验室检测。全面实施“审单放行”合格评定新模式。深化“审单放行”合格评定新模式的成效，在动态调整查验比例的机制中，在企业对进口产品有效保证其符合中国法律、法规及标准的基础上，优先按照最低比例实施现场查验及实验室检测。扩大实施第三方采信制度。研究公布进口工业品进一步扩大第三方采信制度实施清单（涉及进口汽车零部件、进口玩具和进口服装产品，共计 82 个 HS 子目或编码）。实施精准服务措施。结合进口产品风险水平和企业质量控制水平，按照“一企一策一授权”的原则，为企业提供个性化服务措施。

根据企业信用状况和货物风险分析，对入境低风险货物，实现系统自动审核放行，报检时间由半天或一天缩短至半小时甚至几十秒，通关放行时间从原来的 20 多小时缩短至平均不到 4 小时。

（六十一）国际航行船舶检疫监管新模式。

根据《国际航行船舶卫生检疫管理规范》（试

行）要求，在风险评估和分类分级的基础上，对集装箱定班船舶实施电讯检疫，缩短入境检疫等候时间，提升海港通关速度。

建成“国际航行船舶检验检疫监管系统”“航空器卫生检疫监管系统”，与上海市“单一窗口”形成对接，口岸电子闸口基本建成，实现风险可控、检疫有效、通关便利。电讯检疫覆盖上海所有海港口岸和69家国际客运航空公司，航空器电讯检疫比例达97.03%，船舶比例达89.22%，每年节约2000多工作小时靠港检疫等待时间，为船公司节约成本逾千万元。

（六十二）保税展示交易货物检验检疫监督管理模式。

2013年上海自贸试验区成立之初，上海检验检疫部门制定发布了《反复进出中国（上海）自由贸易试验区货物登记管理规定（试行）》，以加强对保税展示交易（包括保税展示和保税展销）货物的检验检疫管理，提升检验检疫监管效能。由于保税展示交易是“先交易、后清关”，在产品申报进口时实际已经完成销售，检验检疫部门无法对产品实施检验，由此产生了潜在的产品质量风险。上海自贸试验区检验检疫部门在实际操作中，不断摸索创新完善监管模式，实地考察后经仔细论证，通过运用自贸试验区“预检验”创新政策来前置产品检验环节，同时通过“进出口产品质量追溯系统”，对“保税展示交易”产品实施全过程监管。

“预检验”的实施可以在产品进行保税展示前就完成相关检验工作；而“进出口产品质量追溯系统”通过含有NFC的二维码追溯标签和产品的逐一绑定，将产品进口信息及产品检验信息录入标签。消费者可以通过手机“扫一扫”功能了解产品进口情况，商家可以通过系统客户端追踪货物流向，保证货物的正规进口渠道，检验检疫部门可以全过程追溯货物流向信息，为事中事后监管提供有力的信息数据保障。同时，对产品单品数量少、无法抽取等问题，通过加强事中事后监管，为降低抽查比例夯实基础。新的检验监管模式进一步优化了原有监管模式，同时利用“互联网+”的理念，提高了监管效率，降低了监管的人力和物力成本，打造了全链路监管的新模式。

（六十三）平行进口汽车监管制度。

一是在国家认监委的支持下，联合上海八部门出台《关于进一步促进中国（上海）自由贸易试验区汽车平行进口若干支持措施》；二是尝试在单车认证领域拓展对平行进口汽车产业发展的支持举措；三是在前期工作的基础上，推出“上海自贸试验区检验检疫精准服务计划”，单车认证采取“先放后检”新模式，同时推动平行进口汽车合规性整改政策落地，在压缩单车认证流程的同时，为平行进口企业产业发展营造良好政策环境和经营环境；四是在寻求制度革新，便利平行进口汽车产业发展的同时，加强监管，确保行业健康发展。2017年首次对凭平行进口汽车CCC认证证书进口的汽车实施强制性认证项目的一致性检查以及一般安全项目检测。五是创新检验监管模式，采取“放开一线、管住二线”的管理原则，在车辆从自贸试验区进口至国内时，再正式接受报检，并实施“入境验证+采信第三方检验结果”的合格评定方式对平行进口汽车实施检验监管，不但实现对平行进口汽车的即检、即签、即放，而且充分保障从自贸试验区正式报检进口的汽车符合国家有关标准和技术规范的强制性要求，并获得强制性产品认证（CCC认证）。

（六十四）证照分离、照后减证制度。

一是在“国境口岸卫生许可证核发”和“进出口商品检验鉴定业务的检验许可”事项中，推行“证照分离”改革试点工作，提升透明度和可预期值，并加强事中事后监管。二是全面推进“证照分离”改革，落实“照后减证”要求，经原质检总局批准，对自贸试验区内进出口商品检验鉴定机构到期换证、变更。

针对“国境口岸卫生许可证核发”的“证照分离”改革举措，制定复制推广具体办法和对外通知，在本市所有国境口岸复制推广。自2018年

4 月 1 日起推行告知承诺，并对不实承诺等情况加强后续监管，建立诚信档案，推行社会监管。探索引入网上告知、网上承诺、现场取证的在线办理流程，为诚信度高的企业提供精细化“零等待”智能服务，切实提升改革措施含金量、企业获得感。

2019年广东海关支持中国（广东）自贸试验区建设主要情况

一、广东海关支持广东自贸试验区发展开展工作情况

2019年，广州海关推出的“打造跨境电商便利化通关新模式”“首创分拨中心智能化监管模式”入选南沙片区成立四周年十大制度创新成果。深圳海关推出的“离港空运服务中心”被评为广东自贸区成立四周年在投资贸易便利化领域的5项制度创新最佳案例之一，“对接仓储企业WMS系统推动联网监管模式改革”“科研机构免税进口科研设备流动监管模式改革”“打造‘MCC前海’新物流模式”被评为前海蛇口自贸片区2019年标志性制度创新成果。拱北海关推出的“横琴口岸实施‘合作查验、一次放行’通关查验新模式”入选横琴片区成立五周年标志性制度创新案例。

（一）着力建设示范性产业基地，优化口岸营商环境。

一是打造跨境电商枢纽基地。推行“同业联合担保”，叠加应用“先放后税、汇总缴纳”“先进区、后报关”、账册互转、“免于强制性产品认证”特殊检测处理等监管创新，支持网购保税进口业务发展等措施；落实“境外入区的食品抽样后即放行”，加强对跨境电商产品的质量监测。2019年跨境电商网购保税进口货值177.55亿元。探索发展跨境电商特殊区域出口和一般出口两种模式，2019年出口85.5亿元，在全国特殊区域中排名第一。建设前海湾保税港区全球中心仓，实现保税与非保税货物同仓存储、进口与出口同仓调拨、小额交易与大宗贸易同仓交割、内贸与外贸同仓一体，2019年前海湾保税港区进出口1 285.5亿元，在全国保税港区排名第一。支持珠海市建设跨境电商综合试验区，做好跨境电商监管场所实地验收和业务开通等工作，2019年12月横琴跨境电商出口业务正式运行。

二是创新“智能分拨监管”模式。推动全球最大集装箱海运公司在南沙保税港区设立物流基地，开展企业进出口货物集拼、转口贸易、国际中转等一站式服务。打造MCC前海新物流模式，综合运用跨境快速通关、非侵入式查验等创新措施，建设离港空运服务中心、海运中转集拼中心。2009年，经前海“登机”的空运货物约1.4万吨，货值65.23亿元人民币，分拨集拼的海运标箱7 268个，货值47.12亿元人民币。

三是对接中欧班列打通保税物流出口欧洲新通道，有效支持南沙保税港区多式联运体系建设，缩短与“一带一路”沿线国家的空间距离，物流时间从45天减少至15天，降幅达67%。深圳海关创新驳船跨港区调拨模式，2019年全年让2.4万标箱通过“水上巴士”实现高效、经济、绿色调拨。创新移泊动态申报监管模式，最多压缩转港船舶申报数据24项/次，提升船舶整体申报效率35%。推动“整船换装+同船运输”改革试点实施增量扩充，优化珠江航道运力资源。

（二）着力创新监管模式，加速新兴业态落地集聚。

一是推动平行进口汽车以保税展示方式进口。广州海关首创“保税+会展”汽车进口新模式，搭建“保税+展示+销售”的汽车贸易一体化平台，做大做强南沙平行进口汽车保税展示业务。支持滚装船方式运输平行进口汽车，采用二维码实现平行进口汽车溯源管理，实施VIN码预验证、预通关、随到随检等便利化措施。2019年，南沙进口汽车申报数12 844辆，货值44.6亿元，其中保税仓储和展示9 281辆，货值约33.5亿美元，同比增长12.2

倍。前海湾保税港区共入区仓储平行进口汽车989辆，同比增长50.3%。

二是实施“异地委托监管+配套金融扶持”，打造华南航空租赁聚集中心。释放异地委托监管模式的政策红利，构建南沙保税港区注册登记、机场综保区建账监管、跨关区联动配合的工作机制。同时，推动地方政府出台“金融创新+财政税收”的支持措施和优惠政策，共同打造服务飞机租赁的平台。2019年，吸引84家飞机保税融资租赁企业落户南沙保税港区，全年保税进口飞机33架，货值248.36亿元，同比增长31.59%。

三是支持建设文化保税创意及会展产业发展。依托“保税展示交易”创新制度助力“粤港澳大湾区名家书画展”顺利举办，这是广东自贸试验区首单文化艺术品保税展示业务，为粤港澳大湾区文化交流开辟了新通道。张大千的《夏山欲雨》、吴冠中的《香港》等4幅名家保税艺术品从南沙保税港区入境参展，这也是广东自贸试验区首单保税艺术品以“关税保证保险”形式出区展示的成功案例。优化监管流程助力珠澳会展业发展，对需办理强制性产品认证的入境展品实行“入区登记、分类监管”模式，量身定制“驻场监管”“预约通关”“专用通道”“集中查验”等便利服务，2019年经横琴口岸进出境的油画等展品共计价值约17.1亿元。

四是促进邮轮游艇产业发展。创新“保税+邮轮物料供应”模式，助力邮轮经济，实现“船、港、城、游、购、娱”联动发展；创新应用关税保证保险，助力港澳游艇自由行项目落地；优化行李验放模式，开展先行机检、一机双屏试点，实现正常旅客“无感通关”。创新邮轮母港旅客通关模式，2019年南沙邮轮码头接待国际邮轮93航次，监管进出境旅客29.5万人次；参与南沙邮轮母港综合体建设，促进粤港澳游艇自由行。

五是支持“暂存中转”保税仓储业态发展。开展进境暂存中转澳门食品检验检疫监管创新，适度放宽中转澳门食品检验检疫要求，推动横琴自贸片区建立以来粤澳产业园首个实体项目澳门大昌行物流中心顺利落地，构建“前店后仓”业务模式，实现暂存横琴货物24小时内送达澳门消费者，服务澳门民生发展。

（三）着力深化“放管服”改革，提升海关监管效能。

一是开展“互联网+网上稽核查”作业模式改革。通过直接对接企业ERP、WMS系统，依托“互联网+网上稽核查”平台对企业系统实施日常监测，实现非侵入式的隐形监管。试点企业实现24小时进出仓，货物周转速度提升2倍，稽核查作业时间缩短80%以上。探索免税进口科研设备流动监管。通过科研单位自行网上申报，实现免税进口科研设备，仪器自主移动、携带，解决了科研设备流动的痛点问题。2019年，8家科研机构受惠此项改革红利，涉及免税科研设备货值4 391.24万元。

二是着力推进“智慧海关”建设。打造以实货监管为重点的“便捷通关”立体监管系统，以提升海关现代化治理能力水平为目标，应用增强现实（AR）、人工智能（AI）、大数据等先进技术，将海关监管的现实场景与现场作业业务流、数据流、信息流进行整合，加强与政府、企业、群众等多方信息互动，提升海关实货监管的智能化水平，进一步通过“提效率”推动“降成本”。

三是深化推广应用国际贸易“单一窗口”。依托国际贸易“单一窗口”，以监管信息共享的方式推动口岸通关便利化与监管智能化；加快“口岸通关时效评估系统”推广应用，各环节效率公开透明，“单一窗口”应用覆盖率达100%，企业申报时效提高30%以上。落地实施国际航行船舶进出境通关全流程“一单多报”，实现国际航行船舶进出境通关全流程网上申报和电子核放。试验区内国际贸易“单一窗口”货物申报、运输工具、舱单等7项主要申报业务应用率总体稳定在100%。

四是深化推进新横琴口岸建设。落实国务院港澳办批复同意澳门莲花口岸迁至横琴并采取“合作查验、一次放行”便捷通关模式工作部署，全力配合做好新横琴口岸建设。深化口岸查验机制创新，明确在新横琴口岸整体复制港珠澳大桥“合作查验、一次放行”卫生检疫模式并形成合作备忘录。

五是研究发挥技术贸易措施实效。围绕自贸试验区产业特色，成立无人机等技贸专项工作组，开展专项研究，帮助我国企业应对国外重大贸易壁垒，推动外贸稳增长。

（四）着力对接粤港澳建设，服务产业协同发展。

一是加速粤港澳三地要素流动。以《粤港澳大湾区发展规划纲要》为框架，针对湾区内人流、资金流、物流互通等方面需求，以“粤港两地海关监管互认”“跨境快速通关”提升科研器材设备等特殊物品的跨境通关效能，通过“机场分拨-冷链物流-平台报关”监管模式深化粤港生物医药企业的交流合作，推动“单一窗口”功能完善，深化“CEPA 食品”检验监管新模式等作为便利措施，为粤港澳三地互联互通提速，继续推进更高水平的互联互通。创新珠澳小商品简化归类快速通关措施，平均每票报关单节约通关时间约 1 小时，数百家小微企业受惠。简化 CEPA、ECFA 项下货物原产地证明提交标准和直接运输认定，经澳门中转的 ECFA 货物原产地管理措施进一步简化，节省中转时间 0. 5—2 天。实施出口货物“一次申报、分批出境”等便捷措施，单批次货物通关时间从 20 多分钟缩短至 3—5 分钟。

二是助力粤港澳货物通关便利。深入推进珠澳海关监管结果参考互认，2019 年便捷验放互认车辆共 242 辆次，机检 480 辆次，有效节约受检车辆通关时间 40%。推动澳门“单牌车”入出横琴平稳运行，车辆最快 5 秒通关，2019 年澳门“单牌车”入出横琴 17. 53 万辆次。拓宽旅检现场小额税款便捷支付方式，进出境旅客可选择支付宝、微信等方式扫码缴纳税款，2019 年通关旅客 892. 4 万人次，同比增长 0. 45%。全面上线应用横琴口岸智能化卡口，验放通行效率大幅提高。2019 年，横琴口岸货物进出海关平均通关时间分别为 2. 39 小时和 0. 42 小时。

三是深化粤港澳监管合作。持续推进“一国两制”下“前推后移中优”的监管理念和模式创新，深化与澳门市政署等部门的监管合作，针对澳门仓储物流、特色食品、花卉苗木等产业发展诉求，形成“进境暂存中转澳门食品检验检疫监管创新”“供澳花卉苗木‘检验前推、合作监管’”等创新举措，提高监管能效、优化服务质量，为澳门经济适度多元提供海关助力。优化生物类特殊物品检疫审批，多措并举助力粤澳合作发展中医药产业，对特殊物品实施分类分级通关管理，优化微生物、人体组织、生物制品、血液及其制品等进境特殊物品检疫审批，在确保“检疫准入”的前提下将审批时限压缩至 10 个工作日内，为横琴粤澳合作中医药科技产业园开展科研创新提供支撑。

二、广东海关支持广东自贸试验区发展的措施

（一）深化以企业为单元加工贸易监管改革。

创新整合以企业为单元加工贸易监管模式和加工贸易联网监管模式的管理方式和监管手段，以企业自主自律为基础实施“账册滚动核销+风险研判盘核”监管模式，持续推进加工贸易监管去繁就简，解决了以企业为单元账册管理各环节手续烦琐问题，进一步减轻企业负担。

（二）旅客通关“指尖申报”。

旅客通关“指尖申报”是以微信为载体，基于互联网形式的旅客通关服务模式。进出境旅客可通过“旅客指尖服务”微信小程序，提前（通关前 24 小时内）向海关申报个人健康状况、进境物品、非涉税物品、宠物、分运行李及货币申报，以及出境环节的物品和货币。

（三）创新智能海港保税分拨监管模式。

综合运用“两步申报”“两段准入”、先入区后报关、仓储货物按状态分类监管、分送集报等海关监管创新措施，满足企业一站式完成全球集拼、

全球分拨需求，畅通国际贸易供应链。创新提出“1+N”保税监管理念，允许对来自境外货物设立专用账册，自主申报、自动记核、即报即入即出，根据实际流向自主进行账册转换，货物无须进出区，实现一般贸易、保税物流、跨境电商等不同贸易方式货物融合分拨。

（四）实施“DIT+集中申报”。

在南沙保税港区创新实施“国际延迟中转”制度（DIT），对境外入区国际中转货物，允许企业在90天内根据配送流向确定处理方式，对销往境外的货物免予办理报关手续；对二线进出区货物可按月“分送集报”，免除逐批报关的烦琐手续。

（五）支持打造平行进口汽车“保税+展示+销售”一体化平台。

允许海关特殊监管区内的平行进口汽车不设存储期限，叠加驻场监管免担保措施，支持企业开展出区保税展示交易。同时，在码头监管区合理布局汽车检测线，实施到港车辆即到即检，采信第三方检验结果，实现“当天检验、当天拟证、当天放行”，在有效监管的前提下提高通关效率。

实施“口岸报关、区内监管”模式，并允许企业采用通关一体化方式办理一线进出区手续，推动平行进口汽车“保税仓储”政策在深圳顺利落地。

（六）互联网+自助报关。

企业（用户）可基于互联网实现向海关录入和申报报关数据。依托互联网平台，打破当前报关模式存在的时空限制，实现企业通过互联网随时随地向海关免费、便捷报关，同时开放数据接口，搭建信息桥，实现企业报关数据的自动导入导出，目的是进一步减少企业通关的时间和成本。

（七）互联网+互动查验。

海关通过互联网向企业推送查验通知，海关查验时，企业派员到场的，按现行查验作业模式开展查验作业。进出口货物收发货人或者其代理人不到场的，可委托海关监管场所经营人或查验服务单位经营人代理履行到场义务，并在查验记录上签名确认。查验完成后，海关将查验结果通过互联网告知进出口货物收发货人或者其代理人。如果查验有问题的，通知进出口货物收发货人或者其代理人到场处理。查验没有问题的，企业可在“零跑动”“零耗时”“零成本”的情况下办完所有查验手续。

（八）互联网+自助缴税。

已开通电子支付的企业，可以通过电子税费支付系统实现自助缴纳税款。在通关过程中可不前往现场打印纸质税单，如需要，可以在货物放行后自行或由其授权代理人至相关海关业务现场领取税单。

（九）互联网+加工贸易。

加工贸易企业通过联网数据传输、纸质单证扫描等方式申报电子数据，通过信息化手段，实现海关内部各业务环节、岗位以及海关与地方商务主管部门、银行等系统间的流转，按照“守法便利、违法惩戒”的管理理念，实施风险式、智能化审核作业，从而实现手册设立至核销各业务环节的申报无纸化、审核智能化、管理电子化。

（十）互联网+快备案。

在广州海关现场业务处、广州海关驻内港办事处、广州海关驻萝岗办事处和南沙海关属地管辖范围内的进出口货物收发货人，可通过访问“易平台”主页，进入“快备案”栏目，在线录入申请信息，自主选择领证地点，24小时查询办理进度和结果。

（十一）互联网+网上制卡。

企业可通过易平台办理电子口岸业务卡新增、变更、更新、解锁等业务。

（十二）互联网+行政审批。

企业可通过易平台登录海关行政审批网上办理平台，申请办理行政审批事项，并可及时查询本人申请事项的办理状态和办理结果。

（十三）互联网+关邮e通。

“互联网+关邮e通”模式包括“互联网+电子缴税”“互联网+补充申报”“互联网+快捷退运”“互联网+全程查询”4项功能，用户可通过互联网平台 PC 端和移动端完成相关手续办理。

（十四）口岸查验配套服务费改革。

对于经海关查验未发现问题的货物，以政府购买的方式承担支付因海关查验带来的吊装、移位、仓储等相关查验费用。

（十五）海关快速验放机制。

海关快速验放机制下企业可通过提前申报方式，实现货物到场快速分流验放。

（十六）粤港跨境货栈监管制度。

允许经海关注册登记的区内企业，建立以提单为管理基础的提单电子底账，采用粤港跨境快速通关模式，叠加“电子关锁”和“智能化卡口”措施实现货物在香港机场等境外口岸与南沙保税港区之间便捷式快速通关。

（十七）国际转运自助通关新模式。

“国际转运货物新监管模式”包括标准模式和提前申报模式。新模式采用数据提前申报、数据自动转换、全程无纸化等方式，实现国际转运货物理货报告和运抵报告由码头即时卸船数据自动生成。

（十八）空箱落地放行。

通过广州海关海运物流智能化监管系统，对空箱进行自动布控，在码头进行分流查验，海关对未布控已验放的空箱先予放行，企业无须到前台办理空箱布控和纸本放行手续，实现空箱验放全程智能化、无纸化和企业零跑动。

（十九）报关单“一键改配”。

依托广州海关“互联网+海关”关区特色政务服务（广州）网站实现企业互联网提交、系统一键自动更改报关单运输工具信息，改变传统的需到现场办理、人工逐票输入的操作方式，大幅提高改配报关单的结关效率。

（二十）转关单“e+关锁”。

运用海关“易通关”平台为企业提供转关单关锁号修改、自助打印服务，改革前企业需到海关提交转关单集装箱对应的关锁号，由海关人工逐票录入并打印相关单证。改革后，企业只需在网上一次提交，系统自动获取集装箱舱单的关锁号信息，海关审核后系统自动录入，企业可在网上自助打印相关单证。

（二十一）加工贸易边角料网上拍卖。

企业（用户）可基于互联网将加工贸易边角料、副产品和经海关同意销毁处置后仍有实际价值的残次品、受灾保税货物等保税货物遵循市场交易秩序，实现网上拍卖，并以网络拍卖的成交价格审定内销完税价格。

（二十二）电商货物“先放行入区、后理货确认”。

“电商货物‘先放行入区、后理货确认’”是指对海关特殊监管区域内跨境电商保税仓储企业实施分类管理理货机制，对管理规范、信誉良好的物流仓储企业，实行“自行理货、视频监理、改单上架”的监管模式。企业可先行办理跨境电商货物进境放行手续，货物直提进入企业理货区，在海关联网视频监控范围内理货，据实申报修改备案清单，确认后上架仓储。

（二十三）海关登记备案“一照一码”。

通过“一口受理、并联审批、信息共享、结果互认”，以“加载海关注册标识”的方式将《报关单位注册登记证书》合并至“一照一码”的《营业执照》，允许企业凭借加载海关注册标识的“一照一码”《营业执照》在改革试点关区内开展进出口业务。

（二十四）企业注册登记业务“全城通办”。

“企业注册登记业务‘全城通办’”分广州市区企业“全城通办”和佛山地区企业“全城通办”。广州市区企业“全城通办”是指广州市荔湾区、海珠区（含生物岛）、广州科学城（中新知识城）、广州白云机场综合保税区（含企业工商注册地址中有“白云机场”字样）、南沙区的企业根据需要自主选择在注册地海关或者现场业务处办理企管窗口业务的模式。佛山市企业“全城通办”是指佛山市企业可就近选择办理企业注册登记手续的海关，各办事处的企业管理部门为其他办事处辖区企业办理注册登记、变更等业务的模式。

（二十五）进出口货物收发货人注册登记无纸化。

“进出口货物收发货人注册登记无纸化”是指进出口货物收发货人可登录“互联网+海关，关区特色政务服务（广州）网站”或“广州海关12360”微信公众号的“线上海关”，进入“企业无纸化注册登记”模块，选择要办理的业务事项，录入申请信息，自主选择领证方式，在线自助打印电子版注册证书，并对全程办理状态实时查询。

（二十六）征免税证明无纸化改革。

减免税申请人及其主管海关按照《中华人民共和国海关进出口货物减免税管理办法》及有关进口税收优惠政策办理减免税审核确认手续后，相关《中华人民共和国进出口货物征免税证明》的电子数据已通过H2010系统传输至进口口岸的，主管海关无须签发纸质《征免税证明》，减免税申请人或其委托人凭H2010系统《征免税证明》电子数据办理进口减免税货物申报手续，进口口岸海关凭H2010系统《征免税证明》、报关单及随附单证等电子数据办理通关手续，无须再验核纸质《征免税证明》。

（二十七）原产地管理优惠制度。

对香港CEPA、澳门CEPA、ECFA项下，海关已收到出口方传输的原产地证书电子数据的货物，进口单位申报进口时免于提交纸质原产地证书；对ECFA项下，可通过查验集装箱封志的方式判定经第三方中转货物是否符合直接运输要求。

（二十八）选择性征收关税。

自贸试验区海关特殊监管区域内的企业加工、生产并销往国内市场的货物，企业可根据其对应进口料件或实际报验状态，选择缴纳进口关税。

（二十九）引导企业“主动披露”。

与进出口货物直接有关的企业、单位主动向海关报告其违反海关管理规定的行为，并接受海关处理的，海关可依法视情从轻、减轻行政处罚或不予处罚。

（三十）企业协调员制度。

指定负责海关事务的高层管理人员作为联系人，归口负责与海关协调员的日常联系，沟通协调与海关的合作事宜；海关指定专人担任协调员，定期组织面向试点企业的各类政策法规和业务宣讲活动，协助企业提升管理水平。

（三十一）集中汇总纳税。

对经审核符合条件的进出口纳税义务人，海关可以对其一段时期内多次进出口产生的税款集中进行汇总计征的一种税收征管模式。

（三十二）引入中介机构开展保税核查、核销和企业稽查。

企业可自行选定或由海关委托具备相关资质的中介机构开展辅助工作，推动监管模式由过去“以海关为主”向企业自主管理、第三方专业机构参与共同管理的综合治理模式转变。

（三十三）海关企业进出口信用信息公示制度。

利用企业信用信息公示平台“中国海关企业进出口信用信息公示平台”，拓宽海关信息公开范畴，丰富信用信息公开手段，促使企业诚信经营、便利通关。

（三十四）“先放行后改单”作业模式。

对经查验发现异常后仅需改单处理，而且查验结论符合条件的进出口报关单，允许先予放行后再进行改单操作。

（三十五）简化市场采购业务流程。

整合市场采购业务通关作业流程，简化通关环节，实施检验检疫电子化监管“一次申报”“一次查验”“一次放行”。联同地方政府开展市场采购商品调研，规范管理，引导企业守法经营。促推地方政府加强市场采购主管部门间信息共享，完善协调配合机制，建立市场采购综合评价体系。

（三十六）AEO 2000计划。

以高级认证企业为重点大力培育AEO企业，五年内使广州海关AEO企业数量提升至2 000家。创新企业认证工作模式，完善AEO企业管理制度，实施非侵入式管理，为落实“守法便利，失信惩戒”原则、实现“管得住、通得快”、压缩通关时间奠定坚实基础，为全国通关一体化格局下构建以信用为核心的海关监管机制积累实践经验。

（三十七）探索建立双边或多边通关合作机制。

深入推进与英国海关在海运舱单风险防控处置领域的务实合作。参与中欧安全智能贸易航线试点计划工作，在数据交换、监管互认等领域深化国际合作。扩大中欧安全智能贸易航线合作欧盟港口范围，探索“一带一路”重要支点港口海关合作计划，实现南沙海关与欧盟“安智贸”参与港口海关间“点对点”信息共享和监管互认。

（三十八）建立商品溯源平台。

“跨境电商商品溯源平台”是指在检验检疫公共服务平台建立跨境电商商品溯源平台，消费者输入订单号、快递单号或身份证号任意一项，即可快速查询商品货号、商品名称、检验检疫备案号、申报原产国等 18 项商品信息，实现“源头可溯、去向可查”。

对进口商品建立“全程溯源平台”，实行“全程溯源、口岸快放、智能跟踪、多方共治”。对经过风险评估、质量安全可控的企业，采集相关溯源信息，货物到达口岸后，实行口岸验证并实施差异化监管。消费者可利用电脑、移动终端、智能手机录入编码信息或扫描防伪溯源标签中的二维码，查询进口商品的全程身份信息、品质信息、监管信息、物流信息等。

（三十九）进口食品快速放行模式。

“进口食品快速放行模式”指综合运用检查、检测、评估、验证、认可等各种手段对进口食品实施合格评定，对由自贸区进口的食品实施分级分类管理，按照进口企业信用记录和质量保证能力进行量化分类管理，对不同类别企业进口食品实施差别化监管，分别实施审单放行、查验放行、抽样放行、检测放行四种监管放行模式，打破批批检验的旧模式，对于负面清单外的一般风险进口食品，按照企业类别分别享受不同比例申报批次审单放行的快速通关模式。

（四十）国际中转食品监管。

“国际中转食品监管”是指明确了国际中转食品依法实施检疫，免于检验，免于提供证书，免于加贴中文标签，免于注册备案等前置性准入要求。对原柜直接转运的国际中转食品免于现场查验，对不同检疫风险的国际中转食品设定不同的现场查验比例。

（四十一）检验检疫无缝对接内陆“无水港”。

“检验检疫无缝对接内陆‘无水港’”是指通过建立口岸与内陆目的地的协作机制，对入境货物给予允许国内转运的通关便利化措施。对从南沙港区入境的国际船舶和货物实施中转分流，在入境口岸仅实施船舶检疫、货物预防性检疫处理和放射性检测，就可转载至其他运输工具运往内陆口岸或集中查验场所，运输全程实施 GPS 监控；目的地检验检疫同步接收分流信息，并在货物到达后实施后续监管，实现海河、海陆、海铁无缝对接和闭环监管。

（四十二）“一二三四”跨境电子商务监管体系。

该创新制度包括以下主要措施：一是搭建一个业务监管平台。依托公共服务平台或地方“单一窗口”，实现跨境电商业务的检验检疫信息化监管。二是实施两个集中。对跨境电商商品实施“集中申报、集中查验”，在入境或入区时实施全申报管理，整批入境的实施集中查验。三是提出三个清单。对跨境电商商品实施清单分类管理，分别发布负面清单、高风险清单和一般风险清单。对负面清单中的商品禁止采用跨境电商方式入境；对高风险清单中的商品实施采信第三方检测和风险监测相结合的监管措施；对一般风险清单快速审核放行。四是采取四项措施。包括实施事前备案，加强事中监测，加强事后追溯，实施第三方采信。

（四十三）会展检验检疫监管新模式。

“会展检验检疫监管新模式”是指建立入境展品简化备案审批、场馆集中查验、展后核销退运的“前中后”闭环监管体系。主要做法如下：一是为重要展会设立专门的工作机构，展会现场配套业务办公场地，并配有检疫处理室和展品监管仓。二是开通申报、查验、强制性认证产品免办、许可审批四条“绿色通道”，设置专门的展品办理窗口。三是通过网站、微信、宣传册等渠道帮助主办方及参展商提前熟悉法规要求，做好参展准备；在展馆现场提供“一站式”服务，开通会展业务咨询专线。四是开设入境参展人员礼遇通道，凭相关证明优先办理出入境检验检疫手续，对入境参展人员携带物品实施“速查速放”。

（四十四）优化原产地签证方式。

“优化原产地签证方式”是指通过实施原产地全省签证一体化，对原产地实施一地备案、多地领证，出口企业在一个地方备案原产地签证，可以在全省其他签证机构申请签证和领证，既不需要重新备案，也不需要异地调查。

（四十五）进口机动车检验监管新制度。

“进口机动车检验监管新制度”是指在码头监管区合理布局汽车检测线，口岸一线配套相应的信息化管理系统、视频监控系统，与检验检疫业务公共服务平台无缝对接，准备到港的车辆信息可以第一时间上传检测线，车辆落地即可安排上线检测，检测结果通过信息系统即时返回海关。对进口机动车检验监管工作实施“入区报备、出区检验、后续监管”的管理原则，以及“合格保证+符合性评估”的检验监管模式，采信符合条件的第三方检验结果，实施综合合格评定，实现“检管分离”。在监管现场安装视频监控系统，实现卸载、堆放、检验检疫、检测线检测等全过程视频监控，监管人员可实施远程监控，随时调阅检测环节每个工序的情况。

（四十六）“进口食品检验前置”监管模式。

该监管模式是指企业本着自愿原则，在食品进口前委托符合资质要求的境内外第三方检验机构进行检测。境外检验机构通过信息系统对接，将相关抽样、检测及监装等信息通过检验检疫业务公共服务平台传递给检验检疫机构。食品进口时，检验检疫机构可将企业提交的符合要求的第三方检测报告作为进口食品合格评定要素之一，经评定合格的食品可快速放行。同时，检验检疫机构按照进口食品监督抽检计划对第三方检测结果进行周期性验证，发现第三方检验机构能力不足或出具虚假报告的，严格按照相关规定处理，形成“采信+验证+异常处置”的闭环管理模式。

（四十七）建立危险化学品“大数据”监管机制。

该创新制度是指联合海事、港务签订“三互”（信息互换、监管互认、执法互助）合作备忘录，依托检验检疫业务平台，通过三方监管数据交换共享，实现危险品船舶靠泊作业、货物装卸和储存、出入境全过程的闭环式监管。在检验检疫业务中推出“危险化学品在线预判断”功能，企业可通过互联网对危化品进行预判断，有效防止漏报、错报的同时，为企业节约通关时间和检验成本。建立跨部门联合应急预案，加强集装箱危险货物的查验协作配合，形成监管合力。

（四十八）国际航行船舶卫生检疫 5S 智能监管体系。

“5S”智能监管船舶检疫新体系是“互联网+检疫”的创新运用：五个 S 即 AIS（Automatic Identity System，船舶自动识别系统）、VS（Visual System，视频监控系统）、OS（Operation System，船舶检疫监管系统）、MS（Mobile System，移动监管系统）、STM（Smart Temperature Monitor，智能体温监测）五位一体的船舶检疫监管系统。AIS 用于船舶到港前的监管，在海图上实时显示船舶的状态；VS 用于船舶在港的监管，可通过视频了解船舶、货物、集装箱、人员动态；OS 是船舶检疫的电子化监管系统；MS 是基于移动通信上的电子系统，满足检疫人员外勤的现场工作需要；STM 即智能体温监测，是将船员体温数据以云服务器做支撑，从而实现远程体温监测的体系。

（四十九）检验检疫流程无纸化。

“检验检疫流程无纸化”是指通过检验检疫网

上公共服务平台，企业通关自存、信息核查、上传留存等简化方式提交申报资料电子信息，免予提供纸质资料，检验检疫通过系统后台处理电子数据。企业可通过网上平台实时获取货物受理节点、查验状态等通关信息。

（五十）市场采购监管新模式。

该模式是指依托公共服务平台，采取“线上公共服务平台”和“线下集中检管场”的方式，通过组货单位、发货人备案、商品预申报和进场全程监管的方式，全面掌握出口商品的产地、生产厂家、产品质量、采购地等一系列基础数据信息，对从业企业全备案，实时采集日常监管信息，建立商品信息库和企业信息数据库，在整个交易链条中锁定组货单位为监管主体，有针对性地监管。商品实现快速通关，货柜车驶入检管区时，公共服务平台自动显示监管要求，企业信誉高、商品风险低的免予查验，绝大多数货柜可在 1 分钟内办结所有手续。

（五十一）进出口货物检验检疫时长优化模式。

“进出口货物检验检疫时长优化模式”是指通过加强检验检疫流程时限管控，优化业务流程管理，强化流程时长信息化监测能力，通过政府信息公开网站或国际贸易“单一窗口”共享和展示出入境货物通关时长节点信息，企业及时掌握货物通关业务进程，进一步缩短货物通关时长，提高贸易便利化水平。

（五十二）创新毛坯钻石保税进出口监管模式。

该创新制度是指检验检疫对出入境毛坯钻石建立全链条监管制度，对货物流向实施智能化、电子化台账管理，确保来源可溯、去向可查。企业可在具备资质的特殊监管区域内开展加工贸易、保税贸易和工业毛坯钻石一般贸易等业务。检验检疫按照金伯利进程证书制度要求对毛坯钻石实施进出口核查检验、签发通关单和金伯利证书，提供一站式作业服务。

（五十三）优化出口木家具及竹藤柳草制品分级监管制度。

该创新制度通过加强出口木家具及竹藤柳草制品风险管理，建设和完善产品原料及加工工艺流程、进口国家或地区官方检验检疫要求比对数据库，进一步优化分级监管制度，制订完善出口木家具及竹藤柳草制品抽批规则，实行木家具及竹藤柳草制品三级风险分级监管，优化和降低相关出口产品抽批比例，提升检验检疫监管效能，降低企业成本。

（五十四）全流程智能化通检。

“全流程智能化通检”是指通过在 E-CIQ 主干系统中设置审单布控规则，根据企业诚信等级、产品风险特性等质量安全要素精准识别分析数据化申报信息，在无检验检疫人员人工介入的情况下，根据系统布控规则和申报数据实现系统自动审单、受理、分转单、签发通关单等后续操作。

（五十五）粤港澳游艇“自由行”无疫通行模式。

“粤港澳游艇‘自由行’无疫通行模式”是指粤港澳“自由行”游艇出入境，通过国际贸易“单一窗口”等公共服务平台申报相关信息，检验检疫对申报信息进行风险分析，判定染疫风险，对低风险的游艇实施无疫通行，免予登艇检疫查验，自动放行。

（五十六）出口已放行货物“先装船后改配”作业。

对海关已经放行的出口货物，在船代企业非工作时间段无法及时发送改船报文的情况下，通过码头建立出口集装箱装船全程信息管理系统，实施“先装船后改配”业务模式，由码头根据物流实际先予装船，第二天在船代上班后补发改船报文，海关对应办理相关手续。

（五十七）内外贸同船运输。

在深圳西部港区开展内外贸集装箱同船运输试点业务，突破珠江水道驳船运载货物种类单一的限制，进一步释放往来粤港澳大湾区各内河码头的水路驳船运输效能。

（五十八）港区一体化作业模式。

在自贸试验区范围内实施报关单与舱单的两位

关区代码匹配，实现同一隶属海关辖下不同港区、不同关区代码项下货物，企业自由选择通关手续办理地点，进行申报、审核、查验、放行等作业。

（五十九）陆路跨境快速通关。

允许经海关注册登记的特殊监管区域企业，采用跨境快速通关和先入区后报关模式，叠加“电子关锁”和“智能化卡口”措施实现货物在境外陆路口岸与特殊监管区域之间的快速通关模式。

（六十）“全球中心仓”监管模式。

在“仓储货物按状态分类监管”政策基础上，叠加账册互转功能，实现保税与非保税货物同仓存储、同仓调拨，货物“足不出户”便可转换货物贸易状态。

（六十一）跨境电商网购保税进口“先进区后报关”。

支持跨境电商网购保税进口企业开展“先进区后报关”业务，允许企业凭进境货物的舱单信息先提货进区，货物运至区内后，企业再在规定时限内向海关进行进境备案清单申报。在实施海运进境入区货物先进区、后报关的基础上，推进扩展至公路口岸进境入区货物。

（六十二）支持跨境电商特殊区域出口业务发展。

优化跨境电商特殊区域出口模式的监管流程，首创“暂存入区、批量出口、集中申报”监管模式，支持货物先行办理入区仓储，再根据订单分批出境，集中申报出口报关单。

（六十三）保税+邮轮物料供应。

允许境外供船物料进入前海湾保税港区内保税仓储，再根据实际需要供船补给，该模式进一步拓宽了邮轮物料供应渠道，提高了物料供应品质，助推邮轮产业更好更快发展。

（六十四）深港陆空联运改革。

叠加实施跨境快速通关和“跨境一锁”，将机场空运打板理货服务前置到前海湾保税港区，节约货物在港二次仓储、理货、打板的时间和资金成本。

（六十五）保税+实体新零售。

企业在开展保税展示交易业务同时，选择在人流密集的商业零售中心开展试点，在保税状态下将货物从海关特殊监管区域运至零售中心进行展示与销售，对内销商品按月进行集中申报，办理征税进口手续。对具备条件的地区，可叠加跨境电商业务，实现“线下体验、线上交易”（O2O），丰富保税展示交易功能业态，实现保税展示与零售业态的结合。

（六十六）进口生鲜关检联合作业模式。

在关检机构改革前，该关与原深圳出入境检验检疫局在前海保税港区开展进口生鲜关检联合作业，通过建设关检联合作业基地，使原海关和原检验检疫位于不同地点的查验作业，置于同一场所进行，实现在特殊监管区域内对于生鲜进口业务的联合作业，大幅缩短查验等待时间，减少查验频次，提高生鲜成活率。

（六十七）仓储企业联网监管模式。

该关对海关特殊监管区域、保税监管场所内应用计算机仓储管理系统（WMS）的仓储企业，依托 WMS 原始数据，实施“系统联网、库位管理”，实现对货物进、出、转、存情况的实时掌控和动态核查的监管模式。

（六十八）海关特殊监管区域先出区、后报关监管模式。

对海关特殊监管区域及保税物流中心（B 型）采用区域通关一体化方式申报出境的货物，允许出境货物经主管海关核准后，依托信息化管理系统核放单证先出区，在抵达出境口岸海关监管场所后向主管海关申报，通过风险分析进行有效监管。

（六十九）邮轮母港智能化通关模式。

允许旅客在柜台办理登轮手续时对大件行李进行托运，实现小件行李随身携带、大件行李托运的分离过关。依托码头行李分拣线，分离正常旅客行李与高风险旅客行李，方便正常旅客快速通关，并通过码头验票闸口引导被布控行李所属旅客前往查验台查验，提高查验效率和通行效能。

（七十）加工贸易企业自核单耗。

在H2010系统及辅助管理系统现有功能框架下，取消企业单耗备案和海关单耗核定，改为企业在成品出口期间自核净耗，在ERP系统或生产工单中完整记录并定期向海关报备，在核销前自核料件整体耗用情况并向海关申报；海关以风险分析与随机选择相结合的方式对成品构成和料件耗用情况进行抽核。

（七十一）委内加工。

支持海关特殊监管区域内企业接受境内区外（以下简称区外）企业委托，对区外企业提供的入区货物进行加工，加工后的产品全部运往区外，区内企业收取加工费，并向海关缴纳税款。

（七十二）自贸试验区内企业注册登记备案制。

调整报关单位注册登记手续，将自贸试验区报关企业注册登记由许可制改为备案制，业务办理环节从“隶属关处三级审批—总关三级审批”精简为“隶属关处现场关员主办责任制审核”，深圳企业提交资料从6类精简为5类，承诺出单时限从40个工作日缩短为8个工作日。

（七十三）海关咨询服务中心项目。

以“12360”海关服务热线为载体，全面整合各类分散的咨询服务渠道，推出“深圳海关电邮”“机器人客服”“微信人工在线客服”等特色服务功能，打造一口对外、督办到底、服务高效的咨询服务中心。

（七十四）“十、百、千、万”家企业扶持计划。

“十、百、千、万”家企业扶持计划是指依托深圳海关客协企业服务平台，联合深圳市经济贸易和信息化委员会、前海管理局、深圳市仲裁委、中国出口信用保险有限公司深圳分公司等多个部门，从通关协调、政策支持、法律保障、资金支持等多个方面，共同为自贸试验区内企业制订扶持政策，加强对自贸试验区内企业的合规辅导，协调解决企业通关疑难问题。

（七十五）“阳光口岸一站通”。

通过自动提取、企业账户匹配等技术手段，整合海关监管流程和码头物流信息，推动港区码头开发微信公众号“招商局国际信息”，实现关区企业利用微信客户端即可实施查询进出口货物的最新动态、船舶的靠泊计划、集中查验货柜排队情况、进出口舱单状态及电子放行指令等时间节点信息。

（七十六）推广原产地签证清单管理。

依托签证业务和退证查询数据分析，以建立原产地签证清单为创新点，结合产品国产化水平评估、主要原材料/零部件来源及其他原产地判定影响因素，设定敏感产品清单，优化签证流程，实现“清单外产品即报即签，清单内产品快审快签”的便利化原产地签证模式。

（七十七）入境维修“1+2+3”监管模式。

以前海蛇口自贸片区先行先试政策为依托，辐射福田保税区，创新摸索出一套入境维修“1+2+3”监管模式，即“创新一项制度，完善两个管理，落实三种责任”。一是创新入境维修企业“能力评估”制度，从维修软硬件保障、废弃物处理、知识产权保护等多个方面对企业实施能力评估。二是完善“风险管理”和“信息化管理”，对于通过能力评估的企业给予免于其装运前检验等便利化通关措施。三是落实企业、行业协会和监管部门质量共治责任，落实企业质量主体责任。

（七十八）建立粮食进口“一三三”监管模式。

前海蛇口自贸片区是全国重要的粮食进口口岸，原深圳检验检疫局依托自贸试验区政策创新优势，探索实施对进口原粮检验检疫监管的新模式。为维持并扩大蛇口口岸的进口优势，保障进口粮食质量安全，促进前海蛇口自贸片区大宗粮食进口贸易，原深圳检验检疫局创新性探索“一三三”（一个监管仓，三个节点，三个服务）原粮进口新模式，并在前海蛇口自贸片区全面推行。

（七十九）推广检验检疫“电子证书”模式。

原检验检疫部门在中国检验检疫电子监管系统

（简称“e-CIQ 系统”）拟制证书、审核后，即完成电子证书签发。此外消费者也可进行证书信息查询，了解商品进口信息，查辨真伪。

（八十）船舶“无疫通行”卫生检疫模式。

结合全球非传统安全防控和服务便捷通关的双重需要，基于船舶类型、航线特点及风险高低等因素不同，在前海蛇口自贸片区实施船舶“无疫通行”卫生检疫模式改革，全力提升船舶疏港速度，降低通关成本，提高海港口岸通关效率。

（八十一）“前店后仓”运作模式。

对“店”在香港、“仓”在前海湾保税港区的企业货物，实行入区货物直接由区内检验检疫机构受理报检、出区货物“集检分出”检验检疫监管模式，优化查验流程，入区备案、出区核销，支持前海湾保税港区为香港零售业提供仓储服务。

（八十二）推进深港检测结果互认。

通过与香港职能部门在检测结果互认、检测技术和标准交流、动植物疫情监测、人员交流培训等方面开展合作，实现相关产品“一张证书深港直通”。对于能够提供符合资质的第三方检测机构检测结果的企业，不再进行检测，采信结果放行。

（八十三）建立第三方检验结果采信机制。

依据进出口商品收发货人出具的质量安全符合性声明，以及符合资质的检验鉴定认证机构出具的检验报告或检验认证证书，对进出口商品实施合格评定。将自贸试验区第三方检验结果采信的产品试点范围扩大到一次性卫生用品、儿童玩具等 6 大类产品。

（八十四）提供货物通关状态实时查询服务。

进一步完善检验检疫“电子证书”模式，扩大检验检疫“电子证书”查询系统的平台功能，通过网站查询、信息推送、二维码查询等方式，向报检企业提供检验检疫货物通关状态实时查询服务，向公众提供进口商品信息验证查询，提升电子证书查询系统的用户体验，方便企业掌握通关状态，提升企业运作效率。

（八十五）推进跨境电商质量安全试验区建设。

经原质检总局批复，积极推动前海蛇口自贸片区管委会、市经信委联合印发《中国（广东）自贸试验区深圳前海蛇口片区建设深港跨境电商质量安全试验区工作方案》，联合市市场和质量监管委、深圳海关等 9 个单位，确定六大建设内容，包括创新驱动、标准引领、质量共治、平台支撑、以外促内和电商标杆。

（八十六）制定推广跨境电商相关标准。

推广 3 项跨境电子商务领域地方标准，包括：《网上交易进口商品质量信息规范总则》（SZDB/Z93-2014）、《网上交易进口商品质量信息规范 酒类》（SZDB/Z118-2014）和《网上交易进口商品质量信息规范 乳制品》（SZDB/Z119-2014）。其中《网上交易进口商品质量信息规范总则》（SZDB/Z 93-2014）是国内跨境电商领域首项地方标准。

（八十七）入境维修产品检验监管标准体系建设。

充分利用前海蛇口自贸试验区这一先行先试平台，大胆开展入境维修模式改革创新，形成入境维修“1+2+3”模式等可复制可推广经验，被纳入广东自贸试验区首批 60 条创新经验和深圳前海蛇口自贸试验区 73 项改革创新成果之中。结合“深圳标准”和“深圳质量”建设工作，加强在入境维修高新技术产品检验监管工作上的标准化建设，有利于形成深圳在该项业务上全国范围内的先发优势。手机产品是目前入境维修产品中业务量最大的产品，目前国内尚未针对入境维修手机产品制定检验监管标准。

（八十八）制定检验检疫“一企一策”措施。

与招商局集团建立更深层次、更高效率检企合作机制，充分发挥双方各自在口岸检验检疫监管模式改革创新和港口设施建设运营方面的优势，共同打造中国第一、世界领先的公共港口运营的“软”环境和“硬”标准，逐步形成更高水平的、可复制推广的检企合作共赢新模式。针对企业在发展中遇到的问题，开展有针对性的调研，并出台适合该企业发展的措施，让检验检疫政策更加适合各个企业不同的发展需求。扩大现有业务，帮助企业顺利引入新业务，让企业少走弯路，快速健康发展。

（八十九）推行检验检疫“区港一体化”模式。

原深圳检验检疫局在深圳地区推行检验检疫“区港一体化”，深圳符合条件的企业在办理进出口检验检疫业务时，可自主选择货物申报地点、出证地点，区域内各检验检疫机构出具的结果实现互认。进一步优化前海蛇口自贸片区与深圳辖区其他港区的联动，完善片区内港区与深圳辖区其他港区之间的通关一体化运作机制，促进前海蛇口自贸片区进出口货物的便利通关，提升企业在不同港区货物转关的通关效率，不断提升检验检疫一体化业务管理的规范化水平。

（九十）推进蛇口西部港区生态安全示范港建设。

根据创建“国际生态安全示范港”的总体思路，利用检验检疫技术优势，发挥自贸试验区政府主导、港区企业强力推进、多部门协调联动的作用，实现蛇口口岸“港区通关最快、资源集聚最强、卫生安全最好、国际领先水平”（即“三最一先”）的目标。结合口岸核心能力及智慧口岸建设，通过口岸标准化建设、创建国际卫生海港，完善口岸专业设施、提升检测技术保障能力、营造国际最快最优的环境，全面将自贸试验区内的蛇口口岸打造成拥有高度智能化检验检疫操作平台、具备符合标准口岸查验设施的国际化生态安全示范港区，在全国率先打造自贸试验区绿色生态的港口营运中心，提升西部港区的国际竞争能力。

（九十一）建立自贸试验区容错机制。

倡议并推动原质检总局率先在中直部门中，对支持自贸试验区建设的政策尝试建立容错机制。出台原深圳检验检疫局支持自贸试验区建设容错机制管理文件，鼓励依法合规的支持自贸试验区政策复制推广，允许无政策支持的创新举措进行先行先试，对制定和推动创新举措实施的工作人员予以保护。对“想干事、能干事、干好事”的干部形成政策保护，激发检验检疫系统支持自贸试验区发展的活力。

（九十二）实施出境集装箱适载检验通关无纸化。

简化出境集装箱适载检验报检单证，对出境集装箱适载检验实施通关无纸化，推进自贸片区出境集装箱适载检验便利化。改变报检企业电子报检平台录入、递交纸质单证、查验合格后领取纸质“集装箱检验检疫结果单”、凭单办理港口放行手续的烦琐办事流程，经自贸片区口岸出境的集装箱实现检验检疫和港口放行的检企全流程通关无纸化。

（九十三）深港合作创新国际中转食品监管模式。

在前海保税港区建立入境冻肉国际中转检验检疫监管模式，允许符合香港准入要求和国家质检总局准入要求的境外冻肉进境并在保税区内暂存，再根据需要分批或整批输往香港。

（九十四）生鲜进口关检联合作业模式。

与原深圳出入境检验检疫局在前海保税港区开展进口生鲜关检联合作业，通过建设关检联合作业基地，使原海关和原检验检疫位于不同地点的查验作业，置于同一场所进行，实现在特殊监管区域内对生鲜进口业务的联合作业，大幅缩短查验等待时间，减少查验频次，提高生鲜成活率。

（九十五）建立全国首个自贸试验区内口岸植物检疫初筛鉴定室。

全国首个自贸试验区内生态安全与贸易便利化展示区暨口岸植物检疫初筛鉴定室由前海管理局与原蛇口检验检疫局合作共建。新建的口岸植物检疫初筛鉴定室有效提升口岸检验检测水平，试运行期间截获的林木害虫——秃广帽胸长蠹为全国口岸首次截获。再造植物检验检疫“短流程”，促进贸易便利。针对原有的“口岸查验+统一送样+出具结果+货物放行/检疫处理”植物检验检疫流程，构建“口岸查验+口岸鉴定室鉴定+货物放行/检疫处理”

短流程，将常见有害生物的鉴定工作放在口岸鉴定室，少量疑难杂症的鉴定由动植检中心专家鉴定。

（九十六）原产地证签证实行自动审签模式。

建立原产地证“智慧签证”系统，通过大数据技术建立系统智能审核数据库，将人工判定原产地证签证的要求转换为系统标准化审单规则，利用人机交互方式，实现一般原产地证书、普惠制原产地证书以及部分双边自贸协定原产地证书的系统自动审签。

（九十七）跨境电商保税备货进口小批量 CCC 产品免特殊检测处理程序。

对跨境电商报保税备货进口小批量未获强制性产品认证的家用电器、玩具等产品，开展“免于强制性产品认证”特殊检测处理程序，满足国内消费者对境外商品的需求，支持跨境电商企业业务发展。

（九十八）建立过境食品“保税供船”新模式。

深圳海关自蛇口邮轮母港开港以来首次实现过境食品“保税供船”新模式。在该模式下，进口动植物产品、水产品、酒类、高档乳制品等过境供邮轮食品不再采用一般贸易形式“先进后出”的监管模式，而是先经过“评估备案-入区申报-检疫处理”后，实施保税区区内监管，配送邮轮时采用“指定线路运输-全程监控-岸边核查”的方式，实现过境食品“保税供船”新模式。整个监管模式环环相扣，在提升补给物资供应效率的同时，也提升了通关效率，降低了通关成本，与国际流行的“全球采购、统一配送”模式相适应，更好满足国际邮轮高端高效的需求。

（九十九）搭建技术性贸易措施公共服务平台。

为切实服务企业发展，助力自贸试验区建设，深圳海关紧扣地方产业集聚特色，以政府和企业需求为导向，准确把握外贸发展脉搏，不断扩大技贸服务供给，提升技贸应对工作效能。通过搭建重点优势产业技术性贸易措施国际研讨平台，研究推进与欧盟相关国家建立技术性贸易措施合作长效机制，完善技术性贸易措施公共服务平台建设等，在研究分析、风险预警、壁垒应对等方面进一步深化，帮助企业掌握国外市场技术准入要求。

（一百）互联网+网上稽核查。

开展“互联网+网上稽核查”作业模式改革。通过直接对接企业 ERP、WMS 系统，依托“互联网+网上稽核查”平台对企业系统实施日常监测，在互联网上完成稽核查作业，减少对企业生产经营活动的干预，实现非侵入式的隐形监管，稽核查作业时间平均缩短 80%以上。

（一百零一）免税进口科研设备流动监管。

在“互联网+”网上办事大厅嵌入“免税进口科研设备流动监管”模块，科研单位可通过此模块自行网上申报，实现免税进口科研设备、仪器的自主移动和携带。此模式将原纸质申请变为网上办理，在确保科研用途的前提下实现设备灵活使用，在深科研单位足不出户即可完成科研设备流动使用申报。

（一百零二）澳门单牌车进出横琴便利监管措施。

落实国家赋予横琴的澳门单牌车便利进出横琴政策，对高资信单牌车免除担保，实现单牌车通过“单一窗口”一次备案，优化单牌车“一线”进出境管理，就管控单牌车不出“二线”与地方政府建立综合管理机制。

（一百零三）内澳海关 H986 机检结果参考互认。

与澳门海关开展合作，对经横琴口岸进出境的两地牌小客车（七座及七座以下），在接受一方海关机检检查正常的情况下，另一方一般不再机检。

（一百零四）关检合作“一机一台、合作查验、分别处置”通关模式。

在旅检进境现场，海关和检验检疫部门工作人员依据各自的职责使用同一 X 光机、同一屏幕对进境旅客行李物品进行机检、审像、协同查验；如查验发现异常，海关、国检则依据自身职责分别在后台处理。

（一百零五）出口货物“一次申报、分批出境”通关模式。

进出口企业当日多批次出口的大批量、品质单一而且风险较低的货物，在首批货物运抵海关监管现场时，企业以当天计划出口货物的总量向海关发送报关数据，海关在当日最后一批次货物出口完毕后，根据实际出口货物的总体情况处理报关单。

（一百零六）简化 ECFA 项下澳门中转货物直接运输手续。

允许对经澳门中转的 ECFA 项下货物以澳门海关填制的《转运申报单》替代《澳门海关确认书》，作为有关货物符合 ECFA 直接运输标准规定的证明文件。

（一百零七）知识产权易担保。

海关、地方政府和第三方知识产权机构签署合作协议，对由权利人向海关提出扣留侵权嫌疑货物申请的，可由权利人委托第三方知识产权机构向海关办理提交符合法律规定担保手续。

（一百零八）加工贸易行业分类监管。

创新完善加工贸易业务管理模式，以企业、行业作为管理单元，区分行业特点、商品属性、各监管环节要求，实施有针对性的、与企业实际相符的、差别化的管理。

（一百零九）澳门小商品关检合作快速通关。

允许澳门小商品通过简化归类、汇总申报等快速通关模式进入横琴。

（一百一十）关企通系统移动应用。

将原有关企 E 线通系统升级为移动应用版，功能包括海关信息发送、电子巡查、海关事务协调、报关单流向状态实时推送和查询、税收调研等，并根据用户需求定制推送信息，方便企业在手机上实时接收系统推送的报关单放行、退单等信息。

（一百一十一）海关工商信息联合工作机制。

建立海关—工商联合工作机制，开展进出口企业联合实地检查，参考互认检查结果；探索实施高风险企业协作监管，加强信息互换共享、知识产权保护、政府智能化监管服务、失信企业联合惩戒等方面合作。

（一百一十二）港澳跨境会展品便利通关。

针对不同类型港澳跨境会展的特殊监管要求，探索实施“保税入区、免证进出境”、监管证件“负面清单”等措施，提供“预约通关”“专用通道”等便捷服务，支持港澳企业举办跨境会展服务。

（一百一十三）减免税设备后续管理守法行为提示清单。

根据行业的特点、生产工艺，继续探索将减免税设备后续管理中容易违反海关法律、法规、规章的行为进行行业性的归纳罗列，以清单方式对外予以公布提示。

（一百一十四）重点设备物联网监控。

对横琴区内海关监管的重大价值设备或货物通过 GPS 定位等智能化方式实现物联网监管。

（一百一十五）电子围网监管模式。

利用电子围网监控系统替代传统的物理围网管理，实现全天候、全覆盖、自动预警智能监控。

（一百一十六）价格分类管理快速放行。

海关事前基于企业进出口经营情况和企业资信进行准入管理，通过预先审核并协助企业规范进出口定价模式。事中通过口岸逻辑检控、价格监控和报关单批量复核，对可能出现的价格风险实施监控和及时处置。事后通过对企业实施价格核查或常规稽查，检验企业是否诚信守法地开展进出口经营活动，同时对发现有违反海关规定的行为依法处置。

（一百一十七）海关后续综合监管与服务。

对资信良好的企业实施以“主动披露”为主、社会中介机构协助参与、海关实施风险式验核稽查的创新作业模式。加强对企业的培育，指导企业建立完善内控机制，并对照海关监管要求，定期、不定期开展自查，或自主或引入中介机构开展关关务审计，并向海关递交自查报告或中介机构出具的关务审计报告，海关经核实后，兑现“从宽处理”“本年度不开展常规稽查”等政策红利。

（一百一十八）无人机辅助海关监管。

利用无人机巡查系统对自贸试验区的监管盲区或重点区域进行日常巡逻和应急处理，对走私违法行为实现有效预防和监管。

（一百一十九）海关业务事项掌上办理。

借助珠海市政务服务管理局政务服务中心行政审批手机引用程序，统一和简化企业所需要提交的资料和表格，实现51个海关业务事项均可通过手机应用程序办理。

（一百二十）旅检小额税款移动支付。

旅客通过支付宝、微信等第三方移动支付平台，实现行李物品税款自助缴纳。

（一百二十一）海关智能机器人监管。

在口岸旅检现场引入智能机器人，解答常见的旅客通关问题、实时翻译、辅助海关行李物品随机开包抽查等。海关智能机器人是依托大数据、智能语音识别、人脸识别等人工智能技术为核心研发的，具有丰富的感知技术，可进行实时翻译、智能问答、随机抽查。同时，还可植入先进的人脸识别技术，快速识别可疑人物，大幅度提高海关打击走私效能。

（一百二十二）对进口酒类实施分类分级管理制度。

突破进口酒类需要批批检验的传统模式，在对进口酒类产品实施风险分析和分级分类的基础上，实施10%到100%的差别化抽检。

（一百二十三）创新会展检验检疫监管模式。

对报检单位登记备案等审批项目实行网上申请和审批，下放参展而且是检疫准入名单内的动植物及其产品的进境检疫审批权限，对需办理CCC认证的产品采取“入区登记、展后区别监管”的监管方式。

（一百二十四）创新产地证签证清单管理模式。

对原产地实施一地备案、多地领证，出口企业在一个地方备案原产地签证，可以在其他签证机构申请签证和领证，既不需要重新备案，也不需要异地调查。

（一百二十五）推广第三方检验结果采信制度。

对进口一次性卫生用品的毒理学和安全卫生环保项目，以及出口玩具首件备案的标识、噪音、性能等项目直接相信第三方检验结果，海关不再检验。

（一百二十六）中转货物产地来源证管理。

对经自贸区和海关特殊监管区中转出境的货物，海关根据企业申请和货物实际产地情况及加工装配情况，提供产地来源证签证服务，并可进行换证、分证、并证操作。

（一百二十七）进口货物预检验制度。

根据企业申请，对自贸区及特殊监管区内拟进口的负面清单以外的入境法检货物，预先实施检验，货物进口出区时不再实施检验，凭“预检验核销单”直接核销放行。

（一百二十八）检验检疫分线监督管理制度。

结合风险评估结果，进一步明确分别在“一线”和“二线”实施检验检疫的进出口商品目录清单和具体监管要求。

（一百二十九）进口食品快速放行模式。

在进口食品中实施申报放行、验证放行、抽样放行和检验放行等多种通关放行差别化措施，实施快速检验检疫口岸通关模式。

（一百三十）口岸卫生行政许可审批改革。

口岸卫生行政许可审批权下放至自贸区主管海关，将口岸卫生行政许可审批有效期由三年延长至四年。

（一百三十一）境外冻肉经自贸区特殊监管区仓储转运检疫监管模式。

对境外冻肉入区仓储转运港澳，符合一定条件的（产品来自非疫区国家或地区），突出企业主责，采取免予检疫审批、实施备案管理等便利高效的检疫监管模式。

（一百三十二）实施“一次申请，多次认可”的检疫监管创新措施。

对企业引进同一类动物申请使用相同隔离检疫场时，在一定周期内认可其首次提交的隔离检疫场相关申请材料的措施。

（一百三十三）实施“进口食品检验前置”及第三方采信创新制度。

基于企业自愿申请，由澳门符合资质的第三方检验机构在货物进口前实施检验并出具检验证书或者检测报告，口岸检验检疫机构将其作为进口食品合格评定依据之一，实施快速验放。

（一百三十四）构建携带物“人—机—犬—仪”四位一体查验新模式。

以检疫官为主，X光机、检疫犬和携带物红外热成像探测仪为辅，通过工作人员现场专业判断，X光机对固定形状的物体进行辨识，检疫犬对物品的味道进行闻嗅，再通过探测仪对物品的温度进行探测。

（一百三十五）实施“前后台分离”的卫生检疫查验模式。

在口岸旅客卫生检疫方面，区分前后台岗位工作职责，前台施行一般检查，未发现问题直接放行，发现问题移至后台处置，对前台移交的旅客进行医学排查等工作。

（一百三十六）创新旅客卫生检疫查验模式。

在常态下实施“入境查验、出境监控”卫生检疫查验，对入境旅客实施卫生检疫，对出境旅客实施医学巡查、提供旅行健康咨询服务。

（一百三十七）完善粤澳两地牌照机动车驾驶员传染病监测体检模式。

对澳门籍粤澳两地牌照机动车驾驶员，不再以体检作为口岸传染病监测的主要方式，采用多样化手段进行传染病监测；对于内地中国籍粤澳两地牌照机动车驾驶员，在出入境检疫查验时对检验检疫机构或者县级以上医院出具的有效健康证明均予以认可。

（一百三十八）推动“港澳游艇自由行”开放项目。

对出入境游艇检疫，推出对港澳籍出入境游艇实施电讯检疫、先入境后补证书、缩短出入境申报提前时限等多项便利化措施。

（一百三十九）出境旅客携带物查验新模式。

对出境旅客携带物实行巡查，在出境旅检通道设置旅客携带物检验检疫查验台，实行巡检管理制度，公布业务查询联系方式，以供出境人员咨询、办理相关业务。

（一百四十）设立检验检疫退运仓，规范携带物后台处置退回管理。

在后台设立退运仓，退运的旅客携带物可由退运仓工作人员及时、定点为旅客办理退运手续。

（一百四十一）建立口岸初筛实验室。

在货检场和旅检携带物查验后台设立口岸初筛实验室，加大行政处罚力度，公开销毁截获的禁止进境物等，规范携带物查验工作，提升检验检疫执法公信力。

（一百四十二）扩大市场采购出口贸易方式。

在风险评估基础上，将供澳竹木草制品、供澳小品种食品等低风险动植物产品和食品纳入市场采购出口贸易方式，简化出口货物检验检疫监管程序。推广全球维修/再制造产业监管制度。

（一百四十三）推广全球维修/再制造产业监管制度。

对区内评估合格的从事全球维修/再制造业务的企业实施准入制度，在风险分析基础上，对低风险入境旧机电产品实施免于装运前检验、免予入境前核准等便利措施，以不定期监督检查代替批批检验的创新制度。

（一百四十四）支持区内酒店从澳门引进特色食品、酒类及冻肉等优质食材。

对仅在酒店内部使用，不对外销售的预包装食品，实施免予加贴中文标签等便利化措施。

（一百四十五）进境观赏鱼类隔离检疫监管新模式。

对长隆进境观赏水生动物实施A类隔离检疫场管理模式，允许进境动植物检疫许可证一次批准多次核销，有效期从6个月延长到12个月，监管频率由一月2次降为两月1次，口岸开箱查验比例由20%降至5%。

（一百四十六）支持名特优食品赴澳展览展销。

支持内地名特优特色食品参加澳门展览展销活动，企业可凭依法取得的食品生产经营许可和出境展览货物清单及参展邀请函直接向区内检验检疫机构申请出境澳门参展。

（一百四十七）支持花卉苗木供澳。

对横琴自贸区内输往澳门的种苗花卉采取便利监管新措施，允许已获注册登记的种苗企业在本地市场采购，企业可自主选择在横琴口岸或产地分支机构办理报检，经横琴口岸销往澳门特区。

（一百四十八）支持干晒植物产品供澳。

对自贸区经营市场采购并有集中仓储场所的企业，实施注册登记管理，鼓励供澳干晒植物产品来自注册登记企业，并给予口岸通关便利；对于没有集中仓储场所的企业，允许备案后在国内市场以现货方式采购干晒植物产品经横琴口岸直接出口澳门。

（一百四十九）进境演艺动物“随到随检、检后即演、全程监管、快速通关”隔离检疫监管新模式。

在确保安全防疫的前提下，以科学的风险评估为基础，根据风险分级高低，对中国国际马戏节所需进境演艺动物采取不同的隔离检疫监管模式。对演后即出（在我国境内停留时间不超过15天）的进境演艺动物实施“随到随检、检后即演、全程监管、快速通关”隔离检疫监管模式。

（一百五十）支持澳门传统食品产业拓展内地市场。

落实CEPA协议要求并结合产业实际情况，对原料来自内地而且经检验检疫的澳门干肉制品等传统食品，对澳门生产企业、进出口商实施备案管理，结合进口商合格保证和实施自主检查的监管模式，支持澳门传统食品进入内地市场。

（一百五十一）支持横琴与澳门拓展与葡语、西语系国家经贸往来。

大力支持横琴自由贸易片区建设进口商品直销体验中心和产品展示中心，对展示展销产品实现快速通关、集中监管的便利措施。

（一百五十二）入境客车随车携带物分级查验模式。

采集横琴口岸入境客车、司机携带禁止进境物品的品种、次数、送检检验结果等关键信息构成动态数据库，利用“一站式”电子验放系统风险布控模块，根据入境客车司机信用和风险评估结果，科学实施全部查验、随机抽查和风险布控三种不同的分级查验方式。

（一百五十三）简化动植物检疫审批手续。

建立进境动植物检疫审批负面列表制度，实施检疫许可流程再造，将动植物及其产品检疫审批许可证申请受理、企业备案、进境动物指定隔离场考核等工作事项下放到自贸区主管检验检疫机构，方便区内企业就近办理相关业务。

（一百五十四）出入境特殊物品卫生检疫监管制度。

在风险分析基础上，对符合条件的企业申报出入境的微生物、人体组织、生物制品、人类血液及其制品等特殊物品实施分级管理，实施一次审批、分批核销、后续监管，并缩短审批环节时间，延长审批有效期。

（一百五十五）创新旅客携带物关检合作查验模式。

积极推进关检“信息互换、监管互认、执法互助”，在横琴口岸旅客检查现场实施“一机一台、合作查验、分别处置”关检合作模式，检验检疫与海关共享一台X光机和一张查验台，避免重复开包检查，便利旅客快速通关。

（一百五十六）建设“一检通”平台。

建立“一检通”信息化平台，综合利用e-CIQ、检验检疫现有各类信息化系统，依托珠海电子口岸和国际贸易“单一窗口”，对内整合检验检疫业务流程，通过数据交换平台交互共享数据，实现监管规则智能化、风险管理和数据统计分析运用；对外通过珠海电子口岸“单一窗口”服务，建立与口岸监管部门和境外机构的互联互通，达到从境外到境内的全链条、全物流监管。

（一百五十七）进口旧机电产品业务互联网办理。

企业不必再往返珠海市区办理备案审批和取证手续，可以通过互联网服务平台免费查询拟进口的旧机电的装运前检验要求，实时获取查询结果。

（一百五十八）进境暂存中转澳门食品检验检疫监管。

对进境暂存中转澳门食品放宽检验检疫要求，不再强制性要求来自境外注册生产企业，进境暂存中转澳门的食品及其来源国家或地区应获得内地检疫准入，并须随附出口国官方出具的检疫证书。该类货物入境时，海关审核澳门市政署签发的准予货物分批入澳的证明文件及其认可的出口国官方检疫证书等，实施必要的检疫和货物查验，复出境澳门时无须检验和出具证书。

2019年天津海关支持中国（天津）自贸试验区建设主要情况

一、天津海关支持天津自贸试验区发展开展工作情况

2019年天津自贸试验区推出的创新举措中，天津海关承担的16项创新举措在地方政府组织的第三方评估中，被评估为全国首创，占天津自贸试验区全部原始创新举措的45.7%。“融资租赁系列创新措施”已被总署在全国复制推广；与市商务局联合创新的“平行进口汽车政府监管服务新模式”被国务院自由贸易试验区工作部联席会议办公室列为自由贸易试验区第三批“最佳实践案例”在全国推广。

（一）以制度创新为牵引，积极落实各项改革任务。

一是创新通关监管模式。出台“优化审单流程”“提前分拨”“简化报关单填制”等创新举措；取消验核汽车零部件自动进口许可证，实施全天候预约通关服务和延时加班查验举措，做到报关单“日清”。

二是创新税收征管方式。实施“先放后税”模式改革，推动“多样化涉税担保”“海关税收总担保”实施，实现海关涉税担保业务全覆盖；推广“选择性征税”试点；强化税则调研工作成果转化，国务院关税税则委员会及相关部委采纳并实施了3项税政调整建议，每年为企业带来2亿余元关税减让及退税红利。

三是创新行政审批流程。建立检验检疫行政审批通报、通审、通签机制，企业就近办理申报、取证手续；取消自贸试验区海关报关企业注册登记许可、集中受理保税仓库和出口监管仓库业务申请事项，让数据多跑路、企业少跑腿。

四是创新监管服务机制。在全国率先实现平行进口汽车入区保税仓储，并推出多项个性化创新措施。推进无纸化报关、有序降低查验比例、提供预约检测、第三方检验结果采信、减半收取品质检验费等措施，降低企业成本，提高物流效率；开发进口机动车智能检验监管平台，实现海关、第三方检测机构、经销商、消费者之间的数据交流共享。

五是促进营商环境持续优化。引入中介机构，让稽核查结果更加中立、科学、客观。鼓励企业“主动披露”，自我管理，引导守法自律。在自贸试验区优先开展企业认证，提出优惠措施清单，公示企业信用信息，构建海关监管、企业自管、中介协管和社会共管的多元化合作监督机制。实施“优惠措施清单模式”，大幅压缩乳制品检验检疫周期一半以上。

（二）发挥自贸试验区政策优势，盘活天津市外向型经济发展新动能。

一是全力支持租赁业形成示范效应。在全国率先制定融资租赁监管办法，解决租赁资产交易、海关异地监管、税款担保方式、申报通关等租赁企业发展中的“难点”和“堵点”，该制度已在全国复制推广。目前，天津自贸试验区内租赁飞机、国际航运船舶、海上石油钻井平台数量均占全国总量的80%以上，天津自贸试验区东疆片区已经成为继爱尔兰之后全球第二大飞机租赁聚集地。

二是促进平行进口汽车蓬勃发展。在全国率先推出通关作业流程便利化、保税仓储、海关集中验估、第三方结果采信等创新措施，支持平行进口汽车发展，平均放行时间减少51.7小时，目前天津口岸基本实现“当日申报、当日放行”，每辆车平均节约物流成本1 000元左右。天津口岸平行进口汽车量连续多年位居全国第一。2019年，天津关区平行进口汽车二线出区共10.4万辆，货值53.32亿

美元，征税 239.98 亿元人民币，同比分别增长 21.13%、24.25%和 10.9%。

三是推进跨境电商聚集发展。加强业务研究和政策宣讲，简化出口企业备案，取消出口环节商品备案；发挥区域政策优势，吸引全国首家特殊区域内跨境电商物流分拨中心落户，形成区内集中分拨、快递公司汇总揽收、出区统一申报核放的新型监管模式，为实现“当日达”和“次日达”提供保障。目前共有 20 多家电商企业落户天津，形成多个跨境电商集聚区。2019 年跨境电商保税备货模式出区进口申报 2 800 万单，内销征税 4.7 亿元，同比分别增长 56.79%和 59.86%。

四是支持符合条件的企业开展保税维修再制造业务。推动自贸试验区内、海关特殊监管区域外的保税维修试点落地，研究制定《天津海关对天津自贸试验区内保税维修业务监管实施细则（试行）》，大幅降低企业生产成本、减少资金占压、压缩通关环节、加快物流速度。2019 年，共有 7 架飞机开展保税维修业务，货值 2.14 亿美元。

五是积极推动二手车出口试点工作。成立二手车出口政策创新小组，与地方政府协作搭建二手车出口服务和监管信息化平台。推动建立与地方政府的协调联动机制，实现商用车检测、出口许可证申领、通关便利化等多方面创新。加强与地方政府的事前沟通、事中跟进、事后总结，促进二手车出口业务健康发展。成功推动全国首单二手商用车出口业务在津完成，首单二手车出口从申领出口证明、海关报关到协调船期用时不到 24 小时。

六是实施“船边直提”改革。通过“12360”海关热线、报关协会以及跨境贸易便利化政策宣讲会等多种渠道和方式，加强“提前申报”宣传和指导，引导广大进出口企业转变观念、优化作业模式。完善容错机制，多渠道发布海关“报关差错复核”业务相关事项，公布关区各业务现场联络方式，服务企业咨询和办理相关业务。向天津港集团共享海关监管指令数据，改造港口作业系统，实现进口“船边直提”全程网上申请，不断扩大进口货物“船边直提”试点范围。

二、天津海关支持天津自贸试验区发展的措施

（一）创新开展保税仓储货物质押业务。

允许自贸试验区内海关特殊监管区域仓储的保税货物开展质押融资业务。

（二）自贸试验区物流通关新模式。

建立以关港信息共享和系统互联为基础，以海关监管指令同步嵌入和港务作业系统同步响应为目标的海关“嵌入式”监管模式，将海关监管信息嵌入码头作业系统和智能卡口系统，实现智能分拨查验功能，码头根据海关监管指令一次性安排落箱场位、吊装、车辆运输等码头作业，避免多次搬倒。一是出口重箱提前申报实现“卡口智能分拨、码头集港验放”，压缩整体通关时间；二是进口重箱货物实施“放行信息内嵌、船边直接提离”；三是由风险部门依托舱单等数据资源，确定监管重点，充分利用 H986 等监管查验设备，提高监管查验效能，更好地促进外贸发展，对未实行提前申报货物进行先期机检、顺势机检等业务。

（三）企业积压资产盘活。

受国际金融形势影响，部分企业的部分大型设备（如海上钻井平台）的国际订单取消，设备处于库存积压状态，造成企业大量资金占压，严重影响企业经营生产，为有效盘活此类设备，拟结合保税租赁等特殊区域政策，由特殊区域内企业承接，并租赁区外企业使用。该业务有利于帮助濒临破产的民族先进装备制造业脱困，助力企业健康发展，也能进一步推动天津市租赁产业实现新的发展。

（四）区块链验证试点。

在机场口岸和东疆口岸进行区块链验证试点，并发布《天津海关全面推动区块链验证试点工作配套业务措施》。

（五）进口租赁资产带租约区内交易。

通过利用金关二期系统管理，优化海关作业流程，满足海关特殊监管区域内租赁企业在承租人不

变，租赁合同不变的情况下，交易租赁资产的需求。

（六）异地委托监管。

拟通过加强与各兄弟海关联系配合，共同研究确定联系配合办法，通过派员监管、视频远程监控或委托异地海关协助监管等方式开展异地委托监管。

（七）进口租赁业务差异化担保。

针对融资租赁货物具有价值高、租赁期限长等特点，拟推动融资租赁差异化担保，也就是对于不同的融资租赁企业和租赁标的物开展风险研判，进而采用不同的担保方式和担保金额。通过开展融资租赁差异化担保，进一步降低企业资金占用，实现诚信守法便利，失信违法惩戒。

（八）邮轮配送。

通过改革海关作业制度，优化整合原海关、原检验检疫的管理职责和监管流程，通过风险评估，突破食品准入限制，实现境外采购的邮轮物资通过“区内物流货物”（代码 5034）方式供应邮轮，满足邮轮公司对境外物资的补给需求。同时，充分利用保税港区政策功能，开展国内采购物资出口退税供船，不仅促进国内物资出口，更有利于打破船舶供应行业市场垄断，促进邮轮配送行业市场发展。

（九）飞机保税转修。

对境外注册飞机委托的转修业务比照境外入区开展保税维修的有关规定办理。

（十）特殊监管区城教字化智能管理。

利用大数据分析手段，加强特殊区域业务管理。建立特殊区域数字化职能管理相关指标和异动模型设计，在科技处支持下，建立相关特殊区域异动模型的数据展示平台。

（十一）汽车零部件通关便利化。

仅命中 e-CIQ 布控查验的进口汽车零部件产品（请审校），可转由属地海关查验；对涉及 CCC 的进口汽车零部件产品，在法检和验证时可以采信 CCC 证书或者 CCC 免办证明，一般不再实施检测；对于拼箱货物中未命中查验指令的进口汽车零部件，可以先行提离。

（十二）区港联动。

空运进口货物，在运抵机场货栈后，由运营企业将货物通过空侧从滨海机场海关空运货栈转至保税区海关、塘沽海关、东疆海关监管，并在保税区海关、塘沽海关、东疆海关办理进境货物申报备案手续的作业模式。货物进境后由口岸运抵（保税区海关调拨库）特殊监管区域或塘沽海关、东疆海关集中查验场地，申报、查验等通关操作均在属地海关进行。

（十三）客供料免税。

允许区内企业维修中使用的送修客户提供的料件，按照非保货物管理，即入区时不申报，出区时不征税。

（十四）优化单车认证车辆通关流程。

优化整合原海关、原检验检疫的管理职责和监管流程，在经过充分论证并取得相关授权后，突破现行海关监管规定，实现单证认证车辆入境完成车辆认证检测后退至海关特殊监管区域，待车辆完成相关认证后，转为一般贸易方式由海关特殊监管区域进口至国内。

（十五）保税航煤出口计量新模式。

为解决区内石化企业产能过剩问题，开拓保税航煤市场，保障天津机场保税航煤的稳定、安全供应，天津海关探索研究相关监管创新，优化加工贸易检验流程，助力保税航煤出口提速增效工作，在不突破海关总署有关规定的情况下，将成品航煤通过专用管道输入天津机场出口监管罐再转至保税罐，直接供应外航实现出口。

（十六）二手商用车出口业务新模式。

2019 年 4 月 26 日，商务部、公安部、海关总署下发《关于支持在条件成熟地区开展二手车出口业务的通知》，天津成为首批试点城市之一，商务、公安交管、交通运输、生态环境、海关、税务、海事、港口等相关部门密切配合，创新收车交易、整备检测、出口许可证申领、海关报关、码头装船等流程，完成全国首单二手商用车出口业务。

2019年福建海关支持中国（福建）自贸试验区建设主要情况

一、福建海关支持福建自贸试验区发展开展工作情况

福建自贸试验区挂牌以来，福建海关贯彻落实习近平总书记重要批示精神，按照“赋予自贸试验区更大改革自主权”的要求，坚持先行先试，不断深化自贸试验区监管制度创新，加强改革系统集成，促进自贸试验区跨境贸易便利化。

（一）着力提升监管效能，大力推进“放管服”改革。

一是创新口岸监管服务模式。创新进境空箱全流程智能化监管快放模式，依托物联网技术优化空箱到港前风险分析布控、口岸前置拦截区检疫、空箱直提卡口实时检测等主要环节，实现“一次申报、一次布控、一次查验、一次放行”，九成以上未布控进境空箱允许企业直接提离港区，作业时间可由原来的36小时压缩至0.5小时，每箱可降费200元。优化完善国际航行船舶供水检验检疫开放式申报加验证式监管模式，提升进出境船舶监管效率，共惠及56家企业，节约通关时长约5 000小时。创新口岸供船食品“简化报备+优化监管”模式，极大节约船舶的滞港时间和成本，企业每船次可节省滞港时间约6小时、费用约3万元。

二是精准对接改革需求。对列入国家及地方政府重点工程项目管理，而且以集装箱作为承载工具的进口大宗工业品，实施入境大宗工业品联动检验检疫新模式，采取“企业申请+口岸便捷检疫处理+目的地检验”模式，大幅提升口岸通关放行速度。据测算，企业通关放行时间缩短30%，企业人力资源节省60%。对进口棉花实施“区内集中检验、出区分批核放”的模式，便利和加快进口棉花通关，新模式可为企业节约通关时间15天左右。首创“特定大宗散货区港联动运输模式”，有效提高运输时效、节省运输成本，已服务2.27万吨铬铁矿进口。

三是创新推出“掌上通”手机应用程序保税仓库移动监管新模式，实现海关管理数据与保税货物仓储、物流等数据的实时分析比对，建立起保税货物海关移动监管平台，实现“嵌入式管理、触动式监管、泛在式服务”海关保税移动监管新模式，将在进一步试点评估该监管模式的基础上，深入研究集成业务申报表自动审批、减免风险类保证金等便利化措施的可行性。

（二）多维促进贸易便利，全力优化营商环境。

一是着力压缩通关时长。推广提前申报模式，联合地方政府对提前申报给予奖励，探索开展提前报关容错机制等措施。首批开展“两步申报”改革试点，2019年10月10日首单顺利报关。2019年12月当月，福州海关进口整体通关时间为23.71小时、出口整体通关时间为1.12小时，是全国平均通关时间的64.6%和43.1%，较2017年分别压缩78.8%和90.3%。

二是依托“单一窗口”协同推进营商环境优化。首创实施国际航行船舶进出境通关全流程“一单多报”，依托国际贸易“单一窗口”实现船舶一次性、无纸化申报，共惠及8 000多艘进出境船舶。率先建设推广全球质量溯源体系。依托福建国际贸易“单一窗口”建设全球质量溯源系统，通过采集进口商品从生产、贸易、流通直至消费者每一个环节的信息，实现“源头可溯，去向可查”，切实保障消费者权益，增强企业诚信经营的公信力。目前已对跨境电子商务、莆田好鞋、进口酒类一般贸易等项目开展试点，截至2019年底，先后有413家企业成功接入系统，累计110万件商品成功实现溯

源，涉及金额 9 450 万人民币，社会反映良好。支持福州片区江阴口岸成功申建进境粮食指定监管场地，成为目前关区内首个可以水运集装箱方式进口粮食的口岸。

三是联合上海、北京海关开展跨关区调机维修业务，在海关监管下将待维修进境飞机以空机状态飞往厦门维修地进行维修保养，目前已监管 4 架次调机维修业务，节约航空公司空驶成本 440 万元，预计 2020 年调机维修业务将达 104 架次，预计可节省航空公司空驶成本 1.1 亿元。

四是创新大宗货物区港联动运输模式，对接全国通关一体化改革，支持区内企业通过全通模式申报进口报关单，并自行运输至海关特殊监管区域。

（三）需求引领创新改革，着力落实减税降费。

创新税收担保模式，推出全国首创的同业联合担保制度，由有实力的第三方企业为中小微企业提供进口税收保函等金融服务，促进资金集约使用，减轻中小微企业资金压力，有效降低企业成本。截至 2019 年底已开出同业联合担保保函 35 份，担保金额达 2.53 亿元。推出关税保证保险改革试点，通过保险方式释放外贸企业的税款保证金及银行授信额度，截至 2019 年底共审核通过关税保证保险 600 单，担保金额累计 25.79 亿元。实施电子汇总征税保函模式，实现汇总征税保函数据的“银行即传、海关即收、企业即用”。在跨境电商领域率先试点关税保证保险，通过优化担保管理流程，解决系统间数据不能对接的问题，使得跨境电商进口通关税款担保也能使用关税保证保险保单，拓宽担保提供机构范围，降低跨境电商企业融资成本，截至 2019 年底开出关税保证保险 7 单，担保金额 4 331 万元。

（四）突出对台战略定位，助力打造“第一家园”。

2019 年福建自贸试验区（福州片区、平潭片区）企业对台进出口额 17.66 亿元，同比增长 10.38%。其中，出口 5.35 亿元，同比增长 143.18%，进口 12.32 亿元、同比下降 10.72%。

一是构建两岸交流高速通道。推动琅岐—马祖新航线于 5 月 17 日实现首航，力促平潭金井港区通过国家级验收，推动高雄至平潭海上货运直航于 2019 年 1 月 19 日开通，累计实施“一船一报” 90 批次。积极配合平潭海峡二桥卡口、旅检大楼规划建设，推动海关信息化项目建设工作。指导平潭金井港区进境水果、冰鲜水产品指定监管场地建设并通过总署验收，推动平潭金井港区用水生动物、种苗指定监管场地筹建。推出支持平潭新一轮开放开发 12 条措施，助力平潭打造对台主通道。

二是便利两岸经贸往来。积极推动习近平总书记关注的、全国唯一的集隔离检疫、检疫处理和科研检测为一体的海西隔检中心建设。目前已建成检疫处理区、临时动物隔离检疫场，推动首批台湾省牛樟苗检疫进口，实现平潭口岸进境植物种苗的“零突破”，并顺利完成首批 65 只进境长颈鹿隔离检疫工作，隔检中心科普馆自 2019 年 7 月 1 日起对外开放。支持大陆仅有的两家对台特色交易市场之一平潭对台小额商品交易市场发展，推动扩大商品经营范围，对进入平潭对台小额商品交易市场的台湾省水果实施“边抽样送检、边上架销售”“免予提交植物检疫证书”等便捷措施，对市场内进出口的商品最大限度降低抽检比例、简化标签审核程序和减少报检随附单证。2019 年平潭对台小额贸易市场共进口货值 8.67 亿元，销售额 9.06 亿元，购物人次达 112.93 万。全国首创对台小包邮件同屏比对快查快放模式，实现邮件申报信息与过机图像在同一显示屏内显示，提升进口邮件验放效率。优化海运快件监管模式，助力平潭对台海运快件中心发展，截至 2019 年 12 月，监管海运快件 374.26 万票，同比增长 83.86%。优化监管流程，对来自台湾地区的入境特殊物品平均审批时长降低至 1.3 日，远低于《出入境特殊物品卫生检疫管理规定》中 20 日的审批时限要求。

三是深化两岸海关“三互”合作。在全国率先启动两岸海关 AEO 互认试点，截至 2019 年底，共惠及 40 家企业，进出口总额达 131.24 亿元，受惠

AEO 互认政策的企业通关速度平均提高 50%。充分发挥国台办批准的全国唯一对台检验检疫数据交换平台功能和作用，深化两岸检验检疫数据交换中心建设。截至 2019 年底，融合新海关数据后的两岸检验检疫数据交换中心的证书核查系统已完成硬件升级改造，两岸双向证书电子数据累计落地超万份。积极推进两岸检验检测认证结果互认，首创“采信台湾省认证认可结果和检验检测结果”，率先组织实施采信台湾省认证结果和检验检测结果工作，该创新措施已被 2019 年 11 月 4 日国台办、国家发改委印发的对台“26 条措施”采纳吸收，并向全国推广。已对平潭小贸市场销售的台湾白酒、小家电试点采信台湾省认证认可和检验检测结果，2019 年共采信超 3 600 批次，价值 7 200 万美元。

二、福建海关支持福建自贸试验区发展的措施

（一）税收多样化总担保。

创新担保方式，以企业为单元，探索建立与企业责、权、利和风险（或信用）等级相一致的征纳方式；依托关银信息互通，实现涉税担保信息化管理，逐步建立涵盖所有涉税担保业务、所有通关现场的税收总担保制度。

（二）先验放，后报关。

针对进口的特定货物（易腐、生鲜的台湾农产品、水产品类），经海关认可的区内企业可以凭进境货物的舱单等信息向海关申请办理验放手续，再在规定时限内向海关办理正式申报手续的作业模式。

（三）闽台海运快件。

以海运方式办理闽台之间的快件业务，突破快件业务仅限于空运业务的范围，对海运快件实行检疫免于检验的便捷监管模式，推动两岸海运快件平台建设，提升通关效率，支持平潭建设对台国际快件物流集散中心。

（四）建立对台原产地证书核查机制。

总署专项授权福州原产地管理办公室统一开展《海峡两岸经济合作框架协议》项下原产地证书核查，实现进口货物快速通关。

（五）简化 CEPA 及 ECFA 原产地证书提交需求。

在福建自贸试验区内，CEPA、ECFA 项下进口货物收货人或其代理人申请享受优惠关税待遇时，对于海关已收到出口方传输的原产地证书电子数据的货物，无须再行提交纸质原产地证书。

（六）放宽直接运输判定标准。

对于优惠贸易项下进口的海运集装箱货物，企业无法提交未再加工证明文件的，海关可以对货物进行查验，确定货物的集装箱铅封完好，而且集装箱号、封志号与联运提单上所列信息相同，依此可以判定货物符合直接运输规定，不再提供未再加工证明等相关文件。

（七）创新跨境电子商务高效便捷监管模式。

对国际快递或邮寄方式入境的个人自用物品采取“清单核放、定期申报”，入区检疫、区内集中监管、出区分批核销放行，不再重复检验。

（八）查验作业微信预约平台。

充分利用发布便捷、沟通及时、成本低廉、互动性强的微信平台，取代传统的现场预约等模式，简化手续，缩短通关时间，降低企业通关成本。

（九）整车进口一体化快速通关模式。

利用整车监管系统对车辆清关的全流程进行自动化、信息化管理。进口车辆卸港后立即粘贴电子标签，相关信息与海关 H2010 通关系统进行信息交互，使每辆汽车拥有 RFID“身份证”，汽车在未放行状态下，可提早进入检测线，海关查验和汽车检测同时进行，把原有串联执法变成并联执法，并对汽车平行进口实行 7×24 小时预约加班查验制度，根据企业预约情况及时办结相关查验手续，形成新的汽车快速一体化通关模式。汽车平行进口实行预审单、预审价、预约通关制度，设立进口整车专门受理窗口，合理指导进口整车企业规范申报，根据企业预约情况及时办结相关通关手续，在未查验、单证齐全、已缴纳税款的情况下，整车进口实现一

个工作日内通关放行。

（十）台车入闽一体化快速通关+便捷检疫模式。

简化台湾地区小型汽车入闽临时车辆牌照手续，确保台车入闽快速通关；并量身定做交通运输工具快速防疫消毒系统，对入境台湾省车辆实施不停车、全自动、全方位的车表消毒处理；创新推出即靠即下、联合查验的创新举措，多部门互动，一次性并联查验、快速放行。

（十一）电子账册“三自一核”。

这是指加工贸易联网监管企业在办理电子账册核销时，根据企业实际生产情况自行确定核销周期，在核销周期末自行盘点实际库存，并比对报核理论库存和实际库存，对实际库存量少于报核理论库存的短少部分，自行补征税款，自行核算结束后，企业向主管海关申报相关报核数据，海关人员通过抽核比对，对符合核销条件的予以正式报核。

（十二）两岸海上客运航线“客带货”。

平潭开展两岸海上客运航线客带货业务试点，促进台湾小商品交易市场做大做强。“客带货”业务仅指乘坐平潭澳前口岸两岸直航船舶的旅客随身携带或托运货物从平潭海关旅检渠道进境，并依法办理申报手续。所携带的货物仅限于台湾省小商品交易市场的经营范围，即粮油食品、土产畜产、纺织服装、工艺品、轻工业品、医药品六大类商品。

（十三）电子关锁跨直属关联动模式。

福厦两关共同实施电子关锁跨直属关联动模式，取消转关手续，直接应用电子关锁，即可完成包括验放在内的完整通关链条，推动跨关区监管互认。

（十四）加工贸易单耗审核管理。

一是支持资信良好、管理规范的加工贸易企业开展自核单耗管理试点，改变原有需由海关核定单耗的做法。

二是对自贸试验区内的高级认证企业，在企业单耗申报时，海关仅审核企业申报的单耗规范性和单耗数值逻辑性，暂不审核单耗的准确性和真实性，而对于单耗的准确性和真实性，采取事中单耗核查或事后批量复核等方式加强监管。

（十五）入区加工。

海关特殊监管区域外的企业利用区域内物流企业提供的“加工贸易公共服务平台”（场地、设施等），将境内采购生产加工料件和生产工具、设备等运入区域内，委托区域内物流企业进口料件、工具、设备等，并派生产人员进入区域内开展加工贸易业务，生产加工出口产品并由物流企业代理出口。

（十六）加工贸易残次品退运快速通关。

一般认证及以上的加工贸易企业生产过程中产生的残次品需退运境外的，先向主管海关申报需退运的残次品折料清单，主管海关进行风险分析研判，对残次品折算成保税进口料件进行核查，并出具审核结论，企业向口岸海关申报退运保税货物时，提供主管海关的审核结论，口岸海关通关时若涉及查验，参考审核结论对残次品实施查验。

（十七）海关监管设备物联网管理平台。

对不作价设备、减免税设备、融资租赁货物和暂时进出口货物等海关监管设备，海关运用物联网技术，免费提供定位设备，建立物联网管理平台进行联网管理，构筑海关与企业之间的互信关系。

（十八）保税仓库货物出库便捷通关模式。

保税仓库企业根据生产需要，在分批出库集中报关时，可以向主管海关申请实施货物出库时，以向海关报备方式代替原书面批准手续方式，经主管海关同意后，保税仓库企业可以在向海关报备出库货物后，根据实际需求，货物分批出库，定期向海关汇总报关。

（十九）生产工艺流程 VR 再现关企共享平台。

海关利用 VR 技术对企业生产全流程进行拍摄，通过 VR 实景再现技术，更加直观透明地还原行业标准化流程，为同行业企业申报单耗提供参照，为海关审核企业单耗提供依据，同时通过协同各个海关共同建立商品工艺流程 VR 数据库，为各行业提供标准，实现数据跨地区、跨行业的共用共享。

（二十）同业联合担保。

第三方主体向金融机构申请保函，以海关作为唯一受益人，纳税义务人为保函的被担保人，凭保函申请办理海关事务担保。有效降低中小企业的资金压力。

（二十一）海关创新项目众创及实施管理平台。

海关按照项目管理思路，自主研发创新工作平台，从企业需求、业务流程规划、助推地方重点项目等方面，通过信息化系统，形成企业、海关各部门间共同参与制度创新、系统集成及项目管理的模式。一是实现创新多维入口，创新项目人人参与、集思广益；二是实现创新项目互动众创，加快创新举措出台速度；三是实现审核流程可追踪，严控创新项目实施风险；四是针对问题研究提出创新举措，提升创新举措的针对性、实效性；五是助推创新举措落地，通过系统跟踪进展情况，实现项目透明化管理。

（二十二）信任接单。

海关对专业审单审结或电子审结的诚信企业应税报关单实行信任接单，现场接单环节不再对诚信企业的申报价格、归类等要素进行审核。

（二十三）对台小额贸易监管货物简化归类管理模式。

对符合条件的对台小额进出口货物实行限值限量的简化归类管理通关作业模式。

（二十四）企业注册登记改革。

取消报关企业注册登记行政许可，施行报关企业注册登记备案；取消双重身份企业注册登记行政许可，施行双重身份企业注册登记备案；取消报关企业异地分支机构备案，实行一地注册、全国申报。

（二十五）简化电子口岸入网审批流程。

为方便企业、简政放权，由福州海关牵头，联合福建省商务厅、福建省国家税务局、福建省工商行政管理局、国家外汇管理局福建省分局、福建省质量技术监督局发布公告，进一步简化福州关区企业办理电子口岸入网用户资格审批流程，并授权由中国电子口岸数据中心福州分中心负责对本企业的电子口岸入网资格审核，审批通过的即制发电子口岸1C卡。

（二十六）海交所预审核和三优先支持措施。

对海交所会员企业进出口海产品实施报关预审核。会员企业进出口海产品时，可对归类、价格、原产地等税收征管要素提出预审核申请；主管海关对已做出预审核的海产品，在进出口接单环节不再作实质性审核。开辟东盟海产品进出口绿色通道，对“海交所”会员企业进出口海产品实行舱单确认、审单和查验的“三优先”措施。

（二十七）保税料件串料总量报备管理。

实施电子化手册管理的一般认证及以上的加工贸易企业，在符合串料管理原则的基础上，在成品出口前向主管海关申请实施保税料件间串料商品品名规格报备，经主管海关核准，在一定进口料件总金额内，企业可先行串换料件，并做好串换料件详细记录，在电子化手册报核前，汇总向主管海关申报串换料件总量。

（二十八）推进无纸化。

一是海关企业注册及电子口岸入网全程无纸化，企业在互联网上登录企业海关注册登记子系统即可一次性办理报关单位海关注册登记及电子口岸入网审批，通过流程再造以及无缝对接实现全程无纸化，企业可足不出户办理海关企业注册备案及电子口岸入网，让企业享受到“互联网+海关”发展成果。该项目下一步将对接福建省国际贸易单一窗口。

二是企业注册“一站式”网上办理，简化报关单位海关注册登记与电子口岸入网流程，将单证作业无纸化前推至报关单位注册登记环节。

三是核销无纸化，加工贸易企业在电子化手册、电子账册核销时，海关凭电子报关单数据核销。

四是特殊区域进场单电子化管理，由海关特殊监管区管理的业主单位向海关系统发送电子运抵报告，海关H2010通关管理系统读取到相关的运抵报告后，对对应报关单开展后续通关手续。

五是报关单修改和撤销审批无纸化，在报关单申报无纸化的基础上，企业向海关申请报关单修改和撤销时，不需提交纸质单证，只需在网上填写修改和撤销审批表及上传资料，即可办理相关手续。

六是跨境电商备案全程电子化，海关（原检验检疫部门）建立跨境电商备案信息化系统，企业登录备案系统提交规定材料，符合要求的直接核实通过。

七是“关港贸”查验信息交互全程电子化，海关、报关企业、码头公司等查验各方可通过网上查验预约平台，在互联网上完成所有查验准备、反馈、查询等工作。

八是国际航行船舶出入境联检“一次申报”无纸化，船代企业通过“出入境船舶联检单一窗口信息系统”一次性录入申报信息，分别发送到 4 家联检单位，实现“一单多报”和“并联处置”。

九是进出境船舶监管作业单证电子化，船舶负责人向海关申报船舶进出境时，运输工具申报单、舱单等资料可通过提交电子数据办理手续，海关不再收取纸质资料。

十是口岸检疫处理监管无纸化，检验检疫机构通过“口岸检疫处理管理系统”向检疫申报人或单位发送检疫处理指令、报送处理结果，由现场监管人员通过系统移动终端即时登记检疫处理效果评价后，向检疫申报人或单位发送电子放行指令。

十一是船舶吨税申缴无纸化，厦门海关针对船舶吨税手工申缴存在的问题，向总署申请试点建立无纸化的船舶吨税申缴系统，拓展“互联网+海关”应用，通过国际贸易“单一窗口”平台，开发企业申报界面，通过船舶吨税征管外部作业及内部核批的无纸化改造，将吨税执照申请信息录入工作交由船舶代理公司等社会力量办理，船舶负责人可自主选择向海关申请验核吨税执照电子信息，无须提交纸质吨税执照并实现 24 小时无障碍缴税，进一步提高通关效率。

十二是国际航班申报电子化，厦门海关与厦门航空公司联合开发“海关电子申报”系统，同时优化厦门航空公司现有运行系统，将国际进出港航班的各类申报数据与海关系统对接，工作人员通过统一的申报端口即可简便地完成电子申报，不需要再打印纸质单据。海关可同步接收申办信息，实施快速监管。

十三是取消出口货物纸质进场章，出口货物实货运抵海关监管场所后，可直接向海关发送电子运抵报告，企业无须在相关出口单证上加盖“进场章”。

（二十九）电子化手册简化归并。

针对中小微加工贸易企业信息化管理程度较弱的现状，福州海关推出电子化手册申报简化归并的创新举措，指导企业参照海关制定的《归并规则》对进出口商品简化归并申报，达到规范申报、提升申报效率、缩短海关审核时间的目的，进而提高企业通关效率。

（三十）加工贸易边角料先处置后报关。

一般认证及以上的加工贸易企业，对在保税料件加工生产过程中产生的边角料，可在其涉及的成品出口前向海关申请先行处置，再按月汇总已处置的边角料总量，向海关办理集中报关手续。

（三十一）高端电子制造业进口设备分期缴税及通关便利化。

福州海关针对高端电子制造业项目推出创新举措，推行税款分期缴纳优惠政策、提供减免税便利化待遇：一是项目进口设备增值税分 6 年分期缴纳，同时下放分期纳税管理事权，由隶属海关一站式办理；二是灵活应用项目担保的银行保函条款，有效平衡各方权益；三是建立总备案制度，简化单证作业。

（三十二）保税冷链物流中心海关一体化监管服务模式。

福州海关建立保税冷链物流一体化监管服务模式，整合优化监管流程：实施以企业为单元的联网监管，实现海关和企业视频远程对接，冷冻货物自行运输直接入库，货物出库便捷通关，保税加工边角料先处置后报关，实现货物原产地管理全流程无纸化，借助同业联合担保减轻企业通关担保压力，提高资金周转效率，极大助推片区内保税冷链物流业发展。

（三十三）特殊包装物自主选择通关模式。

对与加工贸易料件同时进口，但需按照《中华人民共和国海关暂时进出境货物管理办法》监管、盛装保税料件的特殊包装物，如液晶面板玻璃托盘、垫板等，企业可自主选择按暂时进出口货物向海关申报，缴纳税款保证金后放行；或按进口料件纳入加工贸易账册管理，无须缴纳保证金。

（三十四）加工贸易产业链外发加工委托监管制度。

加工贸易产业链外发加工委托监管制度是指，主管海关对企业生产过程中需外发到异地加工企业生产加工的货物，可委托异地加工企业所在地海关实施实际监管，通过建立联动监管机制，避免海关跨关区、跨区域实施实际监管，使企业外发加工链运作更加顺畅，节约企业生产时间和成本，同时有效节约海关监管资源。

（三十五）被抽检海关特殊监管区域仓储货物免税核销。

在海关特殊监管区内，保税物流企业仓储货物被海关（原检验检疫部门）抽样检查的部分，海关凭《中华人民共和国出入境检验检疫抽/采样凭证》予以免税核销，并允许企业根据实际送检数量按月或不多于6个月集中办理报关。

（三十六）实施卡口智能化管理。

改造智能化卡口识别条形码系统，实现车辆过卡自动比对、自动识别、自动验放等智能化管理。

（三十七）创新监管模式，发展文化保税业务，建设文化保税展示交易中心和收藏品交流中心。

支持海关特殊监管区域内企业开展文化艺术品保税仓储、展示、保管，探索适应新型文化贸易发展的海关监管模式。

（三十八）进出口集装箱快速验放。

海关建立集装箱重量采集比对系统，对货物申报重量与实际重量进行后续比对和风险处置。

（三十九）暂时进出境总担保。

对暂时进出境货物实行总担保制度。对同一企业一定期限内多次办理同一海关事务实行总担保，企业办理该类事务，不再单独提供担保。

（四十）跨关区保税供油。

这是指具有保税油供应跨区域开展连锁经营资质的企业在厦门海关、福州海关监管下，在福厦关区内向国际航行船舶开展跨直属关区保税油供应业务。

（四十一）海关行政审批“一个窗口”受理。

在海关业务报关大厅设立“海关行政审批受理窗口”，专门受理申请人办理行政审批事项的申请、变更、延续、注销等业务。申请人申请办理行政审批事项，可以参照《福州海关行政审批事项服务指南》向“海关行政审批受理窗口”递交申请材料。对于申请材料符合规定的，海关予以受理并出具《中华人民共和国海关行政审批受理单》，并按照《福州海关行政审批事项办理时限清单》规定的期限，及时作出行政许可决定。

（四十二）“双随机”（随机布控、随机派单）。

将随机布控和随机派单监管理念扩展到监管的全过程、全领域，并与内控监督深度融合，有效规制自由裁量权，防范“三大风险（业务、管理、廉政风险）”。

（四十三）简单案件、简易程序案件（简称“两简案件”）办案模式改革。

对在海关业务现场发现的简单案件、简易程序案件由海关业务现场直接办理，简化办理流程，下放审批权限；启用“海关缉私执法办案工作平台”对案件的受理、立案及处理等案件内部审批环节合并实行一次性呈报、一次性审批；简化定案证据，加快非主观、轻微违规企业的通关速度，宽严相济，达到批评教育、规范企业与快速通关的有机统一。

（四十四）创新台湾省输大陆商品快速验放机制。

除国家禁止、限制进口的商品、废物原料、危险化学品及其包装、散装商品外，区内进口原产于台湾省的工业品简化手续，实施备案管理，原则上不实施检验，福州海关（原福建检验检疫局）加强事后监管。

（四十五）对台湾省输入区内的农产品、食品等产品试行“源头管理、口岸验放”检验检疫模式。

原质检总局授权驻闽检验检疫机构与台湾省有关部门开展合作，将进口台湾省食品农产品检验检疫工作向前延伸，建立食品农产品质量安全源头管理机制。驻闽检验检疫机构在风险分析、建立质量安全源头管理机制等基础上，对台湾地区部分输自贸试验区食品、农产品、化妆品，试行“源头管理、口岸验放”快速通关模式。

（四十六）对从平潭口岸入境并进入平潭对台小额商品交易市场的进口台湾省水果，实施“边抽样检验、边上架销售”的检验检疫模式。

对平潭对台小额商品交易市场的进口台湾省水果，免附官方植物检疫证书，经检疫合格和农残等安全风险项目抽样后即可进入市场销售，实现进口台湾省水果“上午采摘，下午上架销售”。农残等安全风险项目按进口批次2%抽样检测。

（四十七）采信台湾省认证认可结果和检验检测结果。

对原产于台湾省，属于强制性产品认证（CCC）目录，并已获得台湾省“BSMI”商品验证登录证书的进入平潭对台小额商品交易市场的小家电，采信其认证结果，报检时免于提供3C证书；对原产于台湾省，部分试点的产品，采信台湾省“财团法人全国认证基金会”（TAF）认可的检测机构出具的检测结果，免于实施实验室检测。在实施动植物检疫审批负面清单管理的基础上，开展平潭进口台湾省水生动物检疫审批，除活动物、水果、粮食、饲料、国家禁止进境物以及其他未获检疫准入的动植物及其产品六大类列入负面清单的进境动植物及其产品以外，其他动植物产品均由原福建检验检疫局实施检疫审批。原质检总局还特别授权福州海关（原福建检验检疫局）办理平潭口岸进口的台湾省水生动物检疫审批权。

（四十八）对原产于台湾省的预包装食品、化妆品实施“快审快核”的标签审核模式。

对平潭对台小额商品交易市场销售的预包装食品、化妆品予以特别宽松政策，入境报检时免予提供标签样张，允许使用繁体中文，主要审核“一个中国”原则、是否有欺诈消费者的内容，以及是否有大陆不允许的成分标示，在降低进口台湾省预包装食品标签审核要求的基础上，大幅降低进口商不合格整改工作。

（四十九）入境水产品“统一申报、集中查验、分批核放”模式。

福州海关（原福建检验检疫局）允许未交割的入境水产品由指定代理人先行统一办理审批、报检等手续，在集中查验区实施相关货物集中查验，根据企业订单信息分批核销、验证放行。

（五十）认可和简化台湾省渔船自捕水产品相关证明。

对台湾省渔船自捕入境水产品，在申报时，允许免于提交台湾省出具的卫生证书。

（五十一）改革和简化产地证签证管理。

主动研究，基于信用管理和签证产品风险分析，推出“1234”便利签证模式，对原产地业务全流程实施简政放权改革。“一取消”指取消企业年审制度，“二简化”指简化企业备案程序、简化企业备案方式，“三优化”指优化申报主体管理程序、优化签证产品调查程序、优化退证查询处理程序，“四便利化”指推出签证一体化、凭优秀企业声明直接签发原产地证书、无纸化申报、CO快速审签模式。上述改革措施覆盖企业备案、证书申报、证书签发、签证调查、进口方退证查询处理等原产地业务全流程，其中三项措施为全国首创实施。改革后的工作程序能简则简，给予企业最大限度便利。

（五十二）检验检疫“多证合一”改革。

实施企业资质登记制度改革，将企业所有检验检疫资质类文件信息合并在一张证明文件上，实现

“一企一证”。

（五十三）电子检验检疫主干系统“双模申报”。

企业通过福建国际贸易“单一窗口”，自主选择“客户机/服务器”和“浏览器/服务器”两种操作模式，向中国电子检验检疫主干系统进行货物报检业务，企业可以通过互联网随时随地使用及查询数据。

（五十四）入境大宗工业品联动检验检疫新模式。

对入境的大型项目成套设备及大宗工业品，检验检疫机构采取货物直提、检疫等部分环节前置的工作模式，在口岸均不开箱，仅实施放射性检测和检疫处理后即予放行，由使用地检验检疫机构开展开箱后的检验检疫。

（五十五）国际航行船舶供水检验检疫开放式申报加验证式监管模式。

福州、厦门片区允许诚信度高、记录良好的国际航行船舶通过电话、微信公众号、传真、电子邮件等方式，向海关（原检验检疫部门）备案后，直接在A级供水单位加水，改变以往船舶供水需先向海关（原检验检疫部门）申报，经审核同意后供水单位方可加水的模式。

（五十六）对进口原产于台湾省的一般成套设备及单机实施“备案管理，免于现场检验”措施。

除技术复杂而且属大型设备（金额超过10万美元）的成套设备、旧机电、医疗器械和特种设备外，对进口原产于台湾省的一般成套设备及单机实行备案管理，免于实施现场检验，以企业自验为主。

（五十七）对整车进口口岸非中规业务，实行“分线管理、验证整改、事后监管”的检验检疫监管模式。

在风险评估的基础上，对进口汽车实施分线管理，严密进口汽车事中、事后监管，实现在境外集中改装、区内辅助整改。

（五十八）对“两头在外”的出口企业实行出口快速验放。

福州海关（原福建检验检疫局）对进口原料、出口成品（“两头在外”）的出口企业，结合风险评估和企业分类管理，在企业提供合格的成品检测报告基础上，进一步降低抽样和查验比例的快速通关模式。

（五十九）实施进口废物原料“并批检测”模式。

在确保抽样代表性和实验数据完整性的前提下，对进口废PET饮料瓶（砖）实施多批次样品混合成1批次样品检测。

（六十）产地证签证检企“零见面”模式。

实行“网上申请、在线审核、双向寄递”，信用等级B级以上的自贸试验区原产地签证企业，通过网上申报，检验检疫签证人员在线审核通过后，企业自行打印证书快递寄送，检验检疫签证人员收到证书后立即签发并回寄企业，实现申请、审核、签证全过程检企“零见面”。

（六十一）“一日游”入境货物免查验、免收检验检疫费。

福州海关（原福建检验检疫局）对“一日游”入境的国内流转货物，优化检验检疫业务流程，对提供有效的国内生产有效来源证明等随附证明材料，不再对其进行查验，免收检验检疫费用，降低企业成本。

（六十二）两岸检验检疫电子证书“互换互查”。

原质检总局在平潭片区设立质检系统唯一的“两岸检验检疫数据交换中心”，实现与台湾省“关贸网”的双向数据互通和实时传输，台湾省货物进口时，以检验检疫电子证书形式办理进口报检，福州海关（原福建检验检疫局）在货物到港前，提前获取证书信息、提前受理企业报检、提前安排货物检验检疫事宜。

（六十三）出口食品过程合格评定口岸零抽检检验检疫模式。

在企业产品自检自控合格的基础上，产地检验检疫机构根据企业提供的合格证明等材料，结合日常监管、监督抽查、风险监测、抽样检验等结果，对出口食品生产过程进行过程合格评定。企业在产地出口报检时，产地检验检疫机构根据过程合格评定结果实施合格验证、抽批验证、逐批验证等不同验证放行模式。货物运抵口岸后，除有特别监管要求的产品需实施抽样检测（检测结果作为企业质量安全管理体系运行有效性的验证证据，并不作为当批出口食品的放行依据，不占用当批货物通关时长）外，口岸不再抽检，对出口产品实施“即报即审即放”，加快出口通关速度。

（六十四）进口食品检验监管三优模式。

福州海关（原福建检验检疫局）在风险分析的基础上，对进口食品优化现场查验，实施驻点式即查即验；优化抽样检测，除“国家抽检”计划外，原则上不另布控抽检；优化放行监管，实施分类监管放行，对未布控抽检的货物，现场查验合格后直接放行，对食品标签不合格等可整改项目，允许企业自行选择整改场所，福州海关（原福建检验检疫局）实施跟踪验证。

（六十五）出口食品企业备案实施“双免”。

对自贸试验区内已获得 HACCP 认证、ISO 22000 认证或 1SO 9001 认证的出口食品企业，在备案或新增产品时免于提交纸质材料、免于现场考核（即“双免”），加强事中事后监管。

（六十六）允许台胞凭台胞证申请报检人员备案。

在平潭从事进出口贸易的台湾省创业人员，凭台胞证申请报检人员备案，方便其自主从事进出口报检业务，便利台湾省创业人员自主从事进出口报检业务。

（六十七）对出入境特殊物品实施风险分级和分类管理

一是根据出入境特殊物品可能传播人类疾病的风险，以及需要采取的监管措施，将出入境特殊物品划分为 A、B、C、D 四个等级；出入境特殊物品审批由原来的逐批审批、单批使用，变为部分延长有效期、有效期内分批核销管理。二是对进出口特殊物品的单位实施分类管理，结合出入境的特殊物品风险等级实施不同监管比例的检疫查验和监督管理措施。

（六十八）经风险评估合格的台湾省熟制肉类产品可从平潭口岸进口。

在原质检总局授权下，原福建检验检疫局制定检验检疫风险管理措施，对经风险评估符合准入条件的台湾省熟制肉类产品，允许从平潭口岸进口并在平潭对台小额商品交易市场销售。

（六十九）外经贸会展“港馆联动”检验检疫监管模式。

在风险评估的基础上，对自贸试验区内举办的外经贸展会及进境展品、参展企业创新“港馆分线、港馆联动”模式，港口（区）一线以现场快速检疫为主，展馆（区）实施集中查验监管和以风险监测为主的质量安全管理，并对保税展示货物、涉及 3C 认证展品、参展的预包装食品和化妆品给予相应参展便利，简化事前审批，加强事中、事后集中监测监管。

（七十）依托国际贸易“单一窗口”并建设检商“两证合一”信息化共享系统，实现对外贸易经营者备案和原产地企业备案“两证合一”。

企业登录中国（福建）国际贸易“单一窗口”，提交对外贸易经营者备案登记申请。商务部门统一受理并办理完成企业对外贸易经营者备案登记后，通过专门研发的检商“两证合一”系统实时将企业信息发送至检验检疫原产地业务电子管理系统。福州海关（原福建检验检疫局）直接采信商务部门审核结果，直接授予企业原产地证企业备案资质。同时，通过商务部门审核并备案登记的直接授予企业原产地证企业备案资质，由商务部门窗口向企业发放一份包含原产地证企业备案信息的对外贸易经营者备案登记表，即完成对外贸易经营者备案和原产地证企业备案两项登记业务。

（七十一）免核查动植物检疫证书“正面清单”制度。

对列入“正面清单”的动植物及其产品，在进境口岸报检时，企业可免于向海关（原检验检疫部门）提供输出国家或地区官方出具的动植物检疫证书。

（七十二）平潭台湾商品免税市场进口货物直通放行模式。

福州海关（原福建检验检疫局）对从福州江阴口岸进入平潭台湾商品免税市场，而且符合进口直通规定的商品，允许就近平潭口岸报检，实现“一次报检、一次查验、一次放行”。

（七十三）两岸出入境人员无障碍零等待通关。

福州海关（原福建检验检疫局）在风险分析的基础上，强化与台湾省口岸监管部门沟通联系，优化出入境人员检疫查验手续，接受主动健康申报，开展医学巡查，安装红外体温检测、通道式行人放射性检测系统，实现两岸出入境旅客自动体温检测、快速通关。

（七十四）涉台业务先报、预核、后补快捷通关模式。

福州海关（原福建检验检疫局）允许信用等级B级以上报检企业，在货物（“三通两直”模式负面清单之外）到港前，凭基础信息报检，预先进入施检审核环节，未被布控的货物，在货物到港补齐报检资料后即可直接放行，实现货物提前申报、预先审核、快速放行的全程无缝衔接。

（七十五）大宗竹木草制品出口“事前简化、事中优化、事后强化”检验检疫监管模式。

一是简化事前注册管理。对注册登记的出口竹木草企业免予年度审核；对暂未取得注册登记资格的企业，可以先行接受报检。二是优化事中出口放行。综合采用企业体系评审、生产过程检查和出口验证的结果作为放行依据，对没有质量安全检验要求的产品，不再强制实施检验。三是强化事后监管。建立出口企业分类动态管理制度，重点把控被境外通报、退运的产品质量问题等，动态调整企业分类等级。

（七十六）进口免于办理强制性产品（3C）认证的产品实施“便捷审批、快速核放”。

对自贸试验区内符合条件的企业进口的3C免办产品实施“一次确认、长期有效，一次审批、分批使用，直通放行、诚信监管”等便利化管理创新措施。下放进口3C免办产品权限至一线，结合自贸试验区实际，提出企业进口3C免办产品申请的相应措施，进一步优化监管服务，简化行政审批，减轻企业负担，促进通关便利。与旧模式相比，创新主要表现在以下方面：首先，一次确认、长期有效。对纳入创新措施的企业实行进口合同报备确认，同一合同项下的进口3C免办产品在合同期内长期有效。其次，一次审批、分批使用。允许企业对同一合同项下的多批次3C免办产品申请一张免办证明，在实际进口时，口岸海关（检验检疫部门）分批核销放行。第三，直通放行、诚信监管。口岸海关（检验检疫部门）核查3C免办证明，对进口3C免办产品直接核销放行，目的地检验检疫机构不再实施查验。

（七十七）进口一次性卫生用品“边检边放”检验监管模式。

福州海关（原福建检验检疫局）对进口同一厂家、同一品牌、同一材质的一次性卫生用品，在进口首批抽检合格的基础上，结合企业信用及风险分析，凭借企业或销售平台提供的《质量安全合格保证》声明，经现场检验合格和抽样后直接放行，实现“边检边放”。

（七十八）进口台湾省商品实施“质量承诺+即查即放+市场监测”。

福州海关（原福建检验检疫局）对从平潭口岸进入平潭对台小额商品交易市场销售的食品，推行质量承诺制度。商户与福州海关（原福建检验检疫局）签订承诺书，承诺对进口食品的安全卫生质量及标签符合性负责，福州海关（原福建检验检疫局）在对标签样张审核合格后，给予放行，并建立市场监测抽检计划，加强事中事后监管。

（七十九）先放后罚（诚信企业货物先放行后处罚）。

对于企业违规案件，在违法事实清楚、企业主动提供相关证据材料，缴纳足额担保前提下，海关和缉私部门可结合企业信用状况，在做出处罚决定前，对企业采取先放行货物，后在规定时间内处罚的探索尝试，以达到教育惩戒和帮扶企业相统一、执法办案的法律效果和社会效果相统一的效果。

（八十）野生动物进口隔离检疫电子化便捷监管。

福州海关依托全国唯一的综合性平潭进出境动植物检疫隔离处理中心，对进口野生动物监管进行全过程优化，主要做法如下：一是全面实施互联网申报，企业通过无纸化系统，按照单证无纸化模式申报，最大限度减少随附纸质资料。二是实施视频监控，将视频监控作为日常巡查的辅助监管手段之一，对隔离检疫情况实施实时监管，企业按照要求如实填写电子版监管手册。三是全程联动，建立野生动物进境口岸海关与隔离地海关全程联动机制，实现业务办理无缝对接，确保对野生动物入境后的运输实施全过程监管。

（八十一）进境集装箱空箱超声波检测“全天候”快速通关模式。

福州海关开发“进境集装箱空箱管理系统”，实现监管模式创新，集装箱空箱到港前，企业通过管理系统自动预订舱单数据，卸船后管理系统实时下达布控指令抽取空箱，并将被布控的空箱运输至待查验区。未被系统布控的空箱在港区卡口接受超声波检测，自动核验是否空箱，免于人工开箱验视。

（八十二）对台小包邮件同屏比对快查快放模式。

中华邮政将台湾省小包邮件通过邮航班机由台北机场直接运往福州机场，并向中国邮政集团公司传输原始数据；福州市邮政公司从机场将台湾省小包邮件运往海关监管作业现场，并负责将中华邮政原始数据下载后导入对台小包邮件监管系统；海关登录监管系统进行邮件数量核对与风险评估后，进行邮件的X光机同屏比对（即邮件申报信息与过机图像在同一显示屏内）检查，对需要缴税的邮件按相关规定征税。

（八十三）口岸供船食品“简化报备+优化监管”模式。

允许诚信度高、记录良好的入出境船舶食品供应单位在运输工具查检合一管理系统提交申报时，免于提交供货产品登记记录、相关批次的检疫合格证和检验报告等资料，由企业自行建档保存，定期报备海关，海关采用事中云端监控、事后卫生监督的方式验证监管。

（八十四）特定大宗散货区港联动运输模式。

企业通过全国通关一体化模式申报报关单并放行后，使用备案车辆将进境特定保税货物从港口运输至海关特殊监管区域内保税仓库。海关通过卡口登记、过磅称重管理方式、视频监控方式、巡查、盘库等方式实现将事前管理向事中、事后管理转变，有效防范风险。

（八十五）进境空箱全流程智能化监管快放模式。

统一作业系统，以海关物流监控系统为基础，将空箱审核、布控、查验、放行的全链条通关监管集中在一个系统中完成；统一申报单证，以企业申报的海运舱单为基础，通过缩减合并企业申报项，将3种类型的空箱申报单证缩减整合成1份；统一风险研判，以国门安全准入风险为基础，将海关卫生、动植物检疫、商品检验、打击走私等各个职责领域的风险集中统一分析研判；统一下达指令，以智慧海关建设为基础，将海关各职能领域的多条风险研判结果进行云计算，汇聚成一条指令一次性下达到海关业务现场；统一现场执法，以践行国家总体安全观为基础，制定与创新模式相匹配的监管通关制度，统一规范海关现场执法行为；实施分步提离，以智能监管设备为基础，对未布控的空箱在出卡口时实施超声波空箱检测，实现空箱到港后无须存放直接提离港区。

（八十六）跨境电商关税保证保险。

引入保险公司为跨境电商通关税款提供担保，即保险公司开具以海关为被保险人（受益人）的保单，海关认可该保单的担保资质，企业可以凭保单办理跨境电商货物的先放行后缴税手续，一旦企业欠税，由保险公司偿付税款。

（八十七）全球质量溯源体系。

海关搭建全球溯源公共服务平台，生产商、物流商、第三方检测机构等分别接入平台，将商品信息数据汇总在平台上。在商品抵达口岸前，全球质量溯源体系采集商品相关生产信息、物流信息、第三方检测机构检测信息，通过信息比对、综合分析，先行启动准入风险预判。当商品抵达口岸后，海关即可实施精准监管、快速验放，并通过全球质量溯源体系展示放行信息；商品进入流通环节后，消费者、企业以及相关监管部门可快速获取溯源信息。同时，可开展咨询、举报或投诉等活动，共同参与质量管理。

（八十八）加强知识产权保护。

一是司法与行政知识产权协同保护，信息互通，建立联络员工作机制，畅通多渠道、多形式信息通报，加强常态化沟通和磋商。人民法院对受理侵权诉讼或做出保全措施的，以及相关案件生效文书等信息，及时通报送达海关。执法互助，海关积极协助人民法院扣押或保全涉嫌侵权货物。人民法院对查封、扣押的进出口侵权货物进行拍卖变卖等处理前，责令当事人先予缴纳税款、办结检验检疫及其他海关手续。信用共管，海关将人民法院生效裁判文书作为企业信用等级评定的依据，并有针对性地加强侵权企业的布控查验力度，与人民法院失信人制度共同构建联合惩戒。社会共治，海关与人民法院加强知识产权保护工作的交流研讨，及时分享行政执法与司法裁判的立法动态和典型案例，协作开展自贸试验区的知识产权法制宣传，共同营造良好的知识产权保护氛围。

二是构建知识产权保护便捷服务平台。厦门海关自主研发“知识产权保护”手机应用程序，设有“知识产权预确认咨询”“知识产权海关备案查询”“知识产权法律法规查询”和“知识产权侵权线索举报”四大模块，外贸企业通过手机应用程序咨询，海关可快速解答，有效规避侵权风险，大幅提升货物的通关效率。这是全国首个知识产权海关保护手机应用程序，打造便捷快速的举报侵权途径，有效规避侵权风险。

三是建立自贸试验区海关知识产权保护展示中心，创新自贸试验区、海关知识产权边境保护方式，展示厦门自贸片区、厦门自主创新示范区产品、品牌以及背后的知识产权、科技创新情况。法院、检察院分别在中心设立知识产权巡回法庭，以及打击和预防知识产权侵权犯罪教育基地。

（八十九）通关业务互联网全口径自主申报。

企业可通过网页版、专用客户端版、移动手机应用程序等各种渠道登录国际贸易“单一窗口”，随时随地向海关自主申报进出口货物，并实时查询报关状态。

（九十）先放行、后改单作业模式。

对经海关查验发现异常后仅需改单处理，而且查验结论符合条件的进出口报关单，允许先予放行后再完成改单操作。

（九十一）建立一体化监管制度，促进飞机及零部件维修业务的发展。

整合优化不同部门间维修物品、暂时进口货物、保税仓库货物等与飞机维修相关的业务流程，对区域外航空维修企业实行一体化监管。

（九十二）包修转包航材流转监管模式。

航空维修企业承接境内航空公司包修转包业务，可利用特殊区域进行维修航材及耗用料件的流转，采用“修理物品”办理进口手续；航材维修后申报进口时，凭包修费缴税证明不再征收进口税。

（九十三）进出境邮件“移动式”通关模式。

进境邮件收件人可通过网络和微信等方式在移动设备上在线办理通关手续。

（九十四）试行分送集报货物“集中申报、分段担保”模式。

开展保税展示交易业务企业，可在每批货物出区域前预缴税款担保，待办结集中申报手续后可实时退还担保金。

（九十五）保税料件交易。

区域外加工贸易企业可将剩余的进口保税料件运入海关特殊监管区域，并在海关实际监管下交易。

（九十六）海关通关移动综合服务平台。

企业使用移动设备，通过该平台随时办理申报、缴税、查询等通关手续。

（九十七）行邮物品“电子税单”。

收件人完成网上申报、缴税后，辅助管理系统可按照《旅客行李、个人邮递物品进口税款缴纳证》格式开具电子缴款凭证。

（九十八）报关企业申报多介质身份认证。

启用U盾进行身份认证，企业持U盾可在“单一窗口”登录办理报关单、舱单、运输工具等申报业务。

（九十九）“单一窗口”海关税费自报自缴。

企业可以通过“单一窗口”自行办理通关税费申报，自行办理相关税费缴纳手续，自助打印税款缴款书。

（一百）“互联网+保税展销”及跨境电商B2B“一站式”。

“互联网+保税展销”模式。海关对分散的物流、查验、卡口、放行、仓库管理、巡查核查等监管进行集成，检验检疫机构对于保税展示交易货物实施分线监管、预检验和登记核销。同时利用互联网平台对接特殊区域管理系统，通过叠加“批次进出、集中申报”“清单申报、汇总纳税”等关检政策优化作业流程，以数据驱动替代传统人工操作。在海关特殊监管区域内，按照一般贸易方式征税，实现线上营销平台、线下展示交易和保税备货仓储集成一体的“一站式”、全天候跨境电商B2B经营模式。

（一百零一）进口货物“水路提货”模式。

海关对已放行进口货物不用实际过卡，只需通过智能卡口系统虚拟的“水上卡口”核销放行数据后，就可以通过水路运输提离监管场所。同时，海关辅以现场巡查、随机抽检、数据核查等实地监管方式，确保通关规范有序。突破货运车辆装载集装箱提离监管场所的传统物流模式，实现通过驳船将进口集装箱从水路提离码头，解决了部分进口特殊货物和成批量进口集装箱陆路运输难的问题。

（一百零二）对台湾省输大陆水果等农产品采取便利化通关模式。

诚信企业现场查验合格并抽样后即放行，实验室检测结果作为加强有毒有害物质监控检测的手段。

（一百零三）进口酒检验检疫快速通关模式。

改革标签备案工作，允许分批备案并前置标签备案至货物到港前；用风险分析及移动检验检疫实现进口酒“快速核放”和集中查验的“即验即放”。

（一百零四）入境自用工业品“符合性验证”模式。

自境外母公司（或子公司）向福建自贸试验区厦门片区内子公司（或母公司）输入的自用工业品原材料及工业品半成品，采取“符合性声明+企业自检+事后监管+责任追究”的检验监管工作方式。

（一百零五）口岸检疫处理前置模式。

海关特殊监管区域内企业接受境内海关特殊监管区域外企业委托，对其提供的入区货物进行加工，加工后的产品全部运往境内区外，并收取加工费的行为。维修、检测业务和禁止进、出口的商品不纳入委内加工业务范围。

（一百零六）航空维修监管新模式。

对暂时进口的维修飞机用旧工具免于实施装运前检验；采取“法检清单预报备、集中查验”模式；对航空维修用进口涂料实施集中备案抽检；对涉及中国强制性认证的产品实施分类管理；对维修用进口金属材料实施快速直放；免除进口旧航材卫生消毒流程约检环节；对进口货物的木质包装实施“企业自查+CIQ抽查+事中事后监管”的检疫查验模式；对航空维修用危险化学品实施预约检验、批量查验模式，提高通检效率。

（一百零七）关检“一站式”查验平台+监管互认。

在自贸区厦门片区设置关检“一站式”查验场，建立关检常态化合作联合查验模式。

（一百零八）海关特殊监管区域内货物实施按状态分类监管。

特殊区域内可存放非保税仓储货物，海关通过辅助管理系统监管，不办理进出口报关手续，入区不退税、出区不征税。

（一百零九）拓展保税融资租赁制度功能。

特殊区域海关委托机场海关对融资租赁进出境飞机监管，对区外承租企业的融资租赁货物按照每期租金分期征收关税和增值税。

（一百一十）中欧（厦门）国际班列便捷转关模式。

通过协调沿线海关优化转关流程、对货物实施集中查验及开展海铁联运，提高中欧班列通关效率，将班列延伸至中国台湾及东南亚，对接海上丝绸之路与陆上丝绸之路。

（一百一十一）中欧国际班列“安智贸”铁路航线。

加强与中欧班列沿线欧盟海关的国际合作，在全国海关率先启动“安智贸”铁路航线试点，给予企业优先通关、降低查验率、提高通关效率等便利。

（一百一十二）跨境电商 B2B“一站式”全天候通关模式。

海关对分散的物流、查验、卡口、放行、仓库管理、巡查核查等监管进行集成，跨境电商企业可快速申报特殊区域内商品出区清单后进行国内配送，并按照一般贸易货物集中办理海关纳税手续。

（一百一十三）一地注册、全国申报。

取消报关企业跨关区报关限制，在自贸试验区范围内，改报关企业注册登记行政许可为备案制。

（一百一十四）国际中转口岸直拼监管模式。

允许在自贸试验区内的港区建立专门仓库，将境外启运，通过海运方式进入仓库而且目的地为境外的中转货物，拆箱后按照相同目的地、航线、收货人等规则与口岸出口货物进行直接拼箱出口。

（一百一十五）推行加工贸易“物联”管理模式。

建设加工贸易联网监管辅助管理系统，通过该系统实现对联网监管企业的料号级管理、工单式核销、自报自核等功能。

（一百一十六）海关物流监管云平台。

整合智能卡口作业平台和保税监管平台，使车辆、货物在港区、保税区、保税物流园区以及保税港区之间快速流通。

（一百一十七）进出境快件通关服务平台。

为提高总署新版快件通关管理系统应用效率，开发进出境快件通关服务平台，实现快件随附单据信息的在线审核。

（一百一十八）邮轮物供“快速通道”模式。

进口邮轮物资申报进境后，运入海关特殊监管区域内的相关仓储企业，按特殊区域的区域通关一体化模式办理出境手续运抵邮轮码头，经通关审核后放行供船。

（一百一十九）海关对抽检仓储货物免税核销。

在海关特殊监管区内，保税物流企业仓储货物被抽样检查的部分，海关凭《抽/采样凭证》予以免税核销，并允许企业根据实际送检数量定期集中办理报关手续。改变了海关对抽/采样的仓储货物予以征税核销的普遍做法，允许免税核销，进一步便利海关特殊监管区域内物流企业。

（一百二十）实施特殊物品卫生检疫改革试点。

对生物材料等特殊物品实施无纸化审批，缩短审批流程，延长特殊物品审批单的有效期限，有效期内可以分批核销，通过风险评估实施风险分级管理，采取多种查验方式和频次相配合的差别化监管措施。

（一百二十一）集装箱分拨货物卫生检疫前置。

在入境分拨集装箱货物报检前，即在仓库拆箱环节对其实施入境卫生检疫查验，对报检前卫生检疫合格的分拨货物实施“即报即放”，对不合格的实施拦截处理，形成“集中检疫+分批核销+电子快放+仓库协检”的新工作流程。

（一百二十二）国际航行船舶检疫监管新模式。

通过信息化系统提交检疫报检电子信息，不再提交纸质单证，借助“船舶移动检疫系统”和终端平台，实现船舶检疫“即时查验、即时放行”，推进船舶联检“单一窗口”建设和口岸“三互”工作。

（一百二十三）中欧班列“出口直放”“进口直通”的检验检疫一体化。

与原四川检验检疫局、原新疆检验检疫局共同签署《厦蓉新欧班列检验检疫一体化工作方案》，对中欧班列进出口负面清单以外的货物将采取“出口直放”“进口直通”的通关一体化工作模式。

（一百二十四）进口石材差异化检验检疫模式。

在进口企业报检前即进行整艘次集中查验。对原来串联进行的现场检验检疫、卫生除害处理、核素分析、采样送样改为并联集中处理。

（一百二十五）航空器出入境检疫管理模式。

对出入境航空器运营者及其代理人实施诚信管理，对航空器根据风险等级实施分类管理，配套开发“航空器检疫管理系统”，从航空器检疫申报到检疫批复结果实施全流程信息化，实现航空器电讯检疫，信息化监管。

（一百二十六）游艇帆船检验检疫便利化监管。

对帆船游艇检验检疫的各项政策进行集成：一是实行电子申报，免于提交纸质单证；二是率先提出免办船舶免予卫生控制措施证书；三是一般情况下，允许入境游艇、帆船在口岸开放码头或经检验检疫机构同意的停泊水域或码头实施检疫；四是借助船舶“单一窗口”电子平台实施放行；五是允许其物料供应自行采购，不需找指定供应商；六是对来自非疫区、经查验证书符合要求而且现场检疫合格的伴侣动物，可以入境随行，无须在指定场所隔离检疫 30 天；对属于工作犬的，携带人提供相应证明的，可免于隔离检疫。

（一百二十七）台湾省造血干细胞入境快捷模式。

具有实施造血干细胞移植治疗资质的医疗机构，在申请台湾省医院移植用造血干细胞入境时，海关（原检验检疫部门）直接采信其提交的流行病学调查情况说明、供体健康证明及检验报告等必要的证明材料，经书面审查合格的，实行即报即批。

（一百二十八）出境加工海关监管方式。

境内企业可将全部或部分原材料等提供给境外企业生产，成品复运进境，海关只对增值部分征税。

（一百二十九）委内加工。

允许区域内加工贸易企业接受境内区域外企业委托，对其提供的货物进行加工并收取加工费。

（一百三十）海关“随机布控、随机派单”监管模式。

推进“双随机”工作，将随机布控和随机派单监管理念扩展到监管的全过程、全领域，并与内控监督深度融合。

（一百三十一）中介组织辅助海关开展稽核查工作。

由海关或企业委托有资质的社会中介机构，对企业开展审计、审核、评估、鉴定、认证等活动，并为海关监管提供辅助依据。

（一百三十二）国际航行船舶联合登临检查机制。

4 家联检单位对国际航线船舶进行联合登临检查，实现一次登轮、各司其职，按照“信息互换、监管互认、执法互助”的要求开展工作。

（一百三十三）“银关保”企业增信担保。

企业通过保险公司等第三方机构为其向银行提供增信，取得银行出具的税收保函，凭此向海关办理担保通关手续，形成“企业申请-保险承保-银行授信-海关受理”的增信担保模式。

（一百三十四）海关全流程状态查询。

海关开展“互联网+自主报关”改革试点，舱单及相关电子数据传输人、进出口企业及其代理人可通过互联网，采用网页版、专用客户端版、移动手机应用程序等各种渠道登录国际贸易“单一窗口”，查询货物的通关状态、集装箱或提运单的相关物流状态信息。

（一百三十五）会展检验检疫新模式。

本着“风险可控、有效监管、保障安全、便利通关”的原则，对出入境展品建立一整套包括风险评估、分级管理、快速放行、现场监督和后续监管的管理措施，确保展品便捷通关、有效监管。

（一百三十六）创新厦金客轮检疫管理。

对厦金客轮简化申报手续，凭免卫生控制证书即可申请实施电讯检疫。

（一百三十七）进口同批次的食品试行“空检海放”便利措施。

原厦门检验检疫局对进口同批次食品先行到港的空运部分实施检验，对海运到港的食品在信用管理的基础上，参考空运食品检验结果并结合现场查验进行合格评定，同时抽样进行验证性检测，加快通关速度。

（一百三十八）免核查动植物检验检疫证书“正面清单”制度。

根据原质检总局《免于核查输出国家或地区动植物检疫证书的清单》，对列入“正面清单”的低风险动植物产品在进境口岸报检时可免于提供输出国家或地区官方出具的动植物检疫证书。

（一百三十九）“合格假定”检验检疫模式。

原厦门检验检疫局在风险评估的基础上，对进境船运散装铜精矿货物在现场检疫、放射性检测合格并完成取样后给予放行，对进口企业及进口货物实施事中事后监管。

（一百四十）邮轮食品“中转直供”检验检疫监管模式。

原厦门检验检疫局对来自非疫区并符合《评估审查符合要求的国家（地区）输华食品目录》的境外直供邮轮的进境食品，采取过境检验模式实施监管，进口商或其代理报检单位在报检时，只需向当地检验检疫机构提交货物清单及其产地的相关证明材料，实现“即查即供”。实施成效：完善邮轮食品供应链监管，丰富邮轮特别是母港邮轮的食品供应渠道，通检时间由原来的10—15个工作日缩短至数小时。

（一百四十一）创新“以企业集团为单元”的加工贸易监管模式。

这是指海关实施的以企业为单元，以账册为主线，以与企业物料编码对应的海关商品编号（料号）或经企业自主归并后形成的海关商品编号（项号）为基础，周转量控制，定期核销的加工贸易监管模式。

（一百四十二）创新跨境电子商务高效便捷监管模式。

对出境电商产品，实施集中申报、集中办理的便利措施；对国际快递或邮寄方式入境的个人自用物品免予检验（不实施品质检验和验证管理，只实施检疫监管），对无订单信息的入境商品实施“入区检疫、集中预检验、出区核销”，并通过专用通道申报，全面推行清单管理。已配套建设跨境电子商务检验检疫监管平台及配合建设厦门跨境电商公共管理服务平台，跨境电商产品和EMS个人网购小包通过“厦门跨境电商公共管理服务平台”申报，实现“电子申报+电子审单+同屏比对+即查即放”的监管新模式，合格商品6秒内快速验放。

（一百四十三）通关数据应用平台“关数e”。

厦门海关携手第三方金融技术服务机构及银行，合作开发全国首个通关数据应用平台“关数e”。该平台通过对企业历史通关数据的运算、分析，实现对企业信用的“精准画像”，为银行等金融机构开展企业信用评估等提供精准直观的指标参考。企业无须其他资产证明，无抵押、免担保、免保证金等，即可凭海关通关信用评分获得银行信用额度。

（一百四十四）保税展示交易货物分线监管、预检验和登记核销管理模式。

对保税展示交易和保税租赁货物实施分线监管、预检验和登记核销管理模式。保税展示交易货物可以采取预检验模式，出区时分批核销登记，直接展示交易；保税租赁货物首次出区实施商品检验，以后多次往返特殊监管区实施登记核销管理。

（一百四十五）简化台湾省渔船自捕水产品申报手续。

根据总署有关规定："允许来自台湾省渔船自捕的水产品输往福建，参照大陆自捕渔船做法，不要求提供台湾省主管部门出具的卫生证书。"台湾省渔船自捕水产品申报时可免于向检验检疫部门提供台湾省主管部门出具的卫生证书，检验检疫部门对台湾省自捕鱼不再要求提供台湾省的检测证书，对冷冻水产品现场查验完毕后实行预放行。

（一百四十六）"多证合一"改革。

2019 年 2 月 1 日起，海关正式切换为"多证合一"方式办理。首次办理工商注册的企业，可以通过"多证合一"方式同时提出进出口货物收发货人备案登记申请，"多证合一"备案登记事项暂不包括进出口货物收发货人变更、注销等事项。

（一百四十七）创新厦金客轮检疫管理模式。

制发《厦金航行客轮检疫管理办法》，对厦金客轮简化申报手续，取消《船舶卫生证书》作为电讯检疫的条件，直接用国际通行的《船舶免予卫生控制措施证书》替代即可申请实施电讯检疫；将办理船舶出入境检验检疫手续所需递交的 5 种单证减少到 3 种；允许符合条件的船舶进行无纸化申报；针对厦金客轮航行特点允许出入境手续一起办理实施。

（一百四十八）减免税货物 ERP 嵌入式联网审批。

厦门海关启动企业 ERP 系统联网试点，帮助集成电路企业通关提效，在现有减免税无纸化审批系统的基础上，根据企业个性化需求，直接将审批模块嵌入企业 ERP 系统，企业根据生产需求，通过 ERP 系统提出审批申请并实时查询办理结果；在提交申请时，直接调取 ERP 系统的数据，简化录入操作，确保信息准确；厦门海关专门设置"ERP 专用通道"，优先办理识别为 ERP 联网模式的减免税申请，进一步支持高新企业。

（一百四十九）集成电路设计产业保税监管模式。

厦门海关对集成电路保税研发设计企业所需进口的晶圆片等料件进口、测试等过程管理及出口核销实施管理；对集成电路保税研发设计企业所需进口晶圆片等料件予以全额保税；鉴于"芯火"双创平台经工信部按照高标准条件设立，由国有企业厦门科技产业化集团负责运营，厦门科技产业化集团与在"芯火"双创平台注册的集成电路设计企业联系紧密，地方政府部门对集成电路产业发展高度重视，建立海关主管、政府共管、企业自管的管理机制。

（一百五十）进口提前报关奖励。

厦门海关和厦门自贸委为了进一步推广进口提前报关政策措施，在全国范围内率先出台进口提前报关奖励政策，极大提高了申报企业的工作积极性，形成海关、进口企业、报关代理企业合作共赢，协同治理，共同参与压缩进口整体通关时间的良好氛围。采用进口提前报关后，在进口舱单传输完毕情况下，进口企业可在货物到港前向海关提前申报，并提前办理缴纳税款手续，载运货物的船舶或飞机抵达后，在没有海关布控指令的情况下即可自动放行，大幅缩减进口货物抵港后的作业时间，节约企业进口成本。

（一百五十一）海关加工贸易电子账册不停产盘点核查模式。

在海关加工贸易企业电子联网监管中，盘点核查是海关电子账册核销的手段和依据。"不停产盘点"新监管模式是结合企业生产特性、内控情况，企业在不停产的情况下，采用动态盘点与静态盘点相结合的方式实施盘点，并向海关提交盘点清册，由海关实地进行抽盘检查，实施监管。

（一百五十二）入境大宗工业品联动检验检疫新模式。

按照"因地制宜、多点申报、前推后移、优势叠加"的原则，对从自贸试验区口岸入境的大宗集装箱工业品，检验检疫机构采取货物直提或检疫等部分环节前置的工作模式，在口岸均不开箱，仅实施放射性检测和检疫处理后即给予放行，由使用地检验检疫机构开展开箱后的检验检疫。

（一百五十三）海关业务预约平台。

依托国际贸易“单一窗口”开发海关业务预约平台（含移动终端），实现海关查验、保税常规核查盘点等业务的网上自助预约功能。企业通过海关业务预约平台，足不出户即可在网上向海关自助预约办理查验、盘点等业务事项，并可实时查询查验、盘点预约结果。

（一百五十四）海运国际转运货物“散进集出”监管模式。

厦门海关依托舱单系统国际转运信息，通过舱单数据、货物实际信息、专用库位信息、放行信息等信息流监管，辅之货物装箱和在途实际监管，形成“散进集出”物流链监管的闭合回路，实现海运国际转运货物以散杂方式通过国内港口，改装集装箱转运至世界各地的创新监管模式。

（一百五十五）区域外航空维修一体化监管新模式。

海关整合维修物品、暂时进口货物、保税仓库货物等与飞机维修相关的监管业务流程，对航材保税仓库领料数据和维修企业工单耗料数据进行比对、归并后形成报关申报数据，创新保税仓库出库航材“维修后集中申报”的管理模式，创新保税航材延期管理，每半年集中办理一次延期手续，并简化不同延长期限的内部核批手续，实现维修业务的跨部门一体化监管；检验检疫部门对暂时进口的维修飞机用旧工具免于实施装运前检验；采取“法检清单预报备、集中查验”模式；对航空维修用进口涂料实施集中备案抽检；对涉及中国强制性认证的产品实施分类管理；对维修用进口金属材料实施快速直放；免除进口旧航材卫生消毒流程约检环节；对进口货物的木质包装实施“企业自查+CIQ抽查+事中事后监管”的检疫查验模式；对航空维修用危险化学品实施预约检验、批量查验模式，提高通检效率。

（一百五十六）优化服务外包转包业务海关监管模式。

海关部门允许待维修的航材利用“特殊区域一日游”方式取代原来“境外一日游”做法，降低物流成本，缩短物流时间；同时通过开展跨直属海关协同监管，实现直属海关之间的征税互认、监管互助。

（一百五十七）融资租赁关区内异地委托监管模式。

注册在福建自贸试验区厦门片区海关特殊监管区域内的融资租赁企业进出口飞机、船舶和海洋工程结构物等大型设备，由于体积庞大等客观原因不能做到实际进出海关特殊监管区域的，根据物流实际需要，通过海关特殊监管区域海关与机场海关建立联系配合办法，实现关区内异地委托监管。

（一百五十八）海关创新项目众创及实施管理平台。

海关按照项目管理思路，自主研发创新工作平台，从企业需求、业务流程规划、助推地方重点项目等方面，通过信息化系统，形成企业、海关各部门间共同参与制度创新、系统集成及项目管理的模式。一是实现创新多维入口，创新项目人人参与、集思广益；二是实现创新项目互动众创，加快创新举措出台速度；三是实现审核流程可追踪，严控创新项目实施风险；四是针对问题研究提出创新举措，提升创新举措的针对性、实效性；五是助推创新举措落地，通过系统跟踪进展情况，实现项目透明化管理。

（一百五十九）“海关公证电子送达”系统。

首创便民、高效、专业的“海关公证电子送达”平台，打通执法信息直达当事人的信息化通道，通过微信采集、发送等互联网+公证的手段将法律文书送达给当事人，将案件送达程序化繁为简，“让数据多跑路，让群众少跑腿”。

（一百六十）“掌上通”手机应用程序保税仓库移动监管新模式。

企业根据海关的监管要求，在内部管理手机应用程序中叠加保税仓库海关监管功能，并向海关提供接入服务，基本实现保税仓库数据全导入、商品全覆盖、物流可追踪、核扣全自动，并且具备风险布控和自动预警等功能。海关可通过该手机应用程序对保税仓库进出存转的库存数据及实际物流数据进行全范围立体式监管，在此基础上叠加简化审批手续、减免保税担保、异地配送等优惠政策，给物流配送企业松绑，助力企业延长“保税+”物流链，促进保税仓库业务的健康发展。

（一百六十一）进口分拨集装箱便捷监管模式。

将进口海运集拼集装箱的分拨提箱申请由人工纸质审批调整为系统自动审批，实现海运分拨进口集装箱提箱审批无纸化；在码头堆场内设立检验检疫作业专区，对进口分拨集装箱优先办理箱表消毒、检疫处理等手续；督促码头、分拨仓库提高调柜、提箱、理货等物流效率，督促仓库、货代公司等提醒企业及时报关。

（一百六十二）跨关区调机维修业务。

进境维修飞机承运国内异地口岸旅客、货物运输任务并在进境地海关办理旅客货物报关清关手续后，再空机从国内进境地海关飞往维修所在地的目的地口岸，由目的地海关（即维修飞机主管地海关）办理进境飞机的维修手续。维修完毕后，空机飞往异地出境地海关，承运出境旅客、货物出口（在出境地海关办理报关清关手续）。

（一百六十三）高新研发制造企业海关信用培育创新方案。

对接产业升级实际需要，对辖区高新研发制造企业进行列表管理，加强高新科技研发制造企业的海关信用培育，促进研发企业提升海关信用等级，享受进出口通关便利措施。一是对接地方政府高新研发制造企业名单，动态更新企业名录库；二是设立企业信用管理联络员，了解企业海关认证需求，宣传海关认证企业待遇，推动高新研发制造企业规范管理，提升海关信用级别；三是加强海关信用管理培训，丰富培育方式，通过“一对一”辅导、集中培训、认证观摩等多种方式，有针对性地开展高新研发制造企业信用培育工作，提升企业规范化管理水平；四是集中力量优先认证，对符合条件的高新研发制造企业，给予优先受理、优先认证；五是加大 AEO 互认力度，推动认证企业在国内和国外全面享受 AEO 贸易便利化措施；六是配置企业协调员，及时解决企业在进出口通关中存在的问题。

2019年辽宁海关支持中国（辽宁）自贸试验区建设主要情况

一、辽宁海关支持辽宁自贸试验区发展开展工作情况

（一）以创新和复制推广为目的，持续释放政策红利。

一是保税混矿、进境粮食全流程监管新模式作为自贸创新典型范例，分别入选国务院第四批、第五批改革试点经验在全国复制推广，“进出口商品智慧申报导航服务”完成总署自贸创新举措的备案，该案例以评估总分第一的成绩列为中山大学自贸区高端论坛《2018—2019年度中国自由贸易试验区制度创新十佳案例》之首。

二是开展铁矿石期货保税交割业务、保税燃料油供船“集出分供”监管模式、平行进口汽车保税增值服务业务、海关“以审代查”稽查模式、互联网+船舶吨税查询新模式、“以企业为单元全程信任式监管”新模式六项自贸新举措的研创工作，并取得阶段性成果。其中，铁矿石期货保税交割首创“集中检验、分批放行”模式，协助海关总署制订业务公告，顺利完成1万吨铁矿石期货保税交割业务；通过“集出分供”模式，实现“一装多供”，减少供应服务船舶待供时间和出入库次数85.7%；创新“保税展示+担保”模式，开展全国首票平行进口汽车出区保税展示业务，积极探索汽车增值服务业务。

三是企业合规管理辅导员制度、大型出口成品油通关新模式、国际水产品中转监管创新做法、海关银行保函管理系统创新模式、口岸病媒生物远程鉴定新模式、进出口货物通关“英特尔模式”、国际服务外包保税监管模式、检验检疫行政执法全过程记录集成体系等14项创新案例列入辽宁省改革创新经验在全省推广。

四是在创新的同时，梳理并结合实践，重点推行国家、海关总署、辽宁省共12批次95项复制推广任务，做到应复制尽复制、应推广尽推广。

（二）以世行项目为契机，助力大连自由贸易港申建。

2019年10月，大连海关承办的世行技援（TCC6）“推进自由贸易港建设的海关检验检疫政策和监管模式研究”子项目正式被财政部批准立项。该项目是经国务院批准，由财政部利用世界银行贷款实施的支持中央及地方政府开展重大政策研究及能力建设的政策性支持项目，也是海关总署向财政部推荐的唯一项目。通过该项目研究，将为关检业务的全面深度融合、为大连探索自由贸易港建设、为东北亚区域开放合作向深度融合，以及东北振兴提供政策参考和有效经验积累。

（三）以论坛和研讨为载体，广泛开展调研与交流。

一是与大连市政府、东北财经大学联合主办“2019中国自贸区高质量发展论坛”，来自中国国际经济交流中心、国务院发展研究中心、世界自由区组织中国代表处等机构的专家学者就新形势下自贸区建设及探索自贸港建设等议题开展深入研讨，中央电视台对论坛进行了报道。

二是广泛开展调研，先后撰写《大连海关关于报送推进综合保税区建设工作建议的报告》《大连海关关于报送大连自贸试验片区平行进口汽车产业现状及发展建议的报告》《关于以“保税领域八张牌”为突破口促进大连市更高水平对外开放的报告》三篇调研报告，并报送大连市政府，得到市领导批示和肯定。

（四）以“保税领域八张牌”为抓手，促进自贸区高质量发展。

一是促进大连市跨境电商试点城市发展，支持

中石化易捷等电商企业设立线下自提体验店，完善跨境电子商务辅助系统建设，实现7×24小时通关作业，引导企业合规管理。2019年1—12月，跨境零售进口共接收申报清单446 579票，同比增长290.82%。

二是在全国首创保税混矿监管新模式，助力企业拓展对日本、韩国、中国台湾地区的转口贸易，全年混矿入库1 054.75万吨，国内客户购买量454.21万吨，转口国外719.81万吨，转口贸易量继续位居全国首位。

三是在大连机场开展保税航油业务，37条固定国际航线全部实现航油的保税加注，覆盖率达100%，每吨航油成本下降15%。

四是在全国率先探索“集中检验、分批放行”期货保税交割模式，顺利完成1万吨铁矿石期货保税交割业务。对提高我国大宗商品国际定价权、大连区域性金融中心建设影响深远。

五是拓展“保税仓储+转口”业务，打造集冷藏船泊位、集装箱码头、冷库群为一体的专业化冷链物流中心，实行“入区检疫，出区核减”，简化国际中转出入库检疫手续。2019年12月，大窑湾保税港区一线进境冻品29.6万吨，转口10.6万吨，同比增长39.4%。

六是通过“保税展示+担保”，允许平行进口汽车企业出区展示，拓宽销售渠道。2019年1—12月平行进口汽车申报进口出区8 940辆，同比增长116%；全国首创“平行进口汽车转口保税增值服务”业务模式，延伸产业链，提高车企利润。

七是以信用管理为抓手，打造具有高新特色的诚信维网，以电子联网为抓手，打造科技围网，构建起“科技+诚信”管理的双维监管体系。

八是汽车保税维修业务持续推进，同时拓展业务范围，推进旅顺滨海船舶保税维修项目。

（五）进一步完善海关自贸法规制度体系。

注重自贸制度设计的源头把控和政策出台的前置性审查，加强政策落实情况的监督检查、跟踪问效与动态评估。整理汇编涉及自贸区及海关特殊监管区域保税监管等方面的文件，形成《自贸文件汇编（2019版）》并编印成册，向自贸区、特殊区域管委会、相关企业、各隶属海关及职能部门发放。

二、辽宁海关支持辽宁自贸试验区发展的措施

（一）简化无纸通关随附单证，简化统一进出境备案清单。

“简化无纸通关随附单证”和“简化统一进出境备案清单”等制度的组合叠加极大提高了企业的通关效率，关区无纸化通关覆盖率达97.67%，企业预录入申报项目减少到30项，申报时间由15分钟缩短为2分钟，货物实际进口通关时间降幅达77.19%，出口通关时间降幅达60.76%。

（二）推进关区“多证合一”改革。

累计注册企业469家，占改革以来的25.3%；推进企业注销便利化改革，已有8家企业通过辽宁省“一网”注销平台享受政策便利；牵头开展“证照分离”改革，提前实现40种进出口监管证件网上办理。

（三）“四自一简”。

“四自一简”管理模式惠及企业24家，管理模式设立账册33本。

（四）委托加工。

充分释放综合保税区企业的闲置生产能力，最大程度帮扶企业形成利润增长点，促成飞机发动机零部件加工订单加工零件64 288件，加工费为10 115.89万元人民币（截至2018年5月29日）；沈阳某公司的委托加工入区货物共231.147吨，货值264.977万元，出区437.005吨，货值501万元，其中家禽肉类进区8.75吨。鱼丸类进区215.687吨，鱼丸成品出区370.91吨，货值333.82万元人民币。

（五）企业协调员制度。

相关企业获得更直接、更畅通的关企联系渠道，享受了守法即获得便利的红利。2019年，共计

28 家高级认证企业参与企业协调员制度，充分利用微信群等方式积极推送海关最新政策法规及相关公告，并通过电话、下厂走访等形式解决 90 余家企业无法报送年报的问题，解决 100 余家企业在企业注册、信用管理方面的疑难事项。例如，2019 年 4 月开展“政策入户、服务上门、一企一策”惠企服务，深入企业送服务，针对辖区企业关心的海关企业信用等级管理制度、企业信用等级晋升条件及其带来的通关便利化优势等问题，向企业进行详细政策解答；针对企业资质管理、加工贸易、减免税等业务进行现场培训和指导，帮助企业解决实际问题；针对海关相关业务审批、属地化报关等问题，广泛征求企业意见建议，提升服务靶向性和成效；日常工作中通过“沈阳海关关企即时通”随时解答企业的疑难问题。

（六）集中汇总纳税制度。

节约企业成本、提高通关速度。2019 年受理汇总征税报关单 13 040 票，同比上涨 6.21%，征税 106.21 亿元，增长 11.45%，涉及 22 家经营单位，比 2018 年同期多出 10 家。

（七）国际海关 AEO 互认合作制度。

关区内高级认证企业在新加坡、韩国、中国香港等都可享受该国和地区最高等级的通关便利措施，相当于拥有一张“全球通 VIP 卡”。沈阳关区所有高级认证企业（即过去的 AA 类企业）共计 28 家均可享受 AEO 互认待遇。

（八）出境加工。

2019 年，为企业办理出境加工合同 25 份，货值 25 万美元。

（九）取消异地加工贸易审核环节。

有效地提高了加工贸易企业备案效率，缩减加工贸易异地备案核批时间至少 6 个工作日。

（十）企业“自报自缴”。

企业“自报自缴”制度使货物通关由原“申报-审单-接单-开具税单-缴税-放行”6 个环节减少至“申报-缴税-放行”3 个环节，通关时间进一步压缩。2019 年，进一步扩大“自报自缴”范围，自报自缴报关单 25 755 票，同比增长 1.38 倍，实征税款 42.62 亿元，占全部实征税款的 23.98%。

（十一）加工贸易以企业为单元监管模式。

作为全国首批试点海关，沈阳海关优先推动加工贸易从以合同为单元向以企业为单元监管转变，促进加工贸易创新发展，建立新型加工贸易监管模式。通过建立与企业生产实际同步的单耗申报制度与多元化核销制度，优化深加工结转、保税货物集中内销业务，解决以合同为单元监管与企业生产实际相脱节的问题，进而简化加工贸易企业办事程序，引导企业自律管理，提高海关监管效能。2019 年，进一步深化以企业为单元的加工贸易改革，减少企业办理事项 100 余次，受益货值 12.34 亿美元。

（十二）关税保证保险。

2019 年共受理 26 家经营单位的 161 份保证保险单，总担保金额 10.71 亿元。

（十三）简化加工贸易企业报核手续。

有效地提高了加工贸易企业核销效率，为企业节约报关单证收集时间至少 10 个工作日。

（十四）对符合政策规定的科学研究机构、技术开发机构进口《进口科学研究、科技开发和教学用品免税清单》所列有关用品予以税收优惠。

2019 年 1—12 月，13 家科研院所、国家企业技术中心进口了《进口科学研究、科技开发和教学用品免税清单》所列有关用品，海关共审批总货值 2 666.83 万美元，实际减免税款 2 157.72 万元人民币。

（十五）预裁定制度。

2019 年 1—12 月，关区共签发《中华人民共和国海关预裁定决定书》16 份。

（十六）“先出区、后报关”。

2019 年一线出区货物全面实行“先出区、后报关”制度。企业运行“先出区后报关”模式节省了时间成本，每票节约运输成本约 500 元至 1 000 元，平均每单节约报关时间 2 小时。

（十七）卡口智能化验放。

已经全面实行卡口智能化管理，金关二期系统一共进出核放单 2 340 票，平均每票节约卡口通关时间 25 分钟以上。

（十八）支持中欧班列扩量增效。

与满洲里、二连浩特等中欧班列口岸检验检疫机构建立起“双向全申报机制”，实现“互为口岸、互为（一）二线、互为把关”的新检验检疫监管模式，对中欧班列运输货物全面实施预约工作制和“零等待”查验服务举措，保障班列定点、定时、定线运输。加快落实“东三省一区”中欧国际货运班列检验检疫区域一体化监管平台建设，逐步建立检验检疫电子化监管体系，实现检验检疫口岸局、货源地局、货物集结中心局多局执法联动、信息共享，创新检验检疫监管模式。2019 年，共发运出境中欧班列 162 列，同比增长 20%；标箱 14 600 个，同比增长 14.76%；货运量 16.72 万吨，同比增长 57.74%；货值 4.69 亿美元，同比增长 7.32%。进境班列从 2019 年 5 月开始常态化运行，货物主要包括汽车零件、机械设备等，截至 2019 年底达 39 列，3 022 标箱，货运量 1.5 万吨，货值 3.84 亿美元。

（十九）支持装备制造业转型升级。

在提速增效方面，实现沈阳片区检验检疫通关时限缩短 1/3 以上。在拓展国际化业务方面，在国际认证环节助推一批企业产品顺利进入北美市场，据加拿大有关方面反馈，2019 年上半年涉及产品 2 亿元。在运输物流方面，通过国检试验区建设实现沈阳内陆干港功能，提升企业外向型发展水平。

（二十）保税航油。

沈阳海关建立快速审批通道，特事特办，推动沈阳桃仙国际机场保税航油“两仓”如期建成运营，实现东北地区保税航油业务“零”的突破，空港口岸保税航油业务全流程贯通。2019 年 5 月 26 日，中国航油沈阳桃仙机场出口监管仓库和液体保税仓库正式启动运营，实施首周共为 123 架航班加注保税航油 1 392.2 吨。2019 年加注保税航油 13 850.203 吨，其中外航 5 572.918 吨，金额达 397.51 万美元，可使航空企业油料成本降低 10% 以上。

（二十一）保税仓库+飞机维修。

2019 年，共有 2 台 IDG 依托此模式开展维修业务，保税料件货值 95 233.43 美元，维修费用 125 577.6 美元，为企业节约 5.26 万元人民币税款。

（二十二）区内自行运输。

节约成本、提高通关速度。

（二十三）原产地管理改革。

对优惠贸易协定项下的进口货物，海关已收到出口方传输的原产地证书电子数据的货物，进口单位申报进口时免于提交纸质原产地证书。该项创新措施已在全关区复制推广。

（二十四）批次进出、集中申报。

节约成本、提高通关速度。该制度为每票报关单可节约通关时间约 1 小时。

（二十五）引入中介机构辅助开展保税核查、保税核销和企业稽查工作。

解决海关人力紧缺，弥补专业技术不足，降低海关执法风险，从而为企业节约成本，倡导守法便利、违法惩戒，引导企业自律管理。

（二十六）企业信用信息公示制度。

方便企业、提高办事效率。

（二十七）一次备案、多次使用。

简化办事程序。

（二十八）跨境电商。

2019 年，沈阳关区共有电商企业 8 家。海关支持跨境电商保税网购进口业务启动运营，监管出区货物共 11 252 票，汇总生成税款 31 票；自 2019 年 8 月 2 日沈阳海关跨境直购业务开通至 2019 年 12 月 31 日，共进口 14 批次跨境直购商品，合计 1 677 件包裹，征收税款 176 918.54 元。

（二十九）加工贸易单耗申报管理改革等制度。

以企业为单元加工贸易监管改革试点配套制度，给加工贸易企业提供便利，更加贴合生产实际，提高单耗准确度。

（三十）直接运输条款便利化措施。

对于各优惠贸易安排中经第三方中转的进口货物，进口人申报适用协定税率或特惠税率时，海关不再要求提交中转地海关出具的证明文件，由相关企业或其委托的代理人出具单份运输单证即可。对ECFA项下进口货物，可通过查验集装箱封志的方式判定经第三方中转货物是否符合直接运输要求。

（三十一）出入境生物材料制品风险管理。

根据该制度，高校科研实验用产品入境时长由原来的20余天，压缩至5个工作日，直接减少时间成本近3/4。

（三十二）原产地签证管理改革创新。

对自贸试验区内信用等级B级以上的原产地签证企业推进签证简政放权改革：原产地证签证“全省一体化”，原产地证签证无纸化，原产地证签证代理签、快进签、预留签等多种便利化措施已覆盖关区各隶属海关；关区普通商品原产地备案“无纸化”覆盖率已经达到100%。坚持原产地业务双向管理，全面提升签证质量。推进原产地证自助打印、网上申报和“两证合一”工作，2019年共签发各类原产地证书23 532份，签证金额17.72亿美元。

（三十三）简化海关特殊监管区域间、海关特殊监管区域和保税监管场所保税货物流转模式。

简化海关特殊监管区域间货物流转模式，减少运输时间约2天。

（三十四）先放行、后改单。

沈阳海关根据总署统一部署，推行“先放行、后改单”模式，当查验处理结果为“改单放行”时，系统将自动放行报关单。

（三十五）创新模式，开拓“进境水生动物绿色通道”。

打造进境水生动物“延时、错时+预约通关”“先通关、后检测”的服务模式，实现进境水生动物快速通关，该举措被境内外多家媒体报道。

（三十六）推进落实“先放后检”“先放行后验证”。

持续优化口岸营商环境，实现“管得住、放得开、效率高、成本低”的工作目标。

（三十七）积极推进国际航行船舶供水“开放式申报+验证式监管”、口岸病媒生物远程鉴定。

大幅压缩“口岸卫生许可证”审批时限。

（三十八）积极推动“一般纳税人试点”。

有5家企业获得一般纳税人资格。

2019年杭州海关支持中国（浙江）自贸试验区建设主要情况

一、杭州海关支持浙江自贸试验区发展开展工作情况

杭州海关聚焦以油气全产业链为核心的大宗商品贸易自由化，深化改革创新，优化监管服务，不断提升贸易便利化水平，优化自贸试验区营商环境。

（一）推进申报改革，为提升营商环境提速增效。

一是在全国海关中率先开展“两步申报”改革试点。大大缩短货物在口岸滞留时间，降低物流成本，给企业带来真正实惠。2019年12月，舟山口岸进口、出口整体通关时间为24.6小时和1.3小时，分别比2018年12月压缩27.3%和44.0%。

二是创新应用国际贸易“单一窗口”申报平台。实现船舶进出境和物料申报全程无纸化，申报项目减少66.7%，单船进出境手续办理平均耗时减少80%，形成船舶进出境的“舟山样板”经验。

三是研发应用保税燃油加注“一口受理”平台。解决多头申报、重复录入问题，实现保税燃油加注“最多跑一次”，保税燃油审批出库到受油船离泊缩短至一天内完成。

（二）推出监管创新，为优化营商环境注入活力。

一是深化自贸试验区制度创新。立足问题导向和目标导向，2019年新推出5项监管创新举措支持自贸试验区发展，4项监管制度入选国务院第五批全国范围复制推广的改革试点经验。

二是支持国际海事服务基地建设。融合运用“跨地区直供”“外锚地供油”“一船多供”“申报无疫放行”等制度，大幅简化保税供油报关流程，平均每吨供油运输成本节约150元，吸引油品企业及供油业务向浙江自贸试验区集聚，助推舟山口岸年供油量从2016年的106.5万吨跃升至2019年的410.3万吨，居全国口岸首位，全球第八位。

三是推动舟山港综保区高水平开放、高质量发展。全面落实“四自一简”，推出区间货物“直通流转”监管，实现货物“一区三片”便利流转，优化货物进出区管理。

（三）聚焦重大项目，为培育营商环境创优服务。

一是支持绿色石化基地建设。成立专项工作小组，主动对接企业需求，量身定制帮扶举措，创新重大项目进口设备检验制度，采取“备忘签署、质量保证、抽批查验、后续监管”检验模式，将平均通关放行时间缩减至1.5天。

二是支持国际农产品贸易中心建设。指定专人对接中澳现代产业园项目，密切掌握项目进展和企业需求，积极争取隔离场、屠宰场一体化和隔离场一片多区等政策支持。支持粮油产业园区建设，推出优化进口粮食江海联运检疫监管、粮食运输“散改集”等创新举措，提升粮食多式联运物流综合服务能力。

三是支持国家远洋渔业基地建设。优化渔船备案注册机制，2019年共备案渔船49艘，国外推荐注册48艘，指导帮扶4家舟山出口水产品企业顺利通过韩国官方检查，保障对韩水产品贸易正常开展。

二、杭州海关支持浙江自贸试验区发展的措施

（一）水海产品实施原产地签证负面清单制度。

清单外企业实施即报即签，清单内企业对清单内产品申请签证才需要开展原产地调查。

（二）检验检疫便利通关放行管理。

在合格假定和企业合格保证的基础上，开展通关便利放行；运用信息化手段设置自动通关规则，未抽中批和查验合格批均实施计算机系统自动签发通关单，自动归档，无须人工操作；深化运用企业信用管理信息和产品风险等级信息，对企业和产品实施分类管理。

（三）国际航行船舶保税燃料油加注检疫创新。

允许受油船在外锚地（非检疫锚地）接受检疫监管；对来自传染病或动植物疫区，但经风险评估认为疫情风险较低可控，且诚信申报“无疫”的受油船舶实施电讯检疫，不再实施登轮检疫。

（四）入境修理船舶检疫创新。

根据风险评估结果给予入境修理船舶减少锚地检疫、简化手续等快速通关便利，同时加强在港修理期间的检疫监管和卫生监督。

（五）进境动植物及其产品检疫审批无纸化。

下放审批初审权限，并实施进境动植物检疫审批全程无纸化。

（六）进口食品预检验。

实施预检验制度，进口食品可在检验检疫机构检验前，有相关企业委托具有资质的第三方机构对拟进口产品的样品提前进行检验，检验检疫机构在综合风险评估的基础上采信和验证预检验结果。

（七）保税金属矿检验。

一线入区时提前对整批保税货物进行全套检验流程，出区进口不再重复检验；采信第三方检验鉴定机构的数重量鉴定结果；实施分类管理。

（八）保税油检验创新。

一线入区时提前对整批保税货物进行全套检验流程，出区进口不再重复检验；采信第三方检验鉴定机构的数重量鉴定结果；采用信用管理、分类监管模式，为信用企业量身定制预检验、现场快速检测等。

（九）进口大型成套设备和重大进口项目检验创新。

明确大型工程项目设立现场办，统一协调进出口检验检疫相关业务；提前介入项目监管，做好政策宣传和帮扶；对重大进口项目、重大质量安全问题，可视情在全省内组织协调有关人员共同参与检验监管。

（十）免于办理强制性产品认证实施。

将免办的各级审核权限（包括汽车、摩托车产品的审核）以及免办诚信企业的评定全部下放至自贸区所在地；利用电子管理系统，全面实施无纸化办理，纸质申请材料由企业留存；区内企业优先考虑纳入诚信企业管理，享受一次办理、多次通关等优惠政策。

（十一）跨地区直供。

供油企业跨舟山海关辖区到其他海关辖区开展国际航行船舶保税油直供业务，包括宁波、南京、上海等及关区内的嘉兴、温州、台州等。

（十二）港外锚地供油。

供油船对尚未进入港口内，在港口外锚地停泊的国际航行船舶供应保税油。

（十三）一船多供。

单艘供油船舶在一个作业航次内对多艘受油船舶供应保税油。

（十四）先供后报。

从事国际航行船舶保税油供应的企业采用“先供油、后报关”模式开展业务。

（十五）一库多供。

同一公用型保税仓库同时存储多家供油企业的保税油。供油企业利用公用型保税仓库开展保税油供应业务。

（十六）同商品编码铁矿石混矿。

同一商品编码项下同一原产国不同产区（不同品质）的铁矿石在特殊监管区域（保税监管场所），进行保税物流项下流通性简单加工混矿。

在原限定同一原产国的基础上，第二批创新举措推出时，将该条举措拓展适用于允许不同原产国，即同一商品编码项下不同品质的铁矿石在特殊监管区域（保税监管场所），进行保税物流项下流通性简单加工混矿。

（十七）口岸监管一体化改革。

一是以宁波口岸和舟山口岸现有的船舶申报平台为依托，加强船舶申报数据的互联互通，进一步优化国际航行船舶在宁波、舟山港内移动的申报手续；二是在研究分析宁波与舟山间集装箱货物跨关区流转中存在的问题的基础上，结合港务部门的相关需求，全面推行转关无纸化。

（十八）同商品编码下保税油品混兑。

同一商品编码（10 位）项下不同品质的保税油品在保税监管场所（特殊监管区域）内，进行保税物流项下混兑。

（十九）保税燃油出库审批最多“跑一次”。

企业通过两仓联网监管系统办理货物出库等业务的在线申请，实现保税油从保税库至供油船上在线申请、线上核批，企业无须再到海关递交单证。

（二十）绿色石化进口油品“即报即放”。

对满足条件的绿色石化企业进口油品完成前测鉴定、取样和硫化氢监测等现场工作后，初步评定合格即通关放行，允许企业在检验结果出具前进行装卸、调运、销售、加工等作业。

（二十一）船舶供油“网上申报+远程监管”。

国际航行船舶在办理船舶抵港手续后，供油企业通过信息化系统办理保税供油申报、核销手续，海关通过科技手段实施远程监管。

（二十二）不同税号保税油品混兑。

允许具备资质的企业对商品编码前 4 位属于 2710 项下的不同税号油品开展保税物流项下流通性简单加工；对商品编码前 4 位不同的油品开展保税加工项下实质性加工（非冶炼加工）。

（二十三）船供物品“自助申报+动态监管”。

国际航行船舶食品、饮用水供应企业在“港检联报系统”进行无纸化申报，海关实施“卫生许可审查评分+日常卫生监督评分+诚信管理”动态监管。

（二十四）大宗散货“先进库、后报关”。

在保税仓库（出口监管仓库）入库环节，保税仓储企业凭大宗散装货物的进境货物舱单等信息先向主管海关申报办理货物进仓手续，再在规定时限内向海关办理进境货物正式申报手续。

（二十五）保税混矿“三位一体”检验。

对保税混配铁矿采取“入区监测、区内监管、出区检验”的“三位一体”监管模式。即入区时加强相关指标监测，在区内实施全程实时动态监控，出区转国内销售时，在装运过程中取样进行品质指标检验。

（二十六）重大项目进口设备检验创新。

对重大项目企业进口大型设备采取“备忘签署+质量保证+抽批查验+后续监管”检验模式。

（二十七）船舶配件“快速分拨”。

舟山港综保区内保税物流企业在保税物流项下进境的大型船舶配件，允许其随运输工具停靠舟山港综合保税区配套码头等舟山海关监管作业场所，在办结一线进出境、二线进出区报关手续后实现快速分拨。

（二十八）飞机“区港联动、直通入区”。

飞机申报入境及检疫查验后，通过区港直通卡口通道进入舟山港综保区。机组人员经机场查验通道完成检查。配套供应链货物，除规定必须在入境口岸实施检疫查验外，允许从口岸直达综保区企业仓库实施查验。

（二十九）外籍船舶设备外发修理。

允许外籍船舶修理企业将受生产工艺条件限制，自身不具备修理能力的部分船舶设备委托其他境内企业或机构修理检测。

（三十）保税油品转让。

允许企业向海关办理备案手续，将处于保税监管状态下的油品在保税仓库内交易。

（三十一）进境粮食“散改集”。

进境散装粮食完成检验检疫后，在口岸海关监管作业场所内换装集装箱，通过多式联运运抵目的地企业。

（三十二）多船一供。

多艘供油船舶在一个作业航次内对一艘受油船舶供应保税油。

（三十三）进口货物“两步申报”改革试点。

企业无须一次性提交全部申报信息及单证，第一步凭提单概要申报提货，第二步在规定时间内完成完整申报。

（三十四）企业协调员制度。

海关建立企业协调员制度，组建海关企业协调员队伍，搭建关企合作平台，利用多种手段，畅通海关与企业联系沟通和问题反映渠道，构建新型关企合作伙伴关系。海关不定期向企业推送最新政策规定，建立企业问题提交和海关汇总处理反馈的快速响应机制，推出信用培育、规范改进和辅导等个性化服务措施，提高海关服务企业水平。

（三十五）企业信用信息公示。

制定海关企业信用信息公示目录，通过动态发布、依申请公开等主动公布与可查询相结合的形式，对社会公示企业注册登记信息、信用等级信息、海关行业资质以及行政处罚信息。

（三十六）高级认证企业联合激励。

根据海关总署与国家发展改革委、人民银行等40个部门签订的《关于对海关高级认证企业实施联合激励的合作备忘录》，各部门从全国信用信息共享平台守信联合激励系统中获取海关高级认证企业信息，执行或协助执行备忘录规定的6大类49项激励措施。

（三十七）保税展示交易。

经海关注册登记的特殊监管区域内企业在区内或者区外开展保税展示、交易的经营活动。

（三十八）仓储货物按状态分类监管。

允许非保税货物入海关特殊监管区域储存，与保税货物一同参与集拼、分拨，根据国内外采购订单最终确定货物实际离境出口或返回境内区外。

（三十九）一次备案、多次使用。

海关特殊监管区域内企业在账册备案环节向海关一次性备案企业、进出货物等信息，经海关核准后，可以在相关海关业务中多次、重复使用的海关监管模式。

（四十）批次进出、集中申报。

允许特殊监管区域内企业与境内区外企业分批次进出货物的，可以先凭核放单办理货物的实际进出区手续，再在规定期限内以备案清单或者报关单集中办理报关手续，海关依托辅助系统进行监管的一种通关模式。

（四十一）先进区、后报关。

在海关特殊监管区域境外入区环节，允许经海关注册登记的区内企业凭进境货物的舱单等信息先向海关简要申报，并办理口岸提货和货物进区手续，再在规定时限内向海关办理进境货物正式申报手续，海关依托“海关特殊监管区域信息化辅助管理系统”，通过风险分析进行有效监管的一种作业模式。

（四十二）简化无纸通关随附单证。

对一线进出境备案清单，以及二线进出区报关单取消部分随附单证，简化进出区通关手续。

（四十三）AEO企业培育、认证。

支持鼓励自贸试验区内符合要求的企业申请认证为海关AEO企业，促进企业享受海关通关便利措施。

（四十四）企业自报、自缴税款。

进出口企业、单位自主向海关申报报关单及随附单证、税费电子数据，并自行缴纳税费的行为。进出口企业、单位在办理海关预录入时，应当如实、规范填报报关单各项目，利用预录入系统的海关计税（费）服务工具计算应缴纳的相关税费，并对系统显示的税费计算结果进行确认，连同报关单预录入内容一并提交海关。进出口企业、单位需在当日对税费进行确认，不予确认的，可重新申报。进出口企业、单位在收到海关通关系统发送的“报关单已受理/通关无纸化审结”回执后，自行办理相关税费缴纳手续。

（四十五）归类尊重先例。

为配合海关税收征管方式改革试点，提升通关便利化水平，丰富归类公共服务渠道，推广归类先例制度，引导进出口货物收发货人或其代理人正确使用归类先例数据，规范、如实申报进出口商品归类事项。收发货人或其代理人在向海关申报进出口货物时，可以通过“归类先例查询功能”选取与本企业进出口商品相同的归类先例数据进行归类申报。选取先例数据申报的，系统自动将已选中的该条归类先例数据中的商品编码、商品名称和规格型号返填到对应报关单的表体信息中。为更好地服务自贸区进出口业务，推选自贸区内企业的主要进出口商品归类数据作为先例数据，列入归类先例数据。

（四十六）引入中介机构开展保税核查、核销和企业稽查。

具备相关资质的中介机构接受企业或海关委托，在企业开展主动披露和认证申请，以及海关实施保税监管和企业稽核查等过程中，通过审计、评估、鉴定、认证等活动，提供相关辅助依据的工作。

（四十七）原油期货保税交割。

支持国内期货交易所在保税监管场所和特殊监管区域内设立原油期货保税交割库，开展原油期货保税交割、仓单质押融资业务。

（四十八）以企业为单元加工贸易监管。

海关实施的以企业为单元，以账册为主线，以与企业物料编码对应的海关编号（料号）或经企业自主归并后形成的海关商品编号（项号）为基础，周转量控制，定期核销的加工贸易监管模式，建立与船舶、海洋工程装备等制造业相适应的保税监管模式。

（四十九）取消异地加工贸易设立审核。

取消异地加工贸易审核环节，加工贸易企业需要在长江经济带区域开展加工贸易业务的，企业可直接在加工企业所在地主管海关办理手续。

（五十）以原产地签证工作支持企业扩大出口。

原质检总局“原产地签证管理改革创新”。简化原产地证申办手续，提高签证效率，发挥原产地证在国外通关、关税减免中的作用，支持和帮扶浙江企业扩大出口。

（五十一）检验检疫分线监督管理。

原质检总局“分线监督管理制度”。在特殊监管区域内开展“一线”“二线”分线监管，其中在“一线”主要实施进出境检疫和重点敏感货物检验，在“二线”主要实施进出口货物检验和监管。

（五十二）进口货物预检验及核销管理。

原质检总局“进口货物预检验”。特殊监管区域内检验检疫机构根据收货人或者其代理人申请，对区内拟进口的法定检验货物，预先受理报检，实施集中检验，分批核销出区的工作模式。

（五十三）中转货物产地证明管理。

原质检总局“自由贸易试验区货物产地证明管理”。对经浙江自贸试验区中转出境货物的原产地签证管理。

（五十四）出入境检验检疫报检无纸化管理。

原质检总局“检验检疫通关无纸化”。根据企业信用状况和货物风险分析，改变原验核纸质单证开展工作的方式，允许企业简化报检随附单证提交方式，通过电子业务平台提交报检单及随附单证电子数据。

（五十五）保税展示交易货物检验检疫监督管理。

原质检总局“保税展示交易货物检验检疫监督管理模式”。对特殊监管区域保税展示交易（包括保税展示和保税展销）货物的检验检疫，包括检验检疫分线监管、预检验和登记核销等。

（五十六）动植物检验检疫改革。

原质检总局“动植物及其产品检疫审批负面清单管理”“免除低风险动植物检疫证书清单制度”。

（五十七）大宗资源型商品检验结果采信工作管理。

原质检总局“第三方采信”。

（五十八）被采信检验鉴定机构管理。

原质检总局“第三方采信”。

（五十九）入境维修及再制造用途机电料件检验监管管理。

原质检总局“全球维修产业检验检疫监管”“入境维修产品监管新模式”。

2019年郑州海关支持中国（河南）自贸试验区建设主要情况

一、郑州海关支持河南自贸试验区发展开展工作情况

郑州海关按照总署部署，紧紧抓住国务院对中国（河南）自由贸易试验区的战略定位，按照职能分工，牵头河南自贸试验区五大体系中的“监管服务体系”建设工作，积极落实国务院《关于支持自由贸易试验区深化改革创新的若干措施》精神，持续打造开放平台，优化营商环境。主要工作有：

（一）改革试点经验复制推广及自主监管创新方面。

一是积极做好海关监管创新制度复制推广。本着“统筹协调、共同推进，成熟先做、逐步完善，需求导向、因地制宜”的原则，分步、分类复制推广自贸试验区海关监管创新制度，目前具备条件的已经全部落地实施，初步实现了“提速、减负、增效”的效果。

二是积极探索自主改革创新。积极参与“多证合一”改革，率先在全国探索建立精准的自贸试验区海关统计制度；探索创新跨境电子商务网购保税模式，建立以电商企业为单元的跨境电商正面监管制度体系，“网购保税+线下自提”新模式、跨境电商多模式综合监管等改革创新顺利实施；2019年7月24日，郑州海关上报的《跨境电商零售进口正面监管模式》被商务部确定为自贸试验区第三批“最佳实践案例”向全国推广；创新开展“跨境电商零售进口退货中心仓模式”，该创新举措通过总署自贸司改革创新举措备案，并被国务院吸纳为第六批自贸试验区改革试点经验在全国复制推广。开展原产地证书“信用签证”管理，助力企业享受进口关税优惠近9 000万元；出口食品生产企业备案采信第三方认证结果，大幅提高备案审批时效。

（二）通关管理服务机制方面。

一是不断创新服务理念和实践。全面提升通关作业效能，建立全天候便捷通关模式，在机场货运已实现7×24小时通关，在其他业务现场实现7×24小时预约通关。通过多种形式为自贸试验区内重大技术装备企业进行“一对一”咨询服务和政策支持，自河南自贸试验区挂牌以来共为自贸试验区内重大技术装备企业进口设备和关键零部件累计审批货值2.81亿美元，减免税款5.07亿元。持续探索自贸试验区海关业务“互联网+”特色服务，实现海关办事服务“一号申请、一窗受理、一网通办”。

二是持续深化通关一体化改革。积极向海关总署申请“两步申报”通关模式改革试点并获批复，2019年10月在机场海关、新区海关、新郑海关先期试点，2019年11月14日起已在全省推广实施。

三是强化提升监管智能化水平。出台郑州海关智慧海关建设总体方案。智能审图工作全面实施，金关二期管理系统推广应用，H986等查验设备实现联网。强化执法技术保障能力，进口固体废物属性鉴定常规实验室、海关跨境大数据应用创新实验室获总署批复筹建，技术中心实验室成为总署首批认可非洲猪瘟检测实验室。

四是优化业务办理流程和时限。优化进境动植物检疫审批流程，在自贸试验区3个片区实现检疫审批全流程办理，在全省实现检疫审批全程无纸化办理。审批时限由10个工作日缩短为7个，自贸试验区内的缩短为5个。

（三）多式联运物流监管体系建设方面。

一是拓宽“网上丝绸之路”，助力“买全球，卖全球”。强化跨境电商正面监管，以关检深度融合为契机，进一步优化完善跨境电商海关监管流程与系统，持续释放改革红利；支持跨境电商零售出

口，理顺跨境电商出口包裹物流通道，制定关区内跨境电商出口转关联系配合办法；跨境电商质量安全风险监测体系已经成型；质量安全突发事件应急处置保障体系不断健全；质量安全追溯体系建设正在加快推进。对跨境电子商务相关企业试行海关企业信用管理，探索更加符合新业态特点的企业认证标准，推动河南跨境电商由高速增长向高质量发展转变。2019 年监管跨境电商进出口清单 1.3 亿票、商品总值 161.7 亿元，分别增长 32.8%和 34.3%，进口清单数居全国第二位。

二是重点支持"空中丝绸之路"建设。围绕支持郑州国际航空货运枢纽建设，陆续研究出台 27 项支持措施并抓好贯彻落实。创新国际转运货物分拆拼装监管模式，吸引 UPS 等大型集成物流企业在郑州机场设立国际转运中心；创新"境外检、口岸放"等模式，促进郑州机场成为大中活动物、进口服装、智能终端等产品的集散中心；对已获得我国检疫准入的国际中转食品申报，免予实施检验、免予提供证书、免予注册备案；率先在客货运渠道实施"7×24 小时"通关，支持"通程航班"开通，助力郑州机场国际货运量跃升为全国第 4 位。与河南机场集团签署《共同推进国际航空枢纽发展战略合作备忘录》，合力推进全球航空货运枢纽建设。2019 年，郑州机场监管进出境航班和人员持续增长，进口生鲜种类接近 300 种，监管货运量 35.3 万吨，保持全国前列。

三是积极支持"陆上丝绸之路"建设。创新监管模式，开展进口转关核销"先放行、后改单"试点。加大 H986 等非侵入式查验设备的推广使用力度，提高中欧班列监管效能。支持班列运邮、跨境电商、集装箱拆拼等特色业务开展，冷链运输业务全国领先。量身定制便利化监管通关方案，加强口岸管理部门间协作。2019 年，全年监管中欧班列（郑州）1 027 班、货运量 51.3 万吨，分别增长 40.1%和 52%。2019 年 4 月曾实现每周 18 出 11 进的高频峰值往返对开。中欧班列（郑州）满载率、回程比例、发送量等综合指标均位居全国前列。

（四）落实国发 38 号文方面。

综合运用国务院《关于支持自由贸易试验区深化改革创新的若干措施》所提供的各项支持政策，带动产业聚集。

一是自贸试验区开放支撑平台进一步做大。自贸试验区郑州片区内郑州经开综合保税区已完成整合升级验收，待正式批复；自贸试验区洛阳、开封片区正在积极申建综合保税区；进口肉类、粮食、水果、冰鲜水产品、食用水生动物等指定监管场地业务发展较好；药品进口口岸正式获批。

二是自贸试验区优势特色产业进一步集聚。通过"先入区后报关""批次进出、集中申报"、进出口工业产品第三方检验结果采信试点等监管创新措施，采取"面料预检验"模式将检测周期从 15 天缩短到 5 天，全力打造中西部最大服装分拨口岸，带动郑州航空口岸进出口服装包机旺季每周 5 架（三进二出），累计包机运行 366 架。探索食品、农产品及水产品的快速检验检疫模式，由过去"批批检验"转变为"双随机"布控检验，进口肉类通关时间由原来 30 天缩短至 7 天到 10 天；进出口食品农产品检验检疫通关效率同比提高 63%。支持开展入境维修再制造试点，目前河南共有 5 家企业通过入境维修/再制造能力评估，获得相应资质，2017 年以来入境维修/再制造进口料件货值累计达 25.1 亿元。

三是自贸试验区保税政策叠加优势进一步凸显。发挥海关特殊监管区域优势所涉及的内销货物选择性征税和增值税一般纳税人资格试点在新郑综保区取得显著成效；仓储货物按状态分类监管探索进一步得到完善；推动加工贸易监管模式创新所涉及的"四自一简"企业自主管理模式已全面应用；异地加工贸易审核环节已取消；促进服务贸易快速发展所涉及的服务外包海关保税监管模式文化艺术品快速通关的举措已出台。

二、郑州海关支持河南自贸试验区发展的措施

河南自贸试验区挂牌至 2019 年，郑州海关共

计推出53项支持措施，包含挂牌之初海关与原检验检疫部门出台的22+12项，以及3年建设过程中，根据地方政府与企业需求逐步探索新增的19项。

（一）加快推进通关一体化改革。

积极落实全国通关一体化改革，积极推进自贸试验区海关功能化改造。支持自贸试验区优先推广应用国际贸易“单一窗口”，逐步实现由“串联执法”转为“并联执法”。

（二）优化监管手段，提升通关效率。

落实“双随机、一公开”制度，加快部署大型集装箱检查设备，提高非侵入式查验比例，提高通关时效。协助推动对自贸试验区内企业查验没有问题的免除吊装、移位、仓储等费用，减少企业通关成本。通过推广电子支付、担保放行等举措，率先在自贸试验区实现压缩货物通关时间三分之一。

（三）优化税收征管方式。

推动税收征管申报要素审核前推后移，缩短事中处置时间，提高通关时效。支持企业自报、自缴税款，对非准入风险和事后可处置税收风险实施放行后验估作业。对符合条件的自贸试验区内企业进口货物开展预审价、预归类和原产地预确定。实施以企业为单元的总担保机制，率先实现自贸试验区内企业“一次提交担保、多点多次使用”。探索符合海关要求的其他担保形式。

（四）优化企业管理方式。

支持自贸试验区开展企业注册登记“多证合一”。深度推广“关企合作平台”，鼓励企业自主在线办理海关业务。优化内部核批流程，实现进出口收发货人注册登记当日办结，为企业减负增效。优先支持自贸试验区内符合条件的企业经申请认证为海关AEO企业。为自贸试验区内重点企业设立海关联络员，及时协调解决涉及海关事务。

（五）推动加工贸易监管模式改革。

对自贸试验区内管理规范、符合海关监管要求的加工贸易企业，实施自主备案、自主核报的管理方式。简化核销手续，取消预报核环节，允许企业根据生产经营情况自主确定合理核销周期，自主选择在报核前申报单耗或实行单耗自核管理。

（六）支持海关特殊监管区域整合优化。

支持郑州经开综合保税区尽快封关运作。推动保税仓库和出口监管仓库整合试点。支持自贸试验区各片区符合条件时申建海关特殊监管区域和保税监管场所，充分发挥海关特殊监管区域及保税监管场所的辐射带动作用。

（七）优化保税货物流转方式。

推进海关特殊监管区域、保税监管场所和口岸之间卡口联动管理，建立口岸、海关特殊监管区域、保税监管场所和加工贸易企业之间保税货物便捷流转的管理模式。允许自贸试验区内企业自行选择使用经海关备案的自有车辆或具备资质的运输企业车辆承运保税货物。

（八）加快推进选择性征收关税试点和增值税一般纳税人资格试点工作。

加快推进自贸试验区内海关特殊监管区域开展选择性征收关税试点，允许企业加工生产并销往国内市场的货物，自主选择根据其对应进口料件或实际报验状态缴纳进口关税。推进海关特殊监管区域企业增值税一般纳税人资格试点实施，进一步优化监管流程，发挥试点作用，鼓励企业充分利用国际国内两个市场、两种资源。

（九）深化仓储货物按状态分类监管应用。

支持自贸试验区内海关特殊监管区域实施仓储货物按状态分类监管措施，允许非保税货物以非报关方式进入海关特殊监管区域，与保税货物集拼、分拨后，实际离境出口或出区返回境内。在符合政策的前提下，探索推广应用到保税监管场所以及保税展示交易、跨境电子商务等业务领域。

（十）支持现代航空枢纽建设。

支持郑州、洛阳机场增加国际客货运航班、航线。优化进出口货物中转通关流程，支持国际航空运输企业设立分拨中心，试点航空运输货物国际中转和集拼业务，推进郑州机场建设国际货运枢纽。支持依法开通国际通程航班。支持境外旅客购物离境退税业务开展。

（十一）优化航空货物监管模式。

对空运进口的生鲜、冷链货物实行“提前报关、简化流程、货到验放”的快速通关模式，其中对活体动物和大宗单一商品货物，允许实行机坪理货验放。允许资信良好的航空运输企业在国际联程航班运营过程中，采用国内国际货物分舱存放、分类标识的方式用足运力，开展混装混载业务试点。

（十二）支持发展多式联运。

探索内陆型多式联运海关监管模式，支持企业在铁路口岸、航空口岸开展国际货物多式联运。支持中欧班列（郑州）班次加密，推动班列往返双向运输平衡。加强与周边区域海关协作配合，支持拓展陆空联运业务范围。

（十三）支持国际邮、快件物流发展。

允许符合条件的国际货物类快件在自贸试验区办理属地报关业务。支持进境邮件在郑州国际邮件互换局实现“一点通关、分拨全国”。探索运用“互联网+”开展国际行邮物品自主申报、自主缴税改革，实现线上办理、线下通关。

（十四）支持企业自主创新发展。

支持将海关监管期内符合条件的进口减免税科研仪器设备纳入重大科研基础设施和大型科研仪器设备共享平台，引导高等院校、科研院所和企业以市场化运作方式依规向社会开放科技资源，提高设备使用效率，激励企业释放创新潜能。

（十五）支持跨境电子商务发展。

支持自贸试验区企业多模式开展跨境电子商务业务，支持跨境电子商务出口业务发展，推动跨境电子商务进出均衡发展。创新海关监管模式，探索跨境电子商务线上线下有机融合。对跨境电子商务相关企业试行海关企业信用管理，探索更加符合新业态特点的企业认证标准。

（十六）支持生产性服务业发展。

支持自贸试验区企业开展高技术、高附加值、环境风险可控的境内外检测、维修业务，优化与之相适应的海关监管模式。支持符合条件的企业开展服务外包保税业务时，使用国际服务外包业务进口货物保税监管模式。

（十七）支持保税文化产业发展。

探索文化产品保税监管新模式，促进文化艺术、数字出版、动漫游戏、艺术品交易等文化业务发展。支持自贸试验区内企业利用海关特殊监管区域及保税监管场所发展文化特色服务进出口产业，开展文化艺术品保税仓储及展示交易业务。

（十八）支持开展保税展示交易业务。

支持自贸试验区内海关特殊监管区域、保税物流中心注册登记的企业凭有效担保开展保税展示交易业务。

（十九）支持开展期货保税交割业务。

支持国内期货交易所在自贸试验区海关特殊监管区域内设立期货保税交割仓库，开展期货保税交割、仓单质押融资业务，根据发展需要适时扩大期货保税交割品种。

（二十）依法实施知识产权保护，维护创新成果。

支持引导企业积极在海关进行知识产权保护备案，防范和查处进出口环节侵犯知识产权、危害对外贸易秩序等违法行为。协助加工企业鉴定订单货物知识产权状况，避免企业在不知情的情况下侵权。完善知识产权海关保护执法程序，探索既符合海关法定职能又符合改革方向的自贸试验区知识产权海关保护执法模式。

（二十一）依法开展风险防控，维护国家安全。

加强实际监管，有效防控意识形态渗透风险，坚决防止自贸试验区内渗入和滋生对中国政治、经济、文化、道德有害的印刷品、音像制品及其他信息载体。

（二十二）依法打击走私，维护自贸试验区健康发展环境。

根据自贸试验区发展特点，提高执法统一性和规范性，营造法治化营商环境。认真研究可能出现的风险隐患，确保安全高效管住，精、准、狠地打击走私等违法犯罪活动，促进自贸试验区健康发展。

（二十三）原产地证书“信用签证”管理试点。

经原质检总局批准，原产地证书审核正确后企业自主打印直接使用，根据风险等级加强风险防控，结合产地调查和实地效果评估，确保签证产品的原产地信息真实、准确、有效、完整。

（二十四）跨境电商质量安全风险管理及便利化工作机制创新。

通过建立跨境电子商务的风险管理机制，优化事前监管，加强事后监管，缩短事中查验流程，促进跨境电商健康快速持续发展。通过科学化风险分析，对跨境电商商品实施以电商企业信用为基础、风险管理为核心的差别化分类监管，建立跨境电商“秒通关”快速放行机制，提升贸易便利化水平。

（二十五）报检企业备案和原产地企业备案“两证合一”。

将原来分别办理的出入境检验检疫报检企业备案和出口货物原产地企业备案实施“两证合一”，实现“一口受理、一次发证、一证两用”。目前已按照省政府统一要求并入河南省“三十五证合一”。

（二十六）进境动植物及产品检疫审批无纸化试点。

优化进境动植物检疫审批流程，在自贸区 3 个片区实现检疫审批全流程办理，在全省实现检疫审批全程无纸化办理。

（二十七）入境维修再制造试点。

2017 年 7 月 22 日，原河南检验检疫局向郑州某公司颁发河南省入境维修/再制造“试点企业”牌匾，该企业成为河南自贸区首家入境维修/再制造“试点企业”。

（二十八）进出口工业产品第三方检验结果采信试点。

对进口服装和金属材料两种产品，实施“企业质量符合性声明+第三方检验结果采信”制度。

（二十九）进出口企业开展节能低碳产品认证。

制定并发布《河南检验检疫局关于促进河南自由贸易试验区进出口企业开展节能低碳产品认证的措施》。

（三十）进口食品化妆品进口商备案试点。

通过简化进口商备案流程，实施无纸化的进口商备案方式，企业无须预约，可就近到各自贸片区检验检疫机构服务窗口提交备案材料，既节约了时间成本，又节约了路费等支出费用，有效减少企业人力、物力和时间投入。

（三十一）“三位一体”口岸快速通关新模式。

通过完善口岸卫生检疫自助查验设施设备、加强卫生检疫专业队伍建设及“智慧口岸”建设，探索“在线检疫”新模式，加快口岸快速通关，大幅缩短出入境人员候检、查验、排查、处置时间，提高公共卫生风险检出率。

（三十二）检验检疫分线管理制度。

制定《河南特殊监管区检验检疫分线监督管理规定（试行）》。在出入境“一线”，检验检疫实施无豁免检疫，仅对废物原料、放射性检测等重点敏感货物实施入境检验检测，对其他货物暂免检验监管；在进出口“二线”，开展检验监管工作，同时设计“预检验及核销”“登记核销管理”等便利化制度。在确保检疫安全的同时保障特殊监管区最大限度地放开，加快货物进出速度。

（三十三）出口食品生产企业备案采信第三方认证结果。

在风险分析和文件审核基础上，对已取得 ISO 9000、ISO 22000、HACCP 认证证书的出口食品生产企业，在其办理初次备案、延续备案、重新办理等业务时，可直接采信，免予现场考核。使原本需 20 个工作日办结的备案事项缩短为 3 个工作日，大幅提高了企业出口贸易便利化水平。

（三十四）探索食品、农产品及水产品的快速检验检疫模式。

通过 e-CIQ 主干系统，进出口食品、农产品及水产品由过去“批批检验”转变为“双随机”布控检验。发挥进口食品农产品指定口岸作用。河南省已建成进口肉类、水果、冰鲜水产品、食用水生动物、肉牛等功能性口岸，功能性口岸数量保持内陆省份首位。

（三十五）探索开展非保税货物入区集拼业务。

复制推广仓储货物按状态分类监管，创新监管制度，创新跨境电商多模式综合监管，允许电商企业的非保税货物入区与跨境电商进口商品进行同区仓储、分拨、集拼等，实现集约化监管，降低企业运营成本。

（三十六）创新跨境电商海关税收担保模式。

引入一般贸易领域多元化税收担保方式创新改革，探索允许关税保证保险、企业集团财务公司担保、融资担保公司担保等新型担保方式适用于跨境电商税款担保业务。

（三十七）积极配合申建跨境电商药品进口业务试点。

支持郑州药品进口口岸申建，全力配合地方政府及平台企业做好跨境电商药品及医疗器械进口业务试点推进工作，提前开展相关政策研究、海关监管思路及流程设计、业务风险预判等。

（三十八）持续完善“网购保税+线下自提”创新监管模式。

进一步完善并固化“网购保税+线下自提”监管流程，优化监管系统，探索新增自提商品种类；建立企业动态管理机制，支持符合条件的企业开展试点业务；探索允许在自贸试验区范围内的综合保税区进行试点业务的复制推广，助推跨境电子商务线上线下融合发展。

（三十九）支持开展跨境电商转口贸易。

选取区内有相关业务需求且合规经营的电商企业开展跨境转口贸易创新模式试点，允许试点电商将网购保税进口商品在区内完成打包后以跨境电商出口小包裹的形式出口至境外，进一步丰富跨境电商新业态的内涵，促进贸易便利化。

（四十）支持开展跨境电商零售进口退货中心仓新模式。

允许电商企业将原本设在海关特殊监管区域外的跨境电商零售进口专门退货仓库内迁至区内，与企业现有保税仓库合并作业，设立区内退货中心仓，将跨境电商零售进口退货商品的质检、理货、分拣、申报重新上架等作业流程转移至区内，一站式完成全业务流程，节省区外单独设置仓库的成本、精简掉区外处置环节以便降低企业经营成本并缩短整体退货时间，进一步提升消费者购物体验。

（四十一）试行汽车保税存储。

支持整车进口口岸所在城市的综合保税区开展整车保税仓储、保税展示交易业务；积极争取平行进口汽车保税仓储试点业务落地实施；探索在海关特殊监管区域内设立标准符合性整改场所。12 月 20 日，河南省首个汽车进口保税仓储业务在郑州片区全流程测试成功完成。

（四十二）推进“空中丝绸之路”建设。

支持郑州机场利用第五航权，深化郑州–卢森堡“双枢纽”战略合作，增开加密客货运航线，不断完善通航点布局，积极打造航空客运区域型枢纽和国际航空货物转运枢纽。助力河南省本土航空公司以郑州机场为主基地运营国际地区航线，聚焦“空中丝绸之路”航点城市开通客货运航线。郑州海关积极参与航前协调，提供“一站式”服务，支持开通国际“通程航班”，拓展国际旅客中转业务，支持航空公司和货代企业以郑州机场为基地开展国际中转物流，增强郑州机场中转衔接功能，形成覆盖全球的国际客货运航空网络。

（四十三）支持拓展郑州机场口岸业务功能。

支持扩大进口水果、食用水生动物、冰鲜水产品、肉类等现有指定监管场地的业务规模，打造国内空运生鲜商品集散贸易中心；支持药品进口口岸运营，探索建立适应药品贸易特点和安全便利需要的通关模式；促进进境动物隔离检疫场业务有序发展，依托现有设施条件推进多渠道开展进境种羊、种牛、野生动物等活动物进口业务；配合推进进境植物种苗指定监管场地申建工作，助力航空口岸功能多元化发展。

（四十四）加快各片区综合保税区平台建设。

海关提前介入、深度参与各地市申建综合保税区工作，做好政策指导，协助开展评估、规划、建设、产业落地等；支持符合条件的综合保税区申请规划调整，支持新郑综合保税区扩区，协助加快自贸试验区各片区内综合保税区申建。

（四十五）创新加工贸易监管手段。

落实“四自一简”创新举措，简化海关核准手续，支持区内生产企业自主备案，合理自定核销周期，自主报核、自主补缴税款；对符合条件的加贸企业，推进以企业 ERP 联网代替电子账册管理试点，实施大数据直联监控，适时取消工单核销。

（四十六）便捷综合保税区进出区管理。

在河南自贸试验区内的综合保税区推广实施“先进区、后报关”“先出区、后报关”“先入区、后检测”“抽样后即放行”等便捷监管模式；加快推动综合保税区境外入区货物适用“两步申报”试点；允许采信第三方评估认证结果，支持采信符合条件的企业标准等便利化措施。对不涉证、不涉税、不纳入海关统计的货物物品实施卡口登记、核注清单管理等便捷进出区管理模式。充分利用智能监管手段简化业务流程，实行数据自动比对、卡口自动核放。

（四十七）保障中欧班列货物快速通关。

推行中欧班列 24 小时预约通关，在郑州海关所属车站海关设立专门窗口，为进出口货物提供通关便利。设立绿色通道，对不宜长期保存的货物及其他特殊货物实施即到即验。

（四十八）支持降低中欧班列报关成本。

对于中欧班列舱单中运单为同一进出境口岸、同一日期、同一车次、同一境内收发货人、同一合同、同一品名，且采用通关一体化模式申报的货物，支持舱单归并申报，降低申报成本。

（四十九）支持建设中欧班列枢纽站点。

支持郑州建设中欧班列枢纽站点或集结中心，在海关监管作业场所开展组货业务及内外贸货物混编运输业务，释放中欧班列运能。

（五十）优化中欧班列货物查验。

创新查验模式，除特殊要求外均采用属地查验模式。发挥 H986 等非侵入式监管查验设备使用效能，提升机检查验比例，降低中欧班列货物开箱查验比率，在满足相应条件的前提下，收发货人可不到现场协助海关实施查验。优化口岸检疫流程，对进境班列及其承载货物实施快速检疫处理，保障班列货物高效安全通关。

（五十一）支持中欧班列拓展业务范围。

支持中欧班列开展跨境电商、快件、邮件运输业务。支持邮政企业在中欧班列进出境口岸进行业务布点，推动中欧班列进出境运邮业务常态化。

（五十二）支持中欧班列多式联运业务发展。

支持开展以铁路运输为纽带的多式联运业务，允许中欧班列货物通过多程转关办理海关手续，加强中欧班列运输与国际陆海贸易新通道建设对接。推动公铁联运业务发展，拓展以公铁联运为主的多式联运业务辐射范围，提升中欧班列中转和集疏能力。

（五十三）支持铁路口岸大监管区建设。

支持优化整合海关监管场所（场地）、汽车整车进口口岸，开展铁路口岸大监管区建设，提升铁路口岸监管场所整体水平。拓展铁路口岸能力，支持海关指定监管场地和汽车整车进口口岸（二期）项目建设，为中欧班列发展提供平台支撑。

2019 年武汉海关支持中国（湖北）自贸试验区建设主要情况

一、武汉海关支持湖北自贸试验区发展开展工作情况

2017 年 4 月 1 日湖北自贸试验区挂牌，武汉海关瞄准“简、减、降、优”，坚持创新之路和复制之路“双路并进”，率先发布 28 项创新举措。2019 年海关机构改革后，武汉海关立足新海关新职责，提出了“实施一项工程，开展两大行动，助推三个提升”的业务工作思路，着力打造“三区联动、四路齐发、五心共建”高水平开放工程，助推湖北对外开放水平、外向型经济发展、企业经济效益“三个提升”。

截至 2019 年底，湖北自贸试验区总体方案 170 项改革任务，武汉海关牵头的 22 项已全部完成；共推出创新举措 67 项（含原湖北检验检疫局，下同），总结提炼 31 项制度创新成果报送省政府，其中 2 项改革试点经验被国务院在全国复制推广，1 项案例被国务院自贸试验区部际联席会议第 26 期简报刊载，20 项创新举措和 1 个案例分别作为湖北自贸试验区改革试点经验和实践案例在全省复制推广。

2019 年，武汉海关立足新时代进一步扩大开放要求，积极推动新业态落地，支持相关改革试点业务做大做强，优化监管作业模式，大力促进贸易便利化，助推湖北外贸实现“零的突破、量的倍增、质的飞跃”。

（一）推动新业态落地实现“零的突破”。

2019 年 8 月，武汉海关全程指导，帮助检测维修业务在东湖综保区落地，截至 2019 年底共维修手机 3 万余台，货值 151.24 万美元；同月，保税融资租赁业务也正式开展，通过这项创新举措，降低企业财务成本 2%，每月约 1 500 万元，盘活流动资金 2.4 亿元；2019 年 11 月，在自贸试验区武汉片区、宜昌片区、襄阳片区试点“两步申报”改革试点实施；2019 年 12 月，2 台价值 91.1 万元的进口汽车在武汉东湖综保区开展保税仓储。

（二）助推外向型经济发展实现“量的倍增”。

实施“进口肉类港区直通检验检疫管理模式”，便利生鲜冷链运输及仓储，2019 年进口肉类同比增长 3.9 倍，水海产品增长 1.1 倍；创新“快件无纸化”，监管快件 113.38 万票，同比增长 8.9 倍；推出“企业增信担保”“保税电商商品与保税仓储货物同仓存储、账册互转”“集中审图、集中查验”等一系列创新举措支持跨境电商发展，2019 年清单数量 542.6 万单，价值 12.7 亿元，同比分别增长 29.4 倍和 12.4 倍。

（三）优化监管模式促进贸易便利化实现“质的飞跃”。

转变食品安全监管理念和模式，对入区食品分类管理，实施“抽样后即放行”，检验检疫时长由 7 天缩短为 12 个小时；创新物流新模式，打通水铁联运“最后一公里”，推动水铁联运发展，外贸集装箱从上海至成都比全程水运节省 14 天，缩短 56%，每标箱费用节约 1 600 元；试行运输工具一次停靠，内外贸货物同装同卸、同场分类管理，码头作业效率提升 180%，年降低物流成本 79 万元。

二、武汉海关支持湖北自贸试验区发展的措施

（一）海关行政审批事项清单式管理。

将武汉海关行政审批事项建立清单式台账予以管理，并向社会公开，内容包括办理条件、办理时限、核批流程、办理结果等，同时提供便利的咨询服务，让企业第一时间了解行政审批事项的具体内

容和办理情况。

（二）先放行，后改单。

对查验后仅需改单放行的货物，允许企业选择先放行货物，后修改报关单。该项创新进一步促进了通关便利化，提高了通关效率，允许一些有申报错误的报关单先放行，然后再修改报关单据。“先放行”提升了货物的流转速度，改善了市场主体的通关体验，对于高时效的行业、高存储要求的货物具有特别重要的意义。另外，对于从内陆转关到口岸出口的货物，企业在属地海关因申报错误改单，有可能造成耽误口岸船期需要换载，从而带来损失，该创新较好地解决了这一问题。该创新举措入选国务院在全国复制推广的第四批自贸试验区改革试点经验。

（三）船边直接验放。

经企业申请，通过转关方式进口的货物，允许其提前申报，先办理审单和缴税手续，待货物运抵指运地后，办理卸货的同时对货物进行审验，需查验的货物拖入海关查验区，无须查验的货物可直接放行，不再统一进入堆场。该措施通过优化作业环节，减少货物吊装次数，降低了企业成本，提高物流作业效率。

（四）中欧班列（武汉）运单归并、简化申报。

通过与口岸海关建立协作机制，对口岸铁路运单进行归并作业，将单一收货人的多个集装箱货物合并为一票办理转关手续，将多个集装箱铁路运输的货物合并为一份报关单申报。该措施依托“一带一路”发展战略，改革传统铁路跨境贸易中提货单和报关单单一对应模式，进一步促进了通关便利化，提高了通关效率。该创新举措入选湖北省复制推广的第一批自贸试验区改革试点经验。

（五）减免税手续汇总办理。

集成电路、液晶显示面板企业将符合免税条件的生产性原材料、消耗品采用保税仓库电子账册管理，货物进口时按保税仓库货物申报进相应的保税仓库账册，在出库时实行分批发货，主管海关定期为企业汇总办理减免税证明，企业凭此办理集中报关手续。主管海关通过加强后续监管，确保监管到位。

该模式通过将减免税办理与保税仓库“分送集报”模式相结合，充分发挥政策叠加优势，将减免税办理原来“前置逐票办理”方式，优化为“后置汇总办理”，简化了《征免税证明》的办理手续。

（六）减免税申请电子数据批量导入。

允许经海关减免税项目备案的企业按照电子口岸 QP 系统的接口标准，开发批量导入软件，实现与 QP 系统的对接。通过批量导入数据，改变以前逐票录入申报的方式，提高减免税证明的录入效率，降低差错率。

企业通过软件将企业 ERP 系统数据转化成适合海关预录入系统标准的电子数据直接导入海关录入系统，减少人工干预产生的差错率，节约人力成本。

（七）试行归类先例制度。

海关以高资信企业为试点企业或者特定商品为试点商品，建立以企业和商品为单元的数据库，采用通关过程中海关不审核其归类、通关后抽核的方式，统一海关归类执法，进一步提高通关时效。

（八）先出区、后报关。

海关特殊监管区域及保税物流中心（B 型，以下简称“区域及中心”）采用全国海关通关一体化方式申报的出境货物，可依托信息化系统先出区域及中心，再向主管海关申请办理报关手续，海关通过风险分析进行有效监管。

对采用一体化出口申报的货物企业可以自行运输，取代了转关模式，降低了海关的通关时间，优化了一线出口货物的流程，提高了通关效率，降低了企业成本。该创新举措入选国务院在全国海关特殊监管区域复制推广的第四批自贸试验区改革试点经验。

（九）账册变更审核电子化。

允许经海关注册登记的海关特殊监管区域内企业在办理电子账册变更手续时，申报的电子数据由计算机进行自动审核，原则上人工不干预。对于申报数据的准确性和真实性，采取事中核查或事后批量复核等方式加强监管的海关监管制度。

（十）保税展示分段担保。

允许企业在开展保税展示交易业务时，自定税款担保额度，依托信息化辅助管理系统实现在主管海关征税放行后，辅助系统自动退还区内企业的担保额度，后续出区货物可分阶段、多批次使用。

（十一）保税仓库申报无纸化。

保税仓库经营企业依托信息化系统实现关区保税仓库经营企业出入库管理、分送集报、保税货物延期等项目无纸化申报，实现海关和保税仓库经营企业互联互通，监管严密高效。

（十二）下放两仓审批权限。

将保税仓库、出口监管仓库经营管理（变更、变更验收、延期），保税仓库所存货物二次延期等审批事项由直属海关审批下放到经直属海关授权的隶属海关审批。

（十三）便捷保税货物流转。

健全保税物流货物流转管理体系，建立海关特殊监管区域之间、海关特殊监管区域与保税监管场所之间保税货物流转的便捷管理模式，企业可自行选择运输工具承运保税货物，实现保税监管与全国通关一体化的有机衔接。

以自行运输取代了原有的转关模式，降低了海关的通关时间，提高了通关效率，降低了企业成本。该创新举措入选湖北省复制推广的第一批自贸试验区改革试点经验。

（十四）改革加工贸易监管模式。

改变以合同为单元的监管模式，实施以企业为单元，以账册为主线，以企业物料编码（料号）或HS编码（项号）为基础，周转量控制，定期核销的加工贸易监管模式。

（十五）手册有效期按需设立。

对于符合条件的大型装备制造业企业，可以根据实际生产周期设立加工贸易手册有效期。

（十六）简化内部核批手续。

优化加工贸易手册及账册的设立（变更）、余料结转、核销结案等作业流程，减少作业环节，进一步简政放权，提高效率。

（十七）取消异地加工贸易审核。

经营单位申请开展异地加工贸易业务时，取消经营单位所在地主管海关前置审核，可直接在加工企业所在地主管海关办理相关手续。

（十八）自主选择核销方式。

具备条件的加工贸易企业可根据生产经营实际，自主确定单耗申报时间和合理的核销周期，自主选择采用单耗或工单等不同方式核算保税料件耗用。

（十九）盘库时点自主选择。

自贸试验区内联网监管企业，可结合企业盘点计划，在电子账册有效期内，自主选择核销选查盘库时点，并提前向海关预约。海关根据企业自选的盘库时点开展盘库，并对电子账册有效期作相应的调整。

根据企业生产管理需要开展盘点工作，有效减少海关监管工作对企业的不利影响，提升企业管理的灵活度，增强企业活力。

（二十）保税料件交易。

海关特殊监管区域外的加工贸易企业（出售企业），将本企业剩余的进口保税料件以“来料料件复出”或“进料料件复出”贸易方式申报进入海关特殊监管区域，在海关实际监管下，交付给其他海关特殊监管区域外加工贸易企业（购买企业），购买企业以“进料对口”或“进料非对口”方式申报出区的经营活动。

（二十一）账册归类归并关系审核电子化。

海关运用特殊监管区域辅助管理系统，实现计算机自动审核电子账册归类归并关系，取消人工审核环节，提高效率。

（二十二）海关特殊监管区域货物运抵信息智能化。

通过海关特殊监管区域智能卡口采集境内入区的车辆及货物信息，自动生成电子运抵信息发送给海关通关管理系统，在无布控、无税费的情况下对报关单触发系统自动放行，提高通关效率。

（二十三）海关特殊监管区域与口岸联动。

实现海关特殊监管区域（保税监管场所）卡口系统和口岸物流监控系统的联动，便利特殊监管区域（保税监管场所）与口岸间的货物流转，畅通保税货物流转渠道。

（二十四）企业注册登记改革。

对于企业办理进出口货物收发货人的注册登记、信息变更、延续、注销等手续，由经办关员直接受理，按照《中华人民共和国海关报关单位注册登记管理规定》（海关总署令第221号）有关规定，在单证齐全的前提下，当场核发《报关单位注册登记证书》。

（二十五）行业自律，关会协作。

通过强化海关与报关协会的合作，充分发挥报关协会行业自律作用，提升报关协会服务能力，从而构建新型关企、关会合作关系，转变海关职能实现方式，促进企业守法自律，实现海关、协会、企业三方共赢的新型监管服务模式。

（二十六）加强信用企业培育。

以自贸试验区内优质企业为重点，加强政策宣传，有针对性地进行扶持引导，加强企业认证，培育更多的海关高信用企业。

（二十七）电子口岸企业入网“一站式”办理。

利用“互联网+”技术，在原有电子口岸入网资格审查系统基础上，通过对现有资源和流程的整合、优化，各口岸部门建立配套联系机制，实现入网企业备案信息与工商、质检、国税、海关等部门的数据联网共享和自动比对，实现自动审查和自动授权。企业办理电子口岸入网手续，只需带齐相关证件，由中国电子口岸数据中心武汉分中心一个窗口受理，各类证照资料在线传递，各执法部门在线实时审查，入网流程由串联式办理改为并联式办理，企业无须在各口岸执法部门间奔波，并可查询审查办理情况，做到“让数据多跑路，让企业少跑腿”，实现“一站式”受理服务。

（二十八）重大项目定制监管服务。

加大对自贸试验区的重大项目的支持力度，大力支持战略性新兴产业和高技术产业集聚发展，按照嵌入式管理、触发式监管、泛在式服务的海关顺势监管新思路，将海关管理要求顺势嵌入国际物流运转链条，实现海关监管与国际物流各环节的有机衔接，建立快速反应的监管服务机制，探索适应企业生产经营规律的监管服务方案，支持地方经济发展。

（二十九）市场采购贸易便捷通关。

对在武汉汉口北国际商品交易中心市场集聚区内采购的货物，实施便捷通关，简化通关手续；通过关区自行研发的智能卡口解决企业拼箱问题；定制监管模式，实现了海陆空铁多种运输模式，极大地降低了企业成本，提高了通关效率。

（三十）加工贸易边角料网上交易。

通过搭建加工贸易边角料交易系统，形成加工贸易边角料市场化、信息化交易的先行先试、大胆创新有关经验，通过借鉴形成比较专业的业务运营模式和管理模式，构建一套覆盖全省边角料交易的电子竞价中心。

（三十一）跨境电商进口商品通关集中审图、集中查验。

跨境电商海关监管作业场所内，针对直购进口业务模式下，一个提单号下或一个批次的已经完成清单申报放行的所有包裹，经主管海关核准后，监管场所运营人独立完成机检动作，存储扫描图像。海关关员再进行集中审图和集中查验。完成查验即可快速放行。

（三十二）通关环节一体化担保管理。

通关环节一体化担保管理是税款担保的新模式。它突破了传统的通关环节一张保函只能为一份报关单提供海关税款担保的限制。允许企业在武汉海关范围内的任意一个业务现场提交一张保函的同时，在武汉海关范围内的多个业务现场针对多项涉税业务和多个税款担保事项提供税款担保，并在保函的有效期内重复使用。

（三十三）自贸试验区海关权力与责任清单式管理。

以《海关总署权力和责任清单（试行）》和《武汉海关权力和责任清单（试行）》为基础，结合自贸试验区内海关业务开展的实际情况，吸纳自贸试验区内检验检疫权责事项，制定在自贸试验区的权责清单、作业流程图并对外公布，建立长效维护机制，实行动态管理，增进行政相对人对自贸试验区内的行政权力内涵、架构、流程和责任的了解，进一步促进自贸试验区海关权力运行阳光透明。

（三十四）中欧班列（武汉）车边验放。

自贸试验区企业通过中欧班列（武汉）进口转关货物时，可向现场海关预约，同时提前办理货物通关手续。班列到达时，海关在车边监督卸货并办理货物转关核销，对无须查验的货物可直接放行，不再统一进入堆场，企业可直接办理提货手续。

（三十五）内外贸同船运输货物智能放行。

通过建立口岸各部门间的信息采集、共享和应用机制，依托信息化系统，建立适应内外贸同船运输货物特点的监管模式，实现对内外贸集装箱同船运输、转关监管船舶及货物的智能化管理。

（三十六）国际旅客行李物品智能通关。

改革作业流程，创新智能旅检通关新模式，在进出境托运行李100%机检全覆盖的基础上，制定后台隐形判图、提前精准布控、自动重点拦截的新型全自动化旅检作业流程。优化微信公众号“武易通关”，实现旅客“掌上通关”。

（三十七）东湖综保区通关监管作业功能叠加（城市货站）。

依托信息化系统和智能卡口，实现武汉东湖综合保税区和武汉东湖综合保税区口岸作业区通关监管作业的功能叠加；与省内其他口岸海关监管场所联动，将海关手续前置，允许企业进出口货物在东湖陆港办理原需在口岸海关监管场所办理的海关手续，解决自贸试验区内的海关特殊监管区域不临空不靠港的问题。

（三十八）企业增信担保。

允许企业通过第三方机构（经保监会批准设立的保险公司，同业优质企业和平台企业等）为其向银行提供担保等增信方式，取得银行的税收保函，以海关为保函唯一受益人，纳税义务人为保函的被担保人，向海关申请办理担保通关手续。

（三十九）减免税核批业务集中改革。

依托信息化系统，将关区减免税核批业务进行集中办理，实现无纸化、集约化，达到对外方便企业，对内提速增效的目的。

（四十）保税电商商品与保税仓储货物同仓存储、账册互转。

依托海关特殊监管区域功能优势，统筹开展网购保税进口商品和其他保税货物仓储。运用信息技术手段和数据管理，网购保税进口商品可以在同一海关特殊监管区域内的企业间流转；在满足监管证件要求的前提下，网购保税进口商品和进境保税货物可以互转。

（四十一）加贸集约化改革。

依托信息化系统，将关区加工贸易核批业务进行集中办理，实现业务内部办理无纸化和集约化。

（四十二）智慧自贸区。

加强业务、政务、信息化基础及应用建设，加大科技应用创新，推进关区“通关一体化、物流一体化、信息一体化”建设，重点建设“物流监控信息化平台、移动应用平台、网络安全管理一体化平台”，全面对接新一代海关信息化系统，加快应用金关工程二期信息化项目。

（四十三）改革报检企业备案模式

便利自贸试验区内报检企业备案工作，湖北检验检疫局授权自贸试验区检验检疫机构直接办理区内的自理报检企业、代理报检企业和快件运营企业备案、变更等工作，对资料符合要求的当场完成备案，发放证书，为企业提供“零距离、零等待”服务。支持自理报检企业备案和原产地签证企业备案网上一次办理。支持自贸试验区检验检疫机构参与片区内商事备案制度改革。

（四十四）检疫审批业务权限下放。

进境植物源性食品、有机植物栽培等部分动植物产品检疫审批的受理和现场考核环节授权给自贸试验区检验检疫机构执行。通过多点受理、网上审批、分批核销等便利措施，简化检疫审批流程，提高检疫审批效率、缩短流程时限。

（四十五）免除部分进境动植物产品证书查验。

在风险分析基础上，制定免于核查输入国家或地区动植物检疫证书的清单，对经深加工的木制品等11类动植物产品免于提交输出国家或地区动植物检疫证书。

（四十六）实施出口食品企业备案采信模式。

自贸试验区内企业，申请出口食品生产企业备案时，采信自我声明，免于现场检查，直接发放《出口食品生产企业备案证明》。

（四十七）改革CCC免办审批监管模式。

对于自贸试验区内符合免于办理条件的CCC产品，允许“非最终用户”申请办理《免办证明》；CCC免办后续监管以采信为主，现场验证为辅。

（四十八）实施自贸试验区保税展示交易进口食品、化妆品检验检疫管理新模式。

叠加运用分线监管、预检验和登记核销管理对保税展示交易进口食品、化妆品实施检验检疫监管。对保税展示进口食品、化妆品，入区时实施检疫（有检疫要求的）和报备管理，不实施检验。对保税展销进口食品、化妆品，自贸试验区内实施预检验，出区分批核销登记，比对货物申报信息与预检验合格货物信息，凭核销凭证签发通关单，可分批放行。

（四十九）创新生物医药监管模式。

对进境生物医药（特殊物品）全面实施分类管理。进行科学风险评估，建立分类管理体系。在对进境生物医药材料风险评估和建立相关企业诚信数据库基础上，对企业实施分级管理，创新查验模式，降低查验比例，提高通关效率。推进属地化管理，对低风险的产品实施口岸直通放行，减少查验成本。将产品风险与企业诚信相结合，建立“事前产品风险评估+事中事后监管”的管理模式，将监管重心由产品转向企业诚信与产品风险相结合。进一步简化出口管理要求，鼓励湖北生物医药产品出口，下放管理权，将生物医药企业的评级和考核等工作下放自贸试验区检验检疫机构管理，提高执法效能。

（五十）实施自贸试验区来料加工复出口食品、化妆品检验检疫新模式。

对来料加工复出口的食品、化妆品，来料进口时只实施检疫（有检疫要求的），不实施检验。来料加工后的食品、化妆品成品出口时按目标市场要求进行检验检疫监管和放行。达到减少重复检验、降低企业成本的目的。

（五十一）出境饲料及饲料添加剂风险管理“三分”模式。

即基于风险分析方法，事前风险评估分级、事中企业监管分层、事后查验放行分类。一是事前收集风险信息，加快企业准入。对区内出境饲料及饲料添加剂企业在办理注册登记时，同步开展企业诚信评估及产品风险分析，将原来规定的20个工作日减少至10—15个工作日，缩短企业获得检验检疫注册登记资质时限。二是根据企业的信用类别、饲料及饲料添加剂风险级别对企业实施不同层级措施的日常监管，减少对优良企业、优质产品的监管频次。三是根据日常监管结果，在企业报检出口环节，实施不同类别查验抽检比例，让优良企业、优质产品加快通关速度，降低物流成本，促进对外贸易便利化。

（五十二）改革进口成套设备检验监管模式。

该制度旨在便利自贸试验区内成套设备类产品进口，在对进口企业诚信和成套设备产品风险分析的基础上，根据企业申请，通过实施装运前检验，到货后采取抽批检验、抽批核查等便利化检验监管模式，减少现场重复检验内容，缩短检验时间。

（五十三）实施进口消费品预检核放监管模式。

对进口消费品实施“集中预检、分批核销”，针对集中到货分批出区的消费品，预先实施检验，出具检测结果，而后根据企业申请，货物出区进口时直接核销放行，缩短检验周期和通关时限。

（五十四）推行自贸试验区内进口食品化妆品预检验模式。

实施自贸试验区内进口食品预检验，通过流程再造和将检验检疫工作的“前置”，把检验检疫部门现场检验和刚性的实验室检测工作前置到货物在自贸试验区及特殊监管区内仓储期间一次性完成，形成在自贸试验区及特殊监管区内仓储时间和检验时间的并联，货物在储存的同时就可以申请和接受检验，在货物“二线”进口时快速核销、快速签证、快速放行，实现货物出区时的零等待。

（五十五）探索自贸试验区进口食品境外预检验模式。

探索实施中国检验认证集团海外机构在国外原产地对进口食品按照我国标准（包括标签）进行预检验检测，并对检验合格产品出具《产地检验验证报告》。进口食品在自贸试验区口岸核查货物信息，通过平台查询预检情况，实施比对放行。

（五十六）试行自贸试验区进口食品“空检江放、空检铁放”模式。

空运和水运或铁运的进口预包装食品同时发货，先后运抵湖北自贸试验区及特殊监管区的同批次食品，实施分别报检、合并检验。自贸试验区检验检疫机构在对空运进口食品检验合格放行的前提下，对水运或铁运进口食品实施快速验放，提高通检速度。

（五十七）进口肉类“港-区”直通查验管理模式。

依托自贸试验区特殊监管区域内的进口肉类指定监管场地，允许从口岸进口的肉类产品，在口岸实施集装箱外表消毒后，整箱直接运至进口肉类指定监管场地，按照风险布控或抽批规则抽中的，施检人员在指定场地核对装载进口肉类产品集装箱的相关信息，并按有关要求实施检验检疫监管。

（五十八）原产地签证管理改革。

签证海关将海关印章、手签人员签字电子化处理后印制在空白原产地证上，企业通过原产地管理系统向海关申办出口原产地证书，经海关审核通过后，企业无须到海关窗口办理签章，使用打印设备自行打印出口原产地证书。

（五十九）一区多功能、一仓多形态。

依托海关特殊监管区域功能优势，统筹开展保税加工、保税物流、保税仓储、跨境电商网购保税进口、仓储货物按状态分类监管等业务。运用信息技术手段和数据管理，实现保税货物在同一特殊监管区内、不同特殊监管区域间自由流转。在满足监管证件要求的前提下，允许保税加工、保税物流、保税仓储等进境保税货物间，以及进境保税货物与网购保税进口商品间进行互转。在符合监管条件的仓储区域内，允许进境保税货物、网购保税进口商品、分类监管货物同仓存储。

（六十）汇总征税保函“银关通”。

企业在办理汇总征税担保保函相关业务时，如果开出保函的商业银行已与海关总署的系统对接，企业不需再向海关提交纸质保函，通过保函数据电子传输，海关可以直接接收商业银行开具的汇总征税担保保函的电子数据。

（六十一）一般原产地证自动审核。

企业通过“单一窗口”提交申请办理一般原产地证的电子数据后，系统自动审核，按照预先加载的参数和条件进行风险判别，符合条件的予以自动审核通过。新模式将原来人工审核模式通过优化系统、加载参数实现自动审核，大大缩短了审核时间，提高了效率，实现了 7×24 小时随报随审。出口原产地系统收到企业申报的数据后，按照相关规则进行判定，并根据判定情况转“审核通过”“缓审”或“退单”。该功能结合之前推出的原产地证书自助打印功能，大大缩短了企业与海关之间信息流转的时间，不仅实现了企业申报原产地证书“零跑腿”，还实现了申报到出证“零时差”。

（六十二）综保区保税物流货物触发申报新模式。

对于保税物流即进即出货物，通过在电子口岸

“单一窗口”中开发相应的功能模块，依托金二系统和智能卡口，企业只需一步录入申报进出区报关单数据，后续作业由系统自动触发完成，不用人工确认车辆货物是否进区、报关单是否放行，减少了企业工作量，降低了差错率，提高了通关效率。

（六十三）快件作业无纸化。

快件作业无纸化是指通过改革现有快件监管模式，依托信息化系统，实现快件申报电子化、审核智能化、查验无纸化。新模式下，各快件公司在国内外揽货点完成随附单证的扫描，通过“海关新快件系统”“寄递辅助系统”、企业 ERP 系统间电子数据的同步传送或交换，强化快件申报的规范审核检查，实现审核作业的智能比对，根据风控指令依托查验单兵系统完成查验，实现快件作业的全程无纸化。

（六十四）优化出口保税航空煤油检验监管。

优化合格评定模式，在保留原“抽样+检验”合格评定模式的基础上，提出“风险评估+品质认可+周期验证”的合格评定新模式。即在风险评估的基础上，对符合条件的企业出口的航空煤油，认可企业自有的符合条件的实验室出具的检测报告，后续实施周期符合性验证。

（六十五）优化综保区二线出区货物检验管理。

对于保税物流即进即出二线出区货物，按需免于实施检验管理。

（六十六）试行内外贸货物同场分类监管。

利用智能化监管手段，实现内外贸运输工具一次靠泊、同时装卸、堆场同场分类监管、内外贸货物抵离泊位或卡口数据自动比对、智能放行。

（六十七）试行生物材料“风险评估代替前置审批”检验检疫新模式。

企业对拟进口的生物材料可先提供相关信息和资料，海关进行风险评估，判定产品风险级别，并反馈评估结果。风险级别低的货物，免于办理检疫审批，在进境时向海关提供相关声明或证明材料；风险级别高的货物，按规定办理检疫审批。

2019年重庆海关支持中国（重庆）自贸试验区建设主要情况

一、重庆海关支持重庆自贸试验区发展开展工作情况

（一）坚决贯彻落实党中央、国务院决策部署，服务国家战略发展取得新成效。

按照习近平总书记“持续深化差别化探索，加大压力测试，发挥自由贸易试验区改革开放试验田作用”重要指示，主动服务和融入国家战略，推动重庆自贸试验区建设“‘一带一路’和长江经济带互联互通重要枢纽、西部大开发战略重要支点”。支持西部陆海新通道建设。在海关总署的支持和指导下，牵头建立区域15地海关合作机制；推动与新加坡海关开展关级合作。力推中欧班列监管改革。率先将“安智贸”拓展至铁路运输方式；率先开展“关铁通”中哈项目试点，并将智能关锁运用到班列途中监管；率先开展全程运邮运药测试，助推突破国际货运协定长达60多年禁止铁路运邮的制度性障碍，使中欧班列（重庆）成为第一条国际铁路邮件运输线路。支持打造“一带一路”保税展示交易中心。在两路寸滩保税港区推动展示交易中心和延展平台的“1+N”分销体系建设。截至2019年底，累计入驻展示交易中心的国家特色商品馆20余个，商品品类超过5万个。

（二）聚焦制度创新，提高创新质量。

按照习近平总书记在自贸试验区建设5周年时做出的“加强统筹谋划和改革创新，不断提高自由贸易试验区发展水平，形成更多可复制可推广的制度创新成果”重要指示要求，狠抓自主创新，深化系统集成，先后研究推出四批次76项支持举措，提炼形成7项监管创新制度，8个创新案例，持续推动贸易便利化，受到广大企业好评。推出海关特殊监管区域“四自一简”监管创新，企业办理商品备案业务系统自动通过率超过98%，核销作业工作量及耗费时间降低65%以上，大幅简化业务核批手续，每年减少业务核批5 000余次。该项监管创新的实施促使货物进出区效率整体提升20%以上，被国务院列为第四批在全国复制推广的改革试点经验，并作为优化营商环境典型做法予以通报。实施“一保多用”管理模式，构建以企业为单元的海关总担保信息化管理模式，在全国率先实现企业一份担保文本在关区不同业务领域、不同业务现场、不同担保事项间的通用，提升海关管理效能，有效节约企业担保成本。2019年，关区已有27家外贸企业通过“一保多用”管理系统办理担保总额超过2.7亿元，循环使用1.2万余次，实现税款货物担保5.73亿元，平均每份担保循环使用333次，有效节约企业资金成本3 500余万元。

（三）聚焦服务新兴产业，助推产业结构转型升级。

牢牢把握高质量发展这个根本任务，结合重庆加工贸易承接转移示范地建设要求和外贸发展实际，积极推动重庆传统优势产业转型升级，助力新兴产业集聚发展，不断培育开放发展新动能。推动航空产业发展，设立进口航材保税库，试点实施航材保税分拨；在第三批自贸试验区中率先落地飞机融资租赁业务，已累计实现飞机租赁9架，货值4.7亿美元。支持汽车产业发展，以整车保税仓储业务落地为契机，促进整车进口业务向重庆集聚，2019年重庆市铁路口岸累计进口整车超过5 000辆，货值逾3.2亿美元，推动形成辐射中西部地区的汽车分拨中心；助推电子信息产业发展，持续推动区内笔记本电脑、打印机等传统产品向分离式便携PC、智能穿戴设备等高附加值衍生品换代升级，不断优化产业结构；推动保税业态价值链向高端延

伸，成功促成“全球维修”“保税研发”等新兴产业发展，不断为重庆外贸持续发展注入新动能。

二、重庆海关支持重庆自贸试验区发展的措施

截至2019年底，重庆海关共计研究推出76项自贸支持举措，具体情况如下：

（一）实施“e海关”便利作业。

加强海关一体化互联网政务服务平台建设，打造“e海关”，推进海关服务事项全程网上在线办理，促进海关服务高效便利。

为企业提供远程申报、在线办理、手机应用程序等互联网服务，企业足不出户即可办理加贸业务，大幅提高办事效率，降低企业运营成本。同时，企业管理业务事项均可通过“关企合作平台”实现网上办理。

（二）简化优惠税率进口商品申报手续。

支持港澳CEPA、ECFA、中韩、中新（西兰）自贸协定项下进口商品实行通关无纸化。进口企业申报时仅需提交电子数据与签证方的电子信息进行联网对碰，无须提交原产地纸质证书（声明），进一步简化自贸协定商品进口申报手续。

制定《关区原产地无纸化管理办法》，关区ECFA以及中韩协定项下商品实现无纸化通关。

（三）推动关检“三互”大通关。

推动监管设施资源整合，在关区各口岸监管场所和特殊区域场站统一设置“关检联合查验场地”，大力推行“一站式作业”。在机场旅检口岸、邮快件监管现场、跨境电商分拣查验场地推行“一机一台”或“一机两屏”作业模式，实现共建共享共用。

（四）建立归类一致性协调解决机制。

允许高级认证企业通过海关归类先例数据库，查询并选取与本企业进出口商品相同的归类先例数据进行归类申报，提高企业申报效率。

在关区内推广实施归类尊重先例制度，经过总署审核通过实施该项制度的企业可有效节约企业通关时间近25%。

（五）实施加工贸易废料公开交易处置。

促进监管部门间数据互联互通，利用废料交易处置平台实现保税废料交易和处置全程线上公开办理，实现废料交易处置高效、透明。

重庆海关牵头搭建重庆市加工贸易废料交易平台，建立海关、环保、工商、商务等相关部门与市场主体共同参与的共管机制，有效地规范了废料市场交易秩序，最大程度解决加工贸易废料价值认定难题，压缩可能存在的寻租空间，营造公开透明的营商环境。同时，废料交易平台也为企业提供了快速、稳定、公开的内销业务办理渠道，更重要的是企业通过废料交易平台拍卖的货物获得较高溢价，让企业获得了实实在在的利润。

（六）实行区内企业自主备案。

对海关特殊监管区域及保税物流中心（B型）内企业实行智能化商品备案模式，简化备案手续。

企业可以自主办理电子账册商品备案，备案手续办理流程大幅简化，对海关特殊监管区域内企业实行智能化商品备案模式，简化备案手续。在“辅助管理系统”中建立丰富的商品资料库，以“系统判别+人工审核+事后复核”取代原来单一的人工审核工作，提高海关作业效率和执法统一性。企业商品备案系统自动通过率达98.1%，企业办理时间减少约70%。

（七）实行区内企业自主管理。

强化企业自主管理，允许海关特殊监管区域内企业自选核算方式，自定核销周期，选择自主核报，自主申报补征税款。

允许海关特殊监管区域内企业自选核算方式，自定核销周期，使企业在核销时间上更加灵活；允许企业自聘审计开展自主核报，海关对开展自主核报的区内企业采取“主动披露”的自律管理，并允许企业对企业盘点或海关核查中发现的库存短缺情况采用自主申报缴税方式完成补税，简化了以往多部门间流转的烦琐作业流程，企业核销作业工作量及耗费时间大幅降低65%以上。

（八）简化区内业务核准手续。

简化海关特殊监管区域业务核准手续，取消单个业务逐票核批，一次性赋予企业相应业务资质，形成公平、高效、规范的业务准入环境。

根据海关特殊监管区域内企业资信，由辅助管理系统一次开通权限，目前已赋予分送集报、外发加工、维修检测、不良品交换等业务权限，将海关业务核准事项由原来的逐项人工纸质核批，转为线上集中赋权。在现有业务规模内，每年减少前置业务核批 4 500 余次。

（九）支持推广内销选择性征收关税试点。

在西永综合保税区已有试点基础上，支持将选择性征收关税推广到自贸区符合条件的海关特殊监管区域内，扩大试点范围。

（十）实行保税货物自由流转。

全面实行海关特殊监管区域间保税货物便捷流转、企业自行运输管理模式；允许海关特殊监管区域与口岸间货物流转自行运输，降低企业物流成本。

全面实行海关特殊监管区域间、特殊监管区域与口岸间保税货物便捷流转、企业自行运输管理模式。允许企业自行选择运输工具承运保税货物，单车可为企业节约 2 000—4 000 元成本，部分企业节约物流成本达 2/3 左右。

（十一）开展加工贸易企业单耗自核试点。

选择自贸试验区内资信良好、管理规范的加工贸易企业，允许其在手册或者电子账册执行中自主核定保税进口料件的耗用量。

甄选 20 家符合条件的一般认证及高级认证企业，对开展“单耗自核”试点企业申报的单耗数据自动审核通过，建立健全单耗追溯制度，将企业申报耗料的时点后移至核销环节，改变原有以单耗标准为基础的刚性要求，推进单耗标准向单耗参数转变，完善企业自律管理、优化关企权责关系。

（十二）实行以企业为单元电子底账管理。

对区外加工贸易以企业为单元建立电子底账，优化监管流程，实施高效监管。

选择 15 家首批试点企业，采取企业自选监管颗粒度、实施周转量控制、定期核销等改革举措，从源头上解决长期困扰企业的结转不顺畅、核销不便利等问题，激发企业扩产增量积极性。

（十三）支持新兴产业发展。

支持利用区内产业优势发展委内加工、境内外维修等业务；支持依托海关特殊监管区域发展文化产业，拓展区域功能。

以政策引导文化对外贸易发展，促进海关特殊监管区域产业多样化。

（十四）支持开展航空器及零部件研发制造、检测维修。

支持符合内外资鼓励项目、重大技术装备、科技创新等进口税收优惠政策的航空器及零部件研发、加工、制造企业和单位进口设备、原材料、零部件等货物，享受进口税收优惠待遇。支持开展航空器及零部件境内外检测、维修业务。

持续加强政策宣导，引导和鼓励航空器及零部件研发制造、检测维修等产业发展。

（十五）支持融资租赁业务开展。

支持发展特殊监管区域融资租赁业务，海关特殊监管区域内的融资租赁企业进出口飞机、船舶和海洋工程结构物等大型设备涉及跨关区的，在确保有效监管和执行现行相关税收政策前提下，可实行海关异地委托监管。

目前，重庆自贸试验区海关特殊监管区域内企业已开展飞行模拟器、飞机等大型设备融资租赁业务。

（十六）支持开展期货保税交割业务。

支持区内符合条件的企业在自贸试验区内以保税监管状态的货物为标的物，开展期货实物交割业务。允许经主管海关核批后的保税标准仓单持有人向银行申请仓单质押融资，减轻企业资金压力。

（十七）支持开展大宗商品现货市场保税交易业务。

支持自贸试验区内符合条件的企业大宗商品现货以保税方式多次交易、实施交割，支持推广大宗商品的协同监管和抵押融资业务，提升企业国际竞争力。

（十八）支持开展出境加工业务。

支持自贸试验区内符合条件的企业将自有的原辅料、零部件、元器件或半成品等货物委托境外企业制造或加工后，在规定的期限内复运进境。

充分利用境外的资源和劳动力禀赋，提升企业竞争力。

（十九）支持发展南向国际物流大通道。

支持巴南公路物流基地建设，推动南彭公路转关监管场所尽快封关运作。强化与口岸海关的联系配合，助推渝桂新铁海联运物流大通道建设。

（二十）进一步支持开放平台建设。

在现有开放平台基础上，支持地方政府根据经济开放及发展需要，科学规划和申请新设综合保税区及保税物流中心（B 型）。

（二十一）支持重庆整车进口口岸发展。

依托中欧（重庆）班列等物流通道，支持重庆整车口岸扩大与沿海、沿边整车口岸间的进口汽车转关业务，优化汽车转关监管，促进整车口岸业务发展。

目前，重庆已获批汽车平行进口试点资格，已在规定区域开展平行进口汽车保税仓储业务。

（二十二）优化关区物流监管模式。

进一步优化关区监管场所卡口设施，完善在途监管作业机制，实现铁、公、水、空口岸间无缝连接、互联互通，切实促进国际多式联运业务发展。

（二十三）支持开展国际航班境内续驶段混载业务。

支持符合条件的航空公司开展国际货运航班境内续驶段混载业务试点，优化海关监管手续，提高进出境航空器境内续驶段混载业务通关效率。

（二十四）优化中欧（重庆）班列运邮监管。

探索将安全智能锁应用于运邮班列国内段监管，优化邮件传统监管模式，提升海关智能化监管水平，配合总署将安全智能锁推广至运邮班列境外段监管，简化沿线国家海关监管手续，推动中欧（重庆）班列运邮通关快捷、便利。

（二十五）推行行政复议速裁机制。

管理相对人对自贸试验区内隶属海关行政行为提起行政复议的，复议机构启动速裁机制，提高复议审理效率，将法律规定复议案件办结时间缩短 50%。

大幅提升管理相对人行政复议效率，营造良好自贸试验区营商环境。

（二十六）推行企业认证事项一站式办理。

简化认证审核流程，允许申请认证的企业直接向直属海关授权的认证受理海关提出申请，受理海关一站式办结并及时作出认证结论，认证通过的当场发放认证证书。

在自贸试验区内大力推进海关 AEO 认证工作，促进诚信体系建设，强化企业自律。

（二十七）鼓励企业主动披露自查自报。

对自贸试验区企业主动向海关报告违反海关监管规定行为的，可不列入当年或下一年常规稽查对象范围，其主动披露行为可作为海关对企业信用等级特殊调整的重要参考依据。

通过鼓励自律管理，强化企业主体责任意识和守法意识，营造良好的自贸试验区营商环境。

（二十八）实施自贸试验区 7×24 小时通关。

在重庆自贸试验区范围内实现全覆盖，实行水、陆、空口岸普通货物 7×24 小时进出卡口，江北国际机场空运进出口货物 7×24 小时即到即查即放，海关特殊监管区域已放行货物 7×24 小时进出区，跨境电商已放行包裹 7×24 小时自主出区。

（二十九）推广实施税收征管改革配套制度。

推行企业自报自缴；扩大汇总征税制度至所有企业（失信企业除外），实行税收保函属地备案全国通用、额度循环使用。

（三十）提高海关查验效能。

加大新型设备及科技手段的应用力度，增加非侵入式查验比例，提高查验效率。

（三十一）优化邮件监管模式。

提高邮件信息化和智能化监管水平，方便邮政企业和收寄件人高效便捷缴税、通关。

允许通过手机应用程序等形式便捷缴纳税款，提升通关效率。

（三十二）简化加工贸易货物内销手续。

取消内销征税联系单，允许资信良好、管理规范的企业集中办理内销征税，促进加工贸易货物内销便利化。

（三十三）优化海关总担保管理模式。

以企业为单元，构建海关总担保信息化管理模式，实行海关业务总担保关区一函通用，进一步简化海关业务担保手续。

（三十四）探索建立新型担保模式。

探索关区多元化税收担保方式，尝试建立增信担保、企业集团财务公司担保等新型担保机制，进一步丰富海关担保模式，降低中小企业融资成本。

（三十五）优化保税仓库和出口监管仓库海关监管。

在保税仓库和出口监管仓库海关监管业务实行无纸化作业，运用“互联网+”为仓储企业提供远程申报、在线办理等服务。允许已向主管海关办理担保手续的非失信企业办理保税仓储货物出仓集中报关。支持企业开展简单加工和流通性增值服务。

（三十六）支持科技创新发展。

支持各类科研院所、高等院校、国家企业技术中心、转制科研机构、国家重点实验室、国家工程技术研究中心、科技类民办非企业单位、国家中小企业公共服务示范平台（技术类）、外资研发中心等企业、单位享受科技创新进口免税政策。进一步加强政策宣传，积极推动国家免税政策惠及更多企业，促进企业科技创新。

（三十七）支持开展汽车平行进口业务。

支持经商务主管部门审核认定的试点企业在重庆铁路口岸开展汽车平行进口业务。允许在符合条件的海关特殊监管区域和保税物流中心（B 型）开展平行进口汽车整车保税仓储业务。对平行进口汽车整车保税仓储不设期限。

（三十八）支持促进进口商品集散分拨。

支持依托保税平台，打造进口商品分拨中心，助推进口商品分销体系建设。充分发挥重庆国际物流枢纽作用，支持发展跨境电商中心仓模式。

（三十九）支持开展维修业务。

服务“一带一路”建设，支持企业在海关特殊监管区域开展高技术含量、高附加值、环境风险可控的维修业务，按照“顺势监管”的思路，探索打造适应维修业务发展的监管模式。

（四十）深化“一带一路”沿线国家海关合作。

按照海关总署的统一部署，积极推动“关铁通”“安智贸”等项目发展，推进中欧班列沿线国家海关数据交换、监管互认。

（四十一）推广企业原产地自主声明。

支持企业在向瑞士、冰岛等国家出口协定税率商品时，不再提供原产地证书，凭自行出具的原产地声明享受进口国优惠关税待遇。

（四十二）开展企业信用认证培育。

对有意愿参与 AEO 国际海关互认合作的自贸试验区内企业，海关结合企业认证标准，开展认证前信用培育及辅导。对符合标准要求的企业优先给予海关认证，支持企业享受国际通关便利，增强国际竞争力。

（四十三）加大国内企业自主知识产权保护力度。

支持自贸试验区内企业发展新技术、新产业、新业态，建立知识产权联络员制度，强化自主知识产权海关保护，积极向海关总署推荐符合条件的企业申报成为出口知识产权优势企业。

（四十四）进一步厘清行政界限。

制定公布自贸试验区检验检疫机构行政管理权责清单、行政许可清单、服务事项清单、检测服务项目清单、审批事项清单及办事指南。完善行政处罚程序，健全执法、处罚、结果对外公示流程。

（四十五）进一步简政放权。

争取质检总局授权重庆检验检疫局办理重庆自

由贸易试验区第三方检验鉴定机构许可、动植物检疫审批、跨境电子商务进口食品境外生产企业便利化注册等审批事项。全面授权各分支机构办理各类备案、注册、确认等管理事项。

（四十六）进一步提高行政效能。

推进外贸经营企业资格备案，原产地证书申领企业备案，报检企业备案等多证合一改革。建设“互联网+检验检疫”综合行政服务平台，打造线上行政大厅。

（四十七）进一步加强事中事监管，完善信用监管体系。

建立健全目录外商品监督抽查、退运、通报调查、原产地证退证查询等事中事后监管机制。支持自贸试验区社会用信息归集平台建设，将进出口企业质量征信归集纳入社会信用共享体系。

（四十八）进一步创新进出境货物监管模式。

完善执法监管“三互”、风险监测、质量责任追溯、打假维权、质量品牌提升、TBT 应对和质量分析通报工作机制。建立以“企业符合性声明+合格假定+口岸查验及验证+质量安全追溯+缺陷产品召回+事故调查处置”为主要手段的进口消费品监管体制和直放模式。

（四十九）进一步创新进口食品监管模式。

完善进口预包装食品“空检铁放”“空检水放”等多种监管模式。对进口食品标签实施“报备+符合性承诺+监督抽查+事中事后监管”。

（五十）进一步创新进出境动植物监管模式。

对低风险进出口动植物产品安全卫生项目实施抽查检验。对输入国家或地区没有注册登记要求的出境动植物产品，原则上不再对其国内生产、加工、存放企业实施注册登记。

（五十一）进一步推进国际贸易“单一窗口”建设。

探索实现“单一窗口”关检“信息共享、指令对碰、一次查验、一次放行”应用功能。搭建重庆国际贸易“单一窗口”与跨境电子商务质量安全风险监测服务平台、CCC 认证数据库云桥对接平台。

（五十二）进一步深化检验检疫一体化改革。

推进检验检疫证单和原产地签证电子化，加快实现检验检疫业务全流程一体化和原产地证签证一体化。

（五十三）进一步扩大第三方结果采信。

建立第三方结果采信资质评定准则，探索开展进口设备、部分消费品的第三方结果采信工作。

（五十四）进一步支持自贸试验区贸易多元化发展。

创新多次进出境研发用样机免于办理强制性认证监管。创新实施特殊区域进出口食品生产企业“报备+事中事后监管”模式，对进口食品再加工出口实施“进区集中检疫、区内安全卫生监管、集中预检验、出区核销”。开展金伯利进程签证业务，支持发展毛坯钻石加工贸易，推动高端饰品产业链建设。

（五十五）进一步支持全球维修、租赁产业发展。

在对维修企业信用管理和风险监测基础上，以产品周期性监督抽查代替批批检验。对入境维修复出口、入境再制造机电料件免于实施装运前检验。对保税、租赁等方式多次进出自贸试验区的货物实行“一次检验、登记核销”的管理模式。

（五十六）进一步支持检验检测及认证高技术服务业发展。

鼓励在重庆自贸区设立进出口商品检验鉴定机构。适度放宽外资认证机构设立条件，鼓励外资认证、检验检测机构在重庆自贸试验区设立分支机构并开展业务。

（五十七）进一步支持新兴业态发展。

完善跨境电商小批量免于强制性认证特殊检测监管程序。加快构建跨境电子商务质量安全追溯体系。推动自由贸易试验区设立进口汽车符合性改装试点，适度放宽试点企业强制性认证条件。支持转口贸易发展，对经重庆自贸区转口的原包装货物免于提供国外官方证书。对重庆自贸试验区内进口文化艺术品（限艺术品整体或部分属于 CCC 目录产品）给予无须办理 CCC 认证的特殊监管措施，凭艺术品证明文件直接受理报检。

（五十八）进一步支持生物医药贸易和产业发展。

实施审批负面清单管理和并联审批，实现“一次申请，多项审批”，提高审批效率。遵循风险管理原则，对以生物材料为主的特殊物品实行风险分级，对低风险的产品实施直通放行，创新查验方式，对查验对象实施“非侵入、非干扰”式查验。

（五十九）扩大关税保证保险适用范围。

将关税保证保险适用范围从单一报关单扩大至同一企业多票报关单，即企业可凭《关税保证保险单》办理汇总征税，对于纳税期限担保，保险金额可以根据企业税款缴纳情况在保险期内循环使用，进一步优化营商环境，提升贸易便利化。

（六十）实施非特化妆品备案凭证联网核查。

认可药监部门签发的产品备案信息，对进口非特化妆品所涉监管证件实施联网核查，简化监管手续。

（六十一）实行出口已放行货物“先装船后改配”作业。

对因提前申报等造成船名航次有误的已放行报关单，通过搭建海关与码头之间的智能信息化系统，允许货物“先装船后改配”，由码头根据物流实际先予装船，后续再办理相关改配手续。

（六十二）创新出口货物专利纠纷担保放行方式。

对于出口货物涉嫌侵犯专利权的，将原仅限于收取发货人提供的担保金予以放行，拓展至可凭银行、非银行金融机构、协会、基金会、担保公司等第三方提供的担保金予以放行。

（六十三）实行铁路运输方式舱单归并新模式。

对于中欧班列货物中同一关区、同一收发货人、同一进出境时间、同一海关货物状态代码的进出口货物，支持企业申请实施舱单归并，降低企业通关成本。

（六十四）推广实施电讯卫生检疫。

支持出入境航空器实施电讯卫生检疫，对于在进港或离港前已按要求向主管海关申报规定内容，且经风险评估符合卫生检疫要求的航空器，海关可免于实施登机检疫。

（六十五）支持陆海新通道建设。

在全国通关一体化框架下，牵头开展“渝桂黔陇青新滇宁川”九地海关共同支持“国际陆海新通道”建设工作，进一步深化跨关区协同合作，实现优势互补、资源共享、执法互助，主动服务国家对外开放大局，推动共建“一带一路”，促进西部大开发形成新格局。

（六十六）推行企业遵从管理新模式。

实施企业信用分级管理，利用“互联网+海关”，优化审核审批机制，集约海关监管资源，推行业务“一网通办”，逐步实现重庆关区全领域覆盖、新海关业务全方位集约、业务办理全流程在线、审核审批全环节透明，提高企业遵从度，引导企业守法便利，实现海关监管提质增效、企业办事提速减负。

（六十七）优化信用管理。

自贸试验区内新设的研发设计、加工制造企业，符合海关高级认证标准的，直接赋予高级认证企业资质，享受更多海关便利措施。

（六十八）简化出境动植物及其产品生产、加工、存放企业注册登记。

出境动植物及其产品生产、加工、存放企业申请注册登记，办理时限由 20 个工作日缩短为 10 个工作日，根据产品风险实施分级、分类管理，简化注册登记手续。

（六十九）推行出口原产地证书自助打印。

允许原产地证书申请人或代理人通过国际贸易“单一窗口”或“互联网+海关”一体化网上办事平台，自行打印海关审核通过的版式化原产地证书，进一步降低企业通关成本。

（七十）实施进口食品化妆品合格货物批次先行分单出证。

允许未命中查验、检验的合格货物批次先行出证、销售，提升进口食品化妆品通关时效。

（七十一）支持科技创新发展。

支持纳入国家网络管理平台的科技创新政策免税进口科研仪器设备开放共享，为企事业单位开展科学研究、科技开发和教学活动提供服务，支持科技创新发展。

（七十二）支持航空产业发展。

支持自由贸易试验区内的综合保税区企业开展飞机租赁、航材维修，以及高技术含量、高附加值的航空再制造业务，探索简化监管流程，助推重庆航空产业发展。

（七十三）支持会展经济发展。

支持会展企业实施总担保，允许企业实行增信担保、企业集团财务公司担保等多元化税收担保方式。简化展品备案手续，对入境展品实施快速验放，高效通关。

（七十四）实行整车保税仓储“三个一”监管新模式。

支持在综合保税区内开展汽车整车保税仓储业务，创新监管方式，实施整车保税仓储业务全流程一次检测、一次运输、一体化作业。综合应用全国通关一体化、汇总征税等便利化措施，进一步降低企业营运成本，促进汽车整车进口业务集聚发展。

（七十五）支持汽车制造企业拓展国际国内两个市场。

支持符合条件的企业开展汽车整车或关键零部件加工贸易，以企业集团为核心，实施“以企业为单元”的便利化海关监管模式，支持企业提质增量，促进传统产业转型升级。

（七十六）实施出口汽车便利化监管。

对于运输存在特殊要求的出口整车，允许企业采用分批运输的方式，自主选择出境口岸集结后，采用一次申报、一次放行的通关模式，降低汽车出口运输成本。

2019年成都海关支持中国（四川）自贸试验区建设主要情况

一、成都海关支持四川自贸试验区发展开展工作情况

3年来，成都海关共推出50项支持举措，12项制度创新举措被纳入省级以上复制推广经验，中欧班列集拼集运模式已作为国务院第五批试点经验在全国复制推广。

（一）持续深化“放管服”改革。

深入推进“双随机、一公开”在海关执法领域全覆盖，营造公开、公平、公正的监管环境。开展“证照分离”改革，出口食品生产企业备案申请须提交备案材料由20项减少至1项，完成备案审核时间缩短92.5%。精简进出口环节监管证件。进出口环节需验核监管证件已从86种减至46种，14种联网核查许可证件全部实现联网和在通关环节比对核查。落实总署要求，做好保税物流中心（B型）延期有效期审批和整合优化的综合保税区验收准备工作。将国境口岸卫生许可核发权限下放至隶属海关。探索取消个案审批和货物流向限制，简化边角废料出区流程。对免于办理强制性产品认证的进口汽车零部件试点实施“先声明后验证”便利化措施。加快海关印模电子化上线进程，实现海关行政审批网上全流程办理。

（二）持续优化营商环境。

出台《成都海关关于印发〈成都海关贯彻落实稳外贸稳外资部署要求的工作措施〉的通知》《成都海关优化营商环境细化措施》等支持措施。协助成都在原有药品口岸的基础上获批新增生物制品进口通关职能，2019年1月首批生物制品顺利通关。创新综合保税区设备零配件可追溯便捷监管模式，建立零配件管理动态监管机制，实现随整机进口没有申报记录且需要出境（区）的设备零部件顺利出区，支持企业快速灵活调拨设备零配件。目前已开展试点430余票，节约运营成本上千万元。成功推动成都加入“安智贸”试点，中欧班列（成都）—波兰罗兹铁路线路纳入安智贸航线，实现境外抵运地快速验放。支持开展飞机融资租赁业务，制定异地委托监管操作指引。2019年5月，完成四川首架融资租赁飞机申报及异地委托监管，压缩整体通关时间6小时，节约通关成本30%。支持全球维修业务，支持第三方检验检测认证机构在综合保税区开展进出口检验认证服务。2019年1—12月，共开展入境维修6 376批、约133.8万台/套、货值94.1亿元。

（三）落实减税降费要求。

率先开展中欧班列运费分段结算估价管理改革，通过合理区分国际、国内段运费，实现了国内段运费不计入完税价格，有效降低企业的税收成本。实施启运港退税“三控一共享”沿江协同模式，协同海事、税务等部门，建立船舶沿途停靠监管、离境监控预警机制，确保启运港退税政策落地落实，退税时间平均缩短20天，企业资金周转效率大大提高。大力推行关税保证保险举措，支持被担保企业“先通关后征税”，节约企业资金和时间成本。

（四）推动贸易便利化。

成都航空口岸全面实行“7×24小时”通关保障，所有国际航班、国际旅客和进出口货物实现快速通关。对航空器实施一次性登临、联合检查。鼓励更多企业采取“提前申报”“全国一体化”等报关模式，继续巩固压缩整体通关时间成效。截至2019年12月，进、出口整体通关时间分别为41.65小时和1.37小时，较上年同期分别压缩49.05%和53.56%。持续推动国际贸易“单一窗口”，四川国

际贸易“单一窗口”货物申报、空运运输工具及空运舱单申报覆盖率100%。

（五）支持地方开放平台建设。

海关特殊监管区域建设取得重大进展。成都青白江铁路港、泸州、宜宾综合保税区已正式获准设立；成都高新西园综保区进入预验收阶段。天府新区成都片区保税物流中心（B型）已正式封关运行，南充保税物流中心（B型）获批建设。推动成都高新综合保税区开放发展提质增效。2019年1—12月，高新综合保税区实现进出口值4 330.1亿元，同比增长23%，成为全国唯一突破4 000亿元大关的综合保税区，进出口值位居全国第一。推动特殊商品进境指定口岸建设，2019年青白江进境粮食指定监管场地获批运营，双流机场、泸州进境肉类指定监管场所通过验收，四川自贸试验区内特殊商品进境指定口岸达10个。

二、成都海关支持四川自贸试验区发展的措施

四川自贸试验区挂牌3年来，海关共推出48项支持措施，开展了11项制度创新探索。

（一）深入推进海关通关一体化改革。

深入推进全国海关通关一体化改革，有序推进“两步申报”改革试点。提高系统自动审核放行比率。建立完善通关时间监控机制和考评机制，进一步压缩货物通关时间。

（二）深入推进“简化手续，优化流程”改革。

继续深化简政放权，审批事项除法律法规规章另有规定外全部下放到基层海关。在空港口岸探索试点集约化管理，实行一窗受理、“一站式”查验放行作业模式。

（三）积极开展海关“互联网+”建设，努力打造“智慧海关”。

探索推进加工贸易、行邮物品监管、减免税、原产地证书、许可证件验证等领域的无纸化通关改革。推进航空口岸进境托运行李100%先期机检试点，推进出境旅客行李物品“海关、民航（安检）一次过检”工作。依托“互联网+海关”推进网上办事、网上报关、网上预约。

（四）积极推动国际贸易“单一窗口”建设。

逐步实现执法部门之间、企业之间、部门与企业之间数据互通共享。支持国际贸易“单一窗口”标准版特殊监管区域、保税物流管理、减免税等新功能上线推广工作。2019年，四川国际贸易“单一窗口”报关单、空运舱单、空运运输工具三项主要申报业务应用覆盖率稳定在100%，位居全国前列。

（五）深入推进“双随机，一公开”。

全面落实“双随机、一公开”监管要求，在进出口货物监管海关查验领域、加工贸易及保税监管领域、进出境航空器的一般监管及特殊监管海关登临检查、常规稽查等领域深入推进“双随机”改革。

（六）推进税收征管方式改革。

扩大电子支付范围，实现全程电子缴税。实施属地纳税人管理，优先为高资信企业提供与征税相关的专业技术及个性化服务。继续做好汇总征税改革推广工作。创新包括税收担保在内的海关事务担保方式，建立以企业为单元的税收总担保机制，探索第三方专业担保，研究金融创新担保。

（七）深入推进海关特殊监管区域（保税监管场所）监管模式改革。

扩大保税货物“区间结转”范围。探索对以非报关方式进出货物实施“负面清单”管理。全面推广海关特殊监管区域仓储货物按状态分类监管、选择性征收关税、备案智能化等改革。支持在海关特殊监管区域内开展航空发动机、平板电脑等保税维修业务。将部分在海关特殊监管区域适用的创新制度复制推广到保税物流中心（B型）。

（八）创新加工贸易监管模式改革。

在自贸试验区率先推进实施以企业为单元、以账册为主线、定期核销的加工贸易监管模式改革。建立核销方式多元化制度。探索试行加工贸易龙头企业总部式一体化保税监管模式和以研发设计为主

体的全产业链保税监管模式。

（九）构建新型企业管理模式。

落实企业信用信息公示制度，实施企业守信联合激励和失信联合惩戒。继续推动企业“主动披露”制度。简化自贸试验区报关企业注册登记行政许可。支持实行自贸试验区内企业“一地注册、全国申报”。支持海关特殊监管区域（保税监管场所）外法人企业在海关特殊监管区域（保税监管场所）内设立分支机构。

（十）深入推进统计数据分析应用。

开展对自贸试验区内重点产业、重点企业、重点商品的动态监测预警和分析；加强与政府其他部门信息共享、数据互通，提供统计数据咨询和服务；加强自贸试验区外贸质量和效益评价。

（十一）维护安全有序的进出口秩序。

保持打击走私高压态势，重点查缉涉税和粮食、资源性产品走私，严厉打击涉毒、涉枪等走私违法行为，着力查处进出口领域侵权假冒违法行为。

（十二）支持跨境电子商务发展。

支持打造中西部一流跨境电商物流园区。优化跨境电商出口监管模式。综合应用一般贸易和保税政策，创新跨境电商 B2B 供应链监管模式。支持跨境电商保税备货模式发展。支持建立跨境电商平台运营主体、符合条件的外贸综合服务企业、物流服务企业集中代理纳税机制。

（十三）支持融资租赁业务发展。

允许海关特殊监管区域内企业融资租赁货物按租金分期纳税。对注册在海关特殊监管区域内的融资租赁企业进出口飞机、大型设备等涉及跨关区的，在确保有效监管和执行现行相关税收政策的前提下，按物流实际需要，实行海关异地委托监管，支持保税货物自由流转。

（十四）支持文化对外贸易发展。

探索文化产品保税监管新模式，促进文化艺术、数字出版、动漫游戏、艺术品交易等文化产业发展。探索支持文化艺术品保税展示交易业务发展。

（十五）支持服务外包业务发展。

支持自贸试验区开展国际服务外包进口货物保税监管试点，对经认定的技术先进型服务企业进口的、由国际服务外包业务境外发包方免费提供的机器设备实施保税监管。

（十六）支持委内加工业务发展。

支持符合条件的海关特殊监管区域内企业接受区外企业的委托开展加工生产业务，充分发挥区内企业生产设备和技术优势，有效利用国际、国内两种资源、两个市场。

（十七）支持出境加工业务发展。

支持符合条件的企业将自有的原辅料、零部件、元器件或半成品等委托境外企业制造或加工，在规定期限内复运进境，充分利用国外先进技术和市场资源。

（十八）支持保税展示交易业务发展。

支持海关特殊监管区域、保税物流中心（B型）内企业将区内（中心内）保税货物凭保后运至区外（中心外）符合规定的场所进行展示销售，并在规定期限内集中申报纳税。探索创新保税展示交易担保模式，不断简化相关手续。支持开展大宗商品国际交易业务。

（十九）支持境内外维修、研发等生产性服务业发展。

支持符合条件的海关特殊监管区域内企业开展高技术含量、高附加值、环境风险可控的境内外维修业务。探索创新海关特殊监管区域保税研发监管模式。

（二十）支持会展经济发展。

优化会展商品通关模式。创新会展担保方式，支持会展企业实施总担保，探索引入第三方担保。实行海关提前介入，优先审核、集中查验和驻场监管。调整展会备案管理现场，方便企业就近办理手续。

（二十一）积极提升空港口岸通关效能，打造面向全球的对外开放“战略门户”。

进一步完善旅客通关智能化建设。支持通程航班建设，探索推行全委托监管模式。支持空港建立进出口货物、快件、邮件集中监管园区，实施海关等口岸监管单位“一站式”集约化管理。支持国际货物和旅客中转业务，优化监管流程，支持拓展国际转国际航线。试点航空快件国际中转和集拼业务，允许开展国际航班国内段进出境货物和国内货物混装混载业务。支持依托空港口岸打造中西部一流的国际邮件口岸互换局。与地方政府一起创造条件，努力实现24小时通关。

（二十二）积极推动铁路口岸发展，打造融入“一带一路”的“战略枢纽”。

支持成都国际铁路港建设国家级正式对外开放口岸。推动空铁、陆海多式联运，支持建设中欧国际物流分拨转运中心和国际物流园区。支持成都铁路口岸综合服务中心建设，为企业提供多式联运、“一站式”通关的整体物流供应链服务。探索建立平行进口汽车金融担保、通关监管和汽车检测同步运行等监管新机制，推进整车进口口岸功能发挥。支持依托成都铁路保税物流中心（B型）建设跨境电商展示中心。

（二十三）积极推进港口对外开放，打造对接长江经济带的“战略支撑”。

支持川南临港片区申建国家级对外开放口岸，支持建设区域性综合交通枢纽和西南进出口商品集散中心。支持打造川南临港片区宜宾协同改革区，支持探索建立泸州港、宜宾港联动协作监管机制。优化水运进出口监管模式，支持开展内外贸货物同船运输、国轮捎带等业务，在船舶抵港前实行预申报，提高船舶抵港后通关效率。支持开展平行进口汽车展示业务。

（二十四）推进省内协同发展。

建立自贸片区海关-管委会联系协调机制。实行自贸试验区内全部海关特殊监管区域、保税物流中心（B型）之间卡口数据互联互通和与口岸之间的货物流转自行运输。支持自贸试验区创新经验优先在中德、中法、中新、中韩等国别产业园区和各类高新区、经开区复制推广，支持建立共享开放模式。

（二十五）支持与沿海沿江口岸通关合作和产业协作。

深化与沿海口岸海关协作，支持川南港口与日韩台等国家（地区）近洋航线发展。加强与国内其他机场海关的通关协作，扩大成都航空枢纽辐射圈。深化与长江经济带港口合作，推动与中欧班列（成都）物流联动。支持自贸试验区各片区依托开放口岸和平台承接东部和东南沿海地区、长江经济带优势产业转移，打造高端制造业、现代服务业和临港产业基地，以大通道促大流通带大产业，变交通走廊为经济走廊。

（二十六）深化国际间海关合作。

推动实施AEO制度，在自贸试验区率先明确认证企业AEO优惠措施清单；支持和鼓励更多规范经营、诚信守法的企业成为高级认证企业；落实AEO互认合作框架下与“一带一路”沿线国家、地区间相关海关监管合作成果。持续推动中欧“安智贸”试点。与波兰、越南等国家海关开展交流合作，探索与“一带一路”沿线国家、地区开展贸易供应链安全与便利合作。

（二十七）支持全面创新改革发展。

支持扩大先进技术设备、关键零部件进口，推动制造业升级改造。加大进出口环节税收政策宣传力度，落实科技创新进口税收优惠政策。支持用好中小企业公共研发平台创新发展。创新海关监管模式，促进信息技术等领域服务外包发展。

（二十八）支持航空第四城发展。

支持天府国际机场口岸功能建设。支持开通更多国际（地区）航线，加快建设“国际多直达”的航空运输体系。支持发展航空制造与维修、航空物流、口岸贸易、跨境电商等临空核心特色产业。支持在海关特殊监管区域内开展飞机发动机等航空零部件境内外维修、检测等业务。创新推动全球航空维修基地建设，依托航材保税仓，支持打造全球航材保障供应链。优化监管模式推动飞机包修转包发展。支持依托成都空港保税物流中心（B型）建设发展跨境电子商务园区。

（二十九）支持中欧班列（成都）发展。

继续简化中欧班列（成都）境内段海关监管手续，探索班列全程直通监管。支持稳定开行成都至欧洲、中亚、西亚等地区的西向国际铁路货运班列，主要运行指标居全国领先水平。

（三十）支持海关特殊监管区域（保税监管场所）功能发挥。

推动海关特殊监管区域从加工制造中心向保税物流分拨中心、检测维修中心、研发设计中心、展示销售中心等多元化发展，帮助企业向产业链、价值链高端延伸。支持保税物流中心发挥仓储、分拨配送、转口贸易和国际中转等保税贸易功能，探索功能拓展。深化关地共管，共同促进企业发展。

（三十一）进一步推进简政放权。

建立行政权责清单制度，建立并动态更新权力清单和责任清单，在官方网站上及时对外发布。严格落实国务院有关行政审批制度改革的工作部署，深化行政审批制度改革，规范行政审批工作程序，最大限度取消行政审批事项，动植物、动植物源性产品等展品的审批时间由 15 个工作日缩短至 1—3 个工作日。落实行政许可一窗受理要求，持续推进网上审批进程，在各隶属关设立海关企业管理窗口，建立一窗受理、协同审批的“一站式”高效服务模式。

（三十二）加强出入境企业信用信息和四川社会信用体系的对接。

配合四川省工商管理局做好四川省政府部门涉企信息统一归集公示工作。积极与商务、税务、外汇等部门开展合作，做好部门间企业信用数据交换共享工作。建立部门间企业信用联合奖惩机制，实施信用联合监管，对不同信用等级企业实施差异化管理，对守信企业给予便利，对失信企业实施惩戒。

（三十三）全面推行“双随机”抽查监管机制。

制定“双随机”工作方案，结合不同业务特点制定随机抽查工作细则，健全并动态调整“两库一单”，梳理并建立被抽查主体名录库，建立抽查执法人员名录库，公布“双随机”抽查事项清单。

（三十四）探索开展出口产品低碳认证。

加大对认证机构的引导力度，组织认证机构对出口企业开展培训，支持 2 家重点出口企业成功开展低碳认证，持续推动四川自贸试验区企业实现绿色发展、低碳创新，提升企业核心竞争力。

（三十五）加快“中国标准”国际化推广。

开展《“一带一路”国家技术性贸易措施及四川重点产业应对策略研究》，通过对主要贸易国家（地区）技术法规、标准比对分析研究，提高进出口产品质量安全水平。

（三十六）积极支持全球维修业务发展。

支持在自贸试验区及海关特殊监管区域内开展高技术含量、高附加值商品境内外维修业务试点。优化入境维修产品检验监管模式，制定工作规范，探索建立“能力评估+口岸查验+监督管理”模式，简化卫生处理流程，实施“先理货、后申报、全程信息化监控卫生处理”的检验监管创新模式。支持苹果平板电脑全球理货中心由香港转移至成都。支持双流综保区开展入境维修业务。

（三十七）探索建立适应跨境电商贸易特点的监管机制。

支持地方政府开展出口跨境电商保税备货模式业务。制定跨境电商进口产品风险监测计划及相关检验监管操作规程，保障跨境电子商务健康发展。

（三十八）支持在海关特殊监管区域内设立保税展示交易平台。

制定保税展示交易货物检验检疫监督管理办法，实施分线监管、预检验和登记核销管理模式，实行集中检验、分批次核销的业务模式。

（三十九）创新自贸试验区国际会展检验检疫监管模式。

支持自贸试验区会展经济发展，优化国际展会检验检疫监管模式。简化备案审批要求，优化申报查验模式，实行检疫为主、免于检验的快速放行模式和入境展品展后核销闭环监管。一般展品实现即报即放、集中监管，需检疫的展品通关时间缩短了50%。

（四十）配合地方政府建设国际贸易“单一窗口”。

支持地方政府建设完善四川电子口岸，制定支持四川省建设国际贸易“单一窗口”工作方案，建设公共服务统一数据交换平台，协调开放数据通道，协助制定四川省“单一窗口”数据元目录，协助原产地签证综合服务系统建设。支持泸州长江公共信息服务平台建设，推进水运口岸“单一窗口”试点。

（四十一）积极拓展口岸服务功能。

制定推进中欧班列扩能增效工作计划，支持成都国际铁路港开展进境粮食指定口岸建设，配合地方政府推动中欧班列邮（快）件运输业务，助推中欧班列运营水平提升，服务成都中欧班列全年开行1 000列的目标。发挥进境肉类指定监管场地、进口整车指定口岸作用，进一步扩大肉类、整车进口。进口牛骨粒实现原集装箱、原铅封、原证书直运四川自贸试验区口岸实施检验检疫。稳步推进成都铁路口岸平行汽车进口，助力成都建设平行进口汽车试点城市。加快推进国际航空枢纽建设，支持双流机场开展进境肉类指定监管场地建设，推进进境鲜活农产品指定监管场地建设，大力发展临空经济。

（四十二）支持口岸进一步扩大对外开放。

加强技术指导，进一步完善口岸基础设施，配合政府做好成都天府国际机场设施规划建设和成都国际铁路港对外开放建设，推进与泛欧泛亚国家（地区）枢纽城市的互联互通，支持川南临港片区国家开放水运口岸建设，促进与长江沿线主要港口协同开发开放。

（四十三）加大对口岸和场站公共服务的政策和资金支持。

加大口岸和场站查验设施设备经费投入力度，保障进出口产品质量安全，提高口岸进出境货物通关查验速度。加大进境指定口岸建设经费投入力度，争取建立更多符合四川外贸实际的指定口岸。加大口岸核心能力建设经费投入力度，确保口岸核心能力建设达标。严格执行国家关于口岸检验检疫减免收费政策，切实减轻企业负担。

（四十四）积极推动实施一体化通关和无纸化。

积极推进无纸化申报、无纸化放行，制定移动执法工作制度。完善检验检疫证书国际联网核查机制，进一步改进口岸申报工作，提高口岸检验检疫证书国际联网核查使用率，减少企业提供单证数量。

（四十五）进一步优化口岸申报查验工作机制。

细化口岸标准化操作规程，各口岸根据自身口岸特点、货物风险及不同货物通关时效的需求，在风险可控的前提下，结合企业信用等级，对企业实施分类分级管理，降低抽批查验率，优化口岸查验流程，制定口岸申报查验放行等环节工作标准，进一步提高通关效率。对进出口商品采信第三方检验结果，对进口食品实施“预检快放”的便利化通关模式。

（四十六）进一步完善口岸通关管理机制。

建立进出口货物口岸放行时间评价体系和考核机制，健全与跨境电子商务、进口特殊商品指定口岸、外贸综合服务发展相适应的通关管理机制。各口岸根据口岸特点和不同货物的通关时效需求，制修订通关服务流程时限，建立进出口货物口岸放行时间具体要求，实施24小时预约通关服务机制。

（四十七）积极探索与“一带一路”沿线国家相关机构通关查验合作机制。

主动参与“一带一路”沿线国家检验检疫、运输安全、通关查验等方面的合作与交流，开展四川主要出口“一带一路”国家技术法规和标准分析研究。继续保持与俄罗斯、白俄罗斯等班列主要过境国家相关部门的合作，持续开展与俄罗斯、白俄罗斯等国家的肉类查验合作，确保进口肉类通道畅通。

（四十八）全面实现供港澳蔬菜出口直放。

加强与深圳、珠海等口岸机构的沟通与合作，签署共同促进四川供港蔬菜出口合作备忘录。创新“产地检验检疫、口岸直通放行、政府源头管控”的检验监管新模式，支持生态环境好、管理规范、产品质量稳定的农产品基地实现供港澳备案，指导基地严格按照香港、澳门标准组织生产和加强农业投入品管理。指导出口企业建立从产地到餐桌的食品安全可追溯体系，帮助企业实现供港澳蔬菜直放。

（四十九）中欧班列集拼集运监管模式。

通过支持回程开展以集装箱为单元的中欧班列内外贸货物混编运输业务；建立铁路部门联系机制，联合制定回程中欧班列集拼集运运输方案，细化作业流程，针对有加挂需求的集装箱，配合做好补轴、补货作业组织，提升作业效率。

（五十）冰鲜水产品两段准入监管模式。

优化进口冰鲜三文鱼等鲜活、冷链、大宗商品检验检疫流程，对进口冰鲜三文鱼实施准许入境+合格入市的“两段准入”监管，进口产品无须等待检测结果即可实施口岸附条件提离；叠加进口提前申报、双流国际机场口岸 7×24 小时通关等便利化措施，实现 7×24 小时即查即放，有效减少货物滞港时间，大幅提升口岸通关效率。

（五十一）中欧班列运费分段结算估价管理改革。

通过科学客观的测算方法，科学合理区分国际、国内段运费，将货物运抵我国境内输入地点起卸后的国内段运费从完税价格中剔除，实现在不同成交方式下国内段运费不计入进口货物的完税价格估算管理。

（五十二）综合保税区“三系统一机制”快速通关模式。

建立货物提前报关、报关状态查询、车辆抵达自动触发运抵等机制，实现进出综保区货物在途或产品在生产线上即可提前申报、司机在途通过微信公众号便可查询货物报关状态、车辆抵达卡口光学识别自动触发运抵等功能，将货物出入区“串联”变“并联”的通关模式，通关效率明显提升。

（五十三）综合保税区设备零配件可追溯便捷监管模式。

对随整机进口的设备零配件建立可追溯管理动态监管机制，政企合作建立生产管理信息共享机制，实现设备零配件可追溯。设备零配件出境更换时无须与海关电子账册相关联，以“退运货物”监管方式申报出境。海关对零配件实施动态管理，定期核查企业零配件出入境（区）及使用情况。

（五十四）空港口岸海关“智慧旅检”模式。

通过智能审图、智慧旅检通道建设，实现高风险行李自动识别、自动报警和自动标示。小克重象牙制品、珊瑚制品、管制刀具、手机、平板电脑等智能审图识别率显著提升，旅客通行能力、通关效率及查缉管控能力均显著提升。

（五十五）启运港退税“三控一共享”沿江协同模式。

海关协同海事部门通过“船舶报港信息系统”，全程管控船舶沿江违规停靠风险，通过船公司配置的“船舶 GPS 在线视频监控系统”，实时防控集装箱违规装卸风险，协同税务建立离境监控预警机制，严密防控退税不离境风险。在有效防控船舶违规停靠、集装箱违规装卸、货物退税不离境等监管风险的同时，实现企业快速退税。

（五十六）国际会展检验检疫监管新模式。

简化审批手续，创新展品监管模式，对入境一般展品（包括用于展台布置等用途的暂时入境物品）实施口岸检疫、场馆查验的快速通关模式。

（五十七）入境维修再制造监管新模式。

对企业的维修再制造能力、质量安全保证能力和环保处置能力进行全方位的能力评估。对通过能力评估的企业，准予开展入境维修再制造业务，并免于境外装运前检验和产成品质量验证。以风险分析为基础，以分类管理为手段，对入境维修再制造料件采取差别化管理，提高通关效率。

（五十八）中欧班列多式联运“一单制”。

配合成都铁路局、人行、银保监会共同开展多式联运“一单制”创新改革，探索构建以“铁路+”多式联运单证为核心的陆路国际多式联运规则体系，服务品类已延伸到木材、红酒等领域。

（五十九）“江上申报、抵港验放”作业模式。

在传统的抵港核销后再申报验放模式下，允许进口货物收货人或其代理人在进口转关货物运抵指运地海关之前，向指运地海关录入《进口货物报关单》电子数据，指运地海关提前受理电子申报，待货物运抵指运地海关监管场所后，办理转关核销和接单验放等手续。

2019 年西安海关支持中国（陕西）自贸试验区建设主要情况

一、西安海关支持陕西自贸试验区发展开展工作情况

自 2017 年 4 月中国（陕西）自由贸易试验区成立以来，在海关总署领导下，西安海关认真贯彻中央“以更高标准更高水平”建设自贸试验区精神，认真落实海关总署支持陕西自贸试验区建设举措及省委、省政府建设“一流自贸试验区”部署，围绕陕西自贸试验区的战略定位，推进转变职能、探索制度创新，力求将自贸试验区全面打造成为陕西深化改革的“试验田”和引领扩大开放新高地。

在制度创新方面，已有 4 项成功创新案例。“以集成电路设计企业为龙头的检测研发全程保税监管模式”获评陕西省最佳创新实践案例。“铁路运输舱单归并新模式”获评国务院第四批自贸试验区复制推广监管创新制度，在全国范围复制推广。2018 年首创的“中欧班列铁路散装粮食运输”监管创新案例被《中国（陕西）自由贸易试验区制度创新案例（四）》收录，“行邮税移动支付”作为陕西省自贸试验区创新案例在全省内复制推广。

（一）学习领会习近平总书记关于自贸试验区建设重要批示精神。

西安海关党委坚决贯彻习近平总书记关于自由贸易试验区建设的重要指示精神，多次通过党委专题会议、形势分析和工作督查例会传达习近平总书记关于对外开放的重要论述，深刻领会中央推进自贸试验区的战略意义，提高工作主动性和创造性，积极争取企业和社会各界工作支持。着重强调要认真学习领会习近平总书记重要指示的深刻内涵，把握精神实质，强化使命担当，切实贯彻落实好党中央、国务院对自贸试验区的工作部署和总署党组的工作要求，在继续做好深化自贸试验区改革开放工作中作出应有的贡献。

（二）认真落实国务院、海关总署、陕西省政府关于自贸试验区的各项改革任务。

西安海关高度重视陕西自由贸易试验区的建设发展，成立了西安海关推进自贸试验区领导小组，建立两级联络员制度、需求为导向的自贸创新制度和自贸试验区重点工作及复制推广评估制度三项工作机制，制定了支持陕西自贸区建设的“海关方案”，夯实自贸区改革创新制度基础，深化自贸试验区监管制度改革，不断提升跨境贸易便利化水平。

国务院发布的前五批改革试点经验中，由总署牵头落实的任务共 49 项，除航运、港口等不涉及内陆海关业务或陕西省不具备开展条件的任务外，其余 39 项任务均得到落地实施。西安海关在对改革试点任务复制推广的过程中，立足本省产业特点，充分尊重企业诉求，以促进贸易便利化为原则，加快落实“放管服”改革，通过不断优化监管模式，提升服务水平，为陕西自贸试验区建设贡献了海关力量。

（三）大力提升跨境贸易便利化水平。

深化自贸试验区监管改革，区内企业实现“多证合一、多项联办”，探索保税检测研发监管创新试点，试点企业通关时效压缩近 95%，减轻资金占压近 600 万元。

国际贸易“单一窗口”广泛应用，已通过国际贸易“单一窗口”实现通关作业无纸化，进出口环节验核的监管证件除 3 种因保密原因外，其余监管证件全部实现联网核查。“单一窗口”货物申报、空运舱单申报、空运运输工具申报等主要业务应用率始终保持 100%，跨境、物品申报等业务应用率已达到 90%。

拓展“双随机、一公开”监管，常规稽查、查验人员实现100%随机选取，随机布控查验占比98.6%。

“互联网+海关”优化服务，企业注册备案网上办理，行邮物品税款移动支付，进境个人邮递物品通关系统（邮e通）上线运行，群众可网上办理查询、申报、缴税等国际邮件通关业务，《CCC免办证明》实现全程网上办理。

推进通关流程“去繁就简”，制定压缩货物通关时间5方面17项重点工作，开展压缩通关时间专项行动，制定13项具体举措，细化出台落实口岸提效降费工作方案。

二、西安海关支持陕西自贸试验区发展的措施

（一）推动货物流转便利。

结合金关二期保税管理系统，运用智能监管手段，进行数据自动比对、卡口自动核放，实现保税货物点对点直接流转，提升通关效率。将保税货物区区流转在申报过程中需要做一次海关申报、一次CIQ申报的重复作业，简化为一次申报，在现有已实现跨关区自由流转自行运输的基础上依托金关二期系统，扩大保税货物点对点流转范围。

（二）加工贸易工单式核销制度。

海关与实行ERP系统（企业资源计划系统）管理的生产制造企业进行联网，通过实时采集企业每次实际投料的作业工单数据和企业进出库的申报数据，对企业生产进行定量、动态监管，海关库存数据与企业实际库存数据自动比对进行核销。

（三）保税展示交易制度。

经海关注册登记的特殊监管区域内企业在区内或者区外开展保税展示、交易的经营活动。企业开展此项业务应符合高附加值、高技术、无污染的要求。

（四）境内外维修制度。

允许符合条件的自贸试验区海关特殊监管区域内企业开展高技术、高附加值、无污染的境内外维修业务，海关参照保税加工监管模式，依托信息化系统实施管理。

（五）批次进出、集中申报制度。

对进出自贸试验区海关特殊监管区域的货物，由过去的“一票一报”改为“多票一报”。

（六）简化无纸通关随附单证。

对自贸试验区内海关特殊监管区域的企业以通关作业无纸化方式申报提交的有关随附单证予以简化，但海关保留必要时要求企业提供相关单证的权力。

（七）简化进出区管理。

允许对境内入区的不涉出口关税、不涉贸易管制证件、不要求退税且不纳入海关统计的货物、物品，实施便捷进出区管理模式。区内企业通过可便捷式通关模式办理进出区货物、物品，可有效保障大型项目建设物资及时进区。

（八）在综保区开展委托加工业务。

在海关特殊监管区开展委托加工业务，允许符合条件的企业利用剩余产能承接国内加工业务。进一步释放了区内剩余产能，进一步发挥了特殊区域连接国内外两个市场的作用。

（九）内销选择性征税制度。

自贸试验区海关特殊监管区域内的企业加工、生产并销往国内市场的货物，企业可根据其对应进口料件或实际报验状态，选择缴纳进口关税。

（十）联网原产地证书电子审核制度。

对已经实施原产地数据联网的优惠原产地货物，在自贸试验区内试点推行凭企业原产地证书电子数据向海关申报通关，企业不再向现场海关提交纸质原产地证书。

（十一）出境加工制度。

我国境内企业将货物暂时出口至境外用于制造、加工后复运进境，由我方支付工缴费，一般信用及以上类别的企业。企业应当设置符合海关监管要求的账簿、报表以及其他有关单证，记录与本企业出境加工货物有关的情况，凭合法、有效凭证记账并且进行核算。

（十二）仓储货物按状态分类监管业务。

允许非保税货物以非报关方式进入海关特殊监管区域，与保税货物集拼、分拨后，实际离境出口或出区返回境内的海关监管制度。

（十三）引入中介机构辅助开展保税核查、保税核销和企业稽查工作。

将社会中介机构引入到海关保税监管和企业稽查工作中，拓宽中介机构参与海关监管的业务领域、作业环节和工作范围。

（十四）一次备案、多次使用制度。

海关特殊监管区域内企业在账册备案环节向海关一次性备案企业、进出货物等信息，经海关核准后，可以在相关海关业务中多次、重复使用。

（十五）企业信用信息公示制度。

对在西安海关注册登记的自贸试验区企业，通过动态发布、依申请公开等主动公布与可查询相结合的形式，对社会公示企业注册登记信息、信用等级信息、海关行业资质以及行政处罚信息。

（十六）企业协调员制度。

海关建立企业协调员制度、组建海关企业协调员队伍、搭建关企合作平台，利用多种手段，畅通海关与企业联系沟通和问题反映渠道，构建新型关企合作伙伴关系，海关不定期向企业推送最新政策规定、企业问题提交和海关汇总处理反馈的速响应机制、信用培育、规范改进和辅导等个性化服务措施，提高海关服务企业水平。

（十七）国际海关 AEO 互认合作制度。

西安海关建立与海关总署 AEO 联络员的直通式联系管道，协调解决 AEO 互认企业出口货物，在与我国签署 AEO 互认安排的国家地区海关通关过程中遇到的疑难问题，将国家海关 AEO 互认便利措施落到实处，让 AEO 企业切实享受到国际海关 AEO 互认合作带来的通关便利，提高通关效率，帮助企业降低物流成本，提升企业国际竞争力。

（十八）跨部门一次性联合检查制度。

依托国际贸易“单一窗口”“互联网+”等系统，实现“单一窗口”与银行、保险、民航、铁路、港口等相关行业机构合作对接，共同建设跨境贸易大数据平台，推进海关、边检、海事对进出境的船舶、飞机、火车等运输工具，进行一次性联合登临检查，避免多头检查。

（十九）先放行、后改单作业模式。

海关对经查验发现异常后仅需改单处理，且查验结论符合条件的进出口报关单，允许先予放行后再进行改单操作。

（二十）铁路运输方式舱单归并新模式。

西安海关与相关口岸海关协调配合，阿拉山口海关对接，企业将中欧班列（长安号）货物中同一品名、同一规格、同一合同、同一公司、同一列次的大宗进口货物，从原来的“一柜一单”改为“一车一单”，1 节车厢生成 1 个舱单向海关申报，可节省 90%以上通关费用。

（二十一）执法领域“双随机、一公开”监管制度。

“双随机、一公开”是指随机抽取检查对象，随机选派执法检查人员，及时公布查处结果，有效解决行政执法中的任性检查、执法不公和内部管理中的人情检查等问题，提高管理科学性，营造公开透明、公平公正、诚信自律的管理环境。

（二十二）原产地自主声明制度。

根据海关总署有关规定，对“中国-瑞士自贸协定”下，我国经核准出口商可根据《协定》第三章“原产地规则和实施程序”对其生产并出口到瑞士的中国原产货物自行出具原产地声明，不需申领原产地证书，相关货物可凭原产地声明在瑞士申报进口时申请享受协定优惠关税待遇。

（二十三）进口环节增值税分期纳税。

国家对承建国家战略性产业发展规划布局的新型平板显示器件企业提供的税收优惠政策，享受分期纳税政策的企业需要一次性申报所需全部进口关键新设备清单，在首台设备进口之后的 6 年期限内，分期缴纳上述设备的进口环节增值税。

（二十四）主动披露制度。

海关实施企业自律管理，对主动纠正申报中不正确、不完整信息或报告发生违反海关法规情事的企业，经海关确认属于企业自律管理试点处置范围内的，可根据有关法规从轻、减轻或不予行政处罚。

（二十五）汇总征税制度。

进口货物通关时海关不打印税单征税，在企业提供的银行保函信用额度内，通过扣除企业授信额度的方式办理货物放行手续，并于每月定期集中打印上个月已放行应税货物税单的新型税收征管作业模式，将有效提高通关效率。

（二十六）多元化税收担保模式。

在受理保金和银行保函担保的同时，推动税款担保模式创新。开展关税保证保险、财务公司、同业联合担保等多种税收担保方式。

（二十七）提前申报、运抵验放。

进出口货物的收发货人、受委托的报关企业提前申报的，凭取得提（运）单或载货清单（舱单）数据，于装载货物的进境运输工具启运后、运抵海关监管场所前向海关提前申报进口货物，于货物运抵海关监管场所前3日内向海关申报出口货物，按照海关要求交验有关随附单证、进出口货物批准文件及其他需提供的证明文件，并对申报内容的真实性、准确性、完整性和规范性承担相应法律责任。

（二十八）集成电路设计企业实施“保税+”业务。

为集成电路设计企业办理加工贸易电子化手册，允许集成电路设计企业作为加工贸易手册经营单位，将企业检测用物料纳入加工贸易监管范围。对比以往检测用物料以“暂时进出货物”或“一般贸易”进出口模式，该模式大幅度压缩企业检测物料的通关时间，模式下通关时间达到2小时以内，通关时效提升近95%。

（二十九）支持保税物流业务。

在陕西自贸区内支持符合条件的企业设立保税仓库，通过扩大进口、辐射周边从而带动所在自贸片区开放型经济发展。在西安港务区设立某企业的医药公用型保税仓库，鼓励企业通过中欧班列进口药品，药品进仓后再根据医院需求进行及时配送。在重要物流节点设立保税仓库，延长供应链服务的做法。

（三十）以企业为单元加工贸易监管模式。

将加工贸易的监管单位以合同为单元转变为以企业为单元。企业根据生产实际只设立一本账册，账册不再设置备案金额、数量等限制，进一步贴近了生产实际。将关区加工贸易进出口值排名前20位的全面纳入此项改革中，企业数据申报量减少70%。

（三十一）保税物流联网监管。

海关对使用WMS系统（计算机仓储管理系统）的仓储企业实施“系统联网、库位管理、实时核注”，实现对货物进、出、转、存情况的实时掌控和动态核查的一种监管模式。

（三十二）国际快件智能化监管模式。

开发并建成关区快件申报系统，整合B类快件申报和身份证校验功能，进一步强化进出境快件实名制管理，防控拆单逃税风险。海关通过快件监管场所库房管理系统查询、统计货物、物品的相关信息。将过线检查作为防控安全准入风险的重要手段，通过条码扫描系统读取快件报关单信息和审单结果，根据指令自动分拣到查验区，发挥CT机三维成像优势提高审图判别率，利用“同屏比对”系统识别快件货物夹藏走私枪支弹药、管制刀具、动物源性食（产）品、植物产品等禁限物品情况。

（三十三）施行第三方检验结果采信制度。

按照“管检分离、合格假定，强化事中事后监管”的原则，检验检疫部门对于自贸试验区内部分法定检验的进出口工业产品采信符合资质的第三方检验机构的检测结果，不再对货物实施抽样检验。

（三十四）出入境特殊物品卫生检疫审批全程无纸化。

对企业进口的生物材料等特殊物品实施风险分析的检疫登记监管，全部实现无纸化办理，缩短特殊物品的检疫审批时限，并实施分批核销、多种查验方式和频次相配合的便捷性监管措施。

（三十五）进口食品审单放行+抽样检验。

推行“审单放行+抽样检验”进口食品监管模式，未被布控查验的食品可实现审单放行快速通关，2019 年 1—12 月，进口食品 211 批，抽中查验 25 批，实验室送检 14 批。大部分进口食品可实现快速通关放行，有效地提高了进口食品通关效率，优化了口岸营商环境。

（三十六）通过“互联网+”实施影像监管。

对符合条件的企业，将批批到厂检疫变为利用视频影像等“互联网+”手段进行远程检疫。用此创新监管措施共放行供港活牛 5 批、出具各类检验检疫证单 400 余份，在风险可控的情况下大大提升监管效能。

（三十七）扶植植提产业发展。

出台支持植提产业发展 10 项措施，取消出口植物提取物（食品用途）报检时提供《危险货物分类鉴定书》的要求，减轻企业负担，提升通关效率，每年可为企业节省费用近 500 万元。与政府职能部门建立协调联动机制，牵头对湖南、四川等地产业和市场发展变化情况进行调研，向省政府提出政策建议，推动成立陕西植物提取物行业国际销售战略联盟。

（三十八）优化入境维修产品监管制度。

按照“企业资质评估+简易核准+监督检查”的监管模式，对企业的维修能力、经营规模、废弃物处理、质量管控等方面进行能力评估，对通过评估的企业其一般风险入境维修的进境旧机电产品免予实施装运前检验；实施以一次评估代替每批入境维修再制造旧机电的前置审批；以不定期监督检查代替批批产品检验等便利化措施。

（三十九）允许企业自主选择通关模式。

与乌鲁木齐海关实施业务联系配合办法，除按规定需在进境地口岸实施检疫外，允许企业自主选择在口岸或属地办理中欧班列（长安号）货物的清关手续。

（四十）优化进口成套设备检验监管制度。

便利成套设备类产品进口，消除或降低进口成套设备对健康、环境保护等方面带来的风险。根据企业申请，制定专门检验检疫监管措施，保障进口设备、集装箱、木质包装的质量安全，支持重点建设项目。落实“快检快放”，必要时设立检验检疫驻厂办公室，安排专人驻厂负责每批设备到厂后的开箱检验检疫工作，实现进口设备随到随检、即检即放。

（四十一）实施出入境空运 C 类快件检验检疫监管制度。

对经西安自贸试验区出入境的空运 C 类快件（快件运营人在特定时间内以航空运输的方式承运的样品、礼品、非销售展品和私人自用物品），实施便利化检验检疫措施和清单管理制度，明确了禁止以空运 C 类快件形式入境的产品清单，实现了与跨境电子商务形式禁止进境商品名录的有效衔接。通过风险布控对入境空运 C 类快件，应实施检疫的，按有关规定实施检疫，免予检验。

（四十二）强化外来有害生物监测防控。

为了确保自贸试验区外来有害生物早发现、早报告、早防控，有效降低区内检疫风险和产品质量安全风险，确保自贸试验区的可持续发展。内容包括目的、工作原则、监测要求、防控程序、档案管理、保密工作、附则；在监测程序部分，规定了监测范围、监测方法、记录统计上报等工作；在防控程序部分，规定了适用范围、保障措施、防控手段、应急演练等工作。

（四十三）推动与地方卫生部门联防联控合作。

推动海关与地方卫生部门等加强联防联控合作，防止传染病跨境传播。与西安市卫计委签署了《陕西自贸区西安区域传染病联防联控方案》，建立多部门共同参与的联防联控机制。

2019 年海口海关支持中国（海南）自贸试验区建设主要情况

一、中国（海南）自贸试验区基本情况

2018 年 4 月 13 日，习近平总书记出席庆祝海南建省办经济特区 30 周年大会，向全世界宣布，中央赋予海南经济特区改革开放新的重大责任和使命，支持海南全岛建设自由贸易试验区，逐步探索、稳步推进中国特色自由贸易港建设。这是习近平总书记亲自谋划、亲自部署、亲自推动的重大国家战略，是党中央着眼于国际国内发展大局，深入研究、统筹考虑、科学谋划作出的重大决策，是我国扩大对外开放、积极推动经济全球化的重大举措。

（一）区域范围。

中国（海南）自贸试验区的实施范围为海南岛全岛。自贸试验区土地、海域开发利用须遵守国家法律法规，贯彻生态文明和绿色发展要求，符合海南省“多规合一”总体规划，并符合节约集约用地用海的有关要求。涉及无居民海岛的，须符合《中华人民共和国海岛保护法》有关规定。

海南自贸试验区包含 2 个海关特殊监管区域：洋浦保税港区和海口综合保税区。

（二）功能划分。

按照海南省总体规划的要求，以发展旅游业、现代服务业、高新技术产业为主导，科学安排海南岛产业布局。按发展需要增设海关特殊监管区域，在海关特殊监管区域开展以投资贸易自由化便利化为主要内容的制度创新，主要开展国际投资贸易、保税物流、保税维修等业务。在三亚选址增设海关监管隔离区域，开展全球动植物种质资源引进和中转等业务。

（三）发展情况。

自 2018 年 4 月 13 日习近平总书记发表重要讲话以来，始终将支持推动海南自贸区自贸港建设作为关区重大政治任务，强化监管、优化服务，积极推动海南自由贸易试验区建设，努力为海南自贸港建设作贡献。

2019 年，海南省新设立外商投资企业 338 家，增长 102.4%，增幅较上年提高 10.4 个百分点，实际使用外资 15 亿美元，增长超过 100%，连续两年翻一番。外商投资企业进出口商品总值 506.9 亿元，占海南外贸进出口的 56%，高新技术制造业和现代服务业实际使用外资规模快速增长，成为外资转型创新发展的主要动力。其中，租赁和商务服务业、科学研究和技术服务业分别吸引外资 3.4 亿美元、2.89 亿美元，分别占海南省的 22.5%、19.1%，房地产业吸引外资占比 17%，较近 10 年平均占比（40%）低 23 个百分点，外商投资企业成为海南省外贸发展重要推动力（以上数据来自海南省商务厅官网）。2019 年海南自贸试验区外贸进出口 905.9 亿元，同比增长 6.8%，高出全国增速 3.4 个百分点。其中，进口 562.2 亿元，增长 2.1%；出口 343.7 亿元，增长 15.4%，监管进出口货运量 3 405 万吨，增长 5.8%。

二、海口海关支持海南自贸试验区发展开展工作情况

（一）强化组织领导，建立健全工作机制。

一是配合做好署省领导调研指导。2019 年，署省主要领导 3 次会谈并深入交流，双方就责任夯实、力量到位、措施有效等达成共识。倪岳峰署长赴海南实地调研，提出“管得住才能放得开”“以管控水平决定政策开放度，以管控措施有效性决定开放政策到位时间”要求。署领导多次带队赴海南实地调研，研究推进落实海南全面深化改革开放和

扩大开放工作。

二是强化组织领导，加强统筹推动。深入贯彻落实习近平总书记“4·13”重要讲话和中央12号文件精神，成立海口海关支持海南自由贸易试验区建设、探索推进中国特色自由贸易港建设工作领导小组，调整优化关区推进全面深化改革开放工作机制，配强配齐专职力量，全力以赴完成海关总署、海南省委省政府部署的各项工作。统筹推进《海南自由贸易试验区总体方案》《海南省建设国际旅游消费中心的实施方案》等涉及海关各项任务取得实质进展，其中完成时限为2019年的各项海关牵头任务均已落实。

三是自贸港制度体系研究取得阶段性进展。争取全国海关40名业务专家及20名缉私骨干支援，抽调关区60名骨干成立6个研究专班开展为期三个月的集中攻关，形成自贸港设想和需求等12项成果，得到总署、海南省高度肯定。参与自贸港相关政策研究，促成《海南省反走私暂行条例》等文件出台。参与总署国际贸易规则研究工作组，配合开展对标高标准国际贸易规则研究，设立并编发6期《领导参阅》（自由贸易港政策研究），先后得到海南省委省政府主要领导批示肯定。

（二）推动重点项目建设和重点区域发展。

立足海关职能，围绕海南重点区域、重点产业，积极提升海关监管职能，以海关特殊监管区域高质量发展带动海南全面发展。

一是大力支持海南医疗健康产业发展。落实国家关于下放海南博鳌乐城国际医疗旅游先行区进口药品、医疗器械审批权有关规定，配合总署印发《海关总署检验监管司关于海南博鳌乐城国际医疗旅游先行区临床急需进口医疗器械检验监管有关问题的通知》。2019年，博鳌乐城国际医疗旅游先行区进口器械货值2 726.9万元，进口药品货值862.4万元。将进口心脏起搏器指定检验机构扩大到海口海关，填补了海南口岸不能直接进口该项高端医疗器械的空白。开展进口非特殊用途化妆品备案监管证件的联网核查，支持博鳌乐骋医疗旅游先行区举办进口保健食品及特殊医学用途食品展会，对进境展览用保健食品及特殊医学用途食品实施进口便利化措施。配合总署加快推进“国际旅行健康服务网（海南）”建设，完善海南国际旅行卫生保健中心热带虫媒传染病病原体检测实验室设施设备。

二是全力推进全球动植物种质资源引进中转基地建设。配合总署出台《全球动植物种质资源引进中转基地海关监管方案（试行）》，规范检疫准入、检疫审批、口岸检疫、隔离监管、风险防控、协同监管等检疫监管工作流程。指导海南省三亚市就建设国际一流的中转隔离基地、检疫中心和海关业务监管平台等项目进行全面论证，提出海关建设需求。

三是服务打造海南国际旅游消费中心。服务保障海南省开通今年第100条国际航线。支持海南离岛免税政策效应放大，成功保障离岛免税政策第五次调整落地落实，2019年共监管离岛免税品销售1 819.9万件、购物金额134.9亿元、购物人数376.2万人次，同比分别增长37.3%、38.5%和35%。实现进出境邮轮电讯检疫全覆盖，支持海南邮轮经济发展，2019年监管进出境邮轮8艘次，下降94.1%。

四是全力支持海关特殊监管区域高质量发展。落实《国务院关于促进综合保税区高水平开放高质量发展的若干意见》，印发《海口海关落实〈国务院关于促进综合保税区高水平开放高质量发展的若干意见〉措施》，提出10条措施支持省内海关特殊区域高质量发展。印发《海口海关支持海南进口汽车开展保税存储展示业务的措施》，支持海南平行进口汽车产业发展。落实《商务部等18部门关于在中国（海南）自由贸易试验区试点其他自贸试验区试行政策的通知》，支持海南复制推广其他自贸试验区创新举措。支持海口综合保税区建成保税文化艺术品展示、拍卖、交易平台，海口跨境电子商务综合试验区跨境电商业务实现跨越式增长，指导马村港2019年成功获批金伯利进程证书制度指定口岸。此外，配合总署研究草拟洋浦保税港区海关监管框架方案，督促做好洋浦保税港区整改转型工作。

（三）坚持制度创新，营造良好营商环境。

围绕海南重点区域、重点产业发展中存在的堵点、难点问题，积极开展监管制度创新。其中：

“全国率先实施境外游艇入境关税保证保险制度”入选海南省2019年第二批发布案例。此项制度以境外游艇所有人委托的游艇服务企业或其他经海关注册的企业作为投保人，海关为被保险人，企业向开展关税保证保险业务试点的保险公司购买关税保证保险后，凭借保险公司出具的《关税保证保险单》向海关办理税款类担保手续，实现“先放行、后缴税”。该项制度实施大幅降低了境外游艇入境成本，自2018年11月政策实施以来，已有7艘境外参赛游艇，1艘租赁游艇通过办理关税保证保险的方式入境。

“创新实施优质农产品出口‘动态认证+免证书免备案’制度”入选海南省2019年第四批发布案例。该项制度由海南地方各级农业行政主管部门对无公害农产品、绿色食品等优质农产品实施认定认证，由海南省农业农村厅审核汇总后以优质农产品认证表单形式向该关推荐，出口时免于出具检验检疫证书和备案考核（注册登记），进一步简化监管流程。自2019年1月实施以来，共有692批、货值约5 116万美元的海南省优质农产品出口享受了改革红利。批准在海南设立进口活牛、食用水生活动物指定监管场地，丰富了海南人民菜篮子。

（四）坚持科技驱动提升综合保障能力。

一是筹谋信息化系统建设。推动海关监控指挥中心与海南省社管平台展示系统实现对接，共享业务数据100多万条。配合海南省商务厅开发海南“单一窗口”特色应用功能，完成“单一窗口”码头作业无纸化试点工作，夯实海南自贸港海关监管信息化系统数据基础。积极参与海南省社会管理信息化平台反走私功能模块开发和实战化演练，提出6类19项平台整改建议，配合平台建设单位抓好调整落实。

二是加强口岸布局及基础设施研究。配合国口办完成对海南省水运、航空口岸以及其他港口、机场等情况摸底，针对海南省提出的自由贸易港口岸布局建设方案，提出一二线口岸设置、基础设施、监管设施、信息化系统、人力资源及经费保障等方面意见建议，被省主办部门重点采纳。加强关区各项基础设施建设，组织开展重点项目论证及申报工作。

三是实验室能力建设不断加强。获总署非洲猪瘟初筛实验室资格、海南省第一批非洲猪瘟授权检测实验室资格，技术中心检测项目增长46.61%，保健中心实验室检测范围扩展至62项。建立国内濒危级别最高、保存数量完整的濒危兰科植物物种DNA基因库，参加北京世园会兰花国际竞赛获金奖3项。

2019年青岛海关支持中国（山东）自贸试验区建设主要情况

一、青岛海关支持山东自贸试验区发展开展工作情况

（一）积极对接配合省、市专班工作。

选派业务专家参加省市两级自贸试验区建设专班，多次参加集中研讨起草总体方案，积极发出海关声音、提出海关方案。积极配合省市专班的政策宣贯、计划拟定、工作调度等工作，参加省市专班组织的各项会议20余次，办理相关文件60余份。

（二）强化自贸试验区政策宣介。

通过各级各类媒体开展自贸试验区政策宣传推介。自贸试验区设立以来，青岛海关先后在新华社、山东电视台等媒体播发有关宣传报道10余篇次；组织约500家企业参加自贸区政策宣讲会，积极参与地方组织的有关政策宣讲活动，宣讲青岛海关28项支持自贸试验区青岛片区、烟台片区建设任务举措，引导企业用足用好各项优惠措施。济南海关联合济南片区管委会举办自贸试验区政策宣讲班，为区内外企业介绍自贸试验区功能定位、试验内容、改革举措、政策红利等。联合济南市政府召开新闻发布会，发布27项支持自贸试验区济南片区建设任务举措，新华社、《中国国门时报》《中国海关》《大众日报》《山东新闻联播》等媒体发布相关稿件40余篇。与济南市自贸区管委会联合在《济南日报》推出自贸专栏，以问答形式对外发布济南海关服务自贸试验区建设的系列举措。

（三）统筹服务自贸试验区建设规划。

按照规划“一盘棋”、部署“一张网”的工作思路，同步统筹考虑社会经济发展状况、企业实际需求、监管业务实际，青岛海关制定《青岛海关服务中国（山东）自由贸易试验区建设工作方案》，作为现阶段服务山东自贸试验区建设的指导性文件，同时制定《青岛海关2020—2022年自贸试验区和海关特殊监管区域工作方案》，作为下一阶段服务自贸试验区建设工作的指导性文件。济南海关摸排济南片区企业底数，为自贸试验区“画像”。主动对接济南片区管委、企业，聚焦集成电路、生物医药等重点产业开展实地调研，收集地方政府、企业问题建议38项，逐项深入研究，形成处置意见。逐条研究济南片区涉及海关改革举措落地计划及存在的困难，向济南市委市政府提交专题调研报告，得到市委书记、市长批示肯定。

（四）推进自贸试验区建设任务落实。

青岛海关统筹自贸试验区服务建设工作，定期开展统筹调度、统筹协调，先后4次调度有关工作进展，6次召开单项重点业务推进会，制作分解任务台账，盯紧抓好任务督促落实。目前，省市任务台账确定的25项任务中，已全部推进实施，部分任务暂无企业提出需求，青岛海关将会同地方政府加大政策宣讲力度，积极引导企业创新发展，享受政策红利。济南海关将总体方案涉及济南海关的16项创新举措细化为“可以落地见效的”“需要项目支撑的”“需要上级部门支持的”3大类，可以落地的第一时间落地见效；缺少项目支撑的举措，积极配合商务部门进行项目引进、平台搭建工作；需要相关部委前置审批的举措，积极推动地方政府提前开展申请工作，促进相关举措尽早落地。

（五）统筹制定服务自贸试验区举措。

青岛海关根据《中国（山东）自由贸易试验区总体方案》及青岛片区、烟台片区功能定位和重点产业，研究制定《青岛海关服务中国（山东）自由贸易试验区建设二十八项措施》《青岛海关服务中国（山东）自由贸易试验区建设工作方案》，主要包括推动综合保税区转型发展、推进海洋强省建设

行动、助力打造世界一流海洋港口、深度融入“一带一路”建设、主动服务山东经济社会发展五个方面，共计推出“28+79”项具体工作任务。济南海关根据《中国（山东）自由贸易试验区总体方案》济南片区功能定位和重点产业，形成在创新海关监管制度、促进综合保税区升级、支持扩大口岸开放、促进新型业态发展、服务新旧动能转换、构建一流营商环境六方面支持自贸试验区建设的 27 条举措，共计 83 项具体任务。

二、青岛海关支持山东自贸试验区发展的措施

（一）统筹两个市场，支持打造先进加工制造中心。

全面实施增值税一般纳税人资格试点、委托加工等政策，简化海关业务核准手续，实施“四自一简”。对综合保税区内新设的研发制造企业，经海关认证符合高级认证企业标准的，直接赋予高级认证企业资质。助力引进装备制造、电子信息、新材料、新能源等技术先进、辐射带动力强的重大优质项目。

（二）推动创新创业，支持打造新型研发设计中心。

支持国家产业创新中心、国家技术创新中心、国家工程研究中心、新型研发机构等研发创新机构在综合保税区发展。重点支持海洋生物、医药、医疗器械等高端产品的研发，企业进口的医疗器械用于研发、展示的，可不办理相关注册或备案手续。

（三）推进贸易便利化，支持打造大宗货物分拨中心。

对境内入区的不涉税、不涉证、不要求退税且不纳入海关统计的货物及物品，实施便捷进出区管理模式。采取更加集约、便捷、高效的管理措施，支持中转、转口、分拨、集拼等国际物流业态发展。

（四）延伸产业链条，支持打造高端检测维修中心。

支持开展飞机、船舶、海洋工程结构物等进口维修、再制造业务。支持区内企业开展高技术含量、高附加值的全球维修业务。支持第三方检验检测认证机构在综合保税区开展进出口检验认证服务。

（五）培育新动能，支持打造特色销售服务中心。

对注册在综合保税区内的融资租赁企业进出口飞机、船舶和海洋工程结构物等大型设备涉及跨关区的，按物流实际需要，实行海关异地委托监管。支持企业开展普通设备、进口影视设备融资租赁业务。支持开展原油、天然橡胶、铁矿石等期货保税交割。支持依托现有交易场所依法依规开展农产品、工业品、能源化工等大宗商品现货交易。支持青岛片区探索开展飞行培训业务。

（六）全链条施策，支持建设东北亚水产品加工及贸易中心。

强化对远洋自捕鱼政策指导，对国外海域捕获并运回国内销售的目录内水产品免收关税和进口环节增值税。以推荐渔船境外注册为抓手，对渔船设施、卫生管理、食品安全体系建立等方面进行全面指导和评估，积极扶持水产品捕捞企业有效应对国外技术性贸易措施，助力水产品捕捞企业进入到国外水产品产业链。积极促进中转水产品贸易发展，为转口水产品出具符合进口国（地区）要求的水产品证书，对经综合保税区中转的水产品，仅实施检疫，提高中转效率。提前做好冰鲜水产品准入目录、证书及国外生产企业的信息审核，设立货物入境申报、货物现场查验、实验室检测等一站式直通服务，确保被抽样检测的冰鲜水产品能够较短时间内完成查验、取样、检测等工作，保障冰鲜水产品新鲜、安全、快速投放市场。支持水产加工外贸综合服务平台企业发挥自身资源整合优势，在融资、采购、进出口申报、销售等环节为水产加工企业提供服务。促进加工贸易水产品内销便利化。简化在国外成熟市场畅销水产品的国内销售准入审批手续，将出口日本、欧盟水产品较高的质量标准引入内销市场，积极培育国内中高端消费市场。大力发

展临港冷链物流产业，支持港口建设专业冷藏船泊位，加大发展国际冷藏中转业务所需冷库、堆场、装卸设备等硬件设施的建设力度。

（七）多措施叠加，促建船舶与海洋工程装备产业聚集区。

扶持重点龙头企业，巩固船舶及海工装备产业优势，推动海工装备、深远海渔业装备、海洋高端旅游装备等产业向更高层次迈进。充分运用减免税、保税等政策，支持企业拓展国际钻井平台维修、海洋工程结构物维修及国际邮轮修造等新兴业务，形成集研发、设计、总装、配套、融资、工程服务为一体的船舶与海洋工程装备产业聚集区。建立“海关特殊行业电子账册”，对企业进口保税料件监管实行“主料工作法”，探索建立以企业集团为单元的加工贸易监管模式，实现保税料件在集团内部调拨。对符合条件企业开展高附加值、高技术含量、符合环保要求“两头在外”检测、维修和再制造业态实行保税监管。

（八）全方位联动，助力打造中国北方邮轮中心。

推动建立“政府为主导、口岸运营单位为主体、海关提供技术指导、相关部门协同联动”的工作机制，支持创建国际卫生海港。支持在邮轮母港申请设立口岸进境免税店，促进境外消费回流。推动在邮轮母港实施境外旅客购物离境退税政策，扩大境外游客旅游购物消费。完善“全球采购、保税直供”邮轮供船作业模式，实施供船物资提前申报、船边监管，对供邮轮进口食品开展“过境+免税”，助力打造东北亚邮轮物资配送基地和采购中心。进一步优化海关监管模式，推动形成豪华邮轮制造与维修、港口服务、后勤保障、交通运输、游览观光、餐饮购物等邮轮经济产业链条。

（九）各节点发力，推动一流优良海洋种质资源港建设。

支持引进国外优良海洋种质资源，保障渔业种质资源安全，推进我国渔业持续健康稳定发展。支持自贸试验区内口岸高标准、高起点建设现代化海洋物种引进中转基地，积极开展国外优良海洋种质资源的检疫准入工作。采取缩短审批周期、实施产品风险分类管理等措施，优化海洋生物种质资源进口许可程序，缩短审批办理时限。指导关区具备条件的开放口岸提前布局、建设种用海洋动物隔离检疫设施，打造“优良海洋种质资源港”。支持发展优良海洋种质资源利用产业，做大做强特色渔业品牌，推动产业链条向高端延伸。

（十）支持中转集拼，打造国际领先中转港。

支持青岛港、烟台港开展中转集拼业务。支持设立国际中转集拼货物多功能集拼仓库，吸引国际采购、分拨配送等高附加值的物流增值服务集聚。拓展海运国际中转集拼业务试点范围，营造具有国际竞争力的拆、拼箱运作环境。支持加密港口集装箱直达航线，增加国际中转集拼航线和试点企业。建立专人值班制度，及时做好舱单管理、查检、通关等工作，保障中转集拼货物快速通关。

（十一）释放政策红利，提升整车进口口岸竞争力。

支持烟台设立汽车整车进口口岸，支持青岛适时增加汽车平行进口试点企业数量。科学规划监管堆存区域，升级完善海关监管设施，支持开展汽车保税存储业务和进口汽车保税展示交易中心建设。积极推进多元化担保、汇总征税等税收征管改革试点。支持设立平行进口汽车标准符合性整改场所。优化进口汽车检验流程，实施进口汽车第三方检验检测结果采信、“入区检疫+出区检验”“集中申报+分批出区”等检验措施，实行进口汽车检验检疫证书“三证合一”。优化口岸配套服务功能，推进青岛口岸进口汽车检测国家重点实验室建设，支持试点对象或第三方检测机构开展PDI检测。对满足应急救援、抢险救灾、道路测试等特定生产建设和公共服务需求的，实施“先放行后检测认证”的便利化监管模式。

（十二）放大比较优势，全力打造全国进出口食品农产品集散地。

支持指定监管场地建设，放大指定口岸优势，助力山东食品农产品进出口示范口岸和集散中心建设。利用3—5年时间，建成一批在全国有示范意义的进口食品农产品口岸，率先构建全方位、宽领域、多层次的进口食品农产品口岸开放发展新格局，初步形成国际食品农产品物流中转港功能。降低进出口食品农产品查验和抽检率，对进出口食品农产品实施“即报即放”“即查即放”等多种通关模式。对进境水果现场查验未发现检疫性有害生物或疑似有检疫性有害生物的“即验即放”。在进境水果口岸设置初筛实验室并授予现场查验人员鉴定权限，对于初筛鉴定没有发现检疫性或疑似检疫性有害生物的直接放行。加快水生动物通关速度，对于不涉及扣检要求的进境水生动物现场查验合格后直接放行。争取海关总署鲜活农产品快速通关和检疫监管制度改革试点。

（十三）创新监管模式，建设具有全球影响力的保税燃料油供船港。

支持扩大保税燃料油跨关区直供业务范围。进一步实施便利化监管，支持在自贸试验区内注册的具备相关资质的船舶供油企业开展国际航行船舶保税油供应业务。在符合监管条件前提下，探索支持在自贸试验区内注册的企业开展不同税号下保税油品混兑调和业务。探索开发信息化系统，优化保税燃料油供应通关监管流程，提高保税燃料油供应服务效率。

（十四）降低通关成本，助力打造全国性矿产品集散中心。

扩大进口矿产品“先放后检”范围，在风险可控基础上，对进口铬矿、锰矿、锌矿、铅矿的矿砂及精矿，在现场检验无异常的情况下，允许企业提离口岸监管场所。积极开展第三方检验鉴定结果采信。优化进口矿产品检验流程，实施现场检验与重量鉴定并行操作、通关放行和实验室检测并行操作、业务操作与系统流程并行操作，实现随卸货即取样、随送样即检测，同等条件下优先实施安全卫生环保等准入项目检测的检验模式。支持保税混矿、筛分业务开展，实施“入境检验监管+出区验核放行”的便捷化监管模式。鼓励开展大宗商品期货保税交割业务，增强期货交割时效性，降低通关成本。

（十五）加大科技投入，协同打造一流智慧港口。

全面探索海关“智慧监管”新版本，通过信息化手段和现代科技装备应用，将海关监管要求融入物流运转过程，同步智慧港口建设发展。以扩大“先期机检”“智能审像”“自动识别”等先进系统的应用范围为抓手，探索先进设备实际应用效能，通过技术、机制创新实现“顺势监管”。推广应用智能无人卡口、安全智能锁等手段，优化口岸通关流程，推动提升港口作业效率。优化查验前准备作业流程，推进“单一窗口”与港口、企业信息化系统对接，及时向进出口企业、口岸作业场站推送查验通知，增强企业对通关时效的预期。海运口岸全面实行“411”查验模式，提升口岸查验效能，优化口岸营商环境，促进贸易便利化。

（十六）优化作业流程，全面提高船舶出入境速度。

全面推广“单一窗口”船舶申报“一单多报”，精简纸质申报材料，除护照和临时入境许可申请等必须材料外，均实现无纸化，推动实现船舶进出境通关“最多跑一次”。推进“开放式申报、验证式监管”国际航行船舶供水模式和加注保税燃料油国际航行船舶无疫通行模式。对中韩定期班轮，简化申报形式、项目和申请频次，推行“电讯申报、无疫通行”检疫监管模式，通关时间由90分钟缩短至15分钟，提升港口竞争力和吸引力。

（十七）着眼长远发展，前瞻性研究自由贸易港海关监管模式。

落实中央“赋予自由贸易试验区更大改革自主权，探索建设自由贸易港”总体要求，在全面复制推广自贸试验区创新制度、扎实推进自贸试验区建设基础上，积极对标国际最高标准，研究适合自身发展的模式路径。遵循市场规律和国际通行规则，坚持体制创新、先行先试，探索建设功能完善、运行高效、法制健全、具有国际竞争力的自由贸易港。前瞻性研究探索“一线不申报、不征税、不统计、不要证”、区内货物“自由存放、自由加工、自由流转、自由贸易”的海关监管创新模式，加强关键领域和重点环节贸易便利化制度设计，为全面深化改革和扩大开放探索新路径、积累新经验。

（十八）无缝衔接，打通海铁联运的“最后一公里”。

支持全面推行全程提单。支持联通海关、港口和铁路的物流作业数据，支持建立联运货物在青岛口岸的移动底账。优化物流通关模式，延伸青岛港功能。支持闸口建设，优化货物进出港口物流。支持过境货物海运箱和铁路箱相互换装，降低通关物流成本。对铁路承运的转关、过境货物，降低高资信企业商业封志抽验比例。

（十九）内引外联，建设“一带一路”沿线国家物流枢纽中心。

推动上合示范区多式联运监管中心与山东境内各海关特殊监管区域，与威海、烟台、日照海港及胶东新国际机场空港的合作，做好物流对接联动，探索“一站多港一体化”物流作业，发挥多式联运监管中心“海路空铁”衔接一体的国际物流枢纽功能优势。支持双向常态化运输，提升班列开行密度和运行质量，为中亚国家的矿产、棉纺品及俄罗斯的木材、食品等回程货源量身打造监管方案。支持保税物流中心（B型）申建，拓展出口集拼、进口分拨业务，配套发展国际采购、保税仓储、展示交易、期货交割、冷链物流、跨境电商等高附加值产业，形成功能互补、站区联动新优势。

（二十）优势互补，打造中韩陆海物流黄金通道。

支持依托山东各海港、空港与仁川海港、空港开展“多港联动”。健全口岸合作机制，推动物流基础设施的互联互通，畅通面向韩国、连接欧亚的国际物流通道。发挥山东港口重要门户和桥头堡对内陆腹地拉动作用，积极支持青岛港、烟台港、日照港、威海港与郑州、西安、兰州、乌鲁木齐等中西部“无水港”分工协作和优势互补，推动航运企业布局内陆，促进港口功能、口岸功能、物流服务功能相互补充和延伸。

（二十一）突出重点，扩大山东对日韩贸易优势。

探索与日本、韩国合作确定鲜活农副产品目录清单，探索开通鲜活农副产品快速通关“绿色通道”。提前做好品种准入审核、境外检验检疫证书审核、国外生产加工企业注册信息审核，货物到港后做到“货到即检”，未被抽样检测的冰鲜水产品，当天申报当天放行。为冰鲜水产品设立货物入境申报、货物现场查验、实验室检测等一站式直通服务。推动青岛食品农产品检测中心与韩国化学融合实验研究院“共同检测、结果互认”，实现出口食品农产品“一次检测、快速通关”。进一步扩大自韩国进口货物“外检内放”模式适用范围。探索食品农产品等检验检疫和追溯标准国际互认机制。

（二十二）创新模式，形成全国跨境电商业务新的增长极。

突出日韩食品、日用品、化妆品等商品特色，发挥旅游优势提高跨境电商客流量，支持依托综合保税区打造网购保税购物中心，并纳入旅游线路，采取封闭式管理、政府质量担保、企业市场化运作的模式，创新实施“线下实物体验、线上平台下单，境外直邮到家或综合保税区内快速配送”新模式。完善税收征管模式，实行“税款担保、集中纳税、代收代缴”。促进跨境电商出口业务发展，引导企业将“跨境电商海外仓”引入综合保税区。

（二十三）提质增量，增强经认证的经营者（AEO）的获得感。

加强中日、中韩海关间互认合作，以“一带一路”沿线国家和地区合作为重点，不断提升AEO企业通关便利化水平，助力关区AEO高级认证企业“守信通天下”。加强AEO企业培育示范点建设，对重点行业、特殊区域的企业优先培育、优先认证，大幅度增加AEO企业数量，助力更多企业走出国门。

（二十四）深化“放管服”改革，持续优化口岸营商环境。

接住接稳接好海关总署行政审批改革任务，承接好自贸试验区内有关行政审批改为备案的相关工作，全面实施清单管理，做好进出境环节验核监管证件数量压减和联网核查工作，进一步简化海关证明材料，深化“一次办好”改革。落实供给侧结构性改革，推动海关职能转变与关检业务深度融合，继续巩固压缩整体通关时间工作成效，持续推进“双随机、一公开”向全执法领域拓展。落实《海关全面深化业务改革2020框架方案》，优化完善配套制度与保障机制，推动“两步申报”“两段准入”“两轮驱动”“两类通关”“两区优化”等各项改革落地见效。

（二十五）加强海关国际合作，创造良好外部通关环境。

深化与韩国仁川海关的务实合作，争取海关总署支持扩大合作范围，探索构建信息互换、监管互认、执法互助以及检验检疫、标准计量等方面高效顺畅的合作机制。探索与“一带一路”沿线国家和对鲁经贸联系紧密国家（地区）海关建立合作关系。

（二十六）创新协调员制度，共同构筑亲清关企关系。

向AEO高级认证企业、行业龙头企业选派企业协调员，提供政策法规咨询服务，建立“一对一”的企业问题快速解决机制，切实发挥“贴身服务”作用，构建关企亲清合作伙伴关系。

（二十七）提升统计分析能力，提供科学高效决策支持。

拓宽统计数据服务渠道，丰富统计服务内容，拓展统计数据共享范围，强化虚假贸易监测管控，准确规范高效地为地方政府和企业提供海关统计数据服务。提升统计分析研究水平，推进青岛关区智库建设，强化基础性、前瞻性、战略性分析研究，立足“数据+研究”，加强宏观政策研究、外贸形势分析和统计监测预警。持续开展对重点产业和主要贸易国技术法规、标准规范的收集梳理，探索建立相应产业的国外标准和法规技术指南。推进中国WTO/TBT-SPS国家通报咨询中心研究评议基地建设，加强技术措施研究，提出前瞻性应对反制意见。强化关企联合应对机制，探索在龙头企业建立联络点，提高对TBT/SPS通报的应对有效性和针对性，加强宣传引导，帮助企业提升自主应对能力。

（二十八）全面复制推广监管创新制度。

总结归纳各自贸试验区改革试点经验，积极开展海关监管制度创新，创造条件实施各项便利监管措施。在自贸试验区内优先试点“两步申报、两轮驱动、两段准入、两类通关、两区优化”及相关配套改革举措，推进《海关全面深化业务改革2020框架方案》落地见效。

（二十九）推进税收征管方式改革。

创新以企业为单元的总担保、企业自主申报额度的总担保等多元化担保模式，推动简化“两步申报”税款担保模式，优先在自贸试验区推广落地，降低资金占用。支持自贸试验区内财务公司参与税收担保改革试点。鼓励企业开展归类、原产地预裁定，推行预裁定全国互认，实现“一次裁定，全国适用”，切实提高通关效率。探索开展科创类减免税设备共享改革试点。推动原产地签证便利化，鼓励企业利用自贸协定降低出口成本。

（三十）推行主动披露容错机制。

在自贸试验区内，推广应用主动披露制度和容错机制，对企业主动报告违规问题或差错的，从轻、减轻或免于处罚，充分发挥企业市场主体作用，进一步引导进出口企业单位自查自纠、守法自律，持续改善营商环境。

（三十一）探索第三方检验结果采信制度改革。

扩大第三方检验结果采信商品和机构范围，允许企业选择符合资质要求的境内外第三方检验机构对进出口商品进行检验，海关对进出口商品实施“合格保证+符合性评估”的合格评定模式，经第三方检验机构评定合格的进出口商品，海关凭检验鉴定结果快速放行。积极争取总署下放自贸试验区内第二方检验鉴定机构从事进出口商品检验鉴定业务的检验许可事项现场审核权，由直属关以事后监督管理方式实施现场审核。

（三十二）为自贸试验区内综合保税区申建提供便利。

积极争取对原综合保税区留区发展、新招商入区企业设置过渡期，继续按照综合保税区政策规定及管理模式，为留区企业办理各类海关业务。允许留区企业继续享受综合保税区各类优惠政策，对于企业基于扩大产能需要而进口的机器设备，继续享受综合保税区设备免税政策。对新招商引资项目按照法规政策提供监管便利，过渡期内需要进口生产设备的，允许提供税款担保后放行，待综合保税区获批后退还税款担保并享受免税政策。

（三十三）拓展综合保税区功能。

大力推动支持综合保税区升级 21 项举措落地生效，推进综合保税区开展增值税一般纳税人资格试点，支持区内企业利用国际国内两种资源，对接国际国内两个市场。对注册在综合保税区内的融资租赁企业进出口飞机、船舶、海洋工程结构物等不具备实际入区条件的大型设备，实施异地委托监管。

（三十四）促进综合保税区调整产业结构。

支持区内开展航空产业保税研发、检测维修、再制造业务。全面实施货物按状态分类监管，提高企业经营管理效能。简化文物及文化艺术品进出区监管手续，促进便捷进出，支持开展保税存储、展示交易。支持开展原油、铁矿石、天然橡胶等期货保税交割业务。支持开展国际服务外包业务，促进跨境服务贸易。

（三十五）促进区内区外产业联动。

叠加综合保税区“政策功能”高地和自贸试验区“制度创新”高地优势，支持综合保税区内外企业生产加工、物流和服务业深度融合，实现政策衔接、监管联动。创新监管模式，实现保税货物点对点直接流转，降低运行成本。在综合保税区设置申报通道与非申报通道。对于从区外入区供区内使用、企业不要求出口退税且不涉及征收出口关税和出口许可证件管理的基建物资、办公用品、生活消费品等货物，企业可选择从非申报通道进入综合保税区。

（三十六）支持空港口岸建设。

拟定智能监管方案，支持济南遥墙机场北指廊建设，不断拓展国际航线。启动进境旅客行李物品监管先期机检模式，探索与机场安检等部门实现信息数据共享，推动一次性完成对出境旅客及行李物品的安全检查，实现旅客“无感通关”。推进海关监管模式改革，深入挖潜，提高国际航班 24 小时保障能力。支持资信良好的航空运输企业向海关总署申请开展国内国际货物混装混载业务。支持增设口岸进境免税店。

（三十七）支持济南片区铁路、邮局口岸建设。

支持济南申建铁路一类口岸。依托铁路口岸申建汽车整车进口口岸，配合争取平行汽车进口试点。支持在综合保税区开展进口汽车保税展示业务。支持济南国际邮件互换局健康发展。

（三十八）促进“齐鲁号”欧亚班列向西连接欧亚。

实施预约通关服务措施，优化查检业务流程，支持欧亚班列双向常态化运输，为中转、回程货物量身打造监管方案。支持发展过境贸易，开展境内外货物中转、集拼和国际分拨配送业务。支持依托欧亚班列开展跨境电商业务。

（三十九）支持多式联运业务向东衔接海港。

优化进出口货物中转通关流程，助力“省级集装箱公铁水多式联运示范工程项目”建设，支持企业申建铁路监管作业场所。探索海关、港口、铁路的物流作业数据共享。

（四十）支持指定监管场地建设。

发挥进口肉类指定监管场地作用，推动相关业务开展。支持进口水果、冰鲜水产、活动物等指定监管场地拓展货物来源，打造食品农产品、葡萄酒进出口集散地中心。支持申建进口种苗、粮食、食用水生动物等指定监管场地。

（四十一）搭建特殊物品绿色通道，支持生物医药产业发展。

支持山东省国际生物试剂物流公共服务平台建设，打造济南生命科学城生物试剂、样品、微生物、血液制品等特殊物品一站式监管模式。创新生物制剂集约式检疫查验模式，以加强企业日常监管取代逐批审批，缩短审批流程、提高放行速度。推动优化药品进口通关单管理模式。

（四十二）推动网购保税业务落地，支持跨境电商零售进出口发展。

支持济南申建国家跨境电商综合试验区，在济南地区综合保税区内全面适用跨境电商零售进口政策。支持济南地区开展跨境电商出口业务。全面复制推广简化申报、汇总统计、批量转关等创新监管制度。

（四十三）优化进出口商品检验监管流程，支持研发、检测维修、再制造等重点产业发展。

简化科研测试用医疗器械进口检验流程，取消验核相关注册、备案证明。采信经认可的认证机构出具的认证证书，对部分涉及CCC认证的进口汽车零部件取消抽样送检。支持符合国家环保要求允许进口的高附加值数控机床、工程设备、电子设备、通信设备等旧机电设备的进口、维修和再制造业务。推进以口岸查验、监督管理、产成品质量验证为基础，以能力评估、境外装运前检验为管理手段的入境维修、再制造料件质量安全管理模式。积极争取上级支持，进一步扩大维修、再制造产品范围，吸引更多企业和项目落地。支持综合保税区外有条件的企业开展高附加值、高技术含量、符合环保要求的“两头在外”保税检测、全球维修和再制造业务。对第三方检验检测认证机构开展进出口检验认证服务实施保税监管。

（四十四）支持济南片区集成电路重点产业发展。

发挥海关职能优势，在国家鼓励项目申请、全面适用税收优惠政策、企业认证管理等方面加大支持力度。探索开展进口减免税设备融资租赁业务。对进口料件实施保税监管，全面降低企业资金压力。

（四十五）优化企业信用管理。

对自贸试验区内企业，经海关认证，符合海关高级认证标准的，直接赋予高级认证企业资质。指派专员指导企业开展自我评估，提前规范改进，提高认证通过率。定期研判区内企业进出口货物布控查验情况，及时优化布控指令，保持布控查验率稳定在合理区间，高级认证企业布控查验率处于较低水平。

（四十六）支持加工贸易梯度转移。

精简审核作业环节，加快业务办理速度。主动适应企业集团化运作模式需要，争取集团保税监管试点。推广加工贸易边角料、副产品等网上拍卖，促进内销便利化。支持综合保税区内企业适用自主备案、合理自定核销周期、自主核报、自主补缴税款“四自一简”新型监管方式。

（四十七）促进动植物进出境便捷通关。

简化出境动植物及其产品生产加工企业注册登记、延期办理手续。实施动植物及其产品检疫审批负面清单管理，负面清单以外由直属海关审批。优化生物物种资源进口许可程序。实施动植物检疫证书低风险清单管理，清单内货物免于提交输出国家或地区动植物检疫证书。简化进境动植物产品检疫审批程序，区内企业提交《进境动植物检疫许可证申请表》后，直接由直属海关进行初审，不再由进境口岸海关办理。

（四十八）推动食品农产品贸易便利化。

探索食品农产品等国际互认机制，对进出口食品农产品，除检疫要求外，在检验检疫和追溯标准方面探索与日韩、欧美等国家的互认。主动开展与山东食品农产品主要出口国家在检验检疫、认证认可、标准等方面的合作交流。支持引进国际知名和具有影响力的检验检测和认证机构，加强与有关质量检测认证机构的技术交流与合作。探索与日本、韩国等合作确定鲜活农产品目录清单，开通快速通关“绿色通道”，推进双边贸易往来。依托企业信用管理和合格保证，完善企业自检自控体系和产品追溯召回制度。完善食品农产品风险管理制度，在风险分析的基础上确定纳入快速核放的产品范围，在全链条有效监管的基础上，试点低风险食品农产品快速核放。

（四十九）加大知识产权海关保护力度。

创新出口货物专利纠纷担保放行方式，完善知识产权海关保护执法程序，探索既符合海关法定职能又符合改革方向的自贸试验区知识产权海关保护执法模式。建立知识产权联络员制度，支持自贸试验区内企业发展新技术、新产业、新业态。积极向海关总署推荐出口知识产权优势企业，支持引导企业在海关进行知识产权保护备案，查处进出口环节侵犯知识产权的违法行为。

（五十）加强法治保障。

开展“普法讲师团走进自贸区”活动，通过海关法治宣讲、预警提示、法律服务和争议化解等工作，促进企业守法经营。做好海关改革举措规范性文件合法性审查工作，听取政府部门、企业、行业协会商会的意见建议，确保制度创新成果接地气、有实效。

（五十一）提供特色统计研究服务。

与自贸试验区管理部门建立信息共享、数据互通机制，对接需求量身定制海关统计数据服务。发挥“数据+研究”优势，加强宏观政策研究、外贸形势研判和统计监测预警，为自贸试验区外贸精准画像，推动关政企合作研究，服务自贸区高水平开放高质量发展。

（五十二）落实“证照分离”改革，推进“互联网+海关”建设。

在自贸试验区内试行报关企业注册登记事项由审批改为备案。试行减免税等海关核批业务无纸化，实现企业“零跑腿”。

2019 年南京海关支持中国（江苏）自贸试验区建设主要情况

一、中国（江苏）自贸试验区基本情况

2019 年 8 月 2 日，国务院下发《关于印发 6 个新设自由贸易试验区总体方案的通知》，中国（江苏）自由贸易试验区（以下简称“江苏自贸试验区”）获批实施。

（一）区域范围。

江苏自贸试验区的实施范围 119.97 平方公里，共涵盖三个片区：南京片区 39.55 平方公里，苏州片区 60.15 平方公里（含苏州工业园综合保税区 5.28 平方公里），连云港片区 20.27 平方公里（含连云港综合保税区 2.44 平方公里）。

（二）功能划分。

江苏自贸试验区包括三个片区。

南京片区面积 39.55 平方公里，建设具有国际影响力的自主创新先导区、现代产业示范区和对外开放合作重要平台。

苏州片区面积 60.15 平方公里，建设世界一流高科技产业园区，打造全方位开放高地、国际化创新高地、高端化产业高地、现代化治理高地。

连云港片区面积 20.27 平方公里，建设亚欧重要国际交通枢纽、集聚优质要素的开放门户、“一带一路”沿线国家（地区）交流合作平台。

（三）发展情况。

截至 2019 年 12 月，江苏自贸试验区累计海关注册企业 3 608 家。

二、南京海关支持江苏自贸试验区发展开展工作情况

（一）协助完成改革任务细化分解。

通过参加联合调研、省政府工作专班、专题研讨等形式，紧密对接江苏省商务厅等牵头部门，主动融入江苏自贸试验区建设工作。围绕国务院批准的《中国（江苏）自由贸易试验区总体方案》，加强政策研究，会同其他部门共同做好任务分解，形成《中国（江苏）自由贸易试验区建设实施方案》。

（二）配合推进政策宣讲。

三个片区主管海关指定专人加入三个片区所在市工作专班，负责自贸试验区建设的日常联系。同时选派精干力量配合三个片区地方政府开展专项政策宣讲和业务咨询，面向自贸试验区范围内的 3 600 多家企业，提供政策解读，帮助企业充分了解自贸试验区建设带来的机遇。

（三）着力推进海关监管改革创新。

在支持江苏自贸试验区建设过程中，坚持以企业需求为导向，围绕改革促发展，通过监管创新激发企业发展活力。针对企业提出的发展诉求，推出高端制造全产业链保税监管、两步申报试点、扩大第三方检验结果采信、建立食品农产品检验检疫和追溯标准国际互认机制等业务改革，助力江苏自贸试验区创新发展。

三、南京海关支持江苏自贸试验区发展的措施

江苏自贸试验区获批建设以来，海关坚决贯彻落实习近平总书记“自由贸易试验区建设的核心任务是制度创新”的重要指示要求，紧盯“国内一流、国际公认”的发展目标，牢记职责使命、聚焦创新引领，努力在最高平台上创出最佳业绩。2019 年，南京海关在支持江苏自贸试验区建设过程中推出了“空运直通港”通关新模式。

该模式是江苏自贸试验区苏州片区（以下简称“苏州片区”）试行的一种空运快速通关新模式，

指上海浦东国际货运航班落地后货物无须分拨到货代仓库（二级仓库），而是直接在机场地面代理仓库（一级仓库）一次性完成全部理货和舱单传输，海关审核放行后即可直接配送到江苏自贸试验区的企业。货物从航班落地到送达工厂仅需 12 小时，平均提速 6 个小时。

2019 年南宁海关支持中国（广西）自贸试验区建设主要情况

一、中国（广西）自贸试验区基本情况

2019 年 8 月 26 日，国务院正式批复设立山东、江苏、广西、河北、云南、黑龙江等 6 个自贸试验区，并印发总体方案，同年 8 月 30 日，中国（广西）自贸试验区（以下简称广西自贸试验区）正式挂牌。

（一）区域范围。

自贸试验区的实施范围 119.99 平方公里，涵盖三个片区：南宁片区 46.8 平方公里（含南宁综合保税区 2.37 平方公里），钦州港片区 58.19 平方公里（含钦州保税港区 8.81 平方公里），崇左片区 15 平方公里（含凭祥综合保税区 1.01 平方公里）。

（二）功能划分。

南宁片区重点发展现代金融、智慧物流、数字经济、文化传媒等现代服务业，大力发展新兴制造产业，打造面向东盟的金融开放门户核心区和国际陆海贸易新通道重要节点。

钦州港片区重点发展港航物流、国际贸易、绿色化工、新能源汽车关键零部件、电子信息、生物医药等产业，打造国际陆海贸易新通道门户港和向海经济集聚区。

崇左片区重点发展跨境贸易、跨境物流、跨境金融、跨境旅游和跨境劳务合作，打造跨境产业合作示范区，构建国际陆海贸易新通道陆路门户。

（三）发展情况。

广西自贸试验区成立一年来，南宁海关认真贯彻落实习近平总书记关于自贸试验区建设的重要指示精神，围绕建设引领中国—东盟开放合作的高标准高质量自由贸易园区，加快打造“五区一港”，建成新时代广西改革开放的新高地，更好服务国家对外开放总体战略和全区开放发展大局而努力。一年来，南宁海关在广西自贸试验区共推出 3 项创新举措获批总署备案通过。

二、南宁海关支持广西自贸试验区发展开展工作情况

（一）着眼广西外贸发展特色促进边境贸易监管创新和升级发展。

一是推动互市商品落地加工，促进边贸高质量发展。大力推动边民互市贸易改革升级，研究提出以“边民互市+落地加工”为核心的改革发展思路，在全国率先启动集中申报、直通式运输、优化检验检疫方式、上线移动申报手机应用程序等通关便利化措施，推动改革取得显著成效。截至 2020 年上半年，全区共有 76 家边民合作社和 42 家落地加工企业签订贸工协议，共进口互市商品 7.44 万吨，货值 8.24 亿元，惠及边民 10.3 万人次。改革后，通关时间节省 2/3 以上，运输成本减少 6 成，边民每日获利由 20—55 元增加到 100—150 元。

二是优化监管服务方式，营造良好营商环境。调整完善互市进口常见商品种类，陆续新增完善商品 50 余种，并在海关总署的大力支持下，在全国率先支持周边国家商品（东盟 10 国，以下简称“东盟 10 国”）试点进口，共进口泰国榴莲、冻榴莲肉 129.71 吨，货值 852.22 万元，同时按照“一企一策、一品一策”原则，推动越南番薯、凉粉草等商品进口专用于落地加工，保障边境落地加工企业发展。优化互市进口商品检疫查验方式，对进境水果实施“风险分级、分层查验”监管，对边民互市进出境鲜活农产品实施“简易查验、常规查验”的查验模式，实现了边民互市贸易进口水果、水产品查验时间压缩 50%的目标。积极推动广西指定监管场地建设和获批，目前边境口岸共 13 个、互市

区（点）指定监管场地共 10 个，涵盖水果、食用水生动物、粮食、冰鲜水产品等多种类型，实现了互市进口主要商品品种的全覆盖，指定监管场地获批数量排名全国前列。

三是探索边贸发展新模式，激发边境发展活力。打造“智慧互市”监管模式，创新升级边民互市贸易管理系统，属全国首创将检验检疫作业全部嵌入系统，实现越南官方水产品检验检疫证书的联网核查，互市通关时间压缩超 75%，系统信息化、一体化、兼容性水平稳居全国第一。探索多种运输方式进出口边民互市贸易商品，研究将互市商品通过海运方式在北部湾港口进境，再转运至边境互市区（点）开展互市贸易的新模式。

四是有效防控新冠肺炎疫情，全面加快推进复工复产。严密互市领域疫情防控，推动将疫情期间互市贸易开放事项纳入自治区重大突发公共卫生事件统筹范围，严格落实“六个到位”防控要求，实现了互市领域疫情防控“零遗漏、零感染、零延时”的目标。同时全力推进互市业务恢复，开发了手机移动申报应用程序，在全国领先应用“人脸识别+电子围栏”及区块链防伪锁定等技术，推行互市进口商品落地加工“不见面”申报，减少边民到场申报聚集风险和监管压力。创新实施“整进整出”通关模式，互市商品直接以整车批量运输方式通关验放，并大力推行边民免到场协助查验、“预约申报”和“错峰通关”等。施行新模式后，现场参与边民互市交易人员减少 9 成以上，通关效率提升 60%以上。

（二）聚焦服务西部陆海贸易新通道，实现更高水平贸易便利化。

一是推动开发上线国际贸易“单一窗口”升级版“智慧湾”系统。重点推动查验协同、查验无问题费用减免协同两模块上线应用，将是否被布控查验、查验类型、实时状态和结果等查验信息及时推送企业，实现企业相关申请反馈和查验调度排队的信息化。推行港口企业根据海关查验指令自动将集装箱调运至查验场地实施查验，压缩企业查验等待时间。2020 年 3 月 15 日，“智慧湾”查验协同和查验无问题费用减免协同系统在钦州港试点上线，系统上线后，企业可在线获知查验信息、办理查验委托和吊柜，并可实时查询环节状态，无须多次往返于海关、查验公司和港务码头公司之间，真正做到数据多跑路，企业少跑腿。相较于系统上线前，可减免纸质单证 7 份，简化环节 4 个，压缩时间 20 个小时左右，每票查验报关单平均可节省人力、物流、仓储和耗材等费用成本约 500—1 500 元。

二是支持开展中马毛燕及燕窝加工产能合作。制定进口毛燕配套监管制度，创建从进口毛燕产地供货、入境报关、转关运输、现场查验、实验室检测到后续加工的全流程安全监管模式。2019 年 11 月 13 日，南宁海关签发全国首张进口毛燕检疫许可证；11 月 19 日，全国首批马来西亚毛燕（150 公斤）广西钦州进口并运抵中马产业园区定点加工；11 月 20 日，南宁海关联合地方政府在产业园区举行了毛燕输华启动仪式。

三是实施边境陆路口岸进口“提前审结、卡口验放”模式改革。陆路口岸区域作业环节由 8 个压缩至 3 个，货物放行时间由 2—3 小时缩短为 10 分钟，友谊关口岸智能卡口通道由 3 类业务拓展至 8 类业务（其中 4 类为全国首创），彻底解决车辆阻塞、场所拥堵现象，日均通关能力由 800 辆提升至 1 600 辆，相当于再造了一个友谊关口岸，口岸区域作业费用减少逾 9 成，得到自治区领导的高度认可和企业的广泛好评。

四是支持东盟博览会扩大原产于东盟国家农产品的展示。广西自贸试验区南宁片区所在地南宁市是中国-东盟博览会（以下简称“东博会”）的永久举办地，东博会是中国和东盟开放合作的重要平台，地方政府和参展客商迫切需要博览会扩大原产于东盟国家农产品的展示。南宁海关首创支持东盟博览会扩大原产于东盟国家农产品的展示模式，突出“现场办公”，突出检验检疫技术、突出政策优势，保障展品“通得快”，确保“管得住”，对未获得我国检疫准入的东盟国家农产品可以用于博览会展示，丰富博览会参展农产品种类，提高参展企业获得感。

（三）体现新海关、新职能，加大检验检疫业务领域监管创新和制度整合力度。

一是创新边境口岸出入境车辆电讯检疫监管制度。通过搭建陆路口岸运输工具卫生检疫监管平台，探索建立互市点（区）进出境车辆“提前申报-风险评估-电讯检疫”卫生检疫监管新模式，推动陆路口岸运输工具卫生检疫监管工作全面融入新海关作业流程，提升卫生检疫监管有效性。目前，已拟定边境口岸出入境运输工具电讯检疫业务改革工作方案，以及业务改革配套信息化系统建设需求，正在进行信息化系统建设。

二是开展传染病疫情监测预警和精准防控监管创新。在新冠肺炎疫情等新发再发传染病层出不穷的复杂严峻形势下，口岸传染病防控压力不断增大。自主开发建设“全球传染病疫情监测预警平台”，将严防疫情输入起点前推，整合优化关区传染病疫情防控工作机制和管理资源，实现疫情管理控制的集约化、高效化。该平台建立了强大的全球疫情信息数据库，并对传染病按不同种类、输入风险和传播风险等分级因子建立四级分级管理制度，加上地理信息技术的利用，使得这个平台可查询和展示传染病疫情在全球各地的发病情况，对关区出入境飞机、船舶航线进行自动精准预警和布控，提升了海关传染病疫情的精准防控能力。

（四）发挥海关特殊监管区域平台抓手作用，统筹推进自贸试验区、综合保税区政策协同落实。

打造国际邮件、快件、跨境电商“三合一”集约式监管新模式。根据进出境邮件、进出境快件、进出口跨境电商业务的监管标的物同为个人物品的同质化特点，依托位于自贸试验区内的中国邮政东盟电子商务监管中心、中国—东盟（广西）国际快件监管中心、南宁国际邮件互换局，打造全国首个集国际邮件、跨境电商、国际快件监管于一体的“三合一”式集约化监管新模式，改变由不同监管中心监管跨境电商、国际邮件、国际快件的传统做法，实现多种业务同一场地作业、同一时间清关，避免重复投资、重复建设，有效节约监管资源，提高资源利用效率。该通关模式也实现了集聚化发展，通过构建“三合一”通关模式，满足跨境电商进出口多元化需求，实现跨境电商企业向园区聚集。

2019年石家庄海关支持中国（河北）自贸试验区建设主要情况

一、中国（河北）自贸试验区基本情况

2019年8月26日，国务院印发《中国（河北）自贸试验区总体方案》，同年8月28日，中国（河北）自贸试验区（以下简称河北自贸试验区）正式挂牌。

（一）区域范围。

中国（河北）自贸试验区的实施范围119.97平方公里，共涵盖四个片区：雄安片区33.23平方公里，正定片区33.29平方公里（含石家庄综合保税区2.86平方公里），曹妃甸片区33.48平方公里（含曹妃甸综合保税区4.59平方公里），大兴机场片区19.97平方公里。

河北自贸试验区包含2个海关特殊监管区域：石家庄综合保税区和曹妃甸综合保税区。

（二）功能划分。

2019年8月28日，河北自贸试验区正式挂牌成立，规划面积为119.97平方公里，约占河北区域面积的0.06%，包括四个片区。

雄安片区33.23平方公里，重点发展新一代信息技术、现代生命科学和生物技术、高端现代服务业等产业，建设高端高新产业开放发展引领区、数字商务发展示范区、金融创新先行区。

正定片区33.29平方公里（含石家庄综合保税区2.86平方公里），重点发展临空产业、生物医药、国际物流、高端装备制造等产业、建设航空产业开放发展集聚区、生物医药产业开放创新引领区、综合物流枢纽。

曹妃甸片区33.48平方公里（含曹妃甸综合保税区4.59平方公里），重点发展国际大宗商品贸易、港航服务、能源储配、高端装备制造等产业，建设东北亚经济合作引领区、临港经济创新示范区。

（三）发展情况。

河北自贸试验区于2019年8月挂牌成立以来，海关深入贯彻习近平总书记重要指示批示，坚持改革引领、创新驱动，全力服务自贸试验区高水平开放、高质量发展。截至2019年12月，河北自贸试验区累计海关注册企业102家。

二、石家庄海关支持河北自贸试验区发展开展工作情况

石家庄海关成立了以关长任组长的推进中国（河北）自由贸易试验区工作领导小组（以下简称“领导小组”），下设综合协调工作组、监管流程优化组、科技服务保障组、新闻信息宣传组4个专项工作组和领导小组办公室，印发了《石家庄海关支持和推进中国（河北）自由贸易试验区建设工作方案》，确定了各专项工作组和领导小组办公室的工作规则、工作要求和职责分工，建立了关区常态化的工作机制。

石家庄海关建立专班负责服务河北自贸试验区的各项措施的研究落实工作。一是对《中国（河北）自由贸易试验区制度创新清单（第一批）》中涉及海关的22项工作任务进行了任务分解，结合各片区功能定位和业务需求，由相关处室和片区主管海关进行专题研究，制定细化落实措施。二是对已在其他自贸试验区实施的海关创新制度进行了汇总整理，根据河北自贸试验区功能定位、发展状况分为共性制度和个性制度，及时上报省政府。三是对下发的共性制度创新清单和个性制度创新清单进行梳理汇总，将与海关职责相关的131项创新制度进行任务分解，确定责任部门，指定专人开展研究，确定细化落实的路线图和时间表，保证各项工

作有序进行。

三、石家庄海关支持河北自贸试验区发展的措施

（一）在海关特殊监管区域深入实施货物状态分类监管。

落实《海关总署关于海关特殊监管区域“仓储货物按状态分类监管”有关问题的公告》，在河北省所有综合保税区全面推广仓储货物按状态分类监管，允许非保税货物以非报关方式入区，与保税货物集拼、分拨后，实际离境出口或出区返回境内。

（二）探索以企业为单元的税收担保制度。

落实《关税司、综合司、企管司关于“两步申报”税款担保及高级认证企业免除担保事宜的通知》和《海关总署关于优化汇总征税制度的公告》，允许符合条件的企业以保金保函、税款保证保险等方式向海关提供通关环节的税收担保，担保额度根据货物通关和税款缴纳情况自动扣除和恢复。

（三）允许展会展品提前备案，以担保方式放行展品，展品展后结转进入海关特殊监管区域予以核销。

落实《海关总署关于暂时进出境货物监管有关事宜的公告》，对于从境外暂时进境的货物（ATA单证册项下暂时进境货物除外）转入海关特殊监管区域和保税监管场所的，海关凭《中华人民共和国海关出口货物报关单》对暂时进境货物予以核销结案。

（四）支持在雄安片区设立综合保税区。

加强与雄安新区管委会协调配合，积极参与雄安综合保税区设立选址、产业规划等工作，按程序提出项目设立申请。根据雄安新区综合保税区的规划建设方案，探索智慧化监管模式。

（五）支持曹妃甸片区建设国际海运快件监管中心。

支持自贸区所有快件监管现场全部应用智能审图技术，装备CT智能审图设备，智能审图系统及同屏比对系统审图结论未见异常的包裹直接放行。探索创新快进运营人审批方式，将运营人审批权下放至自贸区片区隶属海关，方便自贸区片区内企业在本地直接申请快件运营人。

（六）支持建立大宗商品期货保税交割仓库、跨境交易平台。

落实《海关总署关于综合保税区内开展保税货物租赁和期货保税交割业务的公告》，支持符合条件的企业在综合保税区内设立期货保税交割仓库，对交割前的货物开展保税仓库业务。

（七）支持开展矿石混配业务，完善仓储、分销、加工及配送体系。

落实《海关总署关于“保税混矿”有关事项的公告》，支持综合保税区内企业对以保税方式进境的铁矿砂进行简单物理加工混合后再复运出区。

（八）发展国际能源储配贸易，允许商储租赁国有企业商品油罐，支持开展成品油和保税燃料油交割、仓储，允许自贸试验区内企业开展不同税号下保税油品混兑调和。

支持自贸试验区内企业开展不同税号下保税油品混兑业务，制定具体监管措施，依托油气系统加强实货监管。

（九）支持大兴国际机场申请设立水果、种子种苗、食用水生动物、肉类、冰鲜水产品等其他特殊商品进出口指定监管作业场地。

为有意愿在大兴国际机场申请指定监管场地的经营企业提供指导，加强与总署联系沟通，开展指定监管场地申报等工作，做好对拟申报监管场地的材料专业审核、技术指导及实地验收工作。

（十）支持正定片区设立进口钻石指定口岸。

围绕申建工作主动与正定片区对接，及时跟进该项目的进展情况，对相关企业毛坯钻石加工业务提供政策咨询和服务，推动钻石金伯利进程国际证书制度指定口岸的申建工作。

（十一）优化生物医药全球协同研发的试验用特殊物品的检疫查验流程。

密切关注自贸试验区相关生物医药产业发展，积极面向企业宣贯海关政策，强化培训，支持产业

发展。继续做好特殊物品检疫审批，在确保工作质量的前提下优化审批流程，提高审批时效性。建立关区高风险特殊物品风险评估机制，与中国检验检疫科学研究院合作开展风险评估，进一步强化高风险特殊物品管理。

（十二）建立新药研发用材料、试剂和设备进口绿色通道，免除企业一次性进口药品通关单，实行一次审批、分次核销。

在现有制度范围内最大程度为新药研发用材料、试剂和设备进口建立绿色通道，提供预归类、检验等通关业务指导，以便相关企业充分享受到海关各项便利政策。

（十三）支持石家庄依法依规建设进口药品口岸，条件成熟时设立首次进口药品和生物制品口岸。

参与口岸建设规划，支持进口药品口岸建设，条件成熟时设立首次进口药品和生物制品口岸。

（十四）试点数控机床、石油钻采产品等高附加值大型成套设备及关键零部件进口再制造。

对高技术、高附加值设备的进口再制造产业，提供有针对性的预归类、审价、检验等通关业务指导，以便相关企业充分享受到海关各项优惠政策。

（十五）对符合条件的入境维修复出口免予实施运装前检验。

研究制定《石家庄海关入境维修产品检验监管操作规范》，对入境维修复出口商品检验工作进行规范。

2019年昆明海关支持中国（云南）自贸试验区建设主要情况

一、中国（云南）自贸试验区基本情况

2019年8月26号下发《国务院关于印发6个新设自由贸易试验区总体方案的通知》，8月30日中国（云南）自贸试验区及三个片区正式挂牌成立。

（一）区域范围。

中国（云南）自贸试验区的实施范围119.86平方公里，涵盖三个片区：昆明片区76平方公里（含昆明综合保税区0.58平方公里），红河片区14.12平方公里，德宏片区29.74平方公里。

云南自贸试验区包含1个海关特殊监管区域：昆明综合保税区（云南省目前共有2个海关特殊监管区域：红河综合保税区、昆明综合保税区）。

（二）功能划分。

昆明片区加强与空港经济区联动发展，重点发展高端制造、航空物流、数字经济、总部经济等产业，建设面向南亚东南亚的互联互通枢纽、信息物流中心和文化教育中心。

红河片区加强与红河综合保税区、蒙自经济技术开发区联动发展，重点发展加工及贸易、大健康服务、跨境旅游、跨境电商等产业，全力打造面向东盟的加工制造基地、商贸物流中心和中越经济走廊创新合作示范区。

德宏片区重点发展跨境电商、跨境产能合作、跨境金融等产业，打造沿边开放先行区、中缅经济走廊的门户枢纽。

（三）发展情况。

中国（云南）自贸试验区于2019年8月30日挂牌成立以来，昆明海关深入贯彻习近平总书记重要指示批示和视察云南重要讲话精神，坚持改革引领、创新驱动，全力服务自贸试验区高水平开放、高质量发展。截至2019年12月，云南自贸试验区累计海关注册企业2 149家。

二、昆明海关支持云南自贸试验区发展开展工作情况

（一）落实国务院自贸试验区总体方案情况。

《中国（云南）自由贸易试验区总体方案》中涉及海关任务有27项，占全部106项工作任务的四分之一，截至2019年底有10项任务取得实质性进展，昆明海关均发文指导相关隶属海关规范开展相关业务。1. 动植物及其产品检疫审批负面清单制度；2. 推动河口、瑞丽国际快件监管中心建设；3. 创新出口货物专利纠纷担保放行；4. 扩大第三方检验结果采信商品和机构范围等；5. 对毗邻国家输入的农产品等产品实行快速检验检疫模式；6. 对航空维修业态实行保税监管；7. 对高附加值、高技术含量、符合环保要求的维修业态实行保税监管；8. 实施“一口岸多通道”监管创新；9. 支持复制跨境电商综合试验区探索形成的成熟经验做法；10. 促进文物及文化艺术品在自贸试验区内的综合保税区存储、展示的文件制发工作。

（二）海关监管制度创新工作情况。

自贸试验区是制度创新的“试验田”，昆明海关把制度创新作为核心任务，以可复制可推广为基本要求，将海关监管制度创新工作贯穿昆明海关自贸工作始终，摆在突出位置。海关总署修订下发《自贸试验区海关监管制度创新工作规范》后，昆明海关严格按照工作规范，紧扣云南自贸试验区发展和企业需求实际，因地制宜地开展海关监管制度创新工作。2019年底昆明海关第一个创新举措“实施‘一口岸多通道’监管创新”获总署批准备案，可在云南自贸试验区试点实施。

（三）自贸试验区试点经验复制推广情况。

国务院分五批在全国范围部署复制推广的自贸试验区创新试点经验中，属海关监管制度创新的事项共有52项，为进一步为扎实开展海关自贸工作，了解全国海关监管制度创新任务在关区落地情况，昆明海关自贸工作领导小组牵头对关区落实复制推广试点经验情况进行梳理。目前，海关在全省范围全面推广完成的事项有46项，部分推广完成的事项有4项，因条件不成熟未还未推广的事项有2项。

三、昆明海关支持云南自贸试验区发展的措施

（一）大力发展检验检测、标准、认证等第三方服务，扩大第三方检验结果采信商品和机构范围。

积极推动自贸试验区第三方检验结果采信工作，对各试点任务单位提出具体指导意见和阶段性试点任务推进措施，督促相关单位结合各自业务范围和工作职能职责推进试点任务。2019年共受理第三方检验机构22家，其中新增机构18家，共采信第三方检验结果168批次。通过采信企业提供的检测报告，认可第三方检验结果，大大缩短检验时间，提升企业通关效率。

（二）动植物及其产品检疫审批负面清单制度。

除过境动物、进境动物、进境水果、进境饲料、国家禁止进境物和其他未获准入的动植物及其产品等负面清单内产品需由总署终审外，负面清单外产品总署授权昆明海关终审，减少了审批环节。2019年共计审批负面清单外产品（杂豆、高粱、境外罂粟替代种植返销农产品）148单、57.65万吨，审批时间由原来的20个工作日缩短到10个工作日内。

（三）实施“一口岸多通道”监管创新。

昆明海关积极主动，全力支持“一口岸多通道”监管创新试点，不断梳理、优化作业流程，大力推进弄岛通道和雷允通道规范管理。实行一个场所与两个通道联动的监管方案，确保国门安全准入的情况与合理使用人力资源与监管资源，以有限的人力资源与财力资源支持地方经济发展，实现社会效益与经济效益共赢。2019年总署同意在云南自贸试验区德宏片区瑞丽弄岛通道开展“一口岸多通道”监管创新试点，是云南自贸试验区获批备案的第一项创新举措。

（四）创新出口货物专利纠纷担保放行。

拟定《昆明海关出口货物专利纠纷第三方担保放行工作制度（试行）》，明确当出口货物收发货人与知识产权权利人发生专利权纠纷时，允许符合一定条件的第三方可以为出口货物收发货人提供与货物等值担保，放行涉嫌侵犯专利权出口货物。并就此项工作向总署进行“中国（云南）自贸试验区海关监管创新举措备案”。

（五）对毗邻国家输入的农产品等产品实行快速检验检疫模式。

2019年下发《昆明海关关于印发<对毗邻国家输入的农产品、水产品、种子种苗及花卉苗木等产品实行快速检验检疫模式的实施方案（试行）>的通知》，指导相关隶属海关开展工作。支持有条件的边境口岸在口岸现场开辟“农副产品绿色通道”专用通道，或者设置农产品专用报关报检窗口及专用查验台，优先办理农副产品进出口业务，保障符合条件的进出口农副产品即到、即验、即放。在非海关作业时间提供预约通关、预约查验等服务。同时应当保障“农副产品绿色通道”之外的其他口岸通道正常通关作业。

（六）支持对海关特殊监管区域外的“两头在外”航空维修业态实行保税监管，打造一站式航空维修基地。

制定“支持特殊监管区域外‘两头在外’航空维修业态实行保税监管”的工作计划。围绕对海关特殊监管区域外的“两头在外”航空维修业态实行保税监管的现实需求，对辖区内相关航空公司开展实地调研，摸清情况，为计划实施航空保税维修业务的企业做好政策解读和指引。

（七）对海关特殊监管区域外有条件企业开展高附加值、高技术含量、符合环保要求的“两头在外”检测、维修业态实行保税监管。

在政策宣贯及业务需求调研的基础上，结合昆明保税监管实际，下发《昆明海关关于支持中国（云南）自由贸易试验区开展保税维修业务指导意见的通知》，进一步明确海关支持自贸试验区保税维修业务推进的工作要求，扎实推进主试任务落地实施。

（八）促进文物及文化艺术品在自贸试验区内的综合保税区存储、展示的文件制发工作。

优化文物及文化艺术品从境外入区监管模式，简化文化艺术品备案程序，实施文物进出境登记审核，便利文物及文化艺术品保税存储、展示，进一步促进国内外文化交流，吸引境外文物和文化艺术品回流。根据总署相关配套政策下发文件，对自贸试验区相关海关加强政策宣传，结合云南自贸试验区特色，探索保税展示交易监管制度的创新。

2019年哈尔滨海关支持中国（黑龙江）自贸试验区建设主要情况

一、中国（黑龙江）自贸试验区基本情况

2019年8月2日，国务院做出新设山东、江苏、广西、河北、云南、黑龙江6个自贸试验区的批复，同时印发《中国（黑龙江）自贸试验区总体方案》，同年8月30日，中国（黑龙江）自贸试验区（以下简称黑龙江自贸试验区）正式挂牌。

（一）区域范围。

中国（黑龙江）自贸试验区的实施范围119.85平方公里，涵盖三个片区：哈尔滨片区79.86平方公里，黑河片区20平方公里，绥芬河片区19.99平方公里（含绥芬河综合保税区1.8平方公里）。

黑龙江自贸试验区包含1个海关特殊监管区域：绥芬河综合保税区。

（二）功能划分。

2019年8月30日，黑龙江自贸试验区正式挂牌成立，规划面积为119.85平方公里，约占黑龙江省面积的0.03%，包括三个片区。

哈尔滨片区面积79.86平方公里，重点发展新一代信息技术、新材料、高端装备、生物医药等战略性新兴产业，科技、金融、文化旅游等现代服务业和寒地冰雪经济，建设对俄罗斯及东北亚全面合作的承载高地和联通国内、辐射欧亚的国家物流枢纽，打造东北全面振兴全方位振兴的增长极和示范区。

黑河片区面积20平方公里，重点发展跨境能源资源综合加工利用、绿色食品、商贸物流、旅游、健康、沿边金融等产业，建设跨境产业集聚区和边境城市合作示范区，打造沿边口岸物流枢纽和中俄交流合作重要基地。

绥芬河片区面积19.99平方公里，重点发展木材、粮食、清洁能源等进口加工业和商贸金融、现代物流等服务业，建设商品进出口储运加工集散中心和面向国际陆海通道的陆上边境口岸型国家物流枢纽，打造中俄战略合作及东北亚开放合作的重要平台。

（三）发展情况。

黑龙江、广西、云南都属于沿边地区，也是国家首次在沿边地区设立自贸试验区，充分表明中央对沿边开发开放工作的重视和支持。黑龙江自贸试验区自挂牌成立以来，哈尔滨海关深入贯彻习近平总书记重要指示批示和重要讲话精神，找准定位、发挥好服务自贸试验区建设中的职能作用。

2019年，海关总署批准哈尔滨海关备案2项创新举措，分别是“俄罗斯低风险植物源性中药材试进口”“优化黑龙江边境自贸片区进境俄罗斯粮食检疫流程”。全国自贸试验区可复制推广的改革试点经验中与海关业务相关的48项可以在黑龙江省复制推广，其中25项已有实际业务发生。

二、哈尔滨海关支持黑龙江自贸试验区发展开展工作情况

（一）提高站位，夯实思想基础。

工作伊始，哈尔滨海关便把贯彻习近平总书记重要指示批示和讲话精神作为开展工作的指导和主线，提出要始终坚决做到“四个准确把握”：一是准确把握习近平总书记关于自贸试验区建设发展的重要指示要求；二是准确把握习近平总书记对推动沿边开发开放的重要指示要求；三是准确把握习近平总书记对支持东北全方位振兴及黑龙江省建设发展的重要指示要求；四是准确把握习近平总书记对加强对俄合作的重要指示要求。通过统一思想，深

入理解设立黑龙江自贸试验区是党中央、国务院的重大决策部署，对黑龙江省来说是历史性的机遇，作为中国最北自贸试验区，它担负着国家的使命、承载着全省的重任、寄托着群众的期盼。中央有政策，省里有期望，海关就要有作为，这是对哈尔滨海关在全面深化改革特殊历史时期的重大考验。

（二）强化领导，夯实组织基础。

黑龙江自贸试验区建设伊始，海关迅速成立了以哈尔滨海关党委书记、关长卢厚林同志任组长，分管关领导为副组长，各相关部门主要负责同志为成员的工作领导小组；下设综合协调、监管通关、检验检疫和科技保障4个专项工作组，专项工作组的组长由相关关领导担任；在领导小组、专项工作组、片区海关三个层面形成工作合力，全方位指导自贸试验区海关监管制度创新工作开展。

（三）广聚才智，夯实群众基础。

支持自贸试验区建设工作，涉及方方面面，需要举全关之力来共同完成此项工作。哈尔滨海关在全关区内开展了“我为黑龙江自贸试验区建设发展献计献策”活动，各职能处室和隶属海关踊跃参与、建言献策、开阔思路，共征集了相关创新思路和措施80余条；同时抽调关区业务骨干开展集中工作，对前期征集的80余条创新思路和措施进行认真的研讨，梳理出能够解决企业痛点、堵点的创新思路，通过突破传统、整合优化、激发活力，让海关监管模式更加符合黑龙江自贸试验区发展实际，使龙江自贸试验区能够成为我国沿边开发开放的一面金字招牌。

（四）深入研究，夯实业务基础。

一是加强研究。多次召开业务研讨会、分析会，深入学习总体方案及自贸试验区相关知识；二是编制《自由贸易试验区知识手册》，制作自贸试验区基础知识微信推送，组织开展黑龙江自贸试验区总体方案解读讲座，多维度开展自贸试验区业务知识培训，夯实关员开展自贸试验区业务基础；三是在政务办公主页上开设“自贸试验区专栏”，分为图片信息、重要文件、工作动态、创新制度和自贸知识五部分，及时更新哈尔滨海关支持黑龙江自贸试验区相关工作信息及文件等，让各部门各单位能够及时了解自贸试验区海关工作进展情况及业务知识，更好推动黑龙江省自贸试验区建设工作。

（五）规范推进，夯实制度基础。

黑龙江自贸试验区获批后，哈尔滨海关迅速行动，突出新海关新职能定位，集中将“办事不求人”“优化营商环境”以及海关总署的各项改革进行统筹规划，初期针对海关改革事项制定了支持自贸试验区建设14项配套措施，并集中2个月的时间重点调研地方政府及企业需求，针对需求较为强烈的事项制定了20项具体支持措施，实现海关系统改革的集成和政策的叠加，受到省政府领导的多次肯定。同时，为规范自贸试验区工作，还制定了《中国（黑龙江）自由贸易试验区海关监管制度创新工作指引》和《中国（黑龙江）自由贸易试验区海关工作领导小组工作规则》，以文件的形式对会议制度、领导阅批制度、联络员制度、信息通报制度进行明确，使各职能部门和片区海关明确了“应该干什么、什么时候完成、怎么规范化推进”等问题，为做好自贸工作打好坚实的制度基础。

三、哈尔滨海关支持黑龙江自贸试验区发展的措施

（一）优化营商环境。

以哈尔滨片区为基础，逐批推行“办理海关事项不求人”，实行“马上办、网上办、就近办、一次办”等新服务模式，推进“最多跑一次”改革落实，增强企业和群众的获得感。

（二）优化海关检验监管模式。

通过对机电企业实验室能力评估，认可符合条件的企业实验室出具的进口原材料检测结果和企业质量声明，作为放行依据。

（三）支持自贸试验区医药类企业发展。

对特殊物品进出口企业开通“直审直批”绿色通道，搭建特殊物品风险评估及交流平台，为企业建立健全生物安全管理及风险评估制度提供技术指

导，提供审批预约服务并压缩审批时限。

（四）优化进口肉类检疫监管模式。

支持自贸试验区口岸与省内进口肉类指定监管场地建立监管协作机制，打通我省进口俄罗斯禽肉的通道，促进贸易发展。

（五）支持自贸试验区保税加工企业发展。

支持一线口岸、特殊监管区域、保税监管场所和企业之间保税货物流转，允许企业使用非指定运输工具承运保税货物。

（六）促进展会经济发展。

支持综合保税区与自贸试验区“区区联动”，展会展品在展会期间享受保税政策，展后进入综合保税区视同离境予以核销，助力哈尔滨中俄博览会常态化运行。

（七）支持自贸试验区内符合条件的场地设立食用水生动物指定监管作业场地。

优化食用水生动物监管流程，现场抽样结束后放行进入流通领域，检验检疫结果作为商品召回及下一批检验检疫的依据。

（八）支持自贸试验区木材加工产业发展。

鼓励木材加工企业开展“两头在外”加工贸易，允许自贸试验区与综合保税区内符合条件的企业互相开展委托加工业务，推动形成木材精深加工产业集群。

（九）支持黑河片区、绥芬河片区口岸开通对俄旅游自驾游。

支持口岸建设完善便利的小汽车通关配套设施，优化进出境小汽车口岸通关流程。

（十）支持有需求的企业在自贸试验区设立保税监管场所，主动跟踪指导符合条件的片区设立综合保税区。

（十一）支持企业依托中欧班列、哈绥俄亚陆海联运大通道开展国际中转集拼业务。

对于只需要在综合保税区仓储的货物，允许采用非报关模式进出区，推动自贸试验区打造对俄物流枢纽中心。

（十二）支持哈尔滨临空经济区建设。

支持太平机场开展保税航油业务，助力对俄及东北亚区域合作的航空枢纽建设。

（十三）探索跨境空中索道新运输方式监管模式。

支持大黑河岛设立国际游艇码头口岸，支持开展黑河口岸游轮（艇）界江自由行，探索跨境空中索道新运输方式监管模式。

（十四）探索加工成品转电商销售监管模式

探索综合保税区内加工成品转电商销售监管模式，对符合要求的商品可以通过电商模式进行销售。

（十五）优化黑河对俄购电运营主体进口电力通关模式。

支持进口俄电在黑河片区落地使用，对于利用俄电开展“两头在外”加工贸易企业采取保税监管模式。

（十六）支持开展期货保税交割业务。

支持黄大豆 1 号期货保税交割业务，探索省内综合保税区及保税监管场所作为交割仓库。

（十七）支持开展保税维修业务。

支持黑河片区、绥芬河片区内有条件企业开展“两头在外”的工程机械、农业机械保税维修业务，根据业务发展需要进一步扩大进境维修产品范围。

（十八）支持开展进口汽车保税存储、展示等业务。

支持绥芬河综合保税区开展进口汽车保税存储、展示等业务；在有效监管的前提下，探索进口汽车在省内综合保税区之间联动保税展示交易。

2019 年税收支持自贸试验区建设主要情况

国家税务总局政策法规司

2019 年，国家税务总局认真贯彻落实党中央、国务院关于自由贸易试验区（以下简称“自贸试验区”）建设的工作部署，不断加强与相关部门和地方的沟通协作，深入研究支持自贸试验区发展的税收政策措施，鼓励各自贸试验区所在地税务机关积极创新，丰富和完善纳税服务举措，推动自贸试验区高质量发展。

一、深化改革创新，支持新设自贸试验区建设

建设自贸试验区是党中央、国务院作出的重大决策，是新时代推进改革开放的一项战略举措。为进一步深化改革创新，在已成立 12 个自贸试验区基础之上，2019 年我局积极配合商务部研究推进在山东、江苏、广西、河北、云南、黑龙江 6 个省（区）设立自贸试验区，在充分借鉴前几批自贸试验区政策基础上，立足各区域实际，打造可复制可推广的自贸试验区创新试点经验。

二、加强沟通协作，推进上海新片区贸易便利化

2018 年 11 月，习近平总书记在出席首届中国国际进口博览会时宣布，增设上海自贸试验区临港新片区，鼓励和支持上海在推进投资和贸易自由化便利化方面大胆创新探索，为全国积累更多可复制可推广经验。国家税务总局深入贯彻习近平总书记重要讲话精神，配合商务部在更深层次、更宽领域、以更大力度推进上海自贸试验区临港新片区建设。2019 年 7 月，国务院印发《中国（上海）自由贸易试验区临港新片区总体方案》，我局随即会同财政部统筹推进上海自贸试验区临港新片区税收政策落地，力争尽早释放政策红利。

三、总结试点经验，扎实做好复制推广工作

2019 年 4 月，国务院印发《关于自由贸易试验区第五批改革试点经验复制推广工作的通知》，国家税务总局将试点经验复制推广工作作为贯彻新发展理念、推动高质量发展、建设现代化经济体系的重要举措，认真组织开展落实工作。一是组织开展自然人税收管理系统建设工作，系统归集自然人涉税信息数据；二是实现跨区域涉税事项报告、跨区域涉税事项报验、跨区域涉税事项信息反馈网上办理；三是进一步优化非正常户解除等事项办理流程；四是为进一步提高出口退税服务质量，加快出口退税办理进度，2019 年 10 月印发《关于推广生产型出口企业退税服务前置经验的通知》，将“生产型出口企业出口退税服务前置”试点经验推广至全国。

四、立足区域特色，创新推出税收服务举措

为深入贯彻落实习近平总书记在中央全面深化改革委员会第六次、第七次会议上的重要讲话精神，国家税务总局狠抓改革落实、不断提高税收服务水平，鼓励各自贸试验区所在地税务机关创新推出与国际接轨的税收服务举措。各自贸试验区结合本地实际，从减税降费、提速增效、完善平台、协同共治等方面，积极研究推出多项创新服务举措。如天津实现手机版电子营业执照在税务领域的应用，浙江实现发票申领半小时办结，河南拓展“承诺制”容缺办理范围，四川优化税务注销等。

充分发挥市场监管职能作用 支持自贸试验区商事制度改革取得新突破

国家市场监督管理总局登记注册局

建设自贸试验区是党中央、国务院作出的重大决策，是新时代推进改革开放的一项战略举措，在我国改革开放进程中具有里程碑意义。习近平总书记强调，自贸试验区要进行更深层次、更宽领域、更大力度的全方位高水平开放。李克强总理在政府工作报告中提出，要赋予自贸试验区更大改革创新自主权。2019 年 12 月，胡春华副总理主持召开国务院自贸试验区工作部际联席会议第六次全体会议，市场监管总局副局长唐军同志在会上发言，介绍了市场监管部门支持自贸试验区建设和发展，做好试点经验复制推广，打造改革开放新高地的工作情况。

一、支持自贸试验区建设的相关工作情况及成效

（一）支持自贸试验区开展“证照分离”改革试点。

按照党中央、国务院决策部署，在国务院推进政府职能转变和“放管服”改革协调小组指导下，国务院职能转变协调办、市场监管总局、司法部从 2018 年 10 月开始组成工作专班系统总结上海等地改革经验和存在问题，有针对性地研究优化“证照分离”改革方案，起草了《国务院关于在自由贸易试验区开展“证照分离”改革全覆盖试点的通知》。同时，为摸清国家层面设定的涉企行政审批事项底数，整理形成了《“证照分离”改革全覆盖试点事项清单（中央层面设定，2019 年版）》，并多次征求国务院有关部门和自贸试验区所在地省级人民政府意见，修改完善全覆盖试点改革方案并先后报经国务院推进政府职能转变和“放管服”改革协调小组全体会议、国务院常务会议审议通过。

2019 年 11 月 6 日，经李克强总理签批，国务院正式印发了《关于在自由贸易试验区开展“证照分离”改革全覆盖试点的通知》（国发〔2019〕25 号），自 2020 年 12 月 1 日起，在全国 18 个自贸试验区开展“证照分离”改革全覆盖试点，推动包括中央层面设定和地方层面设定的全部涉企经营许可事项“照后减证”和简化审批，对进一步优化营商环境、激发市场活力具有十分重要的意义。2019 年 11 月 30 日，李克强总理作出重要批示，明确提出扎实做好“证照分离”改革试点扩面工作，着力推进“照后减证”和简化审批，坚决克服“准入不准营”现象。为推动工作落实，2019 年 12 月 2 日“证照分离”改革全覆盖试点培训动员部署电视电话会议在京召开，韩正同志出席会议并作重要讲话，要求把握好全覆盖这个基本要求、“进四扇门”这个办法、实行告知承诺这个关键、事中事后监管这个底线要求，实施好自贸试验区“证照分离”改革全覆盖试点。此外，国务院办公厅、市场监管总局、司法部还联合举办了专题培训班，对国务院有关部门，自贸试验区所在省、自治区、直辖市进行专题培训。

为做好配套工作，市场监管总局先后印发了《“证照分离”改革试点数据共享方案》（市监注〔2019〕63 号）、《市场监管总局办公厅关于落实“证照分离”改革全覆盖试点在自由贸易试验区开展市场主体经营范围登记规范化工作的通知》（市监注〔2019〕66 号），对涉企信息归集共享、涉企经营许可与营业执照经营范围的有效衔接进行了规范。同时，印发了《市场监管总局关于落实“证照分离”改革全覆盖试点的通知》（国市监注〔2019〕225 号），对市场监管领域涉企经营许可事项的改革工作对全系统提出了明确要求，进行了具体部署。

据统计，2020 年第 1 季度全国疫情最为严重的时期，全国自贸试验区仍新登记市场主体 103 347 户，涉及“证照分离”改革事项的有 30 667 户，

占29.7%，大幅降低了有关行业的市场准入门槛，极大激发了市场主体活力和创造力，对于做好“六稳”工作、落实“六保”任务发挥了积极作用。

（二）持续深化商事制度改革，提升企业登记便利化。

积极促进自贸试验区制度建设，全面支持自贸试验区持续推进商事制度改革。全面落实企业简易注销登记改革，依托自贸试验区大力推进企业名称自主申报改革，压缩企业开办时间，推进实行电子营业执照和企业登记全程电子化改革，努力实现“最多跑一次”，为自贸试验区内各类市场主体创造宽松便捷的准入环境。

（三）认真贯彻落实《外商投资法》《外商投资法实施条例》，做好外商投资企业登记注册工作。

为贯彻落实《外商投资法》及其实施条例，落实外商投资准入前国民待遇加负面清单管理制度，2019年底，市场监管总局印发《关于贯彻落实〈外商投资法〉做好外商投资企业登记注册工作的通知》（国市监注〔2019〕247号），指导各地市场监管部门依法履行好外商投资企业登记注册职能，从规范外商投资企业登记程序、配合落实外商投资信息报告制度、明确外商投资企业材料规范、完善外商投资企业登记事项、做好过渡期内外商投资企业登记工作、实行外资授权登记管理等6个方面进行了统一规范。及时组织召开全国外商投资企业登记注册工作培训班，就贯彻落实《外商投资法》及其实施条例、总局通知等进行了专题培训。2020年8月，市场监管总局公布《全国被授予外商投资企业登记管理权的市场监管部门名单》，方便企业查询。截至目前，全国共计706家市场监管部门被授予外商投资企业登记管理权。为更加方便外商投资企业属地化办理登记，市场监管总局正在按照《国务院办公厅关于进一步优化营商环境更好服务市场主体的实施意见》（国办发〔2020〕24号）要求，组织做好全国地级及以上城市外商投资企业登记集中授权工作，进一步优化营商环境，推动各地为外商投资企业发展提供更好服务。

（四）深入推进“双随机、一公开”监管，持续降低自贸试验区等各地企业制度性交易成本。

在《优化营商环境条例》《企业信息公示暂行条例》等法律法规及总局规章规范性文件的制修订中，推动将“双随机、一公开”监管内容写入立法，明确在日常监管领域以“双随机、一公开”监管取代过去的“巡查制”“普查制”。推动出台《国务院关于在市场监管领域全面推行部门联合“双随机、一公开”监管的意见》（国发〔2019〕5号），为各自贸试验区开展部门联合双随机抽查提供重要参考和有力支撑，有效推动“进一次门、查多项事”，减轻企业检查负担。印发《市场监管总局关于全面推进“双随机、一公开”监管工作的通知》（国市监信〔2019〕38号），制定发布《市场监管总局随机抽查事项清单（第一版）》，促进市场监管部门内部“双随机、一公开”监管流程整合，实现全覆盖、常态化。2019年底会同国务院各相关部门对各省（区、市）人民政府开展部门联合“双随机、一公开”监管情况专项督查，实地督查核查12个省份。2020年6月，会同市场监管领域15部门制定发布《市场监管领域部门联合抽查事项清单（第一版）》，为部门联合“双随机、一公开”监管提供操作指引。印发《市场监管总局办公厅关于在部分地区开展企业信用风险分类管理工作试点的通知》（市监信〔2019〕51号），组织开展信用风险分类管理工作试点，根据企业信用度和风险度，合理调整双随机抽查比例和频次，实现监管资源合理配置和高效利用。

持续推进信用监管各项工作，为自贸试验区等各地开展信用监管完善制度保障。2019年启动《企业信息公示暂行条例》修订，形成《企业信息公示条例（修订送审稿）》，已于12月提交司法部，列入国务院2020年立法计划，进一步完善信用监管和事中事后监管制度。起草《严重违法失信名单管理办法（修订送审稿）》，统一总局各类“黑名单”。指导探索建立信用修复、强制退出等一系列信用监管新制度新机制。持续采取各种措施，通过多种媒体，多渠道、多层次、全方位宣传引导企业通过国家企业信用信息公示系统向社会公示年度报告，支持企业通过公示信息积累自身信用。在实现与人力资源社会保障、海关、统计部门企业年报“多报合一”基础上，推进与商务、外汇部门企业年报“多报合一”工作，减轻企业信息报送负担。印发《市场监管总局办公厅关于进一步做好行政许可和行政处罚等信用信息数据归集共享公示标准更新调整工作的通知》（市监信函〔2019〕929号），持续推动涉企信用信息归集工作。指导各地开展好经营异常名录、严重违法失信企业名单管理，以及对严重违法失信企业法定代表人、负责人的任职限制工作，形成“一处失信、处处受限”的局面，有效提升信用监管效果。

（五）出台相关政策文件，支持海南自贸试验区建设发展。

2019年4月，市场监管总局批复支持中国（海南）自贸试验区开展强化竞争政策试点，积极发挥自贸试验区先行先试、探索开拓的作用，为自贸试验区营造公平竞争的市场环境，也为全国范围内强化竞争政策实施探索有益经验。海南自贸试验区强化竞争政策试点从18个方面提出具体举措，包括组建中国（海南）自贸试验区反垄断委员会、组建委员会专家咨询组、彻底清理废除妨碍统一市场和公平竞争的规定和做法、切实放开行业准入、严格落实公平竞争审查制度、统一实行公平竞争审查评估制度、加快建立竞争政策与产业政策的协调机制、强化公平竞争执法、制定配套法规规章、提升社会公平竞争意识、加强竞争人才引进培养、加强国际交流合作等。

（六）做好认证认可工作，支持自贸试验区高质量发展。

2019年初，市场监管总局向上海市市场监管局发出《市场监管总局关于在上海市取消外商投资认证机构准入特别管理措施有关问题的批复》（国市监认证函〔2019〕44号），原则同意将此政策复制推广至上海市。并函复北京市、商务部、司法部等部门，同意在北京市扩大服务业开放试点期间取消此项特别管理措施，2019年11月，国务院发出《国务院关于同意在北京市暂时调整实施有关行政法规和经国务院批准的部门规章规定的批复》（国函〔2019〕111号），决定将此项政策复制推广至北京市。

二、下一步做好自贸试验区建设工作的思考

（一）提高政治站位，增强服务自贸试验区建设的思想自觉。

进一步深入学习贯彻习近平新时代中国特色社会主义思想和党的十九大、十九届二中、三中、四中全会精神，提高政治站位，全面贯彻落实习近平总书记关于自贸试验区建设重要指示、批示精神，以此统一思想、指导工作，增强服务自贸试验区建设的思想自觉和行动自觉，以自贸试验区为平台，大胆改革，总结提炼试点经验，更有力发挥自贸试验区在深化改革和扩大开放方面的示范引领作用。

（二）深化“证照分离”改革，在自贸试验区推出力度更大的改革举措。

按照国务院部署要求，在国务院职能转变协调办统筹下，市场监管总局与国务院办公厅、司法部研究深化“证照分离”改革，在全国实现改革全覆盖，在自贸试验区推出力度更大的改革举措，按程序提请国务院审议，待完成全部决策程序后实施。

（三）鼓励自贸试验区继续探索优化企业简易注销登记。

依托自贸试验区、国家级经济功能区和有条件的地区，继续探索试点拓展改革适用范围、压缩公告时间等改革举措，进一步优化企业简易注销登记程序，支持未开业和无债权债务企业快速退出市场，形成可复制推广的市场退出制度创新成果。鼓励各地探索构建企业注销登记服务平台。鼓励有条件的地区充分运用信息化手段，依托现有政务服务平台，探索建立全流程一体化企业注销登记服务平台。

2019 年国家移民管理局支持自贸试验区建设主要情况

国家移民管理局综合司

一、支持海南全面深化改革开放

2019 年 7 月，为深入贯彻习近平总书记在庆祝海南建省办经济特区 30 周年大会上的重要讲话精神，落实《中共中央、国务院关于支持海南全面深化改革开放的指导意见》要求，加快建设高水平的中国特色自由贸易港，经报中央推进海南全面深化改革开放领导小组批准，公安部、国家移民管理局根据海南开放发展、创新发展、高质量发展的实际需要，围绕海南发展高新技术产业、旅游业、现代服务业三大产业类型，从促进人员跨境流动、助力海南吸引国际人才、推进海南国际旅游消费中心建设等 3 个方面推出 12 项支持海南自由贸易试验区和中国特色自由贸易港的移民与出入境政策措施，包括拓展外国人免签入境渠道，扩大外国人免签入境事由，延长免签外国人在海南停留时间，为外籍高层次人才提供更加便利的入境和停居留措施，为外籍技术技能人员就业及外国留学生创新创业提供居留便利，支持实施外国旅游团乘坐邮轮入境免签政策，简化邮轮游艇出入境手续，支持在三亚等邮轮港口开展公海游航行试点，支持琼港澳游艇自由行政策，支持海南对境外游艇开展临时开放水域审批试点，为外国人到海南诊疗提供停居留便利等具体措施。

二、支持上海及自贸区临港新片区建设

2019 年 11 月，为深入贯彻习近平总书记考察上海时的重要讲话精神，支持上海实现高水平开放、高质量发展，切实落实《中国（上海）自由贸易试验区临港新片区总体方案》，公安部与上海市人民政府签署《建立健全移民与出入境管理服务机制推动实现上海高水平开放合作备忘录》，就充分发挥移民管理职能作用、改革创新移民管理制度机制、先行先试出入境政策措施、促进服务经济社会发展建立合作机制。公安部、国家移民管理局将在上海先行先试一批更加开放的引进外籍高端人才、专业人士来沪工作、科研、交流的停居留政策，更具吸引力的外国人来沪旅游、休闲、学习的出入境便利措施，更具竞争力的鼓励外国人来沪创新、创业、投资的移民管理制度，更具获得感的外国人在沪融入发展的移民出入境服务措施，内容包含对上海自贸区临港新片区引进的外籍人才提供办理长期居留便利，在上海试点办理口岸电子签等，有力促进上海及自贸区临港新片区引才引智引资工作，增强企业竞争力，进一步优化营商环境，推动上海及自贸区临港新片区打造更具国际市场影响力和竞争力的特殊经济功能区。

三、优化免签政策，便利人员往来

2019 年 1 月，经国家移民管理局报国务院批准，山东、云南、福建、湖北，四川等地外国人过境免办签证政策停留时间延长至 144 小时，其中山东省过境免办签证政策入出境口岸扩展至青岛市空海港口岸，停留区域扩展山东全省；福建省过境免办签证政策入出境口岸扩展至厦门市空海港口岸。2019 年 5 月，将广东省外国人过境免办签证政策停留期延长至 144 小时，入境口岸增加至广州白云机场、深圳宝安机场、揭阳潮汕机场空港口岸，出境口岸增加至广东省具备客运功能的 32 个对外开放口岸，停留区域扩展至广东省行政区。2019 年 12 月，将陕西省、重庆市过境免办签证政策停留时间延长至 144 小时，将四川省过境免办签证政策停留区域扩展至成都、乐山、德阳、遂宁、眉山、雅安、资阳、内江、自贡、泸州、宜宾，将浙江省过

境免办签证政策入出境口岸扩展至宁波市航空口岸，为外国人从事旅游观光、商务洽谈、探亲访友等短期活动提供便利。优化粤港、粤澳毗邻陆地口岸通关安排，创新横琴口岸“合作查验，一次放行”通关模式，进一步提高通关效率，便利人员往来。

四、复制推广支持自贸区建设移民与出入境便利政策

2019年8月，为贯彻落实习近平总书记关于“自贸区建设将制度创新作为核心任务，把可复制、可推广作为基本原则”的重要指示精神，根据党中央、国务院决策部署，国家移民管理局对近年来支持上海、北京、福建、广东等16个省市自由贸易试验区等国家重点发展区域出入境便利政策措施实施情况进行了全面梳理评估和调研论证，从放宽签发长期签证和居留许可对象范围、拓宽外国人才引进对象范围、提高外国人服务管理水平等方面提出12项移民出入境便利政策措施，向全国复制推广，进一步鼓励、支持、便利外籍人才、外国优秀青年和外籍华人来华在华创新创业、投资兴业、学习工作。2019年6月，在广州试点实施边检行政许可网上窗口，实现上下外国船舶许可、船舶搭靠外轮许可网上审批签发，2020年1月，向全国复制推广该项便利措施，实现“数据多跑腿、群众少往返”。

2019 年国家外汇管理局支持自贸试验区建设主要情况

国家外汇管理局外汇研究中心

建设自由贸易试验区（以下简称自贸试验区）是党中央在新时代推进改革开放的一项战略举措。外汇局高度重视贯彻落实党中央、国务院关于建设自贸试验区的战略部署，积极支持自贸试验区建设，不断推进自贸试验区外汇管理改革举措的先行先试，促进贸易投资自由化便利化，服务实体经济发展。

一、持续推进贸易便利化改革

2019 年，外汇局接连推出多项优化外汇管理政策措施，持续提升贸易投资自由化便利化。一是优化贸易外汇业务办理流程，提升企业跨境贸易资金结算效率，为涉外经济发展提供政策支持，出台《国家外汇管理局关于进一步促进跨境贸易投资便利化的通知》（汇发〔2019〕28 号）。二是简化外汇管理行政许可，明确自贸试验区内保险公司申请经营外汇保险业务，取消提供工商营业执照和组织机构代码信息证明复印件的要求，出台《国家外汇管理局关于在自贸试验区试点取消部分外汇管理行政许可申请材料的通知》（汇发〔2019〕37 号），进一步优化营商环境，激发市场活力。

实施外汇管理创新措施，切实提高市场主体在外汇管理服务实体经济发展方面的获得感和满足感。一是允许银行按照“了解客户、了解业务、尽职审查”的“展业三原则”办理经常项目购付汇、收结汇及划转等手续。二是允许区内货物贸易外汇管理分类等级为 A 类的企业货物贸易外汇收入直接进入经常项目外汇账户，无须开立出口收入待核查账户。三是放宽货物贸易电子单证审核条件，允许注册且营业场所均在区内的银行为区内企业办理货物贸易外汇收支时审核电子单证。其中，放宽 A 类企业外汇账户管理已于 2019 年推广至全国。

二、深入推进资本项目便利化改革

外汇局积极深化跨境贸易和投资外汇管理改革，持续优化外商投资管理、改善营商环境，进一步简化相关业务操作，便利银行和企业等市场主体办理外汇业务，更好地满足市场主体合理的政策诉求，切实支持实体经济发展。

一是积极支持自贸试验区开展外汇业务创新。支持上海、天津等多个自贸试验区开展资本项目外汇收入结汇支付便利化、跨区域办理外商直接投资（FDI）外汇登记手续、允许非投资性外商投资企业资本项目收入用于境内股权投资、外债注销登记下放银行办理等多项资本项目外汇业务创新试点。2019 年 7 月，在自贸试验区新推出 6 项跨境投融资外汇管理创新政策。(1) 允许区内非投资性外商投资企业在真实、合规的前提下，按实际投资规模将资本项目外汇收入或结汇所得人民币资金依法用于境内股权投资。(2) 允许区内企业的外债注销登记业务由企业在国家外汇管理局省分局辖内任一银行直接办理，取消企业办理该业务的时间限定。(3) 允许区内非投资性外商投资企业实施资本项目外汇收入支付便利化业务。(4) 允许区内已确定选择“投注差”模式借用外债的企业，调整为以跨境融资宏观审慎管理模式借用外债。(5) 放宽企业跨境融资签约币种、提款币种、偿还币种必须一致的要求，允许区内企业提款币种和偿还币种与签约币种不一致。(6) 允许区内企业在所属分局辖内任一银行办理境内直接投资基本信息登记、变更与注销手续。

二是发挥自贸试验区先行先试功能，将创新措施积极复制推广至全国。2019 年 10 月，下发《国家外汇管理局关于进一步促进跨境贸易投资便利化的通知》（汇发〔2019〕28号），将两项自贸试验区跨境投融资外汇创新政策在全国复制推广。允许非投资性外商投资企业资本项目收入用于境内股权投资，外债注销登记下放银行办理。进一步便利和支持市场主体境内投资及境外融资。

三是积极开展资本项目收入支付便利化试点。统一自贸试验区内资本项目收入支付便利化试点办法；将资本项目收入支付便利化试点范围扩大至浙江省、宁波市及深圳市全辖，以及江苏省苏州市、南通市。

四是进一步提升跨境贸易投资便利化水平。发布《国家外汇管理局关于进一步促进跨境贸易投资便利化的通知》，提出允许非投资性外商投资企业以资本金开展境内股权投资、扩大资本项目收入支付便利化试点等12条促进跨境贸易投资便利化的外汇管理措施，并配套出台精简外汇账户的通知，共减少11类外汇账户。

五是大力支持地方经济发展。落实中央“稳外资”精神，推动地方经济高质量发展，扩大福建台资企业资本项目管理便利化试点范围至福建省分局辖内所有的台资企业，允许西藏开展放宽外债签约币种与提款还本币种一致性要求的试点，积极支持上合示范区、长三角区域一体化发展，在青岛和合肥等地开展资本项目外汇改革试点，推出非金融企业外债注销登记下放银行办理、取消资本项目账户开户数量限制、取消企业办理该业务的时间限定等一揽子政策。

三、在有效防范风险的前提下稳步推动资本市场对外开放

推动金融业对外开放是我国的重要战略部署。开放不是一放了之，而是要守住不发生系统性金融风险的底线，按照“宜早不宜迟、宜快不宜慢”的原则，大力推进金融市场开放政策，更好满足境外投资者境内证券投资需求。

一是稳步推进合格机构投资者制度改革。经国务院批准，外汇局于2019年初将QFII总额度从1 500亿美元增加至3 000亿美元；进一步优化基础额度内备案流程，提高备案效率，最短备案时间仅为一周；经国务院批准外汇局于9月正式对外宣布取消合格境外投资者（QFII/RQFII）投资额度限制，并取消RQFII试点国家和地区限制，便利境外投资者配置人民币资产。截至2019年末，累计批准293家QFII机构和223家RQFII机构1 113.96亿美元和6 941.02亿元人民币投资额度。

二是提高跨境证券投资可兑换水平。积极支持“沪伦通”项下首单GDR的发行和后续跨境转换、资金汇兑交易，实现“非居民到境内发行股票”从“不可兑换”到“部分可兑换”的政策突破。稳妥推进证券公司结售汇业务试点。修订证券公司结售汇业务试点操作指引，明确试点券商资格门槛、业务范围、试点流程、事中事后监管等，并批准新一批券商开展结售汇业务试点。

三是加强事中事后监管，防范跨境资金流动风险。贯彻执行党中央、国务院的工作部署，防范化解跨境资金流动风险，牢牢守住不发生系统性风险的底线。完善跨境资本流动“宏观审慎+微观监管”两位一体的管理框架，强化市场化逆周期调节能力。密切关注重点行业和企业对外债务形势及风险，研究分析发展趋势。完善直接投资、跨境证券投资和外债等重点领域的统计监测分析。

下一步，外汇局将继续推进落实党中央、国务院关于自贸试验区建设的决策部署，便利贸易投融资，深化外汇管理改革，扩大金融业对外开放，促进金融市场和金融基础设施建设互联互通。继续积极支持自贸试验区结合实际探索有特色的外汇创新政策，按照“成熟一项、推动一项”的原则，研究自贸试验区政策的复制推广，不断提升服务实体经济能力。切实防范跨境金融风险，牢牢守住不发生系统性风险的底线。

复制推广

REPLICATING AND APPLYING THE MEASURES

国务院关于做好自由贸易试验区第四批改革试点经验复制推广工作的通知

国发〔2018〕12号

各省、自治区、直辖市人民政府，国务院各部委、各直属机构：

建设自由贸易试验区（以下简称自贸试验区）是党中央、国务院在新形势下全面深化改革和扩大开放的战略举措。按照党中央、国务院部署，11个自贸试验区所在省市和有关部门结合各自贸试验区功能定位和特色特点，全力推进制度创新实践，形成了自贸试验区第四批改革试点经验，将在全国范围内复制推广。现将有关事项通知如下：

一、复制推广的主要内容

（一）在全国范围内复制推广的改革事项。

1. 服务业开放领域：“扩大内地与港澳合伙型联营律师事务所设立范围”、“国际船舶运输领域扩大开放”、“国际船舶管理领域扩大开放”、“国际船舶代理领域扩大开放”、“国际海运货物装卸、国际海运集装箱场站和堆场业务扩大开放”等5项。

2. 投资管理领域：“船舶证书‘三合一’并联办理”、“国际船舶登记制度创新”、“对外贸易经营者备案和原产地企业备案‘两证合一’”、“低风险生物医药特殊物品行政许可审批改革”、“一般纳税人登记网上办理”、“工业产品生产许可证‘一企一证’改革”等6项。

3. 贸易便利化领域：“跨部门一次性联合检查”、“保税燃料油供应服务船舶准入管理新模式”、“先放行、后改单作业模式”、“铁路运输方式舱单归并新模式”、“海运进境集装箱空箱检验检疫便利化措施”、“入境大宗工业品联动检验检疫新模式”、“国际航行船舶供水‘开放式申报+验证式监管’”、“进境保税金属矿产品检验监管制度”、“外锚地保税燃料油受油船舶‘申报无疫放行’制度”等9项。

4. 事中事后监管措施：“企业送达信息共享机制”、“边检服务掌上直通车”、“简化外锚地保税燃料油加注船舶入出境手续”、“国内航行内河船舶进出港管理新模式”、“外锚地保税燃料油受油船舶便利化海事监管模式”、“保税燃料油供油企业信用监管新模式”、“海关企业注册及电子口岸入网全程无纸化”等7项。

（二）在特定区域复制推广的改革事项。

1. 在海关特殊监管区域复制推广：“海关特殊监管区域‘四自一简’监管创新”、“‘保税混矿’监管创新”等2项。

2. 在海关特殊监管区域及保税物流中心（B型）复制推广：“先出区、后报关”。

二、高度重视复制推广工作

各地区、各部门要以习近平新时代中国特色社会主义思想为指导，全面贯彻党的十九大精神，深刻认识复制推广自贸试验区改革试点经验的重大意义，将复制推广工作作为贯彻新发展理念、推动高质量发展、建设现代化经济体系的重要举措，更大力度转变政府职能，全面提升治理能力现代化水平，着力推动制度创新，进一步优化营商环境，激发市场活力，逐步构建与我国开放型经济发展要求相适应的新体制、新模式，推动形成全面开放新格局，不断增强经济创新力和竞争力。

三、切实做好组织实施

各省（自治区、直辖市）人民政府要将自贸试验区改革试点经验复制推广工作列为本地区重点工作，加强组织领导，加大实施力度，强化督促检查，确保复制推广工作顺利推进，改革试点经验落地生根、取得实效。国务院各有关部门要主动作为，做好细化分解，完成复制推广工作。需报国务院批准的事项要按程序报批，需调整有关行政法规、国务院文件和部门规章规定的，要按法定程序办理。国务院自由贸易试验区工作部际联席会议办公室要适时督查复制推广工作进展和成效，协调解决复制推广工作中的重点和难点问题。复制推广工作中遇到的重大问题，要及时报告国务院。

附件：自由贸易试验区第四批改革试点经验复制推广工作任务分工表

国务院

2018 年 5 月 3 日

（此件公开发布）

附件

自由贸易试验区第四批改革试点经验复制推广工作任务分工表

序号	改革事项	负责单位	推广范围
1	企业送达信息共享机制	最高人民法院、国家市场监督管理总局	全国
2	边检服务掌上直通车	公安部	全国
3	简化外锚地保税燃料油加注船舶入出境手续	公安部	全国
4	扩大内地与港澳合伙型联营律师事务所设立范围	司法部	全国
5	船舶证书“三合一”并联办理	交通运输部	全国
6	国内航行内河船舶进出港管理新模式	交通运输部	全国
7	外锚地保税燃料油受油船舶便利化海事监管模式	交通运输部	全国
8	保税燃料油供油企业信用监管新模式	交通运输部	全国
9	保税燃料油供应服务船舶准入管理新模式	交通运输部	全国
10	国际船舶运输领域扩大开放	交通运输部	全国
11	国际船舶管理领域扩大开放	交通运输部	全国
12	国际船舶代理领域扩大开放	交通运输部	全国
13	国际海运货物装卸、国际海运集装箱场站和堆场业务扩大开放	交通运输部	全国
14	国际船舶登记制度创新	交通运输部	全国
15	对外贸易经营者备案和原产地企业备案“两证合一”	商务部、海关总署、中国贸促会	全国
16	跨部门一次性联合检查	海关总署	全国
17	海关企业注册及电子口岸入网全程无纸化	海关总署	全国
18	先放行、后改单作业模式	海关总署	全国
19	铁路运输方式舱单归并新模式	海关总署	全国
20	低风险生物医药特殊物品行政许可审批改革	海关总署	全国
21	海运进境集装箱空箱检验检疫便利化措施	海关总署	全国
22	入境大宗工业品联动检验检疫新模式	海关总署	全国
23	国际航行船舶供水“开放式申报+验证式监管”	海关总署	全国

续表

序号	改革事项	负责单位	推广范围
24	进境保税金属矿产品检验监管制度	海关总署	全国
25	外锚地保税燃料油受油船舶“申报无疫放行”制度	海关总署	全国
26	海关特殊监管区域“四自一简”监管创新	海关总署	全国海关特殊监管区域
27	先出区、后报关	海关总署	全国海关特殊监管区域及保税物流中心（B 型）
28	“保税混矿”监管创新	海关总署	全国海关特殊监管区域
29	一般纳税人登记网上办理	税务总局	全国
30	工业产品生产许可证“一企一证”改革	国家市场监督管理总局	全国

自由贸易试验区第四批复制推广改革试点经验汇总表

序号	改革事项	负责单位	推广范围	主要内容
1	企业送达信息共享机制	最高人民法院、国家市场监督管理总局	全国	法院接入市场主体信用信息平台，按照系统记载的联系信息送达文书，提高送达效率；无法送达的，将送达记录移送给企业登记地工商行政管理部门，列入经营异常名录；被列入经营异常名录的企业在诉讼过程中变更住所、经营场所或重新取得联系的，相关信息及时共享，工商行政管理部门依法将企业移除经营异常名录。
2	边检服务掌上直通车	公安部	全国	依托“公安边防网上办事大厅”、微信公共服务平台与公安网，研发推出“网上便民服务平台”，服务对象仅需通过手机登录该平台，拍照提交所需申请材料，边检后台接收审核后，直接推送审核办理意见和二维码证件，服务对象可持用电子二维码作为海港登轮证、特殊区域通行证有效证件使用，大幅提升办证效率，降低成本。
3	简化外锚地保税燃料油加注船舶入出境手续	公安部	全国	对在外锚地停泊加注燃料油的外籍船舶，需办理边检手续，可简化采用一次办结入出境手续。对载运油料前往锚地实施油料加注的境内船舶与油料加注工人，需办妥《搭靠外轮许可证》《登轮许可证》。
4	扩大内地与港澳合伙型联营律师事务所设立范围	司法部	全国	在内地与港澳《关于建立更紧密经贸关系的安排》框架下，将港澳律师事务所与内地律师事务所实行合伙联营的实施区域扩大至全国范围。
5	船舶证书“三合一”并联办理	交通运输部	全国	海事部门整合优化内部工作流程，对符合条件的船舶实行船舶国际证书、船舶最低安全配员证书、燃油污染损害民事责任保险或其他财务保证证书等三项证书合并办理、一次办结。
6	国内航行内河船舶进出港管理新模式	交通运输部	全国	创新内河船舶进出港管理模式，取消船舶进出港许可制度，改为电子报告，内河船舶通过远程电子申报形式完成进出港报告，无须人员到海事政务窗口办理申报手续，缩短船舶滞港时间，提升港口和船舶运营效率。
7	外锚地保税燃料油受油船舶便利化海事监管模式	交通运输部	全国	对外锚地保税燃料油受油船舶，以代理公司和外轮诚信管理为基础，通过亚太地区港口国监督计算机信息系统（APCIS）预先查询并采信加油外轮证书信息，实现“一次性申报、一次性审批、一次性办结”且基本不登轮查验的通关模式。
8	保税燃料油供油企业信用监管新模式	交通运输部	全国	对供油企业实行“诚信管理”管理制度，从作业单位的现场监管记分、行政处罚及安全或污染事故、安全和防污染体系（或制度）制定和执行、作业船舶安全信用等级等方面进行综合评定，分为A、B、C三个信用等级实施差别化管理。

续表

序号	改革事项	负责单位	推广范围	主要内容
9	保税燃料油供应服务船舶准入管理新模式	交通运输部	全国	允许保税燃料油供应企业期租具有相应资质的水路运输企业所属适装船舶从事船舶保税燃料油供应业务。
10	国际船舶运输领域扩大开放	交通运输部	全国	允许设立外商独资国际船舶运输企业。
11	国际船舶管理领域扩大开放	交通运输部	全国	允许设立外商独资国际船舶管理企业。
12	国际船舶代理领域扩大开放	交通运输部	全国	将经营国际船舶代理企业的外资股比放宽至51%。
13	国际海运货物装卸、国际海运集装箱场站和堆场业务扩大开放	交通运输部	全国	允许外商独资企业经营国际海运货物装卸、国际海运集装箱站场和堆场业务。
14	国际船舶登记制度创新	交通运输部	全国	允许中资企业和外资企业的船舶申请办理国际船舶登记。
15	对外贸易经营者备案和原产地企业备案“两证合一”	商务部、海关总署、中国贸促会	全国	企业通过国际贸易“单一窗口”申请，商务主管部门完成对外贸易经营者备案，即视同完成原产地证备案，实现“一口受理、一次审核、一次发证”。
16	跨部门一次性联合检查	海关总署	全国	根据《口岸查验单位一次性联合检查的实施方案》，按照“能联尽联”原则，建立跨部门一次性联合检查机制，明确口岸联合检查主体，依托国际贸易“单一窗口”搭建跨部门信息共享和交互平台实现指令对碰，统筹使用监管设施设备，推进联合检查资源和结果共享，对进出境货物、物品、运输工具实施“一次开箱（包）、一次作业”的联合检查。
17	海关企业注册及电子口岸入网全程无纸化	海关总署	全国	企业通过电子口岸关企合作平台，填写并提交所需资料，海关在平台上进行审核。对于已经建立地方企业注册统一平台或“多证合一”平台的地区，企业足不出户即可在线登记、支付、查询。
18	先放行、后改单作业模式	海关总署	全国	海关对经查验发现异常后仅需改单处理、且查验结论符合条件的进出口报关单，允许先予放行后再进行改单操作。
19	铁路运输方式舱单归并新模式	海关总署	全国	“舱单归并”，实现企业从原来的“一柜一单”模式改为“舱单归并”模式。
20	低风险生物医药特殊物品行政许可审批改革	海关总署	全国	将D级生物医药特殊物品行政许可审批权限，全流程下放至试点驻地检验检疫机构。
21	海运进境集装箱空箱检验检疫便利化措施	海关总署	全国	对符合条件并主动提出申请的企业给予减少抽检比例、允许港外查验等便利化措施，提高口岸贸易便利化水平。
22	入境大宗工业品联动检验检疫新模式	海关总署	全国	检验检疫部门按照“因地制宜、多点申报、前推后移、优势叠加”原则，将进口成套设备检疫环节前置，实施“事前项目立项+即报即放+到货抽检+后续监管”的项目管理模式，在口岸仅实施放射性检测和检疫后即给予放行，使用地检验检疫部门开展后续检验检疫。

续表

序号	改革事项	负责单位	推广范围	主要内容
23	国际航行船舶供水“开放式申报+验证式监管”	海关总署	全国	检验检疫部门允许诚信度高、记录良好的国际航行船舶通过电话、微信公众号、传真、电子邮件等开放式便捷途径，进行供水申请备案后，直接在A级供水单位加水，在出境时再提交正式申请，检验检疫部门对供水情况进行验证监管。
24	进境保税金属矿产品检验监管制度	海关总署	全国	根据保税入境金属矿产品流转路径的不同，采取差别化检验监管措施，对入境的金属矿产品实行检疫、放射性检验和固废属性查验，强化入境前金属矿产品安全、卫生、环保项目指标的查验，简化品质检验，对入境后复出境的保税金属矿产品不予检验。
25	外锚地保税燃料油受油船舶“申报无疫放行”制度	海关总署	全国	采取“事前报备、风险评估、诚信管理、闭环监管”的监管模式，在确保口岸公共卫生安全的基础上，对仅办理加注保税燃料油的出入境国际航行船舶实施分级管理，为受油船舶提供“申报无疫放行”等便利化通关措施。
26	海关特殊监管区域“四自一简”监管创新	海关总署	全国海关特殊监管区域	在依托海关特殊监管区域管理系统强化科技手段及风险参数应用、引导企业自律和加强事中事后监管基础上，在区内企业开展业务过程中允许企业自主备案、自主核销周期、自主补缴税款、自主核保，并简化海关业务核准手续。
27	先出区、后报关	海关总署	全国海关特殊监管区域及保税物流中心（B型）	对海关特殊监管区域及保税物流中心（B型）采用全国海关通关一体化方式申报出境的货物，允许出境货物经主管海关核准后，依托信息化辅助管理系统核放单证先出区，在抵达出境口岸海关监管场所后向主管海关申报，通过风险分析进行有效监管。
28	“保税混矿”监管创新	海关总署	全国海关特殊监管区域	允许海关特殊监管区域内企业开展保税铁矿砂混合业务。创新保税铁矿石检验检疫监管措施，采用“入区监测+加工监管+出区检验”的“三位一体”检验检疫监管模式。
29	一般纳税人登记网上办理	税务总局	全国	由纳税人在网上提交登记资料，税务机关以网上受理、网上回复的方式完成一般纳税人登记办理流程，纳税人在网上查询和打印登记结果，实现一般纳税人登记免上门。
30	工业产品生产许可证“一企一证”改革	国家市场监督管理总局	全国	进一步改革工业产品生产许可制度，将原“串联”的多个审批事项改为“并联”合并审批，使“多证”简化为“一证”，即对许可申请实施审查时对企业生产现场的多个类别产品一并审查，取消原来由企业承担费用的许可前产品检验环节，推动企业许可证到期延续直接发证，同时，加强事中事后监管，防范产品质量风险。

国务院关于做好自由贸易试验区第五批改革试点经验复制推广工作的通知

国函〔2019〕38号

各省、自治区、直辖市人民政府，国务院各部委、各直属机构：

建设自由贸易试验区（以下简称自贸试验区）是党中央、国务院在新时代推进改革开放的一项战略举措，在我国改革开放进程中具有里程碑意义。按照党中央、国务院决策部署，自贸试验区所在省市和有关部门结合各自贸试验区功能定位和特色特点，全力推进制度创新实践，形成了自贸试验区第五批改革试点经验，将在全国范围内复制推广。现就有关事项通知如下：

一、复制推广的主要内容

（一）在全国范围内复制推广的改革事项。

1. 投资管理领域："公证'最多跑一次'"、"自然人'一人式'税收档案"、"网上办理跨区域涉税事项"、"优化涉税事项办理程序，压缩办理时限"、"企业名称自主申报制度"等5项。

2. 贸易便利化领域："海运危险货物查验信息化，船舶载运危险货物及污染危害性货物合并申报"、"国际航行船舶进出境通关全流程'一单多报'"、"保税燃料油跨港区供应模式"、"海关业务预约平台"、"生产型出口企业出口退税服务前置"、"中欧班列集拼集运模式"等6项。

3. 事中事后监管措施："审批告知承诺制、市场主体自我信用承诺及第三方信用评价三项信用信息公示"、"公共信用信息'三清单'（数据清单、行为清单、应用清单）编制"、"实施船舶安全检查智能选船机制"、"进境粮食检疫全流程监管"、"优化进口粮食江海联运检疫监管措施"、"优化进境保税油检验监管制度"等6项。

（二）在自贸试验区复制推广的改革事项。

投资管理领域："推进合作制公证机构试点"。

二、高度重视复制推广工作

各地区、各部门要以习近平新时代中国特色社会主义思想为指导，全面贯彻党的十九大和十九届二中、三中全会精神，深刻认识复制推广自贸试验区改革试点经验的重大意义，将复制推广工作作为贯彻新发展理念、推动高质量发展、建设现代化经济体系的重要举措，更大力度转变政府职能，全面提升治理能力现代化水平，着力推动制度创新，进一步优化营商环境，激发市场活力，逐步构建与我国开放型经济发展要求相适应的新体制、新模式，推动形成全面开放新格局，不断增强经济创新力和竞争力。

三、切实做好组织实施

各省（自治区、直辖市）人民政府要将自贸试验区改革试点经验复制推广工作列为本地区重点工作，加强组织领导，加大实施力度，强化督促检查，确保复制推广工作顺利推进，改革试点经验落地生根、取得实效。国务院各有关部门要主动作为，完成复制推广工作。需报国务院批准的事项要按程序报批，需调整有关行政法规、国务院文件和部门规章规定的，要按法定程序办理。国务院自由贸易试验区工作部际联席会议办公室要适时督查复制推广工作进展和成效，协调复制推广工作中的重点和难点问题。复制推广工作中遇到的重大问题，要及时报告国务院。

附件：自由贸易试验区第五批改革试点经验复制推广工作任务分工表

国务院

2019年4月14日

（此件公开发布）

附件

自由贸易试验区第五批改革试点经验复制推广工作任务分工表

序号	改革事项	主要内容	负责单位	推广范围
1	审批告知承诺制、市场主体自我信用承诺及第三方信用评价三项信用信息公示	依托全国信用信息共享平台和国家企业信用信息公示系统，实现与审批平台和综合监管平台的信息共享和互联互通，推动审批告知承诺制公示、市场主体自我信用承诺公示及第三方信用评价公示。	发展改革委、人民银行、市场监管总局	全国
2	公共信用信息“三清单”（数据清单、行为清单、应用清单）编制	编制数据清单、行为清单、应用清单。根据数据清单对城市公共信用信息进行目录化管理，按照目录归集数据。在数据清单基础上，对信息主体监管类行为信息分级分类，按照统一规范编制形成行为清单。根据应用清单对城市公共信用信息应用事项进行目录化管理，包括日常监管、行政审批、行政处罚、政府采购、招标投标、表彰评优、资金支持、录用晋升等。	发展改革委	全国
3	公证“最多跑一次”	改革“取证方式”，减少申请材料要求。变群众提供材料为主动收集材料，变书面审核材料为实地调查核实。创新“办证模式”，变群众跑路为数据共享。推行网上办证、远程办证、上门办证模式。提供延时服务、延伸服务、预约服务、加急服务。	司法部	全国
4	实施船舶安全检查智能选船机制	将船舶按照安全管理风险进行分类分级，筛选出高风险船舶并予以重点监管，提高船舶现场监督检查的针对性，提升船舶事中事后现场监管能力。	交通运输部	全国
5	海运危险货物查验信息化，船舶载运危险货物及污染危害性货物合并申报	对既属于危险货物又属于污染危害性货物的船载货物，申报人可采取网上合并申报方式，海事部门实行合并受理，实现船载危险货物比对功能，通过智慧海事危防信息系统，将申报或报告信息与危险货物名录进行比对筛选，为执法人员提供决策信息支持，有效提高审批工作效率。	交通运输部	全国
6	国际航行船舶进出境通关全流程“一单多报”	依托国际贸易“单一窗口”国家标准版运输工具（船舶）申报系统，企业一次性录入船舶相关信息，实现国际航行船舶进出境通关全流程“单一窗口”网上申报和电子核放，并实现《船舶出口岸许可证》远程自助打印功能。除船员出入境证件、临时入境许可申请名单外，口岸监管部门原则上不再要求企业提交其他纸质材料。	交通运输部、海关总署、移民局	全国

续表

序号	改革事项	主要内容	负责单位	推广范围
7	保税燃料油跨港区供应模式	在供油企业按规定取得国内水路运输相关资质后，对跨港区船舶油料供受作业单位备案情况予以互认，即供受作业单位在两地海事、海关部门进行备案后就可以在两地范围内开展保税燃料油直供作业，建立常态化信息沟通机制，统一执法标准。	交通运输部、海关总署	全国
8	海关业务预约平台	依托国际贸易“单一窗口”开发海关业务预约平台（含移动端），企业可通过平台在网上向海关自助预约办理查验等业务事项，并查询预约结果。	海关总署	全国
9	进境粮食检疫全流程监管	创新“互联网+全程监管”工作模式，运用互联网技术、电子信息化和视频监控手段，实现从申报、锚地检疫到卸船、仓储、调运的进境粮食检疫全流程监管。	海关总署	全国
10	优化进口粮食江海联运检疫监管措施	对进口粮食调运船舶开展适载性风险管理，全程定位进江船舶，防范调运环节可能出现的短重、洒漏以及疫情扩散风险。	海关总署	全国
11	优化进境保税油检验监管制度	在安全、卫生、环保项目监管基础上实施信用监管，根据企业信用等级实施差别化通关管理措施，对高信用企业简化数重量鉴定、品质检验监管。在数重量检验方面，根据货物流转方式制定实施差别化通关监管措施，对复出境的保税油作备案管理，采信进出口商品检验鉴定机构的检验结果，对转进口的保税油按照一般贸易进口实施法定检验和数重量鉴定；在品质检验方面，对高信用企业的转进口批次多、间隔短、品质稳定的货物，降低检验频次。将保税油储运企业和报关企业纳入海关统一的企业信用管理制度，根据企业信用等级实施差别化海关监管措施，对高信用企业实施通关便利化措施。对高信用企业适用保税油转进口“集中检验、分批核销”、现场实验室快速检验、优先办理通关放行手续等检验便利政策。	海关总署	全国
12	自然人“一人式”税收档案	建立全国自然人“一人式”税收档案，依托个税征管系统按纳税人识别号全面归集纳税人基础信息和扣缴申报、自行申报、信用记录、第三方涉税信息。	税务总局	全国
13	网上办理跨区域涉税事项	实现跨区域涉税事项报告、跨区域涉税事项报验、跨区域涉税事项信息反馈。跨区域经营纳税人可在经营地设立银行账户，并与经营地税务机关签订三方协议；可在网上实现跨区域预缴税款。	税务总局	全国

续表

序号	改革事项	主要内容	负责单位	推广范围
14	优化涉税事项办理程序，压缩办理时限	进一步优化非正常户解除等事项办理流程，限办改即办。对增值税专用发票（增值税税控系统）最高开票限额（百万元及以上）审批等事项进一步压缩办理时限，提高办税效率。	税务总局	全国
15	生产型出口企业出口退税服务前置	税务机关提前调查企业出口和购货真实性，将原本在生产型出口企业出口退税申报后进行的生产经营情况、供货企业风险、备案单证等核查和服务程序，提至出口退税申报前。企业申报后，税务机关可快速对按规定不需发函调查的疑点给出核查结论，提高办理效率。在遵循现行出口退税管理规定、确保风险可控的前提下，对生产型出口企业及其全部供货企业都归属同一主管税务机关的，可推广出口退税服务前置。	税务总局	全国
16	企业名称自主申报制度	推进企业名称登记管理制度改革，取消企业名称预先核准，扩大企业名称自主申报改革试点范围。	市场监管总局	全国
17	中欧班列集拼集运模式	支持回程开展以集装箱为单元的中欧班列内外贸货物混编运输业务。建立铁路部门联系机制，联合制定回程中欧班列集拼集运运输方案，细化作业流程，针对有加挂需求的集装箱，配合做好补轴、补货作业组织，提升作业效率。	中国国家铁路集团有限公司	全国
18	推进合作制公证机构试点	制定实施方案，做好合作制公证机构的申报设立、人员安置、清产核资、资产移交、业务承接、档案管理和法律责任划分等工作。制定好章程，合作制公证机构建立内部管理规章制度体系。制定合作制公证机构管理办法，对合作制公证机构设立、合作人、法人治理结构、内部管理等事项作出明确规定。	司法部	自贸试验区

国务院关于做好自由贸易试验区第六批改革试点经验复制推广工作的通知

国函〔2020〕96号

各省、自治区、直辖市人民政府，国务院各部委、各直属机构：

建设自由贸易试验区（以下简称自贸试验区）是党中央、国务院在新时代推进改革开放的一项战略举措，肩负着为全面深化改革和扩大开放探索新途径、积累新经验的重大使命。按照党中央、国务院决策部署，自贸试验区所在地方和有关部门结合各自贸试验区功能定位和特色特点，全力推进制度创新实践，形成了自贸试验区第六批改革试点经验，将在全国范围内复制推广。现就有关事项通知如下：

一、复制推广的主要内容

（一）在全国范围内复制推广的改革事项。

1. 投资管理领域：“出版物发行业务许可与网络发行备案联办制度”、“绿色船舶修理企业规范管理”、“电力工程审批绿色通道”、“以三维地籍为核心的土地立体化管理模式”、“不动产登记业务便民模式”、“增值税小规模纳税人智能辅助申报服务”、“证照‘一口受理、并联办理’审批服务模式”、“企业‘套餐式’注销服务模式”、“医疗器械注册人委托生产模式”等9项。

2. 贸易便利化领域：“‘融资租赁+汽车出口’业务创新”、“飞机行业内加工贸易保税货物便捷调拨监管模式”、“跨境电商零售进口退货中心仓模式”、“进出口商品智慧申报导航服务”、“冰鲜水产品两段准入监管模式”、“货物贸易‘一保多用’管理模式”、“边检行政许可网上办理”等7项。

3. 金融开放创新领域：“保理公司接入央行企业征信系统”、“分布式共享模式实现‘银政互通’”、“绿色债务融资工具创新”、“知识产权证券化”等4项。

4. 事中事后监管措施：“‘委托公证+政府询价+异地处置’财产执行云处置模式”、“多领域实施包容免罚清单模式”、“海关公证电子送达系统”、“商事主体信用修复制度”、“融资租赁公司风险防控大数据平台”、“大型机场运行协调新机制”等6项。

5. 人力资源领域：“领事业务‘一网通办’”、“直接采认台湾地区部分技能人员职业资格”、“航空维修产业职称评审”、“船员远程计算机终端考试”、“出入境人员综合服务‘一站式’平台”等5项。

（二）在特定区域复制推广的改革事项。

1. 在自贸试验区复制推广“建设项目水、电、气、暖现场一次联办模式”、“股权转让登记远程确认服务”、“野生动植物进出口行政许可审批事项改革”等3项。

2. 在二手车出口业务试点地区复制推广“二手车出口业务新模式”。

3. 在保税监管场所复制推广“保税航煤出口质量流量计计量新模式”。

4. 在成都铁路局局管范围内复制推广“空铁联运一单制货物运输模式”。

二、高度重视复制推广工作

各地区、各部门要以习近平新时代中国特色社会主义思想为指导，全面贯彻党的十九大和十九届二中、三中、四中全会精神，深刻认识复制推广自贸试验区改革试点经验的重大意义，将复制推广工作作为贯彻新发展理念、推动高质量发展、建设现代化经济体系的重要举措。要把复制推广第六批改革试点经验与巩固落实前五批经验结合起来，同一领域的要加强系统集成，不同领域的要强化协同高效，推动各方面制度更加成熟更加定型，把制度优势转化为治理效能，推进治理体系和治理能力现代化，进一步优化营商环境，激发市场活力，建设更高水平开放型经济新体制。

三、切实做好组织实施

各省（自治区、直辖市）人民政府要将自贸试验区改革试点经验复制推广工作列为本地区重点工作，加强组织领导，加大实施力度，确保复制推广工作顺利推进、取得实效。国务院各有关部门要结合工作职责，主动作为，指导完成复制推广工作。需报国务院批准的事项要按程序报批，需调整有关行政法规、国务院文件和部门规章规定的，要按法定程序办理。国务院自由贸易试验区工作部际联席会议办公室要开展成效评估，协调解决复制推广工作中的重点难点问题。复制推广工作中遇到的重大问题，要及时报告国务院。

附件：自由贸易试验区第六批改革试点经验复制推广工作任务分工表

国务院

2020 年 6 月 28 日

（此件公开发布）

附件

自由贸易试验区第六批改革试点经验复制推广工作任务分工表

序号	改革事项	主要内容	负责单位	推广范围
1	出版物发行业务许可与网络发行备案联办制度	将出版物发行业务许可及从事网络发行备案申办流程由“串联”改为“并联”，企业一表填报申请、登记信息，一次性提交办理要件，并可在线补充报送信息。实行“宽进严管”、“靶向追踪”等事中事后协同监管机制，强化部门审批和监管信息共享。	中央宣传部	全国
2	“委托公证+政府询价+异地处置”财产执行云处置模式	执行案件申请人可在异地委托财产所在地公证机关对财产实况进行取证后提交指定政府部门，由该部门委托第三方评估机构根据有关财产的公证文书及视频资料直接进行批量式书面审查评估，并向法院出具价格认定书，将此作为网上拍卖的底价依据。待网上拍卖成功后，通过人民法院执行指挥管理平台，委托异地法院完成财产的解封、解押、过户等交付手续。	最高人民法院	全国
3	领事业务“一网通办”	全面整合领事业务信息系统，将 APEC 商务旅行卡、外国人来华邀请和领事认证三个业务系统整合至一个平台，并与外交部业务系统跨层级共享信息，实现全流程互联网不见面审批。	外交部	全国
4	绿色船舶修理企业规范管理	鼓励相关行业组织促进船舶修理企业绿色发展，在生产基本条件、质量管理、资源综合利用、安全生产、职业健康、环境保护、监督管理等方面明确统一标准，引导企业规范发展，加强行业自律。	工业和信息化部、交通运输部	全国
5	电力工程审批绿色通道	建立完善电力工程并联审批制度规范，实行公安（交警）、自然资源、市政、绿化等相关部门“一站式”联合审批，快速受理审批 10 千伏及以下电力管线的规划、挖掘、占路等行政许可，统一送达许可证书。	公安部、自然资源部、住房城乡建设部、国家林草局	全国

续表

序号	改革事项	主要内容	负责单位	推广范围
6	多领域实施包容免罚清单模式	对市场主体符合首次违法、非主观故意并及时纠正、违法行为轻微、没有造成危害后果的行政违法行为，制定并发布多个领域的包容免罚清单，明确免除罚款的行政处罚。在规定期限内，动态调整免罚清单。对未在规定期限内整改或整改不到位的市场主体，行政监管部门可以依据行政处罚法等予以处罚。	司法部	全国
7	直接采认台湾地区部分技能人员职业资格	持有台湾地区“劳动力发展署技能检定中心”核发的中餐烹调、西餐烹调、美容、女子美发等职业甲、乙、丙级技术士证书，可直接采认为大陆相对应的职业资格。	人力资源社会保障部、中央台办	全国
8	航空维修产业职称评审	由航空维修企业对申报人的工作实绩和相关信息进行前置评价和审核把关，作为后续职称评审工作的重要参考依据。结合航空维修产业特点，建立专门评委会，对参评人员进行综合评审，开辟航空维修企业职工参与职称评审快捷通道。	人力资源社会保障部	全国
9	以三维地籍为核心的土地立体化管理模式	建立三维地籍管理系统，将三维地籍管理理念和技术方法纳入土地管理、开发建设和运营管理全过程，在土地立体化管理制度、政策、技术标准、信息平台、数据库等方面进行探索，以三维方式设定立体建设用地使用权。	自然资源部	全国
10	不动产登记业务便民模式	实行不动产登记“一证一码”，手机扫描不动产权证二维码可查询证书附图、限制状态等信息。个人用户可使用手机应用程序等，实现名下不动产登记信息查询、办理进度查询、费用缴纳等。	自然资源部	全国
11	建设项目水、电、气、暖现场一次联办模式	改革建设项目水、电、气、暖服务申报模式，由向相关市政公用基础设施单位“多家申报”，改为向政务服务中心“一家申报”。在项目现场实施受理、核查、反馈“一站式”联合办理，提供“一对一”精准服务。精简申报材料，明确时限节点，梳理办理流程，压缩办理时限。	住房城乡建设部	自贸试验区
12	船员远程计算机终端考试	按照统一规范要求，在船员考试业务量较多或偏远地区建立远程考场，供船员通过计算机终端参加远程理论考试。船员可根据需求预约远程考试，自主选择证书领取方式（自取或邮寄）。	交通运输部	全国
13	空铁联运一单制货物运输模式	推动航空运输企业和铁路运输企业作为合作承运人与货运客户签订“空铁联运单”，共同负责全程运输，分别承担相应运程责任。承运人收揽货物后，通过铁路或航空将货物运至中转站，进行“班机+班列”的衔接转运，完成下一运程。	交通运输部、中国民航局、中国国家铁路集团有限公司	成都铁路局局管范围内
14	“融资租赁+汽车出口”业务创新	支持以融资租赁方式开展汽车出口业务，在商务部汽车出口许可证申请系统中增设相应贸易方式选项，并按照企业实际需求采用合适的许可证签发方式，便利企业回款。	商务部、银保监会	全国

续表

序号	改革事项	主要内容	负责单位	推广范围
15	二手车出口业务新模式	建立二手车出口服务和监管信息化平台，实现车辆全流程信息来源可溯、去向可查、责任可究。优化通关流程和物流流程，鼓励企业提前申报。将出口许可证管理由“一车一证”改为“一批一证”，推进通关便利化。	商务部、公安部、海关总署	二手车出口业务试点地区
16	保理公司接入央行企业征信系统	对成立时间超过一年、经地方金融监督管理局推荐、通过中国人民银行派出机构审查的商业保理法人企业，以专线直接接入和互联网平台方式接入央行企业征信系统。	人民银行、银保监会	全国
17	分布式共享模式实现“银政互通”	通过规范数据接口实现银行与相关政府部门专线联通，拓展基于银政信息实时共享的服务项目，实现抵押登记、抵押注销等业务的高效办理。	人民银行、自然资源部、银保监会	全国
18	绿色债务融资工具创新	在银行间市场交易商协会和地方金融监督管理局的合作框架下，地方金融监督管理局、主承销商及发债主体建立专业指导、整体联动的长效工作机制。建立主承销商长效沟通机制，推动金融机构加大债券承销工作力度，重点服务绿色债券发行。加强已发债券事后监督管理，联合金融机构加强债券市场风险监测，防控信用风险，维护市场稳定。加强绿色债券存续期管理，规范募集资金使用，确保投向节能环保、污染防治、资源节约与循环利用等专项领域。	人民银行	全国
19	飞机行业内加工贸易保税货物便捷调拨监管模式	推行便捷监管模式，允许飞机行业对未经加工的保税料件以“余料结转”的方式在集团内不同企业、不同加工贸易手（账）册间自行调拨。实施“电子底账+企业自核”监管模式，根据飞机行业特点，强化企业申报责任，在海关评估企业诚信守法程度后实施企业自核自管和“主料工作法”。	海关总署、商务部	全国
20	跨境电商零售进口退货中心仓模式	在海关特殊监管区域内设置跨境电商零售进口退货中心仓，将区外的分拣、退货流程转移至区内，实行退货中心仓场所硬件设施监管，海关对电商企业相关设施实地验核后准予备案，划定跨境电商退货车辆出入区指定路线。实行退货包裹出入区监管，实施卡口管理、物流监控管理、仓内卸货管理、复运出区管理。实行合格包裹上架监管，加强单证审核和查验管理。	海关总署、商务部	全国
21	海关公证电子送达系统	对不能当场作出行政处罚决定的海关案件，指引当事人快速完成电子送达地址信息采集。结案后，海关可通过海关公证电子送达平台或其他电子送达方式，将《处罚告知单》与《处罚决定书》等法律文书送达当事人，并全程电子存证。	海关总署、司法部	全国

续表

序号	改革事项	主要内容	负责单位	推广范围
22	出入境人员综合服务“一站式”平台	强化海关、移民、外事、科技等涉外部门协同，优化流程，为出入境人员证件办理、业务预约、在线申报等提供“一站式”综合服务平台。全面推进“一网通办”，提供邀请外国人来华、出入境体检、外国人工作证办理、居留证件查询、随行子女入学等政务办理功能，并为来华境外人员及中国公民提供疫苗预约和订制旅游等服务，实现政务、综合服务“一口通办”。	海关总署、国家移民局、外交部、科技部、国务院港澳办	全国
23	进出口商品智慧申报导航服务	使用大数据、人工智能领域新技术手段，建立智能申报导航数据库集群，在“单一窗口”申报端为企业纳税申报提供全面即时准确的个性化智能导航服务。导航服务过程中不涉及企业具体申报信息，确保数据使用安全。	海关总署	全国
24	冰鲜水产品两段准入监管模式	对海关一般信用及以上的冰鲜水产品进口企业实施“附条件提离”，企业出具书面承诺，海关抽样后口岸放行，利用检测绿色通道实施“合格入市”，企业无须等待检测结果即可向销售商配送，但不得上市销售。检测结果异常，主动召回；检测合格，立即上市。海关定期开展监控计划和食品安全管理核查，企业定期提交配送销售管理证明资料，海关抽查“附条件提离”落实情况，强化入市前风险监管。	海关总署	全国
25	货物贸易“一保多用”管理模式	整合进口货物风险类、税款类担保的管理流程和模式，构建以企业为单元的海关担保信息化管理模式，实现企业一份担保文本在不同业务领域、不同业务现场、不同担保事项间通用，担保额度自动核扣、返还以及担保风险智能防控，进一步降低企业资金成本，提升海关担保业务管理效能。	海关总署	全国
26	保税航煤出口质量流量计计量新模式	保税航煤出口计量方式由岸罐计重变更为质量流量计计量。将成品航煤通过专用管道输入机场出口监管罐后，再转至保税罐，实现出口检验工作与保税货物重量鉴定合二为一。	海关总署	保税监管场所
27	增值税小规模纳税人智能辅助申报服务	通过电子税务局向企业推送预申报数据，智能辅助增值税小规模纳税人便捷申报。	税务总局	全国
28	证照“一口受理、并联办理”审批服务模式	将企业设立联合审批涉及的市场监管、税务、公安、社保等多个部门的受理窗口整合为一个窗口，变“多头受理”为“一口受理”。企业按一份清单要求交齐材料即可申请营业执照和相关许可，实现“最多跑一次”。	市场监管总局	全国
29	企业“套餐式”注销服务模式	地方根据权限范围确定企业联合注销营业执照和许可证的清单，在国家企业信用信息公示系统等企业信息公示平台设置“套餐式”注销服务专区，实行“一窗受理、内部流转、并联审批”，企业经营范围涉及前置审批事项、终止有关业务需经批准的，可多项同步注销。	市场监管总局	全国

续表

序号	改革事项	主要内容	负责单位	推广范围
30	商事主体信用修复制度	企业自被列入严重违法失信企业名单之日满3年，未再发生相关情形的，可通过国家企业信用信息公示系统发布其信用修复公告，公告期30日。登记机关将信用修复情况作为商事主体从严重违法失信企业名单移出的重要条件。	市场监管总局	全国
31	股权转让登记远程确认服务	服务对象可依托企业登记信息远程核实系统，经人脸识别技术核准，并通过视频进行基本信息查询及意思表示确认后，依法办理股权转让登记。	市场监管总局	自贸试验区
32	融资租赁公司风险防控大数据平台	对申请设立融资租赁公司的，利用大数据平台信息与所提交材料进行比对，识别评估风险，将异常情况转至相关部门认定、处理。对已设立的融资租赁公司，通过平台定期对接监管、公检法及互联网等信息，进行风险动态评估监测。将通过平台对比、分析形成的需重点关注企业名单，及时与相关部门共享，以采取针对性措施。	银保监会	全国
33	边检行政许可网上办理	设立边检行政许可网上办理窗口，实现上下外国船舶许可、搭靠外轮许可的在线申请、审批、签发。个人和企业用户可通过互联网客户端等渠道，申请办理人员登轮、船舶搭靠等边检许可证件。	国家移民局	全国
34	野生动植物进出口行政许可审批事项改革	将国家林草局实施的野生动植物行政许可审批事项、国家濒危物种进出口管理办公室实施的允许进出口证明书行政许可事项委托自贸试验区所在地的省级林草主管部门和国家濒管办办事处办理，优化审批流程，压缩审批时限。	国家林草局	自贸试验区
35	大型机场运行协调新机制	建立以机场运管委为组织机构、联合运控中心为运行载体、机场协同决策（A—CDM）系统为平台支撑的协同运行体系，实现从管理框架向管理体系的转变，提升大型机场整体运行协调能力。	中国民航局	全国
36	医疗器械注册人委托生产模式	医疗器械注册人除自行生产产品外，可委托具备相应生产条件的企业生产产品。	国家药监局	全国
37	知识产权证券化	依托上海、深圳证券交易所构建知识产权证券化交易体系。根据知识产权数量、公司资产规模、利润水平、行业领先度等因素选取标的企业。对基础资产现金流的质量、稳定性、权属状况严格把关，试行将知识产权相关债权资产实现真实出售。	国家知识产权局、证监会、银保监会、国家版权局	全国

各部门自行复制推广的改革试点经验汇总表（21 项）

（2017 年 2 月—2019 年 9 月）

序号	牵头实施部门	改革事项	推广时间	推广范围	发布文件	领域
1	工业和信息化部	电信业务对外资开放政策（上海自贸试验区原有区域〔28.8 平方公里〕试点政策）	2018.6	所有自贸试验区	《自由贸易试验区外商投资准入特别管理措施（负面清单）（2018 年版）》（发展改革委　商务部令 2018 年第 19 号）	投资管理
2	工业和信息化部	电信业务对外资开放政策（自贸试验区内试点的国内多方通信、存储转发类、呼叫中心三项业务）	2019.6	全国	《外商投资准入特别管理措施（负面清单）（2019 年版）》（发展改革委　商务部令 2019 年第 25 号）	投资管理
3	药监局	医疗器械注册人制度试点	2019.8	北京、天津、河北、辽宁、黑龙江、上海、江苏、浙江、安徽、福建、山东、河南、湖北、湖南、广东、广西、海南、重庆、四川、云南、陕西省（自治区、直辖市）	《国家药监局关于扩大医疗器械注册人制度试点工作的通知》（国药监械注〔2019〕33 号）	投资管理
4	海关总署	设立海关统计经济区划代码，完善自贸试验区海关统计制度	第一阶段 2017 年 12 月、第二阶段 2019 年 8 月	全国	《海关总署办公厅关于做好自贸试验区海关统计工作的通知》（署办加函〔2017〕79 号）、《海关总署关于发布〈海关统计经济区划编码规则〉行业标准的公告》（公告〔2019〕40 号）	贸易便利化
5	商务部	在符合条件的省市开展汽车平行进口工作，推进汽车平行进口工作常态化制度化。	2019.8	符合条件的地区（经国务院批复的汽车整车进口口岸，汽车整车年进口数量达到 1 000 辆，并报备相关工作方案的省市）	《商务部等七部门关于进一步促进汽车平行进口发展的意见》（商建函〔2019〕462 号）	贸易便利化

续表

序号	牵头实施部门	改革事项	推广时间	推广范围	发布文件	领域
6	人民银行	开展个人其他经常项目人民币跨境结算业务	2018.1	全国	《中国人民银行关于进一步完善人民币跨境业务政策 促进贸易投资便利化的通知》（银发〔2018〕3号）	金融开放创新
7	人民银行	便利企业境外募集人民币资金汇入境内使用	2018.1	全国	《中国人民银行关于进一步完善人民币跨境业务政策 促进贸易投资便利化的通知》（银发〔2018〕3号）	金融开放创新
8	发展改革委、银保监会	深入开展“信易贷”支持中小微企业融资	2019.9	全国	《关于深入开展“信易贷”支持中小微企业融资的通知》（发改财金〔2019〕1 491 号	金融开放创新
9	移民局	取消因私出入境中介机构资格认定（境外就业除外）	2018.11	全国	《关于取消因私出入境中介机构资格认定有关事项的通知》（国移民发〔2018〕4号）	事中事后监管
10	移民局	对外籍高层次人才、有重大突出贡献以及国家特别需要的外国人，经国家有关主管部门、省级人民政府或国家重点发展区域管理部门推荐，可向公安机关出入境管理部门申请在华永久居留。上述人员的外籍配偶和未成年子女可随同申请。	2019.8	全国	在2019年7月公安部新闻发布会上，移民局通报在全国范围内复制推广服务自贸试验区建设12条移民与出入境便利政策有关情况。	人员流动便利
11	移民局	在中国境内工作的外国人，连续工作满4年、每年实际居住不少于6个月，工资性年收入不低于上一年度所在地区城镇在岗职工平均工资的六倍，年缴纳个人所得税不低于工资性年收入标准的20%，可向公安机关出入境管理部门申请在华永久居留。其外籍配偶和未成年子女可随同申请。	2019.8	全国	在2019年7月公安部新闻发布会上，移民局通报在全国范围内复制推广服务自贸试验区建设12条移民与出入境便利政策有关情况。	人员流动便利

续表

序号	牵头实施部门	改革事项	推广时间	推广范围	发布文件	领域
12	移民局	在中国境内工作的外籍华人，具有博士研究生学历或在国家重点发展区域连续工作满4年、每年实际居住不少于6个月，可向公安机关出入境管理部门申请在华永久居留。其外籍配偶和未成年子女可随同申请。	2019. 8	全国	在2019年7月公安部新闻发布会上，移民局通报在全国范围内复制推广服务自贸试验区建设12条移民与出入境便利政策有关情况。	人员流动便利
13	移民局	国内重点高等院校、科研院所和知名企业邀请的外国专家学者，以及设区的市级以上人民政府人才主管部门、科技创新主管部门认定的外籍高层次管理和专业技术人才，可向公安机关口岸签证部门申办口岸签证入境。入境后凭邀请单位的证明函件等材料，可向公安机关出入境管理部门申办有效期5年以内的多次签证或居留许可。	2019. 8	全国	在2019年7月公安部新闻发布会上，移民局通报在全国范围内复制推广服务自贸试验区建设12条移民与出入境便利政策有关情况。	人员流动便利
14	移民局	国内重点发展领域、行业引进的外籍人才和创新创业团队成员，可凭工作许可和单位函件等材料，向公安机关出入境管理部门申办有效期5年以内的居留许可。创新创业团队外籍成员，也可凭团队负责人担保函件办理有效期5年以内的居留许可。	2019. 8	全国	在2019年7月公安部新闻发布会上，移民局通报在全国范围内复制推广服务自贸试验区建设12条移民与出入境便利政策有关情况。	人员流动便利
15	移民局	有重大突出贡献以及国家特别需要的外国人，可推荐其带领的工作团队外籍成员和科研辅助人员，向公安机关出入境管理部门申办有效期5年以内的长期签证或居留许可。	2019. 8	全国	在2019年7月公安部新闻发布会上，移民局通报在全国范围内复制推广服务自贸试验区建设12条移民与出入境便利政策有关情况。	人员流动便利

续表

序号	牵头实施部门	改革事项	推广时间	推广范围	发布文件	领域
16	移民局	中国境内企事业单位聘雇的外国人，已办妥工作许可、来不及出境办理工作签证的，可凭工作许可等材料向公安机关出入境管理部门申办工作类居留许可；对已连续两次办理1年以上工作类居留许可且无违法违规行为的，第三次申请工作类居留许可，可向公安机关出入境管理部门按规定申办有效期5年的工作类居留许可。	2019.8	全国	在2019年7月公安部新闻发布会上，移民局通报在全国范围内复制推广服务自贸试验区建设12条移民与出入境便利政策有关情况。	人员流动便利
17	移民局	在国内重点高等院校、科研院所和知名企业工作的外籍高层次人才，经工作单位和兼职单位同意并向公安机关出入境管理部门备案，可兼职创新创业。	2019.8	全国	在2019年7月公安部新闻发布会上，移民局通报在全国范围内复制推广服务自贸试验区建设12条移民与出入境便利政策有关情况。	人员流动便利
18	移民局	在国内重点高等院校获得本科以上学历的外国优秀留学生，毕业后在中国从事创新创业活动的，可凭高校毕业证书和创新创业等证明材料，向公安机关出入境管理部门申办有效期2至5年的居留许可。	2019.8	全国	在2019年7月公安部新闻发布会上，移民局通报在全国范围内复制推广服务自贸试验区建设12条移民与出入境便利政策有关情况。	人员流动便利
19	移民局	在国际知名高校毕业的外国学生，毕业后2年内来中国创新创业的，可凭学历（学位）证明等材料，向公安机关出入境管理部门申办有效期2年以内的居留许可。	2019.8	全国	在2019年7月公安部新闻发布会上，移民局通报在全国范围内复制推广服务自贸试验区建设12条移民与出入境便利政策有关情况。	人员流动便利
20	移民局	国内知名企业和事业单位邀请来中国实习的境外高校外国学生，凭邀请单位函件和高校就读证明等材料，可向公安机关出入境管理部门申办有效期1年的签证进行实习活动。根据政府间协议来华实习的境外高校外国学生，可按规定申办工作类居留许可。	2019.8	全国	在2019年7月公安部新闻发布会上，移民局通报在全国范围内复制推广服务自贸试验区建设12条移民与出入境便利政策有关情况。	人员流动便利

续表

序号	牵头实施部门	改革事项	推广时间	推广范围	发布文件	领域
21	移民局	探索在外国人较集中地区建立移民事务服务中心（站点），为常住外国人提供政策咨询、居留旅行、法律援助、语言文化等工作学习生活便利服务。	2019.8	全国	在2019年7月公安部新闻发布会上，移民局通报在全国范围内复制推广服务自贸试验区建设12条移民与出入境便利政策有关情况。	人员流动便利

自贸试验区

PILOT FREE TRADE ZONES

2019 年中国（上海）自由贸易试验区建设概况

中国（上海）自由贸易试验区管理委员会

杭迎伟

中国（上海）自由贸易试验区管理委员会常务副主任

杭迎伟，男，1969 年 11 月生，汉族，江苏扬州人，中共党员，1989 年 7 月参加工作，中央党校大学学历，高级政工师、高级经济师。现任上海市人民政府副秘书长，浦东新区区委副书记、区长，中国（上海）自由贸易试验区管委会常务副主任，上海推进科技创新中心建设办公室党组书记、常务副主任，上海国际旅游度假区管委会副主任、党组书记。

曾任上海建工（集团）总公司办公室主任、党委办公室副主任、直属党委副书记，市第三建筑有限公司党委副书记、总经理，市第一建筑有限公司党委副书记、总经理，上海建工房产有限公司党委副书记、书记、总经理，上海建工（集团）总公司总经理助理、副总经理，上海建工集团股份有限公司副总裁、党委副书记、总裁，浦东新区区委常委、副区长、区政府党组副书记，市临港地区开发建设管委会副主任等职。

一、经济运行数据

（一）投资情况。

截至 2019 年底，中国（上海）自由贸易试验区累计新设立企业 6.4 万户，6 年来新设企业数是前 20 年同一区域企业数的 1.8 倍；新设外资企业 1.2 万户，占全市新设外资企业总量的比重从自贸试验区挂牌初期的 5%上升到 20%左右。2019 年自贸试验区累计实到外资 79.6 亿美元，同比增长 17.6%。

（二）贸易情况。

贸易便利化改革效应持续显现。2019 年上海自贸试验区完成进出口总值 1.48 万亿元，同比增长 4.4%，占上海全市的 43.6%，其中出口 4 493.5 亿元，增长 3.8%，进口 1.03 万亿元，增长 4.7%。

（三）辐射效应。

上海自贸试验区有力推动浦东转型发展。在自贸试验区建设的带动下，2019 年浦东新区地区生产总值超过 1.27 万亿元，同比增长 7.0%，财政总收入 4 316 亿元，一般公共预算收入 1 071 亿元。

二、建设措施及成效

2019 年，上海自贸试验区坚持以习近平新时代中国特色社会主义思想为指导，深入学习贯彻习近平总书记在上海考察时的重要讲话精神，全面落实中央和市委市政府的决策部署，全面服务对接三项新的重大任务，继续“大胆试、大胆闯、自主改”，加快推动首创性改革和引领性开放，全面推进“三区一堡”和“三个联动”建设取得新进展，制度创新进一步激发了市场创新活力和经济发展动力。

（一）加强改革系统集成，开放和创新融为一体的综合改革试验区建设取得新成效。

上海自贸试验区紧紧围绕改革创新系统集成的要求，继续深化在贸易便利化、培育新业态和新模式、“双自联动”等方面的制度创新，进一步激发市场活力和创新动力。

服务业扩大开放取得新成效，一批首创性外资项目落地。上海自贸试验区率先试点的外商投资“准入前国民待遇加负面清单管理制度”写入了《外商投资法》，同时上海自贸试验区全面落实

2019年自贸试验区版外商投资负面清单。前两批54项开放措施全年新落地企业413个，其中首创性项目达到12个，包括全国首家外国投资金融教育培训机构、首家获批开展基金投顾业务的中外合资金融机构、全国首家外资保险控股公司等开业，两家外资私募成为首批获得投顾资格的外资机构，首家外资综合医疗机构开院运行。

推动综保区“21条”措施率先落地，贸易便利化水平进一步提升。金桥出口加工区（南区）经国务院批复转型升级为综合保税区，并于2019年11月15日通过上海海关等8部门联合验收，准予封关运行，封关面积1.52平方公里，现已开展区内企业增值税一般纳税人资格试点。海关异地委托监管政策实现落地，全国首家综合保税区租赁退租飞机异地委托监管成功实施，并开创了全国第一单租赁飞机退租实施海关异地委托监管案例。中国（上海）国际贸易“单一窗口”功能全面深化，信保融资业务上线试运行，成功实施首单信用保险保单融资业务。深化航运制度创新效应，国际船舶管理企业首创试点支付船长借支资金，首家船舶维修企业参与关税保证保险扩大试点，持续开展航运高端人才国内外“互认”创新试点。设立平行进口汽车企业注册和通关业务绿色通道，实现对平行进口汽车的即检、即签、即放。保税区品牌进口车保税存储业务取得突破，实现全流程试单操作。支持国家对外文化贸易基地（上海）快速发展，加强与文化广播影视管理等部门协同，出台一线进出境艺术品无须办理CCC认证、一线进出境美术品取消相关批文的签发验核手续等特殊监管措施。

积极培育新业态、新模式，离岸贸易、服务贸易、数字贸易加快发展。成立“中国（上海）自由贸易试验区离岸转手买卖产业服务中心”和“离岸转手买卖先行示范区”，年内推出货物转手买卖贸易试点企业249家，占全市试点企业总数的83%。实施自由进出口技术无纸化备案登记管理试点，办理时间由3天缩短至半天，有效促进技术贸易发展。数字贸易交易促进平台于10月正式启动上线，平台搭载企业展示、海外推介、信息共享、项目对接、版权服务、金融服务等核心功能。

“双自联动”效应持续加强，助推科创中心建设提速。上海张江细胞产业园获批成立，我国生物样本库首个国家标准在张江发布。中国首个人工智能创新应用先导区在张江启动建设。推进外国人才工作许可制度创新，率先承接国内人才引进直接落户审批权和留学人员落户审批权。浦东国际人才港顺利开港，全国首创设立外国人来华工作居留审批“单一窗口”和“一网通办”服务系统，工作许可、居留许可审批时间从12个工作日压减至5个自然日，结合自贸试验区人才服务业扩大开放引进一批国际知名人力资源市场服务机构，初步形成高能级的人才服务综合体和人力资源配置枢纽。“中国贸促会（上海自贸试验区）知识产权争议解决与海外维权工作站”在浦东知识产权保护中心挂牌成立，全国首个自贸试验区内国家级版权服务中心在保税区启动运行。

（二）加强同国际通行规则相衔接，开放型经济体系的风险压力测试区建设取得新进展。

上海自贸试验区进一步对标国际最高标准、最优水平，推动实施新一轮高水平对外开放，进行更为充分的压力测试，形成适应经济更加开放要求的系统试点经验。

金融开放创新进一步深化。“沪伦通”于6月17日正式启动。外管局上海分局于7月印发《进一步推进中国（上海）自由贸易试验区外汇管理改革试点实施细则（4.0版）》，支持总部经济和结算中心发展，并实施开展资本项目收入结汇支付便利化试点。太平人寿签下首份创新型跨境再保险业务合同，首笔实收保费超过1亿元人民币，突破了跨境再保业务只能以本币计价的局限。中国信登信托受益权账户系统上线运行，实现全国集中管理的信托受益权账户体系建设“零”的突破。

进一步打造“上海价格”。作为上海期货交易所继原油期货后第二个国际化品种，20号胶期货于8月在上海国际能源交易中心正式挂牌交易，全面引入境外交易者参与，并于12月生成首张仓单进入交割业务。全球首个不锈钢期货9月在上海期货交易所上市。黄金期权于12月在上期所上市，成为我国首个贵金属类期权产品。沪市首个跨市场股票期权产品沪深300ETF期权上市。“上海银”集中定价合约挂牌，上线买方挂牌功能，促进期现联动。

经济领域风险防范化解率先破题。建设经济领域风险防范化解平台，按照监管要素标准化、监管方式智能化、监管流程闭环化理念，在危险化学品、建设交通、重点产业、社会事业、金融服务、农林牧渔等8个重点领域104个行业建设综合监管场景，创新智能监管应用。

（三）进一步转变政府职能，打造提升政府治理能力的先行区取得新突破。

上海自贸试验区系统推进简政放权、放管结合、优化服务改革，在“证照分离”改革试点、事中事后监管体系建设、政务服务体系建设等方面不断深化改革创新，全面提升开放环境下政府治理能力。

“证照分离”改革试点进一步深化。率先在全国探索开展“一业一证”改革，将一个行业经营涉及的多个许可证，整合为一张“行业综合许可证”，探索审批服务流程革命性再造，提高企业市场准入和开展经营的便利度，有关做法及工作成效被纳入中央深改委2019年工作总结。截至2019年底已在便利店、体育健身场馆、宾馆、药店、饭店等43个区级事权行业核发行业综合许可证71张，总体实现审批事项压减76%，审批时限压减88%，申请材料压减67%，填表要素压减60%。在全国率先试点低风险食品生产许可告知承诺制。支持上海自贸试验区深化市场准入告知承诺改革。

事中事后监管体系不断完善。在全面推进落实“六个双”政府综合监管机制创新的基础上，率先推动以动态、风险、信用、分类“四个监管”为核心的风险防范方式转变，围绕数据流和业务流建立完整的流程闭环，率先形成经济领域重大风险防范化解体系和防范化解能力。在全国率先开发上线“企业年报智能管理系统”，引入人工智能、语音机器人等技术，推动企业年报工作便捷高效。

服务型政府建设加快推进。“互联网+政务服务”模式基本建立，企业办事“一网通办”在327项涉企审批事项全覆盖的基础上，实现100%全程网上办理，市场准入审批领域实现人工智能辅助审批全覆盖，实际办理时间压缩85%。推进不动产登记服务再提速，在“当日、五个自然日”基础上，继续优化流程，实行“0+1+3+5”的办理模式，按办结时间分类为当场、1个自然日、3个自然日和5个自然日。聚焦工程建设项目“开工难、验收难”问题，加大审批改革突破探索力度，在全市率先制定综合竣工验收阶段土地验核环节实施告知承诺的操作办法。加强法制保障，发布《关于为中国（上海）自由贸易试验区建设提供优质高效法律服务的实施意见》，提升自贸试验区法律服务能级。

（四）创新合作发展模式，服务国家“一带一路”建设、推动市场主体“走出去”的桥头堡作用进一步发挥。

上海自贸试验区充分利用中国国际进口博览会的溢出效应，夯实经贸合作平台，帮助企业“走出去”，发挥自贸试验区在服务“一带一路”建设中的辐射带动作用。

充分放大进博会溢出效应。复制推广首届进博会的便利化政策，推广诚信企业强制性认证产品免办CCC证明。支持企业用好ATA单证新政，推动完善非ATA单证项下暂时进境展品转回保税区域的通道流程，并争取该创新举措在更大范围和更广泛领域常年适用。

做优服务“一带一路”建设重点平台。上海自贸试验区“‘一带一路’技术交流国际合作中心”中沙进出口商品合格评定工作站5月在中国质量认证中心上海分中心成立，该工作站是除中国质量认证中心北京总部外，唯一设在地方的中国出口沙特认证业务受理机构。加快“一带一路”国别商品中心建设，希腊国家馆、东帝汶国家馆启动运作，原斐济国家馆于7月升级为南太平洋岛国联合馆，森兰“一带一路”国别汇启动运营，区域内已有10个国别（地区）商品中心，成为进博会的常年展示交易平台。2019年浦东对“一带一路”国家进出口总额4 494.3亿元，同比增长10.5%，占新区对外贸易总额的比重为21.9%。其中，出口1 674.1亿元，同比增长4.9%；进口2 820.2亿元，同比增长14%。

积极服务长三角一体化发展。长三角资本市场服务基地4月正式启用，作为承担长三角区域一体化发展和科创板两大任务的载体，线下线上联动打造长三角区域科创板服务品牌，夯实股权投资、债券融资、上市培育等十大功能，与19座长三角城市（城区）、80多家机构联盟，对接企业2 000多家，助推9家浦东企业成功在科创板上市，占全国1/8强。以“网络监管”为先手棋，推进长三角市场监管领域合作，发起签署长三角“九市一区”网络监管合作协议。推动“11市1区”签署《长三角检验检测认证行业联盟合作协议》。推动设立长三角地区知识产权与服务联盟，共同打造知识产权区域合作的标杆。始于上海自贸试验区的医疗器械注册人制度在长三角地区扩大试点，首次实现跨省委托。

三、创新成果及案例

案例1：市场准入“一业一证”行业综合许可制度创新。

作为“证照分离”改革的策源地，2019年，浦东新区启动“一业一证”改革，创新行业综合许可制度，将一个行业经营涉及的多个许可证，整合为一张行业综合许可证，探索“企业侧”整体推动“照后减证”新路径，努力从根本上破解企业“准入不准营”难题。

主要做法：从单个企业视角转变为行业视角，探索实现“六个一”流程再造，行业管理架构上实现“一帽牵头”，审批指引方式上实现“一键导航”，行业审批条件上实现“一单告知”，审批申报方式上实现“一表申请”，许可审核程序上实现“一标核准”，行业准入方式上实现“一证准营”。首先，围绕流程再造，优化改革保障举措。梳理“一事”清单、夯实改革基础，落实“一帽牵头”、深化部门协同，对接一网通办、推进一键导航。其次，聚焦民生领域，率先实现“一证准营”。办理许可“多证”变“一证”，流程上“串联”变“并联”，材料上“繁多”变“精简”。第三，准入监管衔接，推进行业健康发展。强化许可监管衔接，探索跨部门“双随机”检查，完善信用约束机制。

实践效果：自2019年7月正式启动以来，“一业一证”改革涵盖了便利店、体育健身场馆、饭店等与群众生活息息相关的领域。截至2019年底，总体实现审批事项压减76%，审批时限压减88%，申请材料压减67%，填表要素压减60%。“一业一证”改革通过企业侧和政府侧双向发力，大幅降低企业在市场准入环节的制度性成本，进一步提升企业和群众的获得感、满意度。

案例2：浦东国际人才港构建人才服务最优生态圈。

2019年4月，浦东国际人才港正式开港，以最高效率、最优服务、最佳体验打造人才服务的“超级综合体”，不断优化人才服务综合环境。

主要做法：首先，率先试点一批全国人才新政，打造活力四射的人才服务综合体。率先试点自贸区永久居留推荐直通车制度、外国本科学历毕业生自贸区直接就业制度，颁发全国自贸区首张科研团队推荐永居身份证、首张兼职类工作居留许可等。其次，聚焦重点领域与关键环节，加大“双创”人才集聚力度。构建创新创业服务平台联盟，设立“创业首站”窗口，依托中国（浦东）知识产权保护中心和长三角资本市场服务基地为创业人才提供专项服务等。第三，搭建开放温馨的“人才之家”，提供全领域综合配套服务。开设线上线下一体化集成服务窗口，为人才提供全领域的生活配套服务。

实践效果：国际人才港开港一年来，服务海内外人才超过19万人次。通过“单一窗口”和“一网通办”，将外国高端人才来华工作居留审批时间减少58%，申请材料减少50%，信息录入减少71%，人才行政审批效率大幅提升，人力资源产业形成集群效应，人才创新创业实现全周期支撑。

案例3：中国（上海）自贸试验区版权服务中心打造版权服务新标杆。

2019年9月24日，中国（上海）自贸试验区版权服务中心启动运行，是全国首个在自贸试验区内设立的版权专业服务平台，被国家版权局评选为2019年中国版权的十件大事之一，其主要功能是开展版权快速登记、快速监测预警、快速维权等服务。

主要做法：首先，探索建设线上“版权登记服务平台”，实现快速登记。实现自贸试验区重点领域的版权登记周期由30天缩短到最快10天，目前自贸区版权快速登记量累计超过7万件。其次，基于大数据、人工智能等技术手段，实现快速监测。开展区域版权发展状况的分析、管理、监测，促进版权的运用，探索版权领域监管机制创新，推动建设“版权保护服务平台”。第三，强化精准服务，实现快速维权。为权利人发出“法律意见书”，根据权利人遇到的侵权纠纷实际状况，给予多元途径的维权建议，并接受委托开展社会化纠纷化解工作。

实践效果；上海自贸试验区版权服务中心启动仅一个月，就举办培训3场，接待8批来访团队，浦东完成版权登记15 372件，占全市总登记量（28 729件）的53.5%，纵向上推动建立浦东与国家版权局、市版权局良好的沟通协调机制，横向上依托浦东新区知识产权联席会议制度进一步强化版权司法保护与行政保护的协同。

案例4：市场监管制度创新支持新零售混合业态发展。

2016年2月3日，上海盒马网络科技有限公司在浦东新区建立全国首家互联网+生鲜超市体验店——“盒马鲜生”，集食品销售、餐饮服务功能为一体，实现线上线下相互融合，为消费者提供生鲜食品深度体验服务。

主要做法：首先，为盒马新零售混合业态提供制度保障。将《餐饮服务许可证》和《食品流通许可证》“两证合一”，向盒马核发新版《食品经营许可证》，有效破解食品流通、餐饮服务两个环节界限划分不清难题。其次，全面优化企业服务水平，体现浦东速度和温度。启动窗口无否决权，为企业提供贴身服务，先期指导。从企业孕育到顺利拿到《食品经营许可证》，只用不到3个月的时间。

实践效果：经过三年的发展，“盒马鲜生”已在浦东开设11家门店。2019年，盒马（中国）有限公司、盒马供应链有限公司相继落户浦东，将建设更先进的物流中心和加工中心，为消费者提供安全的生鲜食品。以“盒马鲜生”为起点，浦东新区在有效破解“办证难”问题的同时，还逐步形成以“企业主体、协同联动、系统集成、法治引领、信用支撑”为特征的“放管服”改革浦东样板。

案例5：建筑许可营商环境“再提速”。

浦东新区坚持自贸试验区改革理念，在成功实践工程建设项目审批领域的“24、80”自然日改革目标的基础上，在营商环境倍增计划中提出2020年实现企业投资项目从获得土地到取得施工许可的政府侧审批时限不超过20个自然日，综合验收自受理起不超过7个自然日；小型项目从获得土地到取得施工许可的政府侧审批时限不超过8个自然日，综合验收自受理起不超过5个自然日。

主要做法：首先，改革整合瞄准“一体化”。以低风险项目为切入点，将项目范围拓展至1万平方米，并将改革政策覆盖至国有企业。全面落实推进低风险产业项目地质勘查、工程监理费用减免，取消建设单位委托的施工图设计文件审查，调整为事中事后全面监管，推进“多测合一”。其次，开工竣工实现“一站式”。以区审批审查中心为突破点，在自贸试验区范围全面延伸拓展改革覆盖面。依托市审批管理系统，全面实施一站式办理施工许可（施工许可证实现即到即办）、一站式办理综合竣工验收和不动产登记（“验登合一”）。第三，刀刃向内开展“一网控”。率先开发区级全过程效能监控和评价展示管理系统，建立和完善“浦东新区工程建设项目全过程管理系统”，按照“六个双”的监管理念对项目审批全过程进行监控。

实践效果：改革以来，共有289个房建项目申报进入审批流程，其中属于“24、80”审批模式的项目有22个（约占已发施工许可证项目数的三分之一）；各类工程建设项目平均审批时限较以往压缩一半以上，其中上海新海航资产经营管理有限公司改建仓储项目成为首个获批施工许可的建设项目，用时73个自然日，上海浦东商业发展集团有限公司2个带方案的菜市场项目，从取得土地到获批施工许可用时20个自然日。综合竣工验收方面，自受理至完成综合验收一般项目平均办理用时10.7天，小型项目平均4.2天，实现一般项目15个自然日、小型项目5个自然日的综合竣工验收改革目标。

案例6：综保区内租赁退租飞机异地委托监管创新试点。

上海自贸试验区范围内的浦东机场综保区自2010年试点开展融资租赁业务以来，大力推动区域内融资租赁业务的发展。2019年8月，南航一架融资租赁而来的飞机成为全国首架综保区内租赁退租飞机异地委托监管，走通了“进租转出”全流程。

主要做法：2019年1月25日，《关于促进综合保税区高水平开放高质量发展的若干意见》正式印发实施，明确对注册在综合保税区内的融资租赁企业出口飞机、船舶和海洋工程结构物等大型设备涉及跨关区的，在确保优先监管和执行现行相关税收政策的前提下，按物流实际需要，实行海关异地委托监管的相关规定。2019年4月，在上海浦东机场综保区内注册的国银飞机租赁（上海）有限公司出租给中国南方航空股份有限公司的20架ERJ190飞机陆续面临租期届满退租，“国银上海”拟将其中一架飞机出售给境外公司。在上海浦东国际机场海关和广州白云机场海关的共同协助下，这架飞机在南航所在地广州完成“退租入区”和申报出境工作后，直接从广州出境，从而实现全国首架综保区内租赁退租飞机异地委托监管。此后，“国银上海”又有2架飞机通过“异地委托监管”政策办理出境手续。

实践效果：“异地委托监管”新政为企业节省大量经费，如单架飞机节约往返飞行、停靠等成本近70万元。这是海关系统制度创新、优化监管模式的重大实践，标志着上海自贸试验区乃至全国飞机租赁业务再次完成一个小目标。

案例7：对标世界银行标准提升不动产登记速度。

针对不动产登记中存在的“办理慢、办理难”等问题，浦东积极推进不动产登记事项网上办理，同时探索试点不动产登记“服务进社区”工作，一系列改革举措为促进上海在世界银行营商环境评价中的“登记财产”评分项中取得显著进步做出了贡献。

主要做法：首先，加强制度创新，推进不动产登记一体化运作。制定《关于进一步深化不动产登记服务改革的操作细则》，对接税务部门完成人员整合，实行一体化管理；整合不动产登记中税务相关手续办理，涉税不动产登记事项联办全覆盖。其次，加强服务意识，加快不动产登记“自贸区速度”。整合“缴税、发证”环节，当场发证；增设企业专区，实现当场办结；开通自助查询终端服务功能。第三，线下线上融合，提高不动产登记便利化水平。推进不动产登记的“服务进社区”，上线运营“浦东不动产微服务”微信公众号。

实践效果；2018年，浦东新区通过改革实现不动产登记“当日和5个自然日”办结。2019世界银行营商环境报告向全球推荐了上海实施的房地产登记信息数字化系统等改革举措，为全球的营商环境建设提供了中国经验。2019年，浦东新区完成全市近五分之一的登记量，受理量达24万余件，当日办结6.2万余件，按时办结率超过97%，5个自然日办结14.5万余件，按时办结率超过 86%。

案例 8：社会办医乙类大型医用设备配置备案制管理。

浦东新区研究实施社会办医乙类大型医用设备配置备案制工作，完善标准、优化环节、缩短流程，从而支持和鼓励高质量社会办医。2019 年 1 月 11 日，位于张江科学城的上海国际医学中心购买的一台千万级医用设备取得全部证照，当天即可投入临床使用，接受患者预约。

主要做法：首先，国家层面政策不断优化助力医用设备备案制管理。2018 年 1 月，国务院常务会议决定，从上海自贸试验区开始试点，取消社会办医疗机构乙类大型医用设备配置许可证核发等审批，社会办营利性医疗机构床位数逐步实行自主决定。其次，部门联动形成合力，推动浦东首个备案制试点成功。在自贸试验区新政的支持下，2018 年 3 月，上海国际医学中心向浦东新区卫计委提出申请备案，采购上海首台美国瓦立安最新一代直线加速器 VitalBeam。4 个月后，直线加速器到达医院，2018 年 12 月完成安装调试并通过验收。2019 年 1 月 11 日，院方拿到“三证”——配置证、辐射安全许可证、诊疗许可证。以往需要 2 年走完流程，上海国际医学中心只用 6 个月便正式投入使用。

实践效果：企业普遍认为，备案制方式更加方便快捷，有利于申请人在医疗机构建设初期就开始筹备购买设备，并且与医疗机构同步投入使用，改革获得感进一步提升。2019 年 3 月，上海市人民政府印发《本市贯彻〈关于支持自由贸易试验区深化改革创新若干措施〉实施方案》的通知，明确将适时出台推广方案，推动在全市实施。

案例 9：低风险食品生产许可试行告知承诺改革。

根据《中国（上海）自由贸易试验区低风险食品生产许可告知承诺管理办法》，浦东新区在上海市率先试点低风险食品生产许可告知承诺审批模式改革。2019 年 9 月 26 日，上海邵万生食品有限公司康桥东路厂获得第一张低风险食品生产许可证。

主要做法：首先，优化准入方式，提升企业获得感。将风险等级评估为低的 5 大类 9 小类食品类别纳入食品生产许可告知承诺范围，审批环节由改革前的 6 个压缩为“收件、受理、审批制证”3 个环节，审批时限由改革前的 20 个工作日缩减为当场办结，审批材料由改革前的 7 项缩减为 2 项，缩减率达到 71.4%。其次，强化证后监管，做到放管结合。丰富监管模式，对通过告知承诺方式取得食品生产许可证的企业在获证两个月内实施“首次重点监管”；完善撤销环节，如发现企业不符合承诺条件，将予以责令改正直至撤销食品生产许可；建立诚信档案，在日常监管中发现企业作出不实承诺或者违反承诺的，将以诚信污点方式记入企业诚信档案。

实践效果：在严格把控生产风险、切实落实主体责任的同时，实现“一门受理、一次办结、当场领证”，切实减轻企业负担，获得感明显提升；逐渐形成“现场辅导-材料预审-告知承诺”的服务模式，加快低风险食品生产企业从准入到准营的项目落地节奏，让企业获得更好的改革体验。

四、上海市政府及相关部门出台的政策措施

（一）《上海市人民政府关于印发〈本市贯彻〈关于支持自由贸易试验区深化改革创新若干措施〉实施方案〉的通知》（沪府规〔2019〕12 号，2019 年 3 月 9 日）。

（二）《上海市进一步优化营商环境实施计划》（上海市发改委，2019 年 3 月 13 日）。

（三）《上海海关关于在外高桥港区试行出口“提前申报、运抵验放”通关模式的公告》（沪关公告〔2019〕1 号，2019 年 3 月 20 日）。

（四）《关于支持浦东新区改革开放再出发 实现新时代高质量发展的若干意见》（沪委发〔2019〕13 号，2019 年 6 月 25 日）。

（五）《关于延长〈中国（上海）自由贸易试验区贸易调整援助试点办法〉有效期的通知》（上

海市商务委、上海自贸试验区管委会，2019 年 6 月 25 日）。

（六）《国家外汇管理局上海市分局关于印发〈进一步推进中国（上海）自由贸易试验区外汇管理改革试点实施细则（4.0 版）〉的通知》（上海汇发〔2019〕62 号，2019 年 7 月 17 日）。

（七）《中国信托登记有限责任公司信托受益权账户管理细则》（中国信托登记有限责任公司，2019 年 7 月 19 日）。

（八）《上海市人民代表大会常务委员会关于促进和保障浦东新区改革开放再出发 实现新时代高质量发展的决定》（上海市人大公告 第 22 号，2019 年 7 月 25 日）。

（九）《上海市人民政府关于本市促进跨国公司地区总部发展的若干意见》（沪府规〔2019〕30 号，2019 年 7 月 26 日）。

（十）《浦东新区人民代表大会常务委员会关于进一步优化营商环境探索“一业一证”改革的决定》（浦东新区人大，2019 年 7 月 30 日）。

（十一）《上海市新一轮服务业扩大开放若干措施》（上海市委、市政府，2019 年 8 月 7 日）。

（十二）《上海市人民政府关于本市进一步促进外商投资的若干意见》（沪府规〔2019〕37 号，2019 年 9 月 12 日）。

（十三）《上海市经济信息化委关于印发〈关于建设人工智能上海高地 构建一流创新生态的行动方案（2019—2021 年）〉的通知》（沪经信智〔2019〕707 号，2019 年 9 月 23 日）。

（十四）《中国人民银行上海总部关于促进金融科技发展 支持上海建设金融科技中心的指导意见》（银总部发〔2019〕67 号，2019 年 10 月 30 日）。

五、大事记

1 月 16 日，微软全球最大的人工智能和物联网实验室落户张江科学城。

1 月 17 日，IBM 中国（上海）总部及研发大楼启用，IBM 大中华区客户中心（上海）落成，IBM 成为张江人工智能岛的首家进驻企业。

1 月 30 日，中国（上海）自由贸易试验区管理委员会与中国国家画院在外高桥保税区签署合作备忘录，共同建设中国美术走向海外的平台。

1 月 30 日，中国证监会发布《关于在上海证券交易所设立科创板并试点注册制的实施意见》，标志着资本市场改革迈出关键一步。

4 月 10 日，长三角资本市场服务基地在张江科学城启用。

4 月 11 日，以“最佳体验、最高效率、最优服务”为目标的浦东国际人才港正式开港，同步开通的还有自贸区外国人来华工作“一网通办”服务平台。

7 月 9 日，中国质量认证中心、上海市市场监管局、中国（上海）自由贸易试验区管理委员会共同签署《共同推进上海自贸试验区一带一路国际合作暨汽车产业发展质量认证服务工作备忘录》，就优化上海自贸区汽车质量认证机制达成共识，在强制性产品认证、机动车检测、“一带一路”产品认证国际合作等方面推出一系列举措。

8 月 20 日，中国（上海）自由贸易试验区临港新片区正式揭牌。

8 月 29 日，2019 世界人工智能大会在上海世博中心开幕。

8 月 31 日，上海市超高清视频产业金桥示范基地、金桥 5G 产业生态园正式揭牌，全球首个华为 5G 创新中心、上汽集团 5G 智能网联汽车电子创新中心、阿里云计算等 50 个项目签约落地。

10 月 31 日，中国（上海）自由贸易试验区推进离岸转手买卖贸易发展推介会举行。

11 月 5 日，第二届中国国际进口博览会开幕。

11 月 8 日，金桥跨境电商产业园正式开园。

11 月 15 日，金桥综合保税区通过上海海关等 8 部门联合验收。

中国（上海）自由贸易试验区概览

保税区片区

上海自贸试验区保税区片区持续深化最高标准、最好水平自由贸易园区建设，进一步增强改革创新的主动性，着力推动制度创新成果制度化、常态化，区域贸易和投资自由化便利化水平不断提升，区域营商环境不断优化。

功能定位：保税区片区是我国自贸试验区建设的发源地，涵盖上海外高桥保税区、上海外高桥保税物流园区、洋山保税港区和上海浦东机场综合保税区4个海关特殊监管区域，面积为28.78平方公里。其中，上海外高桥保税区是我国第一个保税区，也是目前国内经济规模最大、业务功能最丰富的海关特殊监管区域。依托国家进口贸易促进创新示范区、对外文化贸易基地等优势，联动森兰区域，经济总量在全国海关特殊监管区域中占据半壁江山。外高桥保税物流园区是中国第一个保税物流园区，也是国内首家实施“区港联动”的物流园区。以进出口物流服务为主要功能，形成跨国公司面向东北亚的出口采购中心和有色金属、IT零部件进口分拨基地。浦东机场综合保税区是率先实现区港一体化运作的空港型综合保税区。依托区港一体化监管模式和世界第三大货运空港的优势，形成融资租赁、空运亚太分拨中心、跨境电商、航空维修、高端消费品保税展示、快件转运中心等临空功能服务产业链。洋山保税港区是中国第一个保税港区，也是上海建设国际航运中心的核心载体。目前，洋山保税港区是面向欧美的分拨配送基地、大宗商品产业基地、面向国内的进口贸易基地以及航运龙头企业集聚地。

独特优势：保税区片区全力促进国际贸易高质量发展，仓储物流业智能化升级，加工制造业高端化转型，不断夯实基础行业的经济压舱石作用。依托上海特色产业园区建设和浦东“六大硬核产业”发展，全力促进生物医药、集成电路、智能制造、汽车及零部件等重点产业强链扩链，带动区域经济结构转型升级。实现总部经济能级提升，推动总部企业由单一业务向研发、制造、销售、供应链、售后等多元复合业务功能拓展，多层次的总部经济体系基本形成。促进平台经济创新发展，推动专业贸易服务平台承接“进博会”溢出效应，打造在线消费经济生态圈，提升供应链金融服务能级，培育数据、文化服务经济，为保税区域未来发展打开新局面积蓄动能。

陆家嘴金融片区

上海自贸试验区陆家嘴片区坚持以自贸试验区改革创新为动力，在金融领域和现代服务业扩大开放方面先行先试，形成一大批首创项目和高质量的创新成果，法治化、国际化、便利化综合营商环境不断完善。

功能定位：金融贸易先行是浦东开发开放的重要突破口，陆家嘴金融贸易区成为全国第一个，也是唯一以“金融贸易”命名的国家级开发区。2015年4月，上海自贸试验区扩区至陆家嘴，陆家嘴成为自贸试验区金融领域改革创新和对外开放的试验田和主战场，区域面积为24.33平方公里。目前，陆家嘴已成为我国市场主体高度集聚、专业人才高度集中、功能配套高度完备、国际化程度最高的世界级中央商务区和全球最佳投资目的地。

独特优势：陆家嘴片区最突出优势在于，拥有中国最完备的市场体系、最开放的创新环境、最便利的营商环境，为全球企业对外投资、业务布局和资源整合提供最好的发展平台。在现代服务产业体系方面，区域共有6 000多家持牌类金融机构，2万家大型商贸类企业，3 000多家全球顶尖的专业行业服务机构，1 300多家高端航运服务企业等。在金融资源要素方面，集聚12家面向国际的国家级要素市场，全国87%的期货公司和全国78%的券商在陆家嘴都设有机构。其中，国际知名资管机构在陆家嘴设立了88家各类外资资管公司，占全国90%以上，全球资管规模前10有9家落户陆家嘴，全国26家获得私募基金管理人资格的外资资管机构有23家在陆家嘴，全国8家获得投顾资格的外资私募基金管理人有7家在陆家嘴。区域融资租赁企业210家，以上海1/10的企业数贡献了全市1/2的税收，资产规模超1万亿元，占全国1/6。在总部经济方面，世界500强企业有340多家在陆家嘴设有机构，经市商务委认定的跨国公司地区总部总数达117家。

世博片区

上海自贸试验区世博片区位于上海中心城区浦江之东，因2010年上海世博会得名，是上海新一轮发展的重点区域。目前，世博片区已步入城市形态初显规模、功能开发渐入佳境、经济指标稳步提升、服务业转型升级的快车道。

功能定位：世博片区面积为9.93平方公里，是上海重要的中央活动区。世博片区瞄准建设世界级中央活动区的总体目标，大力发展沿江现代服务业集聚带、高端文化产业发展带、世界一流的滨水城市生活带，加快集聚总部商务、新兴金融、文化会展、旅游休闲、生态宜居等功能。世博片区在继续深化以中央活动区多元功能的城市肌理基础上，突出以文荟客、以商惠客、以美悦客、以旅引客，建设“秀外慧中”的“世界会客厅”。

独特优势：世博片区央企总部集聚发展，积极发挥自贸试验区央地融合发展平台作用，区域内已初步形成中国商飞、中国宝武2家央企总部和中核上海总部、中铝上海总部等9家央企区域性总部，以及诸多央企直属公司或地方代表性公司集聚世博的态势，涉及金融、能源、国际贸易等行业，成为上海市央企集聚密度最高、央企数量最多的区域之一。国际经济组织入驻，除金砖国家新开发银行外，成功引进国际商会上海代表处、国际展览业协会上海代表处、丝绸之路国际总商会上海代表处、大韩商事仲裁院上海代表处、德国物流联盟上海代表处、亚太示范电子口岸网络运行中心6家知名国际机构。文化会展行业快速发展，现有场馆资源逐步转型改造，新建东方体育中心、世博宋城大舞台、上海大歌剧院、信德演艺中心等，拥有约6万座席数。区域内文化产业形成专业剧院、大型演唱会、户外音乐节、旅游演出、娱乐驻场秀五大主要板块。目前，世博已成为重大文体活动的举办地，如环球马术冠军赛、环法自行车中国赛、马拉松赛，以及英雄联盟、王者荣耀、DOTA2等电竞顶级赛事。

金桥开发片区

上海自贸试验区金桥片区进一步深化改革创新，推动传统四大产业逐步优化转型成为“未来车”“智能造”“大视讯”等新型产业格局，在我国抢占全球新一轮制造业科技创新制高点过程中彰显更大担当，发挥上海和浦东先进制造业、服务业融合发展的引领示范作用。

功能定位：金桥片区面积为20.48平方公里，是上海高端制造业和生产性服务业高度集聚的重点区域，致力于打造智能制造高地和具有产业核心竞争力的国际化现代城区。金桥的传统四大产业格局逐步优化，汽车（及零部件）产业逐步向高端与智能化转型，电子信息产业向终端应用、内容创新和运营服务领域延伸，家电等传统加工企业逐步外迁，食品与生物医药企业研发功能不断提升。

独特优势：金桥片区智能制造培育区功能不断凸显，“未来车”形成汽车产业集群，向新能源及智能网联汽车方向转型；“智能造”重点发展机器人、3D打印、智能测控装置与部件、智能制造系统和智能工厂解决方案等；“大视讯”依托龙头企业打造5G产业高地与高清视频基地。生产性服务业向专业化、高端化发展，建设金桥5G产业生态园，是上海5G全覆盖、提供完整5G产研条件的创新园，目前已引入华为上海5G创新中心、上汽联创智能网联创新中心、中移动上海产业研究院5G应用创新中心和中国信通院5G标准开放实验室“四大对外开放平台”。金桥综保区形成新优势，2018年11月19日国务院批准金桥出口加工区南区整合优化为综合保税区，封关面积1.52平方公里，2019年11月15日通过验收，目前已形成以关键半导体材料、高端机械制造、汽车零部件和医药器械生产为主体的产业结构特征。

张江高科技片区

上海自贸试验区张江片区紧紧围绕具有全球影响力科技创新中心和“双自联动”两大主线，以提升自主创新能力为核心，加快提升源头创新能力和科技综合实力，在上海率先实现创新驱动发展和经济转型升级中发挥重要的示范引领及辐射带动作用。

功能定位：张江片区面积为37.2平方公里，位于浦东新区中部南北创新走廊与上海东西城市发展主轴的交汇点，承载着建设张江综合性国家科学中心、具有全球影响力科技创新中心的核心区、国家自主创新示范区、自贸试验区等诸多国家战略使命。目前拥有跨国公司地区总部58家，外资研发中心169家，高新技术企业1 300余家，形成以集成电路、生物医药、人工智能为重点的主导产业。

独特优势：张江片区大科学设施群集聚，目前基本形成光子、生命科学等领域大科学基础设施群，如上海光源、蛋白质研究中心、上海超算中心、软x射线自由电子激光实验装置等已建成，上海光源二期、软x射线自由电子激光用户装置、硬x射线自由电子激光装置、活细胞结构与功能成像等线站工程等在建。高端人才集聚，现有各类科技型人才约38万，并集聚包括诺贝尔奖获得者、海外院士、中国两院院士、经认定的海外高层次人才等各级各类专家约450余人。知识产权和专利集聚，每万人口有效发明专利570件，是全市的12倍，专利申请量累计达11.5万件，占全市总量的9.7%，专利授权量累计6.5万件，占全市总量的9.1%，拥有中芯国际等15家国家知识产权试点和示范企业。双创孵化体系完善，构建“众创空间+创业苗圃+孵化器+加速器”的完整创业孵化链条，截至2019年底，共有孵化器89家，在孵企业近2 000家，并有微软人工智能实验室、强生JLABS、IBM人工智能创新中心、Plug & Play长三角区域总部、康宝莱创新转化中心5个国际级创新孵化中心。

临港新片区

设立中国（上海）自由贸易试验区临港新片区，是以习近平同志为核心的党中央总揽全局、科学决策作出的进一步扩大开放重大战略部署，是总书记亲自关心、亲自部署、亲自推进的重大国家战略，是新时代彰显我国坚持全方位开放鲜明态度、主动引领经济全球化健康发展的重要举措。

功能定位：2019年8月6日，国务院发布《中国（上海）自由贸易试验区临港新片区总体方案》，明确在上海大治河以南、金汇港以东以及小洋山岛、浦东国际机场南侧区域设置新片区，并按照“整体规划、分步实施”原则，先行启动南汇新城、临港装备产业区、小洋山岛、浦东机场南侧等区域，面积为119.5平方公里。临港新片区按照在更深层次、更宽领域、更大力度推进全方位高水平开放的总体要求和发展目标，到2025年，建立比较成熟的投资贸易自由化便利化制度体系，打造一批更高开放度的功能型平台，集聚一批世界一流企业，区域创造力和竞争力显著增强，经济实力和经济总量大幅跃升；到2035年，建成具有较强国际市场影响力和竞争力的特殊经济功能区，形成更加成熟定型的制度成果，打造全球高端资源要素配置的核心功能，成为我国深度融入经济全球化的重要载体。

独特优势：临港新片区实施特殊开放政策，对标国际上公认的竞争力最强的自由贸易园区，选择国家战略需要、国际市场需求大、对开放度要求高，但其他地区尚不具备实施条件的重点领域，实施具有较强国际市场竞争力的开放政策和制度，加大开放型经济的风险压力测试，实现新片区与境外投资经营便利、货物自由进出、资金流动便利、运输高度开放、人员自由执业、信息快捷联通，打造更具国际市场影响力和竞争力的特殊经济功能区。临港新片区强化开放型经济集聚功能，重点发展跨国公司地区运营管理、订单中心、结算中心等总部经济，积极发展生物医药、集成电路、工业互联网、高端装备制造业等前沿产业，大力发展大宗商品、金融服务、数字贸易等新型国际贸易，推动统筹国际业务、跨境金融服务、前沿科技研发、跨境服务贸易等功能集聚。

2019年中国（广东）自由贸易试验区建设概况

中国（广东）自由贸易试验区工作办公室

广东省商务厅党组成员
中国（广东）自由贸易试验区工作办公室
专职副主任

马行裕，男，汉族，1961年11月出生，湖北大冶人。1983年8月参加工作，1991年6月加入中国共产党，研究生学历，理学学士。曾任广东省政府研究室三处副处长，广东省经委综合处副处长，广东省经贸委产业政策处调研员、产业政策处处长，广东省发展改革委产业政策处处长、资源节约与环境气候处处长、规划处处长。2015年7月起任广东省自贸办专职副主任，2018年10月起任广东省商务厅党组成员。

一、经济运行数据

（一）投资情况。

2019年，中国（广东）自由贸易试验区新设立企业46 259家，其中内资企业43 168家，注册资本总额4 627亿元；外商投资企业3 091家，合同外资441.46亿美元，实际利用外资73.38亿美元。备案境外投资机构69个，中方协议投资额18.89亿美元，中方实际投资额8.34亿美元，税收收入798.75亿元人民币，固定资产投资1 326.66亿元。

（二）贸易情况。

2019年，广东自贸试验区进出口总额11 535.35亿元人民币，同比增长27.8%。其中，进口额2 827.59亿元人民币，增长21.4%；出口额8 707.76亿元人民币，增长30%。

（三）金融情况。

2019年，广东自贸试验区新增金融机构501家，其中持牌金融机构20家，非持牌金融机构481家。跨境双向人民币资金池业务结算量303.03亿元，跨境人民币结算金额3 304.06亿元。

二、建设措施及成效

2018年习近平总书记亲临广东自贸试验区前海蛇口、横琴片区视察，充分肯定前海的模式还是可行的，强调要在更高水平上扩大开放，高标准建设广东自由贸易试验区，统筹抓好广州南沙、深圳前海、珠海横琴3个片区建设，打造高水平对外开放门户枢纽。2019年以来，广东自贸试验区以习近平总书记重要讲话精神为指引，结合省委“1+1+9”的工作部署，始终坚持以制度创新为核心，大胆试、大胆闯、自主改，形成一大批制度创新成果，有效发挥全面深化改革和扩大开放试验田作用，形成以开放促改革、以改革促发展的良好局面。

（一）坚持高水平对外开放，粤港澳深度合作取得重大突破。

在科技创新合作方面，南沙片区成立中科院明珠科学园建设领导小组及办公室、项目指挥部，园区土地征拆和土地整备工作进展顺利，动态宽域飞行器试验装置、空天科技南方中心、广东智能无人系统研究院、中国科学院大学广州学院等6个项目已初步明确入驻意向。港科大（广州）校区完成征拆，预计9月完成项目交地和教育部批筹工作。深海科技创新中心（可燃冰勘探总部基地）加快建设，钻采船及配套码头正在开展初步设计。与港科大签约共建南方海洋科学与工程省实验室香港分部。华南技术转移中心与香港机电工程署签约共建“国家技术转移粤港澳大湾区中心”。前海蛇口片区协同香港开展国际科技合作，推进前海深港创科城、深港科技创新生态谷、深港人工智能小镇、重点实验室等一批科技基础设施建设。横琴片区为澳大免费提供1万平方米科技创新载体，以及1亿元重大研发机构扶持资金及天使投资基金，共建产学研示范基地。珠海澳大科技研究院、珠海复旦创新研究院落地建设。

在重点合作平台建设方面，南沙片区粤港深度合作园建设实施方案已上报至中央大湾区办，正抓紧开展园区基础设施建设及招商工作；与澳门方面就共建粤澳合作葡语国家产业园进行多轮协商。前海蛇口片区推动前海深港青年梦工场获评首批“粤港青年创新创业基地”，前海深港基金小镇投入使用，深港设计创意产业园竣工交付，前海深港青年梦工场二期、粤港澳青年创业区、深港文创小镇等项目加快推进。横琴片区全面落实粤澳合作产业园5平方公里净用地，已有24个项目供地、24个项目开工建设，剩余2.57平方公里实施由澳门主导的共商共建共管新机制，安排约1.07平方公里先行建设澳门产学研一体国际研究院。

在民生领域合作方面，南沙片区南沙客运港往返香港航班加密至每天18个班次。建立大湾区国际人才“一站式”服务窗口，粤港澳（国际）青年创新工场、“创汇谷”累计入驻94个港澳团队，完成第四批港澳青年学生“百企千人”实习计划，共有产权住房试点拓展至符合条件的港澳居民。前海蛇口片区出台《关于支持港澳青年在前海发展的若干措施》及其配套《实施细则》，持续实施针对港人港企的“万千百十”工程，前海深港青年梦工场二期、粤港澳青年创业区、深港文创小镇等项目加快推进。推动十多类香港专业人士在前海直接执业，将137家香港工程企业纳入前海专业机构名册，160多位香港建筑专业人士在前海执业，打通深港人才双向流动通道。横琴片区配合澳门莲花口岸分阶段迁至横琴，并实施“合作查验，一次放行”通关模式。推动延长澳门机动车出入横琴资格有效期至1年。常住横琴的澳门居民参加珠海基本医保超过170人，共为310名澳门人发放内地居住证。澳门居民在横琴购置各类物业累计约42万平方米，首条横琴—澳门跨境通勤专线累计运送旅客超过4.8万人次。

（二）坚持高标准改革，制度创新成果丰硕。

南沙片区推出160项政务服务“湾区通办”事项，实施首批26项与港澳规则对接“三通”清单，推出全国首例不动产跨境抵押登记。开展合格境内有限合伙人（QFLP）试点，落户广州首家QFLP企业——广州赛富兆星股权投资基金。粤港澳大湾区国际商业银行、创新型期货交易所等平台加快筹建。全国首创以美元结算的跨境船舶租赁资产交易，完成广东自贸区首单跨境保税转租赁飞机项目，累计交付融资租赁飞机114架、船舶40艘，成为华南最大的飞机船舶融资租赁集聚区。前海蛇口片区牵头成立28个片区或区域参与的全国自贸片区创新联盟。研究形成第一批22项综合授权改革试点项目。修订《前海合作区条例》，起草完成《前海蛇口自贸片区条例》。研究制定《新时代全面深化前海深港现代服务业合作区改革开放方案》《中国（广东）自由贸易试验区前海蛇口片区实施范围建议方案》。横琴片区加快报批《粤澳特别合作区总体方案》，召开特合区联合管委会澳珠首次工作会议。优化横琴“分线管理”政策，探索“一线放开，二线管好”，营造趋同澳门的经济环境。研究出台支持澳门中医药产业发展、珠澳科技创新合作区等政策方案。加快推动《广东省贯彻〈横琴国际休闲旅游岛建设方案〉实施意见》印发实施。

（三）坚持高起点建设，新城发展日新月异。

南沙片区制定实施新型智慧城市建设顶层设计规划及三年行动计划。制定实施绿色发展示范区建设方案，珠三角水资源配置工程全面开工建设。编制完成南沙综合交通枢纽规划、南沙枢纽站场综合体概念设计，地铁18号线完成土建工程30%，深茂铁路（南沙段）开工建设，广中江高速广州段土建完工，深中通道桥隧工程全线开工。前海蛇口片区实施前海城市新中心建设三年行动计划，全面推进105个在建项目，开工总建筑面积755万平方米。国家博物馆·深圳馆、城市新中心地标前海塔、前海国际会议中心、伯克利未来音乐中心、国际医院、地下综合交通枢纽、国际金融交流中心等一大批重点公共建筑加快推进，英国哈罗公学正式落地。横琴片区推进精品物业城市建设，打造事前物业管理全覆盖、事中执法部门全介入、事后司法系统全保障的城市治理体系。高标准建设马骝洲水道“一河两岸多片区”交通格局，横琴隧道、港珠澳大桥延长线等路网建成通车，大横琴山隧道、十字门隧道、洪鹤大桥、金海大桥启动建设。

（四）坚持高品质发展，现代产业加速集聚。

南沙片区落户中科院南海生态环境工程创新研究院、南方海洋科学与工程省实验室，启动建设深海科技创新中心基地，形成海洋重大科创平台集群。科大讯飞华南人工智能研究院、广州智能软件产业研究院均获批省新型研发机构。恒大电动汽车、广汽丰田新生产线、新能源汽车第三代半导体创新中心等新兴产业项目加快建设。出台人工智能产业发展三年行动计划，广州国际人工智能产业研究院进驻56个高端人才团队。“广东医谷”入驻102家生物医药等领域企业。前海蛇口片区发布前海“2+3+6+N”产业扶持政策体系，前海第二、三产业比例为11.8∶88.2。推动“中国深圳”和“中国前海”船籍港获批设立，探索国际船舶登记制度改革，推动航运中心建设和航运要素加速聚集。推动落实“十大总部招商计划”，成功吸引汇丰集团、恒生银行、东亚银行、港交所、嘉里集团、周大福、新世界、九龙仓等世界500强企业、大型央企、知名港企及其他龙头民营企业总部落户或拟落户前海，基本形成产业结构优化、高端要素集聚、经济活跃度高的现代服务业体系。横琴片区医药和文旅产业渐成气候，中医药科技产业园与澳大中药质量研究国家重点实验室、北大天然药及仿生药国家重点实验室共建“北澳中医药创新研究院”。

中国（广东）自由贸易试验区概览

功能布局

中国（广东）自由贸易试验区于2014年12月31日经国务院正式批准设立，实施范围116.2平方公里，涵盖三个片区：广州南沙新区片区60平方公里（含广州南沙保税港区7.06平方公里），深圳前海蛇口片区28.2平方公里（含深圳前海湾保税港区3.71平方公里），珠海横琴新区片区28平方公里。

按功能划分，广州南沙新区片区重点发展航运物流、特色金融、国际商贸、高端制造等产业，建设以生产性服务业为主导的现代产业新高地，以及具有世界先进水平的综合服务枢纽。

深圳前海蛇口片区重点发展金融、现代物流、信息服务、科技服务等战略性新兴服务业，建设我国金融业对外开放试验示范窗口、世界服务贸易重要基地及国际性枢纽港。

珠海横琴新区片区重点发展旅游休闲健康、商务金融服务、文化科教和高新技术等产业，建设文化教育开放先导区和国际商务服务休闲旅游基地，打造促进澳门经济适度多元发展的新载体。

发展目标

根据《进一步深化中国（广东）自由贸易试验区改革开放方案》（国发〔2018〕13号），到2020年，率先对标国际投资和贸易通行规则，建立与国际航运枢纽、国际贸易中心和金融业对外开放试验示范窗口相适应的制度体系，打造开放型经济新体制先行区、高水平对外开放门户枢纽和粤港澳大湾区合作示范区。强化自贸试验区同广东省改革的联动，各项改革试点任务具备条件的在珠江三角洲地区全面实施，或在广东省推广试验。

臻林山庄、瑞莲庄度假主题酒店、中医药科技创意博物馆等康养项目年内建成。《横琴国际休闲旅游岛建设方案》获国务院批复，旅游业纳入15%企业所得税优惠目录正式落地。长隆星乐度·露营乐园、星奇塔无动力世界、香洲埠文化院街等文旅项目建成运营。

（五）坚持高起点谋划，营商环境逐步完善。

南沙片区出台进一步优化提升营商环境77条举措，全面推行商事登记确认制改革，上线运行全球首个数字贸易综合服务系统，全域推进综合行政执法改革，实现政务服务事项65%（1 202项）“零跑动”、343项“即刻办”、107项“全区通办”，启动中国（广州）知识产权保护中心申报。前海蛇口片区推出优化营商环境“32条”举措，打造外商投资“一口受理”升级版。建设“离港空运服务中心”，打造“全球揽货-前海集聚-机场直飞”进出口贸易生态圈。率先在全国推动实现跨境人民币贷款、跨境双向发债、跨境双向股权投资、跨境双向资金池和跨境资产转让，率先开展资本项目收入支付审核便利化试点。横琴片区开展商事登记标准化，开办企业效率整体提升30%。率先试点办税“一次不用跑”改革，推出首批7大类326项办税事项“一次不用跑”清单，纳税事项平均用时缩短30%。推行“一证两书”清单管理制度，申报建筑工程施工许可证材料从12份精简为3份，全面推行施工许可证分阶段发放，办理施工许可流程缩减50%。全省率先上线不动产登记“互联网+金融服务”新模式，试点银行即可一窗办理不动产抵押登记，不动产登记效率提升80%，在横琴办理房产登记业务实现1个工作日办结。

（六）坚持高层次合作，“一带一路”倡议支点作用明显提升。

南沙片区新开通7条国际班轮航线，新增航运物流企业1 880家，中欧班列进出口总额约4 500万欧元。南沙港区四期、国际物流中心、全球溯源中心等项目启动建设，国际分拨中心投入运营。B2B2C跨境电商进口货值占全国1/5，平行汽车进口居全国第二位，落地全国首单二手车出口业务。“一带一路”法律服务集聚区揭牌。前海蛇口片区与印尼、白俄罗斯、阿联酋、印度等多个沿线国家签订合作协议，支持招商局集团在全球21个国家、52个港口布局港口网络。太子湾国际邮轮母港开港运行，自贸区国际直航航线达169条。启动“一带一路”法治地图项目，建设“走出去”公共服务平台。推动“一带一路”国际商事争端解决机制落户前海，推动《联合国贸法会仲裁规则》首次在中国落地。横琴片区搭建葡语系拉美国家跨境电商合作平台，建成跨境电商展示展销中心。积极谋划举办中国国际高品质消费博览会。中医药科技产业园6款中医药产品在莫桑比克成功注册，“连花清瘟胶囊”和“张权破痛油”进入当地销售。设立横琴“一带一路”商标注册申请服务中心，完善跨境商标注册、保护和服务机制。

三、创新成果及案例

（一）投资便利化。

1. 出口退税申报3天办结。

主要做法：为落实国务院关于加快出口退税进度、为企业减负的决定，广州市南沙区税务局通过制度创新、流程创新、管理创新，率先实现为审核无疑点、资料齐全、纳税信用度高、税收遵从度强的出口企业，3个工作日办结退税申请，比原办理时限压缩近七成。通过出口退税管理制度创新，实现日常税源管理更强、出口退税更快、风险管控更严、税收执法更廉、税企关系更亲清的成效，形成“征退一体、查管互动、风险联控”的出口退税管理新格局。

创新点：创新出口退税监管机制，形成更加严密的事前、事中、事后监管体系。在事前监管方面，将出口退税管理职责前置到税务所，实行“专人专岗”管理出口企业，做实做细日常实地检查，从源头上遏制虚假骗取出口退税的行为。在事中监管方面，细化出口企业退税分类管理，对纳税信用等级低、出口退税风险隐患较高的企业，集中力量重点审核。在事后监管方面，依托“南沙税收后续监管系统”“数据应用管理系统”，运用“大数据”技术，建立风险指标模型，发现低风险的，实时提醒企业自查自纠，发现高风险的，迅速核查处置，坚决打击虚开增值税发票、骗取出口退税等违法行为，构建“征退查评一体化”的出口退税风险防控体系。

主要成效：自 2019 年 4 月该政策推出以来，全区共有 3 091 户次企业享受“三天退税”的高效服务，出口退税额累计超过 14 亿元。该政策惠及南沙区所有出口企业，有助于南沙片区出口企业盘活资金，有效激发外贸经济活力。同时，实现出口退税监管理念和监管方式的突破性变革，形成更加严密、完善的出口退税监管机制，有力打击骗取出口退税违法犯罪行为，为南沙片区外贸经济高质量发展提供更加公平的税收环境，真正实现以税收改革创新激发外贸经济活力，进一步提升南沙片区税收营商环境水平，助力推进粤港澳全面合作示范区建设。

2. 增值税一般退税 1 天办结。

主要做法：广州市南沙区税务局在增值税一般退税模式的基础上，通过办理模式、审批流程、风控措施的“三创新”，实现对审核无疑点、多缴成因合理可信、风险层级低的企业退税申请在 1 个工作日内办结。

创新点：首先，通过设置专人专岗，优化退税各环节衔接模式。对增值税一般退税事项由专人专岗负责，实行前台即时受理、后台快速审批，收核即时退库的流转模式，并做好登记。其次，遵循“先办理后监管”理念，后置部分审核监管流程。利用金三系统的各个查询模块，简化纳税人所需提交的资料。将原本繁多的纸质资料精简为一份《申请表》，通过大数据管税，实现对多缴金额的精准测算，做到征纳双减负。第三，推广电子税务局一般退税受理流程、简易退税流程，进一步拓宽全程无纸化办税业务范围。

主要成效：自推出增值税一般退税 1 天办结创新举措至今，南沙片区共有 161 户次企业享受“一天退税”的高效服务，退税金额累计超过 4 500 万元。纳税人从申请退税到税款到账，从原本的 30 个自然日缩短为 1 个工作日，实现增值税一般退税“大提速”，大幅提高企业资金周转率。同时，实现从申请、审核到后续监管的全流程同平台操作，数据全流程互通，形成更加严密、完善的增值税退税监管机制，推动增值税一般退税流程的优化提升。

3. 开通“深港通注册易”“深澳通注册易”商事服务项目。

主要做法：“深港通注册易”由深圳市市场监督管理局与香港商业银行合作，借助银行完善的跨境业务网点及操作流程，委托香港商业银行代办香港投资者在深圳的企业注册、商务备案、企业开户等业务，免除其多次往返港深之苦，并解决香港投资者在跨境投资中面临的流程不熟等问题。“深澳通注册易”由澳门贸易投资促进局和粤澳工商联会在澳门设立先导服务处，作为深圳市市场监管局商事登记代办机构，配备专人为澳门投资者提供商事登记服务咨询、代理服务，实现澳人澳企便利化办理深圳商事登记。

创新点：首先，借助香港银行机构和澳门先导服务处的网点，现场接收商事登记材料，核验身份证明，免除港澳投资者来深现场面签的手续。其次，延伸政府部门的商事登记服务网点。将深圳的政务服务延伸至港澳地区，极大拓展了政务服务空间。第三，提升深圳商事登记的便利度。实现港澳投资者无须亲临深圳，即可注册深圳企业。

主要成效：自深圳市市场监督管理局启动“深港通、深澳通注册易”商事服务以来，已有中国银行、创兴银行、工商银行、招商银行等多家银行成为该项目的合作方，通过该服务设立港资企业 18 家。不仅节省港澳投资者的时间、资金成本，而且还将银行机构网点变成政府部门的政务服务网点，将深圳的政务服务延伸至港澳地区，极大拓展了政务服务空间。

4. 企业登记“秒批”率先在前海试点。

主要做法：通过信息共享、自动比对、核验申请信息，实现基于申请材料结构化、业务流程标准化、审批要素指标化的系统无人工干预自动审批。将企业设立审批时限由一天大幅压缩至几十秒内，同步建立“秒批”质检系统和“登管联动”机制，实现企业开办效率和质量“双提升”。

创新点：首先，通过建立经营范围标准化表述用语的数据规范，将经营范围申报由原来的手工填报方式改为菜单选择方式。其次，应用全市统一地址库，在商事登记中实现地址信息的精准、规范。同时，“秒批”系统与南山区网格化管理系统对接，实现对自然人有限公司的日常巡查。第三，通过建立市场监管工作网格与社区基础网格的联动机制，形成秒批登记、网格员核查、事中事后监管、巡办联动的“闭环管理”模式。

主要成效：“秒批”自 2019 年 9 月 19 日上线后，前海蛇口片区从原来依靠工作人员逐项对照材料到系统自动审批，实现为企业提供更加主动、精准、整体式、智能化政府管理和服务的目标。不仅大幅提升效率，同时也杜绝了在审批过程中自由裁量的人为空间，从根本上避免违法违规审批的可能性。

5. 建设以“信用放、信用服、信用管、信用控”为目标的四位一体信用税收征管纳服体系。

主要做法。通过打造四位一体信用税收征管纳服体系，以构建“信用放、信用服、信用管、信用控”为目标，实现征纳“零见面”、办理“零等待”、事项“零壁垒”、违法“零容忍”。“信用放”通过信用税收分级分类，明确为“放”的对象——“双 A 企业”（即前海管理局和前海税务局评价均为 A 的企业）打造网上申请、线上“秒批”、按需供应、邮政配送“一条龙”服务，实现“全程网上办”“零见面”。“信用服”着力于提供更便捷的办税服务及附加体验，例如，构建“最多跑一次”“围着纳税人转”服务机制，为“双 A 企业”提供“全链条”服务和基于企业税收信用的“税信贷”等服务。“信用管”着力于重构征管力量分布，对大企业及重点税源企业开展针对疑难税收问题的事前裁定服务，在一定条件内为“双 A 企业”建立资料受理容缺机制，并对“CD 级企业”加强审核。“信用控”着力于加强事中事后监管机制，建立以信用为基础的税收风险管理体系，对纳税人实行分级分类管理，完善风险疑点传导机制。

创新点：打造标准化制度，把信用税收做得更细更实。对外，前海税务局积极向前海管理局、纳税人广泛征求优化提升信用税收工作机制的建议。对内，前海税务局多次修订信用税收分级分类管理办法、风险联动机制、发票分级分类管理机制，打造标准、统一、细化的信用税收工作制度体系。

主要成效：自 2019 年 3 月上旬信用税收征管纳服体系运行以来，已为“双 A 企业”办理业务 258 笔，平均办税时间缩短 75%，前海税务局减轻约 26%的日常管理工作量，风险管理成效提升 30%以上。已有 269 家“双 A 企业”采用“零见面”方式申领发票 36. 5 万份。

6. 建设自贸片区大数据综合治理与服务项目。

主要做法：以深圳市新型智慧城市建设“一图全面感知、一号走遍深圳、一键可知全局、一体运行联动、一站创新创业、一屏智享生活”目标为指引，以率先实现“一图全面感知、一键可知全局”为目标，实现信息共享、数据挖掘和数据分析，全方位展现前海蛇口片区的运行体征、态势、建设成就和创新成果，最终实现“数治前海、数理前海”的自贸片区大数据综合治理与服务。

创新点：首先，建立经济运行综合核算指标体系和企业指标体系，围绕这两大指标体系打造前海蛇口片区运营指标体系。其次，对内打通前海管理局内 18 个处室的信息化系统，对外与政法委、规土委等单位对接，实现数据汇聚，打造能够监测业务运行、提升决策效率和政务服务能力的大数据平台。第三，按照面向外部打造数字运营中心、内部建设大数据共享应用和面向管理者实现前海重点关

国家对外文化贸易基地（北京）

国家对外文化贸易基地（北京）是国家对外文化贸易服务平台，也是国内首个基于空港综合保税区设立的文化保税园区。2012 年 3 月由国家授牌为国家对外文化贸易基地。2018 年 6 月，基地所在的天竺综合保税区由国家认定为首批国家文化出口基地。2020 年，基地先后被列入北京市推进全国文化中心建设、国家服务业扩大开放综合示范区和中国（北京）自由贸易试验区建设的重要内容。

国家对外文化贸易基地（北京）位于天竺综合保税区，毗邻首都国际机场，占地面积 235 亩（15.7 万平方米），建筑面积 47 万平方米。基地建设发展坚持“立足首都、服务全国、面向世界”，围绕国家“一带一路”、京津冀一体化发展部署，发挥“三区”（国家服务业扩大开放综合示范区、北京自贸区、天竺综保区）和“双基地”（国家对外文化贸易基地和国家文化出口基地）政策叠加优势，重点发展文物交流与艺术品贸易、影视器材与文化装备贸易、数字内容与知识产权贸易、创意设计与文旅科技融合贸易，建设“一带一路”文化产业和旅游产业国际合作综合平台与核心枢纽，打造“中国文化走向世界的窗口，世界文化汇聚中国的平台”。

国家对外文化贸易基地（北京）热忱欢迎国际国内文化和旅游企业加盟。

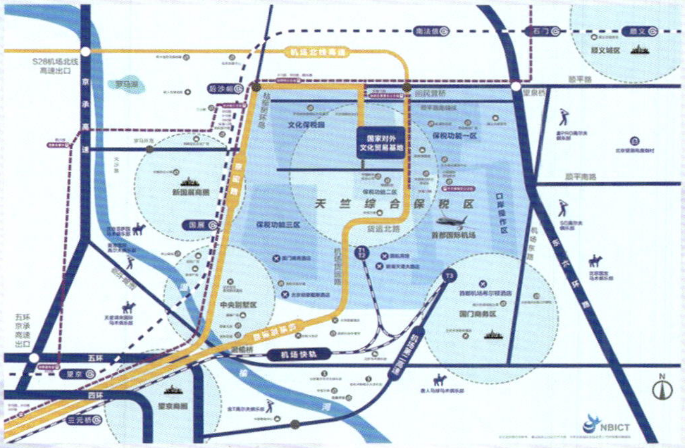

北京文投国际控股有限公司
联系人：张凯
联系电话：13601315324

中国（河南）
自由贸易试验区开封片区

KaiFeng Area China(Henan) Pilot Free Trade Zone

今年以来，河南自贸试验区开封片区全力统筹疫情防控和经济发展，实现了经济社会平稳健康发展。一是制度创新持续输出“开封经验”。“建设项目水电气暖‘现场一次联办’模式”入选国家自由贸易试验区第六批改革试点经验，向全国自由贸易试验区复制推广，涉企土地测绘“多测合一”、构建自贸试验区进出口企业二元多维评价体系等8项案例入选河南自贸区2020年实践案例，“行政审批服务标准化”入选国家政务服务标准化试点项目等，持续释放改革红利。

二是开放平台建设取得突破性进展。得益于今年河南省工作报告“支持洛阳、开封片区申建综合保税区”的有力部署，省市勠力同心，开封综保区申建进展顺利，7月20日正式启动综保区8部委联合审批程序。开封国际陆港铁路专用线接轨申请成功获批，即将投入建设，与综保区功能互补，无缝衔接。中原地区首座艺术品保税仓——河南自贸区国际艺术品保税仓与7月29日正式开仓运营，是我市首个海关特殊监管场所。

开封片区
“以古闻名，以新出彩”
宣传片

开封片区
2020版投资决策参考

三是文化产业国际化深入推进。提请河南省开封市出台了《关于加快中国（河南）自由贸易试验区开封片区建设推进文化产业国际化发展的若干意见》，聚焦中医药服务贸易、文化金融、数字文化、动漫设计出台12条支持政策。与广西华润基金管理有限公司、深圳市书城文化投资有限公司签约开封境内首支文化产业基金——河南自贸区文化产业基金。与中原银行合作设立河南省首个文化艺术特色支行——中原银行开封自贸区文化艺术支行。并成功举办第二届开封国际文化金融与贸易论坛暨国际艺术品回流展。

四是产业发展基础不断夯实。截至2020年10月底，自贸区入驻企业5863家，是挂牌前的32倍多；注册资本978.19亿元，是挂牌前的21倍多。截止7月底，开封片区今年累计实现进出口12.14亿元，同比增长29.29%。恒大童世界项目建设如火如荼，益海嘉里（开封）食品工业项目、奇瑞商用车河南研发中心顺利开工，新加坡外商投资的丰树开封现代综合物流中心、正大康地（开封)生物科技、易华录中原数据湖等一批项目先后落地。

开封片区打造文旅自贸区的目标和路径越来越清晰，开封片区将对标国际，持续探索文化艺术领域各项创新，全力推动中国文化“走出去”。开封片区“以古闻名，以新出彩”，正在成为开封对外开放的一张新名片。

自贸试验区开封片区位于开封市中心城区西部，毗邻郑州，处于国家开封经济技术开发区、开封城乡一体化示范区核心区域，以郑开大道为轴线两侧布局。

开封片区掠影

以古闻名 以新出彩

根据《关于下达第六批社会管理和公共服务综合标准化试点项目的通知》，开封片区获批国家政务服务标准化试点项目，成为全国自贸区试点单位。

河南省关于申请设立开封综合保税区的请示报告已于2月24日正式提交，开封综保区申建进展顺利，将建设成为国家“一带一路”战略重要保税节点、中部地区大宗外贸商品集疏新平台、河南对外开放产业发展集聚地、郑州大都市区物流枢纽东部支撑、开封外资外贸发展核心区。

开封市关于加快中国（河南）自由贸易试验区开封片区建设推进文化产业国际化的若干意见（汴政2020-4）

开封综合保税区宣传片

位于开封片区的河南自贸区国际艺术品保税仓于2020年7月29日正式开仓，成为中原地区首座艺术品保税仓。

河南自贸区国际艺术品保税仓宣传片

疫情期间，开封片区内企业出口口罩，从乌鲁木齐飞往拉脱维亚。

2020年10月19日，2020数字文化大会在开封举行。本届大会以“5G新时代.文旅新生态”为主题，探讨5G时代开封本土文旅产业发展新趋势，展示开封市数字文化新成果，共建文化产业发展新生态。会上，腾讯、易华录、金山云、华为等负责人分别发布了“腾讯公司与开封市合作暨‘一部手机游开封项目’”、“开封数字文化版权建设”、“金山云黄河大数据灾备中心项目、智慧新城暨城市感知系统”、“华为鲲鹏产业学院”等重大项目。

中国开封第38届菊花文化节国际艺术音乐会

2020年10月22日上午，第二届金犀奖·动漫节开幕式在开封成功举办。开幕式上，中国动漫集团有限公司与河南黑骏文化传播有限公司进行了《营造法式》动漫IP项目签约，“金犀奖”原创动漫作品征集和评选是金犀奖·动漫节的重要活动板块。本届动漫节共收到来自98所高校、多家企业和艺术家的990件作品，评选出5件金奖作品，18件银奖作品，20件铜奖作品，39件优秀作品，并在开幕式上为金奖和银奖作品举行了隆重的颁奖典礼。

深耕上海　辐射全国
浦发银行为自贸区建设持续注入活力

2019年我国自由贸易试验区建设推进力度不断加大，在黑龙江、山东、云南、广西、江苏、河北等6省区新设自由贸易试验区，并在上海新增设立上海自由贸易试验区临港新片区，形成了“沿海沿边，兼顾腹地”的对外开放布局。此外，还先后在海南、广东和天津等地区复制推广自由贸易试验区分账核算业务，依托自由贸易账户（简称“FT账户”）进一步探索自贸金融服务创新。

作为身处金融改革前沿的上海金融旗舰企业，浦发银行在2013年9月上海首设自贸区后，便着力提升自贸区金融服务能力，几年来锐意创新，不断突破，先后落地了大量自贸区金融创新业务，凭借在上海地区开展FT账户服务实践所积累的经验及领先优势，辐射海南、深圳等地，成为当地自贸区首批参与FT账户试点的金融机构，依托各地自贸区平台，不断升级、完善和优化自贸区金融服务，为各地自贸区建设和实体经济发展持续提供坚强助力。

高起点助力上海自贸区临港新片区建设发展

2019年，浦发银行积极贯彻上海自贸区金融便利化政策，结合企业各类需求持续推进自贸区金融产品服务升级。2019年6月，浦发银行发布自贸汇兑系列产品，面向企业提供综合化资金管理服务，并在业内率先上线了FT账户网银实时结售汇功能，实现了FT网银小额结售汇“连续报价、实时成交”，进一步提升了自贸金融服务能级。

2019年8月6日，上海自由贸易试验区临港新片区（以下简称“新片区”）正式设立，作为总部位于上海的金融企业，浦发银行牢牢把握建设新片区的历史机遇，紧跟新片区建设步伐，积极配套金融服务方案。2019年8月7日，在国家宣布新片区设立的次日，浦发银行即在业内率先推出了《浦发银行上海自贸区新片区服务方案》，针对新片区高新技术企业、航运业等重点产业客群，以实施资金便利收付的跨境金融政策为基础，聚焦新片区新型国际贸易、高能级全球航运枢纽、跨境金融服务和前沿领域集群相关客户，形成了四大专属金融服务，并根据新片区建设发展需要不断升级。

2019年8月21日浦发银行上海自贸试验区新片区分行正式揭牌，成为新片区内首批成立专属机构的商业银行，提出了“资金支持倍增、服务规模倍增、引领新片区金融制度创新和引领新片区金融开放”的“双倍增、双引领”新片区业务发展目标。

在资金支持倍增方面，浦发银行充分发挥集团化特色，通过债券、投资等多重融资工具，整合银行、信托、融资租赁等各个业务平台，加大对临港新片区建设资金投放，新片区分行成立后当年为区内企业及相关重大建设项目提供各类资金支持13.5亿元，较成立时贷款规模增长近三成。

在服务规模倍增方面，浦发银行积极为区内高新技术企业、航运业等重点产业客群提供特色金融服务，服务规模实现快速增长。2019年12月，浦发银行作为联合牵头行和联合结算行，与上海特斯拉签署了总额等值人民币112.5亿元的超级工厂项目银团贷款合同，参与金额逾28亿元。

在金融制度创新引领方面，浦发银行积极配合新片区管委会等有关部门开展创新政策研究，先后落地了服务贸易跨境支付便利、资本项目结汇支付便利化试点、海外美元债承销及投资、人工智能行业新零售企业跨境双向人民币资金池、区内企业黄金国际板代理交易等一批新片区首单业务，持续做好新片区金融服务创新引领。

在金融开放引领方面，浦发银行积极推动集团成员单位入驻新片区发展，集团旗下浦银租赁在新片区成立后当年首批引入15家租赁项目SPV公司落户，并与法国达飞海运等海外知名航运集团开展跨境船舶租赁业务合作，打造形成新片区跨境金融联动新格局。

发挥自贸区服务先行优势，赋能海南自由贸易港建设

2018年国家设立海南自由贸易港并确定实施FT账户体系复制建设后，浦发银行全力投入海南FT账户建设工作，2018年9月接到正式通知后，立即调集各条线骨干人员在短时间内完成了海南FT账户系统、自由贸易账户实时监测管理信息系统（FTZMIS系统）、进出岛资金监测系统的开发及各项管理制度制订，并于2019年1月1日作为首批的两家试点行之一，率先通过中国人民银行FT账户体系验收，在海南上线运行FT账户系统。

FT账户上线后，浦发银行聚焦海口市综保区以及跨境电商、航空业、进出口百强企业、上市公司、生态软件园及科创企业、国资国企等重点行业，定制推出了《海南自贸港金融服务方案》，积极推动面向海口优质企业的自贸业务发展，针对企业跨境金融需求提供全方位、全流程的特色自贸金融服务。

2019年4月，浦发银行在14家竞标银行中脱颖而出，成功中标海南自贸港开放发展基金托管银行。2019年12月，浦发银行获得海南省职业年金托管银行资质。

浦发银行 SPD BANK

乘/风/自/贸 浦/创/未/来

积极参与第三批FT账户复制，助力深圳自贸区金融服务升级

2019年初，天津和广东地区开始筹划启动FT账户系统复制，浦发银行获悉后立即着手有关筹备工作，在总分行层面成立了“FT账户复制项目推进工作组”，制定了各项复制工作推进计划，并积极与各地监管部门对接争取首批FT账户体系复制试点资格。

2019年12月31日，浦发银行作为深圳地区一家通过中国人民银行验收的金融机构，正式获得了首家“深圳FT账户接入中国人民银行RCPMIS-自由贸易账户子系统”的试点资格，并于次日上线深圳FT账户系统，开始经营办理深圳前海蛇口片区自由贸易分账核算业务，依托FT账户跨市场灵活优势和丰富的产品体系提供高质量自贸金融服务。

积极支持新设自贸区发展，勇当自贸区金融服务先行者

2019年9月27日，国家宣布在山东、江苏、广西、河北、云南、黑龙江等6省区新设第五批自贸区，构建起了“1+3+7+1+6”的全国自贸区基本格局。浦发银行第一时间推出《浦发银行支持自贸区建设专属金融服务方案》，并先后落地了山东自贸区烟台片区首笔离岸直贷业务、山东自贸区济南片区资本项下跨境人民币外债结算、江苏自贸区南京江北片区首笔涉外投标保函业务、江苏自贸区苏州片区特色产品“关助融”、“知识贷”以及“绿色智造贷”业务等自贸区业务，积极支持当地自贸区建设和区内企业发展。

在自贸领域，浦发银行敢为人先，勇于创新，长期以来一直是自贸区金融改革的先行者和排头兵。未来，根据国家加快自贸区开放发展的战略要求，浦发银行将不断探索自贸区金融服务优化升级，积极参与推动金融业高水平创新开放，充分发挥集团化、国际化综合经营优势，强化自贸FT和离岸、海外分行、境外投行“四位一体”国际平台协同服务，深入推进自贸区业务发展，进一步打造形成自贸区金融服务特色优势，为各地自贸区建设发展不断注入活力，贡献力量。

空中俯瞰黑河片区对俄进出口加工基地

最北自贸区　中俄新高地

ZUIBEI ZIMAOQU　ZHONGE DASHUNIU

中国（黑龙江）自由贸易试验区黑河片区

黑龙江省黑河市地处中国东北边境，与俄罗斯远东第三大城市—阿穆尔州首府布拉戈维申斯克市隔黑龙江相望，是中俄边境线上一对规模大、规格高、功能全、距离近的对应城市。2019年9月17日，中国(黑龙江)自由贸易试验区黑河片区挂牌成立，标志着我国最北贸易试验区片区启动建设。

黑河片区全面落实国家关于推动东北全面振兴全方位振兴、建成向北开放重要窗口的要求，着力深化产业结构调整，打造对俄罗斯及东北亚区域合作的中心枢纽，推动形成沿边开放的制度创新高地。重点发展跨境能源资源综合加工利用、绿色食品、商贸物流、旅游、健康、沿边金融等产业，建设跨境产业集聚区和边境城市合作示范区，打造沿边口岸物流枢纽和中俄交流合作重要基地。

黑河片区占地面积20平方公里，分为综合保税区、跨境产业集聚区、跨境经贸旅游示范区、产城融合区四个功能区。集中打造七个产业发展平台：国际合作政策平台、跨境物流平台、互市贸易平台、投融资平台、跨境电子商务平台、科技和人才服务平台、涉外法律服务平台。

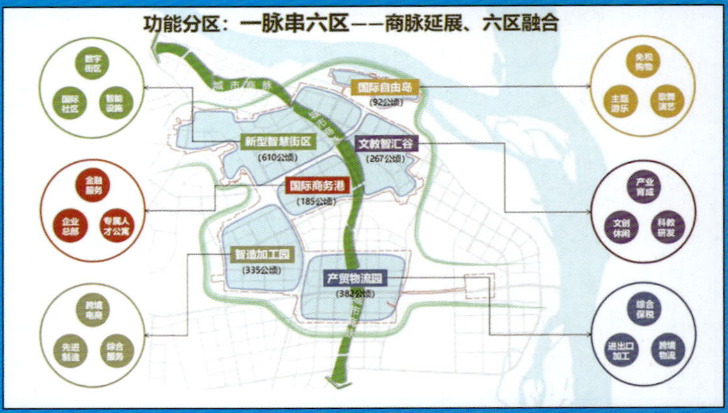

自贸区黑河片区功能规划

重点打造跨境产业链条：跨境清洁能源及绿色新材料产业链。依托俄罗斯丰富能源资源，建设液化石油气、液化天然气仓储物流基地，开展烯烃类及聚乙烯、聚丙烯等下游建材、医用材料系列新材料生产加工。跨境木材产业链。依托境外木材资源，打造胶合板材、地板、家具、集成材等生产基地，逐步形成中俄边境配套设施齐全的木业加工集聚中心。跨境绿色食品产业链。依托俄罗斯丰富农业资源和互市贸易政策创新，建设以进口大豆、油菜籽、冷链冰鲜等为主的互市贸易加工区和以进口玉米、小麦等为主的综合保税加工区，培育大型俄罗斯农产品进口落地加工产业集群。跨境机电加工产业链。基于黑河本地企业在俄方取得的认

黑河货运码头口岸

证优势，完善和整合“KDR”产业发展模式，布局制造出口农用车、工程车等，开展保税维修再制造业务。跨境新型制药产业链。依托俄罗斯药用植物资源，构建中草药研发、生产、跨境销售全产业链溯源集群体系。利用自贸政策关于医疗领域药品、器材保税通关便利和国外医生跨境流动政策，促进对俄国际康养产业发展。跨境物流产业链。建设“黑河-布市-白山”跨境收储物流综合体项目，构建经黑河联通西伯利亚大铁路和贝阿铁路向西联通欧洲、向东联通东北亚的国际物流格局。跨境特色文旅产业链。推进国际房车营地、全季试车小镇、大黑河岛商贸旅游等项目，依托“旅游自贸”推广大黑河岛“无国界.跨境游”品牌，与俄罗斯金色海里项目通过索道连接，引进免税购物、俄罗斯大型演艺、大型主题公园等业态。沿边金融产业链。打造对俄跨境人民币结算区域中心和互市贸易电子支付平台，建设“跨境金融区块链服务平台”，吸引金融企业、企业总部、金融科技企业集聚。新经济新业态产业链。利用网络直播平台基地，引入影视公司和网红经纪公司，面向国内市场开展直播营销。打造离岸科技创新创业孵化平台，促进科技创新成果产业化。

黑河片区企业同时享有自由贸易试验区、边民互市贸易区、跨境经济合作区政策，还享有跨境电商综合试验区、兴边富民试点城市等政策。着力构建高质量经济发展环境，围绕企业全生命周期和全生产要素，着力培育诚信、低成本的市场环境，公开、可预期的法治环境，链条完整、特色鲜明的产业环境，开放、生态宜居的人文环境。同时，加强与俄方营商环境领域国际合作，推进自贸区与布市自由港携手打造跨境投资贸易便利化发展环境。

黑河片区正围绕黑河创建边境区域中心城市的发展目标，努力探索扩大对外开放新路子，对标国际先进规则，推动经济发展质量变革、效率变革、动力变革，建成国家和黑龙江省向北开发开放重要窗口。

黑河-布拉戈维申斯克黑龙江（阿穆尔河）大桥

创新驱动发展　自贸引领未来

INNOVATION DRIVES DEVELOPMENT　FREE TRADE LEADS THE FUTURE

中国（黑龙江）自由贸易试验区绥芬河片区

绥芬河市位于黑龙江省东南部，与俄罗斯远东大开发核心区滨海边疆区接壤，边境线长 27 公里，距离符拉迪沃斯托克自由港 190 公里，有公路、铁路两个国家一类口岸和在建的航空口岸，过货能力 3850 万吨。2019 年 9 月 29 日，中国（黑龙江）自由贸易试验区绥芬河片区挂牌，面积 19.99 平方公里，包括重点开发开放试验区、边境经济合作区、综合保税区、互市贸易区、跨境电子商务综合试验区、中俄跨境经济合作区等国家、省级功能区，建设商品进出口储运加工集散中心和面向国际陆海通道的陆上边境口岸型国家物流枢纽，打造新时代中俄战略合作及东北亚开放合作的重要平台。

片区发挥“百年口岸”通道优势，对接俄罗斯“滨海1号”国际交通运输走廊，向东经俄罗斯远东港口“借港出海”联接韩、日及我国上海、宁波等17个进境港口，向西经西伯利亚大铁路通达俄罗斯全境及欧洲腹地。1903年中东铁路通车以来，对外经贸往来、人文交流绵延不断，目前，进出口商品达到171大类、1400多个品种，陆路进出口货运量占黑龙江省的80%，是我国较大的俄罗斯商品集散地和重要的资源能源进口口岸。

片区聚焦制度创新核心任务，围绕政府职能转变、投资领域改革、贸易转型升级、扩大金融开放、服务东北振兴、提升对俄合作等六个方面先行先试，积极探索对俄开放及东北亚合作的首创性制度举措，已复制推广161项国家改革试点经验，在互市贸易、口岸通关、跨境结算、服务贸易等领域形成40项创新案例，其中首创型19项，以规则、制度型开放促进商品和要素流动型开放，为沿边地区提供可复制推广的新经验新模式。

片区集聚沿边开放政策红利，享有卢布现钞使用、俄公民入境免签、境外旅客购物离境退税政策及汽车整车、冰鲜水产品、食用水生动物、肉类进口等口岸资质，发展木材、粮食、水产品、清洁能源等加工业和商贸、旅游、金融、现代物流等服务业，突出贸工联动，优化营商环境，推进进口木材精深加工链、绿色食品高端制造链、清洁能源储备分拨链、互贸商品落地转化链、全域旅游品质提升链“五链并举”，加快经济发展质量和效益双提升。挂牌以来，新增企业1326户，片区以占全市4.34%的面积，集聚了71%的企业，贡献了70%的税收、65%的进出口，为沿边地区深度融入共建“一带一路”、构建双循环新发展格局发挥了重要的前沿窗口、桥梁纽带、合作平台作用。

中国（河南）自由贸易试验区洛阳片区

LUOYANG AREA OF CHINA (HENAN) PILOT FREE TRADE ZONE

中国（河南）自由贸易试验区洛阳片区，位于洛阳国家高新技术产业开发区、郑洛新国家自主创新示范区的核心区，总面积26.66平方公里，涵盖高新区18.88平方公里、涧西区7.78平方公里。

洛阳片区以制度创新为核心，以可复制可推广为基本要求，以“凸显双向开放、聚焦服务贸易、引领制度创新、优化营商环境、打造宜业宜居新城”为五大战略发展定位，努力打造“改革创新活力源、双向开放先行区、高质量发展增长极、都市圈建设新引擎”。目前，入驻市场主体已突破3万家，注册资本超过1000亿元；进驻世界500强25家、国内500强19家、行业10强26家；前三季度，实际利用外资和进出口额分别增长16.8%和36.4%。

“三区融合”助推高质量发展。建设之初，洛阳就牢牢把握“为国家试制度”的重大机遇，认真践行“大胆试、大胆闯、自主改”的理念，深化体制机制改革，推动自贸、自创和高新区三大国家战略深度融合，实现“1+1+1>3”的聚合裂变，在全区汇聚起全市35%的省级创新龙头企业、38%的省级科技小巨人企业、34%的国家高新技术企业、17%的科技型中小企业和50%的国家孵化载体。

深化“放管服”改革走出新模式。发挥“先行先试”的优势，改变传统大厅进驻模式，积极推行相对集中的行政权改革，统一受理省级455项、市级874项、高新区1391项和自创区184项直通车事项，走出了“一枚印章管审批、一支队伍管执法、一个专网搞服务”的“三个一放管服”改革新模式，形成创新案例137个。通过普华永道三年多的评估分析，政务服务整体满意度达到94%。

融入“一带一路”走出开放新通道。洛阳—布哈拉农业综合示范区获评“河南省首批境外经贸合作区”，洛阳综保区获批建设，建成保税仓19万平米。加入“世界自由区组织”，与前海蛇口片区发起成立“全国自贸片区创新联盟”。

香港科技大学（广州）

综合性、示范性的国际青少年交流活动平台——南沙少年宫

夜景下的南沙图书馆

自贸区南沙片区建设五大重点任务

建设科技创新产业发展高地。

依托南沙科学城打造大湾区科技创新策源地，积极抢占人工智能与数字经济发展制高点，前瞻布局战略性新兴产业和未来产业，加快建设国际化人才特区。

打造更高水平开放型经济新体制。

以强化制度集成创新为牵引推进制度型开放，以深化“放管服”改革为重点营造一流营商环境，以提升法律服务国际化水平为特色建设法治南沙，以促进要素自由便捷流动为关键推动要素市场化改革。

打造内地与港澳规则相互衔接示范基地。

积极推动设施平台“硬联通”、规则机制“软联通”、人员交流“心联通”，推动粤港澳全面合作示范区建设取得更大突破。

打造高水平对外开放门户枢纽。

加快建设国际航运物流枢纽、新型国际贸易枢纽，加快建设金融业对外开放试验示范窗口，加快构建“一带一路”重要节点，为全省打造新发展格局战略支点发挥支撑作用。

打造绿色智慧宜居广州城市副中心。

提升城市规划建设水平，推进城市管理科学化精细化智能化，促进公共服务均衡化优质化，推动城乡融合高质量发展，把全生命周期管理理念贯穿城市规划、建设、管理和生产、生活、生态全过程各方面，促进人民群众共享开发建设成果，打造粤港澳优质生活圈示范区。

eWTP 共建　数字化引领

COLLABORATING WITH eWTP
PURSUING DIGITAL TRANSFORMATION

YWBZ

义乌综合保税区

YIWU COMPREHENSIVE BONDED ZONE

义乌综合保税区大门

新型进口市场鸟瞰图

义乌综合保税区鸟瞰图

综合保税区概况

2020年3月，义乌综合保税区获国家批准设立。义乌综合保税区将深化与eWTP合作，探索数字监管新模式，以“数字围网”全新实践为特色，打造业态高端多元、功能布局完善、服务优质高效的内陆示范引领型海关特殊监管区，探索发展境内外打通的数字贸易新业态，探索建设全国首个“数字综保区”，推动义乌小商品国际贸易转型升级。

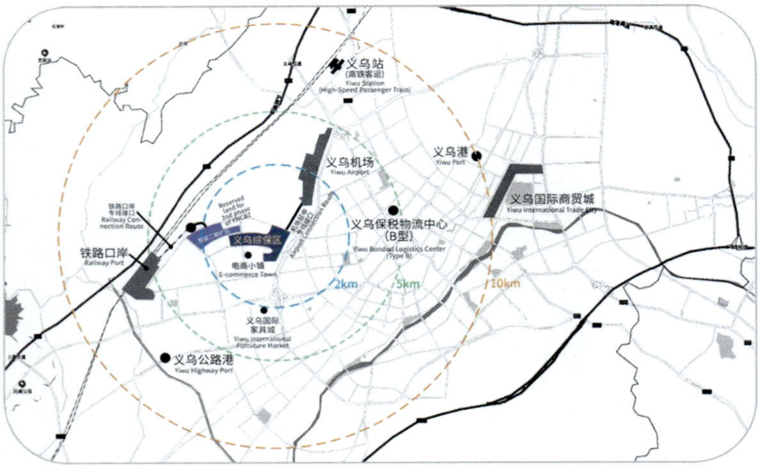

义乌综合保税区一期1.34平方公里，规划范围将建设保税物流、保税展贸、保税加工、保税研发、保税服务、口岸作业六大功能区块；其中，保税仓储板块总建筑面积34.7万方，将于2021年3月前后建成封关运行。

区位优势

义乌综合保税区 / 功能区块

五大平台

- **保税展贸平台**：以批零兼营为主，定位于高质量建设全球进口消费品集散地，打造进口贸易高地。主要以“保税展示+新零售”、“保税展示+批发贸易”、“保税+研发、加工→展贸”、“保税+出口→转口”、“保税+展会”等五种业态方式，探索发展义乌国际贸易改革新的生产力和增长极。

- **双向跨境电商平台**：以跨境贸易为核心，推动跨境电商平台订单到义乌集货出口；打造跨境进口零售/分拨配送、跨境出口货运集散/海外仓直连的双向跨境电商平台。

- **国际贸易综合服务平台**：建设区内标准化服务平台，建设服务体系认证、产品标准认证、通关、物流、外汇支付、投融资一体的综合服务体系；开展与义乌小商品业态契合的保税研发及eWTP相关的“保税+”创新服务业态。

- **金融服务平台**：开发基于保税功能的关税税款、应收账款、存货、仓单质押等供应链金融服务产品，探索保税期货交割、离岸金融及融资租赁等创新金融服务业态，进一步促进企业贸易体量做大做强。

- **检测维修服务平台**：设立全球小商品保税检测维修中心，重点针对医疗企业、LED、进口设备、汽车等高新技术产品以及义乌特色小商品开展相应检验检测和维修业务。

地址：义乌市城西街道四季路999号
电话：+86-579-85383366　85383399

中国（湖北）自由贸易试验区 襄阳片区

XIANGYANGPIANQU

襄阳自贸片区位于襄阳国家高新区范围内，重点发展高端装备制造、新能源汽车、大数据、云计算、商贸物流、检验检测等优势产业。

在优化营商环境方面，襄阳片区“放管服”改革走在湖北省乃至全国前列。“一件事”集成审批改革、企业行政处罚不良信用主动修复、远程视频探勘及新型法律服务综合超市等多项改革创新成果，获企业普遍称赞；企业登记注册实现“无人值守、智能审批、秒批秒办”；推行工业项目“拿地即开工”改革，将从取得土地到获得施工许可的审批时间压缩至15个工作日。2020年发布的全国自贸区制度创新指数排名中，襄阳片区总体指数居内陆地级市前茅。

落实通关一体化、“提前申报”“自报自缴”等通关模式改革，通关无纸化比例、国际贸易“单一窗口”应用率均达到100%。推行“无申请退税”模式，大幅简化退税流程，被国家通报表扬并获报道。世界知名船务公司马士基将襄阳纳入全球第347号港口目录，襄阳成为名副其实的“无水港”。聚焦“四港一区”（铁路港、水运港、公路港、航空港、综保区）建设，打造区域性综合物流枢纽，推进运输结构调整，提升生产性服务业发展水平，不断降低市场主体物流成本。

未来，片区将建设成为特色鲜明的自由贸易园区，成为“中国制造2025”示范区、区域协调发展引领区、长江经济带建设拓展区以及中西部地区对外开放合作先行区。

中国（福建）自由贸易试验区福州片区

2019年，福州片区新注册企业5991家（其中内资企业5908家，外资企业83家），注册资本1384.76亿元（其中内资企业注册资本1334.01亿元，外资企业注册资本50.75亿元），区内企业实现税收76.41亿元。全区港口货物吞吐量4648.89万吨，比增11.64%，集装箱吞吐量完成295.26万标箱，比增4.68%，进出口总额达216.63亿元。

在投资、贸易、金融、税务、事中事后监管、对台交流等领域共推2批92项创新举措，其中35项经省自贸办委托毕马威评估认定，全国首创17项，分别新增6项、12项改革创新经验在全国、全省复制推广；20项创新举措和3个平台入选福建自贸试验区（2015-2019年）；在中山大学发布的24个自贸（片）区2018-2019年度制度创新指数排名中，福州片区位列第八。

江阴整车口岸以滚装船形式进口汽车取得新突破，2019年进口外贸整车到港3925辆，比增12%，平行进口汽车保税展示交易中心开业启用；跨境电商综合试验区成功获批，2019年跨境电商累计交易票数586万票，比增75%；福州物联网产业创新发展中心正式启用，包括华为云计算创新中心、大唐高鸿等76家企业入驻，2019年物联网核心产值产值达350亿元；发布第5批金融创新案例10个，全国率先开展跨境业务区块链服务平台试点，出口退税时间缩至3.37个工作日。

中国（浙江）自贸试验区杭州片区钱塘区块

中国（浙江）自贸试验区杭州片区钱塘区块：实施范围10.1平方公里，主要包括杭州综合保税区、大创小镇、东部湾总部基地等。位于浙江杭州钱塘新区下沙板块核心区，北临浙江省的高教园区，南临钱塘江北岸，地铁1号线、8号线穿区而过，直达市中心和机场，拥有杭州综合保税区、杭州跨境电子商务综合试验区、国家双创示范基地、国家创新人才培养示范基地四大国家平台。

自贸区钱塘区块在跨境电商1210、9610、9710和9810进出口业务模式上创新多个“全国首个”，在国内率先实现业务模式全覆盖，实现了保税进口+零售加工新模式，落地了跨境电商学院、保税仓网红直播间、跨境贸易法庭、综保区“城市货站”、eWTP示范园等多个“全国首个”项目。

自贸区钱塘区块以打造“双一流、双引领”为发展目标，即打造全球一流的跨境电商和生物医药产业创新高地，全国一流的国际创新人才培养和国家双创示范基地，长三角数字贸易与国际合作协同发展的引领区，杭州湾数字经济与智能制造融合发展的引领区。按照“一核两极三园四片”规划布局，以综保区“保税+”功能为基础，以制度创新和产业培育为核心，以数字赋能为手段，重点发展数字贸易、跨境电商、生命健康、智能制造、跨贸金融、研发检测、保税贸易、总部经济、临空服务等产业，着力建设数字自贸区，努力打造成为浙江省标志性战略性改革开放大平台。

中国（江苏）自由贸易试验区苏州片区

China (Jiangsu) Pilot Free Trade Zone Suzhou Area

苏州片区位于苏州工业园区内，致力打造世界一流高科技园区，建设全方位开放高地、国际化创新高地、高端化产业高地、现代化治理高地。推出“服贸通”中新数据专线、中欧卡车航班、全产业链一体化管理、生物医药产业国际职业资格比照认定、“关助融”等一批全国领先的制度创新举措。

平台叠加

2015年10月
国家批复同意苏州工业园区开展开放创新综合试验

2019年9月1日
中国（江苏）自由贸易试验区苏州片区挂牌

2019年10月15日
中新苏州工业园区联合协调理事会第20次会议召开

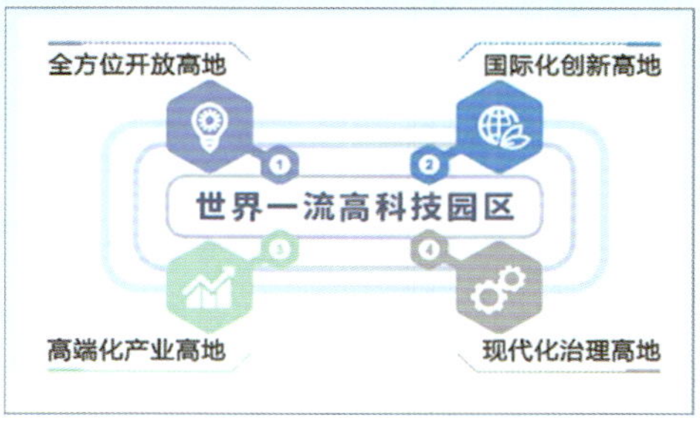

发挥中新合作的独特优势

致力把自贸试验区的“含金量”转变为发展的高质量

制度创新

累计推出改革创新举措130余项，形成制度创新成果案例近70项，其中省级以上“首创率”60%，2项获评国家深化服务贸易创新发展试点“实践案例”，7项试点经验在全省复制推广，7项“创新实践案例”在全省示范借鉴。

开放型经济

新设外资企业252家，实际使用外资14亿美元，进出口总额5630亿；新增备案境外投资机构91家，中方协议投资额5.8亿美元。其中，新设外资企业、实际使用外资、进出口总额占全国自贸区的比重分别为3.5%、6.8%、14.8%。

创新型经济

三大新兴产业总产值增长20%，高新技术企业数量增幅达34%，高新技术产业产值占规上工业产值的72%。生物医药产业竞争力在全国名列前茅，创新型企业数量等五项指标全国占比达20%以上。新增高层次人才1.5万名，集聚国家重点人才工程计划159名，其中创业类占全国7.5%。

ZHONGGUO(JIANGSU)ZIYOUSHIYANQU

NANJINGPIANQU

中国（江苏）自由试验区南京片区

中国（江苏）自由试验区南京片区（以下简称南京片区）2019年8月获批设立，位于南京江北新区范围内，地处我国东部沿海与长江经济带“T”字形交汇处，承东启西、沿江近海，是南京市落实一带一路倡议、长江经济带、长三角区域一体化等国家战略的重要载体。

南京片区实施范围39.55平方公里，重点发展集成电路、生命健康、人工智能、物联网和现代金融等产业，建设具有国际影响力的自主创新先导区、现代产业示范区和对外开放合作重要平台。力争通过3-5年的改革探索，建成投资贸易便利、服务体系健全、金融创新功能突出、监管高效便捷、法治环境规划、全域联动效应明显的中国自贸试验区新标杆。

获批一年来，南京片区新增注册企业1.5万余家，注册资本995亿元，引进外资企业96家，实际利用外资10.16亿美元。签约落户集成电路、生命健康等亿元以上大项目30余个，总投资近500亿元。集聚各类新型研发机构84家，培育独角兽企业、瞪羚企业共83家。建立5个海外创新中心，2个海外离岸孵化器。集聚各类高层次人才及留学归国人才超5500人。

围绕市场主体需求，推出了百余项改革创新举措，形成了70多个国内省内首创的制度创新成果。7项改革试点经验在全省复制推广、7个创新实践案例供全省借鉴学习，1项入选国家服务贸易创新发展试点“实践案例”。

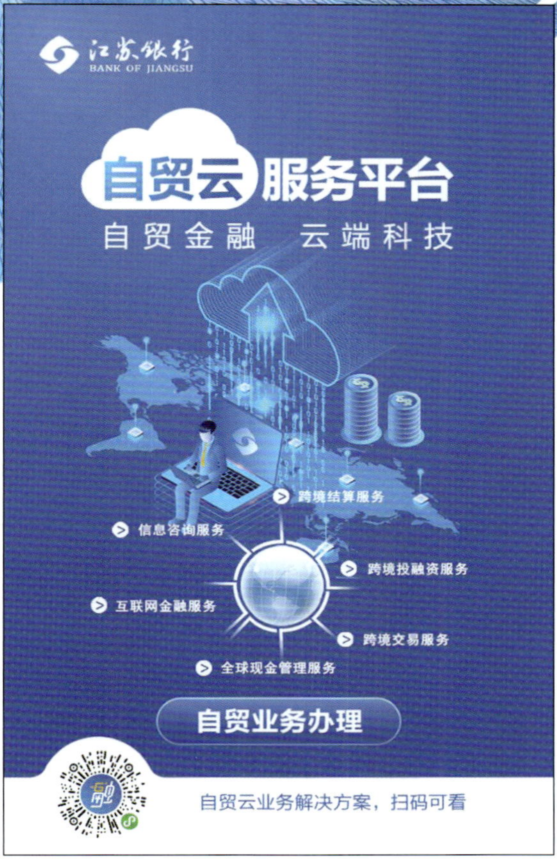

跨境e点通。江苏银行为客户提供的一键式智慧跨境服务，客户使用江苏银行官方微信公众号“跨境e点通”产品，可享受进口信用证、出口信用证、外汇汇款等国际结算业务相关服务，一键提交业务，实时在线审核，免费上门收取资料，足不出户轻松办理国际业务。客户通过“跨境贸e池”产品，可在线办理出口贴现、信保融资、进口押汇、TT押汇等国际结算相关贸易融资业务。

“自贸云”平台。作为省内法人银行，江苏银行自江苏自贸区设立后，充分发挥先发优势，第一时间搭建了“自贸云”服务平台，一年多以来累计服务自贸区内企业近千家，发放各类贷款超300亿元，前后落地了区内首单贸易外汇收支便利化试点、首单跨境资金池业务、首个跨境人民币备付金账户、首单苏州片区“跨境投”业务、首批接入江苏省国际贸易单一窗口等，在江苏自贸区创新跨境金融服务模式，优化自贸区营商环境的过程中做出了重要探索。

江苏银行
BANK OF JIANGSU

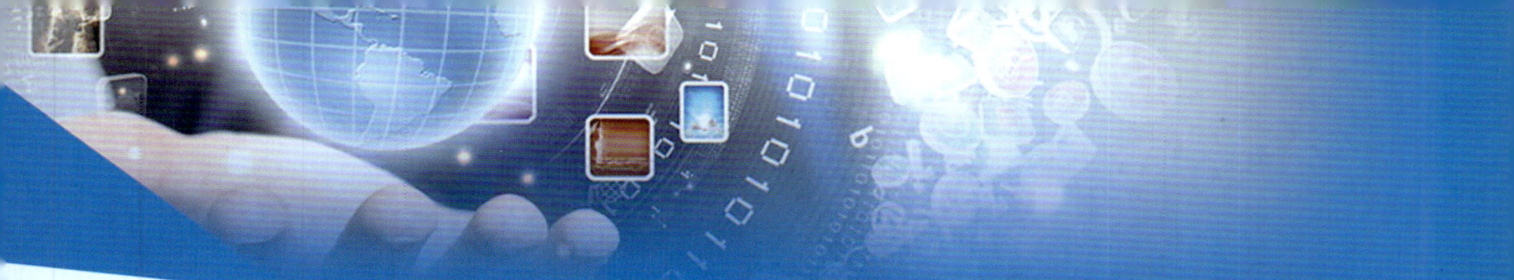

梅特勒—托利多新一代数字式汽车衡

高准确度、高可靠性为物流提供可靠的称重解决方案

VTS/VTC系列电子汽车衡是梅特勒—托利多在多年生产正交各向异性闭口肋U形钢汽车衡的基础上全新开发的第三代多个系列产品，可以广泛应用于港口、物流等各类称重场合。

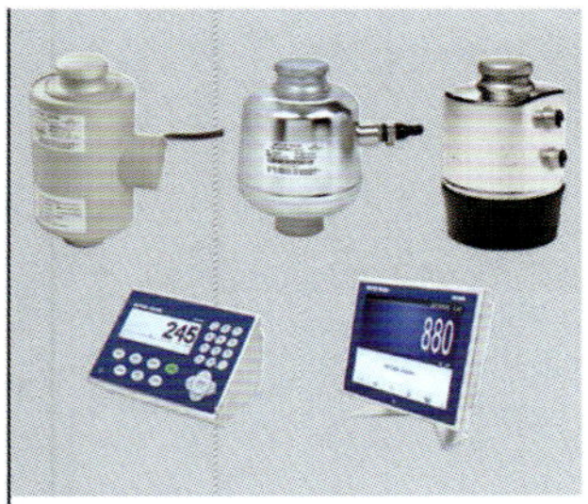

灵活的产品组合，选型丰富

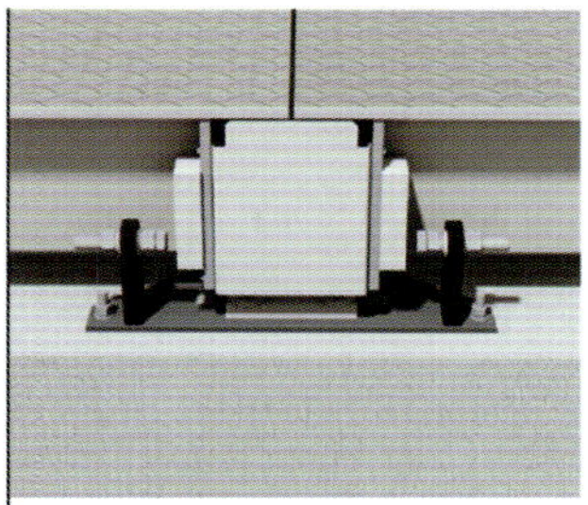

创新的限位方式，维护方便

优化的秤台设计，坚固耐用

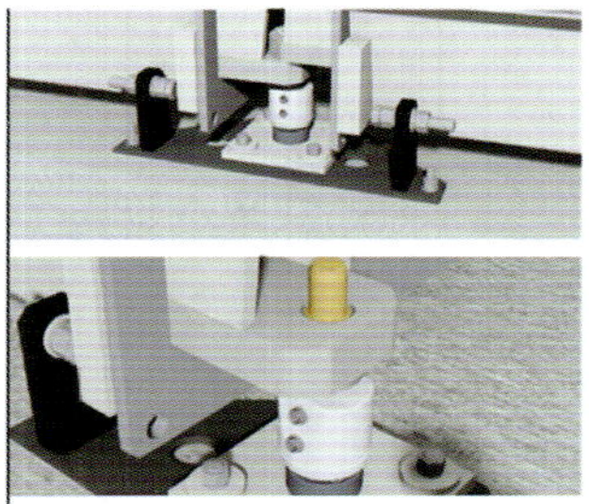

可靠的链接结构，安装快速

扫描二维码
免费设备体验

车辆衡业主需要较大限度地缩短停机时间，以确保业务正常运营。这就是我们为所有结构和型号的车辆衡提供新的健康检查服务的初衷。

简单填写杂志广告问卷调查，前100名反馈者即有机会获得精美礼品一份！

扫码赢大礼

访问网站或拨打服务热线，了解更多信息。
www.mt.com/cn-Magazine
4008-878-788

MT-IND

METTLER TOLEDO

广告

天津港保税区

天津港保税区是天津滨海新区的重要经济功能区，规划面积达202.4平方公里，呈现"三区两港"空间布局，即：辖空港、临港和海港三片区域，坐拥天津港、天津滨海国际机场口岸资源，享有天津自由贸易试验区和天津滨海新区先行先试政策优势，具备二类四处海关特殊监管区域，其中包括天津滨海新区综合保税区和天津港综合保税区。

天津滨海新区综合保税区

天津滨海新区综合保税区于2008年3月由国家批准设立，面积1.599平方公里，形成了以空客为产业龙头，集整机组装和维修、关键部件、复合材料制造、航空设备生产等产业集群，目前基本囊括了飞机总装、研发、维修、部附件组装、零部件制造、租赁、物流、销售、培训和服务等全产业链条环节。空客总装项目是全国三大干支线飞机生产基地之一，同时也是全球第四个同时生产单通道与双通道飞机的项目。

天津港综合保税区

天津港综合保税区前身系天津保税物流园区，2020年5月经国家批准转型升级为综合保税区，面积0.46平方公里。按照综合保税区"五大中心"建设要求，围绕国际贸易、加工制造、保税物流、展示展销四大现有产业集群，优化产业布局，推进产业升级，积极引进保税研发、设计维修等服务贸易新兴业态，打造进口汽车保税存储展示交易中心、商品集散分拨中心、跨境电子商务示范基地、研发设计加工制造基地，更好地发挥辐射带动作用，为加快北方国际航运枢纽建设，推动京津冀协同发展，服务雄安新区和"一带一路"建设发挥积极作用。

注指标及时推送等不同的业务场景，建设符合需求的智慧应用。

主要成效：首先，通过统一的大数据应用平台提升内部业务效率，增强工作效能，提升领导决策效率和质量。其次，利用大数据平台统一管理庞大并且持续增长的前海企业信息、企业域外经营情况，提升对企业的服务能力。第三，通过大数据平台自动监测运行指标，及时将各项业务情况反馈至相关部门，以便各部门及时跟进，提高效率。第四，通过建立统一的智慧应用系统，依托系统参数设置，自动生成各类分析图，及时满足多元化展示需求。

7. 实施优化电力 21 项举措。

主要做法：深圳前海蛇口自贸区供电有限公司制定《深圳前海蛇口自贸区供电有限公司 2019 年优化电力营商环境实施工作方案》，提出 8 个方面 21 项举措，从涵盖优化业扩流程、精简办电手续、减少企业“获得电力”成本、提高供电可靠性、推行“互联网+”、发展多渠道服务、创新综合能源服务、建立获得电力全流程服务评价体系等方面入手，让客户“获得电力”更加便捷。此外，编制《深圳前海世界一流智能电网规划》，对标国际顶尖智能电网标准，采取 220 千伏直降 20 千伏供电、“二线合环+联络”接线模式。

创新点：创造性地推出“临电共享”服务，临电设施由用户自主投资改为向该公司租用。首先，充分发挥自贸试验区掌握建设方信息渠道方便快捷、建设期集中统一的优势，在掌握前海客户拿地的信息之后，用户足不出户即可完成临电办理的全部流程。其次，简化业务流程，用户仅需向该公司提供用电位置、用电时间和用电容量，客户代表协助辅导客户“一站式”完成临电高压业扩报装的相关资料准备，后续临电设备相关投资、建设与运维以及相关环节的业务办理均由客户代表代为完成，享受一站式的便捷用电服务，实现“即插即用”。第三，解决常规临时用电项目相关设备设施使用年限短、资源浪费、设备质量和运维水平低、故障时有发生等问题，为助力自贸试验区快速建设提供有效助力。第四，临电设备由投资改为租用，用户用电建设成本大幅缩减，更好地满足前海蛇口片区建设项目施工临时用电的需求。

主要成效：通过相关举措，实现“五增五减”。“五增”即增供电能力、增工程效率、增客户满意度、增社会宣传、增业务质量；“五减”即减接电时间、减审批时间、减停电时间、减办电手续、减办电成本。目前，区域供电可靠率高于 99.999 5%，平均停电时间小于 2.5 分钟，达到国际顶尖水平，前海蛇口片区超过 70%的临电用户接受该公司提供的“临电共享”服务，并有 14 个临电共享项目投产送电，平均降低用户临时用电建设成本 30%左右，同时大幅度缩短临电项目的办电时间，辖区内用户的获得感显著提升。

8. 推动政务网络 IPv6 改造，实现人人都有 IP 身份证。

主要做法：在中国互联网从 IPv4 向 IPv6 升级演进的大背景下，前海蛇口片区采用双栈技术，满足基于 IPv4 和 IPv6 的数据包处理，通过网络设备的备份架构，首先完成备用网络设备的 IPv6 改造，再对主用设备进行参数配置，最后配置计算机终端的 IPv6 地址，实现 IPv4 和 IPv6 长期共存和浏览全球范围内 IPv6 网址，确保网络平滑过渡升级，达到用户使用毫无感知的预期效果。同时，在实施过程中对可能出现的异常情况进行实时监测和分析，做好技术应急预案。

创新点：首先，开发双栈技术。双栈策略是指在网元中同时运行 IPv4 和 IPv6 两个协议栈，它既可以接收、处理、收发 IPv4 的分组，也可以接收、处理、收发 IPv6 的分组。其次，开发隧道技术。隧道策略是 IPv4/v6 综合组网技术中经常使用的一种机制。所谓“隧道”，简单地讲就是利用一种协议来传输另一种协议的数据技术。隧道技术是在 IPv4 网上获取 IPv6 网络资源，并不是真正的 IPv6 规模部署。

主要成效：2019 年 4 月，深圳移动为前海管理局全网终端用户，网络层核心交换机路由器防火墙等，以及智慧前海 WLAN 全部完成 IPv6 网络改造。至此，前海管理局任意一台网络终端都可以浏览全球范围内 IPv6 的网址，以及与任意一个 IPv6 网络终端建立双向通信访问。

9. 跨境办公新模式。

主要做法：横琴片区于 2019 年 3 月印发实施《关于鼓励澳门企业在横琴跨境办公的暂行办法》，鼓励澳门企业在横琴跨境办公。跨境办公模式明确，除博彩业及内地法律明确禁止的行业以外的澳门企业，无须在横琴办理工商登记注册和税务登记手续，仅需备案便可与试点楼宇管理方签署办公场地租赁合同，入驻办公，同时可享受租金补贴，并可协助解决企业员工缴纳社保、子女入学等配套问题。

创新点：首先，拓展澳门企业发展空间。该模式是全国首个跨境办公试点。跨境办公模式可以充分利用横琴办公楼宇空间充足的优势，有效解决澳门企业，特别是澳门中小企业办公场地不足的问题，为澳门企业发展提供空间和载体，助推澳门经济适度多元发展。其次，整合内地与澳门资源优势。通过跨境办公可协助解决澳门新兴产业人才短缺、澳门企业雇佣内地员工配额受限、人力资源成本高等难题，整合两地在金融资产、人才、专业服务、产业配套、公共服务等方面的各自优势，实现合作共赢。

主要成效：跨境办公政策拓宽了港澳企业发展载体，带动横琴区域经济健康发展。通过鼓励港澳企业在横琴跨境办公，一方面解决港澳企业办公场地不足、雇佣内地员工名额受限等难题，为港澳企业发展拓展空间；另一方面提高横琴办公楼宇的利用率，充分利用土地资源及社会资源，带动横琴区域经济长远、健康发展。截至目前，已有横琴总部大厦、珠海富力中心、横琴梧桐树大厦、中拉经贸园及保利国际广场等多个试点，提供总面积超过 28 万平方米跨境办公空间。累计跨境办公企业已有 38 家，共计租赁面积 10 080. 89 平方米。

10. 商事登记全程电子化综合服务模式。

主要做法：商事主体通过全程电子化登记系统，网上提交申请并通过登记核准。目前适用于在横琴新区登记的内外资有限责任公司、内资合伙企业，以及个体工商户的设立、变更、注销登记和备案业务，基本涵盖商事登记的主要业务类型。

创新点：首先，高度便利化。实行“网上提交材料、网上身份认证、网上审查核准、网上亮照公示”，并通过“双向快递”实现商事登记“零跑动”。同时结合商事登记境外导办服务，实现港澳企业申请登记“境外一次申请、境内一次领照、两步办结”的便捷模式。其次，审核智能化。申请人提交的姓名、身份证件、手机号码、人脸影像等信息，通过身份认证系统联网自动比对，实现智能审核。第三，登记实名化。通过与知名 IT 公司合作，引入人脸识别技术，对投资人、法定代表人、材料提交人等实行智能比对，确保登记实名化。目前，通过网上办理的商事登记业务量占总体业务量的 50%。第四，建立系统追溯机制。通过对用户注册、提交申请、实名认证、受理审核等环节产生的数据及操作过程进行留痕管理，实现可追溯、可查询，确保全程电子化登记各环节安全可信。

主要成效：目前，该系统有 80 种业务类型可实现网上办理，有效解决商事登记中材料类型及内容繁多、企业填报资料不规范、多部门跑动、身份认证难、办理时间长、数据不能共享等痛点。通过人脸识别技术，降低虚假申报可能性，减少窗口审查压力。填报材料耗时从 30 分钟降到最多只需 10 分钟，正确率达 100%。设立登记业务核准时间不超过 3 个小时，最快当场核准；变更、注销登记业务核准时间不超过 1. 5 个工作日，最快当场核准；备案业务全部当场核准，并实现跑动一次办结，明显提升投资便利化水平。

11. 税务逾期申报及简易处罚网上办理新模式。

主要做法：通过运用信息技术手段，实现网上办税平台自动判断，并归集相应的逾期申报及违法违规信息。优化设计批量申报的表单，让纳税人一次性办理多个税种、多个所属期的零申报。同时，深度优化税收业务办理流程，创新合并网上办理流程环节，实现逾期申报及简易处罚网上快捷办理。

创新点：首先，智能归集信息。网上办税时，智能归集税收违法违规信息，便于纳税人准确了解需补申报的税种和所属期，以及需处理的税收违法行为。其次，网上批量申报。实现网上批量零申报，纳税人仅需一步确认即可完成，大幅提高申报效率。第三，简化办理流程。简易处罚无异议的，网上点击一次确认即可完成送达及签收。第四，丰富缴费途径。通过对接第三方支付接口，拓展多种缴费方式，除原有银行三方协议扣款，还可灵活选择微信、支付宝等渠道缴纳罚款。

主要成效：首先，优化纳税人办税体验。充分考虑纳税人的交通费用和时间成本，创新拓展网上办理业务范围，提升纳税人办税体验和效率。其次，有效分流办税服务厅业务。税务逾期申报及行政处罚属于耗时较长的业务，网上办理有利于减少办税服务厅现场业务量，有效缓解业务高峰期拥堵情况。

12. 港澳建筑及相关工程咨询企业资质和专业人士执业资格认可。

主要做法：2019 年 10 月 9 日，珠海市人民代表大会常务委员会印发《珠海经济特区横琴新区港澳建筑及相关工程咨询企业资质和专业人士执业资格认可规定》。对于已取得香港、澳门建筑及相关工程咨询资质的企业和执业资格的专业人士，具备相关条件，无须再转换资质，由横琴新区建设主管部门备案，对其服务活动直接予以认可，可以在横琴片区范围内直接为市场主体提供服务。《规定》明确在内地提供的专业服务，应符合内地技术标准和规范；没有明确的国家、行业及地方技术标准和规范的，港澳建筑及相关工程咨询企业根据香港和澳门现行的技术标准规范、施工工艺或者最优工程实践提出技术方案，经横琴新区建设主管部门组织评审通过后，可以在建设项目中采用。

创新点：首先，自《粤港澳大湾区发展规划纲要》出台后，首次运用经济特区立法权把纲要措施法制化，以地方性法规适当变通上位法规定的新实践，为全省和全国推行内地与港澳资质互认提供新思路和方向。其次，变通实现港澳企业和专业人士在横琴直接服务。以备案制取代许可制，明确在横琴执业的条件要求，降低跨境服务和执业的准入门槛。第三，尊重制度差异，实现规则互补。结合内地、港澳两种不同的制度，遵守建筑法的有关规定，在不改变港澳现有模式情况下，创新跨境执业服务模式，重点从技术标准和规范方面实现互补合作。

主要成效：自 2018 年 8 月开始，横琴片区积极探索在工程管理领域试行“港资港模式、澳资澳模式”，并选择横琴“创新方”和澳门信德项目率先试点。目前已吸纳港澳建筑及相关工程服务专业人士 120 余人、企业 23 家在片区内提供相关服务。

（二）贸易便利化。

1. 进口汽车便利通关及保税展示新模式。

主要做法：充分利用自贸试验区政策优势，创新开展进口汽车保税仓储和保税展示交易业务，支持企业降低经营成本、拓展国内市场、多元化发展。综合运用同业联合担保、银关保、关税保证保险等多元化税收担保体系，叠加汇总征税等创新制度，帮助企业降低融资成本，提高国际国内市场竞争力。合理布局码头监管区汽车检测线，到港车辆可立即上线检测，检测数据与海关系统联网共享，在有效监管的前提下切实提高通关效率。

创新点：首先，用足保税展示交易政策优势，支持企业拓展国内市场。立足南沙片区实际情况，量身定制平行进口汽车保税展示交易实施方案，支持南沙进口汽车开展保税展示交易业务，以企业需求为导向，优化监管流程，减轻企业担保负担，推动保税展示交易做大做强。其次，创新海关担保模式。运用同业联合担保、银关保等新型担保模式，压缩海关通关时间，降低企业融资成本，推动审价作业集约化、高效化。第三，提高汽车检测效率。采信符合条件的第三方检验结果，实施综合合格评定，实现“检管分离”。优化监管流程，提升检测信息化水平，建立监管、检测联动机制，实现从卸载、堆放、上线检测等全过程视频监控，监管人员可随时调阅检测环节每个工序的情况，有效提升监管效能。

主要成效：2018 年，南沙口岸申报平行进口汽车约 1.4 万辆，货值 7.8 亿美元，分别增长近五成。2019 年，南沙口岸以保税方式申报平行进口汽车 9 442 辆，货值 34.56 亿元，成为南沙外贸增长新亮点。平行进口汽车通关手续从过去的 3 天缩短至 1 天。同时，建成覆盖事前风险评估、事中过程监管和事后三包召回的进口汽车质量安全监管体系，保护消费者合法权益和人民群众生命安全。

2. 对接仓储企业 WMS 系统联网监管模式改革。

主要做法：深圳海关加强“智慧海关”建设，探索开展仓储企业“嵌入式”监管，提升保税监管服务水平。通过直接对接抓取仓储企业 WMS 系统中原始数据，实现海关电子账册数据、物流监控数据、企业 WMS 数据的相互印证，并通过设定指标、参数和数据模型，在辅助系统进行数据展示和动态预警，为精准监管提供数据支持。对实施 WMS 对接、视频监控对接，而且信用等级在一般认证以上的仓储企业，海关创新监管模式，以非侵入式的系统校验比对和视频巡查监管为主，现场巡查核查为辅。

创新点：该模式创新提出“直连抓取、实时展示、智能运算、动态预警”的保税监管思路，通过系统对接，做到企业 WMS 库位信息、海关电子账册信息、卡口物流信息、视频监控信息的相互印证，实现海关对仓储企业“嵌入式”监管，提升海关贸易便利化和监管智能化水平，支持仓储企业享受更多贸易便利化措施。

主要成效：作为海关对仓储企业实施精准监管的基础，改革为企业享受“先入区，后报关”“仓储货物按状态分类监管”等便利化措施提供支撑，降低仓储企业查验率，压缩通关时间，提升监管效能。对接 WMS 系统实施分类监管，试行出口监管仓库国内入仓货物先入仓、后报关管理模式后，企业申报数据准确性大幅提升，为出口企业节省仓储、物流、运输成本。高级认证的仓储企业实现 24 小时进出仓，更加贴近企业经营实际，仓储货物周转速度大幅提升，仓储企业竞争力不断增强。

3. 进口葡萄酒共享经济模式。

主要做法：整合国外知名酒庄资源，将酒源前置到位于前海湾保税港区的“前海酒库”，借助跨境电商、保税展示交易等政策优势，让全球优质酒庄葡萄酒通过阳光渠道进入中国，实现酒源直达消费者的最优路径。为境内外从事酒类销售的企业及品牌提供市场开发、跨境电商、供应链金融、智慧新零售技术解决方案等专业服务，最大限度地实现商品和资金的流转、线上线下消费场景的智慧新零售，实现海外物流、到岸配送、货物清关、国内运输等一站式专业操作。

创新点：前海独创“名庄酒源前置保税区+供应链智能协同+智慧跨境电商”的葡萄酒共享经济模式，不但解决了以往在内地经营名庄高级葡萄酒所面临的关税高、价格无优势、经营资金量大等难点，也有效解决了名庄酒鉴真溯源难、水货假货横行等问题。

主要成效：成为前海湾保税港区“全球中心仓”示范项目之一，实现一般贸易保税酒品与跨境电商保税酒品通道的灵活转换和过程监管创新。引进全球主要葡萄酒分销商，如法国前五大酒商 JOANNE、L. D. VINS、Mahler-Besse、Barriere、CVBG，澳洲第三大葡萄酒贸易商 MOREWINE 公司等。达成泸州老窖跨境新零售合作项目，助力泸州老窖二十万经销商升级新零售。

4. 签发国内首张休闲旅游船舶驾驶证电子证书。

主要做法：2019 年 7 月 22 日，深圳海事局印发《关于启用电子休闲旅游船舶驾驶证的通知》，并签发国内首张休闲旅游船舶驾驶证电子证书，标志着深圳辖区船员证书率先步入电子化时代。

创新点：实现休闲旅游船舶驾驶证电子化，签发国内首张船员电子证书。该电子证书采用国家电子证照相关技术标准，通过加盖电子印章，自动生成电子文书编码，将证书和监管信息全面融合在电子证书中，实现证书二维码一键查询和官网核查的“双核”功能，同时还集成监管部门对休闲旅游船舶驾驶人员现场监管情况的写入、查询功能。

主要成效：电子休闲旅游船舶驾驶证的正式启用，为证书申办及妥善保管提供了极大便利，同时也为现场执法和社会监督提供了便捷手段，为海事系统全面开发、推广及应用船员电子证书积累了经验。该类电子证书相较传统纸质证书具有明显优势：首先，“船员少跑腿，信息多跑路”，实现船员不见面审批并发放证书；其次，缩减办证周期，降低制证成本；第三，易于保管，解决了纸质证书在海上作业中易丢失、易损毁风险；第四，强化防伪、查验方便，有效遏止造假和持有假证的违法行为；第五，便于群众对休闲旅游船舶航行活动的监督，可通过微信扫码验证驾驶员证书有效性，从而选择合法的船舶出海活动，保障群众自身安全。

5. 统一出口函调核查标准。

主要做法：在日常工作中，前海税务局经常收到与出口企业合作的下游公司主管税务机关发来的出口退税函调，相关法律规定必须在一定时限内为核查情况回函。为保证高效回函，保障上下游企业切身利益，前海税务局采取“一套标准、一次办完”的标准化制度来处理出口退税函调。“一套标准、一次办完”是指前海税务局近期针对出口退税函调制定的贸易企业核查制度。前海税务局根据相关政策规范，深入总结出口退税函调回函处理经验，以“清单化审核”的方式，在资料预审岗、审批岗、终审岗全流程采取统一标准核查企业业务。纳税人只需要按照税务局提供的《贸易企业购销业务核查表》上的项目逐项提交资料并配合实地核查即可。

创新点：针对出口退税函调制定“一套标准、一次办完”的贸易企业核查制度，以“清单化审核”的方式，在资料预审岗、审批岗、终审岗全流程采取统一标准核查企业业务，提高核查效率。

主要成效：推行出口函调核查标准可节约一半办税时间。推行标准化制度后，在实地核查顺利进行的情况下，从企业提交资料到办理完结进行复函前后只花 7 天，比政策规定的 20 天时限缩短 65%。

6. 港澳导游及领队在横琴新区跨境执业。

主要做法：2019 年 9 月，广东省印发实施《香港、澳门导游及领队在珠海市横琴新区执业实施方案（试行）》，允许港澳已获得有效导游证或领队证的导游和领队，在参加广东省旅游主管部门组织的岗前培训及认证后，即可便利换证并在横琴片区执业。

创新点：率先实现对港澳导游及领队的单向认可，是推动内地与港澳规则衔接，打破制度壁垒方面的大胆创新和有益探索。该创新以点带面推动粤港澳大湾区职业资格认可整体工作的先行先试，是对《粤港澳大湾区发展规划纲要》《横琴国际休闲旅游岛建设方案》以及人力资源社会保障部与广东省人民政府签署的《深化人力资源社会保障合作推进粤港澳大湾区建设战略合作协议》的具体贯彻和落实。

主要成效：港澳导游及领队岗前培训报名反响热烈，经校对、去重和审核后，共计 1 148 个有效报名。2019 年完成五期港澳导游及领队专业培训和认证，合计培训学员 300 名。2019 年港澳导游及领队横琴带团数量共计 5 个，旅游团游客数量共计 225 人。该政策将吸引人才实现跨区域就业创业，极大地提高港澳导游及领队进入内地发展的积极性，有助于推动人力资源要素的便捷流动，为促进三地产业实现互补式、协同式发展创造条件。

（三）金融开放创新。

1. 推动资本项下对内对外开放，试点 QFGP 和 QFLP。

主要做法：2015 年 2 月，港资企业在南沙设立外商股权投资基金企业（QFLP）——广州赛富兆星股权投资基金合伙企业，在境内从事股权投资及股权投资管理业务，为区内新兴产业提供引导、聚集与培育等综合化金融服务。2017 年 6 月，南方电网资本控股有限公司联合建银国际在南沙注册设立中外合资股权投资基金管理企业（QFGP）——南网建鑫基金管理有限公司，并成立规模 100 亿元的南网建鑫产业投资基金，主要采用股权投资、设立子基金等多种方式投向新能源开发、节能改造、电网大数据运用、充电汽车与充电服务等行业上下游项目。

创新点：广东自贸试验区积极落地 QFGP 和 QFLP 等先试先行的跨境业务，是资本项下金融市场走向开放的有益探索，展示了政府、金融机构及各类市场主体多方配合实现产品创新的成功实践，有效拓展了投资主体的组织形式，降低了境内外投资者的交易成本，提高了境内外资金使用效率，更好地作用于实体经济发展。

主要成效：QFGP 和 QFLP 制度下的企业和产品自设立以来均运行稳定，投资人反映良好，资管净值稳步提高，取得较好业绩。截至 2019 年 10 月，南沙已成立南网建鑫基金管理有限公司、广俊粤港澳产业投资基金管理（广州）有限公司、广州南沙滨海基金管理有限公司、易人富股权投资管理（广州）有限公司、湾谷科技产业投资基金管理（广州）有限公司共 5 家外商投资股权投资管理公司。

2. 横琴片区 QFLP 落地试点。

主要做法：2019 年 1 月初，珠海市下发《珠海市外商投资股权投资企业试点管理暂行办法》，标志着 QFLP 试点在珠海正式落地。珠海此次实行并落地 QFLP 试点，目的在于推动粤港澳大湾区建设、支持澳门经济适度多元发展。

创新点：相比其他境外企业或个人参与投资设立的股权投资企业认缴出资应不低于 1 500 万美元等值货币的要求，《办法》为港澳投资者降低了相关准入门槛，仅需不低于 600 万美元等值货币。港澳资金准入门槛的降低，为珠海对接澳门和香港的股权投融资业务提供了更多区域协同便利。

主要成效：2019 年 6 月 11 日，经珠海市外商投资股权投资企业试点工作领导小组审核同意，由横琴金融局向礼达联马（珠海）股权投资管理有限公司发布《关于认定外商投资股权投资企业试点业务资格的通知》，标志着珠海市首家 QFLP 试点企业通过审批，获得试点业务资格。2019 年 6 月 17 日，礼达联马完成工商注册登记，正式落地横琴。

3. 推行“三个允许、两个放宽、一个下放”外汇管理改革。

主要做法：2019 年 7 月 22 日，国家外汇管理局深圳市分局正式印发《深入推进中国（广东）自由贸易试验区深圳前海蛇口片区外汇管理改革试点实施细则》（深外管〔2019〕19 号），包括资本项目外汇资金使用、股权投资、跨境融资等多个方面先行先试政策落地前海蛇口片区。

创新点：最新一轮前海外汇管理改革试点政策主要体现在“三个允许、两个放宽、一个下放”，即允许区内实施资本项目外汇收入支付便利化试点，允许区内普通外商投资企业开展境内股权投资，允许区内已确定选择“投注差”模式借用外债的企业，调整为跨境融资宏观审慎管理模式；放宽区内企业境内直接投资外汇登记区域限制，放宽区内企业跨境融资签约币种、提款币种、偿还币种一致性要求，只要求提款和偿还币种一致；区内企业外债注销登记下放银行办理。

主要成效：首先，扩大资本项目外汇收入支付便利化试点范围。降低企业试点门槛，受益范围进一步扩大，有利于深圳发挥资金人才聚集优势，打造“创投高地”。其次，扩大跨境融资自主选择权。推出跨境融资多项便利化举措，提高办事效率，方便区内企业灵活利用境内外两个市场、两种资源，缓解企业“融资难、融资贵”问题。

4. 推行贸易收支便利化首批试点。

主要做法：为形成全方位、多层次、宽领域的全面开放新格局，根据国家外汇管理局统一部署，人民银行深圳中心支行于 2019 年初参与货物贸易外汇收支便利化首批试点，支持审慎合规的银行在为信用优良企业办理贸易收支时，实施更加便利的措施。

创新点：首先，优化贸易外汇收支单证审核。银行按照“了解客户”“了解业务”“尽职审查”的“展业三原则”为企业办理货物贸易外汇业务。其次，贸易外汇收入无须经过待核查账户。试点企业真实、合法的货物贸易项下外汇收入，可直接进入经常项目外汇结算账户或结汇。第三，取消特殊退汇业务登记手续。超期限退汇及非原路退汇可直接在银行办理。第四，简化进口报关核验。银行能确认贸易付汇业务真实合法的，可不办理进口报关电子信息核验手续。

主要成效：试点的开展将助力粤港澳大湾区建设，为企业办理相关业务提供便利，进一步促进大湾区贸易自由化。下一步，人民银行深圳中心支行将稳步推进贸易收支便利化试点工作，营造良好营商环境，切实服务粤港澳大湾区实体经济发展。

5. 国内首单澳门莲花债成功发行。

主要做法：2019 年 12 月 13 日，广东银保监局推动中国光大银行广州分行作为境内财务顾问，协助珠海华发集团有限公司在澳门成功发行 2 亿美元澳门债券，创国内首单在澳门本地登记发行、托管清算并上市交易的公司债券。

创新点：首先，融资成本低。澳门本地金融机构多达 20 余家，由于投资渠道有限，资金成本较低，境内优质企业在澳门发行莲花债能够吸引大量本地低成本资金。同时，澳门政府对于在澳门发行债券将减免相关税收，进一步降低企业融资成本。其次，融资方式便捷。境外市场与境内市场相对独立，企业在境外发行债券将拓宽融资渠道。同时，澳门监管部门在莲花债发行架构、期限及监管审批等方面均予以支持。第三，投资人范围广。在澳门发行公开认购债券可以面向不特定人数的投资者，包括专业机构投资者（即拥有投资组合不少于 800 万澳门元或总资产不低于 4 000 万澳门元的公司或合伙企业）及专业个人投资者（即拥有投资组合不少于 800 万澳门元的个人），投资者范围广，参与度高。

主要成效：国内首单澳门莲花债的成功发行是粤港澳三地十多家金融机构通力协作的成果，打通了非澳企业赴澳门发行债券的融资渠道，对于深化粤澳合作、推进粤港澳大湾区建设具有里程碑意义。

6. 复制推广自由贸易账户体系（FT 账户）。

主要做法：根据中国人民银行广州分行关于印发《中国（广东）自由贸易试验区南沙、横琴片区分账核算业务管理实施细则（试行）》的通知要求，农业银行南沙分行成功为广东自贸试验区南沙片区企业——广州南沙金融控股有限公司开立广东首个自由贸易账户（FT 账户），意味着 FT 分账核算业务正式在广州落地。FT 账户按照“一线宏观审慎，二线有限渗透”的原则进行收支管理，通过分账核算，实现本外币一体化、自由兑换等功能。在满足企业多币种、更灵活用款需求的同时，实现成本的最大优化。

创新点：FT 账户可实现“一线自由划转，二线有限渗透”，有效方便区内及境外企业的国际结算，为大湾区深入推进跨境业务创新、促进贸易和投融资便利化打好基础。

主要成效：自 2019 年 11 月 26 日农业银行广东省分行获批开展自由贸易账户分账核算业务后，中国农业银行南沙分行成功为南沙片区企业开立广东首个自由贸易账户，FT 账户上线得到包括《人民日报》《广州日报》等多家主流媒体报道，有效提高南沙片区自贸金融业务的知名度。截至 2019 年底，南沙片区共开立 FT 账户 25 户，排名广东省前列，办理 FT 项下业务共 8.3 亿元，种类涵盖国际信用证、流动资金贷款、汇款等。南沙区金融工作局与南沙区创新局、中国农业银行广东省分行联合主办自由贸易账户政策宣讲会，并邀请中国人民银行广州分行、中国农业银行广东省分行专家讲解和答疑。宣讲会以“政策解读+自由贸易账户金融案例介绍+银企交流”的形式开展，打造银企精准对接新模式，吸引区内超 100 家企业，近 140 人参加。

7. 推动深圳市首单跨境本外币资金池业务落地。

主要做法：中国银行前海蛇口分行根据中石化集团全资香港子公司需求，向其推荐在前海蛇口片区设立资金运作分中心的方案，并以该分中心实体作为主办企业建立跨境资金池，与香港母公司的资金管理平台对接，打通集团境内成员单位与境外的资金通道，实现集团全球资金管理，并提供便捷调拨跨境资金双向流动的服务，简化资本项目业务手续，提高便利化水平。中石化集团利用前海主体设立的跨境本外币资金池作为集团现有资金管理架构的有益补充，通过资金池业务调剂境内外资金余缺，也为境内成员单位提供集团内部的低成本资金。另外，通过跨境资金池经常项目结算功能，集团境内成员单位均可方便获得中行提供的经常项目业务服务，提升集团跨境资金收付质效。

创新点：首先，在前海蛇口片区率先落地深圳市首单跨境本外币资金池业务，为跨国集团开展跨境资金集中运营管理提供可复制、可推广的先进经验。其次，在前期外汇资金集中运营管理业务的基础上，增加人民币跨境互通业务，并统一规范跨境资金池内本外币的使用要求，节省企业成本。

主要成效：首先，实现集团全球资金配置，增加财资管理手段。跨境本外币资金池打通了境内与境外、人民币与外币市场，成为集团的跨境资金通道，强化集团对资金的集中管理和内部融通效能。集团可通过跨境资金池寻求全球低成本资金，丰富集团成员单位的融资渠道，有效降低财务成本。其次，简化账户结构及业务流程，降低运营管理成本。取消主办企业开立“国际资金主账户”的要求，通过简化外债、境外放款额度登记与资本项目收入支付环节的流程，节省企业与银行的操作成本，为进一步提高资本项目便利化程度作出有益探索。

8. 首例中资银行境外分行不动产抵押项下跨境融资业务。

主要做法：交通银行广东自贸试验区南沙分行联动交通银行香港分行，为区内某民营企业设计不动产抵押项下跨境融资方案，将企业位于南沙区内的不动产抵押给交通银行香港分行，成功办理全国首例中资银行境外分行不动产抵押项下跨境融资业务，引入境外低成本贷款 4 000 万元，资金由香港分行汇入企业在交通银行南沙分行开立的外债专户，企业也将通过该专户还本付息。

创新点：首先是政策创新。推动粤港澳大湾区金融市场互联互通，打通境内外资金、资产流通渠道，为企业盘活境内优质资产、降低融资成本提供更多元化的渠道。其次是机制创新。南沙区积极协助境内外商业银行与人民银行、外汇管理、规划和自然资源、地方金融监督等部门以及境内外律师事务所加强沟通衔接，构建跨区域、跨行业的不动产跨境抵押业务沟通协调机制。

主要成效：打通境内外资金、资产流通渠道，为解决民营企业融资难、融资贵问题提供宝贵的实践经验。南沙区正在制定《南沙区不动产跨境抵押登记操作规范》，在南沙全区范围内推广跨境融资项下不动产抵押登记业务。

9. 粤港澳大湾区首架通过双 SPV 模式跨境转租赁的飞机在广州交付使用。

主要做法：2019 年 3 月，国际领先飞机租赁商美国航空租赁公司（ALC）在香港设立的项目公司（SPV）将一架波音 787-9 梦想客机租赁给南沙保税港区 SPV 项目公司——南航二十六号租赁（广州）有限公司，再转租给中国南方航空股份有限公司使用。该项目是国际领先飞机租赁商在全球首次使用“香港+保税港区”双 SPV 架构实现飞机跨境转租赁业务。

创新点：首先，该项目是《粤港澳大湾区发展规划纲要》实施后首单落实“打造广州南沙粤港澳全面合作示范区，着力发展飞机租赁等特色金融”的案例，对推动粤港澳大湾区飞机资产要素流动具有里程碑意义。其次，降低飞机租赁业务成本。该架构充分利用香港税收和融资优势，同时享受国内保税港区分期缴纳进口关税、便捷通关等一流口岸营商环境，有效降低飞机租赁业务的交易成本，优化企业现金流，帮助航空公司实现机队规模的快速扩充。第三，促进境内飞机资产的国际化流通。飞机租赁资产所有权保留在香港，待租赁期满后，便于出售转让或进行新的租赁交易，实现境内飞机资产的国际化流通。

主要成效：南沙落地全球首个“香港+保税港区”双SPV架构项目引起其他国际飞机租赁商的广泛关注，目前已有多家国际飞机租赁商向南沙了解“香港+保税港区”双SPV架构的具体方案设计，并有意开展项目合作。

10. 启动国内首个绿色融资租赁线上平台。

主要做法：2019年3月，国内首个绿色融资租赁线上平台“绿色银赁通”在南沙正式启动，平台引入绿色人工智能引擎，打开绿色金融服务快速通道，旨在打造投融资项目撮合、资产交易、行业资讯于一体的专业化平台，形成绿色融资租赁的共赢生态圈。在“绿色银赁通”平台上，通过一键初审可以甄别企业资产或拟投放资产是否符合初步授信要求，再通过绿色人工智能引擎，甄别判断是否可以享受绿色金融优惠授信政策。

创新点：“绿色银赁通平台”首次引入直投模式，在已形成资产的保理业务基础上，开放未形成资产的直投通道，形成“保理+直投”的融资模式。在直投模式下，银行可以与融资租赁公司的授信、尽职调查工作同步进行，融资租赁公司对绿色产业的支持与银行授信叠加，给予绿色产业更大程度的支持。

主要成效：“绿色银赁通平台”借助科技赋能，实现绿色金融服务、融资租赁企业与金融科技的交互结合。通过对环境风险的充分评估及对环境效益的量化测算，提高绿色项目认定的效率及合理性，利用算法、模型、算力实现“互联网金融”向“智能金融”的转变。“绿色银赁通平台”获得九江银行总额200亿元人民币绿色专项意向性综合授信支持，为南沙绿色产业发展提供金融动力。

11. 国内首单产权交易平台飞机实物跨境交易。

主要做法：2019年1月，南航国际融资租赁有限公司通过广州产权交易所竞拍出售二手飞机实物——3架A320整机和1架机身，交易通过全球同步的实时在线网络竞价，最终爱尔兰项目公司以高价夺标。

创新点：广州产权交易所在广东外汇管理部门支持下，开辟大型进出口实物的外汇结算专属通道，确保境内外交易双方实物与资金的合法权益，首次实现产权交易机构对经常项下资金的收汇、结汇、划转等全流程监控，打通二手飞机处置交易对价的壁垒。

主要成效：该交易是全国首单通过产权交易平台进行飞机实物处置业务，实现国资国企在国际产能合作中“走出去”与“引进来”，不断升级国有资产现代化平台的交易模式，主动响应粤港澳大湾区打造具有全球竞争力营商环境的战略部署，进一步推进粤港澳大湾区金融改革创新，为广州建立航空资产交易平台奠定良好的基础。

12. 开辟境外资管机构离岸现金管理合作新模式。

主要做法：2019年3月，平安银行前海分行为香港某大型资产管理公司开立离岸账户，并为该资管公司旗下两只货币基金ETF设计定制化的现金管理方案，通过平安银行各级部门协同努力，定制方案满足了香港ETF基金每日核算以及T+0清算等较高要求，最终双方实现成功合作。

创新点：利用离岸账户及产品服务香港资管机构，定制化服务满足国际ETF基金对资金安全性和时效性的要求，创新性地开辟了境外资管机构离岸现金管理合作模式，平安银行成为香港交易所上市ETF合作的首家中资离岸银行。

主要成效：该业务模式对于前海蛇口片区银行积极探索国际资本市场，以及深港两地金融机构的跨境合作起到积极示范作用。境外资本市场发展成熟，市场规模大，未来平安银行前海分行将继续发挥离在岸和本外币一体化优势，充分利用前海蛇口片区和粤港澳大湾区发展机遇，加强与香港金融机构合作，开发更多创新产品和创新市场。截至2019

年3月底，该基金在平安银行前海分行离岸存款余额达到7亿元（折合人民币）。

13. “企银保”创新跨境电商出口供应链金融服务。

主要做法：前海科技企业大数据云平台通过与境内外跨境电商出口平台、跨境物流公司、支付企业等系统直连，获取出口电商前6-12个月的交易数据、跨境邮速递包裹数据，根据风控与授信模型为出口电商实时核定授信额度，并结合担保/保险公司保单，由合作银行（工行、建行、邮储银行等）发放为期六个月、最高1 000万元的无抵押、无反担保、纯信用的短期融资。

创新点：首先是产品创新。线上引流、数据筛选，实现无抵押、无反担保、纯信用短期贷款。其次是技术创新。传统银行贷款不仅需要抵押或担保，而且周期长、流程烦琐。创新服务基于大数据金融云平台，可在线实时授信，授信成功之后放款可极速到账。第三是风控创新。基于数据连通可观测出口电商每天的交易情况和物流数据，为贷款银行及担保公司/保险公司提供流量入口及类互联网银行风控服务。建立数据化贷后跟踪系统，定时（如每周）传送客户交易数据，银行及担保公司/保险公司可进行分析判断，是否提前收贷、是否继续授信、是否扩大/缩小授信额度，实现预警。

主要成效：“企银保”创新供应链金融服务突破了传统供应链整体结构，准确把握跨境电商出口供应链环节和数字化交易特点，以信息化数据链和信用为基础开展，是科技金融在产业领域应用落地的范例。首期“运费贷”项目已测试落地，专用于出口电商的物流费用，成为前海“供应链创新与应用”新模式，将高效快捷地为广大出口电商解决资金周转问题，助力跨境电商中小企业发展。

14. 科技驱动前海跨境电商支付服务。

主要做法：前海科技企业自主创新，开发跨境支付技术和运营全场景（PC、移动端、电视端）商用支撑平台——钱海跨境支付平台（Oceanpayment），包含跨境支付多币种交易系统、多领域风控模型、大数据挖掘系统、AI反欺诈识别系统等十几个基于跨境电子商务支付解决方案和服务的创新系统，并先后与清华大学经管学院互联网协会、湖南大学、西安交通大学、香港城市大学建立产学研合作关系，积极将高校在金融科技、风险控制、大数据挖掘、反洗钱等方面的新技术投入实践和应用，为不断涌现的创新商业模式提供安全的跨境支付技术支持。

创新点：首先是支付产品全球化。该系统依托近百家国际金融合作伙伴，支持500+支付产品，提升全球消费者的支付体验。其次是支付服务本地化。以深圳为基点，布局香港、澳洲、美国、欧洲、新加坡等区域中心，实现本地化服务和响应速度。第三是风险控制专业化。创新地将“人工智能+大数据挖掘+金融服务”结合，提升数据挖掘与分析能力、客户需求分析及服务能力、风险管理与控制能力。

主要成效：首先，从跨境贸易拓展为旅游航空、软件游戏、数字版权、教育培训等“跨境”互联网B2C（B）商业模式，提供符合行业发展趋势的一站式跨境支付解决方案和服务。其次，该服务已覆盖200多个国家和地区，交易网站数千个，客户群包括知名出口电商和物流商、全球免税店、科技与产业品牌以及航空服务企业等。进一步开拓了香港政府打造的西九龙文化区项目、TCL全球播项目、Facebook中国区广告渠道项目等互联网创新模式服务，成为中国领先的跨境支付品牌和跨境Fintech创新平台。第三，作为获得全球金融业最高级别安全认证PCI DSS LEVEL 1和中国唯一同时拥有Visa、MasterCard、American Express、银联国际、Discover（DCI）、JCB等全球头部卡组织认证服务商资格或收单会员资质的前海民营企业，打破国际巨头在跨境支付和服务领域的长期垄断，有效解决中国跨境电子商务企业“走出去”在境外支付环节的盲点。

15. 落地全国首个航运保险要素交易平台。

主要做法：2019年2月，《粤港澳大湾区发展规划纲要》第二节“打造广州南沙粤港澳全面合作示范区”提出，“探索建设国际航运保险等创新型保险要素交易平台”。2019年4月，南沙区金融局会同广州市地方金融监管局牵头召开与上海保交所、广州航交公司座谈会，研讨在南沙设立航运保险要素交易平台事宜，并达成初步共识，由广州航交公司和上海保交所牵头，人保财险广分、平安财险广分、太保财险广分、大地财险广分等公司配合，在南沙建设国际航运保险要素交易平台。之后，南沙区金融局积极配合广东省地方金融监督管理局、广州市地方金融监管局，推动上海保交所对接广州航交公司、人保财险广分、平安财险广分、太保财险广分、大地财险广分等公司，制定国际航运保险要素交易平台的业务流程及系统对接、测试等相关事宜，通过平台在线撮合广州航运交易有限公司客户与人保财险广分、平安财险广分、太保财险广分、大地财险广分等购买相关航运保险产品。经过多次研讨及系统测试，航运保险要素交易平台于2019年10月18日正式落户南沙并上线运行，完成首笔航运保险保单交易。

创新点：航运保险要素平台是国务院批复、上海保险交易所成立的重点业务平台之一，是国内首创线上航运保险平台。该平台以大数据为抓手，研发大湾区创新型航运保险业务，致力于服务大湾区航运产业，包含航运保险产品注册管理、航运保险保单登记等功能模块，可实现为大湾区航运保险产品提供登记、注册、交易等服务。

主要成效：航运保险要素交易平台于2019年10月正式落户南沙并上线运行，实现全国首个内河船舶保险线上询价、自动核保和出单，有力促进南沙航运保险业的快速发展，带动航运保险机构、人才、资金、信息等要素资源的集聚。

16. 打造“信用惠企惠民”信用产品体系。

主要做法：前海管理局与招商银行合作开发“前海信+”系列信用金融产品。“前海信+”是基于企业信用大数据，为前海蛇口片区企业提供的主动授信方案，纯信用额度最高200万元，如获得担保更可达1 000万元额度，利率预计为0.019%—0.033%。企业只需在“前海深港合作区”微信公众号的“办事服务”专栏中，通过“广东省统一身份认证平台”登录，便可完成实名认证，授权前海管理局将企业公共信用信息推送到招商银行。通过挖掘前海政务数据应用场景，不仅盘活了政务数据价值，补充了金融机构在审查时可供参考的企业数据，更能为银行完成初筛工作，提高信息匹配性。在授信时，采取行业分级的模式，后期通过全程跟踪来控制风险，每月、每季都会了解企业的经营情况。

创新点：首先是构建企业信用画像。前海管理局依托前海蛇口片区17万家企业超过1 500万条公共信用数据构建前海企业信用画像，并为其划分a、b、c、d四个信用风险等级。其次是开发系列金融产品。主动对接招商银行，合作开发包括“信易贷”在内的“前海信+”系列信用金融产品。前海把公共信用数据共享给招商银行，招商银行据此建立模型，根据模型计算来初步估算预授信额度，然后再开展线下调查，给出最终额度。对于银行，前海协助完成客户初筛，降低获客成本；对于企业，数据有力辅助其获得贷款。

主要成效：近日，深圳市前海必胜道网络科技有限公司通过前海创新金融服务“信易贷”项目，不需要提供任何担保，从招商银行获得200万元纯信用贷款。

17. 发布全国证券市场第一个专利股票指数。

主要做法：前海蛇口片区辖内企业深圳德高行知识产权数据技术有限公司，基于自身在知识产权信息、时间序列分析、云计算和大数据等方面的强大科技能力，通过构建“专利领先指标”和“股票收益”的强关联算法，打造专利领先方程式，自主研发“专利领先指数”，形成一个针对上市企业专利价值的崭新评估体系，是目前国内外最完整的专利指标体系。该指标体系从专利类型、核心与非核心专利、专利文本质量、专利寿命等多个维度加工生成超过1 000个专利指标，能够完整体现上市企业的研发成果与创新特征，能够针对用户需求快速对外输出标准化专利指标、定制化专利指标、企业专利价值评分，充分符合一级与二级市场投资、公私募基金投资、科技信用贷款等各种业务场景。此外，德高行自建 IT 系统，通过国家授权合法端口直接下载专利数据入库，实现专利数据清洗、文本挖掘、数据加工，以及专利指标生成的自动化作业。系统同时根据财报与招股书披露的母子公司结构，进行母子公司的专利合并，据此生成的专利指标更贴近真实情况，更具有解释能力。

创新点：首先，提出业界首个专利策略的投资理念，创新专利指标设计及高端预测算法，实现专利与股票投资的跨领域结合。其次，作为国内第一个整合上市企业母子公司专利的加工数据指标，已经有 10 家以上的金融与投资机构作为合作伙伴，推动“知识产权+金融”应用落地。第三，作为全国首家提供标准化与定制化专利指标数据服务平台，大幅降低金融投资机构应用知识产权数据的技术壁垒和成本。

主要成效：首先是发布专利领先系列指数。2015 年，德高行与深圳证券信息公司合作，在深交所发布针对全市场的“专利领先指数”（指数代码：399427），带来全国前所未有的投资策略和崭新的投资理念。根据深交所统计，该指数的年收益居所有大数据指数的领先位置，代表拥有专利技术的上市企业整体市场业绩表现优于大盘。2016 年，针对中小板和创业板的“专利领先系列指数”（指数代码：399690、399691），在深交所陆续发布。德高行再次与博时基金合作，通过较长时间对上市企业专利指标数据的测试，计划开发“博时德高行专利大数据策略特定资产管理计划”产品，采用德高行专利领先指数中的专利大数据因子，结合博时自主研发的动态多因子全方位选股模型，精选股票进行投资。其次是发布央企创新驱动指数（指数代码 000861. CSI）。2019 年 5 月，基于专利领先指数的指标设计与数据加工技术，德高行与国资委央企“中国国新集团”“博时基金”“中证指数公司”合作构建并发布“央企创新驱动指数”（指数代码 000861. CSI）。

（四）政府职能转变。

1. 政务服务绿色通道。

主要做法：通过整合各部门资源，建立政务服务事项办理“绿色通道”制度，在南沙区政务服务中心、各镇（街）政务服务分中心办事大厅的咨询台或导办台加挂“绿色通道”的标牌，设有专属领办员为老年人、残疾人、军人等特殊群体及持广州南沙人才卡人才提供全天候专人领办、全方位专业指导、全业务快捷预约、全流程优先审批等便捷政务服务。

创新点：主动创新特殊群体和人才服务工作，推行政务服务零障碍，为特殊群体及高端人才提供无须等待、即来即办的绿色通道服务，加强对特殊群体及高端人才的理解、尊重、关心和帮助，提高政务服务效率、水平、质量。

主要成效：自推行“政务服务绿色通道”以来，多次为特殊群体、持广州南沙人才卡人才提供便捷服务，并得到一致好评。此外政务中心还配备志愿者，随时掌握特殊群体来中心的情况，主动向其提供零距离服务，并设有 24 小时自助受理点、便民服务站、休息等待区等，为群众提供良好的办事环境，丰富政务服务模式，有效解决群众排队难、办事难等问题，进一步提升南沙区政务服务水平。

2. “助力企业孵化成长”行动计划。

主要做法：以孵化器和众创空间需求为导向，建立由南沙区政务服务数据管理局牵头、相关部门配合的联动机制，启动“助力企业孵化成长”行动计划，与区内孵化器及众创空间合作，为在孵企业提供绿色通道、帮办上门、指导培训、政企沙龙等特色服务，打造“管家+专家”创新型企业服务模式，推动孵化器和众创空间健康发展。

创新点：通过创新企业服务理念，打造“管家+专家”创新型企业服务模式，主动推送商事登记免预约、帮办上门服务、创业辅导培训等帮办服务给在孵企业、港澳青年等群体，营造自主创新的环境，强化孵化器内的建设空间和服务平台，加快发展战略性新产业，深化与港澳全面合作，吸引新型企业、高端人才入驻发展，构建全面开放新格局。

主要成效：自推出“助力企业孵化成长”行动计划以来，南沙片区已有65家入孵企业接受企业注册登记、变更等帮办服务。2019年7月，举办“政企携手、筑梦远航”政企沙龙活动，邀请区内各孵化器和众创空间参加，通过政策解读、专家座谈、经验分享、政企交流等活动，畅通政企沟通渠道，加强对孵化器和众创空间的业务指导与服务，着力帮助企业解决成长发展和国际贸易中的主要困难和突出问题，有效提升在孵企业创新创业能力，推动与港澳产业合作、规则衔接、政策融通，为共建大湾区开放共享新平台，提升全方位对外开放水平，打造大湾区国际科技创新中心重要承载区奠定基础。

3. 搭建“‘一带一路’、粤港澳大湾区、国际营商通”涉外综合服务平台。

主要做法：充分发挥南沙片区在营造国际一流营商环境等方面的示范引领作用，将南沙商事登记等政务服务延伸至海外，为海外申请人提供投资、落户南沙的便捷“入口”。推动南沙政务服务与国际接轨，助力外商投资和人才“引进来”以及南沙企业“走出去”，实现“一站式”投资落户“离岸办理”服务，为国家推进“一带一路”及粤港澳大湾区建设贡献力量。

创新点：首先是创新境外服务。在原有商事服务“香港通”“澳门通”基础上，与海外商会、银行金融机构合作共建“国际营商通”，在境外设置服务点，将南沙政务服务延伸至新加坡等亚太国家，为海外投资者提供南沙商事登记、政策兑现等服务。其次是创新境内服务。通过对公安、人社等部门的涉外事项、人员和系统进行资源整合，在南沙区政务服务中心设置面向境外人员的综合服务专区，为境外人员在南沙片区居住、创业、就业等主题内容提供咨询解答，并配备多语种服务和多语种办事指南，实现各类事项咨询、业务受理等“一站式”服务。同时，为重点引入的高层次境外人才提供人才绿卡和人才公寓等“绿色通道”服务。

主要成效：为境外人员提供出入境签证、外国人来华工作许可等政务服务“一站式”办理，节省海外投资者在时间和空间上的成本，实现“足不出国”也能完成投资南沙。境内服务彻底打破以往境外人员“办多件事跑多个部门”且语言不通的办事模式，实现境外人员在南沙生活、工作办事零门槛、服务零死角、语言零障碍、配套零距离的“四个零”。

4. EPC+PPP+土地合并出让模式。

主要做法：EPC+PPP+土地合并出让模式将孵化器项目与区块综合开发项目合并实施，具体操作主要分为三个环节：首先是前期准备环节，南沙区规划和自然资源局编制供地方案，使土地达到招标条件，并确定用地价格及出让条件；产业园管理局按照EPC+PPP模式开展相关方案编制工作，并结合用地价格，合理确定孵化器项目收益情况，确定孵化器可用于弥补PPP部分政府支出额度。其次是招标环节，产业园管理局与南沙区规划和自然资源局作为联合招标人招标社会资本方，社会资本方同时投报EPC报价、PPP报价以及土地出让费用，最终根据公式计算确定中标社会资本方。中标社会资本项目公司与产业园管理局签订EPC、PPP相关协议，并向南沙区规划和自然资源局缴纳土地有偿使用费用。第三是项目实施环节，庆盛综合开发PPP项目与孵化器项目将实施两套独立的核算体系，其中综合开发项目由政府进行缺口补助（在计算建设成本、财务成本、税费及合理回报后扣减运营收入），孵化器项目则由项目公司自主经营、自负盈亏，政府可适当要求其承担部分政府职责。

创新点：首先，孵化器项目资金自平衡后，相关经营性收益可弥补庆盛枢纽综合开发项目中PPP部分基础设施建设成本，增加区块综合开发项目PPP可经营性收益比例，直接减少政府财政支出。其次，园区孵化器项目为人工智能等新兴产业项目提供具有公共产品属性的孵化及研发办公场所，以便对庆盛枢纽区块集中管理，并为相关企业在区块智慧城市、人工智能管理等方面提供平台应用基地，使区块人工智能上下游创新创业企业获得更好的公共服务。

主要成效：通过将园区孵化器项目与庆盛综合开发项目 EPC+PPP 模式合并实施的方式，将园区孵化器项目通过特殊经营权获得的超额纯收益折算为收益溢价，用于弥补庆盛枢纽综合开发项目中 PPP 部分基础设施建设成本，有效减少政府财政支出。同时，为园区先行入驻的企业提供商务办公、生活配套、人才公寓等园区基础配套设施，使其获得更好的公共服务。

5. 深化合作构建自贸试验区改革创新协同发展示范区。

主要做法：2019 年 4 月 24 日，前海蛇口片区管委会分别与大鹏新区管委会、福田区政府、南山区政府、宝安区政府签署自贸试验区改革创新协同发展示范区战略合作协议，自贸试验区改革创新协同发展示范区建设工作全面启动，搭建“四清单、一评估、一机制、两体系”的工作体系。四清单指经验、政策清单，权责、权限清单，自主创新清单和创新载体清单等四个可复制推广的清单；一评估指建立协同发展的定期评估机制；一机制指建立协同发展示范区的联席会议机制；两体系指政策体系研究和产业体系研究两个课题研究。

创新点：自贸试验区改革创新协同发展示范区聚焦“自贸试验区”“粤港澳大湾区”“一带一路”倡议和创新驱动发展等国家重大战略使命，通过协同改革、协同创新、协同开放、协同发展，建立健全以自贸试验区为核心的改革创新协同发展推进机制和保障体系，充分发挥自贸试验区在粤港澳大湾区建设中的示范引领作用，增强前海合作发展引擎作用。

主要成效：前海蛇口片区与大鹏新区共同推进的自贸试验区改革创新协同发展示范区建设取得实质性进展，形成《大鹏新区复制推广第一批前海蛇口自贸片区改革创新成果案例清单》，首批 29 项改革创新成果经验将在大鹏新区复制推广。《清单》遵循以经济产业发展需求为导向，以基本具备可复制推广条件为前提，以亟须复制推广改革成果经验为主的三项原则，内容涵盖投资便利化、粤港深度合作、贸易便利化、金融创新、事中事后监管、法治建设、体制机制创新、产业政策创新等八个领域。

6. 政府购买不动产继承、受遗赠公证服务。

主要做法：2019 年 8 月开始，通过政府购买服务方式，向公证机构购买横琴新区辖区内不动产继承、受遗赠公证服务。公证机构受登记中心委托，设立继承、受遗赠登记专窗，提供登记、公证“一窗式服务”，对不动产继承或遗赠材料的合法性、真实性、有效性依法依规进行审查，并出具审核意见或公证书。

创新点：首先，充分发挥公证机构的专业优势，确保不动产登记安全，保护权利人的财产利益。其次，办理不动产继承公证，由原来的当事人自费改为由政府向公证处统一购买服务，减轻群众负担。第三，将不动产继承、受遗赠登记受理窗口延伸至公证处，实现一个窗口对外咨询、受理公证申请、登记申请，认证结果互认，信息共享，存档资料内部流转，大幅减少登记部门的审查压力和审查风险。

主要成效：首先，公证机构对横琴辖区内的不动产继承、受遗赠进行公证，费用由政府承担，切实减轻群众经济负担，降低登记成本。其次，精简登记环节，合并公证、登记申请，不动产继承、受遗赠登记流程缩减 50% 以上，并可配合 EMS 快递送证上门服务，实现让群众“只跑一趟”。第三，办结时效大幅提高，由原来的几个月办结提速至 1 个月内办结。

7. 跨境通勤服务新模式。

主要做法：横琴新区于 2019 年 3 月起开通“横琴—澳门跨境通勤专线”。跨境通勤专线将智慧交通理念和实际组织方式融入营运、管理各个环节，采用线上预购刷码乘车方式，专门服务在横琴创新创业和工作生活的澳门居民的出行需求。

创新点：首先，开发配套乘车软件，基于 GPS 定位和大数据智能决策系统，为乘客提供推荐、预约、提醒、查询等多项乘车服务，可全方位满足乘客的个性化出行要求。其次，以跨境直达为主要目标，分 AB 两条线路，合理设置 12 个停经站点，专线覆盖澳门半岛、氹仔岛、横琴新区，每日 24 个班次往返，大跨度直通直达，缩短通勤行车时间。第三，向粤港澳都市圈同城化再进一步。开通跨境通勤专线有利于大湾区城市间的人力资源互补共享与产业集群错位发展，是进一步降低城市间通勤成本的有益探索，对促进跨境产业圈、都市圈和生活圈的形成和大湾区经济一体化具有积极作用。

主要成效：跨境通勤专线为往返琴澳之间的日常上下班提供交通便利，间接支持跨境办公模式创新。目前跨境通勤专线每日共计 24 个班次往返琴澳，已累计运送往返琴澳的客流超过 10 万人次，累计节约通勤时间超 2 万小时。

8. 首创澳门居民参加内地基本医疗保险新模式。

主要做法：珠海市政府印发《关于常住横琴的澳门居民参加珠海市基本医疗保险试点有关问题的通知》，自 2019 年 7 月 1 日起施行。常住横琴（含横琴、保税区、洪湾一体化区域）的澳门居民，可凭居住证或房产证、租房合同等参加珠海市基本医疗保险，享受同等报销待遇。首先，已办理居住证的澳门居民，以城乡居民、学生和未成年人身份参保，筹资由个人和横琴新区财政共担，目前学生和未成年人个人缴费 180 元/年，城乡居民个人缴费 410 元/年，财政补贴均为 590 元/年。其次，就业年龄段内未办理居住证，但在横琴购有房产、租用办公用房的澳门居民，可凭房产证、租房合同等材料以灵活就业人员身份参加珠海市基本医疗保险，其参保所需费用由个人承担。第三，参保登记、保费征缴、保费管理、医疗保险待遇支付等由珠海市相关职能部门按职责统一办理。符合条件的澳门居民参加珠海市基本医疗保险后，可按规定享受珠海市同等医疗保险报销待遇。

创新点：探索实现澳门居民参加内地医保模式为全国首创。在横琴率先开展这一试点，将为其他大湾区城市将常住本地的港澳居民纳入内地基本医保制度提供经验，更好地吸引港澳人才参与内地经济建设。该项医保政策试点的成功也将为跨境养老、就业、教育等更多社会政策的协同创新提供经验。

主要成效：澳门居民到中国银行任一网点办理《社会保障（市民）卡》后，可到珠海市门诊统筹定点机构签约，门诊医疗费用符合规定的部分即可报销 70%。凭社保卡在珠海市内定点医疗机构就医，医疗费用可直接联网结算，个人只需支付由个人负担的费用。截至 2020 年 1 月 23 日，已为 425 位澳门居民办理珠海市基本医疗保险。

9. “微警”可信管控应用。

主要做法：南沙片区依托“微警”身份认证技术推出“微警”可信管控应用业务，该应用由“可信核验”和“可信登记”两大模块组成。“可信核验”要求小区物业、公寓保安人员等门岗安装微警可信核验功能，并结合专用设备“微警”徽章，对进入小区的来访人员进行身份登记，助力小区安全高效实现出入实名制管理；“可信登记”要求辖内企业负责人与企业内从业人员通过应用在手机端完成企业与从业人员自主报备，民警通过移动应用端随时了解辖内从业人员变动情况，实现派出所基层对从业人员在职状态的全程感知。通过可信核验登记的访客与可信登记报备的从业人员的身份信息实时通过“微警”后台回传至公安内部数据后台进行对比，将一手社会行业数据实时进行重点人口比对，及时预警，服务警务实战。

创新点：依托“微警”身份认证基础能力和完善的“网证”用户体系，依据“匿名用网、实名管网”社会可信体系建设理念，南沙公安局围绕基础公安服务与治理，推出“网证”可信管控应用体系，建用一体、警企融合，创新基础社会治安管理新模式。该创新包括以下四个优点：首先，代替传统手工登记，避免信息错乱、遗漏。其次，核验身份证真伪，避免使用虚假身份证。第三，即时上传信息至公安网后台，高效搜集来访人员数据。第四，即时对比核查来访人员背景，及时高效掌握重点、前科等人员在辖区的活动轨迹，并发出不同等级预警行动指令。

主要成效：首先，通过与广州市南沙区物业管理行业协会协商讨论，南沙区公安局决定率先在辖内小区开展试点推广可信核验工作，通过组织多场应用操作培训会，成功在20家物业小区、1家公寓推广使用可信核验。自2019年9月底试点推广至今，共计238名保安授权使用“可信核验功能”，可信核验使用次数累计近2万次，使用情况平稳，部分未开展可信验证的物业小区希望得到推广使用。其次，率先面向南沙区所有娱乐服务场所全面推广“可信登记”从业人员管理应用。通过组织南沙区内12个派出所及娱乐场所企业开展应用培训会共计5场，完成近100家娱乐场所企业代表培训。截至目前，共有117家娱乐场所单位，1 788位从业人员使用可信登记进行企业及从业人员报备，11个派出所的77位民警获可信登记使用情况的查询权限。

（五）法治建设。

1. 创新竞争方式选任破产管理人。

主要做法：2019年4月，南沙法院在广州某仓储公司与广东某能源公司破产清算案件中创新破产管理人选任方式，在全省范围内公开竞争选任两公司破产清算案的管理人。2019年6月，南沙法院出台《破产案件竞争选任管理人规定（试行）》，进一步对竞争选任破产管理人的流程和条件实现制度化、规范化。

创新点：首先，明确选任条件。《管理人规定》明确管理人资质，限定管理人为《广东省破产案件管理人名册》中一级管理人机构范围，并且申报机构须组成联合体进行联合申报，联合体中至少包含律师事务所、会计师事务所、清算事务公司中的两类机构。其次，组建专业评审团队。评审委员会由破产案件法官、审判管理办公室负责人、破产法领域专家教授、债权人代表等7名评委组成，通过评委审核书面申报材料、听取现场陈述，确保评审专业，选出优质的管理人。第三，规范评审程序。评审委员会对候选管理人的机构规模、执业能力、专业水准、办案经验、工作方案、初步报价等方面进行综合考量，逐项进行不记名独立打分，最终根据平均分排名结果择优选定管理人，同时确定一组联合申报机构作为备选管理人，在需要更换管理人时直接指定。第四，评审过程公开透明。评审活动还邀请人大代表、政协委员、新闻媒体进行全程旁听监督，现场根据打分确定评审结果，确保评审的公平公正。

主要成效：创新竞争方式选任破产管理人极大程度地保护了债权人利益，加快推动破产清算进展，提高案件质效。首次适用该规定的破产案件于2019年4月立案，企业负债高达80多亿元，不到一年间，破产管理人提交的重整计划草案一次性顺利通过债权人审议表决，大幅提升破产案件审判效率。该规定发布后被《人民法院报》《羊城晚报》《广州日报》等国家、省市级媒体报道，获得高校专家学者、法律业界专业人士高度评价。

2. 涉外民商事检察服务平台。

主要做法：南沙片区依托粤港澳大湾区暨“一带一路”法律服务集聚区，建设以“监督办案、公关协作、法治宣传、调查研究”为核心的涉外民商事检察服务中心（工作室），由熟悉国际司法的检察官组成涉外民商事检察监督办案团队，为粤港澳大湾区建设提供优质、高效、便捷的检察服务。

创新点：首先，围绕办案职能，做实涉外民商事法律监督。结合当前南沙区法院集中管辖涉外案件的实际，规范司法行为，提升司法公信力。其次，重视协作联动，为多元化争端解决机制提供检察智慧。合理运用法律服务集聚区中仲裁联盟、联营律所集聚等地缘优势，加强法律工作者的合作交流。激活民事检察“听证”机制，听取人大代表、法律专业人士、港澳特约检察员等对疑难涉外案件的意见或建议。畅通与区法院的沟通协调合作机制，通过与涉自贸试验区审判业务庭室的联席会议等常态化交流，梳理当前民商事审判和执行存在的风险点，探索涉外民商事审判流程风险评估模型，增进法检互信。第三，落实双语告权，直接回应涉外主体的相关诉求。在全省率先探索涉外中英葡三语告权服务，建立中英双语法律指引工作机制。拟在建成后的集聚区派出熟悉法律英语、涉外民商事法律事务的检察官驻点办公，接受涉外民商事主体法律咨询，进一步畅通涉外企业、商事主体、涉诉群众诉求表达渠道和信访受理入口，做好内地法律宣传工作。第四，加强检察调研，为涉外大湾区建设提供高质量理论支持和智力支持。主动承担 2019 年广州市检察机关课题《涉外民商事平行诉讼法律监督问题研究》，并顺利通过课题成果评审。以集聚区内涉外民商事法律服务中心（工作室）为服务保障粤港澳大湾区实证研究联系点，与计划落户集聚区的外国（地区）法律查明中心、湾区法商研究院、广州法治化营商环境研究中心等机构交流协作，将该中心（工作室）打造成域外法律查明、改革落地政策和新类型案件样本的采集中心，为南沙建设粤港澳全面合作示范区形成一批重要法律研究成果。

主要成效：2019 年以来，南沙检察院已办理涉外执行监督案件 5 件，发出执行检察建议书 4 份，法院采纳监督意见 2 份，被采纳意见案件均为涉港商事案件，助力解决涉外案件的执行难问题。2019 年 8 月，南沙检察院发出全省首份中英双语权利义务告知书，有力提升检察法律文书告权工作的精准性和专业性。

3. 推动开展公共法律服务标准化管理。

主要做法：立足南沙片区三级公共法律服务实体平台服务绩效标准化建设，打造南沙公共法律服务新模式，即按照“三级两层”的工作思路，全面推进区、镇（街）、村（社区）三级公共法律服务流程进一步规范化；在全市率先设立“1+9”双拥法律服务站（室），为军人军属提供一站式法律服务；组织协调法律援助、法律咨询、公证、人民调解等法律服务常驻镇（街）服务站，形成覆盖城乡、功能齐备、便捷高效的公共法律服务网格。实施法律援助受理审批权限委托给各镇街法援工作站（司法所），就近受理和审批困难群众的法律援助申请；为全区 164 个村（社区）派驻法律顾问律师，并兼任村（社区）调解委员会副主任，由执业律师每月定期值班为群众提供免费法律咨询、调解等便利服务。

创新点：率先提出按照“三级两层”的工作思路，全面推进区、镇（街）、村（社区）三级公共法律服务流程进一步规范化，推动公共法律服务实体平台绩效标准化建设。首先，设立区公共法律服务中心+9 个镇（街）公共法律服务工作站，向群众提供办理公证、寻求律师帮助、申请法律援助、申请现场调解、查询司法鉴定等一站式公共法律服务。其次，在 164 个村（社区）因地制宜向群众提供精准贴身的公共法律服务，开展第二层级公共法律服务标准化建设。

主要成效：2019 年，全区三级公共法律服务实体平台共受理法律援助申请 882 件，办理人民调解案件 4 790 件，解答法律咨询 22 687 人次，律师值班 2 446 天次，为辖区群众提供高效、便捷、贴心的“一站式”公共法律服务。

4. 建立终本工作室保障案件执行效率。

主要做法：为助力法院提高执行工作效率，实现公证机构参与司法辅助事务的深度集约化，前海公证处与前海法院探索建立终本工作室，组建高素质人才队伍，规范办理执行案件中终本案件工作流程，并定时启动案件复查程序，有效保障胜诉当事人合法权益，维护前海蛇口片区营商环境。

创新点：终本工作室的建立大幅提升了法院执行工作质效，确保每个案件裁判能在得以执行的情况下及时跟进，疏解“执行难”“执行慢”问题，推动案件执行到位，同时充分发挥公证机构高度的社会公信力，与案件当事人进行密切的联系与沟通，以不偏不倚的坚定立场保障每一方当事人的合法权益。

主要成效：终本工作室组建至今，已受理1 675件终本案件，为执行团队减轻近35%的工作量。2019年1月14日，终本工作室通过后期复检、居中调解努力，成功将一宗“终本”案件执行到位，31位农民工在农历新年前成功拿到40余万元拖欠工资款。

5. 创新知识产权案件审理机制，助推创新驱动发展。

主要做法：为充分发挥司法保护知识产权的主导作用，推进知识产权司法保护专业化、便捷化、多元化、阳光化，前海法院组建2个知识产权审判团队，建立起“专业法官+港籍专家陪审员+知识产权专家+专业技术调查官”的知识产权案件审理机制，并积极探索建立专业技术调查官制度，完善技术事实的调查认定机制，为知识产权案件审理提供专业性技术审查意见。

创新点：首先，加快知识产权案件审理速度。在持续推进知识产权案件“繁简分流”机制的同时，依法采取诉前禁令措施，及时、快捷、有效地制止侵权行为，有效破解知识产权案件审理“周期长”、维权“见效慢”等问题。其次，拓宽知识产权纠纷化解渠道。前海法院加强与知识产权仲裁中心等域内外专业机构合作，完善知识产权纠纷多元解决平台，确立“过滤引导-协调对接-专业服务”等知识产权案件调解工作模式，聘请具有知识产权专业背景的港澳台籍、外籍调解员，实行“内地调解员+域外调解员”或“调解法官+域外调解员”的联合调解模式，并充分运用“线上调解”，有效拓展知识产权纠纷化解的渠道和方式。

主要成效：截至2020年3月，前海法院共依法审理知识产权民事案件3 694件，其中2019年审结知识产权纠纷案件980件，是2017年的4.1倍。

6. 打造“极速网拍”系统。

主要做法：前海法院与京东拍卖平台联手打造“极速网拍”系统，将任务分配、流程监控、电子送达、智能分配等功能模块相互关联、数据共享，各流程相互衔接、相互协调，形成案件处置链条式、闭环式管理机制，大幅提升执行案件的处置效率。

创新点：首先，网拍案件可视管理，随时掌握进度。前海法院依托“极速网拍”系统建立司法拍卖案件管理机制，确保司法网拍全流程的各个环节均可压实到人，实现司法拍卖案卷管理信息化。法院执行人员将完整的司法拍卖卷宗移交司法网拍辅助中心，由中心工作人员将基础信息录入系统，进而实现司法网拍任务的分配。司法拍卖信息通过系统统一归集，在系统上全面展示。其次，“极速网拍”系统支持信息查询功能。案件承办人随时掌握司法网拍辅助服务的推进情况，实现对司法拍卖工作进程的实时监控。司法拍卖的各节点完成后，司法网拍辅助中心工作人员通过“极速网拍”系统，向执行案件承办人发送网拍案件办理进度相关提醒信息，方便案件承办人随时跟踪案件进程，对进度达不到要求的案件及时协调解决存在问题，提升司法网拍工作效率。第三，全流程无纸化，信息直达手机。通常司法拍卖案件包含大数据评估、现场调查、张贴公告、引领看样、文书送达等各环节，案件承办人可通过“极速网拍”系统随时发布委托任务，司法网拍辅助中心工作人员及外勤调查人员可通过系统实时接收任务委托需求，减少以往通过制作纸质文件发布委托信息的烦琐流程，提高了委托任务跟进处理效率。第四，人工智能与自动速算。“极速网拍”系统还将依托京东大数据评估系统集成先进的人工智能算法，设置智能询价评估功能，在科学计算财产基准价格并进行修正后得出真实的市场价格，同时科学计算出建议起拍价格及可能的成交率，为财产估价提供强大支持。同时，系统通过提取案款分配要素，即可确定本金及利息的计算标准以及案件处置过程中产生的各项费用，为法官制定案款分配方案提供智能辅助参考。预计分配时间能够大幅缩减75%，分配的准确性和分配效率均有所提高。

主要成效：自“极速网拍”系统上线以来，京东司法网拍辅助中心运用该系统办理司法网拍 266 件，标的成交率 91.5%，涉及标的金额 7.88 亿元，处置效率比改革前网拍效率提高 60%以上。案款分配时间缩短 75%以上，并具有较高的准确性，极大减轻了法官计算案款的工作量，提高了分配效率。

7. 引入司法存证区块链技术。

主要做法：2019 年 4 月 3 日，国家互联网信息办公室发布第一批共 197 个区块链信息服务名称及备案编号。前海蛇口片区法治创新鉴定机构——广东安证计算机司法鉴定所建立的司法存证应用区块链“安证链”获得首批境内区块链信息服务备案。“安证链”基于成熟的区块链以太坊定制化开发，依托中国电信天翼云亚森机房、深圳市经侦局、深圳市司法局、深圳市政法委、前海法院、安证司法鉴定所等节点形成安证联盟链，成为提供电子数据证据保管、取证、鉴定、出证和高级安全防护的一体化支撑服务平台。作为安证第三方电子保全服务平台（安证云）的核心基础设施和服务应用平台数据底层支撑，其智能合约可支持司法存证、电子合同、电子卷宗等各种异构数据，而且部署方式灵活，可部署在互联网或不同密级的跨专网环境中。

创新点：作为一种去中心化数据库，区块链是一串使用密码学的方法相关联而产生的数据块，具有难以被篡改和难以删除的特点。安证链运用区块链技术，打造安证云第三方电子保全服务应用平台，可有效解决电子数据证据被篡改的问题，在保存电子证据内容完整性方面具有非常高的可靠性。

主要成效：目前，安证链已通过由公安部会同网信办、工信部、人民银行等部门组织的全国区块链服务信息网络安全监管试点验收，是率先备案的司法存证应用区块链，并已在深圳公、检、法、司等相关部门建立区块链节点，实现电子数据的多方存管和保全。对电子数据的完整性和真实性背书，实现证据化、可审计、可溯源、可鉴定和防篡改，使其能够有效证明事实过程的证据信息。安证链主要试点应用于中央政法委电子卷宗应用试点项目、深圳政法委大数据跨部门办案平台南山试点项目、深圳市政法委电子送达深化应用、前海法院司法电子送达应用、深圳市市场监管委“云上稽查”平台证据化保全服务等。

8. 发布全国首部专为创客量身定制的法务指引。

主要做法：2019 年 3 月 13 日，前海蛇口片区举办深圳创客法律服务座谈会，并发布《深圳创客法务指引》，这是全国第一部专为创客量身定制的法务指引。《指引》内容贯穿创客创新创业的全过程，研究分析创客最关心和常见的实际问题，梳理和解读深圳市创新创业的政策，对创客解决实际遇到的法律问题提供有针对性的建议和典型案例参考。以股权分配为例，《指引》详细介绍虚拟股权激励、限制性股权激励、账面股权增值权激励等各种激励方式，并告诫创客在创业初期单纯的一种激励方案未必真正合适，简单套用其他公司的股权激励方案，激励效果有可能适得其反。因此，熟练运用各种股权激励模式，结合自身情况制定一套适合不同岗位员工的综合激励方案才是最佳选择。

创新点：《深圳创客法务指引》是全国第一部专为创客量身定制的法务指引。可以为辅导创业者在初创、发展、上市等全生命周期提供全方位、深层次、多模式法律服务。为创客企业孵化成长提供一站式切实有效的帮助。通过《指引》为创客企业提供法律服务，保护企业的创新成果、促进创新成果的转化，让创业创新变得更快、更有效率。创客创业途中遇到的法律问题，可以从《指引》中获得解决问题的思路和途径。

主要成效：通过免费向创客企业提供专业的公益法律服务，有利于创客企业可持续健康发展。接下来，深圳市司法局将进一步统筹全市创客法律服务工作，建立完善全市创客法律服务体系，编制一张创客法律服务网，制定一套高质量的服务标准，完善一个立体化平台建设，形成一套可复制的长效工作机制，打造一套全方位的宣传矩阵，为创客企业提供品质更高的公共法律服务。

9. 搭建港澳中小企业法律服务中心。

主要做法：横琴片区成立全国首家面向港澳中小企业提供法律服务的专业机构——港澳中小企业法律服务中心。该中心在区公共法律服务中心开设专门窗口，以政府购买服务方式，由区内粤港澳联营律师事务所进行综合运营，为港澳资背景企业提供注册咨询、地方优惠政策指引、法律法规解读、协助双方贸易合同谈判等“窗口化、一站式、综合性、全互动”服务，助力港澳中小企业在横琴实现深度融合、快速发展。

创新点：首先，面向港澳中小企业提供服务。作为全国首家面向港澳中小企业提供法律服务的专业机构，该中心主要为2015年4月后在横琴注册，并且企业成立年限在三年内的港澳资独资小型、微型企业提供注册咨询、地方优惠政策指引、法律法规解读等法律服务。其次，搭建公益性普惠平台。实践中，港澳中小企业一般都是通过付费方式获得法律服务，为更好地扶持港澳中小企业发展，该中心全力创建代表政府为港澳企业提供法律服务的公益性、普惠性平台，以打造趋同港澳的法律环境、接轨国际的营商环境为推手，服务和扶持港澳中小企业发展。第三，通过政府购买联营律师事务所法律服务模式运营。随着粤港澳大湾区经济联系越来越密切，港澳中小企业在大湾区的投资迅速增长，对法律服务的需求也迅速扩大。但因三地法域不同，法律规定的差异较大，港澳中小企业在不同地域、法域发展，有专业法律服务的迫切需要。立足内地与港澳地区法律制度的差异性，为更好地契合港澳中小企业的实际需求，该中心主要通过购买联营律师事务所的法律服务方式，充分借助其可提供高质量跨境法律服务的天然优势，直接为港澳中小企业提供法律服务。

主要成效：目前，中心已为众多港（澳）方独资企业、中外（港澳）合资企业这两类企业的股东和相关工作人员，以及意欲在横琴投资设立公司的港澳和内地人士提供关于商事登记、税务、港澳中小企业金融税收优惠政策、澳门单牌车政策、公司股东利益以及股权转让等全方面法律咨询服务，满足港澳中小企业来内地创业发展时对本地法律法规和优惠政策需要更多了解的实际需要。

10. 首创多语言司法公开。

主要做法：充分发挥横琴片区毗邻港澳的区位优势，更加紧密地联系葡语系国家和地区，横琴新区法院将门户网站升级改版为中文、英语、葡萄牙语的三语网站，并开辟自贸试验区司法形象展示窗口，把涉澳民商事审判白皮书及部分裁判文书翻译成英语、葡萄牙语，在门户网站上公开发布。

创新点：以服务保障粤港澳大湾区建设为切入点和着力点，结合横琴片区毗邻港澳的区位特点，突破单一的工作语言传统，以多种语言的形式展示法院信息，是探索司法公开新形式、提升司法服务水平的创新举措，充分体现横琴片区对外开放新格局的特点。

主要成效：三语工作的推进拓展了司法公开的广度，提升了横琴片区与国际接轨的能力，进一步深化了与港澳地区的交流合作，满足了境内外当事人的司法实际需求，为外商营造公正、透明、可预期的法治环境。首先，经过升级改造，横琴新区法院中英葡三语门户网站已正式以“国际范”全新面目亮相，公开便民的特征更加凸显，公众可根据需求在中文、英语、葡萄牙语三种语言版面自由切换，充分展示横琴新区法院在审判执行、改革创新、司法公开和司法为民等方面的工作情况，极大满足了境内外当事人的需求，更广泛地展现了横琴片区司法为民、公正司法的良好法治形象。其次，将三语版本的涉澳民商事审判白皮书在门户网站公开发布，并寄送给相关单位和专家学者，更加充分地展示了横琴新区法院涉澳审判的调研成果和创新经验，促进了与香港、澳门等地的交流合作。第三，在门户网站公开发布三语裁判文书，扩大了裁判文书公开的范围，强化了社会公众对法院的监督力度，倒逼司法能力的提升，有效提升了司法公信力。

11. 国际商事仲裁案件跨国远程庭审。

主要做法：2019 年 11 月 20 日，南沙国际仲裁中心作为广州仲裁委员会的分支机构，首次采用跨国远程庭审的技术，让身在柬埔寨的案件申请人通过远程同步视频的方式参与庭审。该案申请人系柬埔寨的公司，案件根据合同约定的南沙国际仲裁中心仲裁条款由南沙国际仲裁中心管辖，并经双方当事人选定适用《中国广州仲裁委员会仲裁规则》进行审理。在充分尊重当事人意思自治的前提下，该案件从受理到结案仅用 15 天。在历时 2 个小时的跨国远程庭审过程中，案件双方当事人在仲裁庭的主持下通过视频“面对面”进行协商并最终达成和解。

创新点：首先，提升国际商事仲裁效率。跨国远程庭审技术的运用为境内外当事人提供更加便利的国际仲裁服务，充分体现了“互联网+国际仲裁”的便捷高效。其次，节约国际商事仲裁成本。通过高清视频传输技术和远程庭审规则，使得仲裁庭可以超越时空限制，降低当事人因跨国庭审产生的交通、住宿等费用，极大地便利了国际商事仲裁案件的处理。

主要成效：本次跨国远程庭审是南沙国际仲裁中心作为粤港澳大湾区仲裁联盟，围绕服务“一带一路”建设的一次新的尝试。柬埔寨驻广州总领事兴波和柬埔寨司法部部长昂翁·瓦塔对跨国远程庭审服务予以充分肯定和高度评价。跨国远程庭审服务节约了当事人的仲裁成本，为境内外当事人提供了更加便捷的国际仲裁服务，同时也更有效地提升了裁决和调解的效率。

（六）事中事后监管。

1. 跨境商标知识产权保护与服务合作模式。

主要做法：搭建横琴国际知识产权保护联盟框架，在联盟框架下，横琴新区分别与香港、澳门相关机构签订两地商标知识产权跨境保护与服务合作协议及意向书，建立与港澳之间的跨境知识产权保护与服务新机制。

创新点：通过三地在商标注册、维权、联盟、仲裁、宣传五个方面的深度合作，形成以商标知识产权保护为重点、商标知识产权服务便利化为配套的商标知识产权琴港澳合作模式。同时引入公证机构服务，为区域内商标的创造设立、运用流转、权利救济、纠纷解决、域外保护等环节提供公证服务和事前事中事后的全方位保护。

主要成效：有助于横琴片区与香港、澳门两地共建知识产权合作与保护，发挥商标品牌战略在供给侧结构性改革中的作用。目前，横琴国际知识产权保护联盟成员共 126 家，横琴商标受理窗口受理境外自然人商标申请（含港澳台）110 件。

2. 招商项目全生命周期管理新模式。

主要做法：横琴片区招商项目全生命周期管理系统通过建立招商手机应用程序，实现移动化招商引资监管，通过对项目、客户、载体的信息管理，实现招商项目全流程网上跟踪、协同、管理及监控，规范招商管理，从而有效掌控所有项目的进度信息，实现重点项目的高效跟踪并帮助各招商部门形成透明高效的协同管理体制。

创新点：通过“用数据协同、用数据服务、用数据监督”促进招商引资项目落地信息化保障手段，形成对招商项目全生命周期管理，完整记录项目从前期洽谈、签约，中期协同审批、管理服务，到后期经营情况、统计分析等全过程信息，对招商引资项目落地服务提供管理。

主要成效：首先，采用地图方式实现招商载体资源管理，结合招商项目及载体资源地图展现模式，为招商部门全面掌握企业分布、招商稳商、精准服务等各项工作提供有力保证，同时为各个招商部门的业务开展及信息统计提供基础数据支撑，实现全区招商项目及招商载体资源“一盘棋”方式统一管理。其次，建立有效信息沟通渠道，有效促进招商部门与投资方的互动、产业推进、氛围营造等各个领域的信息交流和数据共享，结合企业通讯录为企业推送相关的优惠政策、扶持政策、服务信息以及数据上报要求和通知通告等，使招商管理部门和企业在线交互，实现快捷的信息推送和材料上报功能，提升招商服务水平。第三，实现数据共享，实时提供招商协作信息的交流和共享，归集各职能部门的政务和服务招商引资的相关数据。

3. 全过程风险预警系统。

主要做法：前海蛇口片区依托公共信用平台，开发信用平台风险预警系统，以时间轴的方式面向企业过去（失信及风险信息监测）、现在（舆情信息监测）、未来（不良行为预测）三个层面，构建“过去-现在-未来”企业全生命周期信用预警体系。通过大数据分析，多维度实时监测预警企业违法违规风险，结合企业历史不良行为以及企业关联图谱，得出企业未来不良行为概率值。

创新点：首先，采用模型特征库构建大数据风控体系。建模所使用的特征库总计 110 个，包含企业基础特征、企业信息变更特征、企业其他方面不良行为特征和企业关联图谱特征三大方面的特征。其次，通过人工智能模型实现自动化风险预警。企业失信行为预警模型经过后端部署、前端开发等步骤，在前端通过可查询的自助式系统界面向政府有关部门展示，方便工作人员了解企业未来三个月、六个月、一年内发生不良行为的可能性，以及导致高风险的风险情况，从而指导相关的企业服务与监督工作。

主要成效：监管部门通过该系统实时监测预警企业违法违规风险，及时发现企业违法违规线索，推动精准治理和靶向式监管，监管人员利用风险预警系统及时了解跟踪企业经营状态，有效识别企业风险、精准投放执法力量、提高监管效率，实现“早预测、早发现、早跟踪、早解决”。

4. 全国首个匿名社交身份认证工具——“真你”身份认证。

主要做法：2019 年 11 月 27 日，南沙区公安局正式推出“网证 CTID”微信小程序全新功能——“真你”身份认证应用，能够为微信用户提供核验聊天对象真实身份的“实名+实人”认证能力。用户在使用微信与他人聊天时，如对对方提出的转账或索要重要信息等敏感要求心存疑虑，可使用“真你”向对方发起“刷脸认证”请求。对方点击请求信息后，即可直接拉起刷脸认证程序验证本人身份。验证结果信息将实时反馈给“真你”发起人，包括对方自拍照片、注册姓名、是否是本人操作等信息均一目了然。一方面，用户可根据验证结果核实对方身份谨防欺诈；另一方面，实名验证结果作为可信线索，支撑公安机关在事后追查中快速锁定犯罪嫌疑人，解决网络诈骗犯罪的侦查取证难点。

创新点：“真你”认证是全国首个匿名社交平台身份认证工具，“真你”认证的发布，标志着公安机关从传统反欺诈工作的“事前宣讲、事后追查”，变革升级成“事前宣讲，事中干预、事后追查”的完整反欺诈方法链条。

主要成效：“真你”在招工应聘、网友奔现、交友相亲、微商网购、转账核实等情景下均可使用，为广大用户日常的移动互联网生活提供了切实有效的安全保护措施，有效提升用户对网络诈骗活动的自主鉴别与防范能力，对构建安全可信的网络具有重要意义。截至目前，“真你”发送总认证次数近 5 万人次。

四、广东省政府及相关部门出台的政策措施

（一）《广东省人民政府关于将一批省级行政职权事项继续委托广州、深圳市实施的决定》（粤府〔2019〕2 号，2019 年 1 月 2 日）。

（二）《广东省人民政府关于印发支持自由贸易试验区深化改革创新若干措施分工方案的通知》（粤府函〔2019〕36 号，2019 年 2 月 15 日）。

（三）《广东省自贸办、广东省地方金融监管局、广东银保监局、广东证监局、深圳银保监局、深圳证监局关于印发〈中国（广东）自由贸易试验区金融服务业对外开放指引（2019 年版）〉的函》（粤自贸创函〔2019〕19 号，2019 年 4 月 2 日）。

（四）《广东省人民政府关于复制推广中国（广东）自由贸易试验区第五批改革创新经验的通知》（粤府函〔2019〕124 号，2019 年 5 月 15 日）。

（五）《广东省自贸办关于印发广东自贸试验区第三批制度创新案例的函》（粤自贸创函〔2019〕29号，2019年5月15日）。

（六）《国家外汇管理局广东省分局关于印发〈进一步推进中国（广东）自由贸易试验区广州南沙新区、珠海横琴新区片区外汇管理改革试点实施细则〉的通知》（粤汇发〔2019〕21号，2019年7月1日）

（七）《国家外汇管理局深圳市分局关于印发〈深入推进中国（广东）自由贸易试验区深圳前海蛇口片区外汇管理改革试点实施细则〉的通知》（深外管〔2019〕19号，2019年7月22日）。

（八）《中国人民银行深圳市中心支行关于印发〈中国（广东）自由贸易试验区深圳前海蛇口片区分账核算业务管理实施细则（试行）〉的通知》（深人银发〔2019〕116号，2019年9月27日）。

（九）《广东省自贸办、广东省公安厅关于优化中国（广东）自由贸易试验区外籍及港澳台高层次人才相关认定工作的通知》（粤自贸创函〔2019〕48号，2019年10月30日）。

（十）《广东省人民政府办公厅关于做好优化营商环境改革举措复制推广借鉴工作的通知》（粤办函〔2019〕376号，2019年11月27日）。

五、大事记

2月11日，横琴新区建设环保局发布《横琴新区建设环保局关于改善营商环境优化施工许可办理环节的通知》，创新性提出施工许可办理实行“一证两书”清单管理制度，建立以“企业信用承诺、政府科学管理”为核心思路的新型管理模式。

2月19日，广东省省长马兴瑞到南沙片区调研，研究加快推进广东自贸试验区南沙、前海蛇口、横琴片区等重大平台开发建设事宜。

2月26日，深圳市前海地方金融监督管理局、前海金融风险防控中心、互联网金融安全技术工业和信息化部重点实验室前海实验基地、深圳市公安局金融风险防控实战预警前海监测中心在前海蛇口片区揭牌。

2月28日，广东省政府常务副省长林少春在商务部拜访任鸿斌部长助理，沟通需商务部支持事项。

3月1日，横琴片区开通首条到澳门跨境通勤专线。

3月6日，广东省人大常委会副主任徐少华带领省人大调研组到南沙片区围绕“地方立法保障粤港澳大湾区建设”开展调研。

3月8日，“前海信用税收服务中心”在前海蛇口片区揭牌成立。

3月15日，横琴片区与澳门大学签署合作协议，共建横琴·澳门大学产学研示范基地。

3月15日，横琴片区管委会发布“信易得”公共服务平台，率先实现跨境信用信息共建共治共享，澳门与横琴片区的首批255家商户已上线。

3月21日，国务院批复同意《横琴国际休闲旅游岛建设方案》。《建设方案》界定横琴岛及所辖海域，总面积106.46平方公里范围为“横琴国际休闲旅游岛”。

3月24日，台湾省高雄市市长韩国瑜率经贸访问团到深圳前海深港青年梦工厂，与创业台湾青年交流，并为前海台湾青年创新创业基地揭牌。

3月26日，南沙片区管委会和南方电网广州供电局对外发布《中国（广东）自由贸易试验区广州南沙新区片区优化电力营商环境实施办法（试行）》。南沙片区企业接电将实现零成本、零上门、零审批，年平均停电时间不超过2分钟，达到国际一流营商环境水平。

3月26日，全国首个跨境办公试点楼宇——横琴总部大厦挂牌。

3月31日，粤港澳大湾区首架双SPV跨境租赁飞机在南沙成功交付。

4月3日至4日，广州市委书记张硕辅、市长温国辉在商务部拜访傅自应副部长，共同研究广交会四期扩建、南沙保税港区开展二手车出口等事宜。

4月8日，广东省委书记李希到深圳前海蛇口片区，就深入学习贯彻习近平总书记对前海开发建设重要指示精神，推进粤港澳大湾区建设进行专题调研。

4月10日，深圳市市场监督管理局联合中国银行、创兴银行、招商银行、工商银行在香港中银大厦举办“服务港企零跑动”商事服务启动会，“服务港企零跑动”在前海蛇口片区率先试点。香港投资者“足不出港”便可一站式注册前海蛇口片区企业。

4月21日，粤港澳院士专家创新创业联盟成立大会在南沙举行，该联盟由粤港澳三地主要高校、科研院所及广东院士联合会等22个单位共同发起成立。会上，中国工程院院士、广东院士联合会会长刘人怀，中国科学院院士、香港大学教授任咏华，澳门科技大学校长刘良分别被推选为广东地区、香港地区、澳门地区的联盟主席。

4月23日，横琴新区在全省率先启动办税事项“一次不用跑”改革，港澳纳税人同享办税便利化服务。

4月24日，全国21个自贸片区或区域共同发起的全国自贸片区创新联盟在深圳前海成立，并举行第一次全体会议，通过《全国自贸片区创新联盟成立宣言》和《全国自贸片区创新联盟建设方案》。创新联盟旨在推动自贸试验区协同创新和协调发展，构建开放新格局，在更高层次上推进自贸试验区建设，更好发挥自贸试验区的示范引领作用。

4月25日，广东省自贸办在广州举办广东自贸试验区四周年成果发布会，对外发布《中国（广东）自由贸易试验区金融服务业对外开放指引（2019年版）》、广东自贸试验区四周年制度创新最佳案例、营商环境评估报告，以及投资便利化、贸易便利化、跨境金融和航运发展四个指数。

4月25日，大横琴科技发展有限公司与寒武纪公司（中科院计算所孵化的智能芯片独角兽企业）签订合作协议成立合资公司，面向全球提供人工智能算力服务，粤港澳大湾区首个先进智能计算平台将在横琴落地。

5月6日，广州市与中国科学院共建广州南沙科学城和中科院广州明珠科学园签约仪式在京举行。

5月7日，广东自贸试验区首单艺术品文化保税展示业务在南沙片区启动。

5月15日，广东省委书记李希到珠海横琴片区，深入税务服务机构、项目建设现场和青年创新创业园区，就深入学习贯彻习近平总书记关于横琴开发开放重要指示精神、推动横琴开发开放进行调研。

6月11日，广州市人民政府与恒大集团签署战略合作框架协议，根据协议，恒大将在广州南沙区建设价值1 600亿元的新能源汽车三大基地等项目。

6月11日，广州南沙政务服务中心正式上线推行5G网络覆盖试点。

6月11日，珠海市首家QFLP试点企业——礼达联马（珠海）股权投资管理有限公司通过审批，获得试点业务资格。

6月25日，全国首例跨境融资项下不动产抵押在南沙区不动产登记中心成功办理。

6月28日，全国首个“大湾区国际人才一站式服务窗口”在广州南沙片区正式揭牌成立。

7月4日，澳门居民在横琴片区领取首批参加珠海医保社会保障卡。

7月11日，全国自贸片区创新联盟制度创新对接大会在前海蛇口片区举行。会上，各片区发布2019年上半年118项制度创新案例，上线制度创新成果共享平台、信用合作交流平台，授牌20家前海注册企业为服务内地合伙人企业，签约服务内地项目金额420.9亿元。

7月17日，全国首单二手车出口从南沙离岸启航。

7月25日，南沙开发区和下一代互联网国家工程中心在广州签约，共建“下一代互联网国家工程中心粤港澳大湾区创新中心”，建设基于国际IPV6根服务器的“互联网+”公共服务平台、下一代互联网离岸数据中心等公共基础设施，助力南沙片区打造数据特区。

7 月 31 日，全球首座狮门影业电影主题室内互动体验场馆——狮门娱乐天地在横琴片区开业。

8 月 10 日，南沙片区创新推出“保税+会展”汽车进口模式。

8 月 29 日，以“跨越太平洋的合作之路”为主题的“2019 智利企业家中国横琴行”主题日活动在横琴开幕，30 名智利企业代表与近 300 位中国投资者在横琴片区充分对接。

9 月 24 日，广东省省长马兴瑞在商务部拜访钟山部长，沟通需商务部支持事项。

9 月 25 日，60 名首批港澳导游及领队获颁横琴专用导游证。

9 月 26 日，广州南沙粤港澳全面合作示范区重点项目建设动员会在广州举行。广东省委书记李希，香港特别行政区行政长官林郑月娥，中央人民政府驻香港联络办公室主任王志民，中国科学院党组副书记、副院长侯建国，广东省省长马兴瑞，全国人大教科文卫委员会副主任委员杜玉波出席活动。现场启动了香港科技大学（广州）项目、中国科学院明珠科学园首批项目的建设。

9 月 27 日，珠海市第九届人民代表大会常务委员会第二十三次会议审议通过《珠海经济特区横琴新区港澳建筑及相关工程咨询企业资质和专业人士执业资格认可规定》，并于 2019 年 12 月 1 日起施行。该项立法是全国首部明确引进港澳企业和专业人士直接执业服务的地方性法规。

10 月 2 日至 5 日，中共中央政治局委员、国务院副总理胡春华在广东省调研自贸试验区建设工作。

10 月 21 日，粤澳跨境金融合作（珠海）示范区正式揭牌。

10 月 23 日至 24 日，第二届中国（广东）人工智能发展高峰论坛在南沙片区举办，来自中、英、美等国家的人工智能领域顶尖科学家、学者、产业界代表围绕“AI&All”这一主题开展交流探讨。

10 月 24 日，国家版权创新发展基地在前海蛇口片区正式揭牌。

10 月 26 日，第十三届全国人民代表大会常务委员会第十四次会议表决通过《全国人民代表大会常务委员会关于授权澳门特别行政区对横琴口岸澳方口岸区及相关延伸区实施管辖的决定》，率先从法律层面实现横琴与澳门之间基础设施的互联互通。

10 月 28 日，广东省自贸办与澳门经济局在广州共同召开 2019 年粤澳共同推进广东自贸试验区建设专责小组会议。南沙、前海蛇口、横琴自贸片区管委会，澳门金融管理局，澳门贸易投资促进局等单位派员参加会议。

10 月 29 日，2019 世界自贸区（横琴）论坛在横琴片区举行。广东省自贸办副主任陈广俊、世界自由区组织副首席执行官阿卜杜拉·卡西姆出席开幕式并致辞。论坛聚焦新时期先进自贸区规划管理、顶层设计、领导力培训、发展经验等内容开展探讨。

11 月 16 日，第六届中国国际马戏节开幕式在横琴举行。

11 月 17 日，广州南沙国际邮轮母港正式运营。广州南沙国际邮轮母港位于广东自贸试验区的南沙新区片区，项目规划岸线 1 600 米，建设 4 个 10 万—22.5 万总吨邮轮泊位。目前，建设的一期工程岸线总长 770 米，建成 22.5 万总吨和 10 万总吨邮轮泊位各 1 个，以及建筑面积约 6 万平方米的航站楼，年设计通过能力达 75 万人次，可停靠目前世界上最大的邮轮。

11 月 18 日至 20 日，CNBC 在南沙片区举办第二届全球科技大会，包括 IBM、纳斯达克、蚂蚁金服、华为、京东等多家行业领先企业开展研讨。

11 月 23 日至 26 日，2019 中国·横琴中拉标准舞/拉丁舞国际锦标赛在横琴片区举行。

11 月 24 日，“国际金融论坛（IFF）永久会址建设动员大会”在南沙举行，国际金融论坛永久会址宣布正式启动建设。IFF 是全球金融领域高级别常设对话交流和研究机构，被誉为全球金融领域的“F20”。IFF落户南沙，将充分发挥其金融外交平台和战略智库作用，吸引国际资本和高端金融人才在南沙集聚，致力打造中国首个国际金融岛。

11月26日，中国人民银行批准中国农业银行广东省分行接入自由贸易账户分账核算业务系统，标志着广东作为继海南之后第二批复制FT账户体系的地区，可以正式开展FT账户分账核算业务。

11月29日，澳门科技大学与横琴新区管委会签署合作协议，在横琴共建产学研示范基地，开展重点领域的前沿技术研发。

11月30日，“广东-黑龙江两地自贸试验区交流合作座谈会”在哈尔滨市举办。在黑龙江省委常委、哈尔滨市委书记王兆力和广东省副省长张虎共同见证下，深圳前海蛇口、广州南沙、珠海横琴三个片区分别与哈尔滨、绥芬河、黑河三个片区签署合作框架协议。

11月30日，横琴首家由澳门执业医生开设的诊所——欧伟乐内科诊所开业。

12月2日，广东自贸试验区工作领导小组在广州召开第九次会议，深入贯彻落实党的十九届四中全会精神，研究进一步推动自贸试验区、中新知识城和海关特殊监管区域创新发展各项工作。广东省省长马兴瑞出席会议并讲话。

12月3日，全国首个跨境服务手机应用程序“琴澳通”发布，为澳门企业提供进驻、经营、投资商事服务，为个人提供出入境、居住、出行等多项服务。

12月9日，首批4名澳门社工获得横琴新区执业确认书。

12月12日，横琴新区国际互联网数据专用通道正式开通，横琴拥有首条通达我国互联网国家出入口局的直连高速通道。

12月12日，首批获得横琴执业资格认可的3位港澳建筑领域专业人士及两家澳门企业在横琴片区领取备案认可书。

12月17日，澳门大学和澳门科技大学的四所国家重点实验室在横琴揭牌，同时揭牌的还有横琴先进智能计算平台澳门分中心。

12月18日，广东省副省长张虎赴北京参加国务院自由贸易试验区工作部际联席会议第六次会议。

12月20日，新横琴口岸已具备旅检通关条件。新横琴口岸将采取“合作查验、一次放行”、二十四小时通关的模式，促使珠澳两地联系。

12月24日，广州市南沙人民法院、深圳前海合作区人民法院、珠海横琴新区人民法院在前海蛇口片区签署合作协议，探索搭建“环大湾区司法服务圈”。随后，三家法院共同召开第一次联席会议，就全面开展落实诉讼服务与多元化纠纷解决工作互助协作和资源共享等主题进行深入交流。

2019 年中国（天津）自由贸易试验区建设概况

中国（天津）自由贸易试验区管理委员会

史继平

中国（天津）自由贸易试验区管理委员会办公室主任

史继平，男，汉族，1964 年 9 月生，山东莱州人，1990 年 8 月参加工作，1996 年 12 月加入中国共产党，研究生学历，历史学硕士。

现任中国（天津）自由贸易试验区管理委员会办公室主任，天津市滨海新区发展和改革委员会党组书记、主任，滨海新区粮食局局长，天津滨海综合发展研究院院长（兼）。

一、经济运行数据

（一）投资情况。

2019 年，中国（天津）自由贸易试验区新设立企业数 11 599 家，其中内资企业数 11 321 家，外商投资企业数 278 家；期末实有企业数 75 400 家，其中内资企业数 71 638 家，外商投资企业数 3 762 家。新增内资企业注册资本 2 557.9 亿元人民币，期末实有内资企业注册资本 21 579.3 亿元人民币；合同外资金额 141.9 亿美元，实际使用外资金额 21.9 亿美元，累计实际使用外资金额 98.3 亿美元。备案境外投资机构 39 个，境外中方协议投资额 7.92 亿美元，境外中方实际投资额 9 亿美元。固定资产投资 498.9 亿元人民币，税收收入 484.22 亿元人民币。

（二）贸易情况。

2019 年，天津自贸试验区进出口总额 2 072.0 亿元人民币，其中进口总额 1 655.4 亿元人民币，出口总额 416.6 亿元人民币。

（三）金融情况。

2019 年，天津自贸试验区新增金融机构 71 家，其中持牌金融机构（总量）5 家，非持牌金融机构 66 家；区内银行向境外企业发放人民币贷款 9 亿元人民币，跨境双向人民币资金池业务结算量 18.3 亿元人民币，跨境人民币结算金额 534.4 亿元人民币。

（四）创新情况。

2019 年，天津自贸试验区新增专利申请 3 986 件，新增专利授权 2 945 件。新增高新技术企业 382 家，高新技术企业主营业务收入 1 782.8 亿元人民币。

二、建设措施及成效

（一）加强统筹谋划和推动落实，高标准推进自贸试验区建设，改革创新工作取得新进展。

一是加强改革创新统筹谋划。组织起草《关于支持中国（天津）自由贸易试验区创新发展的措施》《中国（天津）自由贸易试验区创新发展行动方案》，提出一批首创性、重构性自主创新措施，两个文件经天津市委常委会和市政府常务会审议通过后，于 2019 年 9 月 30 日印发。编制落实计划表和 2020 年创新发展重点项目。研究推动自贸试验区调区扩区，多次征求国务院发展研究中心意见，起草形成可行性分析报告和建设方案。

二是推动《深改方案》任务落实。建立专题会议、情况通报、工作台账和联络员制度，编发《深改方案》进展情况通报 12 期，以大力度高标准推动任务落实。截至 2019 年底，《深改方案》128 项任务已完成123项，占总量的96%，市级事权任务全部完成，经毕马威企业咨询（中国）有限公司第三方评估，甄选出55项全国性创新成果。

三是做好总结评估和复制推广工作。累计实施428项制度创新措施，向国务院和部际联席会议办公室总结上报233项试点成果和创新实践案例，向全国复制推广27项试点经验和实践案例，向天津市和相关区域复制推广328项经验案例。2019年，7项成果入选国务院第5批全国复制推广试点经验，2个案例入选国务院第3批“最佳实践案例”，总结推出新一批33项向天津市和京津冀地区复制推广的经验案例。

四是争取更大改革自主权。印发贯彻落实国务院关于支持自贸试验区深化改革创新措施的任务分工，截至目前，39项任务已承接36项。上报“建立细胞基因治疗新技术转化应用先行示范区”等16项创新诉求和建设京津冀国际人才港等2个系统集成赋权建议方案，争取国家进一步赋权。

五是优化体制机制。落实市委、市政府关于推动中国（天津）自由贸易试验区管理委员会体制机制创新的意见，制定印发法定机构等改革实施方案，启动法定机构领导班子公开选聘，稳步推进人大授权决定、议事规则、绩效考核方案等配套文件编制。在自贸试验区各片区实施法定机构改革。

（二）制度创新取得突破，产业培育创新活跃，服务国家战略取得新进展。

制度创新方面：

一是“放管服”改革持续深化。各片区承接市级权限下放457项，在全国率先实施经营许可“一址多证”、民非机构“多项合一”、租赁SPV公司注销“白名单”等举措。深化“一制三化”改革，推进“无人审批超市”、承诺制审批、建设项目联合审批。出台环境影响评价告知承诺制改革实施办法，实现“零审批”管理。在天津滨海新区政务服务办加挂天津自贸试验区行政审批局牌子。

二是金融创新取得突破。自由贸易（FT）账户政策获批复制、正式上线，天津成为继上海、海南之后，第三个上线FT账户的地区。全国率先开展飞机离岸租赁对外债权登记业务和共享外债额度便利化两个试点，有效降低租赁企业汇兑成本和经营风险。出台全国首个自贸试验区保税租赁业务管理办法和首个商业保理行业监管办法。自贸试验区挂牌至2019年12月末，区内主体累计新开立本外币账户8.1万个；办理跨境收支2 117.5亿美元；结售汇942.4亿美元；跨境人民币结算4 111.3亿元人民币。

三是投资贸易更加便利。深入落实自贸试验区新版外商投资负面清单，落户首个外资演艺经纪公司。2019年1—12月，新增外资企业278家，实际利用外资约22亿美元。探索口岸通关和物流流程综合优化改革，率先试运行“全国电子仓单系统”，实现华大基因样本“整批申报、分批核销”、PPG公司进口航空涂料“提前报关、车船直取、码头放行”。与天津海关建立联合创新工作机制并举办首期创新沙龙，全国首个海关区块链验证系统上线运行，促成全国13个海关实现进口租赁飞机跨关区监管。

四是持续优化法治环境。天津市高级人民法院在天津自贸试验区设立天津市第三中级人民法院和知识产权法庭，天津自贸试验区法院正式挂牌。天津市高级人民检察院再次出台促进和保障自贸试验区建设文件，在天津自贸试验区召开全国检察机关自贸区检察工作研讨会。

产业培育方面：

一是租赁保理业创新活跃。制定租赁业升级版工作方案，促成全国13个海关进口租赁飞机跨关区监管，首创经营租赁飞机退租等业务模式。2019年1—12月，共完成178架飞机租赁业务，8台发动机租赁业务，24艘国际船舶租赁业务，6座钻井平台租赁业务，保持全国领先。率先开展商业保理试点，积极探索开展国际保理、再保理业务，支持保理企业接入央行征信系统，保理业务规模占全国的15%。

二是智能产业示范区建设加快推进。实施智能产业发展规划和三年行动方案，依托国家级产业技术创新平台，打造GE中国智能制造、科大讯飞等一批智能制造试点示范项目，加快建设人工智能产业研发、制造、检测、应用中心。

三是生物医药产业创新发展。实施医疗器械注册申请人委托生产模式，开展药品上市许可人制度试点，推进建设京津冀“细胞谷”，汇聚中科院工业生物所、瑞普生物、宝石花医疗等200多家生物医药健康企业，产业规模以31%的速度增长。

中国（天津）自由贸易试验区概览

区域分布

中国（天津）自由贸易试验区（以下简称天津自贸试验区）于2015年4月21日正式挂牌，是北方第一个自由贸易试验区。天津自贸试验区总面积119.9平方公里，涵盖三个片区：天津港东疆片区30平方公里（含东疆保税港区10平方公里），是北方国际航运中心和国际物流中心的核心功能区。天津机场片区43.1平方公里（含天津港保税区空港部分1平方公里和滨海新区综合保税区1.96平方公里），是天津先进制造业企业和科技研发转化机构的重要集聚区。滨海新区中心商务片区46.8平方公里（含天津港保税区海港部分和保税物流园区4平方公里），是天津金融改革创新集聚区，也是滨海新区城市核心区。

功能布局

天津港东疆片区重点发展航运物流、国际贸易、融资租赁等现代服务业。天津机场片区重点发展航空航天、装备制造、新一代信息技术等高端制造业和研发设计、航空物流等生产性服务业，形成民用航空、装备制造、电子信息、生物医药、快速消费品和现代服务业等优势产业集群。滨海新区中心商务片区重点发展以金融创新为主的现代服务业，是拥有金融“全牌照”区域；基金、保理、租赁、资金结算等业态快速发展，初步形成创新金融、科技互联网、国际贸易与跨境电商三大特色产业集群。

试点内容

天津自贸试验区重点实施行政管理、投资、贸易、金融和服务京津冀协同发展五个方面的试点内容。

加快政府职能转变。深化行政管理体制改革，提高行政管理效能，实行审、管职能分离，建立综合统一的行政审批机构。推进政府管理由注重事前审批向注重事中、事后监管转变。建设适应市场化、法治化、国际化要求和贸易投资便利化需求的服务体系。

扩大投资领域开放。加快形成与国际接轨的高标准投资和贸易规则体系。在服务业和先进制造业等领域，减少对境外投资者资质要求、股权比例、数量配额等准入限制。改革外商投资管理模式，实行准入前国民待遇和负面清单管理模式。建立对外投资合作“一站式”服务平台。完善投资者权益保障机制。

推动贸易转型升级。大力发展服务贸易，深化国际大宗商品交易、期货保税交割、跨境电子商务等改革试点。建设国家进口贸易促进创新示范区。促进航运要素集聚，探索形成具有国际竞争力的航运发展制度和运作模式。实行国际贸易“单一窗口”管理服务模式。

深化金融领域开放创新。在利率市场化、人民币跨境使用、外汇管理等方面先行先试。建立具有自身特色的自由贸易账户，促进跨境投融资便利化和资本项目可兑换。推动金融服务业对符合条件的民营资本和外资金融机构全面开放。

服务京津冀协同发展。增强口岸服务辐射功能，促进区域产业转型升级，推动区域金融市场一体化，构筑服务区域发展的科技创新和人才高地。完善京津冀通关一体化改革。发挥中蒙俄经济走廊重要节点作用和海上合作战略支点作用，推动“一带一路”建设。

四是高端制造维修业务创新升级。出台鼓励保税维修和再制造产业发展的 10 项措施，开创境外飞机航程内保税维修绿色通道等新模式，全国率先开展船舶“委外加工”保税维修，累计落户 60 多个航空、船舶制造维修项目。

五是汽车贸易体系不断完善。建成运行国内首个平行进口汽车服务中心和首个整备中心，政府服务和管理平台实现与海关数据联网。2019 年 1—12 月，天津口岸以保税物流方式进口汽车约 8.4 万辆，占全国进口总量的 61.9%。完成全国首单平行进口汽车保税增值出口业务。开展二手车出口试点，完成全国首单二手商用车出口和“融资租赁+汽车出口”业务。

六是创新型金融业形成集聚。着力打造央企创新型金融板块承载地，中国中车、保利、中信等 70 多家央企在区内设立基金资管、供应链金融、持股平台等企业超过 400 家，注册资金超过 3 000 亿元；累计聚集金融、类金融企业超过 2 500 家。

七是跨境电商实现倍增。聚集一批大型自营电商和公共仓储服务商，实现跨境电商保税备货模式下中国北方首单宠物食品进口业务，研究推动开展跨境电商进口抗癌药品业务。2019 年 1—12 月跨境电商完成 2 770 万单，同比增长 41%，交易额 46 亿元，同比增长 57%。

服务国家战略方面：

一是服务京津冀协同发展战略。加速承接北京非首都功能疏解，国海海工、中车金租、中国兵器、中国电信等一批央企龙头项目落地，2019 年 1—12 月落户北京项目超过 600 个。

二是建设面向“一带一路”沿线国家和地区的“走出去”综合服务中心。与仁川自由经济区签署战略合作协议，支持中埃·泰达苏伊士经贸合作区建设，津蒙国际物流园项目落地。2019 年 1—12 月，备案境外投资机构 39 个，中方协议投资额 8 亿美元。

三是加快建设海外工程出口基地。吸引中交建、中铁建、北方车辆等优质项目以及央企背景的无车承运企业落户，开展国内首台出口非洲盾构机保税维修业务。

三、创新成果及案例

案例 1：保税租赁海关监管新模式。

开展保税租赁是天津自贸试验区制度创新的重要内容，是推动特殊区域创新升级，打造对外开放新高地，推动综合保税区发展成为销售服务中心的有效举措。天津海关以企业需求为导向，立足高效、便捷监管的原则，通过创新海关监管模式，推动异地委托监管、租赁资产交易和差异化担保制度等多项全国首创海关监管模式，基本形成便捷通关与有效监管并重，既符合国际通行标准，又具有我国保税租赁产业发展特点的创新海关监管模式，解决了融资租赁业务发展中的突出问题，取得明显成效。

主要做法：

进口租赁飞机、船舶、大型海洋工程结构物等大型设备实行异地委托监管，异地委托监管是指对注册在天津自贸试验区海关特殊监管区域内的融资租赁企业进出口飞机、船舶和海洋工程结构物等大型设备，在执行现行相关税收政策前提下，根据物流实际需要，实行海关异地委托监管。

飞机、船舶、大型海洋工程结构物等大型设备开展融资租赁业务，因无法移动、运输限制等原因，难以实际运至海关特殊监管区域。异地监管委托，通过海关间的联系配合，实现租赁标的由境外直接运输至实际使用地，大幅降低企业的成本。租赁资产交易在租赁合同执行中承租企业不发生变化，租赁企业发生变更，租赁企业希望可以在不影响飞机运营基础上，完成租赁资产交易的海关手续。以往由于该业务必须要飞机等租赁标的物实际出境再回到国内，会产生巨额成本，因此始终未能开展。

天津海关经过充分调研，创新性地提出通过申报保税核注清单的方式完成租赁企业间和租赁企业与境外租赁企业间发生“租赁资产交易”的海关监管流程，既可有效避免再次提交进口许可证问题，同时也可以解决企业收付汇和后续租赁合同变更的问题。针对融资租赁货物具有价值高、租赁期限长等特点，推动融资租赁差异化担保。差异化担保是指海关根据租赁货物实际情况、风险研判情况和企业信用情况等综合因素，对租赁货物税款担保进行差别化管理，即接受企业不同的担保形式，如保证金、银行保函或保证书等，以及征收不同比例的担保金额等。同时，完善监管体制，提供制度保障。2019 年 2 月，天津海关对外发布《天津海关关于中国（天津）自由贸易试验区内海关特殊监管区域开展保税租赁业务相关管理的公告》（天津海关公告〔2019〕1 号），这是全国首个保税租赁专项监管规定。同年 10 月，天津海关配合海关总署下发《海关总署关于综合保税区内开展保税货物租赁和期货保税交割业务的公告》（海关总署公告 2019 年 158 号）。两项文件将异地委托监管、租赁资产交易等多项海关创新监管模式，通过制度的形式固化下来，有力地促进了融资租赁产业的健康发展。

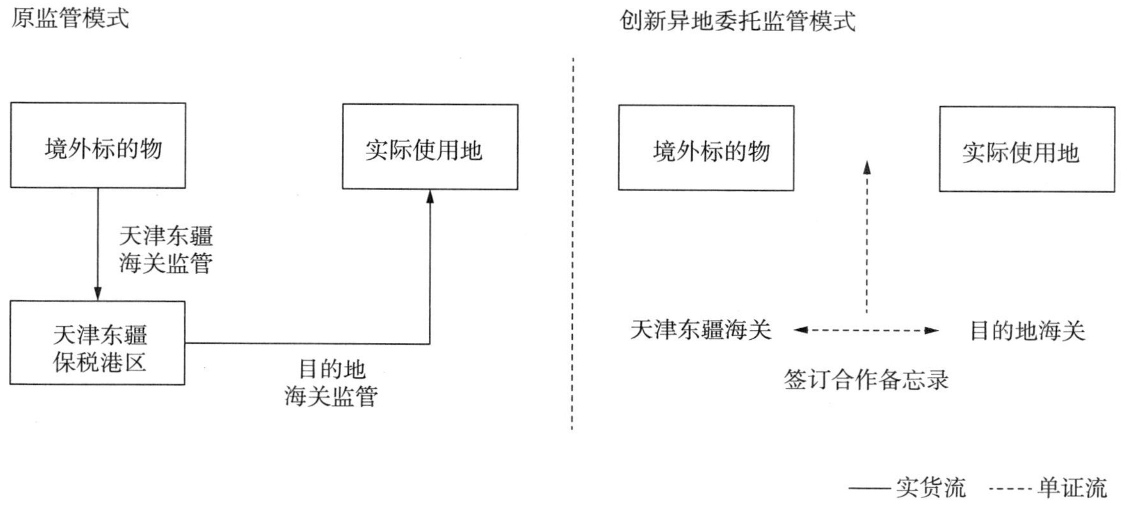

图 1：应用海关异地委托监管流程前后对比（以天津东疆海关为例）

实践效果：

一是产业集聚效应显现。截至 2019 年底，天津自贸试验区聚集租赁公司约 3 400 家，其中开展飞机、船舶等租赁业务的单一项目公司超过 2 000 家，累计注册资本金约 4 500 亿元人民币。2019 年 1—12 月，共完成 178 架飞机租赁业务，8 台发动机租赁业务，24 艘国际船舶租赁业务，6 座钻井平台租赁业务，飞机、船舶租赁业务全国占比超过 80%。

二是国际化水平进一步提高。全球排名前 25 位的飞机租赁公司中，一半以上在天津自贸试验区开展业务，累计交付飞机超过 1 200 架；AerCap、ALC、Avolon、Gecas 等多家国际知名租赁公司在天津自贸试验区设立平台，交付飞机超过 100 架。

三是企业成本显著降低。海关异地委托监管使飞机等大型设备可以直接在目的地投入使用，经企业初步测算，一架飞机可节省企业运输经营成本超过 100 万元；通过融资租赁差异化担保，进一步降低了守法企业资金占用成本，经企业测算，以进口租赁一架空客 A320 飞机为例，信用良好的企业可以按海关规定的金额提供税款担保，比全额征保的情况下减少了 1 000 万元以上的资金占用，实现了诚信守法便利，失信违法惩戒。

案例 2：基于区块链的海关验证系统。

习近平总书记在十九届中央政治局第十八次集体学习时强调，区块链技术的集成应用在新的技术革新和产业变革中起着重要作用，要把区块链作为核心技术自主创新的重要突破口，明确主攻方向，加大投入力度，着力攻克一批关键核心技术，加快推动区块链技术和产业创新发展。为贯彻落实总书记重要指示批示精神，天津海关以区块链技术为重要突破口，积极推进海关监管改革创新，持续优化海关监管作业流程，提高海关运作效率，持续助力中国（天津）自由贸易试验区贸易便利化水平提升，打造便捷高效、公平竞争、稳定透明的口岸营商环境。

主要做法：

依托区块链创新技术实现监管时空的突破，通过将海关监管领域从“管结果”扩展为“管过程”，推动海关通关向“无感通关”转变，打造自由便利的海关监管制度，海关区块链验证系统的总体运营思路是推动链上信息从“自证”向“他证”转变。区块链是一套治理架构，可以通过设置激励机制，推动原本的“信息互联网”向“信任互联网”变迁。系统对不同节点同一字段自动验证一致后即验核通过，海关可调取各节点数据，相互印证，改变以往业务数据均由运营人向海关提交并审核的“自证”模式。天津口岸区块链验证试点项目在天津海关的海运、空运场景下试点。海运场景，在海港口岸开展海运进口货物业务试点；空运场景，在空港口岸开展B类快件及普货试点。在验证试点工作中，天津海关完成了业务场景的设计，本地区块链节点的建设及拓展，推动相关企业上链，取得科技创新推动贸易便利化的初步成效。

海运业务场景，在海港口岸以海运进口货物，根据海关端、国内贸易商、海外端、银行开证、国内仓储管理、物流端、中检溯源端、业务运营端等节点构建链条。各业务节点上链后，为联盟链提供上链数据，并且基于区块链平台获得自身业务能力提升。为天津关提供辅助通关系统，系统为业务人员提供基于报关单的全部业务数据查询功能（数据来源于区块链各节点），为一线审单业务人员提供便利的辅助校验功能，帮助业务人员识别报关单表头、表体、附件，以及区块链上的各种数据信息不一致的情况。将真实的数据提供给业务场景的各业务相关方，并且便于国内贸易商直接获取真实的海外数据，获得银行金融服务，促进企业良性发展。提供银行开立信用证结算所需要的部分业务数据，并为银行风控、普惠金融业务部门提供真实的企业数据来源。提供货物仓储数据上链，能够及时获取上下游相关方提供的进出区业务状态信息。能够提供在海外贸易、物流、通关等环节与中国客户交易产生的相关业务数据，通过区块链将数据安全便利地传递给业务环节的各个相关方，增强海外贸易商对国内贸易商的吸引力，扩大业务量。提供物流数据上链，同时通过数据交叉验证降低物流信息填报差错率及填报难度，提高物流服务效率。提供溯源数据上链，将货物溯源能力与区块链相结合，实现业务流与货物流的融合。

空运业务场景采用底层基于Fabric的平安自主集成创新的Fimax技术。Fabric联盟链技术是可验证案例的企业级区块链开源架构，具有多通道管理、身份管理、智能合约等特性。空运场景应用方面，在空港口岸开展普货业务及B类快件试点。快件区块链项目的总体运营思路是推动链上“自证”向“他证”转变，通过区块链“去中心化、不可作伪”的特点，经区块链验证的快件报关单经过境外发件人、快件运营人、境内二程物流、收件人等多方通过公共记账簿对同一数据进行自动交叉校验，主要涉及商品名称、申报数量、价格、收件人姓名、收件人地址等字段。系统对不同节点同一字段自动验证一致后即验核通过，海关可调取各节点数据，相互印证，改变以往快件数据均由运营人向海关提交并人工审核“自证”的模式。

实践效果：

天津海关对上链的业务场景所涉及的业务开展分析与研讨，结合“两段准入”业务改革，出台区块链应用八条配套支持政策，积极做好相关业务政策在天津口岸先行先试并取得实效。

一是简化数据审核，提高通关效率。企业的上链信息经过多方交叉验证，提升了贸易数据的真实性和可靠性，在口岸通关现场可以简化海关对报关数据、贸易单证真实有效性的审核，可缩短通关时间，在营造贸易便利化方面，发挥积极的作用。例如，海关业务现场审单关员，以往需逐项审核报关单信息及多份随附单证，现在可根据区块链辅助审单程序显示的交叉验证结果，进行有针对性的字段审核，缩短了审单时间，加快了通关效率。

二是拓展链条数据，提升海关监管能力。借助区块链技术不可篡改、便于追溯的技术特性，天津海关积极拓展海外溯源方参与区块链验证试点项目。例如，2019 年 7 月 1 日在天津海关申报的两票自乌拉圭进口冻肉，货值 102 936 美元，成功实现中检集团驻乌拉圭办事处溯源信息上链，提升了对食品安全的管理能力和海关监管的严密性，避免虚假单证使用。

三是降低贸易成本，提升物流链管理效率。上链企业通过数据实时分发共享，免除了相关纸质文件的传递，实现信息交互的数字化、无纸化，还解决了业务单证多方重复提供、人工数据录入差错、差错数据反复修改等诸多痛点，简化了申报流程、节省企业劳动成本。例如，空运场景跨境贸易区块链网络已实现订单、发票、装箱单、转运前检验单、分提运单、主提运单 6 大重要贸易单据的信息结构化，信息从生成时即被加密上传至区块链，并可由系统自动交叉验证。在贸易端，企业无须再耗费大量人力收集、整理和核对贸易单据，通过区块链系统实现信息整合，每一套单据平均耗时仅 10 分钟，相比于传统模式节省约 50 分钟。经交叉验证后，系统将直接生成电子报关单并发送给报关行，在链上即可完成信息流转，相较于原有的由进口方人工整理单据并寄出的方式，节省单据流转时间 1—2 天。

四是助推企业获得更优质的金融服务，进一步优化口岸营商环境。上链企业通过共享其外贸数据和验证结果，提升了自身透明度、可信赖度、可预测性，为金融机构对企授信测评提供客观真实的量化标准。据了解，辖区内多家上链企业正在通过区块链海关应用探索金融新模式，已享受到线上化贷款、融资审核便利等多项金融便利，天津空运口岸营商环境进一步优化。例如，2019 年 10 月 8 日，通过区块链贸易直通车多方数据的“多证”能力，金融机构创新提供贸易融资（未来货权产品）300 万人民币。

案例 3：保税维修再制造业务新模式。

保税维修再制造是全球产业链延伸和行业分工细化的产物，相较传统加工贸易，技术含量和附加值更高，处于国际分工的高端环节。中国（天津）自由贸易试验区紧扣产业升级发展需求，建立以“海关特殊监管区域外保税维修再制造”“自贸区内企业委托自贸区外企业实施保税维修”“境外飞机保税维修形式申报”“境外飞机航程内保税维修绿色通道”等创新政策集群为基础的保税维修再制造业务新模式，多项政策为全国首创，天津自贸试验区已成为我国保税维修再制造领域的政策创新高地。

主要做法：

一是扩展保税维修再制造业务实施区域，会同海关、商务等部门将保税维修再制造实施区域从海关特殊监管区域内扩展到整个天津自贸试验区，并通过委托维修进一步扩展到自贸试验区联动创新区域。天津自贸试验区内企业，经批准后可在海关特殊监管区域外开展有关保税维修再制造试点业务。企业向属地海关申请开具保税维修账册，待维修再制造品可在保税状态下入厂维修，符合条件的，免缴保证金；所需进口料件予以保税，所用国内料件，予以退税。天津海特飞机工程有限公司依据这一政策，获批成为天津市第一家在海关特殊监管区域外开展保税维修再制造试点业务的企业。天津自贸试验区内企业，在取得保税维修再制造试点资格后，采取委托维修模式，由自贸试验区创新联动区域内具备条件的关联企业，开展保税维修再制造试点业务。该项创新率先实现保税维修再制造政策向自贸试验区外的复制推广。自贸试验区内企业中舟船舶工贸有限公司获批试点企业后，成功委托天津新港船舶重工有限责任公司实施船舶保税维修业务。

二是优化保税维修再制造业务流程，破解飞机保税维修“境外三日游”问题。按照相关规定，为满足清关需要，境外飞机在境内完成保税维修或调试、检测后，必须即刻飞离国境。这就造成，境外飞机若计划在境内其他地区继续实施客改货等业务，必须先飞离国境，再返回境内（一般飞到韩国仁川后返回，需 3 天时间，业内俗称“境外三日游”）。由此产生较高的调机成本和调机时间。另一方面，若是境外公务机，保税维修离境后将不能继续执飞已获批的剩余航段，降低了境外公务机在国内维修保养的积极性。针对飞机保税维修“境外三日游”问题，天津自贸试验区与天津海关创新举措，提出飞机完成保税维修或调试、检测后先飞至天津综合保税区（视同离境），再由综合保税区调至相关企业（视同境外进口）进行客改货等后续业务的模式，飞机无须实际离境，有效解决了“境外三日游”难题。维修企业在维修过程中时常需要将发动机、起落架、电脑等零部件送至国内其他企业进行维修或升级，需要频繁办理相关零部件通关手续。为此天津海关创新多项措施，简化零部件通关手续。例如，维修中的境外飞机所属部件，需外发维修的，无须先行离境，可直接转至境内企业维修，并在维修后直接运回。海关特殊监管区域外维修企业，可直接从海关特殊监管区域内企业，以保税方式，购入维修再制造必需的部件及耗材等，有力保障了维修再制造业务的开展。此外，天津自贸试验区还出台了区内航空维修企业直接申请海关 AEO 高级认证企业，海关特殊监管区内企业采用电子围网区块链验证等技术手段，实施“批次进出、集中申报”便捷通关模式等多项创新措施。区内企业维修周转件清关时间由过去的 3 天减少到 10 分钟，通关成本下降 50%。

三是出台国内首批地方性产业指导政策。近年来，天津自贸试验区会同天津海关、天津市商务局等部门，围绕飞机维修、“客改货”、部件延伸维修、适航性检测、信用评定、保税仓储和模式规范等诸多领域，先后出台《关于在中国（天津）自由贸易试验区开展保税维修和再制造业务的实施办法》、《关于印发中国（天津）自由贸易试验区保税维修和再制造项目核准方案的通知》、《中国（天津）自由贸易试验区机场片区支持和鼓励航空保税维修再制造产业发展若干措施》和《中国（天津）自由贸易试验区机场片区规范和指导企业适用保税维修再制造政策的若干意见》，有效规范和保障了保税维修再制造业务发展。

实践效果：

一是加速产业集聚。保税维修再制造试点业务如同润滑剂，对于有效延伸产业链和进一步加强产业紧密度和迅速形成产业集聚效应具有重要意义。以航空产业为例，截至目前，天津自贸试验区机场片区已聚集庞巴迪公务机、古德里奇发动机短舱、赛峰直升机发动机、海特飞机工程、宜捷海特公务机、海航技术、中航锦江、航新航电、华彬航空等一批航空维修项目。在大力推进保税维修再制造产业发展的过程中，维修再制造及其配套企业之间，海关特殊监管区内企业与区外企业之间的联动与依存度日益紧密。大量航材在海关特殊监管区内存储，成本更低，通关更便捷。上下游企业间的联动现象日益明显。例如，综合保税区的 PPG 公司是周边航空维修再制造企业的油漆与封闭材料供应链服务商；围网外的海特公司在整机维修过程中，需要将发动机送到围网内的古德里奇公司保税维修；海特公司不断扩大业务范围，在综合保税区设立安胜航空模拟机制造公司和飞安模拟机培训机构；空客公司的高标准喷漆厂房和技术，又使其成为境外飞机在天津完成退租检和启动新租约的首选之地；庞巴迪具备公务机维修技术能力，海特公司的维修资质最全，双方在维修技术与维修资质方面有密切的合作。

二是充分激发企业活力。保税维修政策创新，有力促进企业开拓国际市场，激发企业发展活力和动力。例如，海特飞机工程利用自贸试验区保税维修政策优势，做大做强业务，先后获得 B737-800

型客改货能力认证和 A320NEO 定检大修能力，其飞机保税“客改货”再制造业务属全国首例，2019 年完成境外飞机客改货 4 架次，完成保税维修 6 架次。庞巴迪公司 2019 年完成订单 20 单，维修收入同比增幅超过 30%。新港船舶重工 2019 年底完成我国首单海关特殊监管区域外船舶保税维修业务，2020 年预计可承修船舶 100 余艘。

案例 4：创新商业保理融资模式和会计核算规范。

为高水平推进自由贸易试验区创新发展，积极打造产融结合示范区，天津自贸试验区依托雄厚的制造业基础，聚焦供应链金融、科技金融等创新领域，支持区内符合条件的商业保理企业开展线上债权融资和资产证券化项目，推出首个行业会计核算准则，加强行业监管，有效控制金融风险，引领商业保理高质量发展。

主要做法：

一是首创国内商业保理企业全线上债权确认融资模式。中企云链在严格遵守国家法律框架基础上，结合反保理应用实践，以互联网化的应付账款确权凭证“云信”（一种可拆分、流转、融资的电子付款承诺函，其实质是基于真实贸易的企业应收应付债权凭证）为切入点搭建互联网供应链金融共享平台，将传统线下需投入大量人力物力的供应链金融服务，全部实现线上化，极大地压缩了审核、尽调的时间，金融业务当日即可完成，重构了供应链金融服务的场景。在传统银行“1 家银行+1 家核心企业+N 家上下游企业”保理业务供应链融资模式的基础上，首创“N 家银行+N 家核心企业+N 家上下游企业”全线上“N+N+N”债权确认新模式，实现融资方式由点对点到交互式多向选择的转变。通过引入银行等金融机构成为企业的股东，探索出

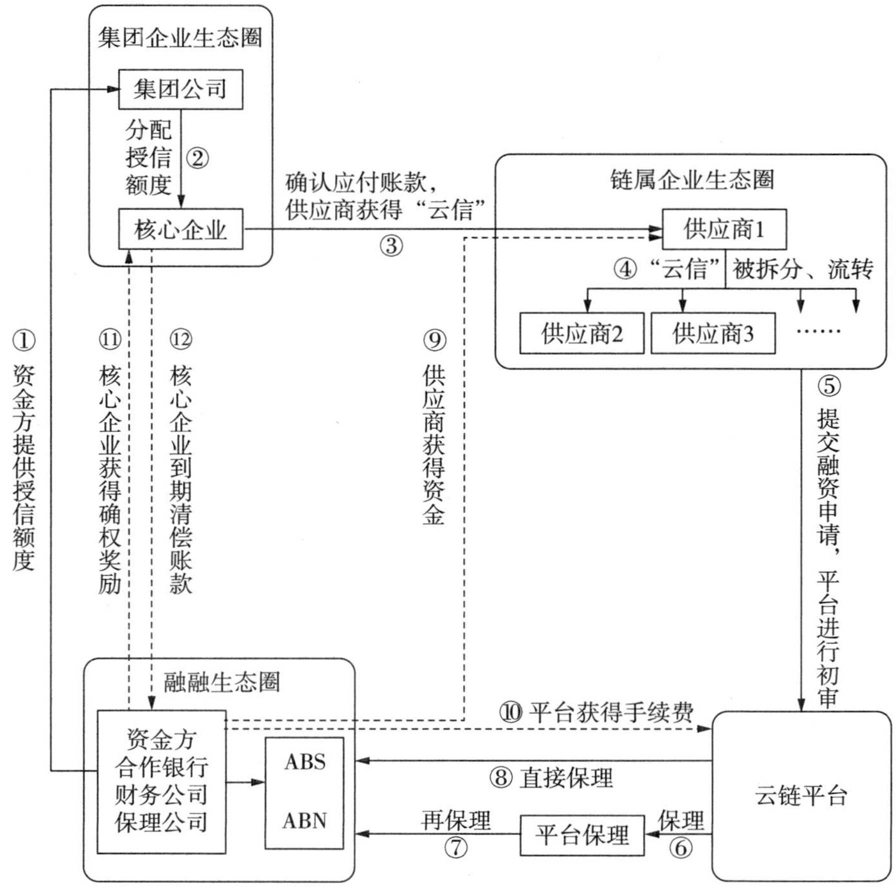

图 2：互联网供应链金融共享平台

基于大企业授信的债权融资新模式。银行只对核心大企业授信，而核心企业再基于交易真实性将自身授信向上下游企业分割，让供应链上中小企业也能共享大企业的信用，大幅度降低供应链上下游企业的资金成本，通过“云信”的流转，银行实质上是以核心企业应付账款为标的，供应链中小企业的资金风险敞口由银行端下移至核心企业，作为风险承担主体，核心企业也将获得相应风险溢价收益，从而激发资金供需双方及核心企业的资源共享动力。从业务操作层面来看，基于核心企业确权的“云信”线上平台无须对供应链上下游进行现场审核，通过把控核心企业与供应链企业的交易合同，并经由核心企业确认，有效规避了融资风险。核心企业在银行的闲置授信额度得到有效利用，供应链企业通过“云信”债权转移的方式有效盘活资金流，供应商的融资成本仅在核心企业融资成本的基础上上浮至多10%，而供应商融资成本中高于核心企业融资成本部分将支付给核心企业，作为对核心企业主动确权的激励，进而鼓励核心企业将更多的应付账款业务纳入“云信”平台上办理。鼓励中企云链与发改委下属“信用中国”建立合作关系，共同梳理核心企业商事信用，严格把控金融风险，支持企业基于“云信”开展的企业征信业务服务进行征信牌照申请。同时，在企业准入方面，支持中企云链采取“严抓核心企业，放宽中小企业”的策略，帮助企业建立自己的优质核心企业名录，严格审查申请注册的核心企业资质，而对于供应商，只要具有基本的经营资质即可。通过对核心企业资信状况的严格把控，有效控制保理业务风险，截至目前，中企云链保理业务坏账率为0。

二是完成首单以保理融资债权为基础资产的资产证券化项目。为进一步拓宽保理企业通过资产证券化进行直接融资的融资渠道，经与上海证券交易所联系，对接恒泰证券等相关企业，由方正保理作为原始权益人、恒泰证券股份有限公司作为管理人的“方正保理一期资产支持专项计划”（以下简称“方正保理一期”）取得上交所的无异议函，并完成资金募集，成为天津自贸试验区内首单以保理融资债权为基础资产的资产证券化项目。该项目流程清晰、操作规范，树立了商业保理公司开展资产证券化业务的典范。产品发行成功后，以方正保理为核心的4家保理公司深度合作，探索保理公司发行集合资产证券化产品的可行性，进一步拓宽了保理企业的融资途径和手段。

三是推出全国首个保理行业会计核算规范。此前，我国对于商业保理企业的会计核算未制定过统一的核算标准，使得行业内的会计信息采集存在障碍，不利于商业保理行业持续健康发展。积极与中国服务贸易协会商业保理专委会及相关专业机构开展合作，推动天津市相关部门联合发布全国首个保理行业会计核算规范《关于天津市商业保理企业执行〈企业会计准则〉有关事项的通知》，通过增设会计科目和财务报表列报等方式，提升商业保理企业会计信息质量，促进商业保理行业持续健康发展。与天津仲裁委员会共同发布《商业保理合同示范文本》，有效推动了保理行业的健康发展。

四是加强监管，保障行业健康平稳发展。在商业保理项目引进环节，严审企业资质，坚守5 000万元注册资本实缴到位的底线，将“壳公司”拒之门外。严格筛选商业保理项目投资方，通过强化投资方资质核查和尽职调查，关口前移，源头入手，保障区域保理项目质量。鼓励区内符合条件的保理企业积极向人民银行提出央行征信系统接入申请，区内信达一汽保理公司成为全国首批4家接入央行征信系统的企业之一，并借助央行征信系统获取市场主体及失信人信用信息，有效规避业务风险，降低坏账率，进一步规范商业保理行业发展的征信环境。通过人民银行与全国首家经其批准的个人征信机构——百行征信开展合作，支持保理企业申请接入系统，进一步扩展区域征信信息来源渠道。探索搭建专业化的商业保理线上信息归集系统，将区内所有保理企业纳入线上实时监管系统，与区域非法集资预警线上系统配合，通过检索关键词，及时预警风险信息，有效防控金融风险。

实践成效：

一是服务实体经济，助力企业“去杠杆”。在自贸试验区“先行先试”的政策支持下，中企云链首创了国内债权确认新模式，切实服务实体经济发展。通过“云信”确权、流转，核心企业可及时快捷的进行应付账款清理，让大企业实现“去杠杆”，并有效解决国家对国有大型企业清欠民营企业账款的政策要求问题。供应链上下游的中小企业通过“云信”债权确认新模式，及时获得运营资金，有效盘活经营资产。截至 2019 年底，“云信”平台注册企业用户已超过 4 万家，核心企业实现“云信”确权超过 950 亿元，通过云信流转累计免费清理供应链企业三角债超 2 800 亿元。

二是拓宽融资渠道，降低融资成本。资产证券化业务能够有效解决商业保理企业面临的资金问题，有利于商业保理企业突破资金约束的瓶颈，迅速做大做强业务规模。保理企业通过规范化融资渠道，提升自身风控能力。同时，通过与正规交易所合作，能够防范互联网金融风险发生的可能性。目前，中企云链已与国有银行、城商行、农商行等 40 余家银行建立合作关系，实现 T+0 放款，拓宽了保理企业融资渠道，并成功实现供应商年息 5% 左右的融资成本，显著降低中小企业融资负担。云链平台资金来源广、融资成本低的特点，有效缓解中小微企业“融资难”、“融资贵”问题，为饱受高成本融资困扰的实体经济提供了最“贴心”的服务。目前，已为产业链中小企业提供应收账款保理融资 523 亿元。

三是规范商业保理会计核算标准。商业保理在我国属于新兴行业，会计准则及实施细则对其描述较少，企业核算易因科目、方法等不同导致账务处理出现差异。因此，探索商业保理业务会计核算规范，统一会计核算方法，规范核算行为，提供会计信息的可比性，对促进保理业规范发展具有现实意义。

案例 5：率先试点经营范围登记规范化。

2019 年 11 月，国务院印发《关于在自由贸易试验区开展“证照分离”改革全覆盖试点的通知》，要求在涉企经营许可事项全覆盖的基础上，推行经营范围规范化登记工作，理清证照对应关系，实现企业信息在市场监管部门、行业主管部门之间共享。中国（天津）自由贸易试验区作为试点区域，在国家市场监管总局的指导和天津市市场监管委的支持下，在全国率先试点经营范围登记规范化。

主要做法：

一是建设标准化词条库。在天津市市场监管委支持下，全程参与词条标准化建设，协助国家市场监管总局审核已有词条目录，确保数万词条数据均满足经营范围登记规范化要求；梳理、新增地方特色词条并将审核无误后的标准化词条嵌入经营范围规范化系统。

二是动态调整词条表述。对于经营范围规范目录中已使用的经营范围标准化表述，若发现确实无法满足市场主体经营需求的，在研究探讨出合适的新增或调整词条表述后，积极寻求天津市市场监管委帮助，协调国家市场监管总局做出动态调整。例如，国家市场监管总局词条中仅有“融资租赁”和“非银行金融业务”两个条目，分别对应融资租赁和金融租赁业务，但对租赁业内普遍存在的项目公司开展的具体经营项目，缺乏对应的词条表述。经协调国家市场监管总局，调整、增加了两个条目：一般项目，即金融租赁公司在境内保税地区设立项目公司开展融资租赁业务；许可项目，即融资租赁公司在境内保税地区设立项目公司开展融资租赁业务。

三是加强实操培训和业务指导。在政务服务中心自助服务区和相关业务办理窗口安装经营范围规范化系统，并安排专人为企业查询提供辅导，夯实具体工作开展的设备和人员基础。推动拓展试点使用范围，培训各商秘公司先行开展经营范围规范化试点工作，继而为其他企业提供更加全面专业的登记辅导服务。搜集企业反映的问题，及时向国家市场监管总局反馈意见建议。

实践效果：

一是通过规范化的表述和智能化提示，提升申请便利度和服务感受。对申请人而言，在登录经营范围规范预查系统后，可按照关键字进行条目搜索，每一条经营范围表述都明确标注是否涉及许可审批项目，按照条目可直接进行勾选式申报，方便用户操作。同时，借助系统新增的主题式搜索功能，在输入融资租赁、商业保理、餐饮、商贸等相关主题后，可自动关联多项相关经营条目供申请人按需选择，避免多次搜索；登记完成后，可自行登录国家企业信用信息公示系统，并公示经营活动内容。

二是进一步提升审核效率，为商事登记无干预审批奠定基础。对审核人而言，使用统一规范的经营范围规范化系统，可从烦琐的人工审核中解脱出来，无须再关注已被规范化的词条。同时，该系统可为告知、推送等业务流程的自动化、智能化应用提供支撑，减少对人为经验的依赖，更有效管控审核风险，提升全程电子化水平。

三是实现商事主体登记数据和“许可管理部门”的信息推送。对政府审批和监管部门而言，有了统一规范的经营范围规范化系统，有助于精准识别企业的行业归类、审批归属、监管归口，打通经营范围登记与税务开票、进出口报关等事项之间的信息关联，可有效触发“双告知”流程，促进跨部门数据共享归集和事中事后协同监管，是全面贯彻落实国务院“证照分离”改革全覆盖要求的有效举措。同时，经营范围登记规范化可区分记录一般经营项目和许可经营项目，将企业经营目的和经营活动的性质明确告知社会公众，降低社会风险。

四是通过数据规范和统一，实现跨地区和跨部门数据共享。经营范围规范化试点已于2019年11月在天津自贸试验区实行，实现了天津在国内的数据共享，为在全国范围内统一登记审核标准奠定基础。

案例6：“一企一证”管理模式。

为进一步推动企业实现“快入准营”，持续优化营商环境，2019年9月，天津自贸试验区推出“一企一证”综合改革，选择便利店、饭店等百姓生活密切的行业为对象，将一个市场主体开展经营涉及的多项行政许可事项，整合为一张载明相关行政许可信息的行政许可证，构建事前审批一证准营、事中事后综合监管新模式。

主要做法：

以企业实际需求为导向，全面梳理企业经营涉及的各类行政许可事项，分析各类行政许可事项要件清单，优化再造审批流程，构建综合监管机制，实现一证覆盖、拿证即开业，切实降低企业办事的制度性交易成本，营造更加便捷高效的营商环境。

一是开发“一企一证”智能审批系统，通过智能问答形式引导企业填报资料，明确企业具体需要申报的单项行政许可事项，并按照企业申报的事项自动生成相应的材料清单和定制化电子表单。对电子表单进行同类项整合归并，减少重复要素，并对表单形式实施信息化改造，对于同类信息企业只需一次填报，多个部门共享共用，解决申请人重复填表的问题。企业在线提交电子表单和材料后，各单项许可事项的审批人员可通过系统在线批注，对于不符合要求的部分予以详细说明并反馈企业，帮助企业一次办成所有准营许可。

二是全面推行综合受理。政务服务中心设立“一企一证”综合受理窗口，负责集中受理纳入“一企一证”综合改革范围的行业审批事项，企业只需提交一套材料，系统自动推送至相应的审批部门。各单项行政许可事项的审批部门按照统一时限审批，确保实现一口受理、内部流转、并联审批、限时办结、统一发证。

三是梳理制定综合告知单。以企业办理市场准入涉及的场所、设备、资金、人员和制度等审批要素为单元，对各单项行政许可事项办事指南进行标准化改造，并将审批条件、提交材料、办理流程、承诺时限等进行整合归并，形成一张清晰、易懂的告知单。

四是统筹开展联合踏勘。对各单项行政许可事项的现场踏勘要点、流程、时限等要素加以规范整合，制定行业联合踏勘办事指南。牵头部门负责合理设计踏勘方案、统筹组织专家评审、协调部门联合踏勘，各单项行政许可事项审批部门积极配合，做到多个事项一次勘查、整改意见一口告知、整改情况一次复审。

五是实现一证准营。各单项行政许可事项审批部门分别办结审批后，行政审批局统一制作并发放“行政许可证”。行政许可证通过二维码集成载明各单项行政许可的详细信息。市场主体只需在经营场所公示行政许可证，即视为符合各监管部门的亮证要求。

六是创新推行一企一检。明确市场监督管理局作为“一企一证”综合改革事中事后监管工作的牵头部门，统筹制定年度抽查工作计划，统筹组织各行业主管部门按计划开展部门联合“双随机、一公开”检查。对于已并入行政许可证的各单项行证许可证书依法需要年检年审的，由政务服务中心配合相关监管部门开设临时年检窗口，统一接收年检对象报送的年检材料，并转各相关监管部门分别进行年检，年检合格的，记入各自年检管理系统。

实践效果：

结合市场需求，共梳理出 10 个发生频次高、与百姓生活较密切的代表性行业作为首批纳入改革的试点行业，包括酒吧、便利店、游泳馆、宾馆、饭店、小餐饮、咖啡店、药店、幼儿园、医疗机构。通过流程再造，首批 10 个行业累计合并精简表格 25 个，精简率 71%，减少要件 124 项，减少 60%，合并踏勘 19 次，合并率 66%，合并许可证 25 个，合并率 71%。经统计，共为 18 家企业颁发行政许可证，平均审批时限压缩 80%以上，得到企业一致好评。

四、天津市政府及相关部门出台的政策措施

（一）《天津市人民政府办公厅关于印发贯彻落实〈国务院关于支持自由贸易试验区深化改革创新若干措施的通知〉任务分工的通知》（津政办函〔2019〕25 号）。

（二）《天津市人民政府办公厅关于印发中国（天津）自由贸易试验区创新发展行动方案的通知》（津政办发〔2019〕37 号）。

（三）《天津市人民政府印发关于支持中国（天津）自由贸易试验区创新发展措施的通知》（津政发〔2019〕27 号）。

（四）《市商务局　市生态环境局　滨海新区人民政府　天津海关　天津自贸试验区管委会关于印发在中国（天津）自由贸易试验区开展保税维修和再制造业务实施办法的通知》（津商产业〔2019〕6 号）。

（五）《天津市人民政府关于向滨海新区下放市级权力事项的通知》（津政发〔2019〕6 号）。

（六）《天津市人民政府关于修改〈天津东疆保税港区管理规定〉的决定》（（津政令 11 号）。

（七）《天津市人民政府关于印发天津市推进“证照分离”改革全覆盖试点工作方案的通知》（津政发〔2019〕30 号）。

五、大事记

1 月 17 日，习近平总书记考察天津港，了解港口码头作业和自动化设备运行情况，通过大屏幕察看港口全貌，结合实时数据展示听取天津港服务京津冀协同发展等情况介绍。习近平强调，经济要发展，国家要强大，交通特别是海运首先要强起来。要志在万里，努力打造世界一流的智慧港口、绿色港口，更好服务京津冀协同发展和共建“一带一路”。习近平指出，实体经济是大国的根基，经济不能脱实向虚。要扭住实体经济不放，继续不懈奋斗，扎扎实实攀登世界高峰。

1 月 23 日，中远海运航空货运代理有限公司出资 1.9 亿元入股天津航空发展有限公司，共同参与天津航空口岸大通关基地的建设。天津航空口岸大通关基地一期总投资 20.21 亿元，分为跨境电商产业园、联检服务中心等建设项目。其中，联检服务中心将于 2019 年上半年开工建设，基地一期整体

将于2020年底竣工验收。

2月22日，在“一带一路”“京津冀协同发展”“自贸区深改方案”等多项政策优势叠加的促进下，东疆进一步优化区内海外工程产业投资环境，吸引一批批优质海外工程企业落地东疆。东疆正全力打造我国最大的海外工程出口基地，助力工程企业“走出去”。

2月28日，天津市政府印发《关于向滨海新区下放市级权力事项的通知》，决定向新区下放625项市级权力事项。

3月11日，一架空客H225型直升机远渡重洋抵达天津自贸试验区机场片区飞机租赁区，该飞机完成租赁飞机保税入关手续办理后交付捷德航空，这是天津飞机租赁区自2018年底建成交付使用后“接待”的第一架直升机。

4月21日，天津自贸试验区成立4周年，累计新注册企业5.3万家，其中外资企业2 453家，注册资本4 431亿元；推出涵盖投资、贸易、金融、通关、政府服务等近400项先行先试改革措施；实现跨境投资、跨境融资、跨境发债、跨境人民币资金池、跨境外币资金池五个跨境金融便利化；着力打造国际化、市场化、法治化、便利化营商环境，积极服务京津冀协同发展战略。

4月28日，市委书记李鸿忠，市委副书记、市长张国清等到滨海新区调研自由贸易试验区工作，并召开天津自贸试验区推进工作领导小组会议，观看自贸试验区改革创新情况视频，听取自贸试验区管委会负责同志工作情况汇报，围绕《关于支持中国（天津）自由贸易试验区创新发展的措施》《中国（天津）自由贸易试验区复制推广经验清单》等，聚焦自贸试验区制度创新、政策措施实施的重点难点问题深入讨论，提出意见建议，研究会商应对解决之策。

4月29日，市长张国清主持召开市政府第54次常务会议，审议《建设国家租赁创新示范区打造租赁业发展升级版工作方案》，强调要对标国际一流标准，积极发挥先行先试优势，补齐发展短板，推动租赁业环境、机构、业务、政策、监管五方面升级提档，努力成为国际一流租赁业聚集区。

2019年5月，嘉和租赁以融资租赁方式出口首批35辆牵引车，在内蒙古自治区甘其毛都口岸完成报关手续，正式出口蒙古国，完成全国首单“融资租赁+汽车出口”业务。

5月26日，中蒙国际物流园有限公司合资合同签约仪式在天津自贸试验区举行。天津港经济技术合作有限公司与蒙古港集团有限责任公司共同出资1亿元人民币注册成立中蒙国际物流园有限公司，共同建设位于天津东疆保税港区西安道以南、澳洲路与非洲路之间的10万平方米津蒙东疆物流园，项目计划投资约为2.33亿元人民币。这是双方为进一步推进共建“一带一路”倡议、同蒙古国“发展之路”有效对接而取得的又一重大成果。

5月28日，在天津港东疆片区注册成立的嘉和国际融资租赁（天津）有限公司通过融资租赁方式出口的第一批35辆牵引车，在内蒙古甘其毛都口岸完成报关手续，正式出口蒙古国。这是中国企业以融资租赁方式出口汽车的第一单，为今后东疆企业创新贸易方式，向新兴市场国家出口汽车开辟了新通道。

6月3日，市商务局、市生态环境局、滨海新区人民政府、天津海关、天津自贸试验区管委会印发《在中国（天津）自由贸易试验区开展保税维修和再制造业务实施办法》，推进天津自贸试验区高质量发展，促进先进制造业和高端服务业聚集发展，规范对天津自贸试验区内企业开展保税维修和再制造业务管理，自公布之日起执行，有效期5年。

6月6日，《天津自由贸易试验区机场片区支持和鼓励航空保税维修再制造产业发展若干措施》发布，涉及适航性检测、航空维修、保税仓储、“客改货”、资质认证和通关便利化等诸多领域，其落地实施将有利于进一步支持和促进国内外航空维修企业和上下游产业在保税区集聚发展。

6月13日，《天津海关关于东疆保税港区保税仓储货物质押融资业务有关事项的公告》正式发布，这是全国首个推动解决保税仓储货物质押融资业务的海关政策，填补了口岸经济环节中的一项空白。

6月19日，天津市滨海新区人民政府办公室印发《关于在天津自由贸易试验区范围内鼓励和促进企业运用知识产权进行境外股权投资的指导意见》，深入落实“一带一路”倡议，推动天津滨海新区高质量发展，进一步提升中国（天津）自由贸易试验区开放水平，促进对外投资和知识产权合作便利化，为企业“走出去”培育新动能。

7月8日，经商务部备案，一汽国际贸易（天津）有限公司、常有好车（天津）汽车进出口有限公司、中进汽贸（天津）进口汽车贸易有限公司、广汇国际汽车贸易有限责任公司、中北汽车产业有限公司五家天津自贸试验区企业成为天津市首批二手车出口企业。

7月18日，国家外汇管理局天津市分局印发《关于修订〈进一步推进中国（天津）自由贸易试验区外汇管理改革试点实施细则〉的通知》，内容涵盖天津自贸试验区外汇管理改革已实施试点和新增试点政策，重点增加六个方面的政策创新，着力深化外汇管理“放管服”改革，进一步支持天津自贸试验区建设。

7月23日，商务部发布自由贸易试验区第三批“最佳实践案例”，其中天津自贸试验区“平行进口汽车政府监管服务新模式”和“租赁资产证券化业务创新”两项入选，为全国各地深化改革、扩大开放提供天津方案。

7月30日，市金融局、市税务局发布《天津自由贸易试验区内资租赁企业从事融资租赁业务试点确认工作流程的通知》。

8月22日，天津市税务局联合国家外汇局天津市分局在天津港东疆片区推出服务贸易对外付汇税务备案电子化试点，并于23日上午办理完成首单业务。

9月16日，天津茱莉亚学院顾问委员会正式成立。纽约爱乐乐团总裁兼首席执行官黛博拉·博达（Deborah Borda）、著名钢琴家郎朗等多位杰出人士担任委员会成员。知名指挥家余隆将出任天津茱莉亚顾问委员会主席。

9月17日，天津市政协围绕“坚持改革开放，高标准高质量建设天津自贸试验区”议题召开常委会议。副市长康义带领市委研究室，市政府办公厅、市发改委、科技局、工业和信息化局、人社局，天津自贸区管委会，天津银保监局等有关部门和单位负责人参会，与委员面对面协商。

9月18日，全国首单现货保税仓单质押融资业务落地天津港东疆片区，这是东疆在完善口岸经济营商环境、推动物流金融业务创新、解决国际贸易企业融资特别是中小企业融资难题的又一重要举措。

9月30日，天津市政府颁布印发《关于支持中国（天津）自由贸易试验区创新发展的措施》《中国（天津）自由贸易试验区创新发展行动方案》，作为天津自贸试验区创新升级的“自选动作”和“任务清单”。

9月30日，天津市委、市政府联合发文支持成立中国（天津）自由贸易试验区政策与产业创新发展局（以下简称“创新发展局”），专司制度创新。创新发展局隶属于天津自贸试验区管委会，按企业法人登记，实行法定机构模式运行管理，依照法定授权履行推动自贸试验区政策、功能、产业创新等职责。

10月10日，第五届中国天津国际直升机博览会在机场片区举行，本届直博会展期四天，参展国家和地区近20个，参展企业数量达400余家，展会期间举行了6场飞行表演，举办了近30场各类专业活动。

10月11日，天津“企业开办一窗通”平台在天津港东疆片区测试成功，首单“一窗通”业务在此落地，这是东疆继商事登记领域电子营业执照首发、外商投资企业单一窗口单一表格率先应用、税库银三方协议首发应用后，再次发挥自贸试验区政策创新优势开展先行测试。

10月19日，以“理念变革引领发展·新时代自贸试验区‘四大检察’职能完善与实现路径”为主题的全国自贸试验区检察工作研讨会在滨海新区召开，来自津沪冀辽等18个省市自贸区检察机关的百余名检察官和部分省市自贸区管委会负责人围绕检察工作服务保障自贸区建设发展进行专题研讨。

10月21日，第十届中国工业生物技术发展高峰论坛暨第四届生物工业投资大会在机场片区举行，全球百余位行业顶尖专家、企业创始人和知名投资人，500余名与会代表汇聚于此，重点围绕贯彻落实五大发展理念和国家创新驱动发展战略，深入探讨生物领域的最新成果、转化应用和产业对接等关键问题。

10月25日，时任天津自贸试验区管委会专职副主任张忠东做客天津政务网，介绍天津自贸试验区创新发展和《中国（天津）自由贸易试验区创新发展行动方案》有关情况。

10月25日，天津港东疆片区企业亚太融资租赁（天津）有限公司与新加坡中银航空租赁完成全国首单跨境飞机租赁资产交易业务，成功打通跨境租赁资产交易的全流程，对进一步拓宽飞机资产流转渠道、促进境外飞机租赁资产回归国内，推进飞机资产全球化流转、完善飞机资产流转生态具有重要意义。

11月13日，国家市场监管总局登记注册局与天津市市场监管委赴东疆调研，就经营范围自主申报工作同滨海新区市场局、东疆税务局、东疆企业服务和审批局召开专题研讨会，最终选择东疆作为全国唯一试点区域。此次东疆被选择为全国唯一商事主体经营范围登记规范化试点区域，是创新服务企业工作的又一重大举措。

11月14日，天津自贸试验区管委会与天津海关签署《共建自贸区联合创新工作机制战略合作协议》，涉及政策创新、功能开发、企业服务、专题沙龙、党团共建等五方面，标志着天津自贸试验区制度创新已完成由单一性创新向复合性创新、由单部门创新向多部门联合创新的升级转变。

11月26日，人民银行批准招商银行天津分行接入自由贸易账户（简称“FT账户”）分账核算业务系统，标志着“FT账户”体系在天津正式落地，银行可受理相关业务。天津成为继上海、海南之后，第三个上线“FT账户”体系的地区。

11月29日，天津市政府印发《天津市推进“证照分离”改革全覆盖试点工作方案》，中国（天津）自由贸易试验区将对所有涉企经营许可事项实行全覆盖清单管理，按照直接取消审批、审批改为备案、实行告知承诺、优化审批服务等四种方式分类推进改革。

12月9日，中国（天津）自由贸易试验区管委会发布面向国内外公开选聘政策与产业创新发展局副局长公告，为天津自贸试验区这一重要体制机制改革招揽全球“最强大脑”。

12月19日，由中国（天津）自由贸易试验区、天津经济技术开发区管委会、中国绿色租赁发展共同体支持，天津市租赁行业协会、联租科技研发（天津）中心主办的“2019中国租赁年会”在津举行。来自政府有关部门、行业协会、业内专家学者及租赁公司代表以“有序监管、规范发展”为主题进行了深入交流，共同学习监管新规则、探讨行业新挑战，寻求行业发展新机遇。

12月26日，随着工业和信息化部《关于同意建设天津自贸区国际互联网数据专用通道的批复》的印发，标志着天津市通信管理局顺利完成《国务院关于进一步深化中国（天津）自由贸易试验区改革开放方案》中“支持建设自贸试验区至国际通信出入口局的国际互联网数据专用通道”的工作任务。

12月26日，由天津自贸试验区管委会、天津开发区金融局与招商银行滨海分行联合举办的“天津自贸试验区FT账户宣传推介会”在津召开，聚焦金融类企业跨境投融资、租赁保理以及资产保值等方面，为企业提供更加便捷的融资工具和财务解决方案。

12月24日，天津自由贸易试验区人民法院揭牌，将为新时代滨海新区高质量发展和天津自贸区深化改革开放提供有力的司法服务和保障。

12月25日，机场片区企业天津市中舟船舶工贸有限公司和天津新港船舶重工有限责任公司联合承接维修的巴拿马籍集装箱船“现代雅桥”号和“长锦西诺”号同时进入港船重工2号干船坞进行修理，标志着天津地区首单船舶保税维修试点业务启动。

12月30日，中国（天津）自由贸易试验区行政审批局揭牌，为天津滨海新区高质量发展和天津自贸试验区深化改革开放提供有力的政务服务保障。

2019年中国（福建）自由贸易试验区建设概况

中国（福建）自由贸易试验区工作领导小组办公室

中国（福建）自由贸易试验区工作领导小组办公室主任

吴南翔，男，汉族，1964年9月出生，籍贯福建晋江（福建厦门出生），中共党员，经济学研究生，艺术硕士。2011年6月以来历任海沧台商投资区管委会主任（正厅级）、厦门保税港区管委会主任、海沧区政府区长，福建省海洋与渔业厅党组书记、厅长。2018年3月起任福建省商务厅党组书记、厅长，福建省口岸工作办公室主任，中国（福建）自由贸易试验区工作领导小组办公室主任。

一、经济运行数据

（一）投资情况。

2019年，中国（福建）自由贸易试验区新设企业15 808户，比上年增长83.4%、8.9%，注册资本3 283.9亿元人民币。其中，新增外资企业405家，合同外资43.8亿美元，实际利用外资5.97亿美元，分别占福建省同期的16.9%、27.3%、12.9%；新增台资企业231家，合同台资5.13亿美元，分别占全省同期的16.7%、22.7%。自贸试验区全年实现税收收入190.8亿元人民币，同比增长6.1%。

（二）贸易情况。

区内企业进出口总额为2 176.9亿元人民币，其中出口总额1 124.2亿元人民币，同比增长33.6%，占全省的13.6%；进口总额1 052.8亿元人民币，同比增长13.5%，占全省的20.9%。2019年，台闽欧班列发运234列、货值50.49亿元，累计发运639列，货值122.47亿元。

（三）金融情况。

区内持牌金融机构163家，类金融机构近9 600家。截至2019年底累计办理人民币跨境业务4 942亿元。跨国企业集团跨境人民币双向资金池累计流入资金116.8亿元。外币资金集中运营管理累计集中外债额度14.1亿美元，跨境资金流入4.6亿美元。

23家台资金融机构落户，居全国第2位；23家台湾地区银行机构在厦门开立41个人民币代理清算账户，清算金额1 300多亿元。

二、建设措施及成效

福建自贸试验区深入贯彻落实习近平总书记关于自贸试验区重要指示批示精神和党中央决策部署，坚持以制度创新为核心，大胆试、大胆闯，各项工作取得重大进展，形成一批独具福建特色、对台先行先试的制度创新成果，基本实现总体方案和深化方案确定的发展目标，建立与国际投资和贸易通行规则相衔接的制度体系，发挥深化改革扩大开放的试验田作用。2019年12月，中改办、商务部评估组开展全国自贸试验区评估，对福建自贸试验区予以积极评价。

（一）发展动能显著增强。

一是市场主体运营良好。截至2019年，累计新增企业9.1万户、注册资本2万亿元，是挂牌前历年总和的5.9倍和9.1倍。税收年均增长45.4%，高于全省41个百分点。进出口年均增长

12.8%，高于全省6.5个百分点。二是重点平台做大做强。出台16个重点平台的建设方案，采取“一个重点平台、一个招商方案、一批目标企业、一支招商队伍、一套招商政策”的方式，有力促进物联网、航空维修、融资租赁、跨境电商、进口酒等重点平台做大流量，为全省产业转型升级提供支撑。三是新业态新模式蓬勃发展。充分利用自贸试验区制度创新优势和“保税+”“金融+”等政策，培育形成集成电路研发设计、海运快件、中转集拼等一批新业态新模式，推动形成一批新兴产业集聚区。自贸试验区已经成为推动高质量发展的重要引擎和落实“六稳”部署的坚实基地。

（二）改革开放步伐加快。

总体方案186项重点试验任务，绝大部分已实施，并且取得明显成效。深化方案136项重点试验任务已实施92%。累计推出15批410项创新举措，全国首创占38.3%。推动由商品和要素流动型开放向规则等制度型开放转变，形成高水平的对外开放格局。2019年，经福建省自贸工作领导小组批准，评选出30项最佳创新举措和10个最佳创新平台，受到广泛关注。

（三）示范效应日益明显。

国务院及五部委发文集中在全国复制推广的四批72项试点经验中，福建报送28项，占39%，走在全国前列。国务院部际联席会议办公室发文在全国学习借鉴的“最佳实践案例”中，福建报送6个，在全国自贸试验区中最多。2项入选中组部攻坚克难案例（全国与自贸试验区有关的案例仅3项），供全国党员干部在“不忘初心、牢记使命”主题教育中学习。同时，有156项创新成果由福建省政府发文在全省复制推广，多项改革举措由部门发文在全省复制推广，自贸试验区与自主创新示范区“双自联动”推出12项科技创新成果在福建省内推广。

（四）营商环境大幅改善。

一是外商投资更开放。对标国际先进规则，探索实施外商投资准入前国民待遇加负面清单管理模式，外商投资清单之外领域从审批改为备案、直至目前取消备案，实行内外资平等。二是企业设立经营更简便。推进商事制度全流程改革，率先推出企业登记“三证合一、一照一码”、企业名称“自助查重、自主选用”、企业经营“证照分离”等举措，企业开办环节从7个压缩至2个，时间从10.8个工作日压缩至2.5个工作日，最快可当日办结。三是项目落地更快速。推出工程建设项目审批“五个一”、投资审批改革“四个一”，审批环节、材料大幅压缩，效率大幅提升，为全国改革提供了样本。推动税务、供电、不动产登记等领域集成化改革，有效激发市场主体创新创业创造的活力。四是跨境贸易更便捷。建设国际贸易单一窗口，联通43个部门，服务企业6万多家，日单证处理破100万票。首创推出关检“一站式”查验、“先放行、后改单”等通关便利化举措，率先推进口岸降本增效，全省进出口货物整体通关时间分别压缩至33.02小时、3.12小时，分别比2017年压缩70%、84.8%。厦门口岸集装箱出口合规成本降至207美元/标箱，进口229美元/标箱，处于全国沿海主要港口最低水平。五是智力支持更充分。出台福建自贸试验区人才工作十四条措施，组建专家顾问队伍，成立全国首个自贸区学院，与商务部国际贸易经济合作研究院、毕马威公司、省社科院、厦门大学、福建师范大学等省内外研究机构和高校密切合作。第三方市场调查显示，企业对福建自贸试验区运营成效的满意度达89.4。

（五）金融开放稳步推进。

一是金融机构大量聚集。持续完善自贸试验区金融服务体系，区内持牌金融机构163家，类金融机构近9 600家。二是跨境融资规模扩大。支持企业和金融机构通过向境外借款、发债等方式开展本外币跨境融资，截至2019年底累计办理人民币跨境业务4 942亿元。鼓励跨国企业集团开展跨境人民币双向资金池，累计流入资金116.8亿元。试点外币资金集中运营管理，累计集中外债额度14.1

亿美元，跨境资金流入4.6亿美元。三是外汇改革步伐加快。推进资本项目管理便利化试点，将先行在特殊经济区域台资企业开展的试点推广到全省台资企业，并在自贸试验区推出力度更大的改革举措。四是金融产品不断丰富。推出银税互动、关数E、关税保证保险、同业联合担保等举措，有效解决中小企业贷款难的问题。

（六）两岸合作持续深化。

一是对台产业更开放。电信、旅游、建筑、金融等50多个领域率先对台开放，先后引进台资独资演艺经纪公司、两岸律师事务所联营办公室等一批首创性台资项目。截至2019年，新增台资企业2 483家，合同台资67.2亿美元，分别占全省同期的42.1%、44%。二是对台贸易更便捷。开辟“平潭-高雄”“马尾-马祖-台北”等多条新航线，启用两岸检验检疫电子证书互换与核查系统，采信台湾检验结果，实行“源头管理，口岸验放”等便利化措施，福建已经成为台湾商品输大陆最便捷通道。三是金融合作更深入。有23家台资金融机构落户，数量居全国前列。23家台湾地区银行机构在厦门开立41个人民币代理清算账户，清算金额1 281.2亿元。海峡股权交易中心和两岸股权交易中心获批设立“台资板”，共挂牌展示台企600多家。86家金融机构开通台湾地区信用报告查询，累计发放贷款4.7亿元。向台商台胞发放“金融信用证书”“麒麟卡”，提供贷款、担保、授信等金融服务。四是人员往来更自由。设立“两岸通”“台胞台企服务中心”等综合服务平台，台胞参加社保、购房、购票等享受同等待遇。完成134大项（268小项）国家职业资格标准比对，全省直接采认台湾居民20个工种职业资格、52项台湾职业职称。设立13个台湾青年“三创”基地，累计吸引台企610多家、台胞2 500人入驻。

（七）“一带一路”走深走实。

一是经贸往来热络。支持举办福建自贸区“一带一路”远洋渔业论坛、国际渔业博览会等展会。建立境外投资服务平台和“走出去”服务联盟，推进印尼不锈钢一体化冶炼、马来西亚燕窝产业园等一批大型项目。二是连接通道顺畅。打造区域性国际航运枢纽，开辟多条“一带一路”航线。中欧班列开通至欧洲、中亚及俄罗斯的三条国际货运干线，主要通达12个国家和34个城市，通过海铁联运实现台湾地区、东南亚国家货物与欧洲、中亚的对接，累计发运706列。“丝路海运”正式开行，开通海丝航线60条，覆盖27个国家57个港口，累计开行2 100个航次，集装箱吞吐量超过180万标箱。三是人文交流频繁。厦门获批部分国家外国人144小时过境免签政策，依托国家文化出口基地，开展东南亚中国图书巡回展等活动。

（八）事中事后监管更加有力。

一是风险防控更全面。制定全国首张风险防控清单，明确55个风险点和88条防控措施，提高风险防范精准度，确保“放得开、管得住”。二是监管方式更科学。推动多头监管向综合监管转变，基本建立以信用约束为核心的事中事后监管体系。在全国首创推出银行业监测体系，系统构建福建自贸试验区金融数据监测链条。三是执法体系更完备。三个片区成立综合监管和执法局，开展集中统一的综合执法，相对集中行使行政处罚权。率先试点实施行政执法公示、执法全过程记录、重大执法决定法制审核三项制度，有效提升执法的权威性和公信力。四是权益保护更到位。三个片区成立自贸试验区法庭、检察室，集中审理自贸试验区涉台、涉外商事案件，成立国际商事仲裁法院、台胞权益保障法官工作室等，建立与国际接轨的多元化纠纷解决机制。成立知识产权快速维权中心，开展“知识产权网上侵权预警与存证云服务”，打造知识产权全链条保护体系。

三、创新成果及案例

案例1：关港贸税金服务一体化。

为加快打造便捷高效、公平竞争、稳定透明的营商环境，福建自贸试验区于2020年1月在中国（福建）国际贸易单一窗口上线区块链公共服务平台，利用区块链技术分布式、安全域、真实性的特点，有效整合电商、仓储、物流、通关、金融等环节，构建多方参与、多方互信、不可篡改的跨境贸易信息共享环境，促进商品在通关、仓储、金融、物流等环节更大规模的信息互联互通，打造关、港、贸、税、金一体化的“贸易链”。

主要做法：

一是建设共享平台。为改变国际贸易链条环节繁杂、参与方众多、各方拥有相对独立的程序和制度、利益互斥等因素导致相互之间沟通成本和信任成本高的状况，福建自贸试验区以区块链技术应用为突破，探索在单一窗口搭建各参与方之间信任共建、信任传递的桥梁，汇聚国际贸易链条之间数据，形成全程数据透明的跨境商品可信数据证明。

二是拓展覆盖领域。平台率先在跨境电商领域取得突破，围绕跨境电商新业态发展趋势，整合电商、仓储、物流、通关、金融等环节，利用区块链技术特点，形成跨境商品源头可溯的“溯源链”。在此基础上，进一步拓展单一窗口+跨境电商全链条可溯、单一窗口+政策辅助服务、单一窗口+金融服务等业务模式，服务对象覆盖面由跨境电商业态扩大至一般贸易，由传统贸易企业延伸至物流企业、银行机构、保险机构等。

三是重点企业参与。平台率先在平潭自贸片区试点。由福建省商务厅指导，福建省电子口岸管理中心和平潭综合实验区服务贸易协会牵头，联合浦发银行、华冈集团、中检集团、跨境通等10家重点企业共同发起成立平潭智慧口岸产业联盟，联盟各方上链并实际应用，带动在市场、规制、标准等方面的软联通。

实践成效：

以往，国际贸易各相关方在各自的业务领域开具各类凭证、单据，产生的业务数据分别落在各自的信息化系统，彼此无法联通和共享。现在，单一窗口借助区块链技术，解决大数据模式下的数据汇聚难度大的问题，建立起关港贸税金有机协作的良好环境。

一是实现全流程可溯。推动国内段通关数据、物流数据、航运数据、电商平台三单数据及海外段物流仓储等信息上链，形成全程数据可溯、数据互证的跨境电商可信数据证明，有力提升海关监管效率。台湾华冈集团依托这一平台，打通国内段与海外段物流通关通道，实现进口商品从澳大利亚墨尔本至台北至平潭、再运抵收货人城市的境内外全流程数据透明、公开。

二是提供精准的金融服务。完整串联企业、金融机构、税务、海关等进出口链条，依托大数据分析系统（惠数通）的数据分析能力，全面反映企业真实生产经营情况，智能测算企业的授信额度，有效克服以往中小企业无法提供足够的数据，企业的商业信用难以监管，银行收集、验证、分析数据难等难题，并实现业务全流程线上办理，大幅提高业务效率。新冠肺炎疫情爆发后，平台第一时间为企业提供便捷高效的融资服务，满足企业复工复产需求。目前，平台已基本覆盖全省所有国有、商业银行，成功支持60多户外贸企业线上融资，累计授信8.9亿元，发放贷款约7亿元。

三是有效辅助政策实施。以平潭自贸片区为例，为落实“跨境电子商务及国际快件产业奖补办法”，以往跨境电商企业要提交备案材料、贸易规模证明材料和报关单等大量材料，相关部门工作人员需要通过人工方式审核，不仅效率低，出错率高，也难以查出可能出现的企业伪造数据骗补的情况。现在通过这一平台，可以形成可信的全量过程数据，从而大大简化审核工作，让补贴更精准、更到位。

案例2：海峡基金业综合服务平台。

福建自贸试验区福州片区管委会积极贯彻落实党的十九大报告中提出的“深化金融体制改革，增强金融服务实体经济能力，提高直接融资比重，促进多层次资本市场健康发展”要求，积极沟通省市两级金融监管部门，设立海峡基金业综合服务平台，推动资本聚集，服务实体经济。

主要做法：

2019 年 2 月，海峡基金业综合服务平台以注册在福州自贸片区的福建省海峡兴业金融服务有限公司（海峡股权交易中心全资子公司）作为服务主体，由福州自贸片区马尾基金小镇等单位参与建设、运营。

一是以私募基金综合服务为特色。打造全国首个以私募基金为服务主体的综合平台，以“连通、联动、交流、交易、共享”为目标，围绕私募基金“投、管、退”的需求，形成“政、企、投”三方合力，资源聚集、需求聚焦、服务聚力，构建私募股权投融资服务生态圈。

二是以科技与金融相结合为手段。建设线上平台，推出“产业魔方”“产业百搜”“闪电估值”等大数据应用服务产品，开通“在线路演直播间”，开发“资本大数据小程序”，实现“线上+线下”双渠道服务。通过应用科技手段汇聚“资本、项目、服务、政策”，高效打通企业与投资机构间的交流沟通渠道，极大地拉近资本与企业的时空距离，有效提升私募基金的服务黏性，提升产融合作效率。平台积极协助政府部门开展对政府投资基金的运营分析，为省级政府投资基金开发建设“产业基金资本大数据库”，编撰福建省政府出资基金投资分析报告，有效提升政府部门对相关行业的分析梳理，为政策制定奠定基础。

三是与区域性股权交易市场相结合。平台率先提出将私募基金的“投、退”需求与区域性股权市场的建设发展相结合，由区域性股权市场为私募基金提供股权报价转让及基金份额流转服务，不断推动完善私募基金服务体系，规范投融资，实现与区域性股权市场挂牌展示企业的投融资对接。

四是联动全省的私募基金聚集区。通过搭建平台，将以前分散在各地的私募基金集聚区联通起来，推动与优质企业对接，实现资源整合、互联互通和资源共享。加大与省内主要的基金小镇合作力度，如与马尾基金小镇合作开展私募基金合规辅导，与泉州海丝基金小镇共建投融资项目库，与兴业证券在晋江地区联合运营晋金私募汇等，实现产融有机协作。

实践成效：

海峡基金业综合服务平台以“海峡基金港”作为服务品牌，着力打造“汇集私募股权投资基金、聚集优质产业创投项目、联通省内基金集群”的三位一体良性共生的资本服务生态体系。目前，海峡基金港已经与兴证创新资本、福建省产业投资基金、海峡汇富产业基金等 30 余家私募股权投资机构，以及马尾基金小镇等省内基金集群实现对接，平台已汇聚各类股权投资基金达 120 家，建立 8 700 家企业服务资源库，推动项目投融资 5 亿多元，推动新设基金在福建省落地规模达 55 亿，形成资本集聚效应。举办各类对接交流 20 多场，为更多中小微企业打通融资渠道。

案例 3：空港口岸进出境物流全流程电子化。

福建自贸试验区厦门片区持续优化口岸营商环境，充分利用“互联网+”技术优势，系统集成开发“航空器申报系统电子化”“机上免税品监管电子化”“海关现场监管电子化”“空运进口运单电子化”等多个电子化系统，在全国范围内率先实现进境航班电子申报数据、空运运单数据等空港口岸进出境物流全流程电子化，为企业节省大量人力、物力、财力，有效提升空港口岸通关效率。

主要做法：

一是启用“航空器申报系统电子化”。厦门航空所有国际航班申报数据由厦航各服务及供应部门在其内部“作业系统”录入，申报部门直接通过“作业系统”一键采集各类申报数据后发送至海关审核端口核验放行。

二是启用“机上免税品监管电子化”。免税品从进出仓到装机、配送、销售等环节都可通过扫描免税品二维码，实现免税品监管环节在系统实时查阅，流程追溯，各类报表电子化自动生成发送，做到数据零差错，监管全闭环，海关申报全流程电子化。

三是启用“海关现场监管电子化”。海关现场监管科室在审核航班供退物料时，同时使用系统辅助工具实时接收该航班供退物料申报数据副本，海关关员可直接手持专用平板 PAD 在机坪立即执行相应登临监管任务，效率成倍提高。

四是启用“厦门口岸空运进口运单电子化”。依托国际贸易单一窗口作为公共服务和数据交换平台，建立空运进口运单电子化传输系统，替代现有空运纸质运单，减少人工交接和录入环节，实现空运进口货物舱单信息实时传输，解决航空公司、货站、收货人、货运代理人、报关行和海关等口岸监管部门间的数据传输准确性和安全性问题，实现多角色业务并联协同作业，进一步提升空运物流信息共享水平，加快空运货物进口报关速度，提升空港口岸跨境贸易便利化水平。

实践效果：

一是申报效率大幅提高。系统启用前，国际航班进出境时，航空公司及代理企业必须将该航班航空器承载的各类数据向海关进行电子及纸质申报，包括航空器、旅客、机组、货邮、行李等数据信息及机上免税品、配餐、饮用水、燃油等机供品数据；申报部门要向不同单位分别要单，将相关数据一一汇总，逐一手工录入，以“一物一纸”方式将纸质单据递交海关，差错率高、时效性差。系统启用后，极大简化进出境航班申报流程，有效压缩通关时间，彻底改变以往由人工录入可能出现的错报、误报、漏发等情况，确保申报环节完全符合海关监管要求、信息准确无误。同时，进口空运运单电子化使单证交接次数从原来至少 5 次缩减为 1 次，空运进口物流作业时间最快可以压缩 90% 以上，每年可节约耗材和人工成本 900 万元，实现“让数据多跑路、人员少跑腿”。该项目被商务部、外交部推荐为 2020 年 APEC 主席之友互联互通会议的中国实践案例成果之一。

二是实现无纸化办公和监管前移。系统启用后，实现航班“当日飞行计划”“预报”“确报”申报全程电子化，完全取代手工纸质单证，“让数据飞起来”替代企业人员跑腿，用“移动办公”实现海关登临监管阵线前移。原本 1 个航班需要 3 个人完成的申报工作，现在仅需 1 个人即可独立完成；申报时间从 30 分钟压减为 5 分钟；解放部分保障航班的地服人员，平均每个航班可增开 2 个办理柜台，有效缓解旅客高峰期“排长队”现象。

三是提升旅客中转效率。开辟专门为厦航联程转机旅客办理乘机手续的中转值机实时服务通道，为通程中转旅客提供实时便捷的转机服务，已实现厦航中转旅客 75 分钟急转，在国内处于领先地位。

案例 4：多行业准入即准营“一企一证”改革。

为破解证照改革不同步所产生的准入不准营等难题，福建自贸试验区平潭片区先行先试，以营业执照为载体，综合运用信用信息平台，从具备审批权限的批发零售、交通运输、住宿餐饮、旅游文化等行业（领域）入手，将涉及市场主体的相关许可审批事项的信息集成在“一照一码”营业执照的二维码中，实现一照囊括市场主体所有许可审批信息，一个平台集成市场主体登记与监管部门所有数据，全面推行“一企一证”改革。

主要做法：

一是“大胆放”，117 项审批事项实现准入即准营。平潭跳出全国在工业产品领域实施“一企一证”改革试点的局限，从具备审批权限的批发零售、交通运输、住宿餐饮、旅游文化等行业（领域）入手，牢牢把握数据集成这个有力手段，在“证照分离”改革的基础上，通过企业信用信息平台数据集成功能，将许可信息归集到营业执照中的二维码上，创造性地将市场主体的营业执照与许可证件有机融合，并不断总结实施经验，在其他领域不断推广。同时，对涉及企业注册及市场准入的 229 项审批事项进行全面梳理，按照“直接取消审批、审批改为备案、实行告知承诺、优化准入服务”等四种方式进行深入改革，实现 117 项审批事项“准入即准营”。较全国“证照分离”改革全覆盖方案中要求 83 项改革事项增加 34 项。

二是“有效管”，建立“大综合”市场监管体系。以信息归集共享为基础、信息公示为手段、信用监管为核心，“双随机一公开”和第三方技术检测为主要监管方式，邀请行业协会、“两代表一委员”、新闻媒体、消委会、消费者代表开展公众监督，构建企业自治、行业自律、行政监管和社会监督“四位一体”的市场综合监管体系。整合各行业主管部门执法力量，组建综合执法与应急管理局，为有效监管提供坚实的机构保障，确保审批取消，监管到位。

三是“优化服”，实现市场主体管理“一张网”。充分利用平潭行政审批高度融合的体制优势，充分整合行政审批系统，形成多部门多行业信息共享机制，通过证照办理一窗收件，按照“能减则减、能免则免、能并则并”的原则，将原来向不同窗口提交的多项申请材料进一步精减，至少压缩30%以上。由区行政审批局牵头，根据“行政审批与技术审查相独立、行政审批与事后监管相分离”的原则，对告知承诺的事项实施跨部门一次性现场勘查。将企业登记、准入许可、企业备案等类型的业务档案集中归由行政服务中心（档案管理部门）统一管理，同时集成协会备案信息、职能部门监管信用信息及执法惩处信息，建立全区统一的市场主体“一企一档”，同步实施“一企一档”数字化管理模式，纸质档案材料统一管理，实现“数字档案”与“纸质档案”同等效力，并按照管理权限分级分类为实验区各部门、社会公众提供查询服务。

实践效果：

按照“一口受理、一章审批、一次勘查、一窗出件、一证集成、一企一档”的“六个一”办理流程，实现申请人办事由“跑多个部门”到“跑一个部门”，由“跑多个窗口”到“跑一个窗口”，完成“领多份证件”到“一企一证”的转变，进一步破解“准入不准营”难题。

一是“集中审批、证照合办”，解决证照互为前置问题。在全国推行“证照分离”的基础上，从企业设立环节就进行介入，在取消一批、审批改为备案一批等大幅减证的基础上，实行“一口受理、一章审批、分合并行”的“集中审批”模式，真正实现企业准入即准营。例如营业执照与食品经营许可证合办，压缩材料4份以上，压缩时限3天以上，至少让企业群众少跑一趟。

二是“一窗受理，一次告知”，降低企业违法违规风险。集合证照事项的“一企一证”窗口，一次告知企业设立申请材料和经营范围涉及许可事项申请材料，让企业清楚了解营业执照经营范围涉及许可事项需要提交的材料，以及办理的部门。避免企业因不知道相关后置许可事项出现违法违规行为，降低因过失产生的处罚。自2019年11月1日“一企一证”改革正式实施以来，“一企一证”窗口已接待群众25 788人次，受理业务13 255件。

三是“一次勘查、一窗出件”，减轻企业正常经营负担。申请“证照（证）合办”的企业，同时涉及多个事项、多个部门勘查的，可以由牵头部门实施“一次勘查”，减少“打扰”企业次数，减轻企业负担。企业也只认一个窗口递件领证。如民宿行业的准入，由区行政审批局牵头公安、消防、交建、市监、综合执法等部门实行一次勘查，各部门统一在一张勘查表上确认通过后，企业即可开展经营活动，直接达到准入即准营的效果。

四是“一证集成、一企一档”，降低社会及政务成本。实现“一证集成”后，企业可以按需取证，减少持证数量。同时通过实行“一企一档”，职能部门间也可实时信息共享，更全面地掌握企业的信息，实现各行各业齐抓共治，提高行政效率的同时降低政务成本。自“一企一证”改革正式实施以来，新增推送数据5 724条。

四、福建省政府及相关部门出台的政策措施

（一）《中国（福建）自由贸易试验区企业申请原油非国营贸易进口资格条件和程序》（商务部公告2019年第46号）。

（二）《福建省市场监管局关于印发〈关于进一步发挥市场监管职能作用　推动中国（福建）自由贸易试验区深化改革创新的实施方案〉的通知》（闽市监〔2019〕13号）。

（三）《福建省金融工作办公室关于印发深化闽台金融交流合作的若干意见的通知》（闽金融办〔2019〕20号）。

（四）《国家外汇管理局福建省分局关于印发〈深入推进中国（福建）自由贸易试验区外汇管理改革试点实施细则〉的通知》（闽汇〔2019〕37号）。

（五）《国家外汇管理局厦门市分局关于修订〈进一步推进中国（福建）自由贸易试验区厦门片区外汇管理改革试点实施细则〉的通知》。

（六）《中华人民共和国福建海事局关于在福建自贸试验区平潭片区试点缩短船舶登记相关业务办结期限便利性措施的公告》（中华人民共和国福建海事局公告第3号）。

（七）《中华人民共和国福建海事局关于在福建自贸试验区福州、平潭片区试点5项船舶证书办理便利性措施的公告》（中华人民共和国福建海事局公告第5号）。

（八）《中国（福建）自由贸易试验区福州片区工作领导小组办公室关于印发〈关于进一步推动中国（福建）自由贸易试验区福州片区外向型经济高质量发展若干改革创新措施〉的通知》。

（九）《厦门市人民政府办公厅关于做好省政府赋予自贸试验区厦门片区实施省级行政许可等事项承接工作的通知》（厦府办〔2019〕41号）。

（十）《厦门市人民政府关于印发〈中国（福建）自由贸易试验区厦门片区试行建筑师负责制指导意见〉的通知》（厦府〔2019〕25号）。

（十一）《中国（福建）自由贸易试验区厦门片区管理委员会关于〈福建自贸试验区厦门片区产业引导基金管理办法〉的补充通知》。

（十二）《中国（福建）自由贸易试验区厦门片区管理委员会关于印发〈福建自贸试验区厦门片区促进企业改制上市发展办法〉的通知》。

（十三）《中国（福建）自由贸易试验区厦门片区管理委员会关于印发〈中国（福建）自由贸易试验区厦门片区产业引导基金管理办法〉的通知》。

（十四）《中国（福建）自由贸易试验区厦门片区管理委员会关于印发促进航运包鞋业务发展办法的通知》。

（十五）《中国（福建）自由贸易试验区厦门片区关于支持进口酒市场发展若干意见实施细则》。

（十六）《中国（福建）自由贸易试验区厦门片区管理委员会关于印发〈福建自贸试验区厦门片区企业投资建设项目备案管理办法〉的通知》（厦自贸委〔2019〕49号）。

（十七）《平潭综合实验区党工委　平潭综合实验区管委会关于印发〈平潭综合实验区关于试点“一企一证”改革的实施意见〉的通知》。

（十八）《平潭综合实验区管委会办公室关于印发〈平潭综合实验区促进两岸影视产业合作发展的实施意见（2019年修订版）〉的通知》（岚综管办〔2019〕123号）。

（十九）《平潭综合实验区管委会办公室印发〈关于鼓励进口台湾农渔产品的若干措施（试行）〉的通知》（岚综管办〔2019〕47号）。

（二十）《平潭综合实验区管委会办公室印发〈平潭综合实验区关于进一步支持和鼓励台胞来岚就业创业的办法（暂行）〉的通知》（岚综管办〔2019〕111号）。

（二十一）《平潭综合实验区管委会关于印发〈平潭综合实验区加快推进航运业发展的实施意见（2019年修订）〉的通知》（岚综管综〔2019〕181号）。

五、大事记

1月18日，厦门市湖里区法学会自贸区法学研究会成立大会召开，这是福建省成立的首家自贸区法学研究会。

1月24日，福建自贸试验区厦门片区颁出福建省首张进口非特殊用途化妆品备案电子信息凭证。

2月13日，福建省人民政府郭宁宁副省长率省有关部门负责人到平潭调研对台工作，先后来到台湾创业园、澳前台湾小镇、北港文创村等地，现场调研园区建设、台资企业发展及金融服务需求。

3月4日，福建省委常委、厦门市委书记胡昌升到厦门片区调研，先后来到太古飞机工程有限公司、厦门片区综合服务大厅等地，实地察看飞机维修业务发展及自贸试验区建设进展情况。

3月10日，习近平总书记参加十三届全国人大二次会议福建代表团的审议。他强调，要发挥经济特区、自由贸易试验区、综合实验区、“21世纪海上丝绸之路”核心区等多区叠加优势，不断探索新路，吸引优质生产要素集中集聚，全面提升福建产业竞争力，力争在建设开放型经济新体制上走在前头。

3月14日，福建省商务厅举行福建国际贸易单一窗口五大贸易便利化系统上线启动仪式。五大贸易便利化系统包括“福州海关全球质量溯源体系”“口岸通关时效评估系统”“物流综合服务平台”“贸易真实性核查与融资登记系统”及“口岸人员进出数据分析与预警系统”。

3月27日，由福建省商务厅、全港各区工商联、香港中华出入口商会联合主办，福建石狮市人民政府、华闽（集团）有限公司协办的福建自贸试验区招商推介会暨石狮服装城贸易试验政策宣讲会在香港举行。推介会由福建省商务厅副厅长钟木达主持。

4月14日，国务院印发《关于做好自由贸易试验区第五批改革试点经验复制推广工作的通知》，面向全国复制推广18项自贸试验区改革试点经验，其中有7项改革试点经验涉及福建自贸试验区。

4月19日，福建省自贸办赴福州、厦门、平潭片区，举办企业座谈会，深入了解企业对自贸试验区重点试验任务落实成效、创新举措效果评价和受益情况。

4月21日，由福建省商务厅（自贸办）与厦门大学合办的全国首个自贸区学院成立。

5月10日，福建省政府新闻办举行福建自贸试验区建设四周年新闻发布会，通报自贸试验区挂牌四年来建设总体情况。省商务厅副厅长钟木达、福州片区管委会副主任游力、厦门片区管委会副主任陈敏、平潭片区管委会副主任林舜杰、厦门大学经济学院副院长王艺明出席发布会，并回答了记者提问。近40家境内外新闻媒体到会采访。

6月11日，海南深改委（自贸办）、海南省商务厅一行6人到福建自贸试验区调研，学习借鉴福建推进自由贸易试验区建设的经验做法。

6月12—14日，中央纪委国家监委驻商务部纪检监察组李仰哲组长带队来闽开展工作调研。调研组听取了福建商务发展和自贸试验区建设情况汇报，实地调研了厦门片区海沧酒类展示交易中心、航空“一站式”维修基地，福州片区马尾基金小镇、先进制造业综合技术服务中心等自贸试验区重点平台。商务厅厅长吴南翔、副厅长钟木达，福州市政府党组成员刘卓群，厦门市委常委、自贸委主任倪超、自贸委常务副主任熊衍良陪同调研。

6月17日，两岸农渔产品交易平台在福建省平潭综合实验区正式上线试运营。该平台旨在为台湾地区农户、农渔业协会及两岸贸易企业提供一站式跨境交易服务。

6月20日，经国际知名评估咨询机构评估和专家评审，福建自贸试验区发布第14批39项创新举措，其中全国首创23项、复制拓展13项，对台特色7项。

7月2日，国家外汇管理局福建省分局印发《深入推进中国（福建）自由贸易试验区外汇管理改革试点实施细则》，这是福建自贸试验区外汇管理改革试点政策四年来第三次更新发布，实现简化外汇登记管理、提高投融资便利性等六项外汇业务的创新突破。

7月3日，福建省委于伟国书记主持召开省委深改委第六次会议，听取省商务厅（自贸办）关于福建自贸试验区制度创新成果复制推广情况的汇报，对下一步工作进行部署。

7月8日、9日和12日，福建省人民政府唐登杰省长坚持问题导向，先后到福建自贸试验区福州、厦门、平潭三个片区开展“不忘初心、牢记使命”

主题教育调查研究，在调研中找差距、抓落实、解难题、化积案，推动自贸试验区高质量发展。

7月8日，在厦门召开的全省商务局长会议期间，福建省商务厅厅长、自贸办主任吴南翔主持召开自贸片区负责人会议，传达国务院常务会议和省委深改委第六次会议精神，总结上半年自贸试验区工作，研究下一步工作思路。

7月11日，“海峡号”高速客滚轮首航平潭至高雄海上客运航线。

7月23日，商务部举办专题新闻发布会，公布了自由贸易试验区第三批“最佳实践案例”。其中，福建自贸试验区共有3项入选，分别是工程建设项目审批制度改革、创新不动产登记工作模式、优化用电环境。

8月，由福建自贸试验区平潭片区探索开展的投资体制改革“四个一”入选习近平新时代中国特色社会主义思想在改革发展稳定中攻坚克难案例。

8月8日，新版“两岸通”台商专属服务平台正式上线，重点从政策解读、产业对接、市场推广、项目咨询、商事代办等方面入手，提供一站式的台商专属服务平台。

9月18日，福建省自贸办组织省发改委、市场监管局、金融管理局等单位赴上海自贸试验区调研学习。

9月20日，平潭台胞台企金融消费权益保护中心正式签约揭牌。该中心由福建省金融消费权益保护协会、人民银行平潭综合实验区支行、平潭综合实验区行政审批局联合成立，是大陆首个台胞台企金融消费权益保护中心。

9月23日，商务部、海关总署、中国国际贸易促进委员会联合发布公告，明确自2019年10月15日起在全国范围推广对外贸易经营者备案和原产地证企业备案“两证合一”改革工作。这一创新举措是福建自贸试验区为全国贡献的“福建经验”之一。

10月10—11日，吉林省商务厅王志伟厅长带队到福建自贸试验区开展调研，了解申报工作和制度创新经验。福建省商务厅（自贸办）与吉林调研组一行进行了工作交流，并共同赴福州片区考察综合服务大厅、物联网开放实验室、马尾基金小镇等平台。

11月11日，福建自贸试验区研修班开班。省商务厅钟木达副厅长和厦门大学经济学院党委黄德鸿书记分别致辞。三个片区、省有关单位和九个设区市、20多个国家级开发区负责同志100多人参与研修。

11月20日，福建省人民政府印发《关于推广福建自贸试验区第七批可复制创新成果的通知》，将福建自贸试验区第七批20项经验做法在全省范围复制推广。

11月27日，经福建省自贸工作领导小组同意，福建省商务厅（省自贸办）举办福建自贸试验区最佳创新举措和平台发布活动，此举意在展示自贸试验区的丰硕建设成果，向新中国成立70周年献礼。活动以“改革不止步　创新再前行”为主题，发布了30项最佳创新举措和10个最佳创新平台，为28个最佳创新举措实施单位和4个最佳创新平台推动单位颁发了奖牌。

11月27日，全国新设自贸试验区工作推进会在厦门召开。自贸区港司和山东、江苏等6个新设自贸试验区共70多位领导同志参会。

11月27日，平潭颁出5本全国首批直接采认台湾地区专门职业及技术人员（技术士）相应资格的职称证书。

11月29日，福建省人民政府印发《福建自贸试验区“证照分离”改革全覆盖试点实施方案》，自2019年12月1日起，在福建自贸试验区福州、厦门、平潭三个片区开展“证照分离”改革全覆盖试点。

12月20日，经国际知名评估咨询机构评估和专家评审，福建自贸试验区推出第15批32项创新举措，其中全国首创16项、复制拓展16项，对台特色8项。

12月22日，福州港江阴港区年集装箱吞吐量首次突破200万标箱，较2018年同期增长11%。

中国（福建）自由贸易试验区概览

2015年4月8日，国务院正式批复设立中国（福建）自由贸易试验区，并印发《中国（福建）自由贸易试验区总体方案》。2018年5月4日，国务院印发《进一步深化中国（福建）自由贸易试验区改革开放方案》，福建自贸试验区建设迈入2.0版。

功能布局

福建自贸试验区实施范围118.04平方公里，涵盖福州、厦门、平潭三个片区。其中：福州片区31.26平方公里（含福州保税区0.6平方公里、福州出口加工区1.14平方公里、福州保税港区9.26平方公里），厦门片区43.78平方公里（含象屿保税区0.6平方公里、象屿保税物流园区0.7平方公里、厦门海沧保税港区9.51平方公里），平潭片区43平方公里。

福州片区重点建设先进制造业基地、21世纪海上丝绸之路建设重要平台，以及两岸服务贸易合作和金融创新合作示范区，主要发展物联网、跨境电商、国际仓储物流、高新技术、金融服务、国际会展、旅游文创、教育医疗等。

厦门片区重点建设两岸新兴产业和现代服务业合作示范区、东南国际航运中心、两岸区域性金融服务中心和两岸贸易中心，主要发展高新技术研发、信息消费、临空产业、国际贸易服务、金融服务、专业服务、邮轮经济等新兴产业和高端服务业，以及航运物流、口岸进出口、保税物流、加工增值、服务外包、大宗商品交易等现代临港产业。

平潭片区重点推进两岸共同家园和国际旅游岛建设，在投资贸易和资金人员往来方面实施更加自由便利的措施，主要发展国际贸易、现代物流、总部经济、跨境电商、数字经济、高新电子信息制造业等产业，以及滨海度假、文体旅游、休闲养生、旅游购物等旅游产品。

战略定位

围绕立足两岸、服务全国、面向世界的战略要求，充分发挥改革先行优势，营造国际化、市场化、法治化营商环境，把自贸试验区建设成为改革创新试验田；充分发挥对台优势，率先推进与台湾地区投资贸易自由化进程，把自贸试验区建设成为深化两岸经济合作的示范区；充分发挥对外开放前沿优势，建设21世纪海上丝绸之路核心区，打造面向21世纪海上丝绸之路沿线国家和地区开放合作新高地。

发展目标

坚持扩大开放与深化改革相结合、功能培育与制度创新相结合，加快政府职能转变，建立与国际投资贸易规则相适应的新体制。创新两岸合作机制，推动货物、服务、资金、人员等各类要素自由流动，增强闽台经济关联度。加快形成更高水平的对外开放新格局，拓展与21世纪海上丝绸之路沿线国家和地区交流合作的深度和广度。经过三至五年改革探索，力争建成投资贸易便利、金融创新功能突出、服务体系健全、监管高效便捷、法制环境规范的自由贸易园区（总体方案）。

到2020年，率先建立同国际投资和贸易通行规则相衔接的制度体系，形成法治化、国际化、便利化营商环境，打造开放和创新融为一体的综合改革试验区、深化两岸经济合作示范区和面向21世纪海上丝绸之路沿线国家和地区开放合作新高地。强化自贸试验区改革同福建省改革的联动，各项改革试点任务具备条件的在福州市、厦门市和平潭综合实验区范围内全面实施，或在福建省推广试验（深化方案）。

2019年中国（辽宁）自由贸易试验区建设概况

中国（辽宁）自由贸易试验区工作领导小组办公室

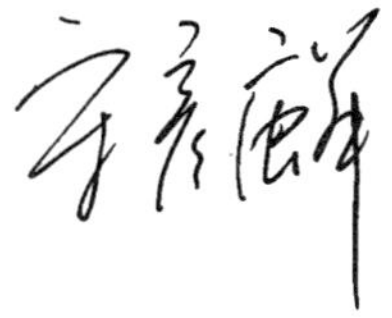

中国（辽宁）自由贸易试验区工作领导小组办公室主任

宋彦麟，男，满族，1964年5月出生，辽宁开原人。1981年7月参加工作，1983年12月加入中国共产党，研究生学历，管理学博士。中共辽宁省第十二届委员会委员。2001年后历任辽宁省铁岭市常委、宣传部长，辽宁省铁岭市市委副书记，辽宁省援疆工作前方指挥部总指挥、辽宁省援疆干部总领队（正厅级），辽宁省发展和改革委员会副主任、党组成员（兼）。现任辽宁省商务厅党组书记、厅长，中国（辽宁）自由贸易试验区工作领导小组办公室主任。

一、经济运行数据

（一）投资情况。

自2017年4月1日挂牌至2019年12月底，中国（辽宁）自由贸易试验区新设立企业48 045家，其中，内资企业47 238家，注册资本总额59 524 192万元人民币，外商投资企业807家，合同外资1 403 938.8万美元，实际利用外资194 921.7万美元；备案境外投资机构21个，中方协议投资额8 053.6万美元，中方实际投资额2 829万美元；税收收入2 955 790万元人民币；固定资产投资6 357 848万元人民币。

（二）贸易情况。

挂牌以来，截至2019年12月底，辽宁自贸试验区进出口总额44 844 682万元人民币，其中进口额29 503 533万元人民币，出口额15 341 149万元人民币。

（三）金融情况。

挂牌以来，截至2019年12月底，辽宁自贸试验区新增金融机构1 553家，其中持牌金融机构42家，非持牌金融机构1 511家。跨境人民币结算额1 049 132.4万元人民币。

（四）创新情况。

挂牌以来，截至2019年12月底，辽宁自贸试验区新增专利申请2 843件，专利授权2 610件。新增高新技术企业389家，营业收入4 800 487.5万元人民币。

二、建设措施及成效

（一）总体方案任务完成率居全国前列。

商务部国际贸易经济合作研究院新近发布的《中国自由贸易试验区发展报告》显示，截至2019年12月，经国际知名第三方评估机构普华永道评估，辽宁自贸试验区《总体方案》中123项改革试点任务，其中中央事权78项、地方事权45项，已经全部完成，完成率达到100%，沈阳、大连、营口三个片区各自承担的任务全部完成。

（二）一批“辽字号”制度创新成果复制推广。

截至2019年底，先后有7项辽宁经验在全国复制推广。大连片区“保税混矿”监管创新列入国家第四批改革试点经验，沈阳片区优化涉税事项办理程序、大连片区进境粮食检疫全流程监管、营口片区船舶安全检查智能选船机制3项创新列入国家第五批改革试点经验。大连片区集装箱码头股权整合、沈阳片区国有企业“内创业”模式、大连片区“冰山模式”国有企业混合所有制改革3项国资国企改革案例入选国家第三批“最佳实践案例”。在省级层面，辽宁自贸试验区4批88项改革创新经验，经过实践检验成效显著，经省政府同意先后下发文件，向全省和自贸试验区协同区复制推广。

（三）东北振兴“孵化器”作用显现。

截至2019年末，辽宁自贸试验区新增注册企业4.5万家，注册资本6 640亿元。新注册企业中，1.7万家企业已经开始运营，企业活跃度接近37%，在同批7家自贸试验区中居领先地位。累计实现进出口总额5 289亿元，占全省进出口总量近1/4；累计实际利用外资36亿美元，占全省实际利用外资的40%。作为新建区，沈阳、营口片区的地方税收、企业基本养老保险缴纳均大幅提升。2019年，沈阳片区预计实现税收6.5亿元，是成立前2016年的2.6倍；营口片区预计实现税收13.5亿元，是成立前2016年的9.6倍。在企业基本养老保险缴纳方面，沈阳片区2020年预计达到2.5亿元，是成立前2016年的2.6倍；营口片区实现4 620万元，是成立前2016年的8.2倍。

（四）面向东北亚开放合作“桥头堡”效应初步形成。

截至2019年末，辽宁自贸试验区已有199家东北亚外资企业入驻，合同外资金额5.1亿美元。沈阳片区开辟东北亚创新中心和人文交流中心建设新路径，全国首家出入境人员综合服务“单一窗口”正式上线运行。大连片区搭建面向中日韩青年的国际双创平台、筹建“跨境众筹通”示范区、推进中日经贸产业合作园建设，对标釜山等世界一流自由贸易港，积极探索建设大连自由贸易港。营口片区深耕俄蒙市场，与俄罗斯亚太研究中心签订战略合作框架协议，充分发挥海铁联运优势，积极推动面向东北亚的国际商贸物流中心建设。

（五）营商环境明显改善。

制定《中国（辽宁）自由贸易试验区条例》，经辽宁省人大常委会议审议通过，于2018年10月1日正式实施。省政府向大连、沈阳、营口三个片区下放133项管理权限，自贸区发展活力和动力进一步增强。营口片区以制度创新持续优化营商环境，被列入国务院第五次大督查典型经验做法，在全国范围通报表扬。

中国（辽宁）自由贸易试验区概览

区域分布

2017年4月1日，中国（辽宁）自由贸易试验区正式挂牌运营，总规划面积119.89平方公里，涵盖三个片区。沈阳片区29.97平方公里（含综合保税区2平方公里），大连片区59.96平方公里（含保税区1.25平方公里，出口加工区2.95平方公里，保税港区6.88平方公里），营口片区29.96平方公里（含综合保税区1.85平方公里）。

功能布局

沈阳片区重点发展装备制造、汽车及零部件、航空装备等先进制造业和金融、科技、物流等现代服务业，提高国家新型工业化示范城市、东北地区科技创新中心发展水平，建设具有国际竞争力的先进装备制造业基地。

大连片区重点发展港航物流、金融商贸、先进装备制造、高新技术、循环经济、航运服务等产业，推动东北亚国际航运中心、国际物流中心建设进程，形成面向东北亚开放合作的战略高地。

营口片区重点发展商贸物流、跨境电商、金融等现代服务业和新一代信息技术、高端装备制造等战略性新兴产业，带动区域性物流中心和高端装备制造、高新技术产业基地发展，构建国际海铁联运大通道重要枢纽。

三、创新成果及案例

成果1：优化涉税事项办理程序，压缩办理时限。

辽宁自贸试验区沈阳片区对涉税申请事项办理进行创新，"简政放权"真正简到位、放到位，让涉税事项办理流程不再绕弯道，解决纳税人"多头跑、多处找"、涉税事项办理环节多、流转部门多的突出问题，极大提升了办事效率，优化了沈阳片区的营商环境。

主要做法：

首先，取消中间环节，限办改即办。根据《全国纳税服务规范》2.3版，结合自贸试验区工作实际，进一步优化变更税务登记、纳税人跨县（区）迁移、增值税专用发票最高开票限额申请（十万元以下）等22项涉税事项的办税流程，取消税收管理员和相关部门办理环节，在金三操作系统中选择即时办结。由过去"窗口受理、内部流转、限时办结、窗口出件"，改为"窗口受理、一站式办结、窗口出件"。办理流程在一个点全部完成，不需要再由点到点绕弯完成。

其次，提高办税效率，压缩办理时限。进一步压缩注销税务登记、增值税专用发票最高开票限额申请（百万元及以上）、车辆购置税退税申请等35项涉税事项的办理时限，提高办税效率。

实践效果：

首先，有效减轻纳税人办税负担。所有依纳税人申请的涉税事项、提交资料、办理流程和办结时限全部统一、公开，并能在办税服务厅一站办理。截至目前，有641个涉税事项实现"最多跑一次"，即时办结率达到93.44%，纳税人到办税服务厅"叫一个号，到一个窗口、找一个人、交一套资料、在一台计算机上"办完所有涉税业务，实现纳税人"来了就办"的目标，满足纳税人明明白白、方便快捷的办税要求，户均办税时间节省60%以上，降低纳税人的时间成本、经济成本和办税负担，纳税人获得感大幅提高。

其次，大幅提升办税效率。2017年以来，自贸试验区对标先进，解析世界银行评估指标，创造"30分钟办税节奏"，着力将办税时间压缩到国家规定的40%以内。从厦门大学评估组反馈的2017年末最新数据来看，"纳税时间"指标合计数从2017年的288.21小时缩短到182小时，减少106.21小时，推进排名上升37位，纳税效率显著提升，纳税时间大幅缩短。

第三，管理效能大幅提升。涉税申请事项即时办结，真正实现由事前监管向事中事后监管转变，由无差别管理向风险管理转变，由经验管理向大数据管理转变。在"放"上做减法、在"管"上做加法、在"服"上做乘法，达到"腾笼换鸟"的效果。

成果2：进境粮食检疫全流程监管。

大窑湾检验检疫局以进口粮食指定口岸为抓手，打造全国首个进口粮食示范港口，全面提升进出口粮食检验检疫监督管理水平。

主要做法：

为积极扶持北良港创建全国首个进口粮食示范港，大窑湾检验检疫局从严控植物疫情传播、降低通关疏港成本角度出发，加强政策研究，不断探索、创新检验检疫监管模式。打造"一个主轴、两个指标、三个核心改造、四位一体、五个体系"，即围绕一个进口粮食疫情防控关键风险点的主轴，达到提高疫情检出率、缩短通关时限两个指标要求，完成在线实验室运行、植物疫情无害化处理和"互联网+全程监管"工作模式三个核心改造，实现一般贸易、保税与国际中转、期货和国储四种贸易形式粮食的港区内一体化仓储管理，打造无害化国门生物安全疫情防控体系、全封闭机械化装卸转运体系、信息化的操作体系、程序化的检验检疫体系、知识化专业化全方位的质量安全保障体系五个体系。

大窑湾检验检疫局创建进口粮食示范港工作的重点在于三个核心改造。

首先，创新"互联网+全程监管"工作模式。通过互联网技术的运用、电子信息化和视频监控手段，实现从粮食申报、锚地检疫，到卸船监管，到仓储监管，再到调运监管的全流程监管。火车汽车调运的粮食，引入车号识别系统和GPS定位系统，通过与指运地检验检疫机构签署合作备忘录形式，实现口岸与指运地检验检疫部门间的调运无缝衔接和调运信息实时互通。丰富和升级检验检疫部门对进口粮食监管的手段，提高执法把关的能力，更加有效保障进口粮食按照进口动植物检疫许可证规定流向指定加工厂加工，有力地保护国内农业生产安全和林业生态安全；提高港口的周转效率，降低运营成本，提高港口竞争力；无纸化办公使进口粮食企业受益，降低时间成本和经济成本，提升企业效益；还能在港口周边形成聚集效应，形成粮食贸易、加工和仓储产业链，进而促进地方经济发展，社会效益和经济效益非常可观。

其次，开展无害化处理技术的应用。改变以往港口卸粮作业习惯，将卸粮流程中产生的粉尘集中收集进行高温湿热无害化处理，既避免“藏污纳垢”的粉尘回送，造成后续疫情扩散风险，又实现疫情除害处理，粉尘无害化处理后可变废为宝作为饲料添加成分，产生新的价值。同时结合卸粮流程的封闭化改造，以及作业区清扫车的配备等措施，不仅降低卸粮期间疫情在港区扩散的风险，而且更降低了疫情随粮食调运扩散到粮食产区的风险。

第三，建立在线实验室。将检验检疫实验室工作前移到卸粮流水线上，边卸边检，不仅实时掌握卸粮情况，发现问题及时处理，而且提高疫情检出率、缩短检测时间、提高检测效率。通过试运行阶段对30余船粮食的实验取得良好的效果。在疫情方面实现首次截获3种检疫性杂草，15种非检疫性杂草，平均每船截获的有害生物种类提高近40%，在品质和安全卫生检测方面，检测时间缩短4—8天。

大窑湾检验检疫局进口粮食示范港目前各项工作正常运转，效果明显，通过示范港建设实现对港口进口粮食的机械化、规范化、信息化、程序化、无害化管理。

实践效果：

通过示范港口的创建，北良港、大连港散粮码头已投资千万元开展体系创新建设，进行设备设施投入和升级改造，能够加强进口粮食疫情和转基因粮食生物安全的管控，确保国内食品安全、农业生产安全、自然生态安全；提高港口的周转效率，降低运营成本，增强港口竞争力。保障大连地区港口的先发优势，推动国际粮食中转贸易的发展，实现农业“买天下粮卖天下”的发展战略，在港口周边形成聚集效应，形成产业链，推动“大连国际粮油食品物流产业园”建设，进而促进地方经济发展，保障国内粮食安全，为新一轮东北振兴、推动东北亚航运中心、辽宁自贸试验区建设和“一带一路”建设做出新的更大的贡献。预计每年北良港进口粮食接卸中转量有望由现在的300万吨增加到600万吨，增加中转收入2.4亿元。大连港股份有限公司散粮码头进口粮食接卸中转量由现在的年260万吨增加到500万吨，增加中转收入1.7亿元。

成果3：实施船舶安全检查智能选船机制。

为应对集装箱班轮“班期紧、停留短、装卸快”的特点，确保载运中欧班列货物船舶的安全和航线的畅通，海事主管机关在深入调研、科学实践的基础上，创新服务举措，加大扶持力度，加快通关效率，在辖区范围内运行以“集装箱班轮监管白名单”为代表的风险分级管理制度，对安全管理体系、船龄、船舶安全检查等方面进行评估，实现通关“零待时”，获得了行业的广泛好评和支持。

主要做法：

首先，深入调研，把握规律。建立辖区定线集装箱班轮数据库，进行详细的数据分析，查找规律，制定出台《营口海事局集装箱班轮监管“白名单”机制》。

其次，确立参评范围和参评条件。要求靠泊营口辖区载运“营满欧”集装箱货物船舶只要满足安全管理体系、船龄、船舶安全检查等方面的最低要求，均可自愿参加评选。

第三，组织人员成立评估工作组对船舶进行评估。评估内容分为船舶安全管理体系运行情况及船舶安全状况两部分，人员由持证的安检员、审核员组成，评定结果通过三级审批最终确定。

第四，给予优惠待遇。对于通过评选的“白名单”船舶享有以下优惠待遇：一是对“白名单”内的船舶进、出港计划，应根据进出港实际情况优先安排进出港、靠离泊，减少锚地、码头等待时间。二是除工作时间外，节假日、夜间等非工作时间也应依申请为“白名单”安排船舶安检遗留项目的复查。三是无特殊情况对“白名单”船舶不安排实施船舶现场检查。四是对“白名单”船舶的船舶安全检查应在应检船等级的窗口期上限后才可安排检查。五是各相关部门全天候提供船舶安全业务咨询服务。

实践效果：

首先，便利化程度大幅提升。通过打造重点船舶绿色通道，实施 5 项具体服务举措，实现通关“零待时”。目前已有 5 家航运企业的 28 艘船舶通过评审，平均船舶安全检查时间间隔从 6 个月提升至 12 个月，船舶现场检查基本为零，优先靠离泊船舶 200 多艘次，为企业带来直接经济效益 3 000 多万元。

其次，实现精准监管。提升事中事后监管的精准度和有效性。通过实施白名单监管机制，对辖区船舶采取差异化管理，节约了执法成本。

第三，帮助航运公司提升管理能力。分级管理机制充分调动了各方积极性，树立行业标杆，让重服务、强管理、惠民生的企业在竞争中脱颖而出，同时也促进管理较差航运公司加强管理。

2019 年 7 月 11 日，沈阳片区“基于全要素价值分享模式的国有企业的‘内创业’模式”、大连片区“集装箱码头股权整合新路径”“‘冰山模式’开创东北老工业基地国有企业”三个案例，成功入选自贸试验区国家第三批“最佳实践案例”。

案例 1：基于全要素价值分享模式的国有企业的“内创业”模式。

辽宁自贸试验区沈阳片区充分发挥制度创新的作用，着力为具有创新创业精神的企业及员工打造良好的外部环境，以沈阳机床集团国企改革为契机，大胆试、大胆闯、自主改，积极开展创新改革试验，强力支持国有企业及员工创新创业。

沈阳机床集团在实现国有资产重新布局、传统业务转移的过程中，通过“员工创业、模式创新”及“资源共享、价值分享”，开创基于全要素价值分享模式的国有企业“内创业”模式。通过智能化与工业化“两化融合”，国资国企改革与沈阳片区“放管服”改革内外联动，为推动实现国有企业“瘦身健体”，推进混合所有制改革，探索新型工业化道路开辟了一条新路。

主要做法：

沈阳机床集团按照“企业平台化、员工创客化、内部市场化”原则，应用基于信息通信技术（ICT）的全要素价值分享模式，组织集团内部员工以“内创业”方式在沈阳片区设立小微企业，承接传统机床零部件加工及整机装配等业务。沈阳片区为“内创业”企业提供绿色通道以及商事登记注册等一系列便利化措施，推进项目落地。

国有企业“内创业”模式在盘活存量资产、减员增效、降低成本的同时，使员工收入水平大幅增长，不仅有效提升国有企业整体竞争力，更体现了沈阳片区服务于企、服务于民的政策导向。

首先，组建“内创业”企业。沈阳机床集团与所有参与“内创业”的创业员工解除劳动合同，并将与身份转换补偿金相同额度的资产收益权分配给员工，从而完成国企员工向创业者身份的转换。员工创业企业在承接沈阳机床集团的零部件加工业务的同时，逐步开拓集团外部市场，并开展行业零部件加工等业务。沈阳机床集团对开展“内创业”企业只参股、不控股，并通过员工持股、引进社会资本实现混合所有制改革。

其次，全生产要素价值分享模式设计。内创业企业依托沈阳机床集团自主研发的 iSESOL 智能制造云平台，即时获取设备加工数据、即时完工汇报，系统按照工具工装、低值易耗品、机物料消耗、加工设备、场地租赁等各生产要素贡献的比例自动计算分享数据，员工收益即时分享、即时到账，实现“全要素价值分享模式”；同时依托信息通讯技术贯穿生产全过程，彻底去除中间层，实现创业企业管理成本的最小化。

第三，成立双创引导基金。由沈阳机床集团出资注册成立沈阳蜂鸟股权投资基金管理有限公司，作为双创基金 GP 管理人；由沈阳片区与沈阳蜂鸟股权投资基金管理有限公司共同出资建立双创引导基金，支持创业员工组建混合所有制的小微企业。

第四，设立双创资源平台。沈阳机床集团与沈阳片区共同设立双创资源平台，创业企业租用双创资源平台的场地和设备，应用 i5 智能制造工业云信息系统开展生产经营，并按照资源要素贡献比例对增值进行即时分享。

第五，开通“内创业”绿色通道。沈阳片区为国有企业员工“内创业”企业提供企业开办绿色通道服务，在注册资本、注册登记、经营场所限制，以及水、电、气、通信户头费、手续费、服务费等方面给予优惠政策。同时，对“内创业”企业提供创业培训、创业跟踪指导等全程服务，为国有企业员工创新创业提供宽松的准入环境和成长环境。

实践效果：

实施“内创业”模式是国有企业借助信息化、工业化生产平台，集成商业模式创新、技术创新和制度创新等多种模式，在减员增效、实现传统业务转移的同时，激发员工创业热情，提升国有资产的运行效率，是利用自贸试验区平台推进国资国企改革的重要探索。目前，沈阳片区已经孵化设立 4 家机加双创小微企业、1 家汽车刹车盘双创企业、1 家管理咨询双创企业。

通过对目前“内创业”企业经营数据测算，生产效率提升 70%，设备总投入减少 56%，年能力产值提升 76%，设备投入产出比由 1:0.5 提升至 1:1.7，员工月收入提升 177%。

案例 2：集装箱码头股权整合新路径。

近年来，全球经济复苏进程相对迟缓，国内经济运行进入新常态，国际各大班轮公司纷纷组建航运联盟，集装箱运输船舶日趋大型化。大连港集团紧跟国际航运发展形势变化，针对大窑湾第一、二、三期集装箱码头单体规模有限、岸线堆场资源利用不均衡、服务标准存在差异、码头运营成本相对较高等制约集装箱业务高速发展和进一步提升核心竞争力的系列问题，在大连市委市政府指导和支持下，坚持改革创新和综合施策，以股权投资和股权整合为主要突破方向，运用市场化机制积极推进企业混合所有制改革和国有资本管理机制创新，顺利完成集装箱码头股权整合工作，成功探索出国内港口整合升级、提质增效发展的全新路径，这也是辽宁自贸试验区大连片区落实老工业基地结构调整及国资国企改革任务的典型案例之一，具有较强的示范借鉴意义。目前，天津、青岛、江苏、浙江等多地港口集团或企业多次来大连深度考察，学习大连港集装箱码头整合经验。该案例为下一步国内港口整合提供了成功范例，具有较强参考借鉴和复制推广价值。

主要做法：

在本次整合前，大连港集团先后与国内外相关投资方设立 3 家集装箱码头公司，建成大窑湾第一、二、三期集装箱码头。

由于各期集装箱码头股比差异，不同股东对码头整合诉求不同，各期码头经营状况和盈利水平存在差距，而且马士基集团基于其全球战略调整要求退出等因素，本次股权整合方案设计难度极大，必须综合考虑股权退出机制等多方面问题和多层面矛盾。大连港集团结合企业定位、行业特点、发展阶段、行业竞争、制约条件等重点问题，在推进本次股权整合过程中主要采取如下做法：

首先是项目管理模式。本次集装箱码头股权整合项目实施进展不仅受各股东方内部决策程序的制约，也面临商务部反垄断审查、新码头公司工商变更登记及多个环节政府审批程序的影响。为确保达成项目进度目标，在项目启动初期和股权交割后期采取两种不同的项目管理模式。在项目启动初期，成立以各股东方授权代表组成的股东方项目领导小组和以集团项目人员为核心的工作小组，股东方项目领导小组和集团项目工作小组“合署办公”，实现信息充分沟通，及时解决问题，促进更快达成共识。同时引入第三方咨询机构全程参与，利用咨询机构专业力量对项目方案策划给予支持。咨询机构对项目实施进程进行统筹集成管理并提出建议，实施协调工作更易被各方股东接受。在项目股权交割阶段，及时成立新公司筹备组，筹备组领导小组成员由未来新公司的高管组成，筹备组工作小组由未来新公司的部门管理人员组成，筹备组与项目工作小组共同推进整合项目的收尾阶段工作，通过这种方式将运营管理与项目实施过程集成，从而让新公司切实领会并有效贯彻股权整合项目的战略意图，从而让项目在未来的运营过程中有效实现整合的预期目标。

其次是整合方案设计。本次项目整合的资产总值和经营差异较大，设计股权整合方案时需考虑财务、税务、法律、业务等多方面因素，需汇集财税、法务、资本管理、港口运营等不同专业领域知识。为确保方案设计合理可行，大连港集团构建由港口运营和管理专业人员、咨询机构财税和法律专业人员、股东方投资管理专业人员共同组成的方案设计团队，基于“一个主体”“税负相对较低”“整体效益高”“满足整合时间要求”四个因素，提出吸收合并、股权出资、资产出资等整合方式，通过股权、税务、法律、运营、时间等多维度的综合考量，先后设计出十余种不同的股权整合备选方案，并最终确定以“一期集装箱码头公司吸收合并另外两个码头公司”这个相对最为科学合理的股权整合方案。

第三是股东商务会谈。以坚持大连港集团核心诉求为基础，集成各方股东和利益诉求的基本原则，开展与各方股东的市场化商务谈判，包括评估方式选择、评估结果确认、董事会议事规则以及“董监高”人员配置等事项。其中，在议事规则层面，将相关非重大决策事项争取放置在整合后的合资公司经营层面议定，在很大程度上促成各方股东商务会谈更快达成共识。

第四是项目风险防控。本次集装箱码头整合项目历经股东磋商、框架方案制定、资产审计评估、反垄断审查等诸多环节，而且在股东磋商阶段，必须同步实施对马士基集团退股的收购，以及码头公司“合三为一”两个项目的市场化商务谈判。为了确保本次项目如期完成，必须在三个层面统筹集成推进。一是集成码头股权项目整合层面的决策环节与码头业务操作层面的决策环节；二是集成一方股东退股与码头股权整合的商务谈判环节；三是集成外部审批程序与内部运营筹备工作。同时，还需建立完善的预警机制，对各个环节进行有效风控，严格按照计划敦促推进各个项目周期阶段工作，确保各分项、各环节紧密衔接。在大连市委市政府的指导，以及相关股东方的支持下，2017 年 8 月 10 日，在大连棒棰岛国宾馆成功举办项目签约仪式。当年 11 月，整合后的新公司——大连集装箱码头有限公司重新挂牌运营。整合后各方股比为：大港集箱（DPC）持股 48. 15%，新加坡港务集团（PSA）持股 26%，中远海持股 19%，日本邮船株式会社（NYK）持股 6. 85%。

实践效果：

近几年，全球航运市场比较低迷，航运企业之间构建行业联盟趋势明显，整合现象在整个航运产业链越来越普遍。我国港口行业在经历了持续数年吞吐量增长逐步放缓之后，也终于迎来新的市场机遇，港口企业集团重组成为航运业发展大势所趋。

本案例充分运用市场化机制，开启国内港口多层次、多元化股权整合先河，成功探索出国内集装箱码头股权整合的全新路径，并形成可参考借鉴和复制推广的成功经验。大连集装箱码头有限公司成功实现股权整合后，引起业内持续广泛关注，全国多地面临类似问题的港口企业多次来大连学习成功经验，凸显该模式具有良好的示范效应和推广价值。

大连集装箱码头有限公司在整个股权整合期间业务运转正常，人员安排妥当，风险防控得力，而且由于时间节点把握得当，也享受到相关税收支持政策。整合后企业效益提升显著，新码头堆场总面积共 340 余万平方米，顺岸布置 18 个专业集装箱泊位（目前投入使用 14 个），其中可以靠泊全球最大的集装箱“航母”——20 万吨集装箱船舶的深水泊位有 5 个，公司拥有覆盖全球的 100 多条航线，遍布 160 个国家和地区的 300 余个港口。通过共享资源、优化配置、盘活资产等综合措施，大连集装箱码头有限公司运营成本降低约 5 000 万元/年。船舶整体即到即靠率提升 3%，客户在港单笔业务办理效率提升 10%，集装箱业务也迎来了整体提升。在第十四届中国货运业大奖创新奖的评选中，大连集装箱码头有限公司荣获港口码头创新大奖。

案例 3：“冰山模式”开创东北老工业基地国有企业混合所有制改革。

大连冰山集团以混合所有制改革为突破，以大力发展智能制造、构建综合服务体系为核心，开创了“1+2”冰山改革模式，在逆势中实现质效双升，走出一条独具特色的东北国有企业改革之路。

主要做法：

首先，深化混合所有制改革，形成长效激励机制。冰山集团早在 2008 年就进行了第一次混合所有制改革，由国有独资公司转变为股权多元化的中外合资企业，经营管理层持股比例达到 10%，形成事业和利益共同体，经营管理效率大幅提升。但规范有效的公司法人治理结构还未完全形成，职业经理人团队在股权结构中的撬动作用还未充分发挥。随着企业的发展壮大和业务拓展，许多新的问题开始显现。在大连市委市政府及国资委的大力支持下，冰山集团启动第二次混改，进一步扩大经营团队（包括研发、管理人员和业务骨干）的持股范围和持股比率。经营团队以现金方式增持股份达到占比 20.2%，持股范围由原 46 人增至 163 人，委派集团董事由 1 人增至 2 人，形成企业内部激励与约束的长效机制，改革成效显著。此次改革是冰山混合所有制改革的 2.0 版，为冰山实现跨越式发展准备了条件。

其次，发挥智能制造示范作用，实现主体产业全面升级，推进创新创业。根据《中国（辽宁）自由贸易试验区总体方案》和《中国制造 2025 辽宁行动纲要》中老工业基地产业转型升级要求，冰山集团借助整体搬迁至辽宁自贸试验区大连片区的机遇，紧扣自贸试验区功能定位，及时调整产业结构，加快工业化与信息化深度融合，发挥智能制造示范作用，依托智能制造和绿色制造，不仅实现主体产业的全面升级，同时聚合创新资源，推进创新创业。

第三，依托自贸试验区重要平台构建综合服务体系。依托自贸试验区的重要平台，推进供给侧结构性改革，冰山集团全面优化和提升服务水准，不断创新冷热服务的商业模式，实现从注重销售产品转变为注重提供服务，从产品供应商转变为综合解决方案提供商。通过完善技术服务体系、创新研发产业、开展融资租赁业务和培育与互联网+紧密相关的高新技术企业等方式，重点把冰山的冷热产品、工程和服务，通过互联网连成线、织成网，覆盖整个市场网络，构建“互联网+”时代的新型冷热服务体系。

实践效果：

混合所有制改革帮助大连冰山集团形成有效制衡的公司法人治理结构，决策更加科学有效，管理更加规范透明，激发了经营团队想干事、干成事的内生动力，实现事业发展共担、事业成果共享的良好氛围，并在改革过程中探索出一条可复制、可推广的“冰山经验”，具有良好的示范效应。

目前，冰山主持或参与制定的国家或行业标准达到 73 项，集团有效专利累计 752 项，每年新增专利约 160 项，同时市场影响力也逐步扩大，集团新产品销售收入增长 25%以上。2018 年全集团实现营业收入 126.3 亿元，同比增长 5%，实现利润总额 7.58 亿元，利润率保持在 6%以上，纳税 7.62 亿元。

四、大事记

1 月 28 日，“保税混油、离岸直供”业务在大连片区正式启动。此监管模式大幅减少供应服务船舶待供时间和出入库次数，避免了往来油耗，能够为企业节省仓储租金及转仓倒罐等运营成本。

2月1日，首笔利用资本项目收入结汇支付便利化政策办理的资本金结汇支付业务落地实施。当日，中国银行营口分行为营口创虎国际贸易有限公司办理资本金结汇业务，这是营口片区深化金融领域改革，推动跨境人民币业务创新发展的重要举措。

2月15日至20日，辽宁自由贸易试验区接待阿联酋沙迦酋长国哈姆利亚自由区管理局代表团，签订框架合作协议，召开辽宁自由贸易试验区与阿联酋沙迦酋长国哈姆利亚自由区合作对接会，陪同考察团一行考察大连片区和沈阳片区。

3月28日，辽宁自由贸易试验区召开挂牌两周年新闻发布会。辽宁省商务厅副厅长王景明发布辽宁自贸试验区自2017年4月1日挂牌以来建设情况，省自贸办及三个片区分别就辽宁总体方案试点任务完成情况、国资国企改革、面向东北亚开放和营商环境建设回答记者提问。

4月14日，国务院印发《国务院关于做好自由贸易试验区第五批改革试点经验复制推广工作的通知》，沈阳片区“优化涉税事项办理程序，压缩办理时限”、大连片区“进境粮食检疫全流程监管”、营口片区“实施船舶安全检查智能选船机制”3项改革试点经验入选。

5月21日至22日，辽宁省自贸办参加中国贸促会在海南举办的“2019自由贸易园区发展国际论坛”，从辽宁省基本情况、自由贸易试验区基本情况、建设成效、下一步重点工作等方面宣传推介辽宁自贸试验区。

7月10日，首单货物以保税物流方式顺利通过口岸验放进入营口综合保税区，标志着营口综合保税区正式运营，为辽宁面向东北亚开放再添新载体，开放型经济发展再增新动力。

7月11日，辽宁省自贸试验区推出的“基于全要素价值分享模式的国有企业的‘内创业’模式”、“集装箱码头股权整合新路径”、“‘冰山模式’开创东北老工业基地国有企业混合所有制改革”三个案例成功入选自贸试验区国家第三批“最佳实践案例”。

7月29日，辽宁自贸试验区正式推出“以审代查”和“非侵入工稽查（无感稽查）”海关稽查创新举措。进一步优化海关稽查程序，创新稽查模式，最大限度降低海关稽查对企业正常生产经营的影响，有效降低企业应对海关稽查的时间成本和管理成本。

8月8日，辽宁自贸试验区出入境人员综合服务“单一窗口”正式上线运行。按照“互联网+政务服务+综合服务”的理念，利用大数据、政务云、移动互联网等信息技术建设综合性信息服务平台，实现与各涉外部门的信息共享与信息交换，为吸引国际化人才、营造国际化营商环境积极提供助力。

8月23日，辽宁省自贸试验区领导小组办公室印发《关于借鉴推广中国（辽宁）自由贸易试验区第三批改革创新经验的通知》。

8月27日，营口片区召开推进自贸试验区建设暨制度创新奖励大会。充分利用自贸区先行先试的制度优势和对外开放的平台优势，带动市直部门参与、融入创新工作，进一步增强全市创新发展的氛围。

10月14日至18日，辽宁自贸试验区在辽宁省委党校举办“2019辽宁自贸试验区金融开放创新专题培训班”。省自贸试验区工作领导小组各成员单位，沈阳、大连、营口片区管委会和三市自贸办，各市商务局及各协同发展重点产业园区管委会等有关单位近70人参加培训。

11月1日，落户沈阳片区的东北最大规模国际快件监管中心发出首单国际收件。监管中心将为辽宁乃至全国跨境电商业务提供规范高效的进境通关服务，意味着跨境电商新政策正式在沈阳落地显效，是沈阳在跨境电商领域的创新突破。

11月27日，辽宁自贸试验区“政策兑现单一窗口”正式启动。进一步优化营商环境，提高政策兑现效率，结合已发布的四个产业奖励政策，让企业少跑腿，数据多跑路，提高政策兑现效率，增强企业获得感。

2019年中国（浙江）自由贸易试验区建设概况

中国（浙江）自由贸易试验区管理委员会

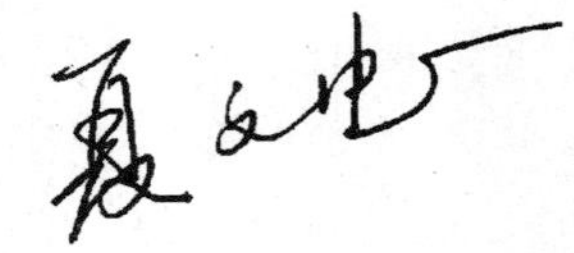

中国（浙江）自由贸易试验区管理委员会副主任

夏文忠，男，汉族，1962年9月出生，浙江舟山人，1985年12月加入中国共产党，1986年8月参加工作，省委党校研究生学历。2000年后历任舟山市教委副主任、党委委员，舟山市教育局副局长、党委委员兼工会主席，舟山市政府副秘书长、办公室党组成员，舟山市科学技术局局长、党组书记兼市地震局局长、浙江省海洋开发研究院院长，舟山市发展和改革委员会主任、党组书记等职。2012年任舟山市政府党组成员，舟山海洋产业集聚区管委会党委书记、主任。2014年任舟山市政协副主席、党组成员，市政府党组成员，舟山海洋产业集聚区管委会主任，新区海洋产业集聚区管委会（舟山经济开发区管委会）、舟山港综合保税区管委会党委书记。2017年任舟山市政协副主席、党组成员，中国（浙江）自由贸易试验区管理委员会副主任。

一、经济运行数据

（一）投资情况。

2019年，中国（浙江）自由贸易试验区新增注册企业6 927家，注册资本总额1 387.6亿元，日均注册企业19家。按注册类型看，新增内资企业6 865家，注册资本总额1 239.4亿元；新增外商投资企业62家，合同外资17.1亿美元，实际利用外资3.8亿美元。

2019年，浙江自贸区实现税收总额77.3亿元，完成固定资产投资461.8亿元。

（二）贸易情况。

2019年，浙江自贸区进出口总额861.29亿元，同比增长34.2%。

（三）金融情况。

截至2019年底，浙江自贸试验区融资租赁企业总共266家，其中内资融资租赁企业29家，外资融资租赁企业237家；持牌金融机构69家，实现营业收入39.2亿元，人民币贷款余额1 042.1亿元。

2019年，浙江自贸试验区跨境人民币结算额为960.4亿元，同比增长31.9%；跨境人民币回流资金674.8亿元，增长74.5%。

（四）特色指标。

2019年，浙江自贸试验区实现原油、成品保税燃料等大宗商品交易额4 793亿元，其中油品交易额3 300亿元，油品交易量7 229万吨。保税船用燃料油供应量逆势增长，达到410.27万吨，同比增长14.2%，供应量位居全球第九位（2018年为第十位）。船用燃料油结算量624.57万吨，占全国50%以上。外轮供应货值22亿美元。

二、建设措施及成效

2019年，在浙江省委省政府的坚强领导下，在省级有关单位的大力支持下，舟山市委、市政府和浙江自贸试验区管委会切实履行主体责任，全市上下齐心协力，围绕《中国（浙江）自由贸易试验区总体方案》，聚焦油气全产业链为核心的大宗商品投资贸易便利化、自由化，攻坚克难、大胆实践，各项工作取得明显成效，全面完成年度目标任务。

（一）把牢政治方向，全面推动国家战略实施。

深入学习领会习近平总书记、李克强总理等中央领导对自由贸易试验区建设的重要批示指示和讲话精神，全面贯彻落实省委、省政府的决策部署，特别是车俊书记关于“把自贸区作为落实和服务一系列国家战略的重大平台，推动自贸区建设提速提质”，以及袁家军省长关于“突出服务国家能源战略大局、突出首创性差异化制度创新、突出改革开放带动、突出竞争力提升，切实抓好重大项目落地，高标准、高质量推进自贸试验区建设”等要求，始终把自贸试验区作为参与和服务“一带一路”、长江经济带、长三角一体化等倡议和战略的重要支点，作为全省扩大对外开放的重大平台，以更高站位推进自贸试验区改革创新。《中国（浙江）自由贸易试验区总体方案》全面实施；国务院及各部委向全国推广的改革试点经验全部复制落地；深入推进制度创新，累计形成特色化、系统性创新成果116项，其中2019年有4项制度创新成果和4个实践案例在全国复制推广，数量在第三批自贸试验区中居第一位。

（二）聚焦目标任务，持续推动改革开放创新。

聚焦年度目标，持续推进油气全产业链建设，加快重大项目招引和建设，协同发展特色产业，自贸试验区改革创新向纵深持续推进。

国际油气交易中心建设步伐加快。积极推进与上期所“期现合作”，成功解决上期所保税燃料油交割开票问题，在全国率先开展保税燃料油期货仓单直供业务。浙江国际油气交易中心揭牌运行，引进优质战略投资者，优化股权结构。阿格斯、普氏能源先后发布舟山船用燃料油价格指数和估价，初步形成保税船用燃料油“舟山价格”。全年实现原油、成品油、保税燃料油等大宗商品交易额4 793亿元。其中，油品交易额3 300亿元，油品交易量7 229万吨。

国际海事服务基地建设成绩斐然。加快东北亚船用燃料油供应中心建设。完善软硬件配套，完成马峙锚地整治并开放使用，条帚门锚地获准开放，加油锚位达16个。新引进中石化长江燃料船供油中心、中石油东北亚船供业务中心，1家外资供油企业正式进入市场。制定国内首个供油船“舟山船型”技术规范，2艘专业供油船开建，新公布“白名单”船舶51艘。加强行业管理，保税船用燃料油加注智能调度系统建成启用。保税船用燃料油供应量逆势增长，达到410.27万吨，增长14.2%，供应量居全球第九位（2018年为第十位），前来加油的外籍船舶占90%；实现结算量624.57万吨，占全国50%以上。加快拓展外轮供应市场。出台《中国（浙江）自由贸易试验区国际航行船舶物料供应管理办法》，常态化开展锚地物料供应，推进“一船多供”“一船多能”，全国首创开展锚地综合海事服务，率先实现国际海事服务全链条通关无纸化，率先试点船舶区域通关一体化改革，服务效率全面对标新加坡水平。外轮供应仓储基地加快建设，船舶供退物料通关信息化服务平台上线运行，新引进国际知名外供企业5家。全年完成外轮供应货值22.03亿美元；修理船舶3 471艘，其中外轮1 768艘，实现产值44.2亿元，同比增长12.8%。加快建设现代航运服务集聚区。编制国际海事服务招商产业要素图，力鸿仕宝、瑞士通标、实华南油等国际知名海事服务企业和机构相继落地，全年新引进各类企业、机构60家，累计集聚企业160余家，初步形成集群效应。

国际油气储运基地建设进展顺利。启动开展《国际油气储运基地建设总体方案研究》，完成《油气长输管道布局研究》《LNG码头布局规划研究》等，六横、白泉、衢山等LNG接收站列入《宁波舟山LNG登陆中心建设发展规划（2019—2035年）》。黄泽山项目一期建成开港，二期完成设计方案。浙石化鱼山原油储罐全部投运，成品油罐区、马目配套油库等加快推进。马目至鱼山输油管线建成投用。全市油品储存能力达2 790万吨（3 100万立方米）。新奥LNG项目一期实现接卸量71.7万吨；新奥二期项目储罐完成投资39 291万元；管道项目舟山段完成50 222万元。六横LNG

项目前期积极推进。

国际石化基地建设快速推进。全年完成投资424.45亿元。浙石化正式获批原油非国营贸易进口资质，累计获得进口原油配额750万吨。4 000万吨/年炼化一体化项目一期全面投料试车，累计加工原油469.6万吨，产值161.75亿元。原油接卸转输全线打通，鱼山大桥通车试运行。项目二期正式调整为规划项目并全面开工建设，新增140万吨/年乙烯项目正在申报；三期正开展前期准备及谋划。相关规划调整正在积极修编。

中国（浙江）自由贸易试验区概览

功能布局

中国（浙江）自由贸易试验区的实施范围为119.95平方公里，位于舟山群岛新区，由陆域和相关海洋锚地组成，涵盖三个片区：舟山离岛片区、舟山岛北部片区、舟山岛南部片区。

舟山离岛片区共78.98平方公里。舟山离岛片区鱼山岛由鱼山岛、鼠浪湖岛、黄泽山岛、双子山岛、衢山岛、小衢山岛、马迹山岛和秀山东锚地组成。鱼山岛重点建设国际一流的绿色石化基地；鼠浪湖岛、黄泽山岛、双子山岛、衢山岛、小衢山岛、马迹山岛重点发展油品等大宗商品储存、中转、贸易产业；秀山东锚地重点发展保税燃料油供应服务。

舟山岛北部片区共15.62平方公里，东至梁横岛，南至沙外线，西至大成一路，北至新港15路。舟山岛北部片区由舟山经济开发区区块和舟山港综合保税区区块一组成，重点发展油品等大宗商品交易，保税燃料油供应，航空产业、石油石化产业配套装备保税物流、仓储、制造等产业。

舟山岛南部片区共25.35平方公里，东至329国道朱家尖段，南至海域，西至惠民桥，北至东港塘头。舟山岛南部片区由新城区块、小干岛区块、沈家门区块、东港区块、朱家尖区块和相关海域组成，重点发展大宗商品交易、航空制造、零部件物流、研发设计及相关配套产业，建设舟山航空产业园，着力发展水产品贸易、海洋旅游、海水利用、现代商贸、金融服务、航运、信息咨询、高新技术等产业。

战略定位

以制度创新为核心，以可复制、可推广为基本要求，将浙江自贸试验区建设成为中国东部地区重要海上开放门户示范区、国际大宗商品贸易自由化先导区和具有国际影响力的资源配置基地。

发展目标

围绕国家能源保障安全，推进以油气全产业链为核心的大宗商品投资便利化、贸易自由化，提升大宗商品全球配置能力，经过三年左右有特色的改革探索，对接国际标准，初步建成自由贸易港区先行区。

中国（浙江）自由贸易试验区扩展区域

浙江自贸试验区扩展区域实施范围119.5平方公里，涵盖3个片区：宁波片区46平方公里（含宁波梅山综合保税区5.69平方公里、宁波北仑港综合保税区2.99平方公里、宁波保税区2.3平方公里），杭州片区37.51平方公里（含杭州综合保税区2.01平方公里），金义片区35.99平方公里（含义乌综合保税区1.34平方公里、金义综合保税区1.26平方公里）。

宁波片区建设链接内外、多式联运、辐射力强、成链集群的国际航运枢纽，打造具有国际影响力的油气资源配置中心、国际供应链创新中心、全球新材料科创中心、智能制造高质量发展示范区；杭州片区打造全国领先的新一代人工智能创新发展试验区、国家金融科技创新发展试验区和全球一流的跨境电商示范中心，建设数字经济高质量发展示范区；金义片区打造世界“小商品之都”，建设国际小商品自由贸易中心、数字贸易创新中心、内陆国际物流枢纽港、制造创新示范地和“一带一路”开放合作重要平台。

人民币国际化示范区建设成效显著。积极开展人民币资金池、NRA 账户不落地结汇等业务，推动外汇创新业务落地实施，首单境外发债业务、外汇资金集中运营业务和跨境金融区块链服务平台试点业务顺利落地。积极争取跨境人民币结算政策，在全国率先获批油品贸易跨境人民币结算便利化试点，推进油品转口贸易跨境人民币结算，以及油品贸易跨境人民币支付便利化试点，成功开展自贸试验区油品类企业便利化支付业务。全年跨境人民币结算额达 960 亿元，增长 32%，占全省 11.4%，16 家银行开办跨境人民币业务，政策惠及面拓展至全省 800 余家企业，业务范围发展至 41 个国家和地区。

油气贸易中心建设加快推进。积极争取国家部委支持，首张原油非国营贸易进口资质正式获批，第二家企业已完成商务部审查和公示，第三家企业正抓紧组建。成品油批发仓储、原油销售仓储审批取消，成品油零售经营审批权下放至市政府。油气市场结构不断优化，市场经营主体不断扩充，新增保税船用燃料油供应企业 2 家、混兑企业 6 家。跨境人民币结算、燃料油期货交割、油品检测、计量仲裁等贸易配套产业加快发展。全年完成油品贸易额 3 201.8 亿元，增长 44.6%；新引进油气企业 2 917 家，累计集聚油气企业 5 727 家，成为全国油气企业最集聚的地区。

大力招引重大项目落地建设。制定年度招商任务清单，积极对接重点油气企业。深入对接沙特阿美、道达尔、托克、沙特基础工业、埃克森美孚等一批国际知名油气企业。成功举办第三届世界油商大会，271 家国内外知名企业、800 余位嘉宾及代表参会。大会共签约项目 21 个，协议总金额 567.6 亿元，涵盖油品储运、油品贸易、石油化工、海事服务、LNG 综合利用等产业。大会期间，举行闭门会议 20 余场次，接洽客商 60 余批次。截至 2019 年底，三届世界油商大会成果加快显现，已有中长燃华东结算中心、新加坡协力石油油品合作等 22 个签约项目注册落地或实施，在谈重大油气项目 33 个。

国际矿石中转基地加快建设。大力发展矿石中转业务，创新混矿监管模式，鼠浪湖矿石中转码头产能全面提升，形成铁矿石接卸、储运、保税、混配、分销等全流程服务，全年实现混配矿 1 572 万吨，增长 21.3%，混矿量跃居全国第一，占国内市场 20%左右。鼠浪湖开港至今累计靠泊 40 万吨矿船超 100 艘次，总吞吐量达 1.53 亿吨。深化国际合作，省海港集团与淡水河谷达成重大合作，引入磨矿项目。

波音完工和交付中心建设有序推进。完成基础用房、停机坪、完工中心和交付中心等交付工作。加快研究舟山航空产业园产业发展规划。谋划打造全国航空客舱内饰制造产业高地。

国际农产品贸易中心建设初显成效。全力推进招商引资，积极对接富春集团、邦吉等重点企业，招引产业链企业 12 家。国家远洋渔业基地水产品交易市场投入运行，国际农产品（水产品）贸易中心平台挂牌运行，中国首个“远洋鱿鱼指数”对外发布，建立秘鲁海外渔业基地和海外金枪鱼捕捞基地。中澳现代产业园项目累计完成投资 13.5 亿元。全年完成农产品贸易额 182 亿元。

海洋健康旅游产业稳步发展。全域打造国家健康旅游示范基地，普陀大健康产业园引进健康类科技项目 36 个，入驻企业 23 家，涵盖基因测序、海洋保健品、养老辅助等领域；国际健康产业中心引进高端体检、医疗美容、细胞治疗等项目 15 个，入驻企业 38 家。

融资租赁产业创新发展。制定出台扶持发展融资租赁产业政策，积极协调解决融资租赁发展突出问题，全市有各类融资租赁企业 266 家，其中内资试点融资租赁公司 29 家，外资融资租赁公司 237 家，实到注册资金 74.9 亿元，累计投放金额 283 亿元，融资租赁业务余额 380 亿元。全国性大宗商品金融服务创新中心服务基地正式落户普陀。

（三）深化政策研究，积极争取更大改革自主权。

坚持以课题研究为抓手，对标国际先进地区，结合最新形势，加强政策研究，推动产业发展。

全力争取更大改革自主权。多次对接中央财办、商务部等国家部委，积极汇报争取，配合部委专题调研，根据国务院办公厅、中央改革办等意见认真修改完善更大改革自主权建议。年内《赋权请示》顺利完成国家部委意见会签，商务部于2019年12月底上报国务院。

高标准谋划浙江自贸试验区2.0版。按照“突出服务国家能源安全、突出对接国际经贸新规则、突出服务全省开放大局、突出提升竞争力辐射力”的要求，深入研究分析长三角一体化、上海自贸试验区临港新片区建设等国家战略对浙江自贸试验区带来的机遇，对标国际先进地区，结合实际研究提出下一阶段重点发展方向、产业导向和政策制度设计，基本形成浙江自贸试验区2.0版方案。

争取省政府印发自贸试验区改革创新措施。深入贯彻落实国务院38号文件精神，全面梳理当前急需的改革创新措施，省政府办公厅正式印发《关于进一步推进中国（浙江）自由贸易试验区改革创新的若干意见》，推动13项省级权限下放，进一步深化油气全产业链投资便利化与贸易自由化，在省内全面复制推广自贸试验区改革经验。

（四）优化营商环境，持续提升自贸试验区竞争力。

对标国际国内先进地区，及时查漏补缺，积极优化营商环境，加快打造政务服务新高地。

加快打造特色营商环境体系。及时印发《舟山市（浙江自贸试验区）建设最优营商环境2019年行动方案》，围绕10大重点任务补齐短板，列出21项任务清单。目前，企业开办实现常态化4小时办结，企业平均办税时间提速20%以上。研究制定《浙江自贸试验区营商环境特色指标体系》，梳理大宗散货跨境贸易、跨境资金流动、外籍人员服务3项特色指标，保税燃料油加注、外轮供应便利度、船舶通关便利度3项创新指标，以及制度创新成果1项观察指标，打造油气全产业链发展和大宗商品全球配置最优营商环境。

加快数字自贸区建设。制定印发数字自贸区建设方案，明确发展定位和主要目标。大力创新通关监管模式，推动国际航行船舶通关一体化，舟山、宁波、张家港3个口岸实现船舶申报数据复用；全面应用国际贸易“单一窗口”标准版功能，上线国际贸易“单一窗口”浙江特色版功能，建设船舶供退物料通关服务平台，实现船舶供退物料通关全程无纸化办理。在国内率先开展进口货物“两步申报”改革试点，概要申报阶段进出口企业申报事项从105项减少至9项，大幅提高口岸通关放行时效。2019年12月舟山海关进出口整体通关时间为24.61小时和1.31小时，较上年12月分别压缩27.3%和44%。

完善事中事后监管体系。强化油气全产业链安全监管和风险防范，修改完善应急预案，组织开展事故应急演练，进一步完善油气全产业链应急体系。修订发布《浙江自由贸易试验区油气贸易企业事中事后监管办法（试行）》，进一步规范油气贸易企业经营。发布“证照分离”改革全覆盖试点实施方案，逐项制定监管办法，推动523项中央层面设定的涉企事项进一步优化简化审批程序。开发完成船供油智能调度系统并正式投用，实现传统纸质单据申报转变为电子化无纸申报，制定出台国际航行船舶物料供应管理办法，全面规范物料供应，提升国际海事服务监管能力，进一步完善“综合+专业”的监管体系。

三、创新成果及案例

案例1：保税燃料油“多船一供”模式创新。

随着浙江自贸试验区保税油供应业务持续增长，外轮申请单船加注量显著增加，4 000吨以上订单呈常态化，最大单船加油量可达到7 500吨—8 500吨/船。与此同时，国际海事组织出台2020年低硫环保要求，外轮常需同时补给高硫燃料油、低硫燃料油及柴油等多种油品，一船难以满足外轮需求。为此，浙江自贸试验区在全国率先推出“多船一供”模式创新，进一步推动保税船用燃料油供应业务发展。

主要做法：允许多艘供油船舶在一个作业航次内对一艘受油船舶供应保税油。供油船舶安装船舶实时定位设备并与海关联网，以满足海关监管要求。供油企业在开展“多船一供”业务前，向海关提出业务申请，明确供油企业名称、供油地点、受油船舶名称、供油船舶名称、预计供油时间及供油数量等信息。业务完成后，按照相关规定办理保税油的出库、供船、余料入库及报关手续。

实践效果：该制度创新成果为供油企业和受油企业均带来利好，提升了浙江自贸试验区保税船用燃料油供应通关便利化水平。对供油企业来说，“多船一供”能够让企业更好地承接单船加油量大或者需同时补给多种油品的订单，满足市场的多样化需求；对受油企业来说，节省在过往“一船一供”模式下需要付出的等待时间和成本。

案例 2：全国首个保税船用燃料油价格指数。

全国首个保税船用燃料油价格指数（Zhoushan Bunker Index）的发布，是浙江自贸试验区着眼于油品全产业链顶端，以浙江自贸试验区优势品种——保税燃料油为突破口，积极打造具有国际影响力的油品领域“舟山价格”的一大重要举措。

主要做法：2019 年以来，舟山市政府、浙江自贸试验区与阿格斯多次沟通交流，按照“价格独立发布，政府打造良好的营商环境”的思路，编制和发布 ZBI，扎实抓好保燃价格体系建设。

首先，积极开展国内外价格指数对标研究。联动资讯机构做好《浙江自贸试验区油品价格（指数）方案》、《舟山保税船用燃料油价格指数编制工作方案》等研究，积极借鉴新加坡普式价格、中国煤炭指数等国内外价格（指数）经验，细化国内大宗商品价格指数发布模式，深入研究指数发布主体、工作目标、指数样本空间、数据采集、评估方法、工作安排等相关事宜。

其次，与国际知名机构签署合作备忘录。在与阿格斯等资讯机构多次对接、协商的基础上，浙江自贸试验区与阿格斯新加坡集团组建日常联络工作小组，做好 ZBI 编制发布相关工作。2019 年 4 月 30 日，舟山市政府与阿格斯新加坡集团成功签订 ZBI 合作备忘录，双方明确将在提升舟山船燃港口的重要性、发布舟山保燃价格指数、推动价格指数船燃供应长约和现货计价等方面共同努力，切实推动舟山保税船用燃料油市场价格透明化，为成功实现“舟山价格、舟山指数”这一国家战略迈出坚实的一步。

第三，全力支持国际知名机构独立发布指数。为了反映市场真实水平，为供应商和船东提供更公平的计价基准，区别于普氏批发市场大船货报价的数据源，ZBI 主要采取基于加注环节实际成交的价格评估方法论，在缺乏足够成交的时候，基于供应商、船东以及贸易商的询盘、报盘和其他市场信息评估。6 月 3 日，阿格斯正式发布 ZBI，涵盖舟山高硫 380CST 燃料油、含硫 0.5%燃料油和含硫 0.1%的船用柴油三个油种。浙江自贸试验区积极为阿格斯独立发布价格指数提供优良的营商环境，联动阿格斯在第三届世界油商大会平行论坛上作重要演讲，进一步扩大 ZBI 的知名度及影响力。

第四，深入应用价格指数、做好市场分析工作。ZBI 采用每天收集符合标准的成交数据，并进行数量加权平均的价格评估方法，符合市场在转换成低硫燃料油之后的市场定价需求。数量加权平均价格能更准确地反映市场成交价格水平，方便供油商和船东以及船油贸易商在船油交易计价时作为计价基准，加上适当的差价反映当时的基本面。目前，浙江自贸试验区联动阿格斯每月做好 ZBI 月度走势图及市场分析报告。通过市场分析研究，将 ZBI 与新加坡及上海加注价格进行精准对比，逐步增强供油商及船东对 ZBI 的认可，半年多来运作情况良好，初步形成保税船用燃料油“舟山价格”，对于进一步提升舟山保税船燃价格国际话语权具有重要意义。

实践效果：以 2019 年 6—11 月为例，ZBI 整体价格较为平稳，与舟山船燃市场贴合度较高，逐步得到供油商及船东的认可和肯定。高硫燃料油方面

（HSFO 380cst），价格最高为 620.52 美元/吨，最低为 320 美元/吨；低硫燃料油方面（LSFO），价格最高为 640 美元/吨，最低为 543 美元/吨；低硫柴油方面（MGO），价格最高为 720 美元/吨，最低为 590 美元/吨。此外，6—11 月阿格斯在舟山市场共收集 12.8 万吨 HSFO 380cst 成交量、2.77 万吨 LSFO 成交量、2.03 万吨含硫 0.1%的 MGO 成交量，收集到的成交数据稳步上升，进一步确保 ZBI 的准确度和质量。

目前，ZBI 发布于阿格斯船用燃料市场日报、阿格斯船用燃油展望（季报）、浙江自贸试验区微信公众号（月报），很多企业持续关注，国内外大型供油商及船东均有订阅，市场覆盖面较广。供应商认为阿格斯估价方法符合低硫燃油市场的规律，并表示将观察 ZBI 的稳定性，以后择机采用 ZBI 作为供油结算基准。

案例 3：“建标-对标-达标-创标”循环长效优化营商环境模式。

在浙江省和舟山市优化营商环境总体工作部署基础上，浙江自贸试验区系统谋划、自我加压，以一套营商环境特色评价指标为抓手，以制度创新为驱动力，探索形成“建标-对标-达标-创标”循环长效优化营商环境模式（“标”指标杆地区、标杆水平），一轮一轮迭代、一项一项攻坚，与所在城市优化营商环境工作形成协同互补，持续推进自贸试验区营商环境再上新台阶。将“营商环境优化永无止境”的理念，通过高水平政府治理模式落实到位。

主要做法：首先，构建营商环境特色评价指标。一是从企业视角出发。重在衡量市场经营活动全生命周期，企业视角“一件事”全流程的耗时、花费和办理便利性，采取企业问卷调查、案例采样分析等方法，通过客观视角衡量营商环境优劣。二是具有国际视野。特色指标体系借鉴世行指标方法论，提高指标价值理念的国际性，以及与国际间的可对比性，便于找出与国际营商环境高地之间的差距，有针对性地开展营商环境优化工作。三是结合当地实际。突出影响浙江自贸试验区营商环境的核心要素，与城市营商环境指标形成互补、深化，避免指标大而全、面面俱到。例如，“大宗货物进口贸易”指标区别于世行和国家发改委以集装箱货物为评测对象，而是以铁矿砂、原油、粮食等浙江自贸试验区进口量最大的散货品类为评测对象，考察其“从货物抵港到允许提离”的合规时间、合规费用，单证申报无纸化率等。又如，“外轮供应”指标区别于普通“开办企业”指标，以破解“准入不准营”问题为切入点，考察新设外轮供应企业办结《营业执照》《船舶港口服务备案》《运输工具服务企业备案》《国境口岸卫生许可》《对外贸易经营者备案》《报关企业注册登记》等全部所需经过的手续、时间、花费，并考察日常业务开展便利度。四是可操作性强。突出指标的可获得性和可对比性，一方面，确保每个指标都能够获取到相关数据或资料支撑；另一方面，指标均具有横向、纵向的可对比性，可在国内外其他港口、自贸试验区、城市进行取值。

《浙江自贸试验区营商环境特色指标体系》重点突出油气全产业链发展和大宗商品全球配置对营商环境的特色需求，包括“3+3+1”特色框架，即大宗散货跨境贸易、跨境资金结算、外籍人员服务 3 项特色指标；保税燃料油加注、外轮供应便利度、船舶通关便利度 3 项创新指标，以及制度创新成果 1 项观察指标。覆盖领域均为浙江自贸试验区重点功能和产业业态，体现贸易便利化、人员流动便利化、资金流动便利化等总体导向，贸易便利化又涵盖交通工具（国际航行船舶）、货物（铁矿砂、原油、粮食三类主要进口散货）、船舶燃料（保税燃料油加注）等方面。

其次，应用营商环境特色评价指标。形成以标杆地区、标杆水平为目标导向的营商环境优化动态系统。一是建标。围绕特色指标体系覆盖的领域，明确新加坡等作为国际标杆地区，细化梳理新加坡在相关领域的平均值、最优值等指标表现，秉持量力而行、循序渐进、适度超前的原则，科学制定

2019—2021年提升目标。标杆地区、标杆水平随发展阶段动态更新。二是对标。对具体指标相关领域企业办事场景、审批业务流程等进行摸底调查，收集整理企业反馈的实际问题，深入对比分析其与新加坡在制度、流程、服务、办结时间和成本费用等方面的差距，以及放眼法治化、国际化、市场化营商环境深层次维度的差距，分析问题背后的原因、可为空间，确立向新加坡学习的具体事项和改革尺度。三是达标。在明确与新加坡差距的基础上，努力向制定的改革目标迈进，制定切实可行的指标改进方案和实施进度计划，明确责任链、时间表、路线图。四是创标。争取通过2—3年努力，在某些重点领域、重点环节，超越新加坡水平，达成国际一流营商效率。

实践效果：大部分特色评价指标均已明确标杆对象、标杆水平，完成差距分析和改进提升举措的制定，国际航行船舶进出境、外籍人员服务、跨境资金结算等指标提升效果较为显著。

在国际航行船舶进出境方面，推出口岸港航通关服务一体化“4+1”模式，建立船舶供退物料通关服务平台，实现船舶供退物料无纸化。国际航行船舶进出境通关时间压缩至2小时，全国领先。

在外籍人员服务方面，复制推广七项出入境便利政策措施，全省首创“出入境细分事项服务模式”，争取签证权限下放延伸，并实施6+1办证服务机制，不断提高外籍人员服务效率。

在跨境资金结算方面，出台33条金融政策、外汇便利化试点政策、外汇创新业务、油品贸易结算便利化试点等政策。落地首单油品贸易跨境人民币结算便利化试点业务、首单大宗商品仓单质押融资业务、首单境外船供油跨境人民币结算业务。

案例4：全国首票进口货物“两步申报”改革试点业务。

2019年6月12日，国务院常务会议提出“继续简化一体化通关流程，实施进口概要申报、完整申报‘两步申报’通关模式改革，大幅压缩通关时间”。为贯彻落实国务院“放管服”改革要求，进一步优化营商环境，促进贸易便利化，根据海关总署工作部署，浙江自贸试验区全面开展进口货物“两步申报”通关模式改革，并落地全国首票进口货物“两步申报”改革试点业务。

主要做法：“两步申报”的概念源于欧美发达国家，“两步申报”即“概要申报”和“完整申报”。在这种通关模式下，企业不需要一次性提交所有申报信息及单证，整个申报过程可以分成两步走：

第一步概要申报：企业凭提单信息，提交满足口岸安全准入监管需要的必要信息进行概要申报，无须查验的货物即可提离，涉税货物需提供有效税款担保。

第二步完整申报：企业自运输工具申报进境起14日内，补充提交满足税收征管、合格评定、海关统计等整体监管需要的全面信息及单证。

舟山海关积极参加总署《海关“两步申报”改革实施方案》，相关任务书的编制，以及系统测试调试，参加总署组织的“两步申报”改革、相关作业系统应用培训和集中工作。成立“一把手”任组长的“两步申报”试点工作领导小组，组建新系统试点应用、税收征管、科技保障等5个专项工作小组，召集专家集中工作，制定细化落实方案，明确任务分工与进度安排。确定本地版特殊区域管理系统改造方案并完成代码开发，建立“两步申报”改革试点应急保障机制，试点期间实施24小时应急保障值班制度，监控各试点现场业务运行情况，及时发现问题并第一时间做好应对处置。主动向地方政府领导汇报“两步申报”改革试点工作，以及海关准备推进情况，争取地方政府支持，多次组织企业召开座谈会，对“两步申报”试点工作进行推进动员、政策解读和业务培训。对内广泛开展业务培训，使得“两步申报”相关岗位人员尽快提升自身业务能力，熟悉新的业务流程，掌握新的操作模式；对外加大宣传推广，制作宣传动画并在“海关发布”播出，形象展示“两步申报”带来的业务变化和改革红利，营造良好的改革氛围。

实践效果：2019 年 8 月 23 日，全国首票进口货物“两步申报”改革试点业务在中国（浙江）自由贸易试验区落地。该票业务由舟山中外运报关有限公司申报进口，进口货物为冻鲣鱼。从企业准备申报到准予提货整个流程由原来的 4 小时缩短至 1 分 28 秒。

自 2019 年 8 月 24 日试运行开始至 2019 年 11 月 15 日，舟山海关共办理“两步申报”进口业务 319 票，货运量 337.9 万吨，货值 14.5 亿美元，税款 821.3 万元，共惠及进口企业 31 家。

实施“两步申报”改革后，企业无须一次性向海关提交全部申报信息及单证，最少仅需输入 9 项就可以完成货物的概要申报，完成概要申报后，经过海关口岸国门安全准入风险查验合格，货物就可以提离口岸了。“两步申报”有效缓解了口岸海关监管部门的压力，将监管查验部分后移，提高了口岸通关放行时效。

案例 5：油品转口贸易跨境人民币结算便利化。

根据《中国（浙江）自由贸易试验区总体方案》要求，浙江自贸试验区的发展重点是“推进以油品全产业链为核心的大宗商品投资便利化和贸易自由化”。2018 年 6 月，袁家军省长明确提出“一中心三基地一示范区”的战略构想，其中“一示范区”即“大宗商品跨境贸易人民币国际化示范区”。自浙江自贸试验区设立以来，油品全产业链建设推进成效明显。目前，世界上原油炼化能力最大的浙江石化 4 000 万吨/年炼化一体化项目一期即将投产，浙江自贸试验区保税燃料油已占全国供油量 30%左右，成为国内第一大供油港。虽然油品贸易已具备较强的现实基础和市场需要，但中国当前仍处于油品贸易链条下游和相对弱势，要真正做大油品贸易，需参照国际惯例，加强创新突破。经省市人民银行协力争取，2019 年 8 月 29 日，中国人民银行批复，同意在中国（浙江）自由贸易试验区开展油品贸易跨境人民币结算便利化试点，这是目前全国率先获批的自贸区油品贸易结算创新试点，有利于发展油品贸易跨境人民币结算业务。

主要做法：首先，制定办理油品转口贸易相关企业准入条件。为顺利推进转口贸易业务，统筹考虑油品转口贸易对资本等要素的要求，制定油品转口贸易相关企业准入条件。一是企业具备进、出口经营权，依法在浙江省内注册登记，实缴资本达到 5 000 万元（含）人民币以上。二是企业应具备相应油品贸易资质，自身或关联企业具有一年（含）以上的大宗商品转口贸易经营记录。三是企业资信情况和经营状况良好，在各家银行机构无不良授信纪录，企业或其母公司在近三年内未因重大违规受到监管部门处罚。

其次，支持参照国际惯例审核油品转口贸易真实性证明材料。由于油品转口贸易业务的特殊性，导致企业在银行办理转口买卖项下资金结算时，客观上难以获得正本提单等材料，因此无法向银行提供，也就无法满足现行的银行真实性审核要求。试点参照国际惯例，突出实质重于形式原则，重点审核油品转口贸易的真实性。允许符合准入条件的油品类企业以无提单放款保函（LOI）、权利担保（WOT）或燃油交货单（BDN）等凭证，直接办理跨境人民币结算业务，突破以往提供正本提单要求的制约。

第三，建立油品转口贸易数据监测和事中事后管理监管模式。为有效化解转口贸易风险，在对企业、银行设置准入条件的基础上，设立事前、事中、事后多种风险控制措施。一是建立试点企业动态评估机制。要求试点银行严格落实“展业三原则”，加强真实性、合规性审核，通过国际提单查询机构、船公司网站等核实海运提单或其他运输单据/仓单的真实性。不定期动态评估试点企业。二是加强数据监测和分析。重点监测存在短时间内业务增长过快、与注册资金严重偏离、收支时间间隔过长、利润过高或负利润等异常现象的企业。发现异常和可疑情形，及时加强业务核查或要求企业提供相关资料进行核实。三是完善事中和事后管理。要求试点企业资金收付必须在同一家银行的分支行机构结算，并明确出口资金应用于向上游采购支付或偿还融资款项。建立油品转口贸易人民币结算银行机构台账信息表，要求试点银行逐笔登记货物单据信息，每月向人民银行报送，及时掌握油品企业货权转移情况，杜绝重复单据与重复融资。

实践效果：油品贸易的行业特性是总量大、金额大、交易周转频繁，通常货物在运输过程中就被多次转手，最终的货物买卖双方已不是最初的货物托运人及收货人，货运单据的流转速度难以匹配交易的周转速度。试点政策在人民币项下率先突破现行油品转口贸易结算限制。试点后，油品转口贸易跨境人民币结算模式将参照国际惯例，突出实质重于形式原则，重点审核油品转口贸易的真实性。在贸易背景真实、风险可控的前提下，浙江省内符合条件的开办油品转口贸易的企业，在银行办理结算、融资等业务时，无须再提供难以取得的正本提单、仓单等物流凭证，而以无提单放款保函、权利担保或燃油交货单等作为审查凭证。此试点政策的实施，有助于提高大宗商品跨境贸易中使用人民币结算的比重，既优化业务结构，又做大跨境人民币结算量。同时，针对业务风险采取的事中事后风险控制措施可以有效防止发生重大风险，为浙江自贸试验区大宗商品跨境贸易人民币国际化示范区建设提供新动能。

四、浙江省政府及相关部门出台的政策措施

（一）《国家外汇管理局浙江省分局关于在中国（浙江）自由贸易试验区内开展相关外汇创新业务的通知》（国家外汇管理局浙江省分局，2019 年 7 月 8 日）。

（二）《浙江省人民政府办公厅关于进一步推进中国（浙江）自由贸易试验区改革创新的若干意见》（浙江省人民政府办公厅，2019 年 8 月 12 日）。

（三）《舟山市（浙江自贸试验区）开展“证照分离”改革全覆盖试点实施方案》。

（四）《浙江省商务厅关于做好石油成品油流通管理“放管服”改革工作的通知》（浙商务发〔2019〕75 号）。

五、大事记

2019 年 1 月，舟山口岸 2018 年船用燃料油供应量突破 359 万吨，首次跻身全球十大加油港。

2019 年 2 月，商务部批准物产中大石油公司浙江省首家原油非国营贸易进口资质。

2019 年 3 月 7 日，中化兴中岙山石油基地完成原油期货交割业务，成为全国唯一同时实现原油期货和燃料油期货交割业务的石油仓储企业。

2019 年 4 月 11 日，浙江自贸试验区自挂牌以来累计跨境人民币结算额突破千亿元大关。

2019 年 5 月 22 日，上海地方金融监督管理局、上海期货交易所与浙江地方金融监督管理局、中国（浙江）自由贸易试验区管理委员会、物产中大集团共同签署《共建长三角期现一体化油气交易市场战略合作协议》。

2019 年 6 月，浙江自贸试验区完成全国首单利用不同税号油品调和低硫燃料油的业务。

2019 年 7 月 1 日，普氏能源正式发布符合 IMO 标准的舟山船用燃料油估价。

2019 年 8 月，《关于进一步推进中国（浙江）自由贸易试验区改革创新的若干意见》正式印发。

2019 年 8 月 23 日，全国首票进口货物“两步申报”改革试点业务在浙江自贸试验区落地。

2019 年 8 月 30 日，浙江与上海、江苏共同签署《长三角自贸试验区联动发展战略合作框架协议》。

2019 年 10 月，浙江自贸试验区首单油品贸易跨境人民币结算便利化试点业务落地。

2019 年 11 月 22 日，全国首单锚地综合海事服务业务在浙江自贸试验区成功开展。

2019 年 12 月，浙江省政府批复设立 6 个浙江自贸试验区联动创新区。

2019 年 12 月 31 日，浙石化 4 000 万吨/年炼化一体化项目（一期）全面投产。

2019 年中国（河南）自由贸易试验区建设概况

中国（河南）自由贸易试验区建设领导小组办公室

马　健

中国（河南）自由贸易试验区建设领导小组办公室主任

马健，男，回族，河南郑州人，1968 年 10 月生，1990 年 7 月参加工作，1997 年 12 月加入中国共产党。北京理工大学自动控制系流体传动与控制专业毕业，工学学士；北京大学公共管理硕士。现任河南省商务厅党组书记、厅长。

2002 年 10 月任河南粮油食品股份有限公司总经理，河南粮油食品进出口集团有限责任公司副总经理；2006 年 1 月任河南省商务厅机关服务中心主任、党委副书记；2007 年 12 月任中国河南国际合作集团有限公司党委书记、副董事长；2009 年 6 月后历任郑州新区管委会副主任（副市厅级）、党工委委员，郑州国际物流园区管委会主任、党委副书记等职；2011 年 8 月任郑州市副市长；2015 年 2 月任郑州航空港经济综合实验区管委会主任（正市厅级）、党工委副书记；2017 年 11 月任郑州市委常委，郑州航空港经济综合实验区党工委书记、管委会主任；2018 年 11 月任郑州市委常委，郑州航空港经济综合实验区党工委书记；2020 年 1 月任河南省商务厅党组书记；2020 年 3 月任河南省商务厅党组书记、厅长、省自贸办主任。

一、经济运行数据

2019 年，中国（河南）自由贸易试验区新设立企业 19 496 家，注册资本 2 059.98 亿元，其中外资企业 129 家，合同外资 4.25 亿美元，实际利用外资 11.59 亿美元；税收收入 427.61 亿元；进出口总额 201 亿元。

二、建设措施及成效

（一）推进重点改革任务落地见效。

总体方案试点任务基本完成。按照国务院印发的河南自贸试验区总体方案，以省政府文件印发总体方案试点任务台账，明确责任单位，定期报送试点任务落实进展情况。目前，河南自贸试验区总体方案 160 项改革任务中，“投资项目承诺制”“多证合一”“工商登记全程电子化和使用电子营业执照”“事中事后监管”“积极探索以郑州和国外重要枢纽城市协同联动的国内国外‘双枢纽’发展模式”等 159 项任务已完成，完成率 99.4%；剩余自由贸易账户一项任务正在积极推进。

深化改革持续推进。深入推进《国务院关于支持自由贸易试验区深化改革创新若干措施的通知》涉及的工作部署，适合河南自贸试验区的 39 项举措中，部分建筑工程审批权限下放至自贸试验区、郑州机场实施第五航权、开展汽车平行进口试点、开展海关税款保证保险试点、实施进口非特殊用途化妆品备案管理等 34 项已落实，“允许自贸试验区创新推出与国际接轨的税收服务举措”“支持在自贸试验区依法合规建设能源、工业原材料、大宗农产品等国际贸易平台和现货交易市场”“开展艺术品保税仓储”“支持自贸试验区试点汽车平行进口保税仓储业务”等 5 项正在积极推进。

“证照分离”改革加快推进。国家市场监管总局将河南自贸试验区列为全国“证照分离”改革重点关注单位，目前首批 106 项涉企行政许可事项的“证照分离”改革已在全国全面推开，在此基础上，2019 年 12 月 1 日正式实施“证照分离”全覆盖试点，持续推动“照后减证”，切实降低企业的制度性交易成本。自 2019 年 12 月以来，郑州片区多家企业已享受“证照分离”改革带来的便利和快捷。以“公众聚集场所投入使用、营业前消防安全检查合格证”为例，以前企业办理许可证，需“先申请、再查验、后领证”，提交申请材料 10 项，办理时间 10 个工作日。实行告知承诺后，申办流程实现了“承诺、领证同步，后续核查”，提交材料减为 3 项，办理时间压缩至 1 天以内，提高审批效率，节省企业准备营业的时间和资金成本，服务了企业的发展。洛阳片区在全省第一批推进 97 个改革事项的基础上，研究推出第二批“证照分离”改革试点事项 74 项。共办理取消审批、审批改为备案、告知承诺制、提高透明度和可预期性、强化准入监管等各类事项共计 123 件。

（二）推出更多河南经验。

根据国家赋予的战略定位，在抓好《总体方案》改革试点任务落实的同时，着力打破部门条块分割，强化系统集成和全面推进，建设政务、监管、金融、法律、多式联运五大服务体系，着力构建商事简便、快捷高效、一次通办的政务服务体系，通关便捷、安全高效、一单关检的通关监管服务体系，多元融资、服务高效、一体联控的金融服务体系，机制健全、仲调结合、一律平等的法律服务体系，互联互通、物流全球、一单到底的多式联运服务体系。

政务服务方面，实施投资项目审批服务全生命周期监管、全流程服务，大幅降低企业制度性交易成本。郑州片区探索实施企业投资项目信用通、“大数据+信用”综合监管创新，工程建设项目实现“服务八同步、拿地即开工”，企业经营注册趋于“零等待”。开封片区成为全国自贸片区中唯一入选国家级政务服务标准化试点项目的单位，“基于工程建设项目风险防控点的联合监管”作为国家住建部第一批工程建设项目审批制度改革经验向全国复制推广，实施“联合审批+精准监管”的建设项目审批办理时间由 90 天压缩到 50 天。洛阳片区积极探索“企业准入、准营、准建”等改革措施，围绕企业开办设立、注销退出、投资建设等环节，解决企业投资建设中的堵点、痛点问题，企业开办 24 小时完成（最快 60 分钟办理），企业注销公告期由 45 天缩减到 20 天，实行企业投资项目承诺制，申请资料精简 83% 以上、审批服务事项精简 88% 以上，营商环境模拟世行排名在 190 个经济体中位列 26 位。此外，政银合作直通车、建设工程规划指标承诺制、土地测绘“三测合一”等创新举措的实施，有效提升企业获得感。

监管服务方面，构建“简政集约、通关便利、安全高效”的监管服务体系，国际贸易“单一窗口”功能不断拓展，落地应用出口退税、口岸收费查询、原产地证自助打印、减免税和减免税后续申报等新增功能，实现原产地证书申领、出口退税等业务全流程电子化，货物、舱单、运输工具等主要业务申报应用率达 100%。优化进境动植物检疫审批流程，在 3 个片区实现检疫审批全流程无纸化办理，审批时限由 10 个工作日缩短为 5 个。跨境电商全国领先，率先探索跨境电商“多模式综合监管”“网购保税+实体新零售”等创新举措，1210 网购保税备货模式已在全国复制推广，并向海外反向复制，产品通关速度 500 单/秒，日均处理能力 1 000 万包。

金融服务方面，国家外汇管理局河南省分局制定出台推进河南自贸试验区外汇管理改革试点的举措，促进跨境贸易投融资便利化，支持实体经济发展。郑州片区依托“一码通”系统，探索企业信用在融资授信方面的创新，打造“跨境贸易融资授信平台”。郑商所 PTA 期货引进境外交易者，境外交易客户交易量占比接近 10%；新增棉花期权、红枣期货和尿素期货三个上市交易品种。跨境融资、飞机租赁收取外币租金等创新业务快速发展，交通银行在河南自贸试验区洛阳片区挂牌成立全省首家离岸金融业务中心。挂牌以来区内各类金融机构 420 余家跨境结算超 1 000 亿元，本外币贷款余额超 3 000 亿元，已涵盖银行、证券、保险、期货、投资基金、财务公司、消费金融、股权交易中心、金融租赁、商业保理、资产管理、互联网金融等主要业态，跨境贸易和投融资自由化便利化水平不断提升。

法律服务方面，营造多元高效的国际化法治环境，强化自贸试验区仲裁体制机制建设，优化机构设置和审判资源配置，成立自贸区国际商事仲裁院和调解中心，设立自贸区法院（法庭）、郑州知识产权法庭，设立涉外商事审判咨询专家库；探索开展调解与仲裁、仲裁与诉讼相衔接的新型服务模式，在自贸区涉外案件审理中，尝试引入小额诉讼程序及诉前调解程序，形成简案快审工作格局。成立“中国贸促会（河南）自由贸易试验区服务中心”，建立经贸摩擦预警点，利用网站、微信等信息平台发布预警信息，进行经贸摩擦风险提示。

多式联运服务方面，综合立体交通体系，加快构建机场多式联运数据交易服务平台、中欧国际多式联运综合服务信息平台，“买卖全球网”“河南商事大数据平台”上线运行，初步实现信息互联互通；积极探索国际陆路多式联运提单物权化，研究出台《关于推进河南省国际陆路多式联运提单融资促进运贸互济发展的意见》，郑州国际陆港公司探索出“提单质押+货物监管+担保”模式，制定国际公铁联运衔接规范、公铁联运信息系统数据交换接口标准等6项标准规范；省机场集团与郑州铁路局集团合作探索空铁联运，成功研发航空货物整版运输专用车，使货损率降低15%。

探索总结一批特色制度创新成果。280多项制度创新经验和实践案例涉及投资管理、贸易便利化、事中事后监管、金融创新等多个领域。郑州片区跨境电商零售进口正面监管模式、开封和郑州片区一码集成服务2项成果，被国务院自贸试验区部

中国（河南）自由贸易试验区概览

战略定位

中国（河南）自由贸易试验区的战略定位是加快建设贯通南北、连接东西的现代立体交通体系和现代物流体系，将自贸试验区建设成为服务于“一带一路”建设的现代综合交通枢纽、全面改革开放试验田和内陆开放型经济示范区。

河南自贸区涵盖郑州、开封、洛阳三个片区，总面积119.77平方公里。

郑州片区

郑州片区73.17平方公里，重点发展智能终端、高端装备及汽车制造、生物医药等先进制造业以及现代物流、国际商贸、跨境电商、现代金融服务、服务外包、创意设计、商务会展、动漫游戏等现代服务业，在促进交通物流融合发展和投资贸易便利化方面推进体制机制创新，打造多式联运国际性物流中心，发挥服务“一带一路”建设的现代综合交通枢纽作用。

开封片区

开封片区19.94平方公里，重点发展服务外包、医疗旅游、创意设计、文化传媒、文化金融、艺术品交易、现代物流等服务业，提升装备制造、农副产品加工国际合作及贸易能力，构建国际文化贸易和人文旅游合作平台，打造服务贸易创新发展区和文创产业对外开放先行区，促进国际文化旅游融合发展。

洛阳片区

洛阳片区26.66平方公里，重点发展装备制造、机器人、新材料等高端制造业以及研发设计、电子商务、服务外包、国际文化旅游、文化创意、文化贸易、文化展示等现代服务业，提升装备制造业转型升级能力和国际产能合作能力，打造国际智能制造合作示范区，推进华夏历史文明传承创新区建设。

际联席会议办公室作为第三批“最佳实践案例”在全国推广。郑州片区全国首家企业登记身份管理实名验证系统、跨境电商零售进口正面监管模式、“服务八同步”“拿地即开工”项目建设模式，开封片区率先试行企业投资项目承诺制、多措并举优化营商环境，洛阳片区邀请企业和群众当考官评议改革试点任务满意度、大胆探索“四链融合”推动“洛阳制造”向“洛阳智造”转变等6个典型成果经验，被国务院自贸试验区部际联席会议办公室以简报形式印发全国推广借鉴。开封片区的区域整体评勘被国务院推进职能转变协调小组办公室印发全国通报经验。跨境电商“网购保税+实体新零售”等得到海关总署认可。郑州国际陆港公司研究制定的国际公铁联运衔接规范、公铁联运信息系统数据交换接口标准等标准规范走在全国前列。

（三）辐射带动作用得到充分发挥。

一是积极推广复制全国自贸试验区创新成果。郑州、开封、洛阳片区率先完成上海、广东等自贸试验区五批试点经验复制推广、三批“最佳实践案例”借鉴推广工作。举办全省自贸试验区经验复制推广轮训班，在全省范围推动自贸试验区试点经验复制推广工作。

二是积极复制推广河南自贸试验区成果经验。省市场监管局推动的企业登记全程电子化、名称自主申报、企业简易注销等改革举措，在自贸试验区试点成功后，已在全省推广实施。“营商环境体系建设”“电子口岸企业入网联审优化改革”“电子汇总征税保函”服务模式等案例在全省复制推广。向全省公布第一批15个改革创新案例，涉及投资服务、贸易便利化、金融服务创新等多个领域，作为各地复制推广的参考依据。开封市在全市复制推广开封片区第二批11个案例，累计已推广24个创新案例。

三是积极推动国家级经开区、省级经开区复制推广河南自贸试验区改革创新成果。洛阳片区与前海蛇口片区发起成立“全国自贸片区创新联盟”，加快推动自贸试验区协同创新和协调发展，建立起自贸区、企业和智库国际化合作的网络布局。漯河市通过选取协同发展“示范部门、示范园区、示范项目”等形式，积极复制推广自贸试验区改革试点任务，深化各类要素对接合作，取得明显成效。三门峡市与陕西自贸试验区签署联动发展协议，在成果复制、产业发展等方面开展协同联动。

四是在开放通道建设上，河南自贸试验区积极贯彻“两体系、一枢纽”战略定位，抢抓“一带一路”建设重大机遇，推动空中“织天网”、陆上“联地网”、一网“通全球”、海运“达四方”，形成空中、陆上、网上、海上“四路”并进的开放通道新优势。“空中丝绸之路”越飞越广。郑州机场获批第五航权，“郑州+卢森堡”双枢纽建设形成“一点连三洲、一线串欧美”的格局。2019年开通国际航线58条，新增10条东南亚客运航线。全年旅客吞吐量2 912.9万人次，货邮吞吐量52.2万吨，稳居中部地区“双”第一。“陆上丝绸之路”越跑越快。中欧班列（郑州）实现每周开行往返30多个班次，境内集疏网络覆盖134个城市，境外网络遍布世界30多个国家的130个城市。“网上丝绸之路”越来越便捷。首创1210网购保税进口模式在全国推广，国内首家跨境O2O现场自提商业模式，2分钟买到全球好产品。跨境电商进出口增长20%以上。郑州成为国内最大的进口化妆品、保健品、食品的跨境电商交易基地。“海上丝绸之路”越连越通畅。中国铁路郑州局集团有限公司联合海关、青岛港、连云港等在郑州设立“铁海联运服务中心”，开行海铁联运班列，以郑州为中心、区域节点城市为支撑的陆海货运通道枢纽正在形成。

（四）法制保障和防控风险能力进一步增强。

健全法制保障方面，在自贸试验区形成较完整配套的法制司法体系，完成河南自贸试验区条例立法调研，将条例立法工作纳入2020年省人大立法计划，已于近期征求省有关部门意见；最高人民法院、最高人民检察院分别批复同意设立河南自由贸易试验区郑州片区人民法院和人民检察院，批复同意开封市中级人民法院审理一审涉外商事案件。探索构建自贸区知识产权保护新规程，省委办公厅、省政府办公厅印发《关于加强知识产权审判领域改革创新若干问题的实施意见》，郑州知识产权法庭挂牌成立，跨区域审理全省范围内的有关专利、植物新品种等专业性较强的一审知识产权民事和行政案件，初步实现审判机构专门化、审判人员专职化、审判工作专业化的重要改革目标。提升司法裁判的可预期性，省法院积极调研、推动制定《涉自贸区民商事案件审判指引》《涉外、涉港澳台刑事案件办理指南》等，对涉自贸区案件从立案、审判、执行等多环节为当事人提供指引性思路，增强商事主体投资创业的信心。完善自贸区仲裁组织，先后设立“郑州仲裁委国际商事仲裁院”“洛阳仲裁委国际商事仲裁院和洛阳国际商事调解中心”作为服务自贸试验区的专门机构，制订出台《中国（河南）自由贸易试验区仲裁规则》，成为郑汴洛三地仲裁机构在办理涉自贸试验区仲裁案件时的统一规则样本。

加强事中事后监管、切实防控风险方面，积极推进“双随机、一公开”监管，建立河南省部门联合“双随机、一公开”监管工作联席会议制度，以国家企业信用信息公示系统（河南）为依托，建设和完善全省统一的监管工作平台，并纳入“互联网+监管”系统运行，实现与河南省信用信息共享平台对接。加强监管执法联动和信用约束协同，推行网络经营者身份标识（亮照亮标）制度和网站（店）实名制，支持第三方信用评价机构开展自贸试验区电子商务交易信用评价业务。推进自贸试验区网络市场监管与服务示范区创建及国家电子商务示范基地建设工作，成立“自贸区网络服务企业消费维权诚信联盟”，引导发展潜力大、经营规范有序的网络经营主体创新和完善自律管理制度，提高诚信自律水平。开展金融改革创新审慎监管，实行自贸试验区涉外收支监测分析预警，加强监管合作，重点关注创新业务风险，全力做好反洗钱、反恐怖融资、反逃税等工作，防范违规资金跨境、跨区流动；深入开展金融知识和金融消费权益宣传教育活动，培育正确的投资意识及风险意识；设立自贸试验区金融法庭，出台金融法规审判指导性文件，推动建立协商、仲裁、审判等多元的金融纠纷调解机制，打造自贸区和谐金融、民生金融。对照国际先进自贸区，不断完善各项海关监管和技术性规范，出台郑州海关智慧海关建设总体方案，智能审图工作全面实施，金关二期管理系统推广应用，H986 等查验设备实现联网，进口固体废物属性鉴定常规实验室、海关跨境大数据应用创新实验室获总署批复筹建，技术中心实验室成为总署首批认可的非洲猪瘟检测实验室。引入社会中介机构协助实施海关稽查、采信专业中介机构的稽查结果，“信用放行”和原产地证“信用签证”管理制度积极推进。防控意识形态渗透、有毒有害物质及核生化物质监测力度进一步加强。

（五）营商环境优化，产业集聚态势明显。

营商环境进一步优化。郑州片区实施的“企业开办一站通”服务，30 分钟即可领取营业执照、税务登记、银行开户等证件，简易注册即来即办。开封片区全面实施围绕“极速”效率、“极简”审批、“极优”服务、“极严”约束的营商环境“四极”行动先行先试 50 条，率先探索的投资项目承诺制，审批事项压缩 80%，压缩时间 90%，每百亩建设用地减轻企业费用近百万元。洛阳片区在全国率先取消办理艺术体育等民办培训教育机构办学许可证，企业一张营业执照即可开业服务。根据普华永道第三方评估，河南自贸试验区企业总体满意度较高，区内纳税人全年纳税时间 106. 8 小时（2019 年世行评价中国平均水平为 142 小时），财税优惠获得满意率及退税效率满意率 80%，施工许可证办理满意度 70%，不动产登记满意度 81%，通关简便满意度 73%，信贷服务满意度 70%。

便利进出的开放口岸体系加速形成。河南自贸试验区拥有综合保税区、保税物流中心、功能性口岸等开放平台，汽车平行进口试点稳步推进，中欧班列（郑州）运邮试点正式运营。实现外贸企业入网全程无纸化、原产地证书“信用签证”，国际贸易“单一窗口”出口退税功能上线运行，航空口岸全面实施出口货物“提前申报”通关模式等一系列创新举措，极大提升贸易便利化水平。早上从河南进境的金枪鱼、车厘子等进口海鲜水果，当天晚上就能端上北京、上海等地居民的餐桌。

特色高端产业集聚活力进一步激发。利用中国（北京）国际服务贸易交易会、中国河南国际投资贸易洽谈会、中国河南招才引智创新发展大会等国家和省内重点经贸活动平台，举办河南自贸试验区专题活动，赴阿联酋、英国、新加坡进行商务洽谈和推介活动。截至 2019 年底，开封、郑州、洛阳片区新注册企业数分别是片区成立前的 29 倍、近 3 倍、2 倍。河南自贸试验区全年实际利用外资 11.59 亿美元、税收收入 427.6 亿元，同比分别增长 171.7%、19.4%。世界 500 强企业日本住友商事株式会社投资 2 500 万元设立合资公司，美国利宝保险、世邦魏理仕等落户郑州片区，益海嘉里集团投资 20 亿元在开封片区建设中原地区食品加工基地。洛阳片区引进英国知名品牌“纪娜梵”集团，投资 5 000 万英镑共建文化创新研究中心项目。独角兽企业 APUS（麒麟合盛）全球第二总部，传奇影业、巴库生物、华润医药等一大批重点及特色项目落地自贸试验区。

示范引领带动作用凸显。初步形成郑州航空港区、自贸试验区等“五区联动”，空中、陆上、网上、海上丝绸之路“四路并举”开放新格局。航空港区与郑州片区共建“飞地经济”实现协同联动，洛阳自创区与洛阳片区实现“双自联动”。自贸试验区率先探索“二十二证合一”到“三十五证合一”全省铺开；率先实施“证照分离”改革并扩大实施范围，再到“证照分离”全覆盖；在率先探索投资项目承诺制的基础上，全省大力简化整合投资项目报建手续，探索区域评价、容缺办理、多规合一、多评合一和多图联审 5 项机制，全省投资项目审批事项压缩 48%，项目从立项到开工全程审批时间压缩 67%，部分项目可压缩到 30 个工作日。自贸试验区改革创新为全省改革开放带来活力动力，助推全省开放理念迅速更新，开放环境加快优化，开放型经济呈现新变化，正由吸引集聚一般性生产要素向高端和创新性要素转型升级，由商品和要素流动型开放向规则等制度型开放转变，协同开放、集成开放、内外联动的开放体制机制更加完善。

三、创新成果及案例

案例 1：启动企业登记身份管理实名验证系统。

2019 年 3 月 1 日，全国首家企业登记身份管理实名验证系统在河南自贸试验区郑州片区综合服务中心启动，实现“线上线下实名验证全覆盖”，在推动身份信息“一经注册验证、全国联网应用”方面率先迈出关键一步。

主要做法：

一是与国家政务服务平台对接联通。河南自贸试验区自设立以来，大力推动“一网通办”取得良好成效。以此为基础，在国务院办公厅（电子政务办）、公安部、市场监管总局支持下，河南政务服务网的河南市场监管综合业务管理系统通过与国家政务服务平台统一身份认证系统对接联通，与公安部人口数据库实时比对核实，利用公安部最完善的人口信息和最先进的人脸识别技术，对申请企业登记的相关自然人进行实名验证，率先启动实名验证系统。

二是实现“线上线下实名验证全覆盖”。企业通过全程电子化在线申报（线上）或通过办事窗口提交资料（线下）进行企业登记，均需通过手机下载安装“国家工商注册身份验证”手机应用软件，经过实名验证系统对相关自然人（法定代表人、股东、主要负责人、高管等）进行实名验证。工作人员通过工商业务系统后台查验显示相关自然人全部通过实名验证后，再验证其他设立登记要件，审核通过后颁发营业执照。

实践效果：

一是杜绝虚假注册、冒用身份信息登记等不法行为，有效保护人民群众合法权益。实名验证系统启用前，有效的身份验证手段不足，虚假注册、冒用身份信息登记等不法行为常有发生，产生涉法涉诉案件，增加行政成本和社会成本。实名验证系统上线以来，运行平稳、使用简便，全面实现“线上线下实名验证全覆盖”。截至 2019 年 4 月 1 日，郑州片区已通过实名验证系统办理企业名称登记、设立登记等业务 9 432 件，无一例虚假注册、冒用身份信息登记等不法行为发生，受到企业和群众充分认可，营造了更加公平、健康、有序的营商环境。

二是实现居民身份信息准确验证和共享，促进政务服务改革向纵深推进。实名验证系统投入使用，实现了线上线下数据互通互认，即实名验证信息通过河南政务服务网同步共享，企业相关自然人只需进行一次身份验证，就可以在河南政务服务网办理企业登记等各类政务服务事项。同时，实名验证系统为减少甚至取消企业和群众办事过程中的身份证明事项打开突破口，有效解决各种法定证照办理源头实名验证和在全省范围内的跨部门、跨地区、跨层级信息共享难题，有利于进一步提升涉企审批事项便利化水平，也为在全国范围内有效破解各地法定证照多头认证标准不一、各省不能互认等难题探索解决路径。

案例 2：“服务八同步”“拿地即开工”项目建设模式。

为进一步打造法治化、国际化、便利化营商环境，中国（河南）自由贸易试验区郑州片区积极优化施工许可审批流程，探索创新“服务八同步”“拿地即开工”的项目建设前期工作机制，以土地成交为节点，事前做好投资建设综合辅导和项目用地整理，事后优化再造审批流程，加快推进产业项目落地实施，大幅降低项目开发的时间和资金成本。

主要做法：

一是项目洽谈实施“服务八同步”，即招商引资与产业准入、项目选址、规划设计、土地报批出让、征地拆迁、文物勘探、土方运输与山体公园建设、大气污染防治八项工作同步推进。从工作流程看，项目招商时自带“产业投资和规划建设双方案”，招商、规划、国土等部门全过程参与，及时推介产业定位及准入、规划条件、用地情况等信息，指导各家企业进行方案设计。同步提前进行土地报批、文物勘探、施工围挡搭建、环保治理等工作，保证土地报批征收工作高效完成，拟供土地达到“双净地”标准。从工作分工看，招商部门作为“八同步”工作牵头主体，在招商引资洽谈中，主动与规划、国土部门密切对接，结合项目单位意见进行选址，并提出产业准入条件；规划部门在项目意向选址后，指导项目单位进行方案设计；国土部门加快土地报批出让手续，联合属地乡镇办组织征地拆迁、文物勘探；建设环保局指导项目单位按要求做好环保工作、提前进行工程招标；市政园林局指导属地乡镇办完成土方运输及山体公园建设；发改统计办协助项目单位提前完善备案手续；综合执法局组织属地乡镇办、项目单位加快土方清运；属地乡镇办组织提前清理土地，做好施工环境保障、土方清运、大气污染防治等工作；财政部门保障征地拆迁等费用拨付工作。

二是项目建设实施“拿地即开工”，即项目用地挂牌期间提前指导，土地摘牌之后联合会审，达到条件后即可开工。从工作流程看，产业项目用地挂牌期间，对所有意向单位进行集中全面政策辅导，明确申请“拿地即开工”的各项规定，指导企业提前筹划，准备办理土方清运路线、渣土车辆的双向登记卡等手续。在土地摘牌当日，召集相关部门集中研判项目基坑施工方案，出具联合会审意见，允许项目单位当天进行土方清运。及时组织发改、规划、建设、国土、消防、自来水公司、供电公司等部门召开建设项目手续集中辅导会，明确材料清单及各类材料的技术要求，指导企业做好审批准备。从工作分工看，郑州片区加强顶层设计，成立由主要领导担纲的领导小组，统筹指挥部署工作；各职能部门紧密协作，在法律允许的框架内，提前介入开展审批服务工作，协助企业提前开展方案设计等技术性工作。同时，采取审批容缺办理、出具并联联合审批单等方式，大幅压缩审批时限，切实提高项目审批效率，帮助项目拿地当日即开工。

实践效果：

郑州片区通过创新实施“服务八同步”“拿地即开工”模式，建设项目审批时间进一步压缩，可实现73个工作日完成审批。拿地后，企业即开始非永久性建筑建设和土方清运，手续办理实施“容缺办理”、分阶段审批，可节约3个月办理时间。例如，万豪酒店项目于2019年3月11日摘牌取得土地，3月12日进入实质性开工；郑东新区云湖智慧城项目于4月2日摘牌取得土地，4月3日进入实质性开工；世导大数据中心项目、上海师范大学附属郑州启佳学校等项目也已应用该模式开工建设，为相关企业大幅度降低时间和资金成本。

案例3：一码集成服务。

自贸试验区郑州、开封片区推出“一码集成服务”，对每个在郑州、开封片区办理业务的企业主体生成一个专属二维码，将该企业所有的行政审批服务信息包括注册信息、生产经营相关的许可及备案信息、企业信用及监管服务信息等进行集成，成为企业在自贸试验区郑州、开封片区办理行政审批服务事项的专属“身份证”。

主要做法：

在郑州、开封片区综合服务中心办理业务的企业主体，在首次申办受理完成时，郑州、开封片区政务服务平台系统会采集企业信息自动生成一个二维码，此二维码即是企业的专属二维码，具有唯一性和排他性，为该企业独有专用。试验区郑州、开封片区打破多平台信息传输的阻碍，将办理进度信息、企业备案、行政许可、企业信用及综合监管服务信息等服务信息从各平台中进行统一调用，整理在制作好的动态网页上，集成在该企业专属二维码上，使该二维码成为企业的信息集成服务码，通过扫描即可查询集成信息。同时，将智慧政务服务平台及网上办事大厅进行联通，各平台服务器信息进行实时推送，企业每办理一单新事项，其过程和结果数据都会及时传输到二维码跳转的动态页面，从而实现信息集中服务码办理进度的实时更新。

实践效果：

一是审批事项“码”上办。企业在获得信息集成服务码后，在办理业务时可使用手机等电子设备出示服务码，办事人员通过扫码获取企业相关信息，即等同于企业提供相应纸质证照，以为每个企业单独赋码的方式实现企业服务“一码通”，为申办人节省大量的办事时间，提高办事效率，切实为办事人带来便利。

二是办事材料“码”上传。申办人以前需要将申报材料递交窗口，由受理人员一份份查验后录入系统，花费时间较长，过程中还有可能因材料较多出现混乱或失误。现在申办人利用服务码上传，只需直接点击自贸试验区郑州、开封片区手机应用软件或任何带有扫描功能的软件进行扫码即可进行材料的电子化上传，既方便实用，还可有效避免纸质材料的丢失。

三是信息进度“码”上查。传统查询事项办理情况或企业信息，申办人需要到综合服务大厅分部门分事项分别查询，现在信息集中在服务码，申办人可随时随地通过扫码查询企业全部经营资质及正在办理的各项证照相关进度，由从前的“多证上墙”变为如今的“一码展示”。既减少企业收集纸质证照产生的交通、时间成本和证照丢失风险，也解决了企业同一时间、跨多个部门办理不同业务需同一证照的问题。

案例4：跨境电商零售进口正面监管模式。

中国（河南）自由贸易试验区郑州片区海关监管部门本着“以交易真实性为重点、以电商企业为单元”的监管原则，将海关正面监管无缝嵌入企业经营环节，事前加强风险预判、事中突出真实性核查、事后进行差别化管理，形成一套较为完备的跨境电商零售进口事前、事中、事后正面监管模式，促进了新兴业态规范健康发展。

主要做法：

一是建立以风险预判为重点的事前防控模式。企业准入管理，建立事前参与主体企业资质核查制度，验核相关主管部门发放资质的真实性和有效性。通过核查电商企业经营情况、网站、供应链流程等方式把好企业准入关；商品准入管理，以电商企业为单元，按照海关10位HS编码设置商品数据库，与《跨境电子商务零售进口商品清单》进行比对筛查，对品名、归类易混淆商品进行总结筛选。严格管控检验检疫高风险以及禁限类商品入境，降低商品准入风险。

二是建立以交易真实性核查为重点的事中监管模式。单证审核，重点围绕跨境电商三单信息（订单、支付单、物流单）真实性开展核查，并对消费者身份信息实施管理。重点审核网购保税进口一线进境报关单（备案清单）、直购进口申报清单、订购人身份信息及额度等。建立跨境电商实时获取数据核对工作机制，加强对交易真实性的有效管控；税收管理，对跨境电商企业及商品采取税收要素规范申报、同名异归类商品复核、申报价格准确性及规范性核查、申报清单验估作业等措施，避免税款流失；查验管理，针对直购进口与网购保税进口两种不同模式，分别对一线入区报关单（备案清单）、申报清单及出入区核放单实施布控查验，验核单货是否相符、防范安全准入与税收风险。在实行“双随机”查验作业的基础上，对电商企业进行风险测评并对中高风险的企业设置较高的布控查验率；物流监控，依托智能化卡口及视频监控指挥中心，通过设置卡口分类通道、定期开展区域巡查和监控分级管理等手段，推动区内物流的痕迹化，减少不法企业车辆转包、夹藏夹带等违规行为的出现；账册管理，以电商企业为管理单元，以账册底账为基础，实行跨境电商专用账册管理，实现商品的进、出、转、存全程数据留痕、可追溯；促销行为报备管理，对电商企业促销活动采取事前备案、事中交易监控和事后验证分析等措施，实施全流程监控，及时准确掌握企业商品价格、种类、数量等运营情况，降低因低报价格导致的税款流失风险。

三是建立以网上巡查、大数据分析为重点的事后监管模式。网上巡查，通过“神秘买家”实测和定期网站核查两种方式验核电商企业的交易真实性，防范企业利用虚假网站伪造虚假交易数据或漏报运保费等违法违规风险；盘库管理，依靠信息化管理系统，通过电子盘库、企业自盘或第三方盘库，结合海关抽核对企业在库商品数量实施管控，及时发现违规操作；大数据分析，综合运用各类系统将企业、订购人、支付人、收货人、商品、价格等申报要素汇总形成数据库，建立风险分析模型，通过一定逻辑关系分析是否存在低报价格、虚假交易等走私违规行为。企业精准画像，以电商企业为单元，通过对企业信息、交易数据等的全面收集及分析，对企业进行风险等级划分，进而实施差异化、有针对性的风险分析及监管；实施企业差别化管理，对电商企业进行信用等级划分，针对不同信用级别的电商企业在申报清单转人工比例、查验布控率、盘库周期、税款担保形式等方面实施差异化管理措施。鼓励电商企业申请成为海关认证企业，进一步提升高信用企业通关便利化；动态风险布控规则管理，参照跨境电商企业历史违规记录、重点商品特定时期监管要求、消费购买逻辑分析等，分别对企业、商品、消费者转人工审单、查验、验估等布控规则进行动态调整。

实践效果：

跨境电商零售进口正面监管模式以规范促发展，存优汰劣，服务于跨境电商新业态持续健康发展大局，随着该监管服务体系的逐步建立与完善，郑州跨境电商业务也步入高质量平稳发展阶段，一批大型电商平台企业均在郑州落地生根。2018年至2019年3月，郑州海关累计监管跨境进出口清单12 132.6万单，商品金额155.6亿元，征收税款17.4亿元。

一是有效防控事前准入风险。海关部门及时发现、总结跨境电商企业在准入环节可能面临的风险点，并对风险点进行分类监管，从源头上降低跨境电商进口的风险。2018年共有91家电商企业、22家支付企业、21家物流企业通过审核，已对39家未通过审核的企业按照有关规定作出处置。

二是促进企业合规通关。在通关、查验、物控等环节，逐步建立起一套适应跨境电商零售进口新业态发展的监管新模式，有效把控风险。在通关环节，郑州片区调整 38 家中高风险电商转人工重点审核；验估查发部分电商企业涉嫌低报价格，约谈、责令停业整改 17 家；在查验环节，针对企业风险分析，加大对一线进境报关单的查验力度；在物控环节，实行卡口抽核企业全覆盖，进一步规范企业车辆出区环节作业；已登记备案 1 536 辆与电商企业关联的物流企业承运车辆。

三是提升事后风控能力。通过应用新技术、新监管手段，在盘库、风险数据分析及应用等环节风控效果明显。进行电商企业盘库全覆盖，2018 年至 2019 年 3 月共完成 84 家电商企业盘库，对盘亏部分视情做出补税或移交等处置。在风险数据分析及应用环节，通过大数据分析，第一期建立 30 余项风险分析模型，并形成经营电商企业风险画像评估结果显示。风险评估结果也会反作用于通关、查验、盘库等监管环节，监管合力及精准管理机制初见成效。

四是精准打击实现违法惩戒。2018 年至 2019 年 3 月郑州海关立案办理利用跨境电商渠道走私普通货物案件 6 起，案值逾 3 亿元，涉嫌偷逃税款 2 700 余万元。同时，郑州海关还积极探索拓宽跨境电商社会协同治理，通过案件延伸联合省级人民银行、寄递行政管理部门共同参与对违法快递企业、支付企业联合治理，形成跨境电商规范化、持续性发展的良性态势。

案例 5：建设项目水、电、气、暖“现场一次联办”模式。

开封片区围绕评价营商环境便利度的关键指标，对建设项目市政公用基础设施配套服务进行标准化、规范化、便利化改革，创新实施市政公用基础设施“一站式”“零跑趟”上门服务，为投资建设项目市政公用基础设施报装提供清晰的指导服务，让企业方便、快捷、高效地开展建设活动。

主要做法：

一是实施“一对一”精准服务。由片区明确专人跟踪协调企业报装市政公用基础设施中遇到的困难和问题，对片区内项目建设单位进行“一对一”精准服务。

二是改革市政公用基础设施配套服务申报模式。由项目建设单位到水、电、气、暖等市政公用基础设施单位“多家申报”，改为向政务服务中心“一家申报”。

三是实行建设项目现场“一站式”联合办理。改革原来由各市政公用基础设施单位服务窗口人员受理申报材料，交委派人员现场核查，再反馈建设单位的“三步走”模式，为政务服务中心工作人员联系各市政公用基础设施单位，在项目现场进行受理、核查、反馈“一步完成”的模式。

四是清理各类无法律法规依据或无实质性作用的市政公用基础设施申报材料。量化市政公用基础设施办理时限节点，制作直观形象的办理流程图，全面压缩手续办理时限。

实践效果：

一是申报材料进一步精简。在供水方面，报装申请材料从 12 项精简至 3 项，压缩 75%；供电方面，申请材料由原来的 5 项精简至 1 项，压缩 80%；供气方面，申请材料由原来的 8 项减少至 6 项，压缩 25%；供暖方面，申请材料有原来 6 项精减至 3 项，压缩 50%。

二是办理时限进一步压缩。在供水方面，办理时限由原来的 24 个工作日压缩至 10 个工作日，压缩 60%左右；供电方面，办理时限由原来的 12 个工作日压缩至 6 个工作日，压缩 50%；供气方面，办理时限压缩由原来的 10 个工作日压缩至 8 个工作日全部完成，压缩 20%；供暖方面，办理时限由原来的 40 个工作日压缩至 8 个工作日全部完成，压缩 80%左右。

三是申报流程进一步优化。通过向自贸通服务平台“一家申报”，避免企业重复申报、多头申报。通过现场受理、核查、反馈“一步完成”模式，进一步减少了中间环节。改企业多头跑为各部门提供

“一站式”“零跑趟”上门服务。

四是进一步提升对企服务。首席服务官提供“一对一”精准服务，避免多部门、多人员分散式服务。“e 事通”工作人员为企业提供“个性化+全流程”一跟到底服务，直至项目手续办理完成。通过实施市政公用基础设施“一站式”服务，营商环境进一步优化，自贸试验区制度创新带来的服务红利真正打通对企服务“最后一公里”。

案例 6：跨境电商零售进口退货中心仓模式。

为进一步促进跨境电商业态发展，有效解决退货难题，郑州海关联合郑州片区管委会创新监管方式，在海关特殊监管区围网内设置退货中心仓，将围网区外的分拣、退货流程转移至围网区内进行，减少中间环节以缩短整体退货时间，降低企业经营成本，满足广大消费者的实际退货需求。

主要做法：

在海关特殊监管区围网内设置退货中心仓，允许消费者退货包裹入区，在区内进行分拣、退货申报、上架等流程，实现退货业务集中在同一园区范围内集约式仓储，有效降低企业经营成本，促进跨境电商行业业务增长。

一是对退货中心仓场所硬件设施的监管实行场所备案管理并划定指定路线。电商企业设置退货中心仓需向主管海关申报退货中心仓场所备案，完善退货中心仓与保税仓库严格物理分离场地、与海关联网的视频监控等硬件监管设施，申报时应提供仓储合同、场地租赁合同、退货中心仓企业自控方案等相关文件，海关实地验核后准予备案。结合园区实际情况，划定跨境电商退货快递车辆出入区指定路线，督促物流企业完善自控机制，签署承诺书，保证区内在途运输快递车辆严格按指定路线行进，偏离路线视为违规。

二是退货包裹出入区监管实行卡口管理和物流监控。消费者将退货商品邮寄至区内地址，退货包裹由快递车辆运载，经卡口入区时，在海关人员监管下施加封志，检验无误后由卡口人工放行，加强在途监管。依托视频监控指挥中心，通过定期开展区域巡查、监控分级管理等手段，推动区内物流的痕迹化，减少不法企业车辆偏离路线、夹藏夹带等违规行为的出现。快递车辆入区后，沿指定路线行进至退货中心仓，全程在海关监管下卸除封志、卸货，卸货结束后，快递车辆可空车或运载不合格退货包裹沿指定路线出区。不符合二次销售条件的包裹由快递车辆在海关监管下装货并施加封志，沿指定路线出区，经卡口卸除封志、人工放行，复运出区后由企业自行处置。

三是合格包裹上架监管加强单证审核和查验管理。依托进口统一版审核退货申请单，重点关注退货申请单关联的二线出区清单、订购人身份信息及额度等，加强对交易真实性的有效管控。退货申请单放行后，商品重新上架销售，自动返还保证金额度和个人额度，核增原出区账册库存。根据实际退货情况，对退货申请单进行指令布控和随机抽查，重点验核退货包裹是否单货一致、符合二次销售标准，严格防范安全准入与税收风险，对中高风险的企业设置较高的布控查验率，避免以次充好。

实践效果：

一是完善退货全流程监管。不同于传统的区外退货仓，区内退货仓设置在企业原有保税仓库中，与保税商品实施物理隔离、监控联网，将退货包裹分拣的全过程纳入监管流程之中，实现退货包裹入区、在途、分拣、出区全流程的链条式监管，增强海关核查监督力度，消除退货商品的监管灰色地带，降低小包裹入区风险，提高全流程监管效能。

二是降低企业经营成本。原本单独设立于区外的退货仓转移至保税区内，使用区内原有保税仓库的设施实施退货商品管理，降低仓储费用及仓库维护费用，同时减少不必要的中间物流环节，避免出现超过 30 天而无法完成退货流程的情况，减少因退货对企业带来的经济损失，同时切实保障消费者退货权益，提升消费体验。

三是带动河南跨境电商行业高质量发展。退货中心仓整合集约同一电商企业的退货业务，将退货包裹集中在区内管理，提高仓储利用效率，充分发挥集约化仓储优势，以更低成本的便利条件吸引更多跨境电商平台入驻区内，充分发挥跨境电商新兴业态优势，带动河南跨境电商行业高质量发展。

案例7：基于工程建设项目风险防控点的联合监管。

2019年12月，自贸区开封片区建设项目联合精准监管在全国复制推广。

主要做法：

根据项目建设实际情况，将项目建设过程划分为“开工准备”“基础建设”“主体施工”和“项目完工”四个阶段，并在此基础上确定了包含发改、住建、国土、规划、环保、消防、人防、气象等方面76个风险防控点，实行“一二三四”精准监管，在全方位便利项目实施的同时，又不降低监管标准，以最少的干扰影响达到最有效果的监管。

一是依托“一个平台”。开封片区事中事后综合监管平台包含数据归集共享、监管措施、协同监管联合惩戒、公示管理、投资建设、效能监察、社会公示、制度建设八个板块。通过与开封片区审批平台和全国投资项目在线审批平台联通，接收通过审批或备案的工程建设项目详细信息，建立项目档案，形成项目库；整合各职能部门执法人员信息，形成执法人员库，目前已收录项目建设执法人员60人；依据项目重要节点梳理风险点76个，录入随机联合抽查事项清单24条。通过此平台整合监管信息，与开封片区审批平台、开封片区官网进行信息互通，建立建设项目承诺制审批监管实时联动机制，实现建设项目审批监管全程信息化，做到“一平台录入，多平台公示”，有效形成监管合力。同时，该平台对项目监管过程中发现的问题、检查结果进行公示，建立监管信息与社会信用信息数据联动共享机制，对失诺、失信行为进行记录归档，形成“一处失信违法、处处预警惩戒”的信用监管机制。

二是采取“两种模式”。“重点监管”是由开封片区统筹协调各职能部门，依托开封片区事中事后综合监管平台，根据联合检查工作方案随机从执法人员库中抽取联合执法小组，根据项目建设节点，统筹协调住建、规划、环保等相关职能部门，定期或不定期对同一项目开展“一次多查”的综合监管。“例行监管”是各职能部门结合自身业务情况和重点检查结果，按照《关于印发开封市工程建设项目事中事后联合监管联合抽查暂行办法的通知》（汴工改办〔2019〕4号），采取“双随机、一公开”模式，除因投诉举报、大数据检测、上级部门交办或在履职过程中发现在建项目涉嫌违法违规行为等情况以外，对被检查对象开展的日常监管。原则上由开封市住建局统一抽取，联合抽查组成员单位参与抽查，进行协同、日常监管，避免多头多次重复建设，在减少监管次数的同时，达到显著的监管效果。

三是运用“三种办法”。现场检查是由开封片区通过综合监管系统随机选派各职能单位执法人员组成检查组，到项目建设现场实地开展监管检查，重点检查项目施工现场实际建设情况、建筑工程五方履责情况、施工设备的安全质量情况、建筑材料及构配件检查等。书式审查是由各职能部门根据监管业务要求，审查在建企业提供的图纸、档案、监理日志、从业人员资格等各种书面资料，重点查看各项建筑材料进场报审检验情况，检查工程施工、监理资料是否与工程进度同步，各项重点难点工程专项施工方案报审情况，检验审批、分项、分部工程验收情况等建设项目的资质材料，并结合现场实际情况进行复查，以保证监管成效。线上监管是各职能部门根据业务需要，利用大数据系统和电子化监管平台，依法使用网络检测软件和工具，对有关网站、网页等进行监测监控，重点监管建筑工程五方责任主体历史信用情况、合法合规情况，从业人员资格情况等。通过国家、省信用公示平台等查询企业及相关人员的信用信息，针对不同风险类别的企业，设定不同的监管方案，寻找风险点，寻求有效的监管方式，采取差异化的分级分类监管措施。在事中事后综合监管的过程中，联合检查以现场检查、书式审查为主，线上监管为辅，使企业每年接受的例行抽查次数由过去各部门分头检查平均40次左右减少为联合检查5次左右，较过去锐减80%。

四是紧扣“四个阶段”。由自贸区开封片区组织各职能部门，分别在项目建设四个重要节点，根据风险防控点和承诺内容组织开展多部门协同监管，使监管工作贯穿项目建设全过程，实现“全流程”监管。开工准备阶段是指建设项目审批完成后，至项目动工前的阶段，主要包括前期手续、现场文明施工围蔽、临施建造、材料、机具组织进场等。该阶段主要涉及8个执法部门，共35项风险点。基础建设阶段是指建设项目动工后，至项目主体建设前的阶段，主要为完成地基施工。该阶段主要涉及7个执法部门，共36项风险点。主体施工阶段是指建设项目基础完工后，至项目主体建设完成前的阶段，主要为完成主体结构施工。该阶段主要涉及7个执法部门，共30项风险点。项目完工阶段是指建设项目主体完工后，至项目验收前成前的阶段，主要包括装修装饰、内部消防设施等布设完备。该阶段主要涉及7个执法部门，共32项风险点。监管过程中，对检查不合格的，各职能部门在依照相关法律法规作出限期整改、全面整顿、停止施工、停止使用或者停产停业处理或处罚的基础上，按照有关规定及时在开封片区事中事后综合监管平台上录入检查结果进行公示。

实践效果：

一是切实减轻企业负担。联合精准监管实施前，各职能部门为履行各自的监管职责，都要制定各自的检查、抽查计划和惩戒措施，使企业多头检查、疲于应付。联合精准监管的实施，从开封片区事中事后综合监管平台执法人员名录库中依据检查事项目录随机抽取检查人员，组成项目建设联合检查小组，按照“一个项目、一个检查组、全程监管”的原则对建设项目实施监管，真正实现了“一支队伍管执法”，解决了多头监管、重复监管等问题。

二是行政效能大幅度提高。随着开封片区事中事后综合监管平台的建立，各部门关于企业的信息实现网上共享，同时联合检查过程中，若发现该项目存在其他监管部门负责的执法风险点，检查部门可通过事中事后综合监管平台的协同监管联合惩戒板块，将项目存在的问题进行推送形成预警信息，告知相关执法部门，消除项目风险隐患，节省行政执法资源。

三是全过程风险防范。实施联合精准监管以来，开封片区进一步细化分工，对项目建设不同阶段的76个风险防控点有针对性地组织各职能部门开展协同监管，使监管工作贯穿项目建设全过程。同时，进一步规范建筑工程五方，对专业性强的检查事项，委托第三方机构实施。建立健全预警机制，对失诺失信企业实时预警，做到早发现、早告知、早处置，把各类风险化解在初始阶段。

案例8：企业投资项目联合承诺+联合精准监管。

2017年5月17日，河南省人民政府办公厅印发《中国（河南）自由贸易试验区开展企业投资项目承诺制试点实施方案》，选择已取得用地的市政基础设施、社会事业、工业和现代物流业等备案类企业投资项目开展企业投资项目承诺制试点。河南自贸试验区开封片区将企业投资项目承诺制与投资便利化和事中事后监管举措有机结合，积极优化办事流程、变革管理模式、强化事中事后监管，努力做到项目开工“零等待”，监管“零容忍”。

主要做法：

一是完善体制机制。开封市人民政府印发实施《中国（河南）自由贸易试验区开封片区企业投资项目承诺制实施办法（试行）》和《企业投资项目承诺制事中事后监管暂行办法》，成立了由市长任组长的企业投资项目承诺制工作领导小组，开封片区成立了企业投资项目事中事后监管工作领导小组，为企业投资项目承诺制顺利推进提供保障。

二是变革管理模式。建设项目准入由政府审批改为企业承诺，凡符合开封片区规划的备案项目，由企业作出承诺并建设项目，实行“先建后验”，政府部门原则上不再审批，而是在事中事后加强监管，并对违反承诺的行为进行惩戒。建设项目评勘由政府整体实施，实行区域整体评勘，除限制类项目环评等少数情况外，能评、地震安全性评价、工程地质勘察、文物勘探等各项评勘由政府统一购买服务并实施，结果适用于开封片区内全部投资建设项目，引进企业项目签约即可入驻，企业不需单独进行评勘，也不承担费用。项目建设全过程进行保障服务，设立“自贸通”企业服务平台，对投资项目实施“全程网上填报、在线服务指导、管家代理代办、专家团队帮扶”等全流程服务。推出了承诺制二维码服务，项目单位在申报时用手机扫码即可实时了解审查监管信息。

三是优化办事流程。企业投资项目承诺制办事流程分为6个步骤，从项目立项到竣工的全过程，政府部门只在项目图审和竣工两个阶段介入审批，并在项目建设过程中实行监管，其余阶段均由企业自主组织开展项目建设。第一步企业填报承诺书，企业取得土地证后，在开封片区综合受理窗口，按照公布的标准和要求，递交经企业法人签字、加盖公章的投资项目承诺书。承诺内容包括项目基本情况、能评、规划设计、环保、防雷、消防、人防、文物保护、施工审查、建筑工地安全生产10类事项标准，同时承诺通过政务服务平台及时报送项目开工建设、建设进度、竣工的基本信息，自觉接受相关部门监管，全部承诺内容通过自贸试验区门户网站向社会公开。第二步企业自主开展前期工作，企业依法依规自主选择参建单位，根据投资项目需要和承诺标准开展规划方案设计、施工图设计、制定施工方案等。第三步开展联合图审，开封片区管委会统一组织规划、人防、财政、气象等部门对规划方案联合审查，各部门将联合审查意见反馈至企业，审查通过后开工建设。第四步企业自主组织项目建设，企业依法依规选择勘查、设计、施工、监理等单位，按照承诺建设内容、标准自主组织项目建设。第五步相关部门对项目进行检查，开封片区管委会组织相关部门对投资项目定期或不定期检查，重点监管企业是否严格按承诺的标准组织施工，发现问题及时纠正。第六步组织联合竣工验收，企业按承诺书的要求提交验收报告，开封片区管委会及时统一组织各部门实施联合验收，出具联合验收意见。

四是强化事中事后监管。建立信用监管机制，依托自贸试验区事中事后综合监管平台，对接开封片区政务服务平台和全国投资项目在线审批平台，实现项目建设审批监管全程信息化，对接国家、省相关信用公示平台以及开封片区官网，建立监管信息与社会信用信息数据联动共享机制，对失诺、失信行为记录归档，并在相关门户网站进行公示。加强监管效能，采取现场检查、书面审查、线上监管三种方式，全方位对在建项目进行监管。对专业性强的检查事项，委托第三方机构实施。针对不同监管领域，将“重点监管”和“例行监管”有效整合，建立各负其责、齐抓共管的工作机制，推进监管资源共享，避免多头监管，减少重复监管。切实防范风险，分别梳理出开工准备、基础建设、主体施工和项目完工4个阶段各自的风险防范点，由开封片区产业发展和综合监管局组织各职能部门开展针对性监管。建立健全预警机制，对失诺企业实时预警，做到早发现、早告知、早处置，把各类风险化解在初始阶段。

实践效果

目前，共有28个项目享受到改革红利，其中恒大童世界国际会议、会展中心、开封联顺金属工业等多个项目联合审查已完成并开工建设；郑开恒大未来城中小学及幼儿园作为第一个试点项目，2018年已通过联合验收并投入使用，该项目从申报手续到投入使用，创造了社会事业类项目“开封速度”。

一是办事流程全面优化。改革前，企业投资项目审批事项共计17项，涉及11个部门，申请材料145项，各项手续串联批；改革后，企业投资项目由开封片区一窗受理，仅审查、验收两项审批，申请材料减少至27项，压缩80%以上。

二是办事效率显著提高。改革前，企业投资项目审批办理全流程时限超过 180 个工作日，少数项目办理全部手续需两至三年；改革后，审批服务时间缩减至 13 个工作日以内，压缩 90%以上。

三是企业成本有效降低。实行整体评勘后，企业免除了环评、能评、文勘、地勘等各项费用。仅此一项，企业投资项目每百亩建设用地上平均就可节省近百万元。

四是项目监管精简高效。通过综合监管平台随机抽取各部门执法人员实行联合检查，解决了多头监管、重复监管等问题，既大幅降低了行政成本，又减少了给企业造成的负担。

四、河南省政府及相关部门出台的政策措施

（一）《关于推进河南省国际陆路多式联运提单融资促进运贸互剂发展的指导意见》。

（二）《中国（河南）自由贸易试验区郑州片区三年行动计划（2019—2021 年）》。

（三）《关于加快中国（河南）自由贸易试验区开封片区建设推进文化产业国际化发展的若干意见》。

（四）《关于积极推进“三区”融合实现高质量发展的意见》。

五、大事记

1 月 6 日，第十二届中国产学研合作创新大会召开，按照《中国产学研合作创新示范基地认定指导办法》，经中国产学研合作创新示范基地专家委员会评审，自贸试验区开封片区被评为 2018 年中国产学研合作创新示范基地，有效期为 2018 年 12 月—2023 年 12 月。

1 月 9 日，郑州片区召开多式联运信息化平台建设座谈会，省多式联运办，省机场集团、国际陆港等 8 家企业参加座谈。

1 月 25 日，洛阳片区开设企业注销“单一窗口”。实现企业注销“一窗受理”“一次办妥”，企业简易注销登记公告时间由 45 天减为 20 天。

1 月 30 日，国务院自由贸易试验区工作部际联席会议简报第 7 期刊发《河南自贸试验区洛阳片区邀请企业和群众当考官评议改革试点任务满意度》。

2 月 15 日，郑州市十五届人大常委会第五次会议决定，同意设立河南自由贸易试验区郑州片区人民法院，河南自由贸易试验区郑州片区人民检察院。

2 月 21 日，开封海关获批建设。

3 月 1 日，“全国首家企业登记身份管理实名验证系统上线暨新版营业执照换发启动仪式”在郑州片区举行。河南省副省长何金平、国家市场监督管理总局登记注册局副局长陈叔弘、省商务厅厅长（省自贸办主任）张延明出席启动仪式。

3 月 15 日，交通银行洛阳分行与自贸试验区洛阳片区管委会签署全面战略合作协议，全省首家离岸金融业务中心在洛阳片区揭牌。

3 月 26 日，全省首家再生医学产业化基地——中原干细胞与再生医学产业化基地落户洛阳片区。

4 月 1 日，中国（河南）自由贸易试验区开封片区成立两周年营商环境白皮书、制度创新典型案例暨“自贸通”升级版上线启动发布会顺利召开。

4 月 8 日，中国（河南）自由贸易试验区高质量发展论坛在郑州举办，商务部外资司副司长袁园，中国外商投资企业协会常务副会长曹宏瑛等专家学者共话自由贸易试验区协同开放发展。郑州、开封、洛阳三片区作现场推介。

4 月 9 日，商务部外资司副司长袁园一行到洛阳片区调研。省自贸办副主任陈凯杰陪同调研。

4 月 12 日，法国欧坦市政府第一副市长莫尼克・戈蒂埃、副市长吉尔贝・达胡、对外国际关系部部长卡特琳娜・吉拉尔一行 10 人到访自贸试验区开封片区，就两地间的教育、文化旅游和跨境贸易开展交流与合作。

4 月 20 日，河南省自贸试验区法治建设高峰论坛暨河南省法学会自贸试验区法治研究中心揭牌仪式在郑州举行。河南省法学会会长刘满仓，省商务

厅厅长（省自贸办主任）张延明，河南财经政法大学党委书记杨宏志，河南省法学会党组书记李承先等出席论坛开幕式。

5月15日，洛阳片区召开挂牌两周年成果暨营商环境评估报告发布会。

5月19日，文化产业板河南自贸区（开封）专区、艺术品资产托管平台河南自贸区专区启动仪式在深圳文化产权交易所举行。

5月29日，2019年中国（北京）国际服务贸易交易会（京交会）举办河南自贸试验区文化贸易产业对接洽谈会，河南自贸试验区郑州、开封、洛阳三片区现场推介。

6月19日上午，河南自贸试验区开封片区涉税咨询中心暨河南大学经济学院税法教育实习基地挂牌仪式在开封片区政务服务中心举办。

6月20日—29日，河南省委常委、洛阳市委书记李亚，洛阳片区管委会常务副主任胡加彬一行访问乌兹别克斯坦、哈萨克斯坦和德国三国。

6月23日，河南自贸试验区建设专题研修班在深圳举办，河南省商务厅姜凌副厅长，省自贸办陈凯杰副主任出席有关活动。

7月1日，河南省副省长何金平到洛阳片区调研，要求加快洛阳片区、洛阳综保区的建设步伐，积极争取更多的政策支持，持续做好对外开放工作。

7月4日，郑州市政府发布《中国（河南）自由贸易试验区郑州片区三年行动计划（2019—2021）》。

7月23日，商务部发布自由贸易试验区第三批31个“最佳实践案例”，河南自贸试验区“跨境电商零售进口正面监管模式”和“一码集成服务”两项案例入选。

7月23日，自贸试验区开封片区管委会举行与中国移动通信集团河南有限公司开封分公司《战略合作协议》签署暨“5G+”政务服务中心揭牌仪式。

7月26日，商务部副部长王受文调研开封片区，副省长何金平、商务厅厅长（省自贸办主任）张延明陪同调研。

8月2日，国家外汇管理局河南省分局印发《关于进一步在中国（河南）自由贸易试验区试点开展外汇创新业务的通知》，试点开展自贸试验区外汇创新业务。

8月6日，深圳文化产权交易所河南自贸试验区运营中心在开封片区启动。开封市市长高建军、省自贸办副主任陈凯杰等出席活动。

8月6日，河南自贸试验区洛阳片区在全国率先取消艺术、体育等民办培训教育机构办学许可证。

8月8日，省自贸办召开河南自贸试验区金融服务体系建设工作座谈会，省自贸办副主任陈凯杰主持。

8月20日，省自贸办召开河南自贸试验区法律服务体系建设工作座谈会，省自贸办副主任陈凯杰主持。

8月23日，河南省召开自贸试验区第三批“最佳实践案例”复制推广工作专题会，省商务厅厅长（省自贸办主任）张延明讲话，省自贸办副主任陈凯杰主持。

9月2日，河南省委副书记、省长陈润儿带队考察洛阳片区格力智能制造产业园、银隆新能源产业园、自贸试验区综合服务中心等。

9月3日，全国政协副主席、全国工商联主席高云龙调研河南自贸试验区开封片区。

9月9日，河南自贸试验区参加商务部中奥投资工作组第二次会议，省自贸办副主任陈凯杰参加会议并做河南自贸试验区推介。

9月17日—24日，省自贸办副主任陈凯杰同郑州、开封、洛阳片区负责人到阿联酋迪拜、新加坡、英国考察调研，并举办2019中国（河南）自贸试验区-迪拜、新加坡对接会。

9月20日，河南自贸区国际艺术品保税仓正式获批，落地河南自贸试验区开封片区。

10月12日，受国务院国资委党建工作局委托，中国电科集团发展战略委专职研究员聂中波一行深入开封片区调研了解自由贸易试验区国有企业党建工作实践和经验。

10月14日，河南自贸试验区经验全省复制推广培训班在河南省委党校开班，省商务厅厅长（省自贸办主任）张延明做专题辅导。

10月17日，河南自贸试验区首家离境退税商店挂牌仪式在开封市中心书城举行，标志着离境退税政策在开封正式落地。

10月18日，河南自贸试验区监管服务体系建设座谈会召开，省自贸办陈凯杰副主任主持并讲话。

10月26日，中国（河南）自由贸易试验区国际化高端管理人才交流合作论坛在郑州召开，副省长何金平致辞，省商务厅厅长（省自贸办主任）张延明推介自贸区情况及人才项目政策优势，河南自贸试验区郑州、开封、洛阳三个片区作现场推介。

11月1日，由开封市人民政府、中关村软件园主办的2019数字文化大会在河南开封正式拉开帷幕。

11月13日，省自贸办在开封片区召开河南自贸试验区跨国公司工作座谈会，陈凯杰副主任主持并讲话。

11月20日，郑州市委副书记、市长王新伟到郑州片区宣讲党的十九届四中全会精神，并调研郑州片区建设工作。

11月22日，住房和城乡建设部工程建设项目审批制度改革工作领导小组办公室赴开封片区进行调研座谈。

12月12日至12月20日，开封市副市长、自贸试验区开封片区管委会主任刘震率领开封市代表团赴韩国、日本开展文化产业交流及精准对接。

12月20日，洛阳片区举办高质量发展论坛暨营商环境评估报告发布会，发布《2019年营商环境白皮书》，洛阳片区营商环境在世界190个经济体中模拟世行排名第26位。

12月21日，自贸区开封片区“建设项目联合精准监管”作为住建部第一批工程建设项目审批制度改革经验向全国复制推广。

2019 年中国（湖北）自由贸易试验区建设概况

中国（湖北）自由贸易试验区工作办公室

陈华荣

湖北省商务厅副厅长

陈华荣，男，1966 年 4 月出生，汉族，湖北武汉人。1988 年 6 月参加工作，1985 年 1 月加入中国共产党，硕士研究生，先后毕业于武汉大学俄语专业、新加坡南洋理工大学公共管理专业。现任省商务厅副厅长，党组成员。历任省外办礼宾接待处科员、副主任科员；省外侨办友城处主任科员；中国驻吉尔吉斯共和国大使馆领事部主任；省外侨办外事三处副处长、处长；省外侨办秘书处处长；挂职任黄冈市红安县县委常委、县政府副县长；省纪律检查委员会派驻省外侨办纪检组组长、党组成员；省纪委省监委派驻省商务厅纪检监察组组长、党组成员。

一、经济运行数据

（一）投资情况。

2019 年，中国（湖北）自由贸易试验区新设立企业 22 781 家，其中内资企业 22 679 家，新增内资企业注册资本 1 175 亿元，外商投资企业 102 家；合同外资金额 38 亿美元，实际使用外资金额 13 亿美元。备案境外投资机构 17 个，中方实际投资额 3 亿美元。税收收入 191 亿元。

（二）贸易情况。

湖北自贸试验区 2019 年进出口总额 1 148 亿元，其中进口 533 亿元，出口 615 亿元。

（三）创新情况。

湖北自贸试验区 2019 年新增专利申请 38 228 件，专利授权 18 855 件，新增高新技术企业 1 383 家，主营业务收入 3 687 亿元。

二、建设措施及成效

设立湖北自贸试验区是党中央、国务院作出的重大决策，是新形势下全面深化改革、扩大开放和加快推进中部崛起、长江经济带发展的重大举措。自 2017 年 4 月 1 日挂牌以来，湖北自贸试验区认真贯彻落实习近平总书记关于自贸试验区建设的重要指示批示精神和视察湖北重要讲话精神，在商务部和省委、省政府坚强领导下，紧紧围绕党中央、国务院赋予的“中部有序承接产业转移示范区、战略性新兴产业和高技术产业集聚区”的战略定位，大胆试、大胆闯、自主改，全面推进总体方案各项改革试验任务，聚焦创新驱动和产业发展，开展差别化探索，自贸试验区建设取得明显成效，制度创新成果不断涌现，产业集聚发展态势良好。

（一）改革任务全面实施。

为加快推进湖北自贸试验区改革试验任务，湖北成立以省长为组长，常务副省长、分管副省长和武汉市市长为副组长的自贸试验区工作领导小组，研究部署重要工作；设立投资和产业转型升级、贸易、金融、创新驱动、法治、市场监管六个专题组，加强改革创新的系统集成。经第三方评估，截至 2019 年底，总体方案 170 项改革试验任务已无政策障碍，实施率 100%，完成 166 项，完成率 97.6%。国发 38 号文《支持自贸试验区深化改革创新若干措施》中适用湖北的 39 项改革试验任务完成 32 项，完成率 82%。商务部国际贸易经济合作研究院发布的《中国自由贸易试验区发展报告

2019》显示，湖北自贸试验区38项差异化试点任务全部完成，完成率居全国第一。

（二）制度创新成果丰硕。

湖北自贸试验区始终坚持以制度创新为核心，以可复制、可推广为基本要求，聚焦地方深层次结构性矛盾改革突破，形成一大批制度创新成果。2019年全年形成75项制度创新成果并在省内推广。截至2019年底，湖北自贸试验区已形成132项制度创新成果并在省内推广学习，15项成果被国家层面采纳，收到“为国家试制度、为地方谋发展”的良好效果。例如，先出区后报关、先放行后改单等贸易便利化改革创新举措大幅提升通关效率，由国务院印发在全国复制推广。创新驱动产业发展的做法受到国务院第五次大督查通报表扬。依托湖北国际贸易“单一窗口”，系统推进退更免业务全程电子化改革，实现企业出口退税当日申报、当日退还。推广使用岸电能源成为助力长江航运绿色发展的榜样。根据中山大学发布的2018~2019年度中国自贸试验区制度创新指数研究报告，在第三批自贸试验区片区中，武汉片区制度创新指数位居第一；在年度制度创新十佳案例中，湖北自贸试验区的专利权质押融资和容缺审批占据两席。

（三）营商环境不断优化。

湖北自贸试验区大力推进“放管服”改革，为市场主体的发展营造宽松环境。

首先，政府职能逐步简化。湖北省政府实施“点单式放权”，在各片区承接省、市下放的经济社会管理权限1 500多项基础上，向三个片区又下放两批96项省级经济社会管理权限，片区政务服务效率大幅提高。自2019年12月起，在湖北自贸试验区范围内，启动湖北自贸试验区“证照分离”改革全覆盖试点工作，对534项中央和省级涉企经营许可事项实行全覆盖清单管理，按照直接取消审批、审批改备案、实行告知承诺、优化审批服务四种方式分类推进改革。

其次，政府监管能力持续提高。强化部门对市场主体准入、监管、退出实行“八双五联”智慧监管新模式。该模式由国家市场监督管理总局印发简报向全国市场监管系统推介。推行涉税执法容缺容错改革，对纳税人非主观故意行为实施包容审慎监管，在法定范围内给予纳税人自我纠错空间。

第三，片区服务水平不断优化。首创远程股权转让登记、互联网+智慧出入境、手机版电子营业执照等“互联网+”政务服务，让数据多跑路、群众少跑腿。率先推行办税地图、刷脸办电、24小时自助政务服务等便民便企服务，大幅提升市场主体获得感。

第四，法治保障体系建立健全。出台《中国（湖北）自由贸易试验区条例》，明确建立鼓励改革创新的激励机制和容错纠错机制。截至目前，湖北自贸试验区已形成60多份由地方性法规、政府规章、规范性文件共同组成的法制框架和政策体系，为改革创新提供法治保障。

（四）科技创新全国领先。

湖北自贸试验区积极探索科技体制机制创新，努力将科教资源转化为产业发展、经济增长的动力，科技创新走在全国自贸试验区前列。据商务部通报，在全国前四批12个自贸试验区中，湖北自贸试验区新增专利申请、新增专利授权均排名第一位，高新技术企业实现主营业务收入排名第二位。

首先，强化人才支持，激发创新活力。湖北省政府印发在湖北自贸试验区试行进一步激发人才创新创业活力措施的意见，大力招才引智，建立海外人才工作站，实施外籍高层次人才申请永久居留“直通车”服务。截至目前，湖北自贸试验区共集聚4名诺贝尔奖得主、66名中外院士、400余名国家级高层次人才、7 000多个海内外人才团队。

其次，创新金融服务，助力企业发展。湖北发布《湖北自贸试验区本外币账户管理的指导意见》，比照FT账户管理模式，综合一般账户、非居民账户和离岸账户功能，从完善本外币账户结算、汇兑、融资和理财四个功能方面提出32项具体措施。大力发展科技金融，聚集各类金融及服务机构1 500多家，在全国率先制定《科技金融信贷政策导向效果评估指引》，完善风险分担机制，引导金融机构开展信用贷款、股权和知识产权质押贷款等创新型贷款。

第三，保护知识产权，完善法律服务。建立知识产权保护机制，推动知识产权质押融资，优化知识产权服务。目前，自贸试验区内的知识产权质押融资额约占全省总额的80%。各片区设立知识产权服务工作站，搭建集知识产权申报、运用、保护、管理、服务于一体的知识产权公共服务平台。

（五）产业集聚成效显著。

湖北自贸试验区挂牌以来，围绕集成电路、光电子信息、人工智能、生物医药、新能源汽车等主导产业，瞄准世界知名跨国公司，重点引进产业链、价值链上的高端项目，积极承接长三角、粤港澳大湾区以及京津冀等重点区域的产业转移，打造中部有序承接产业转移示范区。

武汉片区重点建设国家存储器基地、国家信息光电子创新中心、武汉光电国家实验室等重大项目，同时依靠国家级重大项目的辐射带动，成功吸引一批世界500百强和龙头企业落户，逐步完成“芯片-显示-智能终端”新一代信息技术全产业链布局，逐步朝着打造长江经济带世界级产业集群迈进。

襄阳片区积极推进建设新能源和智能网联汽车，充分利用当地汽车及零部件的产业优势，全力打造“中国新能源汽车之都”。已建成国家智能网联汽车质量监督检验中心试车场三期项目，总建筑面积6 000平方米，成为国内首个具有完全自主知识产权的环境风洞试验室等核心技术的设施。

宜昌片区结合当地独特的资源，重点推进生物医药、智能制造、现代物流等产业发展，打通“宜昌-钦州-马来西亚”国际铁海联运货运班列和宜蓉班列，实现向北连接丝绸之路经济带与向南连接21世纪海上丝绸之路和中南半岛经济走廊的无缝结合，集聚一批龙头企业，如亚洲最大的活性干酵母研发生产企业安琪酵母，亚洲最大的医用丁基胶塞生产企业华强科技，以及麻醉药品最大批发企业人福药业等。

三、创新成果及案例

案例1：关税保证保险通关业务试点。

为解决中小企业“融资难、融资贵”问题，湖北自贸试验区武汉片区积极开展有关工作，联合保险公司共同推出关税保证保险，为推进通关便利化提供新途径。

主要做法：

关税保证保险改变了企业以往缴纳保证金或者由银行提供担保的传统海关税收担保模式，具有无抵押、低成本、便捷化的特点。该保险以进出口企业作为投保人，海关作为被保险人，进出口企业无须缴纳保证金或提供银行保函，直接向保险公司购买关税保证保险，凭借“关税保证保险保单”即可办理海关税收担保手续，实现货物正常通关。如果企业未按照规定缴纳税款，海关将向保险公司索赔，税收安全保障充分。此外，保险公司与海关建立起核心系统直联，进口企业在保险公司出具保单后，保单信息将自动传输至海关通关系统，实现保单到海关系统的备案、使用、核销、索赔通知等全流程线上办理。

实践效果：

首先，降低企业融资成本。关税保证保险能缓解中小型进出口企业面临的申请银行保函难度大、担保多、成本高、时间长等问题，有效释放企业资金占用压力，降低企业通关纳税成本。截至2018年底，武汉片区已有4家企业开展关税保证保险业务，累计保额1.135亿元，减少企业资金占用压力近1亿元。

其次，提升贸易便利化水平。相对传统的缴纳保证金或申请银行保函方式，关税保证保险开立成本明显较低，而且操作简易，可进一步压缩通关时效。银行保函首次申请授信时间为10—20个工作日，关税保证保险取得保单的时间平均为2—5个工作日。传统缴纳保证金的通关时间平均为33.7个小时，购买关税保证保险的通关时间缩短至原来的1/3左右，平均为11.3个小时，大幅提高贸易便利化水平。

第三，充分保障税收安全。关税保证保险可惠及除失信企业以外的所有企业，显著提升了业务覆盖面。在该模式下，企业如果未按规定缴纳关税，海关可立即启动程序向保险公司索赔，在收到被保险人的《理赔通知书》和《海关税款专用缴款书》后，保险公司将全额款项赔付至指定账户，使国家税收安全得到保障。

案例2：推动关键核心技术攻关，聚力打造战略性新兴产业集群。

湖北自贸试验区武汉片区聚焦自贸试验区总体方案确定的重点任务，大力实施创新驱动发展战略，推动关键核心技术攻关，聚力打造光电子信息和生物医药两大万亿产业集群，成为推动地方创新驱动发展、产业转型升级的重要动力源。

主要做法：

首先，聚焦重点，提前布局掌握主动权。聚力“一芯驱动”，紧盯光通信、先进存储、5G等重点领域和产业瓶颈，集聚政策、人才、资金等资源进行重点攻坚。出台“中国光谷2035创新驱动发展战略行动纲要”和“高质量发展20条”，着力打造光电子信息、生物医药等特色高新产业，加快“芯-屏-端-网”产业集聚。抓住芯片、高端显示、工业互联网等产业发展“窗口期”，建设中部地区首条12英寸集成电路生产线、5条新型显示生产线，推动工业互联网标识解析国家顶级节点武汉站上线运营。

其次，加大投入，多方协同形成攻坚合力。强化政府引导，武汉片区管委会每年财政安排一般公共预算支出的20%支持科研。多方汇聚创新人才，实施“光谷人才计划”，设立人才基金吸引校友回汉，支持各类人才创新创业。目前集聚了4名诺奖得主和397名“千人计划”专家为代表的大批高端人才。组建500亿元产业引导母基金，引进1 500余家股权投资机构，开展投贷联动试点，引导社会资本参与关键技术研发。

第三，优化服务，加快释放企业创新活力。出台科技成果转化“黄金十条”“科技投入七条”，积极开展股权激励，支持科技人员持股，加快释放科技人员的创新活力。发挥高校院所力量，支持华中科技大学、武汉大学等高校院所重点打造光电子、生物医药等8家专业工研院和联影医疗、高德红外等2家企业工研院，为核心技术突破提供平台支撑。大力推进孵化器、众创空间、大学科技园等平台建设，打造“光谷青桐汇”等品牌活动，营造良好创新创业氛围。

实践效果：

首先，加快了企业和产业集聚。挂牌以来，共新设企业24 547家，平均每个工作日新增46家，其中，生物医药企业2 000多家，互联网企业2 100多家，小米科技等企业设立的区域总部60多家。截至目前，武汉片区累计培育355家高成长的瞪羚企业和斗鱼网络、安翰光电、小药药等5家独角兽企业。良好的营商环境吸引华为等一批龙头企业进驻，带动光电子信息和生物医药产业链的构建，推动生物医药和“芯-屏-端-网”万亿产业集群发展。

其次，突破了一批关键核心技术。随着创新主体队伍不断壮大，激发出创新的原动力。2018年，武汉片区专利申请量突破2.9万件，同比增长16.8%，科技创新实现由点突破向系统提升转变。例如，中国信科集团联合国家信息光电子创新中心研制出我国首款商用“100G硅光收发芯片”；高德红外公司成功研发全国首个红外探测器芯片，红外热成像技术进入世界第一梯队；长江存储公司成功研发32层三维闪存芯片并实现量产，研制出我国首颗自主架构的64层三维闪存芯片；虹识科技公司成功研发全球首款虹膜生物识别芯片，锐科激光公司研发出2万瓦光纤激光器，长飞公司成为全球唯一掌握四种光纤预制棒制造核心技术的企业。

案例3：信用体系建设助力科技型小微企业发展。

湖北自贸试验区武汉片区在国家信用体系建设

总体架构下，结合区内科技型小微企业占主导的特点，开发信用信息共享服务平台，构建针对科技型小微企业的特色信用评价体系，实现用征信、助融资、促发展。

主要做法：

首先，建立符合科技型小微企业特点的信用平台和信用评价体系。建设东湖示范区信用数据库管理及应用平台，多渠道采集区内企业信用信息数据。政府提供各部门关于企业信息的工作台账，如纳税A级企业名单、失信被执行人名单等；第三方机构提供企业评级信息等；企业提供财务报表信息及信用承诺书。针对科技型小微企业轻资产、重知识产权的特点，建立特色评价体系，由客观指标“评价报告”和主观指标“评审意见”共同构成。其中，客观指标主要为财务数据，占40%权重；主观指标主要为反映企业创新能力和发展潜力的综合评价，占60%权重。该评价体系通过弱化财务数据等传统评价指标，聚焦人力资源、技术实力、发明专利等方面的特色指标，更加关注企业的科技含量和未来的发展潜力，形成与国家社会信用体系的互补。

其次，建立基于信用评价体系的融资支持和风险分担机制。印发《武汉片区在重点领域使用信用记录和信用报告的实施方案（试行）》等文件，鼓励企业利用信用报告获取融资贷款。印发《武汉片区科技型企业贷款保证保险业务操作指引》，鼓励银行业金融机构和保险公司开展信用保证保险等业务，对发生逾期的企业，保险公司、银行、武汉片区管委会按5∶2∶3的比例承担风险。对科技型小微企业利用信用贷款或专利、商标、版权等进行知识产权质押融资的，最高按人民银行同期贷款基准利率80%给予贴息奖励。

第三，开发以信用体系为基础的科技金融创新产品。通过各类信用产品和信用分析模型，鼓励金融机构针对科技型小微企业不同的发展阶段，开发以信用激励为基础的科技金融产品，先后推出“税贷通宝”“税易贷”“高新贷”“快融通”“科保贷”等系列特色信用服务产品40余种。对金融机构向科技型小微企业发放的信用贷款（包含纯信用贷款、实际控制人或股东连带责任担保贷款、知识产权质押贷款、应收账款质押贷款、非上市公司股权质押贷款等）业务，按照年度贷款总额的1%标准给予奖励。

实践效果：

首先，信用平台覆盖面逐步扩大。目前信用平台运行良好，通过对区内信用信息数据的采集整合，截至2019年9月，平台信用信息数据库信用信息数达783.5万条，覆盖区内85%以上的企业主体，覆盖区内约95%的小微企业。

其次，信用体系建设加快推进。信用平台从多维度归集、整合企业信息数据，有效解决企业与金融机构间信息不对称问题，同时政府给予信用评级费用100%补贴，极大提高科技型小微企业参与信用体系建设的积极性。截至2019年9月，区内参与信用评级的科技型小微企业达1 351家次，其中评级结果为A级以上企业占比90%，评级结果为BB级以上企业占比为99.1%。

第三，融资便利程度有效提升。通过政策兑现给予科技型小微企业信贷融资补贴奖励，鼓励企业使用信用评级报告增信，减少贷款融资的时间成本和资金成本。截至2019年9月，武汉片区通过使用信用评级报告已累计帮助1 300余家科技型小微企业获得信用贷款60.7亿元，获得相关专项贴息、保费补贴、信用评级费用补贴等财政资金共计6 563万元。

案例4：“第二总部”承接产业转移。

湖北自贸试验区武汉片区围绕“中部有序承接产业转移示范区”的战略定位，在全国率先提出“第二总部”概念，通过充分挖掘区域竞争优势，创新工作机制，推动资源优势向产业胜势转变，形成具有武汉特色的承接产业转移、发展新兴产业的“第二总部”模式。

主要做法：

首先，把握发展趋势，明确战略方向。在国家大力发展“四新经济”、积极推动产业转型升级的背景下，系统分析总结出武汉片区在发展新兴产业方面智力资源丰富、用工成本较低、市场潜力较大等比较优势。根据传统行业劳动密集、重资产、“轻创造”的属性和新兴产业轻资产、重知识产权的特点，将承接产业转移的主攻方向定位于以互联网为代表的新兴产业。

其次，确定承接目标，打造品牌效应。坚持因地制宜，着眼长远发展，明确“第二总部”企业定义，即性质上是独立法人；承担总部职能，如研发中心、运营中心；公司在武汉片区的员工规模仅次于甚至高于总部。通过吸引“第二总部”，武汉片区主要承接全新的业务板块与研发中心，而非低附加值业务与淘汰产能。目前“互联网+第二总部”成为武汉片区在全国互联网产业版图最响亮的品牌。

第三，创新招商方式，推动产业集聚。针对“互联网+第二总部”企业以服务业为主的特点，在互联网、大数据、人工智能等重点领域加大“第二总部”招引力度。组建专业化、市场化招商队伍，选聘“招商大使”，创新开展专业招商、以商招商、资本招商、校友招商。同时，优化完善相关产业空间布局，依托武汉片区现代服务业园、光电子信息产业园，打造“互联网+第二总部”集聚区。

第四，制定配套政策，优化营商环境。印发《武汉片区关于支持总部企业发展的实施办法（试行）》，给予“第二总部”在落户、经营贡献、办公用房、人才等方面的奖励或补贴，在土地方面，给予优先纳入年度用地计划、可按不低于项目所在地土地基准地价的70%确定出让起始价等便利。实施“领军企业推进计划”，对第二总部实行“一企一策”，在项目申报、政府采购等方面予以支持。出台“科技投入七条”“科技金融新十条”“创新创业创造十条”等政策，促进要素高效配置，优化营商环境。

第五，创新工作机制，提升服务质效。在全国率先成立“互联网+”办公室，统筹推进“互联网+第二总部”建设和服务工作。创新人才选拔机制，将政府职能部门工作人员的选拔权交给企业家，由片区知名互联网企业主要负责人面试多位高学历年轻干部，从中优选出熟知互联网产业、了解创业创新政策的工作人员，确保“互联网+”办公室更好地服务新业态、新产业。

实践效果：

首先，新兴产业加速集聚。截至2019年底，武汉片区已聚集小米、海康威视、科大讯飞等80余家来自北京、上海、深圳等地的知名企业“第二总部”，涵盖共享经济、在线教育、人工智能、网络安全等多个新经济领域；其中总部企业5家，上市公司21家，独角兽企业17家。2020年以来，霍尼韦尔新兴市场中国总部、新思科技海外首个顶级研发中心落户武汉片区。武汉片区成为全国有影响力的“第二总部”集聚地。

其次，产业结构显著优化。2018年，武汉片区三大产业结构调整为0.26∶58.98∶40.76，增速分别为3.0%、9.2%和10.7%，第三产业占比进一步提升，增速高于武汉市（10.1%）平均水平，并高于杭州（7.5%）、成都（9.0%）等地。2019年，武汉片区规模以上服务业收入1 098.02亿元，同比增长21.3%。

第三，辐射作用有效增强。“第二总部”带动产业链上下游企业入驻，助力武汉片区进一步补链、强链。例如，小米武汉总部入驻后，金山软件、慕声科技等小米系企业纷纷落户武汉片区；金山云（武汉）智慧云谷项目、小川网络研发中心项目等14个小米生态链合作项目与武汉片区签约；众多省内企业如武汉华星光电、仙桃健鼎科技等逐步进入小米供应链，分别成为小米的柔性面板、电路板供应商。

第四，产业生态不断完善。一是创新能力进一步提升。2019年，武汉片区认定瞪羚企业414家，新增高新技术企业551家，高新技术企业数量累计2 318家，占武汉市53%。二是融资环境进一步优化。顺为资本、红杉资本、百度风投等著名风险投资机构先后入驻。

第五，总部经济效应明显。招引、培育、发展“第二总部”，推动武汉片区更好承接总部经济转移。部分入驻“第二总部”逐步升级为“第一总部”，国药器械、中诚信集团、尚德机构、台湾纬创软件等6家企业将总部或大陆总部迁至武汉。

案例5：科技信贷政策导向效果评估机制。

为深化科技金融改革创新，提高相关政策实施效力，中国（湖北）自由贸易试验区武汉片区联合人民银行武汉分行，自主开发科技金融统计与评估系统，在全国率先建立科技信贷政策导向效果评估机制，取得积极成效。2019年12月，湖北省政府将该项措施在全省推广实施。

主要做法：

首先，构建“定量+定性”相结合的特色评估指标体系。借鉴人民银行小微信贷政策评估评分计算方法，结合科技金融改革任务要求及武汉科技金融发展实际，在反复测试评估的基础上，制定《科技金融信贷政策导向效果评估指引》，设置定量和定性两部分评估指标。为客观全面体现科技信贷政策执行效果，评估从8个方面制定19项考核指标，得分以定量（100分）与定性（100分）加权值为总分，并以定量为主，权重达70%。此外，为提高评估的针对性，凸显武汉片区特色，贷款结构指标由武汉片区科技贷款及小微科技企业贷款组成，金融创新指标由开展知识产权质押贷款、科技企业保证保险贷款等武汉片区创新主推的金融业务开展情况组成。

其次，建立“线上+线下”相结合的综合评估方式。依托银行业网间互联平台开发设计数据网络直报、自动抓取和线上评估的科技金融统计与评估系统，实现市内银行机构全部接入。评估时，定量指标由系统自动抓取数据并计算得分，无须银行机构报送任何数据、材料；定性指标评分时，银行机构在系统进行自评，并上传科技信贷政策执行情况报告及相关证明材料，人民银行武汉分行营管部根据日常工作掌握情况及各银行上传材料，线下进行认定后在系统录入定性得分。最终由系统计算出各银行机构综合得分，并分为优秀、良好、中等、勉励四个档次。

第三，采取“通报+挂钩”相结合的评估工作机制。为发挥评估的导向性和激励性，人民银行武汉分行营管部每年在全市范围内开展科技信贷政策效果评估，及时向各银行机构印发通报评估得分排名、科技信贷政策执行效果及存在问题，并对落实科技信贷工作提出具体要求。同时，将评估结果作为各银行落实科技金融改革方案评价依据，与科技金融产品创新试点准入管理、货币政策工具运用、综合评价等工作挂钩，引导银行机构按照评估导向落实科技信贷政策。

实践效果：

首先，促进了科技金融改革政策的落实。在信贷政策导向效果评估的指引下，武汉片区乃至武汉市科技金融综合服务能力不断增强。一是差异化科技信贷管理体制有效建立。全市共设立25家科技专营机构，对科技贷款采取单项考核，单设不良贷款容忍度。二是科技金融基础设施更加完善。建立企业信用数据库、大数据金融服务平台、金融统计系统等一批提高服务效率的科技金融基础设施。三是科技型企业融资渠道不断拓宽。创新推广科保贷、知识产权质押贷款、投贷联动、三板贷、上市贷等覆盖科技型企业生命周期的金融产品，全市科技型企业通过银行间市场获得融资270.07亿元。

其次，加大了科技创新领域的金融资源配置。2018年参评的20家银行机构中，18家政策执行得分在“良好”及以上档次，各银行机构积极运用表内外融资方式，不断加大对科技创新的金融支持力度，对武汉片区高新技术产业等重点领域支持成效显著。科技金融融资“量增面扩”态势明显，截至2019年底，武汉市科技型企业融资余额5 030.7亿元，首次突破5 000亿元大关，余额同比增长22.3%，比2018年提高9.2个百分点；2019年新增915.8亿元，同比多增440.5亿元。2019年，武汉市科技型企业各项贷款余额2 388.5亿元，同比增长 16.1%，比 2018 年提高 9.8 个百分点。

第三，完善了科技金融改革过程中的薄弱环节。通过对银行机构开展科技金融信贷政策导向评估，对科技金融改革创新进行全程“把脉”，从宏观上把握科技金融改革进程、成效及面临的问题，从微观上及时发现和揭示各银行机构发展科技金融中的长短板，促进银行机构相互学习竞争，取长补短。通过评估，武汉片区金融机构科技信贷政策传导与反馈的主动性增强，科技金融创新产品推广力度加大，重点领域和薄弱环节的金融支持加强，信贷结构更加优化。

案例 6：运用技术性贸易措施评议机制助力企业“走出去”。

湖北自贸试验区襄阳片区围绕推动贸易转型升级的试点任务，充分发挥中国世界贸易组织/技术性贸易壁垒-卫生与植物卫生措施（WTO/TBT-SPS）国家通报咨询中心襄阳研究评议基地作用，开展对世界贸易组织（WTO）其他成员有关汽车类产品的信息跟踪、通报评议，强化研究解析，指导企业应对，助力企业“走出去”。

主要做法：

首先，加强信息收集。根据 WTO《技术性贸易壁垒协议》和《海关技术性贸易措施工作指南》，依托全国唯一以汽车及零部件为评议内容的襄阳研究评议基地，拓宽信息来源渠道，开展国内外标准与法规、技术性贸易措施通报及各类前沿信息实时收集整理，推进各类信息跟踪、翻译、分类及结构化存储工作。

其次，开展研究评议。发挥专业技术优势，组织检验机构、科研院所、相关企业专家，对 WTO 其他成员通过建立技术标准、认证检验制度等方式提高产品技术要求、抬高市场准入门槛等问题开展研究评议，并将评议结果上报国家评议中心，作为多双边协商谈判依据。

第三，强化信息比对。结合襄阳片区汽车产业发展情况，用足用好数据资源，将国内标准法规与国际，特别是欧盟、美国、日本等汽车业发展先进国家的标准法规，向 WTO 提交的通报以及有关前沿信息进行研究比对，组织企业找出材料、工艺、装备、检测及管理等方面的差距，助力产品质量提升和企业转型升级。

第四，拓展服务功能。主动发布贸易摩擦、风险预警等热点资讯，提供国内外标准法规、技术性贸易措施、市场准入、关键共性技术等查询服务，推动对国外最新通报、标准、技术法规的消化吸收和集成创新。

实践效果：

首先，提高信息知晓面。收集美国、欧盟、日本等重点国别地区的汽车技术法规标准，建设国内外汽车技术法规标准数据库及检索系统，形成国内外技术法规、标准数据近 2.6 万条，供企业查询；汇总编印汽车领域 WTO/TBT 通报汇编 400 余册，免费发放给片区内企业；组织企业技术性贸易措施调查培训，指导企业应对出口过程中面临的技术性贸易问题。深入发动企业与高校共同开展研究，先后形成《2018 年主要贸易伙伴技术性贸易措施研究报告》《新能源汽车整车技术性贸易措施专题研究》《摩擦材料技术性贸易措施专题研究》和《国内外汽车技术法规情报分析研究》等研究成果，指导企业探索产业发展路径，助力企业转型升级。

其次，协助企业做好应对。开展技术性贸易措施影响调查，先后调查汽车及零部件、新能源汽车样本企业 24 家，指导企业深度参与相关通报评议，提前做好应对研究，规避准入风险。例如，2019 年 3 月，韩国技术与标准局（KATS）发布通报，拟于 2019 年 12 月 31 日起修订其电动汽车充电器等技术法规草案，襄阳海关随即联合武汉海关、深圳海关，组织相关企业对发动机排放、安全座椅标准法规进行评议，上报 3 条评议意见，涉及 6 条技术法规条文。6 月 26 日，韩国技术与标准局正式回复该评议意见，接受中方提出的充电模块兼容性提议，对充电电流保护装置、电流监测组件、充电头温度监测、电压峰值 4 条疑问进行了澄清，拒绝接受改变电源交流电压 1 000V 额定值的建议并予以解释。

通过参与评议和双方磋商，中方企业提前研究消化了上述技术法规，提升了开拓市场的能力。

第三，助力企业“走出去”。指导骆驼集团股份有限公司并购克罗地亚电动汽车企业，在消化吸收欧盟标准后，“回投”襄阳片区 2 000 万欧元，成立合资公司生产符合欧盟技术标准的电机电控及BMS 产品，进一步拓展欧盟市场。针对海湾阿拉伯国家合作委员会（GCC）汽车及零部件认证标准严、手续繁的现状，襄阳海关主动服务，指导东风汽车股份有限公司梳理认证流程，分析认证标准，协助做好预审，最终企业通过认证获得出口资质，获取进入海湾国家的通行证。

案例 7：不动产抵押权变更登记改革。

湖北自贸试验区襄阳片区推行不动产抵押权变更登记改革，通过取消注销抵押权环节、搭建信息共享集成平台等措施，简化办事程序，提升服务效能，保障不动产权利人合法权益。

主要做法：

首先，部门协同推进，完善登记制度。襄阳市国土局、金融办、人行襄阳中支、银监局等部门联合发布《关于完善不动产抵押登记促进金融市场发展的通知》，就进一步完善不动产抵押登记制度达成共识，明确被担保的主债权种类及数额、担保范围、债务履行期限等发生变更的，均可申请办理抵押权变更登记。

其次，推动信息跑路，设立便民窗口。襄阳不动产登记机构联合各银行，在银行营业网点设立不动产抵押登记便民服务窗口，申请人在银行现场签订抵押合同时，通过“互联网+”信息化共享平台同步提交抵押登记资料，不需再跑不动产登记机构。同时，向房管部门推送信息完成抵押权备案，实现抵押贷款和抵押登记一站式办结。银行通过不动产抵押登记系统也可以查询相关利害关系人不动产登记、抵押、查封等信息，实现多方信息对称，降低金融风险。

第三，简化续贷流程，取消注销抵押权环节。推行不动产抵押权变更登记后，不动产登记机构根据抵押物变更范围、抵押金额变更等情况，直接办理抵押权变更登记，完成续贷，取消注销抵押权这一环节，债权人无须再提供还清贷款证明和注销抵押权，仅提供主债权合同的补充协议，续期的抵押合同，以及银企双方申请即可，简化原有烦琐的续押贷款办理流程。

实践效果：

首先，降低融资成本。在原有的续押贷款模式下，贷款到期后需市场主体筹措资金，甚至从民间融资，借“过桥资金”，还清贷款后再重新签订贷款抵押合同，形成高额财务成本。实行抵押变更登记大幅降低企业的融资成本。截至 2019 年 2 月底，已办理不动产抵押权变更登记 247 笔，担保债权金额约 31 亿元。目前该试点已推广至襄阳全市。

其次，缩短不动产抵押登记办理和企业融资时间。过去抵押（权）人需要跑银行、房管和不动产登记3 个窗口，提供3 次申请资料，进行3 次面签，经过 9 道程序，至少需要 15 个工作日。不动产抵押权变更登记改革后，抵押（权）人只需跑 1 次银行，提供 1 次资料，进行 1 次面签，办理时间减少到 3 个工作日，特殊情况当天办结。此外，不动产抵押登记系统延伸至银行窗口，实现贷款即来即办，缩短企业融资时间。

第三，实现续贷抵押无缝对接。实行不动产抵押变更登记后，抵押物不会处于“悬空”状态，避免因其他经济纠纷可能带来的抵押物被查封限贷风险。此举有效降低银行风险，保障银行权益，增强银行机构服务实体经济的能力和意愿，同时达到监管部门坚持防范化解金融风险，落实无还本续贷等目的。市场主体对此也普遍欢迎，促进实体经济与金融良性循环。

案例 8：试行“两无一免”简化退税流程。

为化解部分退税业务办理量大，业务流程堵点、痛点多的矛盾，有效解决纳税人退税难、基层工作人员办理难的困境，中国（湖北）自由贸易试验区襄阳片区结合现有税务退库相关制度，对个人所得税手续费退税、小微企业所得税年度汇算清缴多缴退税、政策调整形成的误收退税三类业务形成"无申请、无纸化、免填单、主动办、批量办"的退税模式，进一步提高退付工作效率，充分保障纳税人权益。目前，该创新做法在襄阳片区先行先试后，已在襄阳市复制推广。

主要做法：

首先，无须纳税人申请，税务机关主动发起退税。针对因纳税人不了解、不熟悉退税程序，导致各级政府出台的税收支持政策不能全面有效落实到位的问题，结合当前所有税费缴库业务均在金税三期系统中完成，已实现规范化、电子化、网络化的实际状况，襄阳市税务局与人民银行襄阳市中心支行协商并达成一致意见，对部分涉及面广、业务量大、风险可控的退税事项（个人所得税手续费退税、小微企业所得税年度汇算清缴多缴退税、政策调整形成的误收退税）由税务机关主动、批量发起退税流程，提高退税效率。

其次，退税审核无纸化，着力减轻经办人员负担。鉴于纳税人的基本信息和缴税缴库信息均已保存在金税三期系统中，纳税人退税时再提供有关证明资料不仅重复，而且增加了税务机关和人民银行国库部门经办人员审核、复核负担，襄阳片区电子缴退库业务已经成熟，办理退税业务时纳税人不需要再跑税务机关，税务机关也不再跑人民银行国库部门的条件已经成熟。纸质资料流转变为电子资料流转，取消原有纸质资料"收集、整理、核对、传递、签收、保管"6个环节，对纳税人接收退税账户在人民银行一次性备案，全部使用《电子收入退还书》，无论是纳税人，还是税务部门、人民银行国库部门经办人的工作负担都大幅减轻。

第三，退税办理免填单，着重化解税库制度风险。结合《国家税务总局关于推行办税无纸化免填单服务的通知》有关精神，"各地税务机关可在24种表证单书的基础上，结合本地实际创造条件进一步拓展免填单服务的内容和范围"。为解决接收退税款主体确认问题，避免出现错退、误退，同时增强便民办税获得感，提升税收服务水平，襄阳市税务局优化原《退库申请书》样式，推出《退税确认告知书》，在严格保留原表证单书上税别、凭证号、原纳、应纳等重要要件基础上，将"申请单位盖章"栏优化为"纳税人确认"栏，由税务部门提取退税信息，批量发起退税，纳税人仅需在《退税确认告知书》签章确认。

实践效果：

首先，保障了纳税人权益。经过近两年试点探索，襄阳市税务局已累计为440户扣缴义务人办理退税1 294.46万元，累计为121户小型微利企业办理退税51.04万元。因政策调整为608户印花税纳税人办理退税22.33万元。

其次，提高了退税效率和质量。通过流程再造，退税流程节点由8个减少到4个，压缩50%。改革前，一笔退税事项审批需要20天左右；改革后，批量办理多笔退税事项压缩至1周内办结。既减轻税务人员和国库部门工作人员整理、审核纸质退税资料的工作量，又减少税务部门、国库之间资料传递时间和反复核对次数。国库部门收到退税资料后，即可审核办理，工作效率成倍提高。信息化互联共享也在一定程度上提高了退税准确度。

第三，减轻了纳税人和部门负担。简化退税流程后，纳税人不再需要提供有关退税资料，仅需确认《退税确认告知书》的退税信息即可。税务部门也无须再查找复印对应税款的入库证明资料，只需从金税三期系统中导出该纳税人税款入库明细。退税票据由纸质变为电子化，所需纸质资料压缩90%以上，大幅减轻纳税人、税务部门与国库部门工作负担，实现了企业、税务、国库三方共赢。

案例9：推行"全通版"食品药品许可证。

2017年4月，湖北自贸试验区襄阳片区挂牌后，襄阳市食品药品监督管理部门在襄阳片区先行先试全面推行"全通版"食品药品行政许可证。在不突破法定要求、不降低验收标准、不减少法定程序的前提下，将食品生产许可、食品经营许可、化妆品生产许可、药品经营许可医疗器械经营许可（三类）、医疗器械经营备案（二类）、药品经营质量管理规范认证、蛋白同化制剂批发企业批准、第二类精神药品零售企业批准等9项许可，合并为一张《食品药品生产经营许可证》，实现一个审批机关，对同一申报主体，只核发一张许可证，降低企业办证成本、提升部门行政效能。

主要做法：

首先，整合申报材料。将申报资料分为共性资料和业态资料两部分。共性资料为原各类许可中的重复性申报资料（如申报主体证明文件、相关人员身份证明文件等），业态资料为原许可中具有业态特色的专业要求。按照高标准覆盖低标准的原则，实现一个申报主体申报多个许可（认证）只需提供一套资料。

其次，归并验收标准。综合归并法律法规规定的食品药品生产经营许可（认证）标准，按照“归并验收条款，坚持审批标准”的原则，合并验收标准中规定的相同部分，坚持各业态专项验收标准不变。

第三，规范现场核查。整合具有法定资质的各业态现场核查人员，形成现场核查专家库。按照规定抽取申报主体申报的各业态许可（认证）验收人员，组成验收小组，现场核查验收。以申报主体申报的高风险业态验收人员作为验收组负责人，其他涉及业态的验收人员作为组员。实现一个申报主体申报多个食品药品生产、经营业态，只委派一个验收组完成验收任务，一次性完成现场核查任务。业态风险按照食品（含保健食品）生产、医疗器械生产、化妆品生产、医疗器械经营（批发）、药品经营（零售）、医疗器械经营（零售）、餐饮服务、食品流通等由高到低划分。

第四，明确证书内容。将原“四品一械”（食品、保健食品、药品、化妆品、医疗器械）各环节（科研、生产、流通、消费、使用）各种许可（认证）证书统一为《食品药品生产经营许可证》，实行正副本制度。正本主要内容包括：证书编号、名称、法定代表人（负责人或业主）、企业负责人、质量负责人、注册地址、生产经营地址、仓库地址、认证范围、经营方式、发证机关、证书有效期、发证日期。许可范围打印顺序按照食品（保健食品）、药品、化妆品、医疗器械品种顺序依次标注，同品种中按照生产、流通、消费、使用环节顺序排列。副本主要内容包括：名称、证书编号、法定代表人（负责人或业主）、企业负责人、质量负责人、注册地址、生产经营地址、仓库地址、认证范围、经营方式、许可范围、证书有效期、发证机关、发证日期、须知、审批备注、年度验证方格、事项变更等事项。证书副页（仅供有食品生产许可范围的使用）主要内容有：企业名称、产品名称、住所、生产地址、检验方式、证书编号、发证日期、有效期、经抽样检验合格符合食品生产许可条件食品品种明细。

第五，统一许可编号。《食品药品生产经营许可证》证书在襄阳市实行统一编号。编号共11位，具体格式为：襄+1位字母（英文大写）+9位数字。其中襄代表襄阳市，字母代表市局、县（市）区局（例如，市局A、枣阳B等），9位数字的前4位代表年份，后5位数字代表流水号。食品生产、化妆品生产、医疗器械经营（批发）在相应许可范围后标注原许可认证证书编号。《食品药品生产经营许可证》由襄阳市食品药品监督管理部门统一印刷管理，各单位按照实际需求签字领取使用，每季度首月将上季度使用情况汇总上报市局行政审批科。

第六，优化申报期限。单业态或法定许可有效期相同的多业态《食品药品生产经营许可证》的核发和换发，有效期按法定许可期限标注，有效期为5年。多业态《食品药品生产经营许可证》换发，以最先到期业态许可期限为准，遵循企业自愿的原则，法定有效期未满业态可以一并换发，也可至各业态法定有效期届满逐一换发。单业态和多业态食品药品生产经营企业增加许可事项的，验收合格后换发新的《食品药品生产经营许可证》，增加许可类别，发证日期为新证发放日期，证件其他内容不变；核减许可事项的，申请后换发新的《食品药品生产经营许可证》，发证日期为新证发放日期，证件其他内容不变；核减许可事项后变为单业态的，按照法定许可有效期标注有效期；新申请的药品经营企业，验收合格后核发《食品药品生产经营许可证》，通过 GSP 认证后换发新的《食品药品生产经营许可证》，发证日期为新证发放日期，证件其他内容不变。

实践效果：

首先，“一优四减”让审批增效提速。通过优程序、减资料、减流程、减时限、减费用，对食品药品医疗器械生产经营许可机制进行整合归并，建立精简高效的审批机制。

其次，全程网办让企业省时省力。申请人在家即可完成申请，符合许可条件的，核发电子许可证，企业可以在家自行打印，也可以申请窗口以邮寄方式送达。

案例 10：数据增信助力中小微企业融资。

为解决中小微企业缺管理、缺人才、融资难、融资贵等问题，湖北自贸试验区襄阳片区以会计转型为突破，以会计数据为核心，建设线上“财智服务平台”，综合运用区块链、可扩展商业报告语言（XBRL）、人工智能等技术，打通政府部门、企业经营财税等信息，帮助银行获得中小微企业真实交易信息，成功实现数据增信，促进技术创新与普惠金融高效衔接。目前，襄阳在全市推广使用该平台，为中小微企业获得金融支持提供有力支持。

主要做法：

首先，打造智能财税云平台，提高企业会计信息质量。襄阳片区智能财税云平台将企业会计准则、会计核算标准、内部控制规范等内嵌于其中，形成财务票据自动识别、归类整理、真伪查验、会计分录智能匹配、凭证账簿自动生成、税务报表自动计算、一键批量自动报税等服务功能。智能财税云平台实现企业工商登记信息、业务信息、会计信息和报税信息统一提取、自动转换、实时比对、联网报送，推动电算化条件下时效迟滞的信息变为实时在线的信息，相对单一的信息变为联结价值链的整合信息，从数据源头破解中小微企业多套账的问题，帮助中小微企业规范财务管理，提高会计信息公信力。

其次，推动数据深度融合，服务银行信用评估决策。襄阳片区推动财智服务平台先后对接外贸综合服务平台、国际贸易“单一窗口”、中国出口信用保险系统、湖北省国家税务局电子税务系统、襄阳市政府大数据平台等，汇集企业生产、经营、财务、进出口通关、纳税、社保、物流、仓储等经营、交易数据信息，运用区块链技术保证数据不可篡改，实现大量真实、完整、及时的会计及业务信息为企业提供数据增信，服务于金融机构向中小微企业发放贷款的评估决策。一方面，运用智能推荐模型帮助银行准确甄别中小微企业的优质客户，有效降低银行放贷门槛和成本；另一方面，运用风控模型帮助银行甄别高风险和异常交易，实现风险早识别、早预警、早处置，帮助银行降低不良贷款率。

第三，构建数据增信分类标准，促进普惠金融发展。为便利银行和财智服务平台交换中小微企业数据，满足不同商业银行对标准化、结构化数据的需要，襄阳片区应用财政部积极推广的可扩展商业报告语言，以进出口业务为突破点，构建了中小微企业银行贷款数据增信分类标准。财智服务平台运用该数据标准，根据各银行不同风控模型的需要，灵活定制组装中小微企业交易数据并实时推送给银行，支持其开展基于企业个体的贷前尽调和审核、贷中风险管理以及贷后评估，推动中小微企业享受低门槛、低成本的银行贷款产品。

实践效果：

首先，大幅降低企业代账服务成本。据统计，截至目前襄阳市代理记账机构达 120 余家，平台上线代理记账机构 50 余家，签约代账服务企业 2.5 万余户，同比增长 150%。智能财税云平台代账服务价格由 6 000 元/年降低至 3 600 元/年，仅此一项累计为企业节约年财务成本 4 000 万元。

其次，大幅降低企业申请贷款难度。目前，智能财税云平台已积累中小微企业财税数据 938 万条，正在梳理并全面对接金融服务。农业银行采用智能财税云平台企业增信数据，针对外贸出口企业设计“出口 E 贷”线上金融服务产品，片区企业睿哲公司通过规范企业财税一体化数据，形成受银行认可的数据资产，以 3.86%的普惠利率获得 100 万元无抵押、无担保贷款。

案例 11：探索纳税人跨区自由迁移。

为进一步深化“放管服”改革，营造公平稳定、透明可预期的营商环境，湖北自贸试验区宜昌片区对标世界银行优化营商环境评价指标体系，聚焦开办企业、纳税便利化，率先试点实施纳税服务新举措，探索纳税人跨区自由迁移，便利市场主体跨区域自由流动。宜昌市全面梳理总结制度创新成果，出台《关于推行全市纳税人跨区自由迁移的公告》，在全市复制推广相关试点经验，改进以往市场主体流动“先注销、后迁移”模式，促进要素资源有序自由流动，降低企业经营成本。

主要做法：

首先，“简资料+免填单”精简办理资料。办理跨区迁移事项时，宜昌市纳税人无须提供税务登记证件、发票领购簿等其他资料，只需提供因住所、经营场所变更，市场监管部门重新发放的营业执照及复印件。税务机关根据纳税人提供的资料和市场监管部门提供的数据信息，确认纳税人的住所、经营地点变更即可办理，迁入迁出全程无须填写涉税申请表单。

其次，“无门槛+即时办”压缩办理时限。纳税人办理迁出迁入手续时，迁出地税务机关不对其进行税务检查和清算。对于无未办结事项并且符合受理条件的纳税人，由过去的非即办事项改为即办事项，迁出地税务机关当场办结，纳税人相关涉税资格全部保留。迁入地税务机关当天接收后，无须后台流转，由过去 20 天内限时办结变为即时办结。

第三，“远程控+大数据”优化办理流程。通过金税三期系统的“主管税务机关调整查询”模块，税务部门动态跟踪全市办理税务迁移的企业，在后台远程监控纳税人迁移事项办理情况，及时发现问题，迅速跟进督导，进行闭环管理，切实优化办理流程。

实践效果：

纳税人跨区自由迁移实施以来，纳税人的涉税资格、发票信息和纳税申报义务全部保留，而且自动延续至迁入地，纳税人实现带税迁移、带票迁移，大幅缩减了办理时间，提升了纳税人办理体验，生产要素跨区自由流动更加便利。

首先，提升税务迁移工作质效。以前办理税务迁移事项，涉及欠税处理、税务检查和清算、税收优惠重新认定等多个环节。新的迁移流程通过系统自动提取数据，简化办理资料和办理程序，缩短办理时间，工作质效明显提升。

其次，提高纳税人获得感。新的迁移流程实行免填单、简资料、即时办，最大限度地满足纳税人便捷、高效的跨区迁移办理需求，进一步降低纳税人的办税成本，提高了获得感。

第三，便利要素流动。企业自主根据生产经营需要进行跨区迁移，便利了资本、技术、劳动力等生产要素跨区自由流动。新举措试点实施 3 个月，已有 6 家企业从宜昌片区迁到区外，有 32 家企业从区外迁往宜昌片区。

案例 12：“刷脸”办电新模式提升用户便利度。

湖北自贸试验区宜昌片区针对用电业务办理中存在的人工审核证件效率低、用户办电时间长的问题，创新用电业务申报模式，探索推出“刷脸”办电业务，通过让“数据多跑路”，实现“市民少跑腿”，进一步优化用户的办电体验。

主要做法：

首先，优化电力报装服务功能。依托片区政务服务平台，开发电子证照在线审验系统，建立电力报装服务中心与大数据管理中心的数据通道，完善系统自动提取、审验电子证照数据的功能，实现用户线上申请，供电部门线下审核的有效衔接，初步构建“互联网+供电服务”新模式。

其次，推行居民办电业务“刷脸免证”。居民办理用电业务无须提交纸质证照，只要登录电力报装服务中心开发的人脸识别系统，通过“刷脸”并填报身份证或房产证号，系统自动提取相关证照信息进行比对，核对无误后即可办理更名、过户、报装等相关业务。

第三，向企业用户拓展“刷脸”办电模式。企业办理用电业务，只要通过在线提交工商营业执照编码，系统就会自动提取企业相关信息进行电子证照的在线审验，核对无误后即可办理用电业务。相关材料改为用电手续办妥后提供，实现“最多跑一次”。

实践效果：

首先，减少申报材料。以往居民、企业办理用电业务，需分别提交 2 项、9 项申请资料，改革后分别压减到 0 项、3 项。这一举措既方便了用户，又节省了办电业务的纸质材料的费用。

其次，优化审验方式。改革后，由系统自动提取、核验办理用电业务的居民、企业相关证照信息，不仅减少用户因补充资料的“跑腿”问题，还降低了审验的差错率。

第三，提高办电效率。宜昌片区自实行刷脸办电业务以来，已有 2 万多名用户（其中，企业用户 4 561 户）享受刷脸办电服务，用电业务单笔平均办理时间由之前的 30 多分钟降到目前的 3 分钟左右。

案例 13：以岸基供电助推长江航运绿色发展。

湖北自贸试验区宜昌片区认真贯彻落实习近平总书记关于长江经济带“共抓大保护、不搞大开发”的指示精神，围绕促进长江经济带绿色发展的试点任务，支持辖区内企业参与长江流域（宜昌段）岸基供电设施建设，推动长江船舶在靠港及待闸期间由岸电系统供应能源，减少燃油使用，实现节能减排，为长江航运绿色发展提供有力支撑。

主要做法：

首先，坚持规划引领。深入开展码头、锚地岸电用电需求分析，形成岸电系统建设方案。印发《船舶污染管控方案》，系统推进岸电设施建设。与交通部门签订《靠港船舶使用岸电战略框架协议》，提高靠港船舶使用岸电设施的便利性。

其次，破解技术难题。结合宜昌待闸船舶多，坝上水位落差大、坝下水流急、江心锚地接电难等实际，供电部门建设靠岸固定或浮动式、离岸固定或浮动式等岸电系统，满足不同停泊方式的船舶供电需求。同时，通过研发电缆智能收放系统，解决水位落差大、接电难的问题。

第三，分步推进实施。按照“先易后难，先客后货，试点先行”的原则，分类别、区域、阶段推动岸电建设。推动打造专业化岸电服务队，依托手机应用软件，为客户提供岸电桩查询、智能导航、岸电接入、费用支付、订单查询等服务。

实践成效：

首先，有效推进节能减排。岸电系统推广以来，在葛洲坝、三峡大坝之间建成 5 个示范项目，新增船舶岸电桩 112 个，实现 71 个经营性码头的岸电全覆盖。据统计，已建成的岸电设施年供电约 560 万千瓦时，减少燃油消耗 1 188 吨、各类气体排放物 3 000 多吨。长江流域（宜昌段）岸电全覆盖后，预计每年可实现电能替代约 2 500 万千瓦时，减少燃油消耗 5 303 吨，减少各类气体排放物 1. 3 万多吨，提高清洁能源消费比重，实现节能减排。

其次，有效降低用能成本。据统计，2019 年 1—9 月，秭归茅坪港岸电接入船只 605 艘次，累计供电 320 万千瓦时。完成游轮受电设施改造后，预计茅坪港停靠游轮年用电量将达 1 200 万千瓦时。按油电价差计算，使用岸电后茅坪港停靠游轮每年将节约用能成本 720 万元以上，长江流域（宜昌段）岸电全覆盖后，每年将为企业节约用能成本 1 500 万元左右。

第三，有效优化生态环境。岸电系统全面建成后，长江流域（宜昌段）靠港及待闸船舶将以岸电供能，实现“零排放、零油耗、零噪音”，切实提高游客乘船体验，保护长江珍稀鱼类繁殖生息，进一步改善港口周边生态环境。

案例 14：设立网上金融服务平台，推动“互联网+金融”改革。

湖北自贸试验区宜昌片区设立网上金融服务平

台，打破银政企信息壁垒，推动解决中小微民营企业融资难、融资贵、融资慢等问题。

主要做法：

首先，归集企业信用信息。借助智慧城市、政务服务一张网建设成果，将宜昌市 32 个部门累计 60 多亿条数据全部归集存储到大数据管理机构。在风险可控前提下，会同相关部门为网上金融服务平台提供 17 个部门、51 类数据的接口，最大限度为企业信用状况“画像”。

其次，主动推送匹配信息。在网上金融服务平台注册的企业和银行，分别在线发布贷款需求和信贷产品。平台汇总分析相关数据后，主动推送相关匹配信息给企业和银行，供双方决策。

第三，实时推送企业信息。银行收到平台推送的企业资金需求信息后，可在线查看企业信用档案，根据企业信用等级确定授信额度和利率，甚至为信用优良企业量身打造信贷产品。发放贷款后，金融机构可通过网上金融服务平台实时跟踪企业运营状况，当平台通过大数据分析出企业可能出现信用危机后，即时向金融机构发出风险预警。一旦企业出现违约行为，平台会自动对其进行信用降级，纳入黑名单，企业在办理融资、招投标、行政许可等过程中将严格受限，真正实现“一处失信，处处受限”。

实践效果：

目前，已有 17 家银行入驻网上金融服务平台，15 项金融产品在平台上线，成功向银行推荐 A 级以上守信企业 103 家，授信额度达到 1 500 多万元。

首先，降低企业融资成本。入驻银行对于信用等级高的企业提供贷款利率优惠（目前最高可优惠 1%），通过网上金融服务平台在线提交贷款申请、在线审核发放贷款，实现“零抵押、零跑腿”，减少人力成本和时间成本。

其次，降低银行管理成本。通过网上金融服务平台，金融机构在贷前可获取全面准确的企业信用信息，减少贷前调查时间，提升审批效率。贷款审批时间由以前的 7 个工作日减少为 1 个工作日。金融机构发放贷款后，可通过网上金融服务平台实时监控企业运营状况，准确预判并规避可能出现的风险。

第三，提高金融资源使用效率。以往企业到处找贷款，金融机构到处找客户，网上金融服务平台上线解决银企信息不对称的问题，贷前金融机构可以通过平台从众多有资金需求的企业中选择优质信用客户，企业可以通过平台选择利率低、放款快的金融机构，有效解决企业缺钱和金融机构资金闲置的问题。

案例 15：涉税执法容缺容错机制。

湖北自贸试验区宜昌片区围绕“推动税收服务创新”的改革试点任务，探索推行涉税执法容缺容错改革，以诚信推定、信赖保护、谦抑善意、宽严相济等法治原则服务纳税人，以法理相融的管理方式行使执法权，有效促进纳税人对税法的自我遵从及对诚信纳税的认知、认同。

主要做法：

制定《关于在规范执法优化服务中推行容缺容错实施方案（试行）》和《容缺容错机制实施办法（试行）》，明确容缺容错的适用情形、认定程序、认定处理和责任机制，既不逾越法律底线，又为纳税人在管理上松绑。

首先，诚信推定，业务容缺受理。将“申请材料齐全并且符合法定形式再受理”的传统模式变为“边补充材料，边受理审核”的服务新模式，即在纳税人办理涉税事项时，需提供的非关键性资料若有缺失或有误，经审查后，税务机关先予办理涉税业务，由纳税人承诺事后补齐资料。具体做法：一是制定业务清单。通过事先评估，将税收风险可控、报送资料较多的非即办事项纳入“容缺受理”的业务范围，制定具体事项清单；二是制定资料清单。明确可容缺受理业务事项的非关键性资料，便于实际操作；三是制定业务流程。明确“容缺服务”操作程序、期限和权限，包括现场办理、限期补正、容缺提醒、容缺撤销、失信惩戒等环节。

其次，谦抑审慎，执法容错监管。对纳税人存在“因税收政策界定不明、税收政策调整、突发事件、不可抗力、过失行为”等九种可以容错的情形，予以容错纠错。一是在执法上，更多采取预警、提醒、纳税评估等方式帮助纳税人及时纠错改正，最大限度减少涉税风险。二是在管理上，对纳税人非主观故意的涉税过错行为，对符合条件的税务管理事项不做负面评价，使企业在纳税信用评定、社会商誉、资格认定、发票领购、优惠政策享受等方面不受影响，使纳税人不因小过失贻误大发展。

第三，信用挂钩，慎用容缺容错范围。结合金三税务系统对涉税事项办理流程的设定，对风险较大、机内流程不可逆的事项慎用“容缺容错”机制。纳税信用评价结果为C、D级的纳税人不适用“容缺容错”服务。对已给予容错又重复再犯的纳税人，扣减相应的信用分。通过守信激励、失信惩戒机制，实现保护诚信者、惩戒违法者的税收执法目的。

实践效果：

一年来，宜昌片区为致心生物、安卅物流、金宝乐器等121户次纳税人办理了容缺容错事项，避免企业直接税收风险1 105万元，减少税收损失528万元。

首先，优化营商环境。对纳税人非主观故意行为实施包容审慎监管，对企业合法经营中出现的失误给予更多理解、帮助和宽容，有利于优化营商环境，激活市场主体活力。例如，税务部门稽查某科技公司时，发现其从省外客户处取得的少数票据不合规，从而少缴税款29.19万元，深入调查后发现是被对方蒙骗所致，属于明显的非主观故意，税务部门启动容错机制，在补足税款的前提下，对该企业免除降级信用评价，不纳入黑名单，最大限度避免企业商业信誉损失。

其次，促进税法认可遵从。法理相融的税收执法方式，更有效地促进纳税人对税法的自我遵从以及对诚信纳税的认知、认同。容缺容错在法定的范围内给予纳税人自我纠错空间，促进其掌握税收法规，崇法遵法，敬法守法，从而形成诚实信用、合法经营的良好氛围，促进纳税人税法自我遵从。

第三，明晰税企双方权责。对容缺容错情形和原因的准确界定，明晰了征纳双方的权责，一方面最大程度保护纳税人权益，另一方面也有效降低税收执法风险。适用容缺容错情形的具体界定，准确划分税务机关应尽的职责、应执行的法律界线和纳税人应尽的义务、应承担的风险，推动双方共同防范风险，保护纳税人权益，降低税收执法风险。

四、湖北省政府及相关部门出台的政策措施

（一）《湖北省人民政府关于印发湖北省贯彻落实国务院支持自由贸易试验区深化改革创新若干措施实施方案的通知》（鄂政发〔2019〕5号）。

（二）《湖北省人民政府关于印发中国（湖北）自由贸易试验区实施的第二批省级经济社会管理权限目录的通知》（鄂政发〔2019〕15号）。

（三）《湖北省人民政府办公厅关于印发在中国（湖北）自由贸易试验区开展“证照分离”改革全覆盖试点工作实施方案的通知》（鄂政办发〔2019〕57号）。

（四）《关于中国（湖北）自由贸易试验区本外币账户管理的指导意见》。

（五）《关于中国（湖北）自由贸易试验区“白名单”企业外汇便利化服务指导意见（试行）》。

五、大事记

1月9日，中国（湖北）自贸试验区制度创新成果新闻发布会召开，介绍湖北自贸试验区第二批制度创新成果有关情况。

4月4日，中国（湖北）自由贸易试验区挂牌两周年新闻发布会召开。

4月9日，湖北省政府下发《关于做好中国（湖北）自由贸易试验区第三批改革试点经验复制推广工作的通知》，决定在省内复制推广12项改革

试点经验。

6月21日，第一届中国自由贸易试验区发展论坛在武汉举行，湖北省商务厅厅长秦军作主旨发言。

7月23日，商务部发布自贸试验区第三批“最佳实践案例”，湖北自贸试验区共有4个案例入选。

7月31日，湖北省副省长赵海山实地调研宜昌自贸片区建设、综保区申报、外向型企业发展等情况。

10月16日至18日，全国自贸试验区改革试点经验复制推广培训班在宜昌举行。

11月6日，第二届进博会期间，中国（湖北）自由贸易试验区推介暨湖北省企业采购需求对接签约会在上海举行。

12月23日，中国（湖北）自由贸易试验区工作领导小组印发《中国（湖北）自由贸易试验区第四批实践案例》。

12月26日，湖北自贸试验区工作领导小组第三次全体会议召开，副省长赵海山出席会议并讲话，省商务厅厅长秦军作工作报告。

12月31日，湖北省政府下发《关于做好中国（湖北）自由贸易试验区第四批改革试点经验复制推广工作的通知》，在省内复制推广17项改革试点经验。

中国（湖北）自由贸易试验区概览

2017年4月1日，中国（湖北）自由贸易试验区正式挂牌，这是国家在新形势下推进改革开放、加快长江经济带发展、促进中部崛起的重大战略举措。自贸试验区的实施范围为119.96平方公里，涵盖三个片区：武汉片区70平方公里（含武汉东湖综合保税区5.41平方公里），襄阳片区21.99平方公里〔含襄阳保税物流中心（B型）0.281平方公里〕，宜昌片区27.97平方公里。

武汉片区

武汉自贸片区以中国光谷为主体，既是东湖国家自主创新示范区的核心区域，也是湖北自贸区面积最大的板块和最成熟的区域，重点发展新一代信息技术、生命健康、智能制造等战略性新兴产业，以及国际商贸、金融服务、现代物流、检验检测、研发设计、信息服务、专业服务等现代服务业。武汉自贸片区先后印发“新外资十条”，促进集成电路产业、人力资源服务业、生命健康产业、文化科技产业、“互联网+”高质量发展的若干政策及实施细则，有针对性地培育和打造产业集群。国家存储器基地进展顺利，全球首款128层QLC 3D NAND闪存研发成功；天马G6一期实现量产，成为全球第一条同时点亮刚性和柔性显示屏的第6代AMOLED产线；华星光电t3项目保持满产满销，t3已扩产至月产5万大板，成为全球最大的单体低温多晶硅工厂；共聚集生物企业2 000余家，吸纳就业人口超过6万，生物产业总收入突破1 200亿元，年均增长率保持在30%以上，光谷生物城综合实力在全国108个生物产业园区中居第三位。结合长江存储等“芯屏端网”企业需求，创新推出减免税数据ERP联网申报模式及减免税手续汇总办理，手续简化率达80%。出台促进“互联网+”高质量发展支持政策，对在线教育等新业态实行包容审慎监管，聚集在线教育企业130多家，从业人员超2万。

襄阳片区

襄阳自贸片区位于襄阳国家级高新区范围内，重点发展高端装备制造、新能源汽车、大数据、云计算、商贸物流、检验检测等优势产业，初步形成新能源汽车“两纵三横”（纯电动汽车、混合动力汽车，动力电池、驱动系统、控制系统）的产业生态，已聚集40多家新能源汽车产业骨干企业，拥有200多项专利和实用技术，7家企业关键技术达到国内领先水平，建有国家及省级新能源汽车技术平台6家，襄阳达安汽车检验中心是全国2家之一、华中地区唯一的国家级智能网联汽车检测中心。襄阳保税物流中心（B型）满足年物流作业量160万吨（仓储量80万吨）的要求，进口保税、出口通关一体化、即进即出三大模式已全部实施，综合成本平均降幅达20%左右，正全力申报建设综合保税区。国际贸易“单一窗口”已建成使用，跨境电商公共服务平台即将投入运营。未来，片区将建设成为特色鲜明的自由贸易园区，成为“中国制造2025”示范区、区域协调发展引领区、长江经济带建设拓展区，以及中西部地区对外开放合作先行区。

宜昌片区

宜昌自贸片区涵盖宜昌国家级高新区东山园区和生物产业园区连片区域，重点发展先进制造、生物医药、新材料等高新产业及研发设计、总部经济、电子商务等现代服务业。目前已形成生物医药、装备制造、精细化工三大主导产业。力争经过3~5年的改革探索，建成三峡地区有序承接高新技术产业转移的集聚区、长江经济带产业转型和绿色发展示范区、区域性全面深化改革试验区和对外开放合作新高地、三峡区域对接“一带一路”倡议的重要节点。宜昌自贸片区探索推出的财政科技创新贷、出口保单融资、供应链融资、财政出口增信贷，极大缓解了融资难、融资贵、融资慢等问题。率先推出“外籍高层次人才签证证件按需申领”、“外国人来华工作许可地方鼓励性加分标准”、“外国人来华工作许可‘零跑路’”、“外国人来华一条龙服务”等改革举措，在自贸片区政务大厅建立“人才直通车”，为外籍人才入境、落户、就业、提供一站式服务，让外籍人才在自贸片区工作更便利，让企业引进国际人才更方便。2019年12月，宜昌自贸片区国际跨境电商产业园正式开园运营，引进电子商务基础服务、金融服务、物流服务等关联企业30余家，预计到2022年，园区入驻企业将超过100家，实现营收超过100亿元，成为“国家级跨境电商产业园示范基地”。

2019年中国（重庆）自由贸易试验区建设概况

中国（重庆）自由贸易试验区工作领导小组办公室

中国（重庆）自由贸易试验区工作领导小组办公室主任

张智奎，男，1966年12月出生，重庆万州人，中共党员，研究生学历，管理学博士。曾任四川省万县地区环境保护局技术员、助理工程师、科员、副主任科员、团支部书记，四川省万县市环境保护局办公室负责人、团支部书记，四川省万县市环境保护局办公室主任，重庆市万州移民开发区（万州区）环境保护局副局长，重庆市环境保护局办公室副主任，重庆市环境保护局办公室主任兼环境信访办主任，重庆市环境保护局副局长、党组成员，重庆市政府副秘书长、办公厅党组成员，重庆市商务委员会党组书记、市商务委员会（市粮食局）主任（局长），市自贸办主任（兼）。现任重庆市商务委员会党组书记、主任，重庆市自贸办主任（兼）。中国共产党重庆市第五届委员会委员。

一、经济运行数据

（一）投资情况。

2019年，中国（重庆）自由贸易试验区新增注册企业（含分支机构）13 345户，占重庆市新增注册企业总数的9.5%；注册资本总额2 155.37亿元人民币，占全市的29.1%。其中，新增注册外资企业（含分支机构）156户，占全市的18.4%；注册资本3.3亿美元，占全市的5.6%。签订外商直接投资合同金额5.4亿美元，实际使用外商直接投资12.11亿美元。备案核准的境外企业数10个，境外中方协议投资额0.2亿美元，境外中方实际投资额1.66亿美元。税收收入727.62亿元人民币。区域内引进项目980个，签订合同（协议）总额2 551.42亿元人民币。

（二）贸易情况。

2019年，重庆自贸试验区实现进出口总额4 238.64亿元人民币，其中，进口额1 413.42亿元人民币，出口额2 825.22亿元人民币。

（三）金融情况。

2019年，重庆自贸试验区新增金融机构30家，其中持牌金融机构30家。向境外企业发放人民币贷款金额8.5亿元人民币，跨境双向人民币资金池业务结算量29.4亿元人民币，跨境人民币结算金额478.1亿元人民币。

（四）创新情况。

新增专利申请1 742件，新增专利授权1 138件。高新技术企业374家，高新技术企业营业收入633亿元人民币。

二、建设措施及成效

（一）制度创新实现重大突破。

积极开展先行先试。累计向国家上报60余项政策诉求和赋权建议，先后获批全国第四个首次进口药品和生物制品口岸，以及资本项目收入结汇支付便利化、平行汽车进口、铁路运邮、过境144小时免签证等试点政策。

不断深化陆上贸易规则探索。“铁路提单国际信用证”实现批量化运用，累计签发铁路提单45份，货值达1.14亿元人民币。全球首例涉“铁路提单”商事案件进入审理程序；《国际货运代理铁路联运作业规范》等3项标准上报国家标准委审批；推动联合国国际贸易法委员会、铁路合作组织启动“铁路运单物权化”探索工作，成功承办联合国贸法会“国际贸易中的铁路运单使用及未来法律框架高级别研讨会”。以“西部陆海新通道”建设为重点，推行多式联运“一单制”，推出铁路集装箱“一箱到底”全程多式联运创新模式，率先启动物流金融创新试点。

大力培育创新成果。累计形成制度创新成果240余项，向国家上报50余项，34项在全市范围推广，铁路提单信用证融资结算、市场综合监管大数据平台等一批试点经验和典型案例在全国复制推广。海关特殊监管区域“四自一简”被国务院办公厅通报表彰为优化营商环境典型做法，“知识价值信用融资”作为国务院第六次大督查发现的典型经验做法获得通报表扬。

（二）改革试点措施加速落地。

推动改革试点任务全面落地。截至目前，除国家重大政策调整外，重庆自贸试验区总体方案确定的151项改革试点任务全部落实。

中国（重庆）自由贸易试验区概览

区域分布

中国（重庆）自由贸易试验区实施范围为119.98平方公里，涵盖两江、西永、果园港3个片区，涉及两江新区、西永综保区、两路寸滩保税港区、重庆高新区4个主要开放平台，以及渝中、南岸、江北等7个行政区的部分区域。

其中，两江片区为66.29平方公里（含重庆两路寸滩保税港区8.37平方公里），西永片区为22.81平方公里（含重庆西永综合保税区8.8平方公里、重庆铁路保税物流中心〔B型〕0.15平方公里），果园港片区为30.88平方公里。

功能布局

按区域布局划分，两江片区着力打造高端产业与高端要素集聚区，重点发展高端装备、电子核心部件、云计算、生物医药等新兴产业，以及总部贸易、服务贸易、电子商务、展示交易、仓储分拨、专业服务、融资租赁、研发设计等现代服务业，推进金融业开放创新，加快实施创新驱动发展战略，增强物流、技术、资本、人才等要素资源的集聚辐射能力。西永片区着力打造加工贸易转型升级示范区，重点发展电子信息、智能装备等制造业及保税物流中转分拨等生产性服务业，优化加工贸易发展模式。果园港片区着力打造多式联运物流转运中心，重点发展国际中转、集拼分拨等服务业，探索先进制造业创新发展。

按海关监管方式划分，自贸试验区内的海关特殊监管区域重点探索以贸易便利化为主要内容的制度创新，开展保税加工、保税物流、保税服务等业务。非海关特殊监管区域重点探索投资领域开放、投资管理体制改革，并且完善事中事后监管，推动金融制度创新，积极发展高端制造业和现代服务业。

战略定位

以制度创新为核心，以可复制可推广为基本要求，全面落实党中央、国务院关于发挥重庆战略支点和连接点重要作用，加大西部地区门户城市开放力度的要求，努力将重庆自贸试验区建设成为“一带一路”和长江经济带互联互通重要枢纽，以及西部大开发战略的重要支点。

发展目标

经过三至五年改革探索，努力把重庆自贸试验区建设成为投资贸易便利、高端产业集聚、监管高效便捷、金融服务完善、法治环境规范、辐射带动作用突出的高水平、高标准自由贸易园区，努力建成服务于“一带一路”建设和长江经济带发展的国际物流枢纽和口岸高地，推动构建西部地区门户城市全方位开放新格局，带动西部大开发战略深入实施。

推动复制推广经验加快落地。国家复制推广自贸试验区试点经验和典型案例 202 项，适用重庆 185 项，已落实 172 项，落实率达 93%。

推动深化改革创新措施落地见效。重庆自贸试验区认真贯彻市政府《关于贯彻落实国务院支持自由贸易试验区深化改革创新若干措施的通知》（渝府〔2019〕3 号），《通知》明确的 41 项措施，目前已落实 36 项，落实率达 88%，其余 5 项未落实是因为上位文件未出台，但正在加快推进。

（三）发展新动能进一步集聚。

实施政策项目“双清单”管理。2019 年，重庆自贸试验区全域引进项目 980 个，合同（协议）总额 2 551.42 亿元。

推动产业结构优化。目前，重庆自贸试验区内现代服务业占比近五成，成为自贸试验区第一大产业；大数据产业占比近三成，成为第二大产业；旅游服务业、卫生和社会工作、文化体育和娱乐业企业加快集聚，新增注册占比达 12.3%。

吸引重大项目入驻。BAT 三大互联网巨头先后落户，德国埃马克机床总装及集成基地、德国博世工业 4.0 创新中心、韩国 SK 海力士二期项目、中欧数字生态城、奥特斯 IC 载板三期、紫光集团存储芯片产业基地、万国数据重庆数据中心等一大批标志性项目落地。

（四）市场获得感进一步提升。

扎实推进商事制度改革。在已下放 33 项市级经济管理权限基础上，2019 年新下放市级权限 8 项，探索权限下放“点菜机制”。实施“多证合一”“证照分离”改革和“基层注册官”制度，推进工程建设项目审批制度改革。

强化事中事后监管。打造大数据监管平台，构建以信用为核心的新型市场监管机制，对市场主体进行综合分类、逐户标注、区别监管，建立“双随机”跨部门联合抽查机制。推动出台《重庆市营商环境优化提升工作方案》。

强化法治保障机制。《中国（重庆）自由贸易试验区条例》正式颁布施行。全国首家覆盖全域的自贸试验区法院正式运行。建立诉讼、仲裁、调解一站式多元纠纷化解平台，构建“一带一路”国家法律查明机制。

加强风险防控机制。制定风险防控清单，确定 7 项监管内容、38 个风险防控点和 54 条防控措施，建立预警机制和应急管理联动机制，有效防范改革风险。

三、创新成果及案例

案例 1：创新实施“一保多用”管理模式。

重庆自贸试验区贯彻落实习近平总书记“加强统筹谋划和改革创新，不断提高自由贸易试验区发展水平”的重要指示要求，在“强集成、促便利、降成本”上下功夫，针对企业提出的“办理风险类、税款类等不同海关业务类型担保时需分别办理手续，业务流程繁复，融资成本和担保费用较高”的问题，创新实施“‘一保多用’管理模式”。

主要做法：

首先，构建以企业为单元的海关总担保信息化管理模式，在全国率先实现企业一份担保文本在关区不同业务领域、不同业务现场、不同担保事项间的通用，简化业务手续，降低企业担保成本。其次，依托总担保信息化管理系统，自动获取担保货物数据，实现担保额度自动核扣、返还及担保风险智能防控，提升海关担保业务整体运行、管理效能。

主要成效：

首先，有效帮助企业降低融资成本和费用。该项创新通过将不同业务类型担保事项予以整合优化，实现创新集成，2019 年总计为 27 家企业办理担保业务，担保总额 2.7 亿元。担保使用次数近 1.2 万次，平均每份担保企业循环使用 333 次，帮助企业节省保函额度 5.73 亿元，累计为企业直接节约担保手续费用超过 3 500 万元，有效降低企业融资成本和手续费用。其次，有效提升担保管理效能。依托海关信息化管理系统，“‘一保多用’管理模式”创新实现“担保数据自动登记、计算，担保额度自动扣减、返还”的功能，替代以往“人工额度扣减，手工台账记录”的操作，极大简化担保业务手续流程，提升业务运行整体效能。第三，有效应对担保风险。依托海关信息化管理系统，强化担保业务风险管控，辅助海关及时发现并处置通关前、中、后期的担保风险，提升担保的海关担保管理效能。

案例 2：首创整车保税仓储“三个一”监管模式。

重庆自贸试验区在落实《国务院关于促进综合保税区高水平开放高质量发展的若干意见》的要求时，推动“进口汽车整车保税仓储”业务落地。为解决“开展保税仓储的整车，需先由口岸运输至综合保税区进行保税存储，在销售前，又需从综合保税区运输至口岸检测机构，合格后方可完结海关监管手续，造成车辆多次运输、申报流程烦琐，企业时间及资金成本较高”的问题，充分发挥自贸试验区制度创新与综合保税区开放平台功能叠加作用，通过自贸试验区改革开放“试验田”先行先试，在全国首创实施“整车保税仓储‘三个一’监管模式”。

主要做法：

首先，进口整车在一线进境环节完成口岸检查后，准予企业自主选择在一线进境环节或二线出区环节实施上线检测，有效解决开展“整车保税仓储”业务后整车需多次运输、申报流程烦琐的问题。其次，进口整车在口岸完成验封等监管手续后，可由企业自行运输到综合保税区。第三，创新建立整车口岸—综合保税区联动监管机制，从车辆抵达口岸到入区仓储最短 6 小时即可完成。

主要成效：

在先期落实国务院支持自贸试验区改革创新措施，推动平行进口汽车保税仓储业务落地的基础上，通过创新实施“整车保税仓储‘三个一’监管模式”，实现进口汽车整车保税仓储业务全流程一次检测、一次运输、一体化作业，从车辆抵达口岸到完成出区手续可节省 50%的运输费用，业务时效提升一倍以上，推动“进口汽车整车保税仓储业务”在重庆顺利落地、快速发展。自 2019 年 6 月该项创新实施以来，重庆“整车保税仓储”业务合计申报入区进口整车超过 100 辆，货值超过 7 100 万元。

案例 3：在全国率先实施“单一窗口”线上贸易外汇结算。

重庆自贸试验区着力推进外汇结算便利化，重庆外汇管理部会同市口岸办、相关银行，依托“单一窗口”平台积极探索跨境货物贸易外汇结算便利化，在全国率先开展“单一窗口”在线付汇业务。目前，这一创新成果已被国家口岸办采纳，正在全国推广。

主要做法：

首先，“单一窗口”开发专项功能模块，汇聚国际贸易各环节信息数据，实现企业结算随附单据电子化，专项开放“单一窗口”相关信息数据，便利银行开展贸易结算真实性审核。其次，探索建立“电子单证、批量核验、事后监管”的贸易外汇管理模式，实现企业外汇收支电子单证审核，以及进口报关单电子信息批量付汇、核验的便利。第三，搭建银行“全流程、全线上、一站式”综合金融服务流程，将“网上银行”等电子结算平台与“单一窗口”功能结合，实现跨境收付汇、结售汇、国际收支申报等各项业务全线上、无纸化办理，大幅提升企业体验。第四，加强信息数据安全管控，上线数据授权管理功能，出台《重庆国际贸易“单一窗口”信息数据管理办法（试行）》、《重庆国际贸易“单一窗口”信息数据目录（第一期）》等制度，确保信息数据真实有效、安全应用，为跨境结算便利化提供技术与安全运营支撑。

主要成效：

依托“单一窗口”在跨境贸易结算便利化领域的积极探索，在外汇结算方面取得突破，于 2018 年 3 月完成全国“单一窗口”首票在线付汇业务，交易额 6 952. 32 美元。2019 年 1—11 月，共 11 家银行、700 家企业参与“单一窗口”结算模式，通过银行网银等渠道实现外汇结算约 6.5 亿美元。通过改革创新，进出口企业在“单一窗口”上就可以完成全部收付汇业务，不用再去银行提交报关单、合同等纸质单据，单票货物结算至少节省时间 2—3 天、节约人力 1-2 人。同时，银行通过“单一窗口”获取电子化单据，有国际贸易全链条通关和物流信息佐证，能有效防范虚假贸易风险，降低业务审核工作量和纸质单据管理成本，受到各方好评。

案例 4：首创银行与商业保理合作新模式。

重庆自贸试验区为缓解中小微外贸企业融资难、融资贵问题，在全国率先创新推出“出口商保通”产品，打破传统国际保理业务以银行间合作为主流的格局，引入自贸试验区内注册的商业保理公司协助提供应收账款甄别及管理服务，解决银行难以批量为中小微企业授信准入的难题，探索出银行与商业保理公司合作的新模式，使国际保理业务覆盖到中小微外贸企业。

主要做法：

首先，放宽准入。由银行与保理公司共同认定核心企业名单，纳入“出口商保通”业务，保理公司进行初步甄别并出具推荐函，银行评估认定后给予融资限额。其次，提供服务。发挥商业保理公司票据管理优势，为中小微外贸企业提供应收账款管理服务，核查应收账款真实性，协助银行甄别客户风险，银行复核后放款。第三，控制成本。银行与保理公司事先约定企业融资的总成本，保持在合理区间，防止融资贵问题。

主要成效：

2018 年 7 月推出“出口商保通”后，获得市场广泛认可，在 2018 年度国际保理商联合会（FCI）阿姆斯特丹年会上，建设银行在国际上发布该产品，受到同业一致好评。截至目前，已累计为中小外贸企业办理业务 12 笔、涉及金额 1.1 亿元。

案例 5：在全国率先实现全程电子退库。

重庆自贸试验区为彻底解决“退税难、退税慢”问题，在全国率先推出“全程电子退库系统”，实现退税办理“申请无纸化、流程电子化、审核智能化、业务标准化”，大幅提升退税办理质效。

主要做法：

首先，“申请无纸化”让线上办理更便捷。针对退税办理“纸质资料多、纳税人来回跑”等问题，将业务模块有机嵌入电子税务局，进行流程再造，实现退税“无纸化”。其次，“流程电子化”让业务处理更高效。针对退税流转中“业务环节多、资料传递慢”等问题，对原退税系统整合优化，实现“纳税人—税务机关—国库”三方业务流转和资料传递“电子化”。第三，“审核智能化”让政策把握更精准。针对退税审批中“资料不齐全、审核退回多”等情况，采用系统智能提示、同步审批等方式，实现退税“智能化”，大幅提高退税资料的准确性、合规性。第四，“业务标准化”让征纳关系更和谐。以“全程电子退库系统”上线为契机，规范整合退税业务全流程，明确各环节责任分工、业务标准、办理时限，并写入系统程序，实现退税“标准化”。

主要成效：

“全程电子退库系统”推出以来，区内正常出口业务办理时限仅 5.3 个工作日，远低于全国 10 个工作日的平均水平，单笔退税业务平均耗时缩减 50%以上。

案例 6：探索实施“智慧工地”智能管理新模式。

重庆自贸试验区认真贯彻习近平总书记关于“实施国家大数据战略加快建设数字中国”的重要指示，落实市委市政府“以智能化为引领的创新驱动发展战略行动计划”的工作部署，探索运用数字化、信息化、智能化手段，在全国率先推行“智慧工地”建设，积极推动建筑施工向建造行为数据化、项目信息可视化、现场流程精细化的智能管理转型升级。

主要做法：

首先，建设系统平台，联通“数据孤岛”。以“智慧+互联+协同”为理念，开发建成“智慧工地”信息管理系统，一端连接建设局，另一端向开发、施工企业和工程项目参建各方开放，围绕施工现场“人、机、料、法、环”五大关键要素，整合碎片化数据和信息，各工程项目和企业能在PC端、移动数据端实时查看项目现场情况，优化施工管理措施。其次，开发一批智慧应用，实现功能集聚。根据建设工地的管理项目和要求，开发建成实名制管理、施工现场考勤管理、监理行业管理、远程视频监控、生态环境监测、危大工程管理、隐患排查、农民工工资支付监管等12个智慧应用，有效解决工地人员管理、机设设备管理、建筑材料质量管理、施工环境管理，以及农民工工资支付管理等难题。第三，形成一套实施方案，稳步向前推进。按照“总体规划、分步实施、循序渐进”的原则，分两步拟定实施方案，推进“智慧工地”建设，实现“两个全面”（在建项目“智慧工地”全面覆盖，“智慧应用”全面落地）。第四，制定技术标准，推进标准化建设。目前已形成实名制管理、施工现场考勤管理、农民工工资支付监管等12个“智慧应用”的技术标准。第五，完善工作机制，推动“智慧工地”落地落实。探索建立政策联动机制，把“智慧工地”建设与日常管理、评优评先、政策扶持等措施挂钩，推动“智慧工地”落地落实。

主要成效：

“智慧工地”建设工作实施以来，已形成“地理信息、从业人员、行业企业、工程项目”4大基础数据库；智慧工地辖区438项工程获评重庆市“智慧工地示范项目”；现场安全预警7 856起，有效防治建筑工地环境污染，降低安全事故的发生。

案例7：打造优质高效的出入境软环境。

重庆自贸试验区为满足发展需要和企业实际需求，便利外籍人员往来，改善优化营商环境，多措并举着力打造优质高效的出入境软环境，取得良好政策效应和社会反响。

主要做法：

首先，争取最优惠政策支持。以重庆自贸试验区建设为契机，主动争取国家移民管理局大力倾斜支持，享有中西部地区最优质便捷的移民出入境政策措施。其中，有9项便利政策措施专门服务自贸试验区企业和外籍人才。通过进一步扩大外籍人才申请永久居留、签发长期签证和居留许可的对象范围，为自贸试验区创新发展，持续吸纳所需外籍高层次人才，创新创业团队等创造条件。其次，营造最宽松创业环境。在全国率先将外国人签证证件受理、审批、永久居留身份证受理和邀请接待单位管理等权限下放到自贸试验区覆盖的所有区，进一步“减环节”“增效率”“降成本”。上线全国首个省级出入境大数据系统，创新“包容审慎监管+企业严格自律”模式，灵活处置个案问题，为企业经营和行业发展营造宽松环境。第三，推出最贴心定制服务。为自贸试验区招聘外国人较多的企业提供集中“上门面签”和法制宣讲，特别针对在智能制造、机器人等领域的人才需求，创新推出“点对点”永久居留申办服务，以长期、多次等高含金量签证签发为切入，服务企业拴心留人。为自贸试验区企业和人才开通“绿色通道”，实现口岸签证“预约办证”“立等可取”。

主要成效：

目前，重庆自贸试验区先后获批实施《助推重庆内陆开放高地建设14项出入境便利政策措施》、《12项移民出入境便利政策措施》、外国人过境144小时免办签证等便利政策；为自贸试验区外籍人员申请在华永久居留、外国学生实习创业、最大限度延长签证时限、申请口岸签证入境等提供便利，至今已有16 477人次享受到移民出入境政策红利，其中为长安福特、西部航空等自贸试验区企业外籍高层次人才签发人才签证和有效期2至5年的工作居留许可386件次；为自贸试验区企业和人员提供签证、邀请接待单位登记、赴港澳商务备案等“就近办”事项13 192件次，提供集中面签等“上门办”和出国境紧急商务等“急事急办”事项7 592件次，社会和企业反响良好。

案例8：设立全国首家覆盖自贸试验区全域的人民法院。

重庆两江新区（自贸区）人民法院是重庆为满

足自贸试验区发展需求，更好服务共建“一带一路”、陆海新通道建设和重庆高水平开放，经重庆市委专门决定并报请最高法院批复同意设立的全国首家覆盖自贸区全域的人民法院，2018 年 12 月 24 日该院正式挂牌成立并对外办公。该院成立以来，忠实履行审判职责，创新工作机制，为高质量共建“一带一路”和重庆自贸试验区建设提供了有力司法保障，各项工作取得显著成效。一年来，中共中央政治局委员、中央政法委书记郭声琨等中央和上级领导分别和多次对该院工作成果给予充分肯定。

主要做法：

首先，针对重庆发展需要，确定具有特色的管辖范围。该院主要管辖重庆全市范围内标的额在 1 000 万元以下的第一审涉外商事案件、涉重庆自贸区内企业的投资贸易金融的第一审商事案件，以及重庆市一中法院辖区内标的额在 500 万元以下的第一审知识产权案件。其次，针对重庆自贸区司法需求，提供针对性、高品质司法服务。专门出台《关于为中国（重庆）自由贸易试验区建设提供司法保障的意见》，为共建“一带一路”和重庆自贸区建设提供法治规则指引。第三，充分发挥涉外商事审判职能，助力重庆高水平开放。积极主动为共建“一带一路”和“陆海新通道”建设提供司法服务，助力提高内陆开放法治化水平。第四，加强自贸区内企业间的投资贸易金融案件审理，妥善化解自贸区内商事矛盾纠纷，助推自贸区内传统产业转型升级和新兴产业健康发展。第五，强化知识产权保护，保障创新驱动发展战略落实。出台《服务创新驱动发展切实加强知识产权司法保护的指导意见》，为重庆建设国家（西部）科技创新中心提供司法保障。第六，注重陆上贸易规则探索，建立涉外案件提炼转化制度，对审理的涉外商事案件逐案分析研讨，提炼涉外司法规则。依法审理全国首例“铁路提单”物权化纠纷案，探索铁路提单物权化规则，努力提高我国在国际陆上贸易中的规则话语权和司法引领权。第七，注重打造重庆自贸区内法治化、国际化、便利化营商环境，加强与有关职能部门、仲裁调解机构、行业协会、产业园区的沟通协调，与中国贸仲委西南分会、“一带一路”国际商事调解中心协商建立诉讼、仲裁、调解一站式多元化涉外商事纠纷解决机制，推动形成自贸区内商事领域多元共治的治理格局。第八，依托信息化技术，推进科技手段与司法实践的深度融合，实现网上立案常态化和庭审智能化。打造具有先进示范意义的“智慧法院”，提高现代化诉讼服务水平。

主要成效：

首先，立足司法审判实践，推动中央司法改革要求落到实处、彰显实效。该院首批 66 名干警系从全市高中基三级法院遴选产生，平均年龄 33 岁，员额法官研究生以上学历占比为 100%，真正实现司法队伍精英化、专业化。深入落实司法责任制取得显著成效，开局之年院庭长累计办案 5 337 件，占案件总数 26. 8%。实现网上立案常态化，自成立以来网上立案 16 000 余件，网上立案率达 80. 47%，在全市法院居领先水平，真正实现“让数据多跑路，让群众少跑腿”。其次，充分发挥审判职能，为重庆自贸区发展提供有力司法保障。共受理各类案件 19 939 件，审执结案件 15 520 件，结案率 77. 84%，法官人均收案 605 件。其中，审理涉自贸试验区内企业当事人案件 7 299 件，审结 5 095 件（其中双方均为企业的案件受理 853 件，审结 583 件）；受理涉瑞士、巴基斯坦等“一带一路”沿线国和美国、德国、日本等 19 个国家和地区的投资兴业等涉外案件 943 件，审结 614 件（其中外商投资企业案件受理 815 件，审结 578 件）。第三，积极创新工作方法，助力重庆自贸试验区打造法治化营商环境。与重庆市律师协会签署《关于进一步规范司法行为加强法律共同体建设的实施意见》，共同规范司法行为，提升司法公信力。真正做到法官与律师之间的互相监督、良性互动，营造风清气正的司法氛围，助力重庆自贸试验区营造公开、透明、可靠的法治化营商环境。践行新时代“枫桥经验”，把非诉讼纠纷解决机制挺在前面，打造重庆自贸区内有序衔接、多元共治的商事争端解决机制，为当事人节约诉讼成本提供多种解纷途径。该院成立以来，调解、撤诉案件共 5 825 件，调撤率为 42.09%。

四、重庆市政府及相关部门出台的政策措施

（一）《中国（重庆）自由贸易试验区条例》（2019 年 9 月 26 日重庆市第五届人民代表大会常务委员会第十二次会议通过）。

（二）《重庆市人民政府关于贯彻落实国务院支持自由贸易试验区深化改革创新若干措施的通知》（渝府〔2019〕3 号）。

（三）《重庆市人民政府关于印发重庆市推进自由贸易试验区“证照分离”改革全覆盖试点方案的通知》（渝府发〔2019〕33 号）。

（四）《重庆市人民政府关于向两江新区和中国（重庆）自由贸易试验区下放一批市级行政权力事项的决定》（渝府发〔2019〕28 号）。

（五）《国家外汇管理局重庆外汇管理部关于在中国（重庆）自由贸易试验区开展外汇创新业务的通知》。

五、大事记

4 月 15 至 17 日，习近平总书记视察重庆时强调：“要继续推动自由贸易试验区先行先试，开展首创性、差异化的改革探索，加快培育内陆开放新优势，为加快形成陆海内外联动、东西双向互济开放格局作出新贡献。”

10 月 14 至 15 日，中共中央政治局常委、国务院副总理韩政调研重庆自贸试验区两江片区和果园港片区。

3 月，中共中央政治局委员、中央政法委书记郭声琨调研重庆自贸试验区法院。

8 月 16 日，国务委员兼外交部部长王毅考察重庆自贸试验区“一带一路”重庆国际物流枢纽、数字经济展示中心。

1 月 7 日，市长唐良智、新加坡贸易与工业部部长陈振声出席新加坡在华设立的首家国际三级医院——重庆莱佛士医院揭牌仪式。

1 月 10 日，市委书记陈敏尔调研重庆自贸试验区内鱼复工业园和西永微电园。

1 月 16 日，国家药监局批复同意重庆口岸药品监督管理局增设生物制品进口备案职能。

1 月 29 日，海关总署发布公告，在综合保税区内实施重庆自贸试验区探索的“四自一简”监管创新措施。

2 月 28 日，市长唐良智主持召开中国（重庆）自由贸易试验区工作领导小组第四次会议。

3 月 18 日，市政府印发关于贯彻落实国务院支持自由贸易试验区深化改革创新若干措施的意见。

3 月 22 日，“跨境金融区块链服务平台”率先在重庆等城市试点。

3 月 26 日，重庆海关作为全国率先试点的内陆海关，在重庆自贸试验区实现首份原产地证书自助打印。

4 月，人民日报、新华社、央视等中央媒体在重要版面和时段集中报道重庆陆海新通道、内陆开放高地、自贸试验区等建设成效。

5 月 15 日，上海合作组织地方领导人会晤系列主题活动之一——“自由贸易试验区对接交流会”在重庆成功举行。

5 月 19 日，商务部部长钟山考察重庆自贸试验区国际物流枢纽园区板块。

5 月，市长唐良智访问日本、韩国并召开经贸交流恳谈会，介绍重庆社会经济发展和自贸试验区建设情况。

6 月 26 日，市委书记陈敏尔赴自贸试验区内果园港和保税港区，调研内陆开放高地建设。

6 月，重庆两江新区（自贸试验区）法院与中国（重庆）自由贸易试验区商事调解中心首次联合成功调解涉外商事案件。

7 月 3 日，6 辆英飒 S450L 进口整车抵达两路寸滩保税港区水港功能区，实现重庆首批整车进口保税仓储功能。

7 月 17 日，重庆受邀参加联合国国际贸易法委员会第 52 届年会，中国政府在会上提出就解决铁路运单不具备特权凭证属性带来的相关问题开展工作的建议并获通过。

7 月 23 日，商务部发布自由贸易试验区第三批"最佳实践案例"，重庆自贸试验区"铁路提单信用证融资结算""知识价值信用融资新模式""市场监督监管大数据平台"三个案例入选。

7 月，"建立诉讼仲裁与调解一站式纠纷解决机制"获评 2018—2019 年度中国自由贸易试验区制度创新十佳案例。

8 月 13 日，全国首例涉铁路提单纠纷案在重庆两江新区（自贸试验区）法院开庭审理。

8 月，西部陆海新通道铁海联运班列推出铁路集装箱"一箱到底、原箱出口"创新模式。

9 月，果园港成功获批首批国家物流枢纽。

9 月 11 日，中新（重庆）国际互联网数据专用通道在新加坡正式开通。

9 月 26 日，《中国（重庆）自由贸易试验区条例》经市五届人大常委会第十二次会议表决通过，于 2019 年 11 月 1 日起施行。

10 月 20 日，重庆正式被确定为国家数字经济创新发展试验区。

10 月 22 日，重庆市全面融入共建"一带一路"加快建设内陆开放高地推进大会召开，强调做大做强自贸试验区国家战略平台。

11 月 1 日，重庆自贸试验区探索的"知识价值信用贷款"作为国务院第六次大督查发现的典型经验做法被国务院办公厅通报表扬。

11 月 5 日，市政府印发《关于向两江新区和中国（重庆）自由贸易试验区下放一批市级行政权力事项的决定》。

11 月 9 日，中国（重庆）自由贸易试验区构建高水平开放政策体系专家研讨会在渝召开，来自商务部、北京、上海、重庆的专家进行深入研讨，积极建言献策。

11 月 10 日，由重庆市委组织部、市商务委联合举办的中国（重庆）自由贸易试验区建设专题培训班在浙江大学开班。

11 月 26 日，市长唐良智主持召开市政府第 72 次常务会议，审议通过《重庆市推进自由贸易试验区"证照分离"改革全覆盖试点方案》。

12 月 1 日至 3 日，中央改革办、商务部组成联合评估组，对重庆自贸试验区高质量发展情况进行实地评估，给予充分肯定。

12 月 11 日至 12 日，由联合国国际贸易法委员会、商务部联合主办，重庆市人民政府承办的"国际贸易中的铁路运单使用及未来法律框架高级别研讨会"召开，来自相关国际组织、国家部委、国内外业界学界共计 130 余人参加会议。

12 月 15 日，重庆自贸试验区仙桃数据谷"自主管理"案例获得全国市场监管领域社会共治十佳优秀案例。

12 月，国务院正式批复果园港口岸开放。

12 月，重庆自贸试验区内机场口岸正式实施 144 小时过境免签政策。

12 月，重庆自贸试验区与巴拿马科隆自由贸易区签署《关于促进合作关系的谅解备忘录》。

2019 年中国（四川）自由贸易试验区建设概况

中国（四川）自由贸易试验区工作办公室

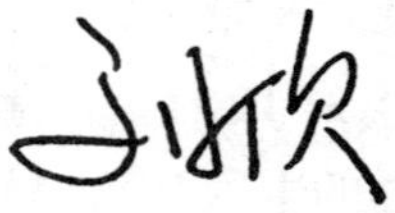

中国（四川）自由贸易试验区工作办公室常务副主任

刘欣，男，汉族，中共党员。历任四川社会科学院农村经济所农村经济杂志编辑，四川社会科学院农村经济所助理研究员、副研究员；四川省眉山县委常委、副县长，四川省眉山市对外经济贸易委员会党组书记、主任；四川省眉山市对外贸易经济合作局党组书记、局长；四川省对外贸易经济合作厅党组成员、副厅长；四川省商务厅党组成员、副厅长。现任四川省商务厅党组书记、厅长，四川自贸办常务副主任。

一、经济运行数据

（一）投资情况。

中国（四川）自由贸易试验区 2017 年 4 月挂牌以来至 2019 年 12 月，新设企业 9.6 万家、新增注册资本 1.1 万亿元，其中外商投资企业 992 家。外商投资实际到位 85 013 万美元，税收收入 454.3 亿元人民币。

（二）贸易情况。

2017 年 4 月挂牌以来至 2019 年 12 月，四川自贸试验区实现进出口总额 1 630.8 亿元人民币，其中进口 656.7 亿元人民币，出口 974.1 亿元人民币。

（三）金融情况。

2017 年 4 月挂牌以来至 2019 年 12 月，四川自贸试验区新增持牌金融机构 184 家，跨境双向人民币资金池结算量 5.4 亿元人民币，跨境人民币结算额 39.1 亿元人民币。

（四）创新情况。

2017 年 4 月挂牌以来至 2019 年 12 月，四川自贸试验区新增高新技术企业 1 015 家，营业收入 728.7 亿元人民币。

二、建设措施及成效

2019 年，四川坚定贯彻习近平总书记重要指示批示，以及来四川视察重要讲话精神，紧扣“建设新时代改革开放新高地”目标和“四区一高地”定位，自贸试验区建设实现从奠基性高位开局到引领性强势布局，再到集成性攻坚格局的“三步走”跨越。挂牌以来，截至 2019 年底，自贸试验区累计新设企业 9.6 万家、新增注册资本 1.1 万亿元，其中外商投资企业 992 家，外商投资实际到位 8.5 亿美元，税收收入 454.3 亿元，进出口 1 630.8 亿元。自贸试验区以不足全省 1/4 000 的面积，贡献了近 1/3 的外商投资企业、1/4 的高新技术企业、1/10 的进出口、1/20 的新增企业。

（一）注重上下贯通、左右协同，统筹协调机制更加高效有力。

省委、省政府主要领导多次听取汇报，省委深改委会议 5 次审议相关议题，2019 年年内召开自贸试验区建设领导小组全体会议 1 次，结合机改调整形成领导小组成员单位 38 个。强化制度政策体系建设，制定全国首个与《外商投资法》紧密衔接的《中国（四川）自由贸易试验区条例》，省政府印发支持自贸试验区深化改革创新“45 条”措施，以及协同改革先行区“6+1”总体方案等多个基础性制度。协同改革先行区建设、改革经验复制推广纳入省委对市（州）保证目标考核，出台对省直部门、片区的《工作评价办法》。

（二）注重系统集成、靶向突破，制度创新高地作用逐步彰显。

《中国（四川）自由贸易试验区总体方案》159项试验任务实施154项，实施率超96%，地方事权事项全面实施。组建五大集成攻坚小组，制订《2019年专项协调“10+10”攻坚清单》。“铁路+”多式联运“一单制”改革成果入选中组部攻坚克难案例，成为第二届“一带一路”国际合作高峰论坛成果。公证“最多跑一次”、生产型出口企业出口退税服务前置、中欧班列集拼集运模式3项成果入选国务院第五批自贸试验区改革试点经验，知识产权类型化案件快审机制、“铁银通”铁路运单金融化创新、“自贸通”综合金融服务3项成果入选自贸试验区第三批“最佳实践案例”，“企业开办小时清单制”“成都高新区打造五大应用场景培育发展新动能”成为国务院大督查典型经验。切实抓好国家层面改革试点经验和四川3批经验复制推广，积极推动省内第4批经验复制推广。

（三）注重转变职能、放权赋能，市场化、法治化、国际化营商环境建设取得突破。

开展“营商环境对标攻坚行动”，多维度对标国际先进经验，发布四川自贸试验区“黄金政策48条”和《对标国际先进指南》。区内企业开办时间从15.6个工作日压缩至3个工作日，最快1小时，川南临港片区所在的龙马潭区被国务院表扬为“深化商事制度改革成效显著、落实事中事后监管等相关政策措施社会反映好的地方”。争取国家赋权和自主放权，两批142项省级管理权限下放至片区，第三批开始研究部署，并推动向协同改革先行区同步放权。开展“证照分离”改革全覆盖试点，推动率先在协同改革先行区复制推广。四川自贸试验区人民法院、人民检察院挂牌运行，贸促会四川自贸试验区服务中心、四川自贸试验区仲裁中心等国际商事调解仲裁审判组织加快建设，全国首个公证行业知识产权保护中心入驻。

（四）注重“三临”叠加、互联互通，立体对外经济走廊加快构建。

整合三个片区“临空、临铁、临江”叠加优势，构建海陆空高效闭环的对外战略通道，实现与“一带一路”和长江经济带有机衔接。双流机场加快打造国家级国际航空枢纽，国际航线数增至126条，2019年跨境旅客吞吐量突破700万人次，居全国第四位。成都国际铁路港加快建设陆港型国家物流枢纽，中欧班列（成都）累计开行突破5 000列，连续3年领跑全国，与26个境外城市、15个境内城市互通，贸易目的地港增至80个。泸州港2019年外贸集装箱量同比增长34.87%。深化多式联运“一单制”改革，推动工行中欧“e单通”跨境区块链平台与成铁局集团铁路运单区块链系统实现“双链融合”，加快探索陆上国际贸易新规则。协同共建西部陆海新通道，创新“蓉桂新”“蓉桂港”等铁海联运模式，打造国际多式联运综合试验区。

（五）注重区域协同、互学互鉴，内陆与沿海沿边沿江协同开放取得重要进展。

坚定落实中央赋予四川的“实施内陆与沿海沿边沿江协同开放战略”特殊使命，持续深化差别化探索。省内，全国首创建设协同改革先行区，8个协同改革先行区揭牌，实现成德眉资同城化“全覆盖”，为成渝地区双城经济圈建设“先手棋”探索新路径，宜宾临港经济技术开发区全国排名上升至第46位。144小时过境免签扩围至11个城市，泸州港“启运港+无水港”政策联动运用。省外，携手重庆探索建设川渝自贸试验区协同开放示范区，着力打造内陆开放战略高地。深化与广东、广西等自贸试验区合作，发起并连续两年成功举办中国自贸试验区协同开放发展论坛。境外，以服务“一带一路”建设为统领，积极开展“魅力自贸·开放四川”链动全球系列活动，推进“企业、产业、城市、人才”国际化。中国—欧洲中心加快打造国家级对欧开放合作平台，“一带一路”国家馆群等平台载体加快建设。

（六）注重产业集聚、开放引领，开放发展动能加快积蓄。

落实中央“六稳”要求，用好自贸试验区版外商投资准入负面清单“37”条，制订《差异化对上争取事项清单和集成性政策需求清单》，引导产业集群集聚。成都国际铁路港等3个综保区和泸州跨境电商综试区获批，实现片区全覆盖。天府保B运营，新设生物制品、进口肉类等指定口岸，成都铁路港国家级经开区进入培育阶段。围绕全产业链加快建设国家级临空经济示范区，打造亚洲最大的航空发动机境内外保税维修基地，飞机保税融资租赁等特色业务落地。市场采购贸易试点实现“空铁”双港出口，中欧班列（成都）货值、重载率增速全国第一，开行全国首列二手车出口专列，加入“安智贸”试点。工行在第二届进博会上发布首个基于多式联运“一单制”的贸易金融跨境区块链平台“中欧e单通”。天府总部商务区、成都科学城等产业园区能级提升，成都超算中心等“新基建”项目落地。

自贸试验区作为四川外商投资首选地和对外贸易示范窗口，引领带动全省开放型经济水平不断提升，开放载体建设取得突破，有力推进四川扩大对外开放，向南对接东南亚、南亚国际大市场，向东承接美日韩等发达国家先进生产力，向西推进对欧高端合作，向北积极参与中蒙俄经济走廊建设，加快形成“四向拓展、全域开放”立体全面开放新态势。2019年，四川货物进出口增长13.8%，高于全国10.4个百分点，增速在全国进出口规模前十强中排名第一。其中，出口、进口分别增长16.8%和9.9%，出口额跃居全国第八位，特别是对美进出口在全国负增长情况下增长1.2%。2019年四川实际使用外资增长1.3%，成都实际使用外资规模在全国15个副省级城市继续保持第一。深度融入“一带一路”建设，实现经贸往来全线覆盖，经贸合作亮点纷呈。2019年四川与“一带一路”沿线国家和地区进出口总值达1 980亿元，增长20%，高于全国10个百分点，全省3/4的工程承包业务布局“一带一路”沿线。

三、创新成果及案例

案例1：空铁联运一单制货物运输模式。

在成都双流自贸试验区管理局配合支持下，中国铁路成都局集团有限公司牵头四川航空、中铁快运，紧扣国家改革方向，依托国际、国内枢纽机场，创新“航空+高铁”多式联运，助推内陆与沿海沿边沿江协同开放，有效填补目前全国“空、铁、公、水”多式联运实践中“空铁联运”空白，对推进多式联运改革具有重大意义。

主要做法：

首先，制定“空铁联运”试运的作业流程及管理规定。由于铁路和航空两种运输方式间管理模式不一、运输标准不一、办理条件及安检规定等各自有相应的管理规定，成都局集团会同四川航空、中铁快运通过共同协商，将“空铁联运”运输全程分为受理货物、铁路运输、航空运输和到达交付四个功能流程，并根据多式联运的相关要求和“航空+航班”自身的特点，制定“空铁联运”运输办理条件、作业流程等试运规定。

其次，系统设计“空铁联运”货物“一单制”单证。成都局集团牵头四川航空、中铁快运，根据“航空+航班”流程特点，梳理全程运输需求及多式联运交接结合部相关要素，系统设计“一次委托、一口报价、一单到底、一票结算”的“一单制”单证（即“空铁联运单”）。跨境货物的运输客户与物流服务企业签订多式联运协议并填写“空铁联运单”，明确由物流服务企业负责组织跨境进口货物全程的运输，并对全程的货物运输承担责任；“空铁联运单”则在“空铁联运”的全过程中流转，“空铁联运”业务的后台承运人同步进行“一单制”的内部清算，跨境运输客户无须再联系或接洽承运商。

第三，实现“班机+班列”的顺利衔接与联运。充分利用铁路高铁车次和航空航班班次较多的特点，梳理车次表和班次表，锁定试运线路的接驳车次和班次时刻，并对接驳的跨境货物目标群进行合理划分，将 2—3 小时内航空班机到达的跨境货物纳入高铁班列接驳运输方式范围，跨境货物再经高铁班列安检完成后，随即装载进入班列车厢启运，以保证货物及时、准确的运输衔接，从而实现“班机+班列”的顺利衔接与联运。

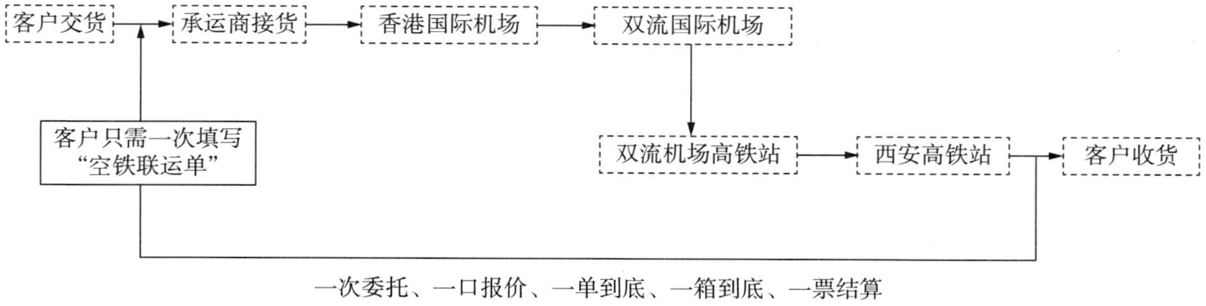

图 1：“空铁联运”流程示意图

主要创新：

空铁联运一单制货物运输模式，突破了高铁和航空的壁垒，实现了“一单到底”和“一箱到底”。主要创新点表现在三个方面：首先，设计国内首张统一格式的空铁联运单，这是将高铁和航空联合运输进行多式联运的单据归并为“一单”的标准化运用。客户只需填记一份“空铁联运单”就可以实现全程便捷化物流服务。

其次，建立航空和铁路两大承运人间的货物联运合作的新模式。

第三，初步建立联运运单、流程等试运作业单证和试运标准。

实践成果：

首先，实现“航空+铁路”的无缝衔接，提高运输效率。2018 年 9 月 15 日，首批试运来自香港的服装等 139 件跨境商品，经“国际航空+西成高铁确认车”联运，当日顺利抵达西安北站，成为自 2018 年 5 月中国铁路总公司与中国民用航空总局签订“空铁联运”战略合作协议以来落地的首单跨境联运项目。

其次，减少中间环节，降低物流成本。客户在航空起运地直接办理“一单制”空铁联运，一次结算、一票到底、一箱到底，减少中间环节，节省中间环节的费用。

案例 2：分布式共享模式实现“银政互通”。

近年来，人行成都分行营业管理部运用区域支付结算综合服务平台，在全国首创政务信息和金融信息“分布式共享”新模式，通过“银政”信息互通，不仅提升政府经济管理效率，而且促进金融业务创新，为市民提供更便捷、更高效的信息服务和金融服务。

主要做法：

首先，建设安全高效的支撑中介。依托原成都同城票据交换所，组建成都银协金融服务公司，公司性质为由人民银行认定的从事清算业务的专业机构。由该公司承建运营四川支付结算综合服务系统。该系统是成都市政府与人民银行成都分行签署的西部金融中心建设合作备忘录中规划的重点项目，于 2014 年成功建成运营，主要为四川省内银行机构和社会大众提供安全、高效的跨行支付清算服务。

其次，搭建“分布式共享”平台。以支付服务系统为基础，以低成本、可复制、即时性为原则，有效链接银行、公积金中心、不动产登记中心的相关信息，让市民凭借个人缴存公积金及不动产登记信息，快捷办理公积金信用消费贷等金融业务，从而实现政府部门与银行机构信息共享与业务互通，在全国首创政务信息和金融信息“分布式共享”新模式。

第三，创新基于信息共享的金融产品。“银政通”系统通过公积金数据系统对接，在获得客户授权的前提下，使银行能够依托公积金数据等大数据，在线对符合规定的客户实时给予额度授信。

主要创新：

首先，数据不搬家、业务合规办理。支付服务系统仅作为信息交互平台，无须收集和占有数据资源。信息共享双方按照法律法规要求，自行商定信息开放内容，签订信息共享协议。协议一般约定信息只供对方查询使用，不向无关第三方开放。分布式信息共享模式可充分保障信息安全，从源头上杜绝传统信息共享模式下信息的不当使用，打消信息提供方的疑虑。

其次，“零时差”共享。传统信息共享模式需经过信息采集、加工整理等环节，无法做到信息查询的实时性和完全准确。支付服务系统让信息双方互联互通，通过即时通信技术可以真正实现“零时差”共享和查询，并保证信息的完全真实准确。

第三，信息安全有保障。支付服务系统以人民银行建设的高度安全的金融城域网为基础，依据相关业务的法规制度和技术措施有效控制系统运行风险，并接受人民银行的管理。该系统已在成都市公安局完成“信息系统安全等级保护第三级”备案，保证信息交互安全可靠。

第四，推广应用方便。通过数据不搬家、共享有专线的“分布式共享”模式可使政务信息在金融机构迅速得到应用，无须再建新机构、新系统，具有成本低、见效快、应用广、易管理等优势。

实践效果：

首先，公积金双向互动良好。成都住房公积金管理中心在客户的授权下，可以向银行查询客户的住房商业贷款信息，用于客户支取公积金的额度计算和对客户的信用管理；银行在客户的授权下，可以向公积金中心查询客户的公积金贷款、缴存和支取情况，不仅用于为客户提供安全便捷的查询服务，也用于对客户本人的信用管理相关产品。广发银行成都分行和成都农商银行还将共享公积金信息用于信用卡发卡和授信审核依据等应用场景，进一步完善风险控制措施，提高授信业务效率。

其次，不动产业务稳步推进。2017 年 12 月，成都国土资源局通过平台系统实现与银行机构的不动产信息业务对接，不动产登记中心利用银行机构网点优势，进一步改造抵押登记流程，实现业务线上预审，显著提升不动产抵押登记办理效率。已有 25 家银行接入系统开展相关不动产业务。同时，平台也极大方便了市民通过合作银行各类业务渠道便捷地查询个人公积金贷款、缴存、支取和不动产信息，还可以通过手机银行应用程序在几分钟之内办理基于银政信息实时共享的金融创新业务，极大提升了传统金融机构金融服务的便利性和覆盖面。

案例 3：冰鲜水产品两段准入监管模式。

进口冰鲜水产品风险高、保质期短、监管难度大，对通关时效和监管安全的要求极高。为切实强化监管、优化服务，并且在保障安全的前提下，提高通关效率，成都海关在充分评估风险的基础上，制定《四川自贸试验区进口冰鲜三文鱼“两段准入”监管作业改革实施方案（试行）》，创新冰鲜水产品监管模式，实施“两段准入”监管作业改革。

主要做法：

首先，明确企业风险管控条件，实施附条件提离。对建立完善食品进口记录和销售记录制度、有完善召回程序的企业（海关一般信用及以上），在企业书面承诺“海关抽样检测结果合格后方可上市销售”的前提下，对企业进口的冰鲜三文鱼实施抽样后口岸放行，无须等待检测结果可予提离口岸监管作业场所，配送至销售商。

其次，优化检疫准入监管流程，提升准入效能。企业申请《进境动植物检疫许可证》时，免于提交纸质随附资料，减少审批核查信息。鼓励企业提前申报；对实施两段准入监管改革的冰鲜三文鱼，实验室实施检测绿色通道便利措施。

第三，夯实安全护体责任，强化“合格入市”风险监管。实施“三定一抽查”的合格入市监管。海关定期开展进口冰鲜三文鱼监控计划，收货人定期提交配送销售管理要求落实情况证明资料，海关定期开展食品安全管理制度落实情况核查，并对附条件提离要求落实情况开展抽查，确保企业符合食品安全管理要求。落实企业主体责任，对经实验室检测发现安全卫生项目不合格的，由收货人对已配送的产品采取主动召回措施，第一时间向海关报告召回情况，接受海关监管。

主要创新：

首先，创新实施“附条件提离”企业无须等待检测结果，叠加进口提前申报、双流国际机场口岸7×24 小时通关等便利化措施，实现即查即放，有效减少货物滞港时间，大幅提升口岸通关效率。其次，将货物运转与等待检测结果的时间融入在途分销运输时间中，大幅提升货物运输效率，降低企业仓储成本。第三，实施绿色检测通道，免于提交纸质随附资料，减少审批核查信息。

实践效果：

2018 年 1 月试点以来，累计进口冰鲜三文鱼 1 227 批次，货值 3 926. 8 万美元。成都双流国际机场口岸成为全国第四大冰鲜三文鱼进口口岸。冰鲜三文鱼两段准入政策实施之后，可缩短货物放行时间 3—5 天。全国 30 余家大型进口商，伊藤等大型超市、海鲜市场零售商均从成都取得货源，销售网络覆盖四川、重庆、贵州等西南各省。

案例 4：增值税小规模纳税人智能辅助申报服务。

该项服务主要适用于加入“酒城税务号”（微信公众号“泸州税务”的内置功能模块）、不存在风险防控异常情形的小规模企业，税种主要涉及增值税、城市维护建设税、教育费附加、地方教育费附加。

主要做法：

首先，自动生成预申报数据信息。由辅助申报系统每季（月）初自动扫描金税三期征管系统、增值税电子抵账系统，智能提取小微企业上季（月）的开具发票收入数据。根据税收相关政策，智能为小微企业生成增值税、城建税和教育费附加的预申报信息，形成《纳税预申报告知书》。

其次，建立“酒城税务号”。小微企业搜索微信“酒城税务”后，对企业电话号码、企业纳税识别号等信息进行实名绑定，加入“酒城税务号”，实现向企业精准推送的预申报相关信息。纳税人是否收到信息、是否查看信息均有迹可寻，沟通协作更加顺畅。

第三，申报信息精准推送。税务机关每季（月）5 日左右通过“酒城税务号”点对点向企业精准推送《纳税预申报告知书》，由纳税人在每季（月）10 日前点击“同意”或“不同意”按键确认，纳税人若点击“同意”，则视同认可预申报结果，同意税务机关正式申报。若点击“不同意”，则税务机关发送提示信息，提醒企业登录四川省电子税务局网站或到办税服务厅自行申报。

第四，预申报转正式申报。税务机关依托金税三期征管系统，建立批量预申报账户，实现全流程、大批量的自动化申报。小微企业无须再填报申报表，如发生涉及税款征收的情况，根据财税库银三方协议，自动扣缴税款入库。

实践效果：

首先，切实为纳税人减负。小微企业智能辅助申报服务提供全自动的申报服务，每年每户企业可减少纳税申报次数 8 次（包括增值税每年 4 次，城建及附加 4 次），目前试行后已惠及自贸区川南临港片区 6 000 余户小微企业，小微企业覆盖率达到 90%，按全省 88. 56 万户小微企业计算，可惠及 79. 7 万户小微企业，切实减轻纳税人申报负担和有效减少逾期申报等轻微违法行为发生，并确保小微企业 100%享受减税降费政策，大幅度提升纳税人满意度。

其次，提高税务机关管理水平。通过智能提数和计算，提高准期申报率和申报准确率，目前已达到 99%以上。自动申报有效缓解实体办税服务厅纳税人拥堵和电子税务局网络拥堵情况，提高税务机关服务水平，同时为下一步全面推行个体工商户增值税查账征收打下基础，减少税务机关定额管理中的执法风险。

第三，大幅降低税务行政管理成本。小微企业智能申报大幅减少税务机关日常催报的次数，通过“酒城税务号”实现对预申报信息的精准推送，减少拨打电话、发送短信等税收管理成本。

案例5：企业“套餐式”注销服务模式。

四川自贸试验区川南临港片区按照相关文件精神，在落实国家市场监管总局简易注销试验任务的基础上，进一步拓展试点范围，自2019年1月11日开始实行“套餐式”注销登记，大幅降低市场主体退出的交易成本。

主要做法：

首先，建立“套餐式”注销服务清单，实行“集成办”。企业注销涉及营业执照和诸多许可证，需花费较长时间往返多个部门提交申请，造成企业注销难，致使企业不愿履行注销义务，给在同址申办相同许可证的其他市场主体造成障碍。针对这一问题，中国（四川）自由贸易试验区川南临港片区推出“套餐式”注销服务模式，结合本地审批服务实际，确定可联合注销营业执照和经营许可证类型。市场主体有退出经营的意愿时，可根据需要，对持有的营业执照和经营许可，通过线上套餐式注销专区或线下受理窗口，选择单项注销或多项同步注销的方式实现退出。

其次，建立“套餐式”注销服务专区，实行“一次办”。加强信息共享和业务协同，依托泸州市信用信息公示平台建立“套餐式”注销专区，公开“套餐式”注销的办理流程、条件和时限等，实行“信息共享、同步指引、一网服务”。在一网填报信息方面，企业通过国家企业信用信息公示系统进行营业执照注销公告后，需一并注销相关许可证件的，登录泸州市企业信息公示平台“套餐式”注销专区，自主勾选可注销的证、照（可勾选单一或多个许可证，无须注销许可证的不用选择），按照办事指引进行注销申请填报、自主打印或到政务服务大厅现场办理，完成资料提交。在限时一次办结方面，通过“一窗受理、内部流转、并联审批”的方式，对企业“套餐式”注销申请材料进行分类流转、并联审批，实现企业注销一次办结，便捷退出。在信息同步共享方面，企业完成“套餐式”注销后，市场监督部门将办结情况在泸州企业信用信息平台公示，实现数据信息同步共享。

第三，建立风险防控机制，实行信用监管。在建立注销容错机制方面，允许多次简易注销。企业申请营业执照简易注销存在异常状态的，待异常状态消失后，允许企业在补全相应的材料或信息后再次进行注销公告，依程序申请注销。在建立信用约束机制方面，加强失信惩戒。对于企业在“套餐式”注销登记中隐瞒真实情况、弄虚作假的，登记机关可以依法撤销登记，将该企业列入严重违法失信企业名单并予以公示。有关利害关系人可以通过民事诉讼，要求企业投资人承担相应的民事责任。在建立信息交换机制方面，登记机关充分运用信息共享协作平台加强“审管衔接”，将企业登记信息及时推送至“事中事后监管平台”，由监管部门予以公示。

实践效果：

实行“套餐式”注销服务模式以来，中国（四川）自由贸易试验区川南临港片区共采取该模式办理注销登记1 501件，其中同步注销经营许可证131件。“套餐式”注销模式提高社会资源利用效率，提升行政服务效能，彰显服务型政府的理念，进一步优化了中国（四川）自由贸易试验区川南临港片区营商环境，促进企业履行注销义务，提升企业守信意识，得到相关企业的普遍认可。

首先，减少企业办理环节。中国（四川）自由贸易试验区川南临港片区推行“套餐式”注销模式后，优化可同步注销许可证的流程，通过减少审批程序、精简材料、一窗受理、并联审批和一次办结，使企业只需填写一份表格，提交一次材料，就能实现企业的便捷退出，大幅简化企业注销的办理程序，提高注销审批效率。

其次，提升企业办事体验。“套餐式”注销模式推出后，涉及多种证照的企业实现注销环节一次办结，大幅缩减企业注销办理时间和材料，降低市场主体退出的制度性交易成本。

案例6：跨境多式联运“一单制”集成改革。

四川自贸试验区率先探索多式联运“一单制”集成改革，基于不同应用场景率先开发“铁海联运单”“空铁联运单”，试点统一中欧班列（成都）运单，拓展多式联运单证“联运服务约定凭证、联运领货凭证、国际信用证跟单凭证”三大功能，赋予单证物权属性，运用区块链等技术开展全程控货物流服务、便捷结算和融资服务，实现多种运输方式下“一箱装货、一批托运、一次收费、一单到底、一票融资”，降低企业物流成本和时间成本，提升跨境运输监管质效，解决外贸企业融资难问题。该成果入选中组部《贯彻落实习近平新时代中国特色社会主义思想在改革发展稳定中攻坚克难案例》。

主要做法：

首先，建立单证规则体系，实现一单流转。统一多式联运单证标准，整合吸纳国际货约和国际货协铁路运单标准信息，基于不同应用场景分别开发海铁联运、空铁联运、国际班列多式联运“一单制”运单，明确单证适用性、签发、交付、处置等要素，建立多式联运单证规则体系，促进陆运、海运、空运有机衔接，实现“一单流转、一批托运、一口报价”。开发铁路运输区块链平台，实时记录货物运输全过程，提升货运监管质效。

其次，拓展多式联运单证应用场景，实现一单多能。由中欧班列拓展至铁海联运、空铁联运等多种应用场景。铁海联运中，中国铁路成都局集团公司以铁海联运全程承运人的身份，联合招商局集团中国外运公司、中国银行四川分行、成都国际陆港公司、中国铁路上海局集团公司等单位，在全国率先自主设计并应用“铁海联运单”，打通海运启运、铁路中转、到站交付等多式联运各环节。空铁联运中，中国铁路成都局集团与四川航空、中铁快运等公司合作，梳理全程运输需求及多式联运交接结合部相关要素，设计并应用“空铁联运单”。中欧班列（返程）中，中国铁路成都局集团联合成都国际陆港公司（成都国际铁路港）、德铁货运和德铁信可等企业，在全国率先应用“统一运单”，代替原有国际货约运单在波兰换取国际货协运单的传统运输组织模式。

第三，赋予多式联运单证金融属性，实现一单融资。探索赋予多式联运单证可转让、可融资等物权凭证属性，将多式联运运输单证作为出口企业托运、进口企业提货的必需单证，以及银行为进口商开立国际信用证、提供融资结算服务的必备单据，创新融资、担保等金融服务模式。银行可根据多式联运单证信息，结合客户信用等级，给予进出口企业授信额度。创新“一单制+银担联合”方式，担保公司、贸易公司、多式联运经营人（成都国际陆港公司）签订多方协议，依托多式联运单证的控货权，开展单证质押担保融资，贸易商以多式联运“提单”项下货物质押向银行申请融资。银行综合运用企业物流、贸易流水等大数据信息，为中小企业提供线上无抵押纯信用的融资服务，进一步提升企业融资可获得性。

实践效果：

目前，多式联运“一单制”累计签发超过5 000单，办理企业融资超过1.8亿元。其中，通过“一单制+银担联合”方式办理企业融资601单，涉及金额1 804.3万元；通过中欧“e单通”跨境区块链平台开展结算业务近300笔，办理企业融资超2 000万美元。通过区块链技术，实现“一单制”单证和物流信息可追溯、不可篡改、风险可控，切实降低信用风险和交易成本。

案例7：中欧班列运费分段结算估价管理改革。

成都海关会同自贸片区管理机构、班列运营平台，紧扣有关规定，科学解析国际铁路运输成本构成，推进重构运费机制、优化物流组织、完善单证格式、规范贸易术语等集成改革措施，将境内段运费从完税价格中扣除。

主要做法：

首先，科学合理分摊境外、境内段运费。引入第三方会计师事务所，解析国际联程运输业务情况，从功能、风险和转让定价等方面分析，提供合理、客观、可量化的国际、国内运费拆分方法。依托事务所的咨询报告，确定以中欧班列承运方境外、境内段成本比例对应测算进口企业实际的境外、境内段运输成本，并由班列运营平台出具境内段运费测算说明。根据班列运营平台每季度对外公布的中欧班列（成都）运费价格，按照国际、国内段运输成本比例，测算进口企业国际、国内段运费。

其次，出台《操作指引》，分步推进实施。依据上述方法测算出境内段运费后，货代公司在向进口企业开具的国内增值税发票或相关单证上备注列明国内段运费金额，报关企业在进口货物报关单上备注列明国内段运费金额，形成完整证据链条，保障报关单随附单证合规性。按照“分步推进、先易后难”原则，率先完成 FOB、EXW 成交方式下国内段运费不计入进口货物完税价格试点。出台《中欧班列（成都）境内段运费不计入完税价格申报操作指引（试行）》，明确 CIF、FOB 等多种模式下单证准备要求、海关报备流程、风险评估机制等，提高政策落实的便利性。

第三，开展定期评估，防控风险。依据班列开行与运价波动情况，及时测算调整不同时期中欧班列国际、国内段合理运费水平。每月收集企业享受改革试点的报关单、实际缴纳税款额、扣减税款额等信息，每季度开展批量复核，对存在价格疑问的报关单，及时启动价格质疑程序。

实践效果：

首先，创新班列运费分摊机制，实现降本增效。通过对审价法规的准确适用，在合法合规原则下，按照利润分割法将进口货物从阿拉山口等沿边口岸至成都铁路口岸的运输费用从货物完税价格中合理扣减，降低进口征税基数。开展试点以来，商品范围从汽车整车扩大到进口肉类、红酒、矿石产品，从单箱试点扩大到整列应用，线路从蒂尔堡、罗兹扩展至中欧班列全线。

其次，构建透明价格体系，提升班列竞争力。改革切实惠及货主企业，有利于营造透明、公平的中欧班列市场价格环境，吸引企业更好地利用陆上运输通道。

第三，规范贸易术语应用，健全贸易新体系。通过改革，引导中欧班列进口企业更加规范使用适合铁路运输的贸易术语，提高进口企业运费议价能力，保护企业国际贸易权益，建立健全铁路运输国际贸易新体系。

案例 8：“智慧政务+金融服务”集约化营商模式。

按照“企业自主、部门联动、政银合作、社会共享”原则，整合构建准入前信息服务、市场准入政务服务及准入后金融服务三大支柱服务，创新搭建“营商通”掌上服务平台，全方位打造企业营商创业的“管家式”服务。

主要做法：

首先，开放信息资源，方便精准决策。“营商通”平台依托开放数据信息及大数据分析等技术手段，向创业者提供自主式“营商热点”信息查询和“名称自主申报”等功能。创业者可查询到全省市场主体发展现状、某一特定行业领域市场主体数据及区域分布等信息，为“选址择业”提供参考。同时，通过“名称自主申报”，平台将在线与名称负面清单进行智能比对判断，即可确定企业名称。目前，“营商通”平台已归集全省 640 余万家市场主体分布信息，归集自主申报名称行业表述 3 万余条。

其次，实施集成办理，方便快捷营商。围绕“办好营商一件事”，市场监管部门与公安、税务、社保、大数据中心等部门和金融机构联手推动企业登记、印章制作、申领发票、社保登记、预约开户“一窗办理”等便民举措，依托“营商通”平台实现企业开办“四个一”掌上服务：“一键扫描”通过手机拍照自动识别带入主体身份信息；“一键生成”将公司章程、股东决议等信息智能匹配，生成一套完整、规范的登记申请材料；“一键签名”对所有申请材料实现一次性在线签名；“一次提交”可将全部申请信息汇集提交相关部门审核。企业开办实现“一套材料、多次使用，一次办结、一日开办”。

第三，打通银政壁垒，方便轻松融资。推动“互联网+金融”“大数据+信用”新模式，企业通过电子营业执照登录“营商通”平台后即可在线办理融资申请，银行在线获取企业登记信息后为符合条件的企业提供融资服务。针对小微企业“小、频、急”资金需求特点，平台可实现贷款合同有效期内随借随还、循环支用，提高融资效率，降低融资成本。第四，提供管家服务，方便动态查询。“营商通”平台为申请人提供了“我的企业、我的待办、我的申请”等便捷查询服务和办事快捷入口，在全国率先对申请人开放全省市场主体数据库资源。可在线查询本人所投资或任职企业状态，并能查询被冒名登记企业名单，便于及时维权；可移动办理本人政务金融申请；可实时查询相关申请人办理进度。平台还归集了“政银合作”导办服务网点信息，可就近为申请人导航身边客服，及时解决困难问题。

实践效果：

该平台在四川自贸试验区试点运行以来，市场准入门槛和制度性交易成本明显降低，市场主体活力得到极大激发，下一步将在全省全面复制推广。首先，投资贸易更加便利。为减少人员聚集，股东通过“营商通”平台，在家即可完成企业开办申请，企业开办和融资贷款不再受时间和区域限制。其次，融资更加高效便捷。将登记注册政务服务延伸到银行机构，“企业开业+预约开户+融资贷款”办理时间由原来的 7 天缩减至几小时，及时满足初创企业、小微企业资金需求，有效提升准入服务和金融服务便利化水平。平台运行以来已为企业在线贷款融资超过 2 000 万元。

案例 9：多式联运“一单制”跨境区块链平台。

为解决中欧陆上贸易单证签发采用线下传统模式、单据流转慢、难与贸易金融直接接轨等问题，工商银行四川省分行深化多式联运“一单制”改革，聚焦金融供应链与物流供应链融合，研发推出“中欧 e 单通”跨境区块链平台，推动“一单制”项下国际贸易融资创新发展。

主要做法：

首先，线上核碰，重塑“一单制”单证交单模式。按照“一单制”传统模式，多式联运经营人在货物起运地承运货物后，需向卖方开具多式联运“提单”，因此“提单”往往需往返寄送，少则数日、多则一周以上。通过“中欧 e 单通”跨境区块链平台进行数据核碰，各参与方确认“一单制”单据的真实性后，银行即可接受复印件交单，简化之前单据至少需两次寄送传递流程，大幅缩减单据流转时间，提升贸易结算便利化程度。

其次，科技赋能，提升“一单制”单证可信度和融资可获得性。传统方式下，国际贸易中企业、银行、金融监管机构等各方验证贸易真实性一般通过对单据表面条款进行核对，存在一定虚假贸易风险。通过物流、贸易信息上链“中欧 e 单通”平台，运用区块链数据溯源、共享账本等技术特点，在进口信用证、进口代收和汇款等场景下，实现“一单制”单证和国内铁路运输单证的信息核碰功能，银行即可对结算单据进行溯源查询，实现上链数据的安全输出和数据复用，从而增强贸易背景的可信度。随着平台用户增多，企业物流、贸易流水等信息将在平台上汇聚，银行基于大数据提取和分析，可为中小企业提供线上无抵押纯信用的融资服务，有效提升企业融资可获得性。

第三，制度保障，构建“一单制”单证规则体系。成都国际陆港公司作为多式联运“一单制”单证签发人，对标海运模式，完善单证规则体系。借鉴国际海运提单和《联合国国际货物多式联运公约》等，设计完善一体化的多式联运“提单”样式，明确单证适用条款、签发、交付、处置等要素。同时，成都国际陆港公司与开证行、买方签订动产监管协议，以合同约定“提单”具有承运货物收据、运输合同证明凭证、提货凭证等功能，上链各方认可“提单”属性并提供全程物流服务，有效保障上链各方的权责利益，为延伸单证金融功能奠定基础。

实践效果：

“中欧 e 单通”跨境区块链平台坚持市场导向，着眼企业全生命周期、产业全链条改革和企业特别是中小企业融资难等核心诉求，投产首期即获得市场广泛认可。平台于 2019 年 10 月 20 日正式上线，并实现与中国铁路成都局集团公司铁路运单区块链平台双链对接，实现成都、眉山两个地区客户的铁路运单信息上链。目前，平台上链业务近 300 笔，货值超 3.6 亿元，累计为上链企业办理融资超 2 000 万美元，提供中小企业全信用线上普惠融资近 100 万元。

案例 10：区域外发货物保税维修监管模式。

近年成都高新综保区内保税维修业务快速发展，根据维修产业链的分布情况，部分维修工艺需要送到境外和境内的专业修理厂家修理。为此，成都海关联合厦门海关，创新区域外发保税维修监管模式，在简化监管手续的同时提升监管效能，降低企业经营成本，为区外企业承接综保区内的维修业务降低时间和物流成本，有利于国内企业做大做强全球维修业务，增强国际竞争力。

主要做法：

首先，跨区联动、协同监管。成都、厦门两地海关合作，依托区外保税维修专用账册，建立综保区货物在境内外发保税维修新模式，替代原有进境“修理物品”监管模式，大幅降低企业时间成本和物流成本。对外发维修货物和用料件建立进、出、转、存和耗用管理的电子底账，形成海关监管的完整数据链，保障维修业务监管质效。

其次，外发货物免除担保。外发维修货物出区时，区内企业按“修理物品”（1300）监管方式，区外承接企业按“保税维修”（1371）监管方式办理外发维修货物的出区申报手续，企业不再缴纳保证金或提交保函。

第三，区外维修用料件保税。外发维修货物维修完毕返回综保区时，区内企业按“修理物品”（1300）监管方式，区外企业按“保税维修”（1371）监管方式办理进区申报手续。区外维修企业设立保税维修账册，海关对维修所需的进口料件实施保税监管，待外发维修货物返区后予以免税核销。

第四，维修废料灵活处置。维修拆换的毁损零部件无须发回综保区，根据企业申报的维修耗料和退换下零部件的比对情况，采取相应的风险处置措施。综保区外承接维修的境内企业在维修过程中替换下的零部件，可退还综保区内企业，也可按相关规定直接复运出境。

实践效果：

首先，降低制度性成本，提升区域内外维修企业国际竞争力，支持区内企业充分利用国内航空维修产业链上下游资源。据测算，新模式下，区内企业每个送修件可以降低 80%的物流费用，物流耗时可压缩 5—7 天。区外承接维修业务企业每个维修件将节省约 2 万元关税成本和 20 万元担保资金。

其次，促进生产性服务新业态发展，有效防控变相进口“洋垃圾”风险。我国多个海关特殊监管区域内已有多家从事航空、机电等维修的企业，新模式将优化区内外维修配套企业协作模式，带动维修用零部件和生产性服务贸易进出口的扩大，提升我国维修产业整体竞争力，带来巨大的经济和社会效益。

案例 11：“一单四库”市场监管新模式。

四川自贸试验区先行先试探索企业监管模式改革，以“双随机”为手段、以信用监管为基础，创新“一单四库”综合监管模式，实现涵盖特殊重点领域的市场监管全覆盖，形成“企业自治、行业自律、社会监督、政府监管”社会共治新格局。

主要做法：

首先，创新增加“两库”，提升监管透明度和科学性。在国家层面要求建立“一单两库”的基础上，创新组建“社会监督员库”和“市场监管专家库”，实现“阳光双随机”“专业双随机”。以阳光监督为基础，建立“社会监督员库”。聘请人大代表、政协委员、新闻媒体、市民代表等社会各界人士作为社会监督员，建立“社会监督员库”。制定《关于推进行政执法社会监督员机制的实施方案》，明确社会监督员工作职责和工作纪律。在开展“双随机”抽查时，从社会监督员库中随机抽取2—3名人员全程参与抽查工作，对行政执法行为全程监督，构建“市场监管、社会监督”同频共振的监管模式。社会监督员提出的意见和建议，部门需在15个工作日内将处理情况同时报区政府和社会监督员。以专业人才为基础，组建“市场监管专家库”。结合食品药品、特种设备、安全生产等特殊重点领域专业性监管要求，聘请检测机构、科研院所、行业领域等专家型人才，分类建立食品安全专家库等多个“市场监管专家库”，制定《跨部门双随机分类监管市场监管专家库管理办法》，按照行业分类随机抽取专家参与专业领域的双随机检查工作。通过向专家借智弥补业务知识的短板，为监管提供强有力的专业技术支撑，破解监管力量和技术力量不足的难题。

其次，三级信用分类，助力信用差别化监管。综合监管对象近2年行政处罚记录、全国企业信用信息公示系统的司法协助信息、重点行业特殊监管要求、市场主体信用积分等情况，将监管对象划分为A、B、C三个监管等级，分别对应不同监管抽查频率。明确重点监管的市场主体、行业及区域，在保障风险可控、有效监管的前提下，对守信主体减少抽查频次，对失信主体增加抽查频次和抽查比例，形成全面覆盖、紧密衔接、差别化的信用监管机制。

第三，实施“多随机”监管，严守重点领域监管底线。在确保监管底线和监管要求的基础上，对食品等特殊重点领域探索实施“全覆盖多随机”监管，实现重点行业监管标准、监管要求与双随机监管模式的有机融合。通过随机抽选监管对象和执法人员，打破重点领域日常监管人员的相对固定，压缩权力寻租空间。对于全年有明确监管次数和主体全覆盖要求的监管对象，按照月度确定抽查比例，而且抽查比例不设上限。随机抽选的执法人员、社会监督员、行业专家实行回避制度，由系统自动从执法人员库中筛除经营者所在辖区的监管人员，以及与监管对象有利益关联关系的社会监督员和行业专家，实行不同辖区的异地检查、交叉互查，有效避免人情执法、执法不公等现象。

实践效果：

首先，监管执法更加公正规范。随机抽取社会监督员、市场监管专家参与“双随机”监管，形成市场监管、社会监督、专家指导相结合的多层次、全方位的监管新机制。在执法过程中，通过“现场执法记录-执法存证管理-后台综合留存”的“三位一体”运行模式，构建全程电子化、证据即时留存、随时可追溯的规范化市场监管新机制，确保执法争议发生时有据可查，有效保障执法人员、市场主体、监督人员的合法权益。

其次，监管执法更加科学精准。在包括特殊重点领域在内的市场监管全领域开展“双随机”监管，结合市场主体信用分类分级实施差别化监管，让监管执法更具科学性、合理性、靶向性，有效减少执法不公、执法扰民等现象，提升行政监管效能，也避免权力寻租等监管隐患。

目前，青白江片区依托双随机抽查平台梳理形成市场监管领域各类抽查事项清单332项，归集建立执法人员库18个，归集执法人员1 510名；建立监管对象库38个，归集市场主体103 626户；建立社会监督员库1个，归集社会代表27名；建立市场监管专家库13个，归集各领域专家98名。开展各类双随机抽查149次，实施跨部门联合随机抽查20次，通过双随机方式抽查含重点领域在内的各类市场主体9 000余户次，抽查结果已全部依法归集至市场主体名下并面向社会公示，对守法者“无事不扰”、对违法者“利剑高悬”。

案例12：公证机构参与法院民事执行工作“三项机制”。

四川自贸试验区立足公证机构公益性、中立性和调查取证以及证明优势等，坚持全程参与、职能融合、功能集成工作思路，探索形成终本案件单独管理、财产处置集约办理、综合事务深度协作三项机制。该成果获四川省高级人民法院肯定并在全省推广，2019 年 11 月中央电视台作宣传报道。

主要做法：

首先是终本案件单独管理机制。终本案件就是无财产可供执行案件，法院依法采取终结本次执行程序，暂时不予执行。针对社会公众不理解终本案件的问题，专门建立“双向核查、动态监管、联合评估”单独管理机制。在实行双向核查方面，法院拟终本的无财产可供执行的案件，由管理中心人员再单独调查。中心人员到被执行人住所地、经营场所等地址开展调查，约谈申请执行人，并出具《终本调查报告》，作为案件终本的重要参考依据，确保程序“全程可见”，让群众理解和认可终本案件。在实施动态监管方面，管理中心为每一件终本案件建立电子档案。执行人员负责定期通过网络执行查控系统对终本案件进行集中查询，公证人员回访当事人告知案件财产查询结果以及了解财产线索，一旦发现案件有财产可供执行时，再由法院及时恢复执行，防范终本案件“一终了之”，确保当事人权益“不落空”。在联合评估方面，制定终本案件联合评估办法，成立由法院纪检监察人员、执行干警及公证人员组成的三方联合评估小组，综合财产定期查询及结果反馈、被执行人履行能力、申请执行人债权清偿、社会公众举报等情况，评估终本案件是否具备退出执行程序的条件，并出具评估报告，确保终本案件规范退出。

其次是财产处置集约办理机制。在优化财产处置程序方面，资产处置中心全面梳理执行财产调查、实地勘察、财产评估、财产拍卖及财产交付等 10 大环节梗阻，由处置中心对拟处置财产进行实地勘察或者现场保全，出具财产勘验调查表、制作财产实物视频或者 VR 模型、组织议价询价，以及房屋腾退、财产交付等现场影像见证，填补 5 项资产处置流程漏洞，缩短处置周期。在提供财产拍卖辅助服务方面，资产处置中心公证人员为参与财产竞买的公众提供财产权属及占有情况调查、出具拍卖财产《尽职调查报告》、开展税收测算、协助申请贷款、代办过户手续、代缴税款等辅助服务，方便群众参加财产拍卖、变卖，提高参拍率和成交率，最大化实现财产价值。在强化公证见证监督方面，制定公证见证监督办法，以及举报、投诉、异议处理和结果反馈、公示等规定。依托执行指挥平台和公证信息平台，自动收集、分析公证和执行数据，建立异常行为自动报告、预警，实现财产处置全程留痕、全域监控，打破财产处置环节的封闭性，降低执行风险。

第三是综合事务深度协作机制。在“公证+”送达方面，送达+权利告知，公证人员向当事人送达文书时，同步引导申请执行人积极提供财产线索，加快执行进程；送达+督促履行，送达时同步告知被执行人逃避执行、拒不执行法律的后果，督促被执行人自动履行；送达+调查，送达时同步开展被执行人生活居住、劳动就业、收入、债权等情况调查，帮助执行法官预判执行难度，精准采取执行措施。在“公证+”执行和解方面，充分发挥公证作为预防性司法证明制度的优势，借助公证人员法律背景，建立公证人员推动、参与执行和解机制，探索由公证人员组织当事人和解，并为当事人提供财产调查、以物抵债协议公证等服务，确保和解协议得以履行，推动矛盾纠纷终局解决。在“公证+”失信惩戒方面，由公证人员前端介入，在文书送达、财产调查、组织执行和解等前期工作以及见证执行中，收集固定当事人拒收文书、虚假申报财产、逃避执行、拒不执行等证据，破解证据固定难题。执行法官根据证据情况，依法采取惩戒制裁措施，构成拒执犯罪的，及时移送公安机关，精准打击“赖账”行为。当事人也可向中心申请调阅证据，通过自诉等方式积极维护自身利益。

实践效果：

首先，终本案件认同度提高，法治化营商环境水平进一步提升。终本案件管理中心运行以来，共处理终本案件 984 件，其中涉企终本案件 684 件，占比 69.5%。当事人同意终本 561 件，占比 57%，没有一起由终本案件引发的执行异议以及信访案件。民事执行程序更加规范透明，当事人权利保障更加充分，营商环境“执行合同”指标进一步提升，有效推动自贸试验区营商环境建设。

其次，当事人权益兑现更快，促进矛盾纠纷低耗、快速解决。公证全面参与被执行人财产处置以来，法院处置财产的办理周期较传统模式平均缩短10.3天，拍卖成交金额达5 762.8万元，为当事人节省佣金280余万元。构建了以事项为中心的“公证+”协作模式，进一步优化公证辅助、协助执行流程，执行效能大幅提升。目前，已办结执行案件4 405件，有财产可供执行案件在法定期限内实际执结率达100%。

第三，公证服务逐步得到认可，执行难综合治理效能增强。当事人接受拍卖辅助服务204人次，促成拍卖成交29次；主动申请公证人员组织和解57次，推动结案46件；申请调取证据以及证据固定351次，289人因纳入失信被执行人名单、限制消费等措施主动履行1 101万元。

案例13：社区卫生服务机构国际保险直接结算机制。

四川自贸试验区以我国健康保障体系中最基础健康管理单元——社区卫生服务中心为载体，引进国际医疗健康险第三方管理机构，构建国际医疗保险结算第三方服务与社区卫生服务机构合作机制，为全域化多维度建设国际社区提供重要支撑。

主要做法：

首先，按照国际健康险要求构建社区卫生服务标准。天府新区将军碑社区卫生服务中心精准对接国际保险参保人士诊疗需求，开展“预防接种”“儿童保健”“妇幼健康管理”等14项基本预防保健及中医诊疗等特色服务，开放全科、中医药等8个双语服务窗口，并提供一对一导诊和陪诊服务。

其次，签约第三方保险结算管理公司。借鉴四川大学华西医院等三甲医院国际部及部分高端私立诊所做法，对标国际医疗健康保险结算服务标准，与上海招商信诺、万欣和（上海）等国际健康险第三方管理公司的代表机构签约，在中心设立国际保险结算办公室，采取第三方管理形式，开通国际保险直接结算服务。

第三，建立双向转诊绿色通道。针对国际保险参保人士基本预防保健、康复护理与大病诊疗的需求转换，中心与已经开展国际医疗保险结算的四川大学华西医院、四川省人民医院、成都市第一人民医院等三甲医院建立医联体协作伙伴关系，构建国际保险结算服务双向转诊绿色通道，实现急慢分治、上下联动的高效率对接。

实践效果：

国际保险参保人持保险公司的医疗卡在中心就医后，由参保的保险公司和基层医疗机构直接对接结算，弥补了三甲医院不能提供预防接种等基础医疗国际结算的短板。自2019年10月实施以来，中心已服务常住外籍人士30人次，为来蓉国际商务人士提供诊疗并实施国际保险直接结算4人次，极大优化国际保险参保人的就医体验感，显著提升中国（四川）自由贸易试验区国际化营商配套环境。

案例14：启运港退税“三控一共享”沿江协同模式。

四川自贸试验区协同海关、海事、税务、港口、船舶运输公司，创新推出启运港退税“三控一共享”沿江协同模式，有效破解船舶违规停靠、集装箱违规装卸、货物退税不离境等监管风险及船舶配载率低等问题。

主要做法：

首先，海关协同海事利用“船舶报港信息系统”，全程管控船舶沿江违规停靠风险。启运港船舶只能在规定的经停港停靠加载，但海关缺乏监管手段。泸州海关与泸州海事局签订《启运港退税船舶在途监管“三互”合作备忘录》，海事局按需向海关提供船舶报港信息，海关可随时抽查启运港退税船舶沿途停靠港口的情况，实现对全程航运路线及经停港停靠的监控，有效管控违规停靠风险。

其次，船公司按海关要求配置“船舶GPS在线视频监控系统”，实时防控集装箱违规装卸风险。

为满足海关对出口货物的全程监管要求，在启运港退税船舶备案前，船公司为备案船舶安装GPS定位装置和在线视频监控装置，实现监控视频实时传送，海关可随时抽查货物在途运输情况和在港装卸情况，影像保存期3个月，作为事后监管的重要依据，有效防控集装箱违规装卸风险。

第三，税务协同海关建立离境监控预警机制，严密防控退税不离境风险。启运港退税企业所在地税务部门在收到海关出口报关单信息后，即可办理出口退税，但存在退税不离境的风险。泸州市税务局协同启运港海关、离境港海关、企业所在地税务部门，制定《启运港退税出口货物离境监控预警处置办法》。泸州海关运用H2010系统的理单状态统计功能和HL2008系统的结关时效分析功能，安排专人跟踪泸州港启运港退税货物的结关情况。发现异常情况，主动联系离境港海关核实原因并及时处置，处置后仍未结关的，于每月5号前编制《泸州港启运港退税货物超50日未离境结关预警清单》，集中反馈至泸州市税务局，泸州市税务局1个工作日内向启运港退税企业属地税务部门分发《预警清单》，按现行规定做好后续处理，有效管控退税不离境的风险。

第四，启运港协同经停港沿江加载，共享舱位信息提高船舶配载率。启运港退税船舶只能在规定经停港停靠加载，泸州开行了泸州—上海外贸直航快班轮，但货源不足、装载率低，船公司经营效益差，不愿意多开班轮，启运港退税货物总量偏小。泸州港与经停港建立启运港退税船舶舱位信息共享机制，通过长江物流公共信息平台发布启运港退税班轮信息，经停港物流方提前调度启运港退税货物，待船舶在经停港停靠后快速加载，提升船舶装载率，减少舱位浪费，启运港退税船舶运力和沿江出口货源得到合理配置，提高船舶公司开行班轮的积极性。

实践效果：

启运港退税“三控一共享”沿江协同模式兼顾解决出口企业关注的快速退税问题，解决海关、税务关注的船舶违规停靠、集装箱违规装卸、货物退税不离境等监管问题，解决船公司关注的船舶配载率低等经营性问题，启运港退税政策在泸州实现扬长避短，顺利落地实施。

泸州港对周边地区出口货源集散能力明显增强，退税时间平均缩短20天、压缩67%，泸州港2019年外贸集装箱量同比增长34.87%。启运港退税备案船舶增加至6艘，船舶平均配载率提升至50%左右。启运港退税实施以来保持“零案发”。

案例15：连锁企业招牌设置“一代多”豁免制审批改革。

为解决连锁企业新增门店重复递交招牌申请材料引起的耗时长、效率低问题，中国（四川）自由贸易试验区探索推行“批一次管多次，批一时管多时，批一（总）店管多（分）店”的“一代多”豁免制审批改革，通过简化招牌设置流程，强化和规范事中事后监管，最大限度取消行政审批事项，进一步优化自贸试验区营商环境。

主要做法：

首先，只审查一次。落实国务院《优化营商环境条例》等文件要求，对信誉度较好、管理规范的商业零售、银行金融、通信服务、品牌快餐、房产中介等连锁企业报送的临街门楣通用招牌设置方案只审查一次，方案内无须明确具体的设置地址、设置位置，仅需明确招牌设置尺寸、招牌名称、色彩等内容。

其次，“双向承诺”会签。方案审查通过后，双方签订《户外招牌设置“一代多”豁免制审批双向承诺书》后，审批部门承诺给予连锁企业三年招牌设置“一代多”豁免审批权，连锁企业承诺招牌设置严格按照法律法规和管理条例执行。

第三，自主设置招牌。取得“一代多”招牌设置豁免权的连锁企业，仅需将新开门店的网点信息录入招牌网络审批系统，即可遵照“双向承诺书”内容，实现分店招牌自主设置。

第四，事中事后监管。所在街道办事处通过招牌网络审批系统，对连锁企业招牌进行日常监管，一旦发现招牌与招牌通用设置方案不符，涉事企业要依法接受城管部门的行政处罚并及时整改，逾期不整改，将取消“一代多”招牌设置豁免权，并录入社会信用信息共享平台。

实践效果：

连锁企业招牌设置“一代多”豁免制审批改革，将单个招牌行政审批周期由5个工作日变为一次性审批，极大缩短企业开店时间成本，更大激发市场活力。同时将政府监管重心后移，加强事中事后监管，显著提升政务效能，有助于依法守规企业的发展壮大，形成诚信守规示范效应。自2019年11月实施以来，红旗连锁、麦当劳、1919、肯德基等7家连锁企业获得了“一代多”招牌设置豁免权，3家新开门店通过该方式设置招牌，意向企业12家。

案例16：社会企业参与社会治理的实践探索。

四川自贸试验区以城乡社区发展治理“小切口”，探索超大城市治理体系和治理能力现代化。城市治理是一个多维的生态系统，需要多元的社会力量参与。社会企业作为一股新生力量，既能补充和完善社区基本公共服务，又能以商业运营手段实现“自我造血”，在兼顾社会效益与经济效益之间找到结合点，为城乡社区发展与治理提供多样化路径选择。

主要做法：

首先，建设社会企业认证体系。制订成都市社会企业评审认定管理工作试行办法，探索建立第三方机构参与社会企业认证和管理的体制机制。在全国范围内选取和委托专业机构，开展社会企业认证工作。开放性运用中国慈展会认证成果，借助行业权威机构的专业认证，将社会企业认证范围扩展到更多行业领域。

其次，推进社会企业聚集生根社区。突出问题和需求导向，聚焦社区发展治理难点和堵点，围绕关怀老年、儿童、困难群众等弱势群体和服务小区院落两条主线，重点扶持养老助老、扶贫帮困、助残救孤等保障性民生服务项目，以及垃圾分类、物业转型、属地电商、智慧安防等生活性服务项目，让成都的社会企业真正解决社会问题，贴近群众生活需求，链条式推进社会企业在社区落地生根。

第三，探索社会企业支持体系。将高新区、金牛区、武侯区、成华区、温江区5个区纳入社会企业试点范围。探索建立市级、区级社会企业项目库，建立社会企业项目（含未经社会企业认证的观察社企、种子社企、社创项目）库管理运行机制，完善项目入库标准、绩效评估、动态调整制度。采取社会企业孵化基地与社区发展治理深度融合的方式，推动成都全域社区设置微型社会企业孵化基地，对社会企业孵化基地进行评级认定和先进评选，在社区发展治理专项激励资金中给予相应扶持。

第四，搭建社会企业保障体系。制订市、区两级扶持政策，出台针对社会企业的财税扶持政策，用好用足国家相关税收优惠，鼓励和引导社会力量参与设立投资引导基金、社会企业创投基金（会），强化对社会企业的精准扶持。创新举办“社区服务”供需对接会，面向全国征集优秀的社会企业及其服务项目，链接社区需求与社会企业供给信息，搭建社区服务的线上线下供需平台。采取沙龙、研讨、峰会等形式，强化对社会企业的针对性培训。依托党群服务中心、社区综合体，用于社会企业发展的孵化或运营场地。

第五，强化社会企业监管体系。发挥市场激励与社会监督作用，实时开展行业监管与行政监管，严格落实社会企业摘牌或退出制度；探索建立成都市社会企业绩效评估体系，确保社会企业有效服务社区。

主要创新：

首先，在全国率先系统研究和推进社会企业发展。在国家尚未就社会企业做出专门立法前，在现有法律法规框架下，创新构建社会企业登记认证、扶持发展、监督管理等工作体系，是目前国内领先的系统性政策制度创新。

其次，增强城乡社区发展治理活力。社区是个半封闭的市场空间，纯商业运作的一般企业要在社区开展经营活动，需较长时间建立与居民的紧密联系和深度信任，企业成本高，成长速度慢。社会企业兼具社会属性与商业属性，更容易得到社会认可和社区支持，这种立足社区、服务社区的发展路径，为社会企业的培育发展提供良好土壤，有利于形成更接地气的商业模式，从而打破多年以来，社区生活性服务业供给不足、变化不大、能级不高的问题。

第三，以社会力量满足群众的多元生活需求。社会企业作为参与社区发展治理的真正意义上的“社会力量”，通过市场化方式，整合社会资源来解决社会问题，既丰富完善政府提供的基本公共服务，又能以商业运营手段实现“自我造血”，在兼顾社会效益、实现可持续发展上找到结合点，满足社会、社区和市民的多元需求，提供更多个性化和综合性的服务选择与发展路径。

实践效果：

首先，创新构建起认证规范、政策完备、育管并举的社会企业培育发展制度体系。在市级层面，在全国率先出台《关于培育社会企业促进社区发展治理的意见》，制定《关于改革公共服务供给体制机制加快社会企业培育发展的通知》《关于发挥工商行政管理职能培育社会企业发展的实施意见》等涵盖认证、培训、孵化等 7 个方面的重要配套文件；在区县级层面，7 个区制定出台社会企业的专项扶持政策，在社区建成微型孵化基地 22 个。

其次，切实促进社会企业产业链条的加快形成，契合社区居民的多样化需求。目前，成都市已有中国慈展会认证和成都市认证的社会企业累计 73 家，社会企业数量位居全国前列，涌现出朗力养老、黄大姐保洁、中和农道等一批优秀的社会企业。从申请参加社会企业评审认定的机构来看，60%以上申报机构的关注领域集中在社区发展、乡村振兴、青少年（儿童）教育、医疗健康、养老等社区服务类项目，初步构建起针对社区特殊人群和小区院落治理的 2 个产业链条，有效弥补公共服务社会主体不足的问题，不断适应群众的多元化生活需求。

第三，有效探索运用社会力量解决社会问题、推动社会治理创新路径。社区是社会企业发挥作用的主阵地，社区巨大的服务需求，为社会企业的发展带来广阔空间，吸引各类优质社会主体和资源汇聚到社区发展治理领域。2019 年举办“社区服务”供需对接会，发布社区需求项目 500 余个，解决供需信息不对称问题。召开社会企业主题峰会，吸引国内外 200 余家社会企业参会。

案例 17：综合保税区“三并联”快速通关模式。

成都高新综保区积极推进“三并联”快速通关模式改革，鼓励企业和报关行在货物进出区之前便提前进行报关申报、备案车辆信息、绑定核放单等，并增加卡口光学号牌自动识别、电子运抵自动触发放行、通关信息自动推送等功能，实现生产、运输、报关、查询、审批等多环节“并联”提速，大幅提高卡扣通行效率，降低物流成本。目前，该做法已在海关总署备案。

主要做法：

首先，货物启运和报关申报并联。实行“提前报关”制，进区和出区货物均通过“智慧综关”信息化系统提前报关，车辆出发前在线进行货物申报、车辆备案及运抵信息预录入等，取消货物运抵园区后才能报关的限制，实现货物启运与报关并联。

其次，货物运输和报关查询并联。加强物流、海关等多部门数据互通，整合货物通关、物流、核放绑定等状态信息，在货主、报关行、司机间实现共享，货主、司机在货物运输中，即可通过微信公众号在线实时查询货物通关状态，接受报关行业务指引，协调安排货物运输进度，实现报关信息查询和货物运输并联。

第三，货物运抵和通关查验并联。精简出入区单证手续，取消 IC 卡制作与申领、场站录入信息并打印运抵报告、待检区等待查验等环节，深化通关数字化、智能化管理，车辆驶至外卡口后，自动感应触发车辆信息和预录入数据比对，自动生成运抵报文、自动反馈放行指令，全面实现运抵、查验信息电子化、无纸化并联，提升监管效能及通关效率，降低通关成本及录入错误风险。海关布控查验信息在货物运抵内卡口时方能获取，避免出现逃避海关监管等问题，进一步降低监管风险。

实践效果：

首先，通关效率明显提升。将人工审核作业和人工干预环节由原来的 9 个整合为 4 个，载货入区车辆整体平均通行时间由原来的 3.27 小时缩短至 30 分钟，载货出区车辆整体平均通行时间由原来的 2.1 小时缩短至 3 分钟。

其次，通关成本大幅减少。减少了 IC 卡制作与申领、场站录入信息并打印运抵报告、待检区等待查验等环节，以及自动运抵代替人工运抵，直接减少以往场站收取的制卡、制单等费用，降低企业通关成本，企业单次费用降低一半以上。

第三，人工审核风险显著降低。报关行仅需录入一次车辆、货物等信息，实现自动推送、数据自动比对、信息智能化提示，减少以往的数据在不同环节需要多次、反复人工录用和干预，避免人为操作错误和人工干预。

案例 18：基于区块链技术的知识产权融资服务平台。

四川自贸试验区启动全国首个基于区块链技术的知识产权融资服务平台建设，有效满足知识产权融资需求，降低融资成本，提高融资效率，促进科技成果转化。

主要做法：

首先，组建项目公司实体化运作。2019 年 8 月，成都天府新区科技投资有限责任公司、成都知识产权交易中心共同发起设立成都知易融金融科技有限公司，具体负责建设基于区块链技术的知识产权融资服务平台。成都天府新区科技投资有限责任公司、成都知识产权交易中心为平台提供知识产权、金融行业资源和政策支持。

其次，建设服务平台系统化运行。平台系统一期建设于 2019 年 12 月完成，通过人行成都分行营管部组织的系统建设验收，并于 2019 年 12 月在第三届天府知识产权峰会上举行启动仪式。该平台由区块链底层技术系统、知识产权数据链式管理系统、知识产权融资业务链式系统构成，通过区块链技术实现融资过程中数据资产多层穿透、资产信息实时全程监测，重塑融资服务产品信任机制和有序交易场所。该平台是有效连接、多元融合知识产权、金融、区块链技术的全新探索，是商业模式创新、金融工具创新的有效实践。

第三，探索知识产权融资业务模式。整个业务链条大致可分为获客、授信、登记、放款四个步骤，通过基于区块链技术的时间戳、链式数据结构、分布式账本、集体共识、公司钥、智能合约等特点，增强企业数据可信度，提高融资供需匹配效率。平台运用区块链技术，以企业本身知识产权评价评估为核心，以企业经营状况为保障，利用区块链不可篡改、打通数据、智能合约等特性，重塑“信用”机制，同时提高造假成本，降低知识产权融资风险。平台利用区块链技术打通知识产权与金融的通道，通过刻画分析融资方、资本方、服务方所有行为和操作，保证融资过程的公开、公平、公正，为各方创建一个可信交易环境，优化和简化融资流程，提高知识产权融资效率，进一步扩大知识产权融资规模，助力知识产权成果的转移转化。

实践效果：

首先，提高链属企业融资成功率。平台通过区块链技术实现融资过程中数据资产多层穿透、资产信息实时全程监测，重塑融资服务产品信任机制，解决中小企业、银行、增信机构、监管机构间的信息不对称问题，汇集众多知识产权融资主体、金融机构和中介服务机构，大幅提高链属企业融资成功率。目前，已完成知识产权质押融资授信 27 笔，授信额 2.55 亿元。

其次，降低知识产权融资综合成本。融资流程中涉及的评估、担保等第三方公司逐步上链，融资涉及过程和结果均进一步标准化，利用区块链的不可更改性和共识性，提高相关知识产权融资数据可信度，减少信息不对称，避免金融机构重复尽调，降低尽调成本和沟通成本，同时提高造假成本，增强企业数据可信度，降低融资风险。由合理的加密、压缩算法保持相对较低的数据上链成本，通过标准化作业提高融资效率、降低融资人工成本和时间成本。

第三，培育知识产权融资产业链。平台已初步实现知识产权、融资企业、金融产品、金融机构、业务流程“五个上链”，引入农业银行、成都银行、民生银行、成都知识产权交易中心、成都中小企业融资担保公司、“天府知来贷”、“科创贷”等部分金融机构、金融产品、专业服务机构的节点部署与上链，极大地增强链属企业业务黏性，形成知识产权融资产业链各环节的良性循环。

案例 19：“信用预审+全程导办”集群注册企业开设模式。

四川自贸试验区在有序推进“证照分离”改革的同时，创新推行集群注册企业“信用预审+全程导办”监管模式，将“信用监管”贯穿于市场主体注册登记及事中事后全过程，同时引入商业银行为企业提供全生命周期的导办服务，在加大风险防控力度的同时，提升集群注册企业监管和服务质效。

主要做法：

首先，政银携手建立风险预警体系。行政审批局（市场监管）、中国（四川）自由贸易试验区天府新区自贸办与商业银行三方合作，加强对各部门特别是银行相关信息的整合，构建“风险预警信用平台”。该平台充分利用商业银行社会信用信息完善、信息更新实时、信息查询便捷等优点，与政府相关监管部门的信用信息库相连接，形成具有信息存储、信用查询、风险评估和预警提示等功能的监管机制，构建集群注册企业信用风险预警体系。

其次，实行集群企业注册登记信用预审。商业银行在政务大厅服务专区设立导办窗口，利用“风险预警信用平台”对申请集群地址注册的投资人进行实时信用信息查询，根据系统反馈对其进行风险评估和信息标注，为信用良好的投资者绿灯放行，并免费提供全程导办服务；对信用不良的投资者红灯预警，将相关信息反馈至政府监管部门进一步审查，并指导投资人通过实际办公地址提交注册。

第三，为企业提供全生命周期的政务+金融服务。导办窗口通过线上、线下两种渠道，为合格投资者提供企业登记注册、刻章备案、税务报道、银行开户、信贷融资等一站式的免费导办服务。通过政务部门与银行机构信息共享和联动服务，促使传统政务的审批监管智能转型升级，实现“政务+金融”的有机融合，高效缩减企业开办时间及成本，大幅提升政务体验。

第四，强化预审信息后期运用。积极推动银行及各事中事后监管部门共享预审信息，加强信用数据的衔接互通，并依据投资者信用优良程度对集群注册企业进行分类监管。在注册登记环节，对信用较差的企业进行标注预警；在事中事后监管环节，对已标注企业进行重点关注，企业一旦出现失信违法行为，即对其经营活动进行相应的约束；同时对集群注册企业进行批量查询和定期“体检”，实现对集群注册企业全生命周期的动态监管和风险防范。此外，企业完成注册和银行账户开立后，银行持续跟进企业正常经营情况，一方面与行政审批局共同监测企业合法经营，另一方面为信用良好的企业提供贷款融资等普惠金融服务，支持企业经营发展。

实践效果：

首先，取得“信用预审”风险预防实效。目前，通过“信用预审”模式，已从 7 171 户集群注册企业投资人中识别出 42 户存在失信情况。其中 11 家企业重新组建合格投资人后再次办理集群注册登记，4 家企业投资人积极履行完毕前期应尽义务，并待法院恢复失信被执行人身份后，再次前来办理集群注册登记。

其次，创新政务服务模式，降低后期管控风险。通过银政联动创新服务模式，推行“信用预审”，提前掌握注册市场主体相关信用信息并进行动态风险管控，有效解决企业不在注册地办公监管难、企业不按照注册经营范围开展业务等问题，从而降低后续审批和监管风险，有力推动自贸试验区企业的高质量发展。

案例 20：“天府专线”跨境物流新机制。

为解决邮政物流国际终端费上涨、货物周转时间长等问题，四川自贸试验区发挥邮政网点分布广、覆盖人群多、运输安全性高等优势，在跨境电子商务试点基础上，创新开设跨境物流“天府专线”，以市场化方式构建“专线直航+快递联运”跨境物流新机制，获得中国邮政总公司的肯定并拟向全国邮政系统推广。

主要做法：

首先，按照预清关规则建立货物信息传输机制。四川邮政整合本地美国直航渠道资源，与杭州泛远国际物流股份有限公司、美国邮政官方指定运输合作伙伴 International Bridge 搭建起天府专线（中美）物流合作框架。杭州泛远拥有丰富的美国路线航空资源和专线运输经验，是美国 IB 公司在国内的独家代理。四川邮政通过杭州泛远公司与美国 IB 公司数据端口对接，将货物数据实时传输至美国 IB 公司。同时，四川邮政根据美国预清关规则要求，在成都仓设立 24 小时监控摄像头，为美国海关开展远程预查验提供条件。

其次，根据双方海关要求做好直航前准备。四川邮政成都仓库按美国绿色清关要求包装分拣货物至机场快件中心。四川邮政数据组负责货物信息流转，包括根据 9610 出口申报要求，代客户上传三单信息（订单、支付单、运单信息）至海关总署，接收货物运抵快件中心的运抵报告，进行包裹绑定空运运单的货物申报等。四川邮政关务组负责货物流转，在海关完成随机布控查验、货物数据回执查验后，再协助海关现场查验，待全部货物放行后装车转移至机场货站，等待天府专线运输。

第三，建立与美国绿色清关对接的进口申报机制。根据合作协议，“天府专线”货物的中美直飞航空运输由美国 IB 公司全程负责管理。由四川邮政合作方美国 IB 公司将附带中国预审查结果的货物数据发送至美国海关，进行美国预清关申报。货物抵达目的地机场后，美国海关根据绿色清关要求完成“天府专线”货物查验清关和放行等环节。“天府专线”货物配送“最后一公里”由末端快递 FEDEX 完成。

实践效果：

天府专线是邮政“专线直航+快递联运”跨境物流新机制，充分利用国际快速通关规则，实现国际邮件揽货、仓储、清关、运输、派送等环节无缝衔接。“天府专线”把传统机制下 15—25 天的运输时间压缩至 7—9 天完成，提升物流效率；收费比市场同类产品低 40%左右。中美专线开通后，四川自贸试验区邮政公司陆续推出中欧、中澳“天府专线”。

案例 21：制造业供应链金融订单融资模式。

为增强金融服务实体经济功能，中国（四川）自由贸易试验区探索供应链金融订单融资服务模式，聚焦环保类制造业中小企业，依托尾气催化净化器产业链的核心企业信用、真实交易背景和物流、信息流、资金流闭环，为符合条件的汽车尾气净化催化器（剂）高新技术企业提供低成本、快捷高效的金融服务。

主要做法：

首先，授信银行进行全产业链资信调查。授信银行在催化器（剂）企业与上游玉柴、重汽等发动机制造企业签署订单合同后，应催化器（剂）企业的申请，对贸易背景真实性进行判断。授信银行不单纯审核申请企业的基本面资信状况，而是深入研判申请企业的生产经营情况、技术优势与发展潜力，实地走访上游采购商，研究尾气催化净化器（剂）产业链特征，并同时接入玉柴、重汽等企业的订单 ERP 信息系统，核实订单真实性，从源头控制放贷风险。

其次，闭合式资金运作降低还款风险。授信银行在确认企业贸易背景真实性基础上，以订单项下的预期销货款作为主要还款来源确定授信规模，将订单交付所需原材料货款直接支付至申请企业，申请企业定向购买原材料用于生产，待产品实际交付后，由订单采购商按约定将货款支付至银行指定账户，用于扣除贷款。

第三，政银合作打造供应链金融生态圈。在尾气催化净化器（剂）企业成功获得订单融资，实现“订单促融资、融资助生产、生产保还款”的供应链金融服务新模式之后，中国（四川）自由贸易试验区天府新区高新片区以盈创动力科技金融服务平台为中介，出资建立产品专项风险资金池，降低银行风险敞口，银行再对资金池放大 10 倍，使得重点领域成长性企业通过商业订单作为有效增信手段。采购商、供应商、企业、金融机构有机联动，通过信息互享互通核实贸易真伪，创新融资支持方式，打造供应链金融生态圈。

实践效果：

中自环保作为国家火炬计划重点高新技术企业，在尾气催化净化器（剂）产业链内掌握催化核心技术，为发动机制造类大型国企提供满足国 6A 或国 6B 排放标准的汽车尾气净化催化剂，在没有提供实物抵押与担保的情况下，民生银行基于玉柴订单向中自环保授信 1. 5 亿元，兴业银行基于重汽订单向中自环保授信 1 亿元，随后又获得中国银行 2 亿元纯信用贷款。2019 年，中自环保营业收入突破 10 亿元。由于前期订单融资帮助企业解决了燃眉之急，企业呈现日趋向好态势，进入高速发展阶段，中自环保预计 2020 年报证监会辅导，正式申报科创板。

案例 22：行政许可现场勘验（评审）标准化模式。

四川自贸试验区推行行政许可现场勘验（评审）标准化模式，有效解决现场勘验（评审）行政许可中作业不标准、行为不规范、流程不完善、监管不力等问题，有效压缩现勘时间，提升办事效率，强化勘验标准，实现监管可控。实施以来，现场勘验（评审）时间从过去的 20 个工作日缩短至 5 个工作日，工作耗时缩短 75%。该模式于 2019 年 7 月获《国办要情》采用。

主要做法：

首先，建立作业标准，破解作业文件“散”的问题。依据各行业行政许可事项现场勘验（评审）涉及的相关法律、法规、规章及规范性文件，结合企业 ISO 质量管理体系的先进经验，引入标准作业程序管理模式，围绕作业流程量化、作业标准可依及程序可控的目标，针对行政许可现场勘验事项设计标准勘验蓝本，编制《行政许可现场勘验（评审）标准作业指导书 SOP》。

其次，建立流程标准，改善工作流程“长”的问题。制定《相对集中行政许可事项现场勘验（评审）实施意见》，规范行政许可涉及现场勘验（评审）事项的启动、组织实施、结论形成、资料移交等程序，细化各环节中关键节点、勘验要点、资料归集、工作要求等内容。现勘工作人员基于此套标准程序建立直观实用、高效规范的现场勘验和专家评审工作流程图。

第三，建立监管标准，化解工作风险“多”的问题。建立现场勘验（评审）“三联合”监管机制，以联合工作、互相监督方式对现场勘验（评审）工作的事前、事中、事后进行全程监管。强化事前联合指导，对各环节超期预警、全程监督，明确告知现勘事项的程序和所需资料，并出具联合行政指导意见书。强化事中联合勘验（评审），相关部门和行业专家联合勘验、联合评审，并一次性出具勘验（评审）结论意见书。强化事后联合验收，在规定的时限内，对现勘需求的建设项目进行联合验收。

实践效果：

首先，压缩现勘时间，提升办事效率。现场勘验时间由 20 个工作日缩短至 5 个工作日，累计完成现场勘验（评审）9 867 件，现场勘验（评审）综合效率提高 60%以上。

其次，强化勘验标准，实现监管可控。现场勘验（评审）工作小组对勘验项目、勘验标准、勘验人员、勘验结论等进行标准化管理，为现场勘验工作人员提供技术支撑，实现行政许可事项现勘（评审）质量全流程可控，避免违规踏勘、人情踏勘等不良现象，遏制现场勘验（评审）过程中的自由裁量权。

案例23：综合保税区设备零配件可追溯便捷监管模式。

综合保税区内企业在实际生产中，存在大量随整机进口的设备零部件，损坏后需要出境（区）更换，或者报废后单独出区，现行规定下这类零部件出区较为困难。为贯彻自贸区建设总体方案要求，满足企业实际需求，成都海关和企业共同探索实施可追溯便捷管理模式，在企业主动对设备零配件实施可追溯管理基础上，对随设备整机进口未独立申报并且需要出境（区）进行调拨、更换、报废的设备零配件，实施便捷进出管理模式，实现设备零配件快速通关。

主要做法：

首先，政企合作实施零配件可追溯管理。与企业合作建立信息化生产管理系统，打通政企数据共享，明确随整机进口零配件与有报关记录的整机对应关系，对该部分零配件单独进行编号，及时准确记录零配件进口、替换、领用、入库等使用状态，保证零配件在出境（区）时海关能够获取零部件随整机进口后在区内使用的全流程记录。

其次，建立设备零配件便捷出境方式。在企业实施零配件可追溯管理基础上，针对没有进口报关记录，随整机进口的设备零部件，采用不与海关电子账册相关联的方式，以“退运货物”监管方式直接申报出境，支持企业在生产设备升级换代过程中，快速灵活调拨设备零配件。

第三，建立零配件管理动态监管机制。海关定期核查企业零配件可追溯管理系统，核查对象为符合国家减免税政策并且没有进口报关记录的零配件，核查重点是这类零配件的进、出、转、存等关键环节的记录情况，特别是企业申请将超出监管期限设备零配件运送出区时，进行严格彻底查验。

主要创新：

该模式的主要创新在于，针对随整机进口没有报关记录，但需要出关的设备零部件，突破原有监管机制中必须重新记录入账而后出关的流程，在与企业合作建立信息共享的零配件管理系统的基础上，采用不与海关电子账册相关联的方式，以“退运货物”监管方式直接申报出境，形成可追溯的便捷监管模式，大幅提升监管效率，实现企业快速灵活调拨设备零配件。

实践成效：

首先，企业生产灵活性明显提升。原有模式下，随整机进口的设备零配件没有进境（区）申报记录，导致企业无法向供货商返还旧零配件，不能及时更新设备，只能重新从境（区）外采购。新模式下，企业能够根据市场订单变化情况，快速对生产设备进行更新换代，效率明显提升。特别是对全球布局工厂的集成电路生产型企业，可实现在不同国家的工厂灵活调拨核心设备（晶圆切割、封装测试等机器）的关键零部件，更好适应国际市场的形势变化。

其次，企业设备零部件采购成本显著降低。原有模式下，随整机进口并且没有单独申报的设备零部件废旧后，必须等待解除监管后统一出区处置，长期占用仓储空间。新模式下，企业将部分设备更换下来的二手零配件重新返还给供应商，通过以旧换新方式采购零配件时成本更低、周期更短，目前试点企业已通过该便捷模式调拨、退换零配件430余票，涉及货值约8 500万元，节约运营成本上千万元。

第三，海关监管精准度显著提升。原有模式下，没有报关记录的设备零配件属于海关的监管盲区，无法充分掌握企业设备零部件管理数据和信息。新模式下，海关可利用可追溯管理系统掌握全面的零部件状态数据，降低对企业生产经营的影响，同时有效防控执法风险。

案例24：知识产权刑事案件双报制。

成都高新区人民检察院打破以往检察机关习惯

坐堂办案的被动工作理念，积极发挥司法能动作用，依据《宪法》《刑事诉讼法》等赋予检察机关的法定职权，建立知识产权刑事案件“双报制”，强化对自贸片区内市场主体知识产权的司法保护。该制度的着力点在于引导权利人在知识产权司法保护的最佳时机、节点向检察机关同步报案，启动知识产权保护法律监督，使检察机关尽早尽快参与维权环节，有效解决权利人所面临的取证难、立案难的问题。

主要做法：

首先，成立精英专班，建立一体化知识产权保护机制。聚集刑事检察、民行检察部门的业务精英，成立知识产权“专班”，打造出刑事、民事、行政“三检合一”的检察一体化保护知识产权机制。成立“高新检察智库”，加强对自贸试验区内各类新型案件的法律适用实务性和前瞻性理论研究，为具体案件办理提供外脑支撑。2018 年，又升级打造更加专业化、精英化、品牌化的“高小智”检察官云工作室，实现精英团队办精品案件。同时，还与国家知识产权局专利局专利审查协作四川中心建立合作关系，为知识产权案件中的疑难复杂问题提供技术支持。

其次，制定工作规程，规范办案程序。高新区人民检察院为推行和规范知识产权刑事案件“双报制”，制定《知识产权案件“双报制”工作规程》，制作《知识产权“双报”案件登记表》《知识产权“双报”案件引导侦（初）查记录表》，促使办案人员对每一件双报案件及时登记、持续关注、规范办理、有效反馈。同时，制作简洁明了的办案流程图，易于报案群众理解、便于办案人员操作。通过严格的制度保障，提高“双报制”规范性和可操作性。

第三，畅通报案渠道，拓宽案件来源。知识产权案件“双报制”的关键在于权利人知晓并积极向检察机关报案。知识产权权利人的合法权益受到侵害后，在向公安机关报案的同时，通过成都高新区检察院的知识产权双报平台，向成都高新区检察院报案。对此成都高新区检察院开通传统邮路（在辖区各邮政网点提供免付邮资的快递信封）、电子邮路（知识产权报案专用邮箱）、电话线路（12309 服务热线及知识产权报案专线）、新型网络（“高新智慧检察”手机应用软件及官方微信公众号的“知识产权保护”板块）“四合一双报渠道”，让权利人方便快捷报案。第四，依法进行初查与处置，建立报案反馈机制。检察机关接到报案线索后，立即启动法律监督职能，对线索进行初步审查。如果确实涉嫌刑事犯罪，则迅速启动刑事立案监督职能，监督公安机关对该线索立案侦查或引导其开展侦查；如果线索反映未涉及刑事犯罪，则启动民事行政诉讼监督职能，引导权利人依法通过民事、行政程序维权，并为其提供法律帮助。

实践效果：

首先，维权更便捷。以往，知识产权权利人在遭受侵权后，不知向谁报案、如何报案，报案后还需要反复打听进度。知识产权案件“双报制”在传统的向公安机关报案的途径之外，明确了向检察机关报案的双轨报案途径，并为权利人提供多种快捷便利的报案渠道和反馈机制，权利人能够轻松快捷报案、及时知晓办案进度。

其次，维权效率更高。以往，权利人的知识产权遭受侵犯后，从准备报案材料，到判决生效执行，耗时极长，损失不能及时挽回，日常经营停滞，旷日持久，讼累重重。知识产权案件“双报制”推出后，权利人能第一时间寻求检察机关启动法律监督职能，对案件的关键点进行引导，有效提高侦查取证效率，避免错失取证良机、防范侵权人转移毁损证据和违法所得，及时推进案件进入诉讼程序。知识产权案件“双报制”启动后，案件从公安机关接受报案到检察机关提起公诉的周期从平均每案 22 个月压缩到 18. 6 个月。

第三，维权力量更强。“双报制”突破以往“公安机关和检察机关各办一段，检察机关刑检部门的批捕、公诉承办人互不通气”的单独作战局面，检警合作更加紧密，实现知识产权的维权力量优化整合。一方面，集成检察机关内部的审查逮捕、审查起诉、民行监督办案力量，提供全流程、全方位的检察办案保障。另一方面，促进检察机关和公安机关的协调配合，通过立案监督、提前介入和引导侦查，形成更强的检警合力，内外一体联动，前后衔接顺畅。

第四，办案效果更突出。知识产权案件“双报制”启动后，检察机关收到的案件线索是2016年的4倍以上。成都高新区办案数量从启动前的总共5件增加到启动后2年内19件，仅2018年一年就达到9件；涉案金额从启动前的共120多万元，增长到启动后的1.04亿元左右。多起案件中，检察机关还促成犯罪嫌疑人主动退赔，有效避免犯罪嫌疑人转移财产，帮助权利人及时挽回损失。仅2018年一年，就帮助权利人挽回损失231万元，已判案件的罚金数额达400余万元。

案例25：空港口岸海关“智慧旅检”模式。

成都海关借助科技手段，以整合资源、提高通关效率和监管效能为突破口，开展“全域通”二期旅客通关智能化建设，实现客货齐驱，打造一流的旅客通关监管模式。

主要做法：

首先，实行托运行李智能预检。在机场国际到达行李转盘隐蔽处配备4套CT机，对进境旅客托运行李实施100%前期机检，通过CT机远程图像和人工甄别相结合，综合分析物品的形状、密度、原子序数，实现智能审图、自动报警，对毒品、枪支弹药、象牙等禁限类物品可准确标识，平均判图时间为仅3秒。

其次，打造进境旅检智能通道。将原有3条普通通道改造为8条智能化通道，配备RFID自动识别及报警系统和通道闸机控制系统，可录入或批量导入风险人员名单，实现高风险行李、人员的自动报警拦截，在有效捕捉高风险人员同时提升普通旅客通关效率。

第三，设置托运行李智能查验台。配备具有三维图像查看功能和防爆功能的智能查验台，关员可对照被查验行李的先期机检三维图像进行开箱查验。智能查验台可对执法过程进行录音录像，将嫌疑行李信息、旅客信息、执法过程等碎片化信息进行集中绑定，方便后期查阅调取。

第四，组建智慧旅检指挥系统。搭建旅检指挥分中心、数据分析中心、智能监控中心，形成智慧旅检智慧系统，与智能审图、智能通道和自动通关三大系统相联动，加强信息联动和共享，拓展旅客进出境相关信息源，完善口岸各部门联防联控机制，提升现场管控手段和效果。

主要创新：

首先，优化通关查验和监管模式，实现风险信息与前道集中判图相结合、布控拦截与即决查验相结合、后道处置与监督反馈相结合，进一步巩固传统监管模式的薄弱环节，全面提升口岸正面监管和查缉管控能力。

其次，优化旅客通关流程，将传统集中于过关通道的“纺锤形”通关模式优化为前推后移的“哑铃式”通关模式，以科技应用实现旅检空间的均态分布和旅客人流的再分布。

实践成效：

首先，提升旅客通行能力，通关效率大幅提升。在现有场地和人力资源条件下，单个旅客平均通关时间由原来的6—8分钟缩短至2—3分钟，每小时可检测行李3 000余件，旅客排班等待现象大幅减少，通关满意度明显提升。

其次，提升通关监管效能，查缉能力明显提升。新模式实施以来，机检查验从完全依靠人工图像分析向“智能判别+人工分析”转变，小克重象牙制品识别率提升至100%，珊瑚制品识别率提升至100%，管制刀具和象牙的智能审图检出率提升至99%以上，手机、平板电脑、笔记本电脑、手表、单反相机及镜头、酒、奶粉、香水8类应税商品最低检出率提升至99.8%以上。2年来，双流国际空港口岸共查获毒品案件2起、管制刀具400余把、仿真枪11把、印刷品上千册，象牙和珊瑚制品查获量达到近百公斤。

案例 26：管辖权异议诚信诉讼机制。

泸州市龙马潭区法院自贸区法庭秉持先行先试的理念，围绕“以公正为本，更加突出效率优先”的目标，立足审判职能，充分发挥“诉讼引导、风险告知、惩戒机制”调节当事人诉讼行为的杠杆作用，认真总结经验，形成规范管辖异议的诚信诉讼机制。

主要做法：

首先，完善诚信诉讼权利义务告知机制，对管辖权异议提起予以规范。制定标准化、格式化的管辖权异议申请表，当事人提起管辖权异议时一并向当事人送达《应诉通知书》《诉讼权利义务告知书》《滥用管辖权异议风险提示书》等诉讼文书，在立案环节固定当事人提出管辖权异议的理由、依据，同时在申请表中列明滥用管辖异议后果告知条款、诚信承诺条款，明确告知申请人滥用管辖权异议的风险，为甄别、惩戒滥用管辖权行为提供依据。

其次，在法律框架内明确滥用管辖权的具体情形，为规制滥用管辖权异议提供依据。从诚信诉讼原则出发，结合相关司法解释，明确规定 9 种不予审查的管辖权异议类型。同时根据司法实践，明确 7 种滥用管辖权异议的具体情形，为滥行管辖异议的快速审查、甄别提供参考，填补司法解释对滥用管辖权异议具体情况的认定空白。

第三，形成“立案-甄别-受理-审查-处置”的系统化速裁模式。立案阶段制定标准格式的管辖权异议要素表，固定当事人申请管辖权异议的事实理由、证据、法律依据。对管辖异议进行初步审查，对是否存在滥用管辖权异议有争议的，及时组织听证，法院认定存在滥用管辖权异议情形，及时向当事人释明，若当事人坚持提出管辖异议，则依法作出驳回管辖权异议申请的裁定。当事人坚持上诉并被二审法院裁定维持的管辖权异议，法院可依情节对当事人采取惩处措施。

第四，建立滥用管辖权异议的联合惩戒机制。在“有分歧、不处罚”原则的指导下，明确滥行管辖异议的法律责任，形成法院依职权处罚与违约责任、侵权责任、信用惩戒多种方式结合的联合惩戒体系。滥用管辖权异议的，法院可以依职权对其予以训诫、罚款、拘留，对多次滥用、情节严重的，通过媒体曝光、向相关监管部门进行失信通报或发送司法建议函的形式进行信用惩戒；支持原告对滥用管辖权异议的行为提起侵权之诉；引导商事主体在商事合同中约定滥用管辖权异议的违约责任，违反约定提出管辖权异议的当事人需承担违约责任。

实践效果：

首先，实现对管辖权异议的规范化行使，切实提升民商事审判效率。经统计分析，在实行规制管辖权异议之前的 2015 年至 2017 年，龙马潭区人民法院共受理管辖异议案件 97 件，其中明显不符合法律规定或事实的占 65%，向法院提出管辖异议申请同时提供证据的仅占 2%。以 2017 年为例，龙马潭区法院受理管辖权异议 20 件，一审裁定驳回 18 件，驳回率 90%；上诉维持 19 件，维持率 100%。推行管辖权异议诚信诉讼机制以来，强化对当事人“滥用诉权风险”告知提醒，有效规制部分当事人恶意拖延诉讼的行为。据统计，2018 年龙马潭区法院受理管辖权异议 53 件，较 2017 年增长 33 件，在增幅达 165% 的基础上，申请人在审查过程中撤回 23 件，撤回率同比上升 43%；一审裁定驳回 18 件，驳回率 33%，同比下降 57%；上诉 7 件，上诉率 13%，同比下降 82%，管辖权异议案件“四高一长”的现象得到有效缓解，审判效率显著提高。

其次，强化诚信诉讼原则在司法实践中的应用，进一步优化川南临港片区的法治化营商环境。诚信诉讼原则系民事诉讼的一项基本原则，自贸区法庭通过立足审判职能，坚持以预防、指引与惩戒相结合的方式，以案释法，提高非诚信诉讼行为的违法成本，强化司法震慑功效，倒逼诚信诉讼联合惩戒体系的建立。

第三，形成规制滥用管辖权异议的实践样本，为上级法院完善管辖权异议制度提供参考。自贸区法庭创新开展的管辖权异议诚信诉讼机制，形成较为完整的“立案-甄别-受理-审查-处置”制度体系，为保障当事人的诉讼权益，引导当事人合法行使诉权，提高诉讼效率，营造诚实信用、便捷高效的自贸区营商环境，自贸区法庭制定一系列规范文件。目前，管辖权异议诚信诉讼机制已在泸州全市范围内复制推广。相关规制滥行管辖权异议的工作机制为上级法院完善管辖权异议制度提供了一定的参考蓝本。

案例 27：证照通“1+X”审批模式改革。

天府新区政务服务中心以办“一件事”“仅跑一次”为基本服务理念，通过事项重组、流程再造、信息共享，实现跨部门事项“无缝对接、集成办理”，构建“宽进、快办、严管、便民、公开”的“证照通 1+X”联办审批服务新模式。

主要做法：

首先，事项重组，明确“证照通 1+X”联办事项清单。以“一件事”所需办理的证照，按照“能合尽合、能联尽联”的原则，对涉及准入准营的各类事项进行分类梳理，着力解决审批服务政策公开不全面、不精准的问题，推行政策咨询细致化、全面化，办事指导个性化、精准化，先期将涉及医疗、教育和文化等领域的 66 个事项纳入联审联办、证照联办试点，形成首批“证照通 1+X”联办事项清单。

其次，流程再造，形成“证照通 1+X”联办工作标准。“一窗受理”是在新区政务服务中心原有无差别综合受理窗口的基础上，设立“证照通”窗口，实现“全科受理”。申请人办理“证照通”有关事项时，根据需求自愿向“证照通”窗口申请，并一次性提交有关材料，窗口对材料核查通过后予以受理。“一套材料”是各有关部门对“证照通”事项有关材料进行精简整合，相同信息“一次采集”，减少重复材料提交。“一次告知”是在“证照通”窗口对申请人提交的材料进行初审，申请材料齐全的，进入审批流程；材料不齐全的，当场一次性告知申请人需要补交的全部材料，对于非关键性材料，实行承诺“容缺受理”。“并联审批”是对涉及多部门审批的联办事项，由“证照通”窗口通过内部人工流转的方式实现。“统一发证”是各审批部门完成后台审批后，及时将审批结果反馈“证照通”窗口，由“证照通”窗口统一发证，原则上通过邮政快递方式送达，让群众少跑腿。

第三，信息共享，构建“证照通 1+X”联办事项信息集成化。对原先分别提交的各类申请表格、申请材料进行详细梳理，按照信息共享的原则，制作集成化的办事申请表，精简原有多个部门分别收取的重复信息、重复资料，实现相同信息“一次采集”。材料审批过程中转变思路，由以往群众和企业带着同一批审批材料跑不同部门去审批，改为部门间数据交互流转，实现“人不跑，数据跑”，跨部门事项“无缝对接、集成办理”，推行许可服务事项联审联办，变串联审批为并联审批，将多次申请、分段办结变为一次申请、一次办结，打破部门间信息壁垒。结合商事登记制度改革，以商事登记审批结果互认替代审批材料重复审查，彻底解决企业在多个部门多趟审批同一事项的现象。

实践结果：

2018 年 6 月启动“证照通”行政审批服务模式，打破部门之间信息壁垒，围绕方便群众和企业办事，将涉及医疗、教育、文化等领域的行政审批事项纳入联审联办、证照联办，按照“减环节、减材料、减时限”的要求，规范“证照通”审批事项办理指南，优化“证照通”改革方式，材料缩减率达到 26. 8%，平均压缩企业开办时间 2 天，实现跨部门事项“无缝对接、集成办理”，办“一件事”全流程“仅跑一次”。此项改革实现政务服务模式上的“四个转变”：一是在行政理念上，实现由以政府（部门）为中心，向以群众为中心的转变；二是在审批方式上，实现由串联审批向并联审批的转变；三是在运行方式上，实现由部门各自为政，向信息共享、协调联动的转变；四是在改革结果上，实现从“多次跑路”到“仅跑一次路”的转变。自实施以来，共接受咨询 2 425 人次，受理“证照通”事项 69 个，办结事项 48 个。

案例28：中欧班列（成都）试点宽轨段集并运输组织模式。

为充分利用宽轨段运能，在中国铁路总公司的牵头指导下，成都国际铁路班列有限公司与哈萨克斯坦铁路国有股份公司合作，在霍尔果斯率先测试试行中欧班列（成都）“三并二”集并运输模式，优化列车编组，有效节约运力资源和运输成本，进一步促进中欧班列（成都）“提质降本增效”。

主要做法：

首先，优化中欧班列国内始发组织与运输管控。在满足欧洲标准轨段承运人唯一、不进行不同到站混编等条件的前提下，成都国际铁路班列有限公司在中铁国际多式联运有限公司的牵头组织下，对国内始发中欧班列（成都）进行集并运输。成都国际铁路班列有限公司主动与参加试点的班列客户沟通，征得客户同意后，由成都国际铁路班列有限公司与中铁国际多式联运有限公司共同制定集并运输方案，方案里明确班列车次、发车时间、预计到达境内及境外口岸日期及交车时间，集装箱箱号、箱型、空重状态、欧洲承运人名称和到站等信息。成都国际铁路班列有限公司加强与成都铁路局、集装箱公司合作，优先保证中欧班列的箱、车供应，确保班列按开行方案准时发车。2018年11月2日、11月3日，由成都始发至波兰罗兹的三列中欧集并运输班列顺利发出。同时，成都国际铁路班列有限公司加强对集并运输中欧班列的国内运输盯控，并保持与霍尔果斯口岸的联系与沟通，确保三列中欧班列按时达到霍尔果斯口岸。

其次，强化国际合作推动集并转换的顺利实现。通过发挥中欧班列国际铁路合作机制和国内运输协调委员会的作用，成都国际铁路班列有限公司提前将中欧班列交接车次、编组情况、箱号、预计交车时间等信息向霍尔果斯口岸、阿腾格里口岸、马拉口岸等边境换装口岸以及运输路径上相关国家铁路联系人通报，以方便班列相关合作方做好班列集并转换与货物验收的准备工作。同时，做好与相关国家的海关、边检等相关部门的沟通协调，确保顺利交车。2018年11月6日，三趟测试班列到达霍尔果斯口岸后，分别交接到阿腾格里口岸，在阿腾格里口岸站重组为两列；班列抵达波兰马拉口岸后拆分重组为原三列班列，分别于11月17日、18日到达罗兹站。第三，完善方案细节，防控集并运输的潜在风险。为保障中欧班列“三并二”集并运输货物的安全性和运输实效性，成都国际班列公司制定完善应急处置方案并提前做好应急准备，通过GPS、物联网等技术做好运输盯控，重点把控集并运输班列集并转换等关键环节，积极防控集并运输的潜在风险。

实践效果：

2018年中欧班列（成都）共计组织测试12列“三并二”集并运输班列，全程运行时间约10—15天，与同期时效持平。实践表明，在运行途中的拆分、合并均未对班列运行造成不良影响。通过“三列并两列”，节约了宽轨段的运输成本，全程物流成本进一步下降并逐步构建起班列公司、铁路总公司、相关国家铁路、边境口岸站、海关、边检等多方参与的中欧班列国际协调格局。在中欧班列（成都）“三并二”集并运输试点取得成功的基础上，2019年3月17日中国铁路总公司制定出台《中欧班列宽轨段集并运输组织暂行办法》，标志着中欧班列宽轨段集并运输在全国全面推开。

案例29：服务贸易对外支付税务备案电子化。

四川省税务局率先在全国试点对外支付税务备案电子化，成都市双流区作为四川省自贸区的重要承载地，成为首批4个试点局之一，其服务贸易对外支付电子化项目是全国首个采用税务电子印章，并通过创新税务、外汇、银行三方数据实时共享机制来确保电子备案表唯一性的项目。通过对外支付电子化，符合条件的境内机构，无须到税务机关办理支付备案，即可直接在网上办理相关业务。

主要做法：

首先，建立部门信息共享机制。税务部门牵头建立《服务贸易项下对外支付税务备案表》电子化系统，联合外汇管理局和工商银行，打通三方数据库建立信息共享机制，在成都高新区先行试点，成都海光集成电路公司成为通过该系统进行第一笔电子化备案、在银行完成对外支付的企业。

其次，建立全流域业务电子化方案。针对申请、传输、修改、查验、盖章等主要环节进行全流程针对性电子化处理。一是网厅录入，经税务机关实名认证并且符合相关遵从要求（在线签署相关法律承诺书）的境内机构，可登录网厅填写《备案表》并上传凭证。在点击提交备案表前，境内机构可随时登录网厅进行修改或删除操作。二是提交备案，境内机构登录网厅提交备案表，系统对《备案表》进行自动编号并加盖对外支付专用电子印章，同时生成一个6位数的随机验证码，须由企业一并提供给银行网点。三是在线查验，银行网点将《备案表》编号和6位验证码录入“对外支付查验端”，根据自身内控要求进行查验。四是写入税务系统，在查验端确认的《备案表》会自动保存至金税三期系统，境内机构可到税务机关实体办税服务厅提出修改或删除。

第三，建立事后随机查验机制。外汇管理局建立服务贸易对外支付税务备案“双随机”抽查机制，每月随机挑选部分银行，重点审查“核验”环节执行的合规情况；随机抽查部分备案表，重点审查电子备案表归集情况，打印相关备案表，针对重点项目进行批注和审核，并加盖公章。

第四，建立风险控制“熔断”机制。依托税务机关金税三期系统的大数据建立内控模型，强化事中风险识别和防范，有效控制涉税及外汇管理风险。在紧急情况下，采用人机结合的方式通过“银行端”实现“熔断”操作，防止通过服贸途径恶意付汇，向境外转移资金和逃避税，切实确保外汇管理中的“三反”目标的实现。

主要创新：

采用“网厅先行录入，在外汇银行查验确认后完成金三数据录入”的方式，不仅为境内机构在实际支付前修改《备案表》提供便捷操作途径，同时还可确保税务机关金税三期系统所记录的正式备案支付信息与外汇管理部门记录的实际支付信息完全一致，有效解决现有模式下出现的信息不对称问题。全国首创采用税务备案电子印章，实现对外支付税务备案全流程电子化办理。实现税务、外汇、银行三方数据实时共享，确保电子备案表信息权威性和唯一性。

实践效果：

首先，大幅压缩业务时长，提升支付效率。原有模式中，从事跨境服务贸易的机构或个人跨境支付单笔达5万美元时，需前往当地税务主管部门填报纸制备案表，并加盖税务机关专用章，然后将相关纸制单证提交银行办理付汇，银行在受理此项业务时，也需对纸制单证进行人员审验，整个过程耗时较长，受人工干预多。目前的对外支付税务备案电子化方案，将过去的平均5—6天的办理时间缩短为3—5分钟，受到纳税人一致好评。纳税人可在去银行办理跨境支付实际付汇的当天进行税务备案，大幅提升此项涉税业务税务备案和银行付汇的办结效率。

其次，数据实时共享，减少伪造风险。在提供《备案表》网厅办理渠道的同时，通过“银行在线查验”的方式，有效实现税务备案数据与银行实时共享，彻底消除银行手工审核模式下面临的各类风险，确保《备案表》真实、准确、完整。

第三，防止补单操作，降低执法风险。在现有手工操作模式下，个别外汇银行迫于大客户压力，先行办理付汇，在面临上级部门检查时再临时通知客户到主管税务机关补《备案表》。个别主管税务机关迫于各类压力，配合境内机构进行补单操作，引发执法风险。采用“银行在线查验”方案后，可彻底解决事后补单问题，有效防范执法风险的同时，为基层办理相关事项减轻工作压力。

案例30：商事主体登记确认制。

商事主体登记确认制的核心是登记机关对申请人的市场主体资格和一般经营能力进行甄别，给予确定、认定后颁发《营业执照》，在实施中体现为“先照后证”，将市场主体资格与经营资格相分离，将前置审批事项改为后置审批，最大程度上减轻商事主体申请行政审批的时间成本。

主要做法：

首先，确认市场主体资格和一般经营能力。申请人申请工商设立登记，经申请材料形式审查后依法确认其市场主体资格和一般经营能力，颁发《营业执照》并对外公示。申请人取得主体资格后，可从事一般经营行为。从事须经许可经营项目的，在取得营业执照后在限定的时间内向相关许可部门申请许可证，并获得批准后方能从事特定经营活动。未能获得许可证的，市场主体仍然具有一般经营资格，可开展一般经营活动。

其次，行政确认主要登记事项。企业名称自主申报，放宽名称近似审查，取消企业名称预先核准环节；企业住所自主申报，允许一照多址，可与经营场所分离；企业经营范围自主申报，表述标准化、规范化。在登记环节，申请人对信用承诺、申报信息、提交材料的真实性负责，并独立承担相应法律责任。

第三，个体经营者从事一般性经营项目实行自愿登记。个体经营者从事无须取得许可的项目，允许其自愿选择市场主体资格登记确认，可不办理营业执照，申请人对登记信息真实性负责。市场监督管理部门对从事无须取得行政许可的一般性无照经营行为原则上不予行政处罚，在“泸州市企业信用信息公示平台”上设置“无照经营专栏”，将其信息进行公示。

第四，市场主体变更信息自行公示。市场主体对登记事项进行变更的，应将变更信息即时在“泸州市企业信用信息公示平台”自行公示。公示后可自愿择期到登记机关办理变更确认。市场主体自行公示内容与登记机关确认内容不一致的，不得对抗善意第三人。建立“企业变更登记纠纷快速处理机制”，对当事人因未办理变更确认产生的争议或纠纷进行行政救济。同时由市场监督管理部门对在确认前未履行“自行公示”义务的市场主体依法予以处罚。

第五，放宽对“休眠企业”的处罚。依据《公司法》第二百一十一条第一款和《公司登记管理条例》第六十八条的规定，“公司成立后超过六个月未开业或者开业后自行停业连续六个月以上的，可以由公司登记机关吊销营业执照”，未强制要求必须吊销执照。有鉴于此，川南临港片区对连续六个月未经营的“休眠企业”不作出吊销营业执照的行政处罚。对连续两个自然年度均处于未开业或开业后连续停业的，片区市场监督管理部门给予吊销营业执照的行政处罚。

第六，提高商事主体登记便利程度。实施企业登记“审核合一”制，缩减中间环节，登记全程均由同一登记人员负责受理、审查、核准等各环节业务。实行“一网通办”登记确认零见面服务模式，“一窗受理、信息共享、并联审批、限时办结、一窗发证（照）”涉企证照联办服务模式，配备营业执照自助打印设备，建成“数字档案室”，实现企业电子档案自助查询。

第七，建立更加便捷高效的市场退出机制。完善“商事主体登记确认制”下的“简易注销登记”的程序性规定，形成市场主体从“准入”到“退出”的闭环管理。对恶意利用企业简易注销程序逃避债务或侵害他人合法权利的，利害关系人可以通过诉讼向投资人主张相应的民事责任。

第八，加强风险防控。一是严格执行形式审查等各项制度。在进行工商登记“形式审查”的过程中，市场监督管理部门落实“双告知”义务。二是强化市场主体信用责任。申请人在递交登记或变更材料前，承诺符合登记条件并对承诺事项的准确性、合法性、真实性负责，并对相关人员进行实名认证，实现财税信息采集互认，实行企业和高管人员双重失信记录，加强失信处理。三是强化行政救济，加强风险防控。通过建立“企业名称纠纷事后快速处理机制”和“企业变更登记纠纷快速处理机制”，促进企业名称纠纷的调解解决，强化登记机关的行政救济，强化事中监督职责，降低司法成本。

实践效果：

“商事主体登记确认制”减少政府对微观经营行为的干预，结合行政集中审批制度，提高办理相关特许经营资格的效率，节约企业的时间成本，公开且规范的办事指南使企业申请特许经营有章可循，获得企业的高度认可。

首先，便于商事主体在筹备阶段对外开展一般法人活动。改革前，涉及经营前置审批项目的商事主体，需到相关部门申请特许经营许可，然后才能办理营业执照，开展经营活动；改革后，可在取得营业执照后，再到相关部门申请办理特许经营资格审批手续，商事主体在获得特许经营许可前开展一般法人活动。2018 年 12 月 5 日《商事主体登记确认制实施办法（试行）》发布并实施后，已有 7 户企业享受到前置许可改后置的红利。

其次，通过集中审批缩短办理时限。基于“商事主体登记确认制”改革的实施和集中审批制度的保障，在相关材料齐备的前提下，申请人最快可以在提交营业执照申请后一天内取得营业执照。第三，规范化的操作指引使程序更加公开透明。通过政府官网和审批窗口，向社会公众公开申请办理相关特许经营审批的法定环节和所需资料，并严格规定审批时限，将办理流程公开化和透明化，增加企业对特许经营权申办环节的可预期性，在最大程度上节约特许经营权审批时间，减少商事主体申办特许经营权的时间成本。

案例 31：“党建增信”融资模式。

盈创动力科技金融服务平台将申请贷款企业的党建情况纳入目前运营的成都高新区“成长贷”“新创贷”“壮大贷”“园保贷”等政策性产品贷款评价模型，在原有的评议指标基础上，增加“党建增信”指标对企业进行加分项评议，增加“党建”为企业增信的创新方式，同时引导银行、担保等金融机构将“党建增信”与知识产权、股权、商标专利等一起作为有效增信措施，帮助中小微企业更好地通过信贷审核，进一步缓解中小微企业融资难问题。

主要做法：

“党建增信”按照“四个一”模式（即“一库、一池、一会、一办”）运营。“一库”是建立“基层党组织”中小微企业库，主要针对中小微企业中建立党支部组织的科技型中小微企业重点给予信贷支持。同时，对申请政策性贷款产品的企业进行“党建增信”备案，通过评议的贷款项目备案登记，逐步形成“党建增信”信用库，建立基层党组织诚信档案，并作为基层党组织考核的重要指标，进一步加强企业党组织建设，结合企业党组织党员信息管理、组织关系转接、党费缴纳、组织生活等企业党建情况进行考核评价，并根据考核结果给予企业一定比例的利息补贴，从而降低企业融资成本，强化“党建增信”效果。“一池”是指风险准备金池，即政府建立风险准备金，缓释银行、担保等机构的风险，降低小微企业融资门槛和成本，银行再对资金池放大 10 倍，缓解小微企业资金问题。“一会”是项目评议会，成都高新区将定期组织技术专家、市场专家、信用专家、党务人员等人士召开评议会，形成项目评议机制。“一办”即管理办公室，承担“党建增信”企业的推荐和日常服务工作。

主要创新：

在全国首创“党建增信”模式，创新中小微企业融资的增信方式和评价方式。首先，通过党建增信的方式，不仅增加企业信用，同时增强银行对企业还款意愿的判定。其次，对中小微企业党建情况进行诚信备案，在企业申请政策性贷款时进行加分项评议，促进企业党建。“党建增信”指标主要依据“是否设立党支部”“公司党员占比”“公司管理层党员人数”等情况，对申请贷款企业进行加分项评议。同时联动开展“党建增信”项目评议。由成都高新区相关职能部门、盈创动力及银行、担保公司等相关机构的人员组成“党建增信”管理小组，负责“党建增信”工作的运营推广和日常服务工作。由成都高新区召集技术专家、市场专家、信用专家、党务人员等人士组成项目评议机制，并根据项目评议会意见出具“推荐函”，向银行、担保方推荐，并对通过评议的“‘基层党组织’中小微企业库”项目给予备案登记。同时成立推荐办公室，推荐“党建增信”企业。

实践效果：

首先，融资由“难”向“易”转变。针对部分非公企业固定资产抵押物，以及订单、股权等非实物抵（质）押物相对缺乏的实际，引入“党建增信”融资模式，建立中小微企业库、风险资金池，摸清企业基本情况，降低非公企业融资门槛、融资成本和抵押物要求，着力帮助党建工作优秀的企业通过相关指标得到信用加分，提高贷款成功率，并享受银行基准利率和政府贴息等普惠金融服务。同时，成立“党建增信”管理办公室和推进办公室，负责“党建增信”企业的管理和服务工作；召开项目评议会，对融资项目进行“党建增信”评价，持续提升“党建增信”的价值。此外，“党建增信”融资模式的介入也得到金融机构的高度认同，缩短了获得“党建增信”加分企业的融资时间和成本。

其次，党建积极性由“低”向“高”转变。针对部分非公企业对党建工作心存困惑，开展党建工作积极性不高、规范化水平不高、制度化建设不健全的实际，“党建增信”融资模式通过把企业党建工作和企业信用挂钩，将党建工作和企业生产经营活动紧密结合，并对党建工作进行量化评价，真正把党组织的政治优势转化为企业的发展优势，初步构建起“企业党建-企业信用-银行授信”联动机制，促进非公企业党组织建设规范化、党员管理服务制度化和党建工作开展程序化，使非公企业对党建工作有了新的认识。截至目前，受“党建增信”模式影响，四川大家医学检测有限公司、成都威力生生物科技有限公司、四川瑞霆电力科技有限公司等20家非公企业开始着手筹备建立党支部。同时，四川赛狄信息技术股份公司、成都中科大旗软件有限公司等30家企业的多名高管均表达了入党意愿，已向党组织提交入党申请书。其中，成都中科大旗软件有限公司等企业，还因党建工作制度完善、党建活动开展得力、党员技术骨干发挥作用明显，获得“党建增信”加分和“成长贷”“新创贷”等融资支持。

四、大事记

2月25日，四川省委副书记、省长尹力主持召开中国（四川）自由贸易试验区推进工作领导小组第五次全体会议，传达贯彻习近平总书记、李克强总理对自贸试验区建设重要指示批示精神，以及自由贸易试验区建设五周年座谈会精神，研究审议《中国（四川）自由贸易试验区2019年工作要点》《关于支持中国（四川）自由贸易试验区深化改革创新的实施意见》《四川自贸试验区2019年专项协调“10+10”攻坚清单》等文件。

3月29日，川南临港片区北向班列测试开行。这是川南临港片区助力泸州千亿白酒产业发展、拓展北向通道的又一重要举措。

4月4日，卢森堡副首相布拉兹与四川省委副书记、省长尹力见证中欧班列（卢森堡-成都）首发。

4月14日，国务院印发《国务院关于做好自由贸易试验区第五批改革试点经验复制推广工作的通知》，18项改革成果在全国复制推广。四川自贸试验区“公证‘最多跑一次’”“生产型出口企业出口退税服务前置”“中欧班列集拼集运模式”3个成果入选，占本批试点经验总数的1/6。

4月24日，天府新区召开国际化营商环境建设暨“二次创业”工作推进大会。随后，天府新区印发《天府新区建设国际化营商环境行动计划》及指标体系，实施国际化营商环境建设“1+3+1”行动计划。

5月4日，成都铁路口岸进境粮食指定口岸通过验收。

5月10日，国务院办公厅发布《关于对2018年落实有关重大政策措施真抓实干成效明显地方予以督查激励的通报》，天府新区在推动“双创”政策落地、扶持“双创”支撑平台、构建“双创”

发展生态、打造“双创”升级版等方面大胆探索、勇于尝试、成效明显，获得通报激励。川南临港片区所在地泸州市龙马潭区获评“深化商事制度改革成效显著、落实事中事后监管等相关政策措施社会反映好的地方”。

5月13日，川南临港片区举行“北粮南运项目启动仪式”，正式拉开中国东北粮食多式联运至西南的序幕。

5月21日，四川省委书记彭清华出席蒂尔堡发车暨跨大西洋海运联运合作备忘录签署仪式。

5月23日，四川省十三届人大常委会第十一次会议表决通过《中国（四川）自由贸易试验区条例》，于2019年7月1日起施行，四川自贸试验区建设管理从此有章可循、改革创新有法可依，同时也展示了四川省营造法治化、国际化、便利化的营商环境和扩大开放合作的决心。

5月24日，四川省首架保税融资租赁飞机——“双流壹号”（空客A330）落地，填补了四川飞机租赁业务空白，产业规模超10亿元。该飞机的交付标志着四川自贸试验区内飞机租赁产业发展取得实质性突破，完成了四川自贸试验区总体方案明确的金融创新试验任务。

5月30日，四川省人民政府印发《关于支持中国（四川）自由贸易试验区深化改革创新的实施意见》，从五大方面总计45条措施支持四川自贸实验区深化改革创新。

5月30日，中共四川省委四川省人民政府印发《关于加快天府新区高质量发展的意见》，明确加快天府新区高质量发展的指导思想、主要目标和20项重点任务。

6月18日，天府总部商务区总部基地项目集中签约仪式和天府总部商务区总部基地建设启动仪式举行。当天，30个项目集中签约，其中包括招商局集团、正大集团、东方电气、新希望集团等行业巨头。

6月29日，在商务部和四川省人民政府支持指导下，由四川省商务厅与商务部国际贸易经济合作研究院共同主办，商务部投资促进事务局作为支持单位的第二届中国自由贸易试验区协同开放发展论坛在成都举行。同日，《中国（四川）自由贸易试验区对标国际先进指南》在论坛上公开发布，按照“多维度向最高标准看齐”的要求，聚焦贸易便利、投资开放、金融服务、政府治理、法治保障以及人才流动六个基本维度，梳理总结出15个对标方向，共计73项国际先进规则，为四川自贸试验区深化改革、扩大开放、探索制度创新，打造法治化、国际化、便利化营商环境提供参考。

7月11日，国务院自由贸易试验区工作部际联席会议办公室印发自由贸易试验区第三批31个“最佳实践案例”，四川自贸试验区首创的知识产权类型化案件快审机制、“铁银通”铁路运单金融化创新、“自贸通”综合金融服务3项成果入选。

7月25日，全国首个二手车出口国际专列首发。

7月下旬，经党中央批准，中央组织部组织编写的《贯彻落实习近平新时代中国特色社会主义思想、在改革发展稳定中攻坚克难案例》丛书出版发行，四川自贸试验区“铁路+”多式联运一单制改革作为全国自贸试验区建设典型案例代表和四川省经济建设领域唯一案例入选。

8月7日，成都与华为公司签订鲲鹏生态基地项目合作协议，标志着华为鲲鹏天府实验室及鲲鹏生态基地正式落户成都天府新区片区。

8月26日，成都天府新区片区举行国家重点研发计划示范项目授牌暨颁证仪式。鹿溪智谷核心区“示范规划设计”项目和中建滨湖设计总部项目“科技示范工程”在活动中正式揭牌。

8月底，《四川省人民政府关于印发中国（四川）自由贸易试验区德阳等7个协同改革先行区建设总体方案的通知》正式印发，明确德阳、资阳、眉山、南充、自贡、内江和温江7个协同改革先行区的实施范围及功能定位等。

9月11日，成都国际铁路港成功入选首批陆港型国家物流枢纽，国家发展改革委员会同交通运输部在成都青白江铁路港片区召开国家物流枢纽建设工作现场推进会。

9月11日，成都市首批外籍人士之家授牌仪式，天府新区麓山社区“外籍人士社区服务中心”获得授牌。

9月19日，川南临港片区进口肉类指定监管场地通过海关总署正式验收。

9月20日，第三届中国西部国际博览会进出口商品展暨中国西部（四川）国际投资大会在中国西部国际博览城举行。

9月25日，天府新区成都片区保税物流中心（B型）正式封关运营。

10月18日，四川自贸试验区暨协同改革先行区建设工作推进会议在中国（四川）自由贸易试验区成都青白江铁路港片区召开，学习贯彻国务院常务会议精神，听取四川自贸试验区及协同改革先行区工作进展情况汇报，部署推动自贸试验区深化改革创新和协同改革先行区建设等工作。

10月19日，卢森堡副首相弗朗索瓦·鲍施见证首列中欧班列（成都-卢森堡）发车。

10月23日，全国首个基于多式联运“一单制”的跨境区块链平台——工商银行“中欧e单通”在成都青白江铁路港片区正式上链启动。

11月11日，第十四届中国-欧盟投资贸易科技合作洽谈会在成都高新区开幕。此次欧洽会以“共建陆海新通道，共创开放新枢纽，共享合作新机遇”为主题，围绕“新规则、新通道、新趋势”，探讨当前全球投资贸易的新特点、新挑战、新机遇，大力推动中欧在投资、贸易领域的全方位合作。

11月29日，四川省人民政府印发《关于印发中国（四川）自由贸易试验区“证照分离”改革全覆盖试点实施方案的通知》，为在全省实现“证照分离”改革全覆盖做好准备、探索经验。

11月30日，以“自由贸易试验区协同开放和高质量发展”为主题的2019自由贸易试验区天府论坛在成都顺利举行。

12月中旬，交通运输部批复同意外贸船舶临时进出泸州港集装箱码头1#、2#、3#水运专业泊位，标志着泸州港临时开放口岸功能，将继续为泸州市开放型经济的发展提供口岸平台支撑能力。

12月17日，“APEC中小企业数字经济发展大会高新主题分会暨中国-欧洲中心推介会”在成都高新区中国-欧洲中心举办。

12月下旬，国务院批复设立成都国际铁路港综合保税区、泸州综合保税区、宜宾综合保税区。

12月24日，国务院批复设立中国（泸州）跨境电子商务综合试验区。

12月30日，四川天府新区成都片区人民检察院、四川自由贸易试验区人民检察院成立暨揭牌仪式举行。天府新区（自贸区）检察院是全国第三家、中西部地区首家自贸区检察院，也是全国首家以省域自贸区全域命名的检察院。

中国（四川）自由贸易试验区概览

功能布局

四川自贸试验区于2017年4月1日正式挂牌运行，实施范围119.99平方公里，涵盖三个片区：成都天府新区片区90.32平方公里〔含成都高新综合保税区区块四（双流园区）4平方公里、成都空港保税物流中心（B型）0.09平方公里〕，成都青白江铁路港片区9.68平方公里〔含成都铁路保税物流中心（B型）0.18平方公里〕，川南临港片区19.99平方公里〔含泸州港保税物流中心（B型）0.21平方公里〕。

成都天府新区片区总面积90.32平方公里〔含成都高新综合保税区区块四（双流园区）4平方公里、成都空港保税物流中心（B型）0.09平方公里〕，范围涵盖三个区块：成都高新区区块29.86平方公里、成都天府新区片区（直管）区块26.45平方公里、成都双流区区块34.01平方公里。功能定位：重点发展现代服务业、高端制造业、高新技术、临空经济、口岸服务等产业，建设国家重要的现代高端产业集聚区、创新驱动发展引领区、开放型金融产业创新高地、商贸物流中心和国际性航空枢纽，打造西部地区门户城市开放高地。

成都天府新区片区共分3个区块：1. 成都高新区区块。依托环球中心、新会展中心、天府软件园、菁蓉国际广场、新川创新科技园及新南天地商圈、金融总部商务区等，重点发展新一代信息技术、生物医药、科技服务、研发设计等高新技术产业和金融服务、高端商业、服务贸易、融资租赁、跨境电商、文化科教、总部经济等现代服务业。在国际创新产业园合作、金融改革创新、社会治理现代化等方面率先突破，建设全球贸易、投资和技术合作综合服务平台，打造全球科技园区自由贸易投资合作枢纽。2. 成都天府新区片区（直管）区块。依托成都科学城、天府商务区、国际基金小镇等重点区域，形成产业特色突出、全域创新开放的互动发展格局。成都科学城以创新创业为核心，重点发展新一代信息技术、智能制造、生物医药等产业；天府商务区重点发展总部经济、会展商务、跨境电商、保税商品展示、文化创意等产业；国际基金小镇重点发展股权投资基金、互联网金融、科技金融等新兴金融产业，力争建成制度新区，产业新城。3. 成都双流区区块。依托双流国际航空枢纽和高新综合保税区，重点发展航空枢纽服务、通用航空、航空制造与维修、航空物流、跨境电商等临空产业和加工贸易、商品展销、融资租赁（飞机租赁）、检测维修、仓储物流、国际文化、电子信息配套等保税产业，打造营商环境优越、投资贸易便利、监管高效便捷、创新创业活跃、产业实力雄厚的内陆自贸发展引领示范区。

成都青白江铁路港片区总面积9.68平方公里〔含成都铁路保税物流中心（B型）0.18平方公里〕，位于成都国际铁路港核心区域，国际班列开行量、铁路集装箱货物吞吐量等居全国第一位。依托中欧班列（成都）、西部陆海新通道等打通直通直达欧洲（德国、波兰、荷兰、欧洲、哈萨克斯坦等）、中亚、东南亚国家的国际铁路联运贸易大通道，重点发展国际商品集散转运、分拨展示、保税物流仓储、国际货代、整车进口、特色金融等口岸服务业，以及信息服务、科技服务、会展服务等现代服务业，打造内陆地区联通丝绸之路经济带的西向国际贸易大通道的重要支点。

川南临港片区总面积19.99平方公里〔含泸州港保税物流中心（B型）0.21平方公里〕，处于川滇黔结合部和长江经济带上游，是区域性航运物流中心和成渝城市群南向开放、辐射滇黔的重要门户。依托铁水联运、通江达海的长江优势，打造了年吞吐能力100万标箱的四川第一大航运港——泸州港。重点发展航运物流、港口贸易、教育医疗等现代服务业，以及装备制造、现代医药、食品饮料等先进制造和特色优势产业，建设成为重要区域性综合交通枢纽和成渝城市群南向开放、辐射滇黔的重要门户。

战略定位

以制度创新为核心，以可复制可推广为基本要求，立足内陆、承东启西，服务全国、面向世界，将自贸试验区建设成为西部门户城市开发开放引领区、内陆开放战略支撑带先导区、国际开放通道枢纽区、内陆开放型经济新高地、内陆与沿海沿边沿江协同开放示范区（即“四区一高地”）。

发展目标

经过三至五年改革探索，力争建成法治环境规范、投资贸易便利、创新要素集聚、监管高效便捷、协同开放效果显著的高水平、高标准自由贸易园区，在打造内陆开放型经济高地、深入推进西部大开发和长江经济带发展中发挥示范作用。

2019年中国（陕西）自由贸易试验区建设概况

中国（陕西）自由贸易试验区工作办公室

赵　璟

中国（陕西）自由贸易试验区工作办公室主任

赵璟，女，汉族，中共党员，在职工商管理硕士，高级经济师。历任西安高新技术产业开发区党工委委员、管委会副主任；西咸新区沣东新城党工委委员、管委会副主任；延安市委常委、副市长；安康市委常委、常务副市长、市委副书记、政法委书记。现任陕西省商务厅党组书记、厅长，中国（陕西）自由贸易试验区工作办公室主任；陕西省十三届人大代表。

一、经济运行数据

（一）新增市场主体情况。

2017年4月1日揭牌至2019年12月31日，中国（陕西）自由贸易试验区新增市场主体57 853家，新增注册资本7 092.3亿元。其中新增企业38 588家（含外资企业491家），企业注册资本7 071.1亿元（含外资企业注册资本28.4亿美元），新增注册资本亿元以上企业717家。

2019年1—12月，陕西自贸试验区新增市场主体22 832家，新增注册资本1 463.7亿元。其中新增企业14 073家（含外资企业170家），新增企业注册资本1 460.75亿元（含外资企业注册资本9.73亿美元），新增注册资本亿元以上企业139家。

2019年1—12月，陕西自贸试验区新增外商投资项目数91个，同比下降18.75%（上年同期112个）；合同外资164 191万美元，同比增长15.23%（上年同期142 489万美元），实际利用外资307 833万美元，同比下降20.63%（上年同期387 829万美元）。

2019年1—12月，陕西自贸试验区新增备案境外投资机构3个，中方协议投资额57万美元，同比下降52.5%（上年同期120万美元）。

（二）进出口贸易情况。

2019年1—12月，陕西自贸试验区货物进出口总额2 476.32亿元，占全省进出口总额3 515.75亿元的70.44%，同比下降6.55%（上年同期2 649.8亿元）。其中，进口1 175.73亿元，占全省进口总额的71.58%，同比增长7.81%（上年同期1 090.56亿元）；出口1 300.6亿元，占全省出口总额的69.43%，同比下降16.59%（上年同期1 559.23亿元）。

（三）改革创新情况。

2019年1—12月，陕西自贸试验区新增专利授权量3 101件，同比增长74.21%（上年同期1 780件）。

2019年1—12月，陕西自贸试验区开展国际农业合作培训661人次，同比增长28.6%（上年同期514人次）；对外合作农业技术应用项目数6个（上年同期0个）；国际农业合作平台1个（上年同期0个）；国际农业合作园区累计共9个（上年同期9个）。

截至2019年12月底，陕西自贸试验区有金融机构319家；第四季度当季新增金融机构3家（其中新增持牌金融机构3家），新增持牌金融机构营业收入751.48万元。跨境人民币结算额当季251 924万元，全年累计1 085 853万元；跨境双向人民币资金池业务结算量当季38 135万元，全年累计423 544万元；人民币资金池数量3个。

（四）枢纽功能情况。

2019 年 1—12 月，按陕西自贸试验区国际港务区片区统计，中欧班列长安号全年共开行 2 133 列、87 456 车，是 2018 年全年的 1.7 倍，运送货物总重达 180.2 万吨，是上年全年的 1.5 倍。其中，中亚方向开行 911 列、37 348 车（去程 768 列、回程 143 列）；欧洲方向开行 1 222 列、50 108 车（去程 581 列、回程 641 列）。国际（地区）货运航班 20 976 架次，同比增长 19.41%（上年同期 17 567 架次）；咸阳机场国际（地区）航线货邮吞吐量 4.4 万吨，同比增长 30.95%（上年同期 3.36 万吨）。

（五）规模以上企业发展情况。

2019 年 1—12 月，陕西自贸试验区规模以上企业 641 家，同比增长 11.28%（上年同期 576 家）；期末从业人员 15.42 万人，同比增长 0.65%（上年同期 15.32 万人）；规模以上工业总产值 1 176.76 亿元，同比增长 8.48%（上年同期 1 084.74 亿元）；资质以上建筑业总产值 145.06 亿元，同比增长 39.74%（上年同期 103.81 亿元）；限额以上批发和零售业商品销售额 2 291.73 亿元，同比增长 34.21%（上年同期 1 707.55 亿元）；限额以上住宿和餐饮业营业额 7.66 亿元，同比下降 7.26%（上年同期 8.26 亿元）；规模以上服务业营业收入 527.35 亿元，同比增长 23.38%（上年同期 427.43 亿元）。

二、建设措施及成效

（一）政府职能加快转变。

在简政放权方面，229 项省级行政管理事项下放（委托）陕西自贸试验区办理。100 项“证照分离”改革任务在自贸试验区全面落实。企业登记注册实现“一口受理、并联审批”“多证合一、多项联办”和全程电子化，在全国率先推出“微信办照”，推行商务秘书和“集群注册”服务，登记办结时限缩短至 3 个工作日以内。社会投资工程建设项目从办理土地出让手续到取得施工许可压缩至 30 个工作日，政府投资工程建设项目从立项到取得施工许可压缩至 50 个工作日。

在放管结合方面，持续深化相对集中行政许可权和相对集中行政处罚权改革，各功能区分别设立行政审批、市场监管专门机构，建立“一枚公章管审批、一支队伍管执法”政府管理新机制，“双随机一公开”市场监管新模式全面推开。构建以信用监管为核心的事中事后监管体系，不断完善守信激励和失信惩戒机制。建立中国（西安）知识产权保护中心，探索建立自贸试验区跨部门知识产权执法协作机制。设立知识产权专业法庭、丝绸之路仲裁中心和国际商事法庭，实现诉讼、调解、仲裁的有效衔接，依法妥善化解“一带一路”贸易和投资争端，平等保护中外当事人合法权益。

在优化服务方面，加快推行“互联网+政务服务”新模式，在“最多跑一次”的基础上，逐步推广“零跑路”线上服务，营业执照办理和发放实现“零见面”。在全国首创“24 小时自助信包箱”服务模式，打破政务服务的时间限制，实现企业办事“7×24 小时，全年无休”。相继推出“人脸识别”微警认证、全城通“港”速递服务、打造从“个人-企业-楼宇-园区-城区”的多层次、全覆盖智慧政务服务，政府服务效能不断提升。创新税收服务，建立容缺受理机制，近 300 项涉税业务实现全流程网上办理，电子税务局使用率接近 95%。

（二）投资贸易便利化水平显著提升。

首先，不断扩大投资领域开放。全面落实外资准入前国民待遇加负面清单管理制度，外商投资商务备案与工商登记实现“一套表格、一口办理”，积极推行投资项目审批首问负责制、企业备案类投资项目承诺制，认真落实陕西省关于扩大开放积极利用外资实施意见，美国康坦无害化农业总部、西门子创新工业技术中心、法国赛诺菲生物疫苗生产基地、法国赛峰飞机起落架深度维修等外资企业总部和投资项目落户自贸试验区。两年多来，自贸试验区新增外资企业 491 家，注册资本 28.4 亿美元，2019 年全年，新增外资企业 170 家，注册资本 9.73

亿美元。

其次，加快构建多元化对外投资促进体系。搭建“通丝路”跨境结算平台、“丝路汇”跨境文化贸易平台、“杨凌农科”农产品电商平台、杨凌海外投促中心等企业“走出去”多元化平台体系，为企业提供全流程、全周期的境外投资专业服务。先后助推炬光科技、华天科技、有色冶金等陕西省优秀企业实现境外投资。

第三，推动贸易转型升级，拓展贸易新业态。支持培育外贸综合性服务企业和服务平台，依托跨境电商综合试验区，实现跨境电商保税备货模式。2019 年，自贸试验区进出口总额 2 476.32 亿元，占全省进出口总额的 70.44%。自贸试验区与服务贸易创新示范区“双试联动”服务贸易集聚效应逐步显现。成功培育“易点天下”数字文化独角兽企业，文化贸易出口实现快速发展。

第四，着力推进贸易便利化改革。不断拓展国际贸易“单一窗口”功能，企业覆盖率达到 100%。西安海关创新推进 24 项监管服务措施，创新“联网监管+库位管理+实时核注”模式，实现货物状态分类监管。全国首创“铁路运输方式舱单归并新模式”，有效保障国际运输安全和通关时效，该案例由国务院发文在全国复制推广。在全国率先开展关税保证保险业务试点，企业凭保单可实现货物“先放行、后缴税”。创新税收担保方式，推行以企业为单元的总担保机制，获批试点非银行金融机构参与海关税收担保工作。出口退税时间由过去 20 天压缩到 10 天。

（三）金融服务创新步伐加快。

首先，金融业态加快聚集。全面落实金融支持自贸试验区建设 36 条措施，吸引台湾富邦华一等银行区域总部、陕西鼎盛裕和等融资租赁公司，京东金融等商业保理公司，中航安盟等外资保险公司落户自贸试验区。截至 2019 年年底，自贸试验区累计金融机构数量 319 家。灞柳基金小镇吸引近 300 家基金企业入驻，管理基金规模达 2 000 亿元。

其次，跨境支付便利化水平不断提升。创建“通丝路”跨境电子商务人民币结算服务平台，为小微企业提供资金融通、跨境结算、信用担保等全流程金融服务，助力人民币国际化。该项案例被国务院部际联席会议办公室作为全国第三批最佳实践案例在全国复制推广。

第三，外汇管理方式不断创新。直接投资基本信息登记、变更与注销手续下放银行；允许非投资性外商投资企业开展境内股权投资；放宽企业跨境融资模式选择和币种限制。自贸试验区成为西北地区唯一获批“资本项目收入结汇支付便利化试点”的地区，目前已办理业务 251 笔，累计支付金额 7.79 亿美元。

第四，金融创新服务实体经济功能不断增强。多家跨国企业设立人民币双向“资金池”，其中，迈科集团“资金池”交易额累计达 142.83 亿元。长银保理获批全国首家开展国际保理美元融资业务。推出“云税贷”“信易贷”等税银互动产品，破解中小企业融资难题，首批“信易贷”授信企业获贷约 2 000 万元。创新推出“农产品价格指数保险”“农产品收入保险”等涉农领域保险产品。招商银行高新支行办理省内首单区块链应用跨境直联支付业务。西安金控发起设立中美绿色西安节能专项基金 100 亿元。建设银行陕西分行以陕文投作为样板，通过“资本金用途”股权投资类理财产品创新，有效满足企业融资需求。

（四）与“一带一路”沿线国家经济合作不断深入。

首先，着力推进国际航空枢纽、国际运输走廊建设，大力发展枢纽经济、门户经济、流动经济。截至 2019 年年底，国际客运航线达到 88 条；全货运航线达到 32 条。其中，国内全货运航线 17 条，国际全货运航线 15 条。5 月 13 日，陕西省首条亦是西北地区首条第五航权全货运航线——“首尔-西安-河内”正式开通。2019 年，西安咸阳国际机场货邮吞吐量首次突破 38.2 万吨，同比增长 22.2%，增幅位居全国十大机场之首。2019 年全年，西安咸阳国际机场累计保障航班 34.6 万架次、旅客吞吐量 4 739.3 万人次、货邮吞吐量 38.2 万吨，同比分别增长 4.6%、6.1%和 22.2%。中欧班列（西安）常态化开行西安至中亚五国、德国等 11 条干线，在德国法兰克福、吉尔吉斯斯坦比什凯克等地设立 9 处海外仓，实现中亚及欧洲地区主要货源地全覆盖。2019 年，中欧班列（西安）共开行 2 133 列，运送货物 180.2 万吨，分别是 2018 年的 1.7 倍和 1.5 倍。

其次，国际产能合作不断加强。“中欧”“中俄”等国际合作园区建设加快推进，“中欧”产业园聚集了德国博世、宝马，法国阿尔斯通、达能等世界 500 强企业的 9 个项目。中俄丝路创新园的“一园两地”模式示范带动效应初步显现。陕汽集团在俄罗斯、马来西亚、哈萨克斯坦设立分销网络，隆基乐叶、爱菊集团等分别在马来西亚、哈萨克斯坦设立生产基地。高新功能区出资参与设立总规模 10 亿元的赛伯乐产业并购基金，经开功能区与中国兵器集团合作设立总规模 100 亿元的军民融合产业基金，杨凌片区设立年度规模 1 500 万元的丝绸之路经济带—杨凌现代农业国际交流合作专项资金，助推陕西企业开展国际产能合作。

第三，现代农业国际合作深入推进。联合丝路沿线 12 个国家 59 所大学共同组建丝绸之路农业科技教育创新联盟。截至目前，中国旱作农业技术援外培训基地累计完成 119 期 2 800 余人的培训。上海合作组织农业技术交流培训示范基地建设全面启动。11 家国际合作研究机构和外资企业入驻杨凌国际农业科技创新港。在美国、哈萨克斯坦等国启动建设 6 个现代农业合作示范园区。依托海外农产品生产基地，建立农业全产业链，进口优质农产品，出口国内农机装备、生产设施。开展农业标准化示范工程建设，“以标准化助推农业发展新模式”被国务院部际联席会议办公室评为最佳实践案例在全国复制推广。

（五）与“一带一路”沿线国家人文交流日益密切。

在科技领域，设立“云端”网上自贸综合服务平台，建立自贸智慧园区，发起设立信息丝绸之路发展联盟。建设国际科技合作基地 113 家，支持 100 余家产学研单位实施 350 个项目。高新功能区在美国、以色列、孟加拉等国设立 17 家离岸创新中心、海外研发中心和科技服务站，着力打造具有全球影响力的创新枢纽。

在教育领域，不断创新教育国际合作模式，联合 38 个国家（地区）151 所大学组成丝绸之路大学联盟，成立丝绸之路职教联盟。西安交通大学依托国家“17+1”合作平台开展海外办学，为海外中国企业和其他国家企业培养更多的本地化管理人才，教育领域实现从引进来到走出去的战略转型，服务“一带一路”建设能力不断增强。

在文化旅游领域，着力打造“丝绸之路国际博览会”“丝绸之路国际旅游博览会”“丝绸之路国际文化艺术节”“丝绸之路国际电影节”等人文交流合作平台。赴 12 个国家和地区开展“国风秦韵”海外陕西文化周系列活动。国家文化出口基地获批。建设文化艺术品保税展示中心，创建丝绸之路文化交流中心。成立丝绸之路文物考古中心，与“一带一路”沿线 18 个国家博物馆联手打造智慧博物馆。旅游业对外开放迈出实质性步伐，3 家外资旅行机构落户自贸试验区。

在医疗卫生领域，“医药研发共享实验室”创新经验即将在全省推广。建设中医药养生双创小镇，推进中医药健康旅游融合发展。与波兰、澳大利亚等国高校签署合作协议，培训外国中医短训生 100 名，针灸推拿学专业人才 492 名，招收来自 15 个国家的 128 名全日制留学生学习研究中医药学。

（六）区域协同发展成效初显。

依托西安科技大市场，建立国内首个实现科技资源要素信息高速流转和有效分发的云服务公司，协助西宁、运城等 10 余个中西部省市建立区域科技创新综合服务体系。围绕先进复合材料、工业机器人、光电信息等领域，组建 12 个军民融合产业（人才）联盟。开展“专利池”试点，推动联盟成员知识产权共享与技术转移转化。连续两年组织开展自贸试验区改革创新经验推介交流活动，向西北四省累计推荐 70 项改革创新经验。利用自贸试验区平台推动协同开放、创新发展的经验被国务院部际联席会议办公室通报表扬。制定《中国（陕西）自由贸易试验区协同创新区建设实施方案》，从创新协同、产业协同、政策协同三个方面加强与省内各市协同发展。

两年多来，自贸试验区建设总体方案明确的 165 项试点任务基本完成，复制推广国务院和国家相关部委推出的适合陕西省的 166 项改革试点经验。聚焦特色试点任务，累计形成创新案例 315 个，向国务院部际联席会议办公室上报 105 个。首批 18 项自贸试验区改革创新成果已在全省复制推广，第二批 35 项改革创新成果也即将在全省推广。“铁路运输方式舱单归并新模式”“线上税银互动”等 16 项在全国复制推广或得到国务院和相关部委通报表扬。自贸试验区新增市场主体 57 853 家，新增注册资本 7 092. 3 亿元。其中，新增企业 38 588 家（含外资企业 491 家），企业注册资本 7 071. 1 亿元（含外资企业注册资本 28. 4 亿美元），新增注册资本亿元以上企业 717 家。自贸试验区挂牌 2 年多来新增市场主体数为成立前该区域 32 年内累计市场主体总数（25 558 家）的 2. 26 倍。2019 年全年，自贸试验区新增市场主体 22 832 家，新增注册资本 1 463. 7 亿元。其中新增企业 14 073 家（含外资企业 170 家），企业注册资本 1 460. 75 亿元（含外资企业注册资本 9. 73 亿美元），新增注册资本亿元以上企业 139 家。自贸试验区深化改革实现新突破、扩大开放拓展新领域，为助推枢纽经济、门户经济、流动经济发展作出新贡献。

三、创新成果及案例

案例 1：“全城通办”政务服务。

为全面提高政务服务效率，陕西自贸试验区西安国际港务区功能区借助物联网技术和邮政速递易、EMS 揽件等平台，在全国首创“全城通办”政务服务新模式，实现政务办理 7×24 小时随时办和全程审批不见面。

主要做法：

将政务服务网与中国邮政速递易、EMS 揽件等平台实现数据对接，利用中邮速递易箱柜服务点，为企业和群众提供邮寄交件、自助取件、邮寄送达等多种服务。

办事人员办理业务时，首先在政务服务网提交审批资料进行预审，后台审批人员预审通过后，办事人员登录个人中心选择交件方式：速递易就近交件、政务服务中心窗口交件、EMS 邮寄交件。若选择速递易就近交件，系统就会自动搜索周围 5 公里范围内的中邮速递易箱柜供选择，办事人员选择后系统会短信发送开箱码，办事人员凭开箱码到选择的速递易箱柜交件即可。办事人员交件后，系统即推送取件码、邮寄地址、姓名等信息给 EMS 派揽系统及 PDA 终端，EMS 人员根据信息到速递易箱柜揽件，取件后进行派单。在业务办理完成后，办事人员同样会收到相应的短信通知，可自主选择速递易就近取件、政务服务中心窗口取件和 EMS 邮寄取件。

据统计，在涉及本级政务服务的 348 个（320 个行政审批事项，28 个公共服务事项）事项中，除 1 项（户外广告）不支持网上预审外，其余 347 个全部支持速递易箱柜交件和取件。

实践效果：

“全城通办”模式实施以来，已经实现自助交件、自助取件 7 000 余件，受到了办事群众一致好评。“全城通办”模式实现在全市区域办国际港务区事项均可就近“自助交件、自助取件”，将政务服务延伸至全市住宅小区，让群众在家门口即可享受便捷的政务服务。“全城通办”模式将政务服务由传统的 5×8 小时延伸至 7×24 小时，极大方便了群众办事。“全城通办”模式无须投入任何硬件设备和维护费用。仅目前国际港务区功能区在全市范围内启用的 1 354 个中国邮政速递易箱柜，就节省费用近 2 000 余万元。

案例 2：检验检测认证“一站式”服务平台。

为满足自贸试验区内企业产品、设备的检验、检测、认证、计量等服务需求，确保产品质量安全，陕西自贸试验区西咸新区沣东新城功能区联合沣东质检、沣东仪享科技、国联质检等机构，在全省建立首个经国家评估认证的公共检验检测认证“一站式”服务平台，推动检验检测产业在自贸试验区的快速高质量发展。

主要做法：

首先，多方联动共建检测检验平台。联合省、市、新区三级政府向国家成功申请到国家公共检验检测认证“一站式”服务平台，建成国家食品企业质量安全检测技术示范中心、国家西部基因检测技术研发平台、陕西省工业产品质量控制和技术评价重点实验室等10余个国家级、省级技术创新和公共服务平台，为区内企业提供检验鉴定、认证、食品检测、化工品测试业务、计量校对、环境检测、机动车检测等服务。同时，将检测服务前移，精准聚焦相关企业需求，实施订单上门服务，满足客户“一次申请，多项认证”的需求，为客户提供“一站式”多种认证服务。

其次，建立西安市科技创新分析测试技术联盟。联合西安交通大学分析测试共享中心建立“西安市科技创新分析测试技术联盟”，为企业提供仪器设备共享、综合实验指导、分析检测服务、分析技术咨询、操作技能培训等线下“一对一”全程服务。

第三，搭建全球标准互认及闭环追溯体系。引进全球检验检测认证行业排名第一的检验、鉴定、测试和认证机构瑞士SGS集团，积极开展5G检测及车联网相关检测、认证标准制定，并实现认证结果与国际接轨；打破行业壁垒，对国家公共检验检测认证一站式服务平台涉及的39个领域的检测结果实施跨区域结果互认。依托“互联网+二维码”技术，研发“码上明白”产品全生命周期的质量追溯体系，赋予产品唯一的追溯二维码，搭建集产品身份认证、防伪、产品质量、物流追踪、大数据分析和精准营销于一体的“一物一码”追溯平台，做到来源可查，去向可寻。

实践效果：

国家公共检验检测认证“一站式”服务平台建成以来，通过整合区域检验检测科技软硬件资源，促进检验检测认证优质项目集聚落地，进一步构建检验检测全要素产业链生态圈。平台先后吸引中国建材检验认证集团、西电集团西安高低压电器研究院、中国兵器工业试验测试研究院、瑞士SGS、中国检验检疫科学研究院、国联质检等一批国内国际检验检测认证领域的企业和机构在自贸试验区有效集聚，为区内众多中小微企业科技创新提供公共服务资源，既满足企业的研发设备和技术支持需求，也降低企业综合成本，实现多方共赢。

案例3：机场协同运行新模式。

陕西自贸试验区西咸新区空港新城功能区积极探索创新西安咸阳国际机场运行管理机制，形成“以运管委为组织机构、联合运控中心为运行载体、A-CDM系统为平台支撑”的协同运行体系，实现从板块式管理向体系式管理的转变，机场整体运行品质得到显著提升，不仅使放行正常率和始发正常率持续保持较高水平，而且还产生良好的社会经济效益。2018年4月，民航局在西安召开航班正常暨服务质量工作会议，以西安咸阳国际机场为蓝本，下发《大型机场运行协调机制（运管委）建设指南（试行）》。2018年11月9日，民航局局长冯正霖调研机场运管委运行情况时，对西安咸阳国际机场在航班正常工作上所取得的成绩表示肯定，称之为“西安模式”，拟在全国推广。

主要做法：

首先，新建管控架构。成立机场运管委（由民航西北地区管理局监管），下设决策、协调、组织、实施机构，组成自上而下四级协同管控架构，促进航空运行、机场保障、空管服务和政府监督管理体系的有机融合，使各运行主体在运行链条上的职责更加清晰、衔接更加紧密、信息沟通和运行组织更加高效。

其次，搭建协同平台。大力推进A-CDM系统与各方数据的整合应用，将指挥决策平台扩展为运行指挥调度平台，为运行管理人员、指挥调度人员、现场作业人员提供功能完善的桌面应用和移动终端应用，系统集成各运行主体的航班保障、旅客服务、车辆定位、航空气象等信息，展现保障场景，为空地协同提供大数据支撑。

第三，创新协同机制。运管委基于四级管控架构，创立空地协同放行、航班分类处置、关键资源统筹、不利条件运行、地面运行督查、运行评估提升六大协同机制，确保航班保障和旅客服务的高效顺畅有序。

第四，建立绩效体系。建立以指标体系、过程管控、绩效评价、奖惩兑现为主要内容的绩效管理体系，引入权重系数和贡献系数建立绩效模型，综合评价成员单位的运行绩效，根据绩效评价结果，采取绩效通报、绩效约谈、奖励处罚等手段持续提升绩效水平。

实践效果：

2018 年，西安咸阳国际机场共保障放行航班 161 383 架次，其中，运管委协调干预航班 12 743 架次，处置成功 9 824 架次。首先，航班正常率显著提高。西安咸阳国际机场日均起降航班 900 多架次，飞越航班 1 700 多架次，空域、时刻、机位等资源矛盾日益凸显，曾经有一段时间，每天约有 10%的航班不能正常起降。自运管委成立以来，西安咸阳国际机场放行正常率和始发正常率持续保持在较高水平，地面滑行时间、关舱等待时间和航班延误时间明显缩短。2018 年机场放行正常率高于行业平均水平 12 个百分点；航班正常率居 1 000 万级以上机场首位；长时间延误航班降低 47. 11%。

其次，航延处置力大幅提升。协同运行从根本上扭转了航延处置的被动局面。例如，2018 年 1 月西安遭遇 9 年不遇的极端冰冻天气，面对极有可能出现的航延处置压力，运管委前置预判态势，积极组织协调，统筹配置空地资源，在连续 6 天的冰雪天气运行中，航班保障态势整体平稳，长时间延误航班得到有效控制，没有航班返航备降，有效避免旅客大量滞留，从根本上化解旅客服务工作压力。

第三，经济和社会效益凸显。运管委成立以来，不仅航班正常性得到大幅提升，同时也极大促进了绿色机场发展。据测算，仅“地面滑行时间缩短”一项，出港航班平均滑出时间缩短 3. 5 分钟，累计减少碳排放 8—9 万吨，按照机场 4 000 万量级估算，预计每年可节省燃油成本 5 000 万元左右，进一步降低燃油成本和碳排放，实现良好的经济效益和社会效益。

案例 4：零工创客服务平台。

为进一步提升“双创”水平，陕西自贸试验区西咸新区秦汉新城功能区创建零工创客服务平台，通过将创客服务技能展示与企业购买服务有机结合，拓展农民工就业渠道，增加创业者收入来源，帮助企业完成用工需求，节省用工成本，达到用工方和劳动者的双赢，进一步增强社会经济活力。

主要做法：

零工创客服务平台：自由职业者在零工创客服务平台注册成为“创客”，在平台上像陈列商品一样“陈列”自己的技能服务，展示为企业用户提供的技能范畴、服务效果和服务价格。企业在平台上注册成为用户，通过企业资质审查后，可以在线下单购买“服务商品”。

平台提供十大服务：电子合同、订单结算、涉税代办、商事登记、技能培训、社保、商保、创客基金、创投沙龙、扶持政策落地。

平台电子合同、涉税代办、扶持政策落地是由平台结算公司保障；订单结算由与平台合作的银行提供服务；商事登记由平台“启服邦”商务秘书负责；技能培训、社保、商保由平台运营公司负责；创客基金、创投沙龙由与平台战略合作金融机构对接实现。平台运用人工智能技术、区块链技术、大数据技术等尖端技术全面升级 SaaS 服务（软件即服务）体验，实现业务匹配精准化、合作契约化、进度在线化、数据可视化。

平台还开办大学生创业窗口、复转军人双创窗口、弱势及特殊人群直通车等特定人群服务专栏，为高精尖技能人才提供经纪服务；为低收入人群提供技能培训和创收课程；对于贫困人口、失地农民、两劳人员等弱势及特殊群体，结合国家的关怀和扶持政策，对接民政、扶贫等相关部门，减免平台服务费，努力提升人员收入。

实践效果：

平台运营4个月，注册创客数1 000多人，注册企业百余家，实现创收的创客233名，购买服务的企业27家，交易量超过800万元人民币，单月交易量呈几何倍数稳步上升。首先，拓展自由职业者就业渠道。通过互联网技术，建立零工创客线上服务平台，打破时间和空间的局限，让全国乃至全球的自由职业者在平台拥有一个“创客”身份，展示其服务技能，捕捉更多的创业机会。

其次，降低企业用工成本。解决固定用工模式无法适应季节性用工或者临时性用工的问题，人才从“为我所有”到“为我所用”，企业不需长期供养大量为满足波峰用人需求的人员；同时，企业可通过平台匹配到符合职位及业务需求的优秀人才，不需再组织招聘会等，减少时间、人力成本。

第三，保障自由职业者的合法权益。在平台中植入监管体系，由创业者与企业签署电子合同，平台作为第三方监管，及时有效处理和解决双方失约、违约等问题，保障了创业者的合法权益。

第四，探索零散用工模式下税收管理。将创客收入由平台统一收取和支付，统一对相关税费的代扣代缴以及代征代申报，即实现了创客收入稳定及时支付，又保障了其收入的合法合规，依法纳税。

案例5：“六个一”助力审批提速增效。

陕西自贸试验区西安浐灞生态区功能区对审批和服务事项进行大刀阔斧的改革和流程再造，通过简化前置条件、精简申报材料、优化审批流程、压缩办理时限等一系列强有力措施，狠抓相对集中行政许可权改革，努力为企业创造审批少、流程优、效率高、服务好的营商环境。

主要做法：

一“码”明指南。积极推行“一事一码”，将区域413个“最多跑一次”事项形成直观的二维码“矩阵”，办事群众只需扫描相应业务的二维码，即可通过手机等移动终端获知办理该项业务的审批流程、申报材料、办理时限等相关信息，实现“最多跑一次”而且是在“码”上跑。

一“网”事通办。利用“互联网+政务服务”平台，通过数据共享、网上预审等方式，对164个市级高频事项和301个区级事项通过网络实现不见面审批，“零跑路”的覆盖率达68%，业务办理逐步从“面对面”向“键对键”、从“线下”向“线上”转变，做到让数据“多跑路”，群众“少跑腿”。

一“简”增质效。坚持“重复材料不再反复提交”和“部门资料由政府内部协调”两大原则，实现企业所需提交材料事项从139项减至40项，精简率达71.2%；将规划阶段“一书二证”的申报材料减至17项，压缩幅度达50%；减少前置项目审批事项环节9个，并通过实行“容缺受理”“快速审批”等，极大提高审批办事的效率。

一“会”定方案。在总平面图设计方案前期技术指导阶段，主动邀约企业代表参与业务会，由企业提出设计理念，在合理合规的前提下，用最短的时间敲定设计方案，助力企业提高办事效率，降低运行成本，变“多次跑”为“跑一次”。

一“表”给意见。对于耗时较长、过程复杂的总平面图和工程设计方案图纸审查，审批人员在对电子版图进行研究讨论后，将过去的口头反馈改为以《审批意见反馈表》将问题“一次写清”，避免企业折返跑和反复改，帮助企业快速实现图纸“达标”。

一“章”管审批。在建设项目规划方案审批阶段，对单体方案审查、市政车位审查、人防审查和绿地面积审查等环节实行并联审批。方案审查结束后，只需在总平面图加盖“建设项目审核专用章”，极大程度地缩减了用章审签程序，真正做到“一枚印章管到底”。

同时，浐灞生态区功能区还围绕“六个一”相继出台《相对集中行政许可权运行管理办法》《关于建立相对集中行政许可权事项行政审批与监管协调联动工作机制的实施方案》《关于相对集中行政许可事项涉批文件推送工作制度》《关于相对集中行政许可权审批流程实施细则》及《关于行政审批“容缺受理”暂行办法》等多项管理办法，基本形成一套高效便捷的工作机制。

实践效果：

据统计，“六个一”实施以来，浐灞生态区功能区80%以上的行政许可、行政确认、备案、委托类审批事项（审核转报类除外）实现“7日办结”。对于部分审批手续办理，推行“即来即办、立等可取、当面审批”。“最多跑一次”改革不断升级，多项业务甚至可以“一次都不跑”，区内的营商环境得到了极大改善，群众满意度和获得感持续提升。

案例6：丝路（西安）前海园。

陕西自贸试验区西安高新区功能区积极学习借鉴“前海模式”，与前海金融控股有限公司开展战略合作，成立丝路（西安）前海园，导入前海金融创新政策，引入前海相关产业链私募股权投资机构、金融持牌机构、金融科技研究中心和金融科技公司等，实现前海自贸片区与高新区功能区的产业优势互补，助力打造西部地区金融创新高地和金融资源聚集地。

主要做法：

首先，借鉴前海金融创新模式。以“降门槛、提效率、便企业”为目标加快建立高标准接轨国际的投资管理体系；以“新业务、新机构、新通道”为特色推进国家金融业对外开放试验示范窗口建设；以“大数据、大平台、大联动”为基础构建事中事后监管体系；以“精简化、高效化、现代化”为核心加速推进片区体制机制创新。

其次，导入前海金融创新政策。高新区功能区根据前海提供的各类先行先试政策目录，向丝路（西安）前海园导入和实施相应政策，并与前海协商确定丝路（西安）前海园承担的金融创新试点任务。丝路（西安）前海园入驻企业将享有深圳前海特有的金融创新政策，同时享受西安高新区和自贸试验区各类优惠政策及配套服务。此外，针对丝路（西安）前海园入驻企业、丝路（西安）前海园平台运营公司、入驻人才等主体，将制定丝路（西安）前海园的产业及人才专项扶持政策。

第三，引入前海金融产业机构。丝路（西安）前海园将根据项目开发时序安排和产业配套设施的建设情况，逐步导入相关产业机构。其中包括，在总部金融聚集区引入前海旗下由一行两会审批的持牌金融机构，设立西部区域管理总部、功能总部或者运营总部；引入全国性公募基金总部落户，在丝路（西安）前海园创新金融区中引入私募股权投资机构、供应链金融持牌机构；争取联合发起设立科技金融持牌机构；发展金融科技产业，引入知名金融科技研究中心或者研究院，并申请设立国家级金融实验室；引入金融科技公司，以及金融服务中介机构等配套产业。

实践效果：

丝路（西安）前海园不仅是前海和高新区功能区携手探索“飞地经济”合作模式的重要平台，有利于双方加强区域经济合作、实现区域优势互补、优化区域产业布局、构建区域合作共享机制；而且还是共同打造全国自贸试验区改革创新协同发展示范区的重要抓手，将为全国自贸试验区协同创新探索更多可复制可推广的经验。

案例7：中欧班列铁路散装粮食运输。

适度进口粮食是我国粮食安全战略的重要内涵，为了便利境外粮食运输，保障国内粮食安全，陕西自贸试验区西安国际港务区功能区创新中欧班列铁路散装粮食运输方式。通过因地制宜创新粮食运输方式、改良装卸设备，有效提升境外粮食运输的效率、降低运输成本，并且监控粮食运输全过程，确保粮食运输安全。

主要做法：

首先，创新运输方式。因铁路运输需要在阿拉山口换装，国际港务区功能区通过两种模式开展散粮集装箱运输：一种是运用上开口漏斗车进行运输，粮食直接通过管道从漏斗车的上开口装车运输，到达目的地后从漏斗车下开口卸粮，目前从哈萨克斯坦到阿拉山口的粮食采取这种方式运输；另一种是通过普通集装箱进行散粮运输，把粮食流管接到抛粮机上，然后粮食经过抛粮机抛入集装箱，装至集装箱三分之二左右后，在集装箱的门口处，安装挡板，之后装车运输，目前从哈萨克斯坦到西安的粮食采取这种方式运输。

其次，改良卸粮设备。国际港务区功能区改良卸粮设备，使用后翻试液压翻板进行卸粮，替代原来的侧翻卸粮，散粮集装箱到站后，将集装箱吊运到卡车上，运至基地，用电动葫芦将集装箱的门打开，然后直接在汽车上通过后翻试液压翻板卸粮。

第三，加强运输监管。监控粮食运输全过程，确保粮食运输过程中不会出现抛洒等问题。在起点集装箱散装后进行铅封；在阿拉山口综保区和西安新筑站，检查集装箱体是否完好，有无抛洒等问题，如有抛洒采取全面清收并统一由海关按规定处理；进入新筑站监管区内，检验检疫部门按规定抽检；散装集装箱粮进入企业后，在海关监督下，首先检查是否有杂草等杂物，如果有，则集中现场销毁。随后卸粮，并清理干净集装箱，以便二次使用。

实践效果：

散装粮食运输方式有效节约了装货、卸货的时间，缩短集装箱的运转周期，提升利用效率。原本袋装集装箱专列，从装车到运输到卸货要经过 25 天，现在仅 15 天就可完成。袋装集装箱每个箱子只能装运小麦 21 吨，散装集装箱可装运小麦 27 吨，既节约运输和人力成本，也极大方便海关抽样检验。该模式成功实现资源的整合利用，更方便将海外粮仓生产出的优质农产品产销国内，有利于我国土地休耕恢复，提高产能，同时有效弥补了国粮食缺口。

案例 8：智慧通关。

陕西自贸试验区西咸新区空港新城功能区突出临空特色，对标国际标准，充分发挥“自贸+临空+口岸+跨境+保税”的叠加优势，积极探索内陆型、临空型自贸试验区发展新路径，联合西安咸阳国际机场海关在推进枢纽建设现代化、贸易通关便利化等方面，大胆创新，积极探索，形成独具特色的“智慧通关”服务新模式。

主要做法：

首先，“智慧旅检”实现旅客通关“零打扰”。机场海关搭建“智慧旅检”系统，涵盖行李预检、布控行李电子追踪、远程智能判图、智能闸机系统和人脸识别等技术，利用先进的机器学习与目标跟踪算法，实现可疑行李与对应旅客的及时匹配和布控查验，做到对旅客和行李的风险预警与拦截。通过运用科技手段，海关可以迅速将守法旅客和高风险旅客甄别开来，让守法旅客在不受“打扰”的情况下快速通关，真正实现“零打扰”通关。

其次，金融创新让通关缴税“少跑路”。机场海关利用“互联网+金融工具”，通过与银行和相关监管部门的沟通对接，改变过去单一的银联卡缴税方式，成功实现进境物品行邮税的移动支付，旅客使用“支付宝”“微信支付”等扫码的方式即可完成行邮税的支付，极大提升通关缴税的效率。同时，不断推进汇总征税、总担保等多元化税收金融改革，不再“逐票缴税”，而是先提货，再按月集中缴税，降低企业报关频率，使企业少跑路。

第三，多样化服务助力通关“低成本”。机场海关积极践行“互联网+海关”，推行“AEO”认证免检、定制化通关服务、自报自缴、先出关后汇总缴税、提前申报等一系列便利企业通关的举措。2019 年 4 月，空港新城功能区联合机场海关、运营公司在保税物流中心内建设跨境电商公共仓，通过跨境电商通关服务平台、WMS 仓储管理系统、智能化分拣系统、海关监管同屏比对等系统，实现“多家聚集、集中查验、一次申报、一次放行”，顺利完成西北地区跨境电商保税备货首单业务，大幅降低电商企业的时间成本和运输成本。

实践效果：

首先，通关效能大幅提升。以行邮税移动支付为例，扫码后最快 3 秒即可到账完成缴税，省去人工点钞、验钞、找零等环节，税款缴纳时长由以“分”为单位升级到以“秒”为单位，大幅提高支付速度。截至 2019 年 5 月，行邮税移动支付比例高达 82.2%，旅客通关时间较原先大幅缩短。

其次，通关成本大幅降低。以汇总征税为例，向海关申报的税款总金额在保函可用额度内即可每月结算并统一向海关支付税款，企业无须因取税单和递交相关材料等频繁去海关现场。企业内部审批环节减少 70%，缴税工作量降低 70%，通关时间由“日通关”提速为“秒通关”，帮助企业节约了大量的报关成本和仓储费用。

第三，监管水平明显增强。智慧旅检系统能够对出入境行李进行无盲点全覆盖监管，在全面提升海关监管效率的同时，大幅提高守法旅客的通关效率，实现海关监管的全面隐身化和后台化。以入境旅客通关为例，一名守法旅客自提取托运行李到完成通关，平均通关时间从 20 分钟压缩到 5 分钟，整体通关效率提高约 75%。

案例 9：能源类特色供应链合作平台。

陕西自贸试验区西咸新区能源金贸功能区聚焦探索与“一带一路”沿线国家开展贸易供应链安全与便利合作，引入陕西展动供应链管理有限公司搭建以能源化工为特色的新型供应链金融与产业合作平台——能源类特色供应链合作平台，为区内外能源类上下游企业“走出去”提供金融服务、产业导入、项目支撑、设备共享等多元服务，助力企业海外市场拓展与高质量发展。

主要做法：

首先，搭建“走出去”资源共享平台。为加速陕西省能源化工类企业出海，破解当前海外市场拓展、渠道建设过程中的资金短板，能源金贸功能区引入陕西展动供应链管理有限公司，在西部建设首个能源类“走出去”特色供应链合作平台，集聚“项目投资、运管资金、创新研发、生产设备、人力资源、生产互动”六大共享服务功能，吸引金融配套、油服处理、整机制造、配件制造、研发机构、衍生产品、智慧管理类等企业入驻平台，形成各类服务集成合力，助力能源类核心企业快速“走出去”。

其次，突出金融与产业协同支撑。由金融机构、能源类核心企业联手建立能源类产业海外扶持基金，鼓励能源类企业“走出去”；研究海外市场动态，建设项目技改体系，对通过评审而且能海外落地的技改项目，以股权融资、基金支持、混合所有制等形式展开定投，联手实现海外市场拓展；将订单、融资与监管有效结合，引入银行风控体系，形成管、扶结合的投资体系，平台内企业可依托订单，向银行申请低利率的短期融资，在银行对企业生产能力和投资风险等评估后，由平台实施第三方担保，银行为企业提供配资，并推出差异化、低利率的融资产品，满足企业资金需求。

第三，建立供应链协同管理机制。开发供应商协同系统（eSRM）、仓储管理系统（WMS）、采购协同管理系统（gTE）、订单交付协同管理系统（gFE）、物流协同管理系统（gLE）、供应链融资服务系统、产品追溯管理系统等，对能源类产业链上下游企业的信息流、要素流、资金流实现集成，确保原材料、中间产品、最终产品的闭环管理。同时，将采购商、制造商、供应商、服务商、用户等有效匹配，实现协同化、一体化的供应链管理新模式，有效降低企业成本、库存水平。

第四，推出海外贸易服务工程。依托陕西展动供应链管理有限公司香港母公司的优势，合理拆分承接的海外能源公司大宗成套石油装备采购订单，邀请平台上各能源企业进行业务合作，并协助相关企业办理进出口备案及审批许可，加速海外业务拓展。同时，严控生产进度，抽取平台专家对承接企业的生产进度与质量进行定期跟踪、交货验收，确保量与质符合国际标准及企业要求。

实践效果：

目前，平台已登记企业 1 000 余家，已开展业务的超过 300 家，设立扶持基金总额达 1 亿元，覆盖平台内所有注册企业。同时，依托平台内金融机构、核心企业对与平台签订采购合同的入库企业，提供8 000余万元的融资租赁服务。首先，降低企业的运营成本。通过平台操作实现信息贯通，数据流配合物流无损传输，全程电子化操作，改变原先70%的订单都是手动操作的局面，订单处理时间缩短至原来的1/3，订单处理成本降至原来的50%，有效提高了产品的传输效率和周转期。

其次，促进产业的转型升级。平台以陕西能源类支柱产业为基础，开展资源匹配与转型推广示范，以点带面，促进能源类产业结构调整和快速“走出去”，促进传统生产型企业的改造与升级，为油气装备产业发展提供了新思路。

第三，拓展企业的海外市场。在海外市场拓展方面，已有15家陕西企业通过平台与“一带一路”沿线国家签订海外订单，实现本土企业资金、技术、设备的有效输出。

案例10：“央行·长安号票运通”供应链金融新模式。

为进一步提升中欧班列（长安号）的货运集散能力，陕西自贸试验区西安国际港务区功能区与人民银行西安分行通力合作，联手商业银行、财政担保和再担保等机构，运用货币政策工具和财政政策支持，打造“央行·长安号票运通”供应链金融新模式。区内货运企业凭借一张中欧班列“长安号”的货运车票，不仅能获得授信担保和银行资金贴现，还能享受远低于一般流动性贷款的利率，以金融工具的普惠运用，提升“长安号”附加服务水平。

主要做法：

把央行、商业银行、担保公司等供应链打通，商业银行对长安号运营平台公司进行专项授信，平台公司根据合作企业信用和经营情况将授信额度反向分享给小微企业，小微企业通过商业承兑汇票的方式支付运费，并由银行贴现，企业只需先行向银行支付利息，在3—6个月还款期限内将运费偿还给银行即可。同时，引入财政担保公司为小微企业提供纯信用担保，引入再担保公司为担保公司提供分级负担，共同构建业务上的风险闭环，保障资金安全。

实践效果：

首先，满足小微企业融资需求。由于跨境贸易、国际物流企业属于轻资产企业，无可质押资产，很难获得银行融资。在新模式下，与平台运营公司合作的民营小微企业可以凭借平台公司的背书获得银行的低息贷款，大幅降低民营企业获得信贷的难度。

其次，降低小微企业融资成本。跨境贸易、国际物流民营小微企业通过银行，以抵质押贷款方式获得的融资年化利率通常为8%左右，通过社会融资渠道获得的融资年化利率在12%以上。在新模式下，借助人民银行“再贴现”货币工具，首批试点企业的融资年化利率约为4.5%左右，大幅减少企业资金成本。

第三，提高企业资金周转效率。长期以来，社会上大量优质信用资源锁定于核心企业内部，未能实现信用流转共享。在新模式下，通过平台运营公司向产业链条上的跨境贸易、国际物流民营小微企业分享授信资源，使小微企业可以用商业承兑汇票代替现金支付运费，企业只需先行向银行支付利息，在3—6个月还款期限内将运费偿还给银行即可，极大提升企业的资金周转率。

第四，促进行业的快速发展。“央行·长安号票运通”将央行、商业银行、担保公司等供应链全部打通，贯彻落实了支持小微企业融资“几家抬”政策思路，不仅解决中小微企业融资，而且为中欧班列（长安号）相关物流贸易发展和商业产业发展带来巨大推动力，助力行业运营水平快速提升。

案例11：“互联网+”文物教育新模式。

为进一步助推中国传统文化“走出去”，陕西自贸试验区西咸新区沣东新城功能区联合省文物局、中国移动、新昆互动文化科技等单位创建全国首个以“一个工程、两个库、三大终端、四个系统、五类内容”五大核心要素为支撑的“互联网+文物教育”平台，形成集信息发布、文物信息资源开放、智慧服务能力合一的跨时空、跨地域的中国文化宣传平台，促进“一带一路”沿线国家和国内民众对我国传统文化的认知与了解。

主要做法：

首先，建立多维矩阵传播体系。“互联网+文物教育”平台对各类博物馆文物资源实现数字化集成，搭建“数字文物云”，开设互联网文物教育频道，实现中国传统文化及文物的全球展示；同时，依托云平台建立文物数字化采集、资源管理、内容发布等核心功能及文物图书销售、动漫、AR/VR、文创产品展示等延伸功能，使得文物展示突破时空与物理界限，更具生命力和活力，有效满足全球特别是“一带一路”沿线国家对中国传统文化的认知需求。

其次，创新文物感知内容及形式。充分运用互联网、大数据、云计算、人工智能等信息技术，推动文物与教育领域的融合发展，先后开发数字化、网络化的文物教育课程，利用动漫、游戏、VR/AR技术、3D扫描模型等方式，对各博物馆珍贵文物实现数字化采集，并以虚拟历史场景、三维文物展示等新形式、新技术，为广大受众提供文物全息欣赏、虚拟触摸和历史事件沉浸式体验。

第三，同频共振实现资源有效集成。沣东新城功能区充分发挥政府引导作用，在省文物局的支持下，成立陕西省博物馆教育联盟，对各博物馆文物资源进行数字化展示、开设录制文物教育课程、举办历史文化动漫游戏大赛、研发文创产品等方式，初步实现文物教育资源、内容、产品、渠道、消费全链条整合，整体性、系统性的盘活文物资源，提升文物展示、教育的普惠性功能。

第四，积极开展文物文化跨国交流。依托“丝博会”等平台，与“一带一路”沿线国家积极开展文物展览、技术合作、博物馆数字化教育及展示等文化交流合作，先后承办“一带一路”沿线国家文化遗产保护交流合作论坛、“丝绸之路文化遗产保护利用科技合作论坛暨展览”，并赴境外国家和港澳台地区举办文物文化交流，推介“数字文物云”平台与中国文化。

实践效果：

首先，有利于全省文物资源整合。以习近平总书记关于“一个博物院就是一所大学校”讲话为指引，在省文物局的支持下，通过成立陕西省博物馆教育联盟等形式，对各博物馆文物数字化资源实现整合。“互联网+文物教育”平台自2018年5月18日启动至今，已收录全省21家博物馆3万余件可移动文物大数据、上千件3D数字化文物资源。

其次，有利于普及国民文物教育。平台共有文物数字化教育内容1.45万条，课程700余小时，举办原创性的线下活动270场。平台终端用户已经突破300万，其中境外用户约20万，日均活跃用户4.5万，日均在线时长达35.2小时，平台的社会效应已经逐步显现。

第三，有利于推动文物文化交流。通过在境外举办文化文物展览、世博会“陕西周”等活动，推介“互联网+文物教育”平台，并与丝路沿线国家博物馆建立双向互动机制，将文化“走出去”推向纵深。“互联网+文物教育”平台已入选国家文物局2018年度“互联网+中华文明”示范项目库，并获得2018年度陕西省宣传思想文化工作创新奖一等奖。

案例12：“秦渲云”平台。

陕西自贸试验区西咸新区秦汉新城功能区与惠普公司合作打造国际领先的“秦渲云”平台，为文化创意企业提供渲染云服务，推动文化创意产业的集聚发展，增强陕西文化创意产业品牌竞争力。

主要做法：

“秦渲云”是秦汉新城功能区联袂中国惠普有限公司联合打造的渲染服务云平台，通过云计算及大数据技术，形成基于人工智能的数字内容渲染场景解决方案，并且以渲染为核心，逐步形成以人才教育培训、园区企业聚集、文创产业基金、项目合作等为支撑的完整产业生态。

平台配备高性能刀片服务器，搭载英特尔至强E5双路16核处理器，拥有强大的运算能力，与梦工厂采用同一渲染构架，以超一流动态集群调度能力，一秒调动海量资源。

平台自主研发的3D模型渲染插件与拖拽式提交系统、3D模型文件渲染调度与分发系统、3D模型文件数据去重与传输系统、3D模型文件渲染计费系统、3D模型文件跨数据中心渲染调度系统等为客户带来高速、安全、稳定、便捷的专业化渲染云服务。

目前，平台已形成5大服务体系：为教育培训产业提供信息技术服务；为影视动漫行业提供基于云计算的顶级渲染制作服务；为建筑设计、展览展示行业提供高品质的制作服务；为文化创意产业创新创业提供技术实验服务和为小微企业孵化器提供信息及技术支持服务。

实践效果：

首先，降低文化企业成本。采用跨地域、跨机房的资源调度系统和最新的云端渲染技术，为平台内企业提供上传、渲染、自动回传等一站式服务，降低企业成本，提高了渲染效率。

其次，推进文化人才培养。平台先后与西北大学、西安工业大学、西安美术学院等院校以及相关文化创意培训机构合作，建设专业级的渲染技术服务领域人才实训基地，为影视动漫、艺术设计、后期制作、文化创意等行业输出专业人才，实现人才从学校到企业的无缝对接。

第三，促进文化产业融合。目前，平台已成功孵化系列VR剧《玎珰开讲》等IP系列。同时，还成功为延乡汉成帝等博物馆提供数字化博物馆解决方案，并结合秦汉新城功能区丰富的文化遗存打造《秦汉十一景》全景VR项目，为韩国MG公司提供总额达300万元的影视后期制作云服务。联合国内高端视效培训机构CGX，并与好莱坞顶级制作团队维塔数码进行为期四周的电影特效及影视后期制作课程培训。同时，与华为、中国电信、中国移动、新华三集团、韩国MG等企业就科技技术资源整合、公共平台建设等方面展开合作。

第四，提升文化产业竞争力。目前，平台已注册用户700家，其中企业用户620家，个人用户80家，初步形成以云渲染为基础的数字文化全产业链，推动文化创意产业小型微型企业双创孵化工作，从而形成文化IP产生、开发及应用全产业链，增加陕西文化创意产业品牌竞争力。

案例13：互联网医疗新模式。

为落实国家分级诊疗政策，响应国家发展“互联网+医疗健康”的号召，提升医院的医疗信息化水平，缓解看病就医难题，提升人民健康水平，陕西自贸试验区西安高新区功能区依托现有医疗服务平台，持续扩大医疗服务规模，积极构建大健康产业链条，打造互联网医疗新模式。

主要做法：

首先，成立互联网医院。在阿里健康手机应用程序上推出阿里健康“西安高新互联网医院”线上服务，依托实体医院打造的互联网医疗产品“西安高新医院互联网医院”支付宝生活号，在线上即可完成咨询、挂号、复诊、转诊、会诊、电子处方、药品配送等服务，提升患者满意度及体验。

其次，创建远程会诊中心。汇集国内外顶尖的医学专家团队，通过云端向客户提供远程影像、远程病理、远程心电、远程门诊、远程会诊、多学科联合会诊、远程教学、健康管理、医疗大数据等服务。

第三，打造“新医疗”体系。分别与阿里巴巴签订《“新医疗”创新合作协议》，与阿里健康签订《战略合作框架协议》，共建“丝路卫生健康云平台”“‘新医疗’创新生态体系”“人工智能医疗创新实验室”等平台。

实践效果：

“西安高新医院互联网医院”形成线上、线下、移动医疗与传统医院的完整闭环，下沉医疗资源，降低就医成本，提高就医效率，取得较好效果，截至2019年7月，共服务患者41 450人次。首先，线上线下联动，提高患者就诊服务效率。互联网医疗模式将“数据信息多跑路，病人少跑路”的理念贯穿于诊前、诊中、诊后。患者居家可以咨询专家，医生在线查阅患者历史病历和检查、检验等报告结果，进行报告解读、病情咨询及用药指导，实现医疗服务线上线下系统联动。医院患者门诊就诊时间从 2—3 小时缩短到 1 小时，患者满意度达95%以上。

其次，突破时空限制，拓展医疗资源服务范围。互联网医疗模式提供在线健康咨询、慢病复诊问诊、慢病在线延方、药品物流配送、名医在线直播、居家用药指导等服务，服务人数达 2 余万人，其中二三线城市服务比例达到 23%，并不断提升，有效解决非中心城市看病难、看病贵等问题，把优质医疗资源通过网络送到全国各地患者面前。

四、陕西省政府及相关部门出台的政策措施

（一）《陕西省人民政府办公厅关于印发中国（陕西）自由贸易试验区“证照分离”改革全覆盖试点实施方案的通知》（陕政办发〔2019〕35 号）。

（二）《陕西省人民政府办公厅关于复制推广陕西自贸试验区第二批改革创新成果的通知》（陕政办函〔2019〕177 号）。

（三）《陕西省人民政府办公厅关于印发陕西自贸试验区协同创新区建设实施方案的通知》（陕政办函〔2019〕181 号）。

（四）《国家外汇管理局陕西省分局关于在中国（陕西）自由贸易试验区开展外汇业务创新的通知》。

（五）《西安海关支持中欧班列发展的措施》。

五、大事记

1 月 8 日，全省商务工作座谈会在西安召开，副省长魏增军出席并讲话。在自贸试验区建设方面，他强调，要深化自贸试验区改革创新，为新时代全省追赶超越和经济高质量发展作出积极贡献，一是加快推进试点任务落实，二是加快推动系统集成创新，三是深入推进差别化改革，四是高标准制定自贸试验区深化改革创新方案。省商务厅厅长、省自贸办主任赵润民、省自贸办副主任翟北秦、王刚等省商务厅全体处级以上干部参加会议。

1 月 15 日，陕西自贸试验区西咸新区秦汉新城管委会与新疆博州阿拉山口市委市政府战略合作协议签约仪式在西咸新区秦汉新城成功举行。此次签约是陕西自贸试验区西北交流推广活动的重要成果，旨在加强两地经济、文化、旅游等领域交流合作。

1 月 18 日，陕西省自贸办“自贸青年讲堂”举办第二期交流研讨活动。本次活动聚焦营商环境建设，特别邀请西安交通大学公共政策与管理学院副院长董新宇教授作题为“营商环境与自贸试验区建设”的专题讲座。省商务厅有关处室、自贸试验区各管委会共计 40 余人参加本次活动。

1 月 24 日，陕西省商务厅厅长、省自贸办主任赵润民主持召开自贸办工作例会，听取省发展改革委、省农业农村厅、省文化和旅游厅、省市场监管局、西安海关、人民银行西安分行、自贸办各处室、自贸试验区各管委会等单位工作汇报，研究自贸试验区进一步深化改革事宜和 2019 年的重点工作，安排部署下一步工作。

2 月 13 日，陕西省省长刘国中在西安市调研部分国有企业、民营企业运行和中国（陕西）自由贸易试验区建设情况。在自贸区，刘国中先后调研中译语通科技（陕西）有限公司、新丝路数字文化科技有限公司，察看自贸区综合服务大厅，了解移动办事、掌上政府等便民设备运行情况。西安市代市长李明远，西安市政协主席、西咸新区党工委书记岳华峰，省政府秘书长方玮峰，省直有关部门负责同志参加活动。

2 月 15 日，为加强对试点任务的信息化、系统化、动态化管理，省自贸办组织召开中国（陕西）自由贸易试验区试点任务信息化管理系统应用培训会，自贸试验区各管委会及功能区参加培训。

2 月 20 日，陕西省副省长魏增军在西安市调研陕西自贸试验区建设、运行及管理改革创新工作情况。魏增军先后深入陕西自贸试验区浐灞功能区“一带一路”贸易之家、华夏文旅综合体项目和西

咸新区沣东新城功能区中俄丝路创新园，详细了解入驻企业运营、为企业服务搭建平台和改革创新任务落实情况。

2月25日，陕西省自贸办赴自贸试验区西安经开区功能区召开企业专题座谈会，深入听取经开功能区企业在生产经营过程中，对自贸试验区在营商环境改善、政府服务效能转变、投资贸易便利化改革以及金融服务等方面的建议和需求。自贸试验区西安管委会、经开功能区负责同志以及区内11家企业代表参加座谈。

2月26日，省自贸办赴自贸试验区西安高新区功能区召开企业专题座谈会，深入听取高新功能区企业在生产经营过程中，对自贸试验区在营商环境改善、政府服务效能转变、投资贸易便利化改革以及金融服务等方面的建议和需求。自贸试验区西安管委会、高新功能区相关负责同志以及区内10家企业代表参加座谈。

3月1日，陕西省自贸办“自贸青年讲堂”举办第三期讲座活动。本次活动主题为“促改革开放 传丝路文明”，聚焦陕西自贸试验区概况及建设情况，从自贸试验区的基本概念、我国设立自贸试验区的原因、陕西自贸试验区概况、陕西自贸试验区建设情况、下一步方向等五个部分进行讲解。省商务厅有关处室30余人参加本次活动。

3月1日，中国（陕西）自由贸易试验区工作领导小组办公室印发《中国（陕西）自由贸易试验区建设2019年重点工作》。

3月6日，云南省商务厅副厅长寇杰一行至陕西省自贸办调研自贸试验区建设工作，与省自贸办副主任王刚座谈交流。双方表示要及时学习交流，分享好的工作方法和改革创新成果。省自贸办各处室、自贸试验区西安管委会、西咸新区管委会相关负责人参加会议。

3月12日，陕西省自贸办副主任王刚在京拜会农业农村部，与国际合作司巡视员谢建民就加强部省交流、共同推动中国（陕西）自由贸易试验区在涉农领域开展创新研究等工作座谈。农业农村部国际合作司、计财司、农产品质量安全监管司、农村经济合作指导司、科教司等相关负责同志参加座谈。

3月17日至26日，以陕西省自贸办副主任王刚为团长的陕西自贸试验区代表团一行5人，赴巴拿马、荷兰、阿联酋开展自贸试验区经验交流、项目洽谈及自贸发展论坛邀请工作。

3月23日至31日，陕西省委组织部、省商务厅在上海交通大学组织“推进中国（陕西）自由贸易试验区管理改革创新”专题研修班，省级各相关单位、省自贸办、自贸试验区各管委会及功能区有关工作人员参加此次研修班。

3月27日，陕西省自贸办联合西安交通大学“一带一路”自由贸易试验区研究院举办“中国（陕西）自由贸易试验区创新发展”专题讲座，复旦大学上海自贸区综合研究院研究员张湧博士做题为《自贸试验区的制度创新与案例分析》报告。陕西自贸试验区工作领导小组成员单位，自贸试验区各管委会、功能区、各地市商务主管部门相关负责人，西安交大自贸区研究院及相关研究机构专家学者等共计200余人参加讲座。

4月9日，陕西省人民政府新闻办公室举办“中国（陕西）自由贸易试验区两周年改革创新情况及成果”主题系列新闻发布会第一场，邀请中国（陕西）自由贸易试验区工作办公室副主任王刚出席，介绍情况并回答记者提问。发布会由陕西省人民政府新闻办公室新闻发布工作处处长安广文主持。

4月11日，陕西省人民政府新闻办公室举办“中国（陕西）自由贸易试验区两周年改革创新情况及成果”主题系列新闻发布会第二场，邀请西安市商务局局长、中国（陕西）自由贸易试验区西安管理委员会主任吕恒军，西安海关副关长应小莉，西安市市场监督管理局副巡视员孙益国，西安市金融工作局副局长庞波出席，介绍情况并回答记者提问。发布会由陕西省人民政府新闻办公室张竞怡主持。

4月16日，中共中央政治局常委、国务院副总理韩正在陕西自贸试验区调研。韩正到西安国际港务区规划展示馆，考察“一带一路”内陆型国际中转枢纽港建设进展；前往综合服务大厅，了解政务服务新模式；到中欧班列长安号编组站，现场察看站场作业。韩正指出，陕西要充分发挥区位优势和巨大潜力，抓住制度创新这一关键，推进自贸试验区、保税区和港务区整合优化，持续推进“一带一路”建设，打造内陆开放新高地。

4月16日，陕西省人民政府新闻办公室举办“中国（陕西）自由贸易试验区两周年改革创新情况及成果”主题系列新闻发布会第三场，邀请杨凌示范区党工委委员、管委会副主任陈亚平，杨凌示范区国际合作局局长明涛出席，介绍情况并回答记者提问。发布会由陕西省人民政府新闻办公室张竞怡主持。

4月18日，陕西省人民政府新闻办公室举办“中国（陕西）自由贸易试验区两周年改革创新情况及成果”主题系列新闻发布会第四场，邀请西咸新区党工委委员、管委会副主任赵孝，中国（陕西）自由贸易试验区西咸新区自贸办专职副主任李朝杰出席，介绍情况并回答记者提问。发布会由陕西省人民政府新闻办公室张竞怡主持。

5月12日上午，由陕西省人民政府主办，省商务厅（省自贸办）、自贸试验区各管委会、西安交通大学“一带一路”自贸试验区研究院承办的第二届“中国（陕西）自由贸易试验区发展论坛”在西安召开。论坛以“深化改革扩大开放与自由贸易试验区高质量发展”为主题，邀请相关政府部门、境内外知名专家学者、智库机构代表围绕自贸试验区建设问题深入探讨，为陕西省自贸试验区高质量建设和发展凝聚共识。

5月12日下午，由西安交通大学和陕西省商务厅联合主办，西安交通大学“一带一路”自由贸易试验区研究院、中国（陕西）自由贸易试验区工作办公室、西安交通大学社会科学处承办的“中国（陕西）自由贸易试验区创新发展研讨会”顺利召开。会议围绕“创新中国（陕西）自由贸易试验区人文与经贸交流新模式”为主题展开研讨。

5月12日下午，商务部驻西安特办副特派员刘景嵩主持召开西北五省区协同发展座谈会。省自贸办副主任翟北秦出席并介绍陕西自贸试验区改革创新情况，就利用自贸试验区平台实现西北地区协同发展提出建议。甘肃、宁夏、新疆以及新疆生产建设兵团等商务主管部门代表，介绍本地开放型经济发展情况。商务部驻西安特派员办事处、省商务厅（省自贸办）、西北五省区商务部门负责人共计20余人参会。

5月22日，中国（陕西）自由贸易试验区管理体制创新调研座谈会在省自贸办召开。会议由商务部驻西安特派员办事处副特派员刘景嵩主持，商务部驻西安特派员办事处、省自贸办、自贸试验区西安管委会、杨凌片区、西咸新区及各功能区负责人参加会议。座谈中，自贸试验区各管委会分别就目前管理体制运行情况进行汇报与交流，提出创新管理体制的意见与建议。

6月24日，陕西省副省长赵刚带领省级有关部门负责人到西安浐灞生态区、西安国际港务区调研陕西自贸试验区建设情况。省自贸办副主任翟北秦、王刚陪同调研。

7月11日，“自贸青年讲堂”第四期活动在陕西省商务厅会议室开展，本次活动主题为“证照分离——市场监管方式改革的核心”。省自贸办副主任王刚主持本次活动，自贸青年讲堂全体成员及商务厅相关处室工作人员参加会议。

7月23日，商务部发布自贸试验区第三批“最佳实践案例”。陕西省报送的“‘通丝路’——跨境电子商务人民币业务服务平台”“以标准化助推现代农业发展新模式”和“微信办照”3个案例入选。

7月24日，省政府党组成员徐大彤赴西安国际港务区调研，详细了解自贸试验区建设运行及制度创新、中欧班列长安号运营等情况。省商务厅副厅长王运林、省自贸办副主任翟北秦陪同调研。

7月25日，由国务院参事室自贸区建设研究中心、西安市人民政府联合主办，中国（陕西）自由贸易试验区工作办公室协办，中国（陕西）自由贸易试验区西安管委会、西安市浐灞生态区管委会承办的“2019年自贸试验区建设研讨会”在西安浐灞生态区举行。国务院参事室党组成员、副主任张彦通，国务院参事刘燕华，西安市副市长徐明非，浐灞生态区管委会主任门轩出席活动。省自贸办副主任王刚及省自贸办全体工作人员参加会议。

9月2日，陕西省副省长徐大彤听取省商务厅（省自贸办）关于中国（陕西）自贸试验区建设情况的专题汇报，省商务厅厅长、省自贸办主任赵润民及省自贸办副主任翟北秦就陕西自贸试验区的建设成效、存在的问题和下一步工作设想进行了汇报。

10月1日，陕西省在西安新城广场举行庄严隆重的升国旗仪式，先进典型、工人、农民、驻陕部队、中小学生、自贸试验区等15个代表方阵和现场5万多名群众共同庆祝中华人民共和国成立70周年。其中自贸试验区方阵由来自陕西省自贸办以及各自贸片区、功能区的100位干部职工代表组成。参加此次活动的自贸干部职工代表纷纷表示，要把对祖国的热爱之情转化为深化改革，扩大开放，追赶超越，再创辉煌的强大动力，为实现中华民族伟大复兴中国梦贡献自己的力量。

10月15日，陕西省副省长徐大彤赴陕西自贸试验区杨凌片区调研。徐大彤先后到陕西自贸试验区杨凌片区国际农业创新港、上合组织农业技术交流培训实训基地调研，详细了解重点企业及国际农业合作交流重点项目发展建设情况，与杨凌示范区党工委、管委会及省级相关部门主要负责同志座谈。陕西省商务厅厅长、省自贸办主任赵润民陪同调研。

10月27日至11月1日，陕西省自贸办副主任翟北秦带队赴新疆开展中国（陕西）自贸试验区新疆交流推广活动。此次活动通过召开推介会、座谈研讨会等形式，向当地政府部门和企业介绍陕西自贸试验区建设及创新案例等情况，提出创新协同发展建议。

10月30日，陕西省副省长徐大彤赴陕西自贸试验区功能区调研自贸试验区建设运行情况。徐大彤先后来到自贸试验区西安高新功能区西安科技大市场、Founders Space公司、易点天下网络科技股份有限公司和自贸试验区西咸新区中俄丝路创新园，详细了解园区产业布局、入驻企业运营和存在问题，以及为企业搭建服务平台等情况。

11月12日，陕西省省长刘国中主持召开中国（陕西）自由贸易试验区工作领导小组会议。刘国中在肯定陕西省自贸试验区工作后指出，要认真学习贯彻习近平新时代中国特色社会主义思想，按照党中央、国务院关于自贸试验区建设的各项部署，坚持以制度创新为核心，以防范风险为底线，大胆闯，大胆试，努力打造内陆改革开放新高地。副省长徐大彤、省政府秘书长方玮峰出席。省自贸办主任赵润民、省自贸办副主任翟北秦、王刚参加会议。

11月30日，陕西省人民政府办公厅印发中国（陕西）自由贸易试验区“证照分离”改革全覆盖试点实施方案的通知。根据该通知，自12月1日起，陕西省在中国（陕西）自由贸易试验区实行“证照分离”改革全覆盖试点。

12月5日，自贸试验区高质量发展专项评估座谈会在省政府常务会议室召开，听取陕西自贸试验区建设情况汇报，梁桂常务副省长主持会议。

12月5日，省政府发布《陕西省人民政府办公厅关于印发陕西自贸试验区协同创新区建设实施方案的通知》，标志着陕西自贸试验区协同创新区建设工作正式启动。

12月6日，省自贸办会同省市场监管局、省司法厅、省审改办在省市场监管局召开中国（陕西）自由贸易试验区“证照分离”改革全覆盖试点工作培训部署会。省自贸办副主任王刚出席会议并传达李克强总理关于“证照分离”改革全覆盖工作的重要批示。

12月19日，由省商务厅组织的在中国（陕西）自由贸易试验区开展“证照分离”改革全覆盖试点工作专题培训班顺利开班。省商务厅副厅长郭绍敏出席开班仪式并做讲话，指出“证照分离”改革是简政放权，优化营商环境，释放企业创业创新活力的重要举措，要确保改革措施落地见效，推动陕西省自贸试验区高质量发展。

中国（陕西）自由贸易试验区概览

中国（陕西）自由贸易试验区实施范围119.95平方公里，涵盖三个片区：中心片区（87.76平方公里）、西安国际港务区片区（26.43平方公里）、杨凌示范区片区（5.76平方公里）。

中心片区重点发展战略性新兴产业和高新技术产业，着力发展高端制造、航空物流、贸易金融等产业，推进服务贸易促进体系建设，拓展科技、教育、文化、旅游、健康医疗等人文交流的深度和广度，打造面向“一带一路”的高端产业高地和人文交流高地。

西安国际港务区片区重点发展国际贸易、现代物流、金融服务、旅游会展、电子商务等产业，建设“一带一路”国际中转内陆枢纽港、开放型金融产业创新高地及欧亚贸易和人文交流合作新平台。

杨凌示范区片区以农业科技创新、示范推广为重点，通过全面扩大农业领域国际合作交流，打造“一带一路”现代农业国际合作中心。

陕西省将自贸试验区分为9个功能区：西安高新区功能区、西安经开区功能区、西安国际港务区功能区和西安浐灞生态区功能区，由自贸试验区西安管委会管理；沣东新城功能区、空港新城功能区、秦汉新城功能区、能源金贸功能区，由自贸试验区西咸新区管委会管理；杨凌示范区片区单独作为一个功能区。

（一）西安高新区功能区

区位优势：西安高新区功能区面积35.67平方公里，是陕西自由贸易试验区中心片区的核心区域，同时也是国家自主创新示范区，是陕西省、西安市承接自贸试验区和自创区“双自联动”的最前沿。

规划优势：高新功能区边界范围总体呈“y”型布局，按照“两带一中心”规划（即万亿高新技术产业带、万亿现代服务业产业带和中国丝路金融中心），重点发展战略性新兴产业和高新技术产业，着力发展以金融贸易为核心、以生产性服务业为特色的现代服务业，打造面向全球的高新技术产业基地、人文交流枢纽和金融贸易中心。

政策优势：依托自贸试验区政策红利，西安高新区功能区发展潜能充分释放，目前发布的“三次创业”系列优惠政策涵盖人才聚集、金融发展、科技企业梯度培育、军民融合等多个领域，为实现自贸试验区高质量发展提供重要保障。

产业优势：目前，西安高新区功能区已形成以半导体、软件信息等为核心的电子信息产业，以新能源汽车、生物医药等为核心的现代制造业，以及以现代金融、文化创意为核心的现代服务业三大主导产业。西安高新区功能区坚持产业培育梯度发展的理念，按照引领型产业、特色产业、未来产业三层次发展架构，打造一大世界级引领产业生态、五个领先跨界融合产业集群和一批硬科技属性新经济形态的具有国际影响力的“15N”产业新体系。

（二）西安经开区功能区

区位优势：西安经开区功能区规划面积9.51平方公里，涵盖西安出口加工区（A区）0.75平方公里。西安经济技术开发区地处西安北部，为西安行政中心所在地。辖区由中心区、出口加工区、高铁新城、泾渭新城四个园区组成，工业总量占西安市的三分之一。

产业发展重点：西安经开区功能区重点发展先进制造业、军民融合产业、新金融业和制造服务业，打造“一带一路”产融服深度融合的先进制造业高地、西安人工智能与机器人产业基地、军民融合创新示范区和“一带一路”中欧合作产业园。着力发展汽车、高端装备制造、军民融合、总部经济和现代金融产业、消费品制造、战略性新兴产业、现代服务业及能源加工业等八大千亿级产业集群，引领建设西安“万亿级工业大走廊”，打造全市工业经济的主战场、开放经济的试验田和先进制造业的排头兵。

产业优势：西安经开区工业总量占西安市的三分之一，是国内唯一同时拥有汽车、军民融合两个国家新型工业化产业示范基地的开发区，在全国219个国家级经开区中综合排名第17位，位居西部第一。入区企业4.8万家，包括世界500强投资项目62个，大型央企和龙头企业投资的大项目300余个，成为陕西乃至西部地区世界500强和央企投资最密集、民企投资最活跃的区域之一，具有独特的区位优势、良好的投资环境优势、突出的科研优势、完备的配套优势。

（三）西安国际港务区功能区

西安国际港务区功能区规划面积22.62平方公里，以打造国际内陆自由港为目标。重点发展国际贸易、现代物流、临港产业、类金融产业、电子商务和文化体育等产业，建设“一带一路”国际内陆中转枢纽港、商贸物流集散中心、开放型金融产业创新高地和国际文化体育交流新平台。

发展定位：西安国际港务区功能区将全力推进行政管理改革、投资创新改革、贸易创新改革、金融创新发展，营造公平、透明、宽松、便利的营商环境和亲商、富商、安商的投资环境，充分挖掘自贸试验区与进境粮食口岸、肉类口岸、整车进口口岸，“长安号”中亚班列、中欧班列和西安综合保税区的叠加功能，打造临港产业、融资租赁产业、电子商务产业、体育健康产业和开放型经济产业5大千亿级产业集群。

区位优势：西安国际港务区功能区运输条件优越，拥有我国首个具备国际国内“双代码”的内陆港——西安港，通过整合公、铁、海、空多种运输方式，构建起承东启西、连接南北、贯通欧亚的重要商贸物流大通道，着力构建全网物流体系。向西、向北依托中欧班列长安号，开通西安至德国汉堡、白俄罗斯、俄罗斯、伊朗、阿富汗、比利时根特、米兰、拉脱维拉等11条干线，覆盖“一带一路”沿线44个国家和地区；向东与青岛、宁波、天津、深圳、上海等沿海港口合作开行货运班列，辐射日韩等地区；向南推进与广西凭祥口岸、防城港的合作，打通与东南亚各国的陆海、陆路大通道。同时，拥有亚洲最大的铁路物流集散中心，包括西安铁路集装箱中心站、新筑铁路物流基地和新筑火车站，已建成铁路一类开放口岸、公路二类开放口岸，粮食、肉类、整车指定口岸及国家跨境电商综试区等；西北规模最大的综合保税区——西安综合保税区全部验收投入运营，在德国法兰克福、哈萨克斯坦卡拉干达州等地设立8处“海外仓”，中国内陆第一大港的国际影响力显著提升。

环境优势：拥有较为优越的营商环境。大力推行“互联网+政务服务”“一网通办”等服务，实现7×24小时全天候服务；纳入“最多跑一次”（数字化转型）首批试点单位，积极推动“一窗受理”，已纳入事项474个。首创人脸识别“微警认证”系统，为陕西首个身份证电子证照政务应用，37个事项办理无须提供身份证件。推出全省首个“楼小二”，为企业提供设立、变更、领取发票、发票认证等700多项业务的咨询办理服务，打通服务企业“最后一米”，打造15分钟政务服务圈。持续优化园区法律服务供给环境，先后设立西北唯一的知识产权法庭、陕西自贸试验区仲裁院、陕西自贸试验区首家公共法律服务中心、“一带一路”服务机制办公室和国际商事调解中心等机构，正在积极申报建设国家级“一带一路”国际商事法律服务示范区，为“一带一路”国际商事争端解决机制提供样板。

（四）浐灞生态区功能区

西安浐灞生态区功能区总面积3.81平方公里，以打造丝路沿线金融创新试验区和国际文化交流示范区为核心，探索内陆与“一带一路”沿线国家经济合作和人文交流新模式。重点发展金融商务、人文交流、会议会展、对外贸易等产业，打造丝路金融创新试验区和国际旅游文化交流示范区。

功能布局：浐灞功能区以打造丝路沿线金融创新实验区和国际文化交流示范区为核心，将建设成为“一带一路”沿线的开放型金融创新试验区、国际文化交流及会展服务新平台。

区位优势：距离西安市新行政中心约15分钟车程，距离咸阳国际机场约30分钟车程，距离市中心钟楼约8公里，区域核心区辐射人口达300万人，为产业聚集提供了广阔的发展空间。“六纵十二横”的市政路网与市中心全面对接，绕城高速、三环路、二环路及延伸线，地铁1、3、5号线穿越生态区而过，半小时可辐射西安全城；也是包茂、京昆、连霍、福银四条高速公路的枢纽，两小时经济圈可辐射关中、陕北、陕南、山西、河南等地大部分城市。

政策优势：浐灞功能区依托“一带一路”新高地的战略定位，以西安金融商务区、灞柳基金小镇为核心，为丝绸之路经济带建设提供金融支持。紧跟国家“一带一路”发展战略，充分利用欧亚经济论坛、西安领事馆区等对外开放重要平台，满足国家外交新形势的内在需求，深化文化领域合作，拓展对外文化交流渠道；探索丝路旅游发展新模式，提升旅游服务水平，扩大对外开放和商务往来。

规划优势：建区以来，累计投入300多亿元，修筑堤防50公里，新建和改造橡胶坝7座，新建桥梁5座，同步建设雨水、污水、电力、电讯等各类管线2 200多公里，产业用地基本达到“七通一平”标准。

（五）空港新城功能区

空港新城功能区是陕西自由贸易试验区唯一的临空型自贸试验区，着力发展航空物流等战略新兴产业，形成一批极具临空特色的创新案例，以期为打造内陆型、临空型特色自贸试验区提供更多有益成果。

区域功能：空港新城规划面积144.18平方公里，其中自贸试验区面积为13.8平方公里。作为西北地区最重要的航空、铁路、高速公路汇集的核心交通枢纽，拥有陕西唯一的国家一类对外开放口岸，是陕西自贸试验区的重要承载区。依托门户优势，空港新城快速搭建与国内外重要经济区间的空中交通，着力打造一流国际航空物流枢纽和空中丝绸之路新起点，建设我国向西开放和辐射西北亚的战略门户。

产业发展重点：依托中国第七大枢纽机场——西安咸阳国际机场，重点发展航空物流、航空维修、航材制造、电子信息、生物医药、跨境电商、总部经济、国际会展、文化商贸等临空型产业，致力于打造国际一流航空枢纽。

产业发展目标：打造以战略性新兴产业、高新技术产业、高端制造业、物流商贸、商务办公、现代服务业、文化旅游、节能环保产业为主导的，具有区域影响力的知识创新中心、高端制造业中心和区域吸引力的现代服务业中心。

发展定位：以打造“全球高端要素链接中枢，内陆临空经济创新典范，陕西追赶超越重要引擎”为总体定位，重点围绕“港-产-城-人”4个方面，致力于建设“‘一带一路’国际航空枢纽、临空经济创新发展高地、绿色智慧宜居宜业魅力空港、中外人文交流开放门户”。

区位优势：空港新城地处我国几何中心，是联通欧亚、承东启西的重要节点。区内的西安咸阳国际机场已开通国内外航线352条，其中国际航线70条，全货运航线23条，2小时航程可覆盖中国75%的领土和85%的经济资源。初步构建起“丝路贯通、欧美直达、五洲相连”的国际网络格局，构建起陕西对外开放和走向世界的航空大通道。

环境优势：空港新城按照绿色、低碳、清洁、循环的城市经营发展模式，通过各功能组团间生态廊道有机衔接，构建以主干环路绿化带、骨架道路绿化带、公共空间绿地为主的“一环、多轴、多点”生态网络。

政策优势：陕西自由贸易试验区空港功能区是目前国内较大的空港型自贸片区之一。国务院批复的《关中平原城市群发展规划》提出，以西安咸阳国际机场为依托，打造更大辐射范围和集聚能力的国际性综合交通枢纽。《国务院关于同意开展服务贸易创新发展试点的批复》将西咸新区作为服务贸易创新发展试点新区。国务院印发的《关于支持自由贸易试验区深化改革创新若干措施》提出，在对外航权谈判中支持西安机场利用第五航权。民航局和陕西省签署的合作协议中，明确提出要制定优惠和倾斜政策，加快建设全国领先的新型航空城。陕西省人民政府印发的《关于大力发展“三个经济”若干政策》明确提出，支持空港新城航空货运物流和物流金融发展，为空港新城功能区进一步聚集航空资源提供有力保障。多项政策叠加为空港新城功能区建设提供了难得的政策优势。

规划优势：重点围绕“港-产-城-人”4个方面构建“一核双心两环五区”的空间布局，重点发力航空枢纽保障业、临空先进制造业、临空高端服务业等产业方向。

“一核”：即西安咸阳国际机场。主要围绕机场运营和发展，不断强化空港客货运枢纽与综合交通枢纽建设，提升机场运营保障能力与服务水平，奠定“一带一路”国际航空枢纽地位。

“双心”：即机场东西两个门户。东门户围绕T5航站楼，打造站前综合商务区，形成以人流集散、商贸服务、总部办公、购物休闲等功能为一体的国际化元素聚集区；西门户大力发展航空总部经济，临空金融、临空商务等高端总部经济业态，打造临空型总部经济发展高地。

“两环”：即机场服务环和城市发展环。机场服务环是服务机场客货集散的快捷通道和经济纽带，城市发展环是串联示范区各功能板块，形成促进沿线板块协同互动、融合发展的城市发展圈。

“五区”：由临空科技及军民融合片区、航空物流发展片区、生态文旅片区、商贸及创新发展片区、文化会展和都市生活片区组成的功能聚集区。

（六）沣东新城功能区

沣东新城功能区属于中国（陕西）自贸试验区中心片区，位于天台路以西，西安绕城高速西段以东，占地约13.14平方公里，包含服务贸易创新示范园和文化商务区。沣东功能区立足“自由贸易+服务贸易”双试联动和“一带一路”国家战略，充分发挥自身优势，带动周边区域联动发展，促进贸易、金融、科技、产业的多维度融合，努力打造大西北面向国际的创新先导区，服务贸易创新产业的引领者和国际化产城融合的新典范。

沣东功能区的产业发展重点以总部经济、现代金融、跨境电商、汽车商贸、文化教育、科技资源统筹和专业服务等为主。发展成熟后，将成为构建面向“一带一路”的自贸试验区创新示范平台，引领陕西自贸试验区各功能板块全面发展的重要载体。

区位优势：与西安市主城区相邻，同时距离咸阳市主城区10公里，临近新长安大轴线（科技创新引领轴）和西咸新区中央商务区，交通便利，距离西安咸阳国际机场18公里，距离西安北站（高铁）16公里，距离西安市内第二个高铁站阿房宫站仅5公里，未来周边轨道交通线路通车3条，其中西安地铁1号线二期年内通车，5号线预计明年通车。

政策优势：“自贸+服贸+双创”等政策叠加。作为西咸新区国家服务贸易创新发展试点的核心承载区和西咸新区国家“双创”示范基地的重要承载区，享受中央、省、市相关服务贸易创新发展政策和“双创”政策的同时，结合自贸试验区制度创新优势，构建现代服务产业新体系。

规划优势：作为经国务院批准设立的首个以创新城市发展方式为主题的国家级新区重要承载区，高起点规划、高品质建设、高效能管理。依托大西安新中心核心区建设，沣东新城功能区承接城市未来发展的新思路、新理念和新举措，开展新时代创新城市发展方式的探索与实践，优化区域生态环境，打造大西安最美城市会客厅。

（七）秦汉新城功能区

秦汉新城功能区于2017年4月1日挂牌，规划面积10.85平方公里。秦汉新城功能区以促进外向型经济发展为主题，围绕文化旅游、健康医疗、高端装备制造三大产业领域，以“企业为主体、市场为导向、创新为动力、政策为保障、管理为支撑”的原则，进一步扩大对外开放程度。

总体目标：全力打造具有世界影响力的历史文化旅游示范区、国际医疗服务试验区和现代高端养老服务聚集区，力争建设成为“一带一路”项下以丝绸之路为起点的亚欧文化交流、交往及贸易口岸与通道。

功能布局：重点发展文化旅游、健康医疗、高端装备制造三大产业。金旭路区域打造以文化旅游、国际医疗服务、现代高端养老服务、数字文化、国际教育培训交流，以及动漫设计等产业为主的“一带一路”人文交流区；周陵区域打造以智能制造、加工贸易和综合服务为主的先进制造和综合商贸服务区。

区位优势：西与咸阳相连，东临包茂高速，北靠西安咸阳国际机场，南接西安高铁北站。福银、包茂、机场高速以及咸铜铁路等交通大动脉穿境而过；道路总长度386.76公里，主干道224.56公里，次干路136.98公里。截至2018年年初，建成通车约170公里，形成以沣泾大道、泾渭大道、正阳大道为纵轴，以兰池大道、兰池二路、兰池三路、天汉大道为横轴的“三纵四横”路网框架，实现区域交通的快捷连接。其中，横桥、正阳大桥的相继开通，使秦汉新城与西安临水对接。

环境优势：秦汉新城以帝陵遗址为依托，着眼彰显帝陵整体形制格局和气势宏大的大地景观，形成绵延东西四十余公里的帝陵绿色长廊，不仅对陵园封土、现存文物、地下墓葬有很好的保护作用，也极大地丰富了区域景观效果，为历史厚重的五陵原增添了雄浑、苍凉的大气之美。渭河生态景观带西起上林大桥，东至西咸交界处，全长18.65公里，主要包括防洪工程和景观工程两大类。景观带既是当地防洪安澜的坚实屏障、堤岸结合的滨河大道，又是水清河畅的黄金水道、绿色环保的景观长廊，营造出了秦汉新城草绿林茂、空气清新的优美人居环境。

政策优势：制定《陕西省西咸新区秦汉新城产业发展扶持政策（试行）》《陕西省西咸新区秦汉新城鼓励服务贸易发展暂行办法》《陕西省西咸新区秦汉新城鼓励大众创业万众创新发展暂行办法》《陕西省西咸新区秦汉新城引进和鼓励高端人才发展暂行办法》等优惠政策。

（八）能源金贸功能区

西咸新区能源金贸功能区地处沣、渭两河交汇处，是建设大西安新中心中央商务区，打造大西安新轴线的核心区域，自贸功能区范围4.79平方公里。功能区围绕金融贸易、总部经济、现代商贸服务等重点领域，努力打造西部地区金融贸易对外开放和“双创”试验示范窗口，丝绸之路经济带沿线重要的经贸合作、人文交流平台。

区位优势：地处沣河、渭河交汇处，总规划面积4.79平方公里。园区距西安咸阳国际机场9公里，距西安北客站13公里，地铁1号线、16号线、19号线穿境而过；西安绕城高速将在园区开通出入口，连霍高速、包茂高速、福银高速等11条高速公路环绕周边；通过西咸大道、石化大道、秦汉大道、沣产路、渭河河堤路等多条交通干道，实现与西安主城区的快速通达。

环境优势：按照“柔性治水、系统治河”理念，实施沣河综合治理工程，形成景观水面1 500亩、生态景观区1 500亩，水绿融城的效果显现，沣河金湾沙滩、液压坝、入渭口叠水白浪、梯田和沣河桥玻璃栈道等成为靓丽风景。渭河3 500亩滩区治理已经完工，获得省水利厅“渭河滩区治理示范河”称号，累计完成增绿6 000余亩，绿色成为区域的主色调。

规划优势：委托新加坡“规划之父”刘太格编制园区总体规划，从而将大西安科技创新引领轴由构想变为现实，使大西安规划格局从“一轴一心”转变为“多轴多心”，作为大西安新中心的西咸新区进一步彰显重要性。目前，大西安新中心中央商务区（能源金贸区）交通状况和人居环境改善明显，城市品质和形象显著提升。其中，起步区一期104万平方米的西咸自贸中心、西咸金融港等正加快建设，未来将逐步投入使用，一个现代、国际、时尚的大西安新中心中央商务区将很快崛起于沣渭之畔。

政策优势：园区享受国家创新城市发展方式示范区、服务贸易创新发展试点、国家“双创”示范基地等优惠政策，具备先行先试等诸多创新条件。随着自贸试验区建设的不断深入，中、省、新区自贸改革创新政策的不断落地，投资贸易便利、高端产业聚集、金融服务完善等开放红利正在加速释放。为进一步加快能源金贸区建设，重点支持能源金融等园区主导产业发展，推动大西安新中心中央商务区和国际高端社区产业聚集，园办研究编制《西咸新区丝路经济带能源金融贸易区投资优惠政策》，从房租减免、税收奖补、荣誉奖励、运营补贴等多个方面制订具体措施。

（九）杨凌示范区片区（功能区）

杨凌示范区片区面积共计5.76平方公里。四至范围为：东至新桥路，南至城南路、滨河路、河堤路一线，西至民乐路，北至兴平路、永安路、西兰高铁（杨凌段）一线。

总体目标：积极培育以现代农业为特色的外向型产业集群，大力发展农业科技研发、推广服务、检测认证、产品加工、现代金融等产业，经过三年改革试验，努力建成投资自由化、贸易便利化、金融国际化、监管创新化、环境法治化的农业特色鲜明的国际一流自由贸易试验区。

发展成就：试点任务全面落实。建立工作台账，试点任务实行项目化、目标化、责任化管理。目前，杨凌示范区片区承担的61项试点任务已经全面完成，完成率100%。

创新案例培育成效显著。杨凌示范区片区以创新现代农业交流机制为重点，累计培育创新案例40个，初步形成现代农业领域制度创新的“杨凌样本”。

营商环境持续优化。杨凌示范区片区设立以来，认真学习好经验，对照自身谋新招，“放管服”改革持续深化。在2018年全省营商环境测评中，杨凌示范区片区营商环境排名位列省内各自贸功能区和开发区前列。

重点项目全面提速。重大项目招引实现突破，投资100亿元的绿地世界城等一批投资大、带动性强的重点项目启动建设。自贸片区路网、地下综合管廊、集中供热管网等基础设施项目高标准起步建设。杨凌综合保税区、杨凌进境种质资源保护研究中心、杨凌铁路货运口岸、进境种苗指定口岸等重大平台项目申报工作正全面推进。

2019 年中国（海南）自由贸易试验区建设概况

中共海南省委自由贸易港工作委员会办公室

王　磊

中共海南省委自由贸易港工作委员会办公室常务副主任

王磊，男，汉族，河南柘城人，1989 年 7 月参加工作。大学学历，法学博士学位。2010 年任中国工商行政管理学会副秘书长。2014 年任国家工商总局（国家市场监督管理总局）企业注册局（外商投资企业注册局）副局长（2018 年 6 月至 2019 年 6 月先后在海南省工商行政管理局挂职任副局长、党组成员，在海南省市场监督管理局挂职任党组成员、副局长）。2019 年 5 月任国家市场监督管理总局登记注册局（小微企业个体工商户专业市场党建工作办公室）巡视员。2019 年 6 月任海口市人民政府副市长、党组成员。2020 年 8 月任海南省委副秘书长，省委全面深化改革委员会办公室、省委自由贸易港工作委员会办公室常务副主任。

2018 年 4 月 13 日，习近平总书记在庆祝海南建省办经济特区 30 周年大会上郑重宣布：党中央决定支持海南全岛建设自由贸易试验区，支持海南逐步探索、稳步推进中国特色自由贸易港建设。

2018 年 9 月 24 日，国务院正式批复设立中国（海南）自由贸易试验区（以下简称海南自贸试验区），并印发《中国（海南）自由贸易试验区总体方案》。

一、经济运行数据

（一）投资情况。

2019 年，中国（海南）自由贸易试验区新增市场主体 24.44 万户，比上年增长 70.82%，平均日增 670 户。新增企业 71 994 家，其中内资企业 71 656 家，外商投资企业 338 家。外商投资企业比上年增加 171 家，增长 102.4%。实际使用外资 15.11 亿美元，增长 106.1%。全年省重点项目累计完成固定资产投资 817 亿元，累计新开工项目 47 个。

（二）贸易情况。

全年货物进出口总额 905.87 亿元，同比增长 6.8%。其中，出口 343.71 亿元，增长 15.4%；进口 562.15 亿元，增长 2.1%。对“一带一路”沿线国家进出口总额 352.29 亿元，增长 10.6%，占进出口总值的 38.9%。其中，对东盟进出口 277.69 亿元，增长 42.3%，占 30.7%。

全年服务贸易进出口总额 219.65 亿元，同比增长 20.3%。其中，服务出口 113.09 亿元，增长 33.0%；服务进口 106.56 亿元，增长 9.2%。服务进出口贸易顺差 6.53 亿元。

（三）新动能培育情况。

全年规模以上工业中，高技术制造业增加值比上年增长 10.1%，占规模以上工业增加值的比重为 15.6%，比上年提高 1.1 个百分点。

线上交易规模不断扩大，全省限额以上批发和零售业线上交易的商品销售额增长明显，推动快递业务大幅增长，全年快递业务量为 18.48 亿件，同比增长 13.3%。

全年主要港口货物吞吐量 1.92 亿吨，同比增长 8.4%。其中，洋浦港 5 015.03 万吨，增长 19.2%。全年货物运输量 1.86 亿吨。货物运输周转量 1 668.54 亿吨公里，其中水运周转量 1 590.46 亿吨公里。

（四）金融情况。

金融业完成增加值 392.23 亿元。金融机构本外币存款余额 9 737.77 亿元。年末金融机构本外币贷款余额 9 521.10 亿元。

全年通过上海、深圳证券交易所募集资金 214.42 亿元，同比增长 24.0%。年末境内上市公司 31 家，与上年持平；年末股票市价总值 2 293.19 亿元，增长 13.0%；证券和期货交易总额 32 941.23 亿元，增长 16.3%。

（五）创新情况。

全年申请专利 9 302 项，同比增长 44.2%；获得授权 4 423 项，增长 34.4%。参与科技部国际科技合作项目 1 项，组织实施国家自然科学基金项目 182 项，省自然科学基金项目 812 项，省重大科技计划项目 67 项。

新认定高新技术企业 254 家，累计达到 566 家；全年高新技术企业主营业务收入 709.3 亿元。新设省级重点实验室 8 家，科技企业孵化器 1 家，众创空间 2 家，全省各类创新平台和服务机构数量累计达到 600 家。

（六）旅游业情况。

全年实现旅游总收入 1 057.80 亿元，比上年增长 11.3%。全省接待游客 8 311.20 万人次，增长 9.0%，其中过夜游客 6 824.51 万人次，增长 7.8%。从游客构成看，国内游客 8 167.61 万人次，增长 8.9%；入境游客 143.59 万人次，增长 13.6%，其中外国人 107.91 万人次，增长 20.3%。

（七）生态环境情况。

全年造林绿化面积 15.3 万亩，森林覆盖率 62.1%，城市建成区绿化覆盖率 39.95%。自然保护区 50 个，其中国家级 10 个，省级 40 个。

全省环境空气质量优良率 97.5%，其中城市（镇）PM2.5 年均浓度为 16 微克/立方米，PM10 年均浓度为 28 微克/立方米，分别下降 5.9% 和 6.7%。城市（镇）水源地水质达标率保持 100%。

二、建设措施及成效

（一）全省统筹狠抓落实。

海南省将习总书记“4·13”重要讲话和中央 12 号文件以及自贸试验区总体方案，细化分解为 356 项和 184 项工作任务。将 2019 年确定为“政策落实年”，以省委《意见》形式出台 24 条举措，自上而下建立一套推进落实台账。在全省范围启动“两个确保”（确保全省经济持续健康发展、确保各项改革政策全面落实）百日大行动，梳理出任务清单 120 项，并专门成立指挥部和专项工作组统筹协调、推动落实。

（二）谋划实施先导性项目。

抓紧实施 18 个中央已经明确、可以尽快推动的，且对全面深化改革开放具有先导性、示范性作用的项目。海南自由贸易账户体系、国际贸易“单一窗口”国家标准版建设、设立海南热带雨林国家公园等项目基本完成或取得重要进展。启动建设文昌国际航天城起步区，已成功发射 2 颗商业卫星。全岛 5G 网络部署及商业化应用、设立中国（海南）国际知识产权交易场所、实施琼港澳游艇自由行、实施服务贸易出口先导性计划等项目稳步推进。

（三）加强法治保障和风险防范。

推动全国人大常委会将“研究制定海南自由贸易港法的立法工作”写入工作报告，并列入 2020 年立法计划。全国人大常委会成立了立法调研小组，已多次赴海南开展前期研究工作。制定《海南省反走私条例（试行）》，组建海岸警察总队，完善群防群治的反走私工作机制。社会管理信息化平台和人流、物流、资金流进出岛信息管理系统进入实战化运行阶段，形成近海、岸线、岛内三道防控圈。实行商品住宅全域限购等最严措施，以壮士断腕的决心坚决破除“房地产依赖症”。

（四）以制度创新为核心优化营商环境。

狠抓体制机制创新，发布六批共 71 项制度创新案例，涉及行政管理体制改革、知识产权保护、金融、产品交易、人才、机构改革创新、医疗等诸多领域，多项为“全国首创”。对全省 85% 的政务服务事项实行“不见面审批”。以法定机构形式探索设立了国际经济发展局、大数据管理局、博鳌乐城国际医疗旅游先行区管理局，优化管理服务。国际贸易“单一窗口”标准版15项功能全部落地运用并纳入离岛免税等特色应用，进口、出口通关时间均压缩一半以上。出台重点产业园区高质量发展意见和差异化发展措施，下放土地审批等43项权限，推动“项目进园区、让园区说了算”。2019年，企业开办时间压缩至3个工作日，全省新增市场主体同比增长70.8%。28家世界500强企业进驻海南，国际四大会计师事务所入驻海南。

（五）推动贸易投资自由化便利化。

探索创新贸易综合监管模式，对外资全面实行“准入前国民待遇加负面清单”管理制度。实行全国统一的市场准入负面清单，出台海南省产业准入禁止限制目录。创新保税监管模式，支持跨境电商、全球维修等新业态发展，海口临空产业园完成首例国际客户飞机入境维修。加快融入西部陆海新通道，开通43条内外贸航线，实现东南亚主要港口全覆盖，2019年集装箱外贸吞吐量增长23.8%。自由贸易账户平稳运行，实施便利措施方便境外人士出入境、生活、就业。

（六）不断拓展国际旅游消费。

加快民航机场建设，着力打造四小时、八小时飞行经济圈，目前执飞国际航线已达到103条，通达境外62个城市。首次启动为期一年的国际旅游消费年活动，取得明显成效，“十一”黄金周全省口岸出入境人员同比增长24.3%，全年接待入境游客同比增长13.6%，国际旅游（外汇）收入增长34.7%。2019年，海口海关全年监管离岛免税品销售1 819.9万件、免税品销售金额134.9亿元，创历史新高，同比增长均超3成。琼港澳游艇自由行政策落地实施，8个水域临时对境外游艇开放。

（七）大力发展国际高端医疗服务。

乐城先行区新“国九条”落地实施，在应用国际医疗新药品、新装备、新技术方面创造了48个“全国第一”，成为国际先进医疗器械和创新药物进入中国市场最重要门户。乐城设立食药监局和卫健委“二合一”的派驻机构，加强入园后监管。保税仓和可追溯系统启用，特许药械审批提速，最快可一天完成，并可以提前储备药械，方便医生和患者。国外特许药械使用速度加快，美国仿生人工耳蜗、奥地利耳蜗开始批量使用。德国贝朗、美国强生、美国倍声、金域检测、爱丁堡糖尿病中心、法国康养机构等签约入园。

（八）补齐人才短板。

深入推进百万人才进海南行动计划，“4·13”以来，引进人才8.3万多人，7 700多名国际人才来请工作。在中组部的支持下，从国家部委和发达省市分两批选派175名优秀干部、两批博士服务团到海南挂职。协调发改委、商务部、银保监会等中央和国家机关部委以及京津沪等发达省市，通过调入、选调、留任、选聘等方式，共有30名优秀干部担任与自贸试验区、自由贸易港建设密切相关的厅级领导职务。选派300名业务骨干到国家部委和发达地区跟班学习，组织13批次干部赴先进国家和地区学习培训。

（九）补齐基础设施短板。

提质升级光电路气水“五网”基础设施。规划实施新一轮信息基础设施三年行动计划，加快5G网络规模化部署、商业化应用，5G试点工作覆盖全省所有市县，建成6条出省海底光缆，加快“智慧海南”建设。启动智能电网综合示范省建设，年户均停电时间下降31.1%。“田”字形高速路网全部贯通，完成环岛旅游公路规划和驿站选址，推进“四好农村路”建设，国内首条利用高速铁路开通的市域列车在海口投入运营。建设气网环岛主干网，加快推进大型水利工程项目和干渠、支渠等配套设施建设，构建海岛型现代水网。

（十）补齐教育医疗短板。

全面推进“一市（县）两校一园一院”建设，引进一批好校长好教师、好院长好医生。与国内外先进教育、医疗机构广泛开展合作办学、办医，已引进或正在洽谈合作办学项目77个，合作办医49家，新建、改扩建公办幼儿园56所。引进10所国内一流高校和9所国外知名高校来琼办学，获批5个教育部重点实验室，新设院士创新平台61家。英国哈罗公学主体工程已封顶，2020年将投入使用。联合国教科文组织联系学校网络国际中心落户海南。海南大学成为“省部合建”和创建世界一流学科高校。

三、创新成果及案例

案例1：商事登记“全省通办”制度。

海南省原有的企业登记模式带有浓厚行政审批色彩，注册官分别归属于省市场监管局和各市县工商局，导致商事登记的标准、流程和尺度并不统一，且多为现场受理商事主体登记业务，提交的登记材料多，申请人申报企业登记不够便利化、人性化、智能化，不利于群众办事。为破解登记难题，率先推行商事登记“全省通办”制度。

主要做法：

率先推行商事登记“全省通办”制度，即商事主体通过全省统一的登记平台（海南e登记）自主申报登记，由登记平台自动审核通过；特别情况需要人工核验的，由登记平台在全省随机选派注册官进行核验。省人民政府市场监督管理部门作为唯一登记机关，统一核发营业执照。市、县（区）、自治县市场监督管理部门不再现场受理商事主体登记业务，但保留登记窗口，为申请人提供登记咨询、引导、协助办理等服务，便利群众办事。

“全省通办”的主要流程是：对商事登记申请人填报的格式化登记信息，登记机关通过全程电子化的登记平台自动进行审核；对申请人申报的非格式化电子文件，以及需要审核、核验的特别情况，由登记机关从全省范围内随机选派注册官依法进行审核。

实践效果：

《条例》推行商事登记“全省通办”制度，就是将海南全省作为一个城市整体，在全省范围内随机选派注册官，对全省的商事登记业务进行统一办理，有效调配注册官资源，以达到商事登记最大便利化。“全省通办”统一了商事登记的标准、流程和尺度，并打破了管辖地的限制，减少了注册官的自由裁量权。压缩企业开办时间，即到即办，实现工商注册登记、印章刻制、申领普通发票、企业社会保险登记等流程3个工作日内办结。

中国（海南）自由贸易试验区概览

功能布局

中国（海南）自由贸易试验区的实施范围为海南岛全岛。按照海南省总体规划的要求，以发展旅游业、现代服务业、高新技术产业为主导，科学安排产业布局。围绕种业、医疗、教育、体育、电信、互联网、文化、维修、金融、航运等重点领域，深化现代农业、高新技术产业、现代服务业对外开放，推动服务贸易加快发展。

战略定位

紧紧围绕建设全面深化改革开放试验区、国家生态文明试验区、国际旅游消费中心和国家重大战略服务保障区，实施更加积极主动的开放战略，加快构建开放型经济新体制，推动形成全面开放新格局，把海南打造成为我国面向太平洋和印度洋的重要对外开放门户。

发展目标

对标国际先进规则，持续深化改革探索，以高水平开放推动高质量发展，加快建立开放型生态型服务型产业体系。到2020年，自贸试验区建设取得重要进展，国际开放度显著提高，努力建成投资贸易便利、法治环境规范、金融服务完善、监管安全高效、生态环境质量一流、辐射带动作用突出的高标准高质量自贸试验区，为逐步探索、稳步推进海南自由贸易港建设，分步骤、分阶段建立自由贸易港政策体系打好坚实基础。

案例 2：简化简易商事主体注销公告程序。

原有的简易注销登记规定公告时间为 45 日，公告方式为报纸公告，存在公告时间长、费用大、注销程序不够简化等问题，不便于商事主体快速退出市场。为让更多的商事主体享受简易注销这一便利化改革成果，进一步简化简易注销登记申请材料，率先简化简易注销公告程序。

主要做法：

根据《条例》规定，符合条件的商事主体申请简易注销登记的，可以通过信用信息公示系统向社会公告，公告期为 7 日。《条例》将简易注销登记公告时间由原来的 45 日大幅压缩至 7 日，这是在全国率先推出的制度创新；公告方式也由报纸公告改为更加简便的公示系统公告。

实践成效：

开始实施简易注销登记以来共办理简易注销业务 4 100 多笔。一方面，将简易注销公告方式由报纸公告改为信用信息公示系统公告，更加便利商事主体快速退出市场，节省了公告费用，节约了办事时间。另一方面，对简易注销程序的进一步简化，积极回应了企业“退出难”的社会关切。

案例 3：商事主体信用修复制度。

目前，商事主体缺乏自我纠错的动力，没有主动地纠正失信行为、消除不良社会影响、积极承担社会责任；同时，有关政府部门之间尚未建立联合惩戒工作机制，守信激励和失信惩戒机制的作用未能得到充分发挥。为激励商事主体主动自我纠错，率先探索信用修复制度。

主要做法：

按照《国家发展改革委人民银行关于加强和规范守信联合激励和失信联合惩戒对象名单管理工作的指导意见》中关于“构建自主自新的信用修复机制”的有关规定，《条例》在全国率先推行信用修复制度，鼓励商事主体通过履行法定义务、主动纠正失信行为等方式修复信用，登记机关将信用修复情况作为商事主体从“严重违法失信企业名单”移出的重要条件。

被列入经营异常名录满 3 年，未按照规定履行相关义务被列入严重违法失信企业名单的商事主体，自被列入严重违法失信企业名单之日起满 3 年未再发生列入情形，可以通过公示系统向社会公告其履行公示义务和拟申请移出严重违法失信企业名单等信息，信用修复公告期为 30 日。

实践效果：

一是激发已有失信记录的商事主体自我纠错的动力，主动纠正失信行为、消除不良社会影响、积极承担社会责任。二是促进守信激励和失信惩戒机制全面发挥作用，推进整个社会信用体系建设，推动海南信用社会建设走在全国前列。

案例 4：减免商事主体公式负面信息。

现有的信用信息公示系统需公示商事主体的登记、行政许可、行政处罚等监管信息，公示义务较多，特别是公示行政处罚等负面信息，造成有些商事主体不愿在信用信息公示系统上主动公示监管信息。为激励商事主体积极承担社会责任，率先减免商事主体公示负面信息。

主要做法：

《条例》规定，相关部门应当按照有关规定通过信用信息公示系统公示商事主体的登记、行政许可、行政处罚等监管信息；商事主体应当通过公示系统依法公示其出资、行政许可、股权变更等信息。在商事主体公示的信息事项中，免除了商事主体公示其受到行政处罚信息的义务，这是《条例》在全国率先推行的制度创新，该项内容已由监管部门公示，商事主体无须再公示此项信息。

实践效果：

一是商事主体不再公示行政处罚等负面信息，减少了公示义务，节约了成本，减轻了负担。二是激励商事主体更加积极主动通过公示系统对应当依法公示的正面信息予以公示。

案例 5：施工图审市场化和“多审合一”。

施工图审市场化改革是“放管服”改革的重要内容，“放管服”改革是理顺政府与市场关系，使市场在资源配置中起决定性作用和更好发挥政府作用的“牛鼻子”。施工图审市场化改革以前，海南省施工图设计文件审查按照分片区，计划性实施，图审机构未放开市场，属于垄断性质。同时，图审业务涉及的气象、人防、消防等多个部门，审查环节多，审查效率低。海南在推动施工图审市场化改革方面，突出重点、对标先进、采取有力措施，将图审机构向市场完全开放，其次是将原来由气象、人防、消防等部门分别进行的施工图设计文件审查技术业务工作，全部交由已完全市场化的图审机构进行，各部门直接认可一家图审机构出具的审查合格证，解决了审查机构垄断和各部门多头审查问题，提高了图审效率和质量。

主要做法：

一是放开施工图审查市场。从 2015 年起，省住建厅将图审机构向市场完全开放，允许具有甲级勘察设计资质的设计企业以内设机构方式开展图审业务试点，对住建厅主管行业协会成立的两个图审中心进行改制。

二是开展施工图设计文件联合审查。省住建厅联合气象局、人防办、公安消防多个部门实行施工图“多审合一”改革，由一家房屋建筑类图审机构负责气象、人防、消防等部门涉及的所有施工图技术审查工作。

实践效果：

施工图审市场放开后，全省图审机构由 2015 年的 6 家增加至 19 家，极大提高了图审效率，开创了全国放开施工图审查市场化的先河。

2018 年 5 月全面实施“多审合一”改革后，企业由原来需跑多个部门变为到一家图审机构解决施工图技术审查问题；将人防部门原来进行人防技术审核的 5 个工作日审查时间，以及消防主管部门进行建设工程消防设计审核的 20 个工作日审查时间，统一压缩到目前最多 3—5 个工作日（人防 5 个工作日和消防 3 个工作日）的备案时间。实现“进一家机构，审一次图纸，出一个结论”的全流程联审联办，方便了企业，大大提高了效率，在全国率先迈出了图审“多审合一”改革的步子，最大限度减少审批，多措并举加强监管，不断创新优化服务，打造便利、公平的市场环境，更大程度激发市场活力和社会创造力，助力推动政府治理体系现代化。

案例 6：全国首单知识产权证券化。

《中国（海南）自由贸易试验区总体方案》中提出，“鼓励探索知识产权证券化，完善知识产权交易体系与交易机制”。为实现海南在探索知识产权证券化方面突破，省知识产权局委托中国信达海南分公司、信达证券作为奇艺世纪知识产权供应链资产支持证券的组织协调方、发行方，2018 年 12 月 21 日，在上海证券交易所成功发行，12 月 25 日，在上海证券交易所正式挂牌上市，这意味着海南省在探索知识产权证券化的道路上取得了实质性的突破。目前，海南省中小微企业拥有的专利大部分处于闲置状态，资金短缺、融资难、无形资产转化为产出能力弱，限制了知识产权的创新驱动作用发挥，通过知识产权证券化，能有效解决这些问题，促进中小微企业的发展。

主要做法：

一是确认发行主体。首先，通过多轮筛选、甄别，在权衡知识产权数量、公司资产规模、利润水平、行业领先度等因素后，最终选取标的企业。其次，标的公司与券商、评级机构、会计机构、法律机构、银行、交易所等多方主体高度配合。

二是确认基础资产。为了基础资产预期未来产生稳定的现金流，确定发行规模及提高行业认可度，对基础资产现金流的质量、稳定性、权属状况严格把关。同时，将知识产权产生的现金流从企业收入中剥离出来，并对现金流形成闭合监管。

三是引入担保主体。引入担保机构作为差额补足人，作为外部强有力的主体为其增信，从而提高资本市场对知识产权这种无形资产的认可度。后续发行资产支持证券，可由担保机构或成立知识产权融资担保基金，予以增信。

实践效果：

一是通过知识产权证券化的发行，实现了知识产权与金融的深度融合，为知识产权运用提供了新的模式，为中小企业提供了全新的融资模式，有利于加快创新价值流动，推动科技成果转化，促进知识产权真正成为驱动企业创新发展的引擎，对推动全国知识产权证券化具有开创性意义。

二是“奇艺世纪知识产权金融资产支持专项计划”募集资金 4.7 亿元，其中相当一部分将用于海南分公司的建设，风向标意义极强。这是海南在资本市场创新中小企业融资探索上迈出的关键一步，降低企业对单一、风险较高的股权质押融资的依赖，增强经济周期抗风险能力，有利于促进海南省经济的稳定发展。

案例 7：天然橡胶价格（收入）保险。

天然橡胶是我国的重要农产品和战略物资，也是海南广大胶农增加收入、改善生活的重要产业。目前，海南天然橡胶年产量为 36 万吨，占全国总产量的 44.12%，涉及胶农 70 多万人、产业人口 200 余万人。在海南中部地区，售胶收入在当地农民生产收入中的比重高达 60%—70%。近年来，国际胶价持续低迷，天然橡胶价格从 2011 年的 4.2 万元/吨跌到目前的 1.1 万元/吨，跌幅达 74%，胶工和胶农的收入大幅下降，导致人们的种胶割胶意愿不强，从业人员大量流失，出现了胶园弃割、弃管、弃种等一系列问题，给国家战略物资安全和海南脱贫攻坚工作带来了较大挑战。省委、省政府高度重视，并决定探索创新财政金融支农方式，破解天然橡胶产业发展面临的难题。

主要做法：

按照种植对象区分，海南天然橡胶主要分为农垦国有胶（主要由海胶集团经营管理）和民营胶（即农户及除海胶之外的其他生产经营组织）两大类。经反复调研，扣除劳动力成本，胶农的割胶意愿值一般在 12 元/公斤（折成干胶）左右，即一旦干胶市场收购价格低于每公斤 12 元，胶农便会因亏损较大而放弃割胶。

一是设计不同保险产品。根据上述具体情况，在积极借鉴、分析“保险+期货”模式经验和不足的基础上，加以创新和发展，进一步推出了可在全省实施的天然橡胶价格（收入）保险，并将其设计成两种产品模式，即民营胶价格（收入）保险和国营海胶集团收入保险。一是民营胶价格（收入）保险模式。该模式保险金额为 15 元/公斤，直接对标当地收购价格，保险费率 12%，单位保费 1.8 元/公斤。保险期限内，一旦收购均价（由物价部门定期采集发布）低于 15 元/公斤（折成干胶），保险机构便按照保险条款中对应的赔付比例及绝对免赔标准进行赔付，确保约定期间内无论收购均价多低，胶农的整体割胶收入（售胶收入+保险赔款）都不会少于每公斤 12 元这个最低割胶意愿值，以充分调动胶农割胶积极性。该模式较好地解决了“保险+期货”模式只盯着期货市场价格波动的问题，不仅可以解决橡胶收购价与期货市场价格之间的基差风险问题，还有助于农户特别是贫困户树立起依靠双手劳动脱贫致富的正确“义利观”，真正促进产业发展、脱贫攻坚和乡村振兴，称得上是“保险+期货”模式的创新版和升级版。二是国营海胶集团收入保险模式。国营海胶集团收入保险的保险金额为 16 元/公斤，直接对标上海期货交易所主力合约的天然橡胶期货价格，保险费率 16.8%，单位保费 2.69 元/公斤。保险期间内，一旦期货平均价格低于 16 元/公斤，保险机构便对海南橡胶集团低于成本的差额部分给予赔付。另外，因自然灾害引起的产量损失部分，保险机构也予以赔偿。

二是实施不同运作模式。对于国营海胶集团天然橡胶收入保险，在投保方式上采取全省一张保单的统保业务模式予以推动。而对于经营形式分散、各地收购价格不尽相同的民营胶价格（收入）保险，则主要采取单户自行投保、若干户联合投保（主要是种植合作社投保）、村委会或乡镇统一组织投保等多种形式相结合，本着“就近、就简、快捷”和“公开透明”等原则组织发动胶农的投保方式。

实践效果：

开展天然橡胶价格（收入）保险工作以来，全省已有农垦国有橡胶213万亩和1.76万农户（其中贫困户胶农6 193户）约22.68万亩民营橡胶实现参保，财政保费补贴1.30亿元，提供风险保障达18.73亿元，财政资金效益放大14.41倍，已决保险赔付2.58亿元，预计2019年还将产生近20 000万元的赔款。

天然橡胶（价格）收入保险，使天然橡胶这一海南特色热带农产品的收入预期稳定，对于推进海南农业供给侧结构性改革、引领农业适度规模经营发展、带动农民就业增收、增强农业农村发展新动能具有十分重要的意义。在保证天然橡胶产业持续、健康发展，提高胶农胶企抵御市场风险的能力，促进胶农特别是贫困胶农增收，化解天然橡胶的生产保护工作困境等方面取得了实实在在的成效，得到了国扶办充分肯定。

案例8：全国首创设立“候鸟”人才工作站。

随着我国进入老龄化社会，候鸟式旅居养老渐成潮流，云南、广西、广东、海南等南方省份成为“候鸟”老人栖居地。外来的“候鸟”中不乏各领域的优秀人才，如何挖掘使用这一独特的人才智力资源，促进当地经济社会发展是一个新课题。海南得益于得天独厚的生态环境优势，每年来海南休闲度假的“候鸟”高达一百多万人。经全省一体化统筹，海南除了为“候鸟”提供医疗康养服务外，各市县、各有关单位设立全国首创的服务标准化“候鸟”人才工作站，在发挥“候鸟”人才作用方面，率先走出一条独具海南特色的路子。

主要做法：

一是实践探索。在省级政策支持下，海口、三亚、儋州、陵水等市县试点在“候鸟”人才集中地设立工作站，为“候鸟”人才和用人单位搭建供需对接平台。按照“统一建设、统一管理、资源共享”的原则，创新建设“候鸟人才服务网”线上服务平台，提供“候鸟”人才就业办事指引、在线咨询、网上对接等服务；逐步拓展业务板块，提供工伤保险、社群互动等“候鸟”人才在琼工作生活的贴心服务。

二是建章立制。在总结近年工作经验基础上，2019年初制定出台《海南省“候鸟”人才工作站管理实施办法（试行）》，对“候鸟”人才工作站建设和管理作出规范。比如，明确“政府引导、单位建设、人才参与、市场运作”的建站原则；确立宣传“候鸟”人才政策、搭建供需对接平台、开展各类服务活动、过好“候鸟”党员组织生活的基本职能；提供场所、人员、制度、经费以及服务项目等方面的设立条件，为“候鸟”人才工作站建设提供了制度保障，为全省一体化、标准化、网络化的“候鸟”人才服务品质夯实基石。

三是示范引领。在各市县、各部门推荐的基础上，2019年首次评选出10家海南省“候鸟”人才工作站，并给予建站经费支持，在全省人才大会上进行授牌；同时，建立绩效考核机制，每年对这些站点运行与发挥作用情况进行绩效考核，根据考核结果给予相应奖励激励，通过重点打造“候鸟”人才工作站样板工程，激励带动全省各领域“候鸟”人才工作站建设。

实践效果：

一是建站数量迅速增加。各市县、各领域充分发挥主体作用，依托高等院校、科研院所、医疗卫生机构、产业园区、城市社区、乡镇街道、物业小区、企业等载体，灵活建设40多个各类“候鸟”人才工作站点。这些站点在省级“候鸟”人才工作站示范引领下，逐渐走向规范化、标准化。

二是联系人才日益增多。“候鸟”人才工作站通过宣传人才政策、促进供需对接、积极开展活动、精准服务保障，逐渐集聚大规模“候鸟”人才，并呈现出高层次人才多、集聚意愿强、服务热情高等特点。比如，陵水县富力“候鸟”人才工作站一个站点便挖掘联系1 200多人，全省已联系掌握的“候鸟”院士就达171位。

三是发挥作用不断凸显。在“候鸟”人才工作站联系对接下，“候鸟”人才充分发挥专业特长，通过科技咨询、项目合作、文化下乡、人才培养等形式为海南服务。据不完全统计，仅省级层面，教育领域已使用高层次“候鸟”人才达313人，医疗卫生领域达202人，科技领域达297人，文化社科领域达80人，这些人才已成为自由贸易试验区建设的重要人才补充。

案例9：社团法人等三类法定机构在省级层面实施。

随着我国经济市场化水平越来越高，经济社会发展需求日趋多样化、复杂化，公共服务供给专业化、市场化成为新趋势，法定机构模式应运而生。目前，国内多个自由贸易试验区探索实行法定机构管理和运营模式，目标是形成与国际高标准投资贸易规则体系相适应的运行管理模式。海南为破除现行体制机制障碍，构建与自由贸易试验区和中国特色自由贸易港相适应的行政管理体制机制，建立更具活力、更加开放、更富效率的体制环境，在省级层面政府序列之外尝试设立三个法定机构：海南国际经济发展局、海南省大数据管理局、海南省博鳌乐城国际医疗旅游先行区管理局，将专业性、技术性或社会参与性较强的公共服务和管理职能交由法定机构承担。重点探索“政府主导、各方参与”的经济运行管理新模式，“寓管理于促进之中”的经济公共服务新方式，“以服务养服务、以效率求质量”的经济资源配置新机制。

主要做法：

一是实行不同立法保障。海南国际经济发展局仅履行经济领域公共服务职责，主要通过省政府规章进行授权。省大数据管理局、省博鳌乐城国际医疗旅游先行区管理局在履行公共服务职责的同时，履行部分行政管理职责，主要通过地方性立法进行授权，运用特区立法权对法定机构的法律地位、机构性质、职能定位、治理机制等进行规范。

二是实施不同法人登记形式。为加强法定机构与现行法律制度和行政体系相衔接，根据不同需要，对三个法定机构实行不同法人登记。海南国际经济发展局在全国首创登记为社团法人，省大数据管理局登记为事业单位法人，省博鳌乐城国际医疗旅游先行区管理局登记为企业法人。

三是采用不同外部治理形式。海南国际经济发展局由各发起单位建立理事会作为决策机构，履行出资人和管理责任；省大数据管理局、省博鳌乐城国际医疗旅游先行区管理局由省政府分别成立领导小组作为外部决策机构，同时探索实行“共治平台+法定机构”公共治理模式。

四是构建不同内部运行机制。海南国际经济发展局实行理事会领导下的局长负责制；省大数据管理局实行法人治理结构；省博鳌乐城国际医疗旅游先行区管理局根据区域实际，灵活探索适当的内部运行机制。

五是确定不同改革重点。海南国际经济发展局着重探索法定机构与国际经济促进规则接轨；省大数据管理局着重探索法定机构企业化、专业化运行机制等；省博鳌乐城国际医疗旅游先行区管理局着重探索理顺法定机构与各级政府及其部门、社会组织、相关企业之间的职责关系。

实践效果：

一是实现专业化企业化运作，提升公共管理服务供给效率。法定机构一方面可承担专业性、技术性或社会参与性较强的公共管理和服务职能，解决政府“大包大揽”而导致效率低下等问题；另一方面可完成社会组织和企业由于缺乏官方背景而无法承担的公益服务事务，通过专业化、企业化运作，让市场机制在公共管理和服务中发挥重要作用，能更好地整合政府、市场和社会资源，提供专业化、高效率、高水平的公共管理和服务，提升相关行业或区域的发展能力与运行效率，推动政策优势与体制优势叠加放大。

二是提高社会各方的参与程度。法定机构对标国际公共治理先进经验，与国际通行做法接轨，能更加科学界定政府、市场和社会三者之间关系，有效地扩大公共政策执行和公共服务职能的社会参与程度。同时，法定机构不列入政府序列，与政府保持一定距离，实行企业化运作，也有利于吸纳各方面力量参与法定机构的运行，最大限度激发社会活力，群策群力推动中央赋予的各项政策落地见效，打造共建共治共享公共管理和服务新格局。

三是构建更开放的引才机制，为公共管理服务延揽人才。法定机构可更好地贯彻海南自由贸易试验区关于坚持发挥人才作用的基本要求，自主用人，以灵活宽松的专业化、企业化工作模式、人事薪酬、财务制度等，在吸引、引进和使用人才上大胆创新，增强对各种专业人才的凝聚力和吸引力，让各类人才引得进、留得住、用得好，推动和深化海南人才发展体制机制改革。

案例 10：全国率先实施境外游艇入境关税保证保险制度。

为促进海南游艇产业发展，进一步优化境外游艇入境担保模式，降低游艇入境成本，海口海关探索将境外游艇入境担保纳入关税保证保险范围，在全国率先实施境外游艇入境关税保证保险制度。

主要做法：

实施范围是境外进境游艇。

境外游艇所有人委托的游艇服务企业或其他经海关注册登记的企业作为投保人，承担税款缴税义务；经海关总署和银保监会批准，在海南省开展关税保证保险业务试点的保险公司作为保险人，为投保企业提供担保服务；海关为被保险人，凭保险单为境外进境游艇办理入境手续。

适用保险条款及费率。经海关总署和银保监会备案的关税保证保险条款为适用保险条款；为有效降低企业成本，保险公司给予投保人优惠保险费率。

实践效果：

境外游艇入境关税保证保险制度的实施，大幅降低了境外游艇入境成本，特别是价值较高的“超级游艇”入境成本降低幅度更大。以一艘价值 2 000 万的外籍游艇为例，未实施关税保证保险制度前，该游艇入境需向海关先缴纳 760 万的税款担保，可以是担保金，也可以是银行或专业担保公司的保函，游艇出境后再向海关申请退还担保金或保函。但无论是担保金还是保函，均给企业带来较大资金压力。实施关税保证保险制度后，该游艇入境 30 天，只需向保险公司支付 1 万元保费，由保险公司承担税款担保责任。自 2019 年 1 月政策实施以来，已有 7 艘境外游艇通过关税保证保险的方式入境。

案例 11：应用建筑信息模型化（BIM）技术开展电子招投标。

建筑信息模型化（简称“BIM”）技术是建筑业的一场信息革命。在建设工程全生命周期引入 BIM 技术，可降低 10%合同价格，缩短 7%项目工期。目前，国内 BIM 应用在施工、运营等后端环节已相对成熟，但在对控制造价、精细管理、缩短工期最重要的招投标环节却是空白，BIM 技术应用的意义尚未完全释放。针对这一情况，海南率先在全国实现 BIM 技术在招投标领域应用，探索 BIM 技术全生命周期覆盖，成为我国建筑业信息化发展的先行者。

主要做法：

一是确定评审标准。发布《海南省房屋建筑和市政工程工程量清单招标投标评标办法》（琼建招〔2017〕337 号），全国率先在评标办法中增加了 BIM 技术的评审和评分细则，从 5 个方面（包括总体评价、深化设计、施工模拟、成本管理、专项方案），9 大内容（包括总体评价、模型碰撞、孔洞预留、施工进度模拟、重难点工艺动画展示、施工图预算与模型关联、施工资金资源需求展示、场地布置方案、架体专项方案）提出评审标准、评审内容及量化标准。

二是培育专家团队。多数既有评标专家对 BIM 这一新兴技术不了解、不精通，无法保证 BIM 评标的权威性和专业性。针对这种情况，海南提前在全省通过征集、核验、审定、组织上岗综合培训和专业培训、考试选拔的全流程，最终形成 146 人规模的 BIM 评标专家团队。

三是构建评标系统。自主研发基于 BIM 技术的建设工程计算机招投标系统，覆盖评审标准的 5 个方面与 9 大内容，实现招标项目可视化、数字化、可模拟化、智能化。

实践效果：

一是顺利完成全国首个应用BIM技术的招投标项目。2018年5月16日，全国首个应用BIM技术的电子招投标项目“万宁市文化体育广场体育馆、游泳馆”项目在省政府政务服务中心顺利完成招标投标工作。该项目招标控制价3.16亿元，总建筑面积56 496.48m^2，建筑造型新颖、结构施工复杂，通过BIM技术在招投标阶段的应用实现了从技术、造价、管理多维度优选施工单位，确保重大项目高质实施。

二是将BIM技术覆盖到工程建设前端，实现有效控制造价、精细管理和缩短工期。首先，BIM技术应用招投标阶段可倒逼投标方细化自身方案，给出造价最优、管理合理、工期适宜的方案；其次，BIM技术使得投标方方案展示更加形象具体，专家判断更加清晰、公正，筛选出最合适项目建设的方案；最后，最优投标方案造价、管理模式、承诺工期等纳入建设合同，切实实现控制造价、精细管理和缩短工期，使得BIM技术应用的意义得到充分释放，推动建筑行业精细、节约、可持续发展。

三是推动招标系统创新进步。BIM技术在招投标系统中的应用为招投标从电子化向智能化转变提供了宝贵经验和技术积累，海南已经初步搭建了基于BIM技术的可视化、数字化、可模拟化、智能化的招投标系统，该系统也通过了住建部标准定额司的验收，并获得2018（第五届）全国公共资源交易科技成果大赛“优秀奖”。为推动BIM技术的应用，组织编制了《基于BIM技术的招投标实施应用及数据交换标准》（征求意见稿）地方标准，未来将进一步开拓功能，成为实现人工智能评标和大数据应用的主要载体。

案例12：人才租赁住房不动产投资信托基金（REITs）产品成功发行。

“建立和完善房地产长效机制，防止房价大起大落”是海南全面深化改革的重要任务。为维护房地产市场稳定，海南拟通过政府引导与社会资本共同出资设立不动产投资信托基金（简称“REITs”），适时收购中小房地产企业存量房产，优化房地产结构，以市场化手段促进租赁住房可持续发展，防止房地产金融风险向财政风险转换。首期省人才租赁住房REITs于2019年3月26日成功发行，4月8日在深圳证券交易所挂牌上市，规模为8.7亿元，期限18年，可提供1 035套人才租赁住房。这是海南省首单REITs，也是全国首单省级人才租赁住房REITs。

主要做法：

一是选准团队。具备专业的基金公司和管理团队是设立发行REITs先决条件。通过招商引资方式，引进业内知名基金公司深创投、中联基金，与海南控股合资成立海南乐居不动产基金公司。该公司由深创投选派专业人员扎根海南负责REITs基金设立、运营、管理，为海南REITs发展供给专业智力资源，同时面向本地招聘人才，加大本土人才培养力度。

二是选准资产突破口。首单REITs选择海口永秀花园1 035套现房作为底层基础资产，以人才租赁住房作为突破口，政策上更具可操作性。通过将人才租赁住房纳入公租房管理，免缴REITs实施过程涉及的相关税费，可有效降低资产成本，满足REITs发行上市的资产收益条件。

三是主动快捷服务，急企业之所急。发行REITs是海南省空白领域，需要在一系列特殊政策制度衔接方面进行创新突破，涉及证券监管部门、住建部门等十几个单位的沟通协调。因此，海南秉持急企业之所急原则，加大沟通协调力度，确保REITs发行过程中各个环节衔接有序，依规推进。

四是上门推销。各大银行是REITs的购买主体，海南针对性地成立专门工作小组，上门路演宣传，对标地方专项债券，降低REITs发行成本。本次发行受到8家国有商业银行、股份制银行以及地方银行的踊跃认购，超额认购倍数2.16倍，发行利率4.5%，创同期同类产品发行成本新低。

实践效果：

一是有利于推动海南省房地产结构调整转型，

培育发展房屋租赁市场。通过 REITs 收购存量房屋用于出租，有利于培育租赁市场，引导传统的商品房买卖向房屋租赁市场发展，推动海南省房地产结构调整转型。

二是有利于解决人才住房问题。首期省人才租赁住房 REITs 通过盘活存量房源，可为来琼工作的人才提供 1 035 套租赁住房，有利于发挥人才住房作为招商引才的政策工具作用，助力百万人才进海南行动计划政策落地。

三是有利于防止房地产金融风险向财政风险转变。不动产投资信托基金可适时收购房地产企业存量房产，解决部分中小房地产商可能出现的流动性困难问题，有效防范化解房地产金融风险。首期收购的 1 035 套存量房产通过 REITs 方式退出，打通了存量房地产等不动产在资本市场退出通道，有利于稳定房地产市场预期，有利于为全国探索出一条以市场化手段有效调控房地产的改革路径，有利于推动海南资产证券化，对海南的绿水青山转化为金山银山也具有重要意义。

四是有利于争取全国首批公募 REITs 试点资格。目前中国证监会正在积极研究推出公募 REITs。首单 REITs 的成功发行，有利于海南省向中央积极争取 REITs 公募试点。

案例 13：领事业务“一网通办”。

领事业务是我国新时代实现大国外交的“门面工程”。海南利用多年领事业务系统全国领先的优势积累，进一步突破央地数据共享瓶颈，推动跨平台、跨地区、跨层级流程再造，在全国率先推出领事业务“一网通办”平台，为全国践行“外交为民”理念贡献海南范例。

主要做法：

一是以“信息共享”为突破口，打破“信息孤岛”。一是与国家部委层面实现跨平台、跨地区、跨层级信息共享。APEC 商务旅行卡、外国人来华邀请和领事认证三项领事业务均属中央事权，系统数据均需上报外交部审批或备案。海南创新地打破央地数据共享瓶颈，由登录外交部系统进行二次录入转变为与外交部相关业务系统功能全面对接，用户对外办、外办对外交部的数据实现一键上报、进度实时查询。二是省级层面实现三个业务系统与全省政务系统信息共享。2018 年，省委外办全面整合领事业务信息系统，把当前 APEC 商务旅行卡、外国人来华邀请和领事认证三个业务系统整合为一个平台，纳入全省“一张审批网”并实现信息资源共享。同时，通过联合省财政厅和第三方支付平台，支付方式实现银联卡、微信、支付宝并用。

二是高标准打造信息化平台，实现全流程互联网“不见面”审批。一是全面升级申报端材料填报和在线缴费功能，增加审批端属地（市县外办）在线审批功能；二是不再要求用户提供纸质证明材料，改由业务人员利用政务信息资源共享平台对居民身份信息、企业资质等自主核验；三是必要资料全部实现扫描上传，工作人员在线审批、归档，并同步实现档案电子化管理；四是文书原件和办理结果全部实现邮寄送达。

实践效果：

一是系统互联、办事不跑腿，成为国际组织信息化应用标杆。海南领事业务“一网通办”、24 小时不打烊，有效提高了领事业务办理时效和便捷度。在承诺时限内，三项领事业务提前办结率 100%。实现全流程互联网“不见面”审批，前往办事大厅人员骤减，特别是 APEC 商务旅行卡和外国人来华邀请两项业务，“不见面”办理达到 100%。“一网通办”同时强化了业务跟踪反馈，三项领事业务网上跟踪办理进度的用户几乎达 100%。2016 年，省委外办被外交部领事司指定，作为地方外办唯一代表参加了在澳大利亚举办的“APEC 商务旅行卡网上申报系统设计研讨会”，向与会经济体官员和专家介绍了海南省 APEC 商务旅行卡信息系统。今年 2 月又参加了在智利举办的“2019 年 APEC 商务人员流动专家组第一次会议”，参与了面向全 APEC 经济体系统建设的讨论。

二是业务办理全程留痕，杜绝拖拉、懒散，防范腐败。省委外办领事业务系统内网、外网的进度查询功能，精确到流程上的每个人、每一分钟。这种全流程公开、透明、操作留痕的设计，可以有效杜绝拖拉、懒散的工作作风。同时，通过智能、严谨的标准设计，让“问题件”过得了“人情关”，过不了“系统关”，有效防范了腐败风险。

案例 14：建筑工程施工许可告知承诺制。

推进施工许可审批制度改革，既是优化营商环境的重要举措，也是落实《中国（海南）自由贸易试验区总体方案》的具体措施。海南创新审批模式，率先在全省范围实行建筑工程施工许可告知承诺制审批，并加强事中事后监管，实现施工许可证1个工作日发放，进一步压缩了审批时限，提高了审批效率，实施效果走在了全国前列。

主要做法：

一是优化施工许可条件。根据建筑工程项目投资额、面积、层数的不同，探索推行多种与监管要求相适应的优化方式，对建筑面积在1 000平方米以下且不超过五层的房屋建筑取消施工图审查，简化施工许可条件。实行工程质量监督手续告知承诺制办理，且与施工许可证合并。推动人防监督手续与施工许可证核发同步办理的落地实施。

二是办理实行告知承诺制审批。施工许可部门一次性告知施工许可申请资料，申请材料实行目录清单管理，施工许可部门不得擅自增设清单之外的条件资料。申请人对具备施工条件以及承担的法律责任进行书面承诺，提交施工许可申请。施工许可部门依据申请人承诺，不再对申请资料进行实质性审查，1个工作日内发放施工许可证。

三是加强事中事后监管。明确建设单位质量安全的首要责任，规范发包行为、保障建设资金和安全文明施工措施费到位、理顺建设单位和施工单位关系。对实行承诺制审批取得施工许可证的所有项目，在做出施工许可决定3个月内由施工许可部门进行核查。经核查不符合施工许可条件、存在虚假承诺的，施工许可部门采取责令停工整改、处罚、诚信扣分、限制承诺、列入黑名单等监管措施。强化信用监管作用的发挥，通过不良行为记录、列入诚信黑名单等加大企业失信成本。

实践效果：

一是审批速度大幅提升。实行施工许可告知承诺制后，审批时限由国家规定的7个工作日压缩到1个工作日办结，申请人在短时间内取得施工许可证，有效提升了政策红利获得感。截至2019年7月22日，全省已经有87个项目通过“告知承诺制审批”取得施工许可证。全省首张“建筑工程许可告知承诺制”施工许可证，申请人从提交材料，到签订承诺书、领取施工许可证，前后仅耗时4小时。

二是推进政府职能转变。监督管理逐步向“轻审批、重监管”转变，施工许可部门监管重心从事前审批转向事中事后监管，通过审批后核查加强工程质量安全监督管理。以企业承诺方式代替对申报材料的实质性审查，既强调建设单位质量安全首要责任，又充分调动了施工许可部门对建筑工程的动态监管。

案例 15：无税不申报。

为全力支持和服务海南自由贸易试验区（自由贸易港）建设，进一步推进办税便利化改革，切实减轻纳税人和基层税务人员负担，国家税务总局海南省税务局创新税收征管模式，从2019年7月1日起在海口试点推广“无税不申报”制度，实现在风险可控的前提下还责还权于纳税人，有效促进了海口市营商环境的优化提升。

主要做法：

一是明确适用“无税不申报”的纳税人范围。纳税人需同时满足以下三个条件：1. 当期无应税收入或计税依据为零；2. 未做票种核定，即已申请发票票种核定、领购发票的纳税人不适用；3. 属于增值税小规模单位纳税人，包括国家机关、企事业单位、社会团体等。由于增值税一般纳税人、个体工商户、个人独资企业和合伙企业通常情况下会产生涉税信息，因此暂不适用“无税不申报”制度。

二是明确“无税不申报”的税（费）种范围。包括增值税和消费税及其附加税费、土地增值税、资源税、房产税、城镇土地使用税、环境保护税、车船税、车辆购置税、烟叶税、印花税、耕地占用税、契税、文化事业建设费等 17 个税（费）种。

三是推行税（费）种按次申报。对于适用“无税不申报”制度的纳税人，将相关税（费）种的纳税期限由按期改为按次。更改后，纳税人在未产生应税收入之前，不再办理相关税（费）种的零申报。

四是加强后续监管。通过涉税数据分析、定期比对和第三方数据利用等方式，及时发现和纠正纳税人不报、漏报税行为，加强税收违法惩罚力度，打击税收违法行为。

实践效果：

一是有效减轻纳税人办税负担。该制度很大程度上改变了以往纳税人即使未发生法定纳税义务也要按期零申报的做法，惠及海口市无票种核定小规模单位纳税人约 59 000 户（占海口市全部小规模单位纳税人约 54%、全部单位纳税人约 45%），每年减少无票种核定小规模单位纳税人零申报约 60 万户次，有效提高了纳税人的办税效率和满意度，并引导纳税人正确履行纳税申报义务，自觉提高纳税遵从度。

二是有效减轻基层税务人员负担。该制度每年减少税务机关启动责令限期改正约 130 000 条，行政处罚约 17 600 起，非正常户认定约 5 700 户，使税务人员从繁杂事务性工作中解放出来，缓解大量零申报业务对税务部门办税服务工作造成的压力，促进税务管理资源的优化配置。

案例 16：优质农产品出口动态认证+免证书免备案。

为贯彻落实习近平总书记“4·13”重要讲话精神、《中国（海南）自由贸易试验区总体方案》改革任务，支持海南优质农产品出口，海口海关探索创新农产品出口监管模式，全国率先对经动态认证的优质农产品出口免于出具检验检疫证书和备案考核，进一步优化了现有口岸监管体系，推动海南省热带高效农业快速发展。

主要做法：

一是对优质农产品实施动态认证。海南地方各级农业行政主管部门对无公害农产品、绿色食品等优质农产品按规定办法和程序认定认证，海南省农业农村厅审核汇总后以优质农产品认证表单形式定期向海口海关推荐，对表单实施动态调整。同时建立溯源体系，以落实境外通报核查工作。

二是对优质农产品出口免于出具检验检疫证书。针对认证的优质农产品，如进口国或双多边协议无检验检疫证书要求，且出口商出口申报时无检验检疫证书要求的，海口海关免于出具检验检疫证书。

三是对优质农产品出口免于备案考核（注册登记）。针对认证的优质农产品，海口海关在满足《进出境动植物检疫法》及实施条例、《食品安全法》及实施条例等法律法规以及输入国检疫要求前提下，对优质农产品出口免于备案考核（注册登记）。

实践效果：

一是提升企业出口便利度。对优质农产品出口实施“动态认证+免于出具检验检疫证书+免于备案考核”的管理模式改变了以往农产品出口需事先向海关申请种/养殖基地或生产企业备案（注册）的做法，简化了出口流程和提交材料，将备案考核（注册登记）时间由法定的 20 个工作日压缩至 7 个工作日内，有效提高企业出口办理效率。

二是减轻企业运行成本。办理效率的提高，进一步减轻了企业的时间和人力成本，自 2019 年 3 月 31 日海南省农业农村厅推荐首批经认证的优质农产品表单以来，海口海关已为表单内 1 家出口笋壳鱼企业免于出境水生动物养殖场注册登记，并对其 9 批次出口新加坡笋壳鱼（共计 4 655 公斤、价值 84 978 美元）免于出具检验检疫证书。

案例 17：打造全省不动产统一登记工作新体系。

以优化营商环境和提高服务水平为着力点，海南不断改进不动产登记工作，规范不动产登记行为，提高政府部门的诚信度，解决群众、企业不动产登记“中梗阻”问题，达到减时间、减材料、减环节的目标，在全国率先以省级名义出台《海南省不动产统一登记办事指南》，实现全省统一办理时限，一套材料标准办理登记，规范政府服务行为，有效解决各市县登记审查标准不统一等问题，提高办事效率，为企业和群众提供优质、高效、满意的服务。

主要做法：

一是分类梳理明确事项类型。对各不动产登记类型的事项类型予以明确，并按照压缩时限实际工作的要求，将办事内容划分为简易事项、一般事项、复杂事项。登记事项共57项，其中简易事项7项，办结时限为1个工作日；一般登记事项48项，办结时限为3个工作日（不含公告时间）；复杂事项仅2项，为在建工程抵押8个工作日和非公证继承、受遗赠审核30个工作日。

二是着力解决收件模糊点。结合海南办理不动产登记实际，全部去除“法律、行政法规规定的其他材料”的兜底条款，将受理材料清单具体化明确化，解决市县在办理不动产登记中形成的“视觉盲区”。如国有建设用地使用权及房屋所有权首次登记，要求提供“相关税费缴纳凭证”，经函询省税务主管部门之后，明确此类登记业务提供的是契税完税凭证。

三是搭建全登记类型业务框架。海南对“林木所有权”概念进行解析和套合，梳理出承包林地的经营权及地上森林林木所有权、森林林木所有权的登记类型，有效填补了国家层面关于林权登记内容的空白；同时将无居民海岛使用权纳入海域使用权的登记框架，搭建起全登记类型框架，将《不动产登记操作规范（试行）》原有的52种登记类型，扩展到57种登记类型，形成完整的不动产登记类型体系。

实践效果：

一是实现全域统一登记模式，打破行政区划影响。严格控制地方增加要件，去除多余的无法律法规规定的要件，统一了全省不动产登记的收件材料清单和审查标准，提高工作效率，优化全省营商环境，避免因地方办理不动产登记时收件材料不一、审查标准不一，造成不同市县办理效率和质量有差别。

二是明确办理材料，增强群众企业获得感。去除不动产登记收件材料模糊点，有效落实“一次性告知”，避免办事人员因材料不明确多次“往返跑、来回跑”的情况，真正实现“让群众少跑路”。

三是转变审查模式，提高工作效率。进一步转变不动产登记机构因“审慎原则”导致的审查底线不明的理念，倒逼不动产登记机构以统一收件标准进行审查，真正把准“合理审慎”的脉络，主动优化登记流程，有效提高工作效率。

四是促进信息平台优化，形成聚集效应。对登记平台的林权登记办理流程和系统模块进行重新优化，有利于推进不动产登记信息平台优化，提升不动产登记信息化水平。全省一套办理材料，海口市、三亚市、儋州市在一套材料的基础上，也着手优化自身的办理平台，朝省级平台模式靠拢，实现“全省一盘棋，全岛同城化”的聚集效应。

案例18：建立全天候进出岛人流、物流、资金流监督系统。

海南着眼于自贸港建设“管得住，才能放得开”的基本要求，着力建设全天候、实时性的人流、物流、资金流进出岛信息管理系统，精准识别和管控进出岛的“每一个人、每一件物品、每一分钱”，为自贸港开放发展提供技术保障。

主要做法：

通过全面即时采集和共享进出岛的人员、货物、资金等信息，运用大数据分析感知社会态势，辅助科学决策。在此基础上，建立跨层级、跨地域、跨系统、跨部门、跨业务的协同管理和服务机制，提高施政效率。

一是精准采集旅客信息。整合全岛14个关口的旅客信息，精准采集进出岛人员的订票、值机、安检、交通、住宿、生活缴费及人口基础信息等数据，部署71套人脸抓拍和比对系统，实现进出岛人脸识别全覆盖，精准掌控“是谁，从哪来，怎么来，到哪去”。对重点关注人员进行分析研判，及时发现不安定因素，实现即时预警和快速处置。

二是高效管控物流信息。物流进出岛信息管理系统以道路、水路、铁路、航空运输等信息资源共享为基础，整合接入了交通部、国家海关、铁路公司等42个单位的62个系统数据，采集了海口、三亚、洋浦等16个码头的物流数据和监控视频，接入出岛通道监控和安检货物成像照片，检验出岛货物是否与申报信息相符。通过监控视频、实地监测等方式，对申报运输工具所运载货物的运行轨迹的全程追踪。开发车辆运货出岛申报子系统，提高对进出岛物流信息的实时统计监测能力，提高便利化水平。

三是实时保障资金安全。资金流进出岛信息管理系统接入中国银行等22家在琼商业银行的“T+0”实时数据，精准掌握每笔进出岛资金情况。通过对国际收支总额、跨境人民币结算量等数据分析，预警和处置非法集资、洗钱和恐怖融资等犯罪活动，及时保障全岛企业及个人资金安全。

四是开拓线下业务协同。各级公安部门共享人员进出岛信息，开展重点人员的分析、预警和处置，做到主动预防。省交通部门通过共享物流信息，一旦发现涉嫌违法违规行为，系统立即通过短信主动通知公安、海关、海事等执法部门联合监管，增强了执法合力。物流监管系统还可在海、空、陆不同区域设置电子围栏，如果重点监管货物超范围行驶，系统就会及时按职能分工，推送通知到海事、交通等执法部门跟踪处理。中国人民银行海口市支行、省金融管理局等金融部门通过共享即时的金融数据，及时开展重大金融风险的识别和防控，严厉打击洗钱、恐怖融资及逃税等金融犯罪活动。交通、商务等部门利用共享数据，分析研判重大节假日期间的过海船舶、鲜活农产品、成品油等需求情况，及早做好运力调度和民生物质供给等工作。

实践效果：

全天候进出岛人流、物流、资金流监管系统有效保障了全岛企业及个人的人身及财产安全，特别在台风、节假日等特殊时期，通过数据预测，妥善处理好岛内群众、应急物资、交通保障等工作，打造了海南岛的安全屏障。一是人流进出岛信息管理系统自运行以来，预警人数12万人，抓获在逃人员1 896名，确保59国免签人员正常往来。二是物流进出岛信息管理系统自2018年10月上线运行以来，核查出装载货物与申报货物不相符的事件823起，发现1起在普货中藏匿易燃易爆危险品的违法事件。三是资金流进出岛信息管理系统自2018年10月上线运行以来，排查金融风险隐患，保障了进出岛资金合法安全流动。

案例19：公共资源交易红黑名单再分类监管。

为贯彻落实党中央、国务院《关于支持海南全面深化改革开放的指导意见》“全面推进社会信用体系建设，加快构建守信激励和失信惩戒机制”要求，首创红黑名单再分类制度和统一委托模式，通过设立A（红色）B（黄色）C（蓝色）D（绿色）四色分类，依托全省各级公共资源交易平台，在全国率先实现参与公共资源交易的全部3类主体、3个阶段、6个交易关键环节信用核查和联合奖惩智能化应用，让失信者寸步难行，守信者一路绿灯，共筑公平诚信的市场环境。

主要做法：

一是红黑名单再分类，对监管主体实施差别化奖惩措施。梳理各类法律法规及部门规章，对各类公共资源交易领域的监管措施进行分类管理，将失信被执行人等17类黑名单归为A类，禁止进场交易；将严重违法超限超载运输失信当事人等18类黑名单归为B类，强制扣减总得分的10%；将建筑领域黑名单等18类黑名单归为C类，供建设单位和评标专家参考；将各类红名单和在国家公共信用综合评价中列为信用“优”级的企业归为D类，供评标专家参考，在评分相同情况下享有优先中标权。同步建立黑名单动态管理机制，依据相关领域法律法规的制定或修订，及时进行监管措施的调整。

二是集中委托奖惩权，统一奖惩标准助力阳光交易。经各相关单位书面委托，允许省公共资源交易平台在交易各环节代为行使联合奖惩职能，解决交易平台执行奖惩措施的权限问题。依据严重失信主体对象分类，对各类参与交易的主体统一采取标准化的奖惩措施，解决各建设单位奖惩措施不一致等问题，避免建设单位人为干扰，让交易更公开、更透明、更阳光。

三是交易环节全贯穿，实现三个阶段六项环节信用强监管。在公共资源交易事前、事中、事后三个阶段以及注册登记、事项变更、公告发布、响应投标、评标打分、中标公告等六项环节信用奖惩全嵌入，依法依规对严重失信企业进行限制。系统将在醒目位置提示限制的具体原因、解除限制的方式方法，督促企业尽快进行信用修复。

四是交易主体全覆盖，确保交易参与各方依法守信。对实施主体、竞争主体和评标专家等三类参与公共资源交易的主体实行信用核查和联合惩戒措施全覆盖。其中：实施主体包括招标人、采购人、出让人、转让方、委托人或其委托的中介机构等各类主体；竞争主体包括参与公共资源交易的潜在投标人、供应商、报价方、受让人、竞买人等各类主体。

五是奖惩措施精准实施，实现奖惩对象动态化管理、奖惩措施自动化执行、奖惩结果即时化反馈。在海南自贸试验区信用信息共享平台搭建联合奖惩应用系统，实现对奖惩备忘录、奖惩措施和红黑名单动态管理。改造完成嵌入式全省公共资源交易平台信用核查和联合奖惩功能，支持省公共资源交易平台实时获取交易主体的信用状况和黑名单分类情况，并反馈奖惩措施执行情况，不增加业务经办人工作负担。实现查询结果档案化管理，为奖惩后溯源提供依据。

实践效果：

一是率先覆盖全省公共资源交易领域，打造海南公共资源交易诚信市场。截至目前，全省参与公共资源交易的 2.6 万家企业和 4 308 名评标专家已全部进行信用核查，对 8 名列入严重失信黑名单的评标专家予以移出；对 381 家严重失信 A 类企业、代理机构封锁账号，禁止参与交易，切实构建起海南信用联合奖惩工作机制，打造公共资源交易海南诚信品牌。

二是提升行政效率，减少违规空间，助力阳光交易。通过信用联合奖惩应用，首先实现公共资源交易领域信用核查和奖惩实施自动化智能化零至一的突破，避免出现因漏核漏查信用状况导致黑名单企业中标的违规事项发生。其次，信用核查时间由原来手工核查单次 5 分钟缩短至 1 秒钟，大大提高工作人员办事效率和办件能力。再次，通过系统日志跟踪监控，有效减少了人工干预的可能，减少交易违规空间。最后，联合奖惩措施标准化，解决相同主体在不同标的联合奖惩措施不一致问题。

案例 20：博鳌乐城先行区医疗机构“两证一批复”审批。

三级医疗机构在设立过程中，要申请设置许可、执业许可两个证书，配置甲类大型医用设备需要申请批复，耗时较长，成本较大。海南在博鳌乐城国际医疗旅游先行区（以下简称“先行区”）探索创新医疗机构“两证一批复”审批模式，进一步提高医疗机构审批效率，有效推动医疗健康产业发展。

主要做法：

对标国际国内先进技术标准，建立技术评估工作机制，邀请中华医学会各学科专业主委或常委级专家，对意向入园企业进行技术评估。经技术专家评估同意后，对先行区内引进社会资本举办的医疗机构，实行“两证一批复”审批，即申请单位或个人向乐城先行区管理局提交申请材料，乐城先行区管理局审批同意后 1 个工作日内提交到省卫健委审批办，省卫健委 1 个工作日内审核材料，并核发医疗机构设置批准书、医疗机构执业登记许可证及甲类大型医用设备配置许可批复。

实践效果：

一是大幅度缩短医疗机构的筹建周期。实施“两证一批复”审批以来，先行区已审批的医疗机构共18家。将原先医疗机构设置审批法定时限30日、执业登记法定时限45日、甲类大型医用设备审批时限25日，大幅度压缩至1—3个工作日。医疗机构在取得执业登记许可证后，可以提前开展医护人员的招聘、购置医疗器械及药品等工作。

二是降低获取甲类大型医用设备的难度。目前，已批复3台甲类大型医用设备，分别为：博鳌恒大国际医院新增配置正电子发射型磁共振成像系统（PET/MR）和瓦里安truebeam高性能图像引导放射治疗系统；海南博鳌瑞达麦迪赛尔国际医疗中心新增配置正电子发射型磁共振成像系统（PET/MR），解决甲类大型医用设备审核周期历时较长问题。

三是减少医疗机构前期运营成本。实施“两证一批复”审批后，医疗机构可以提前选择匹配自身经济能力和条件的大型医用设备，在医院基建、装修过程中，同时完成大型医用设备采购和大型医用设备配套机房的建设，减少后期改装成本，也促使大型医用设备尽快投入使用，产生效益。

案例21：出台全国首张不予税务行政处罚正面清单。

为贯彻落实党中央国务院关于减税降费的重大决策部署，国家税务总局海南省税务局研究出台全国首张不予税务行政处罚清单，依托信息化固定处罚基准，最大限度压缩自由裁量空间，切实减轻纳税人负担，进一步优化税收营商环境。

主要做法：

一是在全国率先推出首张不予税务行政处罚正面清单。研究出台了《国家税务总局海南省税务局关于发布不予税务行政处罚清单的通告》，自2019年9月1日起对税收法律法规规定有“可以处……罚款”的违法行为，首次违反且符合一定条件的，不予处罚；对于领取“两证整合”“多证合一”营业执照的纳税人，“未按照规定期限申报办理税务登记”“未按照规定期限申报办理变更登记”等行为不予处罚，免除处罚共计24项。

二是大幅度降低行政处罚金额。对税务行政相对人并非主观故意，但又经常发生且危害后果不严重的17项应处罚违法行为，大幅度降低处罚金额。如某项逾期2年不申报的税收征管类违法行为，实施新规则后，比照原规定罚款降幅达80%。个别如“未按规定在发票上加盖单位财务印章或者发票专用章”违章处罚降幅高达98%。

三是在全国率先依托信息化固定处罚基准。依托国家税务总局金税三期信息系统，自主设计开发海南省税务行政处罚信息化管理系统，将统一的处罚基准和税收违法违章行为纳入税务行政处罚管理信息系统，只需输入违法违章关键信息，系统即自动生成处罚依据和处罚金额，自动引用法律依据、自动生成处罚决定，最大限度压缩自由裁量空间。

四是界定严重涉黑违法档次的具体行为。为配合打黑除恶专项斗争，对涉黑组织可能涉及的21项偷、逃、抗税等严重违法行为确实需要从重处罚的，进一步清晰界定“情节严重，违法行为、手段恶劣，社会影响巨大，危害后果严重”的违法情形，明确规定适用“严重”档处罚标准。

实践效果：

一是有效优化了税收营商环境。通过出台不予税务行政处罚清单，既解答了税务人员在具体案件中会面临“怎样的情形才构成违法行为轻微”的困惑，也让纳税人更加直观、清楚地把握、理解不予税务行政处罚事项，从而提高了执法效能，有效激发市场活力。2019年9月，全省税务系统共处罚3 339户（次），同比下降4.6%；处罚金额230万元，同比减少119万，下降34.1%。不予税务行政处罚清单推出后，形成了“柔性”执法闭环，事前通过提醒、教育等方式让纳税人、缴费人降低违法风险；事中大幅度降低处罚金额，让纳税人节省资金投入经营和研发；事后做好救济权利告知和普法宣传，提高其税法遵从度，使纳税人有了实实在在的获得感。

二是使税务处罚更加规范、公正。依托信息化固定处罚基准，不仅大幅简化了处理处罚工作，更重要的是解决了处罚标准不统一、人为因素干扰等难题，避免了因为引用法律依据、计算处罚金额失误所带来的执法风险，实现了“一把尺子量到底”，处理处罚工作更规范、公平、公正。该项创新得到了国家税务总局的高度肯定并在全国税务系统进行了经验推广。

三是提升了税收执法刚性。通过进一步明晰从重处罚的标准，为涉黑从重处罚提供了法律支撑和保证，为依法打黑除恶保驾护航，彰显税法刚性。

案例 22：警税共治规范税收经济秩序。

为贯彻落实国家税务总局关于构建税收共治格局的决策部署，建立健全公安派驻税务联络机制，提升稽查办案效率和执法威慑力，海南税务部门联合公安部门，于 2019 年 8 月 22 日率先在三亚市成立了警税联合支队。

主要做法：

一是成立实体化、常态化机构。三亚警税联合支队是由公安部门、税务稽查部门和税源管理部门三方联合，并在税务部门设立办公地点的警税联合实体化、常态化专门机构。支队在三亚市公安局、国家税务总局海南省税务局第三稽查局、国家税务总局三亚市税务局三家单位的共同领导和管理监督下依法开展工作，实现了统一管辖、统一受理、统一调度、统一指挥。支队由税务部门省级稽查局参与组建，在案件查办时可在全省范围内与省级税务、公安等部门跨区域实施部门协作、信息交换、人员统筹。

二是建立健全工作机制。三亚警税联合支队由三家单位的涉税案件办理人员组成，在国家税务总局海南省税务局第三稽查局统一集中办公。制定警税联合工作机制，包括线索研判、案件查办、证据共享、部门联动、联合宣传、信息传递、业务培训等各个方面，促进警税双方优势互补、共同提升执法办案能力。

三是实现了涉税案件查办警税双方紧密联动、无缝对接。警税双方对各自工作中发现的重大案件线索，共同开展分析研判，共同立案，第一时间联合实施侦办手段进行案件查处，并按照双方执法要求共同进行调查取证，对涉税犯罪团伙实施同步精准打击。同时行刑衔接破解了税务稽查、税源管理部门查处的重大案件执行难的问题，构建了规范、联动、高效的无缝工作模式。

实践效果：

一是提高了打击税收违法犯罪行为的效率和力度。三亚警税联合支队的成立，有机融合了公安经侦、税务稽查、税源管理的职能优势，形成“1+1+1>3”的打击涉税违法犯罪工作合力。警税共同立案省去了原来由行政机关查结后再移送公安机关立案的环节，自主立案的时间比之前税务移送公安的时间提前了 75 天。共同调查取证改变了原来行政取证在先、刑事取证在后的程序，缩短了案件查办时间。

二是有利于规范税收经济秩序、优化营商环境。联合工作机制建立伊始，联合支队仅用时 16 天就成功侦破了涉案金额 3.7 亿元的虚开增值税专用发票大案，税额达 5 368 万元，涉及海关票 980 份、增值税专用发票 1 472 份，充分发挥了其打击震慑作用。

案例 23：涉外公证实现全省通办。

海南加速推进公证法律服务领域改革开放，调整执业区域，优化资源配置，率先在全国实现了涉外公证业务全域放开，改变了全省公证机构量少质弱、资源配置不均、办证范围狭窄、大部分地区涉外公证专业力量匮乏等现状，解决了群众办理涉外公证难、手续烦琐等痛点问题。

主要做法：

一是建构全岛同城化涉外公证服务模式。省司法厅积极协调、并争取司法部批复同意，突破《公证机构执业管理办法》（司法部令第 101 号）第十条有关规定，明确自 2019 年 9 月 1 日起，全省具有办理涉外公证资格的机构不再受区域限制，业务范围可以推广至全省。

二是加强对公证机构及涉外公证业务监督管理。按照“放管并重、宽进严管”的要求，对全省公证机构及办证点进行集中整顿，制定严格的申报审核程序，同时各级司法行政机关强化对涉外公证业务的监督检查，严防不正当竞争，进一步规范公证行业秩序。

实践效果：

一是提高了业务办理的工作效率和服务效能。目前除海口、三亚外，海南省大部分市县承接涉外公证事项的能力不足。实行涉外公证业务全域放开后，业务办理不再受属地管理限制，全省整合成单一的执业区域和市场主体，工作效率和服务效能大为提高，一方面有效承接快速增长的民间涉外公证业务，另一方面为落地免签后新增的外国驻华驻琼机构公证业务提供有力保障。2019 年 9 月 1 日实行全域放开后，9 月份全省办理涉外公证业务 509 件，较上月增长约 7%，没有出现任何纠纷和相关投诉，群众满意度明显提升。

二是提升了公证机构的竞争力和工作质量。打破执业区域的属地限制，破除涉外公证业务的区域垄断，符合对外开放和市场化改革的根本方向，有利于打造良好的竞争环境，推动全省公证机构加快改革、增效提质，在优胜劣汰的良性竞争中提升公证工作整体质量。

案例 24：境外电视频道传送审批及监督新模式。

海南省首创通过省级有线电视网络向许可用户加密定向传送经国家批准落地的境外电视频道模式，有效地解决了传统设置卫星设施接收境外卫星电视信号容易受干扰、服务难监管、设备成本高等问题，极大提升了海南广播电视国际化服务水平，有利于海南自贸试验区（自贸港）的建设。

主要做法：

一是建立健全工作机制，落实服务监管主体责任。加强组织领导，成立“海南省有线电视网络加密定向传送境外电视频道工作领导小组”；签订相关四方合作框架协议，明确各方权利、义务和责任。制定《海南省有线电视网络加密定向传送境外电视频道管理暂行办法》，规范管理和服务工作。

二是优化用户申请许可，强化事中、事后监管。优化境外电视节目许可审批流程，加强监管，对用户的合法收视情况进行检查，确保用户属于收视对象范围，并按许可证载明的接收内容收视。

三是有线网络加密传送，中央境外平台授权收视。按照“统一监管、可管可控、便于操作”的原则，在海南有线基地设置卫星设施，前端接收中央境外卫视平台传送的经国家批准落地的全部境外电视频道信号，经打包复用和加扰后按有线数字电视节目传输模式实现信号的全省传输覆盖。

实践效果：

一是定向服务，满足个性化需求。可灵活、便捷地满足用户对境外电视节目的收视需求，特别是对省委省政府引进的境内外专家，对海南自贸试验区（自贸港）建设提供支持和帮助的境外人士、港澳台同胞、海外侨胞等，经许可后实现点对点的个性化境外电视频道收视服务。

二是可管可控，信号源安全可靠。通过有线电视网络传送的境外电视频道信号质量要远优于卫星接收的信号，能有效防止因雷达、微波及日凌、雨衰等环境和自然天文现象对卫视信号造成的干扰，同时能更有效地落实国家对境外卫星电视落地传播“统一监管、定向服务、可管可控”的要求，有效降低查处非法设置卫星设施接收传送境外卫视节目行为的执法成本。

三是节约资源，降低成本。原有模式共有 10 余道审批程序，加上卫星接收设备购买、安装调试和技术安全验收等工作，共需 2—3 个月时间。现在用户网上申报，5 个工作日内即可完成许可，从当地有线电视公司免费领取机顶盒，收视授权不超过 10 分钟即可开通境外节目。同时，按每个酒店平均接收 12 套境外节目计算，由卫星接收改为有线方式接收后，前期可节省设备投资近 200 万元，长期可节省卫星前端机房设施运行维护、人力、用电等费用。截至目前，全省已有 12 家旅游酒店通过有线电视网络加密传送方式接收境外电视频道，有50家酒店正在签订协议报备审批。

四是消除隐患，确保安全播出。通过有线电视网络传送境外电视节目，在保持酒店楼面整洁美观的同时，可彻底消除因设置卫星设施带来的安全隐患，能有效防范非法插播事故发生，确保广播电视安全播出。

案例25：发行首单国有土地承包金资产支持证券。

国有土地因权属、用途、经营模式等方面具有一定特殊性，往往只能为企业带来相对固定收益，无法以其蕴含的潜在价值撬动资本力量为企业生产发展提供充足资金。海南省农垦投资控股集团有限公司（以下简称“海垦集团”）认真贯彻落实《中共中央国务院关于支持海南全面深化改革开放的指导意见》及海南省委、省政府关于推进土地资产化和资本化的精神，创新设计发行以国有土地承包金合同债权为底层资产的资产支持证券产品（Asset-Backed Security，简称ABS），既释放了国有土地的价值，让资本的“活水”顺利“流入”实体经济，又保障了国有土地“三个不改变”（不改变权属、不改变用途、不改变经营模式），探索出土地资产化、资本化、证券化的成功路径，对盘活农垦土地资源、增强经营性资产的流动性、加快产业发展具有重要意义。

主要做法：

一是创新产品设计。海垦集团将国有土地租赁给海南天然橡胶产业集团股份有限公司（以下简称“海南橡胶”），并以国有土地承包租赁合约债权作为底层资产发行ABS产品，创造性地实现了国有土地资产证券化。该创新产品的设计既盘活了国有资产存量资源，又有效地保护了国有资产。

二是优选底层资产。海垦集团将未来5年按期收取的258万亩土地对应承包金及其附属权益作为底层资产，该标的资产具有“三明确、两稳定”的特点。“三明确”：第一是土地权属明确。土地使用权完整归属海垦集团。第二是种植作物明确。土地上种植的天然橡胶及防护林成熟收获期长，需要长期承包租赁合同中约定的土地，因此租赁合同违约风险小。第三是承租年限明确。土地承租年限30年（截至发行日剩余19年），大于产品融资年限5年。“两稳定”：第一是承租对象稳定。承租对象上市公司海南橡胶财务状况优异，主营业务稳定。第二是承包金稳定。年承包金金额1.71亿元，承包至今未发生单价变动、承包金拖缴及欠缴的情况。

三是强化增信保障。海垦集团以国有土地承包金及其附属权益为底层资产的资产证券化产品设置了优先/次级结构、现金流超额覆盖、差额支付承诺等多项增信措施，专业机构将其优先级的信用等级评定为最高的债项AAA级，增强了产品对投资者的吸引力。与此同时，前期充分开展了路演等产品推介活动，并结合债券市场情况选择最佳发行时机。

实践效果：

一是全国首单国有土地承包金资产支持证券获超额认购。2019年11月6日，“工银瑞投-海垦控股集团土地承包金资产支持专项计划”在上海证券交易所成功上市发行，总规模5.50亿元，其中优先级5.20亿元，仅9个工作日就达成近8亿元的认购额，超额认购倍数1.54倍。

二是创新探索国有土地证券化有效路径。以合同债权发行资产支持证券的思路不仅可以继续应用于海垦集团剩余庞大土地资源，还对全国范围内探索国有土地证券化具有借鉴参考意义。同时，海垦集团将以此模式为出发点，继续探索更多创新有效的国有土地证券化方法。

三是为企业发展提供多元融资渠道。以国有土地承包金进行资产证券化融资，不占用企业净资产40%的发债额度，不影响发行其他债务融资工具，且发行利率低于传统银行贷款融资成本（优先级加权平均利率仅为3.98%），可成为企业一项长期、持续、定期发行的补充融资工具，对企业发展具有战略意义。

四是灵活支持企业转型发展。募集资金主要用于海垦集团“八八”战略确定的南繁育制种、草畜养殖、热带作物等重点产业项目和园区建设，将既有土地资源优势转换为产业发展的资产资本优势，所募集的资金可灵活地用于支持海垦集团产业优化升级，建设热带现代农业的大基地、大企业、大产业，培育和打造一批具有市场竞争力的产业集团，推动海南农垦在海南自贸试验区（港）建设中实现高质量发展。

案例 26：创新不同品种保税油品同船混装运输监管模式。

为贯彻落实《中国（海南）自由贸易试验区总体方案》关于“培育贸易新业态新模式”目标要求，海南省坚持以问题为导向，针对外销的国内标号油品不能满足海外市场特别是东南亚地区市场需求的痛点和难点，创新非加工贸易项下的“保税油品同船混装运输”监管模式，提升面向海外市场精准输出相应标号油品的供给能力，破除企业“走出去”战略瓶颈，支持企业拓展海外市场，促进进出口贸易增长。

主要做法：

一是以市场需求为导向，创新监管模式。针对不同国家汽油和燃料油市场对油品质量的不同要求和变化情况，结合企业具体需求创新“保税油品同船混装运输”监管模式，即利用存储在保税库内不同品种的保税油品（如 LCO 轻循环油或 VGO 裂解柴油和高黏度燃料油），按国外市场需求，将不同品种的保税油品（如保税柴油和保税燃料油）申报出仓后，混合存放在同一储罐（非保税罐），从该储罐装船出境。

二是优化操作流程，实现高效便利监管。海关和企业多次对接确认了操作流程，先由企业提前将油品申报出保税仓，进行出口申报后，通过转罐方式（保税罐至非保税罐）实现不同品种油品的物理混兑，调和出市场需要油品后装船出境。

三是加强过程监管，确保风险监控到位。从保税仓库库容变更申请、核注清单申报、报关单申报、货物出仓、装船运输等全流程各环节，企业都依法依规进行申报，海关也通过系统监控、核查抽查、过程监管和每月核查保税仓电子账册，定期数据比对等多种手段对保税油同船混装运输全过程实施监管，确保监管到位。

实践效果：

一是提升企业国际竞争力。2019 年 11 月，在洋浦经济开发区海关支持和监管下，中石化（香港）海南石油有限公司顺利完成首单非加工贸易项下 7 100 吨燃料油和 500 吨柴油“保税油品同船混装运输”业务，将货值 2 130 万元的低硫燃料油销到香港。此项制度创新对于企业做大经营量、降低运营成本、提升国际市场竞争力具有重大意义。

二是形成了良好示范效应。此项政策是洋浦经济开发区海关根据企业需求进行的制度创新，将推动海南省外贸增长，助推海南外向型经济发展和自贸试验区（港）建设，该模式较国内现有的以加工贸易方式进行混兑调合更加灵活、更具效率。

三是提高了企业经济效益。开展汽油、燃料油的“保税油品同船混装运输”业务，汽油预计发货量 100 万吨/年，按调油优化成本幅度约 0. 4—0. 5 美元/桶计算，效益约 330 万—420 万美元/年，燃料油预计发货量 100 万吨/年，按调油优化成本幅度约 3—5 美元/吨，效益约 300 万—500 万美元/年。每年可增加外贸进出口额约 50 亿人民币。

案例 27：搭建会计师事务所准入和会计师引进“直通车道”。

会计审计专业服务是海南自贸试验区（港）营商环境建设的重要支撑。为加快推进会计审计专业服务开放发展，海南通过发布《海南经济特区注册会计师条例》（以下简称《条例》），降低会计审计机构和专业人才准入门槛，加速高质量会计审计资源在海南集聚，促进海南会计审计专业服务水平提质升级。

主要做法：

一是降低会计师事务所执业资质准入门槛。突破现有特殊普通合伙会计师事务所执业资质准入条件限制，率先将执业资格要求的 15 名合伙人和 60

名注册会计师，减少为10名合伙人和40名注册会计师，为组建或引进特殊普通合伙会计师事务所创造更宽松条件。

二是放宽港澳会计师申请成为合伙人条件。针对申请成为境内会计师事务所合伙人需具有境内连续5年执业经验要求，香港、澳门特别行政区会计师向海南申请成为会计师事务所合伙人，其在香港、澳门从事审计业务工作时间视同为内地执业时间，缩短港澳会计师进入海南时间。

三是提高会计师事务所合伙人年龄上限。将设立会计师事务所合伙人年龄由65周岁放宽至70周岁，吸引仍具备执业能力的资深专业人才在海南发挥“余热”。

四是推进注册会计师职业资格与会计职称国际互认。将注册会计师纳入海南“重点领域人才开发目录”，国际执业会计师纳入海南高层次人才认定管理，搭建国际会计人才引进“直通车道”。

五是简化注册审批手续。提高会计师事务所审批、注册会计师注册效率，办理期限均由30天压缩为15天，并推行网上电子化审批。

实践效果：

一是促进会计师事务所多元化发展。截至目前，受益于准入条件放宽和审批手续简化，已有1家特殊普通合伙会计师事务所、2家个人会计师事务所在海南设立，实现了海南省上述两种会计师事务所零的突破，改变了省内特殊普通合伙会计师事务所均为外省会计师事务所分所的局面。推进小型会计师事务所进一步做精做专，完善了海南省会计审计市场服务体系，满足了多元化市场需求。

二是高端会计审计人才加速流入。实现由过去一年仅约20名注册会计师流入到仅3个月就有70名注册会计师流入，其中，引进1名港澳合伙、6名港澳及境外注册会计师到会计师事务所执业；引进12名境外注册会计师到协会登记为后备人才，高端会计审计人才呈加速流入态势。同时，省内29名65—70周岁之间的注册会计师受益于年龄条件放宽，可担任会计师事务所合伙人，促进资深注册会计师人尽其才。

案例28：创设“立、审、执”一体化涉外民商事法庭。

为贯彻落实《中共中央　国务院关于支持海南全面深化改革开放的指导意见》中“加快形成法治化、国际化、便利化的营商环境和公平统一高效的市场环境”要求，充分利用《最高人民法院关于为海南全面深化改革开放提供司法服务和保障的意见》中关于支持海南建立国际商事纠纷案件集中审判机制的政策，经最高人民法院批准，海南省于2019年9月在全国率先设立省级跨区域集中审理涉外民商事案件的法庭。

主要做法：

一是“全域性”的服务覆盖。海南涉外民商事法庭审理全省范围内的涉外民商事案件，并重点突出涉外法庭案件管辖的全域性、全覆盖性。同时，海南涉外民商事法庭兼顾海南经济发展及案件分布情况，从便利当事人诉讼的角度考虑，在南北区域分设两个法庭，在北部依托海南省第一中级人民法院，设立海南第一涉外民商事法庭；在南部依托三亚市中级人民法院，设立海南第二涉外民商事法庭。

二是“独创性”的方式运作。海南涉外民商事法庭是我国第一个“立、审、执”一体化、跨区域管辖涉外民商事案件的专门法庭。该法庭按照法院的雏形设立，具有独立编制和办公场所，实行“立、审、执”一体化运行模式，设立案件管理办公室和诉讼服务中心，法庭可独立完成涉外民商事案件的立案、审判和执行。为配套该改革措施，法庭制定了域外法案件裁判指引、多元化纠纷解决机制实施方案等多个创新制度。积极实践跨域立案、网上立案、自助立案等多种方式，建立立案、审理、执行内部衔接工作机制，不断提高案件审判效率。

三是“专门性”的职责履行。海南涉外民商事法庭独具涉外审判“四专门”特色。“四专门”即专门审理涉外民商事案件；专门负责与海南境内外法院审判机构对接；专门与海南涉外办事机构企业对接；专门的国际化审判团队。“四专门”的职责履行有效满足了新形势下营商环境的司法需求，统一了涉外民商事案件的裁判尺度，实现了案件审判质量的提升。

四是“国际化”的标准打造。海南以国际化、智能化的高标准着力打造海南涉外民商事法庭。法庭配备了互动可视化大屏，通过对大数据分析精确反馈实时状态，让数据可视化、立体化地向公众展示法庭审判进展和工作成果。积极引入香港调解中心、中国国际贸易促进委员会等具有国际影响力的调解机构，探索一站式纠纷解决方式，实现跨境调解涉外民商事案件。

实践效果：

一是提升了法治化的国际司法公信力。海南省设立涉外民商事法庭后，强化改革创新意识，加强与国际商事仲裁、调解机构的衔接。通过公正而专业的审判，树立精品审判意识，塑造海南对外开放的国际形象，提升了海南法院的国际司法公信力，体现了海南法院主动服务自贸试验区（港）建设的责任担当。

二是优化了国际化的司法营商环境。截至11月30日，海南涉外民商事法庭已经快速立案105件，审结16件。案件涉及美国、新加坡、韩国等国家和我国香港、台湾地区，涉及多个法域、多种类型，案件涵盖债权转让、技术合同纠纷、涉外仲裁协议效力、承认与执行外国法院民商事判决等，充分体现了投资者到涉外民商事法庭解决纠纷的意愿，是对海南涉外民商事法庭公正高效审理案件的充分信任。

三是形成了便利化的司法调解机制。海南涉外民商事法庭通过打造第三方专业调解、构建ODR在线矛盾纠纷多元化解平台，形成了线上线下便利化的司法调解机制。如设在海口的第一涉外民商事法庭以中国国际贸易促进委员会提供的第三方专业调解员方式，成功调解了韩国企业诉我国企业债权转让的合同纠纷，当事人对法庭高效便捷的调解方式表示了充分的认可和赞赏。

案例29：与平台企业信息共享实现税收征管“一次不跑、一步到位、一站办结”。

为鼓励互联网平台经济新业态的健康发展，国家税务总局海南省税务局、澄迈县人民政府自2019年7月1日起在澄迈试点信息共享税收管理模式，并按照《关于促进平台经济规范健康发展的指导意见》（国办发〔2019〕38号）要求，进一步降低税务登记成本、优化税收征管模式、加强事中事后监管，大大降低平台经济运营成本、提升企业盈利空间、强化平台经济发展潜力、增加平台经济就业岗位、强化平台经济科学监管。

主要做法：

一是创新税务登记制度，降低税务登记成本，实现“一次不跑”。推行平台注册信息与临时税务登记办理信息同步共享机制，从事生产、经营的自由职业者通过平台完成人脸识别、指纹辨别、录入身份证号码、绑定银行卡号、电子签名等方式实名认证登记基本信息，税务部门即对其信息进行同步采集，视同已办理临时税务登记，彻底打破以往平台自由职业者需经过市场监管部门认证，并前往税务部门提供临时工商营业执照及经营、业务场所证明等材料办理临时税务登记的“面对面”办税模式，实现纳税主体身份认定“一次不跑”。

二是依托信息共享机制，落实减税降费红利，实现“一步到位”。因自由职业者提供的服务具有流动性、不稳定性，且缺乏市场统一规范管理，以往均为按次申报缴税，且每次超过500元都需按收入额的3%缴纳增值税，并按增值税的10%缴纳城市维护建设税和教育费附加，应税所得额超过800元，还需按20%—40%的累进税率代扣代缴个人所得税，在次年汇算清缴时并入综合所得按照3%—45%的税率进行汇算清缴。依托信息共享机制后，符合条件的平台自由职业者办理临时税务登记后即视为个体工商户，“一步到位”享受增值税、个人所得税相关税收优惠政策，大大简化自由职业者申报个体工商户纳税主体身份的认证手续，经认证后仅需按季申报，月应税收入不满 10 万元（季收入不满 30 万）免征增值税及城市维护建设税、教育费附加，个人所得税按应税收入 0.5%—1.7%的税率征收，大大减轻了自由职业者的税收负担。

三是优化税收征管模式，推行委托代征税款，实现“一站办结”。委托平台经营者作为代缴义务人，一站受理所负责平台自由职业者税务申报工作，平台在支付自由职业者报酬时统一代征其应缴纳的增值税、个人所得税及相关附加费，在平台注册的自由职业者无须另行申报，实现税务申报缴纳税款“一站办结”。

四是加强事中事后监管，与大数据信息比对，实现“一网管控”。海南税务部门通过后台监管账户，实时获取平台相关数据，监控平台所有自由职业者业务开展情况，与企业资金流、发票开具、税款入库数据等进行排查比对，通过异常数据风险预警，及时发现并纠正纳税人不报、漏报税行为，有效防范税收流失风险，实现平台公司自由职业者业务动态“一网管控”。

实践效果：

一是有效优化了税收营商环境。适应平台上自由职业者随时、随地提供服务获取报酬的新业态，实现对临时税务登记证办理程序的突破，既让平台经济相关市场主体充分享受税收优惠政策，又打破了办税时间和地域的限制；既提高了自由职业者的税法遵从度，又减轻了其纳税负担。截至 2019 年 11 月底，澄迈区域内平台自由职业者符合享受优惠政策条件的人次数达到 49 万人次，共计享受减免税 5 100 余万元；平台企业缴纳各项税款 1.1 亿元，代征自由职业者个人所得税 1 432.3 万元。

二是实现了对平台经济的科学监管。在平台注册并提供服务的自由职业者人数众多、流动性强、分布区域广，采取委托代征方式征收税款，以“平台管平台”“数据管数据”等方式，将原先散布在市场上的经济数据汇集纳入税收监管平台，从源头上解决了自由职业者获取报酬时的税收流失风险。这项政策在方便自由职业者的同时，也提升税务机关监管质效。

三是增强了平台经济发展潜力。信息共享税收管理模式，简化了自由职业者纳税手续及成本，最大程度集聚市场供需双方信息，通过广泛、及时、大规模、低成本的信息交互，为解决市场的信息不对称问题提供了新的可能。截至目前，海南省澄迈县已通过平台为150 万余名从事生产、经营的自由职业者办理了临时税务登记；腾讯、阿里巴巴、好未来、随行付、拉卡拉、高灯、猪八戒网等 50 余家知名互联网平台经济企业在澄迈县注册登记。

案例 30：创建临床急需国内未上市进出口药品监管模式。

为充分发挥海南博鳌乐城国际医疗旅游先行区（以下简称先行区）先行先试作用，依据国务院《关于在海南博鳌乐城国际医疗旅游先行区暂时调整实施〈中华人民共和国药品管理法实施条例〉有关规定的决定》，海南省在博鳌乐城国际医疗旅游先行区首创临床急需进口药品管理审批与监管制度。

主要做法：

一是先行先试，为国内患者使用国外先进药品探索新路径。海南省于 2019 年 4 月印发实施了《海南博鳌乐城国际医疗旅游先行区临床急需进口药品管理暂行规定》，首次明确先行区内医疗机构因临床急需，经海南省药监局批准可以进口使用已在美国、欧盟、日本等国家或地区批准上市，未获我国批准注册的药品，但不包括疫苗等实施特殊管理的药品。该创新政策的实施，使国内大量患者不用再走出国门，直接在先行区就可以使用到国内未上市的国外先进药品。

二是快速审批，为急重患者用药迫切需求创设新通道。海南省药监局制定发布了《海南博鳌乐城国际医疗旅游先行区临床急需进口药品申报指南》，明确临床急需进口药品的申报条件、申报材料和批准时限。先行区医疗机构自临床急需进口药品申请获得海南省药监局受理之日起开始计算，7 个工作日内可明确获知该申请是否获得批准。快速审批通道的设立，为急重患者治疗建立了“绿色通道”，提供了有力保障。

三是严格监管，为保障患者用药安全提供新支撑。对临床急需进口药品申请，省药监局严格审核国外注册文件、全链条供货协议等证明材料，确保审批药品已在美国、欧盟、日本等国家和地区合法上市。审批前，登录原产国和已上市国家的官方网站查询审批药品的不良反应情况，为审批提供参考和技术支撑。对批准进口的临床急需药品，要求医疗机构留存全链条相关票据凭证，严格要求运输和储存条件，并做好跟踪观察，开展临床使用效果评价。同时，省药监局派员现场监督医疗机构做好到货查验、入库、领用记录等工作，在患者每次用药前核对使用药品的信息和患者信息，确保临床急需进口药品依规在医疗机构内用于特定医疗用途，防止流弊事件发生。

四是积极探索，为药品审评审批制度改革寻找新方法。实施临床急需进口药品政策，在满足了患者治疗需求同时，其临床使用的每个数据都弥足珍贵。海南省药监局在国家药品监督管理局的指导下，利用临床急需进口药品政策开展临床真实世界数据应用试点工作，探索将真实世界数据作为药品进口注册数据的一部分，加快了国外新药进口注册进度，探索了药品审评审批制度改革新模式、新路径、新方法。

实践效果：

一是药品进口政策更加开放，患者不出国门就能使用国际上最先进的药品。以前国内患者想要使用国外已上市、国内未批准注册的药品要到国外就医，现在博鳌乐城国际医疗旅游先行区就可以实现。截至 2019 年 12 月 9 日，海南省药监局已批准博鳌超级医院、博鳌恒大国际医院临床急需进口药品共 16 个批次、7 个品规，已批准的产品包括：治疗特异性皮炎的杜普单抗、治疗乳腺癌的 T-DM1、治疗葡萄膜炎的氟轻松玻璃体内植入剂以及治疗肺癌的德瓦鲁单抗。临床急需进口药品共用于 39 名患者，使这些患者不用走出国门，就可以方便使用到国际上最先进的药品，享受世界一流的医疗健康服务。

二是项目先导性作用逐步显现，有效带动博鳌乐城国际医疗旅游先行区发展。临床急需进口药品政策的实施，不仅满足了患者对先进药品的使用需求，也满足了先行区内医疗机构的临床用药需求，提高了先行区对医疗机构和患者的吸引力，促进了先行区医疗旅游产业的发展。为先行区实现医疗技术、设备、药品与国际先进水平“三同步”，打造海南自贸试验区（港）医疗健康保障示范区创造了支撑条件。

三是有利于发挥门户效应，促进海南药品研发创新和医药产业协同转型发展。在临床急需进口药品政策的推动下，先行区将成为世界级创新药品进入中国的门户。独具优势的医药政策将大力推动医药创新技术在海南落地生根，使海南成为我国医药产业发展的前沿阵地。随着政策下一步的强有力推进，必将带来海南药品研发创新的新突破，促进海南医疗旅游健康产业协同转型发展。

案例 31：创新会计审计专业服务政府采购管理模式。

国内政府采购制度仍处于初期阶段，在采购会计审计等专业服务过程中，存在设立地方保护倾向的业务备选库、采购限额标准偏低导致政府采购效率不高、因评价机制不完善恶性低价竞标频发等系列问题。为构建统一开放、竞争有序的政府采购市场体系，海南于 2019 年 1 月 28 日印发《关于改善海南省会计审计服务营商环境的指导意见》，率先创新会计审计等专业服务政府采购管理模式，全面清理政府采购专业服务领域妨碍公平竞争的规定和做法，有效营造了公平公正的政府采购环境，提高了政府采购效率。

主要做法：

一是取消业务资格备选库。率先在全国取消全省区域内各部门（单位）、各市县自行设定的 79 个会计师事务所“业务资格备选库”，政府购买会计审计服务不再设定入围方式，强化和恢复会计师事务所的法律主体地位。政府购买会计审计服务通过市场自行选择会计师事务所，经财政部门批准设立的会计师事务所（分所）均可提供服务。

二是提高公开招标限额。在明确取得省纪委认可前提下，将政府购买会计审计服务等专业服务公开招标限额标准，由原50万元提高至200万元。界定200万元以下的，由采购人自行选择专业服务机构，200万元以上的采用公开招标方式。确有特殊要求的采购项目，经依法批准，可以采用单一来源采购方式。

三是规范招标方式。招标方式采用以质量第一、效益优先的“综合评分法”确定中标机构，如会计师事务所服务采购考虑的因素包括注册会计师人数、业务收入、专业胜任能力、技术方案、服务价格、所受行政处罚和行业惩戒等。其中价格分值以报价与平均报价的差异程度越小分值越高原则确定，赋予的价格权重不低于10%且不得高于20%。

实践效果：

一是有效促进了专业服务市场公平竞争。通过取消各部门（单位）、各市县自行设定的会计师事务所“业务资格备选库”，有效打破多年来受部门利益分割的业务壁垒，减少权力寻租的空间，从政府层面清理了没有法律依据和不符合市场发展规律的业务资格认定和“二次审批”，有效保障了市场主体平等参与政府采购活动的权利，节约了企业投标成本。截至目前，已有75家会计师事务所通过本条款为海南提供了专业服务，每个项目节约时间120小时，节约成本1万元。例如，海南立信长江会计师事务所入库43个，需设置2个专人负责维护，取消资格库后，节约时间近5 160小时，节约成本43万元。

二是有效降低了招投标管理执行成本。政府购买会计审计等专业服务的公开招标数额标准提高，以及特殊要求采购项目可采用单一来源方式，体现了灵活高效的采购管理模式。截至目前，省审计厅、省财政厅、省旅文厅等共有123个200万元以下的项目全部通过自行采购方式开展，每个项目招标由原来的30个工作日以上减少到7—15个工作日，政府采购效率显著提升。

三是有效提升了会计审计等专业服务质量。公开招标采用“综合评价法”确定中标专业服务机构，有效改善了“最低价中标”导致重价格轻服务质量的“劣币驱逐良币”问题，政府采购的专业服务质量明显提高。

案例32：推行更广泛容缺办税。

为深入贯彻落实“放管服”改革要求，切实服务海南自贸试验区（港）建设，国家税务总局海南省税务局针对“来回跑”“多头问”等办税痛点难点问题，自2019年11月起在海口市试点推行“承诺制”全面容缺办税，深化落实“最多跑一次”税务改革，以高效专业服务优化全省营商环境。

主要做法：

一是创新办税模式，推行全面容缺办税。第一，拓展容缺办税事项范围。容缺事项范围由国家税务总局规定的注销业务，拓展至信息报告、发票办理、纳税申报、优惠办理、证明办理、社保及非税业务办理、税务注销等7大类203小类业务，可容缺资料达到524项，允许留存备查资料增加324项，实现低风险业务全面容缺，占所有办税事项的68%。第二，扩大容缺办税对象覆盖面。容缺办税服务对象由国家税务总局规定的纳税信用良好纳税人扩大到所有登记状态为“正常”的纳税人和未办理税务登记的自然人。第三，推行实名免章服务。依托税务实名认证系统，实行“实名认证，签字免章”制度，已进行实名信息采集的纳税人在办理即时办结业务时，在涉税表单签字确认后即可办理业务，事后再补盖公章。通过实名制将办税服务与信用挂钩，提高纳税人办税自主性，解决纳税人因临时性申请、资料错填等情况无法现场盖章的问题。

二是拓展资料补正渠道，确保“最多跑一次”。对不同类型办税事项实行不同资料补正手段：对低风险的即办事项实行次要资料“留存备查”，对需流转审批的限时办结事项，可自主选择“上门补正”“邮寄补正”“网上补正”等方式，有效解决

"来回跑"问题，最大限度便利纳税人。

三是依托信用体系，强化风险防控。利用实名办税和信用惩戒机制，构建信用协税服务体系，放管结合，在便民办税的同时合理防控涉税风险。第一，失信惩戒。对未按规定时限补正资料的纳税人采取撤销业务申请、免除容缺权利、年度信用扣分等惩戒手段，进一步提升纳税人税法遵从度。第二，明确权责。制作《容缺办理承诺书》，明确纳税人需补正资料、补正时限、补正方式，分清权责。同时，对低风险业务实行"次要资料留存备查"，充分还权还责于纳税人。第三，留痕管理。制定涉税事项"承诺制"容缺办理业务规范，明确服务原则，实行分类容缺，细化职责分工，形成留痕式、闭环式管理，为事中事后管理提供依据。

实践效果：

一是有效避免纳税人来回跑。容缺服务一改以往"资料不齐不办"的办税模式，纳税人只要能提供主要资料，在不影响系统录入的次要资料欠缺的情况下可先办后补，即时办结事项甚至能做到"一表一证"即办，极大降低办税门槛。同时，资料补正方式由传统的"上门补正"拓宽为"留存备查""邮寄补正""网上补正"等，实现业务办理"一站式"，最大限度落实办税"最多跑一次"。该服务推行至今已成功容缺办理涉税业务 10 684 笔，减少"来回跑"次数 1 万余次，成效显著。

二是极大压缩办税时长。容缺服务对 7 大类 203 小类 524 项资料实行容缺，其中 324 项资料直接留存备查，在税务总局规定精简资料基础上进一步对涉税资料"大瘦身"，大大压缩纳税人税前准备资料时间。同时，税务机关工作人员可节省单次资料告知时间约 2 分钟，节省单项业务归档扫描时间约 1.5 分钟。总体而言，实行容缺服务每日可节约业务办理时长约 100 小时，办税效率大大提升，因资料不齐导致的投诉纠纷处理时长也大大减少，实现征纳双方"双减负"。

三是明晰容缺纳税责任。通过签署《容缺办理承诺书》书面一次性告知纳税人补正资料相关规定，比以往的口头告知更加清晰明了，便于纳税人自主履行承诺。同时，制作《容缺办理清单》，细化容缺资料标准，对 324 项非表单类资料实行留存备查，纳税人对资料真实性、合法性、一致性负责，充分还责于纳税人。

四是提升纳税遵从度。实名免章服务给予实名申请人更大的容缺权限，通过激励措施推进信用体系建设。同时，依托纳税信用等级评定工作，对违反承诺的纳税人予以信用扣分惩戒，逐步强化纳税人依法纳税意识，提升纳税遵从度。

案例 33：实施琼港澳游艇自由行。

为贯彻落实《中共中央　国务院关于支持海南全面深化改革开放的指导意见》中"放宽游艇旅游管制"要求，紧紧围绕建设海南国际旅游消费中心战略目标，坚持以问题为导向，针对港澳游艇"进来难""手续繁""不便利""游不动"等痛点和难点，探索创新对港澳籍游艇（以下简称港澳游艇）在出入境管理、监管查验等方面推行一系列便利化政策措施，实现游艇在祖国大陆和港澳台间自由进出和航行，促进境外游艇旅游消费、培育游艇旅游新业态，以开放促开发，以制度创新促市场活力，以优化营商环境促产业要素集聚，推动形成特色鲜明、布局合理、优势互补的游艇旅游产业发展格局。

主要做法：

2019 年 6 月 18 日，《中国（海南）自由贸易试验区琼港澳游艇自由行实施方案》（以下简称实施方案）印发实施，对港澳游艇在自贸试验区进出、航行、停泊、旅游等方面推行便利化监管措施，真正实现港澳游艇"进得来""手续简""管得住""游得动"。

一是建立新型口岸管理模式，让港澳游艇"进得来"。实行"定点停靠，就近联检"口岸管理模式，公布首批 5 个开放口岸和临时通关场所以及 6 个停靠码头。港澳游艇办理入境手续后，允许其就近停靠游艇开放码头或沿规定航行路线到指定的未开放游艇码头停泊，港澳游艇进出更加便利。

二是简化出入境手续，让港澳游艇进出“手续简”。取消开行前向海事管理机构报告的规定，港澳游艇入境时无须提交单航次适航检验证明材料。同步建立跨部门一次性联合查验机制，游艇进出海南水域只办理一次进、出口岸手续，在海南航行期间不再办理进、出口岸手续。实行琼港澳游艇证照互认，实现持有港澳海事管理机构颁发相关游艇驾驶证书的港澳居民不再换领游艇驾驶证书，直接驾驶经港澳海事管理机构登记（注册）的游艇在规定水域行驶。

三是优化通关监管措施，让港澳游艇“管得住”。将游艇入境申报手续纳入国际贸易“单一窗口”管理，琼港澳游艇自由行一次申报后，航行计划路线及申报数据在口岸管理部门之间共享共用，同时推送至航行路线涉及的所有边检站，率先实现了一次申报数据共享共用。

四是创新开放水域管理机制，让港澳游艇“游得动”。交通运输部授权放权，将境外游艇临时开放水域审批权限下放至海南省，允许划定和调整港澳游艇活动水域范围。该项政策的实施，大幅减少了港澳游艇开放水域审批环节和审批时间。对境外游艇开放水域实行正面清单管理，目前已划定并公布 8 个临时开放水域清单和海上观光游览景区，为港澳游艇观光游览线路组织和安排提供便利。

实践效果：

一是游艇旅游监管制度更加开放，港澳游艇进出海南更加便利。以首条到访海南自由行的香港籍双体游艇为例。政策实施前，船东需提前 2—3 天分别向各口岸部门申请办理入境手续，开行前向海事管理机构报告；入境后各口岸部门分别进行查验，时间至少 3—4 个小时；并提交单航次适航检验证明材料，换领海南海事部门颁发的驾驶证书；入境手续办理后才被告知游艇开放水域范围。政策实施后，入境只需提前 1 天从网上申报一次；取消了开行前向海事管理机构报告和入境后提交单航次适航检验证明材料的要求，无须换领驾驶证书；各口岸部门实行联合查验，查验时间压缩至 1 小时以内；通过 8 个开放水域和游览景区的正面清单管理，港澳游艇可提前根据不同的旅游爱好和需求，“私人定制”旅游观光线路，为港澳游艇观光游览线路组织和安排提供便利。

二是政策先导性作用逐步显现，有效带动游艇旅游全产业链发展。方案实施后，出入境港澳游艇累计 10 艘次（入境 8 艘，离境 2 艘），同比增加 25%，越来越多的港澳游艇已将海南作为国际游艇旅游“一程多站”航线的重要补给基地。目前有超过 10 艘港澳游艇向游艇俱乐部递交了申请，准备参加 2019 年 12 月举办的海天盛筵 10 周年游艇展会以及其他商务会展活动。琼港澳自由行政策的实施，为海南国际旅游消费中心建设提供了新动能，不仅直接拉动了海南省航空、酒店、餐饮等传统产业发展，更有效带动了游艇交易、研发、营销、会展、维修、培训等游艇旅游全产业链发展。据游艇行业协会统计，2019 年 6—11 月全省新增游艇俱乐部 6 家，同比增长 50%；新增游艇服务企业 17 家，同比增长 30%；新增游艇从业人员 450 人，同比增长 27%；新增注册登记游艇 95 艘，同比增长 3.3%，海南游艇旅游产业发展要素更快集聚。2019 年十一黄金周期间，仅三亚鸿洲海洋旅游公司 1 家公司的游艇出海航次就达 1 916 次，出海人次达 16 871，同比增长 71.8%，各种游艇旅游消费新业态日趋成熟。

2019年中国（山东）自由贸易试验区建设概况

中国（山东）自由贸易试验区工作办公室

张型成

中国（山东）自由贸易试验区工作办公室副主任

张型成，男，汉族，1965年1月出生，山东平度人，1986年7月参加工作，1986年3月加入中国共产党。武汉大学国际软件学院软件工程专业毕业，大学学历，工程硕士。曾任山东省外经贸委计财处助理调研员、副处长；省外经贸厅计财处副处长、调研员、处长；省商务厅总会计师。2012年4月任山东省商务厅二级巡视员。2020年2月任山东省商务厅党组成员、副厅长，中国（山东）自由贸易试验区工作办公室副主任。

一、经济运行数据

（一）投资情况。

中国（山东）自由贸易试验区自2019年8月30日挂牌至2019年底，新设企业7 758家，其中内资企业7 620家，注册资本978.3亿元人民币；外商投资企业138家，合同外资额21亿美元，实际利用外资6.9亿美元。税收收入96.7亿元。固定资产投资219.8亿元人民币。

（二）贸易情况。

2019年9—12月，山东自贸试验区进出口总额667.9亿元人民币，其中出口额267.5亿元人民币，进口额400.4亿元人民币。

（三）金融情况。

2019年9—12月，山东自贸试验区新增金融机构60家，其中持牌金融机构20家。跨境人民币双向资金池结算量9亿元人民币。

（四）创新情况。

2019年9—12月，山东自贸试验区专利申请3 018件，专利授权1 408件。

二、建设措施及成效

（一）试点任务扎实推进。

建立“领导小组+专题组+保障组+片区”四位一体工作格局，形成自贸试验区总体方案引领、条例立法保障、七大领域专项支撑、配套政策合力支持的制度体系，推动自贸试验区自主发展、自主改革、自主创新。首先，加快立法进程。《中国（山东）自由贸易试验区条例》已经省人大审议，将于近期正式发布。其次，实施“负面清单”赋权。除法律法规明确不能下放的213项省级事权外，其他均可根据片区发展需要、承接能力和实施条件下放实施。第三，加强协同配合。省有关部门、中央驻鲁单位加强与片区的沟通交流，上下互动，左右联动，形成工作合力。海关、外管、市场监管、住建等单位出台143项具体举措，支持自贸试验区试点任务落地实施。第四，强化智力支持。建立山东自贸试验区创新研究中心，为自贸试验区提供全方位、系统性的智力支持和保障。

（二）发展动能接续转换。

自贸试验区在投资自由化、贸易便利化、金融国际化等方面不断释放新动能。首先，投资更加便捷。全面落实自贸试验区外商投资准入负面清单，日本东丽、英国石油（BP）等一批世界500强项目落户。其次，贸易更加便利。优化过境贸易操作流程，青岛港中转作业时间缩减 60%，日韩过境货物港口端操作费用降低 80%；完成国内首票舱单状态下无须报关的国际中转集拼业务；首创海铁联运货物“全程提单”模式，实现“一单到底、一票结算、一次委托、一口报价”。2019 年上半年实现全程联运提单出口 4 204 标箱、进口 3 217 标箱。第三，金融持续创新。推动贸易和投资领域人民币跨境使用，支持符合条件的企业开展跨境人民币资金池业务。德国安顾集团 8.82 亿元战略投资泰山保险，烟台片区引入 2 家外资银行。青岛片区落地全省首家合格境外有限合伙人（QFLP）试点企业，投资基金首期规模 1.82 亿元。

（三）营商环境更趋优化。

加快建设法治化、国际化、便利化的营商环境。向高层次人才核发“山东惠才卡”，可享受出入境和居留、子女入学、社会保险等 29 项绿色通道服务。济南片区“拿地即开工、建成即使用”审批模式改革，使费斯托济南全球生产中心项目提前 3 个月投产。青岛片区规范政府投资类和社会投资类工程建设项目审批流程，全流程时间控制在 80 个工作日以内，比全省及青岛市分别压缩 20 个和 5 个工作日。烟台片区首创投资建设项目“四书合一、三一审批”制度，审批时间压缩 3/4，支出费用减少 60%。

（四）差异化探索凸显成效。

高质量发展海洋经济、深化中日韩区域经济合作是党中央、国务院交给山东自贸试验区的差异化探索任务。一年来，围绕高质量发展海洋经济，青岛、烟台片区强化在海工装备、海洋生物种质、涉海金融服务等领域先行先试。在海工装备方面，青岛片区创新研发 10 项自动化码头技术，其中 8 项为全球首创，创造了每小时 44.6 自然箱的世界纪录。在海洋种业资源方面，烟台片区建设现代化海洋种业资源引进中转基地，打造“从一粒鱼卵、一套装备到一条完整产业链”支撑种业发展的山东模式。青岛片区全国首创生物样本进口“清单式”监管模式，实现“一次办理，全年许可”，样本检疫审批周期由 20 天缩短至 2 天。在涉海金融服务方面，烟台片区首创海洋牧场平台确权机制和融资风险评判标准体系，创新推出“深海网箱箱体及设备抵押”“海水养殖天气指数保险”。围绕深化中日韩区域经济合作，充分发挥山东对日韩优势，重点在国际合作园区、便利化通关合作等方面探索创新。济南中日国际医疗科技园、青岛日本“国际客厅”落地运行，烟台中韩产业园建设加速推进。青岛海关、济南海关与韩国釜山海关签订备忘录，相互给予 AEO 企业通关便利措施。建立“前置检测、结果互认”检验模式，已有 259 批输往韩国的食品农产品直接通关；创新“电讯申报、无疫通行”监管模式，通关时间缩短至 15 分钟。

三、创新成果及案例

案例 1：创建人力资本评价赋能体系，破解创新创业瓶颈。

山东自贸试验区济南片区成立全国首个人力资本产业研究院，创建人才价值评估新模型，以及基于区块链技术的“人才有价”评估平台，通过对接金融机构、知识产权交易中心等融合上线，创建全国首个人力资本产业公共服务平台，可无抵押、无担保融资赋能，实现“知识产权可作价、成果转化能估价、人才团队有身价”，撬动千亿人力资本产业新动能。这一探索得到国家发改委等部委的充分认可，列入国家《产业结构调整指导目录（2019 年版）》，对全国人力资本服务业发展起到良好示范带动作用。

主要做法：

首先，创建国内首个“人才有价”评估模型和平台，实现“身份”变“身价”。人才价值评估方法和科学性、权威性是世界性难题。济南人力资本产业研究院联合中央财经大学、中国人民大学、美国佐治亚大学等首创“四 CAI”（即才能信息、财富信息、出彩信息和采集信息）评估模型、人才评价标准，人才或团队通过“人才有价”系统填报信息，平台应用人脸识别技术，通过数据采信和大数据算法，采用400多项指标、数千个要素，对人才的当前价值、潜在价值和未来价值进行综合预判，将人的综合信用以“身价”的形式呈现，并给出综合身价、金融价值和岗位价值报告。目前，人才评估平台大数据中心接入政务云38个数据端口、1 800个数据集，与百行征信、浪潮集团等实现数据对接，海量数据支撑保障评估的权威性。目前已有2万多名人才（团队）和1万多家企业上线平台。

其次，创建全国首个人才身价金融融资兑付模式，实现“身价”变“资本”。为让人才评估价值“变现”，依托“人才有价”评估平台，与银行、保险、知识产权交易中心等机构联动，在平台上构筑起“银行授信、保险担保、政府补偿、基金支持、配套参与”的多维金融创新协同机制，探索全国首个以身价为基础的人力资本与金融高度融合的创新模式。平台将人才价值评估结果以区块链凭证方式呈现，人才或团队在平台免抵押、免担保获得银行等金融机构的授信，让人才“身价”成为像黄金一样的“硬通货”。目前，农业银行、浦发银行、恒丰银行、人保财险等35家金融、类金融机构与“人才有价”评估平台签约上线，授信总额度达1 800亿元。出台《人力资本价值出资管理办法（试行）》，在《公司法》规定的货币、实物、知识产权等注册资本出资方式基础上，在全国率先探索人力资本价值出资方式，使人力资本价值不仅可以作为融资授信依据，还可以作为产权受到法律保护。2019年10月，中国人民银行、国家发改委、科技部等六部委发文，将该模式列入“金融科技应用试点”项目。

中国（山东）自由贸易试验区概览

功能布局

山东自贸试验区实施范围119.98平方公里，涵盖三个片区：济南片区37.99平方公里，青岛片区52平方公里（含青岛前湾保税港区9.12平方公里、青岛西海岸综合保税区2.01平方公里），烟台片区29.99平方公里（含烟台保税港区区块二2.26平方公里）

济南片区重点发展人工智能、产业金融、医疗康养、文化产业、信息技术等产业，开展开放型经济新体制综合试点试验，建设全国重要的区域性经济中心、物流中心和科技创新中心。

青岛片区重点发展现代海洋、国际贸易、航运物流、现代金融、先进制造等产业，打造东北亚国际航运枢纽、东部沿海重要的创新中心、海洋经济发展示范区，助力青岛打造我国沿海重要中心城市。

烟台片区重点发展高端装备制造、新材料、新一代信息技术、节能环保、生物医药和生产性服务业，打造中韩贸易和投资合作先行区、海洋智能制造基地、国家科技成果和国际技术转移转化示范区。

战略定位

以制度创新为核心，以可复制、可推广为基本要求，全面落实中央关于经济社会发展创新力、转变经济发展方式、建设海洋强国的要求，加快推进新旧发展动能接续转换、发展海洋经济，形成对外开放新高地。

发展目标

经过三至五年改革探索，对标国际先进规则，形成更多有国际竞争力的制度创新成果，推动经济发展质量变革、效率变革、动力变革，努力建成贸易投资便利、金融服务完善、监管安全高效、辐射带动作用突出的高标准自由贸易园区。

第三，创建全国首个人力资本产业公共服务平台，实现“资本”变“产业”。以“人才有价”评估平台为核心，创建全国首个“供给侧、需求端、服务链”三位一体的人力资本产业公共服务平台。创建“四不像”新型研发机构——济南人力资本产业研究院，就人力资本产业发展深入进行理论和应用研究。成立山东省人力资本产业创业投资有限公司，以市场化方式推进全国人力资本产业公共服务平台建设和千亿人力资本产业发展。设立人力资本产业专项资金，先期规模5亿元，通过政府领投方式，撬动更多社会资本，对人才投资，赋能人才与企业发展。山东省先后在《人才发展条例》等文件中明确支持人力资本服务业发展的政策措施；济南市专门出台《关于加快发展人力资本服务业的实施意见》，从平台打造、体制机制、资金配套等维度，构建起人力资本产业发展的“四梁八柱”。“人才有价”评估和人力资本产业公共服务平台催生出由金融驱动的人力资本服务产业链，以“人才评估定价、人才银行、人才保险、人才基金、人才价值交易、人才大数据”六大业务为核心，首期在济南片区建设面积4.6万平方米的全国首个人力资本主题产业园区，神州数码、前海创投、百度等80余家知名企业在园区合作聚集。正在规划建设全球人力资本产业中心，辐射全国，联通世界，实现人力资本产业国际化。

实践效果：

首先，有效解决创新创业融资难、融资贵问题。通过人才身价评估，凭身价就可以在金融机构贷款上千万，甚至上亿元。在第二届中国·济南新动能国际高层次人才创新创业大赛上，首次采用“人才有价”评估平台为优质项目团队评估身价，共评选出10个“千万团队”和10个“亿元团队”，并持续跟进为高层次人才和项目提供量身定制的金融服务。截至2020年7月，短短半年多时间，已经为600多家企业和人才（团队）实现投融资5.2亿。

其次，为国家人力资本产业发展贡献了理论和实践成果。“人才有价”平台打通人才、科技、金融体系与实体经济之间的“壁垒”，为我国人力资本产业发展提供实践和理论成果。2019年11月6日，国家发展改革委采纳济南上报的修改建议，将“人力资源和人力资本服务业”纳入新发布的《产业结构调整指导目录（2019年本版）》，这是济南片区对国家产业的一次原创贡献。由中国标准化协会立项，正在申请全国人力资本评价标准体系。注重发挥理论创新的先导作用，对标国际前沿理论，围绕打造人才评估定价模型、人力资本产业闭环等，广泛邀请国内外人力资本、人力资源、金融、大数据等领域专家学者参与研究，获得120多项知识产权。与中央财经大学共同发布了国最新人力资本指数估算结果、《中国人力资本报告2019》、个体人力资本量化及度量基本体系；全球大数据龙头企业贝瑞特公司确定在济南合作共建大数据研究院，诺贝尔经济学奖获得者皮萨里德斯对济南发展人力资本产业给予高度认可并将长期支持。

第三，探索建立基于区块链技术的精准风控系统。为防范金融风险，建立区块链技术人力资本产业身价兑付和投贷联动体系，解决人才投贷过程中周期长、监管缺失、流程断点等传统监管无法覆盖的问题，实现每一笔花销可追踪，实时监测交易是否合理合规。区块链串联起产业上下游不同企业，协同联动、信用共享，在实现对产业整体赋能的同时，也防范金融风险。

案例2：简化进境粮食检疫审批程序，助力国家粮食安全。

山东自贸试验区济南片区针对企业进口粮食办理检疫审批，不仅要跑济南海关，还要跑青岛海关，手续烦琐、办理检疫审批费时长，影响企业进口的问题，探索简化进境粮食检疫审批环节，得到海关总署批复肯定。

主要做法：

根据《进境动植物检疫审批管理办法》第六条规定，粮食进口申请单位应当按照规定如实填写并提交《中华人民共和国进境动植物检疫许可证申请表》，需要初审的，由进境口岸初审机构初审；加工、使用地不在进境口岸初审机构所辖地区内的货物，必要时还需由使用地初审机构初审。在原先模式下，对于进境粮食，进口商通过“互联网+海关”平台提交申请后，进境口岸海关（青岛）受理，由使用地海关（济南）审核出具初审联系单后，进口商提交进境口岸海关（青岛）初审，通过后提报海关总署终审，由海关总署核发《进境动植物检疫许可证》。企业花费时间长。

济南海关创新粮食进口审批流程，对进境粮食，进口商通过“互联网+海关平台”自主选择提交申请给使用地海关（济南）初审或进境口岸海关（青岛）初审，初审合格提报海关总署终审后核发《进境动植物检疫许可证》。此举简化进境粮食检疫审批环节，一定程度上突破了《进境动植物检疫审批管理办法》第六条相关规定。

实践成效：

首先，满足企业诉求。海关总署批复同意后，济南海关精心组织试点，多次到相关企业进行政策调研指导。目前已对接培育 4 家粮食进口企业，年粮食进口预计可达 200 万吨。

其次，提高审批效率。过去粮食进口检疫审批流程一般需要 1 个月，简化进境粮食检疫审批环节后，企业 15 天内即可办理完毕审批手续，最快 5 个工作日内即可办结，极大地提高了审批效率。

案例 3：创建“数字保险箱”，打造智慧政务服务新模式。

山东自贸试验区济南片区率先把区块链技术应用于政务服务效能提升，为企业和群众建立“数字保险箱”，实现材料、证照数字化和信用信息跨部门、跨系统可信传递共享，通过优化再造审批流程，进一步“减材料、减环节、减时间”，大力推行“无材料审批”，创建简捷高效的政务服务新模式，大幅提高政务服务效率。在全国率先将区块链技术应用于企业开办，实现“企业开办”最短用时 35 分钟纪录，运行 11 个月以来，已为 10 117 家新开办企业、20 234 位个人提供服务并建立数字保险箱，149 项政务服务事项实现“秒批秒办”。

主要做法：

首先，创建“数字保险箱”，实现政务数据安全可信。济南片区应用区块链技术在全国首创研发安全可信的“数字保险箱”，将企业和个人的营业执照、身份证明、房产证、许可证件等证件和材料，以数字化方式自动存储到企业和个人的专属“数字保险箱”，并可用手机应用程序管理使用。企业和群众到政府部门办事时无须重复提交相关证明和材料，从数字保险箱中调出验证使用即可。

其次，搭建“区块链+政务服务”系统，实现数据实时共享。充分利用区块链技术去中心化、防篡改、可追溯、开放自治等技术优势，创新数据共享模式，实现政务数据跨部门实时共享，审批业务在线协同办理。例如，在企业开办方面，数字保险箱中已有材料，申请人无须提供，审批人员直接调用；营业执照签发后，相关信息自动上传至数字保险箱并推送到公安印章备案及刻制、税务登记、社保登记、医保登记、公积金登记、银行预开户和行业许可等环节，各相关部门从数字保险箱调取信息同步办理，并将办理结果自动上传数字保险箱。

第三，建立智慧政务服务系统，实现“智能审批”“秒批秒办”。济南片区在“不见面审批”和“一次办成”基础上，利用智能政务流水线技术，优化再造审批流程，将流程固化到系统中自动执行，通过智能软件机器人，自动进行跨系统交互操作，进行智能审核、自动办理、实时反馈，对高频政务服务事项实行“秒批秒办”。不断拓展智慧政务服务应用范围，全面实现“不见面秒批秒办”。

实践效果：

首先，实现“无材料审批”，显著降低办事成本。通过数字保险箱进行各种材料的提交、接收和自动上链，实现可信传递、安全监管。企业和个人办事向政府部门提交的材料越来越少，无材料政务服务事项越来越多，极大地降低了企业和群众办事成本。自运行以来，企业提交材料数量平均减少 61%。

其次，实现数据可信传递共享，极大提高办事效率。通过“区块链+政务服务”平台实现政务数据跨部门可信传递，创新数据共享模式，实现各部门业务在线协同办理和管控，真正达到“网络通”“数据通”“应用通”。共享数据的真实可信使得审核时间降低50%。目前，济南片区企业开办最短35分钟，平均113分钟，比山东省承诺的一个工作日办理时限压缩75%。

第三，实现“秒批秒办”，极大提升服务质量。在数字保险箱和区块链数据可信传递的基础上，实现审批业务智能审批和部门间的自动化协作。企业和群众可以在任何地点、任何时间通过手机应用程序办理各种事项，实现政务服务24小时全天候受理，“秒批秒办”，极大地降低政务服务成本，让群众获得更好的政务服务体验。目前已有149项政务服务事项实现“秒批秒办”，其中27个高频政务服务事项可以通过微信小程序实现足不出户办理。

第四，促进信用体系建设，提高社会治理效能。通过数字保险箱，有效解决过去证照使用中假证伪证、证照冒用、不可追溯等问题，满足企业及个人、审批监管部门等多方需求，为社会信用体系建设奠定可信数据基础。将数字保险箱作为数字社会的可信基础设施和新基建的重要组成部分，“还数于民（企）”，建立政府与群众数据共享新模式，将“静态数据”转变为“流动资产”，赋能商业服务、民生服务、政务服务和社会治理。数字保险箱除应用在济南市的政务服务领域外，在处方流转、电子病历、政银直连、农产品追溯、区块链金融、信用证通知等社会服务领域或场景实现广泛应用，为数字社会和智慧城市建设构建起可信数字底座。

案例4：创新“区港联动”整车出口新模式。

山东自贸试验区济南片区联合济南海关围绕企业诉求，创新“区港联动”整车出口业务新模式，开发专门核放功能，在满足海关监管的条件下，整车多批次申报进入综保区集结，企业可先行办理退税，再根据订单需要分批或整批运输至港口出境，从而提高出口便利化、缩短企业退税时间和成本，企业退税时间由过去的45天缩短至当天到账。这一模式既给企业带来便利和实惠，又促进综保区新业态发展，为稳外贸发挥重要作用。

主要做法：

首先，探索整车出入区路径。在入区环节，针对整车作为特殊商品，无法按照传统模式制备车卡或车牌识别和车辆高频次入区问题，引入临时车卡，解决金关二期海关特殊区域监管系统运输工具核放问题。企业车辆入区后，申报报关单结关，企业即可进入退税流程。在出区环节，企业出区车辆采用“区港联动”核注清单模式申报，同时通过在特殊区域辅助管理系统建立卡口登记账册，企业在辅助系统提交申请单产生一对一核放单，解决整车高频次出区的诉求。车辆完成出区到达港口后申报报关单，办理实际出口通关手续。

其次，打通申报通关堵点。在现行海关监管框架基础上，主要在以下三方面流程再造、创新监管：一是制备临时车卡。整车入出区既作为货物又作为运输工具，为整车配置临时车卡，企业专卡专用，作为车辆进出区核放标记。二是用活“区港联动”核注清单。海关系统中该类型核注清单不会自主生成关联核放单，基于该属性，减少系统自动生成核放单对车辆进出区的限制，允许车辆多批次按需出区，提高整车出运的便利性。三是升级综保区辅助系统。升级改造综保区辅助系统，开发相关核放功能，为企业在综保区辅助系统中设立与金关二期海关特殊区域监管系统相对应的临时进出账册。企业根据实际出入区数量申报辅助系统申请单，明确出入区整车数据，在此基础上，系统根据企业申报的该批次实际进出需求形成核放单，完成卡口自动抬杆放行。

第三，强化风险防控。坚持底线思维，在做好监管创新的同时做好风险防控，主要从以下四个方面为整车出口业务模式提供保障。一是在综保区设立出口整车存放专用场地，设置24小时全方位联网摄像头进行实时监控，录像存储时限不少于90天。二是强化信息化管理，由企业配备计算机仓储管理系统（WMS），及时向海关报送能够满足监管要求的整车进出相关数据，供海关备查。三是海关监管与企业自管结合。企业提前向海关报备相关业务运行和企业自管方案，明确整车物流、存储、车卡制备、异常情况处置等自管流程和责任。企业保证临时车卡专卡专用，海关履行法定监管职责，定期对区内整车盘点，确保落实货物监管到位。四是对企业信用等级进行控制，企业管理类别为一般认证企业及以上。

实践效果：

从试点效果看，一方面企业得实惠，企业通过综保区开展整车出口业务，提升物流灵活性及便利性，大幅缩短退税时间，有效降低企业资金压力及经营成本。2019 年 1 月至 6 月底，试点企业共进区整车 628 辆，出区 36 批次，530 辆，货值 1 880 多万美元，退税时间由过去的 45 天缩短至当天到账。另一方面，整车出口模式打通综保区至港口的快速通道，实现“区港联动”，发展综保区新业态。济南海关各类创新措施的实施，极大促进了综保区的发展，提高了综合竞争力。2020 年上半年，济南综保区进出口值 67.9 亿元，同比增长 8.8 倍，增速列全省第一，全国排名较 2019 年底上升 30 位。

案例 5：国际艺术品保税交流中心创新模式。

济南国际艺术品保税交流中心致力于探索文物、文化艺术品简化审批及监管手续，优化文物出境审核和临时进境复出境登记查验管理，打造全国首家集“文物艺术品回流及藏家可追溯，文物艺术品国际物流和保税仓储、展示、保护修复，文物艺术品鉴定评估，文物艺术品交易，文物保护修复鉴定设备研发销售，文物保护工程设计施工，文物文创设计、教育培训、虚拟数字科技服务”为一体的文物及文化艺术品保护全产业链平台。

主要做法：

首先，成立平台公司作为促进文物回流、修复、展示及交易的专业载体。济南综合保税区于 2018 年第三季度洽谈引进山东德恒文化艺术品有限公司项目，致力于建设济南国际艺术品保税交流中心，在综合保税区开展文物、艺术品仓储、展示、修复服务，组织文化艺术品交流活动，艺术品鉴定等业务。该公司下设两家全资子公司：山东履道文物保护工程有限公司和山东信德斋文物商店有限公司，分别具有国家颁发的“可移动文物修复资质”和“山东省首家经工商注册的民营文物商店”称号。同时德恒公司已在泉城海关办理海关监管电子账册。

德恒公司拥有包含山东省重点文化产业园区齐鲁文化创意基地，济南文化制高点英雄山文化市场，深圳百度国际大厦等在内的 6 000 余平方米的全产业链经营场所，配有目前省内最专业的、配套设施最全的文物和艺术品修复工厂，以及文物艺术品鉴定中心、文物文创设计研发中心、文物艺术品展示交易平台、国际文化交流中心、教育培训中心及数字化工作室。为建设济南国际艺术品保税交流中心提供全面专业的配套平台。

其次，组建国内文物保护行业内一流水平的专家团队。山东德恒文化艺术品有限公司与北京故宫博物院、首都博物馆、北京大学、山东大学、山东艺术学院、山东特殊教育职业学院、全国工商联民间文物艺术品商会、中国收藏家协会等多家高校和文博单位建立全面战略合作关系，聘请国内外知名专家、学者、科研团体，组建公司专家顾问团队，同时还组建了完善的文物和艺术品保护全产业链专业技术团队。

第三，整合优势资源、优化产业发展，积极推动“文物和艺术品保护全产业链平台”建设。为充分利用国家对新时代文物和文化艺术品保护产业发展的新政策、新模式，促进文物和文化艺术品产业从单纯的回流和展示交易向修复、评估、拍卖等深层次供应链经济发展，济南综保区支持山东德恒文化艺术品有限公司充分利用山东自由贸易试验区济南片区和济南综合保税区的政策功能优势，有序建设全国首个“文物保护全产业链平台”。该平台将作为全国综保区内首个综合性文物和艺术品产业创新项目，为济南国际艺术品保税交流中心提供全面信息保障和支持。

“平台”成立后将整合传统“文物艺术品保护修复、文物艺术品保护工程方案设计、文物艺术品保护修复鉴定设备研发销售、文物文创设计、文物艺术品鉴定评估、文物艺术品展示交易、教育培训、虚拟数字科技服务”等相关业务，同时融合新兴的“文物艺术品回流、文物艺术品国际物流、保税仓储、文物艺术品国际展示交易、文物艺术品保税修复”等国际贸易新业态，打通国内外文物艺术品保护全产业链条，全面实现海外文物艺术品回流和可追溯、文物艺术品保税仓储与展示交易、文物艺术品保税修复、文物艺术品国际物流等功能。

实践效果：

在国内，山东德恒文化艺术品有限公司通过济南国际艺术品保税交流中心，已先后承接故宫博物院文物修复、江西省博物馆文物复制、全国十大考古发现“海昏侯墓”出土文物复制、井冈山革命博物馆革命文物保护修复复制、孔繁森纪念馆革命文物保护修复等多项馆藏文物的保护修复和复制工作。在国际，山东德恒文化艺术品有限公司不断拓展文物艺术品的海外回流及销售网络，与上百家海外文物艺术品经营机构建立密切合作关系，包含国际一流拍卖公司苏富比、佳士得、纳高、大维德、邦瀚斯等。公司在加拿大成立信德斋文物有限公司，致力于全球文物艺术品的收购、修复及回流，拥有3 000余件文物及文化艺术品的储备，价值近10亿元。

案例6：“企财保”“零成本”担保模式。

山东自贸试验区济南片区联合济南海关积极探索开展由企业集团财务公司参与税收担保改革试点（“企财保”），经海关总署批准，创新担保流程，打造最优模式。该担保模式保函门槛低、流程简单，企业可基于自身“信用”进行集团内“自保”，无须银行和保险公司等第三方信用担保，几乎“零成本”担保，受到企业好评。

主要做法：

“企财保”是在税收风险可控前提下，允许试点企业集团财务公司为本集团成员单位出具海关税款担保保函，向海关申请办理担保通关手续，切实降低企业担保成本。济南海关主要从以下几方面进行了探索创新。

首先，突破海关税收担保主体。企业集团财务公司担保突破海关传统的进出口企业只能凭银行保函或现金保证金办理海关税收担保的局限，企业集团财务公司为集团内的其他成员单位承担税收担保，进一步丰富海关税收担保主体；企业无须到银行申请保函、缴纳相关手续费用或相应的抵押保证金，不仅极大地缓解企业资金压力，还节约了时间成本。

其次，突破跨关区适用。本次获批“企财保”的试点企业浪潮集团、重汽集团、晨鸣集团均为行业龙头，3家企业集团财务公司全部位于济南自贸片区内，可跨关区在青岛、上海和深圳等海关适用“企财保”政策，减轻企业集团异地成员单位担保成本。

第三，突破通关便利措施。企业集团财务公司出具的保函适用范围涵盖税收总担保，能够叠加“汇总征税”等海关便利化措施，让企业充分享受“先放后税”的海关税收便利措施和“自动放行”的一体化通关便利，大幅提升通关效率。

第四，突破信息共享平台。海关与企业集团共享企业信用评级、诚信纳税状况等信息，共同打造海关、企业和企业财务公司三方信息共享、风险互通的海关纳税企业大数据管理平台。建立海关、集团公司和企业财务公司定期会晤机制，定期召开联合会议，收集研判并及时解决三方合作中遇到的有关问题。逐步完善三方合作多层次、宽领域、经常性沟通平台，不断提升合作水平，将政策利好转化为企业效益，为企业高质量发展持续助力。

实践效果：

“企财保”是济南海关促进外贸稳增长的重要创新举措，是推进多元化税收担保改革的一次创新探索。“企财保”的成功落地，标志着济南海关已建成集保证金、传统银行保函、银关保、关税保证保险和企业集团财务公司担保五位一体的多元化担保体系。“企财保”最大亮点在于创新担保形式，试点企业集团内部成员能够根据自身情况选择最合适的担保形式，最大成效在于切实降低企业税收担保成本。

省心省钱又省力，让企业一举多得的改革自然广受欢迎。3家首批试点受益企业集团财务公司每年可为近60亿元的税款缓税35—60天，有效减轻企业资金压力，而且保函的审核备案时效由传统银行保函平均5个工作日压缩到仅需1—2个工作日即可完成，极大节约企业时间成本、财务成本。

案例7：“一区一照一证”实现连锁店“开门即营业”。

山东自贸试验区济南片区对总部直接出资及管理的品牌连锁经营企业，开办直营分店实行“一区一照一证”登记模式，取消开办审批手续，只需悬挂总店证照副本即可，无须再分别办理《营业执照》和《食品经营许可证》等。这一模式与“一业一证”“证照联办”等优化流程措施不同，是以上位法为依据进行系统集成改革的一次大胆探索，在全国率先真正实现分店开设零审批、“开门即营业”，对国家进一步深化“证照分离”改革具有重要实践意义。

主要做法：

首先，试点先行逐步扩展。“一区一照一证”首先适用于“品牌连锁便利店”，指符合统一形象标识、统一门店管控、统一设施配置、统一服务标准、统一商品采购、统一物流配送“六统一”要求，以直营方式开展经营的便利店。下一步再逐步扩大行业和区域范围。

其次，重塑审批流程再造。对总部设在济南片区、内部管理机制健全、总部直接出资管理的品牌连锁便利店（加盟店除外），实行“一区一照一证”登记模式。总店（首店）办理《营业执照》和《食品经营许可证》时统一标注“试点推行‘一区一照一证’企业”。分店设立时取消所有注册登记和审批事项，只需要提交《食品经营许可告知承诺书》，以书面形式承诺其符合许可条件和“六统一”规范，即可进行经营。这一模式符合《中华人民共和国食品安全法》第四条“食品生产经营者对其生产经营食品的安全负责”的上位法要求，但对《食品经营许可管理办法》第四条“食品经营许可实行一地一证原则，即食品经营者在一个经营场所从事食品经营活动，应当取得一个食品经营许可证”有突破。采用这种登记模式，总店承担分店产生的法律责任，从而对企业内部管控、制度规范提出更高要求，能够有效地降低食品安全风险和群众消费风险，也更便于政府事中事后监管，减少行政资源成本，是在有效保障食品安全前提下进行的探索创新。

第三，简化经营许可条件。在实行“一区一照一证”登记模式的同时，简化品牌连锁经营企业食品经营许可条件，促进连锁经营企业快速成长发展。对变更、延续、补办等不改变经营场所、设备设施和布局事项的，不再进行现场核查；对仅申请预包装食品销售的企业，不再办理《食品经营许可证》；对由密闭式自动化设备完成制作、销售等后续工序的咖啡、豆浆等饮品项目，按散装食品销售经营项目进行许可，无须标注为自制饮品项目。

第四，支持增加搭载服务项目。对实行“一区一照一证”登记的连锁经营企业，其直营分店搭载简餐销售、代收洗衣、代扣代缴、代收代发等综合便民服务项目，可由总店（首店）统一办理经营范围增项。

实践效果：

以往总店开设分店，需要各分店一一办理《营业执照》和《食品经营许可证》，待相关证照全部办理完毕后才可营业。实行“一区一照一证”后，总店可随时、自由地按照“六统一”规范开设分店。分店免于办理证照，极大节省分店开设时间，从而降低企业租金、人员、物品等经营成本，让企业能够把更多精力放在内部管理规范发展上，享受到“真金白银”的实惠。独角兽企业中商惠民落户济南后，受惠于“一区一照一证”政策，旗下嗨家便利店、东城逸家店等4家分店比原计划提前两个月开门纳客，公司计划在济南布局100家直营店。

案例8：新型研发机构创新发展模式。

为破解传统事业单位属性研发机构与新业态、新需求不适应、难衔接等体制机制和政策障碍，济南市率先研究制定《济南市新型研发机构事业单位法人登记管理办法（试行）》，以组建山东省工业技术研究院为实践样本，顶层设计新型研发机构发展模式，为同类机构快速落地打开便捷通道。目前，已有13家“四不像”机构落地济南，另有10余家即将注册挂牌。

主要做法：

济南市突破体制机制藩篱，大胆先行先试，积极探索“四不像”新型研发机构发展模式。重点从三个方面探索突破：

首先，在管理体制上，探索机构设置新模式。“四不像”机构是指不像高校、不像科研院所、不像事业单位、不像企业，为落地济南的新型研发机构量身定制机构设置模式。其基本特征是，冠以研究院（所、中心）名称，经机构编制部门办理注册手续后，对其颁发《事业单位法人证书》，赋予事业单位独立法人资格，可以事业单位的名义对外开展活动，但区别于传统事业单位。“四不像”机构不纳入机构编制核定范围，无主管部门、无行政级别、无固定编制。组建“四不像”机构，由政府与科研院所签订战略合作协议，在协议中约定双方的权利、义务，不依照体制内的行政命令方式来管理，而是依据“契约”方式管理，体现市场经济体制下的法治精神。“四不像”机构核心在于实现“产学研一体化”，实行企业化管理、社会化运营，保证机构的灵活性，是一种全新的事业单位管理体制模式。

其次，在运行机制上，探索良性发展新路径。“四不像”机构，从一开始就定位于体制机制创新，为引进新型研发机构量身定制新型模式，更具时代性、现代性、适应性。“四不像”机构实行理事会领导下的院长（所长）负责制，院长一般由引进的科研院所委派，管理机制上建立现代法人治理结构，充分享有机构设置自主权、人员选聘自主权、薪酬分配自主权，从而使这种机构更有利于成果转化，具备强劲的发展活力和市场竞争力。“四不像”机构要坚持大胆探索、先行先试，破除体制机制障碍，提高科技创新效率，全面构建市场导向的管理机制、灵活包容的人才机制、开放创新的合作机制，建设良好的产业技术创新生态，最大限度激发和释放创新创造活力。

第三，在政策扶持上，形成激励保障新合力。“四不像”机构按照“怎么有利于发展”，就“怎么靠、怎么建”，不拘泥、不受限于某一种体制机制，而是综合各类机构的优势，形成最有利于科研和运营的体制机制。

实践效果：

首先，节约盘活编制资源，创新发展体制机制。目前，有关各方逐步转变以前“要机构、要编制”的惯性思维，打消对“四不像”机构模式的疑虑。在后续对接交流的项目中，合作方都主动咨询怎么组建“四不像”机构。截至目前，已有山东产业技术研究院、中科院计算所泛在智能研究院等13家“四不像”机构落地济南，另有10余家正在对接过程中，即将注册挂牌，从而节约和盘活大量机构编制资源，为全市经济社会发展提供体制机制保障。

其次，提升科技创新的核心力量，构筑科研龙头“加速器”。“四不像”机构打开济南与国内外一流科研院所合作的发展空间，优化科技发展环境，增添科技创新的硬核力量和发展龙头。

第三，培育动能转换强引擎，搭建千亿级产业升级平台。例如，山东产研院自2019年7月30日正式揭牌以来，累计洽谈引进高技术项目100余项，已落地50余项，完成注册高技术产业化公司19家，引进省外投资总额超过50亿元，“超高分子量聚乙烯纤维加工制造”等项目填补山东乃至全国产业空白。山东省工研院成功引进5G芯片等项目。北京理工大学前沿技术研究院重点发展“智能制造”“人工智能与大数据”等产业，5年内建成国家级创新平台。

案例9：全链条“股债联动”模式加速科创企业发展。

山东自贸试验区济南片区积极引导金融机构量身定制针对科创型企业的金融产品和服务，率先在齐鲁银行开展“股债联动”业务试点，探索实行银行与创投机构联合的策略，破解科技型中小企业融资难题，促进企业快速发展。

主要做法：

首先，外部组建“股债联动”合作联盟。科创企业涉及的技术领域非常广泛，商业银行营销人员和审批人员在分析科创企业成长性时欠缺专业经验。相比于银行，创投机构设有专业团队进行科学筛选，更容易识别出发展潜力大、前景好的科创企业，从而为银行贷款支持科创企业发展提供更精准的支持对象。为此，齐鲁银行选择在中国证券投资基金业协会登记、备案，具有良好投资业绩记录，规模较大的创投机构签订“股债联动”合作协议，与这些创投机构共同建立“股债联动”合作联盟，联盟交流共享科创型企业资金需求信息，通过先投后贷或先贷后投的方式，共同支持科创企业发展。

其次，内部搭建“股债联动”组织架构。为开展“股债联动”业务，支持科创型企业发展，齐鲁银行从组织架构上予以保障。在总行层面，专门设立科创金融管理部，统筹全行“股债联动”工作，这也是山东省内商业银行首个专门的科技金融管理机构。在支行层面，齐鲁银行依托济南市科技金融大厦，在济南自贸片区成立全省首家科技金融专营支行，组建专门的科技金融团队，配备一批既懂科技又懂金融的专业化科技金融人才队伍，为业务开展提供人才保障。

第三，自主创新股债联动业务产品。坚持根据科创类企业的融资需求和融资渠道变动趋势，主要开发两款灵活度较高的“股债联动”产品：一是“投联贷”产品。该产品由齐鲁银行筛选签订合作协议的创投机构拟投或已投的科创企业，在综合考虑创投机构投资管理能力和授信申请人未来发展前景等因素的基础上，以信用、股权质押、创投机构保证或类保证等方式，向授信申请人发放贷款支持。二是“认股权”产品。该产品是指齐鲁银行向科创企业提供融资服务时，与科创企业签订《期权财务顾问协议》，由科创企业为银行指定的创投机构创设一项特定权利，允许该创投机构在约定的期间内，按照约定的投资入股价格和份额进行股权投资，并以此作为本行提供财务顾问服务的对价的业务模式。

实践效果：

首先，缓解科创企业融资难困境。市场和风险的不确定性使科创企业经常处于融资不足的尴尬境地。齐鲁银行通过跨界合作和自主创新的方式创新服务，为科创企业提供有力支持。截至2019年末，齐鲁银行累计发放“股债联动”业务贷款超过50户，贷款金额近10亿元，有效缓解科创企业的融资难问题。

其次，降低企业融资成本。科创企业即使能进行股权融资，但往往融资成本很高，甚至让渡了公司未来收益。齐鲁银行通过“投联贷”“认股权”等产品服务，为科创企业提供组合式资金支持，有效降低企业融资成本，缓解企业经营压力。

第三，实现三方共赢。“股债联动”业务满足科创企业多元化的融资需求，推动科创企业的良性发展。齐鲁银行“股债联动”业务支持的企业主要财务指标得到很大改善或优化，经营业绩实现较大增长，部分企业已在新三板或齐鲁股权交易中心挂牌。银行和投资公司联动支持的方式，不仅为企业解决长期资金需求，也降低银行和投资公司的风险，从而实现企业、投资公司和银行的多赢共赢局面。

案例10：创新“拿地即开工、建成即使用”审批模式。

济南市按照国务院和省政府有关工程建设项目审批改革的要求，出台实施《济南市工程建设项目审批制度改革实施方案》，通过合理划分审批阶段、分类再造审批流程，在全国率先推出具有济南特色的“拿地即开工”审批模式，并在此基础上针对工业、仓储建筑工程推出“建成即使用”审批模式，切实提高工程建设项目审批服务效率。改革前，所有类型建设项目，按照一个流程分四个阶段办理审批，平均为77.5个工作日；改革后，建设项目分两种类型、两个阶段办理审批，工业项目（含仓储类项目）仅需15个工作日，其他社会投资项目和政府投资项目30个工作日。

主要做法：

首先，“拿地即开工”模式。政府投资类建筑工程，建设单位可以将用地预审意见作为使用土地证明文件申请设计方案联合审查；社会投资类民用建筑工程，建设单位可以将土地成交确认书作为使用土地证明文件申请设计方案联合审查；工业、仓储建筑工程，建设单位可以将区县政府、园区管委会出具的唯一意向凭证作为使用土地证明文件申请设计方案联合审查。审批部门利用企业办理拿地手续的时间，关口前移、提前介入，主动受理涉及的各类审批、中介事项，企业在取得土地使用权证时同步或很快便可办理完施工许可，从而实现“拿地即开工”。

在流程上做减法。将原来项目开工前的立项、工程规划、施工图联审、施工许可4个审批阶段，通过优化再造流程，整合简化为设计方案联合审查、施工许可两个审批阶段，优化整合后，项目从取得土地相关证明文件到获取施工许可证，主流程审批时限大幅压减。设计方案实行联合审查方式，将消防、人防设计审查并入施工图设计文件审查，减少审查环节。建立规划许可、人防审核、消防审核、施工许可证核发等手续同步受理、依次发证的工作机制。同时，将施工许可证核发改为形式审查，与工程质量安全监督手续合并办理。明确对社会投资的工程建设项目可由建设单位自主决定发包方式，不再强制要求进行招投标。

在时间上做减法。除优化再造流程减环节外，还通过创新审批服务方式，进一步减环节、压时间。一是实行告知承诺制度。对可以通过事中事后监管纠正不符合审批条件的，而且不至于造成严重后果的29个审批事项，以及现场核查、相关费用缴纳等审批前置条件，实行告知承诺制，以减少项目开工前的前置条件。二是实行区域综合评价评估制度。在各功能区、开发区和连片开发区域对环境影响评价、水土保持方案等9个评价评估事项，实行区域综合评价评估，将建设单位“逐一”编报，改为按区域由各功能区、开发区或连片开发区域管理机构“统一”编报，实现区域整体评价评估成果区域内建设项目共享共用。三是“全链条”下放审批权。“全链条”下放工程建设项目审批管理权限，实行在哪一层级立项，项目后续报批所有手续就在哪一级“全链条”完成，减层级、压时限。

在监管上做加法。以告知承诺事项为重点，强化事中事后监管，从重前置审批向重事中事后监管转变，协同推进审批服务便民和监管方式创新。进一步落实建设单位的主体责任，发现存在承诺不兑现或弄虚作假等行为并查实的，可采取整改、撤销许可或禁止选择告知承诺制的惩戒，记入企业和个人诚信档案；情节严重的，列入严重失信企业名单，降低信用等级，增加违规和失信成本。

在服务上做加法。强化前期咨询服务，在项目尚未进入正式审批程序前，采取上门服务等多种方式，为投资人、建设单位提供超前服务、专业化指导，便于投资人、建设单位做好审批前的各项准备工作，让服务更精准、更贴心。在各审批阶段，均采取“一份办事指南、一张申请表单、一套申报材料、完成多项审批”的方式，大幅度减少申请材料，申请材料由原来的375个减少到50个以下。

其次，“建成即使用”模式。工业、仓储建筑工程完成设计文件及合同约定的内容“建成”后，建设单位组织勘察、设计、监理、施工单位进行竣工验收，住建部门同步实施竣工验收监督及消防竣工验收，验收合格后即可交付使用。建设单位同时承诺在规定时限内完成竣工验收备案工作。

提前介入打基础。工业、仓储类建筑工程，审批部门核发施工许可手续的同时，通过系统将相关项目信息即时推送至住建部门，由住建部门提前介入质量安全和消防监督管理。

交叉施工促进度。对于工业仓储类建设工程，建设单位可会同各相关参建单位提前制定计划，在保证工程质量安全的前提下，科学组织主体结构工程与后续装饰装修、机电安装工程的交叉施工，以合理加快施工进度。工程具备相应条件后，在不妨碍后续质量验收、消防验收、规划核实等工作的前提下，建设单位可根据设计要求在工程项目竣工验收前安装生产设施、设备（含办公设施）；根据实际需求，也可在工程建设过程中同步安装，为工程尽早投入使用创造条件。

跟踪监管保质量。由住建部门加强对“建成即使用”项目的质量安全及消防工作的事中事后监管，对建设单位在工程项目建设过程中或竣工验收前安装生产设施、设备（含办公设施）情况进行及时跟踪监督。

限时办理提效率。工程项目完成设计文件及合同约定内容，建设单位即可组织参建各方进行竣工验收，验收合格并经工程质量监督机构及消防部门抽验符合要求后即可交付使用。同时明确竣工验收监督及消防验收时限为 3 个工作日，与一般工程建设项目竣工验收阶段时限（15 个工作日）相比较，压缩 80%。

告知承诺重信用。工程交付使用后，对无法在规定时间内办理竣工验收备案手续的，可边投产边备案，由备案机关一次性告知具体要求，建设单位按照要求作出书面承诺并保证在承诺时限内完成备案工作即可。

实践效果：

首先，“拿地即开工”审批模式的推出，有效整合了审批资源，优化再造了审批流程，大幅提高了工程建设项目审批效率。实施“拿地即开工”模式以来，市级项目设计方案联合审查阶段共受理 478 个项目，完成 461 个项目；施工许可阶段受理 338 个项目，完成 320 个项目。山东墨海生物科技有限公司和山东台稳精密机械两个项目实现了“拿地当日即开工”，在办理土地不动产权证的当天顺利取得施工许可证。

其次，工业仓储建筑工程“建成即使用”审批模式的实施，有效缩短工业实体项目的施工工期及从建成到投入使用的时间周期，达到“早投产、早见效”的目的。当前，工业仓储建筑工程“建成即使用”在济南已全面推开。

案例 11：制定评价体系助推楼宇经济。

山东自贸试验区济南片区在深入调研的基础上，研究制定国内首个楼宇评定国际化标准，出台鼓励楼宇经济发展政策，有效提升楼宇运营管理专业化水平，促进产业集聚，壮大楼宇经济规模。

主要做法：

首先，以国际视野和标准制定楼宇评价体系。片区内楼宇发展提升面临诸多制约，济南片区坚持以国际视野谋划楼宇经济的发展，与香港品质保证局做了多次深入的研究讨论，制定《楼宇品质提升试点工作方案》，并对片区楼宇进行全面摸底调研。聘请香港品质保证局专家来片区实地走访调研，开展楼宇可持续发展指数评定试点楼宇筛选工作，向全区 800 家楼宇内企业发放《楼宇最终用家满意度问卷》，作为制定标准的基础材料。通过问卷设计、发放、收集和分析，历时半年，制定出台符合片区实际的楼宇可持续发展指数评定标准《楼宇评价体系（2020 版）》。该评价体系由 5 类评价指标，78 项评价内容构成，在楼宇基础、楼宇服务质量、楼宇绿色生态、楼宇智慧化和楼宇经济五大方面对楼宇进行开放、动态评价，并将根据国际、国内、区域的发展状况，与时俱进，持续提升，保持与国际国内先进管理水平同步，推动楼宇乃至整个区域的经济和可持续发展。

其次，发挥政策导向引领作用，高标准定位楼宇发展业态。制定出台《鼓励楼宇经济发展政策（试行）》。按照政府引导与市场主导相结合的原则，从鼓励楼宇做大做强、科学运营、培育特色楼宇、招商引资和提升服务五大类分类扶持。以政策解读会的形式，对楼宇经济发展政策的适用范围、申请条件、兑现程序进行详细解读，让街办和楼宇运营机构深入透彻地了解政策、运用政策，培育和扶持楼宇经济高质量发展。首批筛选5栋标杆楼宇，按照“楼宇评价体系”开展评定工作，发挥带动示范效应，促进区域内其他楼宇提升管理水平、提高品牌价值，吸引更多优质企业入驻。

第三，建立楼宇经济信息管理系统平台。为实现楼宇经济的信息化管理，建立楼宇经济信息管理系统平台，结合楼宇经济特点和业务需求，使楼宇经济数据和自然空间地理数据有机结合，实现跨部门、跨系统的信息采集和数据交换，实现空间分析、检索和统计功能，满足形象化展示的要求，实现楼宇经济资源系统化、科学化管理。同时建立“你嫌麻烦，我来办”的“楼小二”服务体系，以每栋有资源的楼宇为单位，实行“一楼一管家”的精细化服务管理，积极推行“一楼一策、一楼一档”，为企业提供“保姆式”服务。

第四，建立楼宇联盟，实现抱团发展。通过建立楼宇联盟，打造楼宇服务品牌，搭建楼宇与政府间信息互动的平台，释放集聚效应和叠加效应，推动楼宇各方资源深度对接，深化政企联动和社会资源整合优化，实现楼宇资源共享、携手共赢，形成发展合力，构建楼宇生态圈，在抱团发展中提升楼宇的整体竞争力。

实践效果：

实施楼宇评价体系认证是优化营商环境的重要举措。品质楼宇建设从整体上提升了楼宇运营管理服务水平，进而达到改善营商环境，促进招商稳商的作用，更是济南与国际接轨，提升国际化水平的重要一步。

首先，促进楼宇管理提升。楼宇评价体系是一个反映当前楼宇可持续发展表现和楼宇寿命周期的综合性指数，为区域内楼宇提供一个简单而且成本较低的基准和披露方法，便于楼宇运营或物管方掌握与可持续发展表现有关的重要信息，做出决策，并提出改善措施。

其次，发挥标杆示范作用。通过简易直接和量化的指标，定立品质楼宇的基准线，评量日后楼宇的表现，评定出标杆楼宇，为区域内其他楼宇提供示范作用，互相推动发展。

第三，提高楼宇品牌价值。通过不断优化各项措施，减少资源消耗，降低运营成本，提升使用者的满意度，加强楼宇竞争力，通过评定的楼宇将获得验证标志，提高楼宇品牌价值。

案例12：进口大宗商品智慧鉴定监管模式。

黄岛海关在全国口岸首创进口大宗商品智慧鉴定监管模式，集成优化重量鉴定、抽查验证、机构日常监管、第三方采信监管等，进一步提高进口大宗商品鉴定监管效能，提升通关效率。

主要做法：

依据进口大宗商品重量鉴定智慧管理系统，将重量鉴定、对企业申报情况实施抽查验证、机构日常监管、第三方采信监管四项职能进行集成化、集约化融合创新，以科技取代人力，打破信息壁垒，强化风险预警，打造“4职能1系统”的智慧鉴定监管模式。

首先是智能化重量鉴定。进口大宗商品重量鉴定由原来的人工单机独立计算改为系统自动计算、信息自动上传、自动留痕、自动统计汇总等工作，大幅提高鉴定工作效率。

其次是自动化鉴定监管。通过对接报关单系统提取报关单信息、随机派单、实施鉴定、鉴定过程监管、数据自动上传、自动统计分析、风险预警等流程环节完成海关自身鉴定监管，解决一线执法行为监管难的问题，弥补长期监管空白。

第三是远程化机构监管。检验鉴定机构使用移动端对选中的业务进行鉴定，并按照海关要求将必要的鉴定信息数据（如船舶资料图片、鉴定过程视频等）上传，海关监管人员在网络上即可完成对整个鉴定过程的监管，改变原有去现场跟踪检查的监管方式，大幅提高对检验鉴定机构的监管效能。

第四是科学化风险管理。智慧鉴定模式可根据历史数据对货种、承运船舶、装货港、检验机构、发货人等项目进行风险分析，设置风险预警指标，建立抽查验证解决路径，提高抽查验证的针对性和有效性。

实践效果：

首先，节约鉴定时间。智慧鉴定模式提高了大宗商品的鉴定效率，提高了港口周转效能。以青岛港进口大宗商品为例，每年可以节约鉴定时间约670小时，为港口增加直接经济效益约4 000万元，此举如在国内各主要大宗商品进口口岸复制推广，预计每年可产生直接经济效益约3亿元。

其次，节约现场监管时间。智慧鉴定模式使重量鉴定、机构及采信监管工作处于高效便捷的监督之下，用线上监管代替现场监管，每次可节约现场监管时间约4小时，有效提升监管效能。

第三，提升第三方鉴定可信度。智慧鉴定模式强化对第三方检验机构监管能力，有利于规范进出口商品检验鉴定市场秩序，培育良好诚信的检验鉴定市场环境，使第三方鉴定结果更容易得到采信，推动进出口商品检验鉴定产业做大做强。

案例13：企业集团加工贸易保税监管改革创新举措。

山东自贸试验区青岛片区首创“企业集团加工贸易保税监管模式”，突破以单一合同或单一企业为单元的传统加工贸易监管模式，将同一集团下诸多企业视为一个整体进行监管，打破以往保税料件无法在企业间流转的藩篱，提供一系列优惠措施，全面降低企业制度性交易成本，更好满足企业发展需求。

主要做法。首先是货物宽松流转。企业加工贸易保税料件可在同一集团内成员企业之间流转使用，可根据实际情况采用余料结转或深加工结转等方式办理相关手续。企业可以在保税料件之间、保税料件与非保税料件之间串换，对符合料件串换条件的，企业可自行串换、处置，并留存相关记录。

其次是货物灵活存放。放宽对保税货物的存放要求，允许加工贸易货物在成员企业备案的场所自主存放，只需做好相应记录，根据成员企业的订单情况统一调配保税货物库存，解决存储和物流难点，有效降低原料库存，降低资金占用。

第三是简化外发加工。集团内成员企业间开展外发加工业务不再向海关办理备案手续，其中全部工序外发加工的，免于提供担保。企业应按规定做好内部收发货记录。成员企业间外发加工的成品、剩余料件，以及生产过程中产生的边角料、残次品、副产品等加工贸易货物，可不运回本企业。

第四是实现设备共享。允许集团成员企业间对不作价设备调配使用，实现设备共享，提升不作价设备的使用效率。企业无须通过将不作价设备先退运境外再复运进口的方式实现设备流转使用。

第五是内销便利化。企业可以先行内销保税货物，并按规定集中办理内销征税手续。

实践效果：

首先是统筹生产资源。企业灵活运用余料结转方式将保税料件在集团内调配使用，前瞻性地应对疫情带来的订单失衡和集团内成员企业产能不均的问题。

其次是降低运营成本。库存原料跨公司存放，相当于成员企业原料实现共享，只要从集团层面制定总的最低原料库存数量，就可以保证企业的生产需求，有效降低原料库存，降低运营成本，帮助企业实现“订单式生产”“即期交付”和“零库存”的经营模式。

第三是减少资金占用。全部工序外发加工的货物，免于提供担保后，大幅降低企业资金占用。目前，各项流转措施及外发加工涉及保税货物11 587吨，货值2 447.6万美元，累计为企业减少资金占用2 891万元人民币。

案例14：保税原油混兑调和业务新模式。

保税原油混兑调和是指对两种或两种以上保税原油（同一原产地或多个原产地）在保税监管场所内进行物理混兑调和，使其满足生产加工要求。该项业务对于促进我国原油进口、降低地炼企业成本、吸引国际大型石油公司入驻具有明显效果，对于提升我国保税现货原油市场竞争力，获取更多世界原油市场份额，保障国家能源安全具有重要意义。

主要做法：

首先，明确原产地申报方式。为便于企业申报和统一规范要求，青岛海关明确不同原产地的保税原油混兑调和后的原产地申报方式。如果涉及多个原产地，根据实际原产地分别申报对应的数（重）量等要素。

其次，合理设定商品申报要求。针对不同企业原油混兑调和后内销有实际销售、无实际销售的不同贸易情况，设置出库进口原油不同的申报要求，实现监管到位和服务企业的双赢。

第三，创新保税原油出区放行方式。因原油混兑调和后物理指标发生变化，依据现有规定，保税原油混兑需实施两次检验，分别是入保税仓库时的安全、环保项目检验和混兑后出库时的品质项目检验。青岛海关创新性地将以往入出库分段检验的方式，变为“入库一次性准入检验+出库验核放行”方式，即原油在入库时一次性实施安全、环保和品质等项目的检验，出库时仅需验核相应检验报告即可放行，在确保保税原油符合国家技术规范强制性要求的同时，为企业提供最大便利。

第四，依托现有海关系统进行作业全过程管控。保税原油混兑调和业务的具体作业模式，是通过在同一保税监管场所内的不同储罐之间转罐作业，将存储在同一保税监管场所内、不同油罐中的两种及以上不同品质原油，按比例以自然混兑或搅拌器搅拌的方式实现混兑调和。海关依托现有的金关二期保税物流管理系统和海关油气液体化工品物流监控系统，对混兑调和业务的相关数据、物流信息和安全信息等，进行全过程管控。

第五，以源头规范整体管控方式，做好风险防控。保税原油混兑调和业务需要经过入库、转罐、调和混兑、出库等多个作业环节，涉及多个机构和多个时间节点，数量管控是海关监管首要防范的风险和重点解决的问题。青岛片区强化事中事后监管，采取源头规范、整体管控的方式管控保税原油入库关键节点。海关对保税监管场所实施年度盘查，在总量核算的基础上重点核查保税原油入库数量（重量）的差异性和出库数量（重量）的合理性，有效防范未办结海关手续擅自入出库的风险。

实践效果：

首先，有效降低国内炼化成本。此前，我国地炼企业使用的多是在马来西亚、新加坡等地混兑的原油，由于在国外混调，换小船中转，导致运费提高，到岸原油价格增加，而且地炼企业需要一次性缴纳购买原油的关税，增加了资金压力，影响和制约了国内原油炼化产业的可持续发展。实施保税原油混兑调和业务，贸易商可采取订单式保税原油混兑调和定制方案，为客户提供私人定制化服务，各炼化企业可根据实际生产诉求，小批量、多批次、多种类购买混兑原油。这既满足炼化企业生产不同产品的个性化需求，又大幅降低企业的生产成本，缓解企业资金压力。据测算，地炼企业采购成本可节省 2.2 元/吨，贸易商通过原油混兑可提升约 20 元/吨的效益。

其次，惠及大量企业主体。作为世界第三大炼油中心，山东集聚着 43 家规模以上地炼企业，炼油总能力约 1.65 亿吨（含中化工所属三家炼厂及中化弘润约 0.3 亿吨），占全国地炼炼油能力的 61%、全国总炼油能力的 18.5%。开展保税原油混兑调和业务，不仅直接惠及山东地炼企业，而且能够为全国地炼企业服务，政策覆盖面非常广。在海关监管下，目前已经有 26 万吨用以保税混兑的进口原油进入保税仓库，后续原油也将根据需求开展混兑调和后陆续进入国内市场。

第三，在国内加快形成国际原油贸易中心。作为我国的原油集散中心，青岛港 2017 年以来连续三年油品吞吐量超越亿吨，在全国沿海港口名列第一，我国每 6 吨进口原油就有 1 吨在青岛港上岸。开展保税原油混兑调和业务，进一步激活现有的地炼、港口资源，吸引英国石油公司、俄罗斯石油、巴西国家石油、道达尔、壳牌等世界原油巨头企业投资布局。其中，英国石油公司率先与山东港口集团签订合作协议，预计首年度可实现原油混兑量约150万吨（货值约45.6亿元人民币，关税约6亿元人民币），2至3年可实现200万吨（货值约60.8亿元人民币，关税约8亿元人民币）以上稳定混兑量。这将加快推动青岛成为国际原油贸易中心，不仅为我国稳外资、稳外贸贡献可观的力量，更能有效提升我国保税现货原油在国际市场的竞争力，获取更多世界原油市场份额，保障国家能源安全。

案例15：海铁联运货物“全程联运提单”模式。

山东自贸试验区青岛片区通过海铁联运“全程联运提单”方式将港口功能扩展到内陆，实现“门到门”运输，形成“一单到底+一票结算+一次委托+一口报价”的“一单制”模式，将海运提单的物权属性和金融功能延伸至多式联运的全过程，减轻进出口企业成本，强化多式联运服务能力，提升贸易便利化水平，有效推动“一带一路”建设走深走实。

主要做法：

青岛片区积极探索“全程联运提单”多式联运模式，根据货物流向的不同，目前已形成三种模式：

首先是出口货物“铁海联运”模式。以出口货物从山东临清内陆港至德国汉堡港为例，以临清内陆港装货地作为起运港，由马士基航运公司作为承运人签发货物全程联运提单，集装箱货物通过铁路从临清运输至青岛港，由青岛经韩国、俄罗斯符拉迪沃斯托克，经过铁路运输至圣彼得堡港，再通过海运到达德国汉堡港。货物到达德国汉堡港后，客户通过全程联运提单提货，实现出口货物“全程联运提单”模式，整个运输过程中的任何问题由船公司负责。

其次是进口货物“海铁公联运”模式。以进口货物从澳大利亚至河南焦作内陆港为例，青岛中远海运集运公司从澳大利亚港口装货后，签发全程联运提单，从澳洲起运港经青岛港中转到河南焦作。集装箱通过海运至青岛港（中转港），在青岛办理海关转关手续后，港口和铁路之间由公路运输衔接，再通过铁路运输到河南焦作内陆港。客户在焦作清关提货，实现进口货物“全程联运提单”模式，整个运输过程中的任何问题由船公司负责。

第三是内贸货物“铁海公联运”模式。以内贸货物从贵州贵阳至青岛平度为例，由中远海运作为承运人签发全程联运提单，货物从贵阳通过铁路运输到广西防城港，装船海运到青岛港后，通过“胶黄小运转”铁路运输至青岛胶州市，再通过公路运输到平度客户工厂。实现内贸货物“全程联运提单”模式，整个运输过程中的任何问题由船公司负责。

实践效果：

首先，有效提升贸易便利化水平。从集装箱使用便利来说，出口货物可以在属地完成提箱，客户可有充足箱源，重箱返回内陆监管场所即完成交付；进口货物可直接从内陆港提箱，空箱返空内陆港，降低产生超期箱使风险。从提升联运流畅度来说，在起运港完成全程联运的订舱手续，船公司会优先保证联运货物舱位，减少货物在码头或堆场等待船期的时间，提升货物运输效率。

其次，有效降低企业物流成本。相比多环节、多代理的多式联运操作，青岛片区的“全程联运提单”模式，全程运输由船公司专业团队负责，既能为企业提供便捷高效服务，又节约大量成本。

第三，提供全程的物权和金融属性。以海运提单为核心的全程联运提单成为多式联运唯一控货凭证。对企业而言，可以根据需求使用提单进行质押和融资，不受下一程运输模式变化的影响，对降低企业资金成本，特别是缓解中小企业融资难问题具有较大意义。对金融机构而言，不再受限于海运，能够为企业全程提供物流金融服务，有效提升金融服务企业水平。

第四，有效拉动日韩深度参与“一带一路”建设。青岛片区的“全程联运提单”主要面向日韩，通过海运、欧亚班列打通至中欧、中亚的转口贸易，不仅能够助力韩国和日本搭上“一带一路”现有的成熟通道，而且为“一带一路”其他沿线国家通过我国与韩国、日本在更广范围内开展对接合作提供便利，有效推动国家“一带一路”建设走深走实。

案例16：生物样本进口“清单式”监管创新模式。

青岛片区通过建流程、简手续、促效率，探索开展“清单式”生物样本备案审批制度，根据进口生物样本实际诉求，按年度进口计划集中申请、一次审批、分次核销，做到“一次办理、全年许可”，对于缩短我国进口生物样本审批时限，助力青岛国家海洋基因库建设，提升我国生物种质资源的研究应用水平和产业发展水平具有重大意义。

主要做法：

首先，开展“清单式”特需审批。青岛片区针对有大批量进口生物样本需求的企业，按输出国别、样本属性等建立该企业进口生物样本年度清单，对企业实施特需审批的现场审核，并按照清单报海关总署进行汇总审批。改变传统逐批审批的做法，变逐批申请为按年度进口计划集中申请，一次审批、分次核销，实现“一次办理、全年许可”的便捷审批模式。

其次，按照样本风险分级监管。针对企业的生物样本进口需求，青岛片区建立层级化风险管控机制，分别对植物核酸样本、动物核酸样本、动物组织样本实行分类监管审批，并对“年度清单”外的高风险进口生物样本实行逐批审批，在保证检疫风险可控的前提下，最大限度地为企业生物样本进口提供便利化。

第三，完善生物样本“一站式”通关服务。建立完善“快捷备案+港区联动检疫查验+全链条过程监管”的生物样本“一站式”通关服务。建立联络员机制，为进口单位提供政策指导、业务协调，最快时间掌握企业需求并协调解决；因进口单位多为科研机构、学校，不是拥有对外贸易经营权的进出口收发货人，凭非贸证明为进口企业快速开通临时单位注册登记，扫清通关障碍；由于进口生物样本超低温保存及物流运输的特殊要求，创新开展进口生物样本“港区联动”检疫查验模式，实现空港与自贸试验区的有机联动，将口岸查验延伸到企业，样本在青岛空港口岸提离后，在满足样本存放条件的企业冷库实施检疫查验，确保进口生物样本不因外部环境变化发生降解、变质等质量问题，在保证检疫工作顺利开展的前提下，确保生物样本“进得快”“检得快”。

实践效果：

首先，大幅提升进口生物样本通关效率。该模式大幅缩减进口生物样本的特许检疫审批次数。其次，服务我国海洋科研发展。该模式为试点企业青岛华大基因研究院参与全球海洋生物基因测序打通样本进口快速便捷通道，大幅提高科研用生物样本资源进口效率，对企业参与全球海洋生物基因测序，加强海洋生物种质和基因资源研究及产业应用提供重要保障，将有效助力国家海洋基因库建设。

案例17：舱单状态下国际中转集拼业务监管创新。

青岛片区创新开展舱单状态下的国际中转集拼业务，通过集装箱拆拼作业“智慧监管”，建立舱单状态下无须报关的监管模式，完善对接海关总署舱单管理系统的国际中转集拼监管软硬件建设，并采取保税、出口集拼和国际中转集拼货物混拼出境的办法补足国际中转货源劣势，从而实现港口集拼业务增值，进一步拓展港口中转服务功能，为提升我国港口的全球资源配置能级、建设东北亚国际航运枢纽奠定坚实基础。

主要做法：

首先，开展集装箱拆拼作业“智慧监管”。青岛片区将“智慧监管”融入集装箱拆拼作业监管流程，从舱单管理系统功能升级着手，摒弃多次报关的烦琐模式，建立舱单状态下无须报关的监管模式，使国际中转集拼业务更加灵活、便捷、低成本、可操作，建立起对标国际的国际中转集拼监管模式。

其次，完善国际中转集拼“智慧监管”软硬件建设。青岛片区的关、港、区、企携手推动国际中转集拼监管中心建设，完成对接海关总署舱单管理系统的国际中转集拼全链条信息化系统等软硬件建设，并支持企业设立符合海关监管要求的中转集拼仓库，运用物联网技术建设智慧仓库，实现独立封闭监管区内24小时全方位视频监控。

第三，推动进出口集拼与国际中转集拼业务融合发展。青岛片区发挥青岛前湾保税港区海关特殊监管区域和自由贸易试验区的双重优势，叠加利用仓储货物按状态分类监管、区港联动一体化运作等创新制度，建设多功能集拼仓库。同时，在全国率先将本地区出口集拼业务纳入保税港区集中开展，实现保税、出口集拼和国际中转集拼货物混拼出境的发展格局，用大量本港出口集拼箱量带动尚在培育阶段的国际中转集拼业务发展，弥补国际中转货源少，难以独立拼箱的弱势。

实践效果：

首先，降低国际中转集拼成本。在原先的两次报关模式下，企业需要支付报关等费用，拼箱货物的多场地操作、多次报关、多次装卸、多段运输等综合因素导致拼箱业务成本较高。青岛片区开展舱单状态下的国际中转集拼业务后，平均每票拼箱货物能节约费用约800元，大幅提升青岛港国际中转集拼业务的竞争力。

其次，拓展国际中转集拼业务量。青岛片区创新国际中转集拼监管方式以来，境内外货物中转集拼和分拨配送业务在青岛前湾保税港区不断集聚，辐射服务东北亚的国际中转集拼分拨配送中心发展趋势向好。自2018年12月开展国内第一票舱单状态下国际中转集拼监管业务以来，从2019年到2020年5月底，青岛前湾保税港区内开展出口拼箱51.8万票，9.25万标准箱，约占本地区所有出口拼箱业务量的90%以上；开展国际中转集拼98个集装箱，业务辐射韩国、日本、俄罗斯、立陶宛、中国台湾等10个国家和地区。

第三，创造更具国际竞争力的通关环境。青岛片区舱单状态下无须报关的国际中转集拼模式与传统申报的两次保税备案清单模式相比，手续简便，成本低，而且无须货权转移，使得通关效率成倍提升。青岛港国际中转集拼业务的通关时间与临近的韩国釜山港相比能节省1.5天，初步形成具备国际竞争力的拆、拼箱运作环境。

第四，增强我国港口功能竞争新优势。随着我国港口国际辐射能力的提升和货物贸易形态的变化，国际中转业务呈现出由整箱中转为向整箱、拼箱中转同步发展的态势。青岛片区发展国际中转集拼业务，进一步发挥青岛港东北亚国际航运枢纽的功能优势，有利于吸引国际采购、分拨配送等高附加值物流增值服务向青岛港集聚，并逐步吸引原先到韩国釜山港等国外港口中转的国内货物回流，进一步凸显青岛作为“一带一路”新亚欧大陆桥经济走廊主要节点和海上合作战略支点“双定位”城市功能，使得北方港口的国际竞争力和辐射力进一步增强。

案例18：保税铁矿混矿“随卸随混”监管新模式。

保税铁矿混矿“随卸随混”监管新模式是在混矿铁矿卸船前完成相关检疫工作，通过将港口卸货作业线与混矿作业线直接连接，直接进入混矿作业线开展作业，并以“卸船海关重量”取代“装货港重量”。保税铁矿混矿“随卸随混”监管新模式能够有效扩大青岛港保税混矿贸易规模，打造东北亚大宗商品集散基地，为全国同类型港口由单纯的接卸港转型升级物流港、贸易港提供“青岛方案”，同时有利于推动我国打破国外矿石巨头垄断，提升国际铁矿定价影响力。

主要做法：

青岛片区按照“先通关后混配”“按批次核销”等监管原则，利用“保税间货物”贸易方式实现混配铁矿石在保税状态下的流转，并通过视频监控“卸货入库、动态混配、静态存储、出库发运”4个环节，保证“随卸随混”作业的实际监管状态与海关通关系统数据信息一致，提升港口保税混矿铁矿业务竞争力。

首先，允许保税混矿“随卸随混”。“保税混矿”是指将不同产地、不同品位的两种以上的铁矿砂在保税状态下进行配比混合而得的混合铁矿砂。目前我国保税混矿铁矿全部来自巴西，青岛片区针对巴西进口铁矿的实际情况，有的放矢地创立保税铁矿混矿“随卸随混”监管新模式，对用于保税混矿的进口铁矿建立专门的入境查检、混矿监管、出区检验规范，允许港口卸货作业线与混矿作业线直接连接，用于混矿铁矿卸船前严格执行放射性检测、外来夹杂物检疫、外观检验等各项工作，经过机械取样后直接进入混矿作业线进行混矿，大幅提升混矿效率。

其次，创新“卸货入库、动态混配、静态存储、出库发运”的“四位一体”监管模式。青岛片区创新监管模式，针对保税混配矿作业空间广、全天候的特点，接入12路视频监控信号，监控“卸货入库、动态混配、静态存储和出库发运”4个环节，保证“随卸随混”作业的实际监管状态与海关通关系统数据信息一致。

第三，以“卸船海关重量”取代“装货港重量”。青岛片区对用于保税混矿的进口铁矿设立单独的申报、核注流程，创新允许保税混矿铁矿先行单独申报入境检验检疫，待货物卸毕后海关第一时间出具《重量证书》，企业根据《重量证书》更改舱单、发票后，再进行入库核注清单申报，核增账册，实现由按装货港提单重量建立账册改为按卸船海关重量证书建立账册。

第四，加强风险防控。一方面加强环保风险防控，对往年进口用于混矿的巴西铁矿的环保项目结果进行全面风险评估，确认风险等级。另一方面，建立企业退运保证制度，混矿企业相关责任人向海关出具书面退运保证，承诺一旦用于混矿的铁矿检出安卫环问题，不仅未参与混矿的剩余货物退运，混矿完毕后的货物也一并退运。

实践效果：

首先，大幅减少国内港口损失。由于巴西属于热带雨林气候，装货港发出的铁矿含水量较高，船舶在航行过程中普遍存在排水情况，货物亏吨现象严重。青岛片区由按装货港提单重量建立账册改为按卸船海关重量证书建立账册，全年可减少货物亏吨2.6万吨，减少港口损失约1 800万元。

其次，大幅提升混矿作业量。青岛片区允许港口卸货作业线与混矿作业线直连后，节省装卸后再混矿的查验时间、运输时间等，混矿效率和混矿量大幅提升。其中，混矿准备时长由6天压缩至1天，混矿效率由3 500吨/小时提高至4 200吨/小时。即便受疫情影响，2020年青岛港预计混矿量仍将达1 600万吨，同比增加10%，市场前景良好。

第三，促进接卸港转型升级。青岛港是我国最主要的铁矿石进口口岸之一，也是全国最大的保税铁矿混矿基地，连续多年混矿量遥遥领先。最多时占全国混矿量一半以上，目前稳定在1/4左右。保税铁矿混矿“随卸随混”监管新模式不仅极大提升港口堆场利用率，更实现铁矿混矿业务的提质增效，有效推动青岛港由铁矿石接卸港升级为物流港、贸易港。2019年青岛港完成保税混矿转口200万吨，2020年第一季度完成113万吨，预计全年将超过400万吨，同比增加100%以上，保税混矿业务蓬勃发展。

第四，大幅提升我国铁矿进口议价能力。我国是全球最大的铁矿进口国，连续多年进口量超过10亿吨。目前全国共有16个港口开展保税混矿业务，青岛片区创新的“随卸随混”模式未来在全国推广后，预计两年内我国保税混矿量即可超过1亿吨，占全年进口铁矿量的1/10，届时我国保税混矿业务竞争力将进一步增强，在全球铁矿定价机制中将拥有更多的话语权。

案例19：进口棉花“集成查检、分次出区”模式。

进口棉花“集成查检、分次出区”模式是在入区时，将口岸检疫和库内检验的内容统一在集中查验场地完成，出区时实现一票多车分次出区。在该模式下，保税物流管控、货物检验检疫、货物鉴重取样等多个环节实现“一站式”解决，对提高通关速度实现“无感”通关、降低企业成本、维护贸易各方合法权益，推动青岛口岸打造世界棉花贸易中心，助力我国争夺世界棉花贸易“定价权”具有十分重要的意义。

主要做法：

首先，检验检疫上实现场地集成。检疫工作从口岸移至特殊监管区内进行，将原本分散在保税仓库实施的棉花检验（鉴重、取样）工作集中到同一查验场地“一站式”完成，从而实现检疫、检验在特殊监管区集中查验场地一站式完成的“集成查检”模式。

其次，鉴重方式做到全程可追溯。根据企业需求，青岛海关可以提供固定式、移动式两种鉴重方式。其中，固定式无须卸货即可得到整箱重量，解决以往汽车衡鉴重中汽车离开汽车衡到仓库卸箱过程不受控的难题；移动式采用流水线式逐包鉴重方式，系统自动加贴包含货物信息、重量数值等信息在内的二维码，自动打印衡重汇总单，提高逐包鉴重效率和准确性，实现重量可追溯。

第三，取样规则更加灵活便利。维持总抽样数量不变的前提下，由整批棉花逐个集装箱抽样调整为仅从检疫调箱中抽样，以此降低企业成本，提高取样效率。

第四，出区方式首次允许多车分次。青岛片区在全国率先将分类监管运用到进口棉花，在已完税或实施税收担保后，在库内完成保税/非保税转换，可以一票多车分次出区，实现进口棉花贸易集中采购、分批付款、多次提货。

实践效果：

首先，大幅缩短鉴重耗时。采用新型智能鉴重系统后，移动式鉴重系统可实现逐包鉴重的高效可追溯，每个集装箱柜的棉花鉴重时长由原来的 1 小时缩短至 20 分钟，平均每批棉花鉴重时长缩短 60%；固定式鉴重系统投入使用后，每个集装箱柜的棉花鉴重时长由原来的 1 小时缩短至 6 分钟，预期平均每批棉花鉴重时长缩短 90%。该模式实施后，进口棉花贸易企业可根据需要选择鉴重方式，预计每批棉花通关时长由原来的 15—20 个工作日缩短至 3—5 个工作日，平均每批棉花通关时效总体缩短 75%以上。

其次，有效降低企业相关费用。中国作为全球棉花第一进口大国，2019 年进口棉花 184.9 万吨。青岛是全国第一大进口口岸，2019 年仅其所辖黄岛口岸就查检进口棉花 62.8 万吨，货物总值 85.7 亿人民币，占全国总进口量的 34%。采用进口棉花“集成查检、分次出区”模式后预计每年可为我国进口棉花企业节省鉴重取样费、车辆待时费、分票报关费等费用 1 500 万元以上。

第三，推动建成世界棉花贸易中心。通过允许实施棉纺企业通过“集中采购、分批付款、多次提货”，创新灵活高效的棉花贸易模式，有力提升青岛港国际棉花贸易竞争力，推进全球棉花贸易中心建设，推动棉花产业链向更加公平、更效、更具话语权的方向发展，为争夺世界棉花贸易“定价权”增添筹码。

案例 20：企业设立智能登记系统。

企业设立智能登记系统是运用互联网、大数据和人工智能等前沿技术，在企业设立所有环节，以电脑系统自动智能审核替代传统人工审批方式，实现企业设立登记“秒批”和网上服务 24 小时“不打烊”的无人智能登记新模式，对优化企业登记服务，推动审批提速增效发挥显著作用。

主要做法：

首先，企业住所登记标准化，实现设立全程“零见面”。中国（山东）自由贸易试验区青岛片区全面梳理住所登记资源，根据住所现状建立住所（经营场所）标准库，结合行业监管要求制定地址负面清单。创新研发地址标准化子系统，自动导入标准地址，实时维护住所信息，同步向企业公示可注册使用的地址信息，并提供网上预定、在线缴费、自动分配地址、电子合同备案等全程“零见面”服务，改变一直以来企业需要现场办理租赁手续的模式。在企业登记时，已分配地址的企业可实现注册地址的自动关联，无须自行填写；在企业迁移、注销后，立即同步释放该地址，可供其他企业选择使用，从而实现地址状态的实时动态管理，让有限的住所资源发挥最大效益。

其次，企业经营范围登记标准化，实现设立全程“零人工干预”。青岛片区按照片区产业分布建立经营范围标准库，梳理、筛选出包括贸易代理、物流运输、科技创新、商务服务等传统行业，以及跨境电商、数字经济、海洋产业、现代金融等新兴业态的常用词条 2 000 余条，按照经营项目+经营方式的排列规则逐一标准化维护。企业只需勾选词条即可申报，系统后台自动审核，全程无人工干预，无人为裁量因素，解决了人工审核标准不一致的弊端，为后续自贸试验区“证照分离”经营范围标准化改革工作奠定坚实基础。

第三，企业登记流程最简化，实现设立全程“零材料”。一方面，登记流程实现最简化，开创性地将原后台人工预审、受理、核准 3 个审批环节缩减为系统自动审核 1 个环节。另一方面，登记材料自动生成获取，无须企业提交，申请表格、章程、股东决议等文书全部由系统自动生成；借助面部识别、电子签名技术通过身份认证的，无须上传身份证明文件；对已通过国家法人库接口校验的法人股东，并且其法定代表人通过实名认证的，免予提交法人股东营业执照。

第四，电子、纸质营业执照同时签发，实现设立全程“零跑腿”。系统自动核准后，直接向法定代表人核发电子营业执照，与纸质营业执照具有同等法律效力，使用微信或支付宝小程序即可下载使用。同时纸质营业执照支持免费邮寄和自助打印服务，在政务服务大厅及部分银行网点布设自助打印机，法定代表人或经办人可持身份证在任意时间，到登记辖区内任一自助设备打印纸质营业执照。

实践效果：

首先，企业开办时间由之前“以天计”实现“以秒计”。提交申请后，系统自动审核，符合条件即予批准，审批时限由一天大幅压缩至几十秒，大幅节约企业和群众时间成本和办事成本。系统上线以来已有 2 700 多户企业自主选择智能登记方式完成设立登记，智能登记率达 80%以上。

其次，有效适应防疫常态化形势。2020 年 1—4 月，青岛片区前湾保税港区累计新设企业 1 657 户，同比增加 268. 7%。在市场活力明显不足的压力下，仍能实现市场主体的逆势增长，智能登记系统发挥重要作用。据统计，疫情期间 95%以上的企业选择通过智能登记系统完成设立，全流程“不见面”网上办理，将特殊时期无法窗口办理的损失降到最低。

第三，强化事中防范能力。智能登记系统与全国企业信用信息公示系统、国家市场监督管理局黑名单、失信联合惩戒系统、法院股权冻结系统进行互通校验，在企业登记过程中就能有效防范虚假地址、虚假身份注册和恶意注册等行为，并能在事后及时对失信行为进行联合惩戒。

第四，提升企业和群众满意度。系统 24 小时无休服务，全程“不见面”审批，自动颁发电子营业执照，在线提供自助公章刻制，自动开立银行账户等，让企业再无自备材料的无助、窗口排队等待的焦虑，以及多部门往返跑腿的疲惫感，转而为政府便民助企推实招的做法点赞好评。

案例 21：自动化码头无人卡口监管模式。

自动化码头无人卡口监管模式是采用信息化手段替代人工干预，通过无人值守、自动抬杆放行，释放卡口的通行能力，让卡口真正实现自动化、智能化，货物进出海关监管区实现 100%畅通。无人卡口监管模式极大地提高了物流效率，更好地满足自动化码头对海关高效率监管的要求，代表海关最先进的卡口模式和智能化监管水平，对推动世界一流港口建设具有重要意义。

主要做法：

首先，实行“无人卡口+事后监管”监管模式。在青岛片区自动化码头无人卡口监管模式下，集装箱实际过卡口时不再校验海关数据，仅留存过卡数据，根据码头实时的物流数据反馈，事后监控集装箱货物的放行情况。在实际提离进口集装箱时，由海关监管作业场所经营人认真检查该集装箱是否已被海关放行。针对特殊情况下仍产生禁行数据，对禁行数据卡口先放行，海关进行后续监控和处置，人工逐条处理所有禁行数据，记录处理情况。

其次，海关放行信息全部电子化。青岛片区以舱单放行替换报关单放行，将ATA单证册货物、军事装备、行李物品等都纳入电子放行范围，并开发电子移动证替代纸面移动证，使卡口做到特殊放行凭证电子化，统一放行数据源和放行标准，清理不合理禁行参数，实现卡口放行信息全部电子化。

实践效果：

首先，提升集装箱码头的智能化管理水平。青岛片区创新的集装箱码头智能监管新模式，实现自动化码头现场监管“零干预”、卡口监管“零驻守”、实货监管“零待时”，解决以往在集装箱实际出卡口时即产生禁行数据，需要人工干预才能通行的问题，以智能管理系统真正地实现自动化码头无人、顺势、高效监管，真正实现无人卡口，为全国口岸型集装箱卡口提供无人监管通关的经验。

其次，提高口岸通关效率和物流效率。青岛片区自动化码头闸口通行效率比传统人工码头提高108%，提送箱时间由30分钟缩短到13.8分钟，进口集装箱堆存天数由5.28天缩短到4.62天，堆场利用率提升12.5%。整体上提高了口岸通关效率和物流效率，降低了物流成本。对于个别需要凭纸面单证过卡的业务，海关利用电子移动证系统实现无纸化，企业无须再来回辗转于码头、海关之间，业务办理时间从4小时降至5分钟，效率提高48倍。

案例22：运用十大创新技术打造世界一流智慧码头。

青岛港自动化码头创新应用十项全球先进技术，实现“概念设计-核心技术-硬件装备-系统集成-工程应用”的全过程创新，体现了我国在全自动化码头建设领域的最先进水平，为全球自动化集装箱码头建设提供借鉴方案，将有效推动中国港口全面向智慧港口转型升级。

主要做法：

首先，全球首创自动导引车（AGV）循环充电技术及系统。青岛自动化码头研发基于钛酸锂电池的小容量、长寿命、高功率的动力系统和循环充电模式，AGV电池重量从13吨减为2吨，寿命从2年延长至10年，是目前重量最轻、唯一续航时间无限制的AGV，荣获中国航海学会科学技术一等奖。

其次，全球首创港口大型机械“一键锚定”自动防风技术及系统。青岛自动化码头开发基于激光的精准定位技术，研发自动锚定装置，设计专用控制程序，实现所有机械可在2分钟内自动锚定，破解港口大型机械防瞬间大风的世界性难题，荣获中国航海学会科学技术一等奖。

第三，全球首创机器人自动拆装集装箱旋锁技术及系统。青岛自动化码头运用视觉识别和AI技术，实现锁垫、锁孔精准识别与探测，研发拆装锁专用属具及相应控制程序，整个拆装过程全自动化，无须人工参与，单次拆装时间不超过35秒，实现机器人自动拆装扭锁，荣获中国港口协会发明一等奖。

第四，全球首创氢动力轨道吊技术及系统。青岛自动化码头取消传统轨道吊上的高压卷盘装置、高压电缆、变压器、高压柜、整流器等组成的市电供电系统，全球首创氢燃料电池组为自动化轨道吊提供动力，降低设备机构复杂度、设备维保量和维修费用，轨道吊实现完全零排放。据统计，每作业一个标准箱可减少二氧化碳排放3.5公斤、二氧化硫排放0.11公斤，按照码头年300万标准箱吞吐量计算，每年可减少二氧化碳排放2.1万吨、二氧化硫排放640吨。

第五，全球首创非等长后伸距自动化桥吊。青岛自动化码头研发的非等长后伸距自动化桥吊，桥吊后伸距减少12米，设备自重降低50余吨，陆侧轮压降低6吨，优化结构布局，降低码头土建成本和设备运行维护成本。

第六，全球首创无人码头智能监管系统。青岛自动化码头运用物联网、大数据、自动控制等技术，构建码头智能监管体系，取得核心技术突破，实现码头无人、顺势、高效、智能化监管。全自动先期机检在集装箱落地时即机检完成，与传统的设立固定查验点的方式比较，自动化码头机检查验每个查验箱可节约65%的时间，荣获中国航海学会科学技术一等奖。

第七，全球首创码头物联网可视化运维平台。青岛自动化码头运用工业互联网和三维立体成像技术，实现对现场全面实时监控及异常事件智能预警，为码头生产安全、高效运行提供支撑。该平台实现码头实时全景监控。通过三维可视化运维平台，集中管控多个分散管理的系统，由远程可视化集中监管替代现场分散巡检，对港口运营实现远程可视化监管、追溯起到典型示范作用。据统计，该项目降低工程技术人员现场维保30%工作量。

第八，首创自动化轨道吊双箱作业模式。青岛自动化码头运用智能算法实现高速轨道吊双箱作业模式，以往单箱作业模式可作业 16 自然箱/小时，实现双箱作业模式后可作业 20 自然箱/小时，堆场作业效率提升 20%以上，进一步提高堆场作业能力，提升码头服务水平。

第九，基于信息物理系统的智能生产控制系统。青岛自动化码头以信息物理系统理论、技术和方法为支撑，采用物联网感知、通信导航、云计算、模糊控制、大数据等技术，统筹协调上百个生产要素，实现对码头作业的全流程智能调度和自动化高效管理，荣获中国港口协会科技进步一等奖。

第十，基于企业云架构的双活数据中心。青岛自动化码头采用虚拟化、分布式等技术，构建一整套基于企业云的应用基础架构，双中心之间具备零停顿、自动切换能力，满足智能化码头调度系统和设备自动控制的性能要求，为无人码头生产系统提供高可用、高可靠的信息化支撑环境。

实践效果：

首先，引领全球自动化码头发展。全自动化码头是集物联网、大数据、人工智能、自动控制等技术和业务于一体的复杂系统工程，是世界港口未来发展的主要方向。2017 年 5 月 11 日，全球领先、亚洲首个真正意义上的全自动化码头——青岛港全自动化集装箱码头一期工程建成投产。2019 年 11 月 28 日，山东港口青岛港全自动化码头二期投产运营。与传统人工码头相比，青岛港全自动化集装箱码头的作业效率提升 30%，人工减少 80%，自动化程度超过鹿特丹港等世界级港口。同时，建设成本仅为国外同类码头的 2/3，建设周期仅为 1/3。

其次，进一步提升自动化码头作业效率。智能生产控制系统、机器人自动拆装集装箱旋锁、AGV 循环充电技术及系统、自动化轨道吊双箱作业模式的开发应用，使码头装卸平均效率由开港时的 26.1 自然箱/小时，提高到 36.2 自然箱/小时，比国外同类码头高 50%，并创造了 44.6 自然箱/小时的世界纪录。

第三，进一步降低自动化码头建设成本。AGV 循环充电技术及系统、非等长后伸距自动化桥吊的开发应用，进一步降低自动化码头建设成本，节省换电站、备用电池等各类建设成本约 2.4 亿元。

第四，进一步减少自动化码头运营成本。AGV 循环充电技术及系统、氢动力轨道吊、机器人自动拆装集装箱旋锁、自动化轨道吊削峰用谷节能等技术的开发应用，每年可节约成本上千万元，进一步降低码头的运营成本。

第五，进一步提升自动化码头绿色环保水平。氢动力轨道吊技术及系统的开发应用，实现利用工业副产氢替代火力发电，实现能量回馈的最优利用，实现零碳排放。

第六，进一步提高自动化码头安全可靠程度。机器人自动拆装集装箱旋锁、大型机械“一键锚定”自动防风、物联网可视化平台等技术的开发应用，实现人机分离，确保港口大型设备防瞬间大风的安全性。

案例 23：出口成品油“云计重”快速鉴定新模式。

出口成品油“云计重”快速鉴定模式，是通过互联网技术，对油品进行高效、可视、快速、无接触的计量鉴定。这一鉴定新模式能够压缩成品油出口计量时长、降低炼化成本、提高港口周转率，从而提升我国港口的国际竞争力。

主要做法：

首先，出口成品油远程快速计量。海关通过互联网登录“出口成品油快速鉴定管理信息系统”，实施质量流量计计量数据、岸罐雷达数据的远程采集、确认、比对、分析和应用，以及装船过程流量计运行状态的监视，达到快速放行的要求。

其次，五重比对提升结果精准度。为提升结果准确性，“云计重”快速鉴定模式全面采集炼厂、码头、岸罐雷达、第三方岸罐、船舱 5 个计量结果，进行充分比对，确保离港提单数据准确无误。

第三，实现历史数据可追溯。大宗商品的重量鉴定工作一旦完成，货物开卸或船舶离港，场景将不可再现。“云计重”快速鉴定模式通过“出口成品油快速鉴定管理信息系统”将质量流量计实时数据存储到数据库，满足流程模拟画面显示、历史运行趋势曲线查询等功能，实现历史数据可追溯，计量场景可再现。

实践效果：

首先，大幅度降低计量鉴定时间。此前，海关鉴定人员采用传统的登罐、登轮对出口成品油进行容量计重工作，导致通关效率较低。依托新系统实施“云计重”快速鉴定模式后实现“零待时、无接触”远程计量，达到快速放行要求。据测算，与传统岸罐、船舱计量模式相比，“云计重”快速鉴定模式可减少 3 小时左右的人工计量时长。

其次，有效降低企业通关成本。与传统模式相比，实施“云计重”快速鉴定模式后，通关速度大幅提升，有效减少因人工计量时间过长或罐容、码头泊位紧张影响生产组织而导致的高额船舶滞期费，降低企业成本，预计每年可为当地出口企业带来直接经济效益约 800 万元。

第三，进一步保证计量的精准度。与传统计量器具和人员操作产生的计量误差相比，实施“云计重”快速鉴定模式后，目前已经能够将计量误差控制在 2‰以内，远低于传统模式操作产生的误差。

第四，有效扩大成品油出口能力。青岛作为我国出口成品油的重要口岸，在成品油出口数量上一直位居全国前列，其中 2019 年出口成品油 300 余万吨。但由于 2020 年初受新冠疫情影响，国内成品油需求疲软，出口成品油的产销难以平衡，造成成品油库存一直处于高位运行，产能无法充分释放，进而导致原油罐容极度紧张。实施“云计重”快速鉴定模式后，不仅升级了配套硬件设施和软件系统，还完善了相关计量设施及监管手段，有效实现提效率、降成本、清库存等一系列目标，提升国内炼化企业的国际竞争力，扩大我国成品油出口能力，这对石化行业克服疫情带来的不利影响，扎实做好“六稳”工作，全面落实“六保”任务，起到积极作用。

案例 24：“货物储运状态分类监管”新模式。

“货物储运状态分类监管”新模式在“仓储货物按状态分类监管”基础上，创新实施非申报通道管理、货物状态库内直转以及区港自由流转，有助于进一步提高口岸通关时效、降低物流成本、提升贸易便利化水平。

主要做法：

首先，实施非申报通道管理。落实特殊区域管委会与企业主体责任，设置由管委会负责监督管理的非申报通道，非保税货物通过非申报通道进出区。通过开发信息化系统实现非申报通道与申报通道共用。

其次，实施货物状态库内直转。分类监管保税货物与非保税货物可直接在仓库内完成状态转换，货物无须实际进出区。企业通过 WMS 仓储管理系统对保税货物与非保税货物实行分类管理，并与海关联网对接，转换状态前企业在 WMS 仓储管理系统中标明货物状态，海关结合 WMS 对需查验的货物进行库位查验。

第三，实施货物区港自由流动。优化区港物流，依托保税港区区港一体，打破口岸作业区与保税功能区之间物理界限，打通各物流通道节点，通过信息互联互通实现进境非保税货物在保税功能区内查验存储及出区，拓展口岸的运抵功能，促进进出境货物在区港之间自由流动。

实践效果：

首先，盘活区内仓储资源。非保税货物入区与保税货物一同集拼、分拨、管理和配送，企业经营更加灵活，核心竞争力得到有效提升，据试点企业测算每年可为客户节省物流成本约 20 万元，仓库库容率预计可提升 30%以上。

其次，提高仓库运营效率。根据企业运行实测，通过在青岛前湾保税港区建立 VMI 仓库，企业出库效率达到异地配送产线标准。中国重汽、中国一汽等国内知名企业实现特种车辆集拼出口模式。

第三，增强冷链企业经营灵活性。一般贸易进口的冷冻肉类商品直接入区查验并存储，可依需要选择物流通道，缩短物流距离，降低企业成本。

案例 25：“闭环管理”联动机制破解海洋渔业融资难题。

由于前期一次性投资高、质押物不足、回报周期长、自然不可控因素多等原因，海洋牧场建设面临比传统农业、中小企业更为严峻的融资难问题。中国（山东）自贸试验区烟台片区围绕破解这一难题瓶颈，推动片区内恒丰银行在全国率先报批成立海洋产业特色支行，引导创新海洋牧场保险产品，“政银保”协同发力，在海洋牧场领域率先建立贷前、贷中和贷后“闭环管理”联动机制，为海洋牧场快速建设、快见成效提供金融保障。

主要做法：

首先，用“白名单”解决贷前准入问题。烟台片区结合海洋领域日常业务开展实际，会同省市海洋渔业主管部门，与金融机构建立信息共享机制，建立海洋牧场“白名单”，从建设能力源头上把控风险，指导金融机构建立符合本身要求的风险可控机制。银行根据海洋牧场“白名单”、项目备案及可研报告、所选海域特点、不可抗力控制、操作风险把控、实际走访调查“六个纬度”，结合海洋牧场建设类型，在全国率先提出一整套的海洋牧场融资风险评判标准体系。

其次，出台“试点检验规范”解决海洋牧场平台确权问题。海洋牧场平台作为近年来的新生事物，加上前期资金投入大，目前各地普遍缺乏确权颁证的规定依据，制约了海洋牧场平台的发展。烟台片区积极争取省级部门支持，出台全国第一部海洋牧场平台管理规定。在此基础上，完善设计建造及检验、登乘人员、报废、防止污染等具体条件，解决平台经营企业确权办证难题，赋予海洋牧场平台的合法地位，为后续评估、融资贷款创造首要条件。

第三，健全贷中、贷后管理机制解决风险控制问题。银行综合研判企业发展预期、实际控制人操作经验、银行征信等因素，最终确定能否放款、放款方式、额度、环节及回款方式，确保风险全程可控。对经过评审、处于项目初期的企业，首创推出信用放款方案，允许网箱平台搭建完毕后，再追加办理深海网箱箱体及设备抵押及所属海域使用权抵押，有效解决网箱建造企业因初期抵押物不足导致的融资难问题。依据主营产品生产周期，设置一定宽限期，由原来的 1—2 年，延长到 5—8 年，帮助企业解决主营产品生长周期长、成本回报慢、还款压力大等问题。建立企业监管账户。网箱平台验收合格后，银行与企业签订协议，对企业获得的财政补贴及水产销售收入进行监管，降低信贷风险。建立退出转让机制。经过科学分析，入省级以上海洋牧场所属海域有较大的处置价值。如果海洋牧场企业因自身经营问题造成银行贷款逾欠，通过确权评估、政银联动，将抵押网箱平台设备及其所属海域权进行转让，并直接偿还银行贷款。

第四，引入“保险+信贷”工具解决风险缓释问题。联合太平保险在全国落地实施首单海洋牧场“保险+信贷”，以有效浪高为保险责任，创新导入天气指数，国内首次尝试将遥感气象指标用于海洋牧场保险产品，引导经营企业购买“抗击风浪自然灾害险”，并以此作为风险缓释手段，为深海网箱养殖经营企业提供增信和助贷金融工具。

实践效果：

首先，风险全程可控。通过“六个纬度”的尽调、海洋牧场特点分析，综合研判企业发展预期、实际经营者操作经验、银行征信等因素，搭配灵活的放款方式、额度、环节及回款方式，辅之以保险产品，完善的退出转让机制形成一整套风险可控、可复制、可推广的评判标准体系。

其次，破解融资难题。有效解决海洋牧场的养殖网箱搭建初期抵押物不足，海产品尚处生长期、未达销售条件时企业还款压力大等一系列融资难题。自2019年9月推行该服务以来，恒丰银行烟台海洋产业特色支行已为海裕远洋渔业、南隍城海珍品等一批海洋牧场企业提供资金支持3.25亿元。

第三，加速渔业转型步伐。得益于资金的有力支持，烟台片区海洋牧场建设速度明显加速。2020年4月16日，投资百亿元的烟台经海渔业100个高端智能网箱、占用海域15万亩的海洋牧场项目落地建设。在烟台片区示范推动下，目前烟台全市已创建省级以上海洋牧场30处，其中国家级14处，占全国总数1/8，数量居全省首位，海洋牧场产业链产值突破500亿元。

案例26：多方联动构筑海洋生物资源“大养护”格局。

增殖放流是国内外公认的养护水生生物资源最直接、最有效的手段之一，针对前期增殖放流活动存在的放流资源闲散、难以统筹联动、缺乏有效监管的问题，中国（山东）自贸试验区烟台片在农业农村部等业务部门的指导下，立足国家战略，在全国率先将政企社科四方联动机制引入增殖放流体系，构筑起政府引导、科研支撑、全社会广泛参与的海洋生物资源“大养护”格局。

主要做法：

首先，品种有指导。为改变以往生物资源修复品种缺乏目录指导，社会公众放流无序、盲从的问题，驻区涉海科研院所利用海洋资源调查研究数据进行分析，在全国率先制定《黄渤海重要野生水生生物资源增殖品种指南》，给社会公众及育苗单位提供一个清晰明朗的指导性目录清单。由海洋渔业部门、国家省级水产原良种场，根据目录确定渔业增殖放流品种结构和规模，于每年6月定期向社会公布放流品种目录，通过引导，集合社会力量科学修复海洋生物多样性、海洋生态链的完整性。

其次，参与有平台。为有效利用多元化的资金投入，加强资金管理，在全国率先出台《渔业资源增殖放流社会资金募集管理规定》，对社会性增殖放流资金进行集中管理、统一使用、开源节流，提高社会资金使用效率。通过搭建山东省云放鱼平台、烟台一手通资讯平台、微信公众号等方式，广泛发动社会力量，组织社会公众通过线上统一认购、线下独立打包、指定地点、集中放流的方式引导民众参与社会公益事业，增加社会参与度和增殖放流的体量，规避因社会无序放生对生态链的破坏。

第三，流程有管控。搭建苗种繁育规范体系，发挥5家国家级海洋渔业原良种场在鱼、贝、参等多个品类的繁育技术优势，引导企业从生态效益最大化的角度，制定育苗计划，有效保障增殖品种的供应量。搭建本地野生物种驯化体系，在全国率先通过组织企业编制《水生生物资源增殖放流野生驯化方案》，指导企业对工厂化繁育的苗种进行野生环境生存能力的培养，提高增殖放流品种放归大海后对自然条件的适应性。搭建苗种养殖标准体系，按照GB/T31600要求，收集340项国家行业和地方标准，通过“国家海水养殖综合标准化示范区”验收，为科学育苗、有效增殖提供了标准化的养殖示范规程。搭建资源修复长效监督评价体系，委托有资质的第三方机构以“资源调查+专家评估”相结合的方式科学监测增殖效果，出具评价报告，指导渔业主管部门建立增殖效果正向反馈机制，不断优化增殖放流指标分配体系，使水生生物资源修复形成螺旋上升态势。

实践效果：

对传统增殖放流体系进行了优化，实现了从“政府主导政府做”到“政府指导全民做”的模式转变，有效调动了社会资源，充分凝聚了有心致力于增殖放流工作的社会力量，初步构筑了全民参与增殖放流的“大养护”格局。模式推广以来，已在烟台、威海、东营三地投放社会化认购鱼苗 50 万尾，放鱼养水、造福子孙的社会认同感逐步建立。

通过改变原有增殖放流模式，引入“社会化参与”理念，在以政府为主导的修复体制上，增加社会化元素参与，集合社会力量与资源，实现多元化增殖，前瞻性制定《黄渤海原生物种种质资源目录》《水生生物资源增殖放流野生驯化方案》，搭建社会放流平台，提高社会放流行为的科学性和规范性，实现海洋生物资源有效恢复，自然生产力显著提升。

案例 27：测试车辆监管创新助力汽车研发。

山东自贸试验区烟台片区立足自身基础和产业特色，以深化汽车产业国际研发合作为重点，探索建立研发测试用车辆监管新模式，显著提升汽车国际研发合作的便利化水平。

主要做法：

首先，车型细分初步解决数量限制。按政策规定“暂时进境测试车辆每种车型不应超过 2 辆”，但由于新车型的研发及上市需要多项试验，企业需要多台同款车型进行测试。业务现场建立测试车辆专用台账，在严格监管的基础上，将车型标准细化为排气量、发动机种类等 6 个子项，通过不同子项的组合增加汽车进口数量，初步满足企业的测试需求。

其次，流程再造解决境内存放期限问题。按政策规定“暂时进境的车辆自进境之日起 6 个月内必须复运出境”，企业因同款测试车辆需测试的项目多、行驶的路程长，6 个月的期限无法满足实际需求。烟台片区进行业务流程再造，利用特殊监管区域的入区核销优势，延长测试用车辆实际使用期限，便捷企业开展车辆路测等长周期测试项目。

第三，通过测试用车辆保证金改革释放资金压力。暂时进境车辆需缴纳全额保证金，给企业带来较大资金压力。烟台片区结合关税保证保险改革，引入多家金融保险机构，开展测试用车辆的保证金改革，通过 1%—3%的保险金替代全额保证金，办理时限缩短 60%，既释放了企业沉淀资金，又提高了货物通关效率。

实践效果：

首先，形成以解决企业实际问题推动改革突破的创新路径。在相关部门的指导下，精准施策，分步探索，逐步形成进口研发测试用汽车的监管模式，为相关政策创新的出台摸索经验。2020 年，海关总署专门下发通知，向全国推行“对于暂时进出境测试车辆的数量，海关应当依据收发货人提供的合同、协议等相关材料予以验核”新政策，彻底解决测试车辆进口相关问题。

其次，大幅激发行业集聚发展信心。政策实现创新以来，企业发展诉求得以满足，汽车研发业务呈现爆发式增长，行业集聚发展效应凸显，为更多外资汽车研发中心进驻中国提供保障。现代汽车研发中心 2020 年 1—4 月进口测试用车辆同比增长 50%。玲珑集团计划投资 11. 3 亿元，建设拥有 16 条轮胎试验跑道的中亚轮胎试验场，年均测试能力预计可达 12 万车次，计划投资 13. 14 亿元，建设汽车检测中心。上述政策，进一步推动外资企业在华研发合作的开展，为加快形成胶东半岛汽车产业带提供良好条件。

案例 28：进口散装葡萄酒保税加工新模式。

为进一步发挥自贸协定政策红利，提升自贸协定的利用率，山东自贸试验区烟台片区开拓海关特殊监管区域保税加工新模式，实现散装葡萄酒加工全程监管，取得良好成效。

主要做法：

首先，由保税进口料件转换为非保税委托加工料件。根据《海关总署关于海关特殊监管区域内开展委内加工业务的公告》的规定，允许区内企业利用其生产加工设备承接区外的加工订单，烟台片区选取企业开展区内灌装葡萄酒业务委托加工试点。传统保税加工模式下，因葡萄酒包装规格对应的 HS 编码不同，导致灌装成瓶后，进口酒汁原产地证明无法再适用，不能享受两个国家签订的对散装葡萄酒协定优惠税率的政策。烟台片区改变由区内企业进口保税散装葡萄酒直接灌成瓶装后内销出区的传统模式，借助“委托加工”政策，创新性开展业务流程再造，将进口保税散装葡萄酒缴税办结海关手续后，以非保税委托加工料件形式在区内完成灌装。出区时，海关不再对瓶装葡萄酒征税，仅对区内企业的灌装加工费用征税。

其次，葡萄酒灌装加工全程监管。根据企业生产加工实际情况及保证进口加工料件的监管需求，对符合海关监管要求的区内保税散装葡萄酒申报转为非保税委托加工料件，货物不必重复进出区即可实现单证状态转换，既便利企业降低物流成本，又确保委托加工料件进口质量，打造质量可靠的“品牌”。

实践效果：

据统计，2019 年烟台综保区散装葡萄酒进口达 439. 2 万升、价值 2 387. 9 万元，分别同比增加 65. 1%和 38. 6%。首家业务试点企业 2019 年开展灌装散装葡萄酒 57 万升，加工瓶装葡萄酒 76 万余瓶。

首先，带动散装葡萄酒产业发展。保税加工新模式下，企业可将散装葡萄酒全部申报入区后，根据市场行情及自身生产计划，灵活安排区内保税灌装或委托加工灌装，进一步拉动烟台综保区散装葡萄酒进口量。

其次，形成海关特殊监管区域保税加工新模式。区内传统保税加工模式可享受协定优惠税率的原料经加工后，因原料和成品 HS 编码不同，成品无法享受更加优惠的自贸协定税率。散装葡萄酒保税灌装加工新模式的实施，改变了海关特殊监管区域内企业进口自贸协定下加工料件却无法享受优惠的现象，使同样进口协定税率商品的区内、区外企业享受到同等的自贸协定税率。该模式既保证全程区内加工、监管到位，又帮助企业享受自贸协定优惠，同时确保瓶装酒产品质量，为今后更多商品进入海关特殊监管区域开展加工业务提供有益探索。

案例 29：引进外商独资职业技能培训机构的新路径。

山东自贸试验区烟台片区率先出台《设立外商独资经营性职业技能培训机构（非学制类）的办法（试行）》，从适用范围、办学条件、设立方式、手续监管等多个层面创新审批设立条件，以制度性开放举措吸引外商独资职业技能培训机构来烟台投资，为进一步优化烟台片区国际化、法治化、便利化的投资环境作出有益尝试，也解决了国内新兴职业技能人才的优质培训资源紧缺问题。

主要做法：

首先，申请方式首创允许自然人直接申请设立。在自贸试验区设立前，培训机构只允许中外合作办学形式。烟台片区积极对接国际通行做法和新规则，在允许外商独资设立培训机构的基础上，结合《外商投资法》的实施，允许外国投资者用自然人身份直接申请。

其次，审批模式首创允许申请材料容缺受理。办理外商培训机构过程中，灵活利用容缺手段，设立材料“替补加时”受理方式，审批机关告知设立条件、申请材料要求等事项，申请人签署《告知承诺书》，对部分准备时间长、办理可预见的申请材料以承诺形式允许容缺，避免申请时的“木桶效应”，提升审批服务效率。同时，人力资源和社会保障部门出台事中事后监管措施，建立外商独资培训机构诚信档案，重点监督申请人筹建实际情况与承诺内容是否相符。

第三，设立程序首创允许直接正式设立。改革前，外资培训机构的设立，要按照“筹备设立”和“正式设立”两个阶段进行。烟台片区在申请材料齐全的情况下，不再分筹备设立和正式设立两个阶段，企业直接申请正式设立，避免审批办理时间过长，或办理流程重复等情况，推动申请设立外商独资培训机构更便捷、更快速。同时，烟台片区通过“证照同办、多证联办”进一步优化服务模式，将办理程序由串联调整为并联；创新“审管互动”工作机制，由先核查后发证调整为先发证后核查，让审批效率和服务体验效果加倍。

实践效果：

首先，开放示范效果显现。自 2020 年 3 月《办法》试行以来，吸引日韩多家外资培训机构咨询注册，培训项目涉及医疗美容师、动漫绘画师、商务规划师等多个烟台片区急需的职业工种。2020 年 4 月 9 日，烟台片区颁发全省首张外商独资经营性职业培训机构营业执照，这也是全国首个以自然人形式申请设立的外商独资培训机构。烟台片区在外商投资市场准入方面的制度性开放举措，示范效应初步显现。日韩独资优质培训机构纷至沓来，在创新举措推出不到一个月的时间内，又有 2 家日韩培训机构进入申请筹备阶段。

其次，人才、技术外溢效应显著。外商独资职业培训制度性开放新路径的实施，为外商企业营造国际化、便利化的投资环境，从而吸引和集聚规模更大、实力更强、技能更先进的外国培训机构纷纷落户，为烟台片区带来先进的教育培训管理经验、优质的培训课程及高水平师资队伍，推动烟台片区技能培训合作走上“国际化”发展道路，形成烟台片区高端、专业化人才领先优势。同时，外资培训机构的设立，可有效提升市场活力，利用自然人投资的灵活优势，激发职业技能培训市场的“鲶鱼效应”，促使行业健康发展。

案例 30：再造勘验流程，助力审批提速增效。

由于时空限制、技术约束，现场踏勘环节存在效率低、成本高、时间长等问题，是企业群众心中的痛点、难点、堵点，也是行政审批信息化、智能化、便民化改革的攻坚点。又因反复踏勘、多头受理等问题，成为制约工作规范、审批提速的重要环节。为进一步提高审批效率，缩短申请人拿证时间，山东自贸试验区烟台片区通过流程再造、模式创新，率先推行“前置勘验”“远程勘验”和“联合勘验”，助力部分事项实现“一日办结”。

主要做法：

首先，前置勘验。“前置勘验”是调整勘验环节顺序，由受理后变为受理前，申请人在材料准备阶段即可申请勘验，审批机关先于材料受理完成勘验。

其次，远程勘验。“远程勘验”即借助 5G+互联网技术，利用微信公众号、手机应用程序等智能化手段，以上传图片、视频的方式快速完成勘验，勘验方式由现场勘验调整为“不见面勘验”。

第三，联合勘验。“联合勘验”是对行政相对人申请事项中，需经两个以上单位对申报材料的实质内容进行实地勘验，进行统筹组织，实现多个事项一次核查、整改意见一口告知、整改情况一趟复审。

实践效果：

首先，压缩办理时限，提升审批效能。“远程勘验”平均踏勘时间由原来的 180 分钟缩减至 30 分钟，压缩 6 倍。“前置勘验”将勘验提到受理前，平均承诺办理时限由 3.2 个工作日压缩为 1 个工作日，大幅减少企业、群众的等待时间。自推行以来，开展“远程勘验”108 次、“前置勘验”55 次，“联合勘验”22 次，切实提升审批服务工作的便捷度和满意度。

其次，降低办事成本，优化资源配置。“远程勘验”依托互联网技术，实现“现场办”到“远程办”的转变，企业群众、踏勘人员全程线上互动、一对一指导、点对点整改，无须来回跑、反复勘，无须投入车辆、设备等行政资源，在减轻群众办事制度性成本的同时，也极大优化行政资源的配置，实现全流程“不见面线上办”。

第三，规范行政行为，提高办事预期。“远程勘验”“前置勘验”及“联合勘验”是对勘验流程的再造与优化，整个过程公正、公开、透明，既可杜绝踏勘标准不一、自由裁量权过大、权力寻租等问题，又提高了群众办事的透明度和可预期性。

案例 31：工程建设项目“四书合一、三一审批、一链办理”制度。

山东自贸试验区烟台片区对工程建设项目评审进行区块化流程再造改革，在全国首推“四书合

一、三一审批、一链办理”制度，优化审批流程，实现“承诺即审批，拿地即开工”的制度创新效果，推动项目早开工、早见效。

主要做法：

首先，四书合一。“四书合一”即项目单位自行编制或委托中介咨询机构编制项目可行性研究报告或项目申请报告时，可以一并将节能、社会稳定风险分析、水土保持方案等报告进行整合，作为1个或多个独立篇章，共同形成一个报告文本；根据需要，也可以对其中任意报告进行整合编制。原则上可不再提供多份报告。

其次，三一审批。“三一审批”即“一体编制、一次报审、一文批复”。一体编制就是多个报告合并为一个综合性报告，项目建设规模、投资规模等内容共享共用；一次报审就是项目单位在提交综合报告申请审查时，一次性在申请文件中提出进行综合审查的内容；一文批复就是在对项目综合性报告评估审查结束后，一个文号出具综合审查文件，明确审查意见和相关要求。

第三，一链办理。以“告知承诺”为核心，对符合土地总体利用规划的新建社会投资工业项目、省市区重点项目（政府投资工程建设项目可参照办理），可以将除土地批准文件和相关资料外的其他需要准备的资料，提前报至审批部门进行“模拟审批”，确保在土地批文取得前完成预审。之后将项目审批流程整合归并为立项用地规划许可、工程建设许可、建筑许可、竣工验收四个阶段，推行“一份办事指南、一张申请表单、一套申报材料、整合多项审批”，实行“一链办理、并联审批、限时办结”。对实施“拿地即开工”推进机制的项目，在确定项目用地后，形式上视同取得土地批文，提前为其提供相关政策和技术咨询服务、建设用地规划许可、建设工程规划许可，以及建筑许可等审批手续预审，在项目取得土地后完成正式手续办理。

创新亮点：

将建设项目事项办理环节从单一办理、分阶段办理提升到可以跨阶段同步办理，从单一方面的可行性分析转向综合性评价，引入“模拟审批”，项目单位在办理用地相关手续时，同步准备其他事项的申请材料并实现即时办理，提高项目开工建设的效率。

实践效果：

通过深化流程再造，最大限度简化环节，烟台片区进一步压缩工程建设项目评审成本。据统计，推行“四书合一、三一审批、一链办理”制度可以将报告编制时间压缩2/3，审批时间压缩3/4，支出费用减少近60%。项目开工手续办理时间比传统审批时间缩短14个工作日左右，施工许可证办理由原来的3个工作日缩短为1小时，落地进度明显加快，为企业发展抢占先机。

案例32：信保基金破解中小企业融资难题。

山东自贸试验区烟台片区全省率先推出专门针对中小企业的信保贷业务，打造“以信用促融资、以融资促发展”的良好金融生态环境。

主要做法：

首先，建立金融支持中小企业自主创新的信贷风险分担机制。出台《中小企业信用保证基金管理办法》《中小企业信用保证基金管理办法实施细则》，财政出资设立规模3亿元的信用保证基金，为“轻资产、无抵押”中小企业的银行信用贷款提供增信。信保基金出现的不良贷款，实行政府、银行、担保（保险）三方共担风险，信保基金承担的风险比例可达65%。在基金代偿上，以制度文件的形式明确代偿条件、代偿时限和操作规则，当贷款发生逾期达到30天，银行预期尽职管理后仍可能转为不良的，即可向信保基金管理人提出代偿申请，基金管理人委托由政府采购的第三方中介机构审计该笔贷款是否尽职，只要不存在《管理办法》规定的九条不尽职情形，信保基金即可按规定比例代偿，代偿期限严格控制在贷款逾期90日以内。

其次，建立金融机构参与信保贷业务的准入与激励机制。一方面建立信保贷业务准入机制。明确与信保基金合作应具备的条件，经信保基金领导小组和基金管理人验收合格确定为合作金融机构，批准其参与“信保贷”业务资格。另一方面，建立业务激励机制。按照各银行上年度开展的信保贷业务量配置一定比例的财政存款资源，并按照年度信贷业务量的2‰给予奖励，调动银行积极向上争取信保贷业务授信权限，提高贷款审批效率。

第三，建立银企守信激励与失信惩戒机制。在企业层面上，对按期偿还贷款本息的企业可享受相应的财政科技贷款贴息政策，并建立转贷机制，鼓励金融机构对符合条件的企业在贷款到期前可一次办理转贷续保。对发生代偿的企业，两年内不得申报各级政府奖补资金。到期恶意不还款的企业，取消其申报各级奖补资金资格，并根据有关规定记录企业和企业法定代表人、实际控制人的不良信用。在金融机构层面上，对风险控制措施到位、业务开展良好的，除可按最高65%的比例给予风险补偿外，并按年度信保贷业务量给予相应的奖励。对违规授信、违规放贷以及将已有的不良贷款转入信保基金风险共担范围的，或采取变相置换方式增加信保基金代偿金额等弄虚作假行为的，除追回代偿资金、取消合作资格外，还将依照《财政违法行为处罚条例》等规定进行处理、处罚。

第四，建立完善风险控制体系，总体把控基金风险。一是实行单家银行代偿限额管理。信保基金对单家银行的年度代偿上限为该银行上年度末与信保基金合作发放贷款余额的10%。超过限额后，信保基金不予代偿，担保（保险）公司仍按15%的风险承担比例代偿。二是开展风险预警管理。当单家银行代偿额达到其年度代偿限额的50%时，基金管理人应立即向该银行提出风险警示；当单家银行的年度代偿总额达到其年度代偿限额时，立即通知合作担保（保险）公司中止与该银行合作开展基金项下业务。在查清原因、整改到位的基础上，经领导小组办公室核查同意后，再行恢复基金业务。三是进行总体风控管理。当基金实际代偿总额达到基金初期规模的50%时，暂停新增业务。在查清原因，落实措施确保风险可控的基础上，报领导小组审核同意后，再行恢复基金项下业务。

创新亮点：

中小企业融资难、融资贵，表面上是缺资金，实际上是缺信息、缺信用。“信保贷”业务的推出，推动金融机构提高风险容忍度，降低审贷放贷门槛，为企业自主创新“敢贷、愿贷”；引导企业重合同、守信用，让信用产生价值，吸引“金融活水”流向自身，顺利破解融资难题。

实践效果：

自政策出台后，已有11家银行、1家融资担保公司获批成为“信保贷”合作金融机构。累计开展信保贷业务9笔，为企业发放贷款3 850万元。其中，浦发银行为烟台创为新能源公司发放的1笔150万元贷款成为全省首笔“信保贷”业务。

案例33：企业开办“集成合一”流水服务。

山东自贸试验区烟台片区通过政务服务资源的物理聚合，实施关键程序环节的全面再造，率先推行企业开办“集成合一”流水服务，使企业开办由承诺2天办结变为全流程最快2小时办结。

主要做法：

首先，企业开办多区域空间集成。将企业开办涉及的注册登记、涉税办理、社保登记、印章刻制、银行开户等业务集中到政务服务中心“企业开办综合服务区”之中，相关窗口、人员、服务机构和专用设备一并进驻，打造“一件事”便利站，五个环节无缝对接、流水线式办理。

其次，企业开办多事项集成联办。对一个行业涉及营业执照和经营许可多个许可审批事项的，申请人同步申请、同步预审、一窗办理、证照同发。

第三，企业开办多套申请材料集成预审。分别将企业开办五个环节的申请材料和“证照同办、多证联办”的多套申请材料整合为一套材料。申请人通过网上咨询、申请、上传材料，审批部门后台进行网上预审，申请人按照预审反馈意见进行补充完善，实现材料准备阶段“零跑腿”。

第四，企业开办多流程集成优化。实行“一窗受理，一厅办理”，一套材料后台传输，后台分别审批，一个流程办到底。

创新亮点：

通过优化整合、同办联办，将涉企开办审批的一揽子业务实现集成合一，打造手续更简、环节更少、成本更低、效率更高的企业开办新模式，创造质效兼备的“流水”服务。

实践效果：

首先，审批服务质量和效率显著提升。目前企业开办平均时限由原来的2天，压缩到最快2小时办结，申请材料由原来的25件压缩到6件。

其次，企业和群众的获得感、认同感显著提升。企业开办所有事项可通过“企业开办一窗通”一个平台进行，企业和群众的获得感和认同感显著提升，烟台片区成立以来，群众满意评价达到100%。

第三，审批服务的标准化、规范化显著提升。申请材料提供格式化模板，个性化内容根据需求填空或选择，降低材料填报难度，提高一次申报通过率。同类材料审查标准一致，不同事项同类材料实行承诺即准。烟台片区揭牌以来，共有3 405户企业在企业服务专区办理业务。

案例34：创新开发“人才业达”云服务系统。

山东自贸试验区烟台片区发挥“管委会+公司”优势，在全省率先成立国际人才集团，创新开发“人才业达”云服务系统，全面整合创新创业资源要素，打造海内外人才按开关、人才集团连线路、各职能部门齐供电的“闭环”人才服务新模式。

主要做法：

在硬件方面，国际人才集团聚焦人才服务、人才创业、人才投资、人才安居、人才教育等五大板块，整合、优化、升级各部门人才服务职能，设立人才工作“一站式”服务大厅。在软件方面，依托“人才业达”官网与“人才业达”微信公众号，上线“人才业达”云服务系统，开设3大类15项功能，既有传统的“人才政策解读”“信息发布”“人才工程申报”等模块，也创新开发了“人才会客厅”“人才数据库”等特色模块。其中，“人才会客厅”坚持“用户导向”，运用“区块链”思维，开启“人才吹哨、部门报到”新模式，由传统人才需求面对面解决，转为屏对屏连线交流，变以往各部门外出宣讲政策引才为人才提需求、多部门同时解答，海内外人才只需通过人才会客厅发起视频会议预约，就有人才集团服务专员专线联系，确定具体咨询内容等，并联系相关职能部门，商定视频会议时间发起视频会议邀请，对接结束后人才可根据职能部门答复情况进行“评价打分”，实现“一名人才问、多个部门答、事后网上评价”的闭合式线上服务。“人才数据库”设置12张表格、200多项指标，通过全面掌握辖区1 000多家重点企业的人才现状、需求等，为领导决策、精准制定人才政策提供数据支撑。

实践效果：

“人才业达”云服务系统首次将人才工作职能部门进行并联，形成优秀人才按开关、人才集团连线路、职能部门齐供电的闭环体系，为人才集聚创造了条件，为实体经济发展增添了强劲动力。国际人才集团的成立，有效弥补人才工作力量薄弱的问题，打破各部门间人才服务的“壁垒”，畅通引进人才、支持人才、服务人才的渠道，让人才办事不再往各个部门来回跑，只需到人才集团便可“一站办结”。“人才业达”云服务系统，以“屏对屏”代替“面对面”，在疫情期间无法开展“走出去、请进来”等传统招引活动的情况下，实现招才引智不断线，同时也促进全球人才的互联互通，通过一个网络平台、两台手机即可实现全球人才的沟通交流。在云服务系统助力下，已开展线上人才交流对接10余场次，生物医药、新能源等领域企业在线签约国家级人才4名，引进留学人员项目27个；部门企业开展“云招聘”20余场次，提供岗位3.68万个，达成意向4 122人次。

案例35：“企校双师联合培养研究生”新模式。

为破解工程教育缺乏创新性和实践性难题，进一步加强校企合作，推动应用型、创新性人才培养，哈尔滨工程大学烟台研究院围绕“产教融合”

核心任务，深化研究生教育改革创新，开展企业技术需求征集、互聘技术人员、联合技术攻关、人才联合培养等工作，形成各方参与、深度融合、协同育人的高层次创新人才培养体系，打开校企合作良性发展新局面。

主要做法：

首先，构建校企合作长效机制。建立“一院一品”校企合作交流新模式。针对每个学院和每个企业，建设校企深度合作、产教深度融合、互利互惠、共生共赢的发展新模式。针对企业生产过程中遇到的“卡脖子”问题开展联合攻关，完成现有技术在烟转化，共同谋划重大项目。尊重企业意见，评选企业导师，共同培养技术型、应用型人才；建立专家组、工作组，设立例会、专题会议制度，形成校企长效对接机制；建设既能满足企业需求，又能符合学生开展试验的联合实验室；烟台研究院为部分企业提供在职人员职业培训或继续教育，协助企业提升人力资源水平。建设双导师师资队伍。针对工程类专业学位研究生培养，实行烟台研究院跨学科导师组和企业导师共同指导。烟台研究院导师侧重于学术指导，企业导师侧重于实践指导，建立以项目为依托的联合培养双导师制，充分调动导师的热情和积极性。

其次，修订研究生培养方案，提高专业学位研究生实践创新能。烟台研究院以学生发展为中心，以立德树人为根本任务，以提高研究生创新能力和实践能力为目标，立足烟台产教融合试验田定位，开展高水平研究和高层次人才培养，依托校企优势资源，实行专业学位研究生“五化”培养模式。

第三，探索优化工程课程体系。烟台研究院进一步深化工程类专业学位研究生教育教学改革，合理设置课程体系和培养环节，加大实践性课程的比重。深化“引企入教”改革，建立包涵企业课程参与的课程制度。

实践效果：

首先，实现教育链、人才链与产业链、创新链的有机衔接。2019 年以来，烟台研究院以深化“产教融合”为战略发展方向，与烟台市国资委、东方电子、冰轮集团、万华化学、艾睿光电等多家企业签订战略合作协议，在科技、人才和人才培养等领域，就人才联合培养、科技项目合作以及实验室共享共建等方面开展深入合作，加强创新研发和技术转化，推动研究生联合培养，为区域经济社会发展提供有力的人才支持和智力支撑。烟台研究院与东方电子共建智慧能源联合实验室，与泰和新材共建哈工程—泰和联合实验中心。在烟台企业已聘请研究生校外指导教师 159 人，征集企业亟须合作科研课题和方向 160 余项，征集科研实习岗位 280 多个，80 余名研究生进入企业开展实习实践，推动高等教育与烟台市产业的紧密结合，实现教育链、人才链与产业链、创新链有机衔接。

其次，形成一套科学的产教融合教育教学体系。烟台研究院优化课程体系布局，打造校企联合特色课程，突出课程实用性和综合性，增强理论与实际的联系。优化工程专业学位研究生课程体系布局，以“三海一核”特色学科专业体系优化为牵引，支持海洋信息、人工智能等新兴优势领域交叉学科建设，形成一套多专业学位类别（领域）复合交叉、团队培养、产教融合的教育教学体系。

案例 36：“海工+渔服”新模式建设“深蓝粮仓”。

山东自贸试验区烟台片区充分发挥海工装备企业技术优势，创新研发深远海智能化养殖装备，融入“现代渔服”理念，成功拓展养殖疆域，解决“谁来耕海”问题，带动传统渔业走向深远海建设“深蓝粮仓”。

主要做法：

首先，引导海工企业“油”转“渔”，开辟海水养殖新疆域。引导中集来福士等以服务油气为主的高端海工装备制造企业，将其积累的技术优势，转换用于海洋牧场建设，选择 30 米至 50 米水深、普通渔民以往无法从事养殖、传统海洋牧场技术无法覆盖、兼顾经济效益的海域进行装备研发。设计建造投放国内首座深远海智能化坐底式试验网箱，长宽各 66 米，最大作业吃水 30. 5 米，最高 45 米，养殖体积 6.4 万立方米，抗风等级 13 级，于 2019 年安置在长岛外海域进行试养。网箱集成大力高新技术和自动化设备，正常情况下只需要 4 个人管理。兼具海洋观测、预警、科研、海上观光、休闲垂钓、餐饮住宿等功能。

其次，推进传统养殖“民”变“企”，催生现代海洋新职业。网箱自动化、信息化水平很高，传统渔民年龄普遍较大，从业人员越来越少，难以适应新装备操作要求，而新型渔民人力资源匮乏。围绕解决这一瓶颈制约，受国家培训新型职业农民启发，与烟台工程职业技术学院、烟台大学等高校建立联合培养机制，开设专业课程，定向培养网箱弱电操作、机械维修、渔业技术人员等；与长岛渔业合作社联合设立“现代渔服”公司，招聘传统渔民和定向培养学生就业，成为职业渔民。渔服公司与网箱装备持有公司烟台经海海洋渔业有限公司签订服务协议，按照有经验传统渔民与技术人员组合模式，服务网箱日常养殖生产，每个网箱年产花鲈鱼、黑鲪等本土高价值鱼类超过 1 000 吨，是传统 100 个小网箱的养殖量。

第三，产业体系集“点”成“链”，孵化海洋牧场新模式。为牢牢把住核心技术，在成立项目主体公司基础上，项目方依托中集海洋工程研究院研发资源，与中国海洋大学渔业水产苗种专家建立长期合作关系，收购上游传感器研发企业股权，自建“九仙云”大数据平台，依托烟台八角湾海洋经济创新区建立渔业苗种“育繁推一体化”园区，下一步还将集聚渔业疫苗、饲料、生物医药、冷链物流、深加工等项目在周边配套，通过“陆海接力”“科企联动”，形成“从一粒鱼卵、一套装备到一条完整产业链”的产业体系。

实践效果：

首先，试验网箱首批成品鱼即将养成。因为是在深远海洁净海况、大流速洋流、天然饵料、自然条件下成长，成鱼品相基本与野生鱼没有差别，食品安全充分保证。4 名网箱管理人员配合运行顺畅，网箱经过两次台风、最大 11 级风海况考验，各项仪器设备和养殖生产正常。

其次，打破传统养殖只能在近海开展的限制，保障水产品质量，开辟“海上粮仓”建设新疆域。据测算，全国 300 万平方公里海域中，有约 60 万平方公里在 30 米至 50 米水深，相当于 4 个山东省陆地面积的大小，发展空间巨大。

第三，破解“谁来耕海”的难题。通过“现代渔服”企业，催生新型职业渔民，促进传统渔民经验、技术人员融合发展，相得益彰。实现了几代人深耕蓝海的梦想，做大做强本土鱼类，符合国家从源头保障粮食安全的政策方向；通过龙头项目，引领全产业链发展，彰显了烟台经略海洋的使命担当。

2019年中国（江苏）自由贸易试验区建设概况

中国（江苏）自由贸易试验区工作领导小组办公室

江苏省商务厅副厅长

倪海清，男，汉族，1969年出生，江苏泗阳人，大学学历，1990年参加工作。曾任原江苏省经贸委经济研究所副处级干部（其间担任江苏省委驻阜宁扶贫工作队队员），市场运行调节处副调研员；江苏省商务厅市场运行调节处（省茧丝绸办公室）副调研员、副处长（副主任），流通业发展处副处长，综合处副处长、处长。现任江苏省商务厅副厅长。

2019年8月2日，国务院批准设立中国（江苏）自由贸易试验区，并印发《中国（江苏）自由贸易试验区总体方案》。《方案》规定，江苏自贸试验区总面积119.97平方公里，包含南京、苏州、连云港三个片区。2019年8月30日，江苏自贸试验区揭牌。

一、经济运行数据

2019年9—12月，江苏自贸试验区新设立企业12 350家，其中内资企业12 205家，外商投资企业145家；合同外资17亿美元，实际使用外资6.44亿美元；备案境外投资机构39个，中方协议投资额2.82亿美元，中方实际投资1.42亿美元；贡献税收收入194亿元；完成进出口总额1 735.99亿元，其中进口879.1亿元，出口856.88亿元。

二、建设措施及成效

江苏省委、省政府高度重视自贸试验区工作，省委十三届七次全会对自贸试验区工作作出部署要求，省委娄勤俭书记、吴政隆省长多次批示指示，樊金龙常务副省长、省委郭元强秘书长多次召集会议，听取情况汇报。省商务厅会同省有关部门和3个片区，按照党中央、国务院决策部署和省委、省政府工作要求，进一步解放思想、提高站位，聚焦定位、突出特色，加快推进自贸试验区改革创新举措落细落实，工作取得积极成效。

（一）建立健全工作机制。

省委、省政府成立省委娄勤俭书记任第一组长、吴政隆省长任组长的自贸试验区工作领导小组，成员单位包括49个省有关部门，明确了领导小组、领导小组办公室和9个专题工作组的工作职责。省委娄勤俭书记主持召开领导小组第一次全体会议，明确提出高标定位、高点起步，推动集成超越、后发先至，努力打造国内一流、国际公认的自贸试验区，走在全国前列。南京、苏州、连云港3市均成立主要领导挂帅的领导小组，报编制部门批准成立自贸片区管委会，初步形成了省、市、片区三级权责明晰、上下联动的工作机制。

（二）加快落实试点任务。

在新设一批自贸试验区中率先印发实施方案，将总体方案113项任务逐项细化分解，研究新提出19项改革试点任务，形成首批落实清单、对接细化清单和深化改革清单，及时征集市场主体需求形成政策需求清单，定期对标对表，加大推进力度，确保试点任务落到实处。截至2019年底，3张清单近90%的试点任务已启动实施。省有关部门和3个设区市加大工作推进力度，省商务厅率先制定出台7个方面20条政策举措；人行南京分行、南京海关、省自然资源厅、省交通厅、江苏海事局等分别印发支持自贸试验区改革创新的专项政策，初步构建了支持自贸试验区改革创新的政策体系。

（三）持续深化制度创新。

研究建立自贸试验区制度创新常态化机制，及时征集市场主体需求建议，指导片区开展差异化探索，总结形成115项制度创新典型经验案例。其中南京片区搭建生物医药集中监管和公共服务平台、苏州片区实行进口研发（测试）用未注册医疗器械分类分级管理2项制度创新典型案例入选《深化服务贸易创新发展试点最佳实践案例》。南京片区在全国率先探索“2330”行政审批制度改革，推出“信用+承诺”建设项目绿色直通审批模式，审批时限压减1/3。苏州片区推出“全国首票保税检测外发试点业务”等近20项全国全省首创举措，“关助融”海关信用惠企新模式、“空运直通港”快速通关新模式有效降低了企业运营成本。连云港片区探索形成哈萨克斯坦过境小麦检疫全流程监管模式，成为全国唯一样板；积极打造中欧班列“保税+出口”货物集装箱混拼新模式，大大提升了中欧班列运行效率，央视新闻频道进行了专题报道。

（四）做大做强产业基础。

构建以制度和规则为基础的开放型经济体系，南京海关制定出台支持自贸试验区16条措施，创新贸易监管方式，不断提升贸易便利化水平，国际贸易“单一窗口”海关主要应用率达100%，2019年进出口货物整体通关时间较2017年分别压缩51.33%、67.70%。深化金融开放创新，人行南京分行制定出台5个方面33项政策举措。截至2019年底，3个片区48家企业开通跨境人民币双向资金池，6家企业开展货物贸易外汇收支便利化试点业务，资本项目下外汇收支审核便利化试点业务从苏州扩展至3个片区。构建以自主创新为核心的创新体系，围绕新一代信息技术、高端装备制造、生物医药等前瞻性先导性产业，积极支持关键核心技术研发攻关。省科技厅支持自贸试验区生物医药重大平台项目8项、自主可控网络产业技术研究项目24项，苏州片区成立生物医药创新中心。构建开放创新生态，南京片区剑桥大学南京科技创新中心落地，苏州片区与新加坡南洋理工大学合作建立江苏技术转移中心。构建自主可控为目标的现代产业体系。加大高质量产业项目招引力度，加快推动先进制造业和现代服务业集聚。截至2019底，3个片区新增注册企业近1.24万家，实际利用外资超过5亿美元。南京片区加快推进集成电路、生命健康全产业链集聚，新增基金管理规模超千亿。苏州片区生物医药、纳米、人工智能三大新兴产业年均增速30%，生物医药产业竞争力居全国第一。连云港片区16个重点项目开工建设，中云物流园区等货运枢纽工程建成投用。

（五）加快推动地方立法。

积极争取省人大、司法厅支持，将《中国（江苏）自由贸易试验区条例》纳入2020年度立法计划正式项目，省人大计划2020年9月安排一审。我厅成立工作专班，赴广东、福建、海南等地深入开展调查研究，紧扣江苏省自贸试验区战略定位，突出改革创新导向，草拟条例草案征求意见稿，并先后两次召开专题会议，听取省有关部门、片区及市场主体意见建议，并完成网上公开征求社会公众意见建议。

（六）深入推进简政放权。

按照“放”是原则、“不放”是例外的要求，加大对3个片区赋权力度。省政务办组织省有关部门对省级行使的依申请六类权力事项进行逐条梳理，形成拟赋权清单385项。加快推进自贸试验区“证照分离”全覆盖试点工作，省政府制定出台实施方案，国家部署的523项“证照分离”改革事项正在加快落实。

（七）研究推进联动发展。

认真研究四川、浙江等地建设自贸试验区联动创新区的经验做法，结合江苏省实际，研究提出建设自贸试验区联动创新区的思路举措。依托长三角区域一体化国家战略，与上海、浙江自贸试验区签订战略合作框架协议，从科技创新、政策联动等8

个方面共同推进制度创新。南京片区加入世界自由区组织，并与上海临港新片区签署战略合作协议。

三、创新成果及案例

案例1：工程建设项目“拿地即开工”。

江苏自贸试验区南京片区针对建筑工程项目施工许可环节申报材料多、办理程序复杂、企业往返“跑腿多”等问题，通过告知承诺、容缺受理、加强监管等措施，再造审批工作流程，实现审批许可“一次办好”、工程建设项目“拿地即开工”。

主要做法：

实行告知承诺，容缺受理申请。审批部门一次性告知施工许可申请资料，允许符合条件的项目申请施工许可时暂不提供土地、规划、审图、消防等手续，项目竣工前提供即可。申请人对应当具备的施工条件、告知承诺的要件以及需承担的法律责任进行书面承诺，并通过施工许可申请系统提交申请。

手续同步审核，限时办理许可。在1个工作日内，审批部门对符合条件的项目核发施工许可证；不符合条件的，告知原因。施工许可信息、申请人承诺书公示公开，接受社会监督。项目信息推送至质量安全监督等职能部门，用以同步办理工程质量安全监督和实名制管理等手续。

强化批后监管，规范建设行为。审批部门会同相关监管部门在作出施工许可决定后30个工作日内，对申请人承诺材料的实质性内容进行检查核实。发现虚假承诺的，审批部门立即撤销施工许可，责令停工，记入诚信档案；监管部门依法依规进行处罚。核发施工许可后，申请人在告知承诺书约定期限内，未提交材料或提交材料不符合要求的，期限届满时项目未完工的，责令停止施工；继续施工的，按未取得施工许可证擅自施工违法行为处罚上限进行处罚；期限届满时项目实际已完工的，不予组织竣工验收，项目不得投入使用。建设单位有上述行为的，两年内不得申请告知承诺施工许可。

实践效果：

截至目前，已完成“拿地即开工”施工许可改革试点应用案例4个，平均节省审批时间2个月以上。

案例2：行政审批“2330”改革。

为深化“放管服”改革，打造国际一流营商环境，江苏自贸试验区南京片区实行开办企业材料“一窗受理”“一次提交”，建立联合审验机制，大幅压缩审批环节及审批时限，实现行政审批“2330”目标，即：开办企业2个工作日内办结、不动产登记3个工作日内完成、重大产业项目施工许可30个工作日内完成，提高南京片区行政审批效率，激发市场主体创业创新活力。

主要做法：

“一站式”服务。建立“企业开办服务专区”，实现开办企业材料“一窗受理”“一次提交”，审批结果统一发放。开设“双创”绿色通道，为“双创”企业及大学生创业公司优先办理业务并免除刻章费用。推行企业设立全程电子化登记模式，实现足不出户领执照。

智慧化审批。借助房产交易与不动产登记一体化平台，整合多部门业务和人员，重新配置服务窗口，梳理业务流程，精简办事环节。设立线上清分账户，实现窗口一次收费，后台分项入账。在“支付宝”“微信公众号”开通“e办事”模块，实现政务服务“一指通”。

精细化管理。建立联合审验机制，审批环节由21个压缩至8个；推行数字化联合图审，审查时限由50个工作日缩短为7个工作日；实行建设项目分类管理分阶段报建，提供项目审批“单层全链”跟踪代办服务，开辟项目审批快速通道。

实践效果：

政务服务更加科学规范。充分运用技术手段，加快推进行政审批“信息化、智能化、标准化”建设，打破部门间职责界限；加强机制创新，推动审批服务流程再造，疏通堵点痛点。

群众获得感明显增强。全面实现企业开办2个工作日内办结、不动产登记3个工作日内完成、基本实现重大产业项目施工许可30个工作日内完成，大幅节约办事成本。

案例3：虚假注册快速撤销。

针对身份证件丢失或证件信息被盗用，被不法分子虚假注册为公司股东或法定代表人，形成不良信息并影响到被盗用人开设企业、职务晋升等情形，江苏自贸试验区南京片区推出虚假注册快速撤销模式，降低办事成本，提高群众获得感与满意度。

主要做法：

建立“审查+承诺”机制，经多部门多手段核查并登报公示后最终作出撤销登记决定，最短在20个工作日内撤销虚假注册。

前期做好指导服务。受理被盗用人（多数来自外地）咨询时，一次性告知办事流程和所需材料，确保被盗用人“最多跑一次”。

现场做好受理服务。被盗用人现场说明身份证件丢失及被盗用情况，提交公安部门出具的身份证件补办材料、设立时间前后的笔迹签名材料。登记机关现场受理并核查材料真实性，被盗用人签署相关承诺书。

期间做好调查服务。行政审批部门和市场监管部门通过查阅所涉档案材料、现场检查公司住所（经营场所）、询问公司相关人员和登记代理人等方式，对虚假登记情况进行调查，并请税务部门协助核查，最后结合笔迹鉴定结果、现场核查情况、企业公示情况等作出调查结论。

中国（江苏）自由贸易试验区概览

2019年8月，国务院批准设立中国（江苏）自由贸易试验区，并印发《中国（江苏）自由贸易试验区总体方案》。江苏自贸试验区总面积119.97平方公里，包含南京、苏州、连云港三个片区。

南京片区

实施范围39.55平方公里，全部位于国家级江北新区范围内，其中直管区38.15平方公里，浦口区1.4平方公里，目标定位是建设具有国际影响力的自主创新先导区、现代产业示范区和对外开放合作重要平台。在产业方面，南京片区重点发展集成电路、生命健康、人工智能、物联网和现代金融等产业，努力打造芯片之城、基因之城、新金融中心“两城一中心”为特色的高端产业地标，逐步建成投资贸易便利、服务体系健全、金融创新功能突出、监管高效便捷、法制环境规范、辐射带动效应明显的自贸试验区新标杆。

苏州片区

实施范围60.15平方公里（含苏州工业园综合保税区5.28平方公里），位于苏州工业园区范围内，涵盖高端制造与国际贸易区、独墅湖科教创新区、金鸡湖商务区、阳澄湖半岛旅游度假区等功能区的核心区域，目标定位是建设世界一流高科技园区，打造全方位开放高地、国际化创新高地、高端化产业高地、现代化治理高地。

连云港片区

实施范围20.27平方公里（含连云港综合保税区2.44平方公里），目标是建设亚欧重要国际交通枢纽、建设集聚优质要素的开放门户和建设“一带一路”沿线国家（地区）交流合作平台。片区由3个区块组成，分别是市开发区区块14.84平方公里，重点发展生物医药、新材料、新能源和高端装备等先进制造业以及现代物流、跨境电商、科技服务、金融服务等现代服务业；连云区区块1平方公里，重点发展现代物流、健康医养、金融服务、休闲旅游、商务配套、大数据及跨境电商等现代服务业；主体港区区块4.43平方公里，重点发展港航物流等现代服务业，构建集国际运输、分拨转运、仓储配送、临港加工、交易及配套服务功能于一体的物流中心。

事后做好撤销服务。如事实证据清楚、调查均无异议，在履行登报公告等必要程序后，由行政审批部门作出撤销登记决定，并与税务、市场监管等相关部门做好衔接，通过免费代办方式移除被盗用人的异常信息。

实践效果：

降低办事成本。相较原先通过行政诉讼或经市场监管部门调查后撤销的常规途径，快速撤销模式可至少提速 8 个月，费用支出较行政诉讼节约 65%—80%，有效节约了司法资源。

提升群众满意度。撤销耗时过长对被盗用人造成诸多不便，快速撤销机制为解决此类难题提供了有效途径。截至目前，南京片区已通过快速撤销机制，处理盗用他人身份信息注册公司案件 21 件，撤销虚假登记 18 起。

案例 4：打造“五层级”基金街区。

江苏自贸试验区南京片区围绕新金融中心建设，积极打造“五层级”扬子江国际基金街区，创新基金街区运营模式，带动片区主导产业发展。

主要做法：

打造“五层级”基金街区。第一层级“物理空间”，选址生态环境优美、交通方便、已具备完善商业配套的扬子江畔，提供宜居宜业的办公条件；第二层级“软环境空间”，依托国家级新区、自贸试验区“双区”功能叠加，打造优势突出的招商政策软环境；第三层级“产业集聚”，充分发挥基金集聚的资本外溢效应，带动集成电路、生命健康等产业高质量发展；第四层级“资本环境”，通过集聚效应虹吸资本入驻，依托南京片区优质产业资源支撑，充分挖掘投资项目，积极与金融机构合作，提高基金投资效率；第五层级“建立具有产业引领性的市场化多功能金融管理服务平台”，通过政府与金融机构联动，致力构建集产、投、融于一体的完整金融生态系统。

创新基金街区运营模式。鼓励社会资本参与基金街区投资、建设、运营管理，为投资者提供资产估值、运营外包、合规风控、行政管理、销售咨询等系列服务，建立“募、投、管、退”全流程服务体系。加强街区软环境建设，引进法律事务所、会计师事务所、评级机构、评估机构等中介服务机构，以及投资顾问机构、信息技术系统服务机构等服务外包机构，为入驻基金机构提供全方位服务。

实践效果：

千亿基金带动片区主导产业发展。2019 年 9 月，“扬子江国际基金街区第一届金融峰会”在南京片区举行。会上扬子江国际基金街区正式揭牌，新增基金管理规模 1 036 亿元，其中包括中电科、工银投资、高鹏资本、中再资本、招银国际等资产管理规模超百亿元的投资基金。在基金集聚效应带动下，包括 5G 射频前端芯片 IDM、中科超清、医渡云、楚航科技、中电润城智慧物联网、秀微医疗等在内的一批“芯片之城”“基因之城”优质项目集中签约落户南京片区。

差异化金融服务平台初步搭建。推动“自贸试验区南京片区-省股权投资中心”“自贸试验区南京片区-清蓝亚太基金小镇”等合作项目落地，引入多元化基金运营管理团队，发挥专业运营优势，加快建设扬子江国际基金街区。

创新基金监管模式取得初步成效。为提升金融风险防范能力，片区结合实际，完善基金信息统计报送机制，推动监管机构与产业平台、街道联动，建立基金信息台账，实现对区内基金公司“募、投、管、退”等不同投资阶段的动态监管。

案例 5：知识产权刑事案件权利人诉讼权利保护。

针对知识产权刑事案件专业性强、权利人维权成本高、诉讼周期长等问题，苏州工业园区人民检察院结合自贸试验区苏州片区知识产权刑事案件办理特点和工作实际，制定实施《关于加强知识产权刑事案件被害人（权利人）诉讼权利保护工作指引》，在检察环节为权利人提供多方位、全流程司法保障，依法扩大知识产权犯罪案件权利人参与刑事诉讼的深度和广度，取得良好办案效果。

主要做法：

保障知识产权权利人知情权。结合法律规定和司法实践，明确知识产权案件权利人享有发表意见、提出异议、提供证据、代理人申请阅卷等诉讼权利。检察机关自收到审查起诉的知识产权刑事案件之日起三日内，告知权利人相关诉讼权利义务。办理案件过程中涉及诉讼进程变化、强制措施变更等情况的，承办检察官主动、及时告知权利人；诉讼代理人申请查阅、摘抄、复制案卷材料的，一般应当许可，并提供相关便利条件。

邀请知识产权权利人协助办案。对涉及专利权、著作权、商业秘密等技术性较强的刑事案件，视情邀请权利人参与审查起诉并协助开展下列工作：提供其享有涉案知识产权权利、产生经济损失等证据；对涉案鉴定事项、技术专家咨询意见、司法鉴定意见发表意见等。检察机关为权利人提供必要保障，并充分重视其提出的意见。

积极居中开展赔偿谅解工作。针对权利人有赔偿诉求的知识产权刑事案件，积极居中协调犯罪嫌疑人赔偿损失、赔礼道歉等事宜；如有条件，适时组织犯罪嫌疑人和权利人双方协商。将是否赔偿谅解作为犯罪嫌疑人是否适用认罪认罚从宽制度和对其提出量刑建议的重要考量因素；对双方达成合意且权利人出具谅解书的，相关材料随卷移送法院作为量刑参考。

申请权利人出庭提升庭审指控效果。对疑难复杂、影响较大、被告人翻供、司法鉴定意见存在争议、涉案知识产权技术性较强等类案件，权利人出庭有利于查明案件事实或指控的，征得本人同意后，检察机关申请审理法院传唤其出庭，并在出庭前告知其相关权利义务。

加强释法说理和风险防控。在办理知识产权案件过程中，重点围绕认定案件事实、适用法律条文、相关司法政策、办案程序进度及权利人提出的其他问题，适时、主动进行释明。通过检察建议、风险防控提示函、法治讲座、微信公众号等形式，开展知识产权风险防控和法治宣传，提升权利人产权保护意识。

实践效果：

有效解决知识产权案件“技术事实认定难”问题。引导知识产权权利人参与刑事诉讼，有助于澄清计算机软件、商业秘密、技术合同等领域专业技术问题，避免启动不必要的司法鉴定程序，缩短诉讼周期，也有助于厘清案件办理思路，提升案件审查和犯罪指控效果，实现对知识产权刑事犯罪的精准打击。如在“冯某某侵犯著作权案”中，通过申请权利人参与庭审，发挥软件著作权人在指控和证明犯罪中的能动作用，弥补公诉人在软件著作权专业领域的知识短板，取得良好效果。

有效弥补权利人经济损失并减轻“讼累”。积极协调退赔、谅解工作，弥补权利人经济损失，有助于减轻其另行提起民事诉讼“讼累”，也有助于促进犯罪嫌疑人真诚认罪悔罪，实现刑法的特别预防价值。如在“陆某某假冒注册商标案”中，检察机关居中促进犯罪嫌疑人赔偿经济损失 12 万元；在“王某某等人假冒注册商标案”中，促进犯罪嫌疑人退赔 16 万元，并向淘宝网站发送《风险防控提示函》，关停涉案淘宝网店。

有效提升权利人产权保护意识和对司法活动的参与感、认同感。知识产权权利人实现从案件“旁观者”到“参与者”的角色转变，不仅为司法机关提供了外部监督力量，更有助于权利人积极表达意愿，实际感受个案公平正义，提升对司法工作的接受度和认同感。此外，通过释法说理、风险防控提示、法治宣传等方式，进一步加强科技创新主体的知识产权保护意识。如在“张某某假冒注册商标案”中，针对产品缺乏防伪技术应用的风险隐患，向企业提出建议并进行预警保护。

案例 6：企业境外投资服务创新。

为积极响应国家“一带一路”倡议、长三角区域一体化发展战略，江苏自贸试验区苏州片区扎实推进更高水平双向开放，系统谋划“引进来”和“走出去”双向并举的开放格局，依托国家级境外投资示范服务平台，不断创新和完善境外投资服务体系，推进境外投资健康有序发展。

主要做法：

组建专门机构，出台配套政策。建立境外投资促进委员会，专门负责研究和推进境外投资促进工作；成立长三角境外投资促进中心，具体负责境外投资促进工作。出台《关于推进境外投资服务示范平台建设的若干意见》，依托国家级境外投资服务示范平台，优化平台软硬件条件，细化吸引境外投资企业和服务机构的优惠政策。

优化企业和项目备案模式，实现同时申报、同步办理。对境外投资实行全程网上审批，省商务厅授权片区承办区内企业境外投资开办企业（金融企业除外）备案和核准（转报）相关业务，省发展改革委授权片区负责区内企业所实施的中方投资额3亿美元以下备案类境外投资项目管理。目前，已实现境外投资备案申报“线上统一入口、线下一窗受理”。线上服务方面，为企业提供“办事直通车”，统一境外投资网上备案系统入口；线下服务方面，在“一站式”服务中心设置“单一窗口”，统一受理商务部门和发展改革部门境外投资备案业务，企业一次性提交材料即可同步办理两个部门业务。

组建服务联盟，建立跨境投线上服务平台。组建“金鸡湖境外投资服务联盟”，吸引更多国内国际知名金融机构和高端中介机构加入，汇聚金融、律所、咨询等专业服务机构，为长三角及国内外企业在国内及境外多元化投资发展提供全方位服务。建立跨境投线上服务平台，面向境外投资企业提供“一站式”服务。

探索企业“走出去”有效服务方式。积极配合国内企业产能转移和市场拓展，合作建立“一带一路”沿线国家（地区）等海外渠道网点；协助国内企业、产业基金投资并购境外优质项目，促进本土企业转型升级；构建海外创新中心，促进国内外技术、产业、人才、资本对接，提升本土企业创新能力和海外项目市场空间；与香港、新加坡等知名证券交易所及境内外资本建立渠道，为企业提供境外融资上市服务，将本土企业推向国际；协助国际企业拓展中国市场，将优质项目和技术带到国内。

实践效果：

苏州片区现有境外投资企业347家，对外投资项目537个，累计投资金额约112亿美元，投向52个国家和地区。其中，投向“一带一路”沿线国家（地区）项目76个，中方协议投资额达28亿美元。举办14届金鸡湖境外投资服务联盟活动及多场专题系列活动。长三角境外投资促进中心发掘和支持海外投资意向项目30余个，多个项目已完成或进入实质性操作阶段。

案例7：自产出口产品保税维修试点。

高端医疗设备技术含量高，产品售后维修是行业惯例，但旧医疗设备属于国家规定的禁止进口商品，境内外商投资医疗设备生产企业难以实质开展自产出口产品维修业务，无法履行对客户的售后承诺，直接影响外国总部向境内公司项目转移和资源分配的一揽子计划，削弱了境内公司在集团内部的竞争优势。针对这一困难，江苏自贸试验区苏州片区和属地海关、生态环境等部门积极向上沟通争取，得到商务部、生态环境部、海关总署等相关部委支持，飞利浦医疗（苏州）有限公司获准以加工贸易方式开展自产产品的进境保税维修业务，是片区唯一取得商务部保税维修资质的企业。

主要做法：

编制监管方案，确保有效监管。属地海关、商务、生态环境等部门针对企业产品特点，按照“合法、合规、适度宽松”原则，分别制定备案管理、检验检疫和环境评估方案，做到“三个确保”，即确保维修品全部是苏州公司自产产品，确保维修品最终全部复运出境，确保维修业务不对国内环境造成影响。上述监管方案得到相关部门认可。

探索有效的保税维修试点操作模式。公司在属地海关帮助下，逐步摸索出一条保税维修试点操作模式，即：第一步，网上向生态环境部固废管理中心提出固废出口申请；第二步，固废中心通过主任专审会初步审核通过后，根据巴塞尔公约向固废进口国提出固废转移申请，进口国环境署审核批准并反馈信息；第三步，生态环境部在网上作出固废出口许可；第四步，企业根据已批准的许可批文号在出口固废时向海关申报。截至目前，企业的保税维修业务开展顺利，合计完成保税维修业务 106 批，保税维修产品 1 200 件，全部符合监管要求。

实践效果：

获准开展自产出口产品保税维修业务，增强了公司对客户的售后服务能力，公司连续 3 年进出口总额保持 30%左右增幅。飞利浦总部加大对苏州工厂的投资力度，将高端的高压发生器生产线项目落户苏州，并将美国的高端 CT 设备产线迁至苏州工厂生产，总计投资达 1.5 亿元人民币，带动就业近 100 人。企业还在争取世界领先水平的核磁共振设备的磁体生产项目，预计可新增投资 12 亿元人民币。2020 年，企业计划再投资 400 万元人民币用于扩大维修产线，引进新维修项目。根据飞利浦集团的全球布局，未来苏州公司将更多承担集团在全球的研发和制造项目，并开展服务贸易。

案例 8：进口研发（测试）用未注册医疗器械分级管理。

根据现行《医疗器械监督管理条例》，进口医疗器械应当是依照规定已注册或已备案的医疗器械。自贸试验区苏州片区多家医疗器械企业反映由于医疗器械商品 HS 编码分类问题，在进口研发用医疗器械及零部件时，因产品无医疗器械注册证而无法通关，造成研发项目停滞，影响创新研发进程，不利于推动科研和产业高质量发展。为解决上述问题，苏州片区积极探索试行进口研发（测试）用未注册医疗器械分级管理，取得较好成效。

主要做法：

制定《进口研发（测试）用未注册医疗器械分级管理办法》，对进口研发（测试）用未注册医疗器械产品及零部件实行分级管理，即由申请企业履行备案手续、制定自主管理方案，由职能部门加强事中事后监管，海关部门根据苏州片区商务、科技和市场监管部门出具的情况说明函，按照相关规定执行通关手续，提升进口通关效率和便利化程度。

明确范围标准，规定准入条件。分级管理办法明确备案产品范围和分级标准，规定申请企业的具体准入条件，明确在业务流程上设立单一服务窗口，由片区特殊生物制品物流平台做好企业前期辅导和资料“一窗受理”，受委托进行管理能力核查、研发能力核查、过程管理，为企业提供清晰指引。

强化申请企业主体责任。要求企业切实履行主体责任，建立一整套覆盖进口研发（测试）用未注册医疗器械全生命周期的流程管理制度，明确高层管理人员和专管员，建立登记、领用台账并严格逐笔记录，确保产品合规用途，主动接受和配合监管部门监管。

加强事中事后监管。相关部门各司其职，定期会商，协调配合，加强事中事后管理，确保管理安全可控。商务部门负责制定备案企业准入标准、核查企业管理能力，科技部门负责核查企业研发能力、判断研发能力与进口产品及数量是否匹配，市场监管部门协助判断进口未注册医疗器械或零部件的分类等级和后续监管，海关部门对企业进口未注册医疗器械或零部件给予通关便利。

实践效果：

进口研发（测试）用未注册医疗器械分级管理，主要突破点在于允许医疗器械研发机构、生产企业通过备案进口研发（测试）用未注册医疗器械或零部件（非诊断试剂）。分级管理办法保障了生物医药企业研发项目顺利开展，提高了企业科研创新积极性，并将进一步激发苏州片区医疗器械创新研发要素集聚优势，促进生物医药产业高质量发展。截至目前，苏州片区已有 9 家企业提交 25 批次备案申请，涉及 37 类进口产品，通过备案后，相关产品将得以顺利通关，尽快投入研发，加快医疗器械新产品的开发与上市速度。如新冠肺炎疫苗研发企业艾棣维欣（苏州）生物制药有限公司，进口医疗设备通过备案后顺利清关并投入调试使用，研发进度大大加快。

案例 9：保税检测区内外联动。

近年来，国外一些制造工厂将处于实验阶段或待产阶段的样品寄送至国内检验检测机构进行检测，为国内检验检测机构带来新的业务机会。但国内检验检测机构在承接国外制造工厂样品检测业务时，因样本缺少相关数据资料难以或无法办理进口许可证件，无法正常通关，导致无法大规模开展此类业务。为加快打造检验检测集聚区，苏州片区在海关大力支持下，依托综合保税区“保税+”平台功能，试点开展保税检测外发业务，探索保税检测区内外联动模式，解决待检测货物入境的痛点难点。

主要做法：

国外企业将样品发往苏州片区综合保税区内企业进行检验检测（免税免证），如果该企业不具备足够的检验检测能力，提供担保后可将样品外发至综合保税区外具有检验检测能力的企业进行检测，完成检验检测的样品再返回综合保税区，最终返回境外。

事前准入。由综合保税区行政管理机构和属地海关联合在综合保税区内选取1—3家高资信检验检测企业进行外发试点。

保税联动。纳入试点的检验检测企业可将待检测货物保税外发至境内（区外）企业或机构进行部分或全部工序检测。海关通过金关二期海关特殊监管区域系统发送申报表，办理货物实际进出区手续，并规定货物自运出之日起90日内运回综合保税区。

风险防控。强化对区外检验检测企业检测工艺、检测能力的审核；依托信息化系统对外发有效期、担保额度进行自动管控；通过布控、下厂核查等手段强化实货管理；通过信息化系统自动对外发数据进行核算结案。强化综合保税区内检验检测企业核销工作，发现存在涉嫌走私违规行为的，暂停外发业务并依法处理。

实践效果：

保税检测区内外联动模式充分利用综合保税区保税免证的政策优势，发挥辐射带动作用，有效解决综合保税区外检验检测企业开展业务的难点痛点。2019年11月4日，位于苏州片区综合保税区内的西奥检测咨询服务公司，顺利通过保税检测外发方式，分3批次在区外合作实验室对进口的待检测LED灯样品开展检测，节约了时间和相关税费。

案例10：“港航通”特色国际贸易“单一窗口”。

江苏自贸试验区连云港片区在国标版国际贸易“单一窗口”基础上，为口岸查验单位及口岸企业量身定制各类特色化应用，打造“港航通”特色国际贸易“单一窗口”，在口岸监管及日常运行等方面发挥重要作用，进一步提升口岸贸易便利化水平。

主要做法：

“港航通”纵向上与国家级、省级国际贸易“单一窗口”互联互通，满足国际贸易相关生产、运输、通关、物流、金融及监管等服务需求；横向上，在通关服务基础上增加港口、船公司及相关企业级“单一窗口”服务应用，丰富“单一窗口”在全程物流链条中的功能。

在国标版“单一窗口”基础上增加港口业务一站式服务。整合连云港港3家集装箱码头的生产作业委托系统，形成口岸统一的作业委托网上办单及电子支付平台，实现网上实时办单并自动生成提箱委托，代理业务“不见面”办理。系统上线后，每票办单时长从平均4小时压缩到数分钟，减少纸面单证15张以上、节省人力成本200元以上、减少机械翻倒率20%。

在国标版“单一窗口”基础上增加航运业务一站式服务。一是建设口岸船公司一站式业务平台。通过船公司系统、货代系统、提空箱系统、理货系统和装箱单系统等无缝对接，解决以往货代需要多次往返、现场办单，船公司、船方代理手工录入工作量大、出错率高等问题。二是搭建连云港口岸统一的放箱放货平台。将口岸分散的放箱系统进行整合，共对接9家场站系统、纳入33家放箱代理公司，通过一个平台即可完成提单换单、放箱、放货动作，同时取消口岸12种作业单证，实现放箱放货电子化，打破依靠人工审单、制单、传递单证的传统业务模式。

在国标版“单一窗口”基础上增加监管一站式

服务。从企业系统抽取监管所需的车、船、货、人和进、出、存以及装卸等数据，便于准确研判，提高监管质量。将企业生产所需的查验、放行等监管数据嵌入到企业自身的ERP系统中，实现通关与物流相结合，推进口岸监管方式改革优化。一是建设口岸船舶监管平台。在实现进出口岸国际航行船舶单一窗口申报、系统自行打印进出港许可证基础上，增加港方移泊、临靠、作业计划、重点船舶作业等生产与监管结合的服务模式，同时纳入国际船舶联合登临监管、供退物料监管、进港检疫监督、靠泊检疫风险评估、长效证书管理等船舶监管功能，实现口岸船舶全程申报无纸化和监管全覆盖。二是搭建口岸一站式查验平台。对接海关、码头生产作业、查验区管理系统，实现查验指令自动推送代理企业及网上办理查验申请、移箱委托、进出闸自动识别抬杆、分类计费出账等功能，实现查验涉及的海关、企业、码头等参与方及查验通关、物流、费用结算等流程的全覆盖。三是搭建分流监管平台。船舶靠泊前可以线上申请办理分流、预办提重委托，商务费用实现线上自动结算。海关分流审核通过后，码头系统自动激活准许提离指令，车队或场站直接根据委托号等信息前往码头提箱，电子闸口自动抬杆放行，实现事中事后申报到事前申报的转变。

实践效果：

助力企业提速增效，享受改革红利。通过与国标版“单一窗口”的不断融合，充分发挥贴近企业的业务流程优势，提供更加优质的“一站式”通关信息化服务。

完善服务功能，提升通关效率。将航运物流中的通关过程、港口生产、企业间信息流转等整合至一个平台，实现操作“一键申报”、全程“一站查询”。货主以“零门槛”方式在平台上一站式申报，减少各级代理费用支出；全程航运物流以“零待时”方式实现信息传递，提高口岸大通关效率。

案例11：多式联运“一站式”监管服务。

江苏自贸试验区连云港片区开展多式联运“一站式”监管服务，以海关电子化监管为基础，整合海关、铁路相关系统数据资源，实现运抵申报、报关放行等业务电子化、“一站式”办理，提升通关效率与监管质量。

主要做法：

建设一体化平台。建设多式联运场站管理系统，为企业提供通关、海运、装卸、铁路业务全程办理服务，实现口岸多式联运生产服务“一站式”办理，纵向上相互独立、自行生产运作，横向上实时交互、协同作业。

实现一体化监管。通过实时采集获取各环节数据，为海关提供多式联运货物物流信息化监控与实体化监控相结合的操作平台，填补海关多式联运货物信息化监管空白。

实现智能化安全预警。系统自动采集物流数据，与通关数据进行对比分析，并自动提示异常情况，便于海关有针对性开展实体化监控。

实现生产数据交互共享。场站装车、铁路货票等数据自动推送至海关多式联运监管系统，实现转关单自动申报、自动放行，生成铁路理货报告并核销转关单，提高企业通关申报便捷性，有效降低企业成本。

实践效果：

打造集装箱多式联运智能物流基地样板。通过建设多式联运场站管理系统，有效转变传统对讲机遥控作业方式，提升多式联运场站智能化水平，实现场站内部管理的科学高效。

简化企业手续，提高通关效率。通过与海关多式联运监管辅助系统业务协同，实现纸质申报到电子申报、串联审批到并联审批、事前申报到事后监管等转变。

案例12：二手集装箱交易规范化。

江苏自贸试验区连云港片区依托“一带一路”国际多式联运业务，以二手集装箱交易平台“箱咖集市”为载体，线上撮合交易，推进交易规范化、标准化，合理调配二手集装箱市场资源，提高二手集装箱使用频率及周转效率，有效降低物流成本。

主要做法：

信息共享。依托“港港通”国际多式联运门户网，搭建全国二手集装箱线上交易平台“箱咖集市”，采集上海、厦门、深圳等15个国内重点地区港口集装箱各箱型市场价格，结合行业信息化软件、物流交易平台、大数据处理等方式，每周在“港港通”网站原创栏目“箱约热点”发布二手集装箱价格指数，及时反映二手集装箱价格变化，发布行业预测，为市场交易提供价格参考。

交易预警。通过采集数据，发布二手集装箱市场三种箱型参考单价、二手集装箱价格指数走势曲线图，分析国内15个重点地区二手集装箱交易价格涨跌动态幅度、箱源市场分布特性、市场询盘量增减等信息，满足市场对二手集装箱交易行情的需求，为物流行业二手集装箱交易搭建“保值避险、公平交易”的平台。

税收代征。二手集装箱多为海运退役箱，存在现金交易无票据流转等情况，为企业参与交易带来财务风险。税务部门在“箱咖集市”交易平台成立专门代征点，针对二手集装箱现金交易无票据问题，为交易方开立普通发票，消除财务不规范隐患。

跟踪监管。“港港通”网站“运踪查询”数据管理中心对在“箱咖集市”交易的二手集装箱交易信息、运行轨迹进行跟踪，客户可以实时查询和自助获取二手集装箱相关信息。“运踪查询”数据管理中心打通中欧班列物流信息通道，提高“一带一路”沿线物资周转效率。

实践效果：

国内独家发布二手集装箱价格指数，为中欧班列物流供应链市场提供可参考依据，填补国内二手集装箱市场空白，促进二手集装箱市场健康有序发展。二手集装箱交易平台买卖双方不限地域成交，降低交易成本，实现价格透明，规避交易风险，规范市场发展，促进二手集装箱资源优化配置，提高二手集装箱利用率。

案例13：国际班列（过境）集装箱“船车直取”零等待。

江苏自贸试验区连云港片区为有效解决过境集装箱发运中间环节多、口岸发运效率低、单证流转频繁等长期困扰企业的难题，创新实施国际班列（过境）集装箱“船车直取”零等待模式。

主要做法：

按照以往的国际班列作业模式，过境集装箱在船舶靠港后要经过“船舶靠泊—卸船落场—办理理货、海关、铁路等系列流水申报手续—装车—进入场站—等待发运”等流程，各流程之间前后串联，手续繁琐，消耗时间长，从集装箱抵达港口到装车发运平均需要近4天时间。连云港片区聚焦班列发运时间长的业务痛点，积极探索创新监管模式和作业流程，实现“船车直取”零等待，提高作业效率。

创新业务办理方式。将铁路部门业务办理环节由集装箱抵港后提前到抵港前，代理企业在集装箱船舶抵达锚地时即可向铁路部门申报装车计划，船舶靠妥码头后理货人员上船理货并出具理货报告，海关根据理货报告和代理报关情况对过境集装箱予以放行。

优化生产作业流程。码头公司与发运场站、铁路部门密切配合，协调确定班列发运时间，由铁路部门提前安排班列在发运场站等候，在过境集装箱抵港后，由班列发运场站直接将需装车集装箱由码头分流至场站装车，不再需要在场站卸货后等待班列到达再装车，有效节省作业时间。据统计，从船上卸下到装上火车仅需15分钟，国际班列（过境）集装箱作业完全实现零等待。

实践效果：

优化作业流程。“船车直取”作业模式将铁路审批环节前置到过境集装箱抵港前，省去“卸船—落场—提箱—进场—等待—装车”的中间环节，直接将集装箱从船舶分流至连云港中哈物流基地装火车发运，即“卸船—装车”，优化发运流程。

提升作业效率。在“船车直取”作业模式下，过境集装箱班列的发运时间由原来的4天压缩到1天以内，中转作业时间较以往节约75%，提升国际中转效率。

节约物流成本。集装箱不再需要卸船落场后等待班列到达再发运，为企业节省转运、仓储、装车、卸车等费用，单箱中转成本相比之前降低约60%。

案例14：中亚过境货物监管新模式。

江苏自贸试验区连云港片区围绕落实“一带一路”合作倡议，积极服务和保障哈萨克斯坦小麦过境，实行全程防疫监管模式，助推过境小麦运输常态化开展，有效解决国际班列货物东行多西行少、返程空载比例大的问题，对提升新亚欧大陆桥国际物流运输效能、促进新亚欧大陆桥国际物流大通道建设、打造“一带一路”合作倡议标杆和示范项目起到积极推动作用。

主要做法：

实施全程信息化监管。积极推动全程监管信息化平台建设，设计开发多式联运监管信息化系统，整合进出口、转关、过境等监管模式，建立海关、铁路、港口等多部门、多系统的信息交互通道，实现全程信息化、智能化监管。在入境环节，与新疆海关密切配合，“二线、双向全监管”，建立海陆口岸一体化海关监管工作机制，实现信息共享；在运输环节，两地海关与铁路等部门加强配合，借助信息系统，实现快速申报、线上反馈结果、物流信息跟踪等功能。多式联运各环节信息互联互通、统一协作，既实现海关全程监管和可追溯管理，又有效减轻企业负担，达到“管得住、检得准、放得快、零延时”目标。

健全监管措施。制订运输与疫情防控方案，过境小麦到达连云港口岸中哈物流基地后，按照防疫制度要求，采取“三专”措施（专场、专库、专设施），确保过境小麦不流失、不扩散、不撒漏，哈萨克斯坦小麦在连云港口岸通过“集改集”（铁路集装箱换装至海运集装箱）、“集改散”（铁路集装箱在离境口岸进行拆箱，散装运输）运输方式，安全顺利出口到东南亚等地。

优化监管流程。对哈萨克斯坦小麦等过境货物简化过境手续，优化报关、检疫监管、放行流程，降低企业时间和经济成本。协同联动口岸港口、仓储、接卸和铁路部门，实现铁路出口和过境转关单通过多式联运监管信息化系统自动抓取信息比对，自动审放。实施提前申报，采取“船车直取”作业模式，实现“前港后站、港站互连”，建立码头与铁路间快速分流通道，提高铁路装卸和发运效率。

完善配套设施。严格按照《过境粮食检验检疫管理规范》要求，推动哈萨克斯坦过境小麦相关监管项目建设，明确接卸专用铁路线及装卸场所，改建过境粮食运输专用仓储场地，建造防尘装卸设施，及时协调解决项目推进中的防疫技术难题，确保相关设施建设满足哈萨克斯坦小麦持续、高效、安全过境需求。

实践效果：

哈萨克斯坦过境小麦监管新模式的成功运作，形成过境粮食防疫监管标准化新流程，提高放行效率50%以上。截至目前，已累计服务过境哈萨克斯坦小麦41列、5.2万吨，实现常态化运作。溢出效应也持续放大，泰国大米过境出口塔什干等业务随之开展，实现哈萨克斯坦小麦与泰国大米的东西双向对流、“重去重回”，标志着新亚欧大陆桥粮食过境运输安全大通道、物流大循环正式开启。哈萨克斯坦小麦过境业务还持续吸引中亚、东南亚等地其他国家积极关注，目前已有中亚钾肥、铁合金等货物通过连云港口岸过境。

四、江苏省政府及相关部门出台的政策措施

（一）《关于印发中国（江苏）自由贸易试验区建设实施方案的通知》。

（二）《省政府关于印发在自贸试验区开展“证照分离”改革全覆盖试点实施方案的通知》。

（三）《中国人民银行南京分行、国家外汇管理局江苏省分局关于金融支持中国（江苏）自由贸易试验区建设的指导意见》。

（四）《江苏省商务厅关于印发支持中国（江苏）自由贸易试验区改革创新若干措施的通知》。

（五）《江苏省自然资源厅关于加强中国（江苏）自由贸易试验区自然资源服务保障工作的通知》。

（六）《国家外汇管理局江苏省分局进一步推进中国（江苏）自由贸易试验区外汇管理改革试点实施细则》。

五、大事记

8 月 2 日，国务院批复同意设立中国（江苏）自由贸易试验区，并印发《中国（江苏）自由贸易试验区总体方案》。

8 月 26 日，国务院新闻办公室召开新设一批自贸试验区政策吹风会，江苏省副省长郭元强出席并介绍江苏自贸试验区相关情况。

8 月 30 日，省委娄勤俭书记、吴政隆省长为中国（江苏）自由贸易试验区及南京、苏州、连云港片区揭牌。

9 月 24 日，吴政隆省长赴江苏自贸试验区苏州片区开展专题调研。

10 月 22 日，省委、省政府召开中国（江苏）自由贸易试验区工作领导小组第一次全体会议，强调要高标定位、高点起步，推动集成超越、后发先至，努力打造国内一流、国际公认的自贸试验区。省委娄勤俭书记、吴政隆省长出席会议并讲话。

11 月 17 日，中国（江苏）自由贸易试验区工作领导小组印发《中国（江苏）自由贸易试验区建设实施方案》。

11 月 30 日，省政府印发《在自贸试验区开展“证照分离”改革全覆盖试点实施方案》。

11 月 30 日，省委秘书长郭元强主持召开中国（江苏）自由贸易试验区智库专家座谈会，就高标准高质量建设自贸试验区听取相关专家意见建议。

2019 年中国（广西）自由贸易试验区建设概况

中国（广西）自由贸易试验区工作办公室

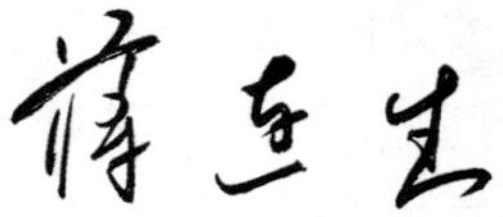

中国（广西）自由贸易试验区工作办公室主任

蒋连生，广西壮族自治区商务厅党组书记、厅长，广西壮族自治区口岸办公室主任（兼），中国（广西）自由贸易试验区工作办公室主任（兼）。

蒋连生同志毕业于中南财经政法大学，在职研究生学历，经济学学士。曾在广西财经学院、广西财政厅、崇左市政府、崇左市委和广西卫计委工作，长期从事财税金融和外经外贸等工作，对财税政策、经贸规则、区域开放合作等领域有比较系统的研究和丰富的实践经验。特别是近年来，积极推动落实广西开放发展形成新格局，推动落实陆海新通道、自贸试验区建设等重大战略部署，进行了深入研究和实践创新，取得了显著成效。2019 年自治区商务厅因推动更高水平开放平台建设成效显著，获得自治区党委、政府通令嘉奖。

一、经济运行数据

（一）投资情况。

中国（广西）自由贸易试验区自 2019 年 8 月 30 日挂牌至 2019 年 12 月底，新设立企业 4 724 家。其中，内资企业 4 684 家，注册资本总额 8 588 448 万元人民币；外商投资企业 40 家，合同外资金额 249 950 万美元，实际利用外资金额 8 383 万美元。备案境外投资机构 2 个，中方协议投资金额 20 243 万美元，中方实际投资金额 589 万美元。税收收入 96 139 万元人民币。固定资产投资 3 013 286 万元人民币。

（二）贸易情况。

2019 年 8 月 30 日挂牌至 2019 年 12 月底，自贸试验区进出口总额 3 994 875 万元人民币，其中，进出口额 1 791 568 万元人民币，出口额 2 203 306 万元人民币。

（三）金融情况。

截至 2019 年 12 月底，自贸试验区新增金融机构 35 家。其中，持牌金融机构 7 家；非持牌金融机构 28 家。

截至 2019 年 12 月底，区内银行向境外企业发放人民币贷款余额 0 万元人民币。2019 年 8 月 30 日挂牌至 2019 年 12 月底，跨境人民币结算金额 794 693 万元人民币。

（四）创新情况。

2019 年 8 月 30 日挂牌至 2019 年 12 月底，自贸试验区专利申请 60 件，专利授权 19 件。新增高新技术企业 41 家，营业收入 696 423 万元人民币。

二、建设措施及成效

2019 年 8 月 30 日，广西自贸试验区正式挂牌，开启了广西开放发展的新征程。广西壮族自治区党委、政府高度重视，坚持以制度创新为核心，以可复制可推广为基本要求，全面落实党中央关于打造西南中南地区开放发展新的战略支点的要求，着力建设西南中南西北出海口、面向东盟的国际陆海贸易新通道，形成“一带一路”有机衔接的重要门户，围绕打造“四个高地”，建设“五区一港”，推动自贸试验区建设，为广西开放发展注入强大新动力。

（一）加快构建制度保障体系。

自治区党委、政府对建设好广西自贸试验区高度重视，自治区主要领导多次赴自贸试验区开展专题调研，亲自谋划部署。建立了指挥部指挥协调机制，由副省级领导担任指挥长。以指挥部体制推进自贸试验区横到边、纵到底的建设与协调。指挥部下设政府职能转变、投资领域改革等 10 个工作部。揭牌以来，召开了 18 次指挥长工作会议，形成扁平高效的指挥部运作机制，实现自治区领导靠前指挥，各有关厅局、片区全力落实的工作体系。商务部将广西自贸试验区的指挥部模式作为案例向全国 18 个自贸试验区推广。完善制度政策支撑体系，自治区出台《促进中国（广西）自由贸易试验区高质量发展支持政策》《广西壮族自治区科学技术厅关于印发深化外国人来中国（广西）自由贸易试验区工作许可管理若干措施（试行）的通知》等政策文件，对自贸试验区立法实行“特事特办”，将《中国（广西）自贸试验区条例》列入 2020 年自治区人大立法计划。当前，自治区上下已经形成重大改革在自贸试验区先行先试，各类资源要素日益向自贸试验区集聚的良好态势。

（二）试点任务全面推进。

全面启动广西自贸试验区 120 项试点任务，2019 年部署推进完成 55 项试点任务（占 120 项总任务的 45.8%）。截至 12 月 31 日，根据商务部任务完成标准，该 55 项试点任务已完成 38 项，占全部 120 项试点任务的 31.7%。在 120 项试点任务外，片区自主改革探索创新事项 41 项，其中南宁片区 7 项，钦州港片区 19 项，崇左片区 15 项。

（三）开放型经济加速集聚。

广西自贸试验区坚持把开放型经济发展作为建设成效的“试金石”，紧密围绕片区主导产业，既注重对内开放，更注重对外开放，着力促进开放型经济高质量发展。大力推动招商引资和产业发展，全力推动营商环境建设，提升服务企业水平。自 2019 年 8 月 30 日揭牌之日起，广西自贸试验区官网、官微、官博同步启用，南宁、钦州港、崇左片区的综合服务大厅正式对外运营，商事登记、项目审批等服务功能逐步完善，市级审批权限已基本下放片区执行，一批智能化审批服务逐步实施。4 个月来，广西自贸试验区累计新增企业 4 724 家（含外资企业 40 家，新增合同外资额 249 950 万美元），进出口总额 3 994 875 万元人民币，其中，进出口额 1 791 568 万元人民币，出口额 2 203 306 万元人民币。

（四）形成具有广西特色的创新案例。

制度创新是自贸试验区建设的核心任务，也是检验自贸试验区成效的重要标准。广西自贸试验区聚焦面向东盟、陆海联动和沿边开放三大特色，积极开展差异化探索，通过矩阵式项目管理模式强化制度创新，全面落实各项改革试点任务，形成一批具有广西特色的创新经验。一是积极探索支持推动国际陆海贸易新通道建设的新经验。建设好国际陆海贸易新通道是国家的一项重大战略部署，广西自贸试验区围绕贸易便利化、投资自由化、物流标准化在钦州港片区开展制度创新，有效推动国际贸易物流集聚。如：国际海铁联运集装箱共享管理机制，船舶载运低风险危险货物便利化运输监管模式。二是积极探索促进沿边经济发展的新路径。广西自贸试验区创新开展“边境贸易+互联网”贸易发展新模式，沿边金融服务保障机制创新等。三是积极探索深化面向东盟开放合作的新模式。广西自贸试验区积极推动“提前审结、卡口验放”进口货物通关新模式，集装箱矿产品“口岸直提，属地施检”通关监管模式等。相关制度创新成果正在不断释放改革红利，如“互联网+”不动产登记改革，首创全国 24 小时不打烊不动产登记；集装箱矿产品“口岸直提，属地施检”通关监管模式当年给企业节约成本约 5 000 万元，通关时间由 8 天减少为 2 天。

（五）片区建设启动顺利。

各片区所在设区市党委政府高度重视，成立市委书记、市长为组长的领导小组，举全市之力建设自贸试验区，统筹片区发展。推动片区体制机制加快理顺，落实 120 项改革试点任务，增强片区自主改的主动性。南宁片区着力优化营商环境。致力打造“一窗一事全办好”的政务服务生态系统，审批环节、材料、时限较改革前平均减少1/3，部分事项审批比法定时限压缩75%以上。钦州港片区先后9次召开工作推进会，整合辖区3个园区涉企行政审批业务服务事项276项。设立陆海新通道“专用查验平台”和“专用窗口”，推进国际贸易“单一窗口”（智慧湾）升级，“单一窗口”申报率达100%。北部湾国际门户港航运服务中心揭牌运营；全力推动“向海经济集聚区”建设。崇左片区推动互市商品落地加工；实施公铁联运、中越边民备案验放制、简化综保区保税车辆通关流程等便利化举措；跨境金融取得积极进展，22家越南企业在凭祥的商业银行开立境外机构人民币结算账户；中越跨境电子信息产业园标准厂房、凭祥·江楠（东盟）农产品智慧交易中心等9个项目开竣工。挂牌以来，分别与三诺集团等企业签约项目36个，投资额超160亿元。

中国（广西）自由贸易试验区概览

2019年8月2日，《国务院关于印发6个新设自由贸易试验区总体方案的通知》印发实施，中国（广西）自由贸易试验区（以下简称广西自贸试验区）正式设立。

功能布局

广西自贸试验区的实施范围119.99平方公里，涵盖三个片区：南宁片区46.8平方公里（含南宁综合保税区2.37平方公里），钦州港片区58.19平方公里（含钦州保税港区8.81平方公里），崇左片区15平方公里（含凭祥综合保税区1.01平方公里）。

南宁片区重点发展现代金融、智慧物流、数字经济、文化传媒等现代服务业，大力发展新兴制造产业，打造面向东盟的金融开放门户核心区和国际陆海贸易新通道重要节点。

钦州港片区重点发展港航物流、国际贸易、绿色化工、新能源汽车关键零部件、电子信息、生物医药等产业，打造国际陆海贸易新通道门户港和向海经济集聚区。

崇左片区重点发展跨境贸易、跨境物流、跨境金融、跨境旅游和跨境劳务合作，打造跨境产业合作示范区，构建国际陆海贸易新通道陆路门户。

战略定位

以制度创新为核心，以可复制可推广为基本要求，全面落实中央关于打造西南中南地区开放发展新的战略支点的要求，发挥广西与东盟国家陆海相邻的独特优势，着力建设西南中南西北出海口、面向东盟的国际陆海贸易新通道，形成“21世纪海上丝绸之路”和“丝绸之路经济带”有机衔接的重要门户。突出打造国际陆海贸易新通道，加快建设陆海联通门户港、建设中国-中南半岛陆路门户，构建以海铁联运为主干多式联运体系，完善陆、海、空一体化现代物流体系，为有机衔接“一带一路”提出实施路径和具体措施。突出打造边境合作新模式，推动跨境贸易、跨境物流、跨境金融、跨境旅游和跨境劳务合作等创新改革，为全国沿边地区深化同周边国家互利合作、睦邻友好，提供可复制可推广经验。突出打造对东盟合作先行先试示范区，进一步拓展与东盟国家在物流、贸易、产业、金融等多领域合作，促进开放型产业集聚，促进中国与东盟区域经济一体化发展。

发展目标

经过三至五年改革探索，对标国际先进规则，形成更多有国际竞争力的制度创新成果，推动经济发展质量变革、效率变革、动力变革，努力建成贸易投资便利、金融服务完善、监管安全高效、辐射带动作用突出、引领中国-东盟开放合作的高标准高质量自由贸易园区。

三、创新成果及案例

自2019年8月30日中国（广西）自由贸易试验区揭牌成立以来，广西壮族自治区党委、政府高度重视，各片区凝心聚力、真抓实干，大胆试、大胆闯、自主改，在完成自贸试验区试点任务过程中积累了一批有特色、可复制的好经验好做法。包含12项可复制推广事项和2项创新案例。

（一）可复制推广事项。

涉及政府职能转变事项5项："互联网+"不动产登记模式，外籍驾驶证验真快办，融合政务、产业、商业数据的智慧城市公共服务平台，就业社保惠企补贴"免办"发放服务，"一件事"定制服务清单。涉及通关创新事项2项：未获准入动植物产品及动植物源性食品类展品监管模式创新，集装箱矿产品"口岸直提，属地施检"通关监管模式。涉及贸易转型升级事项2项：国际邮件、快件、跨境电商"三合一"集约化通关模式，"边境贸易+互联网"贸易发展新模式。涉及通道门户开放创新事项2项：国际海铁联运集装箱共享管理机制，船舶载运低风险危险货物便利化运输监管模式。涉及金融开放创新事项1项：沿边金融服务保障机制创新。

案例1："互联网+"不动产登记模式。

主要做法：一是建立跨部门一体化服务机制。推进不动产登记电子证照推广使用。二是建立"互联网+"不动产登记智能服务体系。组建专业技术服务团队做好"互联网+"不动产登记信息平台维护和业务流程再造，完成登记机构、登记簿册、登记依据和信息平台"四统一"，及时解决群众和企业使用过程中遇到的问题。三是加强不动产改革政策宣传。获取各部门单位和社会用户认可。

改革亮点：一是全国首创"24小时不打烊"不动产自助办证登记模式。系统自动将不动产登记信息与公安、税务、民政、住建、市场监管等部门共享的身份、缴税及企业注册数据等信息进行比对，智能辅助审核，即时办结，实现"不见面审批"。二是创新推动办理不动产登记电子证照。不动产登记电子证照在业务完成登簿后由系统同步自动生成，平台提供电子证照下载和打印功能，实现不动产登记申请、审核、颁证全过程网上辅助办理，群众办证"一次也不用跑"。三是创新构建跨部门一体化服务机制。建立自然资源部门与住建、税务等部门业务联动工作机制，实现交易登记业务、登记缴税业务集成办理，避免群众在多部门间来回跑和重复提交材料。

实践成效：一是不动产登记高效便利，为群众和企业提供"马上办、网上办、零跑腿、不见面"的全新智能办证体验。二是打造"互联网+"不动产登记改革的"南宁样本"，不动产登记营商环境极大改善。据统计：实施自助办证登记模式以来，日均线上自助登簿占比75.48%，线下人工登簿占比24.52%；日均线上自助查档占比93.14%，线下人工查档占比6.86%。

案例2：外籍驾驶证验真快办。

主要做法：一是外籍人士申请临时驾驶许可时，提交外国驾驶证。民警或工作人员使用"外籍驾驶证换证助手"检索对应的国家、车型。二是按照系统提示验证真伪，并按系统中各国车型代码解读确认能否核发驾驶许可，应对应核发中国驾驶许可的车型。三是民警或工作系统根据系统生成资料制作驾驶证翻译件，并核发临时驾驶许可证件。

改革亮点：一是创建"外籍驾驶证解读系统"，成功破解、翻译多国驾驶证信息。二是创建外籍驾驶证换领临时驾驶许可无须提交翻译件模式，现场办结。核发临时驾驶许可资料全国最简。三是通过系统有效防范使用假驾驶证办理业务。

实践成效：全国首创"外籍驾驶证换证助手"系统，采集132个国家和州驾照，实现了930个车型的翻译、解读、验真，可实现77%以上办理临时驾驶许可的外籍驾驶人免提供翻译解读资料，实现"验真快办"。一是业务更规范。通过参考各国交通部门官网、翻译美国执法机构驾照样本书籍《ID Checking Guide》、给各领事馆发照会等方式，收集权威驾照解读信息和验真资料，及时发现假证和不符合换发要求的驾驶证，把好源头关。二是资料最简化。外籍人士办理临时驾驶许可时，系统能解读的驾驶证，工作人员可现场免费代提供翻译件，实现临时驾驶许可资料全国最简，避免外籍人士为提供驾驶证翻译件而往返，为其减少翻译所需时间、路程、经济成本。三是办理更高效。许多国外驾驶证只有准驾车型代码，没有对代码的描述。外籍人士即使提交驾照翻译件，工作人员不知应核发何种车型。且部分驾照使用的日期为伊斯兰历、泰国佛历、天皇年号等，解读录入系统花费时间较长。“外籍驾驶证换证助手”成功解读相关信息，工作人员按照系统提示录入，可实现业务办理高效便捷。

案例3：未获准入动植物产品及动植物源性食品类展品监管模式创新。

主要做法：一是建立现场专人负责制。对博览会参展的进境动植物及其产品，指定专人负责，协助快速办理检疫审批手续。二是建立风险评估机制。在展会现场设置食品、工业品、植物检疫三大类快速检测实验室，对高风险展品进行现场快速监测。三是建立现场风险处置机制。对不能确定风险可控的，在现场即时实施封控、无害化销毁或安全封存隔离。四是推动允许国外暂未获得准入但风险水平可接受的动植物产品及动植物源性食品类展品在博览会展示。

改革亮点：一是建立快速风险判别体系。通过现场快速检测实验室，实现对参展食品、工业品的重点监测和对截获有害生物的快速鉴别。二是建立风险检控体系。实现展品通关、检验检疫、实验室检测等手续的现场快速办理，进境动植物检疫许可证审批（如涉及）的专人对接办理，提高展品通关效率。三是建立高风险处置机制。四是对未获得我国检疫准入的国外农产品可以用于博览会展示，丰富博览会参展农产品种类。

实践成效：一是博览会入境展品通关高效便捷，风险可控，把关成效明显。2019年第16届东博会入境参展的15个海运货柜、2个空运货柜以及134个展商手提货物，共13 987件、货值124万美元的展品全部顺利通关按时布展，海关监管服务工作继续保持“零投诉”；第16届东博会共抽取90个样品进行快速检测，检出4批不合格的参展食品，1批未获得准入的涉嫌濒危物种的鹿角制品以及2批禁止通过携带方式入境的展品；在入境展品木质包装中截获6种活体有害生物，其中1种为危害性极大的检疫性有害生物四纹豆象。二是在博览会展示的原产于东盟国家的动植物产品及动植物源性食品种类进一步增加。2019年第16届东博会参展品种类再创新高，达历届之最。

案例4：融合政务、产业、商业数据的智慧城市公共服务平台。

主要做法：一是整合数字证照在多个场景的应用。手机应用平台将个人身份证、电子社保卡、驾驶证、行驶证、电动车证、公积金、英才卡等电子信息进行在线认证，并通过授权数据在各场景应用。二是整合主流支付渠道。手机应用平台整合主流支付渠道，包括支付宝、微信、网银、社保卡等支付渠道，供各应用对接使用。三是以一个身份二维码打通多个支付应用场景。平台的“一码通城”应用接入地铁、BRT、公交、医院、药店、食堂、动物园、公园等场景，市民和游客通过一个身份二维码替代各种支付方式，可以不排队、不购票、不充值、不带卡，先享受后付费。四是整合信用信息资源和商业信用数据，建立个人诚信分计算模型。在政务服务、公共交通、看病就医、图书借阅、公园景区等领域提供信用惠民服务；将采信、评信、用信融为一体，推出全国首创诚信勋章，为获得诚信勋章的市民、企业提供相关的政务及生活服务和信用生态，实现用户信用应用的闭环。五是创建外籍人员服务平台，专为外国人提供政策资讯、办事指南等政务服务，以及一码通城、智能翻译、周边旅游、酒店服务、美食购物等便民服务的城市级公共服务手机应用程序。

改革亮点：打通政务、产业、商业互联网数据，率先在城市级公共服务平台上建成全国领先的三大能力中心（统一的用户认证中心、统一的支付中心，统一的信用中心），为市民和企业提供政务、便民和产业服务。一是基于实人实名的一号认证。依托政务服务数据共享平台和电子证照库建设，构建统一的用户中心，通过人脸检测、人脸识别技术，实现数字证照信息获取、验证，用户只需一次认证，即可使用平台中的所有应用。二是基于安全认证的统一支付。整合支付宝、微信、银联、社保卡等支付应用，建立统一的支付中心，为平台上的应用提供统一支付渠道，实现多元化的在线支付。三是基于个人信用的先享后付。通过汇集和分析各政府部门和市场商业数据，构建统一的信用中心，建立个人、企业的信用评分模型，为基于信用的城市服务提供数据支持，实现信用信息与信用场景的对接，并支持先享后付。

实践成效：一是“爱南宁”手机应用程序为市民精心打造涵盖交通出行、医疗、政务、教育、旅游、支付等领域近 100 项应用，用户只需下载“爱南宁”手机应用程序，即可办理各行业面向个人和法人的服务。目前手机应用程序用户注册超 350 万，占南宁市近一半的人口，日活量超过 15 万人次，成为国内最为活跃的城市级手机应用程序之一。二是“爱南宁”手机应用程序通过打通政务数据、整合分散在各部门的信息惠民服务，大大提高市民和企业的办事效率，比如新生报名系统，改革后家长只需在手机应用程序上填表，承诺其真实性，由学校通过系统核实不动产登记、户籍信息后批量录入即可；通过打通企业和商业数据，结合政务数据进行二次开发形成便民应用，大大提升市民的获得感，比如利用政务数据和商业数据开发“保险服务”应用，可以让参保市民用医保个人账户资金在平台上为本人及家人选购商业健康保险。三是“爱南宁”手机应用程序已获得 3 项专利、20 项软件著作权，是第一批数字广西建设标杆引领重点示范项目。四是“爱南宁”手机应用程序纳入广西壮族自治区政府发布的《关于深入实施大数据战略加快数字广西建设的意见》中向全区推广，并在此基础上升级打造了“爱广西”手机应用程序，覆盖全区各地市。五是全国首创东盟版服务平台，为外国人提供了优质高效的城市公共服务。

案例 5：就业社保惠企补贴“免办”发放服务。

主要做法：一是建立人社“业务大集中”系统。整合就业创业、社会保险、人事人才等 10 个业务系统，建立覆盖人社全业务的智慧人社系统，建成全市“一人一号、一企一号”的人社大集中数据库和内部融通、外部联通、上下贯通的人社一体化服务平台。二是建立人社“数据聚通用”平台。实现内部数据融通的基础上，通过与发改、公安、编委、市场监督、卫计、民政、行政审批等部门横向联通，建成以人社内部数据为核心、市直部门数据共享为支撑的智慧人社“数据聚通用”平台，为补贴发放的数据比对、智能分析提供支撑。三是建立补贴“免办发放”平台。开发专门的补贴“免办发放”平台，将各类惠企补贴的政策条件转为技术参数，智能检索合规企业；依托企业网厅办事等管理优势，通过网厅“弹框”和手机“短信”主动推送补贴告知信息，由单位登录网厅点击“同意”确认补贴申请，经办部门按程序审核后即发放补贴资金。四是建立资金“安全守护”机制。网厅严格限定企业通过 CA 认证的 UKEY 登录操作，确保企业对申报确认、补贴信息、违规责任等法律承诺不可抵赖；企业复核信息生成一对一的电子档案留存，实行全程系统留痕、减少人为干预；补贴发放实时跟踪，将企业补贴通过“社银直联”发放对公账户，一旦识别到企业不符补贴条件自动中断补贴发放，全面防范干部“权力任性”和资金“跑冒滴漏”。

改革亮点：一是建立“线上一网通，线下一门办”人社服务新模式。在全国率先建成覆盖人社全业务的“智慧人社”系统，线上打造人社服务“全市一张网”，线下将“多门多窗”改为“一门综窗”，实现 226 项人社公共服务“全市通办”“一网通办”，衔接行政审批，贯穿服务终端，群众“进一门”能办人社所有事，“进一窗”办完人社所有事。二是打破企业向政府“要补贴”的传统服务模式。针对长期以来企业享受各类援企惠企补贴存在的“谁知道、谁申报、谁享受”被动服务难题，通过人社对内数据融通、对外数据共享，主动比对筛选符合补贴企业，主动推送补贴确认信息，实现企业“一键”领补贴，形成民生政策“一出台、即落地”，企业群众“对条件、就享受”的服务新生态。

实践成效：一是企业办事省心省力。“免办”后，“上门申请”变成“在家确认”，全程“零表格”“零材料”“零跑腿”。例如“稳岗返还”“新增就业岗位社保补贴申领”两项事项“免办”，每年为企业和群众免去跑腿6万多人次、减少材料7万多份。二是政策落地大幅提升。日均新增205家，是“免办”前日均31家的6倍；落地率由13.63%迅速提高到56.21%（3个月增长42.58%），达到2018年全年落地率的4倍。“免办”发放企业新增就业岗位社保补贴190家次520.54万元，惠及企业数超过2018年全年的3倍。三是小微企业实惠明显。让广大小微企业真切体验到国家政策红利。四是经办风险大幅减少。“免办”平台智能筛选合规企业，杜绝企业主动申办材料造假风险，减少人工审核主观风险；将企业缴纳社保对公账户作为补贴发放唯一账户进行锁定，杜绝企业经办人员“不报告”“入私户”等风险；将企业或个人反馈的复核信息生成一对一的电子档案留存，对每一笔补贴资金严格做到申办意愿确认、账户信息复核、违规责任承诺，强化法律认可和跟踪监管，确保补贴资金既“花得出去”，更“花得安全”。五是得到人社部认可和推广，向全国推广南宁人社“线上一网通、线下一门办”服务改革经验。

案例6：“一件事”定制服务清单。

主要做法：一是确立和公布“一件事”定制服务清单。推行审批套餐定制式服务，企业可按需求选择创业套餐办事。二是出台“一件事”定制服务清单事项办理的办事指南和办理流程。三是构建“一点为中心，多点辐射”格局。以办理营业执照为主，辐射办理相关许可证的证照联办模式。

改革亮点：一是推行证照联办、内部流转、集成服务，整合办理事项，创新1个营业执照+多个行政许可的“1+N”服务模式。二是推行定制化、人性化的审批事项套餐式服务，使办事群众实现“一窗受理，一个事项一站办结”。

实践成效：一是围绕食品、医药、劳务等办事热点，以办好“一件事”为出发点，对企业创办运营需办理的证照整体打包、并联办理，再造流程，高度整合为一套报表申请，一次递交材料，内部并联审批，一次性领取相关证照，审批环节、材料、时限较原来平均减少1/3，部分事项审批比法定时限压缩75%以上。二是减少企业开办办理时限，大幅压缩审批时限。企业开办由“工作日”办结进入“小时”办结，线上全流程电子化登记，线下“一号通、一表办”2个小时领取“照、章、票”，以及预约银行开户。

案例7：国际邮件、快件、跨境电商“三合一”集约化通关模式。

主要做法：一是改革岗位设置，根据邮件、快件、跨境电商不同的监管要求和作业特点，实现“选、审、查、处、控”分离。二是建设跨境电商监管设施，对国际邮件、快件、跨境电商货物进行集约化监管。按照《海关监管作业场所（场地）设置规范》对监管场地进行规范化建设及优化改造，在同一监管区域内同步建设各类监管作业场所（场地），各类监管作业场所（场地）之间建立隔离设施以及设置区分标识。三是建设国际邮件、快件、跨境电商上线总署统一版作业系统。企业通过国际贸易“单一窗口”实现“一次申报”，实现跨境电商、邮件查验无缝对接，“一次查验、一次放行”。四是建设邮政跨境电商企业服务平台，实现与跨境贸易电子商务政府公共服务平台的系统对接。五是建设自动化跨境电子商务进出境物品查验分拣线，提升跨境电商监管效率。

改革亮点：一是实现集约化监管。改变由不同监管中心监管跨境电商、国际邮件、国际快件的传统做法，实现多种业务同一场地作业、同一时间清关，避免重复投资、重复建设，有效节约监管资源，提高资源利用效率。二是实现集聚化发展。通过构建“三合一”通关模式满足跨境电商进出口多元化需求，实现跨境电商企业向园区聚集。

实践成效：一是实现对国际邮件、快件、跨境电商的进出口装卸、集中查验、转关监管、检疫处理等通关服务的一站式办理。二是提高通关效率，实现国际邮件、跨境电商到场24小时内正常通关，平均通关能力达到100万件/日。申报规范率、征税率、查获率高于同类监管场地平均水平。

案例8：国际海铁联运集装箱共享管理机制。

主要做法：一是推进海铁联运平台公司与铁路、船公司三方合作，建立铁路集装箱与海运集装箱互认机制，实现铁路集装箱“一箱到底”的全程国际多式联运。二是海铁联运班列货物在沿线物流节点使用铁路集装箱装运，到达海港后不用换箱，直接上国际集装箱班轮出口。三是船公司在国外港口设置还箱点，开展铁路集装箱还箱业务，实现铁路集装箱循环利用以及与海运集装箱的互使互换。

改革亮点：国际海铁联运铁路集装箱“一箱到底、原箱出口”。

实践成效：一是极大提升西部陆海新通道海铁联运服务能力，开行在钦州港不用换箱即装运海船的海铁联运铁路集装箱出境班列，出口至越南、泰国、印度尼西亚等东南亚国家。二是有效解决西部内陆地区海运集装箱匮乏、铁路集装箱富余的问题，提升铁路箱使用率，增加经营效益。三是铁路集装箱加入西部陆海新通道外贸货物流转，把“一箱到底、原箱出口”的服务辐射到内陆腹地，吸引更多的内陆企业通过西部陆海新通道将商品出口海外，实现多方共赢、互利互惠。四是提高国际海铁联运运输效率，大幅降低物流成本，港口集装箱进、出口环节合规成本分别下降43.5%、28.6%。

案例9：“互联网+”不动产登记模式。

主要做法：一是符合条件的企业以保税仓库货物方式（监管方式：1233）报关进口。二是进口集装箱矿产品运抵海港口岸后，口岸海关仅对矿产品实施放射性检测、箱表检疫、机检抽查，货物由企业自行运输到目的地的保税仓库，由目的地属地海关实施场外监管和检验检疫监管。三是实施海关区域风控中心处置模式流程再造，在集装箱装矿产品进口涉及检验检疫查验布控指令时，将放射性检测、箱表检疫、机检抽查以外的布控内容转移下达至属地海关执行。四是实施事中事后监管。加强对企业履行承诺的监督。检验结果合格的，属地海关解除监管，企业正常使用；检验结果为国家禁止进口的固体废物、洋垃圾等不合格商品的，属地海关移交缉私部门并依法对货物退运处理；对有毒有害元素国家无强制性技术规范要求的，检验不合格的，属地海关通知当地环保部门做好货物加工时排放监测及无害化处理。

改革亮点：创新实施集装箱矿产品“口岸直提，属地施检”通关监管模式。将进口集装箱装矿产品集中在口岸实施放射性检测、箱表检疫、机检抽查后，直提至货物目的地的保税仓库由属地海关实施检验鉴定。

实践成效：一是大幅缩减货物通关时间。实施“口岸直提，属地施检”通关监管模式后，钦州港货物口岸通关时间减少5—7天。二是降低企业经营成本。实施新的通关监管模式后，每个集装箱能节省港口杂费、利息、损耗近2 000元。以南方有色金属有限责任公司为例，全年能降低生产经营成本1 500万元以上。三是提高口岸整体效率。通过实现口岸、属地联动，大幅缩短相关货物在口岸的滞留时间，即管得住又通得快。

案例10：船舶载运低风险危险货物便利化运输监管模式。

主要做法：一是建立海事部门与海关、铁路、港口等部门的监管服务机制，实现海铁联运危险品集装箱信息的“互联、互通、互认”。二是制定汽车及零配件等船舶载运低风险危险货转普通货物运输的安全技术措施指南，对集装箱装箱、货物积载和系固、危险货物标志标识、船舶载运危险货物申报等重点业务环节进行指导。三是实施海铁联运低风险危险货物集装箱“异地申报、异地查验、远程监管”的海事一站式监管模式，对船舶载运危险货物和污染危害性货物进出港口审批、固体散装货物（危险货物除外）适装报告、船舶防污染作业报告全部施行网上办理、链条管理。四是对船舶载运危险货物相关企业、人员实行诚信管理，给予诚信企业降低抽查比率便利。

改革亮点：一是实施海铁联运低风险危险货物集装箱“异地申报、异地查验、远程监管”的海事一站式监管模式；二是对汽车等危险货物采取安全技术措施后，转按普通货物监管方式便利运输；三是建立海铁联运危险货物集装箱信息的“互联、互通、互认”机制。

实践成效：一是降低企业运输成本和时间成本。实施该创新制度以来，累计已有11 000余辆汽车按普通货物方式通过钦州港船舶载运出口东盟国家，平均每个集装箱（装载两辆汽车）节省费用1 800元、节省时间2个小时。二是极大方便西部陆海贸易新通道货物的申报工作，渝、川等沿线企业可以申请对危险货物集装箱“异地申报、异地查验”，提升通行质量和效率。三是船舶载运危险货物申报实现互联网办理和无纸化两个100%，申报时间由原来的1—2个小时缩减至10分钟，极大地节省了业务办理的时间成本和经济成本。

案例11：沿边金融服务保障机制创新。

主要做法：一是开展银行间毗邻国货币清算业务。由实力较强的银行探索做市商报价，建立银行间人民币对毗邻国货币汇率直接定价机制，并开展毗邻国货币清算业务，畅通毗邻国货币清算渠道。建立毗邻国或地区货币服务平台，统一对市场主体发布人民币对毗邻国货币汇率牌价，建立规范的人民币对毗邻国货币汇率形成机制。二是创新开展边境贸易跨境人民币结算。推行互市贸易“银行+服务中心”结算模式，通过设立互市贸易服务中心，上线运行“边贸服务平台信息系统”，开展互市贸易信息互联互通建设；引入非银行支付机构与银行合作开展互市贸易集中跨境人民币支付；试点互市贸易通过自助机由边民自主发起银行结算申请；为边民开立互市结算卡，创新边民互市贸易融资方式等措施，让互市贸易结算更便利、更安全。三是通过国内商业银行与毗邻国务工人员用工企业签订代发工资协议，为毗邻国务工人员办理发放银行卡等金融业务。

改革亮点：一是首创以做市商的定价机制，建立银行间人民币对东盟小币种汇率直接定价机制。建立银行间毗邻国家货币头寸清算渠道。二是设立互市贸易服务中心，引入非银行支付机构为线下互市贸易开展线上集中跨境人民币结算。互市贸易通过自助机由边民发起跨境人民币结算申请。三是在边境地区为毗邻国务工人员发放个人银行卡代发工资。

实践成效：一是建立广西（凭祥试验区）东盟货币服务平台，银行间越南盾交易取得新突破。2018年以来，凭祥的北部湾银行及农村商业银行与中行凭祥支行建立了越南盾清算合作协议。2019年9月—12月，银行以广西（凭祥试验区）东盟货币服务平台报价累计对客卖出越南盾达24.36亿元。二是通过积极引导和支持市辖区商业银行大力开展以边贸为主的跨境人民币结算业务，推动凭祥跨境人民币结算快速发展。2019年9月—12月，辖区银行累计为企业、个人办理跨境人民币结算761 381万元，其中通过“银行+服务中心”模式为边民办理互市贸易结算金额3.05亿元。三是通过银行卡为越南务工人员发放工资，有效避免国际性劳资纠纷，进一步吸引越南劳动力向凭祥转移，为劳动力密集型的边境加工企业解决用工难、用工贵等问题，有力推动边境加工产业发展。2019年9月—12月，辖区内银行已为越南务工人员开办银行卡422张。

案例12：“边境贸易+互联网”贸易发展新模式。

主要做法：一是建立“边贸合作社+龙头物流”体系，对互市农产品形成有序管理。充分利用国家给予边民“每人每天交易 8 000 元货物全免关税”政策，引入龙头快递物流企业对进口农产品集中分拣、打包、初加工，发往全国，实现进口农产品流通便利化、规范化。二是实施“边境贸易+互联网”贸易发展新模式，整合各大商平台、网红直播等新业态，结合加工贸易企业、进口农产品市场，大力推动东南亚进口农产品市场流通，壮大发展边境优势产业。三是以“边贸合作社+贫困户”脱贫增收新模式吸纳边民，尤其贫困边民全员参与，从事货物运输、打包、分拣甚至网络销售，增加贫困边民收入，实现兴边富民。四是打造公共城市品牌，甄选优质企业，由品牌管理机构授权使用，统一监管，将产品集中分拣、打包、配送，实现产品流通标准化，使广大消费者能更快速体验到更优质、新鲜的东南亚进口水果。

改革亮点：一是创新“边贸合作社+龙头物流”模式，实现进口农产品市场流通的便利化、规范化。二是创新“边境贸易+互联网”贸易发展新模式，不断壮大边境优势产业发展。三是创新“边贸合作社+贫困户”模式，实现兴边富民。四是通过公共品牌统一授权监管，实现产品流通标准化。

实践成效：一是凭祥市推进农产品流通现代化、积极发展农村电商和产销对接成效明显，获国务院通报表扬。据统计，目前凭祥市内在淘宝、抖音等网络平台或社交软件，从事网络直播销售的电商企业，每个优质企业可实现日均交易额 6 万—15 万元不等。二是推动边民脱贫增收。目前凭祥市边贸合作社已从 2014 年的 1 家发展到 2019 年的 20 家，社员从 25 人扩大到现在的 7 091 人，其中贫困社员 2 963 人，占社员总数的 41. 8%。

（二）创新案例。

案例 1：入园企业行政审批承诺制全覆盖。

主要做法：一是设立入园企业行政审批承诺制服务专窗。实行综合窗口审批制，涵盖企业开办和注销、投资项目报建、行业许可承诺制审批。其中，企业开办承诺制审批方面整合企业注册登记、公章刻制、发票申领等环节，投资项目报建承诺制审批方面整合发改、自然资源、住建、水利、交通、地震等部门审批环节，行业许可承诺制审批方面整合教育、人力资源和社会保障、卫生健康、食品药品、工业产品等行业领域审批。二是出台承诺制审批改革文件。明确行政审批承诺制全覆盖事项名称、申报材料、审批流程以及承诺制的有关要求。三是开展入园企业行政审批承诺制咨询服务。在政务服务大厅、门户网站以及园区企业交流群公开改革政策文件，安排承诺制服务专窗专人负责向企业解答有关疑问，按照承诺制审批要求，靠前服务，全程跟踪，指导企业按照承诺制的操作规范申报。四是加强入园企业行政审批承诺制事中事后监管。建立健全承诺制信用考评机制，建设“信用中马园”信用信息平台，推进企业承诺制信用信息互联互通，完善守信激励、失信联合惩戒机制，为入园企业行政审批承诺制改革全覆盖提供制度保障。

改革亮点：一是承诺即可准入。明确各类市场主体在办理设立登记时，部分材料存在缺陷的，申请人作出书面承诺，审批窗口即可先予以受理并核发营业执照，实现企业即到即入园。二是拿地即可开工。项目单位按照准入条件和标准办理相关用地手续，并根据建设项目有关规范标准的要求对工程建设、施工等审批环节作出书面承诺，经相关部门联合预审，项目单位即可开工建设。同时，不同审批部门共享同一阶段的申报材料，项目单位可对尚未完成的部分前置环节或缺项材料实行承诺，审批部门先予以审批。三是准入即可准营。制定出台“先证后查”承诺制改革试行方案，在部分关键行业领域推行“证照联办”“一证多址”等审批改革的基础上，对食品经营许可、公共场所卫生许可、工业产品生产许可等事项，申请人提交的申请材料书面承诺符合法定要求的，先行审批颁发许可证，后续组织现场核查。四是承诺即可退出。依托信用信息管理平台，深化市场主体退出机制，优化企业注销程序，提高企业退出市场效率。企业全体投资人书面承诺企业不存在涉及被列入经营异常名录或严重违法失信企业名单、被立案调查、采取行政强制、行政处罚、股权冻结或出质、动产抵押、工人工资未结清、债权债务未完结等情形，并对所承诺内容真实性负责，即可申请办理承诺退出手续，实现企业退出市场便利化。

实践成效：中马钦州产业园是全国第一个由省级人大通过立法赋予行政管理权限的园区，根据园区条例，园区管委会可自主行使设区的市级经济社会管理权限和部分省级经济管理权限，实现了企业办事不出园区，为后续实施行政审批承诺制改革奠定了基础。一是园区事园区办。落实企业准入、投资审批、各行业领域许可等环节的审批授权，实现企业从市场准入到投资项目落地审批，从行业监管到行业领域许可证发放，直至企业注销，均可在园区“一站式”承诺制办结，“园区事园区办”。二是压缩审批时限。实现企业1小时注册登记，2小时开办；企业投资项目可拿地即开工，企业投资项目报建最短30个工作日获得施工许可；在证照联办和一证多址的基础上，最短1个工作日获得相关行业许可证。三是优化审批流程。在企业开办方面，一表申报、一站式办理；在投资项目审批方面，变“先批后建”为“先建后验”，将总平图审查和建筑工程方案设计审定合并办理，对建筑结构单一、投资额度较低的企业投资项目，推行注册建筑师终身责任承诺制，取消施工图审查，各阶段实行并联审批；对部分关键行业，与企业登记并联办理许可证审批，实现准入即准营。四是精简审批材料。基于承诺制改革，企业只需向综合窗口提交一套材料，即可在各审批环节之间流转，同时办理企业营业执照、许可证、登记证、备案凭证等所有证照，避免企业提交重复材料。

案例2：“提前审结、卡口验放”进口货物通关新模式。

主要做法：货物“提前审结、卡口验放”监管模式改革。将运输工具备案、舱单申报、报关单申报、缴税、单证放行等工作“前伸”至货物入境前完成，将入境车辆货物装卸过驳“后延”至口岸区域外指定货场完成，无须查验车辆可“即进即出”。

改革亮点：在全国沿边口岸实现一个卡口通道、自动验放8种业务类型（其中4种为全国首创）的“多卡合一”创造性突破。

实践成效：一是通关时间大幅压缩。改革后，卡口通行时间从原来的平均5分钟缩减至平均30秒钟，缩短80%以上；无须查验的进口货物整体通关时间由原来的平均2—3小时缩短至平均10分钟，缩短90%以上。做法及成效多次受到中央新闻媒体的宣传报道。二是企业成本大幅降低。改革后，水果等进口货物在中越口岸的等待时间大幅缩减，杜绝了以往压车停留的现象。每辆车可节省司机劳务、住宿费1 000元，车辆打冷费100元，停车费30元，加上减少货品损耗及交货期限，以每晚滞留200辆车计算，保守估计每年可为企业降低成本费用2亿元以上。三是口岸通关货运量大幅增长，通关效率不断提升，通关能力进一步增强，友谊关口岸作为中国面向东盟最重要的陆路通道作用更加明显。2019年，友谊关进出口货值2 077.68亿元，增长19.7%，排广西口岸第一；报关单量26.23万票，增长38.8%，排广西第一；进出境车辆35.6万辆次，增长22.4%，排广西第一；口岸过货量277.1万吨，增长9.5%；关税及进口环节税15.2亿元，增长20%；口岸外贸集装箱吞吐量45万标箱，增长22.3%，排广西第二。

四、广西壮族自治区政府及相关部门出台的政策措施

（一）《广西壮族自治区人民政府关于印发促进中国（广西）自由贸易试验区高质量发展支持政策的通知》（桂政发〔2019〕53号）。

（二）《广西壮族自治区人民政府关于印发中国（广西）自由贸易试验区“证照分离”改革全覆盖试点实施方案的通知》（桂政发〔2019〕50号）。

（三）《中国（广西）自由贸易试验区建设指挥部政府职能转变工作部关于印发中国（广西）自由贸易试验区调整完善省级管理权限下放工作方案的函》。

（四）《中国（广西）自由贸易试验区建设指挥部政府职能转变工作部关于印发中国（广西）自由贸易试验区实施相对集中行政许可权改革的工作方案的函》。

（五）《中国（广西）自由贸易试验区建设指挥部政府职能转变工作部关于印发中国（广西）自由贸易试验区“极简审批”改革实施方案的函》。

（六）《中国（广西）自由贸易试验区建设指挥部政府职能转变工作部关于印发中国（广西）自由贸易试验区“一事通办”改革实施方案的函》。

（七）《广西壮族自治区科学技术厅关于印发深化外国人来中国（广西）自由贸易试验区工作许可管理若干措施（试行）的通知》（桂科智字〔2019〕48号）。

（八）《广西壮族自治区科学技术厅关于在中国（广西）自由贸易试验区实施科技创新引才引智计点积分制度的通知》（桂科智字〔2019〕49号）。

（九）《国家税务总局广西壮族自治区税务局关于创新税收服务支持中国（广西）自由贸易试验区发展的意见》（桂税发〔2019〕124号）。

（十）《中国人民银行南宁中心支行等四部门关于金融支持中国（广西）自由贸易试验区建设的若干政策措施》（南宁银发〔2019〕338号）。

（十一）《广西海事局关于印发服务中国（广西）自由贸易试验区、西部陆海新通道建设若干措施（第一批）的通知》（桂海船舶〔2019〕205号）。

五、大事记

8月26日，中国（广西）自由贸易试验区获批设立。国务院正式印发《国务院关于印发6个新设自由贸易试验区总体方案的通知》（国发〔2019〕16号）和《国务院关于同意新设6个自由贸易试验区的批复》（国函〔2019〕72号），中国（广西）自由贸易试验区获批设立。

8月30日，中国（广西）自由贸易试验区在南宁正式揭牌，鹿心社书记、陈武主席共同为中国（广西）自由贸易试验区揭牌，陈武主席分别向自贸试验区南宁片区、钦州港片区、崇左片区授牌。

8月30日，中国（广西）自由贸易试验区南宁片区第一批注册企业获颁营业执照，标志着从当天开始注册在南宁片区的企业，将享受到广西自贸试验区所带来的政策红利，搭上高质量发展的快车。

9月22日，第16届中国-东盟博览会上设立中国（广西）自由贸易试验区展位。中国（广西）自由贸易试验区作为我国首次在沿边布局、全国唯一陆海统筹的自贸试验区，首次登台亮相第16届中国-东盟博览会。

9月22日，中国（广西）自由贸易试验区推介会在南宁举办，300多位嘉宾出席推介会，现场签约10个项目，签约金额为136.85亿元人民币。

10月24日，印发《加快建设中国（广西）自由贸易试验区南宁片区支持政策》，明确赋予南宁片区管理机构市级经济管理权限，安排重大改革创新优先在片区试点。

10月30日，广西首笔“单一窗口”在线融资“跨境贷”落地。工行“跨境贷”线上融资产品是通过国际贸易单一窗口构建业务模型，运用大数据技术主动授信、服务进出口企业的纯信用线上普惠贷款，可主动识别客户，精准推送额度。

11月19日，中国（广西）自由贸易试验区“证照分离”改革全覆盖试点启动。改革试点的措施主要包括：建立全覆盖清单管理制度、分类推进审批制度改革、创新和加强事中事后监管、加强系统集成和协同效应。

12月5日，印发“极简审批”改革实施方案。推行“承诺审批”，缩短审批时限；推进智能审批，普及“24小时不打烊”的政务服务和“秒批”的政务效率；建设政务服务“无人超市”，简化审批模式。

12月5日，印发“一事通办”改革实施方案。以为企业和群众办好“一件事”为标准，推进关联政务服务事项归并、整合，优化再造办事流程，通过“一门”“一网”办好“一件事”，实现“一事通办”。

12月5日，广西壮族自治区科学技术厅印发《深化外国人来中国（广西）自由贸易试验区工作许可管理若干措施（试行）》。制定外国人来广西自贸试验区工作许可管理若干措施，深入实施外国人来华工作许可制度，允许外籍技术技能人员按规定在广西自贸试验区工作。

12月5日，出台《广西外国高端人才服务“一卡通”实施细则》。正式启动外国高端人才服务“一卡通”在中国（广西）自由贸易区范围内的试点工作，为在中国（广西）自由贸易试验区工作的外国高端人才提供更加便利的工作和生活服务，吸引更多外国高端人才来桂创新创业。

12月9日，出台《广西壮族自治区科学技术厅关于在中国（广西）自由贸易试验区实施科技创新引才引智计点积分制度的通知》。科技创新计点积分，是指通过科技创新手段以计点积分形式评价用人单位引才引智绩效，从2020年1月开始在崇左片区、南宁片区、钦州港片区进行推广。

12月10日，中国（广西）自由贸易试验区实施相对集中行政许可权改革的工作方案。以清理减少行政审批事项、优化审批流程、公开审批标准、规范审批行为和加强监督管理为重点，在南宁和钦州港片区探索推进相对集中行政许可权。

12月10日，中国（广西）自由贸易试验区调整完善省级管理权限下放工作方案。自治区大数据发展局针对内陆城市南宁、沿海城市钦州、边境城市崇左三个自贸片区不同的政府管理权力需求，梳理省级行政管理权限下放清单，将省级行政管理权限下放工作分为收集需求阶段、转征求意见及初步审查阶段、对接梳理和呈报审定阶段。

12月18日，印发《促进中国（广西）自由贸易试验区高质量发展支持政策》。自治区人民政府从赋予片区先行先试改革优先权、支持先进产业集聚发展、着力吸引总部企业落户等方面提出30条支持措施。

12月18日，印发《中国（广西）自由贸易试验区崇左片区发展支持政策》。围绕自贸试验区崇左片区建设发展需要，在服务片区跨境贸易、跨境金融、税费细化与让利、推动金融创新、吸引优秀人才等方面提出11项政策措施。

12月23日，出台金融支持中国（广西）自由贸易试验区建设的若干政策措施。从推动自贸区对外投融资改革创新、深化自贸区的跨境金融合作、完善自贸区的金融便利化服务、加强自贸区面向东盟的跨境金融协同发展、健全自贸区的风险监测与管理机制等五方面推出20项自贸区发展支持措施。

12月23日，广西海事局印发《关于服务中国（广西）自由贸易试验区、西部陆海新通道建设若干措施（第一批）》。广西海事局研究制定第一批服务自由贸易试验区、西部陆海新通道建设的若干措施，具体包括为集装箱船提供“一对一”的VTS服务、提高船舶登轮检查效率。

12月24日，国家税务总局广西壮族自治区税务局印发《关于创新税收服务支持中国（广西）自由贸易区发展的意见》。南宁、钦州港、崇左等自贸试验区片区所在地以制度创新为核心，自主创新税收服务措施。

2019年中国（河北）自由贸易试验区建设概况

中国（河北）自由贸易试验区推进工作领导小组办公室

张　锋

中国（河北）自由贸易试验区推进工作领导小组办公室主任

张锋，曾任河北省秦皇岛市副市长，河北省商务厅党组成员、副厅长。现任河北省商务厅党组书记、厅长，中国（河北）自由贸易试验区推进工作领导小组办公室主任。

一、建设措施及成效

建设自贸试验区是党中央在新时代推进改革开放的一项重要战略举措，在我国改革开放进程中具有里程碑意义。2019年8月，国务院批准设立中国（河北）自由贸易试验区。一段时间以来，河北自贸试验区认真贯彻落实党中央、国务院的决策部署，在省委省政府的坚强领导下，紧紧围绕建设制度创新高地和打造改革开放试验田，服务京津冀协同发展和雄安新区建设重大国家战略，以落实河北总体方案改革试点任务为重点，加强组织领导，强化顶层设计，完善工作机制，推进制度创新，开展招商推介，各项工作取得积极进展，河北自贸试验区建设实现良好开局。

（一）加强组织领导，建立完善管理体制。

一是省领导亲力亲为推动工作落实。河北省委书记王东峰、省长许勤多次就自贸试验区改革发展作出重要批示，王东峰书记主持召开河北自贸试验区推进工作领导小组第一次会议，许勤省长赴省商务厅调研指导自贸试验区工作，夏延军副省长多次召开专题会、现场会进行协调调度。二是成立自贸试验区推进工作领导小组。省级成立了由书记、省长任组长的河北自贸试验区推进工作领导小组。领导小组办公室设在省商务厅，雄安新区和石家庄、唐山、廊坊市均成立了主要领导任组长的片区推进工作领导小组。三是建立自贸试验区管理机构。在省商务厅加挂河北自贸试验区工作办公室牌子，增设自贸制度创新处、自贸协调指导处两个内设机构，明确两正四副6个处级领导职数，16个行政编制。设立雄安片区管委会，作为雄安新区管委会的工作机构；设立正定片区、曹妃甸片区、大兴机场片区（廊坊）管委会，分别作为石家庄市政府、唐山市政府和廊坊市政府的派出机构。

（二）强化顶层设计，加强工作谋划和指导推动。

一是推进法制保障工作。开展地方立法，2019年10月，以省政府令的形式印发实施《中国（河北）自由贸易试验区管理办法》，确定了河北自贸试验区的管理体制，明确了投资改革、贸易便利、金融创新等方面的制度创新措施，为河北自贸试验区改革发展提供了基本制度和法制保障。加快河北自贸试验区条例的制定工作，将草案呈报省政府。二是建立健全工作机制。以省领导小组名义印发了自贸试验区领导小组工作规则、自贸试验区领导小组办公室工作细则、2019年工作要点、自贸试验区制度创新清单（第一批）4个专门文件。三是加强省领导小组办公室制度建设。建立了信息报送、督促检查、数据统计、公文运转、会议组织、新闻宣传等一系列规章制度，保障了自贸试验区各项工作的顺利开展。

（三）突出功能定位，梳理形成制度创新清单。

一是细化总体方案改革试点任务。坚持把贯彻落实国务院批复的河北总体方案作为自贸试验区改革发展的重中之重，将总体方案明确的改革试点任务细化分解为98项制度创新措施。二是梳理形成各片区共性和个性制度创新清单。以省领导小组名义印发192项各片区共性制度创新清单、符合片区自身定位的个性制度创新清单（其中雄安片区69项、正定片区51项、曹妃甸片区54项、大兴机场片区廊坊区域25项）。三是建立完善任务台账。分别建立了总体方案98项试点任务工作台账和各片区共性、个性制度创新清单工作台账，逐项明确责任分工，实行动态化管理，定期督导调度，及时掌握进展情况，推动各项制度创新举措落实到位。

（四）主动研究谋划，推进重点领域制度创新先行先试。

一是组织开展专题对接。省领导小组办公室按照制度创新的不同领域，组织各片区和省有关部门开展系列专题对接活动，研究推动了一批重点事项。二是积极与国家部委汇报沟通。针对制度创新清单中涉及中央事权的政策措施，推动省有关部门积极与对口国家部委汇报对接，努力争取国家部委政策支持。三是成立工作专班。推动正定片区成立生物医药、口岸建设等6个工作专班，曹妃甸片区成立矿石保税混配及筛分、航运便利化等18个工作专班，大兴机场片区廊坊区域成立政策制度创新、金融创新等5个专项工作小组，针对制度创新重点任务开展集中攻关。四是开展培训交流。邀请有关专家对各片区管委会和省有关部门开展专题培训，组织各片区赴深圳、上海、浙江等省市的自贸试验区考察学习。五是加快推进重点领域制度创新。在贸易便利化领域，石家庄海关在曹妃甸片区开展进口货物“两步申报”制度创新试点，大大压缩了货物滞港时间，降低了企业成本；河北海事局会同曹妃甸片区推出“海事十条”制度创新措施，其中“船舶海上智慧交通模式”和“海事静态业务集约化办理模式”具有较强的复制推广价值，已总结上报商务部。在金融领域，省商务厅分别与省中行、省农行、省交行签订战略合作协议，与省工行、浦发银行等金融机构开展深入对接，在金融机构设立、金融业务创新和金融支持自贸试验区建设等方面开展合作。人民银行石家庄中心支行提出放宽跨国公司跨境资金集中运营管理准入条件等12项外汇管理制度创新措施，已得到人民银行总行批复同意。雄安片区积极开展金融领域开放创新措施的研究，形成了初步研究成果。在数字贸易领域，省商务厅会同京东数科、南开大学、商务部国际贸易经济合作研究院等机构，开展数字贸易综合服务平台、数字贸易规则等方面研究，已形成初步成果。在产业开放领域，正定片区进口药品口岸、金伯利进程国际证书制度钻石指定口岸、肉类及冰鲜水产品口岸和A类低空飞行服务站建设已取得阶段性进展。

（五）加大政策支持力度，积极研究出台政策措施。

一是推动省有关部门研究出台支持服务自贸试验区改革发展的政策措施。国家外汇管理局河北省分局、省市场监管局、省广播电视局等省有关部门积极出台支持措施。二是推动各片区研究制定促进自贸试验区改革发展的政策措施。石家庄市委市政府出台《关于支持中国（河北）自由贸易试验区正定片区高水平开放高质量建设的若干意见（试行）》；唐山市委市政府出台《关于支持中国（河北）自由贸易试验区曹妃甸片区高水平创新发展的意见（试行）》；大兴国际机场临空经济区廊坊片区规划建设领导小组出台《关于促进廊坊临空经济区（自贸区）高质量发展的若干意见》；正定县委县政府出台加快正定片区重点产业高质量发展的20条专项支持政策。

（六）加强宣传推介，务实开展招商引资活动。

2019年10月、11月，省领导小组办公室先后在深圳、上海举办招商推介活动，组织各片区开展专题推介，并积极借助数博会、世界自贸区（横琴）论坛等重大平台开展十余场推介活动。各片区围绕自身产业特色和功能定位，组织开展了一系列海内外宣传推介活动。共举办、参加各类推介招商活动56场，签约项目69个，签约金额1 858亿元。2019年9月，省领导小组办公室开通了“中国河北自贸试验区”官方网站和公众号，各片区通过搭建拱门、设立宣传牌、播放宣传片、印发宣传册等方式开展了多层次、多角度的立体宣传，引起社会各界广泛关注。

二、创新成果及案例

（一）贸易便利化领域。

案例1：“大数据+”船舶交通智能服务系统。

河北自贸试验区曹妃甸片区围绕功能定位，大力发展港航服务，加速智慧海事网络与信息化建设进程，创新应用信息感知、模式识别、视频检测、数据处理、决策支持等大数据分析技术，打造“预警提醒、信息交互、安全运行、服务保障”四大系统，构建涵盖水域锚地、航道、天气和水文环境的新型智慧交通管理服务体系，建立船舶进出港安全风险评估与应对新标准，首创“大数据+”船舶智慧交通服务系统，实现港口运输高效化和港口管理智能化。

主要做法：

智慧交通服务系统基于船舶交通流的大数据分析，具有船舶抵港锚位自动推荐、船舶进港计划自动排序、船舶进港航行时间自动推算、船舶进出港航路监控、气象预警信息推送等一系列先进实用功能，基本实现船舶自进辖区到出辖区的全过程海事监管。

首先，实时评估船舶安全态势，打造全方位覆盖的预警提醒系统。基于风险管理理论和水上交通安全风险源分级结果，针对船舶航行风险，研发运用走锚报警、船舶航道偏离、误入敏感区域、碰撞事故预警、VHF（甚高频）语音自动广播等功能，随时动态更新预警，预防和避免水上交通事故和污染事故的发生，实现被动警戒式管理向主动防控式管理的转变。

其次，畅通船舶信息流转渠道，打造全辖区联网的信息交互系统。采用“互联网+政务服务”的方式，建设全港船舶进出港业务运转中心，开发了船舶进出港计划自动排序和进出港动态信息公开功能，在实现港口管理智能化的同时，减少人力成本，保障信息公开透明，推动海事职能向提供优质信息服务、维护港内公平秩序的方向转变。

第三，实现船舶进出港无缝监控，打造全过程运行的安全服务系统。开展海事监管业务数据来源与利用形式综合分析，研发抵港船舶分类标识、锚地资源智能管理、船舶进出港智能航路监控、在港船舶跨部门联动监管等功能，打破原有各业务单位间的信息孤岛，实现海事监管数据的实时可视化流转，塑造以船舶交通服务系统中心为核心的全覆盖式海事监管服务模式，完成海事执法力量的合理配置和整体联动。

第四，高效融合多源时空信息，打造服务全社会的信息服务保障系统。以海图为基础，融合原本相对独立的各海事监管系统数据，建设数字化通航环境数据库，开发气象预警信息自动推送、船舶进出港导航、闭路电视监控系统联动等功能，并将核心查询功能拓展至手机和船载移动平板终端，便捷广大航海从业人员随时随地查询通航环境。合理优化海事监管资源配置，实时调取可视化海事监管信息，为海事行政执法提供证据支持，保障海事执法公正透明。

实践效果：

首先，提高了海上交通组织效率。曹妃甸具有通航环境复杂，统一协调管理难度大等特点。伴随智慧交通服务系统的推行，极大提升了港口的信息综合处理能力和资源优化配置能力，强化了港口各家业主单位的协同调度，提升了航道与港池的利用率。曹妃甸片区成立以来，商船进出港艘次同比增长22%，安全监管货物装卸量同比增长16%，辖区码头业主单船备车等待时间减少15分钟以上。

其次，强化了海上交通安全保障能力。智慧交通服务系统推行以来，曹妃甸港及附近水域未发生等级以上事故，所有事故直接经济损失同比下降

54.2%，解决了曹妃甸交管中心监管水域任务重与值班人员精力有限的矛盾，进一步提升了船舶航行的安全性，减少了船舶搁浅与碰撞事故的发生。

第三，提升了企业和群众获得感。智慧交通服务系统搭建了船舶交通服务中心、引航站、港口调度、船舶代理的信息分享平台，实现了船舶自进辖区到出辖区的全过程海事监管，船舶海上航行安全得到保障，辖区通航环境秩序不断优化，海事执法和服务水平逐步提升。船舶进出港动态“列车时刻表”式信息公开功能使码头业主、船舶、其他航运服务管理机构能够实时了解港口的船舶动态和计划，有效提升了船舶信息服务效率。曹妃甸海事局收到的关于船舶动态或进出港计划电话或高频问询，每日减少50余次，同比下降80%。

案例2：海事静态业务“两集两同”办理新模式。

曹妃甸海事局主动融入河北自贸试验区曹妃甸片区建设大局，深入推进“放管服”改革，在全国海事系统创造了海事静态业务“两集两同”办理新模式，首次将交通运输部下放的和分散在河北海事局、曹妃甸海事局及下设海事处的海事动态执法之外的所有39项静态业务调整到曹妃甸片区政务服务大厅办理，实现了集中办公、集约办理；首次将9类17项海事静态业务的办理模式由串联审批改为并联办理，实现了同时受理、同步审核。

主要做法：

首先，整合海事管理职能层级，实现全部静态业务进大厅。在深入调研、反复论证和认真梳理事权清单基础上制定发布了曹妃甸海事政务改革实施方案，在曹妃甸片区政务服务大厅原有2项海事业务的基础上，将交通运输部下放的1项和河北海事局下放的1项以及原来由曹妃甸海事局各业务处室负责的22项、曹妃甸海事局下设海事处负责的13项海事政务事项，全部调整归集到政务服务大厅统一办理，实现了海事政务跨部门跨层级相互衔接、协同联动。

其次，再造海事静态业务审批流程，实现串联改并联。充分发挥集中办公、集约办理优势，全面梳理海事静态业务办理事项，在法定权责允许范围内，最大限度精简申报材料、简化办事程序、减少审批环节、缩短办结时限，船舶登记证书、防污染文书等9类17项海事政务事项，由逐项受理、逐项审批的串联审批调整为同时受理、同步审核的并联办理。

再次，推进海事政务“互联网+”改革，实现业务办理全程在线。将90%以上的海事政务事项列入“网上办”“一次办”事项清单，拓展网上办事的广度和深度，延长网上办事链条。深入推进“证照分离”改革全覆盖，实行海事政务容缺受理和海事证明事项告知承诺。

实践效果：

首先，服务形象显著提升。海事静态业务集约化办理新模式打造了整齐划一的政务服务窗口，实现了政务服务“五个统一”，即统一窗口外观形象标识、统一办理标准、统一服务规范、统一服务机制、统一便民措施，使企业和群众享受到高效便捷、流程规范、体验一致的无差别服务。

其次，服务效率明显提高。通过整合管理职能层级，优化工作流程，减少了单项业务部门间流转过程，一次性办结率提升近30%，达到85%。通过实施告知承诺制，减少了企业群众办事往返次数，缩减申请材料数量50%以上，缩短船舶办证时间60%以上。在“最多跑一次”清单基础上升级推出“一次不用跑”清单，实现30项业务可一次办好，精简人力资源近60%，节省办事成本近50%。

再次，服务体验全面升级。全面推进海事政务“一网通办”，90%的政务事项实现网上办结，办结时限平均压缩1/4；千余名船员实现船员证书“零跑腿”网上办，3 500艘次船舶实现不见面电子通关申报，申报单证数量减少75%，节约申报时间成本近7 000小时。

（二）金融创新领域。

案例3：“跨境融资+跨境租赁”集成创新新模式。

河北自贸试验区雄安片区着眼建设金融创新先

行区，大力开展金融开放创新，推动中交雄安融资租赁有限公司以境外承租人巴拿马籍“创新之路”号半潜船设备售后回租为业务背景，联合境外承租人和中国银行境内外机构，首创了“跨境融资+跨境租赁”集成创新新模式，即区别于传统设立境外特殊目的公司（SPV）方式，利用境内银行海外分行搭建跨境融资渠道，实现了流程创新；区别于传统对外债权登记模式，以物权法的有关规定，实现监管创新；区别于传统境内融入人民币跨境投放美元形式，先从境外融入美元再通过跨境租赁将美元投放境外，实现了跨境融资租赁联动创新。

主要做法：

首先，创新跨境融资租赁业务模式。中交雄安租赁积极服务“一带一路”建设，通过跨境售后回租方式，支持境外企业盘活境外船舶巴拿马籍“创新之路”号半潜船资产，在未设立境外特殊目的公司（SPV）的情况下，最大限度满足了境外企业的融资需求。

其次，建立同币种跨境融资渠道。根据跨境售后回租模式特点，中交雄安租赁与中国银行积极沟通，利用中国银行海外分行的资金成本优势，搭建跨境融资渠道，从境外引入低成本美元资金，再通过跨境租赁的方式把美元资金投放到境外。

再次，争取外汇管理部门支持。中交雄安租赁积极与外汇管理部门对接，充分利用物权法的相关规定，申请外债额度，签订贷款合同，履行相关程序。

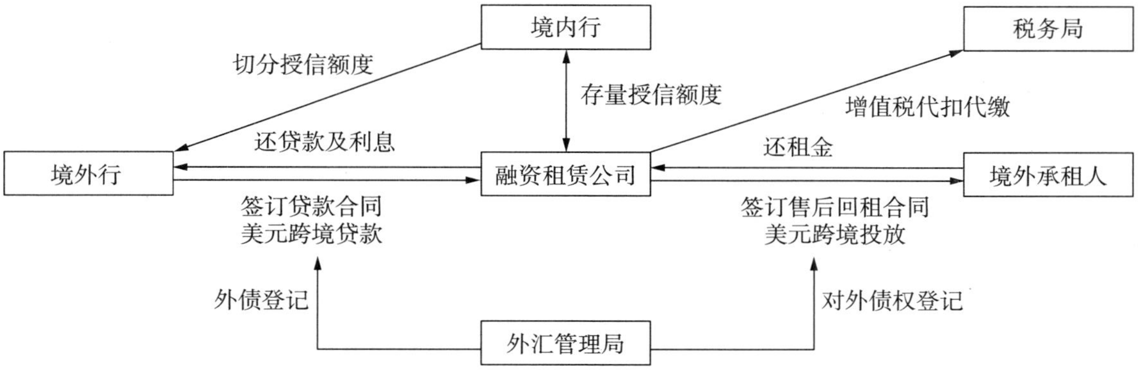

图 1：跨境融资租赁业务模式

实践效果：

首先，优化了融资租赁业务办理流程。以不设立境外特殊目的公司的方式进行海外投融资，简化了办理环节，提高了业务效率，较传统业务模式节约近 3 个月时间；节省了资金使用成本，为境外承租人节约费用近 260 万元。

其次，规避了跨境投融资汇率、利率风险。与传统投融资模式相比，在跨境融资、跨境投放、租金收取、偿还贷款各个环节均使用美元结算，同时采用浮动利率计息，省去汇兑过程，有效规避了汇率和利率风险，为国内外企业投融资提供了新的范本。

再次，创新了跨境投融资监管模式。与传统对外债权登记模式相比，通过运用物权法的有关规定和争取外汇管理部门的支持，实现了融资监管模式创新，既节省了船舶抵押登记费用，又保证了预定投放时间。

案例 4：“5G+场景”智慧金融服务新模式。

河北自贸试验区雄安片区着眼发展新一代信息技术等高端高新产业功能定位，积极布局建设 5G 领域国家（重点）实验室、工程研究中心等国家级创新平台，首次实现 5G 切片技术在金融机构的商用，建成真正意义上的“5G+场景”智慧银行网点，重塑银行传统经营模式、管理机制和业务体系，创造了创新引领、科技赋能、体验优良、服务高效的离行移动金融服务新模式。

主要做法：

首先，搭建基于5G切片技术的网络基础平台。区别于其他金融机构在非独立组网（NSA）基础上设立5G银行网点，农业银行雄安分行依托雄安片区率先搭建的5G切片试验网，在独立组网（SA）基础上实现了全球首个真正意义上的5G金融机构商用。

其次，提出“5G+场景”离行移动金融服务方案。聚焦客户端、商户端、政务端，拓展智慧货架、金融扶贫、虚拟乡村等各类服务场景中的智慧金融业务。推出企业成长助力计划，运用5G、大数据、人工智能等技术，打造企业金融服务场景，精准匹配综合金融服务方案。

再次，创造5G智能金融机构风险监管新模式。通过在银行凭证箱安装物联网芯片，实现凭证箱离行后开箱侦测、实时定位。利用人脸识别技术，加强驻点和其他有关人员的风险管控，针对频繁出入网点或驻留过久人员的有关行为进行预警推送。利用人工智能技术，优化客户信息保护和文明服务管理，前瞻防控各类声誉风险。

实践效果：

首先，推动了5G技术在金融领域的商用。运用以5G技术为代表的前沿金融科技，实现银行个人开卡、电子签约等金融业务技术商用，推动了金融机构服务模式变革。利用增强现实及人脸识别技术，自动甄别客户类型、精准响应客户需求，实现客户的无感识别和精准营销。

其次，创新了客户服务体验。通过5G技术联动，打破银行现有办理模式，让老百姓足不出户即可享受便利金融服务。构建“云坐席”新型服务模式，客户只需在远程坐席人员视频指导下即可自助办理之前必须在柜面办理的复杂业务。通过在征迁现场设立金融服务站点、提供金融服务车入户服务，很好地解决了征迁居民在搬迁、安置、恢复生产生活过程中遇到的困难。

再次，加速了金融机构数字化转型。前瞻运用5G切片技术，打造智慧商圈、智慧货架、智慧企业金融服务等场景，让金融服务更便捷、更高效、更智能，实现了银行服务和客户需求的深度融合，为银行数字化转型提供了经验借鉴和复制推广的可能。

案例5：创新保税货权转移项下的收汇新模式。

河北自贸试验区曹妃甸片区鼓励区内金融机构先行先试，在风险可控范围内，为国际贸易企业提供优质便利服务，营造良好金融环境。中国银行曹妃甸分行本着“以交易真实性为基础、以加强风险监管为重点”的原则，推出了基于保税货权转移项下的收汇模式，企业可依据贸易合同、仓储合同、货权转移通知先行办理保税货物转让收汇业务，待货物实际出区后再补交海关“单一窗口平台”提供的保税核注清单，优化企业资金管理，提高贸易便利化水平。

主要做法：

首先，建立以资质审查为重点的事前筛查机制。中行曹妃甸分行对拟开展保税货物转让的企业建立正面清单制度，通过以下三方面工作，对业务主体企业进行事前资质核查。一是审核企业的经营范围等主体信息，确定其是否为综保区内企业，是否有相关经营贸易资质；二是实地考察企业是否有经营实体，是否有外贸业务专业人员；三是建立企业信用体系，优先准入有外贸经验和长期守法经营的企业。中行曹妃甸分行为正面清单内的企业提供保税状态下的货物转让收付汇服务。

其次，采取以交易真实性核查为重点的事中管理体系。在遵照“货物流与资金流相匹配”原则的基础上，中行曹妃甸分行深入企业了解业务细节，审核交易背景，对企业货物从进口到出口的整套流程进行全面梳理，并向唐山市外汇管理局和中国银行河北省分行报备。在上级部门指导下，中行曹妃甸分行通过审核企业贸易合同、仓储合同、货权转移通知，确定交易的真实性，为企业办理保税货物转让收汇业务，待货物实际出区后再让企业补交海关“单一窗口平台”提供的保税核注清单，为企业提供贸易便利。

再次，强化以风险防控为重点的事后监管措施。推行“定期随机抽查”监管机制，对企业进行风险等级划分，实施差别化管理。中行曹妃甸分行定期随机抽查及核定企业贸易的真实性与合规性，并结合抽查情况对企业进行风险等级划分，实施有针对性的差异化风险分析与监管。从正面企业清单中剔除事后核查有违法违规等问题的企业，并上报至外汇管理局等相关监管部门，采取“一处失信、处处受限”的惩罚措施进行处理。

实践效果：

中行曹妃甸分行基于保税货权转移项下的收汇新模式，预计可为曹妃甸片区恒业国际物流有限公司新增10万欧元的销售收入，并节约上万元的物流成本。此创新模式可以有效帮助企业拓展国际业务，节省公司运营成本，拓宽企业销售渠道。

首先，提高企业贸易便利，协助企业拓展国际业务。由于综保区的特殊性，在综保区内只涉及货权转移的货物转让贸易方通常无法提供进出口报关单，因此企业办理区内货物转让收付汇业务时难以获得银行支持。曹妃甸片区创新提出基于保税货权转移项下的收汇新模式后，在满足金融机构结算需求的基础上，有效节约企业运营成本和物流成本，贸易便利程度大大增加，有力拓展了企业国际业务范围。

其次，增加银行业务范围，提高银行综合竞争力。相对于传统的银行金融服务模式，基于保税货权转移项下的收汇新模式增加了银行外汇业务量，有效促进银行国际业务部门扩大和发展。同时，较强的外汇风险管理需求会倒逼银行形成先进的管理理念和技术、健全的管理体制和运作方式、创新的发展方法和经营策略，有利于区内银行业提高在国际金融市场中的综合竞争力。

再次，优化营商环境，助推贸易企业加速聚集。基于保税货权转移项下的收汇新模式是曹妃甸片区推进贸易投资便利化的重要举措，一方面吸引更多区外贸易企业到自贸试验区内聚集，另一方面促使区内企业合规经营，对自贸试验区整体营商环境的提升有积极意义。

案例6：跨境人民币结算动态“白名单”模式。

河北自贸试验区曹妃甸片区设立以来，交通银行唐山曹妃甸自贸区分行聚焦片区企业需求，积极开展了跨境人民币结算便利化的创新和尝试。通过梳理指定优质企业“白名单”，在风险可控的基础上简化跨境人民币结算手续，为“白名单”中的优质企业提供更加便利的跨境人民币结算服务。

主要做法：

首先，制定跨境人民币结算优质企业“白名单”。交通银行曹妃甸自贸分行按照《优质企业跨境人民币结算便利化服务方案》，开展便利化服务，以“企业要长期稳定使用跨境人民币结算”作为最核心的认定标准之一，从企业注册年限、实体经营、守法自律、内控管理等6个方面对跨境人民币结算优质企业的认定做出标准化规定。第一批进入跨境人民币结算优质企业“白名单”的河北省企业已有126家，这些优质企业均经河北省银行外汇和跨境人民币自律机制组织各成员银行评估，并征询了相关监管部门意见。

其次，简化“白名单”企业跨境人民币结算业务办理手续。进入跨境人民币结算白名单的优质企业，可凭《跨境业务人民币结算收/付款说明》或支付信息清单，直接在自贸区银行办理货物贸易及服务贸易跨境人民币结算（转口贸易、退款除外），以及人民币资本金、全口径跨境融资及境外上市募集资金调回等项下人民币收入在境内的依法合规使用，企业无须事前、逐笔提交真实性证明材料，有效节约了时间成本。

再次，建立多种方式事后核查的风险防控机制。在事后监管方面建立风险防控机制，一方面由经办银行负责对优质企业跨境人民币结算业务进行监测和分析，一旦发现可疑和异常情形，及时加强业务核查或要求企业提供相关资料进行核实，并及时报告自律机制组织和相关监管部门；另一方面交通银行曹妃甸自贸分行国际部检查辅导人员于每季度实施一次核查核实工作，一年实现企业核查全覆盖。采用随机抽查和现场回访两种方式相结合，对优质企业的跨境人民币结算交易单证等资料进行真实性、一致性核查。对于事后核查不合规企业，按照相关监管部门文件进行处理。

实践效果：

交行曹妃甸自贸分行自制定出台《优质企业跨境人民币结算便利化服务方案》以来，积极了解企业需求，在获悉优质企业名单中的中材建设有限公司存在跨境人民币服务贸易结算需求后，立即对接企业并为其办理了293.96万元的跨境人民币收款业务，将业务办理周期从几天缩短至十几分钟，节约了企业时间成本，同时避免了汇率风险。截至2020年5月，交通银行曹妃甸自贸分行已累计办理优质企业跨境人民币结算业务49笔，涉及金额6 447.52万元。这标志着更高水平贸易投资便利化试点政策在曹妃甸片区内正式落地，金融领域创新发展步入新的阶段。

首先，缩短“白名单”企业跨境人民币结算业务办理时间，节约时间成本。以往企业办理每一笔跨境人民币结算业务，都要提前向银行提交各种证明材料，整个办理周期约4天时间。采用跨境人民币“白名单”结算模式后，通过各项便利化举措，优质企业可在15分钟内办结业务，大幅提高业务办理效率，为企业节省4天时间，节约人力物力成本约5 000元。

其次，提高“白名单”企业人民币资金运转效率，降低汇率风险。汇率波动可能给企业带来资金损失，优质企业依托更高水平便利化的跨境人民币“白名单”结算模式，其跨境人民币往来资金可以得到快速办结，加快资金运转效率。与传统的业务模式相比，优质企业可以有效降低汇率风险。

再次，提供跨境人民币“白名单”结算业务模式借鉴，优化金融服务环境。更高水平便利化的跨境人民币“白名单”结算模式与传统业务模式相比，评估标准清晰，运行成效显著，风险控制体系完善，有利于自贸区内其他金融机构借鉴推广，丰富其他领域创新思路，促进整个金融服务体系完善优化。

（三）政府职能转变领域。

案例7：基于区块链技术的建设资金管理新模式。

创新应用区块链技术是提升政府治理能力和服务水平，推进雄安新区打造高质量发展样板的重要举措。河北自贸试验区雄安片区加强区块链技术的研究与应用，通过建立1个标准、搭建2个平台、实现3个提升，即建立区块链技术应用的雄安标准，搭建基于区块链技术的底层公共数据和区块链场景应用平台，实现资金管理效率、资金安全管理、服务保障民生水平的提升，构建了基于区块链技术的建设资金管理新模式。

主要做法：

首先，提出区块链技术应用的雄安标准。紧紧围绕加快发展新一代信息技术的产业定位，着眼于推动区块链技术在智慧城市建设中的实践与应用，聚焦大规模开发建设项目中资金管理的实际需求，制定区块链资金管理平台建设指引和使用细则，制定区块链技术应用标准和规范，通过建立全新的应用场景、信任机制、运行规则和标准体系，为智慧城市建设和建设资金管理贡献雄安模式和雄安标准。

其次，搭建基于区块链的底层公共数据平台。雄安新区管委会数字办、雄安集团数字城市公司牵头，率先探索前沿技术在智慧城市建设中的实践和应用，广泛布局智能基础设施，打通征拆迁、财政支付、银行拨付、地理信息等系统，连通汇集自然资源、市场监管、税务等部门数据，实现由“条线数据”到“块数据”的飞跃，为区块链技术在征拆迁及建设资金管理中的应用搭建了底层公共数据平台。

再次，实现建设资金拨付“穿透式”管理。结合具体业务场景，以及上链数据、上链节点的需求，制定智能合约，明确上链各方共同确认的条件，建立信息流与资金流管辖分离、链上勾稽、政银直通的智能拨付规则，在明确各方数据来源准确的前提下实现资金智能拨付功能。

第四，植入应用加密纠错等安全技术。添加连接鉴权、访问控制、交易限流等功能，确保资金管理平台运行安全。添加沙箱隔离、同态加密、匿名隐私保护等功能，确保资金拨付安全。添加数据通道隔离、国密算法、数据纠错容错等功能，确保数据安全。添加交易追踪、交易审计等功能，确保合法合规。

第五，落地多种场景应用平台。

1. 打造征拆迁资金管理区块链平台。首先，将征拆迁工作中的测评认证信息、征拆迁合同信息等重要信息上链存证。其次，依据有关重要信息和政府部门的审批信息，通过智能合约生成拨付指令。最后，由县征拆资金指挥部专用账户将征拆迁补偿款项直接拨付至补偿对象指定账户。

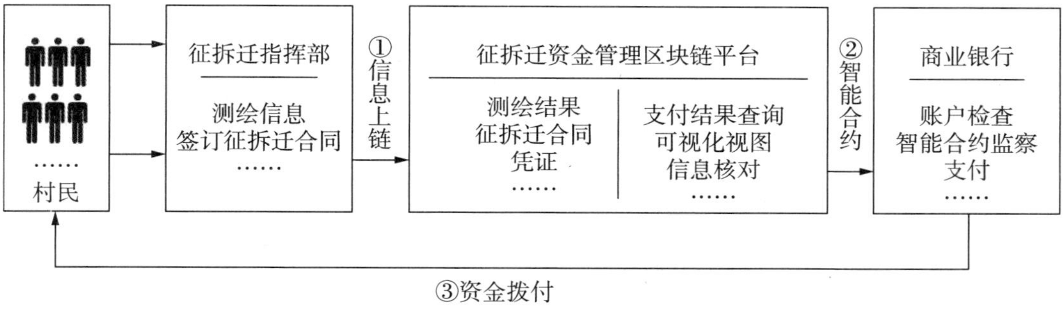

图 2：征拆迁资金管理区块链平台

2. 打造建设资金管理区块链平台。首先，将建设工程施工合同、劳务合同等重要信息上链存证。其次，依据工程进度和工作量完成情况，通过智能合约生成拨付指令。最后，由项目总包商工程建设资金账户将建设资金直接穿透拨付至最终供应商账户，将建筑工人工资直接穿透拨付至工人指定账户。

实践效果：

首先，提升了资金管理效率。优化资金拨付流程，截至 2020 年 5 月，征拆迁资金管理区块链平台将传统资金管理的 3 个支付节点缩减至 1 个，征拆迁补偿款项拨付至补偿对象的时间由传统资金管理所需的 5—10 个工作日不等缩减至 1 个工作日，效率提升了 80%以上；建设资金管理区块链平台由传统资金管理的多支付节点各自独立支付，调整为链上自动穿透式支付，材料款与建筑工人工资等原来需逐级拨付的款项，实际到账时间从 3—5 个工作日缩减至 1 个工作日，效率提升了 60%以上。

其次，提升了资金安全管理能力。通过资金的全过程跟踪、穿透式拨付、异常情况智能预警，杜绝了人为干预，实现了资金透明化管理。截至 2020 年 5 月，通过征拆迁资金管理区块链平台拨付的资金达 3 359 笔、合计 5.1 亿元，通过建设资金管理区块链平台拨付的资金达 3 万余笔、合计 160 余亿元，没有出现一笔资金安全问题。

再次，提升了服务保障民生水平。雄安新区所有征拆迁项目均通过征拆迁资金管理区块链平台进行资金拨付，截至 2020 年 5 月，已使 128 个村的 24 519 户农民受益。雄安新区 19 个在建工程项目通过建设资金管理区块链平台进行建设资金、工人工资、重要物料的资金拨付，截至 2020 年 5 月，已使 157 家企业和 2 016 名劳务工人受益。

案例 8：探索创新经济社会管理权限下放模式。

河北自贸试验区雄安片区认真落实《中共中央国务院关于支持河北雄安新区全面深化改革和扩大开放的指导意见》关于“逐步赋予新区省级经济社会管理权限”的改革要求，持续深化“放管服”改革，推动政府职能转变，优化发展环境，秉承高效、优化、协同的工作原则，探索“点单式”放权和高效审批模式，最大限度激发了市场主体活力，为加速区域大规模建设提供了有力保证。

主要做法：

首先，加强组织协调，确保下放权限承接到位。雄安片区将省级下放和保定市移交的行政许可事项划分为商事登记、投资项目和工程建设、道路运输安全、经贸商务、农林水利资源、社会事务、教文卫体、市容市政环保 8 个业务链条和 28 个审批小类，并确定办事指南。同时，雄安片区加强下放权限承接实施情况的跟踪检查，确保做到管理权限“接得住、管得好”。目前，雄安片区已承接省级下放行政许可事项 347 项，接收保定市移交行政许可事项 276 项。

其次，探索“点单式”放权，争取国家部委审批权限下放到位。雄安片区根据自身特色需求，提出“放权清单”，积极与省直有关部门深入沟通，研究提出了近期 12 项、远期 23 项国家部委审批事项权限下放需求清单，并积极协调相关省直部门对接相关国家部委争取部分审批权限下放。

再次，实行“五化”特色审批模式，推动行政许可事项划转到位。强化审批改革顶层设计，构建“事项清单化、许可标准化、人员职业化、审批智慧化、平台一体化、审管联动化”的雄安特色审批模式。目前，雄安片区实施的 475 项行政许可中，除垂直管理部门 14 项、涉及意识形态 27 项和安全生产 19 项暂不具备划转条件外，包括投资项目审批在内的行政许可事项已全部划转到公共服务局，实行“人、财、物、权”四位一体统管。

实践效果：

首先，审批时限明显压缩。承接省级事项后，企业和群众之前需要到省厅各个部门办理的事项，在新区就能就近办理，减少了企业和群众跑腿的时间，有力促进了工程项目开工建设，审批时限压缩 54%。

其次，审批效能大幅提升。承接下放事项后，通过对事项的集中划转，将审批服务事项“串改并”“多变少”“单改综”，在原有基础上实现材料减少 24%，环节减少 12%。

案例 9：以登记注册便利化改革激活企业活力。

河北自贸试验区正定片区积极推进商事登记制度改革，出台《关于支持中国（河北）自由贸易试验区正定片区高水平开放高质量建设的若干意见（试行）》和《关于加快推进中国（河北）自由贸易试验区正定片区重点产业高质量发展的若干政策措施（试行）》，结合正定片区市场主体办理商事登记遇到的难点、堵点，在市场主体登记名称和经营场所两方面，全方位地深化制度改革，通过放宽经营场所登记条件、企业登记自主全程电子化办理、企业名称登记改革等举措提升企业注册登记便利化，大幅度减少企业“入场”时间和成本，进一步释放企业发展潜力和活力。

主要做法：

首先，实施“一址多照”注册登记制度改革，放宽经营场所登记条件。实施“一址多照”改革，放宽股权投资企业、电子商务、文化创意、软件设计、动漫游戏等现代服务业住所（经营场所）登记条件，允许多个市场主体采用“一址多照”“工位号登记”等方式在同一地址注册登记。市场主体在同一县（市、区）区域范围内设立分支机构，无须前置审批即可申请在营业执照上注明分支机构驻所，不需再单独申请营业执照。对前置许可部门已经核准的申请人经营场所，办理工商登记时，可不提交经营场所使用证明，市场监督管理部门直接予以登记。

其次，推进企业登记自主申报，全程电子化办理。融合“互联网+政务服务”，依托正定县行政审批局和河北省企业开办“一窗通”网上服务平台，由正定片区政务服务大厅建立并不断完善企业开办服务专区，实现企业开办“一窗受理、一网通办”。应用统一的名称自主申报系统，明确企业名称禁止、限制使用规则并进行公示，向社会开放名称数据库，在符合企业名称登记规则的情况下，企业即可选择名称进行“自主申报”。

再次，推行企业名称登记改革，简化登记程序。在办理工商注册登记时，自贸试验区可以作为行政区划的后缀在企业名称中标明。除涉及工商登记前置审批事项的，企业可以通过企业名称自主申报系统直接办理登记。

第四，强化事中事后监管，确保工作落实落地。正定片区出台《中国（河北）自由贸易试验区正定片区关于持续压缩企业开办时间实行企业开办“一窗受理、一网通办”》改革方案，积极落实国家市场监督管理总局发布的《工商登记前置审批事项目录》《企业变更登记、注销登记前置审批事项目录》以及国家发改委、商务部印发的《市场准入负面清单》，在进一步加强监管的同时，确保压缩企业开办时间工作落实落地。

实践效果：

首先，吸引市场主体落户正定片区。实施“一址多照”注册登记制度改革，有利于整合企业分支机构资源，吸引高端服务业企业入驻。据“河北经济户籍管理系统”统计，目前通过“一址多照”制度，已有169家市场主体入驻正定片区，占自贸试验区成立以来新增企业数量的47.5%。

其次，提升办照服务的便利性和实效性。正定片区通过企业自主申报全程电子化办理的服务方式，为市场主体提供更加智能、高效、便捷的政务服务体验，进一步提升了市场主体的满意度，持续优化了营商环境。

再次，解决企业准入“起名难、效率低”问题。通过市场主体名称便利化改革，全面推行企业名称“自主申报”和“一窗通”电子化，解决了以往企业名称注册方面的难点问题。据“河北经济户籍管理系统”统计，截至2020年5月15日，正定片区共成立企业356户，全部通过企业名称自主申报，充分享受名称便利化改革红利，注册企业便利程度大大提高。

案例10：创新企业开办全过程远程指导服务新模式。

河北自贸试验区正定片区积极创新企业注册登记远程指导模式，结合落实《石家庄市行政审批局关于印发进一步放宽注册登记十六条措施的通知》，提出企业开办全过程“不见面”办理、互联网远程指导、电子营业执照远程指导模式下跨界应用、远程指导延伸至全周期服务等商事登记服务新模式。在满足企业实际需要的基础上，通过实施全过程远程指导服务新模式，减少企业成本，提高企业便利度，进一步激发市场主体活力，有效推动行政审批制度改革。

主要做法：

首先，全面推行企业开办全过程“不见面”办理。申请人只需登录“一窗通”平台填报一次信息，相关信息进行“后台实时流转”，受理机关通过先期线上预审核、修改、容缺受理等步骤，实行“在线并行办理、即时回馈信息”，推动开办企业各环节“一网通办”，在系统先行生成企业电子营业执照，待企业补齐材料后，即可一次现场打印领取营业执照，或将营业执照直接寄递给企业，实现企业开办“零纸张、零跑腿、零见面”，让企业共享“互联网+政务服务”发展成果。

其次，借助信息化手段实现企业开办全过程远程指导。创新政府服务理念，政府角色由“主导”向“指导”转变，借助互联网、公共邮箱和即时通信工具等信息化手段，远程指导企业完成注册材料的准备和提交。充分利用门户网站、电视、手机应用程序等媒介，运用网络信息技术，创新网上告知、公示、咨询、查询、反馈等网上服务方式。对企业提交名称自主申报后，需提交纸质材料进行现场审核的，安排专人对所需提交材料进行预审，对书写不规范的材料进行标记、更正。

再次，推进电子营业执照远程指导模式下跨区域、跨领域应用。将电子营业执照作为企业在网上办理企业登记、印章刻制、社保登记等相关业务的合法有效身份和电子签名手段，充分保障企业身份和意愿的真实性，减少冒用盗办风险。

第四，探索远程指导延伸至全周期企业服务。通过专门的邮箱、微信等渠道下载一次性告知单，远程指导企业完成开办后生产许可、环评等一系列准营的线上线下手续，同时实现远程指导对企业生产运营后政策辅导、工商变更等服务工作。

实践效果：

首先，便利了企业注册登记。正定片区通过远程指导的新模式，使得曾经需要 3 个流程、平均跑 2—4 次的商事登记业务，现在只需要 1 个流程，企业至多“跑一趟”。政策实施以来，已服务 131 家企业，有效降低了办事成本，提升了服务水平，最大程度方便了办事企业。

其次，提高了行政审批服务效率。正定片区通过“互联网+政务服务”的方式，结合远程指导服务，使曾经平均需要 3 天办结的商事登记业务，现在只需半天即可办结，极大提高了办事效率，节省了企业的时间成本。

再次，提升了市场主体满意度。正定片区通过远程指导和延伸服务，为市场主体提供更加高效、更加便捷、更加贴心的政务服务体验，有效提升了办照服务的便利性和后续经营的指导性，市场主体的满意度进一步提升。

案例 11：“十统四分”征迁新模式。

规划建设河北自贸试验区大兴机场片区是打造国家发展新动力源的重要支撑。做好征迁工作，是推进大兴机场片区廊坊区域建设发展的基础性工作。大兴机场片区廊坊区域创新征迁模式，坚持统一领导、统一标准、统一协调、统一价格、统一处置、统一粉碎、统一调配、统一监管、统一验收、统一运输“十统一”原则，推行分步拆除、分户施工、分包负责、分段结算“四分”模式，有效保障了征迁工作高效有序运转，为其他自贸试验区征迁工作提供了重要借鉴。

主要做法：

首先，统一领导、统一协调，实施专业化统筹管理。廊坊临空经济区成立征迁村街拆除指挥部，下设七个拆迁工作小组，小组成员由市临空办、中铁十六局、乡镇包村干部、村街支部书记、供水、电网及燃气管道等八方专业工作人员组成，在统筹谋划、民心维护、治安保障、施工安全等方面进行统一协调，积极解决征迁过程中遇到的各类棘手问题，确保征迁工作顺利推进。

其次，统一标准、统一价格，公开透明遴选拆迁公司。面向社会公开发布拆迁公司的招标公告，遵循“安全、环保、公开、透明”的原则，在资质要求、时间节点、安全标准、工人管理等方面统一标准，选择技术强、信誉好、管理精细的高标准拆迁公司；通过现场摇号方式明确各拆迁公司所负责的拆除区域，并对拆迁费用价格进行统一，以保证拆除工作平稳有序进行。

再次，统一调配、统一监管、统一验收，采用“四分”模式开展施工。在进场施工前，对拆迁人员进行统一调配；在施工过程中，明确按照要求进行统一监管；在项目竣工后，严格依据标准开展统一验收。同时实施“四分”管理模式：一是分步拆除，合理安排施工作业量。首先针对房屋进行拆除，其次分堆码放废旧物料，最后进行苫盖。二是分户施工，保障外部人员安全。做到拆除一户、清理一户、苫盖一户，避免大范围同时开工威胁外部人员安全。三是分包负责，落实拆迁主体责任。将责任明确到人，避免责任不明晰产生的推诿扯皮，减少统筹协调的难度。四是分段结算，科学合理评价工作质量。对各拆迁环节采取分段评估结算，避免出现粗线条式拆迁，影响拆迁质量。

第四，统一处置、统一运输、统一粉碎，实现对废旧材料的合理处置。在统分结合的新模式下，将拆迁费和废旧材料处置费的受益主体进行分割，委托评估公司对于有较高使用价值的材料残值进行评估，面向社会采取公开竞标的方式进行统一处置；对于利用价值较低的残渣废料则统一运输至指定地点，统一粉碎后实现二次回收利用。

实践效果：

首先，提前谋划，有效化解了拆迁工作矛盾。工作领导小组协助拆迁公司与街区进行对接，通过提前谋划、成立统一领导小组的方式，为拆迁工作的顺利开展指明了方向，避免出现由于对村街情况的不了解，而产生对村情的误判、对拆迁工作的误导，进而引发与群众之间矛盾激化的情况。

其次，公开透明，有效切断了拆迁腐败利益链条。通过明确拆迁费用的标准，完善了业主与拆迁公司间的利益分配机制，明确了以社会稳定为目标、高质量完成拆迁任务的总体思路，避免了由于材料处置费收益权的转移，导致拆迁公司盲目追求个人利益最大化，进而影响整体拆迁工作质量。

再次，控制风险，有效消除了事故隐患。拆迁公司及工作领导小组共同入驻村街，在拆除工作正式启动前，确保水、电及燃气线路均已切断，拆迁公司通过对拆除范围内环境的充分认知，对各类不可预估的安全隐患进行排查，将风险控制在隐患发生之前，将隐患消除在事故出现之前。

第四，公开竞价，有效避免了国有资产处置流失。通过对拆迁处置物评估和公开竞价的方式，避免了由于处置物收益权属不清晰、评估价格不透明导致价格被低估，引发国有资产的流失，防范了利益输送链条的产生，营造了风清气正的良好拆迁氛围，实现了和谐拆迁、文明拆迁、绿色拆迁。

案例 12：“区域评估+标准地+告知承诺+综合服务”一体化审批新模式。

当前河北自贸试验区大兴机场片区正处于规划建设初期和大规模拟建项目的待批阶段，河北自贸试验区大兴机场片区（北京大兴）管委会对标国际、国内先进地区的经验做法，坚持国际标准、创新示范、放管并重、优化服务的理念，通过开展社会投资工程建设项目“区域评估+标准地+告知承诺+综合服务”的一体化审批新模式，覆盖项目的土地出让、规划设计、手续办理、工程建设、竣工验收等重点环节，最大限度简化社会投资项目审批流程，压缩审批时限，优化审批服务，提高审批效能，保障大兴机场片区快速建设发展的需求。

主要做法：

首先，区域统一集中评估。对大兴机场片区范围内的社会投资工程建设项目，在审批过程中涉及的交评、水评、环评、能评、文物考古调查勘探、地震安全性评价、地灾危险性评估、压覆矿产资源调查评估等共性评估事项，提前进行区域统一集中评估，形成综合区域评估成果。片区内社会投资项目的建设主体可到大兴机场片区（北京大兴）管委会官方网站上免费获得并直接采用区域评估成果，不再单独组织相应评估评价。

其次，标准地附带指标出让。大兴机场片区（北京大兴）管委会研究制定《北京大兴国际机场临空经济区（北京部分）社会投资项目标准地指标体系》，明确入区项目准入标准，对拟上市出让的新批社会投资项目国有建设用地，附带区域经济、科技创新、资源消耗、绿色低碳等至少四类基本指标进行出让。

再次，告知承诺加快审批。在大兴机场片区北京区域范围内采用“标准地”供地模式的社会投资项目，全部实行基于“多规合一”协同平台的告知承诺审批模式。审批服务部门一次性公布告知社会投资主体项目核准、建设工程规划许可和施工许可等事项办理条件、标准、申请材料和需要履行的法律责任，社会投资主体以书面形式承诺其符合办理条件，并承担相应的法律责任及违反承诺的后果，审批服务部门当场做出准予行政许可的决定。

第四，第三方全方位提供综合服务。大兴机场片区（北京大兴）管委会通过购买第三方服务的方式，委托一家综合服务机构为社会投资主体提供全业务咨询、全程代办帮办等服务。大兴机场片区（北京大兴）管委会对第三方服务机构的服务情况进行监督考核。

实践效果：

首先，减少社会投资项目审批手续。实施区域评估后，对进入该区域评估范围、符合评估成果适用条件的单个项目，社会投资项目的建设主体可直接在大兴机场片区（北京大兴）管委会官方网站上免费获得区域评估成果，并直接采用区域评估成果，不需单独组织相应评估评价内容。

其次，提高土地利用效率。企业竞得标准地后，需与大兴机场片区（北京大兴）管委会签订《国有建设用地使用权出让合同》和《社会投资项目标准地投资建设合同》，明确具体的用地标准、履约标准和相关违约责任。强化城市建设用地开发强度、土地投资强度等指标整体控制，从而提高土地利用效率。

再次，促进项目落地开工建设。建立告知承诺制度，通过实行清单制管理、分事项制定告知承诺书等措施，推动“先批后建”向“先建后验”转变，最大限度精简审批环节，促进项目落地开工建设。

第四，提升综合服务质量。社会投资主体可通过线下到访大兴自贸试验片区综合政务服务大厅、线上访问大兴自贸试验片区政务服务平台两种方式，提出政策解读、业务代办等委托需求。第三方服务机构收到申请信息后，成立相应的项目组，无偿为企业提供从项目立项到竣工验收阶段的政策咨询、问题协调、流程辅导、手续代办等全生命周期服务。

案例 13：开展“证照分离”改革全覆盖试点。

近年来，国务院决定对部分涉企经营许可事项在上海等地试点开展“证照分离”改革并逐步复制推广，有效降低了企业制度性交易成本，优化了营商环境，激发了市场活力和社会创造力。按照《国务院关于在自由贸易试验区开展“证照分离”改革全覆盖试点的通知》有关要求，河北省政府印发了《关于在自由贸易试验区开展“证照分离”改革全覆盖试点工作的实施方案》，部署自 2019 年 12 月 1 日起在河北省自由贸易试验区各片区对所有涉企经营许可事项实行清单管理，率先开展“证照分离”改革全覆盖试点。

主要做法：

为进一步克服“准入不准营”现象，使企业更便捷拿到营业执照并尽快正常运营，按照国务院改革部署，河北省由省政务服务管理办公室、省市场监督管理局、省司法厅和省商务厅共同牵头，在河北省自由贸易试验区各片区开展“证照分离”改革全覆盖试点。对所有涉企经营许可事项实行全覆盖清单管理，在河北自由贸易试验区各片区内按照直接取消审批、审批改为备案、实行告知承诺、优化审批服务四种方式分类推进改革。

首先，全覆盖涉企经营许可事项。建立清单管理制度，按照“证照分离”改革全覆盖试点工作要求，在河北省政务服务办牵头组织下，将中央层面设定和河北层面设定的涉企经营许可事项全部纳入清单管理，先后多轮对中央层面设定的 523 项涉企经营许可事项和河北层面设定的 17 项涉企经营许可事项进行逐项梳理，并编制了《“证照分离”改革全覆盖试点事项清单（中央层面设定，2019 年版）》《“证照分离”改革全覆盖试点事项清单（河北层面设定，2019 年版）》。试点片区根据清单列明的改革事项、设定依据、审批层级和部门、改革方式、具体改革举措、加强事中事后监管措施等内容分类推进改革。清单之外不得违规限制企业（含个体工商户、农民专业合作社，下同）进入相关行业或领域，企业取得营业执照即可自主开展经营。

其次，分类推进审批制度改革。对所有涉企经营许可事项按照直接取消审批、审批改为备案、实行告知承诺、优化审批服务四种方式分类推进改革。对设定必要性已不存在、市场机制能够有效调节、行业组织或中介机构能够有效实现行业自律管理、通过事中事后监管能够有效规范的涉企经营许可事项，直接取消审批；对可以取消审批的涉企经营许可事项，需要企业及时主动提供有关信息，以便有关主管部门有效实施行业管理、维护公共利益的，由审批改为备案；对确需保留的涉企经营许可事项，企业就符合经营许可条件做出承诺，有关主管部门通过事中事后监管能够纠正不符合经营许可条件行为、有效防范风险的，实行告知承诺；对关系国家安全、公共安全、金融安全、生态安全和公众健康等重大公共利益，不具备取消审批或实行告知承诺条件的涉企经营许可事项，采取切实措施优化审批服务，提高审批效率、降低办事成本。

再次，规范企业登记与申办经营许可的衔接。参照中央层面确定的涉企经营许可事项对应经营范围规范表述，省市场监管局印发《关于转发落实

“证照分离”改革全覆盖试点在自由贸易试验区开展市场主体经营范围登记规范化工作的通知》，推行经营范围规范化登记，理清证照对应关系。企业登记机关根据企业自主申报的经营范围，明确告知企业需要办理的经营许可事项，并将需申请许可的企业信息推送至有关主管部门；有关主管部门依企业申请及时办理相关经营许可，并将其纳入监管范围。

第四，着力提升服务水平。坚持问题导向，创新工作思路，在转作风、提效能、强服务方面进行突破，不断提高政府服务水平和群众满意度。一是深入推进审批服务标准化，制定并公布准确完备、简明易懂的办事指南，规范自由裁量权，严格时限约束，消除隐性门槛。二是加快推进“互联网+政务服务”，推动涉企经营许可事项从申请、受理到审核、发证全流程“一网通办”“最多跑一次”。三是加强对审批行为的监督管理，建立审批服务“好差评”制度，由企业评判服务绩效。

第五，坚持依法推进改革。按照重大改革于法有据的要求，依照法定程序开展相关工作。根据《全国人民代表大会常务委员会关于授权国务院在自由贸易试验区暂时调整适用有关法律规定的决定》，严格落实规定期限和改革要求，在河北自贸试验区暂时调整实施改革涉及的相关法律法规规定。在河北层面设定的涉企经营许可事项中，修订《河北省盐业管理实施办法》；履行河北省人大常委会授权程序后，暂时调整实施《河北省清真食品管理条例》。

实践效果：

推行“证照分离”改革全覆盖试点以来，中央层面和河北省级层面共计540项涉企经营许可事项全部纳入“四扇门”改革，自2019年12月1日至2020年4月30日，河北自贸试验区新设立企业636家，涉及“证照分离”改革企业328家，累计办理“证照分离”改革事项481件。

首先，转变了审批模式。按照国务院在自贸试验区开展“证照分离”改革全覆盖试点部署，压减审批环节，降低审批门槛，强化监管措施，逐步实现从“重审批”向“强监管”转变，不断完善“宽进严管”的审批管理模式，持续推进政府治理体系和治理能力现代化。

其次，优化了营商环境。政府和市场主体职责更加明晰，准入规则更加透明，办理事项更加精简，审批方式更加便捷，政务效能大幅提升，营商环境持续优化，改革试点工作成效惠及广大自贸试验区企业。曹妃甸片区实行告知承诺方式办理华能公司《港口经营许可证》，助推项目比原计划提前3个月投入运营，国务院“放管服”改革简报（第9期）予以采用，人民网、中国经济网等30多家主流媒体宣传报道。

案例14：实施环评审批正面清单制度。

河北省生态环境厅积极实施环评审批正面清单制度，将省市县三级环评审批权限下放自贸试验区各片区，明确环评豁免政策，实施告知承诺审批，打出了豁免审批和告知承诺组合拳，大幅缩短环评办理时间，提高了事中事后监管水平。

主要做法：

首先，下放审批权限，实现环评审批“就近办”。将省市县三级环评审批权限下放到自贸试验区各片区，加强业务培训及日常指导，注重做好权限下放后的承接工作，明确下放事项的审批条件、运行程序、事中事后监管措施等要求，切实防止审批监管脱节、缺位。

其次，明确具体做法，全面实施环评审批正面清单制度。一是实施环评豁免管理，对《建设项目环境影响评价分类管理名录》中属于登记管理类、关系民生且纳入《固定污染源排污许可分类管理名录（2019年版）》实施排污许可登记管理的相关行业，以及社会事业与服务业，不涉及有毒、有害及危险品的仓储、物流配送业等10大类30小类行业的项目环评，予以豁免审批，直接填报排污许可登记表，不再填报环境影响登记表。二是实施环评告知承诺制审批，对环境影响总体可控、受疫情影响较大、就业密集型的民生相关行业（包括工程建设、社会事业与服务业、制造业、畜牧业、交通运输业等17大类44小类行业）实施环评告知承诺制审批改革试点。项目建设单位在知悉环评告知承诺的全部内容、了解自身应承担的法律责任基础上，在开工建设前将建设项目环境影响评价文件行政审批告知承诺书、建设项目环境影响评价文件全本递交给环评审批部门。环评审批部门在材料齐全、格式合规的基础上，可不经评估、审查直接做出审批决定；材料不全或格式不符合要求的，一次性告知建设单位应当补全的有关材料要求。

再次，创新工作方式，加强事中事后监管。坚持监管先行，积极探索创新加强事中事后监管的有效方式，充分发挥环评源头预防监管制度优势，制定环评事中事后监管工作方案，着力解决环评编制、受理、审批、执行等过程中存在的各类问题，提升环评业务监管能力，推进审查审批与执法监管衔接，增强监管合力。

实践效果：

河北省通过实施环评审批正面清单制度，进一步提高了审批管理效率，深化了“放管服”改革，优化了营商环境。截至2020年6月，全省有1 286个项目依法豁免环评登记手续，1 044个项目环评完成告知承诺制审批，项目环评审批时间平均缩短70%。

（四）京津冀协同发展领域。

案例15：综合保税区跨界共商共建共享新模式。

作为全国首个跨省级行政区域的综合保税区，北京大兴国际机场综合保税区廊坊片区管委会和大兴片区管委会，积极推动建设模式协同创新，以“规划、建设、标准、招商、考核”的“五统一”，推动基础设施和发展成果共商共建共享，首创了一体规划、一体建设、一体管理的协同发展新模式，为全国建设跨界综合保税区，打造新的经济增长点，提供了可借鉴推广的经验。

主要做法：

首先，统一规划。综合保税区河北廊坊区域和北京大兴区域联合委托中国中元国际工程有限公司制定《北京大兴国际机场综合保税区控制性详细规划》，在规模结构与布局、土地使用规划控制与引导、海关监管系统规划、道路交通系统规划、市政工程规划、公共安全设施规划、城市设计导则、规划实施建议等方面实现了规划的统一，为加快综合保税区土地开发和建设发展提供了指引。

其次，统一建设。统一建设范围，按照“保功能、快建设、早封关”的工作原则，就一期建设范围面积和功能布局进行统一；统一建设内容，在满足封关验收和运营需求的前提下，对建设项目清单及项目建设规模进行统一；统一外围市政配套设施建设方案，对高速改扩建实施项目、污水处理收费机制、能源卫星站同步建设、垃圾处理终端建设等实施方案进行统一；统一建设工作协调机制，由廊坊市副市长及大兴区副区长任协调小组组长，双方相关部门为成员，重大事项提请推进小组统一协调解决。

再次，统一标准。在土地使用方面，统一有关土地使用性质、土地开发强度、绿地率的实施标准；在海关监管系统方面，统一有关围网设置和监控系统的实施标准；在道路交通系统方面，统一有关道路系统的实施标准；在市政工程方面，统一有关给水、电力、电信、管线综合的实施标准；在公共安全设施规划方面，统一有关消防规划的实施标准；在城市设计方面，统一有关整体风貌、生态保护的实施标准。

第四，统一招商。统一招商机制，制定项目准入评估和退出机制，筛选引入符合综合保税区产业定位的项目。统一招商平台，廊坊市、大兴区、机场集团三方共同出资组建平台公司，下设专职负责综合保税区招商的工作团队。统一开展招商推介，河北廊坊区域联合北京大兴区域共同在上海、深圳开展招商推介活动。

第五，统一考核。制定综合保税区管理体制机制方案，由海关总署确定具体监管模式对综合保税区进行统一考核，打破了行政区划界限，解决了跨区域综合保税区考核问题，有效发挥了对两个区域的产业带动作用。

实践效果：

首先，明确了统一的开发建设思路。北京大兴国际机场综合保税区控制性详细规划的出台，明晰了综合保税区的空间布局、产业导向和功能定位，为综合保税区村庄拆迁、基础设施建设等前期工作有序实施提供了依据，推动了综合保税区土地高效集约利用。

其次，储备了一批外向型贸易投资项目。围绕综合保税区“以国际贸易产业为主导、现代物流产业为支撑”的功能定位，廊坊大兴两区域广泛推介宣传，积极洽谈合作项目，目前已在保税物流、保税服务、保税研发、保税加工等领域储备超过30个外向型发展项目，为打造对外开放新引擎积蓄了动力。

再次，达成了海关监管模式方面的共识。作为我国首个跨省级行政区域的综合保税区，北京大兴国际机场综合保税区对创新海关监管模式的探索取得了阶段性进展，双方就综保区海关监管达成共识，明确综保区由一个海关进行监管，具体监管模式由海关总署确定。

案例16：四大机制打造京津冀协同发展示范样板。

河北自贸试验区立足实施京津冀协同发展战略，积极加强与天津自贸试验区、大兴机场片区（北京大兴区域）的协同联动，通过建设“载体、体制、规划、工作”四大协同机制、签署《京津冀自贸试验区战略合作框架协议》等工作，深化京津冀协同发展，实现大兴机场片区廊坊区域与大兴机场片区大兴区域共商共建共享，形成区域协同开放、联动发展的新格局。河北自贸试验区大兴机场片区作为我国首个跨省级行政区域设立的自贸试验区片区，在双方共同成立的自贸试验区推进工作领导小组指导下，积极强化协同顶层设计，推动联动机制创新，汇聚加快发展合力，打造京津冀协同发展的示范样板。

主要做法：

首先，载体协同：打造协同发展的广阔空间。大兴机场片区面积总计19.97平方公里，其中廊坊区域10平方公里，大兴区域9.97平方公里。片区内含跨行政区域的综合保税区，规划面积4.347平方公里，其中廊坊区域2.591平方公里，大兴区域1.757平方公里，是支撑片区国际贸易和外向型经济发展的重要载体；片区外接跨省级行政区域的大兴机场临空经济区，规划面积150平方公里，其中廊坊区域100平方公里，大兴区域50平方公里，为大兴机场片区未来联动发展提供了广阔空间。

其次，体制协同：强化改革发展的顶层设计。

1. 建立协同管理机制。河北省与北京市在多个层面构建起协同有效的管理机制，共同推动组建北京大兴国际机场综合保税区联合管理委员会，共同成立河北自贸试验区推进工作领导小组，共同筹建北京大兴国际机场临空经济区联合管理委员会。

2. 推动区区发展联动。河北自贸试验区大兴机场片区（廊坊）管委会与北京大兴国际机场临空经济区（廊坊）管委会实行“一套人马，两块牌子”，河北自贸试验区大兴机场片区（北京大兴）管委会与北京大兴国际机场临空经济区（北京）管委会同样实行“一套人马，两块牌子”，合力推进自贸试验区建设发展。

再次，规划协同：构建多层次的规划体系。

1. 临空经济区总体规划协同。河北省与北京市共同委托中国城市规划设计研究院，设计《北京大兴国际机场临空经济区总体规划（2019—2035年）》，在经由国家相关部门审核后，分别交由两省市政府，就同一规划分别进行批复，在总体规划层面开展协同。

2. 自贸试验区实施方案协同。河北省与北京市通过共同委托商务部国际贸易经济合作研究院，制定自贸试验区廊坊区域及大兴区域的具体实施方案，在自贸试验区实施方案层面开展协同。

3. 综合保税区控制性详细规划协同。河北省与北京市共同委托中国中元国际工程有限公司，设计

《北京大兴国际机场综合保税区控制性详细规划》，在控制性详细规划层面开展协同。

第四，工作协同：建立全方位的协调推进机制。工作一体安排，共同落实河北自贸试验区年度工作要点，为统筹推进全年工作提供统一的指引。制度协同创新，共同探索商事制度改革、投资自由化、贸易便利化和金融开放创新。招商统一开展，共同参与自贸试验区线上线下系列招商推介活动。培训共同组织，多次参加自贸试验区制度创新、金融服务等业务培训。

实践效果：

首先，提升了大兴机场片区对外整体影响力。大兴机场片区廊坊区域和大兴区域通过共同参加2019年在上海、深圳等地举办的自贸试验区招商推介会和2020年举办的中国廊坊国际经济贸易网上洽谈会、河北省网上投洽会专场等活动，吸引了海内外大批投资者的关注，在国内外产生了广泛的影响，得到了有关领导的高度认可。

其次，落地了一批产业错位发展的高端高新项目。大兴机场片区廊坊区域和北京大兴区域通过加强基础设施建设，加大对外招商力度，引进了符合双方发展定位的南航祥翼华北基地、海航冷链物流、顺丰华北智慧物流、新奥产业研究院等一批高质量项目，产业集聚效应逐步明显，发展能级进一步提升。

再次，形成了推动重点领域协同发展的工作合力。大兴机场片区廊坊区域和大兴区域坚持一体规划、一体建设、一体管理，在政策统一、规则一致、执行协同和突破关键领域行政壁垒等方面开展了实质性合作，形成了协同推进、分工协作的区域发展新格局。

三、河北省政府及相关部门出台的政策措施

（一）2019年10月28日，河北省人民政府印发《中国（河北）自由贸易试验区管理办法》。

（二）2019年11月30日，河北省人民政府印发《关于在自由贸易试验区开展“证照分离”改革全覆盖试点工作实施方案》。

（三）2019年12月7日，河北省政府推进政府职能转变和“放管服”改革协调小组办公室印发《关于省政府部门向省自由贸易实验区下放省级行政许可事项》。

（四）2019年8月27日，河北省市场监督管理局印发《关于做好中国（河北）自由贸易试验区片区企业登记注册工作的通知》。

（五）2019年9月11日，石家庄海关印发《支持和推进中国（河北）自由贸易试验区建设工作方案》。

（六）2019年10月30日，河北省药品监督管理局印发《河北省医疗器械注册人制度工作实施方案》。

（七）2019年12月23日，河北省市场监管局印发《关于支持中国（河北）自由贸易试验区建设的措施》。

（八）2019年12月27日，河北省广播电视局印发《关于公布在自由贸易试验区开展电影“证照分离”改革具体措施的通知》。

（九）2019年12月30日，国家外汇管理局河北省分局印发《推进中国（河北）自由贸易试验区外汇管理改革试点实施细则》。

四、大事记

1月16日，商务部在北京召开研究推进新设自贸试验区相关工作专题会议，王受文副部长出席并讲话。会议要求立即启动《中国（河北）自由贸易试验区总体方案》起草和四至范围划定等工作，并按要求报审。

1月22日，河北省商务厅、省自然资源厅和正定、曹妃甸、雄安区域相关人员赴商务部参加新设自贸试验区对接会，商务部提出自贸试验区片区规划选址原则，自然资源部审查了新设自贸试验区省市提交的四至范围。

1月25日，河北省政府办公厅向商务部办公厅

报送《河北省人民政府办公厅关于报送中国河北自贸试验区总体方案和四至范围的函》（冀政办函〔2019〕8号），提出河北自贸试验区实施范围为119.99平方公里，涵盖雄安、正定、曹妃甸3个片区。

1月27日，河北省政府和北京市政府联合向商务部报送《关于恳请将北京大兴国际机场临空经济区部分区域纳入中国（河北）自由贸易试验区的函》（冀政函〔2019〕8号），提出将北京大兴国际机场临空经济区部分区域作为河北自贸试验区第4个片区，并相应增加区域面积33.3平方公里。

2月14日，河北省政府办公厅向商务部办公厅报送《关于报送〈中国（河北）自贸试验区总体方案（修改稿）的函〉》，提出中国（河北）自贸试验区的实施范围为153.29平方公里，涵盖4个片区：其中雄安片区39.93平方公里，正定片区39.99平方公里，曹妃甸片区40.07平方公里，大兴机场片区33.3平方公里。

2月18日，河北省副省长夏延军主持召开自贸试验区创新政策跑办动员会，33个有关部门负责同志参会。会议要求省有关部门和各片区，就《中国（河北）自由贸易试验区总体方案（征求意见稿）》中提出的创新政策主动与国家有关部委进行沟通对接。

3月17日，河北省商务厅致函石家庄市政府、唐山市政府和雄安新区管委会，要求各片区明确继续沟通争取的政策并提交单行汇报材料，加大跑办力度，争取获得实质性成效。

3月27日，自然资源部党组书记、部长、国家自然资源总督察陆昊到河北省调研。调研组表示，国家建设大兴国际机场和临空经济区，设立与之相关联的自贸试验区是合理的。如果自贸试验区用地合理，不侵占生态保护红线，规划可行，自然资源部将予以支持。在临空经济区总规未批的情况下，可以根据中央精神和部委共识，确定部分区域的控制性规划。

4月11日，河北省商务厅相关人员参加协和医院专家论证会，邀请中国医学科学院、北京协和医学院、中国非处方药物协会、中国医药生物技术协会、美国杜克大学、上海复旦大学、清华大学、国家卫健委卫生发展研究中心的多位专家学者，就河北自贸试验区生物技术和生命健康产业开放进行研究讨论。

4月至5月期间，河北省商务厅副厅长张锋带队赴河南、陕西、四川、湖北、广东、海南、辽宁、天津调研，深入学习自贸试验区建设经验。

6月，河北省商务厅有关负责同志先后赴石家庄、唐山、廊坊三市和雄安新区对接自贸试验区申办建设工作，调研政务服务中心建设、机构设置等方面情况。

7月2日，河北省商务厅召开自贸试验区申办专题会议，石家庄、唐山、廊坊市商务局，雄安新区改革发展局，北京市商务局有关人员参会。

7月29日，河北省商务厅赴唐山市商务局、雄安新区调研自贸试验区工作，就河北自贸试验区设立前期筹备工作进行安排调度。

8月2日，河北省商务厅、省自然资源厅联合向省政府呈报《关于报送中国（河北）自贸试验区落桩定界资料的请示》（冀商外资〔2019〕13号），形成了河北自贸试验区四至范围、选址示意图、界址点坐标、界桩示意图等资料。

8月7日，河北省副省长夏延军主持召开专题调度会议，对自贸试验区筹备工作进行安排部署，省商务厅、省委宣传部、省编委办、省自然资源厅、省财政厅、省司法厅和石家庄、唐山、廊坊市政府及雄安新区管委会有关负责同志参会。

8月15日，河北省政府向自然资源部报送《河北省人民政府关于报送中国（河北）自由贸易试验区落桩定界资料的函》（冀政函〔2019〕59号），提出了河北自贸试验区的四至范围。

8月26日，国新办召开新设自贸试验区新闻发布会，宣布国务院批准设立中国（河北）自由贸易试验区，并印发《中国（河北）自由贸易试验区总体方案》。河北省副省长夏延军出席发布会并回答记者提问。

8月28日，河北省商务厅向省政府呈报《关于调整中国（河北）自由贸易试验区推进工作领导小组副组长的请示》（冀商外资〔2019〕24号），明确由北京市委常委、常务副市长林克庆担任中国（河北）自由贸易试验区推进工作领导小组副组长。

8月30日上午，中国（河北）自由贸易试验区揭牌仪式在雄安新区举行。省委书记、省人大常委会主任王东峰，省委副书记、省长许勤，省政协主席叶冬松，北京市委常委、常务副市长林克庆，省领导袁桐利、陈刚、高志立、范照兵等出席揭牌仪式。副省长夏延军主持揭牌仪式。许勤省长宣读了《国务院关于同意设立中国（河北）自由贸易试验区的批复》。王东峰书记强调，设立河北自贸试验区，是党中央、国务院做出的重大决策，是新时代推进改革开放的战略举措，在河北改革开放和现代化建设进程中具有里程碑意义。要坚持政治站位，切实担负起建设河北自贸试验区的重大责任和神圣使命；要坚持改革创新，着力打造可复制可推广的制度创新成果；要坚持党的领导，为自贸试验区建设提供坚强有力的政治保障，全力打造新时代改革开放新高地，更好地服务国家对外开放总体战略布局。首批进入自贸试验区的10个高端高新项目举行签约仪式。

9月1日，省委书记、省人大常委会主任、河北自贸试验区推进工作领导小组组长王东峰主持召开领导小组第一次会议，听取省商务厅关于河北自贸试验区推进工作情况的汇报和省委编办关于设立河北自贸试验区管理机构的情况汇报，审议并通过了自贸试验区领导小组工作规则、领导小组办公室工作细则、自贸试验区管理办法、2019年工作要点和制度创新清单（第一批），就有关工作做出安排部署。

9月2日，河北省委编办印发《关于设立中国（河北）自由贸易试验区正定片区管理机构的通知》（冀机编办〔2019〕130号），在石家庄综合保税区管理委员会加挂正定片区管理委员会牌子，增设2个内设机构；印发《关于设立中国（河北）自由贸易试验区曹妃甸片区管理机构的通知》（冀机编办〔2019〕131号），在曹妃甸经济技术开发区管理委员会加挂曹妃甸片区管理委员会牌子，增设2个内设机构；印发《关于组建北京大兴国际机场临空经济区（廊坊）和中国（河北）自由贸易试验区大兴机场片区（廊坊）管理机构的通知》（冀机编〔2019〕13号），在北京大兴国际机场临空经济区（廊坊）管委会加挂大兴机场片区（廊坊）管理委员会牌子。

9月3日至6日，河北省政府组成考察团赴天津市、上海市和广东省学习自贸试验区建设经验。考察组由省政府副秘书长郝杰成带队，省领导小组办公室和石家庄、唐山、廊坊市政府及雄安新区管委会有关负责同志参加。

9月27日，河北省副省长夏延军主持召开自贸试验区专题会议。听取了省商务厅关于河北自贸试验区工作进展情况及下一步安排建议和各有关市政府、雄安新区管委会分管负责同志的情况汇报。会议强调要提高政治站位，尽快组建工作机构，落实人员配备，建立工作制度，开通门户网站，加强形象宣传，加快制定各片区制度创新清单报审。

9月30日，北京市委编办印发《关于设立北京大兴国际机场临空经济区大兴机场片区管理机构等事项的通知》（京编委〔2019〕13号），在北京大兴国际机场临空经济区（大兴）管理委员会加挂中国（河北）自由贸易试验区大兴机场片区（北京大兴）管理委员会牌子。

10月12日，河北自贸试验区推进工作领导小组办公室根据省领导小组第一次会议精神，在征求北京市政府意见、报省领导审定后，正式将《中国（河北）自由贸易试验区推进工作领导小组工作规则》《中国（河北）自由贸易试验区推进工作领导小组办公室工作细则》《中国（河北）自由贸易试验区工作要点》《中国（河北）自由贸易试验区制度创新清单（第一批）》4个专件印发省领导小组成员单位和各片区管委会。

10月12日，河北自贸试验区推进工作领导小组办公室常务副主任、省商务厅副厅长张锋在2019中国国际数字经济博览会数字商务发展峰会上做题为“河北自贸试验区基本情况和数字商务发展——加快建设新时代改革开放新高地”的主题推介。

10月14日，河北大学成立自贸区研究院，下设全面深化改革研究中心、产业融合与物流研究中心、贸易投资研究中心、金融创新研究中心、创新生态系统研究中心和高端产业研究中心。

10月21日，河北自贸试验区推进工作领导小组办公室在深圳举办河北自贸试验区专题推介会，邀请数字经济、生物医药、生命科学与生物技术、金融、国际贸易等行业国内外知名企业参会。省领导小组办公室做河北自贸试验区整体推介，雄安片区、正定片区、曹妃甸片区和大兴机场片区廊坊区域、北京区域分别做推介，与会企业和各片区进行了深入对接交流。

10月28日，《中国（河北）自由贸易试验区管理办法》以省政府令形式公布施行。《管理办法》共56条，包括总则、管理体制、投资改革、贸易便利、金融创新、产业开放、协同发展、风险防范、营商环境、附则10个方面，明确了自贸试验区管理体制机制，衔接国家授权改革措施，为河北自贸试验区管理体制和基本管理制度提供了法制保障。

10月31日，河北省副省长夏延军主持召开自贸试验区推进工作专题调度会。分别听取省商务厅，石家庄、唐山、廊坊市政府，雄安新区管委会，省政务服务办公室工作汇报，对下一步重点任务提出明确要求。

11月13日，河北自贸试验区推进工作领导小组办公室在上海举办以“共建开放新高地，共享发展新机遇”为主题的专场推介会。省自贸办做河北自贸试验区总体推介，雄安片区、正定片区、曹妃甸片区、大兴机场片区北京区域和廊坊区域分别就片区产业特色、政策优势和招商方向进行推介，与会企业与各片区进行了深入对接。中国建材国际商务总部基地、绿地（北京）全球商品运营总部、宝骏金融综合广场等14个项目成功签约，项目总投资178亿元。上海外商投资协会、部分专家学者代表和生物医药、金融、航空、航海、高端装备制造等领域的知名国内外企业嘉宾共200余人参加。

11月14日，河北自贸试验区推进工作领导小组印发各片区共性制度创新清单和个性制度创新清单及责任分工表。

11月16日，许勤省长到省商务厅调研。许勤省长强调，河北自贸试验区的设立，使河北省面临的重大机遇叠加效应更加凸显，对推进全省改革开放和现代化建设进程具有重大意义。要把建设好自贸试验区作为贯彻落实党的十九届四中全会精神、推进治理体系和治理能力现代化的具体行动，认真落实《中国（河北）自由贸易试验区总体方案》，坚持“为国家试制度，为地方谋发展”，按照省委、省政府部署，制定完善各片区制度创新清单，推动制度创新措施尽快落地，形成一批可复制可推广的制度创新成果。

11月21日，河北省政务服务办公室、省市场监管局、省司法厅和省商务厅四部门在石家庄市召开“证照分离”改革全覆盖试点工作培训会。

11月22日，河北自贸试验区推进工作领导小组办公室有关负责同志为省委党校第八期中青班学员做主题报告，向省直部门和各市中青年干部学员介绍了河北省自贸试验区的基本情况、特色亮点、制度创新方向和改革发展情况，并就有关问题进行互动交流。

11月29日，河北省委编办印发《关于河北省商务厅加挂中国（河北）自由贸易试验区工作办公室牌子等事宜的通知》（冀机编〔2019〕20号），为省商务厅机关增设2个内设机构，增加1名厅级领导职数，新增行政编制6名。省委编办印发《关于设立中国（河北）自由贸易试验区雄安片区管理机构的通知》（冀机编〔2019〕21号），设立河北自贸试验区雄安片区管理委员会，核定人员控制数25名。

11 月 30 日，河北省政府印发《河北省人民政府关于在自由贸易试验区开展“证照分离”改革全覆盖试点工作实施方案》（冀政发〔2019〕5 号），自 2019 年 12 月 1 日起在雄安片区、正定片区、曹妃甸片区和大兴机场片区廊坊区域，对河北省 540 项涉企经营许可事项实行全覆盖清单管理。

12 月 1 日，唐山市海洋口岸和港航管理局以告知承诺方式为华能曹妃甸港口有限公司办理了“证照分离”改革全覆盖试点后的第一张港口经营许可证，为该公司节省了至少三个月的时间，受到企业的好评。

12 月 4 日，河北自贸试验区内首家通过备案制完成注册登记的报关企业在曹妃甸片区产生。唐山市曹妃甸区长河源财务公司在曹妃甸海关报关大厅领取营业执照后，以备案方式仅用 15 分钟就领取了报关单位注册登记证书。

12 月 6 日，北京大兴国际机场廊坊临空经济区自贸试验片区全球招商发布会在重庆市举办。会议以“新动力、新机遇、新典范”为主题，对新一代信息技术、高端智能制造、生命健康、航空科技创新、航空物流和高端服务业等重点合作方向进行了推介，80 余家知名企业和机构参会。

12 月 7 日，河北省政府推进政府职能转变和“放管服”改革协调小组办公室印发《关于省政府部门向省自由贸易试验区下放省级行政许可事项的通知》（〔2019〕-8），向自贸试验区各片区管委会有序下放首批经济管理权限，其中雄安片区 5 项、正定片区 58 项、曹妃甸片区 88 项、大兴机场片区 44 项。

12 月 9 日，河北省商务厅与中国银行河北省分行签署战略合作协议。河北自贸试验区推进工作领导小组办公室主任、省商务厅厅长李石，省领导小组办公室常务副主任、省商务厅副厅长张锋，中国银行河北省分行行长冷杰，副行长俞兆强、郑磊参加签约仪式。双方拟进一步深化合作，抢抓河北自贸试验区建设重大机遇，支持河北自贸试验区金融领域制度创新，共同推动河北自贸试验区改革发展。

12 月 10 日，河北自贸试验区推进工作领导小组办公室召开全省自贸试验区改革试点经验复制推广会议。邀请河北海事局、石家庄海关有关负责同志就复制推广自贸试验区改革试点经验作政策解读。省领导小组办公室常务副主任、省商务厅副厅长张锋出席会议并对进一步做好自贸试验区改革试点经验复制推广工作提出要求。各设区市和定州、辛集市商务主管部门负责人和有关人员参加会议。

12 月 11 日，商务部驻天津特派员办事处就支持河北自贸试验区建设等工作到河北省调研。商务部驻天津特办特派员乌海宇率特办相关处室和部有关司局业务负责同志在省商务厅召开部省联席会议，重点围绕推动落实《商务部-河北省政府关于建立合作机制的框架协议》，进一步支持河北自贸试验区建设等工作进行对接交流。省商务厅厅长李石，副厅长裴世馨、张锋和厅有关处室负责同志参加会议。

12 月 12 日，省商务厅与农业银行河北省分行、交通银行河北省分行签署金融服务自贸试验区建设战略合作协议。双方拟紧密围绕国家战略和省委省政府安排部署，积极拓展在金融领域制度创新等方面的合作。

12 月 19 日，河北自贸试验区大兴机场片区（廊坊区域）全球招商发布会在北京举行。河北省副省长夏延军出席会议并致辞。国内外 80 余家知名企业参会，现场签约 7 个合作项目，项目总投资 790 亿元。

12 月 23 日，正定片区联合石家庄市场监督管理局举办生物医药产业政策说明会，专题解读了正定片区生物医药健康产业相关支持政策，150 余家企业参会。

12 月 28 日，河北省副省长夏延军在曹妃甸片区主持召开河北自贸试验区专题推进会，参观了曹妃甸片区政务服务中心，了解了自贸试验区标识标牌建设等情况，听取了省有关部门和片区所在市政府、雄安新区管委会负责同志关于自贸试验区工作进展情况的汇报，对制度创新、招商引资、开放创新平台建设等重点工作进行了安排部署。

中国（河北）自由贸易试验区概览

实施范围

河北自贸试验区实施范围119.97平方公里，涵盖四个片区：雄安片区33.23平方公里，正定片区33.29平方公里，曹妃甸片区33.48平方公里，大兴机场片区19.97平方公里（其中廊坊区域10平方公里、大兴区域9.97平方公里）。

战略定位及发展目标

以制度创新为核心，以可复制可推广为基本要求，全面落实中央关于京津冀协同发展战略和高标准高质量建设雄安新区要求，积极承接北京非首都功能疏解和京津科技成果转化，着力建设国际商贸物流重要枢纽、新型工业化基地、全球创新高地和开放发展先行区。经过三至五年改革探索，对标国际先进规则，形成更多有国际竞争力的制度创新成果，推动经济发展质量变革、效率变革、动力变革，努力建成贸易投资自由便利、高端高新产业集聚、金融服务开放创新、政府治理包容审慎、区域发展高度协同的高标准高质量自由贸易园区。

功能划分

雄安片区重点发展新一代信息技术、现代生命科学和生物技术、高端现代服务业等产业，建设高端高新产业开放发展引领区、数字商务发展示范区、金融创新先行区。

正定片区重点发展临空产业、生物医药、国际物流、高端装备制造等产业，建设航空产业开放发展集聚区、生物医药产业开放创新引领区、综合物流枢纽。正定片区具有独特的区位优势。

曹妃甸片区重点发展国际大宗商品贸易、港航服务、能源储配、高端装备制造等产业，建设东北亚经济合作引领区、临港经济创新示范区。

大兴机场片区重点发展航空物流、航空科技、融资租赁等产业，建设国际交往中心功能承载区、国家航空科技创新引领区、京津冀协同发展示范区。大兴机场片区具有明显的区位优势。

主要特色亮点

（一）服务重大国家战略，推动京津冀协同发展。作为全国唯一跨省市的自贸试验区，河北自贸试验区将北京大兴国际机场临空经济区部分区域纳入实施范围，紧紧围绕区域合理分工、资源优化配置和要素跨区域流动等方面提出制度创新举措，将进一步推动京津冀产业协同创新，增强开放协同效应，带动冀中南乃至整个河北的开放发展，与京津共同打造世界级城市群。

（二）建设开放发展先行区，引领雄安高质量发展。河北自贸试验区将结合雄安新区总体规划和建设开放发展先行区的有关要求，建设高水平综合保税区，发展各类新型贸易业态；建设数字商务发展示范区，支持建立数字化贸易综合服务平台，推进公共数据利用改革试点，推进基于区块链、电子身份（eID）确权认证等技术的大数据可信交易等；推进生命科学与生物技术创新发展，鼓励企业进行免疫细胞治疗、单抗药物、基因治疗、组织工程等新技术研究，建立人类遗传资源临床试验备案制度，推动雄安片区建设基因数据中心等。

（三）推动金融开放创新，建设金融创新先行区。河北自贸试验区将支持雄安新区建设金融创新先行区，探索监管"沙盒机制"，推进绿色金融第三方认证计划，培育环境权益交易市场，支持股权众筹试点等。扩大金融领域对外开放，支持商业银行设立金融资产投资子公司，开展合格境外有限合伙人（QFLP）和合格境内投资企业（QDIE）业务试点等。深化外汇管理体制改革，放宽跨国公司外汇资金集中运营管理准入条件，探索研究融资租赁公司和商业保理公司进入银行间外汇市场等。推动跨境人民币业务创新，探索开展境内人民币贸易融资资产跨境转让等。

（四）推动高端高新产业开放发展，建设全球创新高地。河北自贸试验区将以新一代信息技术、生物医药和生命健康、高端装备制造等产业为重点，加快实施一系列产业开放创新政策措施，集聚国内外高端生产要素，引进全球创新资源，助力自贸区深度融入全球产业链，打造具有全球影响力的产业开放创新中心。

（五）依托陆海空综合交通优势，打造国际贸易重要枢纽。河北自贸试验区从发挥雄安综合交通枢纽、大兴国际机场国际航空枢纽、曹妃甸天然深水大港、正定机场空铁联运的优势出发，在打造“一带一路”空中经济走廊、发展航空服务业和航运服务业、建设多式联运中心、开展国际大宗商品贸易等方面进行探索，加快融入“一带一路”建设，形成国际贸易竞争新优势。

（七）加快职能转变，持续优化营商环境。

一是推进“证照分离”改革全覆盖。认真落实国务院常务会议精神，以省政府名义印发“证照分离”改革全覆盖试点工作实施方案。自2019年12月1日起，在四个片区内对540项涉企经营许可事项实行清单管理，分类推进改革。其中直接取消审批14项、审批改为备案8项、实行告知承诺62项、优化审批服务456项。二是下放省级经济管理权限。以省政府推进政府职能转变和“放管服”改革协调小组办公室名义印发通知，向各片区管委会下放首批省级行政许可事项。其中雄安片区5项、正定片区58项、曹妃甸片区88项、大兴机场片区44项。三是省领导小组办公室下发《关于进一步深化“放管服”改革　优化自贸试验区营商环境的通知》，积极指导各片区进一步提高政务服务水平，高标准建设政务服务中心，认真做好省级经济管理权限承接工作，扎实推进“证照分离”改革全覆盖，切实增加群众的获得感，提升市场主体的满意度。

（八）强化区域协作，促进京津冀协同创新。

一是推进京冀协作。作为全国唯一跨省域的自贸试验区，河北省与北京市在管理办法制定、片区制度创新清单梳理、招商推介等方面均进行了密切合作。大兴机场片区廊坊区域和北京区域坚持一体规划、一体建设、一体创新，双方共同聘请商务部国际贸易经济合作研究院制定适用整个大兴机场片区的自贸试验区实施方案，推进自贸试验区共建共享和共同发展。二是推进京津冀三地海关合作。石家庄海关会同北京海关、天津海关签署了《支持河北雄安新区全面深化改革和扩大开放合作备忘录》，提出推进京津冀物流监管一体化、“三关”科技协同创新等10方面的政策措施。

2019年中国（云南）自由贸易试验区建设概况

中国（云南）自由贸易试验区工作领导小组办公室

中国（云南）自由贸易试验区工作领导小组办公室主任

赵瑞君，男，1970年1月生，汉族，北京市人，中共党员，1992年7月参加工作，在职博士研究生，研究员。现任云南省商务厅厅长、党组书记，中国（云南）自由贸易试验区工作领导小组办公室主任。

曾任北京航空航天大学制造工程系党总支副书记、机械学院党总支副书记、招生就业处副处长、学生就业指导服务中心主任兼招生就业处副处长、招生就业处处长兼学生就业指导服务中心主任、学生工作部部长兼武装部部长兼学生处处长，国防科工委协作配套中心综合管理部部长、党委副书记，国防科工局协作配套中心党委副书记、副主任，国家核安保技术中心党委书记，国防科工局机关服务局局长、党委书记、直属机关党委常务副书记，西北工业大学党委常务副书记，云南省人民政府副秘书长、办公厅党组成员等职。

一、经济运行数据

自2019年8月30日挂牌运作至2020年6月底，中国（云南）自由贸易试验区增量市场主体达31 559户。其中，企业12 686户（外资55户）、农民专业合作社2户、个体工商户18 871户，每天新诞生约160户市场主体，约每4天引进1户外资企业落地，全省每新登记10户企业，有1.18户来自自贸试验区；每新登记10户外资企业，有1.46户来自自贸试验区。106项国家改革试点任务全部形成工作方案，落实落地82项，占比77.4%（包括上报请示或制发制度），总结经验案例119个，经第三方评估上报国家商务部15个。

2019年，云南自贸试验区用占全省0.3%的国土面积创造了全省15%的进出口贸易额，集聚了全省10%的外资额，贡献了全省10%的税收收入。2020年上半年，云南自贸试验区外贸进出口131.05亿元人民币，占全省进出口总额的14%。

二、建设措施及成效

按照习近平总书记“高标准推进中国（云南）自由贸易试验区改革创新发展”的要求，全省各级、各部门和昆明、红河、德宏片区聚焦“为国家试制度、为地方谋发展”两大主线任务，立足沿边和跨境，主动服务和融入国家发展战略，注重改革创新和防控风险并举，全力以赴推进自由贸易试验区建设，自贸试验区的开放引领示范和辐射带动作用逐渐凸显，为全省开放型经济高质量发展作出了积极贡献。

（一）构建高效体制机制，突出政策保障。

建立“1+3+10”自由贸易试验区领导和推进机制，成立书记、省长任“双组长”的工作领导小组和贸易促进等10个专题工作组。构建“1+1+10”制度体系，出台云南自贸试验区管理办法、建设实施方案和10个专题组工作方案。增补53项省改革试点任务，将159项改革试点任务逐一分解至省级有关部门和片区，形成任务分工总表、首创表、部门表、片区表、时限表5张责任清单。印发实施《云南省人民政府关于支持中国（云南）自由贸易试验区高质量发展的若干意见》。建立省委改革办、省自贸办联合督查督办机制，随时跟进督促改革试点任务落实情况。

（二）聚焦改革试点任务，制度创新稳步推进。

对改革试点任务在牵头部门自评、主试片区自评基础上，按照形成方案、上报请示、制发制度以及取得数据成效、经验总结、评估上报和获批复制推广7个环节，开展科学动态精准评估，实现进展和成效同步实时更新。昆明片区以“国际法律服务综合体”创新自贸试验区商事仲裁调解服务供给模式；在全国首创将跨境购售电主体引入平台交易。红河片区创新开展“跨境电商+边民互市”，助推跨境贸易转型升级，推动对越南出口大幅增长，上半年云南省对越南出口 14.3 亿美元，增长 41.8%。德宏片区创新珠宝玉石翡翠互联网直播交易管理模式，创新推出“胞波卡”和“一室两国”双边应急协商会晤机制；边境创新“一口岸多通道”监管模式，探索实行“一地集中报关，多通道验放”。

（三）强化产业项目支撑，大力推进招商引资。

昆明片区成功引进普洛斯环普产业园、河南保税跨境电商、华为智慧园区等产业项目，集中开工建设两批重点项目共 31 个，总投资达 287.7 亿元，累计兑现企业奖励扶持资金 2.96 亿元。红河片区广东名依依成衣、河口口岸北山国际冷链物流（智慧方舱）、清泉农副产品仓储交易中心等项目开工建设。德宏片区与中农联控股有限公司等 16 家国内知名企业签订投资协议，总投资 153.9 亿元，已落地项目 19.6 亿元。

（四）加大放管服改革，持续优化营商环境。

拟赋予各片区第一批省级行政职权赋权目录清单，共涉及省级行政职权事项 76 项。其中，行政许可 58 项，行政确认 2 项，其他行政权力 16 项。持续实施“证照分离”改革全覆盖试点。办理涉企经营许可事项 8 432 件，大幅降低企业制度性交易成本。昆明片区建成“24 小时不打烊”自助服务区，提供“全类型市场主体刻章政府买单”服务；红河片区成立首家边境贸易服务中心；德宏片区实现“领营业执照像银行自助取款机取款一样方便”，企业和群众只需通过线上审批，就可自助领取纸质营业执照。

（五）立足“沿边”优势，突出跨境合作。

创新跨境贸易新模式。推出“跨境电商+边民互市”创新模式，建设边民互市一、二级市场线上平台，在一级市场领域推行“电子交易+区块链存证溯源+跨境结算业务”试点，在二级市场采用“互联网+电商服务平台”模式，实现边民互市跨境结算全流程电子化。“跨境电商+边民互市”的创新模式，提升边民互市结算效率，推动对越出口增长。

创新跨境产能合作新模式。以跨境电力市场为载体，在全国首创将跨境购售电主体引入平台交易，充分运用“互联网+”、电子结算等技术，打造面向南亚、东南亚的跨境电力市场化交易机制和合作平台，境外市场主体可以在昆明电力交易中心交易，不断探索中越跨境电力交易合作机制。

创新跨境园区建设新模式。在加快境内外加工园区建设的同时，以“外向型、劳动力密集型”产业“走出去”的首家试点企业在缅甸木姐建厂投产，产品开始销售，探索实践“一线两园”的跨境园区合作。以“互市+加工”模式为依托的首家边民互市加工企业开出首张边民互市落地加工增值税发票。

创新跨境社会管理新模式。建立外籍务工管理长效机制，搭建“一站式”服务平台和利用“一网化”管理，首创推出集多种证件、生物信息为一体，面向外籍务工人员的“胞波卡”。建立“一室两国”双边政府部门边境应急协商会晤常态化机制，加强与缅甸、越南等周边国家的沟通，促进双边友好合作。

创新构建跨境金融保障新体系。探索建立中缅双边银行互开账户+网银清算+人民币对缅币撮合报价的“小同城”业务模式。在中缅两国未签署货币互换等金融合作协议的情况下，探索实施中缅贸易汇兑结算试点，设立中缅贸易结算“通汇金”平台。

创新跨境物流新路径。开通首条中老跨境冷链干线直达运输线路，实现中缅两国甩挂跨境直达运输。与越南签订《出境保险车辆代查勘、代定损合作协议》，建立车辆保险代查勘、代定损合作机制，提升跨境车辆保险便利化。

创新提升通关便利化水平。推动边境通道纳入口岸监管范围，创新“一口岸多通道”监管模式，疏导口岸通关压力，加强和规范边境通道管理，有效促进对外贸易、富民兴边。

创新提升跨境贸易便利化水平。启动电子口岸建设及推广，实现“单一窗口”业务全覆盖。结合云南边贸实际，开发省级边民互市贸易政务服务平台（边民互市管理系统），实现边民互市公共服务（商品和车辆申报）、商务管理、海关监管、检验检疫监管、卡口数据采集等多项功能叠加。

三、创新成果及案例

中国（云南）自由贸易试验区深入贯彻落实党中央、国务院在新时代推进改革开放的决策部署，以制度创新为核心，以可复制可推广为基本要求，致力于发挥云南区位和资源优势，将经验案例总结和复制推广工作作为贯彻新发展理念、推动高质量发展、建设现代化经济体系的重要举措，聚焦服务业开放、投资管理、贸易便利化、事中事后监管，全力推进制度创新实践，经第三方评估，形成首批18项制度创新案例，并从2020年7月起在全省范围内复制推广。

（一）服务业开放。

案例1：搭建对外合作交流新平台，深化双边合作新模式。

通过设立贸易商会驻外商务代表处，创新合作交流机制，探索搭建对外合作交流新平台，加强与周边国家合作，聚焦合作领域，促进信息互联互通，服务周边经贸合作，服务企业“走出去”，便利投资贸易、加大合作力度。

案例2：创新数字服务新模式，助推产业转型升级。

昆明片区整合市场、税务及市场监管三方商贸企业数字信息，构建螺蛳湾商贸城商圈大数据应用平台，依托数字信息，积极引导传统批发商贸市场转型升级，传统批发市场迎来新转机。

（二）投资管理。

案例1：拓展“银税互动”受惠面。

开展“银税互动”制度创新，建立税务、银保监部门和银行省级层面的银税合作制度，建立健全州（市）、县（市、区）两级银税合作工作机制，将“银税互动”工作的重心向基层下沉，以数据交换和“互联网+税务+金融”牵线搭桥，将银税信息互动由“线下”搬到“线上”，充分发挥纳税信用社会效应，不断扩大“银税互动”受惠面，破解小微企业贷款难题，拓展“银税互动”服务新格局。

案例2：外籍自然人经营登记管理新模式。

积极探索沿边自贸试验区经济发展新模式，颁布外籍自然人经营登记管理暂行办法，制作颁发外籍自然人经营登记证，加强日常执法监管，建立形成外籍自然人经营管理工作联动长效机制，实现对外籍自然人营商行为管理手段的优化升级。

案例3：政策创新及流程便利化推动跨境融资业务量剧增。

不断加大全口径跨境融资宏观审慎管理政策宣传力度，简化办理流程，优化服务措施，加强跨境融资事中事后监管，企业融资渠道进一步拓宽，国际资本市场资金使用便利化程度加深，有效降低企业融资成本，缓解企业“融资难，融资贵”的问题，助推利用外资水平迈上新台阶。

案例4：促进跨国公司跨境资金集中运营便利化。

进一步简政放权，加强事中事后监管，对跨国公司跨境资金集中运营业务实施宏观审慎管理，促进贸易投资便利化，体现服务实体经济，统筹资金使用、有效防范风险的原则，进一步提高外汇政策服务实体经济的能力和水平，有利于跨国公司在中国更快捷、更便利地开展业务。

案例5：外籍人员金融消费权益保护“一站一台一宣传”新模式。

按照试点先行、逐步推广的原则，从口岸关口、边境贸易及人民币跨境使用的实际出发，在云南沿边州市陆续建立起外籍人员金融消费权益保护投诉站，初步形成“一站一台一宣传”的外籍人员金融消费权益保护模式，解决外籍人员的金融消费权益和纠纷，维护跨境区域金融秩序，创新推进跨境金融消费者保护合作。

（三）贸易便利化。

案例1：境外边民账户信息平台助推自贸试验区战略发展。

开发建设云南省境外边民银行账户信息平台，加强对境外边民银行结算账户管理，提高云南省边境贸易阳光化、便利化，推动人民币区域性国际化。

案例2：拓展国际贸易“单一窗口”功能，推动提升平台应用率。

建设以国家标准版为主，边民互市管理系统等地方特色应用为辅的重点功能，超前启动电子口岸建设及推广，实现“单一窗口”业务全覆盖，加大培训力度，强化服务保障，认真做好宣传推广工作，平台运行稳定、良好，业务量快速上升，率先完成国家要求年底主要业务应用率达到100%的工作目标，口岸通关效率持续提升。其中，边民互市管理系统是全国第一个省级集中建设的边民互市贸易政务服务平台，开发边民互市公共服务（商品和车辆申报）、商务管理、海关监管、检验检疫监管、卡口数据采集、数据报文处理等功能。

案例3：以跨境物流信息平台创新跨境甩挂直达运输模式。

基于“互联网+现代物流”，搭建“跨境物流信息大数据中心”，创新两国牌照跨境挂车直达运输模式，以“智慧跨境物流枢纽”项目提供线上线下、全链条系统性解决跨境物流方案，打通跨境直达运输物流通道，解决信息化程度低、物流信息不对称等导致的跨境运输时间长、成本高、口岸通关效率低等问题。

案例4：以“政府+职能部门+基地+协会”新模式搭建翡翠规范交易平台。

本着开放、包容的理念，先行先试，破难堵漏，以搭建规范平台、健全制度体系、加强宣传引导、完善共同监管等举措，探索“政府+职能部门+基地+协会”的事中事后监管新模式，规范和有效管理网络消费时代下，新兴业态快速成长过程中出现的线上交易监管问题及局部市场乱象，做大市场，积极培育新业态。

案例5：“一口岸多通道”实现边境口岸就近监管通道新模式。

实行人、车、货专业化分流，实行“一套班子”管理模式，提高通关效率，积极推动边境通道纳入口岸监管范围，创新“一口岸多通道”监管模式，疏导口岸通关压力，加强和规范边境通道管理，提升通关便利化水平，有效促进对外贸易、富民兴边、加快对外开放。

案例6：沿边地区涉外矛盾纠纷快捷处理机制。

建立边境边民纠纷联合调处机制，成立涉外调解室和调处中心，坚持“调防结合、以防为主”，完善涉外调处沟通，积极探索行之有效、施之得道的涉外矛盾调处机制，实现人民调解、行政调解、司法调解相互衔接。

案例7：创新“跨境直通、电子批量”边民互市结算新模式。

聚焦沿边金融和跨境金融中的难点痛点问题，充分发挥母行与境外子行“母子联动”互相呼应的优势，创新实现“跨境直通、电子批量”的结算模式，进一步推动贸易投资便利化，并向以边民互市贸易为代表的跨境经贸往来提供合规便利、安全高效的跨境金融服务，加快兴边富民步伐。

（四）事中事后监管。

案例1：政府职能前置，实现外籍务工人员全时全域管理。

积极推动涉外政府间人力资源合作，优化跨境务工手续办理流程，实现多部门同地办公，让外籍务工人员入境务工手续全流程一窗办理，同时建立健全外籍务工人员的管理体系，有效保障外籍务工人员权益，节约时间成本。

案例2：跨境车辆保险代查勘、代定损合作新模式提升跨境车辆保险便利化。

针对跨境车辆投保难、出险慢等问题，充分发挥沿边和跨境优势，通过与外方签订出境保险车辆代查勘、代定损合作协议，建立有效的车辆保险代查勘、代定损合作机制，优化出险流程，提升查勘、定损时效，提升跨境车辆保险便利化。

案例3：创新监管模式，有效化解和处置村镇银行风险。

针对个别村镇银行偏离支农、支小市场的定位，资产质量快速下滑并引致监管指标恶化，存在重大风险隐患，主动压实主发起行风险处置责任取得显著成效，实现高风险村镇银行风险得到有效化解和处置。

案例4：构建体制机制创新，开展跨境反假币工作制度试点。

立足人民币在云南相邻国家和地区流通的实际，按照“创新理念、端口前移、打防并举、健全机制、推进合作”思路，建立“跨境人民币反假工作中心”，按照“创新思路、统一规划、先易后难、分步实施”要求，逐步建立州市分中心、县区工作站，开展跨境人民币反假币交流、培训和宣传工作，开展假人民币跨境流通监测，形成制度化、规范化和长效化工作机制。

四、云南省政府及相关部门出台的政策措施

《云南省人民政府关于支持中国（云南）自由贸易试验区高质量发展的若干意见》（云政发〔2020〕15号）。

五、大事记

8月2日，国务院印发《国务院关于同意新设6个自由贸易区的批复》，同意设立中国（云南）自由贸易试验区。中国（云南）自由贸易试验区涵盖昆明片区、红河片区、德宏片区，总面积119.86平方公里。其中，昆明片区76平方公里，红河片区14.12平方公里，德宏片区29.74平方公里。

8月26日，国务院新闻办公室举行国务院政策例行吹风会，云南省副省长张国华介绍中国（云南）自由贸易试验区总体方案有关情况，并答记者问。云南将着力做好“五个注重”：一是注重服务和融入国家发展战略；二是注重高质量跨越式发展；三是注重改革创新；四是注重防控风险；五是注重营造一流营商环境。

8月30日，中国（云南）自由贸易试验区挂牌仪式在昆明、红河、德宏3个片区同步举行。云南省委书记、省人大常委会主任陈豪出席昆明的挂牌仪式并致辞。云南省委副书记、省长阮成发在昆明的挂牌仪式上宣读了《国务院关于设立中国（云南）自由贸易试验区的批复》。陈豪、阮成发为中国（云南）自由贸易试验区工作领导小组办公室和三个片区管理委员会揭牌，并同出席仪式的省领导为第一批落地企业颁发营业执照。

8月30日，云南省人民政府召开中国（云南）自由贸易试验区新闻发布会，云南省副省长张国华表示，云南将大胆试、大胆闯、自主改，重点围绕加快转变政府职能、深化投资领域改革、推动贸易转型升级、深化金融领域开放创新、创新沿边经济社会发展新模式、加快建设我国面向南亚和东南亚辐射中心6大方面，制定104条试点任务，其中云南“首创”政策25条。

9月13日，中国（云南）自由贸易试验区昆明片区出台《昆明经济技术开发区关于促进招商引资若干政策的规定（试行）》，暨自贸试验区昆明片区招商引资“黄金十条”。条例涉及非用地类项目可享房租补贴、非用地类项目可享房租补贴、外资落地最高奖励2 000万元等内容。

10月1日，《中国（云南）自由贸易试验区红河片区招商引资办法（试行）》正式施行，《办法》（试行）共20条，包括用地保障、税收优惠、跨境电商、跨境旅游、奖励补贴以及人才扶持政策

等多项内容。

10月22日，中国（云南）自由贸易试验区工作领导小组第一次会议在昆明召开。会议强调，要深入学习贯彻习近平总书记关于自由贸易试验区建设和对云南工作的重要指示精神，提高政治站位，增强责任感、使命感、紧迫感，紧紧抓住重大历史机遇，切实承担起国家赋予云南的全新使命，只争朝夕、久久为功，推动自由贸易试验区建设不断迈上新台阶、取得新成效。

11月6日，以“开放云南共享‘一带一路’发展新机遇”为主题的2019中国（云南）自由贸易试验区招商引资推介会在第二届进博会上举办。中国（云南）自由贸易试验区将紧盯云南八大重点产业，聚焦打造世界一流的“三张牌”，抢抓数字经济机遇，重点打造“一部手机”系列活动项目，进一步扩大对外开放，推动产业转型升级，加速新旧动能转换，发展更高层次的开放型经济。推介会共组织邀请13家云南省有关部门及65家国内外知名企业参会，现场签约项目5项。

11月27日，云南省人民政府印发《中国（云南）自由贸易试验区“证照分离”改革全覆盖试点实施方案》，深化“放管服”改革，破解“准入不准营”难题，加快推动中国（云南）自由贸易试验区建设。

12月1日，《中国（云南）自由贸易试验区德宏片区招商引资试行办法（试行）》正式施行，《办法》从产业、投资要素保障、人才扶持等方面给予支持，将进一步加快德宏片区产业聚集，吸引产业层次高、成长空间大、带动能力强的企业入驻，促进德宏片区高质量发展建设。

中国（云南）自由贸易试验区概览

中国（云南）自由贸易试验区2019年8月26日经国务院批复同意设立，2019年8月30日挂牌成立。全区实施范围119.86平方公里，涵盖3个片区：昆明片区76平方公里（含昆明综合保税区0.58平方公里）、红河片区14.12平方公里、德宏片区29.74平方公里。云南自贸试验区的战略定位是：以制度创新为核心，以可复制可推广为基本要求，全面落实中央关于加快沿边开放的要求，着力打造“一带一路”和长江经济带互联互通的重要通道，建设连接南亚东南亚大通道的重要节点，推动形成我国面向南亚东南亚辐射中心、开放前沿。云南自贸试验区的发展目标是：经过三至五年改革探索，对标国际先进规则，形成更多有国际竞争力的制度创新成果，推动经济发展质量变革、效率变革、动力变革，努力建成贸易投资便利、交通物流通达、要素流动自由、金融服务创新完善、监管安全高效、生态环境质量一流、辐射带动作用突出的高标准高质量自由贸易园区。

昆明片区

实施范围：中国（云南）自由贸易试验区昆明片区实施范围76平方公里（含昆明综合保税区0.58平方公里），划定区域东至东绕城高速公路，南至广福路、南绕城高速公路，西至盘龙江、明通河，北至人民东路，在中国（云南）自由贸易试验区三个片区中面积最大、范围最广。

片区优势：昆明资源集中、要素集聚，是云南省的政治、经济、金融、文化、科技、教育中心和交通、通讯枢纽，汇聚全省60%以上的高新技术企业、70%以上的科技创新资源、90%以上的科研院所和高等院校，主要经济指标接近全省三分之一。昆明区位独特、交通便利，是中国-东盟自由贸易区、大湄公河次区域、泛珠三角经济圈“三圈”交汇点，北上可连接丝绸之路经济带，南下可连接海上丝绸之路经济带，东向可连接长江经济带；是我国西部重要的综合交通枢纽、连接南亚和东南亚国际大通道的中心节点城市，拥有“七出省、五出境”公路网、“八出省、五出境”铁路网，昆明长水国际机场已开通348条国内外航线，旅客吞吐量约4 709万人次，南亚和东南亚通航点数量达34个，居全国第一位。

功能定位：发展高端制造业，重点发展新能源汽车、电子信息、新材料等新兴产业；打造航空物流业，拓展昆明长水国际机场货物集散模式，构建面向南亚和东南亚综合物流集散中心，打造昆明国际航空枢纽；建设数字经济产业，加快构建5G生态产业链，推动互联网、大数据、人工智能与实体经济深度融合；发展总部经济、科技创新等现代服务业，吸引国内外著名企业设立总部机构、地区总部机构或职能型总部机构，建设面向南亚东南亚的经济贸易中心、科技创新中心、金融服务中心和人文交流中心。

红河片区

实施范围：中国（云南）自由贸易试验区红河片区实施范围14.12平方公里，包括河口县主城区、坝洒、洞坪、山腰等地，涵盖国家级河口边境经济合作区、中国（河口）–越南（老街）跨境经济合作区。

片区优势：红河片区所在的河口县是国家重要的沿边开发开放边境城市，是云南省沿边三大黄金口岸（瑞丽口岸、磨憨口岸、河口口岸）之一，与越南老街省省会老街市隔红河相望，是唯一与邻国省会城市相连的边境口岸城市，特殊的"地缘"使中越边境这两座城市形成"城市即口岸、口岸即城市"以及"两国一城"的口岸独特景观。片区拥有铁路、公路2个国家级一类口岸。红河片区距云南省会昆明市406公里，距越南首都河内260公里，距越南北方最大出海口海防港360公里。泛亚铁路、滇越铁路、蒙河高速与越南相连，北融滇中、南接越南、东联两广、西通缅老的四维度开放大通道优势明显，中越"昆明–老街–河内–海防"经济走廊内联外通国际大通道和基础设施互联互通已经形成。

功能定位：加强与红河综合保税区、国家级蒙自经济技术开发区联动发展，重点发展加工及贸易、大健康服务、跨境旅游、跨境电商等产业，全力打造面向东盟的加工制造基地、商贸物流中心和中越经济走廊创新合作示范区。

德宏片区

实施范围：中国（云南）自由贸易试验区德宏片区实施范围29.74平方公里，东至芒良村民小组，南至瑞丽江、姐告国境线，西至贺哈村民小组、乘象路，北至北门村民小组、芒喊村民小组、帕色村民小组、允岗村民小组、姐勒村民小组。

片区优势：德宏片区位于德宏州瑞丽市，与缅甸接壤，地处大中华经济圈、南亚经济圈、东盟经济圈的交汇点，是国家实施"一带一路"倡议，建设"孟中印缅经济走廊"和中缅经济走廊的战略节点，是滇缅公路、史迪威公路、中缅通讯光缆、中缅油气管道出入节点，即将建设中缅高速公路、中缅铁路、中缅电网也将从瑞丽出境，连接印度洋及周边地区。德宏片区享受瑞丽市多个国家级特区的政策叠加，在财政税收、投融资、产业与贸易、土地资源、对外开放等方面有大量优惠政策。一是财税政策优惠。执行西部大开发税收优惠政策，对符合国家及西部地区鼓励类产业目录的产业可按15%税率缴纳企业所得税；对新入驻企业所得税地方分享部分实行"五免五减半"优惠，与西部大开发政策叠加后企业所得税可降低至9%；瑞丽有畹町和姐告两个特色小镇，入驻特色小镇的企业所有新增税源实施"三返两减半"等优惠政策；实行总部经济政策，入驻企业对省级以下地方财政的经济贡献可采取"一事一议"的方式给予反补。二是土地厂房政策灵活。根据企业类型、投资额度、产值、就业、财税贡献等，采取"一事一议"的方式确定供地价格；企业购买土地、租赁土地、租赁标准厂房，都将给予一定的费用减免。三是商务成本低廉。当地务工人员工资普遍在1 500元至2 000元，工业用电均价每度0.33元，工业用水每吨2.65元，天然气价格每立方米2.59元。四是特殊政策优势。在姐告边境贸易区，海关后撤实施"境内关外"政策，国内货物进入姐告区已完成通关手续，享受国家出口税收政策；缅甸商品进入姐告区无须向海关申报。第三国转关货物进入姐告区，可以在区内保税加工、仓储、展示、交易。区内从事加工、生产、销售的行业免征增值税、消费税。进入姐告区的外国商品可通过进出口贸易、跨境电商、旅客免税购物进入国内、国外市场。五是跨境产能合作优势突出。与德宏片区接壤缅甸边境是缅甸中央政府唯一长期有效控制的地区，政治稳定，经济发展条件较好。缅甸享受WTO框架下的普惠制待遇，通过实施中缅边合区建设，利用缅甸原产地证明，实施跨境产能合作。

功能定位：德宏片区重点发展跨境电商、跨境产能合作、跨境金融等产业，打造沿边开放先行区、中缅经济走廊的门户枢纽。经过三至五年改革探索，对标国际先进规则，形成更多有国际竞争力的制度创新成果，推动经济发展质量变革、效率变革、动力变革，努力建成贸易投资便利、交通物流通达、要素流动自由、金融服务创新完善、监管安全高效、生态环境质量一流、辐射带动作用突出的高标准、高质量自由贸易试验区。

2019年中国（黑龙江）自由贸易试验区建设概况

中国（黑龙江）自由贸易试验区领导小组办公室

康翰卿

中国（黑龙江）自由贸易试验区领导小组办公室主任

康翰卿，男，满族，1963年10月出生，黑龙江绥化人，1988年8月参加工作，1988年6月加入中国共产党。吉林大学固体物理专业，研究生学历，理学硕士、高级工商管理硕士。1995年后历任佳木斯市对外贸易委员会党委书记、主任，对外贸易经济合作局党委书记、局长（正处级），黑龙江省对外贸易经济合作厅党组成员、副厅长，黑龙江省商务厅党组成员、副厅长（副厅级）。2012年6月任黑龙江省政府副秘书长（正厅级）。2013年12月任黑龙江省政府副秘书长，省政府办公厅主任、党组书记。2016年6月任哈尔滨市委常委，市政府副市长、党组副书记。2019年1月任黑龙江省商务厅党组书记、厅长［2019年11月兼任中国（黑龙江）自由贸易试验区领导小组办公室主任］。

一、经济运行数据

（一）投资情况。

2019年9月（挂牌以来）—2019年12月，中国（黑龙江）自由贸易试验区新设立企业1 830家。其中，内资企业1 805家，注册资本总额4 559 700万元人民币；外商投资企业25家，合同外资达14 175.64万美元，实际利用外资9 606.49万美元。办结境外投资项目3个，中方协议投资额238.17万美元，中方实际投资额146万美元。税收收入134 926万元人民币。固定资产投资650 850万元人民币。

（二）贸易情况。

2019年9月（挂牌以来）—2019年12月，自贸试验区进出口总额为1 533 480.37万元人民币，其中进口额1 172 862.83万元人民币，出口额360 617.54万元人民币。

（三）金融情况。

截至2019年12月，自贸试验区入驻金融机构11家。其中，持牌金融机构6家，非持牌金融机构5家。

2019年9月（挂牌以来）—2019年12月，跨境人民币结算额为156 024.1万元人民币。

（四）创新情况。

2019年9月（挂牌以来）—2019年12月，自贸试验区新增专利申请236件，新增专利授权119件。高新技术企业195家，营业收入407 259万元人民币。

二、建设措施及成效

2019年8月30日，黑龙江省委、省政府在哈尔滨市召开中国（黑龙江）自由贸易试验区揭（授）牌仪式暨建设动员大会。黑龙江自贸试验区坚持以制度创新为核心，以可复制、可推广为基本要求，紧扣推动东北全面振兴、全方位振兴，建成向北开放重要窗口，打造对俄罗斯及东北亚区域合作的中心枢纽的战略定位，聚焦投资、贸易、金融、政府职能转变、东北振兴发展以及建设对俄及东北亚开放合作高地等方面，努力打造制度创新高地。国网电力公司、中国银行第一时间在黑河片区设立分支机构，支持自贸试验区发展。

（一）领导高度重视，建立体制机制，黑龙江自贸试验区建设工作迅速启动。

黑龙江省委、省政府高度重视黑龙江自贸试验区建设，省委、省政府主要领导多次赴自贸试验区开展专题调研，亲自部署建设实施工作。加强组织领导，充分借鉴已建自贸试验区经验，成立由省长任组长的自贸试验区领导小组，包含哈尔滨、黑河、绥芬河三个片区及中省直相关部门共 39 个成员单位。领导小组办公室设在省商务厅，下设深化体制改革、经贸促进、金融创新、财税改革、商事改革五个专题推进组，制定《中国（黑龙江）自由贸易试验区领导小组工作规则》。中编办批复成立中国（黑龙江）自由贸易试验区工作办公室，并在省商务厅加挂牌子。先后召开自贸试验区领导小组会议、省政府常务会议、省政府专题会议，确定并印发黑龙江自贸试验区总体方案 89 项改革试点任务。建立高效管理机构，在省级层面，设立自贸区制度创新处、协调指导处两个处室，承担自贸办工作职能；在片区层面，三个片区挂牌后成立片区管理委员会，下设承接国家、省、市下放行政权力的职能部门，全省上下合力推动自贸试验区建设工作全面启动。

（二）对标世行标准，提升工作质量，黑龙江自贸试验区持续改善营商环境。

按照黑龙江省委、省政府提出的“办事不求人”工作要求，对标先进地区经验、国际先进规则，倒逼政府职能转变，推动建设法治化、市场化、国际化的营商环境，把自贸试验区打造成为黑龙江省营商环境高标准的样板。按照国务院对“证照分离”工作的总体部署和相关要求，2019 年 11 月 29 日，由省市场监督管理局起草，省政府印发《黑龙江省在自由贸易试验区推进“证照分离”改革全覆盖试点实施方案》（黑政规〔2019〕9 号）。推动中省直有关部门及片区复制推广改革试点经验。黑龙江自贸试验区主动引入第三方权威评估机构对自贸试验区营商环境开展评估，以量化数据为支撑，对标世行营商环境指标，逐项优化改进。哈尔滨片区率先引入第三方专业机构，开展对标世行 10 项一级指标及 45 项二级指标的营商环境评价和整改工作。黑河、绥芬河片区对照世行标准抓紧开展改善营商环境举措。依托良好的营商环境，片区加大招商引资力度。截至 2019 年 12 月，黑龙江自贸试验区新设立企业 1 830 家，其中，内资企业 1 805 家，外商投资企业 25 家，实际利用外资 9 606. 49 万美元。

（三）落实总体方案，推动任务实施，形成黑龙江自贸试验区共建氛围。

黑龙江自贸办对总体方案 89 项试点任务进行任务分解，共涉及 36 个中省直部门，其中，牵头部门 27 家，配合部门 9 家。同时，哈尔滨、黑河、绥芬河三个片区主动认领总体方案，并分别细化梳理出 119 项、66 项、132 项改革试点任务。目前，牵头部门均已制定具有可操作性的实施方案，十余个部门先后在改善营商环境、转变政府职能、促进贸易便利化、推动金融创新、完善法制保障等领域出台支持黑龙江自贸试验区建设的配套政策文件，初步形成中省直部门政策支持、片区具体落实的政策体系。9 月 28 日至 29 日，联合中国人民银行哈尔滨中心支行及省地方金融监督管理局举办中国（黑龙江）自由贸易试验区专题培训班。10 月 21 日至 25 日，联合省委组织部、省委党校共同举办中国（黑龙江）自由贸易试验区专题培训班，聘请复旦大学、对外经济贸易大学、商务部国际贸易经济合作研究院等业内权威机构的专家对中省直有关部门、片区政府部门、金融机构、重点企业、有关商协会人员集中进行高规格封闭培训，省内主要媒体开展宣传报道。为学员共编制印发 5 本 70 万字的自贸试验区知识手册、政策汇编、案例汇编、改革试点经验汇编等培训资料。

（四）抓好制度创新，探索黑龙江经验，打造黑龙江自贸试验区创新高地。

黑龙江自贸试验区坚持以制度创新为核心，做好深化改革课题研究，为制度创新提供前瞻性支撑；打通市场主体的淤点堵点，为制度创新提供实践支撑；运用新技术手段推动管理新模式，为制度创新提供动力支撑。三个片区从提升沿边开放水平角度，围绕跨境合作、营商环境优化、贸易转型升级、增强金融服务四个方面，深入挖掘提炼创新点和预期效果。在探索跨境合作方面，以黑龙江省政府名义出台《黑龙江省支持跨境经济合作试验区（试点）建设政策》，为我国跨境经济合作积累宝贵经验。在优化营商环境方面，哈尔滨片区开展“企业登记4.0版智能审批”，打破窗口、工作日和人工审批限制，全程网上办理业务。在贸易转型升级方面，黑河片区提出“跨境电商货运物流‘多仓联动’新模式”“特殊监管区外机电产品‘两头在外’保税维修”等创新举措。在增强金融服务方面，绥芬河片区创新俄籍自然人互市贸易跨境人民币结算新模式，成功办理黑龙江省首笔俄籍自然人和委托中方代理人代办跨境人民币支付业务。

三、黑龙江省政府及相关部门出台的政策措施

（一）关于印发《黑龙江省农业农村厅支持自由贸易试验区建设的配套措施》的通知（黑龙江省农业农村厅，黑农厅函〔2019〕892号，2019年12月31日）。

（二）关于印发《黑龙江省科学技术厅支持自贸试验区创新发展的配套措施》的通知（黑龙江省科学技术厅，黑科发〔2019〕71号，2019年12月31日）。

（三）《中国人民银行哈尔滨中心支行　国家外汇管理局黑龙江省分局关于金融支持中国（黑龙江）自由贸易试验区建设的通知》（中国人民银行哈尔滨中心支行　国家外汇管理局黑龙江省分局，哈银发〔2019〕204号，2019年12月30日）。

（四）《黑龙江省市场监督管理局关于支持中国（黑龙江）自由贸易试验区高质量发展的实施意见》（黑龙江省市场监督管理局，黑市监规〔2019〕19号，2019年12月25日）。

（五）《国家外汇管理局黑龙江省分局关于在中国（黑龙江）自由贸易试验区开展外汇创新业务的通知》（国家外汇管理局黑龙江省分局，黑汇发〔2019〕93号，2019年12月20日）。

（六）中国银保监会黑龙江监管局关于印发《黑龙江银保监局支持中国（黑龙江）自由贸易试验区金融服务工作的措施》的通知（中国银保监会黑龙江监管局，黑银保监发〔2019〕26号，2019年12月13日）。

（七）中国银保监会黑龙江监管局办公室关于印发《黑龙江银保监局简化中国（黑龙江）自由贸易试验区内银行、保险机构和高管准入方式实施细则（试行）》的通知（中国银保监会黑龙江监管局，黑银保监办发〔2019〕333号，2019年12月13日）。

（八）《黑龙江省人民政府关于印发黑龙江省在自由贸易试验区推进“证照分离”改革全覆盖试点实施方案的通知》（黑龙江省人民政府，黑政规〔2019〕13号，2019年11月29日）。

（九）《哈尔滨海关关于印发支持中国（黑龙江）自由贸易试验区建设措施的通知》（哈尔滨海关，哈关税发〔2019〕173号，2019年11月25日）。

（十）《中国铁路哈尔滨局集团有限公司关于服务中国（黑龙江）自贸试验区建设十九条措施的报告》（中国铁路哈尔滨局集团有限公司，哈铁办〔2019〕275号，2019年11月19日）。

（十一）《国网黑龙江省电力有限公司关于印发国网黑龙江省电力有限公司保障和助力中国（黑龙江）自贸试验区建设全面推行供电服务便利化国际化实施方案的通知》（国网黑龙江省电力有限公司，黑电办〔2019〕595号，2019年9月10日）。

四、大事记

8月2日，《国务院关于同意新设6个自由贸易试验区的批复》（国函〔2019〕72号）正式批复设立中国（黑龙江）自由贸易试验区，涵盖哈尔滨片区、黑河片区、绥芬河片区，总面积119.85平方公里。

8月26日，国务院召开新闻发布会，发布黑龙江等6省自由贸易试验区有关情况，程志明副省长参加。

8月30日，黑龙江省委、省政府在哈尔滨市召开中国（黑龙江）自由贸易试验区揭（授）牌仪式暨建设动员大会。

9月7日，黑龙江省委副书记、省长王文涛主持召开中国（黑龙江）自由贸易试验区领导小组第一次会议。

9月8日，中国银行黑河自贸试验区支行正式揭牌，黑龙江省首家以服务自贸试验区为重点的专业银行正式运营。

9月16日，中国农业银行黑河分行自贸区支行正式挂牌成立。

9月17日，中国（黑龙江）自由贸易试验区黑河片区揭牌。

9月20日，国网黑河自贸试验区供电服务中心举办揭牌仪式，黑龙江省首家以服务自贸试验区为重点的专属电力机构正式成立。

9月28日—29日，黑龙江省商务厅、人民银行哈尔滨中心支行、省地方金融监督管理局共同举办中国（黑龙江）自由贸易试验区（金融）专题培训。

9月28日，中国（黑龙江）自由贸易试验区哈尔滨片区揭牌。

9月29日，中国（黑龙江）自由贸易试验区绥芬河片区揭牌。

10月18日，在第二十四届澳门投资贸易展览会期间举办“中国（黑龙江）自由贸易试验区推介会”。

10月21日—25日，黑龙江省委组织部、省商务厅、省委党校联合举办黑龙江自贸试验区专题培训班。

11月4日，黑龙江省政府在上海举办黑龙江（上海）产业合作交流恳谈会，黑龙江省商务厅厅长、自贸办主任康翰卿作中国（黑龙江）自由贸易试验区和对俄合作推介。

11月6日，中央编办批复黑龙江省商务厅加挂中国（黑龙江）自由贸易试验区工作办公室牌子。

11月15日，黑龙江省委副书记、省长王文涛主持召开中国（黑龙江）自由贸易试验区领导小组第二次会议。

11月30日，在黑龙江省哈尔滨市召开广东—黑龙江自贸试验区交流合作座谈会及签约仪式，哈尔滨、绥芬河、黑河三个片区分别与深圳前海蛇口、广州南沙、珠海横琴三个片区签署自贸试验区战略合作框架协议。

12月16日，黑龙江省委编办批复中国（黑龙江）自由贸易试验区工作机构设置。

中国（黑龙江）自由贸易试验区概览

2019年8月2日，国务院正式批复设立中国（黑龙江）自由贸易试验区，并印发《中国（黑龙江）自由贸易试验区总体方案》。8月26日，国务院召开新闻发布会，正式发布黑龙江等6省自由贸易试验区有关情况，黑龙江是首批在沿边省份布局的自贸试验区之一，也是中国最北自贸试验区。

功能布局

黑龙江自贸试验区实施范围119.85平方公里，涵盖三个片区：哈尔滨片区79.86平方公里，黑河片区20平方公里，绥芬河片区19.99平方公里（含绥芬河综合保税区1.8平方公里）。

哈尔滨片区重点发展新一代信息技术、新材料、高端装备、生物医药等战略性新兴产业，科技、金融、文化旅游等现代服务业和寒地冰雪经济，建设对俄罗斯及东北亚全面合作的承载高地和联通国内、辐射欧亚的国家物流枢纽，打造东北全面振兴、全方位振兴的增长极和示范区。

黑河片区重点发展跨境能源资源综合加工利用、绿色食品、商贸物流、旅游、健康、沿边金融等产业，建设跨境产业集聚区和边境城市合作示范区，打造沿边口岸物流枢纽和中俄交流合作重要基地。

绥芬河片区重点发展木材、粮食、清洁能源等进口加工业和商贸金融、现代物流等服务业，建设商品进出口储运加工集散中心和面向国际陆海通道的陆上边境口岸型国家物流枢纽，打造中俄战略合作及东北亚开放合作的重要平台。

战略定位

以制度创新为核心，以可复制、可推广为基本要求，全面落实中央关于推动东北全面振兴、全方位振兴，建成向北开放重要窗口的要求，着力深化产业结构调整，打造对俄罗斯及东北亚区域合作的中心枢纽。

发展目标

经过三至五年改革探索，对标国际先进规则，形成更多有国际竞争力的制度创新成果，推动经济发展质量变革、效率变革、动力变革，努力建成营商环境优良、贸易投资便利、高端产业集聚、服务体系完善、监管安全高效的高标准、高质量自由贸易园区。

主要任务

包括加快转变政府职能、深化投资领域改革、推动贸易转型升级、深化金融领域开放创新、培育东北振兴发展新动能、建设以对俄罗斯及东北亚为重点的开放合作高地六个方面主要任务。

总体方案试点任务

中国（黑龙江）自由贸易试验区总体方案试点任务共89项，包括加快转变政府职能方面9项、深化投资领域改革方面11项、推动贸易转型升级方面14项、深化金融领域开放创新方面8项、培育东北振兴发展新动能方面28项、建设以对俄罗斯及东北亚为重点的开放合作高地方面19项。培育东北振兴发展新动能、建设以对俄罗斯及东北亚为重点的开放合作高地两方面是黑龙江自贸试验区的特色任务。

国务院关于印发北京、湖南、安徽自由贸易试验区总体方案及浙江自由贸易试验区扩展区域方案的通知

国发〔2020〕10号

各省、自治区、直辖市人民政府，国务院各部委、各直属机构：

现将《中国（北京）自由贸易试验区总体方案》、《中国（湖南）自由贸易试验区总体方案》、《中国（安徽）自由贸易试验区总体方案》、《中国（浙江）自由贸易试验区扩展区域方案》印发给你们，请认真贯彻执行。

国务院

2020年8月30日

（此件公开发布）

中国（北京）自由贸易试验区总体方案

建立中国（北京）自由贸易试验区（以下简称自贸试验区）是党中央、国务院作出的重大决策，是新时代推进改革开放的重要战略举措。为高标准高质量建设自贸试验区，制定本方案。

一、总体要求

（一）指导思想。

以习近平新时代中国特色社会主义思想为指导，全面贯彻党的十九大和十九届二中、三中、四中全会精神，统筹推进“五位一体”总体布局和协调推进“四个全面”战略布局，坚持稳中求进工作总基调，坚持新发展理念，坚持高质量发展，以供给侧结构性改革为主线，主动服务和融入国家重大战略，建设更高水平开放型经济新体制，以开放促改革、促发展、促创新，把自贸试验区建设成为新时代改革开放新高地。

（二）战略定位及发展目标。

以制度创新为核心，以可复制可推广为基本要求，全面落实中央关于深入实施创新驱动发展、推动京津冀协同发展战略等要求，助力建设具有全球影响力的科技创新中心，加快打造服务业扩大开放先行区、数字经济试验区，着力构建京津冀协同发展的高水平对外开放平台。

赋予自贸试验区更大改革自主权，深入开展差别化探索。对标国际先进规则，加大开放力度，开展规则、规制、管理、标准等制度型开放。经过三至五年改革探索，强化原始创新、技术创新、开放创新、协同创新优势能力，形成更多有国际竞争力的制度创新成果，为进一步扩大对外开放积累实践经验，努力建成贸易投资便利、营商环境优异、创新生态一流、高端产业集聚、金融服务完善、国际经济交往活跃、监管安全高效、辐射带动作用突出的高标准高质量自由贸易园区。强化自贸试验区改革同北京市改革的联动，各项改革试点任务具备条件的在中关村国家自主创新示范区全面实施，并逐步在北京市推广试验。

二、区位布局

（一）实施范围。

自贸试验区的实施范围119.68平方公里，涵盖三个片区：科技创新片区31.85平方公里，国际商务服务片区48.34平方公里（含北京天竺综合保税区5.466平方公里），高端产业片区39.49平方

公里。

自贸试验区的开发利用须遵守土地利用、生态环境保护、规划相关法律法规，符合国土空间规划，并符合节约集约用地的有关要求。

（二）功能划分。

科技创新片区重点发展新一代信息技术、生物与健康、科技服务等产业，打造数字经济试验区、全球创业投资中心、科技体制改革先行示范区；国际商务服务片区重点发展数字贸易、文化贸易、商务会展、医疗健康、国际寄递物流、跨境金融等产业，打造临空经济创新引领示范区；高端产业片区重点发展商务服务、国际金融、文化创意、生物技术和大健康等产业，建设科技成果转换承载地、战略性新兴产业集聚区和国际高端功能机构集聚区。

三、主要任务和措施

（一）推动投资贸易自由化便利化。

1. 深化投资领域改革。全面落实外商投资准入前国民待遇加负面清单管理制度。探索引进考试机构及理工类国际教材。完善外商投资促进、项目跟踪服务和投诉工作机制。鼓励在法定权限内制定投资和产业促进政策。完善“走出去”综合服务和风险防控体系，提高境外投资便利化水平，优化企业境外投资外汇管理流程。

2. 提升贸易便利化水平。推动北京首都国际机场、北京大兴国际机场扩大包括第五航权在内的航权安排。持续拓展国际贸易“单一窗口”服务功能和应用领域。开展跨境电子商务零售进口药品试点工作，具体按程序报批。适度放宽医药研发用小剂量特殊化学制剂的管理，支持在区内建立备货仓库。对符合政策的区内研发机构科研设备进口免税。进一步拓展整车进口口岸功能。支持北京天竺综合保税区打造具有服务贸易特色的综合保税区。

3. 创新服务贸易管理。试行跨境服务贸易负面清单管理模式。在有条件的区域最大限度放宽服务贸易准入限制。为研发、执业、参展、交流、培训等高端人才提供签证便利。创新监管服务模式，对区内企业、交易单据、人员、资金、商品等进行追溯和监管。

（二）深化金融领域开放创新。

4. 扩大金融领域开放。开展本外币一体化试点。允许区内银行为境外机构人民币银行结算账户（NRA 账户）发放境外人民币贷款，研究推进境外机构投资者境内证券投资渠道整合，研究推动境外投资者用一个 NRA 账户处理境内证券投资事宜。允许更多外资银行获得证券投资基金托管资格。支持设立重点支持文创产业发展的民营银行。鼓励符合条件的中资银行开展跨境金融服务，支持有真实贸易背景的跨境金融服务需求。推动重点行业跨境人民币业务和外汇业务便利化。探索赋予中关村科创企业更多跨境金融选择权，在宏观审慎框架下自主决定跨境融资方式、金额和时机等，创新企业外债管理方式，逐步实现中关村国家自主创新示范区非金融企业外债项下完全可兑换。支持依法合规地通过市场化方式设立境内外私募平行基金。便利符合条件的私募和资产管理机构开展境外投资。支持跨国公司通过在境内设立符合条件的投资性公司，依法合规设立财务公司。开展区内企业外债一次性登记试点，不再逐笔登记。

5. 促进金融科技创新。围绕支付清算、登记托管、征信评级、资产交易、数据管理等环节，支持金融科技重大项目落地，支持借助科技手段提升金融基础设施服务水平。充分发挥金融科技创新监管试点机制作用，在有利于服务实体经济、风险可控、充分保护消费者合法权益的前提下稳妥开展金融科技创新。支持人民银行数字货币研究所设立金融科技中心，建设法定数字货币试验区和数字金融体系，依托人民银行贸易金融区块链平台，形成贸易金融区块链标准体系，加强监管创新。建设金融科技应用场景试验区，建立应用场景发布机制。

6. 强化金融服务实体经济。允许通过北京产权交易所等依法合规开展实物资产、股权转让、增资扩股的跨境交易。在依法依规、风险可控的前提下，支持区内汽车金融公司开展跨境融资，按照有关规定申请保险兼业代理资格；研究简化汽车金融公司发行金融债券、信贷资产证券化或外资股东发行熊猫债券等相关手续。允许区内注册的融资租赁母公司和子公司共享企业外债额度。将区内注册的内资融资租赁企业试点确认工作委托给北京市主管部门。

（三）推动创新驱动发展。

7. 优化人才全流程服务体系。探索制定分层分类人才吸引政策。试点开展外籍人才配额管理制度，探索推荐制人才引进模式。优化外国人来华工作许可、居留许可审批流程。采取“线上+线下”模式，建立全链条一站式服务窗口和服务站点。探索建立过往资历认可机制，允许具有境外职业资格的金融、建筑设计、规划等领域符合条件的专业人才经备案后，依规办理工作居留证件，并在区内提供服务，其境外从业经历可视同境内从业经历。对境外人才发生的医疗费用，开展区内医院与国际保险实时结算试点。探索优化非标准就业形式下劳动保障服务。

8. 强化知识产权运用保护。探索研究鼓励技术转移的税收政策。探索建立公允的知识产权评估机制，完善知识产权质押登记制度、知识产权质押融资风险分担机制以及质物处置机制。设立知识产权交易中心，审慎规范探索开展知识产权证券化。开展外国专利代理机构设立常驻代表机构试点工作。探索国际数字产品专利、版权、商业秘密等知识产权保护制度建设。充分发挥中国（中关村）知识产权保护中心的作用，建立专利快速审查、快速确权和快速维权的协同保护体系。

9. 营造国际一流创新创业生态。赋予科研人员职务科技成果所有权或长期使用权，探索形成市场化赋权、成果评价、收益分配等制度。鼓励跨国公司设立研发中心，开展“反向创新”。推动中国检测标准转化为国际通用标准。探索优化对科研机构访问国际学术前沿网站的安全保障服务。推进标准化厂房建设，健全工业用地市场供应体系。探索实施综合用地模式，在用途、功能不冲突前提下，实现一宗地块具有多种土地用途、建筑复合使用（住宅用途除外），按照不同用途建筑面积计算土地出让金，不得分割转让。探索实行产业链供地。

（四）创新数字经济发展环境。

10. 增强数字贸易国际竞争力。对标国际先进水平，探索符合国情的数字贸易发展规则，加强跨境数据保护规制合作，促进数字证书和电子签名的国际互认。探索制定信息技术安全、数据隐私保护、跨境数据流动等重点领域规则。探索创制数据确权、数据资产、数据服务等交易标准及数据交易流通的定价、结算、质量认证等服务体系，规范交易行为。探索开展数字贸易统计监测。

11. 鼓励发展数字经济新业态新模式。加快新一代信息基础设施建设，探索构建安全便利的国际互联网数据专用通道。应用区块链等数字技术系统规范跨境贸易、法律合规、技术标准的实施，保障跨境贸易多边合作的无纸化、动态化、标准化。依托区块链技术应用，整合高精尖制造业企业信息和信用数据，打造高效便捷的通关模式。探索建立允许相关机构在可控范围内对新产品、新业务进行测试的监管机制。

12. 探索建设国际信息产业和数字贸易港。在风险可控的前提下，在软件实名认证、数据产地标签识别、数据产品进出口等方面先行先试。建设数字版权交易平台，带动知识产权保护、知识产权融资业务发展。对软件和互联网服务贸易进行高效、便利的数字进出口检验。积极探索针对企业的数据保护能力的第三方认证机制。探索建立适应海外客户需求的网站备案制度。

（五）高质量发展优势产业。

13. 助力国际交往中心建设。着眼于服务国家总体外交，持续提升重大国事活动服务保障能力。鼓励国际组织集聚。探索开展本外币合一跨境资金池试点，支持符合条件的跨国企业集团在境内外成员之间集中开展本外币资金余缺调剂和归集业务，对跨境资金流动实行双向宏观审慎管理。探索消费、预办登机一体化试点。鼓励适度竞争，完善免税店相关政策。在北京首都国际机场周边打造功能完善的组团式会展综合体。提升中国国际服务贸易交易会规格和能级，将其打造成为国际服务贸易主平台。

14. 满足高品质文化消费需求。打造国际影视动漫版权贸易平台，探索开展文化知识产权保险业务，开展宝玉石交易业务，做强“一带一路”文化展示交易馆。允许符合条件的外资企业开展面向全球的文化艺术品（非文物）展示、拍卖、交易业务。鼓励海外文物回流，积极研究调整现行进口税收政策，进一步给予支持。探索创新综合保税区内国际高端艺术展品担保监管模式。

15. 创新发展全球领先的医疗健康产业。简化国内生物医药研发主体开展国际合作研发的审批流程。加速急需医疗器械和研发用材料试剂、设备通关。对临床急需且我国尚无同品种产品获准注册的医疗器械加快审批，保障临床需求。开展跨境远程医疗等临床医学研究，区内医疗机构可根据自身技术能力，按照有关规定开展干细胞临床前沿医疗技术研究项目。探索开展去中心化临床试验（DCT）试点。支持设立医疗器械创新北京服务站和人类遗传资源服务站，加快医药产业转化速度。

16. 优化发展航空服务。推动北京首都国际机场和北京大兴国际机场联动发展，建设世界级航空枢纽。优化航材保税监管措施，降低航材运营成本。试点开展公务机按照包修协议报关业务，将公务机所有人、运营人及委托代理公司纳入试点申请主体范围。对符合列目规则的航空专用零部件，研究单独设立本国子目。

（六）探索京津冀协同发展新路径。

17. 助力高标准建设城市副中心。探索实施相对集中行政许可权试点。鼓励金融机构开展全球资产配置，建设全球财富管理中心。支持设立全国自愿减排等碳交易中心。规范探索开展跨境绿色信贷资产证券化、绿色债券、绿色股权投融资业务，支持相关企业融资发展。支持符合条件的金融机构设立专营机构。在国家金融监管机构等的指导下，支持设立北京城市副中心金融风险监测预警与监管创新联合实验室，构建京津冀金融风险监测预警平台。简化特殊人才引进流程。

18. 深化产业链协同发展。将自贸试验区打造为京津冀产业合作新平台，创新跨区域产业合作，探索建立总部—生产基地、园区共建、整体搬迁等多元化产业对接合作模式。鼓励北京、天津、河北自贸试验区抱团参与“一带一路”建设，坚持稳妥有序原则，共建、共享境内外合作园区。

19. 推动形成统一开放市场。加强京津冀三地技术市场融通合作，对有效期内整体迁移的高新技术企业保留其高新技术企业资格。逐步实现北京、天津、河北自贸试验区内政务服务“同事同标”，推动实现政务服务区域通办、标准互认和采信、检验检测结果互认和采信。探索建立北京、天津、河北自贸试验区联合授信机制，健全完善京津冀一体化征信体系。

（七）加快转变政府职能。

20. 持续打造国际一流营商环境。推进“证照分离”改革。对新经济模式实施审慎包容监管，探索对新技术新产品加强事中事后监管。下放国际快递业务（代理）经营许可审批权。开展企业投资项目“区域评估+标准地+告知承诺制+政府配套服务”改革。探索取消施工图审查（或缩小审查范围）、实行告知承诺制和设计人员终身负责制等工程建设领域审批制度改革。

21. 强化多元化法治保障。允许境外知名仲裁及争议解决机构经北京市人民政府司法行政部门登记并报国务院司法行政部门备案，在区内设立业务机构，就国际商事、投资等领域民商事争议开展仲裁业务，依法支持和保障中外当事人在仲裁前和仲裁中的财产保全、证据保全、行为保全等临时措施的申请和执行。积极完善公证、调解、仲裁、行政裁决、行政复议、诉讼等有机衔接、相互协调的多元化纠纷解决机制。支持国际商事争端预防与解决组织落地运营。充分利用现有审判资源，为金融诉讼提供绿色通道。

22. 健全开放型经济风险防范体系。推行以信用为基础的分级分类监管制度。聚焦投资、贸易、网络、生物安全、生态环境、文化安全、人员进出、反恐反分裂、公共道德等重点领域，进一步落实好外商投资安全审查制度，完善反垄断审查、行业管理、用户认证、行为审计等管理措施。健全金融风险监测和预警机制，强化反洗钱、反恐怖融资和反逃税工作，不断提升金融风险防控能力。坚持底线思维，依托信息技术创新风险研判和风险防控手段，建立联防联控机制。

四、保障机制

坚持和加强党对改革开放的领导，把党的领导贯穿于自贸试验区建设的全过程。牢固树立总体国家安全观，强化底线思维和风险意识，切实加强自贸试验区风险防控体系建设，完善风险防控和处置机制，维护国家安全和社会安全，牢牢守住不发生区域性系统性风险底线。在国务院自由贸易试验区工作部际联席会议统筹协调下，充分发挥地方和部门积极性，抓好各项改革试点任务落实，高标准高质量建设自贸试验区。北京市要完善工作机制，构建精简高效、权责明晰的自贸试验区管理体制，加强人才培养，打造高素质专业化管理队伍；要加强地方立法，建立公正透明、体系完备的法治环境；要强化主体责任，加强监测预警，深入开展风险评估，制定相关工作方案，切实防范化解重大风险；要建立完善自贸试验区制度创新容错机制，坚持“三个区分开来”，鼓励大胆试、大胆闯；要统筹推进新冠肺炎疫情防控和自贸试验区高质量发展工作，全面落实“外防输入、内防反弹”要求，努力把疫情造成的损失降到最低限度。北京市和有关部门要依法及时下放相关管理权限，完善配套政策，确保各项改革举措落地实施。自贸试验区各片区要把工作做细，制度做实，严格监督，严格执纪执法。本方案提出的各项改革政策措施，凡涉及调整现行法律或行政法规的，按规定程序办理。重大事项及时向党中央、国务院请示报告。

中国（湖南）自由贸易试验区总体方案

建立中国（湖南）自由贸易试验区（以下简称自贸试验区）是党中央、国务院作出的重大决策，是新时代推进改革开放的重要战略举措。为高标准高质量建设自贸试验区，制定本方案。

一、总体要求

（一）指导思想。

以习近平新时代中国特色社会主义思想为指导，全面贯彻党的十九大和十九届二中、三中、四中全会精神，统筹推进“五位一体”总体布局和协调推进“四个全面”战略布局，坚持稳中求进工作总基调，坚持新发展理念，坚持高质量发展，以供给侧结构性改革为主线，主动服务和融入国家重大战略，建设更高水平开放型经济新体制，以开放促改革、促发展、促创新，把自贸试验区建设成为新时代改革开放新高地。

（二）战略定位及发展目标。

以制度创新为核心，以可复制可推广为基本要求，全面落实中央关于加快建设制造强国、实施中部崛起战略等要求，发挥东部沿海地区和中西部地区过渡带、长江经济带和沿海开放经济带结合部的区位优势，着力打造世界级先进制造业集群、联通长江经济带和粤港澳大湾区的国际投资贸易走廊、中非经贸深度合作先行区和内陆开放新高地。

赋予自贸试验区更大改革自主权，深入开展差别化探索。对标国际先进规则，加大开放力度，开展规则、规制、管理、标准等制度型开放。经过三至五年改革探索，形成更多有国际竞争力的制度创新成果，为进一步扩大对外开放积累实践经验，推动先进制造业高质量发展，提升关键领域创新能力和水平，形成中非经贸合作新路径新机制，努力建成贸易投资便利、产业布局优化、金融服务完善、监管安全高效、辐射带动作用突出的高标准高质量自由贸易园区。

二、区位布局

（一）实施范围。

自贸试验区的实施范围 119.76 平方公里，涵盖三个片区：长沙片区 79.98 平方公里（含长沙黄花综合保税区 1.99 平方公里），岳阳片区 19.94 平方公里（含岳阳城陵矶综合保税区 2.07 平方公里），郴州片区 19.84 平方公里（含郴州综合保税区 1.06 平方公里）。

自贸试验区的开发利用须遵守土地利用、生态环境保护、规划相关法律法规，符合国土空间规划，并符合节约集约用地的有关要求。

（二）功能划分。

长沙片区重点对接“一带一路”建设，突出临空经济，重点发展高端装备制造、新一代信息技术、生物医药、电子商务、农业科技等产业，打造全球高端装备制造业基地、内陆地区高端现代服务业中心、中非经贸深度合作先行区和中部地区崛起增长极。岳阳片区重点对接长江经济带发展战略，突出临港经济，重点发展航运物流、电子商务、新一代信息技术等产业，打造长江中游综合性航运物流中心、内陆临港经济示范区。郴州片区重点对接粤港澳大湾区建设，突出湘港澳直通，重点发展有色金属加工、现代物流等产业，打造内陆地区承接产业转移和加工贸易转型升级重要平台以及湘粤港澳合作示范区。

三、主要任务和措施

（一）加快转变政府职能。

1. 营造国际一流营商环境。开展优化营商环境改革举措先行先试。开展强化竞争政策实施试点，创造公平竞争的制度环境。推进电力改革试点，进一步降低企业用电成本。加强重大项目用地保障。发挥好现行税收优惠政策对创新的激励作用。吸引跨国公司在区内设立地区总部。

2. 优化行政管理职能与流程。深化商事制度改革，探索商事主体登记确认制，试行“自主查询、自主申报”制度。开展“证照分离”改革全覆盖试点。进一步深化工程建设项目审批制度改革。推进“一业一证”改革。促进 5G 和人工智能技术应用，提升“互联网+政务服务”水平。深化“一件事一次办”改革。

3. 创新事中事后监管体制机制。加强信用体系建设，实行信用风险分类监管。建立重大风险防控和应对机制，依托国家企业信用信息公示系统（湖南）创新事中事后监管。建立商事纠纷诉前调解、仲裁制度，支持搭建国际商事仲裁平台。

（二）深化投资领域改革。

4. 建立更加开放透明的市场准入管理模式。全面落实外商投资准入前国民待遇加负面清单管理制度。完善外商投资信息报告制度，推进部门数据共享，实行市场监管、商务、外汇年报“多报合一”。完善投资便利化机制，建立外商投资一站式服务联络点。鼓励外资投资先进制造业，支持重大外资项目在区内落地，探索与实体经济发展需求相适应的外商股权投资管理办法。

5. 提升对外投资合作水平。创新境外投资管理，对境外投资项目和境外开办企业，属于省级备案管理范围的，可由自贸试验区备案管理，同时加强事中事后监管。健全对外投资政策和服务体系，建立湖南省“一带一路”投资综合服务平台。支持设立国际产品标准中心和行业技术标准中心（秘书处），推动技术、标准、服务、品牌走出去。

（三）推动贸易高质量发展。

6. 提升贸易便利化水平。建设具有国际先进水平的国际贸易“单一窗口”，将出口退税、服务外包、维修服务等事项逐步纳入，推动数据协同、简化和标准化。积极推动扩大出口退税无纸化申报范围，尽快覆盖管理类别为一、二、三类的出口企业。扩大第三方检验结果采信商品和机构范围。创新出口货物专利纠纷担保放行方式。

7. 创新贸易综合监管模式。实现长沙黄花综合保税区与长沙黄花国际机场航空口岸联动。支持内销选择性征收关税政策在自贸试验区内的综合保税区试点。提高国际铁路货运联运水平，探索解决国际铁路运单物权凭证问题，将铁路运输单证作为信用证议付单证。开通农副产品快速通关“绿色通道”，对区内生产加工的符合“两品一标”标准的优质农产品出口注册备案，免于现场评审，并出具检验证书。优化生物医药全球协同研发试验用特殊物品的检疫查验流程。建立贸易风险预警机制和政企互动机制。

8. 推动加工贸易转型升级。创新区内包装材料循环利用监管模式。支持区内企业开展深加工结转，优化出口退税手续。支持开展矿石混配业务，完善仓储、分销、加工及配送体系。相关矿产品入区须符合我国法律法规和重金属精矿等相关标准要求。支持将中国（湖南）国际矿物宝石博览会天然矿晶展品（含宝石同名称用于观赏类的矿晶）按观赏类标本晶体归类。利用现行中西部地区国际性展会留购展品免征进口关税政策，办好中国（湖南）国际矿物宝石博览会。依托现有交易场所，依法合规开展宝玉石交易。

9. 培育贸易新业态。支持自贸试验区内的综合保税区依法依规适用跨境电商零售进口政策。支持跨境电商企业在重点国别、重点市场建设海外仓。对符合条件的跨境电商零售出口企业核定征收企业所得税。适时开通跨境电商中欧班列铁路运邮的邮路出口业务。探索建设国际邮件、国际快件和跨境电商进出境一体化设施。对境外食品类展品，简化食品境外生产企业临时注册验核程序，免于境外实地评审（特殊食品除外）。加强文物进出境审核工作，促进文物回流。加快影视产品出口退税办理进度。制定平行进口汽车符合性整改标准和整改企业资质标准，开展标准符合性整改试点。探索在教育、工程咨询、会展、商务服务等领域，分层次逐步取消或放宽跨境交付、境外消费、自然人移动等模式的服务贸易限制措施。支持离岸贸易业务和总部经济发展，建立全球订单分拨、资金结算和供应链管理中心。探索兼顾安全和效率的数字产品贸易监管模式。

（四）深化金融领域开放创新。

10. 扩大金融领域对外开放。开展外商投资股权投资企业合格境外有限合伙人（QFLP）试点。放宽外商设立投资性公司申请条件，申请前一年外国投资者的资产总额要求降为不低于 2 亿美元，取消对外国投资者在中国境内已设立外商投资企业的数量要求。

11. 促进跨境投融资便利化。开展资本项目收入支付便利化改革试点，简化资本项下外汇收入支付手续，无须事先逐笔提供真实性证明材料。开展货物贸易外汇收支便利化试点。放宽跨国公司外汇资金集中运营管理准入条件。对区内保税货物转卖给予外汇收支结算便利。允许银行按照“展业三原则”办理购付汇、收结汇及划转等手续。完善跨境电商收付汇制度，允许区内跨境电商海外仓出口企业根据实际销售情况回款，按规定报告出口与收汇差额。探索开展境内人民币贸易融资资产跨境转让业务。支持个人本外币兑换特许业务试点稳妥开展。

12. 增强金融服务实体经济功能。支持开展外部投贷联动和知识产权质押、股权质押、科技融资担保等金融服务。支持金融机构运用区块链、大数据、生物识别等技术提升金融服务能力。支持开展政府投资基金股权投资退出便利化试点。探索融资租赁服务装备制造业发展新模式，支持进口租赁国内不能生产或性能不能满足需要的高端装备。在符合国家有关规定的前提下，开展境内外租赁资产交易。鼓励融资租赁企业在区内设立项目子公司。支持外资保险经纪公司参与开展关税保证保险、科技保险等业务。增强金融推动产业绿色发展的引导作用，支持金融机构和企业发行绿色债券。

13. 建立健全金融风险防控体系。加强对重大风险的识别和系统性金融风险的防范。探索建立覆盖各类金融市场、机构、产品、工具的风险监测监控机制。强化反洗钱、反恐怖融资、反逃税工作。完善金融执法体系，建立公平、公正、高效的金融案件审判和仲裁机制，有效打击金融违法犯罪行为。

（五）打造联通长江经济带和粤港澳大湾区的国际投资贸易走廊。

14. 深入对接长江经济带发展战略。完善区域协同开放机制，积极推进长江经济带沿线自贸试验区合作共建，开展货物通关、贸易统计、检验检测认证等方面合作，推动相关部门信息互换、监管互认、执法互助。推动长江经济带产业合理布局，提升长江经济带产业协同合作能力。探索完善异地开发生态保护补偿机制和政府主导、企业和社会各界参与、市场化运作、可持续的生态产品价值实现路径。依法合规开展产权、技术、排污权等现货交易。

15. 实现湘粤港澳服务业联动发展。积极对接粤港澳大湾区建设，实现市场一体、标准互认、政策协调、规则对接。发展湘粤港澳智能物流，打造面向粤港澳大湾区的中部地区货运集散中心。推进粤港澳大湾区口岸和湖南地区通关监管协作，全面推行通关一体化，畅通货物快捷通关渠道。在内地与香港、澳门关于建立更紧密经贸关系的安排（CEPA）框架下，允许港澳人员在自贸试验区从事相关服务业并享受国民待遇。授权自贸试验区制定相关港澳专业人才执业管理办法（国家法律法规暂不允许的除外），允许具有港澳执业资格的金融、建筑、规划等领域专业人才，经相关部门或机构备案后，为区内企业提供专业服务。在区内推动建立湘粤港澳认证及相关检测机构交流合作平台，促进相应认证检测结果的相互承认与接受。支持符合条件的香港金融机构在自贸试验区进行新设、增资或参股区内金融机构等直接投资活动。支持湖南省对本省高职院校招收香港学生实行备案。鼓励具备内地招收资质的香港院校增加在湖南招生名额。加强湘粤港澳四地文化创意产业合作，实现文化创意产业优势资源对接。积极打造全球领先的5G视频和电子竞技产业基地。

16. 畅通国际化发展通道。在对外航权谈判中支持长沙黄花国际机场获得包括第五航权在内的航权安排，开展经停第三国的航空客货运业务。增加长沙黄花国际机场国际货运航班，建立进口食用水生动物、冰鲜水产品、水果集散中心和进口医药物流中心。研究开展高铁快运。实现自贸试验区与长沙金霞经济技术开发区联动发展，提升中欧班列（长沙）运营规模和质量，加快发展长沙陆港型物流枢纽。推进跨境电商货运班列常态化运行。提升岳阳城陵矶港区功能，全面推进黄金水道建设，支持企业有序发展岳阳至香港水路直航航线，积极拓展至东盟、日韩等国家和地区接力航线。

17. 优化承接产业转移布局。积极探索承接沿海产业转移的路径和模式，开展飞地经济合作，建立健全区域间互动合作和利益分享机制。探索建立跨省域资质和认证互认机制，企业跨省迁入自贸试验区后，在履行必要的审核程序后继续享有原有资质、认证。探索支持沿海地区创新政策在区内落地，工业产品生产许可证等实施“绿色通道”、快捷办理。积极承接钻石进出口及高端饰品加工贸易，支持郴州开展实施“金伯利进程国际证书制度”。通过依托现有交易场所等方式与上海钻石交易所开展合作。

（六）探索中非经贸合作新路径新机制。

18. 建设中非经贸深度合作先行区。比照现行中西部地区国际性展会留购展品免征进口关税政策，支持办好中国—非洲经贸博览会。试点推进对非认证认可和合格评定结果国际互认工作。推进中非海关“经认证的经营者”（AEO）互认合作。建设非洲在华非资源性产品集散和交易中心。探索开展中非易货贸易。探索创新对非经贸合作金融平台和产品，支持设立中非跨境人民币中心，推进跨境人民币业务政策在对非跨境贸易、清算结算、投融资等领域落地，提升对非金融服务能力。

19. 拓展中非地方合作。探索中非经贸合作新模式，推动建设中非经贸合作公共服务平台，打造中非经贸合作示范高地。建设岳阳水果进口指定监管场地。鼓励与贝宁、布基纳法索、乍得、马里等非洲棉花主产国开展定向合作。支持扩大进口非洲咖啡、可可、腰果、鳀鱼等优质农产品。打造中非客货运集散中心，加强岳阳城陵矶港与非洲重点港口的对接合作，拓展湖南与肯尼亚等非洲国家空中客货运航线。统筹对非援助等有关资源，支持湖南省依托人力资源培训资质单位，重点实施对非人力资源培训有关项目，助推对非经贸合作。

（七）支持先进制造业高质量发展。

20. 打造高端装备制造业基地。支持国家级工业设计研究院、国家级轨道交通装备检验检测认证机构建设。支持发展航空航天衍生制造、试验测试、维修保障和服务网络体系。促进制造业数字化智能化转型，支持建设工业互联网平台，加大信息技术应用创新适配中心和运维服务等公共服务平台建设力度。促进智能终端产品研发及产业化，成立湖南省工业技术软件化创新中心，支持工业互联网服务商和“上云上平台”标杆企业发展。

21. 支持企业参与“一带一路”建设。支持龙头企业建设面向“一带一路”沿线国家和地区的跨境寄递服务网络、国际营销和服务体系。支持区内装备制造企业建设全球售后服务中心。在依法依规、风险可控前提下，在自贸试验区的综合保税区内积极开展“两头在外”的高技术含量、高附加值、符合环保要求的工程机械、通信设备、轨道交通装备、航空等保税维修和进口再制造。研究支持对自贸试验区内企业在综合保税区外开展“两头在外”航空维修业态实行保税监管，探索开展“两头在外”的航材包修转包区域流转业务试点。简化汽车维修零部件 CCC 认证办理手续。

22. 推动创新驱动发展。构建以完善重点产业链为目标的技术创新体系，支持关键共性技术研究和重大科技成果转化。建立企业技术需求清单，以政府购买服务、后补助等方式，促进科技成果转化中试。支持将绿色产品优先纳入政府采购清单。实行更加积极、更加开放、更加有效的人才政策，强化人才创新创业激励机制。

23. 强化知识产权保护和运用。完善有利于激励创新的知识产权归属制度。结合区内产业特色，搭建针对性强、便利化的知识产权公共服务平台，建立知识产权服务工作站，培养知识产权服务人才，构建一体化的知识产权信息公共服务体系。建立多元化知识产权争端解决与快速维权机制。探索建立公允的知识产权评估机制，优化知识产权质押登记服务，完善知识产权质押融资风险分担机制以及方便快捷的质物处置机制。

四、保障机制

坚持和加强党对改革开放的领导，把党的领导贯穿于自贸试验区建设的全过程。牢固树立总体国家安全观，强化底线思维和风险意识，切实加强自贸试验区风险防控体系建设，完善风险防控和处置机制，维护国家安全和社会安全，牢牢守住不发生区域性系统性风险底线。在国务院自由贸易试验区工作部际联席会议统筹协调下，充分发挥地方和部门积极性，抓好各项改革试点任务落实，高标准高质量建设自贸试验区。湖南省要完善工作机制，构建精简高效、权责明晰的自贸试验区管理体制，加强人才培养，打造高素质专业化管理队伍；要加强地方立法，建立公正透明、体系完备的法治环境；要强化主体责任，加强监测预警，深入开展风险评估，制定相关工作方案，切实防范化解重大风险；要建立完善自贸试验区制度创新容错机制，坚持“三个区分开来”，鼓励大胆试、大胆闯；要统筹推进新冠肺炎疫情防控和自贸试验区高质量发展工作，全面落实“外防输入、内防反弹”要求，努力把疫情造成的损失降到最低限度。湖南省和有关部门要依法及时下放相关管理权限，完善配套政策，确保各项改革举措落地实施。自贸试验区各片区要把工作做细，制度做实，严格监督，严格执纪执法。本方案提出的各项改革政策措施，凡涉及调整现行法律或行政法规的，按规定程序办理。重大事项及时向党中央、国务院请示报告。

中国（安徽）自由贸易试验区总体方案

建立中国（安徽）自由贸易试验区（以下简称

自贸试验区）是党中央、国务院作出的重大决策，是新时代推进改革开放的重要战略举措。为高标准高质量建设自贸试验区，制定本方案。

一、总体要求

（一）指导思想。

以习近平新时代中国特色社会主义思想为指导，全面贯彻党的十九大和十九届二中、三中、四中全会精神，统筹推进“五位一体”总体布局和协调推进“四个全面”战略布局，坚持稳中求进工作总基调，坚持新发展理念，坚持高质量发展，以供给侧结构性改革为主线，主动服务和融入国家重大战略，建设更高水平开放型经济新体制，以开放促改革、促发展、促创新，把自贸试验区建设成为新时代改革开放新高地。

（二）战略定位及发展目标。

以制度创新为核心，以可复制可推广为基本要求，全面落实中央关于深入实施创新驱动发展、推动长三角区域一体化发展战略等要求，发挥在推进“一带一路”建设和长江经济带发展中的重要节点作用，推动科技创新和实体经济发展深度融合，加快推进科技创新策源地建设、先进制造业和战略性新兴产业集聚发展，形成内陆开放新高地。

赋予自贸试验区更大改革自主权，深入开展差别化探索。对标国际先进规则，加大开放力度，开展规则、规制、管理、标准等制度型开放。经过三至五年改革探索，形成更多有国际竞争力的制度创新成果，为进一步扩大对外开放积累实践经验，推动科技创新、产业创新、企业创新、产品创新、市场创新，推进开放大通道大平台大通关建设，努力建成贸易投资便利、创新活跃强劲、高端产业集聚、金融服务完善、监管安全高效、辐射带动作用突出的高标准高质量自由贸易园区。

二、区位布局

（一）实施范围。

自贸试验区的实施范围 119.86 平方公里，涵盖三个片区：合肥片区 64.95 平方公里（含合肥经济技术开发区综合保税区 1.4 平方公里），芜湖片区 35 平方公里（含芜湖综合保税区 2.17 平方公里），蚌埠片区 19.91 平方公里。

自贸试验区的开发利用须遵守土地利用、生态环境保护、规划相关法律法规，符合国土空间规划，并符合节约集约用地的有关要求。

（二）功能划分。

合肥片区重点发展高端制造、集成电路、人工智能、新型显示、量子信息、科技金融、跨境电商等产业，打造具有全球影响力的综合性国家科学中心和产业创新中心引领区。芜湖片区重点发展智能网联汽车、智慧家电、航空、机器人、航运服务、跨境电商等产业，打造战略性新兴产业先导区、江海联运国际物流枢纽区。蚌埠片区重点发展硅基新材料、生物基新材料、新能源等产业，打造世界级硅基和生物基制造业中心、皖北地区科技创新和开放发展引领区。

三、主要任务和措施

（一）加快转变政府职能。

1. 打造国际一流营商环境。深入实施送新发展理念、送支持政策、送创新项目、送生产要素和服务实体经济“四送一服”工程。开展强化竞争政策实施试点，创造公平竞争的制度环境。以全国审批事项最少、办事效率最高、投资环境最优、市场主体和人民群众获得感最强为目标，营造“四最”营商环境。构建“互联网+营商环境监测”系统。推行“全省一单”权责清单制度体系。进一步深化工程建设项目审批制度改革。探索建立运用互联网、大数据、人工智能、区块链等技术手段优化行政管理的制度规则。

（二）深化投资领域改革。

2. 深入推进投资自由化便利化。在科研和技术服务、电信、教育等领域加大对外开放力度，放宽注册资本、投资方式等限制。简化外商投资项目核准程序。支持外商独资设立经营性教育培训和职业技能培训机构。允许注册在自贸试验区内符合条件的外资旅行社从事除台湾地区以外的出境旅游业务。

3. 强化投资促进和保护。鼓励自贸试验区在法定权限内制定外商投资促进政策。推广市场化招商模式，探索成立企业化招商机构。建立外商投资全流程服务体系，实施重大外资项目包保服务机制。健全外商投诉工作机制，保护外商投资合法权益。

4. 提升对外投资合作水平。完善境外投资政策和服务体系，为优势产业走出去开拓多元化市场提供优质服务。在符合现行外汇管理规定的前提下，鼓励金融机构提高对境外资产或权益的处置能力，支持走出去企业以境外资产和股权、采矿权等权益为抵押获得贷款。支持合肥、芜湖中德合作园区建设，探索建立国际园区合作新机制。

（三）推动贸易高质量发展。

5. 优化贸易监管服务体系。加快建设具有国际先进水平的国际贸易“单一窗口”。优化海关监管模式，综合运用多种合格评定方式，实施差异化监管。完善和推广“海关 ERP 联网监管”，大力推进网上监管，开展“互联网+核查”、“线上+线下”核查等创新试点。深入推进第三方检验结果采信。优化鲜活农产品检验检疫流程，简化动植物检疫审批程序，实施全程网上办理。完善进出口商品质量安全风险预警和快速反应监管体系。支持内销选择性征收关税政策在自贸试验区内的综合保税区试点。支持在自贸试验区内的综合保税区和保税监管场所设立大宗商品期货保税交割库。

6. 培育发展贸易新业态新模式。支持合肥、芜湖跨境电商综合试验区建设。支持合肥、芜湖片区开展跨境电商零售进口试点。依法依规开展跨境电商人民币结算，推动跨境电商线上融资及担保方式创新。鼓励建设出口产品公共海外仓和海外运营中心。探索建设国际邮件、国际快件和跨境电商进出境一体化设施。积极开展进口贸易促进创新工作。进一步完善高端装备制造产品售后维修进出口管理，适当延长售后维修设备和备件返厂期限。对符合条件的入境维修复出口免于实施装运前检验。支持设立国家数字服务出口基地，打造数字化制造外包平台。

7. 提升国际贸易服务能力。支持建设合肥国际航空货运集散中心、芜湖航空器维修保障中心。支持自贸试验区符合条件的片区，按规定申请设立综合保税区。支持建设汽车整车进口口岸、首次进口药品和生物制品口岸。优先审理自贸试验区相关口岸开放项目。加快建设多式联运基地，高标准对接国际多式联运规则，支持多式联运经营企业布局境外服务网络。

（四）深化金融领域开放创新。

8. 扩大金融领域对外开放。落实放宽金融机构外资持股比例、拓宽外资金融机构业务经营范围等措施，支持符合条件的境内外投资者依法设立各类金融机构。研究开展合格境外有限合伙人（QFLP）政策试点。探索开展离岸保险业务。完善自贸试验区内技术等要素交易市场，允许外资参与投资。促进跨境投融资汇兑便利化。开展资本项目收入支付便利化改革试点。探索通过人民币资本项下输出贸易项下回流方式，重点推动贸易和投资领域的人民币跨境使用。

9. 推进科技金融创新。加强国家科技成果转化引导基金与安徽省科技成果转化引导基金合作。支持自贸试验区符合条件的商业银行在依法依规、风险可控的前提下，探索设立金融资产投资公司。支持在自贸试验区内依法合规设立商业银行科技支行、科技融资租赁公司等专门服务科创企业的金融组织，在政策允许范围内开展金融创新，积极融入长三角区域一体化发展。鼓励保险公司发展科技保险，拓宽服务领域。支持条件成熟的银行业金融机构探索多样化的科技金融服务模式。支持自贸试验区内金融小镇依法依规开展私募投资基金服务。鼓励社会资本按市场化原则探索设立跨境双向股权投资基金。支持合肥片区积极推动金融支持科技创新发展。

10. 建立健全金融风险防控体系。加强对重大风险的识别和系统性金融风险的防范。强化反洗钱、反恐怖融资、反逃税工作，防范非法资金跨境、跨区流动。提升金融执法能力，有效打击金融违法犯罪行为。

（五）推动创新驱动发展。

11. 建设科技创新策源地。健全支持基础研究、原始创新的体制机制，推动建成合肥综合性国家科学中心框架体系，争创国家实验室，探索国家实验室建设运行模式。支持做好合肥先进光源、大气环境立体探测、强光磁等重大科技基础设施预研究工作，组建环境科学研发平台和未来技术综合研究基地。支持提升拓展全超导托卡马克、同步辐射光源、稳态强磁场等大科学装置功能，加快聚变堆主机关键系统综合研究设施建设。支持建设能源研究院、人工智能研究院，筹划组建大健康研究院。支持建设微尺度物质科学国家研究中心、合肥先进计算中心和国家重点实验室等，高质量建设一批省级实验室、技术创新中心。支持开展免疫细胞、干细胞等临床前沿医疗技术研究项目。推动国家重大科研基础设施和大型科研仪器向相关产业创业者开放。

12. 促进科技成果转移转化。打造“政产学研用金”六位一体科技成果转化机制。支持参与建设相关国家技术创新中心。支持建设关键共性技术研发平台，产学研合作、信息发布、成果交流和交易平台。鼓励建设国际化创新创业孵化平台。支持模式国际化、运行市场化、管理现代化的新型研发机构建设。深化科技成果使用权、处置权和收益权改革，支持有条件的单位参与开展赋予科技人员职务科技成果所有权或长期使用权试点。支持建立科技融资担保机构。探索有条件的科技创新企业规范开展知识产权证券化试点。完善知识产权评估机制、质押融资风险分担机制以及方便快捷的质物处置机制，完善知识产权交易体系。结合自贸试验区内产业特色，搭建针对性强、便利化的知识产权公共服务平台，设立知识产权服务工作站，培养知识产权服务人才，构建一体化的知识产权信息公共服务体系。支持建设安徽科技大市场，提升安徽创新馆运营水平。

13. 深化国际科技交流合作。支持重要国际组织在合肥综合性国家科学中心设立总部或分支机构，在世界前沿关键领域参与或按程序报批后发起组织国际大科学计划和大科学工程。鼓励建设国际联合研究中心（联合实验室）等国际科技合作基地，探索建立符合国际通行规则的跨国技术转移和知识产权分享机制。支持境内外研发机构、高校院所、企业在自贸试验区设立或共建实验室、新型研发机构，实施高等学校学科创新引智计划，建设引才引智示范基地。

14. 激发人才创新创业活力。建立以人才资本价值实现为导向的分配激励机制，探索和完善分红权激励、超额利润分享、核心团队持股跟投等中长期激励方案。对顶尖科技人才及团队采取“一事一议”方式给予支持。支持与境外机构合作开发跨境商业健康保险产品，探索开展商业健康保险跨境结算试点。

（六）推动产业优化升级。

15. 支持高端制造业发展。支持将生物医药、高端智能装备、新能源汽车、硅基新材料等产业纳入新一批国家战略性新兴产业集群。支持合肥片区建设工业互联网标识解析二级节点，建设国家新一代人工智能创新发展试验区。鼓励国家先进制造产业投资基金对自贸试验区内新能源汽车、新型显示、机器人等产业，按商业化、市场化原则进行投资。支持组建硅基生物基产业创新中心。在条件成熟的区域内，探索实施有关支持政策，推广使用聚乳酸等可降解塑料制品。鼓励自贸试验区内企业购买和引进海外研发、测试设备及重大装备。对自贸试验区内符合条件的从事集成电路、人工智能、生物医药、民用航空等关键领域核心环节生产研发的企业，积极认定高新技术企业。

16. 培育布局未来产业。支持超前布局量子计算与量子通信、生物制造、先进核能等未来产业。

支持量子信息、类脑芯片、下一代人工智能等新技术的研发应用。加快推进靶向药物、基因检测等研发产业化，支持开展高端医学影像设备、超导质子放射性治疗设备、植入介入产品、体外诊断等关键共性技术研发。重点发展第三代半导体、金属铼等前沿材料产业，培育发展石墨烯产业，推动科技成果转化与典型应用。促进云计算、大数据、互联网、AI、5G与实体经济、制造业的系列化融合应用。大力推动数字商务新模式、新业态发展，探索建立反向定制（C2M）产业基地，鼓励先进制造业与现代服务业深度融合。

（七）积极服务国家重大战略。

17. 推动长三角区域一体化高质量发展。对接上海、江苏、浙江自贸试验区，推动长三角地区自贸试验区协同发展，共同打造对外开放高地。继续推进皖江城市带承接产业转移示范区发展，建设皖北承接产业转移集聚区，支持共建产业合作园区，探索建立跨区域利益分享机制。支持开展港口合作，打造芜湖—马鞍山江海联运枢纽和合肥江淮联运中心。鼓励参与芜湖至上海“点到点”航线经营的各船运公司互换仓位，提高航线服务保障能力。开展会展合作，支持办好世界制造业大会、世界显示产业大会、中国（安徽）科技创新成果转化交易会等高端展会平台。加强自贸试验区与马鞍山郑蒲港新区、经济技术开发区等区域联动，放大辐射带动效应。

18. 推动长江经济带发展和促进中部地区崛起战略实施。支持安徽自贸试验区与长江经济带、中部地区其他自贸试验区联动发展。支持长江中上游地区集装箱在自贸试验区内中转集拼业务发展。加快引江济淮工程建设，提升自贸试验区对长江经济带发展的航运支撑能力。推广新安江流域生态补偿机制、林长制改革经验，探索在长江流域上下游之间开展生态、资金、产业、人才等多种补偿。探索政府主导、企业和社会各界参与、市场化运作、可持续的生态产品价值实现路径。

19. 积极服务“一带一路”建设。与“一带一路”沿线国家和地区共建科技创新共同体，支持参与沿线国家基础设施建设。为企业开展国际产能和装备制造合作提供便利，加快培育国际经济合作和竞争新优势。共商共建一批重大合作项目。拓展提升中欧班列（合肥）功能和覆盖范围，根据市场需要提高集装箱办理站能力，推动将中欧班列（合肥）纳入中欧安全智能贸易航线试点计划。鼓励建设中东部地区连接中亚、欧洲的铁水联运大通道，推动建立多式联运体系。

四、保障机制

坚持和加强党对改革开放的领导，把党的领导贯穿于自贸试验区建设的全过程。牢固树立总体国家安全观，强化底线思维和风险意识，切实加强自贸试验区风险防控体系建设，完善风险防控和处置机制，维护国家安全和社会安全，牢牢守住不发生区域性系统性风险底线。在国务院自由贸易试验区工作部际联席会议统筹协调下，充分发挥地方和部门积极性，抓好各项改革试点任务落实，高标准高质量建设自贸试验区。安徽省要完善工作机制，构建精简高效、权责明晰的自贸试验区管理体制，加强人才培养，打造高素质专业化管理队伍；要加强地方立法，建立公正透明、体系完备的法治环境；要强化主体责任，加强监测预警，深入开展风险评估，制定相关工作方案，切实防范化解重大风险；要建立完善自贸试验区制度创新容错机制，坚持“三个区分开来”，鼓励大胆试、大胆闯；要统筹推进新冠肺炎疫情防控和自贸试验区高质量发展工作，全面落实“外防输入、内防反弹”要求，努力把疫情造成的损失降到最低限度。安徽省和有关部门要依法及时下放相关管理权限，完善配套政策，确保各项改革举措落地实施。自贸试验区各片区要把工作做细，制度做实，严格监督，严格执纪执法。本方案提出的各项改革政策措施，凡涉及调整现行法律或行政法规的，按规定程序办理。重大事项及时向党中央、国务院请示报告。

中国（浙江）自由贸易试验区扩展区域方案

建设自由贸易试验区是党中央、国务院作出的重大决策，是新时代推进改革开放的重要战略举措。中国（浙江）自由贸易试验区（以下简称自贸试验区）设立以来，建设取得阶段性成果，总体达到预期目标。为贯彻落实党中央、国务院决策部署，进一步扩展自贸试验区区域，制定本方案。

一、总体要求

（一）指导思想。

以习近平新时代中国特色社会主义思想为指导，全面贯彻党的十九大和十九届二中、三中、四中全会精神，统筹推进“五位一体”总体布局和协调推进“四个全面”战略布局，坚持稳中求进工作总基调，坚持新发展理念，坚持高质量发展，以供给侧结构性改革为主线，主动服务和融入国家重大战略，建设更高水平开放型经济新体制，以开放促改革、促发展、促创新，把自贸试验区建设成为新时代改革开放新高地。

（二）功能定位及发展目标。

坚持以“八八战略”为统领，发挥“一带一路”建设、长江经济带发展、长三角区域一体化发展等国家战略叠加优势，着力打造以油气为核心的大宗商品资源配置基地、新型国际贸易中心、国际航运和物流枢纽、数字经济发展示范区和先进制造业集聚区。

赋予自贸试验区更大改革自主权，深入开展差别化探索。对标国际先进规则，加大开放力度，开展规则、规制、管理、标准等制度型开放。到2025年，基本建立以投资贸易自由化便利化为核心的制度体系，营商环境便利度位居全国前列，油气资源全球配置能力显著提升，国际航运和物流枢纽地位进一步增强，数字经济全球示范引领作用彰显，先进制造业综合实力全面跃升，成为引领开放型经济高质量发展的先行区和增长极。到2035年，实现更高水平的投资贸易自由化，新型国际贸易中心全面建成，成为原始创新高端制造的重要策源地、推动国际经济交往的新高地，成为新时代全面展示中国特色社会主义制度优越性重要窗口的示范区。

二、区位布局

（一）实施范围。

自贸试验区扩展区域实施范围119.5平方公里，涵盖三个片区：宁波片区46平方公里（含宁波梅山综合保税区5.69平方公里、宁波北仑港综合保税区2.99平方公里、宁波保税区2.3平方公里），杭州片区37.51平方公里（含杭州综合保税区2.01平方公里），金义片区35.99平方公里（含义乌综合保税区1.34平方公里、金义综合保税区1.26平方公里）。

自贸试验区的开发利用须遵守土地、无居民海岛利用和生态环境保护、规划相关法律法规，符合国土空间规划，并符合节约集约利用资源的有关要求；支持按照国家相关法规和程序，办理合理必需用海。

（二）功能划分。

宁波片区建设链接内外、多式联运、辐射力强、成链集群的国际航运枢纽，打造具有国际影响力的油气资源配置中心、国际供应链创新中心、全球新材料科创中心、智能制造高质量发展示范区。杭州片区打造全国领先的新一代人工智能创新发展试验区、国家金融科技创新发展试验区和全球一流的跨境电商示范中心，建设数字经济高质量发展示范区。金义片区打造世界“小商品之都”，建设国际小商品自由贸易中心、数字贸易创新中心、内陆国际物流枢纽港、制造创新示范地和“一带一路”开放合作重要平台。

三、主要任务和措施

（一）建立以投资贸易自由化便利化为核心的制度体系。

1. 进一步提升贸易便利化水平。进一步丰富国际贸易“单一窗口”功能，将服务贸易出口退（免）税申报纳入“单一窗口”管理。深化服务贸易创新试点，推动服务外包向高技术、高品质、高效益、高附加值转型升级，加快信息服务、文化贸易、技术贸易等新兴服务贸易发展，探索以高端服务为先导的“数字+服务”新业态新模式。推进进出口产品质量溯源体系建设，拓展可追溯商品种类。扩大第三方检验结果采信商品和机构范围。

2. 推进投资自由化便利化。探索建立大数据信息监管系统，部分领域在风险可控的前提下，市场主体在领取营业执照的同时，承诺并提交有关材料后，即可依法开展投资经营活动。对外商投资实行准入前国民待遇加负面清单管理制度，支持建立国际投资“单一窗口”，在区内研究放宽油气产业、数字经济、生命健康和新材料等战略性新兴产业集群市场准入。将国际快递业务经营许可审批权下放至浙江省邮政管理局。

3. 推动金融创新服务实体经济。开展本外币合一银行账户体系试点，提升本外币银行账户业务便利性。开展包括油品等大宗商品在内的更高水平贸易投资便利化试点，支持企业按规定开展具有真实贸易背景的新型国际贸易，支持银行按照“展业三原则”，依法为企业提供优质的金融服务。探索开展境内贸易融资资产转让业务和不良资产对外转让业务。探索符合贸易新业态新模式特点的跨境外汇结算模式，支持外贸健康发展。吸引跨国公司地区总部、结算中心、贸易中心和订单中心在自贸试验区落户。支持设立民营银行，探索股债联动，支持科技型企业发展。

4. 进一步转变政府职能。深化“最多跑一次”改革，依法经批准将下放至地级及以上城市的省级管理权限下放至自贸试验区。按照“整体智治”现代政府理念，建设数字政府，完善“互联网+政务服务”、“互联网+监管”体系，加快政府数字化转型，健全事中事后监管服务，完善中央与地方信息共享机制，促进市场主体管理信息共享。深化资源要素市场化改革，开展国家级改革试点，推动土地、能源、金融、数据等资源要素向自贸试验区倾斜。完善外国人来华工作许可制度和人才签证制度区内配套措施。探索取消施工图审查（或缩小审查范围）、实施告知承诺制和设计人员终身负责制等工程建设领域审批制度改革。

（二）高质量建设现代化开放型经济体系。

5. 打造以油气为核心的大宗商品全球资源配置基地。聚焦能源和粮食安全，研究建立能源等大宗商品政府储备和企业储备相结合的政策保障体系，更好发挥企业储备在保障粮食安全方面的作用。

支持开展油气储备改革试点，支持承接更多政府储备任务，大力发展企业储备，增加储备品种，增强储备能力，成为保障国家能源和粮食安全的重要基地。探索地下空间利用的创新举措。推动建设用地地上、地表、地下分别设立使用权，探索利用地下空间建设油气仓储设施，促进空间合理开发利用。以油气、化工品等为重点，积极开展原油、汽油、液化气等储备业务，建设化工品国际贸易中心和分拨中心，打造成为国家级油气储备基地。支持浙江自贸试验区围绕油气全产业链深入开展差别化探索。参照国际通行规则，探索研究推动浙江自贸试验区油气全产业链发展的政策措施，增强国际竞争力。

积极拓展与其他国家的农产品贸易合作，大力发展进境牛肉等高端动物蛋白加工贸易产业。建设进口粮食保税储存中转基地，支持以大豆为突破口，创新粮食进口检疫审批制度，允许对非关税配额粮食以港口存放方式办理检验检疫审批，进口后再确定加工场所（具有活性的转基因农产品除外）。鼓励粮食进出口企业与运输企业建立长期稳定合作关系，降低国际粮食运输费用。探索开展远洋渔业引进外籍船员试点。

6. 打造新型国际贸易中心。支持以市场化方式推进世界电子贸易平台（eWTP）全球布局，探索在数据交互、业务互通、监管互认、服务共享等方面的国际合作及数字确权等数字贸易基础设施建设，打造全球数字贸易博览会。

支持境内外跨境电商企业建设国际转口配送基地。支持义乌小商品城等市场拓展进口业务，建设新型进口市场。支持建设易货贸易服务平台。支持跨境电商平台企业与结算银行、支付机构在依法合规前提下积极开展人民币计价、结算。探索小商品贸易与大宗商品贸易联动的新型易货贸易模式，拓展跨境人民币结算通道。以“一带一路”沿线国家和地区为重点，整合海外仓、结算等全球供应链服务体系，建设面向全球的供应链易货交易服务平台。

创新数字化综合监管制度，探索新型监管模式，实施简化申报、简证放行、简易征管等便利化举措；探索实施“互联网+核查”、“线上+线下”核查等创新试点。

7. 打造国际航运和物流枢纽。探索“互联网+口岸”新服务，促进海港、陆港、空港、信息港“四港”联动发展，支持全球智能物流枢纽建设，推动海上丝绸之路指数、快递物流指数等成为全球航运物流的风向标，打造全球供应链的“硬核”力量。

允许中资非五星旗船开展以宁波舟山港为中转港的外贸集装箱沿海捎带业务。设立国际转口集拼中转业务仓库，建设国际中转集拼中心。在有效监管、风险可控的前提下，研究在宁波舟山港实施启运港退税政策的可行性。支持参照保税船用燃料油供应管理模式，允许液化天然气（LNG）作为国际航行船舶燃料享受保税政策。构建长三角港口群跨港区供油体系，合力打造东北亚燃料油加注中心。

加强杭州、宁波临空经济示范区与自贸试验区协同发展。实施高度开放的国际航空运输管理，推动杭州萧山国际机场、宁波栎社国际机场扩大包括第五航权在内的航权安排，吸引相关国家和地区航空公司开辟经停航线。支持杭州萧山国际机场、宁波栎社国际机场探索航空中转业务。

推动宁波舟山港与义乌港双核港口一体化和口岸监管无缝对接，实现同港同策，促进海港功能和口岸监管功能向义乌港、浙中公铁联运港等延伸。支持开展甬金铁路双层高柜铁路集装箱运输试点，根据试点情况，研究复制到其他线路。支持宁波—舟山港口型国家物流枢纽建设，大力发展海铁联运。率先探索集装箱多式联运运单及电子运单标准应用。

8. 打造数字经济发展示范区。加大以自主深度算法、超强低耗算力和高速广域网络为代表的新一代数字基础设施建设，支持布局 IPv6、卫星互联网、6G 试验床等网络基础设施，全面拓展数字产业化、产业数字化、数字生活新服务，把国家数字服务出口基地打造为数字贸易先行示范区。

加强数字经济领域国际规则、标准研究制定，推动标准行业互信互认。强化金融支撑，鼓励各类金融机构创新金融服务和金融产品，引导各类创投企业投向数字经济领域创新创业项目。

积极推动杭州城西科技创新大走廊、宁波甬江科技创新大走廊与自贸试验区改革联动、创新联动，打造数字经济创新引领区。推进之江实验室、阿里达摩院等研发机构建设，支持之江实验室参与国家实验室建设。加大对国内外顶尖云制造、人工智能、大数据等企业的招商引资力度，打造全球工业互联网研发应用基地。建设全国电子数据交换系统贸易网，打造枢纽型国际化数字强港。

9. 打造先进制造业集聚区。建立关键零部件国际国内双回路供应政策体系。以关键核心技术为突破口，围绕新材料、生命健康等产业，建立产业链“链长制”责任体系，提升“补链”能力。探索实行产业链供地。推动产业集群在空间上高度集聚、上下游紧密协同、供应链集约高效。

聚焦高性能磁性材料、新型膜材料、先进碳材料等优势产业，前瞻布局智能复合材料、海洋新材料等新兴领域，加速新材料产业升级的关键核心技术攻关及成果转化，积极推动先进材料产业创新中心建设，打造参与全球新材料产业创新竞争的重要平台。

聚焦新一代智能技术应用，大力引进若干国内外顶尖的智能制造示范企业，支持区内企业推进国际协同研发，积极融入高端制造业全球供应链、创新链和价值链。围绕现代高档数控机床、机器人等智能装备及关键基础件，打造国内重要的智能制造装备产业基地。落实支持科技创新进口税收政策，对符合政策要求的区内单位进口科研设备免税。

加大5G、物联网、工业互联网、人工智能、数据中心等新型基础设施建设力度，加强交通基础设施智能化升级，推动自贸试验区和省内其他区域联动协同，建立高效、快速、便捷、智慧的全球一流基础设施体系。

搭建生命大健康产业科研创新平台，鼓励和支持龙头医药企业加大科技投入，与国内外医药科研院所开展合作，建设生物医药公共技术服务平台和开放性专业实验室。

加快海水淡化与综合利用、海洋可再生能源等新兴领域自主研发、中试转化、装备定型，积极推动产业规模化发展。

（三）构建安全高效的风险防控体系。

10. 加快完善风险防范机制。加强顶层设计，健全风险防范责任机制，坚持底线思维，强化重大风险防范的政治责任和履责能力。加强风险防控机制的专业化、科学化建设，创新激励机制，强化风险管理人才队伍建设。完善风险防控的评估、预警与处置机制，加强油气产业环境风险处置应对能力建设。健全对外开放的风险防范机制，完善和创新对外籍人士等特殊人群管理模式。支持宁波海事法院、杭州互联网法院发挥在推进国际航运物流枢纽和数字经济发展示范区建设中的服务和保障作用；适应新型国际贸易中心建设需要，积极打造具有较强国际影响力的国际商事仲裁平台，健全完善诉讼、仲裁、调解等有机衔接、相互协调的国际商事多元化纠纷解决机制。

11. 打造数字一体化监管服务平台。依托数字化手段，开展自贸试验区一体化风险防控监管平台体系差别化探索。充分利用大数据、人工智能、区块链、5G等先进信息技术，建设高标准智能化监管平台。在国家数据跨境传输安全管理制度框架下，试点开展数据跨境流动安全评估，探索建立数据保护能力认证、数据流动备份审查、跨境数据流动和交易风险评估等数据安全管理机制。加大对专利、版权、企业商业秘密等权利及数据的保护力度，主动参与引领全球数字经济交流合作。依托外贸风险快速预警综合平台，完善外贸预警机制，实现监管信息互联互认共享，提高外贸企业抵御风险能力。

12. 构建全链条信用管理机制。支持开展企业信用风险分类管理试点工作，加强企业信用风险状况评估分析，提升企业信用风险状况预测预警和动态监测能力，实现对市场主体的精准靶向监管。运用区块链技术，注重源头管理，探索“沙盒”监管模式，建立全链条信用监管机制，支持探索信用评估和信用修复制度，鼓励失信主体通过主动纠正失信行为、消除不良社会影响等方式修复信用。

四、保障机制

坚持和加强党对改革开放的领导，把党的领导贯穿于自贸试验区建设的全过程。牢固树立总体国家安全观，强化底线思维和风险意识，切实加强自贸试验区风险防控体系建设，完善风险防控和处置机制，维护国家安全和社会安全，牢牢守住不发生区域性系统性风险底线。在国务院自由贸易试验区工作部际联席会议统筹协调下，充分发挥地方和部门积极性，抓好各项改革试点任务落实，高标准高质量建设自贸试验区。浙江省要完善工作机制，构建精简高效、权责明晰的自贸试验区管理体制，加强人才培养，打造高素质专业化管理队伍；要加强地方立法，建立公正透明、体系完备的法治环境；要强化主体责任，加强监测预警，深入开展风险评估，制定相关工作方案，切实防范化解重大风险；要建立完善自贸试验区制度创新容错机制，坚持“三个区分开来”，鼓励大胆试、大胆闯；要统筹推进新冠肺炎疫情防控和自贸试验区高质量发展工作，全面落实“外防输入、内防反弹”要求，努力把疫情造成的损失降到最低限度。浙江省和有关部门要依法及时下放相关管理权限，完善配套政策，确保各项改革举措落地实施。要加强自贸试验区既有区域和扩展区域的联动发展、融合发展，既有区域和扩展区域各项政策措施可叠加适用。自贸试验区各片区要把工作做细，制度做实，严格监督，严格执纪执法。本方案提出的各项改革政策措施，凡涉及调整现行法律或行政法规的，按规定程序办理。重大事项及时向党中央、国务院请示报告。

附　录

APPENDIX

自贸试验区片区重点发展产业列表

自贸试验区	片　　区	重点发展产业
上海	海关特殊监管区域（外高桥保税区、外高桥保税物流园区、洋山保税港区、浦东机场综合保税区）	国际贸易、航运物流、高端制造、金融服务、专业服务、文化创意、维修检测、跨境电商、融资租赁、生物医药
	陆家嘴金融片区	金融、总部经济、航运、贸易、高端研发、文化会展、专业服务
	金桥开发片区	未来车、智能造、大视讯、5G 新通信、汽车保税展示与销售、保税维修与再制造、跨境电商、保税研发
	张江高科技片区	集成电路、生物医药、人工智能
	临港新片区	集成电路、人工智能、生物医药、航空航天、新能源汽车、装备制造、绿色再制造、新型国际贸易、跨境金融、航运服务、信息服务、科技创新服务
广东	广州南沙新区片区	航运物流、特色金融、国际商贸、高端制造
	深圳前海蛇口片区	金融、现代物流、信息服务、科技服务
	珠海横琴新区片区	旅游休闲健康、商务金融服务、文化科教、高新技术
天津	天津港片区	航运物流、国际贸易、融资租赁、汽车及零配件流通、跨境电商、保税展示展销
	天津机场片区	航空航天、装备制造、新一代信息技术、研发设计、航空物流、保税维修与再制造、医药健康
	滨海新区中心商务片区	金融创新、人工智能、先进通信
福建	平潭片区	旅游、文化康体、物流贸易、总部经济、影视产业
	厦门片区	国际贸易、总部经济、航运服务、航空维修、融资租赁、金融服务、跨境电商、文化贸易、集成电路研发设计、数据服务
	福州片区	物联网、精密仪器、水产品交易、会展经济、跨境电商、整车进口、金融服务
辽宁	大连片区	港航物流、金融商贸、先进装备制造、高新技术、循环经济、航运服务
	沈阳片区	装备制造、汽车及零部件、航空装备、金融、科技、物流
	营口片区	商贸物流、跨境电商、金融、新一代信息技术、高端装备制造
浙江	舟山离岛片区	绿色石化，油品等大宗商品储存、中转、贸易，保税燃料油供应服务
	舟山岛北部片区	油品等大宗商品贸易、保税燃料油供应、石油石化产业配套装备保税物流、仓储、制造
	舟山岛南部片区	大宗商品交易、航空制造、零部件物流、研发设计及相关配套、水产品贸易、海洋旅游、海水利用、现代商贸、金融服务、航运、信息咨询、高新技术

自贸试验区片区重点发展产业列表(续)

自贸试验区	片　　区	重点发展产业
河南	郑州片区	智能终端、高端装备、汽车制造、生物医药、现代物流、国际商贸、跨境电商、现代金融服务、服务外包、创意设计、商务会展、动漫游戏
	开封片区	服务外包、医疗旅游、创意设计、文化传媒、文化金融、艺术品交易、现代物流
	洛阳片区	装备制造、机器人、新材料、研发设计、电子商务、服务外包、国际文化旅游、文化创意、文化贸易、文化展示
湖北	武汉片区	新一代信息技术、生命健康、智能制造、国际商贸、金融服务、现代物流、检验检测、研发设计、信息服务、专业服务
	襄阳片区	高端装备制造、新能源汽车、大数据、云计算、商贸物流、检验检测
	宜昌片区	先进制造、生物医药、电子信息、新材料等高新产业及研发设计、总部经济、电子商务
重庆	两江片区	高端装备、电子核心部件、云计算、生物医药、总部贸易、服务贸易、电子商务、保税展示交易、仓储分拨、专业服务、融资租赁、研发设计
	西永片区	电子信息、智能装备、保税物流中转分拨
	果园港片区	国际中转、集拼分拨
四川	成都天府新区片区	现代服务业、高端制造业、高新技术、临空经济、口岸服务
	成都青白江铁路港片区	国际商品集散转运、分拨展示、保税物流仓储、国际货代、整车进口、特色金融、信息服务、科技服务、会展服务
	川南临港片区	航运物流、港口贸易、教育医疗、装备制造、现代医药、食品饮料
陕西	中心片区	高端制造、航空物流、贸易金融
	西安国际港务区片区	国际贸易、现代物流、金融服务、旅游会展、电子商务
	杨凌示范区片区	农业科技
海南	海南全岛	围绕旅游业、现代服务业、高新技术产业等三大主导产业，发展种业、医疗、教育、旅游、电信、互联网、文化、金融、航运、海洋经济、先进制造业
山东	济南片区	人工智能、产业金融、医疗康养、文化产业、信息技术
	青岛片区	现代海洋、国际贸易、航运物流、现代金融、先进制造
	烟台片区	高端装备制造、新材料、新一代信息技术、节能环保、生物医药、生产性服务业

自贸试验区片区重点发展产业列表(续)

自贸试验区	片　区	重点发展产业
江苏	南京片区	集成电路、生命健康、人工智能、物联网、现代金融
	苏州片区	生物医药、纳米技术应用、人工智能、新一代信息技术、高端装备制造、现代服务业
	连云港片区	新医药、新材料、新能源、大数据、高端装备制造、航运物流、文化旅游、健康养老
广西	南宁片区	现代金融、智慧物流、数字经济、文化传媒、新兴制造产业
	钦州港片区	港航物流、国际贸易、绿色化工、新能源汽车关键零部件、电子信息、生物医药
	崇左片区	跨境贸易、跨境物流、跨境金融、跨境旅游、跨境劳务合作
河北	雄安片区	新一代信息技术、现代生命科学、生物技术、高端现代服务业
	正定片区	临空产业、生物医药、国际物流、高端装备制造
	曹妃甸片区	国际大宗商品贸易、港航服务、能源储配、高端装备制造
	大兴机场片区	航空物流、航空科技、融资租赁
云南	昆明片区	高端制造、航空物流、数字经济、总部经济
	红河片区	加工及贸易、大健康服务、跨境旅游、跨境电商
	德宏片区	跨境电商、跨境产能合作、跨境金融
黑龙江	哈尔滨片区	新一代信息技术、新材料、高端装备、生物医药、科技、金融、文化旅游、寒地冰雪经济
	黑河片区	跨境能源资源综合加工利用、绿色食品、商贸物流、旅游、健康、沿边金融
	绥芬河片区	木材、粮食、清洁能源等进口加工业、商贸金融、现代物流

截至2020年6月底全国现有海关特殊监管区域分布及名单

序号	省/市/自治区	关区	名 称
1	北京	北京	北京天竺综合保税区
2	天津	天津	天津东疆综合保税区
3			天津滨海新区综合保税区
4			天津港综合保税区
5			天津港保税区
6			天津泰达综合保税区
7	河北	石家庄	曹妃甸综合保税区
8			秦皇岛综合保税区
9			廊坊综合保税区
10			石家庄综合保税区
11	山西	太原	太原武宿综合保税区
12	内蒙古	呼和浩特	呼和浩特综合保税区
13			鄂尔多斯综合保税区
14		满洲里	满洲里综合保税区
15	辽宁	大连	大连大窑湾保税港区
16			大连湾里综合保税区
17			大连保税区
18			营口综合保税区
19		沈阳	沈阳综合保税区
20	吉林	长春	长春兴隆综合保税区
21			珲春综合保税区
22	黑龙江	哈尔滨	绥芬河综合保税区
23			哈尔滨综合保税区
24	上海	上海	洋山特殊综合保税区
25			上海浦东机场综合保税区
26			上海外高桥保税物流园区
27			上海外高桥保税区
28			松江综合保税区
29			金桥综合保税区
30			青浦综合保税区
31			漕河泾综合保税区
32			奉贤综合保税区
33			嘉定综合保税区

截至2020年6月底全国现有海关特殊监管区域分布及名单（续）

序号	省/市/自治区	关区	名　称
34	江苏	南京	张家港保税港区
35			苏州工业园综合保税区
36			昆山综合保税区
37			苏州高新技术产业开发区综合保税区
38			无锡高新区综合保税区
39			盐城综合保税区
40			淮安综合保税区
41			南京综合保税区
42			连云港综合保税区
43			镇江综合保税区
44			常州综合保税区
45			吴中综合保税区
46			吴江综合保税区
47			扬州综合保税区
48			常熟综合保税区
49			武进综合保税区
50			泰州综合保税区
51			南通综合保税区
52			太仓港综合保税区
53			江阴综合保税区
54			徐州综合保税区
55	浙江	宁波	宁波梅山综合保税区
56			宁波保税区
57			宁波北仑港综合保税区
58			宁波前湾综合保税区
59		杭州	舟山港综合保税区
60			杭州综合保税区
61			嘉兴综合保税区
62			金义综合保税区
63			温州综合保税区
64			义乌综合保税区

截至2020年6月底全国现有海关特殊监管区域分布及名单(续)

序号	省/市/自治区	关区	名称
65	安徽	合肥	芜湖综合保税区
66			合肥经济技术开发区综合保税区
67			合肥综合保税区
68			马鞍山综合保税区
69			安庆综合保税区
70	福建	厦门	厦门海沧保税港区
71			泉州综合保税区
72			厦门象屿综合保税区
73			厦门象屿保税区
74		福州	福州保税区
75			福州综合保税区
76			福州江阴港综合保税区
77	江西	南昌	九江综合保税区
78			南昌综合保税区
79			赣州综合保税区
80			井冈山综合保税区
81	山东	济南	潍坊综合保税区
82			济南综合保税区
83			东营综合保税区
84			济南章锦综合保税区
85		青岛	青岛前湾保税港区
86			烟台综合保税区
87			威海综合保税区
88			青岛胶州湾综合保税区
89			青岛西海岸综合保税区
90			临沂综合保税区
91			日照综合保税区
92			青岛即墨综合保税区
93	河南	郑州	郑州新郑综合保税区
94			郑州经开综合保税区
95			南阳卧龙综合保税区
96			洛阳综合保税区

截至2020年6月底全国现有海关特殊监管区域分布及名单（续）

序号	省/市/自治区	关区	名　　称
97	湖北	武汉	武汉东湖综合保税区
98			武汉经开综合保税区
99			武汉新港空港综合保税区
100			宜昌综合保税区
101	湖南	长沙	衡阳综合保税区
102			郴州综合保税区
103			湘潭综合保税区
104			岳阳城陵矶综合保税区
105			长沙黄花综合保税区
106	广东	广州	广州南沙保税港区
107			广州白云机场综合保税区
108		深圳	深圳前海湾保税港区
109			深圳盐田综合保税区
110			福田保税区
111			深圳坪山综合保税区
112		黄埔	广州黄埔综合保税区
113			广州保税区
114			广东广州出口加工区
115			东莞虎门港综合保税区
116		拱北	珠海保税区
117			珠澳跨境工业区珠海园区
118			珠海高栏港综合保税区
119		汕头	汕头综合保税区
120			梅州综合保税区
121	广西	南宁	钦州综合保税区
122			广西凭祥综合保税区
123			北海综合保税区
124			南宁综合保税区
125	海南	海口	海南洋浦保税港区
126			海口综合保税区

截至2020年6月底全国现有海关特殊监管区域分布及名单（续）

序号	省/市/自治区	关区	名　称
127	重庆	重庆	重庆西永综合保税区
128			重庆两路寸滩保税港区
129			重庆江津综合保税区
130			重庆涪陵综合保税区
131	四川	成都	成都高新综合保税区
132			成都高新西园综合保税区
133			绵阳综合保税区
134			成都国际铁路港综合保税区
135			泸州综合保税区
136			宜宾综合保税区
137	贵州	贵阳	贵阳综合保税区
138			贵安综合保税区
139			遵义综合保税区
140	云南	昆明	昆明综合保税区
141			红河综合保税区
142	陕西	西安	西安综合保税区
143			西安关中综合保税区
144			西安高新综合保税区
145			西安航空基地综合保税区
146			宝鸡综合保税区
147			陕西西咸空港综合保税区
148	甘肃	兰州	兰州新区综合保税区
149	宁夏	银川	银川综合保税区
150	新疆	乌鲁木齐	阿拉山口综合保税区
151			乌鲁木齐综合保税区
152			霍尔果斯国际边境合作中心中方配套区
153			喀什综合保税区
154	青海	西宁	西宁综合保税区
155	西藏	拉萨	拉萨综合保税区

截至2020年6月底，全国31个省、市、自治区现有海关特殊监管区域155个，其中，保税港区8个，综合保税区134个，保税物流园区1个，保税区9个，出口加工区1个，珠澳跨境工业区（珠海园区）1个，中哈霍尔果斯国际边境合作中心中方配套区1个。全国海关特殊监管区域总规划面积超450平方公里。

2019年中国特定地区进出口情况表

单位：千美元

特定经济地区	进出口	出口	进口	比上年±%		
				进出口	出口	进口
经济特区	588 662 024	329 127 621	259 534 403	-4.3	-2.0	-7.0
厦门经济特区	93 015 359	51 204 175	41 811 185	2.2	1.2	3.4
深圳经济特区	431 569 263	242 213 826	189 355 436	-4.8	-1.5	-8.7
珠海经济特区	42 207 386	23 989 420	18 217 966	-14.5	-16.3	-12.0
汕头经济特区	8 717 269	6 733 168	1 984 101	3.4	8.7	-11.1
海南经济特区	13 152 748	4 987 032	8 165 716	3.3	11.1	-1.0
经济技术开发区和特殊开放区	295 993 470	149 690 019	146 303 451	-5.4	-4.0	-6.8
高新技术产业开发区	289 946 633	162 997 150	126 949 482	-0.5	-1.2	0.3
综合实验区	57 676 889	35 194 297	22 482 593	2.5	4.1	-0.1
保税区	216 878 160	69 349 860	147 528 299	-1.4	4.5	-3.9
天津港保税区	8 914 359	1 554 971	7 359 388	-22.8	-29.6	-21.1
大连保税区	1 624 512	414 098	1 210 414	-8.1	2.2	-11.1
张家港保税区	4 749 253	1 701 551	3 047 702	-6.4	-5.3	-7.0
上海外高桥保税区	127 858 861	31 010 723	96 848 138	2.7	-1.3	4.0
宁波保税区	10 388 997	2 675 341	7 713 656	5.1	-7.8	10.5
福州保税区	333 632	151 619	182 012	-12.1	-41.1	49.1
厦门象屿保税区	5 986 218	4 079 405	1 906 813	-5.0	40.4	-43.8
广州保税区	2 547 916	626 657	1 921 259	21.2	42.7	15.5
深圳福田保税区	51 391 275	25 916 412	25 474 864	-7.9	12.2	-22.1
珠海保税区	2 714 502	957 235	1 757 268	14.6	11.7	16.2
汕头保税区	368 634	261 847	106 786	87.4	203.2	-3.3
出口加工区	51 620 059	29 215 544	22 404 514	4.5	0.4	10.5
天津出口加工区	142 196	83 065	59 131	-51.0	-34.9	-63.6
河北秦皇岛出口加工区	580 225	472 605	107 620	84.5	67.4	233.7
内蒙古呼和浩特出口加工区	19 935	15 854	4 081	47.4	109.6	-31.5
辽宁大连出口加工区	6 362 693	5 626 685	736 008	13.2	44.4	-57.3
上海嘉定出口加工区	976 544	210 318	766 225	28.4	30.5	27.8
浙江宁波出口加工区	2 356 803	896 086	1 460 717	5.4	25.2	-3.9
浙江慈溪出口加工区	431 445	20 645	410 800	-4.2	-2.8	-4.3
安徽合肥出口加工区	7 141 688	5 037 989	2 103 699	3.9	7.3	-3.3
福建福州出口加工区	245 033	99 682	145 351	71.2	55.1	84.3
江西井冈山出口加工区	79 584	77 197	2 387	934.4	903.3	—
山东青岛出口加工区	1 025 404	563 319	462 084	1.9	-0.2	4.5
河南郑州出口加工区	257 115	43 370	213 745	-16.2	-32.2	-12.0

2019 年中国特定地区进出口情况表（续）

单位：千美元

特定经济地区	进出口	出口	进口	比上年±%		
				进出口	出口	进口
湖北武汉出口加工区	30 823	24 696	6 128	117.3	80.4	1 135.1
广东广州出口加工区	629 076	503 738	125 339	26.5	24.5	35.4
广东深圳出口加工区	11 162 999	5 098 204	6 064 794	96.5	72.2	122.9
四川绵阳出口加工区	104 172	97 326	6 846	4.3	11.4	-45.4
陕西西安出口加工区	20 074 323	10 344 764	9 729 559	-19.9	-31.1	-3.1
珠澳跨境工业园区	314 508	119 263	195 245	94.3	70.6	112.3
保税物流园区	9 826 786	5 393 021	4 433 765	14.3	42.4	-7.9
天津保税物流园区	2 298 823	193 783	2 105 040	6.5	-13.9	8.9
上海外高桥保税物流园区	3 250 493	2 006 210	1 244 283	-2.7	31.0	-31.2
厦门象屿保税物流园区	3 038 635	2 825 909	212 726	85.6	84.2	105.9
广州保税物流园区	1 238 835	367 119	871 715	-15.3	-26.2	-9.6
保税港区	108 681 198	38 837 358	69 843 839	0.0	4.5	-2.4
天津东疆保税港区	13 855 359	1 754 106	12 101 253	-30.5	9.1	-33.9
大连大窑湾保税港区	4 537 533	1 578 670	2 958 862	-28.8	6.2	-39.5
洋山保税港区	12 562 454	4 494 047	8 068 407	-3.1	9.3	-8.9
张家港保税港区	2 214 063	194 158	2 019 905	8.8	21.3	7.7
宁波梅山保税港区	795 801	301 775	494 026	-18.2	39.4	-34.7
福州保税港区	372 981	78 413	294 568	-26.1	-30.8	-24.8
厦门海沧保税港区	3 669 899	2 889 854	780 045	24.0	35.0	-4.7
青岛前湾保税港区	12 408 536	2 102 323	10 306 213	13.7	-1.9	17.6
烟台保税港区	10 368 170	5 818 312	4 549 858	-15.5	-13.7	-17.7
广州南沙保税港区	10 642 548	2 584 149	8 058 400	9.5	-29.3	32.9
深圳前海湾保税港区	18 608 892	4 265 450	14 343 442	41.6	12.0	53.7
广西钦州保税港区	623 696	247 595	376 100	-15.7	7.8	-26.2
海南洋浦保税港区	54 485	572	53 912	-14.2	-16.9	-14.2
重庆两路寸滩保税港区	17 966 782	12 527 933	5 438 848	11.5	16.7	1.0
综合保税区	423 068 440	248 022 494	175 045 946	7.0	1.6	15.6
北京天竺综合保税区	8 765 877	497 427	8 268 450	26.7	-16.7	30.8
天津滨海新区综合保税区	3 801 170	535 933	3 265 237	-15.3	-18.4	-14.8
石家庄综合保税区	1 091 870	693 618	398 252	193.1	312.6	94.8
曹妃甸综合保税区	428 964	211 564	217 400	1 217.4	2 080.2	851.1
廊坊综合保税区	19 246	18 074	1 172	-41.1	-13.1	-90.1
太原武宿综合保税区	8 836	1 348	7 488	50.1	13.3	59.4
满洲里综合保税区	75 597	17 878	57 719	973.4	9 639.9	741.5

2019 年中国特定地区进出口情况表（续）

单位：千美元

特定经济地区	进出口	出口	进口	比上年±%		
				进出口	出口	进口
鄂尔多斯综合保税区	367	351	15	—	—	—
沈阳综合保税区	194 034	60 118	133 916	-0.8	-35.2	30.3
珲春综合保税区	425 407	228 058	197 350	17.1	25.4	8.8
营口综合保税区	127 042	126 432	609	—	—	—
长春兴隆综合保税区	763 444	301 251	462 193	401.1	363.7	428.9
哈尔滨综合保税区	34 515	11 750	22 765	41.1	31.8	46.4
黑龙江绥芬河综合保税区	373 881	8 501	365 381	47.6	-82.7	78.9
上海漕河泾综合保税区	5 927 198	3 586 871	2 340 327	-11.0	-11.8	-9.9
上海奉贤综合保税区	960 025	716 873	243 152	15.0	22.1	-1.9
上海松江综合保税区	25 848 325	19 429 125	6 419 200	-6.3	-4.2	-12.3
上海青浦综合保税区	1 191 821	471 549	720 272	-1.4	11.0	-8.1
上海浦东机场综合保税区	10 413 143	4 753 147	5 659 996	29.8	16.4	43.6
上海金桥综合保税区	1 434 946	233 578	1 201 368	-6.6	-17.1	-4.3
南京综合保税区	5 404 812	3 888 146	1 516 666	-9.0	-6.8	-14.0
无锡高新区综合保税区	23 856 626	12 694 982	11 161 644	-1.1	-7.8	7.8
徐州综合保税区	271 755	177 134	94 621	—	—	—
常州综合保税区	420 448	232 124	188 324	-0.3	1.9	-2.8
苏州工业园综合保税区	22 545 104	15 666 965	6 878 139	-23.9	-35.9	32.4
苏州高新技术产业开发区综合保税区	20 239 276	13 515 703	6 723 573	-6.0	-1.1	-14.5
南通综合保税区	849 989	496 292	353 696	15.9	60.0	-16.4
连云港综合保税区	443 741	174 417	269 324	67.9	3.1	182.8
淮安综合保税区	534 313	313 819	220 494	28.5	29.1	27.6
盐城综合保税区	158 310	51 290	107 020	27.5	69.2	14.0
扬州综合保税区	158 830	117 913	40 917	-73.1	-69.4	-80.1
镇江综合保税区	396 096	112 008	284 088	40.1	1 407.7	3.2
泰州综合保税区	256 401	176 298	80 103	60.9	167.8	-14.3
常熟综合保税区	223 166	53 703	169 463	-7.1	-18.9	-2.6
江阴综合保税区	167 340	69 255	98 084	—	—	—
昆山综合保税区	47 077 134	33 749 054	13 328 080	-8.2	-3.6	-18.0
吴江综合保税区	3 813 734	3 532 278	281 456	-6.2	-2.0	-39.1
吴中综合保税区	219 277	106 911	112 366	-23.6	-12.1	-32.0
太仓港综合保税区	596 307	272 875	323 432	-2.0	26.0	-17.4
武进综合保税区	764 656	337 734	426 922	-13.9	-9.8	-16.9
杭州综合保税区	3 755 923	1 488 866	2 267 057	16.2	15.7	16.5

2019 年中国特定地区进出口情况表（续）

单位：千美元

特定经济地区	进出口	出口	进口	比上年±%		
				进出口	出口	进口
嘉兴综合保税区	451 323	234 722	216 601	64.8	195.5	11.5
杭州金义综合保税区	398 780	4 099	394 681	146.7	-4.0	150.8
舟山港综合保税区	2 822 254	483 714	2 338 540	87.8	376.9	66.9
合肥综合保税区	1 082 214	162 003	920 211	59.5	286.6	44.6
芜湖综合保税区	736 078	463 167	272 911	-25.3	-15.9	-37.1
马鞍山综合保税区	477 582	422 832	54 750	758 170.9	—	86 827.8
泉州综合保税区	1 301 430	603 584	697 846	-12.5	-13.3	-11.8
南昌综合保税区	1 097 088	519 863	577 226	68.1	89.2	52.8
九江综合保税区	87 405	69 793	17 612	-23.2	-11.0	-50.2
赣州综合保税区	100 330	37 922	62 408	40.8	133.5	13.4
济南综合保税区	568 834	135 838	432 997	290.9	87.0	494.1
东营综合保税区	493 909	337 124	156 784	63.7	54.8	86.8
潍坊综合保税区	1 231 272	881 081	350 191	34.7	40.8	21.5
青岛西海岸综合保税区	751 345	153 606	597 739	-13.3	-32.6	-6.4
日照综合保税区	355 505	84 896	270 609	340.4	219.3	399.9
威海综合保税区	1 095 738	493 486	602 252	2.4	1.8	3.0
青岛即墨综合保税区	—	—	—	—	—	—
临沂综合保税区	1 056 677	232 994	823 683	93.1	9.7	145.9
新郑综合保税区	49 829 870	31 669 332	18 160 538	-2.4	-0.6	-5.4
南阳卧龙综合保税区	121 411	110 124	11 287	294.0	423.4	15.5
武汉东湖综合保税区	1 530 033	959 161	570 872	-45.4	-59.9	40.5
武汉新港空港综合保税区	978 373	134 066	844 307	156.0	774.3	130.2
湘潭综合保税区	361 950	352 682	9 268	133.9	216.2	-78.5
长沙黄花综合保税区	5 373 152	3 063 083	2 310 069	144.3	106.3	223.1
衡阳综合保税区	1 058 493	374 247	684 246	87.6	483.7	36.8
岳阳城陵矶综合保税区	2 541 834	2 041 861	499 973	114.7	109.7	137.5
湖南郴州综合保税区	1 136 913	807 982	328 931	15.3	48.8	-25.7
广州白云机场综合保税区	2 516 766	878 451	1 638 314	34.9	-5.9	75.7
珠海高栏港综合保税区	—	—	—	—	—	—
东莞虎门港综合保税区	4 878 281	2 119 733	2 758 548	38.5	118.8	8.1
深圳盐田综合保税区	11 251 082	7 763 126	3 487 956	-5.8	-2.7	-12.0
南宁综合保税区	3 548 389	1 748 374	1 800 015	72.7	71.2	74.1
北海综合保税区	1 780 041	945 298	834 743	51.4	56.4	46.2
广西凭祥综合保税区	9 773 437	4 467 182	5 306 255	121.7	21.1	636.7

2019年中国特定地区进出口情况表（续）

单位：千美元

特定经济地区	进出口	出口	进口	比上年±%		
				进出口	出口	进口
海口综合保税区	1 149 232	19 154	1 130 078	1 536.1	33.6	1 921.4
重庆涪陵综合保税区	3	—	3	—	—	—
重庆西永综合保税区	37 345 513	24 230 444	13 115 069	19.4	6.3	54.9
重庆江津综合保税区	1 108 924	712 341	396 583	837 734.7	538 100.9	—
成都高新综合保税区	62 764 445	34 611 053	28 153 392	17.9	16.4	19.8
泸州综合保税区	—	—	—	—	—	—
宜宾综合保税区	—	—	—	—	—	—
贵阳综合保税区	252 902	114 009	138 893	-13.7	-24.5	-2.1
遵义综合保税区	134 316	46 669	87 648	1 400.2	233 242.7	881.1
贵安综合保税区	434 956	223 715	211 241	-30.5	-25.9	-34.9
昆明综合保税区	53 037	28 698	24 340	416.8	348.7	529.4
红河综合保税区	1 823 031	868 992	954 039	10.9	3.3	18.8
西安综合保税区	372 514	124 474	248 040	-19.5	105.5	-38.4
西安高新综合保税区	9 963 573	3 814 045	6 149 527	17.6	29.6	11.2
宝鸡综合保税区	—	—	—	—	—	—
西安航空基地综合保税区	4 348	0	4 348	—	—	—
兰州新区综合保税区	310 891	191 785	119 106	127.6	129.3	124.9
西宁综合保税区	—	—	—	—	—	—
银川综合保税区	1 348 417	830 390	518 026	23.0	-8.6	175.8
乌鲁木齐综合保税区	253 655	195 981	57 674	11.5	142.3	-60.6
阿拉山口综合保税区	865 916	91 891	774 025	194.1	-32.6	389.6
喀什综合保税区	56 033	32 215	23 818	142.1	1 093.4	16.5
保税物流中心（B型）	18 525 465	7 356 539	11 168 926	49.7	102.8	27.7
北京亦庄保税物流中心（B型）	191 796	3 524	188 272	-48.6	-29.8	-48.8
天津经济技术开发区保税物流中心（B型）	1 891 854	13 826	1 878 028	198.5	893.8	196.9
天津蓟州保税物流中心（B型）	251	97	154	—	—	—
辛集保税物流中心（B型）	151 752	115 344	36 408	—	—	—
唐山港京唐港区保税物流中心（B型）	13 047	7 875	5 172	1 029.3	582.0	882 503.6
河北武安保税物流中心（B型）	195	—	195	-89.8	—	-89.7
山西兰花保税物流中心（B型）	10 838	35	10 803	291.6	—	290.3
山西方略保税物流中心（B型）	—	—	—	—	—	—
包头保税物流中心（B型）	—	—	—	—	—	—
赤峰保税物流中心（B型）	545	58	488	137.1	-73.5	3 653.2
七苏木保税物流中心（B型）	—	—	—	—	—	—
巴彦淖尔市保税物流中心（B型）	—	—	—	—	—	—

2019 年中国特定地区进出口情况表（续）

单位：千美元

特定经济地区	进出口	出口	进口	比上年±%		
				进出口	出口	进口
营口港保税物流中心（B 型）	80 228	12 588	67 640	2 065. 1	314. 8	9 981. 5
盘锦港保税物流中心（B 型）	96 528	79 729	16 799	1 012. 0	909. 3	2 050. 9
铁岭保税物流中心（B 型）	1 325	446	878	22 143. 2	7 394. 9	—
吉林市保税物流中心（B 型）	3 305	1 731	1 574	1 365. 7	725. 9	9 820. 1
牡丹江保税物流中心（B 型）	432	—	432	—	—	—
黑河保税物流中心（B 型）	—	—	—	—	—	—
上海西北物流园区保税物流中心（B 型）	411 121	45 631	365 490	96. 2	115. 6	94. 0
上海虹桥商务区保税物流中心（B 型）	86 314	41 607	44 707	—	—	—
徐州保税物流中心（B 型）	1 051	823	228	—	—	251. 5
如皋港保税物流中心（B 型）	119 389	57 773	61 616	4 451. 4	4 408. 3	4 492. 6
连云港保税物流中心（B 型）	564 955	21 719	543 236	10. 9	-9. 7	11. 9
大丰港保税物流中心（B 型）	170 483	994	169 489	98. 2	3 528. 4	97. 2
江苏海安保税物流中心（B 型）	102 365	5 737	96 628	1 633. 6	4 415. 6	1 572. 4
江苏新沂保税物流中心（B 型）	0	0	0	—	—	—
宁波栎社保税物流中心（B 型）	159 029	15 946	143 083	-27. 6	20. 9	-30. 7
温州保税物流中心（B 型）	30 038	58	29 980	-0. 6	-67. 2	-0. 2
湖州保税物流中心（B 型）	—	—	—	—	—	—
杭州保税物流中心（B 型）	28 410	10 743	17 667	-62. 5	84. 7	-74. 7
义乌保税物流中心（B 型）	639 529	185 554	453 975	295. 1	5 668. 7	186. 1
宁波镇海保税物流中心（B 型）	—	—	—	—	—	—
合肥空港保税物流中心（B 型）	77 155	882	76 273	2 136. 7	7 346. 9	2 118. 8
蚌埠（皖北）保税物流中心（B 型）	1 425	—	1 425	-27. 7	—	-27. 7
安庆（皖西南）保税物流中心（B 型）	16 398	—	16 398	—	—	—
安徽皖东南保税物流中心（B 型）	1 086	1 086	—	—	—	—
翔福保税物流中心（B 型）	7 468	2 774	4 695	—	—	—
厦门火炬（翔安）保税物流中心（B 型）	210 944	17 072	193 872	4. 5	96. 8	0. 3
漳州台商投资区保税物流中心（B 型）	—	—	—	—	—	—
南昌保税物流中心（B 型）	—	—	—	—	—	—
龙南保税物流中心（B 型）	1 515	—	1 515	—	—	—
青岛西海岸新区保税物流中心（B 型）	27 499	—	27 499	107. 2	—	202. 6
淄博保税物流中心（B 型）	17 209	1 424	15 785	299. 6	578. 5	285. 3
烟台福山回里保税物流中心（B 型）	—	—	—	—	—	—
鲁中运达保税物流中心（B 型）	1 641	61	1 581	-83. 1	-94. 2	-81. 8
青岛保税港区诸城功能区保税物流中心	—	—	—	—	—	—
河南保税物流中心（B 型）	822 242	286 329	535 912	-27. 3	396. 9	-50. 0

2019 年中国特定地区进出口情况表（续）

单位：千美元

特定经济地区	进出口	出口	进口	比上年±%		
				进出口	出口	进口
河南德众保税物流中心（B 型）	5 602	—	5 602	1 256.3	—	1 256.3
河南商丘保税物流中心（B 型）	132 104	42 765	89 339	172.6	183.2	167.8
黄石棋盘洲保税物流中心（B 型）	25	10	15	67.3	—	2.4
襄阳保税物流中心（B 型）	9 491	8 909	582	942.4	892.6	4 381.0
宜昌三峡保税物流中心（B 型）	82 490	37 751	44 739	382.3	9 814.5	167.6
荆门保税物流中心（B 型）	221	221	—	—	—	—
仙桃保税物流中心（B 型）	24 184	518	23 666	—	—	—
长沙金霞保税物流中心（B 型）	1 510 346	1 416 679	93 667	117.7	131.9	13.0
株洲铜塘湾保税物流中心（B 型）	135 229	135 160	69	21 536.1	21 525.0	—
深圳机场保税物流中心（B 型）	730 895	299 510	431 385	-56.8	-51.2	-60.0
汕头保税物流中心（B 型）	37 823	3 377	34 446	233 360.5	—	212 513.7
湛江保税物流中心（B 型）	87 661	36 320	51 341	51.8	88.7	33.4
东莞清溪保税物流中心（B 型）	1 017 540	375 256	642 284	688.2	488.6	882.8
东莞保税物流中心（B 型）	4 878 281	2 119 733	2 758 548	38.5	118.8	8.1
中山保税物流中心（B 型）	519 811	116 581	403 230	10.4	-2.4	14.7
佛山国通保税物流中心（B 型）	53 315	10 588	42 727	0.9	-10.1	4.1
防城港保税物流中心（B 型）	—	—	—	—	—	—
重庆果园保税物流中心（B 型）	339	—	339	—	—	—
重庆铁路保税物流中心（B 型）	501 792	390 546	111 246	-4.8	-3.4	-9.6
重庆南彭公路保税物流中心（B 型）	99 538	67 391	32 147	450.1	475.6	403.4
成都空港保税物流中心（B 型）	596 235	240 080	356 155	71.0	54.8	84.0
天府新区成都片区保税物流中心（B 型）	697	0	697	—	—	—
成都铁路保税物流中心（B 型）	1 418 315	1 012 065	406 250	172.1	185.3	143.9
泸州港保税物流中心（B 型）	277 265	45 498	231 768	49.8	10.2	61.1
宜宾港保税物流中心（B 型）	119 374	31 035	88 338	180.0	280.3	156.3
昆明高新保税物流中心（B 型）	—	—	—	—	—	—
腾俊国际陆港保税物流中心（B 型）	7 159	6 993	166	-87.9	-88.2	-1.4
陕西西咸保税物流中心（B 型）	262 211	27 975	234 237	28.8	204.3	20.5
武威保税物流中心（B 型）	2 108	—	2 108	8 934.8	—	8 934.8
青海曹家堡保税物流中心（B 型）	69 530	—	69 530	-13.9	—	-13.9
石嘴山保税物流中心（B 型）	5 403	112	5 291	1 010.3	191.0	1 080.6
奎屯保税物流中心（B 型）	1 117	—	1 117	-89.8	—	-89.8
国际边境合作中心	118 523	111 879	6 645	-83.7	-84.5	8.8
其中：中哈霍尔果斯国际边境合作中心（中方配套区）	55 791	26 067	29 724	-76.3	-88.1	83.1

注： 1. 本表只列出全国经济技术开发区和特殊开放区、高新技术产业开发区以及综合实验区的进出口合计数据。

2. 综合实验区包括平潭综合实验区、横琴新区和郑州航空港经济综合实验区。

中国货物进出口总额（人民币值年度表）（1981—2019 年）

单位：亿元人民币

年度	进出口	出口	进口	贸易差额	比上年±%		
					进出口	出口	进口
1981	735	368	368	0	—	—	—
1982	771	414	358	56	4.9	12.5	-2.7
1983	860	438	422	17	11.5	5.8	17.9
1984	1 201	581	620	-40	39.7	32.6	46.9
1985	2 067	809	1 258	-449	72.1	39.2	102.9
1986	2 580	1 082	1 498	-416	24.8	33.7	19.1
1987	3 084	1 470	1 614	-144	19.5	35.9	7.7
1988	3 822	1 767	2 055	-288	23.9	20.2	27.3
1989	4 156	1 956	2 200	-244	8.7	10.7	7.1
1990	5 560	2 986	2 574	412	33.8	52.7	17.0
1991	7 226	3 827	3 399	428	30.0	28.2	32.1
1992	9 120	4 676	4 443	233	26.2	22.2	30.7
1993	11 271	5 285	5 986	-701	23.6	13.0	34.7
1994	20 382	10 422	9 960	462	80.8	97.2	66.4
1995	23 500	12 452	11 048	1 404	15.3	19.5	10.9
1996	24 134	12 576	11 557	1 019	2.7	1.0	4.6
1997	26 967	15 161	11 807	3 354	11.7	20.6	2.2
1998	26 850	15 224	11 626	3 597	-0.4	0.4	-1.5
1999	29 896	16 160	13 736	2 423	11.3	6.1	18.1
2000	39 273	20 634	18 639	1 996	31.4	27.7	35.7
2001	42 184	22 024	20 159	1 865	7.4	6.7	8.2
2002	51 378	26 948	24 430	2 518	21.8	22.4	21.2
2003	70 483	36 288	34 196	2 092	37.2	34.7	40.0
2004	95 539	49 103	46 436	2 668	35.5	35.3	35.8
2005	116 922	62 648	54 274	8 374	22.4	27.6	16.9
2006	140 975	77 598	63 377	14 221	20.6	23.9	16.8
2007	166 924	93 627	73 297	20 330	18.4	20.7	15.7
2008	179 921	100 395	79 527	20 868	7.8	7.2	8.5
2009	150 648	82 030	68 618	13 411	-16.3	-18.3	-13.7
2010	201 722	107 023	94 700	12 323	33.9	30.5	38.0
2011	236 402	123 241	113 161	10 079	17.2	15.2	19.5
2012	244 160	129 359	114 801	14 558	3.3	5.0	1.4
2013	258 169	137 131	121 037	16 094	5.7	6.0	5.4
2014	264 242	143 884	120 358	23 526	2.3	4.9	-0.6
2015	245 503	141 167	104 336	36 831	-7.0	-1.9	-13.2
2016	243 386	138 419	104 967	33 452	-0.9	-1.9	0.6
2017	278 099	153 309	124 790	28 520	14.3	10.8	18.9
2018	305 010	164 129	140 881	23 247	9.7	7.1	12.9
2019	315 627	172 374	143 254	29 120	3.5	5.0	1.7

中国货物进出口总额（美元值年度表）（1981—2019 年）

单位：100 万美元

年度	进出口	出口	进口	贸易差额	比上年±%		
					进出口	出口	进口
1981	44 022	22 007	22 015	-8	—	—	—
1982	41 606	22 321	19 285	3 036	-5.5	1.4	-12.4
1983	43 616	22 226	21 390	836	4.8	-0.4	10.9
1984	53 549	26 139	27 410	-1 271	22.8	17.6	28.1
1985	69 602	27 350	42 252	-14 902	30.0	4.6	54.1
1986	73 846	30 942	42 904	-11 962	6.1	13.1	1.5
1987	82 653	39 437	43 216	-3 779	11.9	27.5	0.7
1988	102 784	47 516	55 268	-7 752	24.4	20.5	27.9
1989	111 678	52 538	59 140	-6 602	8.7	10.6	7.0
1990	115 436	62 091	53 345	8 746	3.4	18.2	-9.8
1991	135 634	71 843	63 791	8 052	17.5	15.7	19.6
1992	165 525	84 940	80 585	4 355	22.0	18.2	26.3
1993	195 703	91 744	103 959	-12 215	18.2	8.0	29.0
1994	236 621	121 006	115 615	5 391	20.9	31.9	11.2
1995	280 864	148 780	132 084	16 696	18.7	23.0	14.2
1996	289 881	151 048	138 833	12 215	3.2	1.5	5.1
1997	325 162	182 792	142 370	40 422	12.2	21.0	2.5
1998	323 949	183 712	140 237	43 475	-0.4	0.5	-1.5
1999	360 630	194 931	165 699	29 232	11.3	6.1	18.2
2000	474 297	249 203	225 094	24 109	31.5	27.8	35.8
2001	509 651	266 098	243 553	22 545	7.5	6.8	8.2
2002	620 766	325 596	295 170	30 426	21.8	22.4	21.2
2003	850 988	438 228	412 760	25 468	37.1	34.6	39.8
2004	1 154 554	593 326	561 229	32 097	35.7	35.4	36.0
2005	1 421 906	761 953	659 953	102 001	23.2	28.4	17.6
2006	1 760 438	968 978	791 461	177 517	23.8	27.2	19.9
2007	2 176 175	1 220 060	956 115	263 944	23.6	25.9	20.8
2008	2 563 255	1 430 693	1 132 562	298 131	17.8	17.3	18.5
2009	2 207 535	1 201 612	1 005 923	195 689	-13.9	-16.0	-11.2
2010	2 974 001	1 577 754	1 396 247	181 507	34.7	31.3	38.8
2011	3 641 864	1 898 381	1 743 484	154 897	22.5	20.3	24.9
2012	3 867 119	2 048 714	1 818 405	230 309	6.2	7.9	4.3
2013	4 158 993	2 209 004	1 949 989	259 015	7.5	7.8	7.2
2014	4 301 527	2 342 293	1 959 235	383 058	3.4	6.0	0.4
2015	3 953 033	2 273 468	1 679 564	593 904	-8.0	-2.9	-14.1
2016	3 685 557	2 097 631	1 587 926	509 705	-6.8	-7.7	-5.5
2017	4 107 138	2 263 345	1 843 793	419 552	11.4	7.9	16.1
2018	4 622 444	2 486 696	2 135 748	350 947	12.5	9.9	15.8
2019	4 577 891	2 499 482	2 078 409	421 073	-1.0	0.5	-2.7

中国服务进出口总额及占世界比重（1982—2019年）

金额单位：亿美元

年份	中国进出口额		中国出口额		中国进口额		差额
	金额	占世界比重（%）	金额	占世界比重（%）	金额	占世界比重（%）	金额
1982	47	0.6	27	0.7	20	0.4	6
1983	48	0.6	28	0.7	20	0.5	8
1984	59	0.7	31	0.8	29	0.6	2
1985	56	0.7	31	0.8	25	0.6	6
1986	61	0.6	39	0.8	23	0.5	16
1987	66	0.6	41	0.7	25	0.4	16
1988	87	0.7	51	0.8	36	0.5	15
1989	101	0.7	62	0.9	39	0.5	23
1990	124	0.7	81	1.0	44	0.5	37
1991	137	0.8	95	1.1	41	0.4	54
1992	220	1.1	126	1.3	94	0.9	31
1993	266	1.3	146	1.5	120	1.2	25
1994	365	1.7	202	1.9	163	1.5	39
1995	496	2.0	244	2.0	252	2.0	-8
1996	506	1.9	280	2.1	226	1.7	54
1997	622	2.3	342	2.5	280	2.1	63
1998	519	1.9	251	1.8	268	2.0	-18
1999	610	2.1	294	2.0	317	2.2	-23
2000	712	2.3	350	2.3	362	2.4	-11
2001	784	2.6	392	2.6	393	2.6	-1
2002	928	2.8	462	2.8	465	2.9	-3
2003	1 066	2.8	513	2.7	553	3.0	-40
2004	1 452	3.2	725	3.1	727	3.3	-2
2005	1 683	3.2	843	3.2	840	3.2	3
2006	2 038	3.4	1 030	3.4	1 008	3.5	21
2007	2 654	3.8	1 353	3.8	1 301	3.8	52
2008	3 223	4.1	1 633	4.1	1 589	4.1	44
2009	3 025	4.3	1 436	4.0	1 589	4.6	-153
2010	3 717	4.8	1 783	4.6	1 934	5.1	-151
2011	4 489	5.2	2 010	4.6	2 478	5.8	-468
2012	4 829	5.4	2016	4.4	2 813	6.3	-797
2013	5 376	5.6	2 070	4.3	3 306	7.0	-1 236
2014	6 520	6.3	2 191	4.3	4 329	8.5	-2 137
2015	6 542	6.7	2 186	4.5	4 355	9.2	-2 169
2016	6 616	6.7	2 095	4.3	4 521	9.4	-2 426
2017	6 957	6.6	2 281	4.3	4 676	9.2	-2 395
2018	7 965	6.9	2 715	4.6	5 250	9.4	-2 536
2019	7 850	6.6	2 836	4.6	5 014	8.6	-2 178

注：1. 数据来源：根据国家外汇管理局基础数据整理。

2. 2015年及以后数据遵循《国际收支手册》第六版（BPM6）统计标准，2014年及以前数据遵循BPM5标准。

中国历年吸收外商直接投资情况表

金额单位：亿美元

年 度	新设外商投资企业数（个）	实际使用外资金额
总 计	**1 001 635**	**22 904.7**
1979—1982	920	17.7
1983	638	9.2
1984	2 166	14.2
1985	3 073	19.6
1986	1 498	22.4
1987	2 233	23.1
1988	5 945	31.9
1989	5 779	33.9
1990	7 273	34.9
1991	12 978	43.7
1992	48 764	110.1
1993	83 437	275.2
1994	47 549	337.7
1995	37 011	375.2
1996	24 556	417.3
1997	21 001	452.6
1998	19 799	454.6
1999	16 918	403.2
2000	22 347	407.2
2001	26 140	468.8
2002	34 171	527.4
2003	41 081	535.1
2004	43 664	606.3
2005	44 019	724.1
2006	41 496	727.2
2007	37 892	835.2
2008	27 537	1 083.1
2009	23 442	940.7
2010	27 420	1 147.3
2011	27 717	1 239.9
2012	24 934	1 210.7
2013	22 819	1 239.1
2014	23 794	1 285.0
2015	26 584	1 355.8
2016	27 908	1 337.1
2017	35 662	1 363.2
2018	60 560	1 383.1
2019	40 910	1 412.3

2019年世界主要国家（地区）货物贸易额

金额单位：10亿美元

出口					进口				
排名	国别（地区）	金额	比重（%）	年增长率（%）	排名	国别（地区）	金额	比重（%）	年增长率（%）
1	中国	2 499	13.2	0.0	1	美国	2 568	13.4	-2.0
2	美国	1 646	8.7	-1.0	2	中国	2 077	10.8	-3.0
3	德国	1 489	7.9	-5.0	3	德国	1 234	6.6	-4.0
4	荷兰	709	3.8	-2.0	4	日本	721	3.7	-4.0
5	日本	706	3.7	-4.0	5	英国	692	3.6	3.0
6	法国	570	3.0	-2.0	6	法国	651	3.4	-3.0
7	韩国	542	2.9	-10.0	7	荷兰	636	3.3	-1.0
8	中国香港	535	2.8	-6.0	8	中国香港①	578	3.0	-8.0
9	意大利	533	2.8	-3.0	9	韩国	503	2.6	-6.0
10	英国	469	2.5	-4.0	10	印度	484	2.5	-6.0
11	墨西哥	461	2.4	2.0	11	意大利	474	2.5	-6.0
12	加拿大	447	2.4	-1.0	12	墨西哥	467	2.4	-2.0
13	比利时	445	2.4	-5.0	13	加拿大	464	2.4	-1.0
14	俄罗斯	419	2.2	-5.0	14	比利时	426	2.2	-6.0
15	新加坡	391	2.1	-5.0	15	西班牙	372	1.9	-5.0
16	西班牙	334	1.8	-4.0	16	新加坡①	359	1.9	-3.0
17	中国台湾	331	1.8	-2.0	17	中国台湾	287	1.5	0.0
18	印度	324	1.7	0.0	18	瑞士	277	1.4	-1.0
19	瑞士	314	1.7	1.0	19	波兰	262	1.4	-3.0
20	阿联酋①	280	1.5	-12.0	20	阿联酋①	262	1.4	0.0
21	澳大利亚	272	1.4	6.0	21	俄罗斯②	254	1.3	2.0
22	沙特阿拉伯①	269	1.4	-9.0	22	越南	254	1.3	7.0
23	越南	264	1.4	8.0	23	泰国	237	1.2	-5.0
24	波兰	264	1.4	0.0	24	澳大利亚①	222	1.2	-6.0
25	泰国	246	1.3	-3.0	25	土耳其	210	1.1	-9.0
26	马来西亚	238	1.3	-4.0	26	马来西亚	205	1.1	-6.0
27	巴西	223	1.2	-7.0	27	奥地利	185	1.0	-5.0
28	捷克共和国	199	1.1	-2.0	28	巴西①	184	1.0	-2.0
29	土耳其	181	1.0	2.0	29	捷克共和国	178	0.9	-3.0
30	奥地利	179	0.9	-3.0	30	印度尼西亚	171	0.9	-10.0
	以上合计③	**15 775**	**83.5**	**—**		**以上合计③**	**16 047**	**82.7**	**—**
	世界③	**18 886**	**100.0**	**-3.0**		**世界③**	**19 226**	**100.0**	**-3.0**

注：①世贸组织估计数字。

②离岸价格。

③包括转口或进口后再转口。

资料来源：世界贸易组织《新闻简报》2020年4月8日。

2019 年世界主要国家（地区）服务贸易额

金额单位：10 亿美元

出口					进口				
排名	国别（地区）	金额	比重（%）	增长率（%）	排名	国别（地区）	金额	比重（%）	增长率（%）
1	美国	824	13.7	2.0	1	美国	571	9.9	5.0
2	英国	412	6.8	2.0	2	中国	497	8.6	-5.0
3	德国	331	5.5	-2.0	3	德国	360	6.3	-1.0
4	中国	282	4.7	4.0	4	爱尔兰	320	5.6	46.0
5	法国	280	4.6	-5.0	5	英国	278	4.8	8.0
6	荷兰	262	4.3	6.0	6	法国	256	4.5	-4.0
7	爱尔兰	238	3.9	12.0	7	荷兰	246	4.3	1.0
8	印度	214	3.5	5.0	8	日本	202	3.5	2.0
9	新加坡	205	3.4	1.0	9	新加坡	199	3.5	-1.0
10	日本	201	3.3	6.0	10	印度	178	3.1	2.0
11	西班牙	157	2.6	1.0	11	韩国	129	2.2	-2.0
12	瑞士	122	2.0	-3.0	12	意大利	122	2.1	-1.0
13	意大利	121	2.1	-1.0	13	比利时	120	2.1	-3.0
14	比利时	119	2.0	-2.0	14	加拿大	114	2.0	0.0
15	卢森堡	112	1.9	-2.0	15	瑞士	104	1.8	-2.0
16	韩国	107	1.8	4.0	16	俄罗斯	98	1.7	6.0
17	中国香港	101	1.7	-10.0	17	卢森堡	86	1.5	-1.0
18	加拿大	99	1.6	1.0	18	西班牙	86	1.5	5.0
19	泰国	81	1.4	6.0	19	中国香港	79	1.4	-3.0
20	瑞典	76	1.3	2.0	20	瑞典	73	1.3	1.0
21	丹麦	74	1.2	-5.0	21	阿联酋	73	1.3	2.0
22	奥地利	73	1.2	-1.0	22	丹麦	71	1.2	0.0
23	阿联酋	72	1.2	2.0	23	澳大利亚	71	1.2	-2.0
24	波兰	72	1.2	4.0	24	巴西	67	1.2	-3.0
25	澳大利亚	70	1.2	1.0	25	奥地利	63	1.1	1.0
26	土耳其	64	1.1	10.0	26	泰国	58	1.0	6.0
27	俄罗斯	64	1.1	0.0	27	中国台湾	56	1.0	0.0
28	以色列	55	0.9	11.0	28	沙特阿拉伯	55	1.0	-1.0
29	中国台湾	51	0.9	3.0	29	挪威	53	0.9	0.0
30	挪威	45	0.7	2.0	30	波兰	45	0.8	3.0
	以上合计	**4 983**	**82.7**	**—**		**以上合计**	**4 729**	**82.3**	**—**
	世界	**6 025**	**100.0**	**2.0**		**世界**	**5 745**	**100.0**	**2.0**

资料来源：世界贸易组织《新闻简报》2020 年 4 月 8 日。

国际直接投资流量

年 份	发达经济体		发展中经济体		所有国家	
	流 入	流 出	流 入	流 出	流 入	流 出
金额（单位：百万美元）						
2000—2010（平均）	703 782	929 388	362 698	163 757	1 111 130	1 118 640
2011	816 837	1 128 735	665 068	380 105	1 561 354	1 564 490
2012	741 765	887 844	663 602	356 453	1 470 334	1 277 487
2013	694 848	892 147	652 551	408 699	1 431 164	1 376 642
2014	623 078	779 536	677 400	446 898	1 357 239	1 298 772
2015	1 268 594	1 243 500	728 814	407 000	2 033 802	1 682 584
2016	1 197 735	1 105 083	656 290	419 874	1 918 679	1 550 130
2017	759 256	925 332	690 576	461 652	1 497 371	1 425 439
2018	556 892	558 444	706 043	417 554	1 297 153	1 014 172
占世界比重（%）						
2000—2010（平均）	63. 34	83. 08	32. 64	17. 62	100	100
2011	52. 32	72. 15	42. 60	24. 30	100	100
2012	50. 45	69. 50	45. 13	27. 90	100	100
2013	48. 55	64. 81	45. 60	29. 69	100	100
2014	45. 91	60. 02	49. 91	34. 41	100	100
2015	62. 38	73. 90	35. 84	24. 19	100	100
2016	62. 42	71. 29	34. 21	27. 09	100	100
2017	50. 71	64. 92	46. 12	32. 39	100	100
2018	42. 93	55. 06	54. 43	41. 17	100	100
增长率（%）						
2011	20. 30	16. 87	6. 87	6. 51	14. 38	13. 93
2012	-9. 19	-21. 34	-0. 22	-6. 22	-5. 83	-18. 34
2013	-6. 33	0. 48	-1. 67	14. 66	-2. 66	7. 76
2014	-10. 33	-12. 62	3. 81	9. 35	-5. 17	-5. 66
2015	103. 60	59. 52	7. 59	-8. 93	49. 85	29. 55
2016	-5. 59	-11. 13	-9. 95	3. 16	-5. 66	-7. 87
2017	-36. 61	-16. 27	5. 22	9. 95	-21. 96	-8. 04
2018	-26. 65	-39. 65	2. 24	-9. 55	-13. 37	-28. 85

资料来源：联合国贸发会议《世界投资报告》2004—2019 年。

世界主要国家（地区）国内生产总值

（估计数字）

金额单位：100 万美元

国别（地区） \ 年份	2014	2015	2016	2017	2018
世 界	**79 236 426**	**74 882 648**	**76 018 973**	**80 789 198**	**85 693 322**
非洲	**2 547 107**	**2 306 279**	**2 152 313**	**2 234 233**	**2 365 243**
尼日利亚	568 499	494 583	404 649	375 770	421 821
南非	350 638	317 416	296 341	349 007	368 094
埃及	300 949	317 745	270 255	195 135	249 751
阿尔及利亚	213 810	165 979	160 034	167 390	173 757
摩洛哥	110 081	101 179	103 312	109 714	117 921
安哥拉	145 712	116 194	101 124	122 124	105 902
肯尼亚	61 448	64 008	69 189	78 757	87 906
埃塞俄比亚	54 163	63 079	72 158	76 785	80 292
加纳	53 602	49 182	55 010	58 995	65 535
坦桑尼亚	49 941	47 379	49 774	53 276	57 145
苏丹	78 091	83 934	89 671	124 022	50 515
刚果（金）	35 909	37 918	40 338	37 642	47 146
科特迪瓦	35 316	33 119	35 321	38 148	43 028
突尼斯	47 633	43 173	41 802	39 813	39 895
喀麦隆	34 943	30 905	32 644	35 009	38 694
利比亚	33 818	17 666	15 320	25 120	34 377
乌干达	27 829	25 098	25 423	27 208	30 098
赞比亚	26 693	20 859	21 453	25 868	27 283
津巴布韦	19 469	19 963	20 549	22 041	24 312
塞内加尔	19 771	17 761	19 040	20 940	23 809
博茨瓦纳	16 251	14 421	15 646	17 406	18 615
马里	14 388	13 095	14 043	15 367	17 172
加蓬	18 180	14 372	14 024	14 929	16 994
布基纳法索	13 925	11 823	12 823	14 170	16 200
莫桑比克	17 716	15 951	11 937	13 219	14 717
纳米比亚	12 786	11 651	11 286	13 566	14 519
毛里求斯	12 803	11 692	12 232	13 259	14 220
刚果（布）	18 907	11 092	10 012	10 979	14 173
马达加斯加	12 523	11 323	11 849	13 176	13 851
尼日尔	10 967	9 659	10 288	11 170	12 821
几内亚	8 778	8 794	8 604	9 915	11 640
贝宁	9 575	8 454	8 579	9 269	10 412
卢旺达	8 016	8 278	8 475	9 136	9 510
南苏丹	15 807	13 216	6 785	7 621	8 207
马拉维	5 965	6 431	5 310	6 348	7 196

世界主要国家（地区）国内生产总值（续）

（估计数字）　　金额单位：100 万美元

国别（地区）＼年份	2014	2015	2016	2017	2018
多哥	4 569	4 178	4 487	4 632	5 165
斯威士兰	4 422	4 073	3 841	4 446	4 711
索马里	1 651	1 455	1 439	1 497	1 494
美洲	**25 673 485**	**25 283 842**	**25 522 276**	**26 950 282**	**27 867 704**
美国	17 527 258	18 224 780	18 715 040	19 519 424	20 580 223
巴西	2 456 044	1 802 212	1 795 085	2 053 602	1 868 613
加拿大	1 803 529	1 556 127	1 530 273	1 650 187	1 712 562
墨西哥	1 314 569	1 170 567	1 077 830	1 158 229	1 223 401
阿根廷	567 050	644 903	557 532	642 696	518 475
哥伦比亚	381 112	293 482	282 825	311 790	330 228
智利	260 542	243 919	250 340	277 746	298 231
委内瑞拉	363 480	344 417	288 685	248 029	208 338
秘鲁	200 981	189 757	191 910	210 716	222 237
厄瓜多尔	101 726	99 290	99 938	104 296	108 398
波多黎各	102 446	103 376	104 337	104 250	101 131
古巴	80 656	87 206	91 370	96 851	100 023
多米尼加共和国	66 065	68 802	72 343	76 011	81 299
危地马拉	58 722	63 767	68 663	75 620	78 461
巴拿马	49 921	54 092	57 958	62 284	65 055
哥斯达黎加	50 578	54 776	57 158	58 175	60 126
乌拉圭	57 236	53 274	52 688	59 530	59 597
巴拉圭	40 277	36 164	36 054	39 009	40 307
玻利维亚	32 996	33 000	33 941	37 509	40 288
萨尔瓦多	22 593	23 438	24 154	24 928	26 057
洪都拉斯	19 757	20 980	21 718	23 101	23 970
特立尼达和多巴哥	27 616	25 063	22 285	22 475	23 808
牙买加	13 898	14 196	14 076	14 806	15 714
尼加拉瓜	11 880	12 757	13 286	13 844	13 118
巴哈马	10 913	11 752	11 938	12 150	12 425
海地	8 650	8 355	7 598	8 521	9 287
巴巴多斯	4 696	4 715	4 830	4 978	5 087
亚洲	**27 000 498**	**26 659 277**	**27 639 859**	**29 581 856**	**31 839 880**
中国	10 438 471	11 015 562	11 137 983	12 143 572	13 608 152
日本	4 850 414	4 389 476	4 926 667	4 859 951	4 971 323
印度	2 042 939	2 146 759	2 286 233	2 625 091	2 779 352
韩国	1 484 318	1 465 773	1 500 112	1 623 901	1 720 489
印度尼西亚	890 815	860 854	931 877	1 015 423	1 042 173
沙特阿拉伯	756 350	654 270	644 936	688 586	782 483
土耳其	934 168	859 794	863 712	852 669	771 355
泰国	407 339	401 296	412 353	455 275	504 992

世界主要国家（地区）国内生产总值（续）

（估计数字） 金额单位：100 万美元

国别（地区）＼年份	2014	2015	2016	2017	2018
伊朗	443 976	393 436	425 403	460 976	473 091
阿联酋	403 137	358 135	357 045	377 701	414 179
以色列	309 588	299 813	318 951	353 253	370 588
中国香港	291 460	309 386	320 863	341 685	362 682
新加坡	313 260	306 254	316 558	336 679	361 115
马来西亚	338 066	301 355	301 255	318 955	358 579
菲律宾	284 585	292 774	304 898	313 620	330 910
巴基斯坦	248 949	267 035	277 521	303 092	282 346
孟加拉国	173 062	194 466	220 316	245 633	269 628
越南	186 205	193 241	205 276	223 780	244 901
伊拉克	228 416	166 774	166 602	190 644	212 272
卡塔尔	206 225	161 740	151 732	166 929	191 362
哈萨克斯坦	221 416	184 388	137 278	166 806	179 340
科威特	162 656	114 585	109 406	119 534	141 698
阿曼	68 400	65 481	70 598	79 277	92 111
斯里兰卡	79 356	80 604	82 401	88 022	88 942
缅甸	66 300	62 543	64 590	66 491	72 745
黎巴嫩	48 296	49 974	51 239	53 394	56 409
中国澳门	55 348	45 362	45 322	50 559	54 545
乌兹别克斯坦	76 659	81 847	81 779	59 160	50 500
阿塞拜疆	75 240	53 076	37 867	40 867	46 939
约旦	36 050	37 923	39 197	40 709	42 231
土库曼斯坦	43 524	36 052	36 169	37 915	40 749
巴林	33 388	31 126	32 268	35 433	37 876
尼泊尔	19 738	20 801	20 982	25 587	27 830
也门	33 224	26 660	24 743	24 152	26 672
塞浦路斯	23 096	19 771	20 876	22 638	24 963
柬埔寨	16 703	18 050	20 017	22 177	24 572
阿富汗	21 331	20 608	20 235	21 516	20 514
格鲁吉亚	17 627	14 954	15 142	16 243	17 600
朝鲜	17 396	16 283	16 786	17 365	17 487
叙利亚	23 114	19 090	12 377	13 182	16 628
文莱	17 098	12 930	11 400	12 128	13 567
亚美尼亚	11 610	10 553	10 546	11 527	12 433
欧洲	**22 301 087**	**19 160 796**	**19 159 109**	**20 353 840**	**21 908 725**
德国	3 883 920	3 360 550	3 466 790	3 665 804	3 949 549
英国	3 063 803	2 928 591	2 694 283	2 666 229	2 855 297
法国	2 852 166	2 438 208	2 471 286	2 592 689	2 778 892
意大利	2 159 134	1 835 899	1 875 580	1 961 806	2 084 882
俄罗斯	2 063 663	1 366 031	1 285 014	1 581 443	1 660 514

世界主要国家（地区）国内生产总值（续）

（估计数字）　　金额单位：100 万美元

国别（地区）\年份	2014	2015	2016	2017	2018
西班牙	1 369 399	1 195 119	1 232 076	1 312 552	1 419 735
荷兰	890 981	765 265	783 528	833 870	914 105
瑞士	709 183	679 832	671 309	679 950	705 141
波兰	545 382	477 581	472 039	526 376	585 661
瑞典	580 249	503 651	515 744	540 545	556 086
比利时	534 678	462 150	476 057	504 250	543 026
奥地利	441 996	381 818	395 228	418 316	455 508
挪威	498 410	385 802	368 820	398 394	434 167
爱尔兰	258 472	291 500	300 523	335 663	382 674
丹麦	352 994	302 673	313 116	329 417	355 675
芬兰	274 497	234 585	240 570	255 065	276 878
捷克	207 818	186 830	195 090	215 914	245 226
葡萄牙	229 596	199 314	206 286	221 358	240 792
罗马尼亚	199 628	177 895	188 495	211 696	239 552
希腊	237 029	196 591	195 223	203 589	218 139
匈牙利	140 559	124 530	127 507	141 511	157 883
乌克兰	133 504	91 031	93 356	112 190	130 832
斯洛伐克	101 171	88 457	89 641	95 477	105 956
卢森堡	66 104	57 744	60 691	64 182	70 920
保加利亚	56 884	50 631	53 784	58 952	66 199
克罗地亚	57 643	49 531	51 597	55 319	60 991
白俄罗斯	78 813	56 455	47 724	54 725	59 662
斯洛文尼亚	49 931	43 090	44 652	48 562	54 034
立陶宛	48 526	41 392	43 022	47 751	53 455
拉脱维亚	31 383	27 090	27 734	30 273	34 426
爱沙尼亚	26 773	23 049	23 996	26 859	30 747
冰岛	17 758	17 389	20 618	24 493	25 882
波黑	18 559	16 212	16 913	18 081	19 782
阿尔巴尼亚	13 228	11 387	11 861	13 025	15 059
马耳他	11 281	10 702	11 442	12 780	14 549
大洋洲	**1 714 249**	**1 472 455**	**1 545 416**	**1 668 987**	**1 711 770**
澳大利亚	1 464 256	1 248 854	1 311 696	1 416 105	1 453 871
新西兰	200 834	177 468	188 234	205 416	207 921
巴布亚新几内亚	23 004	22 962	21 480	22 006	23 077
新喀里多尼亚	10 621	8 772	9 002	9 459	10 174
法属波利尼西亚	6 144	5 324	5 427	5 686	6 100
斐济	4 857	4 682	4 930	5 353	5 537

资料来源：联合国《国民核算统计年鉴》。

世界主要国家（地区）人均国内生产总值

（估计数字）

单位：美元

国别（地区） \ 年份	2014	2015	2016	2017	2018
世 界	**10 864**	**10 149**	**10 187**	**10 706**	**11 232**
非洲	**2 213**	**1 953**	**1 777**	**1 798**	**1 856**
塞舌尔群岛	14 255	14 503	14 916	15 590	16 378
毛里求斯	10 183	9 284	9 694	10 486	11 222
赤道几内亚	19 368	11 275	9 268	9 919	10 179
博茨瓦纳	7 781	6 800	7 244	7 893	8 258
加蓬	9 651	7 379	6 984	7 230	8 019
南非	6 429	5 731	5 272	6 122	6 369
纳米比亚	5 624	5 033	4 786	5 646	5 930
利比亚	5 316	2 752	2 360	3 817	5 147
斯威士兰	4 039	3 690	3 448	3 953	4 146
阿尔及利亚	5 493	4 178	3 946	4 044	4 115
佛得角	3 585	3 042	3 131	3 292	3 635
突尼斯	4 306	3 862	3 698	3 482	3 450
安哥拉	5 408	4 167	3 506	4 096	3 437
摩洛哥	3 219	2 919	2 941	3 083	3 273
吉布提	2 466	2 676	2 818	2 931	3 049
苏丹	2 056	2 158	2 250	3 039	1 208
刚果（布）	3 991	2 284	2 010	2 148	2 703
加纳	1 969	1 766	1 931	2 026	2 202
埃及	3 328	3 437	2 861	2 023	2 538
尼日利亚	3 223	2 730	2 176	1 969	2 154
毛里塔尼亚	1 706	1 562	1 577	1 649	1 730
科特迪瓦	1 559	1 426	1 483	1 561	1 716
肯尼亚	1 316	1 337	1 411	1 568	1 710
津巴布韦	1 435	1 445	1 465	1 548	1 684
赞比亚	1 733	1 314	1 311	1 535	1 572
塞内加尔	1 395	1 218	1 270	1 358	1 502
喀麦隆	1 512	1 271	1 272	1 309	1 401
莱索托	1 279	1 197	1 111	1 233	1 248
几内亚	787	769	733	822	938
贝宁	931	799	789	829	907
南苏丹	1 498	1 233	626	698	748
冈比亚	607	661	683	680	716
多哥	640	570	597	602	655
美洲	**26 445**	**25 807**	**25 821**	**27 033**	**27 722**
百慕大	88 552	92 487	96 164	99 437	101 208

世界主要国家（地区）人均国内生产总值（续）

（估计数字）

单位：美元

国别（地区） \ 年份	2014	2015	2016	2017	2018
美国	55 001	56 797	57 938	60 044	62 918
英属维尔京群岛	37 924	40 283	43 972	46 122	48 511
加拿大	50 570	43 194	42 060	44 925	46 192
波多黎各	29 663	30 571	31 780	32 952	33 271
巴哈马	29 445	31 406	31 589	31 828	32 218
安圭拉	22 060	23 148	21 978	19 281	19 891
巴巴多斯	16 488	16 525	16 900	17 392	17 746
乌拉圭	16 832	15 614	15 387	17 322	17 278
安提瓜和巴布达	13 502	14 286	15 198	15 383	16 727
特立尼达和多巴哥	20 271	18 290	16 177	16 238	17 130
智利	14 671	13 574	13 748	15 037	15 923
巴拿马	12 796	13 630	14 356	15 166	15 575
哥斯达黎加	10 547	11 299	11 666	11 753	12 027
阿根廷	13 299	14 971	12 814	14 628	11 688
格林纳达	8 370	9 097	9 628	10 153	10 486
墨西哥	10 922	9 606	8 739	9 282	9 695
巴西	12 113	8 814	8 707	9 881	8 921
古巴	7 133	7 700	8 061	8 541	8 822
多米尼克	7 362	7 598	8 070	7 275	7 691
多米尼加共和国	6 499	6 692	6 958	7 230	7 650
委内瑞拉	12 099	11 449	9 671	8 436	7 212
秘鲁	6 679	6 228	6 205	6 701	6 947
哥伦比亚	8 114	6 176	5 871	6 375	6 650
厄瓜多尔	6 377	6 124	6 060	6 214	6 345
苏里南	9 472	8 562	5 539	5 627	6 004
巴拉圭	6 103	5 407	5 319	5 681	5 795
牙买加	4 834	4 911	4 843	5 069	5 354
圭亚那	4 031	4 143	4 455	4 586	4 901
伯利兹	4 706	4 776	4 818	4 888	4 885
危地马拉	3 688	3 924	4 141	4 471	4 549
萨尔瓦多	3 589	3 706	3 800	3 902	4 058
玻利维亚	3 082	3 036	3 077	3 351	3 549

世界主要国家（地区）人均国内生产总值（续）

（估计数字）

单位：美元

国别（地区） \ 年份	2014	2015	2016	2017	2018
洪都拉斯	2 206	2 302	2 343	2 450	2 500
尼加拉瓜	1 934	2 050	2 108	2 168	2 029
海地	820	781	701	776	835
亚洲	**6 151**	**6 014**	**6 175**	**6 547**	**6 982**
中国澳门	93 777	75 341	73 955	81 209	86 355
卡塔尔	83 858	63 039	57 163	61 264	68 794
新加坡	56 692	54 765	55 992	58 983	62 721
中国香港	40 851	43 054	44 296	46 766	49 199
以色列	39 413	37 578	39 333	42 851	44 215
阿联酋	43 752	38 663	38 142	39 812	43 005
日本	37 844	34 297	38 561	38 116	39 082
韩国	29 330	28 841	29 423	31 781	33 622
科威特	44 069	29 874	27 650	29 470	34 249
文莱	41 725	31 164	27 156	28 572	31 627
塞浦路斯	27 092	23 323	24 514	26 484	28 968
巴林	24 989	22 689	22 632	23 715	24 134
沙特阿拉伯	24 464	20 628	19 879	20 802	23 217
阿曼	16 984	16 346	15 761	16 991	19 073
马来西亚	11 319	9 955	9 818	10 254	11 373
马尔代夫	8 499	9 033	9 209	9 541	10 331
哈萨克斯坦	12 797	10 493	7 699	9 226	9 790
中国	7 459	7 830	7 877	8 546	9 532
土耳其	12 096	10 949	10 820	10 512	9 368
黎巴嫩	7 714	7 650	7 631	7 830	8 224
泰国	5 952	5 840	5 979	6 576	7 274
土库曼斯坦	7 962	6 478	6 388	6 585	6 965
伊朗	5 731	5 012	5 347	5 714	5 783
伊拉克	6 638	4 688	4 551	5 077	5 523
阿塞拜疆	7 915	5 516	3 889	4 151	4 718
格鲁吉亚	4 368	3 716	3 771	4 052	4 397
亚美尼亚	3 966	3 607	3 592	3 915	4 212
蒙古国	4 159	3 919	3 660	3 672	4 104

世界主要国家（地区）人均国内生产总值（续）

（估计数字）

单位：美元

国别（地区）＼年份	2014	2015	2016	2017	2018
斯里兰卡	3 817	3 855	3 920	4 166	4 190
印度尼西亚	3 492	3 332	3 563	3 837	3 893
菲律宾	2 831	2 867	2 941	2 982	3 103
越南	2 030	2 085	2 192	2 366	2 563
印度	1 577	1 639	1 726	1 961	2 055
乌兹别克斯坦	2 519	2 646	2 601	1 851	1 555
缅甸	1 268	1 187	1 218	1 248	1 354
巴基斯坦	1 275	1 339	1 363	1 458	1 330
叙利亚	1 235	1 061	709	771	981
朝鲜	698	650	667	686	688
欧洲	**29 990**	**25 724**	**25 679**	**27 238**	**29 279**
摩纳哥	189 126	165 945	169 896	167 516	185 835
列支敦士登	178 853	167 294	165 630	173 358	179 258
卢森堡	119 210	101 889	104 773	108 432	117 370
瑞士	86 422	81 939	80 109	80 412	82 709
挪威	96 924	74 195	70 239	75 221	81 336
冰岛	54 043	52 655	62 065	73 246	76 667
丹麦	62 320	53 206	54 823	57 467	61 834
瑞典	59 868	51 577	52 434	54 574	55 767
荷兰	52 744	45 179	46 141	48 990	53 583
奥地利	51 304	43 995	45 183	47 429	51 230
芬兰	50 261	42 799	43 758	46 280	50 136
圣马力诺	55 993	42 643	43 796	45 399	48 473
德国	47 684	41 089	42 178	44 349	47 514
比利时	47 649	40 942	41 927	44 156	47 293
英国	46 831	44 467	40 639	39 957	42 526
安道尔	42 299	36 041	37 223	39 231	42 052
法国	43 005	36 612	36 980	38 684	41 358
意大利	35 742	30 306	30 918	32 334	34 389
马耳他	26 223	24 685	26 238	29 184	33 123
西班牙	29 274	25 607	26 420	28 138	30 406
斯洛文尼亚	24 150	20 804	21 527	23 388	26 005

世界主要国家（地区）人均国内生产总值（续）

（估计数字）　　单位：美元

国别（地区）＼年份	2014	2015	2016	2017	2018
葡萄牙	22 038	19 223	19 978	21 515	23 478
爱沙尼亚	20 340	17 523	18 227	20 357	23 242
捷克	19 622	17 623	18 372	20 291	22 992
希腊	22 149	18 442	18 391	19 262	20 731
斯洛伐克	18 636	16 274	16 472	17 526	19 431
立陶宛	16 330	14 118	14 889	16 782	19 083
拉脱维亚	15 527	13 561	14 048	15 516	17 852
匈牙利	14 335	12 736	13 074	14 544	16 264
波兰	14 318	12 557	12 426	13 869	15 444
克罗地亚	13 546	11 701	12 260	13 225	14 674
俄罗斯	14 265	9 422	8 845	10 867	11 394
罗马尼亚	9 964	8 928	9 522	10 771	11 281
保加利亚	7 851	7 032	7 520	8 300	9 388
白俄罗斯	8 356	5 981	5 052	5 791	6 312
波黑	5 330	4 727	4 995	5 395	5 951
阿尔巴尼亚	4 567	3 939	4 109	4 516	5 224
乌克兰	2 959	2 026	2 088	2 522	2 957
大洋洲	**43 965**	**37 211**	**38 495**	**40 992**	**41 469**
澳大利亚	62 054	52 182	54 062	57 601	58 393
新西兰	43 970	38 458	40 398	43 687	43 836
新喀里多尼亚	39 669	32 363	32 831	34 129	36 335
法属波利尼西亚	22 612	19 492	19 766	20 594	21 968
库克群岛	18 057	17 183	17 682	19 741	20 705
帕劳	13 795	15 872	16 932	16 078	15 859
瑙鲁	12 910	10 050	11 502	12 654	11 876
斐济	5 606	5 391	5 651	6 101	6 267
汤加	4 439	3 973	4 167	4 828	4 886
图瓦卢	3 352	3 157	3 523	3 862	4 001
马绍尔群岛	3 238	3 159	3 426	3 578	3 667
密克罗尼西亚	2 959	2 894	3 007	3 253	3 296
瓦努阿图	3 088	2 802	2 890	3 082	3 037

资料来源：联合国《国民核算统计年鉴》。

世界知名自由贸易区（港）简介

阿联酋杰贝阿里自由贸易港

阿拉伯联合酋长国杰贝阿里自由贸易港成立于1985年，位于迪拜城区西南约50公里处，依托世界第三大港口——杰贝阿里港。目前，自由贸易港内进驻企业7 000余家，贸易额占迪拜非石油贸易总额的25%。

杰贝阿里自由贸易港是典型的拓展版自由贸易港，即“1+N”型自由贸易港。“1”代表围网内的杰贝阿里自由贸易港，“N”代表周边的几个迪拜金融城、迪拜互联网城、迪拜媒体城等产业城。杰贝阿里港定位为低投资、低运营成本的工贸结合型自由贸易港。专注于物流贸易供应链管理、加工制造再出口等相关业务，目的是实现贸易便利化功能。杰贝阿里港设有物理围网，主要进行区域监管（海关特殊监管区）。杰贝阿里港周边各个特殊产业城则享受人才、资本、技术的自由政策，实现特殊产业的高速集聚。各特色产业城不设置物理围网，主要进行产业政策监管和企业自主管理。

中国香港自由贸易港

中国香港的土地面积约1 106.34平方公里，由香港岛、九龙半岛以及新界地区组成，位于香港岛和九龙半岛之间的维多利亚港是举世闻名的深水海港。香港地处亚太地区海空交通要道，是远东贸易运输的枢纽。1841年6月7日，英国政府代表查理·义律宣布香港为自由贸易港。从此以后，香港逐步从单一的转口贸易港发展成为国际贸易中心、国际金融中心，乃至世界最开放的全域自由贸易港之一。

从设立自由贸易港至今，香港自由贸易港经历了转口型自由贸易港、加工贸易型自由贸易港、综合型自由贸易港和跨区域综合型自由贸易港四个发展阶段。在此期间，香港的产业结构由初级商品的转口贸易以及面向出口的劳动密集型加工贸易，向以金融、国际贸易、航运物流、新技术加工制造、旅游与房地产业为主的多元经济结构转变，并最终向知识密集、资本密集的金融、国际贸易、航运、旅游、“文教医”服务为主的现代服务业发展演变。目前，金融、物流、旅游和工商业四大支柱产业对香港经济增长的贡献超过一半，四大支柱产业以不足香港一半的就业人数，创造了香港过半的增加值。

新加坡裕廊自由贸易港

裕廊港是新加坡最重要的自由贸易港区之一，1965年启用，1971年扩建。港口位于新加坡岛西部、裕廊工业区南岸，是亚洲最大的散装货运港。裕廊港每年有超过7 000艘载重15万吨的船舶进出，并拥有23个码头可供吃水线接近16米的船舶停泊。裕廊港也是新加坡唯一的干货集散港，配备了服务主要用户的集装箱终端。裕廊物流中心是新加坡最大的多层驱车直达式仓库，也设立于裕廊港，创新的物流设施设计可以将约13.7米的集装箱运到任何楼层。

裕廊港采用民营化管理模式，这种模式也是全球成熟的自由贸易港最普遍的管理模式。政府、国企、私企共同管理港口，有效地克服了原先国家和政府直接管理港口的各种弊端，提高了港口运行管理效率。裕廊港的发展采取的是“港-产-城”联动模式，信息通信科技是其核心的推动者和重组者，该模式不仅使新加坡从功能单一的传统大港发展成为全球集装箱枢纽和跨国供应链管理中心，同时使城市从全球等级金字塔的末端跃升成为全球重要的网络节点城市。政府在“港-产-城”联动模式的转型中扮演着组织者和掌舵者的角色。

目前，整个新加坡共有近 10 个自由贸易园区、30 多个工业区和 70 多个保税仓库。新加坡自由贸易园区从性质上属于海关的特殊监管区域，功能较为简单，主要以发展转口贸易、提供物流服务为目的。

韩国釜山自由贸易港

釜山港位于韩国东南沿海，东南濒临朝鲜海峡，西临洛东江，与日本对马岛相峙。釜山港凭借优越的区位条件和悠久的历史积淀，逐渐发展成为“港口+工业+服务”的综合性港口，并进一步朝纵深方向发展，升级为兼具物流、海洋旅游及商务、港口相关服务这三大功能的枢纽港，不断提升港口服务水平，创造产业高附加值，树立具有自身特色的海洋旅游文化领域国际品牌。

面对来自中国、日本等周边国家港口的挑战，釜山港紧抓港口建设和升级，不断向东北亚物流中转中心港口升级改造，始终将物流和集装箱业务作为港口的支柱产业重点发展，进一步扩大港口的吞吐量。釜山港对港口设施建设与功能特性开发并重，并持续推出一系列优惠政策吸引业务竞争者，从而奠定了釜山港国际物流中心港湾的地位。为提高港口服务水平，向客户提供高效快捷的优质服务，釜山港一直致力于港口信息化建设，信息系统的应用和电子商务的开展使转口商品的中转业务非常便利，大幅提升了港口的业务水平和效率。

日本东京湾港口群及东京湾区

东京湾港口群位于日本本州岛南部的东京湾沿岸，由横须贺、横滨、川崎、东京、千叶、木更津 6 个首尾相连的港口组成。依托东京湾区、东京首都圈以及京滨、京叶两大工业地带，东京湾港口群逐渐发展成为职能分工明晰，内部相互合作，对外共同竞争，年吞吐量超过 5 亿吨的综合型港口群。湾区内产业结构与产业链条完整，集中了钢铁、有色冶金、炼油、石化、机械、电子、汽车、造船、现代物流等多样化产业，成为全球规模最大的工业产业地带。同时，湾区内还建设了金融、研发、文化产业及大型娱乐设施与大型商业设施，成为世界知名的金融中心、研发中心、娱乐中心和消费中心。

东京湾港口群依托东京湾不断发展，逐渐形成包括一都三县的东京大都市圈，东京湾区面积虽然只占日本国土总面积的 3.5%，但拥有常住人口 3 800 万，约占全国人口的三分之一。这也造就东京湾港口群的一个重要功能，即从全球进口粮食、水果及奢侈品等消费物资，供应东京大都市圈，支撑圈内人口的高品质的全球性消费。

在产业空间布局上，东京湾区的特点是专业分工、扬长避短、错位发展。与此同时，东京的中心城区则强化高端服务功能，重点布局高附加值、高成长性的服务行业、奢侈品生产业和出版印刷业。两大工业地带与东京的金融、总部、研发等功能紧密互动、优势互补，从而造就了产业发展、转型升级及经济增长的东京湾区奇迹。

德国汉堡港

汉堡港位于易北河下游，阿尔斯特河与比勒河的交汇处，距北海 110 公里，港口面积 100 平方公里，是德国最大的海港，也是欧洲第三大集装箱港口。汉堡港设有 16.2 平方公里的自由贸易港区，经营转口贸易，特别是为斯堪的纳维亚和中欧地区各国货物的转口。汉堡港是世界上建立比较早的著名自由贸易港之一，但汉堡港绝不仅是一个转运中心，汉堡是德国最大的贸易和工业城市地区，在进出港口的货物中，约三分之一出产于汉堡都市区。与其他北欧港口相比，本地的商品报价占据重要地位。

欧洲统一市场的建立意味着，曾经在过去 125 年里为汉堡的全球货物中转站地位做出贡献的自由贸易港已经失去存在的意义。2010 年 11 月，德国下议院批准了汉堡市议会关于终止汉堡自由贸易区（其面积占汉堡 23%）的议案，自 2013 年 1 月起，所有汉堡港区内的公司同其他欧盟关税区内的海港一样，根据同样的海关管理规定运营。消除关境后，港口的运输和关税流程的速度将更快、更灵活，进而提升港口的竞争力。

荷兰鹿特丹自由贸易港

荷兰鹿特丹自由贸易港位于莱茵河与马斯河交汇入海口处，西依北海，东溯莱茵河、多瑙河，地理位置优越。鹿特丹自由贸易区占地面积 126.06 平方公里，属于保税仓储物流型自贸区，其目标是建设成为安全高效、综合清洁的港口和工业综合区，以便加强鹿特丹自由贸易港在欧洲的地位。

鹿特丹港不仅是转运港，也是一个巨大的工业综合体。大量跨国公司在此设立最重要或者在欧洲唯一的工业联合体，它为整个欧洲甚至全世界生产工业品。鹿特丹市拥有一条以炼油、石油化工、船舶修造、港口机械、食品等工业为主的临海沿河工业带（即临港工业区）。鹿特丹港工业区的面积为 52.57 平方公里，占港区总面积的一半，港口工业成为鹿特丹自由贸易港经济的重要组成部分，约 50%的增加值来自港口工业。同时，发达的临港工业促进了金融、贸易、保险、信息、代理和咨询等服务业的发展，鹿特丹服务业的就业人数占全市就业总数的 70%。

法国马赛自由贸易港

马赛自由贸易港位于罗纳河入海口东侧的里昂湾内，是一个无潮差、无强流、无大雾的天然良港。马赛自由贸易港位于地中海沿岸的理想位置，是通往欧洲的天然门户。二战后，马赛老港的西面相继建成卡隆特港、拉沃拉港和贝尔港。1965 年，又开辟了福斯工业港。1966 年，法国政府将上述各港口与位于罗纳河口的圣路易港，以及拉沃拉、福斯两大工业区都划归马赛自由贸易港港务局管辖，称为马赛自治港。

马赛自由贸易港目前有 93 个件杂货泊位（包括集装箱泊位）、29 个滚装船泊位、26 个修船泊位、4 个等候泊位和 10 个修船干船坞。仓库堆场总面积为 38 万平方米。吞吐量自 1973 年以来一直保持在 1 亿吨左右。马赛自由贸易港拥有广阔的空间和完善的基础设施，能够适应海运、物流和工业活动。马赛自由贸易港还是一个符合乘客、邮轮和渡轮活动所需的国际标准港口。每年有 200 多万人次通过马赛自由贸易港。

目前，马赛自由贸易港除了支持化工产业等传统活动外，将发展重点放在具有高增长潜力的活动上，首要处理集装箱货物与物流增值服务。

伦敦自由贸易港

伦敦自由贸易港位于英国东南沿海泰晤士河下游，从河口开始向上游延伸，经蒂尔伯里港区越过伦敦桥，直至特丁顿码头，长约 128.7 公里。伦敦港区分布分为三个主要码头区：第一码头区是皇家码头区，是世界上拥有最大水域的码头之一。第二码头区是印度和米尔沃尔码头区，这里主要是食品和轻工业码头。第三码头区是蒂尔伯里码头区，也是英国主要的集装箱码头之一，它与英国主要的工业中心之间都有运送集装箱的铁路，这个区是伦敦开展技术改造和扩建的重点区。

受两次世界大战的影响，伦敦开始由货运中心向服务中心转型。伦敦港务局将港口硬件设施外移至城市中心以东 40 公里外的海域，转而选择在原地大力拓展航运融资、海事保险、海事仲裁等航运相关产业。如今，随着伦敦港务局 20 年发展规划的实施，伦敦自由贸易港将从“硬设施”和“软服务”两方面双管齐下，实现合力效应，力促港口蓬勃发展。

按功能形态划分，如今的伦敦自由贸易港属于以市场交易和提供航运服务为主的综合性自由贸易港。持续不断的市场需求是伦敦自由贸易港和航运服务贸易不断发展的主要动力。大量著名的国际航运组织集聚也促进了伦敦自由贸易港航运服务的繁荣。此外，伦敦自由贸易港各服务业的良好互动促进了高端航运服务业的发展。

巴拿马科隆自由贸易区

1948 年批准设立的巴拿马科隆自由贸易区位于港口城市科隆市东北部，借助连接大西洋及太平洋的巴拿马运河，科隆市发展成为仅次于新加坡和中国香港的世界第三大自由贸易城市，以及西半球最大的自由贸易港。

以转口贸易为主的科隆自由贸易区与迈阿密并列为中南美洲的转口中心，同时也是全球第二大转口站，仅次于中国香港。外国公司在区内加工、制造商品，然后免税输出。自由贸易区允许企业从事各种商品、制成品、原材料、容器的运入、储存、展出、开包、制造、包装、分装、装配、精制、净化、混合、改型、调配等业务。科隆港的主要出口货物为香蕉、蔗糖、咖啡、海虾及石油产品等，主要进口货物有食品、石油、机械、运输设备及工业品等。科隆港目前与世界上 120 多个国家和地区有贸易往来，中国是科隆港最大的供货国。

澳大利亚达尔文自由贸易港

达尔文港位于澳大利亚北领地首府达尔文市，是一座与城市共同成长发展的仓储物流型现代商贸港。从地理区位看，达尔文港位于澳大利亚和东南亚之间，达尔文到澳大利亚经济中心悉尼市与其到新加坡的距离一样。随着澳大利亚的主要贸易对象从欧美转向亚洲新兴市场，达尔文港的区位优势不断凸显，在澳大利亚乃至全球经济中的作用得到重新定位。

2015 年之前，达尔文港一直由北领地政府公用事业委员会下属的达尔文港口管理局运营。2015 年，中国民营企业岚桥集团斥资 23 亿元人民币（约合 5.06 亿澳元）收购了达尔文港口管理局，并获得包括达尔文港土地、附属东臂码头设施（包括达尔文海事供应基地），以及福特山码头 99 年经营权和实际控制权。

达尔文港主要为船舶和货物进出口贸易提供服务，主要业务包括处理集装箱、一般货物、散装液体、散装材料、牲畜以及超重货物的进出口，同时也能服务于游轮、海军舰艇，为来自世界各国的船舶提供便利的访问渠道和设施。传统上，矿物产品、牲畜和石油产品是达尔文港的主要出口商品，几乎占港口出口商品的 95%。进口商品以石油产品、矿物产品和化学品为主。

美国火奴鲁鲁自由贸易港

美国夏威夷全域皆为自由贸易区，火奴鲁鲁港就位于夏威夷的瓦胡岛东南沿海。火奴鲁鲁港地处太平洋中心，是太平洋上重要的海空交通枢纽，也是从美国西岸去澳大利亚，从巴拿马运河到远东的船舶航线和航空线的必经之地。火奴鲁鲁港是夏威夷最主要的贸易港，其发展与夏威夷自由贸易区直接相关。火奴鲁鲁港 39 号码头在 1965 年 2 月 15 日被选定为夏威夷第一个自由贸易区，1966 年 6 月 15 日第九号外贸区正式成立。经过多年发展，火奴鲁鲁港构建起涵盖公路、航空的交通运输网络，并且航空港和高速公路毗邻港口，为货物、人员运输中转提供了便利，为火奴鲁鲁港的发展提供了良好的交通保障。

美国纽约自由贸易港

纽约自由贸易港位于大西洋沿岸的哈德逊河河

口，地跨纽约和新泽西两州，是北美洲最繁忙的港口之一。纽约港是以上纽约湾为中心，由港口等设施组成的综合系统。港口设施分布在纽约港湾沿岸，包括纽约、泽西市的贝昂，以及新泽西州的纽瓦克和伊丽莎白市。纽约自由贸易港的功能趋向综合化，属于综合性港口。自由贸易区主要采用围网等方式将片区分隔封闭，担任货物中转、区内自由贸易交换的功能。在自由贸易区外专门划分若干区域，主要经营手表、汽车、制药及饮料等进出口加工制造业务。

纽约自由贸易港的企业包括汽车和果汁进口商和加工商、多用途仓库运营商等。目前，有 5 家制造商和 9 家仓库运营商，其中 3 家制造商主要针对海外市场。近年来，纽约港的海上散货和一般货物呈下降趋势，但集装箱及标准箱的贸易数据在波动中平稳上涨。

纽约自由贸易港隶属于纽约州。州政府成立两州港务局——纽约新泽西港务局，负责建设港口岸线资源，并且管理州政府在港口的资产。其中，管理委员会是港务局最高权力机构。海关是自由贸易港的监管机构之一。美国自由贸易区委员会是美国政府管理对外贸易区事物的最高领导机构。

美国旧金山自由贸易港

旧金山港是位于美国加利福尼亚州旧金山湾西岸的一座港口，被誉为“世界三大天然良港”之一。1948 年，旧金山港获得授权，建立、运营、推广和维护三号自由贸易区（FTZ No. 3 San Francisco）。

旧金山港一直代表着世界同级自由贸易港的先进发展水平。旧金山港在发展传统货运、客运产业的同时，涉足教育、生态、旅游、文化、房地产等多元产业，实现港口功能闭环的同时增加收入，为港口的可持续健康发展提供了有力的经济支撑。旧金山港还非常注重生态产业的发展，在空气、建筑、气候、能源、土地、运输、水资源等方面开展相应的生态保护工作。在保护生态环境的同时，为客户创造了更好的体验。

美国西雅图自由贸易港

西雅图自由贸易港位于美国西北部华盛顿州西部沿海普吉特湾的东岸，濒临太平洋西海岸的胡安德富卡海峡的东南侧，是美国第五大集装箱港，也是美国距离远东最近的港口。西雅图港航空航天工业发达，是美国著名的飞机巨头波音公司总部所在地。其他工业还有钢铁、铝制品、服装、机械、木材加工、造船、罐头食品及汽车装配等。

西雅图港对外贸易区由西雅图港委员会管理，该委员会隶属于华盛顿商业署的国际贸易部。在港区的管理制度设计上，西雅图港对外贸易区灵活地将政府的行政监督管理与市场依法运行力量有机融合在一起。西雅图港对外贸易区委员会与海关等政府机构主导港区的宏观管理，制定相关管理政策，并创造性地引进民间行业组织力量。港区内部管理政策由经过授权入驻的企业自行制定，积极发挥市场力量促进港区内部自由运行，最大限度发挥自由贸易港区对经济发展的促进作用。

巴西马瑙斯自由贸易区

巴西国会于 1957 年通过法令成立马瑙斯自由港，并于 1967 年将自由港改为自由贸易区。马瑙斯自由贸易区是巴西，也是拉美地区唯一的综合型经济特区，由工业区、商业区和农牧区三部分组成，面积一万多平方公里。

马瑙斯自由贸易区的中心马瑙斯市深居内陆，没有铁路，连公路都不通，但亚马孙黄金水道使万吨远洋巨轮可直达这里。在工业区宽敞、整洁的林荫大道上看到，两边都是标有外国标记的现代化工厂，亚马孙河集装箱码头上堆满了整装待发的产品。如今，马瑙斯市已建成了世界上最大的水上浮动集装箱码头。自由贸易区内，世界著名企业如德国西门子、日本丰田和韩国三星等，都在这里建有工厂。